KB127292

반 배치고사+3월·6월 전국연합 모의고사

예비 고1 국어

Contents

반 배치고사의 시험 범위는 대부분 중3 과정이며, **일부 지역 고등학교에서는 교과 외 내용이나 심화 과정을 포함**하고 있습니다. 이 경우 함께 수록된 **[고1] 3월과 6월 학력평가 문제를 함께 풀어보면 많은 도움**이 됩니다.

수능 모의고사 전문 출판
입시플라이

강력한 해설로 새롭게 출시된 「2024 리얼 오리지널」

혼자서도 학습이 충분하도록 왜 오답과 정답인지 확실히 알려주며, 문제 해결 꿀~팁까지 해설을 전면 보강했습니다.

01

신입생 [반 배치고사] 완벽 대비

고등학교 배정 후 시행되는 신입생 반 배치고사를 대비해 [3회분] 기출 모의고사를 수록했습니다.

❶ 최근 시행되고 있는 반 배치고사의 출제 형식에 맞춰 문항 수 및 유형까지 완벽하게 시험지 형식을 재현했습니다.

❷ 문제를 풀기 전 50분 타이머를 맞추어 놓고 실제 반 배치고사와 똑같은 조건으로 풀어보면 실전에서 큰 도움이 됩니다.

02

고1 첫 시험 [3월 학력평가] 대비

입학 후 첫 시험을 대비해 [고1] 3월 전국연합 학력평가 [4회분] 기출 모의고사를 수록했습니다.

❶ 고1 3월 전국연합 학력평가는 중3 과정이므로 총정리와 함께 실제 수능 모의고사 형태로 미리 풀어 볼 수 있습니다.

❷ 3월 전국연합 학력평가는 전국 단위 고1 첫 시험이므로 입학 후 자신의 실력과 위치를 파악하는 기준이 될 수 있습니다.

03

고1·1학기 [6월 학력평가] 대비

고1·1학기 학교시험 [중간·기말고사] 학습 진도에 해당하는 6월 전국연합 학력평가 [3회분] 문제를 수록했습니다.

❶ 고1 6월 학력평가는 고1·1학기 과정이므로 예비 고1 수험생이 남보다 한발 앞선 준비를 할 수 있습니다.

❷ 학교시험에 학력평가 문제를 변형하거나 그림, 도표를 활용해 문제를 출제하는 학교가 많아 내신까지 대비 할 수 있습니다.

★ 모의고사를 실전과 똑같이 풀어보면
내 실력과 점수는 반드시 올라갈 수밖에 없습니다.

04

3월 대비 [실전 모의고사] 제공

고1 첫 시험! 3월 전국연합 학력평가를 대비해 3월 [실전
모의고사] 1회분을 부록으로 제공합니다.

❶ 3월 모의고사 점수가 내신에는 들어가지 않지만 "고1 첫 시험
점수가 고3 까지 간다"는 속설처럼 매우 중요한 시험입니다.
❷ 실제 시험과 동일한 조건으로 모의고사를 풀어보면 학력평가
에서 좋은 점수와 모의고사에 대한 자신감까지 **UP** 됩니다.

05

회분별 등급 컷 & 명쾌한 해설 제공

문제를 푼 후 자신의 등급을 바로 확인할 수 있는 등급 컷과
혼자서도 학습이 가능한 명쾌한 해설을 수록했습니다.

❶ 회차별로 등급 컷을 제공하므로 문제를 풀고 바로 자신의 실력을
확인할 수 있고, 등급 컷은 학습 Check 표에 수록되어 있습니다.
❷ 혼자서도 학습이 충분하도록 왜 정답인지? 왜 오답인지? 명쾌한
해설을 수록해 답답함이 없습니다.

06

실전과 동일한 OMR 체크카드

정답 마킹을 위한 OMR 체크카드는 실전력을 높여주며 부록
형태로 모의고사 문제편 뒷부분에 수록되었습니다.

❶ OMR 체크카드는 실전과 동일한 형태로 제공되며, 모의고사에서
마킹 연습은 또 하나의 실전 연습입니다.
❷ 답을 밀려 썼을 때 교체하는 연습도 중요하며, 추가로 OMR 체크
카드가 필요하면 홈페이지 자료실에서 다운로드 받을 수 있습니다.

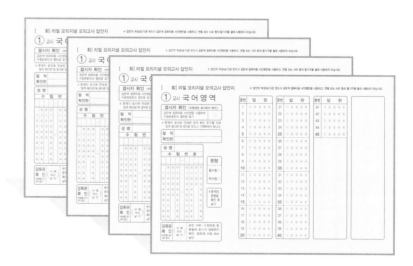

STUDY 플래너 & 등급 컷

① 문제를 풀기 전 먼저 〈학습 체크표〉에 학습 날짜와 시간을 기록하세요.
② 회분별 기출 문제는 영역별로 정해진 시간 안에 푸는 습관을 기르세요.
③ 정답 확인 후 점수와 등급을 적고 성적 변화를 체크하면서 학습 계획을 세우세요.
④ **리얼 오리지널은** 실제 수능 시험과 똑같이 학습하는 교재이므로 실전을 연습하는 것처럼 문제를 풀어 보세요.

● 국어(반 배치고사) | 시험 개요

문항 수	문항당 배점	문항별 점수 표기	원점수 만점	시험 시간	문항 형태
30문항	2점, 3점, 4점	• 각 문항 끝에 점수 표기	100점	50분	5지 선다형

● 국어영역 | 시험 개요

문항 수	문항당 배점	문항별 점수 표기	원점수 만점	시험 시간	문항 형태
45문항	2점, 3점	• 3점 문항에 점수 표시 • 점수 표시 없는 문항 모두 2점	100점	80분	5지 선다형

● 반 배치고사

회분	학습 날짜	학습 시간	채점 결과	틀린 문제	시간 부족 문제
01회 신입생 학급 배치고사	월 일	시 분~ 시 분			
02회 신입생 학급 배치고사	월 일	시 분~ 시 분			
03회 신입생 학급 배치고사	월 일	시 분~ 시 분			

● 국어영역 | 등급 컷 원점수

회분	학습 날짜	학습 시간	틀린 문제	채점 결과 점수	채점 결과 등급	1등급	2등급	3등급	4등급	5등급	6등급	7등급	8등급
04회 2023학년도 3월	월 일	시 분~ 시 분				95	89	81	70	58	47	36	25
05회 2022학년도 3월	월 일	시 분~ 시 분				76	68	60	52	44	37	30	23
06회 2021학년도 3월	월 일	시 분~ 시 분				80	72	63	55	46	38	30	22
07회 2020학년도 3월	월 일	시 분~ 시 분				90	83	74	64	52	41	32	24
09회 2023학년도 6월	월 일	시 분~ 시 분				87	78	68	57	46	36	27	21
10회 2022학년도 6월	월 일	시 분~ 시 분				91	83	73	62	49	37	26	20
11회 2021학년도 6월	월 일	시 분~ 시 분				92	85	75	64	52	39	28	20

※ 등급 컷 원점수는 추정치입니다. 실제와 다를 수 있으니 학습 참고용으로 활용하십시오.

● 실전 모의고사

회분	학습 날짜	학습 시간	채점 결과	틀린 문제	시간 부족 문제
08회 3월 대비 실전 모의고사	월 일	시 분~ 시 분			

| 출신중학교 | | 성명 | | 수험번호 | |

○ 문제지에 성명과 수험 번호를 정확히 써 넣으시오.
○ 답안지에 성명과 수험 번호를 써 넣고, 또 수험 번호와 답을 정확히 표시하시오.
○ 문항에 따라 배점이 다르니, 각 물음의 끝에 표시된 배점을 참고하시오.

[1~2] 다음은 대화의 일부이다. 물음에 답하시오.

(재희와 새롬이 영화관에 뛰어 들어온다.)

재희 : 휴, 다행이다. 하마터면 늦을 뻔했네. 그런데 방금 에스컬레이터에서 나란히 서 있던 학생들, 다른 사람 생각을 너무 안 하는 거 아니니?

새롬 : ㉠ (고개를 갸우뚱하며) 그게 무슨 소리야?

재희 : 난 에스컬레이터를 탈 때 다른 사람을 위해 한 줄로 서야 한다고 생각해. ㉡ 넌 어떻게 생각해?

새롬 : 난 두 줄로 서는 게 바람직하다고 생각해. ㉢ 얼마 전 신문에서 봤는데, 에스컬레이터에서 한 줄 서기를 하면 두 줄로 설 때보다 보행자 안전사고가 훨씬 많이 발생한대.

재희 : 하지만 에스컬레이터에서는 한 줄로……

새롬 : ㉣ (말을 끊으며) 에스컬레이터에서 걷는 것 자체가 사실 위험한 거야. (영화관의 안내 방송 소리가 나온다.) 누가 걷다가 발을 헛디뎌서 넘어지기라도 해 봐. 여러 명이 다칠 수 있잖아.

재희 : ＿＿＿＿＿ ⓐ ＿＿＿＿＿ 다시 말해 줄래?

새롬 : 에스컬레이터에서 걷다가 발을 헛디디면 여러 명이 다칠 수도 있다고.

재희 : ㉤ 하지만 바쁜 일이 있는 사람들을 배려하는 것도 필요하지 않을까?

새롬 : 그래, 네 말도 맞아. 때로는 바쁜 일이 있는 사람들을 배려할 필요도 있지. 하지만 난 사람들의 안전이 무엇보다 우선이라 생각해.

1. ㉠ ~ ㉤에 대한 설명으로 적절하지 <u>않은</u> 것은? [3점]

① ㉠ : 비언어적 표현을 활용하여 의사를 표현하고 있다.
② ㉡ : 상대방의 의견을 물으며 대화를 이어가고 있다.
③ ㉢ : 매체에서 얻은 정보를 활용하여 근거를 제시하고 있다.
④ ㉣ : 화제에서 벗어난 이야기를 하여 대화의 맥이 끊기고 있다.
⑤ ㉤ : 질문의 형식을 통해 상대방의 동의를 구하고 있다.

2. <보기>에서 설명하고 있는 내용을 적용할 때, ⓐ에 들어갈 말로 가장 적절한 것은? [3점]

─── < 보 기 > ───
상대방과 원활하게 대화를 나누기 위해서는 주변 상황이나 상대방에게 책임을 미루기보다는 자신의 책임임을 나타내는 표현을 사용하는 것이 더 바람직하다.

① 너 나한테 지금 뭐라고 하지 않았니?
② 네 목소리 크기가 너무 작은 거 아니니?
③ 안내 방송 때문에 네 말이 잘 안 들렸어.
④ 에스컬레이터에서 여러 명이 어떻게 되었다고?
⑤ 잠깐 다른 생각을 하느라 네 말을 잘 못 들었어.

3. 다음은 어떤 학생의 발표 내용이다. 위 학생이 세웠던 발표 계획 중, 발표에 반영되지 <u>않은</u> 것은? [3점]

저는 여러분께 간송 전형필에 대해 알려 드리려고 합니다.
간송 전형필은 1906년 서울에서 태어났습니다. 그의 집안은 당시 서울에서 손꼽히는 갑부였답니다. 일제강점기 때 전형필은 사재를 들여서 문화재를 수집하는 데에 심혈을 기울였습니다. 당시에 기와집 한 채 값이 천 원 정도였는데, 그는 기와집 열 채 값을 치르고 고려청자나 조선백자를 사들였습니다. 그래서 문화재 수집 초기에는 많은 돈을 들여 낡은 그림과 그릇, 책을 사들이는 이런 전형필을 보고 주변 사람들은 '집안을 말아먹을 철부지', '바보 같은 남자'라고 비웃기도 했습니다.
간송 전형필은 문화재의 가격을 정할 때, 그것을 파는 사람이 요구하는 액수가 아니라 그 문화재가 지닌 진정한 가치를 판단하여 그 가치에 걸맞은 값을 치렀습니다.
('시각 자료 1~3'을 순서대로 보여 주며) 이것은 전형필이 수집한 추사 김정희의 작품입니다. 이것은 우리 강산을 담은 겸재 정선의 산수화이고 이것들은 김홍도와 신윤복의 풍속화들입니다.
(잠시 호흡을 가다듬고) 한국 전쟁 때 피란길에서도 전형필이 소중하게 간직한 것이 있었습니다. 파는 사람이 원하는 값의 열 배를 주고 샀다는 일화가 전해지는데요. 도대체 그것이 무엇인지 궁금하지 않으세요?
('시각 자료 4'를 보여 주며) 이것이 방금 전에 말했던 그 물건입니다. 바로 훈민정음 원본입니다.
간송 전형필이 전 재산을 털어 모았던 그 문화재들은 현대에 와서 훌륭한 문화유산으로서 그 가치를 인정받고 있습니다. 그 문화재들 중 국보로 지정된 것이 12점이나 되고, 보물로 지정된 것이 10점, 서울시 지정 문화재가 4점입니다.
이처럼 간송 전형필 덕분에 우리 곁에 남게 된 소중한 문화재들은 지금 간송미술관에 보관되어 있습니다. 매년 두 번씩 이 문화재들을 전시한다고 하니, 여러분도 꼭 한 번쯤은 이곳을 방문하여 소중한 우리 문화재들을 감상해 보시기 바랍니다. 이것으로 발표를 마치겠습니다.

① 질문을 통해 청중의 관심을 유발해야겠어.
② 시각 자료를 활용해서 내용의 전달 효과를 높여야겠어.
③ 일화를 소개하여 인물에 대한 이해를 도울 필요가 있어.
④ 청중에게 구체적인 행동을 권유하며 발표를 마무리해야겠어.
⑤ 널리 알려진 사람의 명언을 인용해서 발표 의도를 부각해야겠어.

[4~5] '청소년의 척추 측만증 실태와 그 해결 방안'을 주제로 글을 쓰기 위해 〈보기〉의 자료를 수집하였다. 물음에 답하시오.

─────── 〈 보 기 〉 ───────

(가) 인터뷰

　척추 측만증이란 척추가 S자나 C자 형태로 휘어지는 질환으로, 주로 허리에 무리를 주는 자세로 오래 앉아 있거나 허리 근육이 약화되면 발생할 수 있습니다. 이 질환은 장기와 폐를 손상시키고 성장을 방해하며, 심한 통증으로 인한 우울증과 무기력증을 유발합니다.

－ 척추 전문의 ○○○ 박사 －

(나) 통계 자료

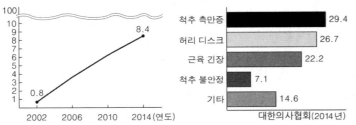

1. 청소년 척추 측만증 발병률(%)
2. 청소년 척추 질환(%)

척추 측만증　29.4
허리 디스크　26.7
근육 긴장　22.2
척추 불안정　7.1
기타　14.6
대한의사협회(2014년)

(다) 신문 기사

　척추 측만증은 조기에 발견하여 치료하는 것이 중요하다. 이 질환은 발생 초기에는 통증이 없어서 발견이 쉽지 않고 진행된 후에는 치료가 어렵기 때문이다. 청소년기는 척추가 성장하는 시기이므로 조기에 발견하여 치료하면 완치가 가능하다. 하지만 무엇보다 중요한 것은 올바른 생활 습관과 꾸준한 운동을 통해 허리 건강을 지켜야 한다는 것이다.

－ △△ 일보 －

---

4. 자료를 활용하기 위한 방안으로 적절하지 <u>않은</u> 것은? [3점]

① (가): 척추 측만증으로 인해 청소년의 건강이 위협받을 수 있음을 강조한다.
② (나): 척추 측만증이 청소년 척추 질환의 대표적 질환이며 발병률 또한 증가하고 있음을 문제로 지적한다.
③ (다): 척추 측만증을 조기에 발견하는 것이 중요하므로 정기검진의 필요성을 제시한다.
④ (가)＋(다): 척추 측만증을 예방하려면 바른 자세를 유지하고 운동을 꾸준히 해야 함을 강조한다.
⑤ (나)＋(다): 척추 측만증이 증가하는 원인은 우울증이므로 평소 긍정적인 생각을 가져야 함을 권유한다.

---

5. 위의 자료를 활용하여 공익광고를 제작하려고 한다. 〈조건〉을 반영한 것으로 가장 적절한 것은? [3점]

─────── 〈 조 건 〉 ───────

○ 척추 건강을 지키기 위한 실천 방법을 제시할 것.
○ 대상을 의인화하여 표현할 것.

① 허리가 아프신가요? 소중하게 보살펴 주세요.
② 아직도 핸드폰을 오랫동안 보시나요? 이제 그만!
③ 곧은 허리는 삶의 활력소! 꾸준한 운동으로 지키세요.
④ 허리를 펴고 바르게 앉아 보세요. 아파하는 허리가 방긋!
⑤ 푹신한 의자! 굽이 높은 신발! 모두 건강을 위해 멀리하세요.

---

6. 〈보기〉는 동아리 가입을 권유하는 글의 초고이다. ㉠~㉤을 고쳐 쓰기 위한 방안으로 적절하지 <u>않은</u> 것은? [3점]

─────── 〈 보 기 〉 ───────

　안녕하세요? 우리 동아리는 학교에서 유일한 봉사 동아리입니다. 작년에는 ㉠ <u>폐지와 자선 바자회를 열어서</u> 꽤 많은 돈을 모았습니다. 우리는 모은 돈을 연말에 기부금으로 ㉡ <u>사용되었습니다.</u> ㉢ <u>앞으로는 기부 내용도 꼭 공개하겠습니다.</u> 이러한 활동을 하면서 육체적으로는 힘들었지만 큰 보람을 느꼈습니다. ㉣ <u>그리고</u> 선·후배 간의 끈끈한 정도 나눌 수 있었습니다. ㉤ <u>새로 입학한 신입생</u> 여러분들도 우리 동아리에서 의미 있는 학교생활을 함께하기를 바랍니다.

① ㉠은 호응 관계를 고려하여 '폐지를 팔고 자선 바자회를 열어서'로 고친다.
② ㉡은 부적절한 피동 표현이므로 '사용하였습니다'로 고친다.
③ ㉢은 글의 통일성에 어긋나므로 삭제한다.
④ ㉣은 문장의 연결이 어색하므로 '그러면'으로 고친다.
⑤ ㉤은 의미가 중복되므로 '새로 입학한'을 삭제한다.

---

7. 〈보기〉에서 설명하는 품사의 예로 적절한 것은? [4점]

─────── 〈 보 기 〉 ───────

○ 용언을 수식한다.
○ 형태가 변하지 않는다.

① 잠을 설쳤더니 <u>몹시</u> 피곤하다.
② 꽃이 떨어지면 열매가 <u>달린다</u>.
③ 시장에 가서 사과 <u>세</u> 개를 샀다.
④ 선풍기에서도 <u>뜨거운</u> 바람이 불었다.
⑤ <u>모든</u> 사람들이 다 착한 것은 아니다.

8. <보기>의 ㄱ~ㄹ을 활용하여 만든 겹문장을 이해한 내용으로 적절하지 <u>않은</u> 것은? [3점]

─────< 보 기 >─────
ㄱ. 바람이 분다.
ㄴ. 바람이 차갑다.
ㄷ. 단풍잎이 빨갛다.
ㄹ. 단풍잎이 흔들린다.
───────────────

① '바람이 불어서 단풍잎이 흔들린다.'는 ㄱ과 ㄹ이 종속적으로 이어진 문장이다.
② '차가운 바람이 분다.'는 ㄴ이 ㄱ에 안기면서 ㄴ의 주어가 생략된 문장이다.
③ '바람이 차갑고 단풍잎이 빨갛다.'는 ㄴ과 ㄷ이 대등적으로 이어진 문장이다.
④ '단풍잎이 바람이 불면 흔들린다.'는 ㄹ이 관형절로 바뀐 ㄱ을 안고 있는 문장이다.
⑤ '흔들리는 단풍잎이 빨갛다.'는 ㄹ이 관형절의 형태로 ㄷ에 안겨 있는 문장이다.

9. <보기>의 [가]를 바탕으로 [나]를 분석한 내용으로 적절하지 <u>않은</u> 것은? [4점]

─────< 보 기 >─────
[가] 품사는 단어를 '형태', '기능', '의미'를 기준으로 분류한 것이다. ㉠'형태'에 따라 불변어, 가변어로, ㉡'기능'에 따라 체언, 용언, 수식언, 관계언, 독립언으로 나뉜다. 그리고 ㉢'의미'에 따라 명사, 대명사, 수사, 동사, 형용사, 관형사, 부사, 조사, 감탄사로 나뉜다.

[나] 열에 아홉은 매우 착실한 학생이다.
───────────────

① ㉠에 따라 나누면 '착실한'과 '이다'는 가변어이다.
② ㉡에 따라 나누면 '열'과 '학생'은 체언이다.
③ ㉡에 따라 나누면 '은'과 '이다'는 관계언이다.
④ ㉢에 따라 나누면 '아홉'과 '학생'은 같은 품사이다.
⑤ ㉢에 따라 나누면 '매우'와 '착실한'은 다른 품사이다.

[10~11] 다음 글을 읽고 물음에 답하시오.

(가)
노랗게 속 차오르는 배추밭머리에 서서
생각하노니
옛날에 옛날에는 배추꼬리도 맛이 있었나니 눈 덮인 움 속에서 찾아냈었나니

하얗게 밑둥 드러내는 무밭머리에 서서
생각하노니
옛날에 옛날에는 무꼬리 발에 채였었나니 아작아작 먹었었나니

㉠ 달삭한 맛

산모롱을 굽이도는 기적 소리에 떠나간 사람 얼굴도 스쳐가나니 설핏 비껴가나니 풀무 불빛에 싸여 달덩이처럼

오늘은
이마 조아리며 빌고 싶은 고향

                    − 박용래,「밭머리에 서서」−

(나)
추석날 천리길 고향에 내려가
너무 늙어 앞도 잘 보지 못하는
할머니의 손톱과 발톱을 깎아드린다
어느덧 ㉡산국화 냄새 나는 팔순 할머니
팔십평생 행여 풀여치 하나 밟을세라
안절부절 허리 굽혀 살아오신 할머니
추석날 천리길 고향에 내려가
할머니의 손톱과 발톱을 깎아주면서
언제나 변함없는 대밭을 바라본다
돌아가신 할아버님이 그렇게 소중히 가꾸신 대밭
대밭이 죽으면 집안과 나라가 망한다고
가는 해마다 거름주고 오는 해마다 거름주며
죽순 하나 뽑지 못하게 하시던 할아버님
할아버님의 흰 옷자락을 그리워하며
그 시절 도깨비들이 춤추던 대밭을 바라본다
너무 늙어 앞도 잘 보지 못하는
할머니의 손톱과 발톱을 깎아주면서
강강술래 나는 논이 되고 싶었다
강강술래 나는 밭이 되고 싶었다.

                    − 김준태,「강강술래」−

10. <보기>에서 선생님이 제시한 과제를 수행한 결과로 적절하지 <u>않은</u> 것은? [4점]

─────< 보 기 >─────

선생님 : (가)와 (나)는 이미지가 돋보이는 시입니다. 시에서 이미지는 대상에 대한 인상을 선명하게 하거나 정서를 환기하여 시적 상황을 생생하게 느낄 수 있게 합니다. 다음 그림과 같이 (가)의 ㉠과 (나)의 ㉡의 이미지에 대해 설명하고자 할 때, A, B, C에 들어갈 내용을 이야기해 봅시다.

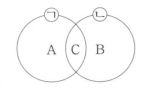

① A : 화자가 느끼고 있는 그리움을 미각적 이미지를 통해 환기하고 있어.

② A : 화자의 지난날의 경험을 구체적인 감각을 통해 생생하게 전달하고 있어.

③ B : 인물에 대한 인상을 후각적 이미지를 통해 나타내고 있어.

④ C : 대상에 대한 화자의 정서를 감각적 이미지를 통해 선명하게 드러내고 있어.

⑤ C : 감각적 표현을 통해 화자의 과거와 현재 상황을 연결하고 있어.

11. <보기>를 (나)의 작가가 한 강연의 일부라고 할 때, 이를 바탕으로 (나)를 감상한 내용으로 적절하지 <u>않은</u> 것은? [4점]

─────< 보 기 >─────

추석이라 고향에 다녀왔습니다. 예전에는 명절이면 마을의 번영과 풍년을 기원하며 마을 사람들이 함께 손잡고 '강강술래'를 노래했지요. 산업화가 되면서 살기가 좋아졌다는데 농촌은 예외인가 봅니다. 젊은이들이 떠나간 들녘은 활기를 잃어 가고, 작은 생명체 하나라도 아끼고 공동체를 소중히 여겼던 삶들이 사라져 가고 있습니다. 앞도 잘 못 보게 늙으신 할머니의 모습이 쇠락해 가는 고향처럼 다가와 마음이 아팠습니다. 생전에 가꾸시던 대밭을 보며 할아버지를 떠올려 봅니다. 그리고 그 옛날의 '강강술래'를 읊조리며 아픈 농촌을 품어 봅니다. 공동체의 회복을 꿈꿔 봅니다.

① '할머니'의 손발톱을 '깎아드리'는 화자의 행위에는 쇠락해 가는 '고향'에 대한 애정과 연민이 함께 담겨 있겠군.

② '팔십평생 행여 풀여치 하나 밟을세라'를 통해 작은 생명체 하나라도 소중히 여겼던 농촌 사람들의 삶을 엿볼 수 있겠군.

③ '대밭'을 가꾸며 '집안과 나라'를 걱정하는 '할아버지'의 모습에서 공동체를 중시했던 농촌 사회의 일면을 들여다볼 수 있겠군.

④ '그 시절 도깨비들이 춤추던 대밭'은 활기를 잃어 가는 농촌을 의미하는 것으로, 농촌 현실에 대한 화자의 비판 의식을 드러내고 있겠군.

⑤ '강강술래 나는 논이 되고 싶었다'에는 농촌의 아픔을 보듬으며 공동체의 가치가 회복되기를 바라는 화자의 염원이 담겨 있겠군.

[12~14] 다음 글을 읽고 물음에 답하시오.

경제학은 오랫동안 인간이 불확실한 상황에서도 가장 합리적인 선택을 할 수 있다고 믿어왔다. 그리고 이러한 믿음은 기대효용이론에 투영되었다. 기대효용이론은 불확실한 상황에서의 판단 기준은 기대소득이 아니라 기대효용에 있다는 것이다. 여기서 말하는 기대소득은 불확실한 상황에서 자신이 ⓐ <u>선택한</u> 대안으로 얻게 될 것으로 기대되는 수익의 크기를 의미한다.

기대소득이 선택의 기준이 된다면, 지금 당장 손에 쥘 수 있는 현금 10만 원과 기대소득이 20만 원인 복권이 있을 때 모든 사람들은 당연히 복권을 선택해야 한다. 하지만 실제로 대부분의 사람들은 불확실한 20만 원보다는 확실한 현금 10만 원을 더욱 선호한다. 이러한 현상은 ⓑ <u>확실한</u> 소득과 불확실한 소득에 대한 효용이 다르기 때문이다. 우리는 여기서 불확실한 상황에서의 판단 기준은 기대소득이 아니라 기대효용이라는 사실을 알 수 있다.

그러나 2002년 노벨경제학상을 ⓒ <u>수상한</u> 심리학자 카너먼과 트버스키는 불확실한 상황에서 우리가 수행하는 의사 결정 내용은 기대효용이론에서 제시하는 바와 다르다는 사실을 입증해내고 이 새로운 이론을 '프로스펙트 이론'이라 칭한다. 이들은 불확실한 상황에서 인간은 '효용'이 아니라 '가치'에 근거해 의사 결정을 하고, 의사 결정 과정에 있어 '비합리성'이 드러난다고 주장한다. 물론, 여기서의 비합리성은 인간 자체가 비합리적이라는 의미가 아니라 모든 의사 결정이 '합리'라는 단일한 측면에 따라 이루어지지 않는다는 의미이다. 그러나 인간의 행동이 비합리적이라고 해도 거기에는 ⓓ <u>일정한</u> 경향이 있고 어느 정도 예측이 가능하다.

프로스펙트 이론에서는 이러한 인간의 의사 결정의 경향을 '준거 의존성', '민감도 체감성', '손실 회피성'의 세 가지로 설명하고 있다. 먼저, 준거 의존성이란 의사 결정이 효용의 절대적인 크기보다는 준거점으로부터의 변화에 근거하여 수행된다는 것이다. 만약 A라는 사람은 금융자산이 3,000만 원에서 2,000만 원으로 줄고, B라는 사람은 금융자산이 1,000만 원에서 1,100만 원으로 늘었다면, 비록 절대적인 금액은 적을지라도 B가 느끼는 감정이 더 행복하다는 것이다.

다음으로 민감도 체감성은 이익이나 손실의 변화 폭이 작을 때에는 민감하게 반응하지만 이익이나 손실의 변화 폭이 커질 경우 가치의 민감도가 ⓔ <u>감소한다는</u> 것이다. 예를 들어, 한 주식투자자가 투자 손실을 입으면 처음 100만 원은 매우 크게 느끼지만 손실이 100만 원 더 늘어나면 처음의 손실만큼 가슴 아파하지 않는 경우이다. 같은 100만 원이지만 체감 정도가 다르기 때문이다.

마지막으로 손실 회피성은 이익보다 손실을 더 크게 느낀다는 것이다. 예를 들어 1만 원을 주웠을 때의 기쁨보다 1만 원을 잃어버렸을 때의 고통을 더 크게 느낀다는 것이다. 카너먼과 트버스키의 실험 결과에 의하면 사람들은 크기가 같은 이익과 손실 중에서 손실을 약 2~2.5배 더 크게 느낀다.

12. 윗글의 내용과 일치하지 <u>않는</u> 것은? [4점]

① 인간은 이익보다 손해에 더 큰 반응을 보인다.
② 기대효용이론은 인간의 합리적 선택을 믿는다.
③ 인간의 의사 결정은 비합리적이라 예측이 불가능하다.
④ 기대효용이론에 따르면 인간은 확실한 소득을 선호한다.
⑤ 인간은 똑같은 금액이라도 상황에 따라 달리 체감하게 된다.

13. 윗글을 바탕으로 <보기>를 이해할 때 적절하지 <u>않은</u> 것은?
　　　　　　　　　　　　　　　　　　　　　　　　[4점]

───────────< 보 기 >───────────

┌──────────────── ㉠ ─────────────────┐
│ A는 자신이 지닌 금융자산 5,000만 원 중 1,000만 원을 주 │
│ 식에 투자해 1,000만 원의 손실을 봤고, B는 금융자산 │
│ 1,000만 원을 은행에 넣어 두어 100만 원의 이자를 받았다. │
└─────────────────────────────────────┘
　　　　　　　　　　　⇩
┌──────────────── ㉡ ─────────────────┐
│ A는 입은 손해를 복구하기 위해 1,000만 원을, B는 여윳돈 │
│ 이 생긴 이유로 100만 원을 주식에 투자하기로 결심한다. │
└─────────────────────────────────────┘
　　　　　　　　　　　⇩
┌──────────────── ㉢ ─────────────────┐
│ A와 B는 모두 주가가 하락해 투자한 돈을 잃게 되었다. │
└─────────────────────────────────────┘

① ㉠에서 B는 A보다 자산이 적지만 더 큰 행복함을 느끼겠군.
② ㉡의 A와 B의 행위는 비합리적인 선택의 결과로 봐야겠군.
③ ㉡에서 A와 B는 기대소득을 판단의 기준으로 삼아 행동했군.
④ ㉢에서 A가 입은 마음의 상처는 ㉠에 비해 작겠군.
⑤ ㉢에서 B는 ㉠에서 얻은 이익만큼 손실을 입은 것이니 마음 아
　파하지 않겠군.

14. 문맥상 ⓐ~ⓔ를 바꿔 쓰기에 적절하지 <u>않은</u> 것은? [2점]

① ⓐ : 고른　　　　② ⓑ : 틀림없는
③ ⓒ : 받은　　　　④ ⓓ : 한결같은
⑤ ⓔ : 떨어진다는

[15~17] 다음 글을 읽고 물음에 답하시오.

[앞부분 줄거리] 심청은 가난한 집에서 태어나 눈먼 아버지를 봉양하고 아버지의 눈을 뜨게 하기 위해 공양미 삼백 석에 인당수 제물이 되어 물에 빠져 죽게 된다. 그러나 옥황상제의 도움으로 수궁으로 가게 되고 광한전의 옥진 부인(심청의 어머니)이 찾아와 만나게 된다.

"내 딸 심청아!"
하고 부르는 소리에 어머니인 줄 알고 왈칵 뛰어 나서며,
"어머니 어머니, 나를 낳고 초칠일 안에 돌아가시어 지금까지 십오 년을 얼굴도 모르오니 천지간 끝없이 깊은 한이 갤 날이 없었습니다. 오늘날 이곳에 와서 어머니와 만날 줄을 알았더라면, 오던 날 아버지 앞에서 이 말씀을 여쭈었더라면 날 보내고 설운 마음 적이 위로했을 것을…… 우리 모녀는 서로 만나 보니 좋지마는 외로우신 아버님은 누구를 보고 반기시리까? 아버지 생각이 새롭습니다."
옥진 부인이 울며 말하기를,
"나는 죽어 귀히 되어 인간 생각 아득하다. 너의 아버지 너를 키워 서로 의지하였다가 너조차 이별하니 너 오던 날 그 모습이 오죽하랴. 내가 너를 보니 반가운 마음이야 너의 아버지 너를 잃은 설움에다 비길쏘냐. 묻노라, 너의 아버지 가난에 절어 그 모습이 어떠하냐. 아마도 많이 늙었겠구나. 그간 수십 년에 홀아비나 면했으며, 뒷마을 귀덕 어미 네게 극진하지 않더냐?"
얼굴도 대어보고 손발도 만져 보며,
"귀와 목이 희니 너의 아버지 같기도 하다. 손과 발이 고운 것은 어찌 아니 내 딸이랴. 내 끼던 옥지환도 네가 지금 가졌으며, '수복강녕', '태평안락' 양편에 새긴 돈 붉은 주머니 청홍 당사 벌매듭도 애고 네가 찼구나. 아버지 이별하고 어미를 다시 보니 두 가지 다 온전하기 어려운 건 인간 고락이라. 그러나 오늘 나를 다시 이별하고 너의 아버지를 다시 만날 줄을 네가 어찌 알겠느냐? 광한전 맡은 일이 너무도 분주해서 오래 비워 두기 어렵기로 다시금 이별하니 애통하고 딱하다만 내 맘대로 못 하니 한탄한들 어이 할쏘냐? 후에라도 다시 만나 즐길 날이 있으리라."
하고 떨치고 일어서니 소저 만류하지 못하고 따를 길이 없어 울며 하직하고 ㉠<u>수정궁</u>에 머물더라.
　　　　　　　　　　　　　(중략)
하루는 옥황상제께서 사해용왕에게 말씀을 전하시기를,
"심 소저 혼약할 기한이 가까우니, 인당수로 돌려보내어 좋은 때를 잃지 말게 하라."
분부가 지엄하시니 사해용왕이 명을 듣고 심 소저를 보내실 제, 큰 꽃송이에 넣고 두 시녀를 곁에서 모시게 하여 아침저녁 먹을 것과 비단 보배를 많이 넣고 옥 화분에 고이 담아 인당수로 보내더라. 이때 사해용왕이 친히 나와 전송하고 각궁 시녀와 여덟 선녀가 여쭙기를,
"소저는 인간 세상에 나아가서 부귀와 영광으로 만만세를 즐기소서."
소저 대답하기를,

"ⓒ 여러 왕의 덕을 입어 죽을 몸이 다시 살아 세상에 나가 오니 은혜를 잊을 수가 없습니다. 모든 시녀들과도 정이 깊어 떠나기 섭섭하오나 이승과 저승의 길이 다르기에 이별하고 가기는 하지마는 수궁의 귀하신 몸 내내 평안하옵소서."

하고 하직하고 돌아서니, 순식간에 꿈같이 인당수에 번듯 떠서 뚜렷이 수면을 영롱케 하니 천신의 조화요 용왕의 신령이더라.

— 작자 미상, 「심청전」 —

15. 윗글을 통해 알 수 있는 내용으로 적절한 것은? [4점]

① 옥황상제는 심청을 인간 세상에 보낼 것을 지시했다.
② 심청은 죽어서 어머니와 만날 것을 이미 알고 있었다.
③ 심 봉사는 심청이 죽고 난 후 귀덕 어미와 재혼을 했다.
④ 사해용왕은 옥진 부인과 이별을 하며 옥 화분을 선물했다.
⑤ 어머니는 옥지환을 보고서야 심청이 자신의 딸임을 알았다.

16. ㉠의 의미로 적절하지 <u>않은</u> 것은? [3점]

① 심청과 어머니와의 만남을 가능하게 하는 공간이다.
② 심청이 죽은 후에 머물게 되는 비현실적인 공간이다.
③ 심청이 부귀영화를 실현할 목적으로 선택한 공간이다.
④ 심청이 아버지를 위한 희생에 대해 보상을 받는 공간이다.
⑤ 심청이 다시 현실 세계로 가기 위해 준비를 하는 공간이다.

17. ㉡의 상황을 나타내는 말로 가장 적절한 것은? [3점]

① 각골난망(刻骨難忘)
② 개과천선(改過遷善)
③ 온고지신(溫故知新)
④ 진퇴양난(進退兩難)
⑤ 청출어람(青出於藍)

[18~20] 다음 글을 읽고 물음에 답하시오.

어떤 사람들은 배, 비행기, 자동차를 타면 메스꺼움이나 어지러움을 느끼는데 이를 멀미라고 한다. 멀미는 평형 감각이 흐트러진 대표적인 경우로, 내이*의 평형 정보와 눈의 시각 정보의 불일치로 일어나고, 심한 경우 대뇌의 구토 중추를 자극하기도 한다.

내이와 눈은 몸의 움직임과 관련된 신호를 뇌에 전한다. 내이에는 몸의 움직임과 관련된 정보와 몸이 움직이면서 평형이 깨졌다는 정보를 뇌에 전하는 반고리관과 전정 기관이 있다. 내이의 반고리관은 회전 운동에 반응하고 전정 기관은 직선 운동에 반응한다. 이 두 가지 운동에 대한 반응으로 생긴 신호는 신경을 ㉠통해서 소뇌에 전해진다. 눈에서도 신호를 보내는데 공간과 관련된 정보를 시각 신경을 통해서 대뇌로 전달한다. 내이와 눈에서 오는 정보에 대응해 몸의 각 부분을 움직여 균형을 잡는 것은 소뇌이다. 파도에 요동치는 배나 심하게 흔들리는 차를 탔을 때에는 내이와 눈에서 과도한 자극을 보내 소뇌를 혼란스럽게 하고 이런 혼란이 멀미로 이어진다.

움직이는 버스에서 한 사람은 책을 보고, 한 사람은 밖의 풍경을 보고 있다고 가정해 보자. 버스가 움직이면 두 사람은 모두 내이의 평형 기관에서 보낸 정보에 의해 자신의 위치가 변화하고 있음을 알게 된다. 책을 보는 사람의 시선은 책에 고정되어 있어서 자신의 위치가 변하는 것을 인지하지 못하지만 창밖을 보는 사람은 변하는 풍경을 보며 자신의 위치가 계속 변화한다는 것을 알게 된다. 책을 보는 사람은 눈과 내이에서 오는 정보가 일치하지 않아 멀미를 심하게 느낄 것이고 창밖을 보는 사람은 어느 정도 두 정보가 일치하기 때문에 멀미를 덜 느낄 것이다.

ㄴ 멀미가 날 경우에는 가까운 곳보다는 먼 곳을 보는 것이 좋으며, 잠을 자는 것도 한 방법이다. 책이나 신문을 보는 것처럼 한곳에 시선을 집중하는 것을 피하고 머리 움직임을 최소화하는 게 좋다. 붙이는 멀미약을 사용하면 내이의 평형 기관에서 소뇌로 신호를 보내는 것을 방해하여 멀미를 덜 느끼게 된다.

* 내이: 귀를 세 부분으로 나누었을 때 가장 안쪽에 있는 부분을 이르는 말.

18. 윗글을 바탕으로 <보기>의 그림을 이해할 때 적절하지 <u>않은</u> 것은? [4점]

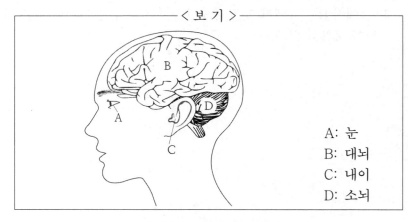

< 보 기 >

A: 눈
B: 대뇌
C: 내이
D: 소뇌

① A를 통해 공간과 관련된 정보가 들어온다.
② A를 통한 정보는 B로 전달된다.
③ B를 통해 몸은 회전과 직선 운동에 반응한다.
④ C를 통한 정보는 D로 전달된다.
⑤ D에서 몸의 각 부분을 움직여 균형을 잡는다.

19. ㉠의 문맥적 의미와 가장 유사한 것은? [4점]

① 나는 학교에서 시인으로 통했다.
② 비상구를 통해 밖으로 빠져나갔다.
③ 그의 주장은 앞뒤가 잘 통하지 않는다.
④ 우리는 상식이 통하는 사회를 만들어야 한다.
⑤ 바람이 잘 통하는 곳에 빨래를 널어야 잘 마른다.

20. ㉡에 들어갈 접속어로 가장 적절한 것은? [2점]

① 그러나   ② 그런데   ③ 따라서
④ 그렇지만   ⑤ 왜냐하면

[21~22] 다음 글을 읽고 물음에 답하시오.

촌장 애야, 이리 떼는 처음부터 없었다. 없는 걸 좀 두려워 한다는 것이 뭐가 그렇게 나쁘다는 거냐? 지금까지 단 한 사람도 이리에게 물리지 않았단다. 마을은 늘 안전했어. 그리고 사람들은 이리 떼에 대항하기 위해서 단결했다. 그들은 질서를 만든 거야. 질서, 그게 뭔지 넌 알기나 하니? 모를 거야, 너는. 그건 마을을 지켜 주는 거란다. 물론 저 충직한 파수꾼에겐 미안해. 수천 개의 쓸모없는 덫들을 보살피고 양철 북을 요란하게 두들겼다. 허나 말이다, 그의 일생이 그저 헛되다고만 할 순 없어. 그는 모든 사람들을 위해 고귀하게 희생한 거야. 난 네가 이러한 것들을 이해해 주기 바란다. 만약 네가 새벽에 보았다는 구름만을 고집한다면, 이런 것들은 모두 허사가 된다. 저 파수꾼은 늙도록 헛북이나 친 것이 되구, 마을의 질서는 무너져 버린다. 애야, 넌 이렇게 모든 걸 헛되게 하고 싶진 않겠지?

다 왜 제가 헛된 짓을 해요? 제가 본 흰 구름은 아름답고 평화로웠어요. 저는 그걸 보여 주려는 겁니다. 이제 곧 마을 사람들이 온다죠? 잘됐어요. 저는 망루 위에 올라가서 외치겠어요.

촌장 뭐라구? (잠시 동안 침묵을 지킨 후에 웃으며) 사실 우습기도 해. 이리 떼? 그게 뭐냐? 있지도 않은 그걸 이 황야에 가득 길러 놓구, 마을엔 가시 울타리를 둘렀다. 망루도 세웠구, 양철 북도 두들기구, 마을 사람들은 무서워서 떨기도 한다. 아하, 언제부터 내가 이런 거짓 놀이에 익숙해졌는지 모른다만, 나도 알고는 있지. 이 모든 것이 잘못되어 있다는 걸 말이다.

다 그럼 촌장님, 저와 같이 망루 위에 올라가요. 그리구 함께 외치세요.

촌장 그래, 외치마.

다 아, 이젠 됐어요!

촌장 (혼잣말처럼) …… 그러나 잘 될까? 흰 구름, 허공에 뜬 그것만 가지구 마을이 잘 유지될까? 오히려 이리 떼가 더 좋은 건 아닐지 몰라.

다 뭘 망설이시죠?

촌장 아냐, 아무것두…… 난 아직 안심이 안 돼서 그래. (온화한 얼굴에서 혀가 낼름 나왔다가 들어간다.) 지금 사람들은 도끼까지 들구 온다잖니? 망루를 부순 다음엔 속은 것에 더욱 화를 낼 거야! 아마 날 죽이려구 덤빌지도 몰라. 아니 꼭 그럴 거다. 그럼 뭐냐? 지금까진 이리에게 물려 죽은 사람은 단 한 명도 없었는데, 흰 구름의 첫날 살인이 벌어진다.

다 살인이라구요?

촌장 그래, 살인이지. (난폭하게) 생각해 보렴, 도끼에 찍힌 내 모습을. 피가 샘솟듯 흘러내릴 거다. 끔찍해. 애, 너는 내가 그런 꼴이 되길 바라고 있지?

다 아니에요, 그건!

촌장 아니라구? 그렇지만 내가 변명할 시간이 어디 있니? 난 마을 사람들에게 왜 이리 떼를 만들었던가, 그걸 알려 줘야 해. 그럼 그들도 날 이해해 줄 거야.

다 네, 그렇게 말씀하세요.

촌장 허나 내가 말할 틈이 없다. 사람들이 오면, 넌 흰 구름이라 외칠거구, 사람들은 분노하여 도끼를 휘두를 테구, 그럼 나는, 나는…… (은밀한 목소리로) 애, 네가 본 흰 구름 있잖니, 그건 내일이면 사라지고 없는 거냐?

다 아뇨. 그렇지만 난 오늘 외치구 싶어요.

촌장 그것 봐. 넌 내 피를 보구 싶은 거야. 더구나 더 나쁜 건, 넌 흰 구름을 믿지도 않아. 내일이면 변할 것 같으니까, 오늘 꼭 외치려구 그러는 거지. 아하, 넌 네가 본 그 아름다운 걸 믿지도 않는구나!

다 (창백해지며) 그건, 그건 아니에요!

촌장 그래? 그럼 너는 내일까지 기다려야 해. (괴로워하는 파수꾼 다를 껴안으며) 오늘은 나에게 맡겨라. 그러면 나도 내일은 너를 따라 흰 구름이라 외칠 테니.

다 꼭 약속하시는 거죠?

촌장 물론 약속하지.

다 정말이죠. 정말?

촌장 그럼. 정말 약속한다니까.

— 이강백, 「파수꾼」 —

21. 윗글에 대한 설명으로 적절한 것은? [3점]

① 극중 인물이 해설자의 역할을 하고 있다.
② 공간의 이동에 따라 사건을 전개하고 있다.
③ 새로운 인물의 등장으로 갈등이 해소되고 있다.
④ 장면을 빠르게 전환하여 긴박한 분위기를 조성하고 있다.
⑤ 인물 간의 대화를 통해 갈등의 변화 양상을 보여주고 있다.

22. <보기>를 참고하여 윗글을 감상한 내용으로 적절하지 <u>않은</u> 것은? [4점]

─── < 보 기 > ───

우의는 전달하고자 하는 내용이 있을 때 그것을 직접적으로 밝히지 않고 다른 내용을 통해서 넌지시 전달하는 기법이다. 이 작품의 작가는 주제를 전달하기 위하여 한국의 현실적 상황과 관련이 없는 듯 보이는 가상적인 상황과 인물을 설정하고, 이를 통해 1970년대 군사정권 체제를 유지하기 위한 정치 상황과 진실이 왜곡된 사회 현실을 풍자하였다.

① '흰 구름'에 대한 '촌장'의 태도를 통해 한국의 군사정권을 풍자하고 있군.
② '양철 북'은 거짓된 상황에 맞서 진실을 추구하는 민중의 의지를 의미하는군.
③ '이리 떼'는 작가가 주제를 드러내기 위해 만들어 낸 우의적 장치라고 볼 수 있겠군.
④ '마을 사람들'은 진실이 왜곡된 사회에서 진실을 모른 채 살아가는 당시의 민중을 의미하겠군.
⑤ '촌장'과 '다'는 1970년대 정치 현실을 비판하기 위해 의도적으로 설정된 인물로 볼 수 있겠군.

[23~25] 다음 글을 읽고 물음에 답하시오.

오케스트라(Orchestra)는 고대 그리스에서 극장의 관객과 무대 사이에 위치한 무용수들의 춤추는 공간을 의미했다. 이후 6세기 말에 오페라가 발생하면서 악기 연주자들이 앉는 장소를 뜻하게 되었고, 지금은 '여러 악기들이 함께 연주되는 대형의 조직체'라는 뜻으로 쓰이고 있다.

오케스트라를 구성하는 악기는 크게 현악기, 목관악기, 금관악기, 타악기의 4개 계열이다. 여기에 피아노와 같은 건반악기가 협주를 위해 들어오기도 한다. 오케스트라의 악기들은 전체적인 음향과 음색이 균형을 이룰 수 있도록 효과적으로 배치된다.

현악기는 줄을 활로 긋거나 뜯어서 진동시킴으로써 소리를 내는데 다른 악기에 비해 표현력이 뛰어나므로 오케스트라에서 중심 역할을 수행한다. 그래서 무대 가까운 쪽에 줄로 소리를 내는 현악기들을 볼 수 있는데 관객석에서 바라볼 때 왼쪽에는 가장 높고 날카로운 소리를 지닌 바이올린, 오른쪽에는 바이올린보다 조금 낮은 소리를 내는 비올라와 첼로, 첼로 뒤에는 현악기들 중 가장 낮은 소리를 내는 더블베이스가 자리한다.

현악기 뒤에는 목관악기가 자리한다. 목관악기는 예전에는 주로 나무로 만들었던 악기를 말하는데 요새는 금속이 재료로 많이 쓰인다. 플루트, 오보에, 클라리넷, 바순이 대표적인 목관악기로, 이것은 금관악기보다 소리가 부드럽고 섬세하며 교향곡에서 중요한 솔로를 연주하기도 한다.

금속으로 만든 금관악기는 목관악기보다 강하고 화려한 소리를 내기 때문에 목관악기보다 뒤쪽에 자리한다. 호른, 트럼펫, 트롬본, 튜바가 여기에 속하는데 목관에 비해 많은 호흡을 소비하므로 연주 길이가 상대적으로 짧다.

타악기란 어떤 물체를 두드리거나 맞부딪쳐 소리 내는 악기를 일컫는데 가장 시끄러운 악기들이라 오케스트라의 맨 뒤에 배치된다. 타악기는 팀파니, 실로폰처럼 음의 높낮이를 표현할 수 있는 것과 드럼이나 심벌즈처럼 표현할 수 없는 것이 있다.

[A] ┌ 오케스트라는 이처럼 다양한 악기들이 하나의 주제를 표현하기 위해 음향적으로 완벽하게 결합한다. 각 악기들이 자신의 역할을 다하여 조화를 이룰 때 오케스트라는 우리에게 멋진 소리를 들려준다. └

23. <보기>에서 윗글에 쓰인 내용 전개 방식을 모두 고른 것은? [3점]

─── < 보 기 > ───

ㄱ. 장점과 단점을 나열하며 대상을 설명하고 있다.
ㄴ. 대상의 뜻을 명백히 밝혀 화제를 제시하고 있다.
ㄷ. 공간의 이동에 따른 대상의 변화 과정을 설명하고 있다.
ㄹ. 대상을 공통되는 성질에 따라 종류별로 나누어 설명하고 있다.

① ㄱ, ㄴ　② ㄱ, ㄷ　③ ㄴ, ㄷ　④ ㄴ, ㄹ　⑤ ㄷ, ㄹ

24. 윗글을 바탕으로 할 때 바이올린의 위치로 적절한 것은? [4점]

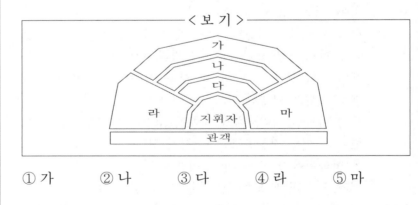

① 가　② 나　③ 다　④ 라　⑤ 마

25. [A]와 유사한 사례로 가장 적절한 것은? [2점]

① 실내 습도를 조절하면 감기를 예방할 수 있다.
② 연출자의 능력이 뛰어나야 드라마가 성공할 수 있다.
③ 요리는 다양한 재료들이 서로 어우러질 때 가장 맛있다.
④ 규정 속도를 지키면 목적지에 안전하게 도착할 수 있다.
⑤ 기후에 맞게 농사를 지어야 풍성한 결실을 맺을 수 있다.

[26~27] 다음 글을 읽고 물음에 답하시오.

인간을 흔히 망각의 동물이라고 한다. 망각이란 기억과 반대되는 개념으로 일종의 기억 실패에 해당한다. 기억은 외부의 정보를 기억 체계에 맞게 부호로 바꾸어 저장 및 인출하는 것으로 부호화 단계, 저장 단계, 인출 단계로 나뉜다. 심리학에서는 기억 실패가 기억의 세 단계 중 어느 단계에서 일어난다고 보느냐에 따라 망각 현상을 각기 다르게 설명한다.

㉠ 부호화 단계와 관련하여 망각을 설명하는 입장에서는 외부 정보가 부호화되는 과정에서 정보의 일부가 생략되거나 왜곡되어 망각이 일어난다고 본다. 부호화란 외부 정보를 기억의 체계에 맞게 변환하는 과정으로, 부호에는 음운 부호와 의미 부호 등이 있다. 음운 부호는 외부 정보가 발음될 때 나는 소리에 초점을 둔 부호이고, 의미 부호는 외부 정보의 의미에 초점을 둔 부호이다. 가령 '8255'라는 숫자를 부호화할 때, [팔이오오]라는 소리로 부호화하는 것은 전자에 해당하고, '빨리 오오.'와 같이 의미로 부호화하는 것은 후자에 해당한다. 의미 부호는 외부 정보가 갖는 의미에 집중하여 부호화하는 것이므로, 음운 부호에 비해 정교화가 잘 일어난다. 정교화는 외부 정보를 배경지식이나 상황 맥락 등의 부가 정보와 밀접하게 관련시키는 것이다. 부호화 단계에서 망각을 설명하는 학자들은 정교화가 잘 된 정보가 그렇지 않은 정보보다 기억에 유리하여 망각이 잘 일어나지 않는다고 주장한다.

㉡ 저장 단계에서 망각이 일어난다고 보는 입장에서는 망각을 부호화 단계에서의 문제가 아니라, 저장 단계에서 정보가 사라지는 현상으로 설명한다. 즉 망각은 부호화가 되어 저장된 정보 중 사용하지 않는 정보가 시간의 경과에 따라 상실된다는 것이다. 독일의 심리학자 에빙하우스는 학습을 통해 저장된 단어가 시간의 경과에 따라 망각되는 양상을 알아보는 실험을 하였다. 그 결과 학습이 끝난 직후부터 망각이 일어나기 시작해서 1시간이 지나자 학습한 단어의 약 44% 정도가 망각되었다. 이를 근거로 저장 단계에서 망각을 설명하는 학자들은 망각은 저장 단계에서 일어나는 현상이며 시간의 흐름에 비례하여 나타난다고 주장하였다. 그리고 학습 직후 복습을 해야 학습 효과가 높다는 것을 강조하였다.

㉢ 인출 단계에서 망각이 일어난다고 보는 입장에서는 망각을 저장된 정보가 제대로 인출되지 못하여 나타나는 현상으로 설명한다. 즉 망각은 저장된 정보가 사라지는 것이 아니라, 이를 밖으로 끄집어내지 못해서 나타난다는 것이다. 저장된 정보를 인출해 내기 위해서는 적절한 인출 단서가 필요하다. 일반적으로 저장된 정보와 인출 단서가 밀접할 경우 인출이 잘 되지만, 그렇지 않으면 인출 실패로 망각이 일어날 가능성이 크다. 가령 '사랑'이라는 단어를 인출할 때 이와 의미상 연관이 큰 '애인'이라는 단어를 인출 단서로 사용하면 인출이 잘 되지만, 이와 관련이 먼 '책상'이라는 단어를 인출 단서로 사용하면 인출이 잘 되지 않는다. 인출 단계에서의 망각은 저장된 정보를 인출할 만한 단서가 부족하거나 부적절해서 나타나는 현상이므로, 시간이 흐르더라도 적절한 인출 단서만 제시되면 저장된 정보가 떠오를 수 있다.

26. '음운 부호'와 '의미 부호'에 대한 설명으로 적절한 것은? [4점]

① '음운 부호'는 외부 정보를 배경지식이나 맥락에 따라 수정한 것이다.
② '음운 부호'는 외부 정보를 그것에서 연상되는 의미로 처리하는 부호이다.
③ '의미 부호'는 외부 정보를 기억의 체계에 맞게 전환하는 데 필요한 부가 정보이다.
④ '음운 부호'와 달리 '의미 부호'로 입력된 정보는 망각되지 않는다.
⑤ '의미 부호'는 '음운 부호'에 비해 부호화 과정에서 정교화가 잘 이루어진다.

27. ㉠ ~ ㉢에서 단어 학습과 관련된 <보기>의 대화를 설명한다고 할 때, 그 내용으로 적절하지 않은 것은? [3점]

< 보 기 >
다련 : 단어를 외울 때 기존에 알고 있는 단어와 연관 지어서 암기하면 좀 더 오래 기억할 수 있어.
수민 : 단어를 소리로 외우지 않고 용례를 보며 의미에 집중하여 외우는 것이 오래 기억되지만, 시간이 많이 걸린다는 것이 흠이야.
예린 : 단어 시험 볼 때는 다 맞았는데, 시험이 끝난 후 며칠 뒤에 다시 보니 그 단어들이 기억나지 않아 속상해.
서정 : 외운 단어를 잊어버리지 않으려면, 학습 직후부터 반복적으로 복습을 하는 것이 최고인 것 같아.
석현 : 좀 전까지도 알고 있는 단어였는데, 갑자기 말하려니까 혀끝에서만 빙빙 돌 뿐 생각이 나지 않아 답답해.

① ㉠ : 다련은 단어를 정교화하는 것이 기억에 효과적이라는 것을 언급하고 있다.
② ㉠ : 수민은 단어를 음운 부호로 부호화하는 과정이 시간이 많이 걸린다는 것을 말하고 있다.
③ ㉡ : 예린이 단어들을 기억하지 못하는 것은 시간의 경과에 따라 저장 단계에서 망각이 일어났기 때문이다.
④ ㉡ : 서정이 복습을 중요하게 여기는 이유는 학습 직후부터 망각이 시작되기 때문이다.
⑤ ㉢ : 석현에게 단어와 관련이 큰 적절한 인출 단서를 주면 단어가 생각날 수도 있다.

[28~30] 다음 글을 읽고 물음에 답하시오.

이걸 가만히 내려다보자니 내 대강이가 터져서 피가 흐르는 것같이 두 눈에서 불이 번쩍 난다. 대뜸 지게막대기를 메고 달려들어 점순네 닭을 후려칠까 하다가 생각을 고쳐먹고 헛매질로 떼어만 놓았다.

이번에도 점순이가 ㉠쌈을 붙여 놨을 것이다. 바짝바짝 내 기를 올리느라고 그랬음에 틀림없을 것이다. 고놈의 계집애가 요새로 들어서서 왜 나를 못 먹겠다고 그렇게 아르릉거리는지 모른다.

나흘 전 감자 쪼간만 하더라도 나는 저에게 조금도 잘못한 것은 없다.

계집애가 나물을 캐러 가면 갔지 남 울타리 엮는 데 쌩이질을 하는 것은 다 뭐냐. 그것도 발소리를 죽여 가지고 등 뒤로 살며시 와서

"애! 너 혼자만 일하니?"

하고 긴치 않은 수작을 하는 것이었다.

어제까지도 저와 나는 이야기도 잘 않고 서로 만나도 본척만척하고 이렇게 점잖게 지내던 터이련만, 오늘로 갑작스레 대견해졌음은 웬일인가. 항차 망아지만한 계집애가 남 일하는 놈보구……

"그럼 혼자 하지 떼루 하디?"

내가 이렇게 내배앝는 소리를 하니까

"너, 일하기 좋니?" 또는,

"한여름이나 되거든 하지 벌써 울타리를 하니?"

잔소리를 두루 늘어놓다가 남이 들을까 봐 손으로 입을 틀어막고는 그 속에서 깔깔댄다. 별로 우스울 것도 없는데, 날씨가 풀리더니 이놈의 계집애가 미쳤나 하고 의심하였다. 게다가 조금 뒤에는 제 집게를 할금할금 돌아보더니 행주치마의 속으로 꼈던 바른손을 뽑아서 나의 턱밑으로 불쑥 내미는 것이다. 언제 구웠는지 아직도 더운 김이 홱 끼치는 굵은 ㉡감자 세 개가 손에 뿌듯이 쥐였다.

"느 집엔 이거 없지?"

하고 생색 있는 큰소리를 하고는, 제가 준 것을 남이 알면 큰일날 테니 여기서 얼른 먹어 버리란다. 그리고 또 하는 소리가

"너, 봄감자가 맛있단다."

"난 감자 안 먹는다, 네나 먹어라."

나는 고개도 돌리려 하지 않고 일하던 손으로 그 감자를 도로 어깨 너머로 쑥 밀어 버렸다. 그랬더니 그래도 가는 기색이 없고, 뿐만 아니라 쌔근쌔근하고 심상치 않게 숨소리가 점점 거칠어진다. 이건 또 뭐야 싶어서 그때에야 비로소 돌아다보니 나는 참으로 놀랐다. 우리가 이 동네에 들어온 것은 근 삼 년째 되어 오지만 여태껏 가무잡잡한 점순이의 얼굴이 이렇게까지 홍당무처럼 새빨개진 법이 없었다. 게다 눈에 독을 올리고 한참 나를 요렇게 쏘아보더니 나중에는 눈물까지 어리는 것이 아니냐. 그리고 바구니를 다시 집어 들더니 이를 꼭 악물고는 엎어질 듯 자빠질 듯 논둑으로 횡하게 달아나는 것이다.

어쩌다 동리 어른이,

"너 얼른 시집을 가야지?"

하고 웃으면,

"염려 마서유. 갈 때 되면 어련히 갈라구……"

이렇게 천연덕스레 받는 점순이었다. 본시 부끄럼을 타는 계

집애도 아니거니와 또한 분하다고 눈에 눈물을 보일 얼병이도 아니다. 분하면 차라리 나의 등어리를 바구니로 한번 모질게 후려쌔리고 달아날지언정.

그런데 고약한 그 꼴을 하고 가더니 그 뒤로는 나를 잡아먹으려 기를 복복 쓰는 것이다.

설혹 주는 감자를 안 받아 먹는 것이 실례라 하면, 주면 그냥 주었지 '느 집엔 이거 없지.'는 다 뭐냐. 그렇잖아도 저희는 마름이고 우리는 그 손에서 배재를 얻어 땅을 부치므로 일상 굽실거린다. 우리가 이 마을에 처음 들어와 집이 없어서 곤란으로 지낼 제 집터를 빌리고 그 위에 집을 또 짓도록 마련해 준 것도 점순네의 호의였다. 그리고 우리 어머니 아버지도 농사 때 양식이 달리면 점순이네한테 가서 부지런히 구어다 먹으면서 인품 그런 집은 다시 없으리라고 침이 마르도록 칭찬하곤 하는 것이다. 그러면서도 열 일곱씩이나 된 것들이 수군수군하고 붙어 다니면 동네의 소문이 사납다고 주의를 시켜 준 것도 또 어머니였다. 왜냐하면 내가 점순이하고 일을 저질렀다가는 점순네가 노할 것이고, 그러면 우리는 땅도 떨어지고 집도 내쫓기고 하지 않으면 안 되는 까닭이었다.

– 김유정, 「동백꽃」 –

28. 윗글의 서술자에 대한 설명으로 가장 적절한 것은? [3점]

① 작품 안 서술자가 자신의 이야기를 서술한다.

② 작품 안 서술자가 주인공을 관찰하여 서술한다.

③ 작품 밖 서술자가 인물의 내면 심리를 서술한다.

④ 작품 밖 서술자가 인물의 행동을 객관적으로 서술한다.

⑤ 작품 밖 서술자가 특정 인물의 시각으로 사건을 서술한다.

29. ㉠과 ㉡에 대한 설명으로 가장 적절한 것은? [4점]

① ㉠과 ㉡은 '나'에 대한 점순이의 관심의 표현이다.

② ㉠과 ㉡은 '나'에 대한 점순이의 질투심을 드러낸다.

③ ㉠과 ㉡은 점순이에 대한 '나'의 호기심의 표현이다.

④ ㉠은 점순이의 자존심을, ㉡은 '나'의 연민을 나타낸다.

⑤ ㉠은 '나'의 반항심을, ㉡은 점순이의 동정심을 드러낸다.

30. 윗글을 드라마로 제작하기 위한 계획으로 적절하지 <u>않은</u> 것은? [3점]

① 점순이가 눈물을 보이는 장면은 얼굴을 확대해 촬영하자.

② 점순이와 동리 어른의 대화 장면은 어두운 배경음악을 넣자.

③ '나'가 점순이네와의 관계를 설명할 때 내레이션을 활용하자.

④ '나'의 회상 장면을 이전 장면과 겹치게 편집하여 자연스럽게 이어지게 하자.

⑤ 점순이가 논둑으로 달아나는 장면에서 인물을 강조하기 위해 배경을 흐릿하게 하자.

---

* 확인 사항

○ 답안지의 해당란에 필요한 내용을 정확히 기입(표기)했는지 확인하시오.

출신중학교		성명		수험번호	

○ 문제지에 성명과 수험 번호를 정확히 써 넣으시오.
○ 답안지에 성명과 수험 번호를 써 넣고, 또 수험 번호와 답을 정확히 표시하시오.
○ 문항에 따라 배점이 다르니, 각 물음의 끝에 표시된 배점을 참고하시오.

[1~2] 다음은 교사와 학생의 대화이다. 물음에 답하시오.

학생 (근심 어린 표정으로) 선생님, 저기요…….
교사 ⊙(표정을 살피며) 할 말이 있나 보구나.
학생 네, 선생님께 여쭤보고 싶은 게 있는데 지금 바쁘세요?
교사 아니야, 시간이 있으니 말해 보렴.
학생 선생님, 저는 책을 읽어도 그때뿐이지 책의 내용이 잘 기억나지 않아요. 뭐가 문제일까요?
교사 ⓒ(고개를 끄덕이며) 선생님도 어렸을 때 너와 비슷한 고민을 한 적이 있단다. 그럼 책을 효과적으로 읽는 방법을 몇 가지 말해 볼게.
학생 ⓒ네, 선생님 잠깐만요, 메모 좀 해도 될까요?
교사 물론이지. 먼저 책의 목차, 작가의 말 등을 살펴서 책의 대략적인 내용을 추측해 볼 수 있단다.
학생 아, 그렇군요. ⓔ저는 목차나 작가의 말을 주의 깊게 본 적은 없었어요.
교사 그럴 수 있지. 다음으로는 소제목이나 목차를 질문으로 바꿔본 후에 그에 대한 답을 찾으면서 읽는 거야. 그리고 지금 네가 하는 것처럼 중요하거나 어려운 내용을 메모하면서 읽으면 도움이 된단다.
학생 ⓜ네, 질문을 만들어서 그에 대한 답을 찾고 중요한 내용은 메모를 하면서 읽으라는 말씀이시지요?
교사 그래 맞아. 잘 이해했구나. 마지막으로 독서 모임도 추천하고 싶어. 책을 읽고 생각을 나누다 보면 책의 내용을 깊이 있게 이해하고 오랫동안 기억할 수 있단다.
학생 네, 감사합니다. 선생님께서 말씀하신 대로 책을 읽어볼게요.

1. 위 대화의 ⊙~ⓜ에 대한 이해로 적절하지 않은 것은? [2점]

① ⊙: 표정을 통해 상대방의 의도를 짐작하고 있다.
② ⓒ: 상대방과 유사한 경험을 언급하며 상대방의 처지에 공감하고 있다.
③ ⓒ: 대화의 목적을 고려하여 적극적인 듣기 자세를 보여주고 있다.
④ ⓔ: 배경 지식을 활용하여 상대방이 제시한 정보의 신뢰성을 평가하고 있다.
⑤ ⓜ: 상대방의 말을 정리하며 자신이 이해한 내용을 확인하고 있다.

2. 다음 중 학생이 메모한 내용으로 적절하지 않은 것은? [2점]

○ 읽으면서 중요한 내용 메모하기 …………………… ①
○ 독서 후에 친구들과 독서 모임 하기 ……………… ②
○ 소제목을 토대로 질문을 만들고 답 찾아보기 …… ③
○ 목차, 작가의 말 등에서 책의 내용을 추측해 보기 …… ④
○ 제목을 통해 책이 자신의 수준에 맞는지 확인하기 … ⑤

3. 다음은 토론의 일부이다. 토론 참가자들의 말하기 방식으로 적절하지 않은 것은? [3점]

사회자 지금부터 '지하철 내부 CCTV 설치'에 대한 토론을 시작하겠습니다. 먼저 찬성 측 입론해 주십시오.
찬성 1 지하철에서 발생하는 각종 범죄를 예방할 수 있기 때문에 지하철 내부에 CCTV를 설치하는 것에 찬성합니다. 영국은 약 4만여 대의 CCTV를 설치한 후 범죄 발생률이 30% 이상 감소했다고 합니다.
사회자 반대 측 확인 질문해 주십시오.
반대 1 CCTV로 인해 시민들의 초상권 및 사생활이 침해될 수 있는데 이 문제는 어떻게 할 것인가요?
찬성 1 그 문제보다 CCTV를 통해 각종 범죄를 예방하고 해결하는 것이 훨씬 중요하다고 생각합니다.
반대 2 우리나라의 경우에도 다른 나라처럼 CCTV를 통한 범죄 예방 효과가 클 것이라고 기대할 수 있을까요?
찬성 2 물론이죠. 이미 방송에서 CCTV가 범죄 해결에 유용하게 활용된 사례가 많이 보도되었습니다.
사회자 반대 측 입론해 주십시오.
반대 2 CCTV를 설치하게 되면 CCTV 설치 안내 표시판을 달아야 하는데, 범죄자가 이를 악용하여 CCTV를 피해 범죄를 저지를 수 있습니다. 또한 CCTV를 설치하면 이를 관리하기 위한 비용도 추가적으로 필요합니다.

① 사회자는 발언 순서를 안내하며 토론을 진행하고 있다.
② 찬성 1은 주장을 뒷받침할 수 있는 사례를 활용하고 있다.
③ 찬성 2는 상대측의 견해를 일부 수용하고 있다.
④ 반대 1은 상대측 주장의 문제점을 제기하고 있다.
⑤ 반대 2는 예상되는 부정적 결과를 언급하고 있다.

4. 다음은 학생이 '우리 지역에도 행복 택시를 도입하자'라는 주제로 쓴 건의문의 초고이다. ㉠~㉤을 고쳐 쓰기 위한 방안으로 적절하지 <u>않은</u> 것은? [3점]

> ○○구청 담당자님, 안녕하세요? 저는 ○○고등학교 1학년 홍지영입니다. 우리 읍은 교통이 좋지 않아 주민들이 많은 불편을 겪고 있습니다. 그래서 제가 우리 지역에 적용할 만한 좋은 사례가 있어 ㉠<u>소개시켜</u> 드리려고 합니다.
> 　시골 마을에서 버스비도 안 되는 금액으로 이용할 수 있는 행복 택시가 있다고 합니다. 행복 택시는 2013년 충남 서천군에서 처음 시작됐으며, 운영을 ㉡<u>검토</u>하는 곳이 전국적으로 확대되고 있다고 합니다. 주민 복지에서 시작한 행복 택시는 예산 절감 효과도 있는 것으로 분석됐습니다. ㉢<u>택시는 외진 마을을 오가는 것을 싫어합니다.</u> 행복 택시를 운영하는 것이 버스를 운영하는 것보다 비용이 적게 들기 때문입니다. ㉣<u>하지만</u> 버스가 들어가지 못하는 도로를 확충하는 데 필요한 예산도 줄일 수 있다고 합니다. 또한 시골 마을 주민들의 편리한 이동으로 우리 지역의 교통 복지가 증진될 뿐 아니라 주민들이 우리 읍의 전통 시장 등을 쉽게 오갈 수 있어 지역 경제 활성화에도 도움이 될 것입니다. 아무쪼록 저의 ㉤<u>바램</u>이 이루어졌으면 합니다. 감사합니다.

① ㉠: 사동 표현을 잘못 사용하였으므로 '소개해'로 고친다.
② ㉡: 단어의 의미 관계를 고려하여 '검색'으로 고친다.
③ ㉢: 글의 흐름과 어울리지 않으므로 삭제한다.
④ ㉣: 문맥을 고려하여 '그리고'로 고친다.
⑤ ㉤: 맞춤법을 고려하여 '바람'으로 고친다.

[5~6] 다음은 '탄수화물의 과도한 섭취를 자제하자'라는 주제로 글을 쓰기 위해 학생이 수집한 자료이다. 물음에 답하시오.

> (가) 신문기사
> 　고지방 저탄수화물 식이요법이 유행하면서 탄수화물이 마치 건강의 적인 것처럼 인식되고 있다. 탄수화물은 생명 유지에 가장 기본이 되는 영양소로, 탄수화물 자체가 나쁜 것은 아니다. 탄수화물을 과도하게 섭취하는 것이 문제이다.
>
> (나) 전문가 인터뷰
> 　탄수화물의 하루 권장량은 약 330g입니다. 쌀을 주식으로 하는 우리나라의 경우 세끼 밥이면 충분하지요. 하지만 사람들이 주로 먹는 간식의 대부분이 탄수화물입니다. 그러다 보면 탄수화물을 과도하게 섭취하게 되고, 이로 인해 고혈압, 대사증후군 등의 발병 위험이 높아집니다.
>
> (다) 회사원 A씨의 하루 식사
> 　A씨는 아침으로 흰쌀밥을 국에 말아서 간단히 먹고 점심에는 동료들과 칼국수를 먹었다. 오후에 간식으로 빵과 케이크 등을 달콤한 커피와 함께 먹고 저녁에는 비빔밥을 먹었다.

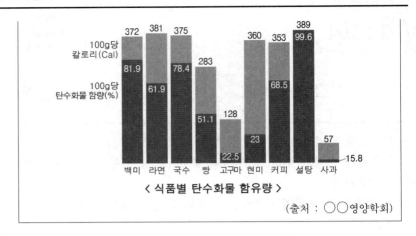

< 식품별 탄수화물 함유량 >

(출처 : ○○영양학회)

5. 자료를 활용하기 위한 방안으로 적절하지 <u>않은</u> 것은? [3점]

① (가)를 활용하여 탄수화물에 대한 논의의 필요성을 언급한다.
② (나)를 활용하여 탄수화물 과잉 섭취의 위험성을 제시한다.
③ (다)를 활용하여 탄수화물의 섭취 실태에 대한 문제를 제기한다.
④ (가)와 (나)를 활용하여 탄수화물의 긍정적인 면과 부정적인 면을 비교하여 제시한다.
⑤ (가)와 (다)를 활용하여 탄수화물이 들어 있는 음식의 판매를 제한하는 정책을 제안한다.

6. 위의 자료를 활용하여 <조건>에 따라 홍보 문구를 작성한 것으로 가장 적절한 것은? [3점]

> ──── <조 건> ────
> ・탄수화물의 올바른 섭취 방법을 제시할 것.
> ・설의법을 활용할 것.

① 좋은 것도 과하면 독이 될 수 있습니다. 탄수화물의 권장량을 지킨 균형 잡힌 식단으로 건강을 유지하는 게 어떨까요?
② 바쁘게 일한 당신, 달콤한 후식과 디저트가 생각나지 않나요? 달콤한 음식으로 스트레스를 날리고 기분 전환을 해봅시다.
③ 한국 사람에게는 역시 밥이 최고! 밥을 굶으면 기운이 없고 종일 무기력할 수 있으니 오늘부터 밥을 꼭 챙겨 먹읍시다.
④ 각종 성인병의 원인이 되는 탄수화물. 탄수화물이 들어간 음식 대신 다른 영양소를 선택하여 건강을 지키는 건 어떨까?
⑤ 예로부터 밥심으로 산다는 말이 있다. 세끼를 든든히 먹고 탄수화물을 많이 섭취할 수 있는 간식도 곁들여야 하지 않을까?

7. <보기>의 밑줄 친 부분에 해당하는 것만을 ㉠~㉣ 중에서 있는 대로 고른 것은? [4점]

> ──── <보 기> ────
> 　하나의 문장이 문법적으로 완전한 문장을 이루기 위해서는 서술어가 반드시 요구하는 문장 성분을 갖추어야 한다. 이때 대상이 되는 문장 성분은 주어 이외에 목적어, 보어, 필수 부사어가 있다.
>
> ○ 철수는 어제 민규에게 책을 돌려주었다.
> 　　　㉠　 　 ㉡　 　㉢　 　 ㉣

① ㉠, ㉡　　　② ㉠, ㉣　　　③ ㉡, ㉢
④ ㉠, ㉢, ㉣　　　⑤ ㉡, ㉢, ㉣

8. <보기>의 ㉠에 해당하는 예로 가장 적절한 것은? [4점]

> ───── <보 기> ─────
>
> 　서술어는 그 성격에 따라 필요로 하는 문장 성분의 개수가
> 다른데, 이를 '서술어의 자릿수'라고 한다. 이러한 서술어의
> 자릿수에 의한 서술어의 종류에는 주어만을 요구하는 한 자
> 리 서술어, 주어 이외에도 목적어, 보어, 부사어 중에서 한
> 성분을 필수적으로 요구하는 두 자리 서술어, 주어, 목적어,
> 부사어 세 가지 성분을 모두 요구하는 ㉠세 자리 서술어가
> 있다.

① 계절이 어느덧 가을이 <u>되었다</u>.
② 오빠는 아빠와 정말 많이 <u>닮았다</u>.
③ 장미꽃이 우리 집 뜰에도 <u>피었다</u>.
④ 아버지께서 헌 집을 정성껏 <u>고치셨다</u>.
⑤ 그는 자신의 직업을 천직으로 <u>여겼다</u>.

9. <보기>의 ㉠ ~ ㉤에 대한 설명으로 적절하지 <u>않은</u> 것은? [3점]

> ───── <보 기> ─────
>
> **아버지:** (아이 방으로 들어오며) 은주야, ㉠<u>이거</u> 받아.
> **은　주:** (선물을 보며) 어? 그게 뭐예요?
> **아버지:** 응. 스웨터야. 어제 고모를 만났는데, 곧 있으면 네 생
> 　　　　　일이라고 주시더라. 마음에 드니? ㉡<u>저</u> 옷이랑 같이
> 　　　　　입으면 잘 어울릴 것 같은데.
> **은　주:** 와! ㉢<u>그러면</u> 정말 예쁘겠네요. 내일 당장 입어야겠어요.
> **아버지:** 그래. 고모한테 고맙다고 전화 한 통 드려.
> **은　주:** 네, 저도 ㉣<u>그렇게</u> 하려고 했어요.
> **아버지:** ㉤<u>그런데</u> 내일 아빠랑 영화나 보러 갈까?

① ㉠은 지시하는 대상이 청자인 은주에 비해 화자인 아버지에
　게 가까이 있음을 나타낸다.
② ㉡은 지시하는 대상을 청자인 은주도 볼 수 있음을 전제로
　한다.
③ ㉢은 아버지가 앞에서 한 말과 관련된 세부 사항이 뒤에 추가
　될 것임을 나타낸다.
④ ㉣은 고모한테 고맙다고 전화 한 통 드리라는 말을 대신 표
　현하여 담화의 중복을 피한다.
⑤ ㉤은 아버지가 지금까지 은주와 나눈 대화의 화제를 다른 데
　로 돌리는 기능을 한다.

[10~12] 다음 글을 읽고 물음에 답하시오.

> 　현대인들은 물질적으로 풍요롭지만 과연 자신이 행복한가
> 에 대해서는 확신하지 못하는 경우가 많다. 이는 우리가 그
> 동안 경제적인 측면에서만 삶의 질을 고려하고, 자신의 삶에
> 대한 성찰과 행복에 대한 이해는 상대적으로 부족했기 때문
> 이다. 따라서 어떤 삶이 행복한 삶인지 사색하고 그러한 삶
> 을 추구할 필요가 있는데, 오늘날 인문학이 갖는 현대적 의
> 미가 바로 여기에 있다.
> 　인문학은 현대인들이 행복하고 좋은 삶을 영위할 수 있는
> 길을 안내하는 학문이다. 인문학은 인간의 마음을 바르게 지
> 켜주고 행복으로 안내하며 마음의 안식과 평화를 준다. 흔히
> 행복이라고 하면 부와 명예와 같은 외적 조건들이 만족스러
> 운 상태를 떠올리기 쉽다. 그러나 현대인들은 외적 조건들을
> 갖추고 있지만, 욕망과 쾌락은 점점 커지기 때문에 행복과는
> 멀어진다. 행복은 외적 조건들을 통해 충족되는 것도, 물질적
> 인 것도 아니다.
> 　그렇다면 행복이란 무엇일까? 아리스토텔레스는 인간이 도
> 달할 수 있는 목적들 중에서 최고의 선을 바로 행복이라 보았
> 다. 즉 행복은 다른 무엇을 위해서가 아니라 그 자체로 추구할
> 만한 가치가 있는 것이고 즐겁고 고귀한 것이다. 행복이 최고
> 의 선인 이유는 우리가 언제나 행복을 다른 무엇을 위해서가
> 아니라 그 자체로서 우리가 추구해야 할 목적으로 여기기 때
> 문이다.
> 　요컨대 행복은 정신적인 것으로, 우리가 행복한 사람이라
> 부를 수 있는 이는 지속적으로 자신의 삶의 의미를 찾기 위
> 해 노력하는 사람이다. 그래서 행복한 사람은 온전한 덕과
> 이성에 따라 움직이며, 끊임없이 그 이성을 가꾸고 성숙하게
> 하여 최선의 정신 상태를 가지려고 노력하는 사람이다.
> 　행복에 관한 이러한 접근은 경제적인 패러다임을 ㉠<u>넘어</u>
> 인간의 영혼을 최선의 상태로 돌보게 한다는 점에서 인문적
> 인 패러다임으로의 전환이라 할 수 있다. 이러한 관점이야말
> 로 현대인들이 스트레스와 우울, 정서적 좌절감과 같은 불행
> 과 고통으로부터 벗어나 진정한 행복을 실현할 수 있도록 한
> 다. 오늘날 인문학은 현대인들이 자기 자신을 돌보고 보다
> 행복한 삶을 살아갈 수 있도록 한다는 점에서 의의가 있다.

10. 윗글을 읽고 대답할 수 <u>없는</u> 질문은? [4점]

① 어떤 사람이 행복한 사람인가?
② 행복을 왜 최고의 선이라 하는가?
③ 현대사회에서 인문학의 역할은 무엇인가?
④ 아리스토텔레스는 행복을 무엇이라고 보았는가?
⑤ 인문학은 어떻게 물질적 풍요를 보장할 수 있는가?

11. 윗글과 <보기>를 고려할 때 빈칸에 들어갈 말로 적절하지 않은 것은? [3점]

— <보 기> —

　2016년 국제연합(UN)에서 발표한 '세계 행복 보고서'를 보면 덴마크는 행복 지수가 가장 높은 나라이다. 덴마크가 물가도 높고 날씨도 궂지만 가장 행복한 나라로 꼽히는 이유는 바로 행복의 기준을 '관계', '따스함', '친밀함', '평등함'에서 찾기 때문이다. 한국은 1인당 GDP가 세계 29위인데 행복 지수는 58위에 불과하다. 이처럼 한국이 행복 지수가 낮은 이유로는 (　　　　　　　　)을/를 들 수 있다.

① 타인과 비교하는 사회 분위기
② 성과에 대한 경쟁 분위기 조장
③ 단순하고 소박한 삶에 대한 동경
④ 연봉이 높은 직업을 선호하는 태도
⑤ 개인의 삶보다 일을 중요시하는 경향

12. 밑줄 친 부분의 의미가 ㉠과 가장 유사한 것은? [4점]

① 그 일은 일주일이 넘게 걸렸다.
② 이 시기만 무사히 넘으면 된다.
③ 우리는 산을 넘어 이동하기로 했다.
④ 할아버지의 연세가 일흔이 넘으셨다.
⑤ 그의 노래 실력은 아마추어 수준을 넘지 못한다.

[13~15] 다음 글을 읽고 물음에 답하시오.

　사람마다 먹고 싶은 것도 사고 싶은 것도 많다. 하지만 원하는 것을 다 하기는 어렵다. 왜냐하면 인간의 욕구는 무한한데, 이를 충족시켜 줄 자원은 한정되어 있기 때문이다. 이를 희소성이라고 한다. 희소성과 희귀성은 다르다. 희귀성은 재화의 양이 적어 귀한 상태를 의미한다. 희귀한 재화일지라도 원하는 사람이 없다면 희소성은 없는 것이다.
　희소성은 경제 문제가 발생하는 근본 원인으로 희소성 때문에 우리는 늘 선택의 문제와 마주하게 된다. 선택에는 그로 인해 포기해야 하는 돈과 시간 등이 따르므로 선택을 할 때에는 이러한 비용을 고려해야 한다. 희소성은 재화나 서비스의 가격을 결정짓는 중요한 요인이 되기도 한다. 예를 들어, 중동 지역에서 석유보다 생수가 더 비싼 이유는 생수를 필요로 하는 사람들에 비해 상대적으로 생수의 양이 적기 때문이다. 즉 중동 지역에서는 석유에 비해 생수의 희소성이 크기 때문에 생수가 높은 가격에 거래된다. 이처럼 동일한 재화나 서비스라고 하더라도 희소성은 사회와 장소에 따라 다르다.
　어떤 재화나 서비스는 존재량이 인간의 욕구보다 많아 희소성이 없기 때문에 아무런 대가를 지불하지 않고도 얻을 수 있는 것이 있는데, 이를 무상재 또는 자유재라고 한다. 이에 반해 희소성이 존재하여 반드시 대가를 지불해야만 얻을 수 있는 재화가 있는데, 이를 경제재라고 한다. 사람들이 사용하는 재화의 대부분이 이에 해당한다. 무상재가 경제재로 바뀌기도 하는데, [가] 이/가 대표적인 예이다.

13. 윗글의 내용과 일치하지 않는 것은? [4점]

① 동일한 재화는 어디에서나 희소성이 동일하다.
② 경제 문제가 발생하는 근본 원인은 희소성 때문이다.
③ 무한한 욕구에 비해 자원이 부족하여 희소성이 발생한다.
④ 희소성은 재화나 서비스의 가격을 결정짓는 중요한 요인이다.
⑤ 선택을 할 때 그로 인해 포기하는 돈과 시간도 고려해야 한다.

14. 윗글의 내용을 바탕으로 <보기>에서 ㉠의 이유와 ㉡의 가격 변화를 파악한 것으로 바르게 짝지은 것은? [4점]

— <보 기> —

　중세 유럽에서는 청금석을 이용하여 신비한 푸른색인 울트라마린 물감을 만들었다. 사람들이 울트라마린 물감을 매우 선호하였기 때문에 원료인 ㉠청금석은 황금보다 비싼 값에 거래되었다. 그런데 19세기 초 화학의 발달로 청금석보다 값싼 인공 안료를 이용한 ㉡울트라마린 물감이 만들어졌다.

	㉠	㉡
①	희소성	하락
②	희소성	상승
③	희소성	동일
④	희귀성	하락
⑤	희귀성	상승

15. [가]에 들어갈 예로 적절한 것은? [4점]

① 공급의 증가로 바나나 가격이 폭락한 것
② 독감의 유행으로 백신의 가격이 달라진 것
③ 환경오염으로 인해 물을 사서 먹기 시작한 것
④ 쇠고기 가격이 오르자 돼지고기 수요가 많아진 것
⑤ 유지비를 줄이기 위해 친환경 자동차를 구입하는 것

[16~17] 다음 글을 읽고 물음에 답하시오.

　우리는 방향을 잃었을 때 나침반을 이용한다. 평평한 곳에 나침반을 수평으로 놓으면 자침은 잠깐 동안 자유롭게 움직이다가 결국 남북 방향을 가리킨다. 이것은 지구에 자석의 성질이 있기 때문이다. 이런 지구 자기의 성질이 미치는 공간을 지구 자기장이라고 한다. 지구가 자석의 성질을 띠는 것이 확인되면서 오랫동안 사람들은 지구 속에 커다란 막대자석이 있을 것이라고 생각했다. ㉠ 이러한 생각은 맨틀과 핵의 온도가 수천 ℃ 이상이며, 이 온도에서 자석은 자성을 잃는다는 사실이 밝혀지면서 잘못된 것으로 드러났다. 지구가 자석의 성질을 띠는 이유는 지구의 핵 물질과 관계가 있다.

지구의 외핵과 내핵은 철과 니켈로 구성되어 있다. 지진파 연구를 통해 외핵은 내핵과 달리 액체 상태이고, 거기에 많은 양의 철 이온이 포함되어 있음이 밝혀졌다. 액체 상태인 외핵은 내부의 온도 차에 의한 대류 운동으로 쉽게 움직일 수 있다. 전기가 잘 통하는 철과 니켈로 구성된 외핵 물질이 이동하면 유도 전류가 만들어지고, 이 유도 전류가 다시 자기장을 만든다. 과학자들은 이로 인해 지구 자기장이 형성된다고 생각하고 있다. 다시 말해 외핵 물질의 대류 현상으로 인해 발생한 유도 전류에 의해 지구 자기장이 형성된다는 것으로, 이는 지구 자기장의 생성 원인을 설명하는 이론 중에서 가장 유력한 것으로 여겨지고 있다. 지구 자기장의 축은 자전축과 일치하지 않고 외핵의 운동에 의해 계속 변하는데 현재는 자전축에 대하여 약 11.5° 기울어져 있다.

지구 자기장은 우주에서 날아오는 고에너지 입자로부터 지구의 생명체를 보호해 주는 방어막 역할을 하는데 오로라를 통해 이를 확인할 수 있다. 오로라는 태양의 고에너지 입자들이 지구 자기장 때문에 지구 표면으로 들어오지 못하고 극지방으로 이동하면서 상층 대기와 충돌할 때 발생하는 현상이다. 신비로운 오로라는 태양의 고에너지 입자로부터 지구를 보호하는 지구 자기장에 의해 발생한 것이다.

만약 자기장이 없어진다면 지구의 생명체나 건물 등은 태양에서 방출되는 고에너지 입자에 그대로 노출될 것이다. 이런 고에너지 입자가 인체에 닿아 체세포에 들어가면 염색체 이상이 생기거나 암을 일으킬 가능성도 있다. 이뿐만 아니라 지상에 존재하는 모든 전자 기기는 고에너지 입자 때문에 작동을 멈추거나 오작동을 일으킬 것이다.

16. 윗글을 읽고 <보기>를 이해한 내용으로 적절한 것은? [4점]

— <보 기> —

영화 '코어(2001)'는 인공 지진에 의한 충격으로 지구 자기장이 사라지는 상황을 가정하며 시작한다. 어느 날 갑자기 날아다니는 새들이 길을 찾지 못하여 지상으로 곤두박질치고, 회의를 하던 사람이 갑자기 심장을 안고 쓰러진다. 또 맑은 하늘에 강력한 번개가 치면서 건물이 부서지고, 강한 태양 광선이 대기층을 그대로 통과해 쇠로 된 다리를 녹이는 일들이 일어난다.

① 인공 지진으로 지구 중심부에 있는 커다란 자석이 사라진 상황을 보여주는군.

② 맑은 하늘에 번개가 친 이유는 오로라가 발생하는 이유와 같다고 볼 수 있군.

③ 사람이 갑자기 쓰러진 것은 태양의 고에너지를 직접적으로 받았기 때문이겠군.

④ 새들이 곤두박질친 것은 외핵의 철과 니켈에 직접적으로 노출되었기 때문이겠군.

⑤ 쇠로 된 다리가 녹는 일은 유도 전류가 강한 태양 광선으로 바뀌면서 발생했겠군.

17. ㉠에 들어갈 접속어로 가장 적절한 것은? [2점]

① 그리고   ② 하지만   ③ 그래서
④ 왜냐하면   ⑤ 그러므로

[18~20] 다음 글을 읽고 물음에 답하시오.

도서관에 있는 책에는 청구 기호가 붙어 있다. 십진분류법의 원리를 알면 청구 기호의 의미를 이해할 수 있다. 십진분류법은 책을 10개의 분야로 분류하고, 각 분야를 다시 10개의 세부 분야로 나누어 가는 ㉠방식이다. 십진분류법을 중심으로 청구 기호를 만드는 원리에 대해 알아보자.

청구 기호는 숫자와 문자를 ㉡조합하여 다음과 같이 만들어진다. 먼저 책을 분야별로 나눈 후 1에서 9까지의 숫자 중 하나를 첫 번째 자리에 부여하고, 백과사전이나 연감처럼 어느 분야로도 분류되기 어려운 경우는 첫 번째 자리를 0으로 하여 각 분야를 구분 짓는다. 그 결과 000은 총류, 100은 철학, 200은 종교, 300은 사회과학, 400은 자연과학, 500은 기술과학, 600은 예술, 700은 언어, 800은 문학, 900은 역사 ㉢분야의 지식을 의미한다.

다음으로 청구 기호의 두 번째 자리는 첫 번째 자리에서 ㉣구분된 각 분야를 다시 10가지로 나눈 것이고, 세 번째 자리는 두 번째 자리에서 나누어진 각 분야를 다시 10가지로 세분화한 것이다. 예를 들어 413번대의 책에서 '4'는 자연과학 분야를, '1'은 자연과학 중 수학을 의미한다. 세 번째 자리인 '3'은 수학의 세부 분야 중 확률과 통계를 의미한다.

300	사회과학	400	자연과학
310	통계학	410	수학
320	경제학	420	물리학
380	풍속, 민속학	480	식물학
390	국방, 군사학	490	동물학

마지막으로 청구 기호의 나머지 부분은 글쓴이에 대한 정보와 책 제목 등으로 만들어진다. 김원일 작가의 『마당 깊은 집』이라는 책의 경우 청구 기호는 '813김64마'이다. '8'은 문학 분야, '1'은 한국 문학, '3'은 소설을 의미하며, '김'은 작가 이름의 첫머리, '64'는 작가 이름의 둘째 글자를 숫자로 표현한 것이고 '마'는 책 제목의 첫 글자를 말한다.

십진분류법에 따라 책을 기호화하면 책을 정리하기에 ㉤편리하고, 이용자는 책을 쉽고 빠르게 찾을 수 있다.

18. 윗글을 읽고 대답할 수 없는 질문은? [4점]

① 청구 기호의 첫째 자리가 의미하는 것은 무엇인가?
② 특정하게 분류할 수 없는 책은 어떻게 처리하는가?
③ 책을 십진분류법에 따라 기호화하는 이유는 무엇인가?
④ 청구 기호에 사용되는 책의 정보에는 어떤 것들이 있는가?
⑤ 작가의 이름을 숫자로 풀어 기호를 만드는 원리는 무엇인가?

19. 제주도를 소개하는 보고서를 작성하려고 한다. 도서관에서 참고 도서를 찾기 위한 계획으로 적절하지 않은 것은? [3점]

① 제주도 방언의 특성을 알아보기 위해 700번대에 가봐야겠어.
② 자연과 풍속의 영향 관계를 조사하기 위해 380번대를 찾아봐야겠어.
③ 제주도의 관광객 수의 변화를 분석하기 위해 420번대에 가봐야겠어.
④ 800번대에 가서 제주도를 배경으로 한 문학 작품이 있는지 찾아보는 것도 의미가 있겠어.
⑤ 제주도의 전반적인 특징이 무엇인지 알아보기 위해 000번대에서 백과사전을 찾아보는 것도 좋겠어.

20. ㉠~㉤의 사전적 의미로 적절하지 <u>않은</u> 것은? [3점]

① ㉠: 일정한 방법이나 형식.
② ㉡: 일정한 차례나 간격에 따라 벌여 놓음.
③ ㉢: 여러 갈래로 나누어진 범위나 부분.
④ ㉣: 일정한 기준에 따라 전체를 몇 개로 갈라 나눔.
⑤ ㉤: 편하고 이로우며 이용하기 쉬움.

[21~22] 다음 글을 읽고 물음에 답하시오.

(가) 흔들리지 않고 피는 꽃이 어디 있으랴
　　 이 세상 그 어떤 아름다운 꽃들도
　　 다 흔들리면서 피었나니
　　 흔들리면서 줄기를 곧게 세웠나니
　　 흔들리지 않고 가는 사랑이 어디 있으랴

　　 젖지 않고 피는 꽃이 어디 있으랴
　　 이 세상 그 어떤 빛나는 꽃들도
　　 다 젖으며 젖으며 피었나니
　　 바람과 비에 젖으며 꽃잎 따뜻하게 피웠나니
　　 젖지 않고 가는 삶이 어디 있으랴
　　　　　　　　　　 － 도종환, 「흔들리며 피는 꽃」

(나) 풀이 눕는다
　　 비를 몰아오는 동풍에 나부껴
　　 풀은 눕고
　　 드디어 울었다
　　 날이 흐려서 더 울다가
　　 다시 누웠다

　　 풀이 눕는다
　　 바람보다도 더 빨리 눕는다
　　 바람보다도 더 빨리 울고
　　 바람보다 먼저 일어난다

　　 날이 흐리고 풀이 눕는다
　　 발목까지
　　 발밑까지 눕는다
　　 바람보다 늦게 누워도
　　 바람보다 먼저 일어나고
　　 바람보다 늦게 울어도
　　 바람보다 먼저 웃는다
　　 날이 흐리고 풀뿌리가 눕는다
　　　　　　　　　　 － 김수영, 「풀」

(다) 이런들 어떠하며 저런들 어떠하료
　　 만수산(萬壽山) 드렁칡이 얽어진들 어떠하리
　　 우리도 이같이 얽어져 백 년까지 누리리라
　　　　　　　　　　 － 이방원, 「하여가(何如歌)」

21. 다음은 (가)의 화자가 (나)의 화자에게 쓴 편지의 일부이다. 적절하지 <u>않은</u> 것은? [3점]

> 기쁘기만 한 인생이 어디 있겠습니까? ① <u>살다 보면 누구나 넘어지고 주저앉아 울 일이 생기지요.</u> ② <u>고통스러운 일은 피하며 살아가는 게 좋겠지요.</u> ③ <u>하지만 힘들고 어려운 시간을 견뎌내면 한층 성숙해집니다.</u> ④ <u>당신이 겪고 있는 시련도 상처만을 남기지는 않을 것입니다.</u> ⑤ <u>저는 당신이 다시 일어서서 웃을 수 있을 것이라 믿습니다.</u>

22. <보기>를 참고하여 (다)를 이해한다고 할 때 빈칸에 들어갈 내용이 가장 적절하게 짝지어진 것은? [4점]

> ──── <보 기> ────
>
> 　작품에서 화자는 어떤 현상이나 사물을 직접 설명하지 아니하고 다른 비슷한 현상이나 사물에 빗대어서 설명하기도 한다. (다)에서 화자는 (　　　　　)을/를 통해 (　　　　　)은/는 의도를 효과적으로 전달하고 있다.

① '칡'의 속성 － 함께 어우러져 지내자
② '백 년'이라는 시간 － 인생이 무상하다
③ '칡'의 모양새 － 자연물을 본받아야 한다
④ '만수산'의 모습 － 상대방이 생각을 바꿔야 한다
⑤ '우리'와 '칡'의 유사성 － 현재 상황이 만족스럽다

[23~25] 다음 글을 읽고 물음에 답하시오.

　일어 학원이 있는 종로 일대에는 일어 학원 말고도 학원이 무수히 많았다. 서울 아이들은 보통 학원을 두 군데 이상이나 다니나 보다. 영수 학관, 대입 학원, 고입 학원, 고시 학원, 예비고사반, 연합고사반, 모의고사반, 종합반, 정통 영어반, 공통 수학반, 서울대반, 연고대반, 이대반…… 이 무수한 학원으로 무거운 책가방을 든 학생들이 몰려 들어가고 쏟아져 나오고 했다. 자식을 길러 본 경험이 없는 나는 이들이 은근히 탐나기도 했지만 이들의 반항적인 몸짓과 곧 허물어질 듯한 피곤을 이해할 수 없어 겁도 났다.
　어느 날 어디로 가는 길인지 일본인 관광객이 한 떼, 여자 안내원의 뒤를 따라 이 거리를 지나고 있었다. 어느 촌구석에서 왔는지 야박스럽고, 경망스럽고, 교활하고, 게다가 촌티까지 더덕더덕 나는 일본인들에 비하면 우리나라 안내원 여자는 너무 멋쟁이라 개 발에 편자처럼 민망해 보였다. 그녀는 멋쟁이일 뿐 아니라 경제 제일주의 나라의 외화 획득의 역군답게 다부지고 발랄하고 긍지에 차 보였다. 마침 학생들이 쏟아져 나와 관광객과 아무렇게나 뒤섞였다. 그러자 이 안내원 여자는 관광객들 사이를 바느질하듯 누비며 소곤소곤 속삭였다.
　"아노 미나사마, 고찌라 아다리까라 스리니 고주이나사이마세(저 여러분, 이 근처부터 소매치기에 주의하십시오)."
　처음엔 나는 왜 내가 그 말뜻을 알아들었을까 하고 무척 무안하게 생각했다. 그러다가 차츰 몸이 더워 오면서 어떤 느낌이 왔다. 아아, 그것은 부끄러움이었다. 그 느낌은 고통스럽게 왔다. 전신이 마비됐던 환자가 어떤 신비한 자극에 의해 감각이 되돌아오는 일이 있다면, 필시 이렇게 고통스럽게 돌아오리라. 그리고 이렇게 환희롭게. 나는 내 부끄러움의 통증을 감수했고, 자랑을 느꼈다.

나는 마치 내 내부에 불이 켜진 듯이 온몸이 붉게 뜨겁게 달아오르는 걸 느꼈다.

내 주위에는 많은 학생들이 출렁이고 그들은 학교에서 배운 것만으론 모자라 ×× 학원, ○○ 학관, △△ 학원 등에서 별의별 지식을 다 배웠을 거다. 그러나 아무도 부끄러움은 안 가르쳤을 거다.

나는 각종 학원의 아크릴 간판의 밀림 사이에 '㉠부끄러움을 가르칩니다', '부끄러움을 가르칩니다'라는 깃발을 펄렁덩펄렁 훨훨 휘날리고 싶다. 아니, 굳이 깃발이 아니라도 좋다. 조그만 손수건이라도 팔랑팔랑 날려야 할 것 같다. '부끄러움을 가르칩니다', '부끄러움을 가르칩니다'라고. 아아, 꼭 그래야 할 것 같다. 모처럼 돌아온 내 부끄러움이 나만의 것이어서는 안 될 것 같다.

– 박완서, 「부끄러움을 가르칩니다」

23. 윗글의 서술상의 특징으로 적절한 것은? [4점]

① 인물 간의 대화를 통해 사건의 내용을 전달하고 있다.
② 서술자가 자신의 내면 심리를 주관적으로 드러내고 있다.
③ 과거와 현재를 교차하여 사건을 입체적으로 서술하고 있다.
④ 빠른 장면 전환을 통해 사건 전개에 긴박감을 더하고 있다.
⑤ 공간적 배경을 묘사하여 작품의 주제 의식을 암시하고 있다.

24. 윗글에 대한 이해로 가장 적절한 것은? [3점]

① '나'는 '학생들'의 젊음과 열정을 부러워한다.
② '나'는 '관광객들'을 보고 그들을 본받아야 한다고 느낀다.
③ '안내원 여자'는 '소매치기'를 보고 '관광객들'에게 주의를 준다.
④ '나'는 '학생들'이 '안내원 여자'의 말을 알아듣지 못하기를 바란다.
⑤ '나'는 '일본인들'에 비해 '안내원 여자'가 더 화려해 보인다고 생각한다.

25. 윗글의 ㉠과 <보기>의 ㉡을 비교한 내용으로 가장 적절한 것은? [4점]

<보 기>

죽는 날까지 하늘을 우러러
한 점 ㉡부끄럼이 없기를
잎새에 이는 바람에도 / 나는 괴로워했다

별을 노래하는 마음으로 / 모든 죽어 가는 것을 사랑해야지
그리고 나한테 주어진 길을 / 걸어가야겠다

오늘 밤에도 별이 바람에 스치운다

– 윤동주, 「서시」

① ㉠은 인물에게 교훈을 주고, ㉡은 화자에게 자신감을 준다.
② ㉠은 인물의 욕망을 의미하고, ㉡은 화자의 의지를 의미한다.
③ ㉠은 인물이 공유하고자 하는 가치이고, ㉡은 사라지기를 바라는 가치이다.
④ ㉠은 인물이 현실 문제를 회피하고자 하는 태도를 의미하고, ㉡은 현실에 대한 극복 의지를 의미한다.
⑤ ㉠은 인물이 운명에 순응하며 깨달은 가치이고, ㉡은 화자가 자연과의 조화를 느끼며 내세운 가치이다.

[26~27] 다음 글을 읽고 물음에 답하시오.

【앞부분의 줄거리】 엄마가 누구인지 모른 채 절에서 살고 있는 도념은 늘 부모가 찾아주기를 기다린다. 그러던 중 절에 자주 오는 미망인이 도념을 입양하려 하지만 주지 스님은 도념의 입양을 반대한다. 이에 좌절한 도념은 어머니를 찾기 위해 절을 떠나기로 한다.

주위는 차츰차츰 어두워진다. 이윽고 범종 소리 들려온다. 멀리 산울림. 초부, 나무를 안고 나와 지게에 얹고, 담배를 한 대 피운다. 휘날리는 초설(初雪)을 머리에 받은 채 슬픈 듯한 표정으로 종소리를 듣는다. 이윽고 종소리 그친다. 도념, 고깔을 쓰고 바랑을 걸머쥐고 꽹과리를 들고 나온다.

초부 (지게를 지고 일어서며) 지금 그 종 네가 쳤니?
도념 그럼요. 언젠 내가 안 치구 다른 이가 쳤나요?
초부 밤낮 나무해 가지구 비탈 내려가면서 듣는 소리지만 오늘은 왜 그런지 유난히 슬프구나. (일어섰다가 도념의 옷차림을 발견하고) 아니, 너 갑자기 바랑은 왜 걸머지고 나오니?
도념 이번 가면 다신 안 올지 몰라요.
초부 왜? 스님이 동냥 나가라구 하시든.
도념 아니요. 몰래 나갈려구 해요.
초부 이렇게 눈이 오는데 잘 데두 없을 텐데. 어딜 간다구 이러니? 응, 갈 곳이 있니?
도념 조선 팔도 다 돌아다닐 걸요, 뭐.
초부 애, 그런 생각 말구, 어서 가서 스님 말씀 잘 듣구 있거라.
도념 언제부터 나갈랴구 별렀는데요? 그렇지만 스님을 속이고 몰래 도망가기가 차마 발이 떨어지지 않아서 못 갔어요.
초부 어머니 아버질 찾기나 했으면 좋겠지만 찾지 못하면 다시 돌아올 수도 없구, 거지밖에 될 게 없을 텐데 잘 생각해라.
도념 꼭 찾을 거예요. 내가 동냥 달라고 하니까 방문 열구 ㉠웬 부인이 쌀을 퍼주며 나를 한참 바라보구 있더니 별안간 '도념아. 내 아들아, 이게 웬일이냐.' 하구 맨발로 마당으로 뛰어 내려오던 꿈을 여러 번 꾸었어요.
초부 가려거든 빨리 가자. 퍽퍽 쏟아지기 전에. 이 길루 갈 테니?
도념 비탈길루 가겠어요.
초부 그럼 잘 가라, 난 이 길로 가겠다.
도념 네, 안녕히 가세요.

– 함세덕, 「동승(童僧)」

26. 위와 같은 글의 특징을 <보기>에서 모두 고른 것은? [3점]

<보 기>

ㄱ. 무대 상연을 전제로 쓴 글이다.
ㄴ. 시간과 공간의 제약을 받지 않는다.
ㄷ. 작가가 직접 개입해서 이야기를 서술한다.
ㄹ. 등장인물의 대사와 행동으로 사건을 전개한다.

① ㄱ, ㄷ   ② ㄱ, ㄹ   ③ ㄴ, ㄷ
④ ㄴ, ㄹ   ⑤ ㄷ, ㄹ

27. ㉠에 담긴 인물의 심리로 가장 적절한 것은? [3점]

① 기대감   ② 서글픔   ③ 두려움
④ 만족감   ⑤ 절망감

[28~30] 다음 글을 읽고 물음에 답하시오.

　광문이라는 자는 거지였다. 종로의 저잣거리에서 빌어먹고 다녔는데, 거지 아이들이 광문을 추대하여 패거리의 우두머리로 삼고, 소굴을 지키게 한 적이 있었다.
　하루는 날이 몹시 차고 눈이 내리는데, 거지 아이들이 다 나가고 한 아이만이 병이 들어 따라가지 못했다. 조금 뒤 그 아이가 추위에 떨며 숨을 몰아쉬는데 그 소리가 몹시 처량하였다. 광문이 나가 밥을 빌어 왔는데, 병든 아이를 먹이려고 보니 ㉠아이는 벌써 죽어 있었다. 거지 아이들이 돌아와서는 광문이 그 아이를 죽였다고 의심하여 광문을 쫓아내니, 광문이 밤에 엉금엉금 기어서 마을의 어느 집으로 들어가다가 그 집의 개를 놀라게 하였다. 집주인이 광문을 잡아다 꽁꽁 묶으니, 광문이 외치며 하는 말이,
　"나는 날 죽이려는 사람들을 피해 온 것이지 도적질을 하러 온 것이 아닙니다. 영감님이 믿지 못하신다면 내일 아침에 저자에 나가 알아보십시오."
하는데, 말이 몹시 순박하므로 집주인이 내심 광문이 도적이 아닌 것을 알고서 새벽녘에 풀어 주었다. 광문이 고맙다는 인사를 하고는, 떨어진 거적을 달라 하여 가지고 떠났다. 집주인이 이상히 여겨 그 뒤를 밟아 보니, 거지 아이들이 시체 하나를 끌고 수표교에 와서 그 시체를 다리 밑으로 던져 버렸다. 이에 숨어 있던 광문이 거적으로 시체를 싸서 짊어지고 공동묘지에 갖다 묻고서 울다가 중얼거리다가 하였다.
　이에 집주인이 사연을 물으니, 광문이 그제야 그전에 한 일과 어제 그렇게 된 상황을 고하였다. 집주인이 광문을 의롭게 여겨, 데리고 와 후히 대우하였다. 그리고 ㉡광문을 약방을 운영하는 어느 부자에게 천거하여 고용인으로 삼게 하였다.
　어느 날 약방 부자가 문을 나서다 말고 뒤를 돌아보다, 도로 다시 방으로 들어가서 자물쇠가 걸렸나 안 걸렸나를 살펴본 다음 문을 나서는데, 미심쩍은 눈치였다. 얼마 후 돌아와 깜짝 놀라며, 광문을 물끄러미 살펴보면서 무슨 말을 하려다 그만두었다. 광문은 무슨 영문인지 몰라서 날마다 아무 말도 못하고 지냈는데, 그렇다고 그만두겠다고 말할 수도 없었다.
　그 후 며칠이 지나, ㉢부자의 처조카가 돈을 가지고 와 부자에게 돌려주며,
　"얼마 전 돈을 빌리러 왔다가, 마침 아저씨가 안 계셔서 제멋대로 들어가 가져갔는데, 아마도 아저씨는 모르셨을 것입니다."
하는 것이었다. 이에 부자는 광문에게 너무도 부끄러워서 그에게,
　㉣"나는 소인이다. 장자(長者)의 마음에 상처를 주었으니 나는 앞으로 너를 볼 낯이 없다."
하고 사죄하였다. 그러고는 여러 사람들과 다른 부자나 큰 장사치들에게 광문을 의로운 사람이라고 두루 칭찬을 하였다.
　또 여러 종실의 손님들과 공경 문하의 측근들에게도 칭찬을 해 대니, 그들이 모두 이야깃거리를 만들어 밤이 되면 자기 주인에게 들려주었다. 그래서 ㉤두어 달이 지나는 사이에 사대부까지도 모두 광문이 옛날의 훌륭한 사람들과 같다는 이야기를 듣게 되었다. 그 당시에 서울 안에서는 모두, 전날 광문을 후하게 대우한 집주인이 현명하여 사람을 알아본 것을 칭송함과 아울러, 약방의 부자를 장자라고 더욱 칭찬하였다.
　이 때 돈놀이하는 자들이 대체로 머리꽂이, 의복, 가재도구 및 가옥, 노복 등의 문서를 저당 잡고서 본값의 십 분의 삼이나 십 분의 오를 쳐서 돈을 내주기 마련이었다. 그러나 광문이 빚보증을 서 주는 경우에는 담보를 따지지 아니하고 천금이라도 당장 내주곤 하였다.

　　　　　　　　　　　　　　　－ 박지원, 「광문자전」

28. ㉠~㉤에 대한 설명으로 적절하지 <u>않은</u> 것은? [3점]
① ㉠으로 인해 광문은 곤경에 처하게 된다.
② ㉡은 광문이 새로운 상황을 맞게 되는 계기가 된다.
③ ㉢으로 인해 광문에 대한 오해가 풀린다.
④ ㉣은 부자의 인물됨을 보여준다.
⑤ ㉤은 새로운 갈등의 요인이 된다.

29. 윗글의 내용과 어울리는 한자성어로 적절한 것은? [4점]
① 광문에 대한 사람들의 칭찬은 과유불급(過猶不及)이군.
② 광문은 묘지에서 입신양명(立身揚名)의 의지를 보여주는군.
③ 광문은 결초보은(結草報恩)의 마음으로 죽은 아이를 묻었군.
④ 광문이 모두에게 칭송받게 된 것은 사필귀정(事必歸正)이군.
⑤ 집주인이 유비무환(有備無患)했다면 도적을 만나지 않았겠군.

30. 윗글에서 <보기>의 '새로운 인간상'을 찾은 것으로 가장 적절한 것은? [3점]

<보 기>
　박지원은 실학사상을 바탕으로 가문이나 권력, 지위를 중시하는 낡은 유교적 인간상을 비판하면서 새로운 인간상을 제시했다.

① 권력에 순응하지 않고 처세하는 인간
② 미천한 신분이지만 의로운 성품을 지닌 인간
③ 상대방의 지위에 따라 태도를 달리 하는 인간
④ 가진 것이 없지만 유교적 질서를 존중하는 인간
⑤ 가문의 위세와 상관없이 양반들의 무능을 비판하는 인간

* 확인 사항
○ 답안지의 해당란에 필요한 내용을 정확히 기입(표기)했는지 확인하시오.

출신중학교   성명   수험번호

○ 문제지에 성명과 수험 번호를 정확히 써 넣으시오.
○ 답안지에 성명과 수험 번호를 써 넣고, 또 수험 번호와 답을 정확히 표시하시오.
○ 문항에 따라 배점이 다르니, 각 물음의 끝에 표시된 배점을 참고하시오.

[1~2] 다음은 어떤 옷가게에서 이루어진 대화의 내용이다. 물음에 답하시오.

> **은채** : (빨간색 원피스를 입고 나오며, 만족스러운 표정으로) ㉠얘들아, 이 옷 어때? 예쁘지 않니?
> **민서** : (당황한 표정을 애써 감추며) 빨간색은 아무나 소화하기 어려운데, 네가 입으니까 그래도 괜찮네. ㉡근데 너한테는 검정색이 더 잘 어울릴 것 같은데…… 저 검정색 옷도 한번 입어 보지 그래?
> **은채** : (미소 지으며) ㉢그럴까?
> **서우** : ㉣검정색이 훨씬 나아. 빨간색은 너한테 어울리지 않아.
> **은채** : (언짢은 표정으로) 그렇게 이상해? 한번 갈아입어 볼게. (입고 나오며 거울을 보고) 음……. 글쎄? 난 둘 다 괜찮아 보이는데, 확실히 아까 것보다 이게 나을까?
> **민서** : ㉤내 생각엔 이 색깔이 네 하얀 피부를 더 부각시켜 주는 것 같아. 소재가 도톰해서 아직 쌀쌀한 요즘 날씨에 입기도 적당하고. 박음질 상태도 이 옷이 더 나은 거 같은데?
> **은채** : 그래, 그럼 이 걸로 해야겠다. 아주머니, 이 옷으로 할 게요. 얼마예요?
> **가게 주인** : 그 검정색 원피스 말이지? 4만 5천 원이다.
> **은채** : 4만 5천 원이요? 너무 비싸네요.
> **가게 주인** : 이게 원래 5만 원이었다가, 오늘부터 할인하는 상품이라 더 싸게는 곤란한데.
> ┌ **은채** : 음……. 제가 지금 4만 원밖에 없는데, 어떡하죠? 4만 원에 주시면, 제 동생한테 이 가게 소개해 줄게요. 다음 주에 이모 결혼식이 있는데, 동생도 결혼식에 입고 갈 원피스가 필요하다고 했거든요.
> [A] │
> └
> **가게 주인** : (웃으며) 좋아. 학생이 단골이기도 하고, 동생도 데려온다고 하니까 특별히 4만 원에 줄게.
> **은채** : 아주머니, 고맙습니다. 다음에 또 올게요.

1. 밑줄 친 ㉠~㉤에 대한 설명으로 적절하지 <u>않은</u> 것은? [2점]

① ㉠ : 상대의 공감을 얻기 위한 의도가 담겨 있다.
② ㉡ : 상대의 기분을 배려하며 조심스럽게 말하고 있다.
③ ㉢ : 상대의 권유를 받아들이겠다는 의미가 담겨 있다.
④ ㉣ : 우회적 표현으로 자신의 생각을 완곡하게 전달하고 있다.
⑤ ㉤ : 여러 가지 이유를 들어 자기 의견을 제시하고 있다.

2. [A] 부분에 나타난 은채의 말하기 방식에 대한 평가로 가장 적절한 것은? [3점]

① 서로 양보함으로써 적절한 타협점을 찾을 것을 제안하였다.
② 미래에 발생할 이득을 내세우며 상대의 양보를 요구하였다.
③ 상대가 원하는 것을 파악하기 위해 질문을 던졌다.
④ 상대의 의견을 인정하며 적극적으로 수용하였다.
⑤ 상대의 요구가 부당함을 논리적으로 반박하였다.

3. 다음은 '문화재 보존'에 대한 토의이다. '김 교수'와 '최 선생'이 공통적으로 인식하는 문제점으로 가장 적절한 것은? [3점]

> **사회자** 오늘은 전문가를 모시고 문화재 보존에 대한 토의를 하겠습니다. 민족의 역사와 정신이 담겨 있는 문화재가 요즘은 시민들의 관심에서 멀어지고 있습니다. 그래서 궁궐, 사찰 등 유형 문화재 보존 분야 전문가이신 김 교수님과 무형 문화재 '봉산 탈춤' 전수자이신 최 선생님을 모시고 문화재 보존 문제 전반에 대해 말씀을 나누겠습니다. 먼저 김 교수님 말씀해 주십시오.
> **김 교수** 네, (화면의 자료를 보며) 설문조사 결과를 보면 아직도 많은 시민들이 문화재를 관광의 대상 정도로만 생각하고 있다는 것을 알 수 있습니다. 뿐만 아니라 제가 조사한 바에 의하면, 문화재에 관한 정보를 시민들에게 설명하고 이를 통해 인식을 개선할 담당 전문 인력이 부족한 상황입니다.
> **사회자** 문화재에 대한 시민의식과 제도적인 부분에서의 문제점을 지적해 주셨습니다. 그럼, 무형 문화재의 보존에는 어떤 문제가 있는지 최 선생님께서 말씀해 주십시오.
> **최 선생** 네, 현재 각 지역마다 전수관이 있지만 시민들이 참여할 수 있는 다양한 프로그램을 기획하고 운영할 수 있는 전문 인력이 부족한 상황입니다. 그로 인해 무형 문화재의 가치와 의미를 시민들에게 전달하는데 어려움이 있습니다.
> **사회자** 그럼, 해결 방안에는 무엇이 있나요?
> **최 선생** 얼마 전에 '□□ 탈춤 전수관'에서 지역 시민들에게 지역 대표 탈춤을 소개하기 위해 탈춤 전문가와 담당 공무원이 협력하여 '□□ 탈춤 교실'을 운영했습니다. 요즘 유행가와 전통 탈춤 춤사위를 결합한 이 프로그램은 지역 시민들에게 좋은 반응을 얻었습니다. 이런 노력을 확대하고 홍보하는 것이 중요하다고 봅니다.
> **김 교수** 저는 학생과 시민을 대상으로 한 강연회에서 주로 '문화재 스토리텔링 프로그램'을 통해 문화재 속에 담겨진 이야기를 소개했는데 반응이 좋았고 큰 관심을 보이는 분도 많았습니다. 문화재를 알리는 일을 지속적으로 하는 것이 필요합니다.

① 시민들의 문화재 훼손이 심각하다.
② 문화재의 의미를 전달하는 전문 인력이 부족하다.
③ 시대의 변화에 어울리는 새로운 문화재 개발이 시급하다.
④ 시민들이 문화재를 직접 체험할 수 있는 시설이 부족하다.
⑤ 시민들의 문화재 관리에 대한 부정적 인식을 개선하는 것이
시급하다.

[4~5] 다음은 학생이 학교 누리집에 올리기 위해 작성한 초고이다. 물음에 답하시오.

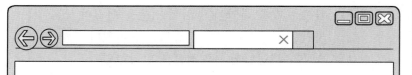

존경하는 교장 선생님께

안녕하십니까? 저는 1학년 김민수입니다. 제가 이 글을
쓰는 이유는 교장 선생님께 학교 신문이 필요하다는 건의를
드리기 위해서입니다.

저는 입학 후 우리 학교에 대해서 궁금한 점이 많았습니다.
그런데 우리 학교가 어떤 학교인지, 학교에는 어떤 교육 프로
그램이 있는지, 그리고 어떤 동아리들이 있는지 몰라서 매우
답답했습니다. 그래서 학교 신문을 보면 좋겠다는 생각에
선생님께 여쭤어 보았더니 우리 학교에는 학교 신문이 없다
고 하셨습니다.

학생들은 학교 신문을 보고 학교 행사 일정이나 교육 프로
그램에 대한 정보를 얻을 수 있습니다. 또한 학교 신문을 읽
고 다른 학생들의 생각을 알 수도 있습니다. 이를 통해 학생
들은 서로 소통하며 즐거운 학교생활을 할 수 있습니다.

저는 중학교 때 학교 신문 기자로 활동하며 사회 각 분야
에 진출한 선배들을 취재하여 기사로 쓴 적이 있었습니다.
그래서 그 기사를 본 친구들에게 자신의 꿈에 대해 생각해
볼 수 있는 기회를 제공할 수 있었습니다.

교장 선생님!

우리 학급의 많은 친구들도 학교 신문이 필요하다고 생각
하고 있습니다. 우리 학교에는 학교 신문이 꼭 필요합니다.
왜냐하면 학교 신문은 [A   ]

4. 학생이 활용한 글쓰기 전략으로 볼 수 없는 것은? [2점]

① 예상 독자를 고려하여 예의를 갖추어 글을 시작한다.
② 건의 내용을 시간의 순차적 흐름에 따라 조직한다.
③ 건의를 하게 된 이유를 구체적으로 밝힌다.
④ 건의 내용에 대한 기대 효과를 제시한다.
⑤ 자신의 경험을 언급하며 글을 전개한다.

5. <조건>을 고려하여 [A]에 들어갈 내용을 작성한다고 할 때, 가장
적절한 것은? [3점]

< 조 건 >
○ 건의 내용을 강조할 것.
○ 비유적 표현을 활용할 것.

① 우리 학교를 대표할 매체가 될 것이기 때문입니다. 우리 학교
에서 학교 신문이 발간된다는 기쁜 소식을 빨리 전해 주십시오.
② 학생들이 재미있게 읽을 수 있고 학교생활에도 도움을 주기
때문입니다. 학생들에게 사랑받는 학교 신문을 반드시 만들어
주십시오.
③ 우리들의 학교생활에 활력소가 되어 줄 비타민이기 때문입니다.
학교생활을 건강하게 만들어 줄 학교 신문이 꼭 발간되도록 해
주십시오.
④ 우리의 모든 활동이 담겨 있는 자화상이기 때문입니다. 우리의
활동이 빠짐없이 기록될 수 있도록 학교 신문 편집 인원을 더
늘려 주십시오.
⑤ 우리들의 자유 발언대이기 때문입니다. 학생 기자가 아닌 다른
학생들도 학교 신문에 자신의 의견을 발표할 수 있는 기회를 마
련해 주십시오.

6. <보기>는 봉사활동 체험 보고서의 초고이다. ㉠~㉤을 고쳐
쓰기 위한 방안으로 적절하지 **않은** 것은? [3점]

< 보 기 >
지난주에 우리 반은 강화의 ○○ 복지시설로 체험학습을
다녀왔다. 나는 체험학습을 작년처럼 놀이공원으로 갈 것이라
생각했는데, 학급회의 결과 ㉠ 과반수 이상의 찬성으로 복지
시설에 봉사 활동을 가게 되어서 실망이 컸다. 하지만 봉사
활동을 하면서 나의 생각이 ㉡ 잘못되어졌다는 것을 깨달았다.
㉢ 높이 나는 비행기를 보며 조종사가 되고 싶었다. 진정한 봉
사의 의미를 ㉣ 잊은 채 살았던 내 자신이 후회되어, 창피한
마음에 한동안 차마 고개를 들 수 ㉤ 있었다.

① ㉠은 의미가 중복되므로 '이상'을 삭제한다.
② ㉡은 부적절한 피동 표현이므로 '잘못되었다'로 고친다.
③ ㉢은 글의 통일성에 어긋나므로 삭제한다.
④ ㉣은 띄어쓰기를 바르게 하지 못했으므로 '잊은채'로 고친다.
⑤ ㉤은 부사와의 호응을 고려하여 '없었다'로 고친다.

7. <보기>의 ㉠에 해당하는 예로 적절한 것은? [3점]

< 보 기 >
○ 재희는 봉사활동에 <u>아무도 모르게</u> 참여한다.

위 문장에서 '아무도 모르게'는 단어가 아니라 주어인 '아무
도'와 서술어인 '모르다'로 이루어진 문장이다. 이 문장은 '재희
는 봉사활동에 참여한다.'라는 문장에서 서술어 '참여한다'를
수식하여 '어떻게'라는 의미를 더해 주면서 수식하고 있다. 이
런 역할을 하면서 안겨 있는 문장을 ㉠ 부사절이라 한다.

① 이 일은 하기가 쉽지 않다.
② 빙수는 <u>이가 시리도록</u> 차가웠다.
③ 은기는 꼭 꿈을 이루겠다고 말했다.
④ 승희는 <u>마음이 따뜻한</u> 사람을 좋아한다.
⑤ 민우는 <u>우리가 어제 돌아온 사실</u>을 모른다.

8. 제시된 탐구 과정을 고려할 때, [A], [B]에 들어갈 ㉠~㉣을 바르게 분류한 것은? [4점]

탐구 주제	밑줄 친 말을 문장 성분과 품사를 기준으로 분류하시오. • 이것은 ㉠ 새로운 글이다.　• 이것은 ㉡ 새 글이다. • 그는 ㉢ 빠르게 달린다.　• 그는 ㉣ 빨리 달린다.	
탐구 관련 지식	• 관형어는 체언을, 부사어 는 용언을 한정하는 기능 을 함.	• 형용사는 관형사나 부사와 달리 활용을 함. • 관형사는 명사를, 부사는 동사를 수식함.
탐구 결과	문장 성분에 따라 [A] 로 분류할 수 있다.	품사에 따라 [B] 로 분 류할 수 있다.

	[A]	[B]
①	㉠, ㉡ / ㉢, ㉣	㉠, ㉡ / ㉢ / ㉣
②	㉠, ㉡ / ㉢, ㉣	㉠, ㉢ / ㉡ / ㉣
③	㉠, ㉢ / ㉡, ㉣	㉠, ㉣ / ㉢ / ㉡
④	㉠, ㉣ / ㉡, ㉢	㉠, ㉡ / ㉢, ㉣
⑤	㉠, ㉢ / ㉡, ㉣	㉠, ㉢ / ㉡ / ㉣

9. <보기>의 수업 상황에서, 밑줄 친 물음에 대한 학생의 대답으로 적절하지 않은 것은? [3점]

――――――――〈 보 기 〉――――――――

　이번 시간에는 문장을 구성할 때 반드시 있어야 하는 성분인 주성분에 대해 살펴보겠습니다. 주성분에는 주어, 서술어, 목적어, 보어가 있습니다. 주어는 문장에서 동작 또는 상태나 성질의 주체를 나타내는 것입니다. 서술어는 주어의 동작, 상태, 성질 따위를 풀이하는 기능을 하는 성분입니다. 서술어의 동작 대상이 되는 문장 성분을 목적어라고 하고, 서술어 '되다, 아니다'가 필요로 하는 문장 성분 중에서 주어를 제외하고 조사 '이/가'가 붙은 것을 보어라고 합니다.
　자, 그럼 다음 문장의 주성분에 대해 알아볼까요?

　　ㄱ. 철수의 동생이 사진을 찍었다.
　　ㄴ. 언니는 올해 대학생이 되었다.

① ㄱ의 '찍었다'는 '동생'의 동작을 풀이하는 서술어입니다.
② ㄴ의 '올해'는 '되었다'가 꼭 필요로 하므로 주성분입니다.
③ ㄱ에는 목적어가 있지만, ㄴ에는 목적어가 없습니다.
④ ㄱ과 ㄴ에는 주어가 하나씩 있습니다.
⑤ ㄱ과 ㄴ에는 주성분의 종류가 세 가지씩 있습니다.

[10~12] 다음 글을 읽고 물음에 답하시오.

　일반적으로 '언제 어디서나 누구든지 인정하는 보편적인 법칙이나 사실'을 진리(眞理)라 말한다. 소피스트는 개인의 감각적 경험을 통해 진리를 발견할 수 있다고 믿었던 반면, 소크라테스는 이성을 통해 진리에 도달할 수 있다고 생각했다.

　소피스트의 주장에 따르면 순수한 감각은 같은 개인에게 있어서도 시간에 따라 변화하지만 ⓐ 위조가 없기에 그 자체로 진리이다. 그들은 보편타당하고 절대적인 진리는 존재하지 않는다고 보았다. 소피스트인 프로타고라스는 "인간은 만물의 척도이다."라고 주장함으로써 모든 판단의 ⓑ 기준을 개인의 감각적 경험에 두었다. 가령 바람이 불 때 한 사람은 추위를 느끼고 다른 한 사람은 추위를 느끼지 않는다면 바람은 상대적으로 ⓒ 규정된다는 것이다.

　이에 대해 ㉠ 소크라테스는 "인간이 만물의 척도이고 진리가 주관적이라면 돼지나 원숭이들도 척도로 삼아야 하지 않겠느냐."라고 말했다. 그는 보편타당하고 객관적인 진리가 있다고 주장했으며 확고부동한 진리에 도달하기 위한 기초를 발견하려고 노력했다. 객관적 진리를 발견하기 위한 판단의 근거를 우연적인 경험이 아닌 명료한 이성에 두었으며, 사물의 본질에 대해 알고자 '그것이 무엇인가?'라고 끊임없이 물으며 답을 찾기 위해 노력했다.

　소피스트의 주관성에 대한 ⓓ 옹호는 회의론을 ⓔ 야기할 수도 있다. 모든 주관적 의견을 타당하다고 평가해야 한다면 진리라는 개념 자체가 사라질 위험에 놓일 수 있기 때문이다. 한편 소크라테스의 객관적 진리 추구는 어떠한 예외도 허용하지 않는 경직된 사고와 독선적인 태도를 불러일으킬 수 있다는 지적을 받기도 했다. 그럼에도 소피스트와 소크라테스의 주장은 후대 철학자들의 진리에 관한 논의의 근간을 이루었다는 점에서 의의를 찾을 수 있다.

10. 윗글의 내용과 일치하지 않는 것은? [3점]

① 소피스트는 개인의 감각은 위조가 없다고 보았다.
② 소피스트와 소크라테스는 후대 철학에 영향을 주었다.
③ 프로타고라스는 모든 판단의 기준을 개인의 경험에 두었다.
④ 소크라테스는 우연성을 통해 사물의 본질에 접근하려 했다.
⑤ 소피스트의 주장대로라면 진리의 개념이 없어질지도 모른다.

11. ㉠의 관점과 가장 유사한 것은? [4점]

① 모든 진리는 감각을 통해 외부로부터 주어진다.
② 이것이 진리일 수도 있고, 저것이 진리일 수도 있다.
③ 감각은 과학과 같고 항상 실재하는 대상을 갖고 있다.
④ 진리란 존재하지 않으며, 존재한다 하여도 알 수 없다.
⑤ 보편적인 진리를 인식하는 것이 삶의 궁극적 목적이다.

12. ⓐ~ⓔ의 의미로 적절하지 않은 것은? [3점]

① ⓐ : 속일 목적으로 꾸며 진짜처럼 만듦.
② ⓑ : 기본이 되는 표준.
③ ⓒ : 내용이나 성격, 의미 등을 밝혀 정함.
④ ⓓ : 두둔하고 편들어 지킴.
⑤ ⓔ : 분쟁이나 사건 등을 어물어물 덮어 버림.

[13~15] 다음 글을 읽고 물음에 답하시오.

소리는 진동으로 인해 발생한 파동이 전달되는 현상으로, 이때 전달되는 파동을 음파라고 한다. 음파는 일정한 방향으로 나아가려는 직진성이 있고, 물체에 부딪치면 반사되는 성질을 갖고 있다.

음파는 주파수의 크기에 따라 고주파와 저주파로 나뉜다. 고주파는 직진성이 강하고 작은 물체에도 반사파가 잘 생기며 물에 흡수되는 양이 많아 수중에서의 도달 거리가 짧다. 반면, 저주파는 직진성이 약하고 작은 물체에는 반사파가 잘 생기지 않으며 물에 흡수되는 양이 적어 수중에서의 도달 거리가 길다.

음파는 파동을 전달하는 물질의 밀도가 높을수록 속도가 빨라진다. 그래서 음파의 속도는 공기 중에 비해 물속에서 훨씬 빠르다. 또한 음파의 속도는 물의 온도나 압력에 따라 변화한다. 일반적으로 수온이나 수압이 높아질 경우 속도가 빨라지고, 수온이나 수압이 낮아지면 속도는 느려진다. 300 m 이내의 수심에서 음파는 초당 약 1,500 m의 속도로 나아간다.

한편 음파는 이러한 속성을 바탕으로 어업과 해양 탐사, 지구 환경 조사, 군사적 용도 등으로 폭넓게 사용된다. 음파를 활용하는 대표적인 예로는 물고기의 위치를 탐지하는 어군 탐지기와 지구 온난화와 관련된 실험을 들 수 있다.

어군 탐지기는 음파가 물체에 부딪쳐 반사되는 원리를 이용한 기기이다. 고깃배에서 발신한 음파가 물고기에 부딪쳐 반사되는 방향과 속도를 분석하여 물고기가 있는 위치를 알아낸다. 예를 들어 어군 탐지기가 특정 방향으로 발신한 음파가 0.1초 만에 반사되어 돌아왔다면, 목표물은 발신 방향으로 75 m(1,500 m/s × 0.1 s × 0.5) 거리에 있음을 알 수 있다. 일반적으로 가까운 거리에 있는 물고기를 찾을 때에는 반사파가 잘 생기는 고주파를 사용한다. 이에 반해 먼 거리에 있는 물고기 떼를 찾을 때에는 도달 거리가 긴 저주파를 사용한다.

음파를 활용하면 지구 온난화 연구에 대한 기초 자료를 얻을 수도 있다. ㉠미국의 한 연구팀은 미국 서부 해안의 특정 지점에서 발신한 음파가 호주 해안의 특정 지점에 도달하는 시간을 주기적으로 측정하였다. 이를 통해 연구팀은 수온이 지속적으로 높아지고 있다는 결론을 내렸다. 연구팀은 이러한 결과가 ㉡지구 온난화를 입증할 수 있는 증거 중의 하나라고 주장하였다.

13. 윗글을 통해 알 수 있는 내용이 아닌 것은? [3점]

① 소리는 파동이 전달되는 현상이다.
② 물의 밀도는 공기의 밀도보다 높다.
③ 수중에서 음파는 물을 매개로 전달된다.
④ 음파의 속도는 수압에 따라 달라질 수 있다.
⑤ 멀리 있는 물체일수록 반사파의 양은 많아진다.

14. <보기>의 ⓐ와 ⓑ에 대해 설명한 내용으로 적절하지 않은 것은? [4점]

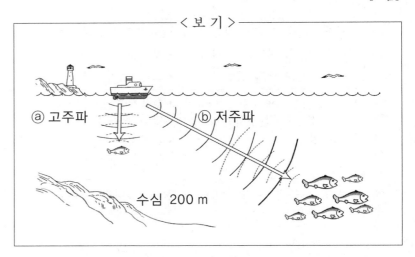

< 보 기 >
ⓐ 고주파   ⓑ 저주파
수심 200 m

① ⓐ나 ⓑ로 물고기를 찾을 수 있는 것은 음파가 반사되어 돌아왔기 때문이군.
② ⓐ나 ⓑ가 0.1초 만에 고깃배로 돌아왔다면 물고기는 75 m 거리에 있겠군.
③ ⓐ는 ⓑ에 비해 작은 물체에도 반사파가 잘 발생하므로 작은 물고기를 찾을 때 유리하겠군.
④ ⓐ는 직진성이 약하기 때문에 가까운 곳에 있는 물고기를 찾는 데 이용되는군.
⑤ ⓑ가 먼 곳에 있는 물고기를 찾는 데 이용되는 것은 물에 흡수되는 음파의 양이 적기 때문이군.

15. ㉡을 고려하여 ㉠의 결과를 추론한 내용으로 가장 적절한 것은? [4점]

① 음파의 양이 증가하는 추세를 보였겠군.
② 음파의 속도가 느려지는 추세를 보였겠군.
③ 음파의 주파수가 높아지는 추세를 보였겠군.
④ 음파의 도달 거리가 길어지는 추세를 보였겠군.
⑤ 음파의 도달 시간이 짧아지는 추세를 보였겠군.

[16~18] 다음 글을 읽고 물음에 답하시오.

[앞부분 줄거리] 6·25 전쟁 중 부하들을 모두 잃고 일주일
동안 눈 속을 방황하던 '나'는 인민군에게 처형되는 아군 병사를
보고 숨어 있던 곳에서 뛰쳐나와 사격을 퍼붓다가 체포되어 수차
례 심문 끝에 땅 밑 움 속에 갇힌다.

　몸을 웅크리고 가마니 속에 쓰러져 있었다. 한 시간 후면 모든
것은 끝나는 것이다. 손과 발이 돌덩이처럼 차다. 허옇게 흙벽
마다 서리가 앉은 깊은 움 속, 서너 길 높이에 통나무로 막은 문
틈 사이로 차가이 하늘이 엿보인다. 퀴퀴한 냄새가 코를 찌른다.
냄새로 짐작하여 그리 오래 된 것 같지는 않다. 누가 며칠 전까
지 있었던 모양이군. 그놈이나 매한가지지 하고 사다리를 내
려서자마자 조그만 구멍으로 다시 끌어올리며 서로 주고받던
그자들의 대화가 아직도 귀에 익다. ㉠그놈이라고 불린 사람
이 바로 총살 직전에 내가 목격하고 필사적으로 놈들의 사
수(射手)를 향하여 방아쇠를 당겼던 그 사람이었을까…….
만일, 그 사람이 아니었다면 또 어떤 사람이었을까……. 몸이
떨린다. 뼛속까지 얼음이 박힌 것 같다.
　소속 사단은? 학벌은? 고향은? 군인에 나온 동기는? ㉡공산
주의를 어떻게 생각하시오? 미국에 대한 감정은? 그럼……
동무의 말은 하나도 이치에 닿지 않소.
　동무는 아직도 계급 의식이 그대로 남아 있소. 출신 계급을
탓하지는 않소. 오해하지 마시오. 그 근성이 나쁘다는 것뿐이오.
㉢다시 한번 생각할 여유를 주겠소. 한 시간 후, 동무의 답변이
모든 것을 결정지을 거요.
　몽롱한 의식 속에 갓 지나간 대화가 오고 간다. 한 시간 후면
모든 것은 끝나는 것이다. 사박사박 걸음을 옮길 때마다 발 밑
에 부서지던 눈, 그리고 따발총구를 등 뒤에 느끼며 앞장 서 가
는 인민군 병사를 따라 무너진 초가집 뒷담을 끼고 이 움 속 감
방으로 오던 자신이 마음속에 삼삼히 아른거린다.

[A]
　한 시간 후면 나는 그들에게 끌려 예정대로의 둑길을 걸
　어가고 있을 것이다. 몇 마디 주고받은 다음, 대장은 말할
　테지. 좋소. 뒤를 돌아다보지 말고 똑바로 걸어가시오. 발자
　국마다 사박사박 눈 부서지는 소리가 날 것이다. 아니, 어쩌
　면 놈들은 내 옷에 탐이 나서 홀랑 빨가벗겨서 걷게 할지도
　모른다(찢어지기는 하였지만 아직 빛깔이 제 빛인 미(美)전투복
　이니까…….).
　　나는 빨가벗은 채, 추위에 살이 빨가니 얼어서 흰 둑길을
　걸어간다. 수 발의 총성. 나는 그대로 털썩 눈 위에 쓰러진다.
　이윽고, 붉은 피가 하이얀 눈을 호젓이 물들여 간다. 그 순
　간 모든 것은 끝나는 것이다.

　놈들은 멋쩍게 총을 다시 거꾸로 둘러메고 본대로 돌아들 간
다. 발의 눈을 털고, 추위에 손을 비벼 가며 방 안으로 들어들
갈 테지. ㉣몇 분 후면 그들은 화롯불에 손을 녹이며, 아무
일도 없었던 듯 담배들을 말아 피우고 기지개를 할 것이다.
　누가 죽었건 지나가고 나면 아무 것도 아니다. 그들에겐 모두
가 평범한 일들이다. 나만이 피를 흘리며 흰 눈을 움켜 쥔 채 신
음하다 영원히 묵살되어 묻혀갈 뿐이다. 전 근육이 경련을 일으
킨다. 추위 탓인가…… 퀴퀴한 냄새가 또 코에 스민다. 나만이

아니라 전에도 꼭 같이 이렇게 반복된 것이다.
　㉤싸우다 끝내는 죽는 것, 그것뿐이다. 그 이외는 아무 것도
없다. 무엇을 위한다는 것, 무엇을 얻기 위한다는 것, 그것도
아니다. 인간이 태어난 본연의 그대로 싸우다 죽는 것, 그것뿐
이라고 생각하였다.

－ 오상원, 「유예」 －

16. <보기>를 참고하여 윗글을 감상한 내용으로 적절한 것은?
[4점]

< 보 기 >
　문학 작품의 감상 방법 중 반영론적 관점은 작품을 현실 세
계의 반영이라고 보고 시대적 요인이 작품의 형성에 관여한
내용을 파악하는 관점이다. 즉 문학 작품이 만들어진 사회 현
실과 관련지어 작품을 해석하고 감상하는 방법을 말한다.

① 제목 '유예'는 작품의 전개를 참고할 때 주인공이 죽기까지 유
보된 한 시간을 의미한다.
② 전쟁이라는 극한 상황에 처한 주인공의 모습을 통해 인간의 존
엄성에 대해 깊이 생각하게 한다.
③ 작가는 자신의 체험을 바탕으로 전쟁의 참상 속에 혼란스러워
하는 주인공의 모습을 그려내고 있다.
④ 이 작품은 이념적 대립으로 인해 서로 총부리를 겨누었던
1950년대 동족상잔의 비극을 잘 담아내고 있다.
⑤ 이 작품에 나오는 '동무, 계급, 인민군, 공산주의' 등의 용어는
소설의 주제를 드러내는 데에 중요한 역할을 하고 있다.

17. [A]에 대한 설명으로 적절하지 않은 것은? [3점]

① 독백 형식으로 '나'의 의식의 흐름을 보여준다.
② 시각적 이미지의 대비를 통해 '나'의 죽음을 강조한다.
③ 살기 위해 흰 둑길을 걸어가는 '나'의 모습을 나타낸다.
④ 음성 상징어를 사용하여 '나'의 상황을 생생하게 표현한다.
⑤ '나'를 발가벗기는 적군을 통해 인간의 비정함을 드러낸다.

18. ㉠~㉤에 대한 설명으로 적절하지 않은 것은? [3점]

① ㉠ : '나'가 구하려고 했던 아군 병사를 떠올리고 있다.
② ㉡ : '나'의 이념적 성향을 확인하려는 적군의 질문이다.
③ ㉢ : 교묘하게 적군을 속이고 있는 '나'를 비난하는 말이다.
④ ㉣ : 사람을 죽이고도 아무렇지 않은 적군의 모습을 의미한다.
⑤ ㉤ : 죽음 앞에서는 전쟁의 명분이 모두 무의미해짐을 뜻한다.

[19~21] 다음 글을 읽고 물음에 답하시오.

(가) 죽는 날까지 ㉠하늘을 우러러
　　한 점 부끄럼이 없기를,
　　잎새에 이는 ㉡바람에도
　　나는 괴로워했다.
　　㉢별을 노래하는 마음으로
　　모든 죽어 가는 것을 사랑해야지.
　　그리고 나한테 주어진 ㉣길을
　　걸어가야겠다.

　　오늘 ㉤밤에도 별이 바람에 스치운다.
　　　　　　　　　　　　　－ 윤동주, 「서시」 －

(나) 나 보기가 역겨워
　　가실 때에는
　　말없이 고이 보내 드리우리다.

　　영변(寧邊)에 약산(藥山)
　　진달래꽃
　　아름 따다 가실 길에 뿌리우리다.

　　가시는 걸음걸음
　　놓인 그 꽃을
　　사뿐히 즈려밟고 가시옵소서.

　　나 보기가 역겨워
　　가실 때에는
　　죽어도 아니 눈물 흘리우리다.
　　　　　　　　　　　　－ 김소월, 「진달래꽃」 －

(다) ⓐ묏버들 가려 꺾어 보내노라 님에게
　　자시는 창밖에 심어 두고 보소서
　　밤비에 새잎 곧 나거든 나인가 여기소서.
　　　　　　　　　　　　－ 홍랑의 시조 －

19. <보기>를 바탕으로 하여 ㉠~㉤을 감상한 내용으로 적절하지 않은 것은? [4점]

───────── < 보 기 > ─────────
　　윤동주는 일제 강점기 지식인으로서 겪어야 했던 정신적 고통을 섬세하게 노래하였다. 그는 암담한 현실과 시련 속에서도 이상적인 세계를 지향하고 윤리적 삶의 기준에 따라 양심을 지키고자 했다. 조국과 민족의 고난 앞에서 자신의 역할을 찾고자 했던 시인의 고뇌가 그의 시에 담겨 있다.

① ㉠ : 화자가 지키고자 하는 삶의 기준을 의미하는군.
② ㉡ : 화자의 양심을 흔드는 시련을 의미하는군.
③ ㉢ : 화자가 지향하는 이상적인 세계를 나타내는군.
④ ㉣ : 자신의 역할을 찾지 못한 화자의 고뇌가 드러나는군.
⑤ ㉤ : 화자가 처한 암담한 현실을 의미하는군.

20. (나)의 표현상 특징으로 적절하지 않은 것은? [4점]

① '-우리다'의 반복으로 운율을 형성하고 있다.
② 반어적 표현을 통해 화자의 태도를 강조하고 있다.
③ 수미상관의 구성으로 시에 안정감을 부여하고 있다.
④ 대화체를 사용하여 대상과의 친근감을 드러내고 있다.
⑤ 구체적 지명을 제시하여 향토적인 분위기를 조성하고 있다.

21. ⓐ에 대한 설명으로 가장 적절한 것은? [3점]

① 의인화된 사물로 화자의 원망이 담겨 있다.
② 화자의 분신으로 임에 대한 사랑을 드러낸다.
③ 감정이입의 대상으로 화자의 슬픔이 담겨 있다.
④ 회상의 매개체로 재회에 대한 기쁨을 드러낸다.
⑤ 사랑의 증표로 임을 떠나보낸 후회가 담겨 있다.

[22~23] 다음 글을 읽고 물음에 답하시오.

　　아무리 튤립이 귀하다 한들 알뿌리 하나의 값이 요즈음 돈으로 쳐서 45만원이 넘는 수준까지 치솟을 수 있을까? 엄지손가락만한 크기의 메추리알 하나의 값이 달걀 한 꾸러미 값보다도 더 비싸질 수 있을까? 이 두 물음에 대한 대답은 모두 '그렇다'이다. 역사책을 보면 1636년 네덜란드에서는 튤립 알뿌리 하나의 값이 정말로 그 수준으로 뛰어오른 적이 있었다. 그리고 그때를 기억하는 사람은 알겠지만, 실제로 1950년대 말 우리나라에서 한때 메추리알 값이 그렇게까지 비쌌던 적이 있었다.

　　어떤 상품의 가격은 기본적으로 수요와 공급의 힘에 의해 결정된다. 시장에 참여하고 있는 경제 주체들은 자신이 갖고 있는 정보를 기초로 하여 수요와 공급을 결정한다. 이들이 똑같은 정보를 함께 갖고 있으며 이 정보가 아주 틀린 것이 아닌 한, 상품의 가격은 어떤 기본적인 수준에서 크게 벗어나지 않을 것이라고 예상할 수 있다. 예를 들어 튤립 알뿌리 하나의 값은 수선화 알뿌리 하나의 값과 비슷하고, 메추리알 하나는 달걀 하나보다 더 쌀 것으로 짐작해도 무방하다는 말이다.

　　그러나 현실에서는 사람들이 서로 다른 정보를 갖고 시장에 참여하는 경우가 많다. 어떤 사람은 특정한 정보를 갖고 있는데 거래 상대방은 그 정보를 갖고 있지 못한 경우도 있다. 뿐만 아니라 이들 사이에 거래에 참여하는 목적이나 재산 등의 측면에서 큰 차이가 존재하는 것이 보통이다. 이런 경우에는 어떤 상품의 가격이 우리의 상식으로는 도저히 이해하기 힘든 수준까지 일시적으로 뛰어오르는 현상이 나타날 가능성이 있다. 이런 현상은 특히 투기의 대상이 되는 자산의 경우에 자주 목격되는데, 우리는 이를 '거품(bubbles)'이라고 부른다.

일반적으로 거품이란 것은 어떤 상품—특히 자산—의 가격이 지속적으로 급격히 상승하는 현상을 가리킨다. 이와 같은 지속적인 가격 상승이 일어나는 이유는 애초에 생긴 가격 상승이 추가적인 가격 상승의 기대로 이어져 투기 바람이 형성되기 때문이다. 어떤 상품의 가격이 올라 그것을 미리 사 둔 사람이 재미를 보았다는 소문이 돌면 너도나도 사려고 달려들기 때문에 가격이 천정부지*로 뛰어오르게 된다. 물론 ㉠이 같은 거품이 무한정 커질 수는 없고 언젠가는 터져 정상적인 상태로 돌아올 수밖에 없다. 이 때 거품이 터지는 충격으로 인해 경제에 심각한 위기가 닥칠 수도 있다.

*　천정부지 : 물가 따위가 한 없이 오르기만 함을 비유적으로 이르는 말.

22. 윗글의 논지 전개 방식으로 적절한 것은? [4점]

① 구체적인 사례를 통해 중심 화제의 개념을 설명하고 있다.
② 전문가의 말을 인용하여 주장의 타당성을 확보하고 있다.
③ 일반적인 상식을 제시한 후 논리적으로 비판하고 있다.
④ 대상의 문제점을 지적하고 해결 방안을 모색하고 있다.
⑤ 단계적인 순서에 따라 개념의 차이를 부각하고 있다.

23. ㉠의 사례로 가장 적절한 것은? [4점]

① A 회사는 신기술이 적용된 휴대폰을 개발하여 기존의 휴대폰보다 가격을 3배 올려서 판매하기 시작했다.
② 작년 봄에는 수요에 비해 공급이 부족하여 배추 가격이 한 포기에 2천원에서 1만 4천원까지 올랐다가 가을이 되자 본래 가격으로 돌아왔다.
③ 경제 개발로 석유 수요가 지속적으로 늘어나고 있는 상황에 중동 전쟁까지 겹쳐 원유 수입이 어려워지자 B 석유 회사는 석유 가격을 50% 인상했다.
④ 1990년대 일본에서는 땅을 사면 돈을 번다는 소문 때문에 너도나도 땅을 사기 시작하자, 상상하기 힘든 수준까지 땅값이 치솟았다가 얼마 후 급격히 떨어져 경제가 어렵게 되었다.
⑤ 생고무 생산국인 브라질에 기상 이변이 일어나자 C 회사는 이미 수입한 생고무로 타이어를 만들어 기존의 가격보다 2배나 올려 판매하다 1년이 지나서야 정상적인 가격으로 환원했다.

[24~26] 다음 글을 읽고 물음에 답하시오.

[앞부분 줄거리] 이춘풍은 방탕한 생활로 재산을 모두 탕진해 버렸다. 아내가 삯바느질로 모은 재산과 빌린 나랏돈을 밑천으로 장사를 하겠다며 춘풍은 평양으로 갔다. 춘풍은 기생 추월에게 빠져 가진 돈을 모두 날리게 되고, 이를 알게 된 아내가 비장*으로 평양감사를 따라가 춘풍과 추월을 잡아들여 매를 치고 추월에게 춘풍의 돈을 물어내게 한 후 집에 돌아와 춘풍을 기다린다.

이 때 ㉠춘풍의 처 문 밖에 썩 나서서 춘풍의 소매 잡고 깜짝 놀라며 하는 말이,
"어이 그리 더디던고. 장사에 소망 얻어 평안히 오시니까."
춘풍이 반기면서
"그새 잘 있던가."
춘풍이 이십 바리 돈을 여기저기 벌여 놓고 장사에 남긴 듯이 의기양양하니, 춘풍 아내 거동 보소. 주찬(酒饌)을 소담히* 차려 놓고,
"자시오."
하니, 저 잡놈 거동 보소. 없던 교태(嬌態) 지어 내어 제 아내 꾸짖으되,

[A]
┌ "안주도 좋지 않고 술 맛도 무미하다. 평양서는 좋은 안주로 매일 장취하여 입맛이 높았으니 평양으로 다시 가고 싶다. 아무래도 못 잊겠다."
│ 젓가락도 그릇 박고 고기도 씹어 버리며 하는 말이,
│ "평양 일색 추월이와 좋은 안주 호강으로 지내더니, 집에 오니 온갖 것이 다 어설프다. 호조 돈이나 다 셈하고 약간 전량(錢糧) 수쇄(收刷)하여 전 주인에게 환전 부치고 평양
└ 으로 내려가서 작은집과 한가지로 음식을 먹으리라."
그 거동은 차마 못 볼레라.

춘풍 아내 거동 보소. 춘풍을 속이려고 상을 물려 놓고 황혼시에 밖에 나가 비장 복색(服色) 다시 하고 오동수복 화간죽을 한 발이나 빼쳐 물고 대문 안에 들어서서 기침하고,
"춘풍 왔느냐."
춘풍이 자세히 보니 평양서 돈 받아 주던 회계 비장이라. 춘풍이 황겁하여 버선발로 뛰어 내달아 복지(伏地)하여 여쭈오되,
"소인이 오늘 와서 날이 저물어 명일에 댁 문하(門下)에 문안코자 하옵더니, 나으리 먼저 행차하옵시니 황공 만만하여이다."
㉡비장이 답왈,
"내 마침 이리 지나가다가 너 왔단 말 듣고 잠깐 들렀노라."
방 안에 들어가니, 춘풍이 아무리 제 안방인들 어찌 들어갈까. 문 밖에 섰노라니,
"춘풍아, 들어와서 말이나 하여라."
춘풍이 여쭈오되,
"나으리 좌정(坐定)하신 데 감히 들어가오리까."
비장이 가로되
"잔말 말고 들어오라."
춘풍이 어쩌지 못하여 들어오니 비장이 가로되,
"그 때 추월에게 돈을 진작 받았느냐."
춘풍이 왈

"나으리 덕택에 즉시 받았나이다. 못 받을 돈 오천 냥을 일조(一朝)에 다 받았사오니, 그 덕택이 태산 같사이다."

"그 때 맞던 매가 아프더냐."

"소인에게 그런 매는 상(賞)이로소이다. 어찌 아프다 하리이까."

춘풍이 일어서서 주안(酒案)을 들이거늘, 비장이 꾸짖어 왈,

"네 계집은 어디 가고 내게 내외(內外) 시키느냐. 네 계집 빨리 불러 술 준비 못 시킬쏘냐."

춘풍이 황겁하여 아무리 찾은들 있을소냐. 들며 나며 찾아도 무가내라 제 손수 거행하니, 한두 잔 먹은 후에 취담(醉談)으로 하는 말이,

"네 평양에서 추월의 집 사환할 제 형용도 참혹하고 거지 중 상거지라. 추월의 하인 되어 봉두난발(蓬頭亂髮) 헌 누더기 감발 버선 어떻더냐."

춘풍이 부끄러워 제 계집이 문 밖에서 엿듣는가 민망하건마는 비장이 하는 말을 제가 막을쏜가. 좌불안석(坐不安席) 하는 꼴은 혼자 보기 아깝더라.

* 비장: 조선 시대에, 감사(監司)·유수(留守)·병사(兵使)·수사(水使) 등을 따라다니며 일을 돕던 무관 벼슬.
* 소담히: 음식이 넉넉하여 보기에도 먹음직하게.

– 작자 미상, 「이춘풍전」 –

24. 윗글을 통해 알 수 있는 내용으로 가장 적절한 것은? [3점]

① 춘풍은 비장에게 돈을 빌린 것을 부끄러워하고 있다.
② 춘풍은 아내에게 평양에서 돈을 벌어 온 척하고 있다.
③ 춘풍의 처는 남편에게 실망해 집을 나가 돌아오지 않고 있다.
④ 춘풍의 처는 돈을 벌어온 남편을 진심으로 반가워하고 있다.
⑤ 춘풍은 자신의 잘못을 반성하고 아내에게 용서를 구하고 있다.

25. ㉠과 ㉡에 대한 설명으로 적절하지 않은 것은? [4점]

① ㉠이 ㉡으로 바뀌며 해학성이 유발된다.
② ㉠과 ㉡을 대하는 춘풍의 태도가 다르다.
③ ㉠이 ㉡으로 바뀌며 춘풍과의 지위가 역전된다.
④ 춘풍은 ㉠과 ㉡이 서로 다른 인물이라 생각한다.
⑤ 춘풍은 ㉠과 ㉡ 모두에게 두려움을 느끼고 있다.

26. [A]의 상황을 나타내는 말로 가장 적절한 것은? [3점]

① 적반하장(賊反荷杖)　　② 오비이락(烏飛梨落)
③ 사면초가(四面楚歌)　　④ 결초보은(結草報恩)
⑤ 개과천선(改過遷善)

[27~28] 다음 글을 읽고 물음에 답하시오.

미술에서 '키네틱 아트'는 움직임을 의미하는 그리스 어 키네티코스에서 유래한 말로 움직임을 중시하거나 그것을 주요 요소로 하는 예술 작품을 뜻한다. 키네틱 아트는 산업 혁명에서 비롯된 대량 생산과 기술의 발달로 인해 급격하게 기계 문명 사회로 변화하던 시기를 배경으로 출현하였다. '키네틱'이라는 단어가 조형 예술에 최초로 사용된 것은 1920년대의 일이다.

키네틱 아트 작가들은 기계의 움직임을 예술적 요소로 수용하여 작품 전체나 일부를 움직이게 함으로써 창작 의도를 표현하고자 했다. 이러한 움직임은 바람이나 빛과 같은 외부적인 자연의 힘이나 동력 장치와 같은 내부적인 힘에 의해 구현되었다. 또한 대상을 사실적으로 재현하는 것이 아니라 추상적 구조물처럼 보이도록 창작하였다.

키네틱 아트는 '우연성'과 '비물질화'를 중요한 조형* 요소로 제시하였다. '우연성'은 작품의 예측 불가능한 움직임을 통해 나타나는데 여기에는 감상자의 움직임이나 위치 등에 의한 작품의 형태 변화도 포함된다. '비물질화'는 작품이 고정되지 않고 계속 움직이는 상태를 의미한다. 정지된 물체는 고정되어 있기 때문에 물질화되어 있는 반면, '비물질화'는 물체가 계속 움직여 물체의 형태가 고정되지 않는 특성과 관련된다. 예를 들어 뒤샹의 ㉠「자전거 바퀴」는 감상자가 손으로 바퀴를 회전하도록 한 작품이다. 이 작품에는 감상자가 바퀴를 돌리는 속도에 따라 바퀴살이 다양한 모습으로 보이는 '우연성'과 바퀴살이 고정되지 않고 움직이는 '비물질화'가 나타난다.

키네틱 아트의 이러한 조형 요소들은 감상자들의 시각을 자극하여 작품에 주의를 집중시키는 효과를 준다. 작품이 보여주는 다양하고 예측 불가능한 움직임으로 감상자들이 풍부한 이미지를 상상할 수 있도록 한 것이다. 이를 통해 기존 미술에서 작품 감상에 대해 수동적이었던 감상자들로 하여금 보다 능동적인 태도를 갖도록 하였다.

키네틱 아트는 작품의 움직임에 의미를 부여하고 작품과 감상자의 상호 작용을 중시함으로써 다양한 실험적 예술의 길을 열어 주었다. 1960년대에 들어서 키네틱 아트는 새로운 첨단 매체를 활용하여 변화무쌍한 움직임을 보여주는 비디오 아트, 레이저 아트, 홀로그래피 아트 등과 같은 예술이 출현하게 되는 계기를 제공하였다.

* 조형 : 여러 재료를 이용하여 구체적인 형태나 형상을 만듦.

27. 윗글을 읽고 <보기>의 「아니마리스」를 이해한 내용으로 적절하지 <u>않은</u> 것은? [4점]

─────< 보 기 >─────

이 작품은 키네틱 아트의 대표 작가인 테오 얀센이 창작한 「아니마리스」이다. 얀센은 플라스틱 관으로 뼈대와 다리를 만들고 등에는 비닐 깃털을 달아, 바람이 불면 깃털이 반응하면서 해변에서 다양한 모습으로 움직이면서 돌아다니도록 했다. 얀센은 이 작품을 연작 형태로 진화시켜 공학 기술과 예술을 접목한 인공 생명체를 만들겠다는 창작 의도를 표현하였다.

① 해변에 돌아다니는 생명체의 형상을 그대로 재현하는 데 초점을 두고 있군.

② 작품이 고정되어 있지 않고 계속 움직인다는 점에서 비물질화가 드러나고 있군.

③ 다양하게 움직이는 모습을 통해 감상자의 시각을 자극하는 효과를 줄 수 있겠군.

④ 공학 기술과 예술을 접목시킴으로써 기계적 움직임을 예술적 요소로 수용하고 있군.

⑤ 바람에 의해 움직일 수 있도록 만들어졌다는 점에서 외부적인 힘을 활용하고 있군.

28. ㉠과 <보기>의 「4분 33초」가 공통적으로 전제하고 있는 것은? [4점]

─────< 보 기 >─────

1952년 미국의 전위 예술가인 존 케이지는 새로운 피아노 작품 「4분 33초」를 발표하였다. 그런데 피아니스트는 피아노를 치지 않고 일정 시간에 맞춰 피아노 뚜껑을 열었다 닫았다 할 뿐이었다. 청중들은 연주를 기다리며 웅성거리다가 4분 33초가 흘러 피아니스트가 퇴장하자 크게 술렁거렸다. 존 케이지는 「4분 33초」를 통해 연주를 기다리는 동안 청중들의 기침 소리, 불평 소리, 각종 소음 등 공연장에서 뜻하지 않게 발생한 모든 소리가 훌륭한 연주가 될 수 있다는 생각을 나타냈다.

① 사회 구조의 변화에 따라 예술은 기계 문명에 대한 예찬을 표명해야 한다.

② 우연적 요소와 감상자의 참여가 예술을 구성하는 중요한 원리가 될 수 있다.

③ 첨단 매체를 활용해야 변화무쌍한 움직임이 강조되는 예술 작품을 만들 수 있다.

④ 제한된 시간 내에 감상이 이루어질 때, 작가와 감상자의 상호 작용이 더욱 긴밀해진다.

⑤ 작가의 창작 의도가 직접적으로 노출되었을 때, 감상자가 풍부한 상상력을 발휘할 수 있다.

[29~30] 다음 글을 읽고 물음에 답하시오.

[앞부분 줄거리] 순영은 복남이 소아 백혈병임을 알면서도 복남을 낳고 복남은 이후 골수를 이식받게 된다. 할머니 꽃순은 퇴원한 복남에게 바나나를 먹이고 치매에 걸린 후에도 바나나를 안고 다닌다. 아버지 원식은 복남을 위해 인형을 뽑고, 엄마 순영은 치킨을 팔지만 복남에게 치킨을 주지 않는다. 언니 아라는 혹시 모를 이식 수술을 위해 몸에 나쁜 것은 절대 입에 대지 않는다.

S# 72 몽타주

– '복남 치킨'의 가게 문이 굳게 닫혀 있다.

– 원식이 인형 뽑기 기계를 침통하게 바라만 보고 서 있다.

– 꽃순이 장롱에 숨겨 두었던 바나나를 꺼내서 보자기에 싸고 있다.

– 순영이 불 꺼진 가게에 멍하니 앉아 있다.

S# 73 병실(실내, 낮)

의식 없는 복남 곁에 문병 온 동건과 세미, 세미의 부모가 서 있다.

동건 니가 맨날 날라차기 해도 내가 왜 니를 따라다녔는 줄 아나? 친구니까. 아무리 밉고 쪽팔리고 짜증나도 친구는 옆에 있는 기다. 그기 친구다! (울먹) 근데 지는 혼자 플래시맨 별로 갈 생각이나 하고 (주르륵 눈물 흘리며) ㉠니는 끝까지 내를 못 믿었다. 니는……나쁜 년이다.

동건이 복남의 배 위에 무언가를 두고 뛰쳐나간다. 세미가 그런 동건을 지켜보다가 말없이 복남의 배 위에 목걸이를 올려놓는다. 옆에는 동건이 두고 간 비디오테이프 플래시맨 마지막 편이 있다.

S# 74 복남 치킨 (실내, 낮)

불 꺼진 '복남 치킨'에서 순영이 말없이 닭다리를 튀기고 있다.

S# 75 병실 (실내, 밤)

복남이 의식 없이 누워 있다. 튀긴 닭다리만 한가득 담긴 상자가 복남의 옆에 놓여 있다.

순영 (복남의 다리를 수건으로 닦으며) 다리는 알타리 무시 같은 기 픽픽 쓰러지기나 하고. 그러니까네 자전거도 더 많이 타고 태권도도 그리 빠지지 말라 캐도 가시나가 말도 안 듣고……

원식이 열린 문틈 사이로 그 모습을 지켜보고 있다.

순영 튀긴 음식도 안 좋다 해서 안 먹일라 했는데. (목이 메는) 복남아. 엄마가 미안타. 새 브라자 안 사 준 것도 미안코, 닭다리 안 준 것도 미안코. 엄마 마음대로 낳아서 이리 힘들게 만든 것도 미안코. 엄마가 무조건 다 미안타. (눈물을 흘리며) 다 미안타. 미안타, 복남아.

순영이 복남의 손을 잡고 우는 모습을 병실 밖에서 원식이 지켜보고 있다. ㉡원식의 손에는 토끼 인형이 들려 있다. 의식 없는 복남의 얼굴. (F.O.)

S# 76 복남네 거실 (실내, 밤)

(F.I.) 복남네 거실에 제사상이 차려져 있고 향이 타고 있다. 검은 옷을 입은 순영과 원식, 성인이 된 아라가 침통한 표정으로 서 있다. 그때 현관 쪽에서 우당탕탕 소리를 내며 여중생 교복을 입은 복남이 거실로 헐레벌떡 들어온다.

순영 (복남의 등을 철썩 때리며) 오늘 할무이 제삿날이라고 일찍 오랬제!

복남 (손에 바나나를 들고) 이거 산다꼬 늦었다. 할무이 제사에 바나나가 없으믄 되나!

ⓒ 복남이 제사상에 바나나를 올려놓고 영정 사진에 목걸이를 건다.

순영 (복남과 목걸이를 보며) 그거 딱 갖다 버리라 캤다.

복남 와? 할매 제삿밥 마이 묵고 편하게 돌아가야 될 거 아이가.

원식(E.) 밤새굿다. 퍼뜩 와서 잔 올리라.

복남이 잔을 올리고 식구들이 다 같이 절을 한다. 제사를 마치고 가족들이 저녁상에 둘러앉아 밥을 먹고 있다. 복남이도 복스럽게 밥을 먹고 있다.

복남(Nar.) 지는 명왕 여중 1학년 8반 17번 조복남이라고 합니더. (가족들 얼굴을 차례로 비추며) 지는 돈은 닭 모가지처럼 쥐짜야 한다는 엄마와, 인형 뽑기를 낙으로 엄마한테 빌붙어 사는 아빠, 매일 뺀질거리는 언니, (뒤편에 세워져 있는 꽃순의 영정 사진을 비추며) 세상에서 썩은 바나나가 최고로 맛있는 줄 아는 할무이랑 같이 살고 있습니다.

화장을 한 아라, 여전히 밥상 앞에서 껌을 씹고 있다.

순영 (아라를 째려보며) ② 니 딱 안 뱉나!

원식이 '붕―'하고 방귀를 뀐다.

아라 아, 아빠! 밥상머리 앞에서 매너 좀 지키라!

원식 내 방구는 냄새 안 난다.

아라 아빠는 장 검사 받기 전에 코 검사부터 함 받아 봐라.

순영이 두루마리 화장지를 아라에게 집어던지자, 아라가 흘겨본다. 복남이 가족들의 소란에 머리가 아파오는지 머리에 손을 대며 '아'하고 인상을 쓴다. 그 모습에 순식간에 가족들이 조용해지며 긴장한다.

순영 와? 머리 아프나? 니 병원 갈까?

원식 (황급히) ⑩ 아라야. 구급차에 전화해라.

아라 어어, 알았다.

복남 (천천히 머리에서 손을 떼며) 돌 씹었다.

가족들이 맥이 풀린다.

― 윤지희, 「마지막 플래시맨」 ―

---

29. 윗글에 대한 설명으로 적절하지 <u>않은</u> 것은? [4점]

① 공간의 변화로 인물의 상황이 달라졌음을 드러낸다.
② 과거 장면을 삽입하여 갈등 해결의 실마리를 보여준다.
③ 인물들이 보여주는 특정 행위를 통해 주제를 드러낸다.
④ 예상을 깨고 등장한 인물에 의해 사건의 반전이 이루어진다.
⑤ 특별한 의미를 지닌 소재로 인물의 심리와 태도를 드러낸다.

30. ㉠~㉤을 연기할 때 조언으로 적절하지 <u>않은</u> 것은? [2점]

① ㉠ : 친구를 걱정하는 마음으로 울먹이며 대사를 해야 해요.
② ㉡ : 인형 뽑기에 빠졌던 과거를 후회하는 표정을 지으세요.
③ ㉢ : 바나나를 올려놓을 때에는 그리움이 드러나도록 하세요.
④ ㉣ : 못마땅한 감정이 드러나도록 화난 어조로 말씀해 주세요.
⑤ ㉤ : 갑작스런 일에 놀라는 표정이 드러나도록 연기해 주세요.

＊ 확인 사항
○ 답안지의 해당란에 필요한 내용을 정확히 기입(표기)했는지 확인하시오.

2023학년도 3월 고1 전국연합학력평가 문제지

1

제 1 교시

국어 영역

04회

● 문항수 45개 | 배점 100점 | 제한 시간 80분

● 점수 표시가 없는 문항은 모두 2점

04회

[1 ~ 3] 다음은 학생의 발표이다. 물음에 답하시오.

안녕하세요? 여러분, 병풍이 무엇인지 알고 계신가요? (청중의 반응을 살피며) 네, 고개를 끄덕이는 분들이 많으시네요. 최근 한 휴대폰 제조사에서 여러 번 접을 수 있는 병풍의 특징을 적용한 '병풍폰'을 개발한다는 기사를 보았습니다. 저는 이 기사를 보고 호기심이 생겨 전통 공예품 중 병풍에 대해 조사하여 발표하게 되었습니다.

'병풍'은 바람을 막는다는 의미를 지니는데, 바람을 막는 기능 외에 무엇을 가리는 용도로도 사용되는 소품입니다. (㉠자료를 제시하며) 병풍은 이렇게 펼치고 접을 수 있는 구조적 특징이 있어 공간을 효율적으로 사용할 수 있도록 하는 장점이 있습니다. 병풍을 펼쳐 공간을 분리하거나, 접어서 공간을 확장하여 사용할 수 있기 때문입니다. 이러한 구조적 특징으로 인해 야외나 다른 공간으로 병풍을 옮겨 사용하기 편리하고, 접었을 때 보관하기에도 용이합니다.

병풍은 공간을 꾸며 상황에 맞는 분위기를 조성하는 장식적 특징도 있습니다. 이러한 특징은 병풍에 그림을 넣는 데서 두드러지게 나타나는데, 병풍에는 상징적인 의미를 지닌 그림들을 사용하는 경우가 많습니다. 장수를 기원할 때는 십장생을, 선비의 지조를 강조하고자 할 때는 사군자를 그린 그림을 사용하기도 하였습니다. (㉡자료를 제시하며) 지금 보시는 이 병풍에는 꽃과 새가 그려져 있는데, 결혼식 때 신랑 신부의 행복과 부귀영화를 기원하는 상징적 의미를 담은 것입니다. 꽃과 새를 화려하게 그려 넣어 장식함으로써 결혼식의 경사스러운 분위기를 조성하는 데 사용합니다.

(㉢자료를 제시하며) 여러분, 이 병풍에는 어떤 특징이 있을까요? (청중의 대답을 듣고) 네, 맞습니다. 이 병풍은 글자와 그림이 어우러져 있는 '문자도 병풍'입니다. 문자도 병풍은 유교의 주요 덕목을 나타내는 글자를 그린 병풍입니다. 보시는 것처럼 '효'라는 한자와 다양한 소재들이 어우러져 있는데요, 각 소재들은 효자와 관련된 이야기에 등장하는 것들입니다. 이 중에서 가장 크게 보이는 잉어를 예로 들자면, 추운 겨울에 물고기를 드시고 싶어 하는 부모님을 위해 얼음을 깨고 물고기를 잡은 효자의 설화와 관련이 있습니다. 이러한 문자도 병풍은 집안을 장식하고 유교적 덕목을 되새기기 위한 용도로 사용되었습니다.

병풍은 우리 선조들의 생활 속에서 꾸준하게 사랑받아 온, 실용성과 예술성을 겸비한 생활용품입니다. 앞으로 여러분께서도 어디선가 병풍을 접했을 때 관심 있게 살펴봐 주시기 바랍니다. 그리고 발표 내용을 떠올리면서 병풍에 담긴 의미를 생각해 보고, 그 아름다움도 느껴 보시면 좋을 것 같습니다. 이상으로 발표를 마치겠습니다.

1. 위 발표에 대한 설명으로 적절하지 않은 것은?

① 발표 소재를 선정한 계기를 언급하며 발표를 시작하고 있다.
② 다른 대상과 대비하여 발표 소재의 장점을 강조하고 있다.
③ 구체적인 예를 들어 발표 내용에 대한 이해를 돕고 있다.
④ 질문을 던지는 방식을 활용하여 청중과 상호작용하고 있다.
⑤ 발표 소재에 대한 관심을 당부하며 발표를 마무리하고 있다.

2. 다음은 발표자가 제시한 자료이다. 발표자의 자료 활용에 대한 이해로 적절하지 않은 것은?

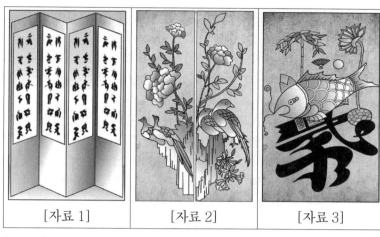

[자료 1]   [자료 2]   [자료 3]

① ㉠에서 [자료 1]을 활용하여, 펼치고 접을 수 있어 공간 활용의 효율성을 높이는 병풍의 구조적 특징을 설명하였다.
② ㉠에서 [자료 1]을 활용하여, 실내외 공간에 따라 그림이나 글자를 선택할 수 있는 병풍의 다양성을 설명하였다.
③ ㉡에서 [자료 2]를 활용하여, 기원하는 바를 그림에 담아 표현하는 병풍의 상징성을 설명하였다.
④ ㉡에서 [자료 2]를 활용하여, 공간을 꾸며 상황에 맞는 분위기를 조성하는 병풍의 장식적 특징을 설명하였다.
⑤ ㉢에서 [자료 3]을 활용하여, 글자와 그림을 통해 유교적 덕목을 되새길 수 있는 병풍의 용도를 설명하였다.

3. 다음은 발표를 듣고 학생이 보인 반응이다. 이를 이해한 내용으로 가장 적절한 것은?

얼마 전 카페에서 전체를 접고 펼 수 있는 구조로 된 창문을 보았어. 날씨가 나쁠 때는 펼쳐서 외부와 차단하고, 날씨가 좋을 때는 접어서 공간을 확장하여 사용하고 있었어. 발표 내용을 듣고 그 창문이 공간을 분리하고 확장하는 병풍의 구조적 특징과 유사하다고 생각하게 되었어. 박물관에서나 볼 수 있는 옛날 물건이라고만 생각했던 병풍이 가지는 현대적 가치를 생각해 보는 기회가 되었어.

① 자신의 경험과 관련지어 발표 소재에 대해 새롭게 인식하고 있다.
② 발표 내용이 발표 주제에 부합하는지 객관적으로 분석하고 있다.
③ 발표를 듣기 전에 지녔던 의문을 발표 내용을 통해 해소하고 있다.
④ 발표 내용 중 사실과 의견을 구분하여 선별적으로 수용하고 있다.
⑤ 배경지식을 활용하여 발표자의 견해를 비판적으로 평가하고 있다.

[4~7] (가)는 생태 환경 동아리의 회의이고, (나)는 이를 바탕으로 작성한 안내문의 초고이다. 물음에 답하시오.

(가)

동아리 회장: 지난 회의에서 우리 학교 학생들을 대상으로 반려 식물 키우기 캠페인을 하기로 결정했는데요, 오늘은 캠페인을 어떻게, 어떤 내용으로 진행할지에 대해 협의해 보겠습니다. 좋은 의견이 있으면 말씀해 주시기 바랍니다.

부원 1: 이번 캠페인을 통해 많은 학생들이 반려 식물을 키워 보는 경험을 하는 것이 가장 중요하다고 생각합니다. 그렇게 하려면 학생들에게 반려 식물 모종을 나누어 주고 직접 키워 보도록 해야 할 것 같습니다.

부원 2: 저도 같은 생각입니다. 다만 우리 학교 학생들에게 나누어 줄 모종을 충분히 준비할 수 있을까요?

부원 1: 예전에 동아리 담당 선생님께서 학교에 생태 교육 예산이 있다고 말씀하신 것을 들은 적이 있는데, 혹시 그 예산으로 반려 식물 모종을 준비할 수 있지 않을까요?

동아리 회장: 저도 그 이야기를 들어서 여쭤보았더니 선생님께서 그 예산으로 300개 정도의 모종을 준비해 주실 수 있다고 말씀하셨고, 학생들이 키우기 좋은 반려 식물 세 가지도 추천해 주셨습니다.

부원 1: 반가운 소식이네요. 그런데 모종의 수가 우리 학교 학생 수의 절반밖에 되지 않아 걱정입니다.

부원 2: 그래도 300명이나 되는 학생들이 반려 식물을 키우는 경험을 할 수 있고 반려 식물 키우기를 원치 않는 학생들도 있을 테니, 모종 300개로도 캠페인을 진행하는 데 무리가 없을 것 같습니다. [A]

부원 1: 말씀을 들어 보니 모종 수는 문제가 되지 않겠네요.

동아리 회장: 그런데 캠페인이 모종 나누어 주기만으로 끝나면 안 될 것 같습니다. 나누어 줄 식물의 이름, 특징, 키우는 방법에 대한 정보도 함께 제공해야 하지 않을까요?

부원 1: 좋은 의견이네요.

부원 2: 저도 같은 생각입니다. 정보를 제공하면 반려 식물을 더 잘 키우는 데 도움이 될 수 있을 것입니다.

동아리 회장: 반려 식물 모종 나누기와 함께 반려 식물과 관련한 정보를 제공해 주자는 의견에 모두 공감하는 것 같은데요, 반려 식물에 대한 정보를 담은 안내문을 만들어 모종과 함께 나누어 주면 어떨까요?

부원 2: 좋은 생각입니다. 모종 나누기 행사 전에 안내문을 학교 게시판에 게시하면 캠페인의 홍보 효과도 얻을 수 있을 것 같아요.

동아리 회장: 그렇네요. 그럼 안내문에는 어떤 내용을 어떤 순서로 제시할지 한 분씩 의견을 말씀해 주시기 바랍니다.

부원 1: 먼저 반려 식물은 무엇인지, 반려 식물을 키우면 어떤 효과가 있는지 밝히면 좋겠어요. 그러면 학생들이 캠페인에 더 많은 관심을 가질 것 같습니다.

부원 2: 그다음에 모종 나누기 행사를 안내하고, 반려 식물의 이름, 특징, 키우는 방법 등을 제시했으면 합니다.

부원 1: 하지만 안내문의 제한된 공간에 반려 식물을 키우는 방법까지 제시하는 것은 어렵지 않을까요? 나누어 주려는 반려 식물이 세 가지나 되는데, 이 세 가지 식물을 키우는 방법을 모두 안내하는 것은 무리일 것 같습니다. [B]

동아리 회장: 음, 각각의 반려 식물을 키우는 방법을 안내하는 홈페이지를 QR 코드로 연결해 두면 어떨까요?

부원 1: 그러면 학생들이 스마트 기기를 이용해 반려 식물을 키우는 방법을 확인할 수 있어 매우 유용하겠네요.

부원 2: 그리고 반려 식물을 키우며 수시로 생기는 궁금증을 해결할 수 있게 우리 동아리 블로그를 안내해도 좋겠어요.

부원 1: 좋은 의견입니다. 고양이를 애지중지 키우는 사람을 뜻하는 '냥집사'처럼, 식물을 키우며 기쁨을 찾는 사람들이라는 의미로 '식집사'라는 용어를 쓰면 학생들이 더 흥미를 느낄 수 있지 않을까요?

동아리 회장: 재미있겠는데요. 그럼 지금까지의 회의 내용을 바탕으로 안내문을 작성해 보도록 합시다.

(나)

반려 식물을 키우는 '식집사'가 되어 보세요!

▶ **반려 식물이란?**
　생활공간에서 정서적으로 교감하는 식물을 일컫는 말이에요.

▶ **반려 식물을 키우면?**
　생명을 키우는 성취감, 정서 안정, 공기 정화의 효과가 있어요.

▶ **반려 식물 모종 나누기 행사를 한다고요?**
　☞ 〈3월 23일 하교 시간, 본관 앞〉에서,
　　원하는 모종을 하나씩 나누어 드려요. (300개 한정)

　〈유칼립투스〉　　　〈아이비〉　　　〈칼라데아〉

　은은한 향기가 주는　물만 주면 잘 자라는　풍성한 잎이 전하는
　마음의 평화　　　　공기 청정기　　　싱그러운 생명감

▶ **반려 식물은 어떻게 키우나요?**
　반려 식물을 키우는 방법을 QR 코드로 확인하세요.

　〈유칼립투스〉　　　〈아이비〉　　　〈칼라데아〉

▶ **반려 식물을 키우면서 궁금증이 생기면?**
　우리 동아리 블로그(blog.com/eco△△△)를 찾아 주세요.

생태 환경 동아리 '푸른누리'

---

4. (가)의 '동아리 회장'의 말하기 방식으로 적절하지 <u>않은</u> 것은?

① 지난 회의 내용을 환기하며 협의할 내용을 밝히고 있다.
② 의문의 형식을 활용하여 자신의 견해를 제안하고 있다.
③ 서로 공감한 내용을 바탕으로 새로운 의견을 제시하고 있다.
④ 논의된 내용을 구체화할 수 있는 발언을 유도하고 있다.
⑤ 회의 내용을 전체적으로 요약하며 회의를 마무리하고 있다.

5. [A], [B]에 대한 설명으로 가장 적절한 것은?

① [A]는 미래의 상황을 예측하는, [B]는 과거의 상황을 환기하는 발화이다.

② [A]는 상대의 의견을 보완하는, [B]는 상대의 의견을 뒷받침하는 발화이다.

③ [A]는 상대의 우려를 해소하는, [B]는 상대의 견해에 우려를 드러내는 발화이다.

④ [A]는 문제 해결의 방법을 요구하는, [B]는 문제 해결의 결과에 주목하는 발화이다.

⑤ [A]는 상대와 자신의 견해 차이를 확인하는, [B]는 상대와 자신의 공통된 견해를 확인하는 발화이다.

6. (가)의 내용이 (나)에 반영된 양상으로 적절하지 <u>않은</u> 것은?

① (가)에서 반려 식물 모종 나누기 행사를 안내하자는 의견에 따라, (나)에서 행사의 일시와 장소를 밝히고 있다.

② (가)에서 반려 식물과 관련한 정보를 제공하자는 의견에 따라, (나)에서 반려 식물의 이름, 특징 등을 제시하고 있다.

③ (가)에서 학생들이 캠페인에 적극적으로 동참하도록 촉구하자는 의견에 따라, (나)에서 캠페인의 취지를 설명하고 있다.

④ (가)에서 반려 식물을 키우며 생기는 궁금증을 해결하게 돕자는 의견에 따라, (나)에서 동아리 블로그를 소개하고 있다.

⑤ (가)에서 학생들이 흥미를 느낄 수 있도록 '식집사'라는 용어를 쓰자는 의견에 따라, (나)의 제목에서 해당 용어를 사용하고 있다.

7. (나)의 성격을 고려할 때, <보기>의 자료를 활용하여 (나)를 보완하는 방안으로 가장 적절한 것은? [3점]

───── < 보 기 > ─────

[신문 자료]

최근 반려 동물과 식물에 대한 관심이 커지면서 이와 관련한 문제점이 나타나고 있다. 반려 동물의 경우 이미 동물 학대, 동물 유기 등이 사회적 문제로 부각되고 있으며, 최근에는 반려 식물과 관련한 문제도 증가하고 있다. 반려 식물은 반려 동물에 비해 존재감이 미약해 관리를 소홀히 하여 생명을 잃는 경우가 많고, 버려지는 사례도 점점 늘고 있다.

① 반려 식물을 키우기 쉬운 이유를 밝히며 지속적인 관심과 노력이 필요하다는 점을 강조해야겠어.

② 반려 식물에 대한 관심이 부족한 점을 지적하며 반려 식물을 구입할 수 있는 방법에 대한 내용을 추가해야겠어.

③ 반려 식물의 유기를 금지하는 규정이 마련되어 있지 않은 점을 강조하며 이를 제정해야 한다는 내용을 추가해야겠어.

④ 반려 동물과 구별되는 반려 식물의 장점을 언급하며 반려 식물을 키우는 사람이 많아지고 있다는 점을 강조해야겠어.

⑤ 반려 식물이 생명을 지닌 존재임을 언급하며 정성을 기울여 반려 식물을 키워 줄 것을 권유하는 문구를 추가해야겠어.

[8 ~ 10] 다음은 작문 상황에 따라 쓴 학생의 초고이다. 물음에 답하시오.

[작문 상황]

일상의 체험을 바탕으로 수필을 써 학급 문집에 싣고자 함.

[초고]

우리 집 마당 구석에 있는 창고에는 낡고 작은 배달용 오토바이가 한 대 서 있다. 아버지는 이 오토바이를 오랜 친구처럼 여기신다. 틈틈이 먼지를 털고, 경적을 빠방 울리기도 하고, 시동도 부르릉 걸어 보시고, 해진 안장을 툭툭 치며 환하게 웃으신다.

야트막한 언덕에 자리한 우리 학교는 인자한 미소를 띤 고목들이 오랜 전통을 말해 준다. 운동장을 발밑에 두고 중고등학교 건물이 다정히 서 있는데, 교실 유리창으로 내려다보이는 옛 시가지의 한적한 플라타너스 길은 운치가 있고 아름답다.

중학교에 갓 입학했을 때 늦잠을 자는 바람에 아버지의 등 뒤에 꼭 붙어서 오토바이로 급히 등교한 적이 있었다. 아버지는 교문에서 조금 떨어진 골목 모퉁이에서 나를 내려 주셨다. 식당 일로 분주한 아침이지만, 내가 교문에 들어설 때까지 플라타너스 가로수 옆에 서 계시다가 어서 들어가라는 손짓을 보내시고 "부릉부릉 부루릉" 소리를 내며 돌아서셨다. 그 소리가 여느 오토바이의 것과는 조금 달라서였을까, 옆을 지나치던 학생들은 재미있다는 표정으로 돌아보았다. 하지만 지금까지도 나는 아버지의 오토바이 소리를, 고요와 평안을 할퀴지 않는 따뜻하고 부드러운 소리로 기억하고 있다.

중학교 때 점심시간이 끝나 갈 무렵 운동장 옆 산책길을 걷다가 아버지의 오토바이 소리를 들은 적이 있었다. 우리 오토바이만의 음색이 내 마음속에 반가운 파문을 일으켰다. 저쪽 관공서 근처에 배달을 다녀오시나 보다. 매일 한두 번은 학교 교문 앞도 지나시나 보다. 아버지는 이 길을 지나실 때마다 과연 무슨 생각을 하실까 상상해 보았다. 그날 이후 아버지의 오토바이가 교문을 지나 플라타너스 가로수 길로 향하는 오르막을 오를 때 들려왔던 그 소리는 왠지 내 어깨를 다독다독하는 인사말처럼 느껴졌다. '오후도 즐겁게!', '아빠, 지나간다.', '오늘 화창하구나!'······.

아버지의 모습에서, 아버지의 오토바이 소리에서 든든한 힘을 얻어서 그런지 내겐 누군가의 마음을 더 깊이 헤아려 보는 상상력이 생긴 것 같다. 친구들과 놀다가 늦게 귀가할 때 아버지께서 내게 보내시는 "으흠" 헛기침 소리에서 '너무 늦었구나. 씻고 일찍 자렴.' 하는 깊은 사랑의 마음을 헤아릴 수도 있게 되었다.

내가 고등학생이 된 새봄. 아버지께서는 이제 오토바이 배달을 그만두셨다. 조금은 아쉽기도 하다.

8. 윗글에서 활용한 글쓰기 방법으로 적절하지 <u>않은</u> 것은?

① 중심 소재를 대하는 인물의 행동을 나열하며 시작한다.

② 의성어를 사용하여 중심 소재에 대한 인상을 부각한다.

③ 색채어를 사용하여 다양한 공간을 사실적으로 묘사한다.

④ 의인법을 사용하여 자연물에서 느끼는 친밀감을 나타낸다.

⑤ 구체적 일화를 제시하여 중심 소재에 대한 정서를 드러낸다.

9. 다음은 글을 쓰기 전에 학생이 떠올린 생각을 메모한 것이다. ㄱ~ㅁ 중 초고에 반영되지 <u>않은</u> 것은? [3점]

○ 처음
  · 낡고 작은 오토바이를 친구처럼 여기시는 아버지 ·········ㄱ

○ 중간
  · 아름다운 플라타너스 길이 내려다보이는 우리 학교 ····ㄴ
  · 오토바이에 나를 태워 학교에 데려다주던 아버지 ····ㄷ
  · 학교 산책길에서 들었던 아버지의 오토바이 소리
  · 힘든 오토바이 배달로 늘 고단해 하시던 아버지 ·········ㄹ
  · 오토바이 소리에 담긴 아버지의 마음에 대한 나의 상상

○ 끝
  · 누군가의 마음을 더 깊이 헤아려 볼 수 있게 된 나 ······ㅁ

① ㄱ   ② ㄴ   ③ ㄷ   ④ ㄹ   ⑤ ㅁ

10. <보기>는 초고를 읽은 선생님의 조언이다. 이를 반영하여 초고에 추가할 내용으로 가장 적절한 것은?

─── < 보 기 > ───

선생님: 글의 마지막 문장 뒤에, 아버지께서 오토바이 배달을 그만두셨을 때 네가 아쉬움을 느낀 이유를 추가하고, 비유를 활용한 표현도 있으면 좋겠어.

① 다정한 인사처럼 들렸던 아버지의 오토바이 소리를 더 이상 들을 수 없게 되어서.
② 이제 고등학교 신입생이 되어 학교생활을 새롭게 시작해야 한다는 부담감이 생겨서.
③ 아버지의 오토바이를 타고 함께 등교하는 소소한 즐거움을 더 이상 느낄 수 없어서.
④ 교문 앞을 지나 플라타너스 가로수 길을 오가시던 아버지의 모습을 더 이상 볼 수 없어서.
⑤ 중학교를 졸업하여 친구들과 함께했던 추억의 서랍장을 이제는 열어 볼 수 없을 것 같아서.

[11 ~ 12] 다음 글을 읽고 물음에 답하시오.

용언은 문장에서 다양한 형태로 활용하면서 주로 서술어의 역할을 하는 단어로, 동사와 형용사가 있다. 용언이 활용할 때 형태가 변하지 않는 부분을 어간이라고 하고, 형태가 변하는 부분을 어미라고 한다.

어간이나 어미는 문장에서 홀로 쓰일 수 없고, 어간 뒤에 어미가 결합하여 용언을 이룬다. 가령 '먹다'는 어간 '먹-'의 뒤에 어미 '-고', '-어'가 각각 결합하여 '먹고', '먹어'와 같이 활용한다. 그런데 일부 용언에서는 활용할 때 어간의 일부가 탈락하기도 한다. '노는'은 어간 '놀-'과 어미 '-는'이 결합하면서 'ㄹ'이 탈락한 경우이고, '커'는 어간 '크-'와 어미 '-어'가 결합하면서 'ㅡ'가 탈락한 경우이다.

어미는 크게 어말 어미와 선어말 어미로 구분된다. 어말 어미는 단어의 끝에 오는 어미이며, 선어말 어미는 어말 어미 앞에 오는 어미이다. '가다'의 활용형인 '가신다', '가겠고', '가셨던'을 어간, 선어말 어미, 어말 어미로 분석하면 아래와 같다.

활용형	어간	어미	
		선어말 어미	어말 어미
가신다	가-	-시- -ㄴ-	-다
가겠고		-겠-	-고
가셨던		-시- -었-	-던

어말 어미는 기능에 따라 종결 어미, 연결 어미, 전성 어미로 구분된다. 종결 어미는 '가신다'의 '-다'와 같이 문장을 종결하는 어미이고, 연결 어미는 '가겠고'의 '-고'와 같이 앞뒤의 말을 연결하는 어미이다. 그리고 전성 어미는 '가셨던'의 '-던'과 같이 용언이 다른 품사처럼 쓰이게 하는 어미이다. '-던'이나 '-(으)ㄴ', '-는', '-(으)ㄹ' 등은 용언이 관형사처럼, '-게', '-도록' 등은 용언이 부사처럼, '-(으)ㅁ', '-기' 등은 용언이 명사처럼 쓰이게 한다.

선어말 어미는 높임이나 시제 등을 나타낼 때 쓰인다. 활용할 때 어말 어미처럼 반드시 나타나지는 않지만, 한 용언에서 서로 다른 선어말 어미가 동시에 쓰이기도 한다. 위에서 '가신다', '가셨던'의 '-시-'는 높임을 나타내는 선어말 어미로, 문장의 주체를 높이는 기능을 한다. 그리고 '가신다', '가겠고', 가셨던'의 '-ㄴ-', '-겠-', '-었-'은 시제를 나타내는 선어말 어미로, 각각 현재, 미래, 과거 시제를 나타내는 기능을 한다.

11. 윗글을 통해 알 수 있는 내용으로 적절한 것은?

① 용언은 어간의 앞뒤에 어미가 결합한 단어이다.
② 어간은 단독으로 쓰여 하나의 용언을 이룰 수 있다.
③ 어미는 용언이 활용할 때 형태가 유지되는 부분이다.
④ 어말 어미는 용언이 활용할 때 나타나지 않을 수 있다.
⑤ 선어말 어미는 한 용언에 두 개가 동시에 쓰일 수 있다.

12. 윗글을 바탕으로 <보기>의 ㄱ~ㅁ의 밑줄 친 부분을 탐구한 내용으로 적절하지 <u>않은</u> 것은?

─────< 보 기 >─────

ㄱ. 너도 그를 <u>아니</u>?
ㄴ. 사과가 <u>맛있구나</u>!
ㄷ. 산은 <u>높고</u> 강은 깊다.
ㄹ. 아침에 <u>뜨는</u> 해를 봐.
ㅁ. 그녀는 과자를 <u>먹었다</u>.

① ㄱ: 어간 '알-'에 어미 '-니'가 결합하면서 'ㄹ'이 탈락하였다.
② ㄴ: 어간 '맛있-'에 종결 어미 '-구나'가 결합하여 문장을 종결하고 있다.
③ ㄷ: 어간 '높-'에 연결 어미 '-고'가 결합하여 앞뒤의 말을 연결하고 있다.
④ ㄹ: 어간 '뜨-'에 전성 어미 '-는'이 결합하면서 용언이 부사처럼 쓰이고 있다.
⑤ ㅁ: 어간 '먹-'과 어말 어미 '-다' 사이에 선어말 어미 '-었-'이 결합하여 과거 시제를 나타내고 있다.

13. <보기>의 '학습 과제'를 바르게 수행하였다고 할 때, ㉠에 들어갈 단어로 적절한 것은? [3점]

─────< 보 기 >─────

[학습 자료]
　음운은 단어의 뜻을 구별해 주는 소리의 가장 작은 단위이다. 특정 언어에서 어떤 소리가 음운인지 아닌지는 최소 대립쌍을 통해 확인할 수 있다. 최소 대립쌍이란, 다른 모든 소리는 같고 단 하나의 소리 차이로 의미가 구별되는 단어의 쌍을 말한다. 예를 들어, 최소 대립쌍 '감'과 '잠'은 [ㄱ]과 [ㅈ]의 차이로 인해 의미가 구별되므로 'ㄱ'과 'ㅈ'은 서로 다른 음운이다.

[학습 과제]
앞사람이 말한 단어와 최소 대립쌍인 단어를 말해 보자.

① 꿀　　② 답　　③ 둘　　④ 말　　⑤ 풀

14. 다음 '탐구 학습지' 활동의 결과로 적절하지 <u>않은</u> 것은?

┌─────────────────────────────┐
│ **[탐구 학습지]**
│
│ 1. 문장의 중의성
│ 　○하나의 문장이 둘 이상의 의미로 해석되는 것
│
│ 2. 중의성 해소 방법
│ 　○어순 변경, 쉼표나 조사 추가, 상황 설명 추가 등
│
│ 3. 중의성 해소하기
│ －과제: 빈칸에 적절한 말 넣기
│ 　ㄱ. (조사 추가) ·· a
│ 　○중의적 문장: 관객들이 다 도착하지 않았다.
│ 　○전달 의도: (관객 중 일부가 도착하지 않음.) ········· b
│ 　○수정 문장: 관객들이 다는 도착하지 않았다.
│
│ 　ㄴ. (어순 변경) ·· c
│ 　○중의적 문장: 우리는 어제 전학 온 친구와 만났다.
│ 　○전달 의도: (전학 온 친구와 만난 때가 어제임.) ······ d
│ 　○수정 문장: 우리는 전학 온 친구와 어제 만났다.
│
│ 　ㄷ. 상황 설명 추가
│ 　○중의적 문장: 민우는 나와 윤서를 불렀다.
│ 　○전달 의도: '나와 윤서'를 부른 사람이 '민우'임.
│ 　○수정 문장: (민우는 나와 둘이서 윤서를 불렀다.) ····· e
│ 　　　　　　　　　　⋮
└─────────────────────────────┘

① a　　② b　　③ c　　④ d　　⑤ e

15. 밑줄 친 부분이 <보기>의 ㉠, ㉡에 해당하는 예로 적절하지 <u>않은</u> 것은?

─────< 보 기 >─────

　'위 － 아래'나 '앞 － 뒤'는 방향상 대립하는 반의어이다. '위 － 아래'나 '앞 － 뒤'가 단독으로 쓰이거나 다른 단어와 결합해서 쓰일 때, 문맥에 따라서 ㉠'위'나 '앞'이 '우월함'의 의미를, ㉡'아래'나 '뒤'가 '열등함'의 의미를 갖거나 강화하기도 한다.

① ㉠: 그가 머리 쓰는 게 너보다 한 수 <u>위</u>다.
② ㉠: 이 회사의 기술 수준은 다른 곳에 <u>앞선</u>다.
③ ㉡: 이번 행사는 치밀한 계획 <u>아래</u> 진행되었다.
④ ㉡: 그녀는 남에게 <u>뒤떨어지지</u> 않고자 노력했다.
⑤ ㉡: 우리 팀의 승률이 조금씩 <u>뒷걸음질</u> 치고 있다.

[16 ~ 18] 다음 글을 읽고 물음에 답하시오.

(가)

㉠밭둑에서 나는 바람과 놀고
할머니는 메밀밭에서
메밀을 꺾고 계셨습니다.

늦여름의 하늘빛이 메밀꽃 위에 빛나고
메밀꽃 사이사이로 할머니는 가끔
나와 바람의 장난을 살피시었습니다.

해마다 밭둑에서 자라고
아주 커서도 덜 자란 나는
늘 그러했습니다만

할머니는 저승으로 가버리시고
나도 벌써 몇 년인가
그 일은 까맣게 잊어버린 후

오늘 저녁 멍석을 펴고
마당에 누우니

온 **하늘** 가득
별로 피어 있는 어릴 적 **메밀꽃**

할머니는 나를 두고 메밀밭만 저승까지 가져가시어
날마다 저녁이면 메밀밭을 매시며
메밀꽃 사이사이로 **나를 살피**고 계셨습니다.
　　　　　　　　　– 이성선, 「고향의 천정(天井) 1」–

(나)

밥물 눈금을 찾지 못해 질거나 된 밥을 먹는 날들이 있더니
이제는 그도 좀 익숙해져서 손마디나 손등,
손가락 주름을 눈금으로 쓸 줄도 알게 되었다
촘촘한 손등 주름 따라 **밥맛을 조금씩 달리**해본다
손등 중앙까지 올라온 수위를 중지의 마디를 따라 오르내리
다보면
물꼬를 트기도 하고 막기도 하면서
논에 물을 보러 가던 할아버지 생각도 나고,
저녁때가 되면 한 끼라도 아껴보자
친구 집에 마실을 가던 소년의 저녁도 떠오른다
한 그릇으로 두 그릇 세 그릇이 되어라 밥국을 끓이던 ㉡문
현동
가난한 지붕들이 내 손가락 마디에는 있다
일찍 철이 들어서 슬픈 귓속으로
봉지쌀 탈탈 터는 소리라도 들려올 듯,
얼굴보다 먼저 **늙은 손**이긴 해도
전기밥솥에는 없는 눈금을 내 손은 가졌다
　　　　　　　　　– 손택수, 「밥물 눈금」–

16. (가)와 (나)에 대한 설명으로 가장 적절한 것은?

① (가)는 (나)와 달리 설의법을 통해 화자의 의지를 표현하고
　있다.
② (나)는 (가)와 달리 청각적 심상을 통해 화자의 정서를 부각
　하고 있다.
③ (가)는 격정적 어조를, (나)는 단정적 어조를 통해 화자의
　기대감을 드러내고 있다.
④ (가)는 상승의 이미지를, (나)는 하강의 이미지를 통해 대상의
　역동성을 강조하고 있다.
⑤ (가)와 (나)는 모두 계절감을 드러내는 시어를 통해 대상의
　변화 양상을 나타내고 있다.

17. ㉠과 ㉡을 비교한 내용으로 가장 적절한 것은?

① ㉠은 화자가 벗어나려는, ㉡은 화자가 지향하는 공간이다.
② ㉠은 화자가 이질감을, ㉡은 화자가 동질감을 느끼는 공간이다.
③ ㉠은 화자의 슬픔이, ㉡은 화자의 그리움이 해소되는 공간이다.
④ ㉠은 화자의 동심이 허용되는, ㉡은 화자의 성숙함이 요구되는
　공간이다.
⑤ ㉠은 화자가 경험한 적 없는 가상의, ㉡은 화자의 경험이 축적
　된 현실의 공간이다.

18. <보기>를 바탕으로 (가), (나)를 감상한 내용으로 적절하지
<u>않은</u> 것은? [3점]

　　　　　　　　──── < 보 기 > ────
　　과거의 경험에 대한 기억은 어떤 계기를 통해 되살아나 현
　재의 삶에 영향을 미칠 수 있다. (가)의 화자는 할머니와의
　기억을 통해 과거와 현재를 연결하며 깨달음과 정서적 충만
　감을 얻고 있다. 한편 (나)의 화자는 일상적 행위의 반복 속
　에서 유년의 기억을 되살리고, 그 기억을 현재와 연결하며 자
　신의 현재 모습을 긍정하게 된다.

① (가)의 화자는 별이 가득한 '하늘'을 보며, 자신이 여전히 '나를
　살피'시는 할머니의 사랑 속에 있음을 깨닫고 있군.
② (나)의 화자는 유년의 기억을 통해 '전기밥솥에는 없는 눈금'을
　지닌 '늙은 손'을 긍정하며 자기 위안을 얻고 있군.
③ (가)의 '커서도 덜 자'랐다는 것과 (나)의 '밥맛을 조금씩 달리'
　하는 것은 현재의 화자에게 정서적 충만감을 주는군.
④ (가)에서 '마당에 누'워 하늘을 보는 행위와 (나)에서 '손가락
　주름'으로 '밥물'을 맞추는 행위는 회상의 계기가 되는군.
⑤ (가)의 화자가 '별'에서 '메밀꽃'을 떠올리는 것과 (나)의 화
　자가 '가난한 지붕들이 내 손가락 마디에는 있다'고 생각하는
　것은 기억이 현재의 삶에 영향을 미치고 있음을 보여 주는군.

04회

[19~22] 다음 글을 읽고 물음에 답하시오.

경기가 침체되어 가계의 소비가 줄어들면 시중의 제품이 팔리지 않아 기업은 생산 규모를 축소하게 된다. 그 결과 실업률이 증가하고 가계의 수입이 감소하면서 소비는 더욱 위축된다. 이와 같은 악순환으로 경기 침체가 심화되면 국가는 이에서 벗어나기 위해 유동성을 늘리는 통화 정책을 시행한다.

유동성이란 자산 또는 채권을 손실 없이 현금화할 수 있는 정도로, 현금과 같은 화폐는 유동성이 높은 자산인 반면 토지나 건물과 같은 부동산은 유동성이 낮은 자산이다. 이처럼 유동성은 자산의 성격을 나타내는 용어이지만, 흔히 시중에 유통되는 화폐의 양, 즉 통화량을 나타내는 말로도 사용된다. 가령 시중에 통화량이 지나치게 많을 때 '유동성이 넘쳐 난다'고 표현하고, 반대로 통화량이 줄어들 때 '유동성이 감소한다'고 표현한다. 유동성이 넘쳐 날 경우 시중에 화폐가 흔해지는 상황이므로 화폐의 가치는 떨어지게 된다.

유동성은 금리와 밀접한 관련이 있기 때문에 국가는 정책적으로 금리를 올리고 내림으로써 유동성을 조절할 수 있다. 이때 금리는 예금이나 빌려준 돈에 붙는 이자율로, 이는 기준 금리와 시중 금리 등으로 구분된다. 기준 금리는 국가가 정책적인 차원에서 결정하는 금리로, 한 나라의 금융 및 통화 정책의 주체인 중앙은행에 의해 결정된다. 반면 시중 금리는 기준 금리의 영향을 받아 중앙은행 이외의 시중 은행이 세우는 표준적인 금리로, 가계나 기업의 금융 거래에 영향을 미친다. 가령 시중 금리가 내려가면 예금을 통한 이자 수익과 대출에 따른 이자 부담이 줄어 가계나 기업에서는 예금을 인출하거나 대출을 받으려는 경향성이 늘어난다. 그 결과 시중의 유동성이 증가하게 된다. 반대로 시중 금리가 올라가면 이자 수익과 대출 이자 부담이 모두 늘어나기 때문에 유동성이 감소하게 된다.

이와 같은 금리와 유동성의 관계를 고려하여, 중앙은행은 기준 금리를 조절하는 통화 정책을 통해 경기를 안정시키려고 한다. 만일 경기가 침체되면 중앙은행은 기준 금리를 인하하는 정책을 도입하여 시중 금리를 낮추도록 유도한다. 그 결과 유동성이 증가하여 가계의 소비가 늘고 주식이나 부동산에 대한 투자가 확대된다. 또한 기업의 생산과 고용이 늘고 다양한 분야에 대한 투자가 확대되어 물가가 상승하고 경기가 전반적으로 활성화된다. 반대로 경기가 과열되어 자산 가격이나 물가가 지나치게 오르면 중앙은행은 기준 금리를 인상하는 정책을 통해 유동성을 감소시킨다. 그 결과 기준 금리를 인하할 때와 반대의 현상이 나타나 자산 가격이 하락하고 물가가 안정되어 과열된 경기가 진정된다.

그러나 중앙은행이 경기 활성화를 위해 통화 정책을 시행했음에도 불구하고 애초에 의도한 결과가 나타나지 않기도 한다. 즉, 기준 금리를 인하하여 시중에 유동성을 충분히 공급하더라도, 증가한 유동성이 기대만큼 소비나 투자로 이어지지 않으면 경기가 활성화되지 않는다. 특히 심각한 경기 침체로 인해 경기 회복에 대한 전망이 불투명할 경우, 경제 주체들은 쉽게 소비를 늘리지 못하거나 투자를 결정하지 못해 돈을 손에 쥐고만 있게 된다. 이 경우 충분한 유동성이 경기 회복으로 이어지지 못해 경기 침체가 지속되는데, 마치 유동성이 함정에 빠진 것 같다고 하여 케인스는 이를 유동성 함정 이라 불렀다. 그는 이러한 유동성 함정을 통해 통화 정책의 한계를 설명하면서, 정부가 재정 지출을 확대하여 소비와 투자를 유도하는 정책을 시행하는 것이 중요하다고 역설하였다.

19. 윗글을 통해 알 수 있는 내용이 <u>아닌</u> 것은?

① 중앙은행이 하는 역할
② 유동성이 높은 자산의 예
③ 기준 금리와 시중 금리의 관계
④ 경기 침체로 인해 나타나는 현상
⑤ 유동성에 대한 케인스 주장의 한계

20. 윗글을 바탕으로 할 때, <보기>의 ㄱ~ㄷ에 들어갈 말로 적절한 것은?

< 보 기 >

국가의 통화 정책이 정상적으로 작동될 때, 중앙은행이 기준 금리를 (ㄱ) 시중의 유동성이 (ㄴ)하며, 화폐의 가치가 (ㄷ)한다.

	ㄱ	ㄴ	ㄷ
①	내리면	증가	하락
②	내리면	증가	상승
③	내리면	감소	상승
④	올리면	증가	상승
⑤	올리면	감소	하락

21. 유동성 함정 에 대해 이해한 내용으로 가장 적절한 것은?

① 시중에 유동성이 충분히 공급되더라도 경기 침체가 지속되는 상황을 의미한다.
② 시중 금리의 상승으로 유동성이 감소하여 물가가 하락하는 상황을 의미한다.
③ 기업의 생산과 가계의 소비가 줄어들어 유동성이 넘쳐 나는 상황을 의미한다.
④ 경기 과열로 인해 유동성이 높은 자산에 대한 선호가 늘어나는 상황을 의미한다.
⑤ 유동성이 감소하여 경기 회복에 대한 전망이 긍정적으로 바뀌는 상황을 의미한다.

22. 윗글을 바탕으로 경제 주체들이 <보기>의 신문 기사를 읽고 보일 수 있는 반응으로 적절하지 <u>않은</u> 것은? [3점]

──────< 보 기 >──────

금융 당국 '빅스텝' 단행

금융 당국은 오늘 '빅스텝'을 단행하였다. 빅스텝이란 기준 금리를 한 번에 0.5%p 인상하는 것을 의미한다. 이처럼 금리를 큰 폭으로 인상한 것은 과도하게 증가한 유동성으로 인해 물가가 지나치게 상승하고 부동산, 주식 등의 자산 가격이 폭등했기 때문이다.

① 투자자 : 부동산의 가격이 하락할 수 있으니, 당분간 부동산 투자를 미루고 시장 상황을 지켜봐야겠군.

② 소비자 : 위축된 소비 심리가 회복되어 지금보다 물가가 오를 수 있으니, 자동차 구매 시기를 앞당겨야겠군.

③ 기업인 : 대출을 통해 자금을 확보하는 것이 부담스러워질 수 있으니, 공장을 확장하려던 계획을 보류해야겠군.

④ 공장장 : 당분간 우리 공장에서 생산한 부품에 대한 수요가 줄 수 있으니, 재고가 늘어날 것에 대비해야겠군.

⑤ 은행원 : 시중 은행에 저축하려는 사람들이 늘어날 수 있으니, 다양한 상품을 개발하여 고객을 유치해야겠군.

[23 ~ 27] 다음 글을 읽고 물음에 답하시오.

(가)

나는 이럴망정 외방의 늙은 종이
공물 바치고 돌아갈 때 하는 일 다 보았네
㉠ 우리 댁(宅) 살림이 예부터 이렇던가
전민(田民)*이 많단 말이 일국에 소문이 났는데
먹고 입으며 드나드는 종이 백여 명이 넘는데도
무슨 일 하느라 텃밭을 묵혔는가
농장이 없다던가 호미 연장 못 가졌나
날마다 무엇하려 밥 먹고 다니면서
열 나무 정자 아래 낮잠만 자는가
아이들 탓이던가
㉡ 우리 댁 종의 버릇 보노라면 이상하다
소 먹이는 아이들이 상마름을 능욕하고
오고 가는 어리석은 손님이 큰 양반을 기롱*한다
㉢ 그릇된 재산 모아 다른 꾀로 제 일하니
큰 집의 많은 일을 뉘라서 힘써 할까
곡식 창고 비었거든 창고지기인들 어찌하며
세간이 흩어지니 질그릇인들 어찌할까
내 잘못된 줄 내 몰라도 남 잘못된 줄 모르겠는가
㉣ 풀어헤치거니 맺히거니, 헐뜯거니 돕거니
하루 열두 때 어수선을 핀 것인가
(중략)
크게 기운 집에 상전님 혼자 앉아
명령을 뉘 들으며 논의를 뉘와 할까

낮 시름 밤 근심 혼자 맡아 계시거니
옥 같은 얼굴이 편하실 적 몇 날인가
이 집 이리 되기 뉘 탓이라 할 것인가
㉤ 생각 없는 종의 일은 묻지도 아니하려니와
돌이켜 생각하니 상전님 탓이로다
내 상전 그르다 하기에는 종의 죄 많건마는
그렇다 세상 보며 민망하여 여쭙니다
새끼 꼬는 일 멈추시고 내 말씀 들으소서
┌ 집일을 고치려거든 종들을 휘어잡고
[A] 종들을 휘어잡으려거든 상벌을 밝히시고
└ 상벌을 밝히시려거든 어른 종을 믿으소서
진실로 이리 하시면 **가도(家道)*** 절로 일 겁니다
                    ─ 이원익, 「고공답주인가」─

* 전민: 농사짓는 일을 생업으로 삼는 사람.
* 기롱: 남을 속이거나 비웃으며 놀림.
* 가도: 집안에서 마땅히 지켜야 할 도덕적 규범.

(나)

"사람답게 살아라."라는 말은 소설가 김정한이 평생을 두고 자주 한 말이다. 나는 그의 문장 가운데 다음의 구절을 좋아한다. "어딜 가도 산이 있고 들이 있고 그리고 인간이 살았다. 인간이 사는 곳에는 으레 나뭇가리가 있고 그 곁에는 코흘리개들이 놀곤 하였다. 조국이란 것이 점점 가슴에 느껴졌다." 이 명료한 문장을 읽고 있으면 사람이 떼를 이루어 사는 세상의 풍경이 한눈에 들어오는 것만 같다. 그것도 느리고 큰 자연과 더불어. 사람의 생활이라는 것도 눈에 들어오는 문장이다.

┌ 이래저래 만나게 되는 사람들과 이런저런 사연으로 이별을 경험하게 된 사람들, 그리고 그들의 눈물과 사랑을 하고 있는 저 뜨거운 가슴도 짐작을 하게 된다. 조각돌처럼 까다롭고 별난 사람도 있고, 몽돌처럼 둥글둥글한 사람도 [B] 있고, 조각을 한 듯 잘생긴 사람도 있고, 마음에 태풍이 지나가는 사람도 있고, 마음에 4월의 봄볕이 내리는 사람도 있다. 그들 모두 하나의 무리를 이루고 사는 것이 이 세상 └ 아닌가 싶은 생각이 드는 것이다.
(중략)

나는 가끔 생각하기를 마당이 있는 집이 내게 있다면 주변의 돌들을 모아서 돌탑을 쌓고 싶다고 소망한다. 그리고 나의 아이들과 아내에게도 돌탑을 하나씩 쌓을 것을 부탁하고 싶다. 산사에 올라가다 보면 길가나 바위 위에 누군가 쌓아 올린 돌탑들처럼 나의 작은 마당 한쪽 한쪽에 돌탑을 쌓아 놓고 싶은 것이다. 아래에는 큰 돌이 필요하고 위를 향해 쌓아 갈수록 보다 작은 돌들이 필요할 것이다. 그리고 각각의 장소에서 구해 온 돌들은 각각의 크기와 모양과 빛깔을 지니고 있을 것이다. 반듯한 것도 있고 움푹 팬 것도 있을 것이다. 마치 여러 종류의 꽃과 풀들이 자라나서 하나의 화단을 이루듯이 그 돌들은 **서로 업고 업혀서** 하나의 탑을 이룰 것이다.

그런데 돌탑을 쌓아 본 사람은 돌탑을 쌓는 데에는 **잔돌**이 필요하다는 것을 알 것이다. 불안하게 **기우뚱하는 돌탑**의 층을 바로잡아 주려면 이 잔돌을 괴는 일이 무엇보다 필요하다. 잔돌을 굄으로써 **탑**은 한 층 한 층 **수평을 이루게** 된다. 못생긴 나무도 숲을 이루는 한 나무요, 쓸모없는 나무는 없다는 말이 있듯이 보잘것없고 작은 잔돌이라도 탑을 올리는 데에는 꼭 필요하다. 돌탑을 쌓아 올리면서 배우는 것 가운데 하나는 이 잔돌의 소중함을 아는 일이다.

04회

사람 사는 세상도 다를 바 없다. 잔돌 같은 사람이 필요하다. 의견이 맞지 않아 다툴 때 그 대화의 매정한 분위기를 무너뜨려 주는 사람이 우리 주변에는 더러 있다. 잔돌처럼 작용해 의견이 다른 사람들의 의견과 의견의 대립을 풀어 주는 사람이 있다. 이런 부드러운 개입의 고마움을 우리는 간혹 잊고 사는 것이 아닐까 싶다.

봄 산이 봄 산인 이유는 새잎이 돋고 꽃이 거기에 있기 때문이다. 수많은 꽃은 자기의 존재감을 주장하지 않는다. 그냥 **스스로**의 생명력으로 피어나 봄 산의 아름다움을 이룬다. 이 세세하고 능동적인 존재의 움직임을 보살폈으면 한다. 돌탑에 다시 비유하자면 잔돌과 같은 그 무엇이기 때문이다.

— 문태준, 「돌탑과 잔돌」—

23. (가)와 (나)의 공통점으로 가장 적절한 것은?

① 부재하는 대상에 대한 그리움을 표현하고 있다.
② 순수한 자연 세계에 대한 동경을 나타내고 있다.
③ 부정적 현실에 대한 냉소적 태도를 드러내고 있다.
④ 현실이나 세상에 대해 통찰한 내용을 전달하고 있다.
⑤ 자신이 처한 상황에 순응하는 태도를 보여 주고 있다.

24. [A]와 [B]에 대한 설명으로 가장 적절한 것은?

① [A]는 [B]와 달리 대조적 의미를 지닌 구절을 활용하여 대상의 속성을 드러내고 있다.
② [B]는 [A]와 달리 자연물에 글쓴이의 감정을 이입하여 표현의 효과를 높이고 있다.
③ [A]는 반어법을 활용하여, [B]는 역설법을 활용하여 주제 의식을 강조하고 있다.
④ [A]와 [B]는 모두 유사한 문장 구조를 반복하여 전달 의도를 강조하고 있다.
⑤ [A]와 [B]는 모두 말을 건네는 어투를 사용하여 청자의 행동 변화를 호소하고 있다.

25. (나)의 글쓴이에 대한 이해로 적절한 것만을 고른 것은?

ㄱ. 자연과 대비되는 인간의 유한성을 자각한다.
ㄴ. 사람들이 서로 더불어 사는 세상을 긍정한다.
ㄷ. 주장을 굽히지 않는 삶을 살았던 자신을 반성한다.
ㄹ. 세상에는 갈등을 중재할 사람이 필요하다고 생각한다.

① ㄱ, ㄴ
② ㄱ, ㄷ
③ ㄴ, ㄷ
④ ㄴ, ㄹ
⑤ ㄷ, ㄹ

26. <보기>를 참고할 때 (가)의 ㉠~㉤에 대한 이해로 적절하지 **않은** 것은?

— < 보 기 > —
「고공답주인가」는 고공(종)이 상전에게 답을 하는 형식을 통해 국가 경영을 집안 다스리는 일에 빗대어 표현하고 있다. 이 작품에서 상전은 왕, 종은 신하를 가리키는데, 화자는 임진 왜란으로 인해 나라가 황폐해지고 위계질서가 무너진 상황에서 당파 싸움만 일삼으며 재물을 탐하는 신하들을 비판하고 있다. 그리고 국가를 경영하는 왕으로서의 책임을 강조하고 있다.

① ㉠: 나라가 황폐해진 상황이 예전부터 지금까지 이어지고 있다는 것을 드러내고 있다.
② ㉡: 상하의 위계질서가 무너져 신하들의 기강이 해이해진 상황을 나타내고 있다.
③ ㉢: 나라를 돌보는 일을 외면한 채 부정한 방법으로 재물을 탐하는 신하들의 모습을 드러내고 있다.
④ ㉣: 시도 때도 없는 당파 싸움으로 인해 혼란스러운 조정의 모습을 나타내고 있다.
⑤ ㉤: 나라가 어지러워진 책임이 신하뿐만 아니라 왕에게도 있다는 인식을 드러내고 있다.

27. <보기>를 바탕으로 (가), (나)를 감상한 내용으로 적절하지 **않은** 것은? [3점]

— < 보 기 > —
전체는 구성 요소들의 집합체이다. 그러므로 전체를 이루는 구성 요소들은 그 자체로는 두드러지지 않을지라도 전체를 위해 없어서는 안 되는 존재이다. 그리고 다양성을 지닌 구성 요소들은 각각의 역할을 능동적으로 수행할 때 존재의 의미를 획득하게 되고 전체는 조화로운 모습을 이루게 된다.

① (가)의 '가도'가 바로 선 집안은 구성 요소들이 어우러져 조화로운 모습을 갖춘 전체를 의미한다고 볼 수 있겠군.
② (나)의 '탑'이 '수평을 이루게' 하는 '잔돌'은 두드러지지 않지만 전체를 위해 없어서는 안 될 구성 요소로 볼 수 있겠군.
③ (가)의 '낮잠만 자'는 종과 달리 (나)의 '스스로' 핀 꽃은 능동적으로 존재의 의미를 획득한 구성 요소로 볼 수 있겠군.
④ (가)의 '먹고 입으며 드나드는'과 (나)의 '서로 업고 업혀서'는 다양성을 지닌 존재들의 필요성을 강조한 것으로 볼 수 있겠군.
⑤ (가)의 '크게 기운 집'은 구성 요소들이 역할을 제대로 수행하지 않은 결과로, (나)의 '기우뚱하는 돌탑'은 필요한 구성 요소들이 제대로 갖추어지지 않은 결과로 볼 수 있겠군.

[28 ~ 33] 다음 글을 읽고 물음에 답하시오.

(가)

19세기에 분트는 인간의 정신세계가 의식으로 이루어져 있다고 보고, 실험을 통해 인간의 정신 현상과 행동을 설명하는 실험심리학을 주창하였다. 이때 의식이란 깨어 있는 상태에서 자신이나 세계를 인식하는 모든 정신 작용을 의미한다. 그러나 프로이트는 정신 질환을 겪는 환자들을 치료하면서 인간에게 의식과는 다른 무의식 세계가 있다는 것을 ⓐ규명하였다. 이에 그는 인간을 무의식의 지배를 받는 비합리적 존재로 간주하고, 정신분석이론 을 통해 인간의 정신세계를 ⓐ규명하려 하였다.

프로이트에 의하면 인간의 정신세계 중 의식이 차지하는 영역은 빙산의 일각일 뿐, 무의식이 정신세계의 대부분을 차지한다. 그는 무의식의 심연에는 '원초아'가, 무의식에서 의식에 걸쳐 '자아'와 '초자아'가 존재한다고 보았다. 원초아는 성적 에너지를 바탕으로 본능적인 욕구를 충족하려는 선천적 정신 요소이다. 반면 자아는 외적 상황으로 인해 충족되지 못하고 지연되거나 좌절된 원초아의 욕구를 사회적으로 용인될 수 있는 방법으로 충족하려는 정신 요소이다. 마지막으로 초자아는 도덕률에 따라 원초아의 욕구를 억제하고 양심에 따라 행동하도록 하는 정신 요소로, 어린 시절 부모의 종교나 가치관 등을 내재화하는 과정에서 후천적으로 발달한다.

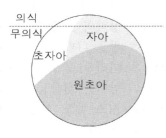

이러한 원초아, 자아, 초자아는 역동적으로 상호작용하면서 개인의 성격을 형성한다. 가령, 원초아가 강할 때는 본능적인 욕구에 집착하는 충동적인 성격이, 초자아가 강할 때는 엄격하게 도덕을 지키려는 원칙주의적 성격이 나타난다. 자아는 원초아와 초자아의 요구 사이에서 이를 조정하는 역할을 하기 때문에, 정신적 균형을 이루기 위해서는 자아의 발달이 중요하다. 만일 자아가 제 역할을 하지 못하면 정신 요소의 균형이 깨져 불안감이 생기는데, 자아는 이를 해소하기 위해 무의식적으로 방어기제를 사용하게 된다. 대표적인 방어기제로는 억압이나 승화 등이 있다. 억압은 자아가 수용하기 힘든 욕구를 무의식 속으로 억누르는 것을, 승화는 그러한 욕구를 예술과 같이 가치 있는 활동으로 ⓑ전환하는 것을 의미한다. 개인마다 습관적으로 사용하는 방어기제가 다르기 때문에 어떤 방어기제를 사용하느냐 또한 개인의 성격 형성에 영향을 미친다.

프로이트는 어린 시절에 해소되지 않은 원초아의 욕구나 정신 요소 간의 갈등은 성인이 된 후에도 지속적으로 영향을 주기 때문에, 이 시기에 부모와의 상호작용 경험이 성격 형성에 큰 영향을 준다고 설명하였다. 특히 그는 성인의 정신 질환을 어린 시절의 심리적 갈등이 재현된 것으로 보고, 이를 치유하기 위해서는 무의식에 내재되어 있는 과거의 상처를 의식의 세계로 끌어내는 과정이 필요하다고 주장하였다. 이러한 프로이트의 이론은 기존의 이론에서 ⓒ간과한 무의식에 대한 탐구를 통해 인간 이해에 대한 지평을 넓혔다는 평을 받고 있다.

(나)

융은 프로이트의 정신분석이론에 반기를 들고, 분석심리학 을 주창하였다. 무의식을 단지 의식에서 수용할 수 없는 원초적 욕구나 해결되지 못한 갈등의 창고로만 본 프로이트와 달리, 융은 무의식을 인간이 잠재적 가능성을 실현할 때 필요한 창

조적인 에너지의 샘으로 보았다는 점에서, 그의 분석심리학은 프로이트의 이론과 구별된다.

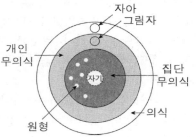

융은 정신세계의 가장 바깥쪽에는 의식이, 그 안쪽에는 개인 무의식이, 그리고 맨 안쪽에는 집단 무의식이 순서대로 자리 잡고 있다고 보았다. 의식은 생각이나 감정, 기억과 같이 인간이 직접 인식할 수 있는 영역으로, 여기에는 '자아'가 존재한다. 자아는 의식을 지배하는 동시에 무의식과 교류하며 이를 조정하는 역할을 한다. 개인 무의식은 의식에 의해 ⓓ배제된 생각이나 감정, 기억 등이 존재하는 영역이다. 이곳에 존재하는 '그림자'는 자아에 의해 억압된 '또 하나의 나'라고 할 수 있다. 마지막으로 집단 무의식은 태어날 때부터 누구나 가지고 있는 원초적이며 보편적인 무의식이다. 거기에는 진화를 통해 축적되어 온 인류의 경험이 '원형'의 형태로 존재한다. 가령 어두운 상황에서 누구나 공포심을 느끼는 것이 원형에 해당한다.

융에 따르면 집단 무의식의 가장 안쪽에는 '자기'가 존재한다. 이는 정신세계에 내재하는 개인의 근원적인 모습이라고 할 수 있다. 융은 자아가 성찰을 통해 무의식의 심연에 존재하는 자기를 발견하면, 인간은 비로소 타인과 구별되는 고유한 존재가 된다고 보고 이를 개별화라고 불렀다. 이는 의식에 존재하는 자아가 무의식과 끊임없이 상호작용하며 무의식의 영역을 의식으로 통합하는 과정, 즉 ㉠무의식을 의식화하는 과정을 통해 이루어진다. 이 과정에서 자아는 자신의 또 다른 모습인 그림자와 ⓔ대면하게 되고, 집단 무의식에 존재하는 여러 원형들을 발견하게 된다. 결국 자아가 무의식의 심연에 존재하는 자기를 찾아가는 과정은 정신세계를 구성하는 자아와 그림자, 그리고 여러 원형들이 대립에서 벗어나 하나의 정신으로 통합되면서 정신적 균형을 이루는 과정이라 할 수 있다. 이러한 과정에서 개인은 내면의 성숙을 이루며 자신의 정체성을 찾게 된다.

28. (가), (나)의 공통점으로 가장 적절한 것은?

① 인간의 무의식을 주장한 이론에 대한 상반된 평가를 제시하고 있다.

② 기존과 다른 관점에서 인간의 정신세계를 설명한 이론을 소개하고 있다.

③ 인간의 무의식을 설명한 이론이 등장하게 된 역사적 사건을 소개하고 있다.

④ 인간의 정신 질환을 분류하고 각각의 특징을 설명한 이론을 제시하고 있다.

⑤ 인간의 정신세계를 설명한 이론이 다른 학문 영역에 미친 영향을 분석하고 있다.

[해설편 p.025]

29. (가)의 내용과 일치하지 <u>않는</u> 것은?

① 분트는 인간의 정신세계가 의식으로만 구성되어 있다고 보았다.
② 프로이트는 인간을 무의식의 지배를 받는 비합리적 존재로 여겼다.
③ 프로이트는 원초아가 강할 때 본능적인 욕구에 집착하는 성격이 나타난다고 생각했다.
④ 프로이트는 세 가지 정신 요소들이 상호작용하면서 개인의 성격이 형성된다고 보았다.
⑤ 프로이트는 의식적으로 사용하는 방어기제와 무의식적으로 사용하는 방어기제를 구분하였다.

30. (가)의 '프로이트'와 (나)의 '융'의 관점에서 <보기>를 이해한 내용으로 적절하지 <u>않은</u> 것은? [3점]

─── < 보 기 > ───
[헤르만 헤세의 연보]
○ 1877 : 기독교인다운 엄격한 생활을 중시하는 경건주의 집안에서 태어남. ·······························㉮
○ 1881 ~ 1886 : 자유분방한 기질로 인해 엄한 아버지의 교육 방식에 반항하며 불안감을 느낌. ·········㉯
○ 1904 ~ 1913 : 잠재된 문학적 재능을 발휘하여 왕성하게 작품 창작을 하며 불안에서 벗어남. ·········㉰
○ 1916 ~ 1919 : 아버지의 죽음을 접하고 심한 우울증을 경험함. ·······························㉱
○ 1945 ~ 1962 : 성찰적 글쓰기 활동 속에서 심리적 안정감을 느끼며 여생을 보냄. ·······················㉲
○ 1962 : 몬타뇰라에서 죽음.

① ㉮ : 프로이트는 엄격한 집안 분위기가 헤세의 초자아가 발달하는 데 영향을 주었다고 보겠군.
② ㉯ : 프로이트는 헤세의 불안감을 원초아와 초자아의 요구를 자아가 제대로 조정하지 못한 결과라고 보겠군.
③ ㉰ : 프로이트는 헤세의 왕성한 창작 활동을 승화로, 융은 이를 무의식의 창조적 에너지가 발현된 것으로 보겠군.
④ ㉱ : 프로이트는 헤세의 우울증을 유년기의 불안이 재현된 것으로, 융은 이를 자아와 그림자가 통합된 것으로 보겠군.
⑤ ㉲ : 융은 헤세가 성찰하는 글쓰기 활동을 통해 자기를 발견하는 과정에서 심리적 안정감을 느낀 것으로 보겠군.

31. (가)의 정신분석이론과 (나)의 분석심리학에서 모두 동의하는 진술로 가장 적절한 것은?

① 자아는 의식과 무의식의 세계에 걸쳐서 존재한다.
② 무의식은 성적 에너지로만 이루어진 정신 요소이다.
③ 무의식은 개인의 경험을 초월해 원형의 형태로 유전된다.
④ 무의식에는 자아에 의해 억압된 열등한 자아가 존재한다.
⑤ 정신적 균형을 이루기 위해서는 자아의 역할이 중요하다.

32. ㉠을 이해한 내용으로 가장 적절한 것은?

① 의식의 확장을 통해 타인과의 경계를 허무는 과정이다.
② 자신의 근원적인 모습을 찾아 나가는 개별화의 과정이다.
③ 의식에 의해 발견된 무의식의 욕구가 억눌리는 과정이다.
④ 무의식이 의식에서 분화되어 정체성이 실현되는 과정이다.
⑤ 과거의 경험들을 반복함으로써 성격이 형성되는 과정이다.

33. ⓐ ~ ⓔ의 사전적 의미로 적절하지 <u>않은</u> 것은?

① ⓐ : 어떤 사실을 자세히 따져서 바로 밝힘.
② ⓑ : 주기적으로 자꾸 되풀이하여 돎.
③ ⓒ : 큰 관심 없이 대강 보아 넘김.
④ ⓓ : 받아들이지 아니하고 물리쳐 제외함.
⑤ ⓔ : 서로 얼굴을 마주 보고 대함.

[34 ~ 37] 다음 글을 읽고 물음에 답하시오.

[앞부분 줄거리] 국민학교 2학년생인 '나'는 걸구대(궐기대회)가 열릴 때마다 멧돼지를 서너 마리씩 미국 대통령이나 유엔 사무총장과 같은 외국 귀인들에게 보낸다는 것을 알고 의아해 한다.

　어린 소견에 도무지 알다가도 모를 노릇이었다. 그런 식으로 마구 보내 주다가는 오래지 않아 나라 안의 멧돼지는 깡그리 씨가 마를 판이었다. 그렇잖아도 가뜩이나 육고기가 부족한 가난뱅이 나라에서 서양 부자 나라의 지체 높은 양반들한테 뭣 때문에 툭하면 그 귀한 멧돼지들을 보낸단 말인가. 또 보낸다면 그 멀고 먼 나라까지 무슨 수로, 그리고 어떤 모양으로 그 짐승들을 보낸단 말인가.
　멧돼지 보내기가 몇 번이나 되풀이된 다음, 마지막 순서로 혈서 쓰기가 시작되었다. 검정색 학생복 차림의 피 끓는 청년 학도들이 차례차례 연단에 올라 손가락을 깨물어 하얀 천 위에다 붉게 혈서를 쓰고 있었다. 그쯤에서 진력이 날 대로 나버린 급우 녀석들이 나를 향해 자꾸만 눈짓을 보내왔다. 엎어지면 코 닿을 자리에 집이 있는 내가 몇몇 친한 녀석들을 데리고 몰래 광장을 빠져나와 걸구대가 끝날 때까지 우리 식당에서 즐거운 시간을 함께 보낸 적이 종종 있었던 까닭이었다. 녀석들과 함께 걸구대에서 막 도망쳐 나오려는 순간이었다. 바로 그때 새롭게 연단에 오른 청년의 모습이 내 발목을 꽉 붙잡았다. 그보다 앞서 혈서를 쓴 학생들과 달리 그는 학생복 차림이 아니었다. 검정물로 염색한 군복을 걸친 그 헙수룩한 모습이 먼 빛으로 봐도 어쩐지 많이 눈에 익어 보였다. 잠시 후에 열 손가락을 모조리 깨물어 혈서를 쓴, 참으로 보기 드문 열혈 애국 청년이 등장했음을 걸구대 사회자가 확성기를 통해 널리 알렸다. 곧이어 '북진통일'이라고 대문짝만 하게 적힌 혈서가 청중에게 공개되었다. 치솟는 박수갈채로 역전 광장이 갑자기 떠나갈 듯 요란해졌다. 설마 그럴 리가 있겠느냐고, 혹시 내가 잘못 봤을지도 모른다고 생각하면서 나는 고개를 저었다. 나는 몇몇 급우들과 함께 슬며시 광장을 벗어나고 말았다.

내가 결코 잘못 본 게 아니라는 사실이 이윽고 밝혀졌다. 창권이 형은 열 손가락에 빨갛게 핏물이 밴 붕대를 친친 감은 채 식당에 돌아옴으로써 어머니와 나를 기절초풍케 만들었다. 너무도 어처구니가 없는 나머지 어머니는 형이 돌아오면 퍼부으려고 잔뜩 별러서 장만했던 욕바가지를 꺼내들 엄두조차 못 낼 정도였다. 아프지 않더냐는 내 걱정에 형은 마치 남의 살점 얘기하듯 심상하게 대구했다.

"괭기찮어. 어째피 남어도는 피니깨."

그 혈서 사건 이후부터 창권이 형은 자기 몸 안에 들끓는 더운 피를 덜어내기 위해 이따금 주먹으로 자신의 코쭝배기를 후려쳐 일부러 코피를 쏟아 내야 하는 수고를 더 이상 할 필요가 없게 되었다. 그리고 어머니 말마따나 형은 정말 우리 식당에서 아무짝에도 쓸모없는 인간으로 완전히 바뀌어 버렸다. 역전 광장에서는 사흘이 멀다 하고 크고 작은 걸구대가 잇달아 벌어졌다. 덕분에 형의 상처 난 **손가락들은 좀체 아물 새가 없었다.** 걸구대 때마다 단골로 혈서를 쓰는 열혈 애국 청년 노릇에 워낙 바쁘다 보니 식당 안에 진드근히 붙어 있을 겨를도 없었다. 어머니는 결국 역마살이 뻗쳐 하고많은 날들을 밖으로 만 나대는 형의 발을 묶어 식당 안에 주저앉히려는 노력을 포기할 지경에 이르렀다. 형은 어느덧 장국밥을 전문으로 하는 식당의 허드재비 심부름꾼에서 당당한 손님으로 격이 달라져 있었다.

중요한 일로 높은 사람들을 만나러 간다며 아침 일찍 집을 나선 창권이 형이 해 질 녘에 다다가* 고등학생으로 변해 돌아왔다. 그동안 형의 변모는 너무나 급격해서 그러잖아도 눈알이 팽팽 돌 지경이었는데, 방금 새로 사 입은 빳빳한 학생복에 어엿이 어느 학교의 교표까지 붙인 학생모 차림은 상상을 뛰어넘는 것이라서 어머니와 나는 다시 한번 할 말을 잃고 말았다.

"일트레면은 가짜배기 나이롱 고등과 학생인 심이지."

언제 학교에 들어갔었느냐는 내 물음에 형은 천연덕스레 대구하고 나서 한바탕 히히거렸다. 가짜 대학생 이야기는 더러 들어봤어도 가짜 고등학생은 형이 처음이었다.

"핵교도 안 댕기는 반거충이 청년이 단골 혈서가란 속내가 알려지는 날이면 넘들 보기에도 모냥이 숭칙허다고, 날더러 당분간 **고등과 학생 숭내를 내고 댕기란다.**"

형은 모자에 붙은 교표에 호호 입김을 불어 소맷부리로 정성스레 광을 내기 시작했다. 안 그래도 새것임을 만천하에 광고하듯 ⓘ <u>너무 번뜩여서 오히려 탈인 그 금빛의 교표를 형은</u>

내친김에 아예 순금제로 바꿔 놓을 작정인 듯 시간 가는 줄 모르고 일삼아 닦고 또 닦아 댔다. 나는 국민학교 졸업이 학력의 전부인 형을 한동안 물끄러미 바라보았다. 가정 형편이 어려워 어릴 때부터 남의집살이로 잔뼈를 굵혀 나온 형은 자신을 진짜배기 고등학생으로 착각하고 있는 기색이었다.

"요담번 궐기대회 때부텀 나가 맥아더 원수에게 보내는 멧세지 낭독까장 맡어서 허기로 결정이 나뿌렀다."

형은 교표 닦기를 끝마친 후 호주머니에서 피난민 시체로부터 선사 받은 금장의 회중시계를 꺼내어 더욱더 공력을 들여 삐까번쩍 광을 내기 시작했다. 정말 갈수록 태산이었다. 형은 걸구대에서 자신이 맡은 역할이 단골 혈서가 노릇 말고 다른 중요한 것이 더 있음을 자랑스레 밝히는 중이었다. 나는 멧돼지를 멧세지라 잘못 발음한 형의 실수를 부득이 지적하지 않을 수 없었다. 하지만 무식한 가짜 고등학생은, 멧돼지가 아니라고, 꼬부랑말로 **멧세지**가 맞다고 턱도 없는 우김질을 끝까지 계속했다.

(중략)

창권이 형의 마지막 활약상은 그리 오래 지속되지 못했다. 그날도 형은 군산으로 원정을 떠나 적성중립국 감시위원들의 추방을 요구하는 **시위대의 선두에 섰다.** 시위 분위기가 무르익자 형은 그만 흥분을 가누지 못하고 미군 부대 철조망을 타넘는 만용을 부렸다. 바로 그때 경비병들이 송아지만 한 셰퍼드들을 풀어놓았다. 형은 셰퍼드들의 집중 공격을 받아 엉덩이 살점이 뭉팅 뜯겨 나가고 왼쪽 발뒤꿈치의 인대가 끊어지는 **중상을 입었다.** 형이 병원에서 퇴원할 때는 이미 한쪽 다리를 저는 불구의 몸으로 변해 있었다.

퇴원한 뒤에도 창권이 형은 한동안 우리 집에 계속 머물렀다. 형의 그 가짜배기 애국 학도 행각을 애초부터 꼴같잖게 여기던 어머니는 쩔쑥쩔쑥 기우뚱거리는 걸음걸이로 하릴없이 식당 안팎을 서성이는 먼촌붙이 조카를 눈엣가시로 알고 노골적으로 박대했다. 우리 식당에 빌붙어 눈칫밥이나 축내며 지내던 어느 날, 형은 마침내 시골집으로 돌아갈 결심을 굳혔다.

떠나기 전날 밤, 창권이 형은 보퉁이를 다 꾸린 다음 크게 선심이라도 쓰는 척하면서 내게 금장 회중시계를 만져 볼 기회를 딱 한 차례 허락했다. 행여 닳기라도 할까 봐 오래 구경시키는 것마저도 꺼려 하던 그 귀물 단지를 형이 내 손에 통째로 맡긴 것은 그때가 처음이자 마지막이었다. 피난민 시체로부터 받은 선물이라고 주장하던 그 **회중시계**가 내 작은 손바닥 위에 제법 묵직한 중량감으로 올라앉아 있었다. 등잔불 그늘 안에서도 말갛고 은은한 광휘를 발산하는 금시계를 일삼아 들여다보고 있자니 마치 형의 금빛 찬란하던 한때를 그것이 째깍째깍 증언하는 듯한 느낌이 언뜻 들었다. 전쟁 기간을 통틀어 형의 수중에 남겨진 **유일한 전리품**이었다.

"형이 옳았어."

회중시계를 되돌려 주면서 형의 호의에 대한 답례 삼아 뭔가 형에게 위로가 될 적당한 말을 찾느라 나는 복잡한 머릿속을 한참이나 뒤장질하지 않으면 안 되었다.

"멧돼지가 아니었어. 멧세지가 맞는 말이여."

내 말에 아무런 대구 없이 형은 그저 보일락말락 미소만 시부저기 흘리고 있을 따름이었다.

— 윤흥길, 「아이젠하워에게 보내는 멧돼지」—

* 다따가 : 난데없이 갑자기.

04회

34. 윗글에 대한 설명으로 가장 적절한 것은?

① 이야기 내부 인물이 중심인물의 행동과 그에 대한 자신의 생각을 서술하고 있다.
② 이야기 내부 인물이 인물과 인물 사이의 갈등을 해소하는 과정을 보여 주고 있다.
③ 이야기 내부 인물이 과거와 현재를 반복적으로 교차하며 자신의 경험을 전달하고 있다.
④ 이야기 외부 서술자가 특정 소재와 관련된 인물의 내면 심리를 묘사하고 있다.
⑤ 이야기 외부 서술자가 서로 다른 공간에서 동시에 일어나는 사건들을 나열하고 있다.

35. 윗글을 읽고 알 수 있는 내용이 <u>아닌</u> 것은?

① '나'는 궐기대회가 끝나기 전 친구들과 도중에 나온 적이 있었다.
② '나'는 창권이 형이 궐기대회에서 혈서를 쓴 사실을 어머니를 통해 전해 들었다.
③ 창권이 형은 열혈 애국 청년 노릇으로 바빠지게 되자 식당 심부름꾼으로 일할 겨를이 없었다.
④ 창권이 형은 퇴원 후 어머니에게 노골적인 박대를 받던 끝에 고향으로 돌아갈 결심을 했다.
⑤ 어머니는 창권이 형이 궐기대회에서 박수갈채를 받으며 애국 학도로 행세하는 것을 못마땅하게 여겼다.

36. ㉠에 대한 이해로 가장 적절한 것은?

① 빛나는 교표로는 오히려 창권이 형의 능청스러운 성격을 은폐하기 어려움을 의미한다.
② 교표가 빛이 날수록 오히려 창권이 형이 자신의 행동을 부끄럽게 생각할 수 있음을 의미한다.
③ 번뜩이는 교표로 인해 궐기대회에서 창권이 형이 맡는 역할이 오히려 축소될 수 있음을 의미한다.
④ 교표를 정성스럽게 닦는 행위 때문에 오히려 창권이 형이 불안감을 더 크게 느끼게 됨을 의미한다.
⑤ 지나치게 새것으로 보이는 교표 때문에 오히려 창권이 형의 학력 위조가 쉽게 탄로 날 수 있음을 의미한다.

37. <보기>를 바탕으로 윗글을 감상한 내용으로 적절하지 <u>않은</u> 것은? [3점]

＜ 보 기 ＞

이 작품은 6·25 전쟁으로 인해 혼란해진 사회를 배경으로 한다. 창권이 형은 궐기대회에서 애국 학도로 활약하게 되는 과정에서 권력층에 편승하는 모습을 보인다. 정치적 목적을 위해 대중을 기만하는 권력층에 이용당하다 결국 몰락하게 되는 창권이 형을 통해 어리석은 인물이 가진 욕망의 허망함을 풍자하고 있다. 그리고 궐기대회에서 벌어지는 일을 제대로 이해하지 못하는 어린 '나'를 통해 궐기대회가 희화화된다.

① '멧세지'를 보내는 것을 '멧돼지 보내기'로 오해한 '나'를 통해 궐기대회가 희화화되는군.
② '좀체 아물 새가 없'는 '손가락들'은 표면적으로는 애국심의 증거이지만 이면적으로는 창권이 형이 권력층에 이용당하는 인물임을 엿볼 수 있게 하는군.
③ '고등과 학생 숭내를 내고 댕기'라고 지시하는 것에서 자신들의 목적을 위해 대중을 속이는 권력층의 부정적 면모가 드러나는군.
④ '시위대의 선두에 섰'다가 '중상을 입'은 비극을 통해 권력층에 편승하려는 창권이 형의 부질없는 욕망이 풍자되고 있군.
⑤ '유일한 전리품'이었던 '회중시계'는 전쟁 시기에 애국 학도로서의 신념을 지키지 못한 창권이 형의 고뇌를 상징하는군.

[38 ~ 42] 다음 글을 읽고 물음에 답하시오.

맑고 화창한 날 밖에서 스마트폰 화면이 잘 보이지 않았던 경험이 한 번쯤은 있을 것이다. 이는 화면에 반사된 햇빛이 화면에서 나오는 빛과 많이 ⓐ혼재될수록 야외 시인성이 저하되기 때문이다. 야외 시인성이란, 빛이 밝은 야외에서 대상을 명확하게 인식할 수 있는 성질을 의미한다. 그렇다면 스마트폰에는 야외 시인성 개선을 위해 어떠한 기술이 적용되어 있을까?

㉠스마트폰 화면의 명암비가 높으면 우리는 화면에 표현된 이미지를 선명하다고 인식한다. 명암비는 가장 밝은 색과 가장 어두운 색을 화면이 얼마나 잘 표현하는지를 나타내는 수치로, 흰색을 표현할 때의 휘도를 검은색을 표현할 때의 휘도로 나눈 값이다. 여기서 휘도는 화면에서 나오는 빛이 사람의 눈에 얼마나 들어오는지를 나타내는 양이다. 가령, 흰색을 표현할 때의 휘도가 2,000 cd/m²이고 검은색을 표현할 때의 휘도가 2 cd/m²인 스마트폰의 명암비는 1,000이다.

명암비는 휘도를 측정하는 환경에 따라 암실 명암비와 명실 명암비로 구분된다. 암실 명암비는 햇빛과 같은 외부광 없이 오로지 화면에서 나오는 빛만을 인식할 수 있는 조건에서의 명암비를, 명실 명암비는 외부광이 ⓑ존재하는 조건에서의 명암비를 의미한다. 스마트폰의 야외 시인성을 높이기 위해서는 명실 명암비를 높여야 한다. 이를 위해 화면에서 흰색을 표현할 때의 휘도를 높이는 방법과 검은색을 표현할 때의 휘도를 낮추는 방법을 사용할 수 있다.

그런데 스마트폰에 흔히 사용되는 OLED는 흰색을 표현할 때의 휘도를 높이는 데 한계가 있다. OLED는 화면의 내부에 있는 기판*에서 빛을 내는 소자로, 빨간색, 초록색, 파란색 빛을 조합하여 다양한 색을 ⓒ구현한다. 이렇게 OLED가 색을 표현할 때, 출력되는 빛의 세기를 높이면 해당 색의 휘도가 높아진다. 그러나 강한 세기의 빛을 출력할수록 OLED의 수명이 ⓓ단축되는 문제가 있다. 이러한 이유로 OLED 스마트폰에는 편광판과 위상지연필름을 활용하여, 외부광의 반사로 높아진, 검은색을 표현할 때의 휘도를 낮추는 기술이 적용되고 있다.

<그림>은 OLED 스마트폰에 적용된 편광판의 원리를 나타낸 것이다. 일반적으로 빛은 진행하는 방향에 수직인 모든 방향으로 진동하며 나아간다. 빛이 편광판을 통과하면 그중 편광판의 투과축과 평행한 방향으로 진동하며 나아가는 선형 편광만 남고,

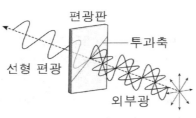
<그림>

투과축의 수직 방향으로 진동하는 빛은 차단된다. 이러한 과정에서 편광판을 통과한 빛의 세기는 감소하게 된다.

[A]
이러한 원리를 이용해 OLED 스마트폰에서 야외 시인성을 높이는 기술을 설명하면 다음과 같다. 먼저 스마트폰 화면 안으로 들어오는 외부광은 편광판을 거치면서 일부가 차단되고 투과축과 평행한 방향으로 진동하는 선형 편광만 남게 된다. 그런 다음 이 선형 편광은 위상지연필름을 지나면서 회전하며 나아가는 빛인 원형 편광으로 편광의 형태가 바뀐다. 이 원형 편광은 스마트폰 화면의 내부 기판에 반사된 뒤, 다시 위상지연필름을 통과하며 선형 편광으로 바뀐다. 그런데 이 선형 편광의 진동 방향은 외부광이 처음 편광판을 통과했을 때 남은 선형 편광의 진동 방향과 수직을 이루게 되어 편광판에 가로막히게 된다. 그 결과 기판에 반사된 외부광은 화면 밖으로 ⓔ빠져나가지 못하게 된다.

이와 같은 기술은 OLED 스마트폰의 야외 시인성을 높이는 데에는 매우 효과적이지만, 편광판을 사용할 수밖에 없기 때문에 스마트폰 화면이 일정 수준의 명암비를 유지하기 위해서는 ㉡OLED가 내는 빛의 세기를 높게 유지해야 한다는 단점이 존재한다. 그리고 외부광이 화면의 외부 표면에 반사되어 나타나는 야외 시인성의 저하도 ⓔ방지하지 못한다. 최근에는 이러한 문제점들을 개선하기 위한 연구가 다양한 분야에서 이루어지고 있다.

* 기판: 전기 회로가 편성되어 있는 판.

38. 윗글에서 알 수 있는 내용으로 가장 적절한 것은?

① 햇빛은 진행하는 방향에 수직인 모든 방향으로 진동한다.
② OLED는 네 가지의 색을 조합하여 다양한 색을 구현한다.
③ 사람의 눈에 들어오는 빛의 양이 많으면 휘도는 낮아진다.
④ 야외 시인성은 사물 간의 크기 차이를 비교하는 기준이다.
⑤ OLED는 화면의 외부 표면에 반사되는 외부광을 차단한다.

39. ㉠에 대한 설명으로 적절하지 않은 것은?

① 명실 명암비를 높이면 야외 시인성이 높아지게 된다.
② 흰색을 표현할 때의 휘도가 낮아질수록 암실 명암비가 높아진다.
③ 휘도를 측정하는 환경에 따라 명실 명암비와 암실 명암비로 나뉜다.
④ 흰색을 표현할 때의 휘도를 검은색을 표현할 때의 휘도로 나눈 값이다.
⑤ 화면에 반사된 외부광이 눈에 많이 들어올수록 명실 명암비가 낮아진다.

40. ㉡의 이유를 추론한 것으로 가장 적절한 것은?

① OLED가 내는 빛의 휘도를 조절할 수 없기 때문이다.
② OLED가 내는 빛이 강할수록 수명이 길어지기 때문이다.
③ OLED가 내는 빛 중 일부가 편광판에서 차단되기 때문이다.
④ OLED가 내는 빛이 약하면 명암비 계산이 어렵기 때문이다.
⑤ OLED가 내는 빛의 세기를 높이는 데 한계가 있기 때문이다.

41. <보기>는 [A]의 과정을 나타낸 그림이다. 윗글을 바탕으로 <보기>를 이해한 내용으로 적절하지 <u>않은</u> 것은? [3점]

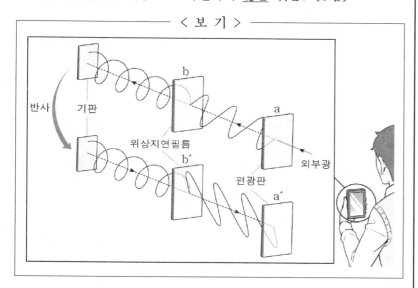

─────< 보 기 >─────

① 외부광은 a를 거치면서 투과축과 평행한 방향으로 진동하는 빛만 남게 된다.
② a를 거쳐 b로 나아가는 빛은 진행 방향에 수직인 방향으로 진동한다.
③ b를 거친 빛은 기판에 의해 a를 거쳐 b로 나아가는 빛과 같은 형태의 편광으로 바뀌게 된다.
④ b′를 거친 빛의 진동 방향은 a를 거쳐 b로 나아가는 빛의 진동 방향과 수직을 이룬다.
⑤ b′를 거친 빛은 진동 방향이 a′의 투과축과 수직을 이루므로 화면 밖으로 빠져나가지 못하게 된다.

42. 문맥상 ⓐ ~ ⓔ와 바꾸어 쓰기에 적절하지 <u>않은</u> 것은?

① ⓐ : 뒤섞일수록
② ⓑ : 있는
③ ⓒ : 고른다
④ ⓓ : 줄어드는
⑤ ⓔ : 막지

[43 ~ 45] 다음 글을 읽고 물음에 답하시오.

[앞부분 줄거리] 전생에 부부였던 남해 용왕의 딸과 동해 용왕의 아들은 각각 금방울과 해룡으로 환생한다. 해룡은 피란 도중에 부모와 헤어져 장삼과 변 씨의 집에서 자라게 된다.

어느 추운 겨울날, 눈보라가 내리치는 밤에 변 씨는 소룡과 함께 따뜻한 방에서 자고 해룡에게는 방아질을 시켰다. 해룡은 어쩔 수 없이 밤새도록 방아를 찧었는데, 얇은 홑옷만 입은 아이가 어찌 추위를 견딜 수 있겠는가? 추위를 이기지 못해 잠깐 쉬려고 제 방에 들어가니, 눈보라가 방 안에까지 들이치고 덮을 것이 하나도 없었다. 해룡이 몸을 잔뜩 웅크리고 엎드려 있는데, 갑자기 방 안이 대낮처럼 밝아지고 여름처럼 더워져 온몸에 땀이 났다. 놀랍고 또 이상해 바로 일어나 밖을 자세히 살펴보니, 아직 날이 밝지 않았는데 하얀 눈이 뜰에 가득했다. 방앗간에 나가 보니 밤에 못다 찧은 것이 다 찧어져 그릇에 담겨 있었다. 해룡이 더욱 놀라고 괴이하게 여겨 방으로 돌아오니 방 안은 여전히 밝고 더웠다.

아무리 생각해도 이상해 방 안을 두루 살펴보니, 침상 위에 예전에 없었던 북만 한 방울 같은 것이 놓여 있었다. 해룡이 잡으려 했으나, 방울이 이리 미끈 달아나고 저리 미끈 달아나며 요리 구르고 저리 굴러 잡히지 않았다. 더욱 놀라고 신통해서 자세히 보니, 금빛이 방 안에 가득하고, 방울이 움직일 때마다 향취가 가득히 퍼져 코를 찔렀다. 이에 해룡은 생각했다.

'이것은 반드시 무슨 까닭이 있어서 일어난 일일 테니, 좀 더 두고 지켜봐야겠다.'

해룡은 마음속으로 기뻐하며 자리에 누웠다. 그동안 굶주림과 추위에 시달린 몸이 따뜻해지니, 마음이 절로 놓여 아침 늦도록 곤히 잠을 잤다. 이때 변 씨 모자는 추위 잠을 자지 못하고 떨며 앉아 있다가 날이 밝자마자 밖으로 나와보니, 눈이 쌓여 온 집 안을 뒤덮었고 찬바람이 얼굴을 깎듯이 세차게 불어 몸을 움직이는 것마저 어려웠다. 이에 변 씨는 생각했다.

'해룡이 틀림없이 얼어 죽었겠구나.'

해룡을 불러도 대답이 없자, 해룡이 얼어 죽었으리라 생각하고 눈을 헤치고 나와 문틈으로 방 안을 엿보았다. 그랬더니 해룡이 벌거벗은 채 깊이 잠들어 있는데 놀라서 깨우려다가 자세히 살펴보니 하얀 눈이 온 세상 가득 쌓여 있는데, 오직 해룡이 자고 있는 사랑채 위에는 눈이 한 점도 없고 더운 기운이 연기처럼 일어나고 있었다. 이것이 어찌 된 일인지 알 수가 없었다.

변 씨가 놀라 소룡에게 이런 상황을 이야기했다.

"매우 이상한 일이니, 해룡의 거동을 두고 보자꾸나."

문득 해룡이 놀라 잠에서 깨어 내당으로 들어가 변 씨에게 문안을 올린 뒤 비를 잡고 눈을 쓸려 하는데, 갑자기 한 줄기 광풍이 일어나며 반 시간도 채 안 되어 눈을 다 쓸어버리고는 그쳤다. 해룡은 이미 짐작하고 있었으나, 변 씨는 그 까닭을 전혀 알지 못해 더욱 신통히 여기며 마음속으로 생각했다.

'분명 해룡이 요술을 부려 사람을 속인 것이로다. 만약 해룡을 집에 오래 두었다가는 큰 화를 당하리라.'

변 씨는 어떻게든 해룡을 죽여 없앨 생각으로 이리저리 궁리하다가, 한 가지 계교를 생각해 내고는 해룡을 불러 말했다.

[A] ⌈"가군*이 돌아가신 뒤 우리 가산이 점점 줄어들게 된 것은 너 또한 잘 알 것이다. 구호동에 우리 집 논밭이 있는데, 근래에는 호환이 자주 일어나 사람을 다치게 해 농사를 짓지 못하고 묵혀둔 지 벌써 수십여 년이 되었구나. 이제 그 땅을 다 일구어 너를 장가보내고 우리도 네 덕에 잘살게 된다면, 어찌 기쁘지 않겠느냐? 다만 너를 그 위험한 곳에 보내면, 혹시 후회할 일이 생길까 걱정이구나."⌋

해룡이 기꺼이 허락하고 농기구를 챙겨 구호동으로 가려 하니, 변 씨가 짐짓 말리는 체했다. 이에 해룡이 웃으며 말했다.

"사람의 목숨은 하늘에 달려 있으니, 어찌 짐승에게 해를 당하겠나이까"

해룡이 가벼운 발걸음으로 집을 나서자, 변 씨가 문밖에까지 나와 당부하며 말했다.

"쉬이 잘 다녀오너라."

해룡이 공손하게 대답하고 구호동으로 들어가 보니, 사면이 절벽으로 둘러싸여 있고 그 사이에 작은 들판이 하나 있는데,

초목이 아주 무성했다. 해룡이 등나무 넝쿨을 붙들고 들어가니, 오직 호랑이와 표범, 승냥이와 이리의 자취뿐이요, 인적은 아예 없었다. 해룡은 조금도 두려워하지 않고 옷을 벗은 뒤 잠깐 쉬었다. 해가 서산으로 넘어가려 할 무렵 자리에서 일어나 밭을 두어 이랑 갈고 있는데, 갑자기 바람이 거세게 불고 모래가 날리면서 산꼭대기에서 이마가 흰 칡범이 주홍색 입을 벌리고 달려들었다. 해룡이 정신을 바싹 차리고 손으로 호랑이를 내리치려 할 때, 또 서쪽에서 큰 호랑이가 벽력같은 소리를 지르며 달려들어 해룡이 매우 위급한 상황에 처하게 되었다. 그 순간 갑자기 등 뒤에서 금방울이 달려와 두 호랑이를 한 번씩 들이받았다. 호랑이들이 소리를 지르며 달려들었으나, 금방울이 나는 듯이 뛰어서 연달아 호랑이를 들이받으니 두 호랑이가 동시에 거꾸러졌다.

해룡이 달려들어 호랑이 두 마리를 다 죽이고 돌아보니, 금방울이 번개같이 굴러다니며 한 시간도 채 안 되어 그 넓은 밭을 다 갈아 버렸다. 해룡은 기특하게 여기며 금방울에게 거듭거듭 사례했다. 해룡이 죽은 호랑이를 끌고 산을 내려오면서 돌아보니, 금방울은 어디로 갔는지 사라지고 없었다.

한편, 변 씨는 해룡을 구호동 사지에 보내고 생각했다.

'해룡은 반드시 호랑이에게 물려 죽었을 것이다.'

변 씨가 집 안팎을 들락날락하며 매우 기뻐하고 있는데, 문득 밖에서 사람들이 요란하게 떠드는 소리가 들려와 급히 나아가 보니, 해룡이 큰 호랑이 두 마리를 끌고 왔다. 변 씨는 크게 놀랐지만 무사히 잘 다녀온 것을 칭찬했다. 또한 큰 호랑이를 잡은 것을 기뻐하는 체하며 해룡에게 말했다.

"일찍 들어가 쉬어라."

해룡이 변 씨의 칭찬에 감사드리고 제 방으로 들어가 보니, 방울이 먼저 와 있었다.

― 작자 미상, 「금방울전」 ―

* 가군 : 남에게 자기 남편을 이르는 말.

43. 윗글의 내용에 대한 이해로 적절하지 <u>않은</u> 것은?

① 변 씨는 소룡에게 잠자는 해룡을 깨우라고 지시했다.
② 변 씨는 해룡을 도운 것이 금방울이라는 것을 몰랐다.
③ 해룡은 밤에 방아질을 하다가 추워 방 안으로 들어갔다.
④ 해룡은 방 안에서 움직이는 금방울을 보고 신통해 했다.
⑤ 금방울은 구호동에서 사라진 후 해룡보다 먼저 방에 도착했다.

44. [A]에 대한 설명으로 가장 적절한 것은?

① 지난 일의 책임을 상대방에게 전가하며 태도 변화를 촉구하고 있다.
② 상대방으로 인한 자신의 손해를 언급하며 요청 사항을 전달하고 있다.
③ 상대방의 역할에 대해 의문을 제기하며 자신의 입장을 수정하고 있다.
④ 자신이 제안한 바가 서로에게 이익이 됨을 근거로 상대방을 설득하고 있다.
⑤ 상대방이 취하려는 행위를 만류하기 위해 상대방과 자신의 관계를 언급하고 있다.

45. <보기>는 윗글의 서사 구조를 도식화한 것이다. ㄱ ~ ㄹ에 대한 설명으로 적절하지 <u>않은</u> 것은? [3점]

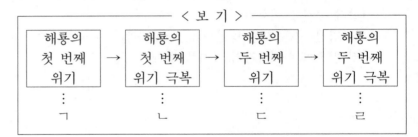

< 보 기 >

해룡의 첫 번째 위기	→	해룡의 첫 번째 위기 극복	→	해룡의 두 번째 위기	→	해룡의 두 번째 위기 극복
⋮		⋮		⋮		⋮
ㄱ		ㄴ		ㄷ		ㄹ

① ㄱ은 집에서 얼어 죽게 될, ㄷ은 구호동에서 짐승에게 해를 입게 될 상황이다.
② ㄱ과 ㄷ은 모두 해룡에게 수행하기 어려운 과제가 주어지는 상황이다.
③ ㄴ은 장차 해룡에게 화를 입을 것을 염려한 변 씨가 ㄷ을 계획하는 계기가 된다.
④ ㄴ과 ㄹ은 신이한 능력을 지닌 금방울에 의해 주도적으로 진행된다.
⑤ ㄱ ~ ㄹ의 과정에서 해룡은 겉과 속이 다르게 자신을 대하는 변 씨의 이중성을 눈치채고 반발하게 된다.

★ 확인 사항

○ 답안지의 해당란에 필요한 내용을 정확히 기입(표기)했는지 확인하시오.

제 1 교시

국어 영역

05회

● 문항수 45개 | 배점 100점 | 제한 시간 80분

● 점수 표시가 없는 문항은 모두 2점

[1 ~ 3] 다음은 학생의 발표이다. 물음에 답하시오.

안녕하세요? 저는 환경 동아리 '지지자―지구를 지키는 자'의 부장입니다. 우리 동아리는 지구 온난화의 심각성을 알리는 캠페인을 진행하고 있습니다. 오늘은 이와 관련하여 영구 동토층이 녹으면서 생기는 문제에 대해 알려드리고자 합니다.

영구 동토층에 대해 들어보신 적 있나요? (청중의 반응을 확인하고) 영구 동토층은 온도가 섭씨 0도 이하로 유지되어 여름에도 녹지 않는 토양층을 말합니다. 영구 동토층이 분포해 있는 지대는 지구 전체 면적의 약 14%에 해당하며, 시베리아, 캐나다 북부, 알래스카 등 북극권에 주로 분포해 있습니다. 대부분의 영구 동토층은 수천 년에서 수만 년 동안 얼어붙은 상태였지만 최근에 빠른 속도로 녹고 있습니다.

이것이 왜 문제가 될까요? 영구 동토층이 녹으면 그곳에 묻혀 있던 대량의 이산화 탄소와 메테인이 대기 중으로 방출되기 때문입니다. 수업 시간에 배운 것처럼 이산화 탄소와 메테인은 지구 온난화를 일으키는 대표적인 온실가스입니다. 과학자들은 영구 동토층에 묻혀 있는 탄소의 양이 대기 중에 존재하는 탄소의 양의 2배에 이를 것으로 추정하고 있습니다. 메테인은 방출되는 양이 상대적으로 적지만 지구 온난화에 끼치는 영향은 이산화 탄소의 20배 이상이라고 합니다. (㉠ 자료를 제시하며) 보시는 자료에서 왼쪽 그래프는 영구 동토층이 녹지 않고 유지되는 지역의, 오른쪽 그래프는 영구 동토층이 급격히 녹고 있는 지역의 온실가스 농도를 나타냅니다. 왼쪽의 경우는 이산화 탄소나 메테인과 같은 온실가스 방출량이 미미하지만, 오른쪽에서는 이들 가스의 방출량이 급격히 증가한 것을 확인할 수 있습니다.

이어서 보실 자료는 2007년부터 10년간 북극권의 연평균 기온을 지구 전체의 연평균 기온과 비교한 그래프입니다. (㉡ 자료를 제시하며) 붉은 선과 파란 선 모두 기온이 상승하고 있음을 보여 줍니다. 그런데 북극권의 연평균 기온을 나타내는 붉은 선이 더 가파르게 올라가는 것에 주목할 필요가 있습니다. 이런 추세로 북극권 기온이 상승하면 그곳에 분포한 영구 동토층이 빠르게 녹아 처음에 보신 오른쪽 그래프와 같은 상황이 가속화됩니다.

영구 동토층에서 방출된 온실가스는 북극권의 기온을 상승시키고 이는 결국 지구 전체의 온난화를 악화시킵니다. 그런 점에서 영구 동토층이 녹지 않도록 전 지구적 노력이 필요합니다. 제가 말씀드린 내용을 주변에 많이 알려주시고, 우리 동아리의 캠페인에도 지속적인 관심을 부탁합니다. 감사합니다.

1. 위 발표에 대한 설명으로 적절하지 <u>않은</u> 것은?

① 용어의 뜻을 설명하며 청중의 이해를 돕고 있다.
② 질문을 하면서 청중이 발표에 집중하도록 하고 있다.
③ 학습 경험을 언급하며 관련된 내용을 설명하고 있다.
④ 예상되는 반론을 반박하며 발표의 설득력을 높이고 있다.
⑤ 캠페인에 대한 관심을 요청하며 발표를 마무리하고 있다.

2. 발표자가 ㉠과 ㉡을 활용한 방식에 대한 설명으로 가장 적절한 것은?

① ㉠을 활용해 영구 동토층이 녹는 원인을 제시하고, ㉡을 활용해 해당 원인의 소멸 과정을 보여 주었다.
② ㉠을 활용해 영구 동토층이 생성된 과정을 제시하고, ㉡을 활용해 해당 과정의 발생 원인을 보여 주었다.
③ ㉠을 활용해 영구 동토층이 녹는 속도의 차이를 보여 주고, ㉡을 활용해 그 차이를 줄이기 위한 방안을 제시하였다.
④ ㉠을 활용해 영구 동토층이 녹을 때 생기는 문제를 보여 주고, ㉡을 활용해 이 문제가 악화될 수 있음을 강조하였다.
⑤ ㉠을 활용해 영구 동토층이 유지된 지역의 문제 상황을 보여 주고, ㉡을 활용해 해당 문제가 가져올 결과를 제시하였다.

3. 다음은 발표를 들은 학생들의 반응이다. 발표의 내용을 고려하여 학생의 반응을 이해한 내용으로 적절하지 <u>않은</u> 것은? [3점]

○ **학생 1** : 영구 동토층은 녹지 않는 것으로 알고 있었는데, 발표를 듣고 그렇지 않다는 것을 알게 되었어. 영구 동토층이 녹아서 문제가 생긴 사례를 더 찾아봐야지.
○ **학생 2** : 영구 동토층이 주로 북극권에 분포해 있다고 했는데, 나머지는 어디에 분포해 있을지 궁금해. 발표에서 참조한 자료의 출처를 물어봐야겠어.
○ **학생 3** : 영구 동토층이 녹는 문제의 심각성을 알리자는 캠페인의 취지에 동의해. 인근 학교와 지역 사회에 이 문제를 어떻게 공유할지 생각해 봐야겠어.

① '학생 1'은 발표 내용을 듣고 알게 된 정보를 통해 기존의 지식을 수정하고 있다.
② '학생 2'는 발표자가 언급하지 않은 발표 내용에 대해 궁금증을 드러내고 있다.
③ '학생 3'은 발표 내용을 수용하면서 주변에 알릴 방법을 고민하고 있다.
④ '학생 1'과 '학생 3'은 발표 내용과 관련하여 추가적인 활동을 계획하고 있다.
⑤ '학생 2'와 '학생 3'은 발표에 활용된 정보에 출처가 언급되지 않았음을 지적하고 있다.

[4 ~ 7] (가)는 교지 편집부 학생들이 나눈 대화이고, (나)는 이를 바탕으로 학생이 작성한 초고이다. 물음에 답하시오.

(가)

학생 1 : 지난번에 우리가 청소년의 SNS(사회 관계망 서비스) 이용 실태와 청소년의 심리적 특성을 관련지어 교지에 글을 쓰기로 했었지? 조사해 온 내용을 이야기해 보자.

학생 2 : 내가 본 자료에는 청소년의 SNS 이용 시간이 타 연령대의 이용 시간보다 길다고 나와 있었어.

학생 3 : 내가 본 논문에서는 SNS 이용 시간이 길어지는 경향을 심리적 측면과 연결지어 설명하고 있었어. 사람들이 SNS를 반복적으로 오래 이용하다 보면 그 안에 있는 정보를 놓칠 수 있다거나 사람들과 연결되지 못하고 고립될 수 있다는 불안을 느끼기 쉽다고 해. 이때 느끼는 불안을 포모 증후군이라고 부른대.

학생 1 : SNS를 이용하다 보면 고립될 수 있다는 불안을 느끼기 쉽다는 거지? 포모라는 말에 대해 더 설명해 줄래?

학생 3 : 상품을 살 때 매진이 임박했다고 하면 나만 놓칠까 봐 불안해지잖아. 이런 소비자의 불안감을 이용하는 판매 전략을 포모라고 불렀대. 그런데 SNS가 널리 사용되면서 '정보 수집'이나 '인간관계 맺기'에서 뒤처질까 봐 불안해하는 사람들이 많아지게 되었고, 사람들의 이러한 불안 심리를 포모 증후군이라고 부르게 된 거지. 〔A〕

학생 2 : 그런데 포모 증후군이 청소년의 심리적 특성과 무슨 상관이 있어?

학생 3 : 내 생각에도 포모 증후군을 설명하는 요인 중에서 '정보 수집'과 관련된 부분은 청소년들과는 거리가 멀어 보여. 하지만 '인간관계 맺기'와 관련된 부분은 청소년이 다른 세대에 비해 또래 관계를 중시하는 심리적 성향과 관련된다고 생각해. 또래 관계가 중요하기 때문에 SNS에 수시로 접속해서 교류에서 소외되지 않으려 노력하게 되고, 그만큼 많은 시간을 SNS를 이용하는 데 쓸 수밖에 없어. 그런데 또래 관계를 중시하는 걸 넘어 관계가 멀어질까 봐 심하게 불안하다면 포모 증후군을 의심해 봐야 하는 거지. 〔B〕

학생 1 : 그렇구나. 우리 글에서 청소년의 SNS 이용 시간이 긴 것을 포모 증후군의 '인간관계 맺기'와 관련지어 설명하는 것이 좋겠다. 이와 관련해 학생들에게 제안할 만한 내용이 있으면 이야기해 보자.

학생 3 : SNS 과다 사용 문제를 다룬 논문에 따르면, 심리적 문제를 해결할 때는 자신이 어떤 상태인지 성찰하는 게 중요하다고 해. SNS를 이용하면서 불안한 기분을 느낀다면, 경각심을 갖고 자기 자신을 성찰해 보자고 제안하자.

학생 2 : 청소년기의 포모 증후군이 또래 관계를 중시하는 성향과 관련된다는 점에서, 친구를 SNS에서가 아닌 일상생활 속에서 직접 만나자고 제안해 보자.

학생 3 : 청소년기의 특성에 대한 전문가의 견해도 필요할 것 같아.

학생 1 : 정말 좋은 의견이야. 글을 쓸 때 필요한 자료는 도서관에 가서 같이 찾아보자.

(나) 학생의 초고

청소년의 대부분은 SNS를 이용한다. 설문 결과에 따르면, 청소년의 SNS 이용 시간은 타 연령대보다 훨씬 긴 것으로 나타난다. 설문 응답자 전체의 SNS 하루 평균 이용 시간은 1시간 미만이지만, 청소년의 77%는 평균 3시간 이상, 19%는 평균 5시간 이상 SNS를 이용하는 것으로 나타났다.

청소년의 이러한 SNS 이용 실태는 청소년기의 특성에서 그 이유를 찾을 수 있다. 전문가에 따르면 청소년은 타인의 기준과 인정을 중요시하는 특성이 있다. 이러한 이유로 자신을 남에게 보여 줄 수 있는 SNS에 빠져들기 쉽다. 또한 청소년은 또래 관계에 과하게 의존한다는 특성이 있다. SNS는 쉽고 빠르게 수많은 인간관계를 맺을 수 있는 세계라는 점에서 청소년에게 특히 매력적이다.

청소년의 과다한 SNS 이용 실태는 '포모 증후군'을 우려하게 한다. '포모(FOMO ; Fear Of Missing Out)'는 원래 제품 공급량을 줄여 소비자를 조급하게 하는 마케팅 용어였지만, 최근에는 SNS 속 정보나 관계에서의 소외를 불안해하는 심리를 가리키는 말이 되었다. 청소년기에는 또래 관계를 중시하는 심리적 성향이 강하기 때문에, 대체로 SNS를 사용하지 못하는 상황에서 불안한 기분을 느끼는 경우가 많고, SNS에 수시로 접속해서 또래 사이의 교류에서 소외되지 않으려 노력하는 경향이 강하다.

포모 증후군이 걱정된다면 청소년들은 무엇을 할 수 있을까? 첫째, 개인의 측면에서는 경각심을 갖고 자신의 SNS 이용을 돌이켜 보자. SNS 속 모든 인간관계와 연결되는 것은 불가능함에도 불구하고 그렇게 되지 못하는 것을 불안해하는 것은 아닌지 돌아볼 필요가 있다. 둘째, 사회적 측면에서는 일상생활 속에서 직접 만나는 친구와의 관계를 더 돈독히 하자.

⟨㉮⟩

4. (가)의 '학생 1'에 대한 설명으로 적절하지 <u>않은</u> 것은?

① 일부 대화 참여자의 발언이 맥락에서 벗어났음을 지적하고 논의의 범위를 제한할 것을 요청하고 있다.

② 대화 참여자의 발언에 대해 평가하고 논의와 관련하여 대화 참여자들이 해야 할 일을 제시하고 있다.

③ 대화 참여자의 발언의 일부를 재진술하고 논의와 관련된 추가적인 설명을 요구하고 있다.

④ 대화 참여자의 발언 내용에 동의하고 더 논의할 내용을 제시하고 있다.

⑤ 지난번 대화 내용을 환기하고 이번에 논의할 내용을 밝히고 있다.

5. 〔A〕, 〔B〕에 대한 이해로 가장 적절한 것은?

① 〔A〕에서 전문가의 관점을 소개하고, 〔B〕에서는 소개한 관점의 의의를 제시하고 있다.

② 〔A〕에서 용어에 대해 설명하고, 〔B〕에서는 설명한 내용의 일부를 활용하여 자신의 견해를 드러내고 있다.

③ 〔A〕에서 상대방 발언의 핵심 내용을 정리하고, 〔B〕에서는 정리한 내용에 대한 자신의 견해를 밝히고 있다.

④ 〔A〕에서 구체적 사례를 나열하여 제시하고, 〔B〕에서는 일정한 기준에 따라 제시한 사례를 분류하고 있다.

⑤ 〔A〕에서 자신의 견해를 요약하여 제시하고, 〔B〕에서는 다른 의견을 받아들여 자신의 견해를 수정하고 있다.

6. (가)의 대화 내용이 (나)에 반영된 양상으로 적절하지 <u>않은</u> 것은?

[3점]

① (가)에서 포모 증후군에 대해 설명한 내용이, (나)의 3문단에서 청소년기의 심리적 특성과 함께 제시되었다.

② (가)에서 SNS 사용에 대해 청소년들에게 제안하려는 내용이, (나)의 4문단에서 개인의 측면과 사회적 측면으로 구분되어 제시되었다.

③ (가)에서 청소년의 SNS 이용 시간과 관련하여 언급한 내용이, (나)의 1문단에서 설문 결과에 나타난 수치와 함께 구체적으로 제시되었다.

④ (가)에서 청소년기의 특성에 대한 전문가의 견해가 필요하다는 의견이, (나)의 2문단에서 전문가가 제시한 청소년기의 두 가지 특징으로 구체화되어 반영되었다.

⑤ (가)에서 포모 증후군과 청소년의 SNS 이용 시간의 관련성에 대해 언급한 내용이, (나)의 2문단에서 청소년의 SNS 과다 사용과 포모 증후군의 악순환 관계로 제시되었다.

7. ㉮에 들어갈 문장을 <조건>에 따라 작성한 것으로 가장 적절한 것은?

─────── < 조 건 > ───────

○ 문단의 내용과 어긋나지 않도록 할 것.
○ 내용의 대비가 드러나도록 비교의 방식을 활용할 것.

① 포모 증후군은 아닌지 걱정만 하기보다는 사용 시간 점검으로 현명한 SNS 사용자가 되자.

② 이번 주말 현실 속 친구들과 시간을 보냈다면, 다음 주말은 SNS 친구들에게 더 집중하도록 하자.

③ 내 손을 잡아 줄 옆자리 친구만큼 내 마음을 잡아 줄 SNS 친구도 소중하다는 것을 잊지 말아야 한다.

④ SNS 속 친구 목록의 길이에 마음을 쓰기보다 곁에서 마음을 나누는 몇몇 친구와의 시간을 소중히 여길 필요가 있다.

⑤ 일상생활에서 직접 만나는 친구를 SNS 속에서 자주 만나며 연결되지 못하는 불안에서 벗어나 우정의 폭을 넓혀 보자.

[8 ~ 10] 다음은 '작문 상황'에 따라 학생이 쓴 글의 초고이다. 물음에 답하시오.

[작문 상황]
○ 작문 목적 : 도서부 선정 '3월의 책'인 『페스트』의 독서 감상문을 작성한다.
○ 예상 독자 : 우리 학교 학생들
○ 글을 쓸 때 고려할 사항 :
  ─ 작품의 특징을 다양한 측면에서 소개한다.
  ─ 학생들이 『페스트』를 읽도록 권유한다.

[학생의 초고]

　도서부 선정 '3월의 책'은 알베르 카뮈의 소설 『페스트』이다. 이 책은 1947년에 발표된 작품으로 오랑이라는 도시가 페스트로 인해 봉쇄되면서 전염병에 맞서는 다양한 인간을 다룬 소설이다. 작가는 사람들이 매일같이 죽어 나가는 끔찍한 모습을 매우 담담한 어조로 서술하고 있다. 그는 오랑에서 머물던 중 전염병으로 수많은 사람이 죽는 것을 목격하였고 이때의 경험을 작품 속에 사실적으로 담아내었다.

[A] 　『페스트』의 등장인물은 전염병의 창궐이라는 비극적 재난 상황에 대응하는 방식에 따라 두 가지 유형으로 나뉜다. 긍정적 인물 유형으로는 보건대 조직을 제안하는 타루를 비롯하여 의사 리외, 공무원 그랑, 성직자 파늘루, 기자 랑베르가 있다. 이들은 동지애를 발휘하여, 페스트에 걸려 고통받는 사람들을 돕는다. 반면 부정적 인물인 코타르는 비극적 재난을 틈타 밀수로 부를 축적하는 이기적인 모습을 보인다. 이런 대조를 통해 카뮈는 공동체의 어려움을 이겨 내기 위해서는 구성원들의 연대 의식이 필요함을 역설한다.

　카뮈는 '탁월한 통찰과 진지함으로 우리 시대 인간의 정의를 밝힌 작가'라는 평을 받으며 1957년에 노벨 문학상을 수상하였다. 그는 수상 후의 연설에서, 예술은 인간의 보편적인 감정을 제시하여 많은 사람들을 감동시키는 수단이라고 하였다. 작가가 말한 것처럼 『페스트』는 모두가 공감할 수 있는 현실의 모습과 정서를 표현하고 있다. 따뜻한 봄이 왔지만 여전히 마음이 춥다면 『페스트』를 읽어보자. 어려움에 처한 사람이라면 이 책을 읽고 자신의 상황에 대처할 수 있는 실마리를 얻을 수 있을 것이다.

8. '학생의 초고'에 나타난 글쓰기 전략을 <보기>에서 모두 골라 바르게 짝지은 것은?

─────── < 보 기 > ───────

㉠ 『페스트』를 읽었을 때의 효용을 밝히며 읽기를 권유한다.
㉡ 『페스트』의 내용을 개괄하여 작품의 대강을 파악하도록 한다.
㉢ 작품의 주요 구절을 인용하며 『페스트』를 추천하는 이유를 설명한다.
㉣ 다른 책과의 비교를 통해 『페스트』가 갖는 독자적인 가치를 강조한다.

① ㉠, ㉡ ② ㉠, ㉣ ③ ㉡, ㉢
④ ㉡, ㉣ ⑤ ㉢, ㉣

9. <보기>는 윗글을 쓰기 위해 학생이 참고한 자료이다. 학생의 자료 활용에 대한 설명으로 적절하지 <u>않은</u> 것은?

─────── < 보 기 > ───────

ㄱ. 알베르 카뮈(1913 ~ 1960)는 프랑스의 소설가로 '탁월한 통찰과 진지함으로 우리 시대 인간의 정의를 밝힌 작가'라는 평을 받으며 1957년에 노벨 문학상을 수상하였다. 주요 작품으로는 『이방인』, 『페스트』 등이 있다.

　　　　　　 – 문학가 사전의 '알베르 카뮈' 항목 중 일부

ㄴ. 제가 보기에 예술이란 고독한 향락이 아닙니다. 그것은 인간의 공통적인 괴로움과 기쁨의 유별난 이미지를 제시함으로써 최대 다수의 사람들을 감동시키는 수단입니다.

　　　　　　 – 카뮈의 노벨 문학상 수상 후 연설 중 일부

ㄷ. 1941년부터 오랑에서 생활하던 카뮈는 그 지역에 장티푸스가 창궐하여 매일같이 사람들이 죽어가는 상황과 그로 인해 발생하는 혼란을 목격하였다. 이때의 경험은 『페스트』의 창작에 영감을 주었다.

　　　　　　 – 출판사의 책 소개 중 일부

① ㄱ을 활용하여 작가에 대한 평가를 제시하고 있다.
② ㄴ을 활용하여 예술의 필요성에 대한 작가의 인식이 작품 창작의 동기가 되었음을 설명하고 있다.
③ ㄴ을 활용하여 작품이 보편적인 공감을 획득하고 있음을 작가의 예술관과 연결하여 드러내고 있다.
④ ㄷ을 활용하여 특정 도시가 작품 속 공간으로 설정된 배경을 드러내고 있다.
⑤ ㄷ을 활용하여 전염병에 대한 작가의 경험이 작품의 사실성을 갖추는 데 기여하였음을 밝히고 있다.

10. <보기>는 선생님의 조언에 따라 [A]를 수정한 것이다. 선생님이 했을 조언으로 가장 적절한 것은?

─────── < 보 기 > ───────

작가는 재난이라는 상황을 부각하기보다 그 속에서 살아가는 인간의 다양한 모습에 주목한다. 최전선에서 환자를 치료하는 의사 리외, 민간 보건대 조직을 주도한 타루, 묵묵히 자신의 임무를 수행하는 말단 공무원 그랑, 신념과 다르게 돌아가는 현실 속에서 내적 갈등으로 고민하는 성직자 파늘루, 탈출을 시도하다 오랑에 남아 페스트와 싸운 기자 랑베르, 혼란 속에서 자신의 이익을 추구하는 밀수업자 코타르 등 비극적인 재난 속에서 작품의 인물들은 각자의 선택을 한다. 페스트라는 질병과의 전쟁 속에서 매일 패배하면서도 굴하지 않는 다양한 인간 군상을 통해, 카뮈는 '인간은 어떤 존재여야 하는가?'라는 질문을 던지고 그에 대한 답을 암시한다.

① 책의 장점만 제시하기보다 책의 단점에 대해서도 언급하고, 책에 대한 균형 잡힌 시각을 드러낼 수 있는 내용으로 문단을 마무리하는 게 좋겠어.
② 인물 유형을 단순화하기보다는 다양한 인물의 모습을 보여 주고, 뒤 문단에서 언급된 작가에 대한 평가와 자연스럽게 연결될 수 있는 내용으로 문단을 마무리하는 게 좋겠어.
③ 인물 간 갈등의 원인만 제시하기보다는 갈등의 해소 과정을 보여 주고, 갈등 상황에 대처할 때 독자가 가져야 할 태도와 마음가짐에 대한 내용으로 문단을 마무리하는 게 좋겠어.
④ 인물에 대한 정보를 간략하게 제시하기보다는 소설 속 인물의 행동을 자세하게 언급하고, 우리 사회에 필요한 바람직한 인간상을 제시하는 내용으로 문단을 마무리하는 게 좋겠어.
⑤ 책의 내용을 자세하게 소개하는 대신 책에서 받은 인상을 간략하게 제시하고, 뒤 문단에서 언급된 독서 행위의 의미를 이끌어 낼 수 있는 내용으로 문단을 마무리하는 게 좋겠어.

[해설편 p.030]

[11 ~ 12] 다음 글을 읽고 물음에 답하시오.

문법적으로 적절한 문장은 필수적인 문장 성분을 온전히 갖추어야 한다. 이때 필수적인 문장 성분은 서술어에 따라 달라진다. 예를 들어 '풀다'가 서술어로 쓰이면 이 서술어는 주어와 목적어를 요구한다. 따라서 다른 맥락이 주어지지 않는다면 '*나는 풀었다.'라는 문장은 서술어가 요구하는 문장 성분이 온전히 갖추어지지 않아서 문법적으로 부적절한 문장이 된다.

서술어가 요구하는 문장 성분에 대한 정보는 국어사전에서 확인할 수 있다. 다음은 국어사전의 일부이다.

> 풀다 동
> ① 【…을】
> 「1」 묶이거나 감기거나 얽히거나 합쳐진 것 따위를 그렇지 아니한 상태로 되게 하다.
> ⋮
> 「5」 모르거나 복잡한 문제 따위를 알아내거나 해결하다.
> ② 【…에 …을】
> 「1」 액체에 다른 액체나 가루 따위를 섞다.

[A] '【 】' 기호 안에는 표제어 '풀다'가 서술어로 쓰일 때 요구하는 문장 성분에 대한 정보가 제시되어 있다. 이러한 정보를 '문형 정보'라고 한다. 원칙적으로 서술어는 주어를 항상 요구하므로 문형 정보에는 주어를 제외한 필수적 문장 성분에 대한 정보가 제시된다. 하나의 단어가 여러 의미를 가진 경우도 있다. 이러한 단어가 서술어로 쓰일 때 어떤 의미로 쓰이는지에 따라 서술어가 요구하는 문장 성분이 다를 수 있으며, 국어사전에서도 문형 정보가 다르게 제시된다.

필수적인 문장 성분이 갖추어져 있어도 문장 성분 간에 호응이 되지 않으면 문법적으로 부적절한 문장이 될 수 있다. 호응이란 어떤 말이 오면 거기에 응하는 말이 오는 것을 말한다.

> 길을 걷다가 흙탕물이 신발에 튀었다. 나는 신발에 얼룩을 남기고 싶지 않았다. *그래서 나는 물에 세제와 신발을 풀었다. 다행히 금세 자국이 없어졌다.

위 예에서 밑줄 친 문장이 문법적으로 부적절한 이유는 ⃞ ⃟ ⃞ 와 서술어가 호응하지 않기 때문이다. 여기에 쓰인 '풀다'의 ⃞ ⃟ ⃞ 로는 ⃞ ⃟ ⃞ 이 와야 호응이 이루어진다.

※ '*'는 문법적으로 부적절한 문장임을 나타냄.

11. [A]를 이해한 내용으로 적절하지 **않은** 것은? [3점]

① ②-「1」의 의미로 쓰이는 '풀다'는 부사어를 요구한다.
② 문형 정보에 주어가 표시되지 않았지만 '풀다'는 주어를 요구한다.
③ ①-「1」과 ②-「1」의 의미로 쓰이는 '풀다'는 모두 목적어를 요구한다.
④ '풀다'가 ①-「1」의 의미로 쓰일 때와 ①-「5」의 의미로 쓰일 때는 필수적 문장 성분의 개수가 같다.
⑤ '그는 십 분 만에 선물 상자의 매듭을 풀었다.'에 쓰인 '풀다'의 문형 정보는 사전에 '【…에 …을 】'로 표시된다.

12. ㉠, ㉡에 들어갈 말로 적절한 것은?

	㉠	㉡
①	목적어	액체나 가루 따위에 해당하는 말
②	목적어	복잡한 문제 따위에 해당하는 말
③	부사어	액체에 해당하는 말
④	주어	복잡한 문제 따위에 해당하는 말
⑤	주어	액체에 해당하는 말

13. <보기 1>의 '표준 발음법'에 따라 <보기 2>의 ㉠ ~ ㉣을 발음한다고 할 때, 적절하지 **않은** 것은?

──────── < 보기 1 > ────────

표준 발음법
제10항 겹받침 'ㄳ', 'ㄵ', 'ㄼ, ㄽ, ㄾ', 'ㅄ'은 어말 또는 자음 앞에서 각각 [ㄱ, ㄴ, ㄹ, ㅂ]으로 발음한다.
제11항 겹받침 'ㄺ, ㄻ, ㄿ'은 어말 또는 자음 앞에서 각각 [ㄱ, ㅁ, ㅂ]으로 발음한다. 다만, 용언의 어간 말음 'ㄺ'은 'ㄱ' 앞에서 [ㄹ]로 발음한다.
제14항 겹받침이 모음으로 시작된 조사나 어미, 접미사와 결합되는 경우에는, 뒤엣것만을 뒤 음절 첫소리로 옮겨 발음한다.
제23항 받침 'ㄱ(ㄲ, ㅋ, ㄳ, ㄺ), ㄷ(ㅅ, ㅆ, ㅈ, ㅊ, ㅌ), ㅂ(ㅍ, ㄼ, ㄿ, ㅄ)' 뒤에 연결되는 'ㄱ, ㄷ, ㅂ, ㅅ, ㅈ'은 된소리로 발음한다.

──────── < 보기 2 > ────────

책장에서 ㉠읽지 않은 시집을 발견했다. 차분히 ㉡앉아 마음에 드는 시를 예쁜 글씨로 공책에 ㉢옮겨 적었다. 소리 내어 시를 ㉣읊고, 시에 대한 감상을 적어 보기도 했다. 마음이 평온해지는 ㉤값진 경험이었다.

① ㉠은 제11항, 제23항 규정에 따라 [일찌]로 발음해야겠군.
② ㉡은 제14항 규정에 따라 [안자]로 발음해야겠군.
③ ㉢은 제11항 규정에 따라 [옴겨]로 발음해야겠군.
④ ㉣은 제11항, 제23항 규정에 따라 [읍꼬]로 발음해야겠군.
⑤ ㉤은 제10항, 제23항 규정에 따라 [갑찐]으로 발음해야겠군.

14. <보기 1>의 밑줄 친 부분에 해당하는 단어를 <보기 2>에서 있는 대로 모두 고른 것은?

──────── < 보기 1 > ────────

선생님 : 하나의 단어가 수사로 쓰이기도 하고 수 관형사로도 쓰이는 경우가 많습니다. 그런데 <u>수 관형사로만 쓰이는 단어</u>도 있습니다.

──────── < 보기 2 > ────────

○ 나는 필통에서 연필 <u>하나</u>를 꺼냈다.
○ 그 마트는 매월 <u>둘째</u> 주 화요일에 쉰다.
○ 이번 학기에 책 <u>세</u> 권을 읽는 게 내 목표야.
○ <u>여섯</u> 명이나 이 일에 자원해서 정말 기쁘다.

① 하나　　　　② 세　　　　③ 하나, 여섯
④ 둘째, 세　　⑤ 둘째, 여섯

15. ⊙ ~ ◎에 대한 설명으로 적절하지 <u>않은</u> 것은?

< 보 기 >

지현 : 저기 ⊙ <u>버스</u> 온다. 얼른 타자. 우리가 오늘 영화를 볼
장소로 가는 버스야.

경준 : ⓒ <u>차</u>에 사람이 많아 보여. 차라리 택시를 타자.

지현 : 좋아. 그런데 ⓒ <u>이곳</u>이 원래 사람이 이렇게 많았나?

경준 : ⓔ <u>여기</u>가 혼잡한 데는 아닌데 주말이라 그런 것 같아.
급하게 와서 그런지 목이 마르네. 물병 좀 꺼내 줄래?
배낭을 열면 물병이 두 개 있어.

지현 : 잠시만. ⓜ <u>이</u> 중에서 더 작은 ⓗ <u>것</u>을 주면 돼?

경준 : 응, 고마워. 그런데 ⓢ <u>우리</u>가 오늘 보기로 한 영화는
누가 추천한 거야?

지현 : ◎ <u>자기</u>가 봤는데 재미있더라면서 민재가 추천해 줬어.

① ⓒ은 '버스'의 상위어로서 ⊙을 가리킨다.
② ⓒ과 ⓔ은 다른 단어이지만, 같은 곳을 가리킨다.
③ ⓜ은 '배낭'을, ⓗ은 '물병'을 가리킨다.
④ ⓢ은 화자와 청자를 모두 포함한다.
⑤ ◎은 '민재'를 가리킨다.

[16 ~ 20] 다음 글을 읽고 물음에 답하시오.

⊙ <u>마르크스</u>는 사물의 경제적 가치를 사용가치와 교환가치로 구분하면서 자본주의 사회에서는 경제적 가치가 교환가치에 의해 결정된다고 보았다. 사용가치는 사물의 기능적 가치를, 교환가치는 시장 거래를 통해 부여된 가치를 의미하는데 사물 자체의 유용성은 고정적이므로 시장에서의 수요와 공급에 의해서만 경제적 가치가 결정된다고 보았기 때문이다. 또한 그는 사물의 거래 가격은 결국 사물의 생산 비용에 의해 결정된다는 점에서 소비를 생산에 종속된 현상으로 보고 소비의 자율성을 인정하지 않았다.

마르크스의 이러한 주장과 달리 ⓒ <u>보드리야르</u>는 교환가치가 아닌 사용가치가 경제적 가치를 결정하며, 자본주의 사회는 소비 우위의 사회라고 주장했다. 이때 보드리야르가 제시한 사용가치는 사물 자체의 유용성에 대한 가치가 아니라 욕망의 대상으로서 기호(sign)가 ⓐ <u>지니는</u> 기능적 가치, 즉 기호가치를 의미한다.

기호는 어떤 대상을 지시하는 상징으로서 문자나 음성같이 감각으로 지각되는 기표와 의미 내용인 기의로 구성되는데, 기표와 기의의 관계는 자의적이다. 가령 '남성'이란 문자는 필연적으로 어떤 대상을 지시하는 것이 아니며 '여성'이란 기호와의 관계 속에서 의미 내용이 결정된다. 다시 말해, 어떤 기호의 의미 내용을 결정하는 것은 기표와 기의의 관계가 아니라 기호들 간의 관계, 즉 기호 체계이다.

[A]
보드리야르는 자본주의 사회에서 대량 생산 기술이 급속하게 발전하면서 소비자가 기호가치 때문에 사물을 소비한다고 보았다. 대량 생산 기술의 발전으로 수요를 충족하고 남을 만큼의 공급이 이루어져 사물 자체의 유용성은 더 이상 소비를 결정하는 요인으로 작용할 수 없기 때문이다. 예를 들어 소비자는 특정 계층 또는 집단의 일원이라는 상징을 얻기 위해 명품 가방을 소비한다. 이때 사물은

소비자가 속하고 싶은 집단과 다른 집단 간의 차이를 부각하는 기호로서 기능한다. 따라서 보드리야르에 따르면 자본주의 사회에서 소비의 원인은 사물이 상징하는 특정 사회적 지위에 대한 욕구이다.

보드리야르는 현대인이 자연 발생적인 욕구에 따라 자유롭게 소비하는 것처럼 보이지만 사실은 강제된 욕구에 따르는 것에 불과하다고 보았다. 이는 기호가 다른 기호와의 관계 속에서 그 의미 내용이 결정되는 것과 관계된다. 특정 사물의 상징은 기호 체계, 즉 사회적 상징체계 속에서 유동적이며, 따라서 ⓒ <u>상징체계 변화에 따라 욕구도 유동적이다.</u> 이때 대중매체는 사물의 기의에 영향을 미침으로써 욕구를 강제할 수 있다. 현실이 대중매체를 통해 전달될 때 현실은 현실 그 자체가 아니라 다른 기호와 조합될 수 있는 기호로서 추상화되기 때문이다. 가령 텔레비전 속 유명 연예인이 소비하는 사물은 유명 연예인이라는 기호에 의해 새로운 의미 내용이 부여된다. 요컨대 특정 사물에 대한 현대인의 욕망은 대중매체를 매개로 하여 자기도 모르는 사이에 강제된다.

보드리야르는 기술 문명이 초래한 사물의 풍요 속에서 현대인의 일상생활이 사물의 기호가치와 이에 대한 소비에 의해 규정된다고 보고 자본주의 사회를 소비사회로 명명하였다. 그의 이론은 소비가 인간에 미치는 영향을 비판적으로 성찰해야 한다는 점을 시사한다.

16. '자본주의 사회'에 대한 ⊙, ⓒ의 주장을 이해한 내용으로 가장 적절한 것은?

① ⊙ : 소비가 생산에 종속되므로 사용가치와 교환가치는 결국 동일하다.
② ⊙ : 사물 자체의 유용성은 변하지 않으므로 소비자의 욕구를 중심으로 분석해야 한다.
③ ⓒ : 소비자에게 소비의 자율성이 존재하므로 교환가치가 사용가치를 결정한다.
④ ⓒ : 개인에게 욕구가 강제되므로 소비를 통해 집단 간의 사회적 차이가 소멸한다.
⑤ ⓒ : 경제적 가치는 사회적 상징체계에 따라 결정되므로 기호가치가 소비의 원인이다.

17. 기호 체계 를 바탕으로 [A]를 이해한 내용으로 적절하지 <u>않은</u> 것은?

① 사물은 기표로서의 추상성과 기의로서의 구체성을 갖는다.
② 사물과 그것이 상징하는 특정한 사회적 지위와의 관계는 자의적이다.
③ 사물은 사물 자체가 아닌 사물 간의 관계를 통해 의미 내용이 결정된다.
④ 소비는 사물이라는 기호를 통해 특정 계층 또는 집단의 일원이라는 상징을 얻는 행위이다.
⑤ 기호가치는 사물의 기의와 그에 대한 소비자의 욕구와 관련될 뿐 사물의 기표에 의해 결정되는 것은 아니다.

18. ㉢의 전제로 가장 적절한 것은?

① 상징체계 변화에 의해 사물 자체의 유용성이 변화한다.
② 사물에 대한 욕구는 사람마다 제각기 다른 양상을 보인다.
③ 사물의 기호가치가 변화하면 사물에 대한 욕구도 변화한다.
④ 사물을 소비하는 행위는 개인의 자연 발생적 욕구에 따른 것이다.
⑤ 사물이 지시하는 의미 내용과 사물에 대한 욕구는 서로 독립적이다.

19. 윗글의 '보드리야르'의 관점을 바탕으로 <보기>를 이해한 내용으로 적절하지 <u>않은</u> 것은? [3점]

─────── < 보 기 > ───────

　개성이란 타인과 구별되는 개인만의 고유한 특성으로, 현대 사회의 개인은 개성을 추구함으로써 자신의 고유함을 드러내려 한다. 이때 사물은 개성을 드러낼 수 있는 수단이다. 찢어진 청바지를 입는 것, 타투나 피어싱을 하는 것은 사물을 통한 개성 추구의 사례이다. 이런 점에서 '당신의 삶에 차이를 만듭니다'와 같은 광고 문구는 개성에 대한 현대인의 지향을 단적으로 드러낸 것이라 할 수 있다.

① 타인과 구별되는 개성이란 개인이 소속되길 바라는 집단의 차별화된 속성일 수 있겠군.
② 소비사회에서 사물을 통한 개성의 추구는 그 사물의 기호가치에 대한 욕구에서 비롯되겠군.
③ 찢어진 청바지는 개인만의 고유한 특성을 드러내는 수단이자 젊은 세대의 일원이라는 기호를 상징하는 것일 수 있겠군.
④ '당신의 삶에 차이를 만듭니다'라는 광고 문구는 그 광고의 상품을 소비함으로써 사회적 차이를 드러내고 싶다는 욕구를 강제하는 것일 수 있겠군.
⑤ 타투나 피어싱을 한 유명 연예인을 텔레비전에서 보고, 이를 따라하기 위해 돈을 지불하는 것은 대중매체를 매개로 하여 추상화된 기호를 소비하는 것일 수 있겠군.

20. 문맥상 의미가 ⓐ와 가장 가까운 것은?

① 그는 항상 지갑에 현금을 <u>지니고</u> 있었다.
② 그녀는 어릴 때의 모습을 그대로 <u>지니고</u> 있다.
③ 우리는 자기가 맡은 일에 책임을 <u>지녀야</u> 한다.
④ 사람은 누구나 고정 관념을 <u>지니고</u> 살기 마련이다.
⑤ 그는 어린 시절의 추억을 항상 마음속에 <u>지니고</u> 있다.

[21 ~ 25] 다음 글을 읽고 물음에 답하시오.

(가)

　플라톤은 초월 세계인 이데아계와 감각 세계인 현상계를 구분했다. 영원불변의 이데아계는 현상계에 나타난 모든 사물의 근본이 되는 보편자, 즉 형상(form)이 존재하는 곳으로 이성으로만 인식될 수 있는 관념의 세계이다. 반면 현상계는 이데아계의 형상을 바탕으로 만들어진 세계로 끊임없이 변화하는 사물이 감각에 의해 지각된다. 플라톤에 따르면 ㉠ <u>현상계의 모든 사물은 형상을 본뜬 그림자에 불과하다.</u>

　이러한 관점에서 플라톤은 예술을 감각 가능한 현상의 모방이라고 보았다. 예를 들어 목수는 이성을 통해 침대의 형상을 인식하고 그것을 모방하여 침대를 만든다. 그리고 화가는 감각을 통해 이 침대를 보고 그림을 그린다. 결국 침대 그림은 보편자에서 두 단계 떨어져 있는 열등한 것이며, 형상에 대한 참된 인식을 방해하는 허구의 허구에 불과하다. 이데아계의 형상을 모방하여 생겨난 것이 현상인데, 예술은 현상을 다시 모방한 것이기 때문이다.

　플라톤은 시가 회화와 다르다고 보았다. 고대 그리스에서 음유시인은 허구의 허구인 서사시나 비극을 창작하고, 이를 작품 속 등장인물의 성격에 어울리는 말투, 몸짓 같은 감각 가능한 현상으로 연기함으로써 다시 허구를 만들어 냈다. 이 과정에서 음유시인의 연기는 인물의 성격을 드러내는데, 이는 감각 가능한 외적 특성을 모방해 감각으로 파악될 수 없는 내적 특성을 드러내는 것이다.

　플라톤은 음유시인이 용기나 절제 같은 덕성을 갖춘 인간이 아닌 저급한 인간의 면모를 모방할 수밖에 없다고 주장했다. 가령 화를 잘 내는 인물은 목소리가 거칠어지고 안색이 붉어지는 등 다양한 감각 가능한 현상들을 모방함으로써 쉽게 표현할 수 있지만, 용기나 절제력이 있는 인물에 수반되는 감각 가능한 현상은 표현하기 어렵기 때문이다. 따라서 플라톤은 음유시인의 연기를 보는 관객들이 이성이 아닌 감정이나 욕구와 같은 비이성적인 것들에 지배되어 타락하게 된다고 보았다.

(나)

　아리스토텔레스는 이데아계가 존재한다고 보지 않았다. 예컨대 사람은 나이가 들며 늙는데, 만약 이데아계의 변하지 않는 어린아이의 형상과 성인의 형상을 바탕으로 각각 현상계의 어린아이와 성인이 생겨났다면, 현상계에서 어린아이가 성인으로 성장하는 것을 설명할 수 없기 때문이다.

　아리스토텔레스는 ⎡형상⎤이 항상 사물의 생성과 변화의 바탕이 되는 ⎡질료⎤에 내재한다고 보고, 이를 가능태와 현실태라는 개념을 통해 설명하였다. 가능태란 형상을 실현시킬 수 있는 가능적 힘이자 질료를 의미하며, 현실태란 가능태에 형상이 실현된 어떤 상태이다. 가령 도토리는 떡갈나무가 되기 위한 가능태라면, 도토리가 떡갈나무가 된 상태가 현실태이다. 이처럼 생성·변화하는 모든 것은 목적을 향해 움직이므로 가능태에 있는 것은 형상이 완전히 실현된 상태인 '완전 현실태'를 향해 나아가는데, 이 이행 과정이 운동이다. 즉 운동의 원인은 외부가 아닌 가능태 자체에 내재한다.

　아리스토텔레스에게 있어 예술의 목적은 개개의 사물에 내재하고 있는 보편자, 즉 형상을 표현해 내는 것이다. 이런 점에서 그는 시가 역사보다 우월하다고 주장했다. 역사는 개별적 사건들의 기록일 뿐이지만 시는 개별적 사건에 깃들어 있는 보편자를 표현한 것이기 때문이다.

아리스토텔레스는 인간이 예술을 통해 쾌감을 느낄 수 있다고 보았다. 특히 비극시는 파멸하는 주인공을 통해 인간의 근본적 한계를 다루기 때문에, 시를 창작하면 인간 존재의 본질을 인식하는 앎의 쾌감을 느낄 수 있다고 하였다. 비극시 속 이야기는 음유시인이 경험 세계의 개별자들 속에서 보편자를 인식해 내어, 그것을 다시 허구의 개별자로 표현한 결과물인 것이다. 또한 관객은 음유시인의 연기를 통해 앎의 쾌감을 느낄 수 있을 뿐 아니라 그와 다른 종류의 쾌감도 경험할 수 있다. 관객은 고통을 받는 인물의 이야기를 통해 그에 대한 연민과 함께, 자신도 유사한 고통을 겪을 수 있다는 공포를 느낀다. 이러한 과정에서 감정이 고조됐다가 해소되면서 얻게 되는 쾌감, 즉 카타르시스를 경험한다.

21. (가)와 (나)에 대한 설명으로 가장 적절한 것은?

① (가)와 (나)는 모두 특정 사상가의 예술을 바라보는 관점이 변화하게 된 이유를 설명하고 있다.
② (가)와 (나)는 모두 특정 사상가가 예술을 평가하는 데 바탕이 된 철학적 관점을 설명하고 있다.
③ (가)와 달리 (나)는 특정 사상가가 생각하는 예술의 불완전성을 설명하고 있다.
④ (나)와 달리 (가)는 특정 사상가의 예술관에 내재한 장점과 단점을 제시하고 있다.
⑤ (가)는 특정 사상가의 예술관이 보이는 한계를, (나)는 특정 사상가의 예술관이 주는 의의를 제시하고 있다.

22. (가)의 '플라톤'의 사상을 이해한 내용으로 적절하지 <u>않은</u> 것은?

① 예술은 형상에 대한 참된 인식을 방해한다.
② 형상은 감각이 아닌 이성을 통해서만 인식할 수 있다.
③ 현상계의 사물을 모방한 예술은 형상보다 열등한 것이다.
④ 예술의 표현 대상은 사물이 아니라 사물 안에 존재하는 형상이다.
⑤ 이데아계는 현상계에 나타난 모든 사물의 형상이 존재하는 곳이다.

23. (나)의 '아리스토텔레스'의 관점에서 [형상]과 [질료]에 대해 이해한 내용으로 적절하지 <u>않은</u> 것은?

① 형상은 질료와 분리되어 존재할 수 없다.
② 질료는 형상을 실현시킬 수 있는 가능적 힘이다.
③ 형상이 질료에 실현되는 원인은 가능태 자체에 내재한다.
④ 형상과 질료 사이의 관계는 현실태와 가능태 사이의 관계와 같다.
⑤ 생성·변화하는 것은 형상이 질료에 완전히 실현된 상태인 완전 현실태를 향한다.

24. (가)와 (나)를 참고할 때, '아리스토텔레스'의 입장에서 ㉠을 비판한 것으로 가장 적절한 것은?

① 현상계의 사물이 형상을 본뜬 것이라면 현상계의 사물이 생성·변화하는 이유를 설명할 수 없다.
② 형상이 변하지 않는 것이라면 현상계에 존재하는 사물들이 모두 제각기 다른 이유를 설명할 수 없다.
③ 형상과 현상계의 사물이 서로 독립적이라면 현상계에서 사물이 시시각각 변화하는 현상을 설명할 수 없다.
④ 형상이 현상계를 초월하여 존재하는 것이라면 형상을 포함하지 않는 사물을 감각으로 느끼는 것은 불가능하다.
⑤ 현상계의 모든 사물이 형상의 그림자에 불과하다면 그림자만 볼 수 있는 인간이 형상을 인식하는 것은 불가능하다.

25. (가)의 '플라톤'과 (나)의 '아리스토텔레스'가 <보기>에 대해 보일 반응으로 적절하지 <u>않은</u> 것은? [3점]

───── < 보 기 > ─────
고대 그리스의 비극시 『오이디푸스 왕』의 주인공 오이디푸스는 자신에게 주어진 숙명에 의해 파멸당하는 인물이다. 비극시를 공연하는 음유시인은 목소리, 몸짓으로 작품 속 오이디푸스를 관객 앞에서 연기한다. 음유시인의 연기에 몰입한 관객은 덕성을 갖춘 주인공이 특별한 잘못이 없는데도 불행해지는 모습을 보고 연민과 공포를 느낀다.

① 플라톤 : 오이디푸스는 덕성을 갖춘 현상 속 인물을 본떠 만든 허구의 허구이며, 그에 대한 음유시인의 연기는 이를 다시 본뜬 허구이다.
② 플라톤 : 음유시인은 오이디푸스의 덕성을 연기하는 데 주력하겠지만, 관객은 이를 감각으로 파악할 수 없기 때문에 감정과 욕구에 지배되어 타락하게 된다.
③ 플라톤 : 음유시인의 목소리와 몸짓을 통해 오이디푸스의 성격이 드러난다면, 감각 가능한 외적 특성을 모방하는 과정에서 감각되지 않는 내적 특성이 표현된 것이다.
④ 아리스토텔레스 : 음유시인이 현상 속 인간의 개별적 모습들에서 보편자를 인식해 내어, 이를 다시 오이디푸스라는 허구의 개별자로 표현한 것이다.
⑤ 아리스토텔레스 : 오이디푸스가 숙명에 의해 파멸당하는 것을 본 관객들은 인간 존재의 본질을 이해하는 쾌감을 느낄 뿐 아니라 카타르시스를 경험할 수 있다.

[26~30] 다음 글을 읽고 물음에 답하시오.

컴퓨터 네트워크에서 데이터가 전송될 때 수신된 데이터에 오류가 있는 경우가 있다. 오류를 검출하기 위해 송신기는 오류 검출 부호를 포함한 데이터를 전송하고 수신기는 수신한 데이터를 검사하여 오류가 있으면 재전송을 요청한다.

수신한 데이터에 오류가 있는지 검출하는 가장 간단한 방식은 ㉠ 패리티 검사이다. 이 방식은 전송할 데이터에 패리티 비트라는 오류 검출 부호를 추가하는 방법으로, 패리티 비트를 추가하여 데이터의 1의 개수를 짝수나 홀수로 만든다. 1의 개수를 짝수로 만드는 방식을 짝수 패리티, 홀수로 만드는 방식을 홀수 패리티라고 하고 송·수신기는 모두 같은 방식을 사용해야 한다. 예를 들어 짝수 패리티를 사용한다면 송신기는 항상 데이터의 1의 개수를 짝수로 만들어서 전송하지만 만일 수신한 데이터의 1의 개수가 홀수가 되면 수신기는 오류가 발생했다고 판단하는 것이다. 하지만 패리티 검사는 ㉮ 수신한 데이터에서 짝수 개의 비트에 오류가 동시에 있으면 이를 검출하기 어렵다. 또한 오류의 발생 여부를 검출할 수 있을 뿐 데이터 내 오류의 위치는 알아낼 수 없다.

전송할 데이터를 2차원 배열로 구성해서 패리티 비트를 생성하면 오류의 발생 여부뿐만 아니라 오류의 위치도 알아낼 수 있다. 예를 들어 송신기가 1100011 1111111을 전송한다고 하자. 송신기는 이를 $\begin{matrix} 1100011 \\ 1111111 \end{matrix}$과 같이 2차원 배열로 구성하고 가로 방향인 모든 행과 세로 방향인 모든 열에 패리티 비트를 생성한 후 이를 포함한 데이터를 전송한다. 수신기는 수신한 데이터의 각각의 행과 열의 1의 개수를 세어 오류를 검사한다. 만약 어떤 비트에 오류가 발생하면 그 비트가 포함된 행과 열에서 모두 오류가 검출된다. 따라서 오류가 발생한 위치를 알 수 있다. 다만 동일한 행 또는 열에서 짝수 개의 오류가 발생하면 오류가 발생한 정확한 위치를 알 수 없다.

㉡ CRC 방식은 미리 선택된 생성 부호를 사용해서 오류 검출 부호를 생성하는 방식이다. 전송할 데이터를 생성 부호로 나누어서 오류 검출 부호를 생성하는 데 모듈로-2 연산을 활용한다. 모듈로-2 연산은 자릿수가 제한된 상태에서 나머지를 구하는 연산으로 해당 자릿수의 비트 값이 같으면 0, 다르면 1이 된다.

```
                 111101
          1011)110101000
 생성 부호 ──     1011      ── 전송할 데이터
                 1100
                 1011
                 1111
                 1011
                 1000
                 1011
                 0110
                 0000
                 1100
                 1011
                  111   ── 오류 검출 부호
```

<그림>

<그림>과 같이 생성 부호가 1011이고 전송할 데이터가 110101인 경우를 보자. 전송할 데이터는 오류 검출 부호를 추가해야 하기 때문에 그만큼의 비트가 더 필요하다. 송신기는 전송할 데이터의 오른쪽 끝에 생성 부호의 비트 수보다 하나 작은 비트 수만큼 0을 추가한 후 이를 생성 부호로 나누고 그

나머지가 오류 검출 부호가 된다. 송신기는 오류 검출 부호를 포함한 데이터 ㉢ 110101111만을 전송하고 수신기는 수신한 데이터를 송신기와 동일한 생성 부호로 나눈다. 수신한 데이터는 전송할 데이터에 나머지를 추가했으므로 오류가 없다면 생성 부호로 나누었을 때 나머지가 0이 된다. 이때 나머지가 0이 아니면 수신한 데이터에 오류가 있다고 판단한다. CRC 방식은 복잡하지만 여러 개의 오류가 동시에 생겨도 이를 검출할 수 있어서 오류 검출 확률이 높다.

26. 윗글에서 알 수 있는 내용으로 적절하지 <u>않은</u> 것은?

① CRC 방식은 모듈로-2 연산을 사용해서 생성 부호를 만들어 낸다.

② 패리티 검사에서 송신기와 수신기는 동일한 패리티 방식을 사용해야 한다.

③ CRC 방식에서 생성 부호의 비트 수는 오류 검출 부호의 비트 수보다 하나가 더 많다.

④ 짝수 패리티는 패리티 비트를 포함한 데이터의 1의 개수가 짝수인지 여부를 검사한다.

⑤ CRC 방식은 여러 개의 오류가 동시에 생겨도 검출할 수 있어서 오류 검출 확률이 높다.

27. ㉠과 ㉡에 대해 이해한 내용으로 적절하지 <u>않은</u> 것은?

① ㉠은 ㉡과 달리 데이터에 포함된 1의 개수가 짝수나 홀수가 되도록 오류 검출 부호를 생성한다.

② ㉡은 ㉠과 달리 데이터의 오류를 검출하기 위해 송신기와 수신기 모두에서 오류 검사를 해야 한다.

③ ㉠과 ㉡은 모두, 수신한 데이터의 오류 발생 여부를 수신기가 판단한다.

④ ㉠과 ㉡은 모두, 데이터를 전송하기 전에 오류 검출 부호를 생성해야 한다.

⑤ ㉠과 ㉡은 모두, 전송할 데이터가 같더라도 오류 검출 부호는 다를 수 있다.

28. ㉮의 이유로 가장 적절한 것은?

① 송신기가 패리티 비트를 생성하는 것이 불가능하기 때문에

② 전송되는 데이터에 포함된 1의 개수가 항상 홀수로 나타나기 때문에

③ 전송되는 데이터에 포함된 1의 개수가 항상 짝수로 나타나기 때문에

④ 오류가 발생했을 때 전송되는 패리티 비트의 크기가 늘어나기 때문에

⑤ 수신한 데이터가 정상일 때와 수신한 데이터에 오류가 있을 때의 패리티 비트가 동일하기 때문에

29. 윗글을 바탕으로 <보기>를 설명한 내용으로 적절하지 <u>않은</u> 것은? [3점]

─────── < 보 기 > ───────

송신기는 오류 검출 방식으로 홀수 패리티를 활용하기로 하였다. 수신기는 수신한 데이터에 오류가 있다고 다음과 같이 판단하였다.

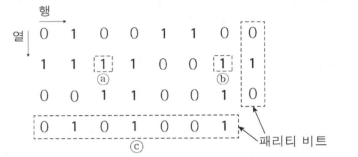

(단, 패리티 비트의 오류는 없다고 가정한다.)

① 첫 번째 행은 패리티 비트를 포함한 데이터의 1의 개수가 홀수이므로 오류가 없다고 판단했을 것이다.

② 여섯 번째 열은 패리티 비트를 포함한 데이터의 1의 개수가 홀수이므로 오류가 없다고 판단했을 것이다.

③ ⓐ가 포함된 행과 열의 패리티 비트를 포함한 데이터의 1의 개수가 각각 짝수이므로 수신기는 ⓐ를 오류라고 판단했을 것이다.

④ 수신한 데이터에서 ⓑ도 0으로 바뀌어서 수신되었다면 데이터의 오류 발생 여부를 검출할 수 없었을 것이다.

⑤ 짝수 패리티를 활용했다면 송신기는 ⓒ를 1010110으로 생성했을 것이다.

30. <보기>는 수신기가 ⓒ의 오류를 검사한 연산이다. 윗글을 바탕으로 <보기>를 이해한 내용으로 적절하지 <u>않은</u> 것은?

─────── < 보 기 > ───────

```
                   111101
          1011)110101111
                 1011
                 1100
                 1011
                 1111
                 1011
                 1001
                 1011
                 0101
                 0000
                 1011
                 1011
                    0
```

① 수신기는 송신기와 동일한 생성 부호인 '1011'을 사용하여 모듈로-2 연산을 하였군.

② 수신기가 수신한 데이터의 오른쪽 끝에 있는 '111'은 송신기에서 생성한 오류 검출 부호이군.

③ 수신기가 모듈로-2 연산을 할 때는 수신한 데이터에 생성 부호보다 하나 작은 비트 수만큼의 0을 추가하지 않았군.

④ 수신기가 연산한 몫인 '111101'이 송신기가 전송한 데이터와 동일하기 때문에 수신기는 오류가 없다고 판단했겠군.

⑤ 수신기가 연산한 결과의 나머지가 0이 아니었다면 수신기는 송신기에 재전송을 요청했겠군.

[31~33] 다음 글을 읽고 물음에 답하시오.

(가)

사개 틀린* 고풍(古風)의 ㉠ <u>툇마루</u>에 없는 듯이 앉아
아직 **떠오를 기척도 없는** 달을 기다린다
아무런 생각 없이
아무런 **뜻 없이**

이제 저 감나무 그림자가
사뿐 한 치씩 옮아오고
이 마루 위에 빛깔의 방석이
보시시 깔리우면

나는 내 하나인 외론 **벗**
가냘픈 **내 그림자**와
말없이 몸짓 없이 **서로 맞대고 있으려니**
이 밤 옮기는 발짓이나 들려오리라

　　　　─ 김영랑, 「사개 틀린 고풍의 툇마루에」 ─

* 사개 틀린 : 사개가 틀어진. 한옥에서 못을 사용하지 않고 목재의 모서리를 깎아 요철을 끼워 맞추는 부분을 '사개'라고 한다.

(나)

우수* 날 저녁
그 전날 저녁부터
오늘까지 연 닷새 간을
고향, 내 새벽 ㉡ <u>산 여울</u>을
찰박대며 뛰어 건너는
이쁜 발자욱 소리 하날
듣고 지내었더니
그 **새끼발가락** 하날
가만가만 만지작일 수도 있었더니
나 실로 정결한 말씀만 고를 수 있었더니
그가 왔다.
진솔* 속곳을 갈아입고
그가 왔다.
이른 아침,
난 그를 위해 닭장으로 내려가고
따뜻한 달걀
두 알을 집어내었다.
경칩*이 멀지 않다 하였다.

　　　　─ 정진규, 「따뜻한 달걀」 ─

* 우수(雨水), 경칩(驚蟄) : 입춘(立春)과 춘분(春分) 사이에 드는 절기. 우수는 눈이 그치고 봄비가 오기 시작하는 시기, 경칩은 벌레가 깨어나고 겨울잠을 자던 개구리가 땅 밖으로 나오는 시기이다.
* 진솔: 옷이나 버선 따위가 한 번도 빨지 않은 새것 그대로인 것.

31. (가)와 (나)의 공통점으로 가장 적절한 것은?

① 음성 상징어를 활용하여 움직임의 정도를 드러내고 있다.
② 원경과 근경을 대비하여 심리적 거리감을 표현하고 있다.
③ 청자를 명시적으로 드러내어 화자의 바람을 표출하고 있다.
④ 가정의 진술을 활용하여 현실 극복의 의지를 드러내고 있다.
⑤ 추측을 나타내는 표현으로 시상을 종결하여 시적 여운을 자아내고 있다.

32. ㉠과 ㉡에 대한 설명으로 가장 적절한 것은?

① ㉠과 ㉡은 모두 오랜 세월의 흔적을 간직한 일상적 삶의 공간이다.
② ㉠과 ㉡은 모두 화자가 현실을 관조하며 스스로를 성찰하는 공간이다.
③ ㉠은 상승하는 대상과 친밀감을, ㉡은 하강하는 대상과 일체감을 느끼는 공간이다.
④ ㉠은 고독하고 적막한 상황이, ㉡은 생동하는 청량한 기운이 형상화되는 공간이다.
⑤ ㉠은 지나온 삶에 대한 그리움이, ㉡은 현재의 삶에 대한 만족감이 드러나는 공간이다.

33. <보기>를 참고하여 (가)와 (나)를 감상한 내용으로 적절하지 <u>않은</u> 것은? [3점]

— < 보 기 > —

  (가)와 (나)는 자연의 순환적 질서에 감응하는 화자의 모습을 보여준다. (가)의 화자는 밤이 깊어지면서 달이 떠오르기를 기다리고 있고, (나)의 화자는 절기가 바뀌면서 봄빛이 점점 뚜렷해지고 있음을 느끼고 있다. 시간의 흐름에 따른 자연의 점진적 변화를 감지하기 위해 화자는 온몸의 감각을 집중하면서, 자연을 자신과 교감을 이루는 주체로 인식한다.

① (가)의 화자가 '아무런 생각'이나 '뜻 없이' 달이 떠오르기를 기다리는 것은, 자연의 변화를 감지하기 위해 온몸의 감각을 집중하는 것으로 볼 수 있군.
② (나)에서 소리로 인식되던 대상의 '새끼발가락'을 만질 수 있게 되었다는 것은, 시간의 흐름에 따라 자연이 변화하는 양상을 표현한 것으로 볼 수 있군.
③ (가)의 '떠오를 기척도 없는 달'과 (나)의 '이쁜 발자욱 소리' 하나는 자연의 순환적 질서가 지연되는 것에 대한 화자의 조바심을 유발하는 것으로 볼 수 있군.
④ (가)에서는 달이 뜨는 것을 '이 밤 옮기는 발짓'을 한다고 표현하고, (나)에서는 뚜렷해진 봄빛을 '진술 속곳을 갈아입'은 것으로 표현하여 자연을 행위의 주체로 인식하고 있군.
⑤ (가)에서는 달이 만든 '내 그림자'를 '벗' 삼아 '서로 맞대고 있으려'는 데서, (나)에서는 '경칩'을 예감하며 '달걀'의 온기를 느끼는 데서 화자와 자연이 교감하는 모습이 나타나는군.

[34~37] 다음 글을 읽고 물음에 답하시오.

(가)

가마를 급히 타고 **솔 아래 굽은 길로** 오며 가며 하는 때
녹양에 우는 **꾀꼬리 교태 겨워하는**구나
나무 풀 우거지어 녹음이 짙어진 때
기다란 난간에서 긴 졸음을 내어 펴니
물 위의 서늘한 바람은 그칠 줄을 모르도다
된서리 걷힌 후에 산빛이 금수(錦繡)로다
누렇게 익은 벼는 또 어찌 넓은 들에 펼쳐졌는가
㉠ 어부 피리도 흥에 겨워 달을 따라 부는구나
초목이 다 진 후에 강산이 묻혔거늘
조물주 야단스러워 빙설로 꾸며 내니
경궁요대*와 옥해은산*이 눈 아래 벌였구나
천지가 풍성하여 **간 데마다 승경(勝景)**이로다
인간 세상 떠나와도 내 몸이 쉴 틈 없다
이것도 보려 하고 저것도 들으려 하고
바람도 쐬려 하고 달도 맞으려 하고
밤일랑 언제 줍고 고기는 언제 낚고
사립문 뉘 닫으며 진 꽃일랑 뉘 쓸려뇨
㉡ 아침 시간 모자라니 저녁이라 싫을쏘냐
오늘이 부족하니 내일이라 넉넉하랴
이 산에 앉아보고 저 산에 걸어 보니
번거로운 마음에도 버릴 일이 전혀 없다
쉴 사이 없는데 오는 길을 알리랴
다만 지팡이가 다 무디어 가는구나
ⓐ 술이 익었으니 벗이야 없을쏘냐
노래 부르게 하고 악기를 타고 또 켜게 하고 방울 흔들며
온갖 소리로 취흥을 재촉하니
근심이라 있으며 시름이라 붙었으랴
누웠다가 앉았다가 굽혔다가 젖혔다가
읊다가 휘파람 불다가 마음 놓고 노니
천지도 넓디넓고 세월도 한가하다
태평성대 몰랐는데 이때가 그때로다
신선이 어떠한가 이 몸이 그로구나
㉢ 강산풍월 거느리고 내 백 년을 다 누리면
악양루* 위의 이백이 살아온들
호탕한 회포는 이보다 더할쏘냐

– 송순, 「면앙정가」 –

* 경궁요대(瓊宮瑤臺) : 아름다운 구슬로 장식한 집과 누각.
* 옥해은산(玉海銀山) : 옥같이 맑은 바다와 은빛의 산.
* 악양루 : 당나라 시인 이백이 시를 지으면서 풍류를 즐긴 곳.

(나)

동해 가까운 거리로 와서 나는 **가재미와 가장 친하다.** 광어, 문어, 고등어, 평메, 횟대…… 생선이 많지만 모두 한두 끼에 나를 물리게 하고 만다. 그저 **한없이 착하고 정다운** 가재미만 이 흰밥과 빨간 고추장과 함께 **가난하고 쓸쓸한** 내 상에 한끼도 빠지지 않고 오른다. 나는 이 가재미를 처음 십 전 하나에 뼘 가웃*씩 되는 것 여섯 마리를 받아 들고 왔다. 다음부터는 할머니가 두 두름 마흔 개에 이십오 전씩 사오시는데 큰 가재미보다도 잔 것을 내가 좋아해서 모두 손길만큼 한 것들이다. 그동안 나는 한 달포 이 고을을 떠났다 와서 오랜만에 내 가재미를 찾아 생선장으로 갔더니 섭섭하게도 이 물선*은 보이지

않았다. 음력 팔월 초상이 되어서야 이내 친한 것이 온다고 한다. ㉣나는 어서 그때가 와서 우리들 흰밥과 고추장과 다 만나서 아침저녁 기쁘게 되기만 기다린다. 그때엔 또 이 십오 전에 두어 두름씩 해서 나와 같이 ⓑ이 물선을 좋아하는 H한테도 보내어야겠다.

묘지와 뇌옥과 교회당과의 사이에서 생명과 죄와 신을 생각하기 좋은 운흥리를 떠나서 오백 년 오래된 이 고을에서도 다 못한 곳 옛날이 헐리지 않은 **중리**로 왔다. 예서는 물보다 구름이 더 많이 흐르는 성천강이 가까웁고 또 백모관봉*의 시허연 눈도 바라보인다. 이곳의 좌우로 긴 회담*들이 맞물고 늘어선 좁은 골목이 나는 좋다. 이 골목의 공기는 하이야니 밤꽃의 내음새가 난다. 이 골목을 나는 나귀를 타고 **일없이 왔다갔다 하고 싶다.** 또 예서 한 오 리 되는 학교까지 나귀를 타고 다니고 싶다. 나귀를 한 마리 사기로 했다. ㉤그래 소장 마장을 가보나 나귀는 나지 않는다. 촌에서 다니는 아이들이 있어서 수소문해도 나귀를 팔겠다는 데는 없다. 얼마 전엔 어느 아이가 **재래종의 조선 말** 한 필을 사면 어떠냐고 한다. 값을 물었더니 한 오 원 주면 된다고 한다. 이 좀말*로 할까고 머리를 기울여도 보았으나 그래도 나는 그 **처량한 당나귀**가 좋아서 좀더 이놈을 구해보고 있다.

　　　　　　　　　　　　　－ 백석, 「가재미·나귀」 －

* 뼘가웃: 한 뼘의 반 정도 되는 길이.
* 물선: 음식을 만드는 재료.
* 백모관봉: 흰 관모 모양의 봉우리. 정상에 흰 눈이 덮인 산의 모습을 가리키는 말로, 여기서는 백운산을 말함.
* 회담: 석회를 바른 담.
* 좀말: 아주 작은 말.

34. (가)와 (나)의 공통점으로 가장 적절한 것은?

① 색채어를 활용하여 사물의 역동성을 표현하고 있다.
② 말을 건네는 방식을 통해 독자의 주의를 환기하고 있다.
③ 영탄적 표현을 활용하여 대상에 대한 경외감을 드러내고 있다.
④ 연쇄적 표현을 통해 주변 사물을 사실감 있게 제시하고 있다.
⑤ 계절감을 환기하는 사물을 통해 자연의 모습을 드러내고 있다.

35. ㉠ ~ ㉤에 대해 이해한 내용으로 적절하지 <u>않은</u> 것은?

① ㉠: 감각적 경험을 통해 환기된 장면을 묘사하여 인간이 자연물과 어우러지는 상황을 제시하고 있다.
② ㉡: 시간을 표현하는 시어를 대응시켜 현재와 같은 상황이 이후에도 이어질 것임을 드러내고 있다.
③ ㉢: 역사적 인물과 견주며 삶에 대한 만족감을 드러내고 있다.
④ ㉣: 기대하는 일이 실현되었을 때 느낄 심정을 직접적으로 표출하고 있다.
⑤ ㉤: 원하는 것을 구하기 위해 시도한 방법이 실패하는 과정에서 느낀 체념을 드러내고 있다.

36. <보기>를 바탕으로 (가), (나)를 이해한 내용으로 적절하지 <u>않은</u> 것은? [3점]

　　　　　　　　　< 보 기 >

　문학 작품에서 공간을 체험하는 주체는 공간 및 주변 경물에 대한 인식을 드러내며, 이 인식은 주체의 지향이나 삶에서 중시하는 가치를 암시한다. (가)의 화자는 '면앙정' 주변의 자연에 대한 인식과 함께 풍류 지향적인 태도를 드러내고 있고, (나)의 글쓴이는 공간의 변화와 대상에 대한 인식을 관련지으며 자신이 소중하게 생각하는 삶의 가치를 암시하고 있다.

① (가): '솔 아래 굽은 길'을 오가는 화자는 '꾀꼬리'의 '교태 겨워하는' 모습에 주목하면서 자연을 즐기는 자신의 태도와의 동일성을 발견하고 있다.
② (가): '간 데마다 승경'이라는 화자의 인식은 '내 몸이 쉴 틈 없'는 다양한 일들을 통해 자연의 다채로운 풍광을 즐길 수 있으리라는 기대로 이어지고 있다.
③ (가): '이 산'과 '저 산'에서 '번거로운 마음'과 '버릴 일이 전혀 없'음을 동시에 느끼는 화자의 모습에는 '인간 세상'의 번잡한 일상을 여전히 의식하고 있음이 드러나 있다.
④ (나): '동해 가까운 거리로 와서' 주목하게 된 '가재미'에 대한 글쓴이의 인식은 '가난하고 쓸쓸한' 삶 속에서 '한없이 착하고 정다운' 것을 소중히 여기는 태도를 드러내고 있다.
⑤ (나): '중리'로 와서 '재래종의 조선 말'보다 '처량한 당나귀'와 '일없이 왔다갔다 하고 싶다'는 글쓴이의 바람은 일상의 작은 존재에 대해 느끼는 우호적 인식을 드러내고 있다.

37. ⓐ와 ⓑ에 대한 이해로 가장 적절한 것은?

① ⓐ는 화자에게 심리적 위안을 주는, ⓑ는 글쓴이에게 고독감을 느끼게 하는 매개체이다.
② ⓐ는 화자가 느끼는 흥을 심화하는, ⓑ는 글쓴이가 느끼는 기쁨을 확장하는 매개체이다.
③ ⓐ는 화자가 내면의 만족감을 드러내는, ⓑ는 글쓴이가 현실에 대한 불만을 표출하는 매개체이다.
④ ⓐ는 화자에게 삶의 목표를 일깨워 주는, ⓑ는 글쓴이에게 심경 변화의 계기를 제공하는 매개체이다.
⑤ ⓐ는 화자에게 이상적 세계의 모습을, ⓑ는 글쓴이에게 윤리적 삶의 태도를 떠올리게 하는 매개체이다.

[38 ~ 41] 다음 글을 읽고 물음에 답하시오.

권중만이는 벌써 오륙 년째나 동네를 드나드는 밭떼기 전문의 채소 장수였다. 동네에서 **채소를 돈거리로 갈기 시작한 것도** 권을 보고 한 일이었다. 권의 발걸음이 그치지 않는 한 안팎 삼동네의 채소는 사철 시장이 보장된 것이나 다름이 없었으니까. 동네에서는 권이 얼굴만 비쳐도 반드시 손님으로 대접하였다. 사람이 눅어서 흥정을 하는 데도 그만하면 무던하였지 만 그 보다는 그동안 동네에 베푼 바가 그러고도 남음이 있는 덕분 이었다.

권은 알 만한 사람은 다들 일러 오던 채소 정보통이었다. 권은 대개 어느 고장에서 무엇을 얼마나 하고 있으며 또한 근간의 작황이 어떠하므로 장차 회계가 어떻게 되리라는 것까지도 미리 사심 없이 귀띔하기를 일삼곤 하였다. 영두는 그의 남다른 정확 성에 혀를 둘렀고, 한 번은 그 비결이 무엇인가를 물어본 적도 있었다. 권은 장삿속에 부러 비쌔면서 유세를 부려봄직도 하건만, 천성이 능준하여 그러는지 그저 고지식하게 말하는 데에만 서 슴이 없을 따름이었다.

"그건 어려울 거 하나 없시다. 큰 종묘상 몇 군데에서 씨앗이 나간 양만 알아도 얼거리가 대충 드러나니까……."

"몇 년 동안의 씨앗 수급 상황만 알면 사오 년 앞까지도 내 다볼 수가 있다는 얘기네요."

"그건 아마 어려울 거요. 왜냐하면 빵이랑 라면이랑 고기 먹고 크는 핵가족 아이들은 김치를 거의 안 먹고, 좀 배운 척 하는 젊은 주부들 역시 김장엔 전혀 신경을 안 쓰고…… 그러니 애들이 김치맛을 알 겨를도 없거니와, 공장 김치나 시장 김 치는 그만큼 맛도 우습고 비싸서 먹는댔자 양념으로나 먹으니 어떻게 대중을 하겠수."

"그럼 무 배추 농사는 머지않아 거덜이 나고 만다는 얘기요?"

"그럴 리야 있겠수. 왜냐하면 일본에서는 요즘 우리나라 김치 붐이 일어서 갈수록 인기가 높다거든."

"**국내 수요가** 주는 대신에 **대일 수출이** 느니 그게 그거란 얘기군요."

"그게 아니라 일본에서 유행하면 여기서도 유행하니깐 김치도 자연히 그렇게 되지 않겠느냐 이거지."

(중략)

이론이 갖추어진 사람들은 불로소득을 노리는 밭떼기 장수 들로 하여 농산물이 제값을 받지 못하고 유통 구조가 어지러 워진다고 몰아세우기에 항상 자신만만한 것 같았다. 물론 옳은 말이었다. 그렇지만 영두가 보기에는 **밭떼기 장수들이야말로** 가장 **미더운 물주요 필요악 이상의 불가결한 존재**였다. 그들이 아니면 누가 미리 목돈을 쥐여줄 것이며, 다음의 뒷그루 재배 에는 또 무엇으로 때맞추어 투자를 할 수 있을 것인가. 출하와 수송에 따른 군일과 부대 비용을 줄여 주는 것도 오로지 그들이 아니었던가.

그러기에 지난번의 그 일은 더욱 권중만이답지 않은 처사였다. 권은 텃밭에 간 알타리무를 가져가면서 뜻밖에도 만 원만 접어 달라고 않던 짓을 하였다. 영두는 내키지 않았다. 돈 만 원이 커서가 아니었다. 만 원이면 자기 내외의 하루 품인데, 그 금 쪽같은 시간을 명색 없이 차압당하는 꼴이나 다름이 없기 때 문이었다. 권은 정색을 하고 말했다.

"요새는 아파트 사람들도 약아져서 밑동에 붙은 흙을 보고 사가기 땜에 이렇게 숙전*에서 자란 건 인기가 없어요. 왜냐하면 흙 색깔이 서울 근처의 하천부지 흙

하고 비슷해서 납이 들었느니 수은이 들었느니…… 중금 속 채소라고 만져도 안 본다구."

"그럼 일일이 흙을 털어서 내놓는 거요?"

"턴다고 되나. 반대로 벌겋게 묻혀야지."

"그렇게 **놀랜흙***을 묻혀 놓으면 새로 야산 개간을 해서 심은 무공해 채소로 알고 사간다…… 이제 보니 채소도 위조품이 있구먼."

[A]

"있지. 황토를 파다 놓고 한 차에 만 원씩 그 짓만 해 주는 이도 있고…… 어디, 이 씨가 직접 해 주고 [만 원] 더 벌어 볼려우?"

논흙에서 희읍스름한 매흙 빛깔이 나듯이 집터서리의 텃밭도 찰흙색을 띠는 것이 당연한데, 그 위에 벌건 황토를 뒤발하여 개간지의 산물로 조작하되 그것도 갈고 가꾼 사람이 직접 해 줬으면 하고 유혹을 하니 듣던 중에 그처럼 욕된 말이 없었다.

영두는 성질이 나서 견딜 수가 없었으나 한두 번 신세진 사 람도 아니고 하여 대거리를 하자고 나댈 수도 없었다. **자칫 못 먹을 것을 만들어서 파는 사람으로 취급받지 않**으려면 속절없이 농담으로 들어넘기는 것이 상수란 생각도 들었다.

그래서 조용히 말했다.

"권씨 말대로 하면 농사짓는 사람은 벌써 다 병이 들었 거나 갈 데로 갔어야 할 텐데 거꾸로 더 팔팔하니 무슨 조화 속인지 모르겠네……."

권은 얼굴을 붉혔으나 그래도 그저 숙어들기가 어색한지 은근히 벋나가는 소리를 했다.

[B]

"하지만 사먹는 사람들이야 어디 그러우. 사먹는 사람들은 내다 팔 것들만 약을 치고 집에서 먹을 것은 그러지 않을 거라고 생각하지."

영두는 속으로 찔끔하였다. 권의 말도 아주 틀린 말은 아니 었던 것이다.

영두는 무 배추에 진딧물이 끼여 오가리가 들고 배추벌레와 노린재가 끓어 수세미처럼 구멍이 나도 집에서 먹을 것에는 분무기를 쓴 적이 없었다. **볼품이 없는 것일수록 구수한 맛이 더하던 이치**를 익히 알고 있기 때문이었다.

그러나 그런 물건을 내놓을 경우에는 **값이 있을 리가 없**었다. 언젠가는 농가에서 채소를 농약으로 코팅하여 내놓는다고 신문에 글까지 쓴 사람도 있었지만, 그런 일이야말로 마지못해 없는 돈 들여 가면서 농약을 만져 온 농가에 물을 것이 아니요, 벌레가 조금만 갉은 자국이 있어도 칠색팔색을 하며 달아나던 햇내기 소비자들이 자초한 일이라고 아니할 수가 없는 거였다.

벌레 닿은 자국이 불결스럽다 하여 진딧물 하나 없이 깨끗 한 푸성귀만 찾는다면, 그것은 마치 두메의 자갈길 흙먼지엔 질색을 하면서도 도심의 오염된 대기는 보이지 않는다는 이유 만으로 무심히 활개를 쳐 온 축들의 어리석음과도 견줄 만한 것이었다.

– 이문구, 「산 너머 남촌」 –

* 숙전(熟田) : 해마다 농사를 지어 잘 길들인 밭.
* 놀랜흙 : 생토(生土). 생땅의 흙.

38. 윗글에 대한 설명으로 가장 적절한 것은?

① 빈번하게 장면을 전환하여 사건 전개의 긴박감을 드러내고 있다.

② 서술자가 특정 인물의 관점에서 사건과 인물의 심리를 전달하고 있다.

③ 동시에 일어난 별개의 사건을 병치하여 사태의 전모를 드러내고 있다.

④ 인물 간의 대화를 통해 인물이 겪은 사건의 비현실적인 면모를 드러내고 있다.

⑤ 인물의 표정 변화와 내면 변화를 반대로 서술하여 그 인물의 특성을 부각하고 있다.

39. [A]와 [B]에 대한 이해로 가장 적절한 것은?

① [A]에서 '권중만'은 자신의 우월한 지위를 과시하며 상대의 동의를 요구하고 있고, [B]에서 '영두'는 상대와의 개인적 친밀감을 환기하며 서운함을 드러내고 있다.

② [A]에서 '권중만'은 자신의 경험을 들어 상대의 문제에 대한 해결책을 제시하고 있고, [B]에서 '영두'는 상대가 저질렀던 잘못을 지적하며 상대의 사과를 요구하고 있다.

③ [A]에서 '권중만'은 자신이 상대에게 제시한 요구의 이유를 사람들의 선입견과 관련지어 밝히고 있고, [B]에서 '영두'는 상대의 말에 논리적 한계가 있음을 지적하며 항변하고 있다.

④ [A]에서 '영두'는 상대의 제안에서 모순을 지적하며 새로운 대안을 제시하고 있고, [B]에서 '권중만'은 다른 사람들의 사례를 들어 자신의 행동에 대해 변명하고 있다.

⑤ [A]에서 '영두'는 상대의 문제의식에 대한 공감을 드러내며 구체적인 조언을 요구하고 있고, [B]에서 '권중만'은 상대의 예상치 못한 반응에 당황하며 자신의 잘못을 사과하고 있다.

40. 만 원 에 대한 설명으로 가장 적절한 것은?

① '권중만'과 '영두' 사이의 갈등이 해소된 이유이다.

② '영두'가 '권중만'의 조언을 수용하게 된 이유이다.

③ '권중만'이 '영두'에게 친밀감을 보이게 된 이유이다.

④ '영두'가 '권중만'에게 양보를 강요하게 된 이유이다.

⑤ '영두'가 '권중만'에게 부정적으로 반응하게 된 이유이다.

41. <보기>를 바탕으로 윗글을 감상한 내용으로 적절하지 않은 것은? [3점]

> ─────< 보 기 >─────
> 이 작품은 1980년대 농민들의 생활을 형상화하고 있다. 작가는 농민들이 농사의 경제적 이익을 고려하거나 농산물의 유통과 판매까지 감안하게 된 상황을 보여 준다. 작품 속 '영두'는 먹거리를 생산하는 농민으로서 가져야 할 태도를 인식하면서도 이러한 태도를 지켜나가기 어려운 현실 속에서 가치관의 혼란을 겪고 있다. 작가는 이를 통해 당대 농민들이 겪고 있던 어려움을 현실감 있게 보여 준다.

① 농민들이 권중만을 보고 '채소를 돈거리로 갈기 시작'하는 상황은, 농사를 통한 경제적 이익 창출을 고려하는 농민들의 면모를 드러내는군.

② 영두가 '국내 수요'와 '대일 수출'을 언급하며 권중만과 이야기를 나누는 모습은, 농산물의 유통과 판매까지 감안하는 농민의 현실을 드러내는군.

③ 영두가 '밭뙈기 장수'를 '미더운 물주요 필요악 이상의 불가결한 존재'로 받아들이는 것은, 다른 농민들의 어려운 상황을 이용해 경제적 이익을 추구하는 영두의 모습을 드러내는군.

④ 영두가 '자칫 못 먹을 것을 만들어서 파는 사람으로 취급받지 않'으려 하는 것은, 먹거리를 생산하는 농민이 가져야 할 태도에 대해 인식하고 있음을 드러내는군.

⑤ 영두가 '구수한 맛이 더하던 이치'에도 불구하고 '볼품이 없는 것'이 '값이 있을 리가 없'다고 판단하는 것은 농사에 대한 가치관을 따르기 어려운 현실에 대한 인식을 드러내는군.

[42 ~ 45] 다음 글을 읽고 물음에 답하시오.

> 이때 춘향 어미는 삼문간에서 들여다보고 땅을 치며 우는 말이,
> "신관 사또는 사람 죽이러 왔나? 팔십 먹은 늙은 것이 무남독녀 딸 하나를 금이야 옥이야 길러내어 이 한 몸 의탁코자 하였더니, 저 지경을 만든단 말이오? 마오 마오. 너무 마오!"
> 와르르 달려들어 춘향을 얼싸안고,
> "아따, 요년아. 이것이 웬일이냐? 기생이라 하는 것이 수절이 다 무엇이냐? 열 소경의 외막대 같은 네가 이 [A] 지경이 되었으니 어디 가서 의탁하리? 할 수 없이 죽었구나."
> 향단이 들어와서 춘향의 다리를 만지면서,
> "여보 아가씨, 이 지경이 웬일이오? 한양 계신 도련님이 내년 삼월 오신댔는데, 그동안을 못 참아서 황천객이 되시겠네. 아가씨, 정신 차려 말 좀 하오. 백옥 같은 저 다리에 유혈이 낭자하니 웬일이며, 실낱같이 가는 목에 큰 칼*이 웬일이오?"
>
> (중략)

칼머리 세워 베고 우연히 잠이 드니, 향기 진동하며 여동 둘이 내려와서 춘향 앞에 꿇어앉으며 여쭈오되,

"소녀들은 **황릉묘 시녀**로서 부인의 명을 받아 낭자를 모시러 왔사오니 사양치 말고 가사이다."

춘향이 공손히 답례하는 말이,

"황릉묘라 하는 곳은 **소상강 만 리 밖** 멀고도 먼 곳인데, 어떻게 가잔 말인가?"

"가시기는 염려 마옵소서."

손에 든 **봉황 부채** 한 번 부치고 두 번 부치니 **구름같이 이는 바람** 춘향의 몸 훌쩍 날려 공중에 오르더니 여동이 앞에 서서 길을 인도하여 석두성을 바삐 지나 한산사 구경하고, 봉황대 올라가니 왼쪽은 동정호요 오른쪽은 팽려호로다. 적벽강 구름 밖에 열두 봉우리 둘렀는데, 칠백 리 동정호의 오초동남 여울목에 오고 가는 상인들은 순풍에 돛을 달아 범피중류 떠나가고, 악양루에서 잠깐 쉬고, 푸른 풀 무성한 군산에 당도하니, 흰 마름꽃 핀 물가에 갈까마귀 오락가락 소리하고, 숲속 원숭이가 자식 찾는 슬픈 소리, 나그네 마음 처량하다. 소상강 당도하니 경치도 기이하다. 대나무는 숲을 이루어 아황 여영 눈물 흔적 뿌려 있고, 거문고 비파 소리 은은히 들리는데, 십층 누각이 구름 속에 솟았도다. 영롱한 전주발과 안개 같은 비단 장막으로 주위를 둘렀는데, 위의도 웅장하고 기세도 거룩하다.

여동이 앞에 서서 춘향을 인도하여 문 밖에 세워 두고 대전에 고하니,

"**춘향이 바삐 들라** 하라."

춘향이 황송하여 계단 아래 엎드리니 부인이 명령하시되,

"대전 위로 오르라."

춘향이 대전 위에 올라 손을 모아 절을 하고 공손히 자리에서 일어나 좌우를 살펴보니, 제일 층 옥가마 위에 아황 부인 앉아 있고 제이 층 황옥가마에는 여영 부인 앉았는데, 향기 진동하고 옥으로 만든 장식 소리 쟁쟁하여 하늘나라가 분명하다. 춘향을 불러다 자리를 권하여 앉힌 후에,

"춘향아, 들어라. 너는 **전생** 일을 모르리라. 너는 부용성 영주궁의 **운화 부인 시녀**로서 서왕모 요지연에서 장경성에 눈길 주어 복숭아로 희롱하다 인간 세상에 귀양 가서 시련을 겪고 있거니와 머지않아 장경성을 다시 만나 부귀영화를 누릴 것이니 **마음을 변치 말고 열녀를 본받**아 후세에 이름을 남기라."

춘향이 일어서서 두 부인께 절을 한 후에 달나라 구경하려다가 발을 잘못 디뎌 깨달으니 한바탕 꿈이라. 잠을 깨어 탄식하는 말이,

"이 꿈이 웬 꿈인가? 뜻 이룰 큰 꿈인가? 내가 죽을 꿈이로다."

칼을 비스듬히 안고

"애고 목이야, 애고 다리야. 이것이 웬일인고?"

향단이 원미를 가지고 와서,

"여보, 아가씨. 원미 쑤어 왔으니 정신 차려 잡수시오."

춘향이 하는 말이,

"원미라니 무엇이냐, 죽을 먹어도 이죽을 먹고, 밥을 먹어도 이밥을 먹지, 원미라니 나는 싫다. 미음물이나 하여 다오."

미음을 쑤어다가 앞에 놓고,

"이것을 먹고 살면 무엇할꼬? 어두침침 옥방 안에 칼머리 비스듬히 안고 앉았으니, 벼룩 빈대 온갖 벌레 무른 등의 피를 빨고, 궂은 비는 부슬부슬, 천둥은 우루루, 번개는 번쩍번쩍, 도깨비는 휙휙, 귀신 우는 소리 더욱 싫다. 덤비는 것이 헛것이라. 이것이 웬일인고? 서산에 해 떨어

지면 온갖 귀신 모여든다. 살인하고 잡혀 와서 아흔 되어 죽은 귀신, 나라 곡식 훔쳐 먹다 곤장 맞아 죽은 귀신, 죽은 아낙 능욕하여 고문당해 죽은 귀신, 제각기 울음 울고, 제 서방 해치고 남의 서방 즐기다가 잡혀 와서 죽은 귀신 처량히 슬피 울며 '동무 하나 들어왔네' 하고 달려드니 처량하고 무서워라. 아무래도 못 살겠네. 동방의 귀뚜라미 소리와 푸른 하늘에 울고 가는 기러기는 나의 근심 자아낸다." [C]

한없는 근심과 그리움으로 날을 보낸다.

이때 이 도령은 서울 올라가서 밤낮을 가리지 않고 공부하여 글짓는 솜씨가 당대에 제일이라. 나라가 태평하고 백성이 평안하니 태평과를 보려 하여 팔도에 널리 알려 선비를 모으니 춘당대 넓은 뜰에 구름 모이듯 모였구나. 이 도령 복색 갖춰 차려 입고 시험장 뜰에 가서 글 제목 나오기 기다린다.

시험장이 요란하여 현제판을 바라보니 '강구문동요*'라 하였겠다. 시험지를 펼쳐놓고 한번에 붓을 휘둘러 맨 먼저 글을 내니, 시험관이 받아보고 글자마다 붉은 점이요 구절마다 붉은 동그라미를 치는구나. 이름을 뜯어 보고 승정원 사령이 호명하니, 이 도령 이름 듣고 임금 앞에 나아간다.

– 작자 미상, 「춘향전」 –

* 칼 : 죄인에게 씌우던 형틀.
* 강구문동요(康衢聞童謠) : 길거리에서 태평세월을 칭송하는 아이들 노래를 들음.

---

42. [A]와 [B]를 통해 인물을 이해한 내용으로 가장 적절한 것은?

① [A]에서는 '춘향 어미'의 비난을 통해, [B]에서는 '향단'의 옹호를 통해 '신관 사또'에 대한 두 인물의 상반된 인식을 알 수 있다.

② [A]에서는 '춘향 어미'의 만류를 통해, [B]에서는 '향단'의 재촉을 통해 '춘향'의 수절에 대한 두 인물의 상반된 인식을 알 수 있다.

③ [A]에서는 앞날을 걱정하는 '춘향 어미'를 통해, [B]에서는 '춘향'의 현재 상태를 염려하는 '향단'을 통해 '춘향'의 고난에 대한 상이한 반응을 확인할 수 있다.

④ [A]에서는 격앙된 '춘향 어미'를 진정시키는 모습을 통해, [B]에서는 '춘향'에게 음식을 정성스레 건네는 모습을 통해 '향단'의 침착한 태도를 확인할 수 있다.

⑤ [A]에서 '도련님'의 약속을 신뢰하는 '춘향 어미'의 모습과 [B]에서 '춘향'의 앞날을 걱정하는 '향단'의 모습으로 인해 '춘향'의 내적 갈등이 심화되고 있음을 확인할 수 있다.

43. [C]에 대한 이해로 적절하지 <u>않은</u> 것은?

① 공간의 특징을 열거하여 자신의 비참한 처지를 드러내고 있다.

② 비현실적인 존재를 언급하며 자신이 느끼는 두려움을 드러내고 있다.

③ 청각적 경험을 자극하는 자연물을 통해 자신의 근심을 드러내고 있다.

④ 미래에 대한 부정적 전망과 함께 자신의 신세에 대한 한탄을 드러내고 있다.

⑤ 자신과 같이 억울한 처지에 놓인 사람들에 대한 연민의 감정을 드러내고 있다.

45. <보기>의 ㉮에 들어갈 내용으로 가장 적절한 것은?

① '내가 죽을 꿈이로다'라는 춘향의 말보다는 이 도령이 과거에 급제한 상황에 주목하며 두 인물의 재회를 예상할 것이다.

② 꿈에 대해 자문하며 탄식하는 춘향의 모습을 보고 춘향이 현실에서의 정체성에 의문을 갖게 되리라고 예상할 것이다.

③ 두 부인과의 만남이 꿈임을 깨닫는 춘향의 모습을 보고 꿈과 현실의 대비가 주는 허무함을 절감하게 될 것이다.

④ 춘향이 자신의 실수로 꿈에서 깨어나는 장면을 춘향의 고난이 지속될 것이라는 암시로 받아들일 것이다.

⑤ 꿈에서 '달나라 구경'을 이루지 못하고 깨어난 춘향이 꿈에 대한 미련을 보이리라고 예상할 것이다.

※ <보기>를 참고하여 44번과 45번의 두 물음에 답하시오.

─────── < 보 기 > ───────

　서사적 모티프란 전체 이야기를 구성하는 작은 이야기 단위이다. 이 작품에서는 황릉묘의 주인이자 정절의 표상인 아황 부인과 여영 부인이 등장하는 황릉묘 모티프가 사용되었다. 이는 천상계와 인간 세상, 전생과 현생, 꿈과 현실의 대응을 형성하면서 공간적 상상력을 풍요롭게 하는 동시에 주인공의 또 다른 정체성을 드러낸다.

　서사적 모티프는 작품을 읽는 독자에게 서사 이해의 실마리를 제공함으로써 작품의 전개 방향을 예측하게 한다. 황릉묘 모티프에서 '머지않아 장경성을 다시 만나 부귀영화를 누릴 것'이라는 두 부인의 말을 감안하여, 독자는 이어지는 내용에서

┌─────────────────────────┐
│　　　　　　　　　㉮　　　　　　　　　│
└─────────────────────────┘

44. <보기>를 참고하여 윗글을 감상한 내용으로 적절하지 <u>않은</u> 것은? [3점]

① 춘향이 잠이 들어 '황릉묘 시녀'를 만난 것은 황릉묘 모티프를 통해 꿈과 현실의 연결이 일어나게 됨을 보여 주는군.

② '봉황 부채'에 의한 '구름 같이 이는 바람'을 타고 '소상강 만리 밖' 황릉묘까지 춘향이 날려가는 것은 꿈속 공간의 초월적 성격을 드러내는군.

③ 아황 부인과 여영 부인이 '춘향이 바삐 들라'라고 명령하는 것은 자신의 문제를 서둘러 해결하고자 하는 춘향에게 인간 세상에 대비되는 천상계의 질서가 있음을 보여 주는군.

④ '전생'에 춘향이 '운화 부인 시녀'였다는 아황 부인과 여영 부인의 말은 전생과 현생의 대응을 드러내면서 공간적 상상력의 확장을 유도하는군.

⑤ 아황 부인과 여영 부인이 춘향에게 '마음을 변치 말고 열녀를 본받'으라고 당부하는 것은 춘향이 정절을 지켜나갈 인물임을 암시하는군.

┌─────────────────────────────┐
│ **＊ 확인 사항** │
│ ○ 답안지의 해당란에 필요한 내용을 정확히 기입(표기) │
│ 　했는지 확인하시오. │
└─────────────────────────────┘

2021학년도 3월 고1 전국연합학력평가 문제지

국어 영역

제 1 교시

06회

1

● 문항수 45개 | 배점 100점 | 제한 시간 80분

● 점수 표시가 없는 문항은 모두 2점

06회

[1 ~ 3] 다음은 학생의 발표이다. 물음에 답하시오.

안녕하세요. 저는 1학년 5반 ○○○입니다. 여러분은 중학교 때 어떤 자율 동아리 활동을 하셨나요? 고등학교에 와서 무언가 새로운 것에 도전하고 싶지는 않으신가요? 여러분께 저와 제 친구들이 만든 정말 멋진 자율 동아리 '직접 함께 오토마타'를 소개합니다.

오토마타가 뭐냐고요? (㉠모형 딱따구리를 꺼내 손잡이를 돌리며) 이렇게 손잡이를 돌리면 앞뒤로 움직이는 조형물을 만들어 본 적 있죠? 초등학교 과학 시간이나 만들기 시간에 대부분 공작 키트로 만들어 보셨을 텐데요. 이처럼 오토마타는 크랭크, 기어, 캠 같은 부품들로 이루어진 기계 장치를 통해 특정한 동작을 반복하도록 만들어진 조형물을 뜻합니다.

그런데 우리 동아리는 시중에서 판매하는 공작 키트를 구입해서 주어진 부품을 설명서대로 조립하는 동아리가 (두 팔을 교차해 가위표를 만들며) 아닙니다. 우리 동아리는 오토마타의 설계도를 그려서 부품을 만들어 조립하고, 아름다운 조형물로 완성하기까지의 모든 과정을 직접 해 보는 동아리입니다. 한발 더 나아가 코딩을 활용한 오토마타를 만들어 내는 것을 목표로 합니다. (㉡동영상을 띄우고) 작년 □□시 오토마타 경진대회에 나온 작품들입니다. 버튼을 누르니까 코딩된 내용에 따라 다양한 움직임을 보여주죠? 이렇게 멋진 오토마타를 여러분과 직접 함께 만들고 싶습니다.

특히 과학에 관심이 많거나 발명을 좋아하는 분, 미술을 좋아하거나 프로그래밍에 도전하고 싶은 분은 반드시 우리 동아리에 가입하라고 말씀드리고 싶습니다. 여러분이 머릿속으로 상상했던 대로 움직이는 조형물을 실제로 만들어 볼 수 있을 것입니다. 우리 동아리에 들어와 활동하면 여러분의 진로 선택에 분명 도움이 될 것입니다.

우리는 3D 프린터를 활용하여 각종 부품을 직접 만들고, 메이커실에서 그 부품들을 조립할 계획입니다. 제가 벌써 담당 선생님께 매주 화요일과 목요일 방과 후에 3D 프린터와 메이커실을 사용할 수 있도록 허락을 받아 두었습니다. 게다가 담당 선생님께서 (엄지를 치켜들며) 코딩계의 전설이라 하십니다. (웃으며) 오토마타 동아리에 들어오면 코딩을 제대로 배울 수 있습니다.

우리 동아리에서는 한 사람이 최소 한 작품 이상을 만들어 10월에 열리는 학교 축제 때 전시하고자 합니다. 두세 명씩 모여 공동 작업도 진행할 예정이니 진정한 협업을 경험해 보고 싶다면 따로 신청해 주시기 바랍니다.

자율 동아리 '직접 함께 오토마타'에 가입하고 싶은 친구들은 다음 주 화요일까지 1학년 5반에서 저 ○○○을 찾아 가입 신청서를 내시면 됩니다. 각종 문의도 환영합니다. 많은 친구들이 함께하면 좋겠습니다. 감사합니다.

1. 위 발표에 대한 설명으로 적절하지 <u>않은</u> 것은?

① 용어의 뜻을 풀이하며 청중의 이해를 돕고 있다.
② 구체적 정보를 제공하며 청중을 설득하려 하고 있다.
③ 비언어적 표현을 사용하여 전달의 효과를 높이고 있다.
④ 질문을 던지는 방식으로 청중의 관심을 유발하고 있다.
⑤ 앞에서 설명한 내용을 요약하며 발표를 마무리하고 있다.

2. ㉠과 ㉡의 활용에 대한 설명으로 가장 적절한 것은?

① ㉠을 활용해 동아리에 대한 관심을 유도하고, ㉡을 활용해 동아리 활동의 주의 사항을 드러냈다.
② ㉠을 활용해 청중의 경험을 환기하고, ㉡을 활용해 동아리가 목표로 하는 결과물의 수준을 제시하였다.
③ ㉠을 활용해 동아리 활동의 결과물을 보여 주고, ㉡을 활용해 오토마타 작품의 발전 단계를 설명하였다.
④ ㉠을 활용해 동아리 활동을 위한 준비물을 알려 주고, ㉡을 활용해 오토마타 작품이 지닌 특징을 보여 주었다.
⑤ ㉠을 활용해 오토마타 부품이 작동하는 원리를 설명하고, ㉡을 활용해 오토마타에서 코딩이 중요한 까닭을 강조하였다.

3. <보기>는 발표를 들은 학생들의 반응이다. 발표의 내용을 고려하여 학생의 반응을 이해한 내용으로 적절하지 <u>않은</u> 것은?

< 보 기 >

학생 1 : 3D 프린터나 메이커실을 사용할 수 있다는 것을 알고 이 동아리에 가입하고 싶어졌어. 먼저 화요일, 목요일 방과 후에 나에게 다른 일정이 없는지 확인해야겠어.
학생 2 : 오토마타 동아리에서 코딩을 제대로 배운다는 것이 가능할까? 우리 학교에 코딩을 제대로 배울 수 있는 다른 동아리는 없는지 찾아 봐야겠어.
학생 3 : 미술을 전공할 생각인데, 이 동아리의 장점이 진로에 도움이 될 것 같아. 오토마타와 미술에 대한 자료를 더 찾아 본 후에 가입을 결정하는 것이 좋겠어.

① '학생 1'은 발표에서 알게 된 내용 중 일부를 동아리 가입을 결정하는 핵심 정보라고 판단하고 있다.
② '학생 2'는 발표자가 말한 내용의 실현 가능성에 대해 궁금해하고 있다.
③ '학생 3'은 발표자가 말한 내용을 자신의 진로와 관련지어 긍정적으로 평가하고 있다.
④ '학생 1'과 '학생 3'은 발표자가 말한 내용이 타당한 근거에 바탕한 것인지를 따져 보고 있다.
⑤ '학생 2'와 '학생 3'은 발표에서 알게 된 내용과 관련하여 추가적인 정보 탐색을 계획하고 있다.

[4~7] (가)는 인터뷰이고, (나)는 (가)를 바탕으로 학생이 교지에 실기 위해 쓴 글의 초고이다. 물음에 답하시오.

(가)

학생 : 안녕하세요. 저는 ○○고에 다니는 △△△입니다. 조선 왕릉과 관련하여 장묘 전통, 공간 구성, 석물 등에 대해 학예사님의 설명을 듣고자 찾아왔습니다.

학예사 : 반갑습니다. 직접 보며 설명하면 더 좋을 것 같아요. 성종이 모셔져 있는 능까지 걸으면서 이야기 나눌까요?

학생 : 네, 좋아요. 조선 왕릉이 유네스코 세계 유산으로 등재되었는데요, 등재 기준의 내용 중에서 자연 친화적 장묘 전통에 대한 설명을 부탁드릴게요.

학예사 : 조선은 자연 훼손과 인위적인 구조물 배치를 최소화하는 것을 원칙으로 하여 왕릉을 조성했습니다. 봉분을 수십 미터 높이로 조성하거나 지하에 궁전과 같은 공간을 만들기도 했던 중국과 비교하면, 조선 왕릉의 자연 친화적 성격이 돋보입니다.

학생 : 그렇군요. 예전에 건원릉이나 광릉에 갔을 때도, 왕릉이라기보다는 자연 속에 있는 것과 같은 편안함을 느꼈습니다. 이곳 선릉도 자연 친화적 공간이라는 인상을 받았습니다.

학예사 : 기능적 필요에 의한 건축물만을 최소한으로 배치하고 자연과의 조화 속에서 왕릉을 조성했기에 그런 것이지요.

학생 : 조선 왕릉은 진입 공간, 제향 공간, 능침 공간으로 구분된다고 알고 있는데, 세계 유산 등재 기준 내용에 포함되어 있는 공간 구성의 독창성과 어떤 관련이 있나요?

학예사 : 여기 선릉을 예로 들어서 설명드릴게요. 아까 지났던 홍살문까지가 진입 공간, 홍살문에서 여기 정자각까지가 제향 공간, 그리고 저 위가 왕릉의 핵심 공간인 능침 공간입니다. 그러면 질문 하나 할게요. 정자각까지 오는 동안 능침 공간이 잘 보였나요?

학생 : 아니요. 능침 공간은 지대가 높은 곳에 조성되어 있는데도 정자각에 가려서 잘 보이지 않았어요.

학예사 : 바로 그런 점이 조선 왕릉이 가진 공간 구성의 독창성과 관련됩니다. 능침 공간으로 올라가서 설명해 드릴게요. 대개 정자각에 도달할 때까지 능침 공간은 참배객에게 잘 보이지 않습니다. 하지만 지금 있는 능침 공간에서는 왕릉을 전체적으로 조망할 수 있습니다. 공간에 따라 지면 높이를 다르게 하여 조망 범위가 다르도록 했기 때문입니다. 그리고 제향 공간의 건축물인 정자각의 배치를 활용하여 능침 공간을 향한 참배객의 시야를 제한하였습니다. 이러한 방식으로 공간의 위계를 만들어 능침 공간의 권위와 성스러움을 확보했습니다. 이러한 점이 조선 왕릉의 독창성입니다.

학생 : 조선 왕릉은 공간에 따라 조망 범위를 다르게 하는 방식으로 공간의 위계를 조성했다고 이해하면 될까요?

학예사 : 맞습니다. 잘 이해했네요.

학생 : 감사합니다. 마지막 질문인데요, 능침 공간에 배치된 석물에 대한 설명을 부탁드릴게요.

학예사 : 지금 보이는 것처럼 능침 공간에는 예술적 가치가 높은 석물이 배치되었습니다. 봉분에 병풍석과 난간석을 둘렀고, 봉분 주변에 혼유석, 양 모양과 호랑이 모양의 석상 등을 두었습니다. 그리고 장명등, 문신과 무신 형상의 석인상, 석마 등을 배치하여 질서 있는 공간미를 보여 주었습니다. [A]

학생 : 설명해 주신 내용을 들으면 석물은 공간미를 위한 요소라는 생각이 듭니다. 석물의 예술적 가치가 높다고 하셨는데 이에 대한 설명도 부탁드릴게요.

학예사 : 왕릉에 배치된 석물은 능침을 수호하는 상징적 의미를 가지면서도, 고유한 예술미를 바탕으로 왕릉의 장엄함을 강조하는 격조 높은 조각품이라 할 수 있습니다. 예를 들어 석인상은 사각 기둥의 느낌이 나도록 형태가 단순화되어 있으면서도 수호신상과 같은 엄숙함을 느끼게 하는 예술미를 드러냅니다. [B]

학생 : 덕분에 많은 것을 알 수 있었습니다. 귀한 시간 내주셔서 감사합니다.

학예사 : 네, 저도 즐거웠습니다. 조선 왕릉이 세계 유산으로 등재된 것은 기록 문화와 제례 의식과 관련된 기준도 있으니 더 살펴봐도 좋겠네요.

학생 : 네, 잘 찾아볼게요. 감사합니다.

(나)

조선 왕릉은 자연 친화적 장묘 전통, 인류 역사의 중요한 단계를 잘 보여 주는 왕릉 조성과 기록 문화, 조상 숭배의 전통이 이어지고 있는 살아 있는 유산이라는 점에서 가치를 인정받아, 2009년 유네스코 세계 유산으로 등재되었다.

조선은 자연과의 조화 속에서 왕릉을 조성하는 자연 친화적 원칙을 지켜 왔다. 이를 바탕으로, 조선 왕릉은 공간의 위계를 만들어 능침 공간의 권위와 성스러움을 확보하는 공간 구성의 독창성을 드러낸다. 조선 왕릉은 지면의 높이 차이를 만들고 정자각의 배치를 활용하여 제향 공간과 능침 공간의 조망 범위를 다르게 함으로써 공간의 위계를 조성하였다.

능침 공간은 왕의 공간인 상계, 신하의 공간인 중계와 하계로 영역이 나뉘어 영역별로 다양한 석물이 배치되었다. 상계의 봉분에는 불교적 장식 요소를 새겨 넣은 병풍석과 난간석을 두르고, 봉분 주변에는 영혼이 노니는 석상인 혼유석, 악귀로부터 능을 수호하는 양 석상과 호랑이 석상 등을 두었다. 중계에는 어두운 사후 세계를 밝히는 장명등, 문신 형상의 석인상, 석마 등을, 하계에는 무신 형상의 석인상, 석마 등을 두었다. 이들은 조선의 내세관과 함께, 문치주의를 표방했던 조선 왕조의 지향을 드러낸다. [C]

조선 왕릉이 잘 보존되고 살아 있는 유산으로 평가 받는 이유는 조선의 기록 문화와 제례 의식 덕분이라고 할 수 있다. 장례 과정을 담은 『국장도감의궤』, 왕릉의 조성 과정을 담은 『산릉도감의궤』 등의 기록물들은 왕릉을 유지하고 보수할 수 있게 하는 자료가 되고 있다. 또한 지금까지도 종묘에서 정례적으로 봉행되는 제례 의식은 조상을 기억하고 존경하는 전통이 살아 있음을 보여 준다.

4. (가)의 '학생'에 대한 설명으로 적절하지 **않은** 것은?

① 알고 싶은 내용을 서두에 밝히며 인터뷰를 시작하고 있다.

② 자신이 알고 있는 정보를 바탕으로 학예사에게 질문하고 있다.

③ 학예사의 설명에 대한 자신의 이해가 적절한지 확인하고 있다.

④ 학예사가 설명한 내용에 대해 자신의 경험을 밝히며 공감을 드러내고 있다.

⑤ 학예사의 설명을 바탕으로 자신의 생각을 수정하며 질문을 덧붙이고 있다.

5. [A], [B]에 대한 설명으로 가장 적절한 것은? [3점]

① [A], [B] 모두에서 학생은 학예사의 이전 답변을 인용하며 추가적인 설명을 요청하고 있다.

② [A], [B] 모두에서 학생은 학예사가 제시한 사례의 적절성에 의문을 제기하며 새로운 사례를 요청하고 있다.

③ 학예사는 학생의 요청에 따라 [A]에서 자신이 설명한 내용을 [B]에서 보충하고 있다.

④ 학예사는 학생의 이해를 돕기 위해 [A]에서 자신이 설명한 내용을 [B]에서 반복하고 있다.

⑤ 학예사는 [A]의 설명에 대한 학생의 잘못된 이해를 [B]에서의 설명을 통해 바로잡고 있다.

6. <보기>는 (나)를 작성하기 위해 세운 글쓰기 계획이다. <보기>에서 (나)에 반영된 것만을 있는 대로 고른 것은?

───────── < 보 기 > ─────────
ㄱ. 조선 왕릉이 유네스코 세계 유산으로 등재되었다는 점을 고려하여, 조선 왕릉이 어떤 점에서 가치를 인정받았는지를 글의 첫머리에 밝히며 시작해야겠어.

ㄴ. 조선 왕릉의 자연 친화적 장묘 전통이 인정받았다는 점을 고려하여, 조선의 고유한 장묘 문화가 형성되는 데 우리나라의 자연 환경이 영향을 끼쳤음을 밝혀야겠어.

ㄷ. 조선 왕릉에 공간 구성의 독창성이 있다는 점을 고려하여, 조선 왕릉에 나타나는 공간의 위계에 대해 설명해야겠어.

ㄹ. 조선 왕릉과 관련한 기록 문화와 제례 의식이 있다는 점을 고려하여, 왕릉과 관련된 기록물과 현재 유지되고 있는 제례 의식의 사례를 찾아 제시해야겠어.
───────────────────────────

① ㄱ, ㄴ　　　　② ㄱ, ㄷ　　　　③ ㄴ, ㄹ
④ ㄱ, ㄷ, ㄹ　　　⑤ ㄴ, ㄷ, ㄹ

7. [C]에 나타난 글쓰기 방식에 대한 이해로 가장 적절한 것은?

① 능침 공간에 배치된 석물의 예술미를 분석하고 왕릉들을 비교하며 설명하고 있다.

② 능침 공간의 특정 석물에 대한 평가들을 소개하고 평가 간의 차이를 부각하고 있다.

③ 능침 공간에 배치된 석물의 형태 변화 양상을 설명하고 시기별 특징을 드러내고 있다.

④ 능침 공간에 배치된 석물에 대한 설명을 인용하고 이를 비판적 관점에서 검토하고 있다.

⑤ 능침 공간을 세 영역으로 구분하고 각 영역에 배치된 석물에 대해 설명을 덧붙이고 있다.

[8~10] (가)는 작문 상황이고 (나)는 (가)를 바탕으로 쓴 학생의 초고이다. 물음에 답하시오.

(가) 작문 상황

ㅇ 작문 목적 : '채식하는 날' 도입에 대한 학생들의 부정적 인식을 해소한다.

ㅇ 예상 독자 : 우리 학교 학생 전체

ㅇ 예상 독자 분석 결과 : 설문 조사 결과 다수의 학생이 '채식하는 날' 도입에 부정적인 것으로 나타났다. 반대하는 이유로는 ㉠'채식 급식은 맛이 없다.', ㉡'채식이 건강에 도움이 안 된다.' 등이 제시되었다. 그리고 '채식하는 날' 도입에 대한 기타 의견으로는 ㉢'왜 도입하는지 모르겠다.', ㉣'어떻게 운영되는지 모르겠다.' 등이 제시되었다.

ㅇ 내용 구성 방안 : 채식이 건강에 주는 이점과 ㉤환경에 기여하는 점을 중심으로 글을 작성한다.

(나) 학생의 초고

　최근 우리 학교에서는 '채식하는 날' 도입 여부에 대한 논의가 활발하게 진행 중이다. '채식하는 날'이 도입되면 매주 월요일에는 모든 학생에게 육류, 계란 등을 제외한 채식 중심의 급식이 제공된다. 그런데 '채식하는 날' 도입 여부에 대한 설문 조사 결과, 약 65%의 학생이 반대하는 것으로 나타났다. 하지만 나는 건강을 위한 선택이 기후 위기를 막는 데도 도움이 된다는 점에서 '채식하는 날'을 도입해야 한다고 생각한다.

　'채식하는 날' 도입이 필요한 이유는 다음과 같다. 먼저, '채식하는 날'이 도입되면 학생들의 채소류 섭취가 늘 것이다. 우리 학교 학생들은 급식 시간에 육류를 중심으로 음식을 골라 먹는 경향이 강하다. 잔반에서 채소류가 차지하는 비율도 높다. 이런 상황에 대해 영양 선생님께서는 학교에서 영양소가 골고루 포함된 급식을 제공하더라도 학생들이 육류 중심으로 영양소를 섭취한다며 걱정하셨다. 그러면서 '채식하는 날'을 도입하면 다양한 방식으로 조리한 맛있는 채소류 음식을 제공할 예정이고, 학생들도 영양소가 골고루 포함된 채소류 음식을 즐기게 되면 몸도 건강해지고 식습관도 개선될 것이라고 말씀하셨다.

　다음으로 '채식하는 날'이 도입되면 육류 소비 과정에서 발생하는 온실가스의 배출을 줄여 지구의 기후 위기를 막으려는 노력에 동참할 수 있다. 채식 중심의 급식 제도를 운영하는 한 공공 기관에서는 이 제도를 통해 온실가스 감축에 큰 기여를 하고 있다고 홍보하기도 했다. 통계에 따르면 현재 전 세계 온실가스 배출원 중에서 축산 분야가 가장 높은 비율을 차지한다고 한다. 다시 말해 육류 소비를 적게 하면 온실가스 배출을 줄이는 데 기여하는 셈이라고 할 수 있다.

　따라서 '채식하는 날'이 도입되면 건강에 도움이 될 뿐만 아니라 기후 위기를 막는 데도 기여하게 될 것이다. ⓐ그러므로 나는 우리 학교에서도 '채식하는 날'을 도입하여 학생들이 육류 위주의 식습관을 버리고 채소류 위주의 식습관을 형성하도록 이끌어야 한다고 생각한다.

8. (가)를 고려하여 학생이 구상한 내용 중 (나)에 나타나지 <u>않은</u> 것은?

- ㉠을 고려하여, 학생들에게 좋은 평가를 받은 채식 식단의 사례를 제시한다. ……………………………………………… ①
- ㉡을 고려하여, 채소류 섭취를 늘려 영양소를 골고루 섭취하는 것이 건강에 도움이 됨을 밝힌다. ……………………… ②
- ㉢을 고려하여, 학생의 급식 실태를 밝히며 '채식하는 날' 도입의 필요성을 제시한다. …………………………………… ③
- ㉣을 고려하여, '채식하는 날'의 운영 주기와 식단에 포함되지 않는 식재료를 설명한다. …………………………………… ④
- ㉤을 고려하여, 육류 소비를 줄이면 온실가스의 발생량을 줄이는 데 기여한다는 점을 제시한다. ………………………… ⑤

9. 다음은 (나)를 보완하기 위해 추가로 수집한 자료이다. 자료의 활용 방안으로 적절하지 <u>않은</u> 것은?

ㄱ. 전문 서적

　육류 섭취량이 지나치게 많아지면 단백질과 지방의 섭취량이 적정 수준을 초과하게 되고, 육류에 거의 없는 비타민, 미네랄, 식이 섬유 등은 부족하게 된다. 지방의 과잉 섭취나 특정 영양소의 부족은 건강에 악영향을 끼친다.

－『 영양학 』－

ㄴ. 인터뷰 내용

　"우리 시에서는 1년 간 590여 개의 공공 급식소에서 '고기 없는 화요일'이라는 제도를 운영했습니다. 이를 통해 30년생 소나무 755만 그루를 심은 것과 같은 온실가스 감축 효과를 얻었습니다. 그리고 이 제도 덕분에 채식을 즐기는 습관을 가지게 되었다는 사람, 과체중 문제를 해결했다는 사람도 있었습니다."

－ ○○시 정책 홍보 담당자 －

ㄷ. 통계 자료

축산 분야를 통해 배출되는 온실가스는 전 세계 온실가스 배출량의 약 18%를 차지하며, 이는 산업, 교통, 에너지 분야 등에 비해 가장 높은 수치에 해당한다.

－ 유엔식량농업기구 보고서 －

<그림> 전 세계 온실가스 배출 비율

① 2문단에 ㄱ의 내용을 추가하고 그 출처도 함께 밝혀 글의 신뢰성을 높인다.
② 2문단에 ㄴ을 활용하여 채식이 건강과 식습관에 긍정적인 변화를 준 사례를 제시한다.
③ 3문단에 제시된 공공 기관의 사례를 ㄴ의 수치를 들어 구체화한다.
④ 3문단에 ㄷ의 <그림>을 삽입하여 통계 자료의 내용을 시각적으로 보여 준다.
⑤ 3문단에 ㄴ과 ㄷ을 활용하여 제도적 변화보다 개인의 노력이 중요함을 드러낸다.

10. <보기>는 (나)를 읽은 선생님의 조언이다. <보기>를 반영하여 ⓐ를 수정하기 위한 구상으로 가장 적절한 것은? [3점]

< 보 기 >

선생님: '채식하는 날'의 도입 목적을 잘못 이해하고 초고를 써서 읽는 사람이 오해할 수 있어요. 학교 급식은 곡류, 육류, 채소류 등을 다양하게 제공하여 학생의 건강에 필요한 영양소를 골고루 충족시키는 것을 목적으로 하는데, '채식하는 날'의 도입 목적도 이와 다르지 않아요. 이러한 점을 고려하여 마지막 문장을 수정해야 해요.

① '채식하는 날'의 도입 목적은 육류 음식보다 채소류 음식이 학생의 건강에 더 도움이 된다는 사실을 알리고 채소류 음식을 더 많이 먹이는 데 있다는 내용으로 수정해야겠군.
② '채식하는 날'의 도입 목적은 육류를 먹지 말자는 것이 아니라 채소류 음식을 접할 기회를 늘려 영양소를 균형 있게 섭취하게 하는 데 있다는 내용으로 수정해야겠군.
③ '채식하는 날'의 도입 목적은 채소류 음식만으로 필요한 영양소를 모두 충족할 수 있음을 알려 채소류 위주의 식습관을 형성하는 데 있다는 내용으로 수정해야겠군.
④ '채식하는 날'의 도입 목적은 육류만 편식하는 학생들의 태도를 바꾸어 학교 급식의 잔반 중 채소류가 차지하는 비율을 줄이는 데 있다는 내용으로 수정해야겠군.
⑤ '채식하는 날'의 도입 목적은 채소류 위주의 식습관 형성이 건강 증진과 기후 위기 방지에 기여한다는 점을 알리는 데 있다는 내용으로 수정해야겠군.

[11 ~ 12] 다음을 읽고 물음에 답하시오.

　모음은 크게 두 부류로 나눌 수 있다. 발음할 때 입술 모양이나 혀의 위치가 변하지 않는 모음을 '단모음'이라 한다. '표준어 규정'은 원칙적으로 'ㅏ, ㅐ, ㅓ, ㅔ, ㅗ, ㅚ, ㅜ, ㅟ, ㅡ, ㅣ'를 단모음으로 발음할 것을 규정하고 있다.

　입술 모양이나 혀의 위치가 발음 도중에 변하는 모음은 '이중 모음'이라 하는데, 이중 모음은 홀로 쓰일 수 없는 소리인 '반모음'이 단모음과 결합한 모음이다. 예를 들어 이중 모음인 'ㅑ'의 발음은, 'ㅣ'를 짧게 발음하는 것과 유사한 소리인 반모음 '[j]' 뒤에서 'ㅏ'가 결합한 소리이다. 'ㅑ'와 마찬가지로 'ㅒ, ㅕ, ㅖ, ㅛ, ㅠ, ㅢ'의 발음은, 각각 반모음 '[j]'와 단모음 'ㅐ, ㅓ, ㅔ, ㅗ, ㅜ, ㅡ'가 결합한 소리이다. 'ㅗ'나 'ㅜ'를 짧게 발음하는 것과 유사한 반모음 '[w]'도 있는데 'ㅘ, ㅙ, ㅝ, ㅞ'의 발음은 각각 반모음 '[w]'와 단모음 'ㅏ, ㅐ, ㅓ, ㅔ'가 결합한 소리이다. 반모음이 단모음 뒤에서 결합한 소리인 'ㅢ'를 제외하고, 이중 모음의 발음은 모두 반모음이 단모음 앞에서 결합한 소리이다.

　'ㅚ'와 'ㅟ'는 단모음으로 발음하는 것이 원칙이지만 현실에서 이중 모음으로 발음하는 경우가 많다. 'ㅚ'를 이중 모음으로 발음할 경우에는 반모음 '[w]'와 'ㅔ' 소리를 연속하여 발음하며, 'ㅟ'를 이중 모음으로 발음할 경우에는 반모음 '[w]'와 'ㅣ' 소리를 연속하여 발음한다. '표준어 규정'에서도 현실 발음을 고려하여 이와 같이 'ㅚ'와 'ㅟ'를 이중 모음으로 발음하는 것을 허용하고 있다.

11. 윗글에 대한 이해로 적절하지 <u>않은</u> 것은?

① 'ㅠ'는 발음할 때 입술 모양이나 혀의 위치가 변한다.

② 'ㅐ'는 발음할 때 입술 모양이나 혀의 위치가 변하지 않는다.

③ 'ㅖ'의 발음은 반모음 '[j]' 뒤에서 단모음 'ㅔ'가 결합한 소리이다.

④ 'ㅘ'의 발음은 단모음 'ㅗ' 뒤에서 반모음 '[j]'가 결합한 소리이다.

⑤ 반모음 '[w]'는 홀로 쓰일 수 없고 단모음과 결합하여 이중 모음을 이룬다.

12. <보기>는 학생들의 대화이다. 윗글을 바탕으로 할 때 <보기>의 ㉠, ㉡에 들어갈 내용으로 적절한 것은? [3점]

─── < 보 기 > ───

학생 1: '표준어 규정'에 따르면 'ㅚ'는 단모음으로 발음하는 것이 원칙이지만 이중 모음으로 발음하는 것도 허용하더라고. 그러면 '참외'는 [차뫼]로 발음하는 것이 원칙이지만, _____㉠_____ 로 발음하는 것도 허용한다고 할 수 있겠어.

학생 2: 그래, 맞아. '표준어 규정'에서는 'ㅟ'도 이중 모음으로 발음하는 것을 허용하고 있어. 이에 따른 'ㅟ'의 이중 모음 발음은 'ㅑ, ㅒ, ㅕ, ㅖ, ㅘ, ㅙ, ㅛ, ㅝ, ㅞ, ㅠ, ㅢ'의 발음 중에 _____㉡_____ .

	㉠	㉡
①	[차뭬]	포함되어 있지 않아
②	[차뭬]	'ㅢ' 소리에 해당해
③	[차뫠]	'ㅝ' 소리에 해당해
④	[차메]	포함되어 있지 않아
⑤	[차메]	'ㅢ' 소리에 해당해

13. ㉠ ~ ㉤에 대한 설명으로 적절하지 <u>않은</u> 것은?

─── < 보 기 > ───

㉠ 그는 우리와 함께 일하기를 거부했다.

㉡ 개는 사람보다 후각이 훨씬 예민하다.

㉢ 나는 그가 우리를 도와 준 일을 잊지 않았다.

㉣ 날이 추워지면 방한 용품이 필요하다.

㉤ 수만 명의 관객들이 공연장을 가득 메웠다.

① ㉠: '우리와 함께 일하기를'이 안은문장에서 목적어의 역할을 하고 있군.

② ㉡: '후각이 훨씬 예민하다'가 안은문장에서 서술어의 역할을 하고 있군.

③ ㉢: '그가 우리를 도와 준'이 안은문장에서 관형어의 역할을 하고 있군.

④ ㉣: '날이 추워지다.'와 '방한 용품이 필요하다.'가 대등하게 이어진 문장이군.

⑤ ㉤: '관객들이'가 주어이고 '메웠다'가 서술어인 홑문장이군.

14. <보기 1>은 국어사전의 일부이고, <보기 2>는 원고지에 쓴 글을 고친 것이다. <보기 1>을 바탕으로 <보기 2>의 ㉠~㉢을 이해한 내용으로 적절하지 <u>않은</u> 것은?

─── < 보 기 1 > ───

드리다 [드리다] 图 [드리어(드려), 드리니]

【…에 / 에게 …을】

　[1] '주다'의 높임말.

　[2] 윗사람에게 그 사람을 높여 말이나, 인사, 부탁, 약속, 축하 따위를 하다.

들이다 [드리다] 图 [들이어(들여), 들이니]

　[1] 【…을 …에】 밖에서 속이나 안으로 향해 가게 하거나 오게 하다.

　[2] 【…에 / 에게 …을】 어떤 일에 돈, 시간, 노력, 물자 따위를 쓰다.

─── < 보 기 2 > ───

① ㉠은 '들이다'[1]의 의미로 사용되었군.

② ㉠을 포함한 문장에 '우리를'을 넣어야 하는 이유는 필요한 문장 성분이 빠졌기 때문이군.

③ ㉡과 '할머니께 말씀을 드리다.'의 '드리다'는 모두 '드리다'[1]의 의미로 사용되었군.

④ ㉢은 '들이다'[2]의 의미로 사용되었기 때문에 '들여'라고 고쳐 써야 하는군.

⑤ ㉠과 ㉡은 사전에서 각각의 표제어 아래 제시된 여러 의미 중 하나로 풀이되는군.

15. <보기>는 수업의 일부이다. 선생님의 설명을 참고할 때 ⊙에 해당하는 것은?

———————— < 보 기 > ————————

선생님 : 훈민정음의 초성 중 기본자는 발음 기관의 모양을 본뜨는 '상형'의 원리로 만들어졌어요. 'ㄱ'은 혀뿌리가 목구멍을 막는 모양을, 'ㄴ'은 혀가 윗잇몸에 닿는 모양을, 'ㅁ'은 입 모양을, 'ㅅ'은 이[齒] 모양을, 'ㅇ'은 목구멍 모양을 본뜬 것이에요. 기본자에 소리의 세기에 따라 획을 더하는 '가획'의 원리를 적용하여 가획자 'ㅋ, ㄷ, ㅌ, ㅂ, ㅍ, ㅈ, ㅊ, ㆆ, ㅎ'을 만들었고, 상형이나 가획의 원리를 적용하지 않고 별도로 이체자 'ㆁ, ㄹ, ㅿ'을 만들었지요. 중성은 하늘, 땅, 사람의 모양을 본떠서 기본자 'ㆍ, ㅡ, ㅣ'를 만들고, '합성'의 원리를 적용하여 초출자 'ㅗ, ㅏ, ㅜ, ㅓ'와 재출자 'ㅛ, ㅑ, ㅠ, ㅕ'를 만들었어요. 종성은 초성의 글자를 다시 사용했답니다. 그러면 선생님과 함께 카드놀이를 하며 훈민정음에 대하여 공부해 봅시다. ⊙아래의 카드 중 [조건]을 모두 만족하는 글자 카드를 찾아볼까요?

[조건]
• 초성 : 이[齒] 모양을 본뜬 기본자에 가획하여 만든 글자
• 중성 : 초출자 'ㅗ'에 기본자 'ㆍ'를 결합하여 만든 글자
• 종성 : 상형이나 가획의 원리를 적용하지 않고 별도로 만든 글자

① 별 ② 쫄 ③ 심 ④ 창 ⑤ 둥

[16 ~ 20] 다음을 읽고 물음에 답하시오.

조선 시대의 유학자들은 왕권의 기반이 민심에 있으며 민심을 천심으로 받아들여야 한다고 보는 민본(民本) 사상을 통치 기조로 삼을 것을 주장했다. 이러한 관점에서 군주는 백성의 뜻을 하늘의 뜻으로 받들며 섬기고 덕성을 갖춘 성군으로서 백성의 모범이 되어야 하며, 백성을 사랑하는 애민의 태도로 백성의 삶을 안정시키고 백성을 교화해야 하는 존재라고 강조했다. 또한 백성은 보살핌과 가르침을 받는 존재로서 통치에 ⓐ순응해야 한다고 보았다.

군주와 백성에 대한 이러한 관점은 조선 개국을 주도하고 통치 체제를 설계한 정도전의 주장에도 드러난다. 정도전은 군주나 관료가 백성에 대한 통치권을 지닌 것은 백성을 지배하기 위한 것이 아니라 백성을 보살피고 안정시키기 위한 것이라고 보았다. 군주나 관료가 지배자가 아니라 백성을 위해 일하는 봉사자일 때 이들의 지위나 녹봉은 그 정당성이 확보된다고 여긴 것이다. 또한 왕권이 정상적으로 작동하기 위해서는 왕을 정점으로 하여 관료 조직을 위계적으로 ⓑ정비하는 것과 더불어, 민심을 받들어 백성을 보살피는 자로서 군주가 덕성을 갖추는 것이 중요하다고 보았다. 백성을 위하는 관료의 자질 향상 및 책무의 중요성을 강조한 한편, 관료의 비행을 감독하는 감사 기능의 강화를 주장하기도 했다. 이러한 정도전의 주장은 백성을 보살핌의 대상으로 바라본 민본 사상의 관점에 입각한 것이라 할 수 있다.

조선 중기의 학자 이이 역시 군주의 바람직한 덕성을 강조한 한편 군주와 백성의 관계를 부모와 자식의 관계에 빗대어 백성을 보살펴야 하는 대상이라 논했다. 이이는 특히 애민은 부모가 자녀를 가르치듯 군주가 백성들을 도덕적으로 교화함으로써 실현되며, 교화를 ⓒ순조롭게 이루기 위해서는 우선 백성들을 경제적으로 안정시켜야 한다는 점을 강조했다. 또한 백성은 군주에 대한 신망을 지닐 수도 버릴 수도 있는 존재이므로, 군주는 백성을 두려워하는 **외민(畏民)**의 태도를 지녀야 함을 역설했다. 백성을 보살피고 교화해야 할 대상으로 여긴 점은 정도전의 관점과 상통하는 지점이다. 다만 군주가 백성에 대한 두려움을 가지고 백성의 신망을 유지하기 위해 노력해야 한다는 것을 강조한 점에서 차이가 있다.

조선 후기의 학자 정약용은 환자나 극빈자, 노인과 어린이 등 사회적 약자에 속하는 백성을 적극적으로 보호하는 것이 애민의 내용이라고 주장했다. 이는 백성을 보살핌의 대상으로 바라보는 시각을 구체화한 것이라 할 수 있다. 한편 정약용은 백성을 통치 체제 유지에 기여해야 하는 존재라 보고, 백성이 각자의 경제적 형편에 ⓓ부합하는 역할을 수행해야 한다고 주장하여 백성에 대한 기존의 관점과 차이를 드러냈다. 그는 가난한 백성인 '소민'은 교화를 따름으로써, 부유한 백성인 '대민'은 생산 수단을 제공하고 납세의 부담을 맡음으로써 통치 질서의 안정에 기여해야 한다고 논했다. 이는 조선 후기 농업 기술과 상·공업의 발달로 인해 재산을 축적한 백성들이 등장한 현실을 고려한 것으로, 백성이 국가를 유지하는 근간이라고 보는 관점에 ⓔ기반한 주장이었다.

조선 시대 학자들의 이와 같은 주장은 군주를 비롯한 통치 계층이 백성을 존중하는 정책을 펼치는 바탕이 되었다. 백성을 대상으로 한 교육 제도, 관료의 횡포를 견제하는 감찰 제도, 민생 안정을 위한 조세 및 복지 제도, 백성의 민원을 수렴하는 소원 제도 등은 백성을 위한 정책이 구현된 사례라 할 수 있다.   [A]

16. 윗글에 대한 설명으로 가장 적절한 것은?

① 조선 시대 관료 조직의 위계를 분석하고 있다.
② 조선 시대 조세 제도의 문제점을 나열하고 있다.
③ 조선 시대 학자들의 백성에 대한 관점을 비교하고 있다.
④ 조선 시대 군주들의 통치관을 비판적으로 서술하고 있다.
⑤ 조선 시대 상업의 발달 과정을 통시적으로 기술하고 있다.

17. **외민(畏民)**에 대한 이해로 가장 적절한 것은?

① 백성이 군주에 대해 지녀야 할 마음가짐이다.
② 관료의 비행을 감독하기 위해 마련한 제도이다.
③ 군주와 백성을 부모와 자식의 관계에 비유하는 근거이다.
④ 민생이 안정되었을 때 드러나는 백성의 이상적 모습이다.
⑤ 백성이 군주에 대한 신망을 버릴 수 있다고 보는 관점이다.

18. 윗글을 바탕으로 <보기>를 이해한 내용으로 적절하지 <u>않은</u> 것은? [3점]

> < 보 기 >
>
> ㄱ. 옛날에 바야흐로 온 세상을 제압하고 나서 천자가 벼슬을 내리고 녹봉을 나누어 준 것은 신하들을 위해서가 아니라 백성들을 위한 것이었다. … 임금이 관리에게 책임을 지우는 것도 한결같이 백성에 근본을 두고, 관리가 임금에게 보고하는 것도 한결같이 백성에 근본을 두면, 백성은 중요한 존재가 된다.
>
> — 정도전, 『삼봉집』 —
>
> ㄴ. 청컨대 전하의 식사와 옷에서부터, 바치는 물건들과 대궐 안에서 일상적으로 쓰는 물건들 일체를 삼분의 일 줄이십시오. 이런 방식으로 헤아려서 모든 팔도의 진상·공물들도 삼분의 일 줄이십시오. 이렇게만 하신다면 은택이 아래로 미치어 백성들이 실질적인 혜택을 받게 될 것입니다.
>
> — 이이, 『율곡전서』 —
>
> ㄷ. 만일 목화 농사가 흉작이 되어 면포의 가격이 뛰어 오르는데 수백 리 밖의 고장은 풍년이 들어 면포의 값이 매우 쌀 경우 수령은 일단 백성에게 군포를 납부하지 말도록 해야 한다. 그리고 아전 중 청렴한 자를 골라 풍년이 든 곳에 가서 면포를 구입해 오도록 하여 군포를 바친다. 그리고 면포를 구입하는 데 쓴 돈은 백성들이 균등하게 부담케 하면 백성에게 큰 혜택이 돌아갈 것이다.
>
> — 정약용, 『목민심서』 —

① ㄱ은 관료의 녹봉이 백성을 위해 일하는 봉사자로서 얻는 것이라는 주장과 관련된다.
② ㄴ은 군주가 백성을 보살피는 존재라는 시각을 바탕으로 한다.
③ ㄷ은 대민과 소민에 따라 납세 부담에 차이가 있어야 한다는 주장을 구현하는 방법이다.
④ ㄱ과 ㄷ은 민본 사상의 관점에서 바람직한 관료의 면모를 보여 준다.
⑤ ㄴ과 ㄷ은 백성의 경제적 안정을 중시하는 관점에서 제안된 방안에 해당한다.

19. 다음은 윗글을 읽은 학생의 독후 활동이다. ㉮에 들어갈 내용으로 가장 적절한 것은?

> **독후 활동**
>
> 유사한 화제를 다룬 다음 자료를 읽고, 관점의 차이를 정리해 보자.
>
> [자료]
>
> > 조선 시대의 교육은 신분 질서 유지를 통해 통치 계층의 우위를 확보하는 데 기여했다. 현실적으로 통치 계층이 아닌 백성은 정치에 참여하는 관료가 되기 어려웠는데, 이는 신분에 따라 교육 기회가 제한된 것과 관련된다. 한편, 백성을 대상으로 하는 교육은 대체로 도덕적 교화를 위한 것에 한정되었다.
>
> [결론]
>
> [자료]와 [A]는 조선 시대의 (　㉮　)에 대하여 관점의 차이를 보이고 있다.

① 백성이 교육 기회를 얻고자 노력했는지
② 교육이 본질적으로 백성을 위한 것인지
③ 교육 방식이 현대적으로 계승되었는지
④ 신분 질서가 어떤 의미를 지니는지
⑤ 백성이 어떻게 정치에 참여했는지

20. 문맥상 ⓐ ~ ⓔ와 바꿔 쓰기에 적절하지 <u>않은</u> 것은?

① ⓐ : 따라야
② ⓑ : 가다듬는
③ ⓒ : 끊임없이
④ ⓓ : 걸맞은
⑤ ⓔ : 바탕을 둔

[21 ~ 25] 다음을 읽고 물음에 답하시오.

공익을 위한 적법한 행정 작용으로 개인의 재산권*에 특별한 희생이 발생한 경우, 개인은 자신이 입은 재산상 손실을 보상하도록 요구할 수 있는 권리인 '손실 보상 청구권'을 갖는다. 여기서 '특별한 희생'이란 보호할 필요가 있는 재산권에 대한 침해를 이르는 말로, 이로 인한 손실은 국가가 보상해야 한다. 가령 감염병예방법에 따르면, 행정 기관이 감염병 예방을 위해 의료기관의 병상이나 연수원, 숙박 시설 등을 동원한 경우 이로 인한 손실을 개인에게 보상하여야 하는데, 이때의 재산권 침해가 특별한 희생에 해당하는 것이다.

손실 보상 청구권은 ⓐ공적 부담의 평등을 위해 인정되는 헌법상 권리이다. 행정 작용으로 누군가에게 특별한 희생이 발생하면, 그로 인한 부담을 공공이 분담하는 것이 평등 원칙에 부합하기 때문이다. 또한 헌법 제23조 제3항은 "공공필요에 의한 재산권의 수용·사용 또는 제한 및 그에 대한 보상은 법률로써 하되, 정당한 보상을 지급하여야 한다."라고 하여, '공공필요에 의한 재산권의 수용·사용 또는 제한', 즉 공용 침해와 이에 대한 보상이 법률에 규정되어야 함을 명시하고 있다. 공용 침해 중 수용이란 개인의 재산권을 국가로 이전하는 것, 사용이란 행정 기관이 개인의 재산권을 일시적으로 사용하는 것, 제한이란 개인의 재산권 사용 또는 그로 인한 수익을 한정하는 것을 의미한다. 한편 제23조 제3항은 내용상 분리될 수 없는 사항은 함께 규정되어야 한다는 의미의 '불가분 조항'이다. 따라서 ⓑ공용 침해 규정과 보상 규정은 하나의 법률에서 규정되어야 한다.

그러나 헌법은 제23조 제1항에서 "모든 국민의 재산권은 보장된다. 그 내용과 한계는 법률로 정한다."라고 규정하여, 재산권은 법률에 의해 구체화된다고 밝히고 있다. 또한 제2항에서 "재산권의 행사는 공공복리에 적합하도록 하여야 한다."라고 하여, 개인의 재산권 행사가 공익에 적합하여야 한다는 재산권의 '사회적 제약'을 규정하고 있다. 특히 토지처럼 공공성이 강한 사유 재산은 재산권 행사에 더욱 강한 사회적 제약을 받을 수 있다. 만약 재산권 침해가 ⓒ사회적 제약의 범위 내에 있다면 이로 인한 손실은 보상의 대상이 되지 않는다. 즉 재산권 침해가 특별한 희생에 해당할 때만 보상이 가능한 것이다.

재산권의 사회적 제약과 특별한 희생의 구별에 대해 ㉠경계 이론과 ㉡분리 이론은 서로 다른 입장을 취한다. 경계 이론에 따르면 ⓓ양자는 별개가 아니라 단지 침해의 정도에 있어서만 차이가 있을 뿐이다. 재산권 침해는 그 정도가 사회적 제약의 범위를 넘어서면 특별한 희생으로 바뀐다는 것이다. 따라서 경계 이론은 사회적 제약을 벗어나는 재산권 침해는 보상 규정이 없어도 보상이 이루어져야 한다고 본다. 보상을 규정하지 않은 채 공용 침해를 규정하고 있는 법률은, 불가분 조항인 헌법 제23조 제3항에 위반되어 위헌이고, 위헌임이 밝혀진 법률에 근거한 공용 침해 행위는 위법한 행정 작용이 된다는 것이다. 경계 이론은 적법한 공용 침해 행위의 경우에 보상이 인정된다면, 위법한 공용 침해 행위의 경우에도 헌법 제23조 제3항을 근거로 보상을 인정해야 한다는 입장이다.

이에 반해 분리 이론은 재산권의 사회적 제약에 대한 헌법 제23조 제2항의 규정과 특별한 희생에 대한 제3항의 규정은 ⓔ입법자의 의사에 따라 완전히 분리된다고 주장한다. 따라서 재산권 침해를 규정한 법률에 보상 규정이 없는 경우 입법자가 이러한 재산권 침해를 특별한 희생이 아닌 사회적 제약으로 규정한 것으로 본다. 재산권 침해가 사회적 제약 또는 특별

한 희생 중 무엇에 해당하는지 결정하는 것은 법률을 제정하는 입법자의 권한이라는 것이다. 만약 해당 법률에 규정된 재산권 침해가 헌법 제23조 제2항에서 규정한 재산권의 공익 적합성을 넘어서서 개인의 재산권을 과도하게 침해한다면, 이러한 법률은 헌법 제23조 제2항을 위반하여 위헌이고, 위헌임이 밝혀진 법률에 근거한 행정 작용은 위법하게 된다. 분리 이론은 이러한 경우 ㉢손실을 보상하는 것이 아니라, 위법한 행정 작용 자체를 제거해야 한다고 본다. 재산권을 존속시키는 것이 재산권을 침해하면서 그 손실을 보상하는 것보다 우선한다고 보기 때문이다.

  * 재산권 : 재산의 소유권, 사용·수익권, 처분권 등 일체의 재산적 가치가 있는 권리.

21. 윗글에 대한 이해로 가장 적절한 것은?

① 헌법이 개인에게 보장하는 재산권의 내용은 법률로써 그 내용이 구체화된 것이다.

② 공용 침해 중 '사용'과 달리 '제한'의 경우, 행정 작용에도 불구하고 개인의 재산권은 국가로 이전되지 않는다.

③ 재산권을 침해하는 모든 행정 작용에 대해, 개인은 자신이 입은 손실을 보상하도록 요구할 수 있는 권리를 갖는다.

④ 재산권의 사회적 제약을 규정하는 모든 법률은 공용 침해와 손실 보상이 내용상 분리될 수 없다는 원칙에 어긋난다.

⑤ 감염병 예방을 위해 행정 기관이 사설 연수원을 일정 기간 동원하는 것은 공공필요에 의한 재산권의 '수용'에 해당한다.

22. ㉠과 ㉡에 대한 이해로 적절하지 <u>않은</u> 것은?

① ㉠은 법률에 보상 규정이 없는 경우에도 헌법 제23조 제3항을 근거로 하여, 행정 작용으로 인한 재산상 손실을 보상할 수 있다고 본다.

② ㉡은 헌법 제23조 제2항과 제3항의 규정은 전혀 다른 내용을 규정하고 있다고 본다.

③ ㉠은 행정 작용으로 인한 재산상 손실을 항상 보상해야 한다고 보는 반면, ㉡은 보상하지 않을 수 있다고 본다.

④ ㉠은 재산권 침해의 정도를, ㉡은 입법자의 의사를 기준으로 손실 보상 청구권의 성립 여부를 판단해야 한다고 본다.

⑤ ㉠과 ㉡은 모두 보상 규정 없이 사회적 제약의 범위를 벗어나는 재산권 침해를 규정한 법률은 위헌이라고 본다.

23. ㉢의 전제로 가장 적절한 것은?

① 재산권은 입법자의 의사에 따라 보상 없이 제한해야 하는 권리이다.

② 공용 침해 규정과 손실 보상 규정이 동일한 법률에서 규정될 필요는 없다.

③ 재산권의 사회적 제약은 입법자의 의사에 따라 제한 없이 규정될 수 있다.

④ 행정 작용이 공익을 목적으로 한다면 이로 인한 손실은 보상할 필요가 없다.

⑤ 입법자가 별도로 규정하지 않는 한, 재산권은 그대로 보존되어야 하는 권리이다.

24. 윗글을 참고하여 <보기>의 '헌법 재판소'의 판단에 대해 추론한 내용으로 적절하지 <u>않은</u> 것은? [3점]

> ─── < 보 기 > ───
>
> A 법률에 따르면, 국가는 도시 환경을 보전하기 위해 개발 제한 구역을 지정할 수 있고, 개발 제한 구역으로 지정된 토지에서는 건축 등 토지 사용이 제한된다. 하지만 A 법률은 개발 제한 구역 지정으로 인한 손실을 보상하는 규정은 포함하고 있지 않았다. 이러한 상황에서 A 법률에 대한 헌법 소원이 제기되었다.
>
> 헌법 재판소는 분리 이론의 입장을 취하면서, 토지 재산권의 공공성을 고려하면 A 법률은 원칙적으로 합헌이라고 판단하였다. 하지만 개발 제한 구역으로 지정되어 토지를 사용할 방법이 전혀 없는 등 개인에게 가혹한 부담이 발생하는 예외적인 경우에는 사회적 제약을 벗어나서 토지 소유자의 재산권을 과도하게 침해한다고 판단하였다. 따라서 이러한 예외적인 경우까지 고려하지 않은 A 법률은 헌법에 위반된다고 판단하였다.

① 헌법 재판소는 개발 제한 구역을 지정하는 행위가 헌법 제23조 제2항에 위반되는지를 판단하였겠군.

② 헌법 재판소는 개발 제한 구역을 지정하는 행위가 헌법 제23조 제3항과는 관련이 없다고 판단하였겠군.

③ 헌법 재판소는 개발 제한 구역을 지정하는 행위가 헌법에 위반되었는지 여부를 토지의 공공성을 근거로 판단하였겠군.

④ 헌법 재판소는 개발 제한 구역 지정으로 인한 재산권 침해는 개인에게 가혹한 부담이 발생하지 않는 범위 내에서만 가능하다고 판단하였겠군.

⑤ 헌법 재판소는 개발 제한 구역을 지정하는 행위가 개인에게 가혹한 부담을 초래한 경우, 이때의 재산권 침해는 특별한 희생에 해당한다고 판단하였겠군.

25. 문맥상 ⓐ ~ ⓔ를 바꿔 쓴 것으로 적절하지 <u>않은</u> 것은?

① ⓐ : 행정 작용으로 인한 부담을 개인이 모두 떠안게 되는 불평등을 조정하기 위해

② ⓑ : 공공필요에 의해 개인의 재산권을 수용·사용·제한하는 규정과

③ ⓒ : 헌법 제23조 제2항에 규정된 재산권의 한계 안에

④ ⓓ : 경계 이론의 입장과 분리 이론의 입장은 전혀 다른 것이 아니라

⑤ ⓔ : 재산권 침해 정도에 따라 구분되는 것이 아니라 입법자의 서로 다른 의사가 반영된 것이라고

[26 ~ 30] 다음을 읽고 물음에 답하시오.

원자핵은 양성자나 중성자와 같은 핵자들의 결합으로 이루어져 있다. 원자핵을 구성하는 양성자와 중성자의 개수를 모두 더한 것을 질량수라고 하는데, 질량수가 큰 하나의 원자핵이 질량수가 작은 두 개의 원자핵으로 쪼개지는 것을 핵분열이라고 하고 질량수가 작은 두 개의 원자핵이 결합하여 질량수가 큰 하나의 원자핵이 되는 것을 핵융합이라고 한다.

핵분열이나 핵융합은 핵자당 결합 에너지로 설명할 수 있다. 원자핵의 질량은 그 원자핵을 구성하는 개별 핵자들의 질량을 모두 더한 것보다 작다. 이처럼 핵자들이 결합하여 원자핵이 되면서 질량이 줄어든 것을 질량 결손이라고 한다. '질량 – 에너지 등가 원리'에 따르면 질량과 에너지는 상호 간의 전환이 가능하고, 이때 에너지는 질량에 광속의 제곱을 곱한 값과 같다. 한편 핵자들의 결합에서 줄어든 질량은 에너지로 전환되는데, 이 에너지는 원자핵의 결합 에너지와 그 크기가 같다. 원자핵의 결합 에너지란 원자핵을 개별 핵자들로 분리할 때 가해야 하는 에너지이다. 원자핵의 결합 에너지를 질량수로 나눈 것을 핵자당 결합 에너지라고 하고 그 값은 원자핵의 종류에 따라 다르다.

원자핵을 구성하는 핵자들은 핵자당 결합 에너지가 클수록 더 강력하게 결합되어 있고 이는 원자핵이 더 안정된 상태라는 것을 의미한다. 모든 원자핵은 안정된 상태가 되려는 성질이 있으므로, 핵자당 결합 에너지가 작은 원자핵들은 핵분열이나 핵융합을 거쳐 핵자당 결합 에너지가 큰 상태가 된다. 핵분열이나 핵융합도 반응 전후로 질량 결손이 일어나고, 줄어든 질량은 에너지로 전환된다.

핵분열과 핵융합에서 발생하는 에너지를 발전에 이용할 수 있다. ㉠우라늄 – 235(^{235}U) 원자핵을 사용하는 핵분열 발전의 경우, 우라늄 원자핵에 중성자를 흡수시키면 질량수가 작고 핵자당 결합 에너지가 큰 원자핵들로 분열된다. 이때 2 ~ 3개의 중성자가 방출되는데 이 중성자는 다른 우라늄 원자핵에 흡수되어 연쇄 반응을 일으킨다. 이 과정에서 질량 결손으로 인해 전환되는 에너지를 발전에 이용하는 것이다.

핵분열 발전에서는 중성자의 속도를 느리게 해야 한다. 중성자가 너무 빠르게 움직이면 원자핵에 흡수될 확률이 낮기 때문이다. 특히 핵분열 과정에서 방출된 중성자는 속도가 매우 빠르기 때문에 이를 느리게 해야 연쇄 반응을 일으킬 수 있다. 그래서 물이나 흑연을 감속재로 사용하여 중성자의 속도를 느리게 만든다. 한편 연쇄 반응이 급격하게 일어나면 과도한 에너지가 발생하여 폭발이 일어날 수 있기 때문에 제어봉을 사용한다. 제어봉은 중성자를 흡수하는 장치로, 핵분열에 관여하는 중성자 수를 조절하여 급격한 연쇄 반응을 방지한다.

핵융합 발전을 위한 시도도 계속되고 있다. 태양이 에너지를 생성하는 방법이 바로 핵융합이다. ⓐ수소(^{1}H) 원자핵을 원료로 하는 태양의 핵융합은 주로 태양의 중심부에서 일어난다. 먼저 수소 원자핵 2개가 융합하여 중수소(^{2}H) 원자핵이 되고, 중수소 원자핵은 수소 원자핵과 융합하여 헬륨 – 3(^{3}He) 원자핵이 된다. 그리고 2개의 헬륨 – 3 원자핵이 융합하여 헬륨 – 4(^{4}He) 원자핵이 된다. 이러한 과정에서 줄어든 질량이 에너지로 전환되는 것이다.

지구는 태양과 물리적 조건이 달라서 태양의 핵융합을 똑같이 재현할 수 없다. 가장 많이 시도하는 방식은 ⓑD – T 핵융합이다. 이 방식에서는 중수소 원자핵과 삼중 수소(^{3}H) 원자핵이 융합하여 헬륨 – 4 원자핵이 된다. 중수소 원자핵과 삼

중 수소 원자핵을 핵융합 발전의 원료로 사용하는 이유는 다른 원자핵들의 핵융합보다 반응 확률이 높고 질량 결손으로 전환되는 에너지도 크기 때문이다.

하지만 지구에서 핵융합을 일으키는 것은 간단하지 않다. 양(+)의 전하를 띤 원자핵은 음(-)의 전하를 띤 전자와 전기적 인력에 의해 단단히 결합되어 있어서 일반적인 상태에서 원자핵이 융합하는 것은 불가능하다. 따라서 핵융합 반응을 일으키기 위해서는 물질을 원자핵과 전자가 분리된 상태인 플라스마 상태로 만들어야 한다. 또한 원자핵은 양의 전하를 띠고 있어서 서로 가까이 다가갈수록 척력이 강하게 작용한다. 척력을 이겨내고 원자핵이 융합하게 하기 위해서는 플라스마의 온도를 높여 원자핵이 고속으로 움직일 수 있도록 해야 한다. 따라서 핵융합 발전을 위한 핵융합로에서는 ⓒ플라스마를 1억 ℃ 이상으로 가열해서 핵융합의 확률을 높인다. 융합로에서 플라스마의 온도를 높인 이후에는 고온 상태를 일정 시간 이상 유지하는 것도 중요하다. 플라스마는 융합로의 벽에 접촉하면 온도가 내려가기 때문에 자기장을 활용해서 플라스마가 벽에 닿지 않게 하여 고온 상태를 유지할 수 있도록 한다. 안정적인 핵융합 발전을 위해서는 고온의 플라스마를 높은 밀도로 최소 300초 이상 유지해야 한다.

26. 윗글의 내용과 일치하는 것은?

① 양성자의 질량과 중성자의 질량을 더한 것을 질량수라고 한다.
② 원자핵과 전자 사이에는 척력이 작용하여 서로 단단하게 결합되어 있다.
③ 원자핵의 결합 에너지는 핵자당 결합 에너지를 질량수로 나눈 것이다.
④ 질량 – 에너지 등가 원리에 따르면 질량은 에너지에 광속의 제곱을 곱한 값과 같다.
⑤ 핵자들이 결합하여 원자핵이 될 때 줄어든 질량이 전환된 에너지의 크기는 그 원자핵을 다시 개별 핵자들로 분리할 때 필요한 에너지의 크기와 같다.

27. ㉠에 대한 이해로 적절하지 <u>않은</u> 것은?

① 우라늄 – 235 원자핵에 전자를 흡수시켜 핵분열을 일으킨다.
② 물이나 흑연을 감속재로 사용하여 중성자의 속도를 조절한다.
③ 제어봉으로 중성자를 흡수하여 과도한 에너지가 발생하지 않도록 한다.
④ 우라늄 – 235 원자핵이 분열되면 우라늄 – 235 원자핵보다 질량수가 작은 원자핵들로 나뉜다.
⑤ 우라늄 – 235 원자핵이 분열되면서 방출되는 중성자의 속도를 느리게 해서 연쇄 반응을 일으킨다.

28. 윗글을 읽은 학생이 <보기>의 설명을 이해한 내용으로 가장 적절한 것은? [3점]

< 보 기 >

선생님 : 이 그림은 여러 원자핵의 핵자당 결합 에너지를 나타내고 있어요. 철($_{26}^{56}$Fe) 원자핵은 다른 원자핵들에 비해 핵자당 결합 에너지가 크죠? 철 원자핵은 모든 원자핵 중에서 핵자당 결합 에너지가 가장 크고 가장 안정된 상태예요. 철 원자핵보다 질량수가 작은 원자핵은 핵융합을, 질량수가 큰 원자핵은 핵분열을 통해 핵자당 결합 에너지가 높은 원자핵이 된답니다.

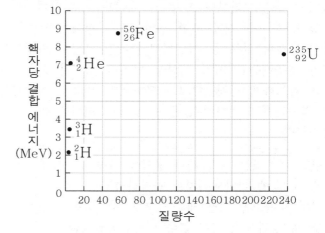

※ 원자핵의 질량수(A)와 양성자 수(Z)는 원소 기호(X)에 다음과 같이 표기한다.

$$_{Z}^{A}X$$

① 헬륨 – 4 원자핵은 핵융합을 거치면 더 안정된 상태의 원자핵으로 변하겠군.
② 중수소 원자핵은 삼중 수소 원자핵과 양성자의 수는 같지만 더 안정된 상태이겠군.
③ 철 원자핵의 결합 에너지는 철 원자핵의 핵자당 결합 에너지에 26을 곱한 값과 같겠군.
④ 우라늄 – 235 원자핵이 핵분열하여 생성된 원자핵들은 핵자당 결합 에너지가 9MeV 이상이겠군.
⑤ 우라늄 – 235 원자핵은 철 원자핵에 비해 원자핵을 구성하고 있는 핵자들이 더 강력하게 결합되어 있겠군.

29. ⓐ와 ⓑ에 대한 설명으로 적절하지 <u>않은</u> 것은?

① ⓐ의 과정에서 헬륨 – 4 원자핵의 개수는 늘어난다.
② ⓑ는 중수소 원자핵과 삼중 수소 원자핵을 원료로 사용한다.
③ 헬륨 – 4 원자핵은 ⓑ에서와 달리 ⓐ에서는 헬륨 – 3 원자핵이 융합하여 생성된다.
④ ⓐ와 ⓑ에서는 모두 반응 전후로 질량 결손이 일어나고 줄어든 질량은 에너지로 전환된다.
⑤ ⓑ를 일으키기 위해서는 ⓐ가 일어나기 위한 물리적 조건과 동일한 조건을 만들어 주어야 한다.

30. ⓛ의 이유로 가장 적절한 것은?

① 원자핵이 융합로의 벽에 접촉하지 않게 하기 위해
② 자기장을 발생시켜 플라스마의 온도를 유지하기 위해
③ 원자핵이 척력을 이겨내고 서로 융합할 수 있도록 하기 위해
④ 전자를 고속으로 움직이게 하여 핵융합의 효율을 높이기 위해
⑤ 원자핵들 사이에 전기적 인력을 발생시켜 핵융합의 확률을 높이기 위해

[31 ~ 33] 다음을 읽고 물음에 답하시오.

(가)

1
양철로 만든 **달**이 하나 수면 위에 **떨어지고**
부숴지는 **얼음** 소리가
날카로운 호적같이 옷소매에 스며든다.

해맑은 밤바람이 이마에 서리는
여울가 모래밭에 **홀로** 거닐면
노을에 빛나는 은모래같이
호수는 **한포기 화려한 꽃밭**이 되고

여윈 추억의 가지가지엔
조각난 빙설(氷雪)이 눈부신 빛을 하다.

2
낡은 고향의 허리띠같이
강물은 길―게 **얼어붙고**

차창에 서리는 황혼 저 멀―리
노을은
나 어린 **향수(鄕愁)**처럼 희미한 날개를 펴고 있었다.

3
앙상한 잡목림 사이로
한낮이 겨운 하늘이 투명한 기폭(旗幅)을 떨어뜨리고

푸른 옷을 입은 **송아지**가 한마리
조그만 그림자를 바람에 나부끼며
서글픈 얼굴을 하고 **논둑 위에 서 있다.**

― 김광균, 「성호부근」 ―

(나)

갈아놓은 논고랑에 고인 물을 본다.
마음이 행복해진다.
나뭇가지가 구부정하게 비치고
햇살이 번지고
날아가는 새 그림자가 잠기고
나의 얼굴이 들어 있다.
늘 **홀로**이던 내가
그들과 **함께 있다.**
누가 높지도 낮지도 않다.
모두가 **아름답다.**
그 안에 나는 거꾸로 서 있다.

거꾸로 서 있는 모습이
본래의 내 모습인 것처럼
아프지 않다.
산도 곁에 거꾸로 누워 있다.
늘 **떨며 우왕좌왕하던** 내가
저 세상에 건너가 서 있기나 한 듯
무심하고 아주 선명하다.

― 이성선, 「논두렁에 서서」 ―

31. (가)와 (나)에 대한 설명으로 가장 적절한 것은?

① (가)와 (나)는 음성 상징어를 사용하여 대상의 생동감을 강조하고 있다.
② (가)와 (나)는 현재 시제를 활용하여 시적 상황에 주목하도록 하고 있다.
③ (가)와 (나)는 청자와 대화하는 방식을 활용하여 주제를 형상화하고 있다.
④ (가)와 달리 (나)는 시선을 원경에서 근경으로 이동하면서 시상을 전개하고 있다.
⑤ (나)와 달리 (가)는 동일한 시어를 반복하여 리듬감을 형성하고 있다.

32. <보기>를 바탕으로 (가)를 이해한 내용으로 적절하지 **않은** 것은? [3점]

――― < 보 기 > ―――
(가)는 숫자로 구별된 세 개의 장면으로 구성되어 있다. 각 장면에서는 다양한 이미지를 통해 겨울 호수와 그 부근의 풍경이 형상화되고, 이 과정에서 애상적 정서가 환기된다.

① '1'에서는 '한포기 화려한 꽃밭'으로 표현된 호수의 모습에 '양철'과 '얼음'이 환기하는 날카롭고 차가운 감각이 연결되면서 겨울 호수의 이미지가 형상화되고 있다.
② '1'에서 '달이 하나 수면 위에 떨어지'는 모습은 겨울 호숫가를 '홀로' 거니는 화자의 상황과 맞물리면서 쓸쓸한 정서를 드러내고 있다.
③ '2'의 '강물'과 '노을'은 '낡은 고향'과 '향수'의 이미지로 연결되면서 고향에 대한 그리움의 정서를 떠올리게 한다.
④ '2'의 '희미한 날개를 펴고 있었다'는 '3'의 '논둑 위에 서 있다'와 연결되면서, '송아지'의 '서글픈 얼굴'이 드러내는 정서가 극복될 수 있는 가능성을 암시하고 있다.
⑤ '1', '2', '3'에서는 각각 '조각난 빙설', '얼어붙'은 '강물', '앙상한 잡목림'과 같은 시구가 스산한 분위기를 자아내면서 애상적 정서를 심화하고 있다.

33. (나)를 감상한 내용으로 적절하지 <u>않은</u> 것은?

① 화자는 '늘 떨며 우왕좌왕하던' 과거 자신의 모습과 '곁에 거꾸로 누워 있는' '산'의 모습을 동일시하고 있군.

② '누가 높지도 낮지도 않'은 모습을 '아름답다'고 한 것에서 화자가 물에 비친 세상을 긍정적으로 보고 있음을 알 수 있군.

③ '거꾸로 서 있는 모습'을 '아프지 않'은 것으로 받아들이는 화자에게서 물에 비친 자신의 모습을 부정적이지 않은 것으로 수용하는 태도가 드러나는군.

④ '늘 홀로'라고 생각했던 화자는 '나뭇가지', '햇살', '새 그림자'와 '나의 얼굴'이 '함께 있'는 모습에서 자신이 다른 존재들과 공존하고 있음을 발견하는군.

⑤ 물에 비친 자신의 모습을 '무심하고 아주 선명하다'라고 한 것에서, 화자가 물을 보는 행위를 통해 자기 자신에 대한 인식을 달리하게 되었음을 알 수 있군.

[34 ~ 37] 다음을 읽고 물음에 답하시오.

만두 집을 했던 엄마가 어떻게 피아노를 가르칠 생각을 했는지 알 수 없다. 욕심이거나 뭔가 강요하려 한 것은 아니었다. 엄마는 배움이 짧았고, 자신의 교육적 선택에 늘 자신감을 갖지 못했다. 다만 그때 엄마는 어떤 '보통'의 기준들을 따라가고 있었으리라. **놀이 공원에 가고, 엑스포에 가는 것처럼,** 어느 시기에는 어떠어떠한 것을 해야 한다는 풍문들을 말이다. 돌이켜보면 어릴 때 엑스포에 가고 박물관에 간 것이 그렇게 재밌었던 것 같지는 않다. 하지만 나를 엑스포에 보내주고, 놀이 공원에 함께 가 준 엄마에게 고마운 마음이 든다. 누구나 겪는, **평범한 유년의 프로그램** 중 하나였을 뿐이지만, 무지한 눈으로 시대의 풍문들에 고개 끄덕였을, 김밥을 싸고 관광버스에 올랐을 엄마의 피로한 얼굴이 떠오르는 까닭이다. 이따금 내가 회전목마 위에서 비명을 지르는 동안, 한 손으로 얼굴을 가린 채 벤치에 누워 있던 엄마의 모습이 떠오르곤 한다. 신을 벗고 짧은 잠을 청하던 엄마의 얼굴은 도—처럼 낮고 고요했던가 그렇지 않았던가. 엄마를 따라 하느라, 피아노 의자 위에 누워 있던 나를 보고, 선생님은 라—처럼 놀랐던가 그렇지 않았던가. 일과 중 가장 중요한 일이 '엄마 100원만'인 줄 알았던 때이긴 했지만. 나는 헨델이 없는 헨델의 방에서 음악을 했고, 엄마는 **베토벤같이 풀린 파마머리를 한 채 귀머거리처럼 만두를 빚었다.** ㉠마침 동네에 음악 학원이 생겼고, 엄마의 만두가 불티나게 팔리던 시절이라 가능했던 일인지도 모른다.

엄마는 내게 피아노를 사줬다. 읍내서부터 먼짓길을 달려 온 **파란 트럭**이 집 앞에 섰을 때, 엄마가 무척 기뻐했던 기억이 난다. **세탁기도 냉장고도 아닌 피아노라니.** 어쩐지 우리 삶의 질이 **한 뼘쯤** 세련돼진 것 같았다. 피아노는 노릇한 원목으로 돼, 학원에 있는 어떤 것보다 좋아 보였다. ㉡원목 위에 양각된 우아한 넝쿨무늬, 은은한 광택의 금속 페달, 건반 위에 깔린 레드 카펫은 또 얼마나 선정적인 빛깔이던지. 그것은 우리 집에 있는 가재들과 때깔부터 달랐다. 다만 좀 멋쩍은 것은 피아노가 가정집 '거실'이 아닌, ⓐ만두 가게 안에 놓인다는 사실이었다. 우리 가족은 **생계와 주거**를 한 건물 안에서 해결하고 있었다. ㉢낮에는 방에 손님을 들이고, 밤에는 식구들이 이불을 펴고 자는 식으로 말이다. 피아노는 나와 언니가 쓰는 작은방에 놓였다. 안방은 주방을, 작은방은 홀을 마주보고 있었다.

나는 오후 내 가게에 붙어 피아노를 연주했다. 울림 폭을 크게 해주는 오른쪽 페달을 밟고, 멋을 부려 「소녀의 기도」나 「아드린느를 위한 발라드」와 같은 곡을 말이다. 찜통에선 수증기가 푹푹 나고, 홀에서는 장사꾼과 농부들이 흙 묻은 장화를 신은 채 우적우적 만두를 씹고 있는 공간에서, 누구라도 만두를 삼키다 말고 울고 가게 만들었을 그런 연주를. 쉽고 아름답지만 촌스러워서 누구라도 가게 앞을 지나다 **얼굴을 붉히게 만들었을,** 그러나 좀더 정직한 사람이라면 만두 접시를 집어던지며 '다 때려치우라 그래!' 소리쳤을 그런 연주를 말이다. 한번은 연주가 끝난 뒤 박수 소리가 들려 고개를 돌린 적이 있다. 홀에서 웬 백인 남자가 **손뼉을 치며** "원더풀"이라 외치고 있었다. 외국인과 나 사이에 어정쩡한 침묵이 흘렀다. 나는 부끄러웠지만 수줍게 한마디 했다. 땡큐…… 집 안에선 밀가루 입자가 햇빛을 받으며 분분히 날렸고, 건반을 짚은 손가락 아래론 지문이 하얗게 묻어났다.

[중략 부분의 줄거리] 아빠의 빚보증 때문에 가계가 어려워졌지만 엄마는 피아노만은 빼앗기지 않고 싶어 했다. 대학 진학을 앞두고 언니의 서울 반지하방으로 이사하게 된 **'나'**는, 피아노를 가지고 가 달라는 엄마의 부탁을 받게 된다.

언니의 표정은 뜨악했다. 외삼촌이 담배를 피우는 사이, 나는 사정을 설명하느라 애를 먹었다. 엄마가 다 얘기한 줄 알았는데, 언니는 아무것도 모르고 있었다. 언니가 답답한 듯 말했다.

"여기, ⓑ반지하야."

나는 조그맣게 대꾸했다.

"나도 알아."

우리는 트럭 앞에 모여 피아노를 올려다봤다. ㉣그것은 몰락한 러시아 귀족처럼 끝까지 체면을 차리며 우아하고 담담하게 서 있었다. **외삼촌의 트럭**은 길 한가운데를 막고 있었다. 우리는 서둘러 목장갑을 꼈다. 외삼촌이 피아노의 한쪽 끝을, 언니와 내가 반대쪽을 잡았다. 외삼촌이 신호를 보냈다. 나는 깊은 숨을 쉰 뒤 피아노를 번쩍 들어 올렸다. 1980년대 산(産) **피아노가 잠시 세기말 도시의 하늘 위로 비상했다.** 그 모습이 꽤 아름다워 하마터면 탄성을 지를 뻔했다. 우리는 한 걸음씩 이동했다. 다리가 후들거리고 진땀이 났다. 사람들이 **우리를 흘깃거렸다.** 뒤에서 승용차 한 대가 비켜달라는 듯 경적을 울려댔다. 곧 건물 2층에 사는 집주인이 체육복 차림으로 내려왔다. 동글동글한 체구에, 아침 체조를 빼먹지 않을 것같이 생긴 50대 중반의 사내였다. 그는 집 앞에서 벌어진 풍경이 믿기지 않는다는 듯 아연한 표정으로 서 있었다. 나는 피아노를 든 채 어색하게 웃으며 목례했다. 언니 역시 눈치껏 사내에게 인사했다. **좁고 가파른 계단** 아래로 피아노가 천천히 머리를 디밀고 있었다. **세탁기도, 냉장고도 아닌 피아노라니.** 우리 삶이 **세 뼘쯤 민망해지는 기분**이었다. 갑자기 **쿵— 하는 소리**가 났다. 외삼촌이 피아노를 놓친 모양이었다. 우당탕탕— 피아노가 계단을 미끄러져 나갔다. 언니와 나는 다급하게 피아노 다리를 붙잡았다. 윙— 하는 공명감 사이로, 악기 속 여러 개의 시간이 뭉개지는 소리가 났다. 피아노 넝쿨무늬가 고장 난 스프링처럼 흔들리고 있는 모습이 보였다. 충격 때문에 몸에서 떨어져 나간 모양이었다. 그제야 나는 내가 **오랫동안 양각된 거라 믿어온 문양**이 사실은 본드로 붙여져 있던 것이라는 걸 깨달았다. 우리는 외삼촌의 안색을 살폈다. 외삼촌은 괜찮다는 신호를 보낸 뒤 다시 계단을 내려갔다. 나는 외삼촌의 부상이나 피아노의 상태가 걱정되지 않았다. 그보다는 쿵— 소리,

내가 처음 도착한 도시에 울려 퍼지는 그 사실적이고, 커다랗고, 노골적인 소리에 **얼굴이 붉어**졌다. 집주인은 어이없고 못마땅하다는 표정으로 ⓜ언니와, 나와, 피아노와, 외삼촌과, 다시 피아노를 번갈아 쳐다봤다.

"학생."

주인 남자가 언니를 불렀다. 언니는 재빨리 계단을 올라갔다. 출구 쪽, 네모난 햇살 아래 뭔가 열심히 설명하고 있는 언니의 모습이 보였다. 언니는 승용차 운전자에게도 양해를 구했다. 우리는 결국 관리비를 더 내고, 피아노를 절대 치지 않겠다는 조건으로 집주인을 돌려보냈다. 집주인은 돌아서며 한마디 했는데, 치지도 않을 피아노를 왜 갖고 있느냐는 거였다.

– 김애란, 「도도한 생활」 –

34. 윗글의 서술상 특징으로 가장 적절한 것은?

① 동일한 사건을 여러 인물의 관점에서 다양하게 서술하고 있다.
② 서술자가 교체되면서 인물 간의 갈등을 다각적으로 조명하고 있다.
③ 이야기 외부의 서술자가 특정 인물의 관점에서 사건을 해석하고 있다.
④ 사건에 개입되지 않은 인물의 관점을 통해 사건을 객관적으로 전달하고 있다.
⑤ 이야기 내부의 서술자가 인물의 행위를 묘사하며 자신의 내면을 드러내고 있다.

35. ㉠ ~ ㉤에 대한 이해로 적절하지 않은 것은?

① ㉠은 추측과 짐작을 드러내는 표현을 사용하여 현재의 시각에서 지나간 일의 의미를 진술하고 있다.
② ㉡은 외양에 대한 묘사를 나열하여 인물이 대상에서 받은 인상의 근거를 제시하고 있다.
③ ㉢은 앞서 언급한 내용을 부연하여 자신의 경험에 대한 이해의 폭이 확장되었음을 강조하고 있다.
④ ㉣은 비유적인 표현을 사용하여 어울리지 않는 곳에 놓이게 된 대상을 바라보는 마음을 드러내고 있다.
⑤ ㉤은 쉼표를 빈번하게 사용하여 예기치 않은 상황에 대한 인물의 불편한 심리를 부각하고 있다.

36. ⓐ와 ⓑ를 바탕으로 윗글을 이해한 내용으로 적절하지 않은 것은?

① '파란 트럭'에 의해 ⓐ로 옮겨져 엄마를 기쁘게 했던 피아노는, '외삼촌의 트럭'에 의해 ⓑ로 옮겨지면서 언니를 당황하게 했다.
② ⓐ에서 '나'는 '손뼉을 치'는 사람이 부끄러워하는 모습을 발견하고 있고, ⓑ에서 '나'는 '우리를 흘깃거'리는 시선에서 부끄러움을 느끼고 있다.
③ ⓐ는 우리 가족이 '생계와 주거'를 모두 해결해야 했던 공간이고, ⓑ는 '나'와 언니가 '좁고 가파른 계단'을 오르내리며 살아야 하는 공간이다.
④ ⓐ에서 '나'가 누구라도 '얼굴을 붉히게 만들었을' 연주를 했던 피아노는 ⓑ로 옮겨지는 과정에서 '쿵 — 하는 소리'로 '나'의 '얼굴이 붉어'지게 했다.
⑤ ⓐ에서 피아노에 대한 반가움을 드러내던 '세탁기도 냉장고도 아닌 피아노라니.'라는 표현은, ⓑ로 피아노가 옮겨지는 과정에서 나타나는 무안함을 드러내는 데 활용되고 있다.

37. <보기>를 참고하여 윗글을 감상한 내용으로 적절하지 않은 것은? [3점]

> < 보 기 >
>
> 엄마가 내게 사 준 피아노는 엄마가 꿈꾸었던 '도도한 생활'의 상징으로, 부모로서 자녀가 누리기를 희망했던 삶의 기준을 의미한다. '나'는 성년이 되면서 엄마가 애써 마련해준 환경에서 벗어나 새로운 환경에 직면하게 되는데, 이 환경은 '나'의 욕구를 제한하고 지금까지 '나'가 살아왔던 환경을 재평가하도록 한다. 윗글은 이러한 과정에서 인물이 겪는 각성의 순간을 포착하고 있다.

① '놀이공원에 가고, 엑스포에 가는 것'과 같은 '평범한 유년의 프로그램'은, 엄마가 자녀에게 마련해주고 싶었던 환경의 일부이겠군.
② '베토벤같이 풀린 파마머리를 한 채 귀머거리처럼 만두를 빚'던 모습은, 피아노가 상징하는 삶에 가까워지기 위한 엄마의 수고를 보여주는군.
③ '한 뼘쯤 세련돼진' 느낌을 주던 피아노에서 '세 뼘쯤 민망해지는 기분'을 느끼게 된 것은 '나'를 둘러싼 환경의 변화 때문이겠군.
④ '피아노가 잠시 세기말 도시의 하늘 위로 비상'하는 모습에서 '나'는 자신의 욕구를 제한해 온 환경이 변화하고 있음을 확인하게 되는군.
⑤ '오랫동안 양각된 거라 믿어온 문양이 사실은 본드로 붙여져 있던 것'임을 깨달으면서, '나'는 엄마가 애써 마련해준 환경이 그리 견고하지 못한 것이었음을 알게 되는군.

[38 ~ 41] 다음을 읽고 물음에 답하시오.

(가)

　고인(古人)*도 날 못 보고 **나도** 고인 못 뵈네
[A]　고인을 못 봐도 **가던 길** 앞에 있네
　가던 길 앞에 있거든 아니 가고 어찌할까

<제9수>

　당시(當時)에 가던 길을 몇 해를 버려 두고
[B]　어디 가 다니다가 이제야 돌아왔는고
　이제야 돌아왔으니 **딴 데** 마음 말으리

<제10수>

청산(靑山)은 어찌하여 만고(萬古)에 푸르르며
유수(流水)는 어찌하여 주야(晝夜)에 그치지 않는고
우리도 그치지 마라 만고상청(萬古常靑)*하리라

<제11수>

－ 이황, 「도산십이곡」 －

*고인: 옛 성인(聖人), 성현.
*만고상청: 아주 오랜 세월 동안 항상 푸름.

(나)

　지나간 성인들의 가르침은 하나같이 간단하고 명료했다. 들으면 누구나 다 알아들을 수 있는 내용이었다. 그런데 학자(이 안에는 물론 신학자도 포함되어야 한다)라는 사람들이 튀어나와 불필요한 접속사와 수식어로써 **말의 갈래를 쪼개고 나누어** 명료한 진리를 어렵게 만들어 놓았다. 어떻게 살아야 할 것인가에 대한 자기 **자신의 문제는 묻어** 둔 채, 이미 뱉어 버린 말의 찌꺼기를 가지고 시시콜콜하게 뒤적거리며 이러쿵저러쿵 따지려 든다. 생동하던 언행은 이렇게 해서 지식의 울안에 갇히고 만다.
　이와 같은 학문이나 지식을 나는 신용하고 싶지 않다. 현대인들은 자기 행동은 없이 남의 흉내만을 내면서 살려는 데에 맹점이 있다. 사색이 따르지 않는 지식을, 행동이 없는 지식인을 어디에다 쓸 것인가. 아무리 바닥이 드러난 세상이기로, 진리를 사랑하고 실현해야 할 지식인들까지 곡학아세(曲學阿世)*와 비겁한 침묵으로써 처신하려 드니, 그것은 지혜로운 일이 아니라 진리에 대한 배반이다.
　얼마만큼 많이 알고 있느냐는 것은 대단한 일이 못 된다. 아는 것을 어떻게 살리고 있느냐가 중요하다. 인간의 탈을 쓴 인형은 많아도 인간다운 인간이 적은 현실 앞에서 지식인이 할 일은 무엇일까. 먼저 무기력하고 나약하기만 한 그 인형의 집에서 나오지 않고서는 어떠한 사명도 할 수가 없을 것이다. 무학(無學)이란 말이 있다. 전혀 배움이 없거나 배우지 않았다는 뜻이 아니다. 학문에 대한 무용론도 아니다. 많이 배웠으면서도 배운 자취가 없는 것을 가리킴이다. 학문이나 지식을 코에 걸지 않고 지식 과잉에서 오는 관념성을 경계한 뜻에서 나온 말일 것이다. 지식이나 정보에 얽매이지 않은 자유롭고 발랄한 삶이 소중하다는 말이다. 여러 가지 지식에서 추출된 진리에 대한 신념이 일상화되지 않고서는 지식 본래의 기능을 다할 수 없다. 지식이 인격과 단절될 때 그 지식인은 사이비요 위선자가 되고 만다.
　책임을 질 줄 아는 것은 인간뿐이다. 이 시대의 실상을 모른

체하려는 무관심은 비겁한 회피요, 일종의 범죄다. 사랑한다는 것은 함께 나누어 짊어진다는 뜻이다. 우리에게는 우리 이웃의 기쁨과 아픔에 대해 나누어 가질 책임이 있다. 우리는 인형이 아니라 **살아 움직이는 인간**이다. 우리는 **끌려가는 짐승**이 아니라 신념을 가지고 당당하게 살아야 할 인간이다.

－ 법정, 「인형과 인간」 －

*곡학아세: 바른 길에서 벗어난 학문으로 세상 사람들에게 아첨함.

38. (가)와 (나)의 공통점으로 가장 적절한 것은?

① 옛사람의 행적을 긍정적으로 바라보고 있다.
② 새로운 도전에 대한 기대감을 형상화하고 있다.
③ 사물의 아름다움에 대한 예찬적 태도를 드러내고 있다.
④ 자연과 하나 되는 삶의 과정을 순차적으로 제시하고 있다.
⑤ 지식인의 부정적 태도에 대한 냉소적인 인식을 나타내고 있다.

39. [A]와 [B]에 대한 설명으로 적절하지 <u>않은</u> 것은?

① [A]는 유사한 문장 구조를 활용하여 운율감을 형성하고 있다.
② [B]는 시간과 관련된 표현을 활용하여 상황 변화의 기점을 강조하고 있다.
③ [A]와 [B]는 모두 의문형 어구를 활용하여 화자의 태도를 드러내고 있다.
④ [A]와 [B]는 모두 부정 표현을 사용하여 반성하는 자세를 드러내고 있다.
⑤ [A]와 [B]는 모두 앞 구절의 일부를 다음 구절에서 반복하여 내용을 연결하고 있다.

※ <보기>를 참고하여 40번과 41번의 두 물음에 답하시오.

─── < 보 기 > ───
　문학 작품의 감상 과정에서 독자는 작품에 제시된 대상이나 상황 간의 관계를 파악함으로써 내용을 더 잘 이해할 수 있다. (가)와 (나)의 독자는 이러한 방식을 통해 ㉠학문의 길을 걷는 사람이 지녀야 하는 올바른 삶의 태도를 발견하게 된다.

40. (가)와 (나)를 감상한 내용으로 적절하지 <u>않은</u> 것은? [3점]

① (가)의 9수에서는 '고인'과 '나'가 만나지 못하는 현실을 인식하고 학문 수양이라는 '가던 길'을 매개로 '고인'을 따르겠다는 화자의 의도가 드러나고 있다.

② (가)의 10수에서는 '당시에 가던 길'과 '딴 데'가 대비되면서 학문 수양 이외에 다른 것에는 힘을 쏟지 않겠다는 화자의 의지가 드러나고 있다.

③ (가)의 11수에서는 '청산'과 '유수'의 공통적 속성이 '우리도 그치지' 않겠다는 다짐과 연결되면서 끊임없이 학문에 정진하겠다는 자세가 드러나고 있다.

④ (나)에서는 '말의 갈래를 쪼개고 나누'는 태도와 '자신의 문제는 묻어' 두는 태도가 대비되면서 학문 수양에서 자기 중심적 태도를 버려야겠다는 다짐이 드러나고 있다.

⑤ (나)에서는 '살아 움직이는 인간'과 '끌려가는 짐승'이 대비되면서 학문을 통해 배운 신념을 바탕으로 당당하게 살아가겠다는 태도가 드러나고 있다.

41. (나)의 무학(無學) 의 의미를 바탕으로 <보기>의 ㉠을 설명한 내용으로 적절하지 <u>않은</u> 것은?

① 지식의 과잉에서 오는 관념성을 경계하는 태도이다.

② 배움이 부족하여 지식을 인격과 별개로 보는 태도이다.

③ 많이 배웠으면서 배운 자취를 자랑하지 않는 태도이다.

④ 지식에서 추출된 진리에 대한 신념이 일상화된 태도이다.

⑤ 지식이나 정보에 얽매이지 않은 자유롭고 발랄한 태도이다.

[42 ~ 45] 다음을 읽고 물음에 답하시오.

　각설 토끼는 만수산에 들어가 바위 구멍에 숨어 사니 신세가 태평하고 만사에 무심하여 혹은 일어났다 앉았다 하고 혹은 벽에 기대어 눕기도 하는 중 용왕의 말이 귀에 들리는 듯하고 용궁의 경치가 눈앞에 삼삼하여 기쁨을 이기지 못한 채 마음에 생각하기를,
　'내 만수산의 일개 토끼로서 간사한 놈의 꼬임으로 거의 죽을 뻔하였지. 그러나 두세 치밖에 안 되는 혀로 만승의 임금을 유혹하여 용궁을 두루 구경하고 만수산으로 돌아왔으니 비록 소장*의 구변*이나 양평*의 지혜라도 이보다 낫지 못할 거야. 이후에 다시는 동해 가를 밟지도 말고 맹세코 용궁 사람들과 말도 말고 돌베개에 팔이나 괴고 살아갈 뿐야.'
　이때 홀연히 한 떼의 검은 구름이 남쪽으로부터 오더니 조금 있다가 광풍이 일어나 소나기가 쏟아진다. 또 우레 소리가 울리고 번갯불이 번쩍번쩍하더니 조용하고 컴컴해져 지척을 분간할 수 없었다. 토끼가 크게 놀라,
　'이는 필시 용왕의 조화야.'

하고, 막 피하여 숨으려 할 제 뇌공이 바위 구멍으로 쳐들어오더니 토끼를 잡아가는데 날아가듯 빨라 잠깐 사이에 남천문 밖에 이르렀다. 토끼가 혼이 나가고 기운을 잃어 땅에 엎어졌다가 다시 깨어나 머리를 들고 보니 천상의 백옥경이었다. 토끼가 영문을 몰라 섬돌 아래에 기고 있는데 문지기가 달려들어와,
　"동해용왕 광연이 명을 받아 문 밖에 왔습니다."
한다. 토끼가 이 말을 듣고 크게 놀라 마음속으로 생각하기를,
　'이는 반드시 용왕이 상제에게 고하여 나를 죽이려 하는구나. 지난 번에는 궤변으로 죽을 고비를 넘겼으나 이번에는 죽음을 면할 수 없을 거야.'
하고, 머리를 구부리고 턱을 고인 채 말없이 정신 나간 듯 있었더니 조금 이따가 전상에서 한 선관이 부른다.
　"상제의 명이니 용왕과 토끼를 판결하라."
　말이 끝나기도 전에 용왕은 전하에 꿇어 앉고 토끼를 바라보면서 몹시 한스러워 했다. 한 선관이 지필묵을 두 사람 앞에 놓더니,
　"상제의 명이니 각자 느낀 바를 진술하고 **처분을 기다리라.**"
한다. 용왕이 붓을 잡고 진술을 하는데 그 대강은 이러했다.
　"엎드려 생각건대 소신은 모든 관리들의 장으로서 직책이 사해의 우두머리가 되어 구름과 안개를 일으키는 변화를 부리고 하늘에 오르내려 비를 내립니다. 삼가 나라의 신을 받들어 아래로 수많은 백성을 훈육하고 감히 어리석은 정성을 다하여 위로 임금님의 은혜에 보답하여 왔습니다. 하온데 한 병이 깊이 들어 몸의 위태로움이 바늘 방석에 앉은 듯하고 백 가지 약이 효험이 없으니 목숨이 조석에 달려 있습니다. 그러나 삼신산이 아득히 머니 선약을 어디서 구하며 편작이 이미 죽고 양의가 다시 나오지 않았습니다만 도사의 한마디 말을 듣고 만수산에서 토끼를 얻었으나 마침내 그 간교한 꾀에 빠져 후회한들 무슨 소용이 있겠습니까마는 세상에 놓쳐 버렸으니 다만 속수무책일 뿐입니다. 오늘 이렇게 다시 와 뵈오니 굶은 자가 밥을 얻은 듯하고 온갖 병이 다 나아 고목에 꽃이 핀 듯합니다. 엎드려 원하옵건대 전하께서는 제왕께서 작은 것을 가지고 큰 것을 바꾼 인자함을 본받아 소신의 병으로 죽게 된 목숨을 구해주소서. 엎드려 임금님께 비오니 가엾고 불쌍히 여겨 주소서." [A]
토끼가 또한 진술하기를,
　"엎드려 생각건대 소신은 만수산에서 낳고 만수산에서 자라 오로지 성명*을 산중에서 다하였을 뿐 세상에 출세함을 구하지 않았습니다. 수양산에서 고사리 캐 먹다 죽은 백이의 높은 절개를 본받고 동고에서 시를 읊은 도잠의 기풍을 따랐습니다. 아침에 구름 낀 산에 올라 고라니 사슴들과 짝하여 놀고 밤에는 월궁에서 상아*와 함께 약방아를 찧었습니다. 그러는 동안에 세상 사람들에게 해를 끼치지 않았는데 어찌하다 용왕에게 원망을 사서 결박하여 섬돌 아래 놓이니 절인 생선이 줄에 꿰인 듯하고 전상에서 호령하니 뜨거운 불바람이 부는 듯합니다. 사는 것을 좋아하고 죽는 것을 싫어하는 마음에 어찌 대소가 있겠습니까? 목숨을 살려 몸을 보전함에 귀천이 있을 수 없고 더불어 죄 없이 죽게 됨은 속여서라도 살아남과 같지 않으니 오늘 뜻밖에 용왕의 비위를 거슬렸으니 어찌 감히 삶을 구하겠으며 다시 위태로운 땅을 밟아 스스로 화를 받을 것을 알겠습니다. 말을 이에 마치고자 하오니 엎드려 비옵건대 살펴주소서." [B]

옥황이 다 읽고 나서 여러 신선들과 의논하니 일광노가 나와 말한다.

"두 사람이 진술한 바로 그 옳고 그름이 불을 보듯 환하게 되었습니다. 폐하께서 병든 자를 위하여 죄 없는 자를 죽인다면 그 원망을 어찌하겠습니까? **강자를 누르고 약자를 도와 공정한 처결을 하소서.**"

옥황이 그 말이 옳다 하고 다음과 같이 판결하였다.

"대체로 천지는 만물이 머물다 가는 여관과 같고 세월은 백대에 걸쳐 지나는 손님과 같다. **낳으면 늙고 늙으면 죽는 것은 인간의 일상적 일**이오 사물의 항상 되는 일인즉 진실로 이에 초연하여 혼자 존재함을 듣지 못 했고 날개가 돋아 신선이 된다함을 듣지 못 했노라. 또 혹 병이 들어 일찍 죽는 자나 혹 상처를 입어 죽는 자는 모두 다 명이니 어찌 원혼이겠는가? 동해용왕 광연은 병이 들었으나 도리어 살고 만수산 토끼는 죄가 없으나 죽는다면 이는 마땅히 살 자가 죽는 것이다. 광연이 비록 살아날 약이 있다 하나 **토끼인들 어찌 죽음을 싫어하는 마음이 없겠는가?** 광연은 용궁으로 보내고 토끼는 세상으로 놓아주어 그 천명을 즐기게 함이 하늘의 뜻에 순응함이라."

이에 다시 뇌공을 시켜 토끼를 만수산에 압송하니 토끼가 백배사례하며 가버렸다.

이날 용왕이 적혼공에게,

"옥황이 죄 없이 죽는다 하여 토끼를 보내주는 모양이니 너는 문 밖에 그가 나오는 것을 기다리고 있다가 바로 죽여라. 그렇지 않으면 죽음을 면할 수 없으리니 입조심을 하여 비밀이 새어나지 않도록 해라."

하니 적혼공이,

"대왕의 입에서 나와 소신의 귀에 들어온 말을 어찌 아는 이가 있겠습니까?"   [C]

말을 마치자 우레 소리가 나고 광풍이 갑자기 일어 뇌공이 토끼를 압령하여 북쪽을 향하여 가니 날아가는 화살 같고 추상 같았다. 적혼공이 감히 손도 못 대고 손을 놓고 물러가니 용왕이 크게 탄식하며,

"하늘이 망해놓은 화이니 다시 바랄 게 없구나."

하고 적혼공과 더불어 손을 잡고 통곡하며 돌아갔다.

　　　　　　　　　　　　　　 - 작자 미상, 「토공전」 -

* 소장 : 중국 전국 시대의 소진과 장의를 아울러 이르는 말.
* 구변 : 말을 잘하는 재주나 솜씨.
* 양평 : 중국 한나라 시대의 장양과 진평을 아울러 이르는 말.
* 성명 : '목숨'이나 '생명'을 달리 이르는 말.
* 상아 : 달 속에 있는 전설 속의 선녀. 항아.

42. 윗글을 이해한 내용으로 적절하지 <u>않은</u> 것은?

① 만수산에서 토끼는 갑작스러운 날씨 변화가 옥황 때문이라고 생각하여 두려워했다.
② 토끼는 백옥경에서 용왕을 만나기 전까지는 자신이 잡혀 온 이유를 알지 못했다.
③ 만수산에서 토끼는 자신의 뛰어난 말솜씨에 대해 자부심을 느꼈다.
④ 토끼는 용궁에서 만수산으로 돌아온 것에 대해 만족감을 느꼈다.
⑤ 만수산에서 지내던 토끼는 용궁에서의 기억을 떠올렸다.

43. [A]와 [B]를 비교한 내용으로 적절하지 <u>않은</u> 것은?

① [A]와 [B]는 모두 자신의 내력을 요약하며 진술을 시작하고 있다.
② [A]와 [B]는 모두 비유적 표현을 사용하여 자신이 고난에 처했음을 부각하고 있다.
③ [A]는 제안의 문제점을 스스로 인정하고 있고, [B]는 제안에 대한 확신을 드러내고 있다.
④ [A]에는 자신에게 유리한 결과를 기대하는 모습이, [B]에는 자신에게 불리한 결과를 예상하는 모습이 나타나 있다.
⑤ [A]와 [B]는 모두 자신의 요구를 제시하며 진술을 마무리하고 있다.

44. <보기>를 바탕으로 윗글을 감상한 내용으로 적절하지 <u>않은</u> 것은? [3점]

> ─────〈 보 기 〉─────
> 　윗글은 『토끼전』을 고쳐 쓴 한문 소설로 재판을 통해 갈등을 해결하는 송사 설화의 모티프가 나타난다. 용왕과 토끼는 옥황상제가 주관하는 재판 상황에 놓이게 되고, 이 상황에서는 지위의 우열보다는 진술의 우위가 판결에 영향을 미친다. 이 판결의 내용은 지위의 높고 낮음보다 생명의 가치를 존중하는 작가의 의식을 드러내고 있다.

① '상제의 명이니 용왕과 토끼를 판결하라.'라는 말에서, 송사 설화의 모티프가 쓰였음을 확인할 수 있군.
② 꿇어 앉아 함께 '처분을 기다리'는 것에서, 용왕과 토끼가 재판 당사자로서 대등한 처지에 놓이게 되었음을 알 수 있군.
③ '강자를 누르고 약자를 도와 공정한 처결을 하소서.'라는 일광노의 말에서, 토끼의 진술에 대한 지지를 확인할 수 있군.
④ '낳으면 늙고 늙으면 죽는 것은 인간의 일상적 일'이라는 말에서, 옥황이 판결을 망설이는 이유를 짐작할 수 있군.
⑤ '토끼인들 어찌 죽음을 싫어하는 마음이 없겠는가?'라는 말에서, 모든 생명은 소중하다는 작가의 의식을 확인할 수 있군.

45. [C]의 서사적 기능으로 가장 적절한 것은?

① 적혼공의 말을 통해 앞서 일어난 사건을 평가하고 있다.
② 용왕의 시도가 실패하였음을 보여 주어 주제 의식을 강조하고 있다.
③ 용왕의 탄식을 통해 용왕과 옥황 간의 새로운 갈등을 예고하고 있다.
④ 뇌공에 의해 공간이 전환되는 과정에서 공간적 배경의 사실성을 강조하고 있다.
⑤ 용왕의 지시를 따르지 않는 적혼공의 반응을 제시하여 독자의 흥미를 유발하고 있다.

━━━━━━━━━━━━━━━━
* 확인 사항
o **답안지의 해당란에 필요한 내용을 정확히 기입(표기)했는지 확인하시오.**
━━━━━━━━━━━━━━━━

2020학년도 3월 고1 전국연합학력평가 문제지　　1

제 1 교시

국어 영역

07회

● 문항수 45개 | 배점 100점 | 제한 시간 80분　　　　　　● 점수 표시가 없는 문항은 모두 2점

07회

[1~3] 다음은 학생이 수업 시간에 한 발표이다. 물음에 답하시오.

여러분, 명절 하면 어떤 전통 놀이가 떠오르시나요? (청중의 반응을 살피고) 저는 지난 설날에 온 가족과 둘러앉아 윷놀이를 하게 되었는데 무척 재미있었습니다. 그래서 여러분들도 그 재미를 느껴 보셨으면 하는 마음에 오랫동안 사랑받아 온 우리 전통 놀이, 윷놀이를 소개해 드리고자 합니다. 나누어 드린 활동지를 정리하면서 잘 들어 보세요.

윷놀이는 역사가 매우 오래된 놀이로 알려져 있습니다. 윷놀이는 과연 언제 시작되었을까요? (대답을 듣고) 네, 정확히는 '모른다'라는 대답이 가장 적절할 것 같은데요, 윷놀이를 언급한 우리나라 최초의 기록은 15세기에 간행된 『목은집』이라고 합니다. 이 자료에는 고려 시대에 이미 윷놀이가 성행했음이 나타나 있는데, 이를 바탕으로 윷놀이가 삼국 시대나 그 이전에 시작되었을 것으로 짐작할 수 있습니다.

(화면을 가리키며) 이것은 과거에 사용된 윷놀이 말판인데요, 과거의 말판은 지금처럼 사각형이 아니라 이처럼 원형이었다고 합니다. 말판에는 29개의 점이 그려져 있는데, 원을 그리고 있는 바깥의 점들은 하늘과 별자리의 운행을, 원 안쪽에 있는 열십자 모양의 점들은 땅을 나타낸 것이라고 합니다. 이 말판에는 하늘과 땅을 중심으로 한 조상들의 철학이 담겨 있었던 것이지요.

(화면을 가리키며) 윷놀이에 사용되는 윷가락은 이처럼 보통 한 면은 둥글고 한 면은 평평한 짧은 나무 막대기입니다. 던진 윷가락이 바닥에 떨어지면서 둥근 부분인 '등'이나 평평한 부분인 '배'를 보이는데, 네 윷가락이 배를 보이는 개수에 따라 도, 개, 걸, 윷, 모의 다섯 가지 윷 패로 나뉩니다.

윷놀이의 규칙은 간단합니다. (손가락을 하나씩 펼치며) 도는 한 칸, 개는 두 칸, 이어서 걸, 윷, 모의 순서로 말판 위에서 말이 움직이는 거리가 한 칸씩 늘어납니다. 특히 윷이나 모를 '사리'라고 하는데, 이 경우 한 번 더 윷을 던질 기회를 얻습니다.

그렇다면 윷놀이를 할 때 윷 패가 나오는 확률은 어떻게 될까요? 대략 도가 나올 확률은 15%, 개와 걸은 각각 35%, 윷은 13%, 모는 2% 정도입니다. 윷놀이를 할 때 이 확률을 고려하면 말 놓기 전략을 짜는 데 도움이 될 수 있습니다.

윷놀이는 윷을 던지는 방법뿐만 아니라 말 놓기 전략과 같은 다양한 변수가 작용하는데요, 놀이 방식은 간단하지만 우연성과 전략의 조화로 인해 승부를 예측할 수 없는 흥미진진한 게임이죠.

지금까지 윷놀이에 대해 말씀 드렸습니다. 제 발표가 윷놀이를 이해하는 데 도움이 되셨나요? (미소를 지으며) 다음 명절에는 여러분도 가족들과 함께 신명 나는 윷놀이 한 판 즐겨 보시기 바랍니다.

1. 발표자의 말하기 방식에 대한 설명으로 적절하지 않은 것은?

① 화제를 선정한 이유를 밝히며 발표를 시작하고 있다.
② 비언어적 표현을 활용하여 전달의 효과를 높이고 있다.
③ 질문을 던지는 방식을 통해 청중과 상호 작용하고 있다.
④ 설명하는 내용의 출처를 언급하여 신뢰성을 확보하고 있다.
⑤ 발표의 주요 내용을 요약, 정리하며 발표를 마무리하고 있다.

2. 다음은 발표를 들은 학생이 작성한 활동지이다. ㉠~㉤ 중 적절하지 않은 것은?

<우리 전통 놀이, 윷놀이>

1. 윷놀이의 역사
• (고려 시대)에 이미 성행함. ································ ㉠

2. 말판의 모양과 의미
• 과거 : 원형 말판 → 현재 : 사각형 말판
　↳ (하늘)과 별자리의 운행, (땅)을 나타냄. ··········· ㉡

3. 윷가락과 윷 패
• 윷가락의 등 : (평면) 부분, 배 : (곡면) 부분 ········· ㉢
　↳ 배를 보이는 개수에 따라 윷 패를 구분함.

4. 놀이의 규칙
• 윷 패에 따라 말의 이동 거리가 달라짐.
• (사리)일 때 윷을 한 번 더 던짐. ······················· ㉣

5. 윷 패가 나올 확률
• 개 = (걸) > (도) > 윷 > 모 ····························· ㉤

① ㉠　　　② ㉡　　　③ ㉢　　　④ ㉣　　　⑤ ㉤

3. <보기>는 발표를 들으면서 학생이 보인 반응이다. 이에 대한 이해로 가장 적절한 것은?

< 보 기 >

윷놀이를 할 때 윷 패가 나오는 확률을 소개한 내용이 참 흥미로웠어. 내가 해 본 스마트폰 윷놀이 게임에서도 개나 걸이 자주 나오고 모는 잘 안 나오던데, 스마트폰 윷놀이 게임에도 실제 윷놀이를 했을 때 나오는 윷 패의 확률이 그대로 적용되었을까?

① 발표에서 언급되지 않았던 내용들에 대해 아쉬워하며 듣고 있다.
② 발표 내용이 사실인지 발표자의 의견인지를 구분하며 듣고 있다.
③ 발표 내용이 발표 목적에 부합하고 있는지를 평가하며 듣고 있다.
④ 발표 내용과 관련된 자신의 경험을 떠올리며 궁금증을 가지고 듣고 있다.
⑤ 발표에서 언급된 내용을 바탕으로 자신의 배경지식을 수정하며 듣고 있다.

[4 ~ 7] (가)는 학생이 실시한 인터뷰이고, (나)는 이를 바탕으로 교지에 싣기 위해 쓴 초고이다. 물음에 답하시오.

(가)

학생: 안녕하세요. 저희 교지 편집반에서 사운드 디자이너라는 직업에 대해 소개하고자 이렇게 선배님을 인터뷰하게 되었습니다. 사운드 디자이너라는 직업이 저희들에게는 무척 낯선데요, 어떤 일을 하시는 건가요?

선배: 네, 우리가 일상에서 각종 기기들을 쓰게 되는데, 기기가 작동할 때 특유의 소리가 나잖아요? 기기에서 나는 그런 인위적인 소리를 만드는 사람이 바로 사운드 디자이너입니다. 제 작업실에 오셨으니까 사운드 디자이너들이 만든 소리 한번 들어 볼까요? (두 가지 소리를 들려준다.)

학생: 이거 많이 듣던 소리인데요. 처음 들은 건 컴퓨터를 켰을 때 나는 소리이고, 두 번째 들은 건 문자 메시지가 왔다고 알리는 소리 같아요.

선배: 네, 맞습니다. 방금 전에 소리를 들었을 때 뭐가 제일 먼저 떠올랐나요? 그 소리가 나는 제품이 자연스럽게 떠오르지 않았나요? 우리가 제품을 사용하면서 특정 소리를 반복해서 듣다 보면 어느새 기억 속에 소리가 각인돼 해당 제품의 이미지로 남게 됩니다. 그때 각인된 소리가 어떤 이미지를 자아내느냐에 따라 제품의 이미지가 결정되는 것이죠. 그래서 제조사에서는 사운드 디자인을 중요하게 인식하고 있습니다. [A]

학생: 결국 제품의 소리가 제품의 이미지를 형성하기 때문에 사운드 디자인이 중요한 것이군요. 제 말이 맞나요?

선배: 네, 맞아요.

학생: 그럼, 사운드 디자이너들은 소리를 어떻게 만드시나요?

선배: 몇 가지 방법이 있어요. (소리를 들려주며) 자, 이 소리는 자동차의 안전을 위한 각종 경보음이죠. 이런 소리는 여기 있는 디지털 음향 기기로 직접 만듭니다. (다른 소리를 들려주며) 이 소리는 휴대폰 벨 소리인데, 이미 누군가가 만든 곡을 제품에 어울리게 변형한 겁니다. 자, 이 소리도 한번 들어 보세요. (또 다른 소리를 들려주며) 이 소리는 가짜 엔진 소리인데, 실제 자동차의 엔진 소리를 녹음하여 만든 겁니다. [B]

학생: 가짜 엔진 소리요? 그건 왜 필요한지 말씀해 주세요.

선배: 요즘 전기 차나 하이브리드 차가 저속 운행을 할 때, 엔진 소리가 나지 않아서 보행자의 안전을 위협할 수도 있는데요, 그래서 가짜 엔진 소리가 필요합니다.

학생: 듣고 보니 사운드 디자이너가 하는 일이 흥미롭기도 하고 제품을 위해 필요한 일인 것 같아요. 그럼 사운드 디자이너가 되기 위해서는 어떤 준비를 해야 할까요?

선배: 우선 사운드 디자이너는 소리를 만드는 일을 하기 때문에 공학적인 지식과 함께 음향이나 음악에 대해 잘 알고 있어야 합니다. 또한 소리에 대한 감수성과 이해 능력을 기를 수 있도록 평소에 다양한 음악을 많이 접해보는 것도 필요합니다.

학생: 네, 그렇군요. 끝으로 사운드 디자이너라는 직업의 전망은 어떤가요?

선배: 우리나라의 전자 제품이 세계적으로 인정받고 있고 우리 영화나 게임의 위상이 점점 높아지는 현실을 고려할 때, 사운드 디자인 시장은 앞으로 더욱 커지리라 전망합니다.

후배님들이 사운드 디자이너라는 직업에 관심이 있다면 도전해 보면 좋겠습니다.

학생: 네, 좋은 말씀 감사합니다.

(나)

　사운드 디자이너는 우리가 사용하는 여러 가지 제품이 작동될 때 나는 소리를 만드는 사람이다. 영화나 게임, 전자 제품에서 사용되는 소리를 디지털 장비로 만들면서 예전에 음향 엔지니어로 불렸던 사람들이 사운드 디자이너로 불리기 시작했다.

　우리가 어떤 제품을 사용할 때마다 나는 특정 소리를 반복해서 들으면 그 소리가 기억에 남아서 해당 제품의 이미지를 형성하게 된다. 그러므로 어떤 소리를 사용하느냐에 따라 제품의 이미지가 결정된다. 즉, 제품에 사용된 소리가 매력적일수록 소비자들에게 각인된 제품에 대한 이미지도 매력적으로 형성되는 것이다. 눈에 보이지 않는 제품의 소리가 결국 소비자들을 끌어들이는 매력으로 작용하는 셈이다.

　사운드 디자인을 할 때는 디지털 음향 기기를 이용해서 새롭게 소리를 만들기도 하고, 기존의 곡을 제품에 맞게 변형하여 만들기도 한다. 또는 물소리나 자동차 소리와 같은 실제 소리를 녹음하여 사용하기도 한다.

　사운드 디자이너는 소리를 만드는 작업을 해야 하기 때문에 공학적인 지식과 함께 음향이나 음악에 대한 이해도 필요하다. 그렇기 때문에 사운드 디자이너가 되려면 음향공학과나 음악과, 작곡과 등에 진학하는 것이 도움이 될 수 있다. 실제로 현장에서 활동하는 사운드 디자이너들 중에는 이러한 학과를 졸업한 사람들이 많다고 한다.

　제품에 대한 이미지가 날로 중요해짐에 따라 매력적인 소리에 대한 수요가 늘어날 것으로 보인다. 따라서 사운드 디자이너의 전망은 밝다고 할 수 있다. 음악이나 음향 등에 관심이 있는 친구들은 충분히 도전해 볼 만한 분야이다.

4. <보기>의 ㄱ ~ ㄹ 중에서 (가)의 '학생'의 말하기 방식에 해당하는 것으로만 묶인 것은?

             ─〈 보 기 〉─
ㄱ. 상대방의 말을 요약한 뒤 자신의 이해를 점검하고 있다.
ㄴ. 상대방의 말 중 의문이 드는 점에 대해 설명을 요청하고 있다.
ㄷ. 상대방의 말이 사전에 조사한 내용과 일치하는지 확인하고 있다.
ㄹ. 상대방의 답변 내용 중에서 모르는 용어의 개념을 묻고 있다.

① ㄱ, ㄴ　　　　② ㄱ, ㄷ　　　　③ ㄴ, ㄷ
④ ㄴ, ㄹ　　　　⑤ ㄷ, ㄹ

5. [A], [B]에 대한 설명으로 가장 적절한 것은?

① [A]는 청자의 경험을 환기하며, [B]는 구체적 사례를 들며 설명하고 있다.
② [A]는 청자의 반응을 확인하며, [B]는 전문가의 말을 인용하며 설명하고 있다.
③ [A]는 청자의 참여를 독려하며, [B]는 일상적 상황을 가정하며 설명하고 있다.
④ [A]는 청자의 주의를 당부하며, [B]는 추가적인 정보를 제시하며 설명하고 있다.
⑤ [A]는 청자의 관심을 유도하며, [B]는 기기의 작동 원리를 제시하며 설명하고 있다.

6. <보기>는 (나)를 쓰기 전 편집부장이 '학생'에게 조언한 (나)의 집필 방향이다. 빈칸에 들어갈 내용으로 가장 적절한 것은? [3점]

─────────── < 보 기 > ───────────
편집부장 : 보내 준 인터뷰 녹음 파일 잘 들었어. 교지에 실을 글은 인터뷰 내용을 바탕으로 작성하되 인터뷰에는 없지만 ＿＿＿＿＿＿＿＿＿을/를 언급해 주면 친구들이 진로를 탐색하는 데 도움이 될 수 있을 거야.

① 사운드 디자이너의 작업 과정
② 사운드 디자이너로서 갖는 보람
③ 사운드 디자이너와 관련된 전공 학과
④ 사운드 디자이너를 필요로 하는 산업
⑤ 사운드 디자이너라는 직업이 생긴 배경

7. <조건>에 따라 (나)에 제목을 붙일 때 가장 적절한 것은?

─────────── < 조 건 > ───────────
○ 비유법을 활용하여 표현 효과를 높일 것.
○ 사운드 디자이너가 하는 역할을 드러낼 것.

① 무에서 유를 창조하는 직업인들을 만나다
② 사운드, 세상과 나를 이어 주는 연결 고리
③ 지친 마음을 치유하는 소리의 샘을 발견하다
④ 제품에 매력적인 옷을 입히는 소리의 마법사
⑤ 사운드 디자이너, 세상에 없는 소리를 찾아서

[8 ~ 10] 다음을 읽고 물음에 답하시오.

[작문 상황]
　여정, 견문, 감상이 담긴 문학 기행문을 작성한다.

[작문 계획]
　a. 군산을 답사지로 택한 이유를 밝힌다.
　b. 군산에 도착하기까지의 여정을 제시한다.
　c. 군산 거리의 모습을 구체적으로 묘사한다.
　d. 군산의 채만식 문학관에서 들은 내용을 제시한다.
　e. 군산항에서 금강을 바라보며 느낀 감상을 드러낸다.

[초고]
　이번 우리 문예반의 문학 기행 장소로 군산이 결정되었다. 국어 시간에 배운 채만식 소설 『탁류』의 배경이 된 군산 답사를 통해 그의 삶과 문학에 한 발자국 다가서고 싶었기 때문이었다. 문학 기행을 떠나기 전, 우리는 『탁류』를 다시 읽으며 답사 일정을 정했다.
　3월의 어느 날, 우리는 ㉠설레이는 마음으로 익산행 기차를 탔다. 그런데 도착할 즈음 야속하게도 차창 밖으로 비가 후드득 내리기 시작했다. 익산역에 내려 버스로 갈아탈 때는 비를 맞지 않기 위해 서둘러 발걸음을 재촉해야 했다. 다행히 군산에 도착하니 비는 멎어 있었다. 터미널에서 채만식 문학관으로 향하는 거리의 풍경은 낯설었다. 바둑판 모양으로 정리된 길과 일본식 가옥의 모습은 마치 외국에 온 듯한 느낌을 주었다. 낮은 담장을 배경으로 붉은 동백꽃이 꽃망울을 터트리고 있었다.
　채만식 문학관은 군산 내항 근처 금강이 바로 내려다보이는 곳에 위치해 있었다. 문학관을 들어서자 중절모를 쓴 채만식 작가의 동상이 우리를 반겨 주었다. 파노라마식으로 펼쳐진 1층 전시실에서 작가의 삶의 흔적을 따라가며 작품과 관련된 자료들을 둘러보았다. ㉡그런데 2층의 한쪽에 마련된 체험 공간에서 『탁류』의 내용을 원고지에 필사도 해 보았다. 우리는 다시 차를 타고 금강을 따라 10분쯤 이동하여 군산 내항에 도착했다. 일제 강점기 때 일본은 이곳을 통해 호남 지역의 쌀을 일본으로 수탈해 갔다고 한다. ㉢역사에 수탈 현장에서 도도히 흐르는 물결을 바라보며 무거운 마음을 추슬렀다.
　우리는 군산 내항 앞 근대 역사 박물관에 들렀다. 3층에는 일제 강점기 군산의 모습을 ㉣다시 재현한 근대 생활관이 있었다. 특히 『탁류』에서 읽은 미두장의 모습을 직접 볼 수 있어 인상적이었다.
　근대 역사 박물관을 나와 군산항으로 발길을 돌렸다. 금강이 바다와 만나 혼탁해진 물빛을 바라보며 『탁류』에 등장하는 인물들의 삶을 떠올렸다. 흐린 강물처럼 혼란스러웠을 일제 강점기, 그리고 쌀 수탈의 통로였던 군산, 그곳의 미두장에서 투기를 하다 패가망신한 정 주사와 당대 사람들의 삶의 질곡이 피부로 ㉤느꼈다.
　군산항을 떠날 때쯤 다시 빗방울이 떨어지기 시작했다. 서둘러 떠나려는데 길가에 소담하게 핀 민들레가 눈에 띄었다. 언젠가 책에서 읽었던 채만식의 마지막 말이 떠올랐다.

　'나 가거든 손수레에 들꽃 가득가득 날 덮어 주오.'

　애달픈 역사를 품은 아름다운 군산,
　다시 가고 싶은……

8. '학생'의 작문 계획 중 '초고'에 반영되지 <u>않은</u> 것은?

① a   ② b   ③ c   ④ d   ⑤ e

9. <보기>의 (가)와 (나)를 모두 활용하여 '초고'를 수정·보완하는 방안으로 가장 적절한 것은? [3점]

─────< 보 기 >─────

(가) 시각 자료

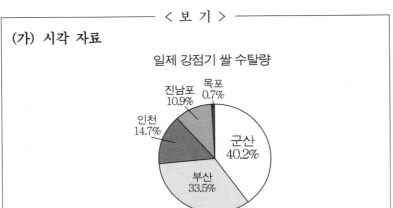

일제 강점기 쌀 수탈량

목포 0.7%
진남포 10.9%
인천 14.7%
군산 40.2%
부산 33.5%

– ○○ 방송 자료 –

(나) 인터뷰 자료

"군산은 채만식의 소설, 『탁류』의 배경이 된 곳입니다. 일제 강점기 때 군산 지역은 우리나라 최대의 곡창 지대인 호남평야의 쌀이 집결되는 경제 요충지로, 일본으로 쌀이 반출되는 창구였습니다. 그러다 보니 일확천금을 노린 사람들이 전국에서 모여들어 투기와 사기, 고리대금업 등이 횡행했습니다. 이러한 일들은 주로 쌀의 시세를 이용하여 투기 행위를 하는 미두장을 중심으로 벌어졌습니다. 그 결과 가진 돈을 모두 잃고 알거지 신세로 전락하여 결국 인간성마저 잃어 가는 사람들이 많아졌습니다."

– 문화 해설사 이△△ –

① 1문단에서 『탁류』의 줄거리에 따라 군산 답사 일정을 정하게 된 계기를 소개하는 자료로 활용한다.

② 2문단에서 『탁류』의 배경인 군산의 이국적인 모습과 관련해 일본식 주거 문화를 소개하는 자료로 활용한다.

③ 3문단에서 『탁류』의 내용을 바탕으로 일본의 쌀 수탈량이 점점 증가하는 양상을 보여 주는 자료로 활용한다.

④ 4문단에서 『탁류』에서 정 주사가 몰락하게 된 결정적 원인이었던 미두장의 전국적 분포 및 그로 인한 폐해를 소개하는 자료로 활용한다.

⑤ 5문단에서 『탁류』의 배경인 군산이 일제의 식량 수탈로 혼란한 상황에서 타락한 인간들이 모인 공간으로 그려질 수 있었던 개연성을 언급하는 자료로 활용한다.

10. ㉠ ~ ㉤에 대한 고쳐 쓰기 방안으로 적절하지 <u>않은</u> 것은?

① ㉠: 맞춤법에 맞지 않으므로 '설레는'으로 고친다.
② ㉡: 접속 표현이 잘못 사용되었으므로 '그래서'로 고친다.
③ ㉢: 조사가 잘못 사용되었으므로 '역사의'로 고친다.
④ ㉣: 의미가 중복되므로 '다시'를 삭제한다.
⑤ ㉤: 문장 성분의 호응을 고려해 '느껴졌다'로 고친다.

11. <보기>의 '선생님'의 마지막 질문에 대한 '학생'의 대답에서 ㉠, ㉡에 들어갈 내용으로 적절한 것은? [3점]

─────< 보 기 >─────

선생님: 음운 변동이 여러 번 일어날 때 최종적으로 음운의 수가 얼마나 바뀌었는지 파악하기 어려웠죠? 오늘은 좌표를 이용해서 이를 쉽게 확인해 볼게요.

이 좌표 평면에서 0인 별표 (★)를 기준으로, 음운의 수가 늘어나는 '첨가'는 늘어난 음운 수만큼 위쪽으로, 음운의 수가 줄어드는 '탈락'과 '축약'은 줄어든 음운 수만큼 아래쪽으로 이동합니다. 그리고 음운의 수가 변하지 않는 '교체'는 교체 횟수만큼 오른쪽으로 이동합니다.

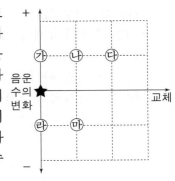

예를 들어 '걷히다'는 거센소리되기에 의해 [거티다]가 된 후 구개음화에 의해 [거치다]가 되므로, 축약과 교체가 한 번씩 일어나 ㉮로 이동합니다. 그 결과 음운의 수가 한 개 줄어든 것을 알 수 있어요.

그러면 '색연필'의 음운 변동 양상은 어떻게 될까요?

학생: 제 생각에는 '색연필'이 '[색년필 → 생년필]'로 바뀌므로, (㉠)이/가 한 번씩 일어나 (㉡)로 이동합니다. 그 결과 음운의 수가 한 개 늘어납니다.

	㉠	㉡
①	첨가와 교체	㉮
②	첨가와 교체	㉯
③	첨가와 탈락	㉰
④	탈락과 교체	㉱
⑤	탈락과 교체	㉲

12. <보기>의 ㉠과 ㉡이 모두 적용된 예로 적절한 것은?

─────< 보 기 >─────

부정 표현이란 부정의 뜻을 나타내는 표현을 말한다. 부정 표현은 부사인 '안'과 '못'을 사용해서 짧게 표현할 수도 있고, ㉠'-지 아니하다'와 '-지 못하다' 등을 사용해서 길게 표현할 수도 있다. 부정 표현은 능력을 부정하거나 의지를 부정하는 것 이외에 ㉡단순히 사실이나 상태를 부정하는 의미로도 해석된다.

① 우리가 묵은 방은 두 평이 채 못 된다.
② 나는 저녁을 먹으려고 간식을 안 먹었다.
③ 그는 용기가 없어서 발표를 잘하지 못했다.
④ 다행히 소풍을 가는 날 비가 내리지 않았다.
⑤ 동생은 숙제를 한다며 놀이터에 나가지 않았다.

[13 ~ 14] 다음 글을 읽고 물음에 답하시오.

'높다'의 '높-'은 어간이기도 하고 어근이기도 하다. 그렇다면 어간일 때와 어근일 때 어떤 차이가 있을까? 이를 이해하기 위해서는 어간과 어근의 개념에 대해 살펴볼 필요가 있다.

어간은 용언 등이 활용될 때 사용하는 개념이다. 용언은 문장에서 다양한 형태로 바뀌면서 활용되는데, 형태가 변하지 않는 부분을 어간이라 하고 형태가 변하는 부분을 어미라고 한다. 예를 들어 '높다'가 '높고', '높지'와 같이 활용될 때, '높-'은 어간이고, '-고'나 '-지'는 어미이다.

이와 달리 어근은 단어를 구성할 때, 실질적 의미를 나타내는 부분을 가리키는 개념이다. 그리고 어근의 앞이나 뒤에 결합하여 특정한 의미나 기능을 더해 주는 부분을 접사라고 한다. 용언을 어근과 접사로 분석할 때 형태가 변하지 않는 어간만을 대상으로 한다. 가령, '드높다'의 경우 어간인 '드높-'에서 실질적 의미를 나타내는 '높-'은 어근이고, 그 앞에 붙어 '심하게'라는 의미를 덧붙여 주는 '드-'는 접사이다. 접사는 어근 뒤에 결합하기도 하는데, 어근 '높-'에 접사 '-이-'가 결합한 '높이다'가 이에 해당한다. 이를 정리하면 아래와 같다.

	어간			어미
	접사	어근	접사	
높다	·	높-	·	-다
드높다	드-	높-	·	-다
높이다	·	높-	-이-	-다

한편 단어는 '높다'와 같이 하나의 어근으로 구성된 경우나 '드높다'나 '높이다'와 같이 어근에 접사가 결합한 경우 이외에 두 개 이상의 어근이 결합하여 만들어지기도 한다. 예컨대 '높푸르다'의 경우 어근 '높-'과 어근 '푸르-'가 결합하여 만들어진 단어이다.

13. 윗글을 바탕으로 할 때, <보기>의 ㉠과 ㉡에 들어갈 내용으로 적절한 것은?

─────── < 보 기 > ───────

'높다'에서 '높-'은, 단어가 활용될 때 _____㉠_____ 는 점에서 '어간', 단어를 구성할 때 _____㉡_____ 는 점에서 '어근'이라고 할 수 있다.

	㉠	㉡
①	형태가 변한다	실질적 의미를 나타낸다
②	형태가 변하지 않는다	실질적 의미를 나타낸다
③	형태가 변하지 않는다	의미를 덧붙여 준다
④	의미를 덧붙여 준다	형태가 변한다
⑤	실질적 의미를 나타낸다	형태가 변하지 않는다

14. <보기>의 '자료'에서 '활동'의 a ~ c에 들어갈 단어로 적절하지 <u>않은</u> 것은?

─────── < 보 기 > ───────

[자료] 용언: 검붉다, 먹히다, 자라다, 치솟다, 휘감다

[활동]
ο 어간과 어근이 일치하는 단어를 모아 봅시다.
  ― _____a_____
ο 어간과 어근이 일치하지 않는 단어를 모아 봅시다.
  ― 어근의 앞이나 뒤에 접사가 결합한 단어 : ____b____
  ― 둘 이상의 어근이 결합한 단어 : ____c____

① a: 휘감다
② a: 자라다
③ b: 먹히다
④ b: 치솟다
⑤ c: 검붉다

15. <보기>에 있는 '자료'의 밑줄 친 부분에 ㄱ ~ ㄷ에 해당하는 예를 찾아 넣으려고 할 때, 적절하지 <u>않은</u> 것은?

─────── < 보 기 > ───────

목적어는 문장에서 주로 서술어가 나타내는 동작의 대상이 되는 문장 성분이다. 문장에서 목적어는 다음과 같은 형태로 나타난다.

ο 체언 + 목적격 조사 '을/를'
ο 체언 + 특정한 의미를 더해 주는 보조사 ·················· ㄱ
ο 체언 단독 ·· ㄴ
ο 체언 + 보조사 + 목적격 조사 ································· ㄷ

[자료]
그는 _____ 갔어.

① ㄱ의 예로 '산책을'을 넣을 수 있다.
② ㄱ의 예로 '이사도'를 넣을 수 있다.
③ ㄴ의 예로 '꽃구경'을 넣을 수 있다.
④ ㄴ의 예로 '배낭여행'을 넣을 수 있다.
⑤ ㄷ의 예로 '한길만을'을 넣을 수 있다.

[16 ~ 21] 다음 글을 읽고 물음에 답하시오.

　실어증(失語症)이란 후천적인 뇌 손상으로 인해 언어의 표현과 이해에 장애가 발생하는 것이다. 1865년 프랑스의 외과 의사 브로카는 좌뇌의 전두엽과 측두엽 사이가 손상되어 나타나는 실어증을 발견하였다. 그는 이 부위를 브로카 영역이라 ⓐ 명명하고 이곳이 손상되어 나타나는 증상을 브로카 실어증이라 하였다.

　이후 1874년 독일의 신경정신과 의사인 베르니케는 좌뇌의 두정엽 아래가 손상되어 나타나는 또 다른 실어증을 발견하였다. 그는 이 부위를 베르니케 영역이라 명명하고 이곳이 손상되어 나타나는 증상을 베르니케 실어증이라 하였다. 이와 같은 실어증 환자들의 뇌 손상 부위와 증상을 연구하는 과정에서 인간의 언어 처리 과정에 대한 관심이 ⓑ 대두되면서 그와 관련된 이론이 발전해 왔다.

　최근 언어 처리 과정에 대한 이론은 뇌의 여러 영역들이 결합하여 언어를 처리한다는 결합주의 이론이 지배적이다. 최초의 결합주의 이론은 베르니케가 주장한 '베르니케 모형'으로, 그는 베르니케 영역과 브로카 영역 간의 긴밀한 정보 교류에 의해서 언어가 처리된다는 이론을 발표하였다. 이후 1885년 리시트하임은 베르니케 모형에 개념 중심부를 추가하여 베르니케 영역, 브로카 영역, 개념 중심부가 결합하여 언어가 처리된다는 ㉠'리시트하임 모형'을 제시하였다. 그에 의하면 베르니케 영역은 일종의 머릿속 사전으로, 단어가 소리의 형태로 저장되어 있는 언어 중추*이고, 브로카 영역은 단어를 조합하여 문장이나 발화를 생성하는 언어 중추, 그리고 개념 중심부는 의미를 형성하거나 해석하는 언어 중추이다. 리시트하임 모형은 베르니케 영역, 브로카 영역, 개념 중심부를 꼭짓점으로 하는 삼각형 모양으로, 베르니케 영역에서 개념 중심부로, 개념 중심부에서 브로카 영역으로는 일방향으로 정보가 이동하지만, 브로카 영역과 베르니케 영역 간에는 쌍방향으로 정보가 이동한다는 특징이 있다.

　리시트하임은 자신의 모형을 바탕으로 뇌에서 이루어지는 듣기와 말하기 과정을 다음과 같이 설명하였다. 우선 듣기 과정은 '베르니케 영역 → 개념 중심부'의 순서로 이루어진다. 즉, 귀로 들어온 청각 자극이 베르니케 영역으로 송부되면, 베르니케 영역은 자신이 저장하고 있는 단어 중 청각 자극과 일치하는 단어를 찾아 개념 중심부로 송부하고, 개념 중심부는 이를 받아 의미를 해석한다는 것이다. 이에 비해 말하기 과정은 '개념 중심부 → 브로카 영역 → 베르니케 영역 → 브로카 영역'과 같이 ㉮브로카 영역을 두 번 거치는 복잡한 순서로 이루어진다. 먼저 개념 중심부에서 말하고자 하는 의미를 형성하여 브로카 영역을 거쳐서 베르니케 영역으로 송부하면, 베르니케 영역은 이에 해당하는 단어를 찾아 브로카 영역으로 송부하고, 마지막으로 브로카 영역에서 이를 조합하여 문장이나 발화를 만든다는 것이다. 그런데 실제로 말하기 위해서는 발음 기관을 움직여 소리를 만드는 과정이 필요한데 그의 모형에는 그러한 과정이 드러나 있지 않다. 또한 그는 개념 중심부를 새롭게 추가하였으나 그것의 정확한 위치를 규명하지는 못하였다.

　이후 실어증 환자들에 대한 연구가 발전됨에 따라 뇌에서 언어를 담당하는 중추가 추가로 발견되었다. 이를 토대로 1964년 게쉬윈드는 ㉡'베르니케 – 게쉬윈드 모형'을 새롭게 제시하였다. 그는 리시트하임의 모형에서 개념 중심부를 제외하고 새롭게 운동 영역과 각회를 언어 중추로 추가하였다. <그림>은 게쉬윈드가 제시한 언어 처리 모형으로, 청각 자극

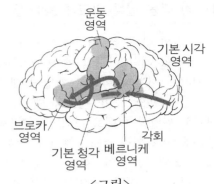

<그림>

을 ⓒ 수용하는 기본 청각 영역과 시각 자극을 수용하는 기본 시각 영역, 그리고 베르니케 영역, 브로카 영역, 운동 영역, 각회라는 네 개의 언어 중추를 중심으로 언어 처리 과정을 설명하고 있다. 게쉬윈드는 기존의 모형에서 개념 중심부를 제외하는 대신, 청각 형태로 단어가 저장되어 있는 베르니케 영역에서 그러한 역할도 함께 한다고 설명하였다. 즉, 베르니케 영역은 듣기와 읽기에서는 수용된 자극에 해당하는 단어를 찾아 의미를 해석하고, 말하기와 쓰기에서는 의미를 형성한 뒤 해당 단어를 찾는 역할을 한다고 보았다.

　브로카 영역에는 단어를 조합하여 문장이나 발화를 생성하는 역할 외에 말하기나 쓰기에 필요한 운동 프로그램을 만들어 운동 영역으로 송부하는 역할을 추가하였다. 그리고 운동 영역은 브로카 영역에서 받은 운동 프로그램에 근거하여 말하기나 쓰기에 필요한 신경적 지시를 내리는 기능을 ⓓ 담당한다고 보았다. 마지막으로 각회는 베르니케 영역과 인접해 있으면서 읽기에서는 시각 형태의 정보를 청각 형태로 전환하고, 쓰기에서는 청각 형태의 정보를 시각 형태로 전환하여 베르니케 영역으로 송부하는 역할을 한다고 보았다.

　이 모형에 ⓔ 의거하면 듣기 과정은 '기본 청각 영역 → 베르니케 영역'의 순서로 이루어진다. 이와 달리 말하기 과정은 '베르니케 영역 → 브로카 영역 → 운동 영역'의 순서로 이루어진다. 읽기나 쓰기 과정도 듣기나 말하기 과정과 유사하지만, 베르니케 영역에 저장된 단어가 청각 형태이기 때문에 각회를 거치는 과정이 추가된다. 각회에서 처리된 정보는 베르니케 영역으로 송부되어 읽기의 경우에는 의미를 해석하고, 쓰기의 경우에는 바로 다음 단계인 브로카 영역으로 정보를 송부한다.

　이처럼 뇌에 대한 연구가 발전됨에 따라 언어 처리 과정에 대한 이론도 정교화되고 있다. 특히 베르니케 – 게쉬윈드 모형은 이전의 모형과 달리 듣기와 말하기뿐만 아니라 읽기와 쓰기에 대해서도 종합적인 설명을 제시하고 있다는 점에서 오늘날 뇌의 언어 처리 과정을 설명하는 표준형으로 평가받는다.

* 언어 중추 : 언어의 생성과 이해를 관장하는 뇌의 중추.

16. 윗글의 내용과 일치하지 <u>않는</u> 것은?

① 실어증은 후천적인 뇌 손상으로 인해 언어 처리에 장애가 생기는 증상이다.

② 실어증 환자에 대한 연구를 바탕으로 언어 처리 과정에 대한 이론이 발전했다.

③ 베르니케가 제시한 모형은 오늘날 언어 처리 과정의 표준형으로 인정받고 있다.

④ 언어 처리 과정에 대한 이론이 발전됨에 따라 설정되는 언어 중추의 개수가 많아졌다.

⑤ 리시트하임은 뇌에서 의미 형성에 관여하는 영역의 구체적 위치를 밝혀내지 못하였다.

17. ㉠과 ㉡에 대한 설명으로 적절한 것은?

① ㉠은 실제 발음 기관을 움직여 소리를 만드는 과정에 대한 설명이 가능하다.

② ㉡은 기본 시각 영역과 기본 청각 영역을 새로운 언어 중추로 추가하였다.

③ ㉠은 ㉡과 달리 말하기, 듣기, 읽기, 쓰기의 전 과정에 대한 설명이 가능하다.

④ ㉡은 ㉠과 달리 귀로 들어온 청각 자극이 베르니케 영역으로 송부된다고 보았다.

⑤ ㉠과 ㉡ 모두 베르니케 영역에 단어가 소리의 형태로 저장되어 있다고 보았다.

18. ㉮의 이유를 추론한 내용으로 가장 적절한 것은?

① 베르니케 영역에서 개념 중심부로 직접 정보를 송부하기 때문에

② 브로카 영역과 개념 중심부 사이의 정보가 쌍방향으로 송부되기 때문에

③ 개념 중심부에서 브로카 영역으로 정보를 직접 송부하지 못하기 때문에

④ 개념 중심부에서 베르니케 영역으로 정보를 직접 송부하지 못하기 때문에

⑤ 베르니케 영역과 브로카 영역 사이의 정보가 쌍방향으로 송부되기 때문에

19. 윗글을 바탕으로 <보기>의 과정에 대해 이해한 내용으로 적절하지 <u>않은</u> 것은?

> ─────< 보 기 >─────
>
> '베르니케 – 게쉬윈드 모형'에 의하면 쓰기 과정은 다음과 같은 언어 처리 과정을 거친다.
>
>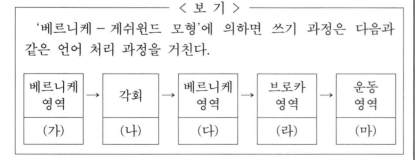

① (가) : 의미를 형성하고 해당하는 단어를 찾는다.

② (나) : 청각 형태의 정보를 시각 형태로 전환한다.

③ (다) : 각회에서 처리한 정보를 받아 의미를 해석한다.

④ (라) : 쓰기를 하는 데 필요한 운동 프로그램을 만든다.

⑤ (마) : 운동 프로그램을 바탕으로 신경적 지시를 내린다.

20. 윗글을 바탕으로 할 때, <보기>를 보고 '리시트하임(A)'과 '게쉬윈드(B)'가 진단할 만한 내용으로 적절한 것은? [3점]

> ─────< 보 기 >─────
>
> **[실어증 환자 관찰 결과]**
>
> ○ 문법에 어긋난 문장을 사용함.
>
> ○ 조사나 어미를 제대로 사용하지 못함.
>
> ○ 단어를 조합하여 문장을 잘 만들지 못함.

① A는 B와 달리 베르니케 영역이 손상되었다고 진단하겠군.

② B는 A와 달리 브로카 영역이 손상되었다고 진단하겠군.

③ A는 브로카 영역이, B는 베르니케 영역이 손상되었다고 진단하겠군.

④ A는 개념 중심부가, B는 브로카 영역이 손상되었다고 진단하겠군.

⑤ A와 B 모두 브로카 영역이 손상되었다고 진단하겠군.

21. 문맥에 따라 ⓐ ~ ⓔ를 바꿔 쓴 것으로 적절하지 <u>않은</u> 것은?

① ⓐ : 이름 붙이고

② ⓑ : 옮겨지면서

③ ⓒ : 받아들이는

④ ⓓ : 맡는다고

⑤ ⓔ : 따르면

[22 ~ 26] 다음 글을 읽고 물음에 답하시오.

(가)

내 벗이 몇이나 하니 수석(水石)과 송죽(松竹)*이라.
동산(東山)에 달 오르니 그 더욱 반갑구나.
두어라 이 다섯 밧긔 또 더하여 무엇하리.

<제1수>

구름 빛이 좋다 하나 검기를 자로 한다.
바람 소리 맑다 하나 그칠 적이 하노매라.
좋고도 그칠 뉘 없기는 물뿐인가 하노라.

<제2수>

㉠꽃은 무슨 일로 피면서 쉬이 지고
풀은 어이 하여 푸르는 듯 누르나니
아마도 변치 아닐손 바위뿐인가 하노라.

<제3수>

더우면 꽃 피고 추우면 잎 지거늘
솔아 너는 어찌 눈서리를 모르느냐.
구천(九泉)의 뿌리 곧은 줄을 글로 하여 아노라.

<제4수>

나무도 아닌 것이 풀도 아닌 것이
곧기는 뉘 시키며 속은 어이 비었느냐.
저렇게 사시(四時)에 푸르니 그를 좋아하노라.

<제5수>

작은 것이 높이 떠서 만물을 다 비추니
밤중에 광명(光明)이 너만한 이 또 있느냐.
보고도 말 아니 하니 내 벗인가 하노라.

<제6수>

– 윤선도, 「오우가(五友歌)」 –

* 송죽 : 소나무와 대나무.

(나)

작년 가을에 이웃집에서 복수초를 나누어 받았다. 뿌리는 구근이 아니라 흑갈색 잔뿌리와 검은 흙이 한데 엉겨 있고, 키는 땅에 닿을 듯이 작은데 잎도 새의 깃털처럼 잘게 갈라져 있어서 전체적으로 볼륨이 느껴지지 않아 하찮은 잡초처럼 보였다. 그전에 나는 복수초라는 화초를 사진으로 본 적은 있지만 실물을 본 적은 없기 때문에 그게 과연 눈 속에서 핀다는 그 복수초인지 잘 믿기지 않았다. 생각해서 나누어 준 분 앞이라 당장 양지바른 곳에 심긴 했지만 곧 가을이 깊어지니 워낙 시원치 않아 보이던 이파리들은 자취도 없어지고 나 역시 그게 있던 자리조차 기억 못하게 되었다.

아마 3월이 되자마자였을 것이다. 샛노란 꽃이 두 송이 땅에 닿게 피어 있었다. 하도 키가 작아서 하마터면 밟을 뻔했다. 그러나 빛깔은 진한 황금색이어서 아직 아무것도 싹트지 않은 황량한 마당에 몹시 생뚱스러워 보였다. 그리고 곧 큰 눈이 왔다. 아무리 눈 속에도 피는 꽃이라고 알려져 있어도 그 작은 키로 견디기엔 너무 많은 눈이었다. 나는 눈으로는 눈의 무게를 이기지 못해 꺾인 듯 축 처진 소나무 가지를 바라보면서 마음으로는 그 샛노란 꽃의 속절없음을 생각하고 있었다. 대문 밖의 눈은 쳐 주었지만 마당의 눈은 그대로 방치해 두었기 때문에 녹아 없어지는 데 며칠 걸렸다. 놀랍게도 제일 먼저 녹은 데가 복수초 언저리였다. ㉡고 작은 풀꽃의 머리칼 같은 뿌리가 땅속 어드메서 따뜻한 지열을 길어 올렸기에 그 두

터운 눈을 녹이고 더욱 샛노랗게 더욱 싱싱하게 해를 보고 있었다. 온종일 그렇게 피어 있다가 해질 무렵에는 타원형으로 오므라든다. 그러다가 아주 시들어 버릴 줄 알았는데 다음날 해만 뜨면 다시 활짝 핀다. 그러나 마냥 그럴 수는 없는 일이다. 곧 안 깨어나고 져 버리는 날이 있겠기에 그게 피어 있는 동안만이라도 누구에겐가 보여 주고 자랑하고 싶어서 나는 집에 손님만 오면 그걸 구경시킨다. 그러나 내가 기대하는 것만치 신기해 해 주는 이가 별로 없다. 어떤 친구는 마당에 피는 꽃이 백 가지도 넘는다고 해서 부러워했는데 이런 것까지 쳐서 백 가지냐고 기막힌 듯이 물었다. 듣고 보니 내가 그런 자랑을 한 적이 있는 것 같았다. 그러나 거짓말을 한 건 아니다. 그 친구는 아마 기화요초*가 어우러진 광경을 상상했나 보다. 내가 백 가지도 넘는다고 한 것은 복수초 다음으로 피어날 민들레나 제비꽃, 할미꽃까지 다 합친 수효다. 올해는 복수초가 1번이 되었지만 작년까지만 해도 산수유가 1번이었다. 곧 4월이 되면 목련, 매화, 살구, 자두, 앵두, 조팝나무 등이 다투어 꽃을 피우겠지만 그래도 조금씩 날짜를 달리해 순서대로 피면서 그 그늘에 제비꽃이나 민들레, 은방울꽃을 거느린다. 꽃이 제일 먼저 핀 것은 복수초지만 잎이 제일 먼저 흙을 뚫고 모습을 드러낸 것은 상사초고 그 다음이 수선화다. 수선화는 벚꽃이 필 무렵에나 필 것 같고 상사초는 잎이 시들어 지상에서 사라지고 나서도 한참이나 더 있다가 꽃대를 밀어 올릴 것이다. 이렇게 그것들을 기다리고 마중하다 보니 내 머릿속에 ⓐ출석부가 생기게 되고, 출석부란 원래 이름과 함께 번호를 매기게 되어 있는지라 100번이 넘는다는 걸 알게 되었다. 이름을 모르면 100번이라는 숫자도 나오지 않았을 것이다. 그것들이 순서를 지키지 않고 멋대로 피고 지면 이름이 궁금하지 않았을지도 모른다.

내가 출석을 부르지 않아도 그것들은 올 것이다. 그대로 나는 그것들이 올해도 하나도 결석하지 않고 전원 출석하기를 바라기 때문에 그것들이 뿌리로, 씨로 잠든 땅을 함부로 밟지 못한다. 그것들이 왕성하게 자랄 여름에는 그것들이 목마를까봐 마음 놓고 어디 여행도 못 할 것이다. 그것들은 출석할 때마다 내 가슴을 기쁨으로 뛰놀게 했다. 100식구는 대식구다. 나에게 그것들을 부양할 마당이 있다는 걸 생각만 해도 뿌듯한 행복감을 느낀다. 내가 이렇게 사치를 해도 되는 것일까. 괜히 송구스러울 때도 있다.

그것들은 내가 기다리지 않아도 올 것이다. 그래도 나는 기다린다. 기다리는 기쁨 때문에 기다린다.

– 박완서, 「꽃 출석부 1」 –

* 기화요초 : 옥같이 고운 풀에 핀 구슬같이 아름다운 꽃.

22. (가)와 (나)의 공통점으로 가장 적절한 것은?

① 색채어를 사용하여 대상을 감각적으로 묘사하고 있다.
② 설의적 표현을 통해 대상에 대한 그리움을 강조하고 있다.
③ 음성 상징어를 사용하여 상황을 생동감 있게 그리고 있다.
④ 말을 건네는 방식을 통해 대상과의 유대감을 드러내고 있다.
⑤ 반어적 표현을 사용하여 심리 변화의 양상을 나타내고 있다.

23. <보기>를 바탕으로 (가)와 (나)를 감상한 내용으로 적절하지 <u>않은</u> 것은? [3점]

─── < 보 기 > ───

(가)의 화자와 (나)의 글쓴이는 모두 관찰한 경험을 바탕으로 사물의 속성을 인식하고 있다. 사물의 속성을 인식하는 것은 사물의 모습에서 추상적인 의미를 발견해 내는 것이다. 그런데 관찰된 겉모습은 사물의 속성을 인식하는 데 도움이 되기도 하지만, 경우에 따라서는 방해가 되기도 한다.

① (가)의 <제4수>에서 화자는 눈서리 속에서도 잎이 지지 않는 모습에서, 시련에 굴하지 않는 굳건함을 '솔'의 속성으로 인식하고 있군.

② (가)의 <제5수>에서 화자는 곧고 사계절 그 푸름을 잃지 않는 모습에서, 본모습을 지켜 나가는 꿋꿋함을 '대나무'의 속성으로 인식하고 있군.

③ (가)의 <제6수>에서 화자는 '달'이 높이 떠 있는 것이, 보고도 말 아니 하는 과묵함이라는 속성을 인식하는 데 방해가 된다고 생각하고 있군.

④ (나)에서 글쓴이는 하찮은 잡초처럼 보이는 겉모습으로 인해 눈 속에서 피는 '복수초'의 강인함이라는 속성을 한동안 인식하지 못했던 것이군.

⑤ (나)의 글쓴이는 작은 키로는 견디기 어려운 두터운 눈을 녹이고 꽃을 피운 모습에서, 역경을 이겨 내는 생명력을 '복수초'의 속성으로 인식하고 있군.

24. <보기>는 (가)의 시상 전개 과정을 나타낸 것이다. 이를 바탕으로 (가)를 이해한 내용으로 적절하지 <u>않은</u> 것은?

─── < 보 기 > ───

제1수	제2, 3수	제4, 5수	제6수
A	B	C	D

① A에서는 중심 소재를 무생물, 생물, 천상의 자연물로 묶어 제시하고 있다.

② B에서는 대조의 방식을 활용하여 중심 소재를 예찬하고 있다.

③ C에서는 B와 유사하게 대구의 방법을 활용하여 시적 운율감을 이어가고 있다.

④ B와 C에서 중심 소재로 향했던 화자의 시선이 D에서는 내면으로 이동하고 있다.

⑤ B, C, D의 각 수에서는 A에서 언급된 중심 소재를 순차적으로 배치하고 있다.

25. '꽃'에 대한 심리적 태도를 고려할 때 ㉠과 ㉡에 대한 이해로 가장 적절한 것은?

① ㉠에는 화자의 동질감이, ㉡에는 글쓴이의 이질감이 담겨 있다.

② ㉠에는 화자의 안도감이, ㉡에는 글쓴이의 불안감이 담겨 있다.

③ ㉠에는 화자의 거리감이, ㉡에는 글쓴이의 친근감이 담겨 있다.

④ ㉠에는 화자의 비애감이, ㉡에는 글쓴이의 애상감이 담겨 있다.

⑤ ㉠에는 화자의 자괴감이, ㉡에는 글쓴이의 만족감이 담겨 있다.

26. (나)의 내용을 고려할 때, ⓐ에 담긴 의미로 가장 적절한 것은?

① 더 많은 종류의 꽃들을 마당에 심고 싶어 하는 글쓴이의 소망이 담겨 있다.

② 소박한 꽃보다 화려한 꽃의 가치를 우선시했던 자신을 돌아보는 태도가 담겨 있다.

③ 추웠던 겨울이 지나고 꽃이 피는 봄이 빨리 오기를 기다리는 글쓴이의 조급함이 담겨 있다.

④ 자연의 질서에 따라 차례대로 피고 지는 꽃들에 대한 글쓴이의 애정과 기대감이 담겨 있다.

⑤ 소중하게 가꾼 꽃들을 자신만이 아니라 주변 사람들과 함께 즐기기를 바라는 마음이 담겨 있다.

[27 ~ 30] 다음 글을 읽고 물음에 답하시오.

[이전 줄거리] 나는 삼촌의 연락을 받고 멧돼지 사냥에 동참하게 된다. 물망초 카페 윤 마담과의 사랑을 이루지 못하고 방황하던 삼촌은 사냥에 취미를 붙이고 살아간다. 나와 삼촌, 도라꾸 아저씨는 새끼를 거느린 어미 멧돼지와 리기다소나무 숲에서 마주치나 사냥에 실패한다. 도라꾸 아저씨는 부상당한 삼촌을 업고 숲길을 걷는다.

숲속은 서늘했다. 묘한 침묵이 숲을 가득 메우고 있었다. 밟고 올라온 눈길을 되밟으며 우리는 조금씩 걸음을 옮겼다. 두 번째 리기다소나무 숲을 지나는 동안, 내 마음속에는 궁금증이 일었다. 감정 정리를 하는지 삼촌의 만담도 더 이상 이어지지 않았으므로 나는 궁금증을 참지 못하고 말했다.

"그란데 도라꾸 아저씨는 아까 왜 멧돼지를 안 죽였어여? 아저씨도 쏠 수 있었잖아여?"

내 물음에 도라꾸 아저씨는 ㉠영 딴소리였다.

"호식이가 새끼 관절 물고 늘어진 모양이라. 그라만 어미가 도망 못 가거든. 엽견* 중에는 그런 짓 하는 놈들 참 많아여."

"저게 원체 영물이라 캉께."

코맹맹이 소리로 훌쩍거리며 삼촌이 말했다. 조금 전까지 사랑이 어쩌네 수면제가 어쩌네 징징거리던 삼촌이 주인을 닮아 어디가 부러졌는지 오른쪽 뒷발을 들고 껑충껑충 뛰어가는 놈을 가리켜 영물 운운했다. 호식이 얘기가 나오니까 또 만담을 시작할 모양이었다. 삼촌 가슴속은 암만해도 푸른색인가 보다.

"하지만 그건 암수(暗數)*라. 그런 암수를 쓰만 안 되는 거라. 나도 한때 그 이름도 아름다운 물망초 윤 마담까지는 못 되더라도 헛된 공명심에 눈이 먼 적이 있어여. 불질 잘한다고 알려지만 여기저기서 해수구제* 해 달라고 부르는 일이 많다 캉께. 가서 잡아 주만 영웅 되고 참 재미나지. 근데 한번은 을매나 대단하던지 새끼를 몰고 다니민서도 손아귀 사이로 모래알 빠지듯 몰이꾼들 사이로 잘도 피해 다니는 놈을 만난 적이 있어여. 삼백 근도 넘을까. 엄청시리 대형 멧돼지였는 거라. 그런 놈 어데 다시 만나겠노. 무려 육박 칠일 동안 그 놈을 쫓아댕겼응께 말 다한 거지. 그라고 봉께 안 되겠더라. 어느 순간부터 요놈이 나 갖꼬 노나, 그런 생각이 들데. 지금 생각하만 틀린 생각이지. 살겠다고 도망가는 멧돼지 신세에 어데 사냥꾼을 갖꼬 놀겠나? 사람이든 짐승이든 숨탄것 목숨이 그래 우스운 게 아인데 말이라. 그란데 그런 생각이 한번 드니까 눈에 보이는 게 없는 거라. 우쨌든 잡아 죽이겠다는 생각뿐이지. 그래서 다음부터는 어미가 아이라, 새끼를 죽였어. 보이는 족족 쏴 죽였어여. 그래, 암수지 암수. 한 다섯 마리쯤 죽였을 끼라. 그때가 초가을잉께 아직도 새끼들 등에 줄이 쫙쫙 그어져 있을 때였어. 한 두어 방 쏘만 새끼들은 꿈틀꿈틀하다가 죽어 버리여. 멀리 있어도 호수 작은 산탄으로 쏘만 되니까. 어미는 산탄이 박혀도 괜찮다 캐도 새끼들은 어미 보는 눈앞에서 픽픽 쓰러지지."

새끼만 노리고 다섯 마리쯤 죽인 뒤에 도라꾸 아저씨는 일행에게 다시 돌아가자고 말했다고 한다. 그때는 이미 능선을 따라 북쪽으로 삼십 킬로미터 정도는 올라간 뒤였다. 도라꾸 아저씨는 며칠간의 사냥으로 거지꼴이 된 채 그냥 돌아갈 수 없다고 불평하는 일행을 이끌고 다시 능선을 따라 돌아오기 시작했다.

"사람들이야 몰랐지만 나는 알고 있었다. 필시 쫓아온다는 거를 말이라. 뭐긴 뭐라, 어미 멧돼지지. 우리가 새끼들을 들쳐 메고 가니까 어미가 계속 그래 일정한 간격을 두고 쫓

아왔어여. 죽을 줄 알민서도 계속 그래 쫓아오더라. 그래, 한 여섯 시간을 걸어가다가 새끼들 내리 놓고 다시 몰이를 시작했어여. 그래갖꼬? 잡았지. 죽을라고 쫓아온 놈이니까. 그란데 봐라, 잡는 그 순간에 나도 너맨치로 그놈하고 눈이 딱 마주쳤다. 그 눈에 뭐가 보였는가 아나? 아무것도 안 보이더라. 텅 비었더라. 결국 너는 못 쐈지? 나도 한참을 못 쐈다. 그래 벌써 죽은 놈이라 카는 거를 아는 이상은 못 쏘는 거라. 쏘만 안 되는 거라. 하지만 일행이 지켜보는데다가 공명심도 있응께 안 쏠 수가 없었다. 살아생전 총 한 번 제대로 안 쏘고 잡은 멧돼지는 그게 처음이자 마지막이라."

녹아내리는지 멀리 가지에 쌓였던 눈무지가 쏟아지는 소리가 들렸다.

"그래 총 쏘기 전에 벌써 죽은 놈이라 카만 나는 도대체 뭘 쏴 죽인 거겠나? 마을에서 영웅 대접 받고 집에 돌아와 며칠을 끙끙 앓다가 깨달았다. 잘못했다, 잘못했다, 아무래도 총을 쏘만 안 되는 거였다, 이런 생각이 머릿속에서 떠나지 않더라. 그라고 보만 그날 내가 잡은 거는 정녕 멧돼지가 아니었던 거지. 이래 산에 오만 쓸모 적은 나무나마 리기다소나무도 살아가고 청솔모도 살아가고 바람도 쉼 없이 움직이지만, 정작 그 멧돼지는 이미 죽은 거였응께 말이라."

"그라만 아저씨가 그때 쏴 죽인 거는 뭐라여?"

우리는 리기다소나무 숲을 빠져나왔다. 하얀빛과 성긴 겨울 햇살이 투명하게 서로 뒤엉키고 있었다. 도라꾸 아저씨는 코를 한 번 훌쩍였다. 눈 밟는 소리와 사냥개들이 끙끙거리는 소리만 사이를 두고 들릴 뿐이었다.

"그래 나는 한 번 죽었다."

도라꾸 아저씨는 ㉡또 딴소리였다.

(중략)

"저 봐라, 리기다소나무도 있고 직박구리도 있다. 저래 다 살아가고 있는 거라. 산 것들 저래 살아가게 하는 일이 을매나 용기 있는 일인가 나는 그때 다 깨달았던 기라. 내가 해수구제 한다꼬 싸돌아다니민서 짐승들 쏴 죽인 것도 용기 있어서가 아이라 나하고 마누라하고 애새끼들하고 먹고살아 갈라고 그런 거라는 걸 그때야 알게 된 거다. 그것도 모르고 나는 영동군 상촌면 흥덕리 도라꾸가 세상에서 제일 용감한 사냥꾼인 줄 알았던 거라. 그라고 나니까 어데 약실에 돌멩이 하나도 못 집어넣겠더라."

삼촌을 등에 업은 도라꾸 아저씨는 지친 기색도 없이 눈 쌓인 산길을 터벅터벅 걸어 내려갔다. 아저씨의 말은 알 듯 말 듯 했다.

"내가 니 삼촌을 왜 좋아하는가 아나?"

"좋은 말 상대니까 그런 거 아이라여?"

"멧돼지 눈 보고 옛날 애인 생각나서 총 못 쏜다 카는 사람 아이라. 그래 내가 니 삼촌 좋아하는 거라. 내가 뭔 소리 하는가 알겠나?"

"지금 뭔 소리 합니까? 이것도 만담입니까?"

내가 진심으로 되물었다.

– 김연수, 「리기다소나무 숲에 갔다가」 –

* 엽견 : 사냥개.
* 암수 : 속임수.
* 해수구제 : 해로운 짐승을 몰아내어 없앰.

27. 윗글의 서술상 특징으로 가장 적절한 것은?

① 빈번하게 장면을 전환하여 사건을 속도감 있게 전개하고 있다.

② 인물의 회상을 통해 과거와 현재를 매개하는 경험을 전달하고 있다.

③ 공간의 이동에 따라 인물 간의 갈등이 해소되는 과정을 보여 주고 있다.

④ 요약적 서술과 대화를 교차하여 사건이 반전되는 양상을 부각하고 있다.

⑤ 인물의 내면 심리 묘사를 통해 현실에 대한 부정적 인식을 보여 주고 있다.

28. 윗글에서 알 수 있는 내용으로 적절하지 <u>않은</u> 것은?

① 삼촌은 '나'에게 사랑에 관한 자신의 이야기를 들려주었다.

② 삼촌은 사냥에 동행한 엽견 호식이가 자신을 닮았다는 점에서 영물이라 불렀다.

③ 도라꾸 아저씨는 사람들에게 능력을 인정받던 뛰어난 사냥꾼이었다.

④ 도라꾸 아저씨는 부상당한 삼촌을 등에 업고 리기다소나무 숲을 빠져나왔다.

⑤ 도라꾸 아저씨는 삼촌이 옛 애인 생각이 나서 멧돼지에게 총을 쏘지 못한 심정을 이해했다.

29. '나'와 '도라꾸 아저씨'의 대화 양상을 고려하여, ㉠, ㉡을 이해한 내용으로 가장 적절한 것은?

① ㉠은 도라꾸 아저씨의 말에 대한 나의 놀라움을, ㉡은 불신감을 나타낸다.

② ㉠과 ㉡은 나의 질문을 가로막는 도라꾸 아저씨의 태도에 대한 반감을 드러낸다.

③ ㉠과 ㉡을 통해서 '나'가 도라꾸 아저씨의 의중을 이해하지 못하는 상황이 지속되고 있음을 알 수 있다.

④ ㉠이 ㉡으로 연결되면서 계속 만담을 이어가려는 도라꾸 아저씨에 대한 '나'의 냉소적 태도가 약화되고 있다.

⑤ ㉡은 ㉠에 담긴 의구심을 해소할 수 있는 실마리를 얻을 수 있으리라는 바람이 이루어진 데에 따른 성취감을 반영한다.

30. <보기>를 참고하여 윗글을 감상한 내용으로 적절하지 <u>않은</u> 것은? [3점]

> < 보 기 >
>
> 이 작품은 '도라꾸 아저씨'의 인식 변화를 중심으로 이야기가 전개되고 있다. 도라꾸 아저씨는 인간과 자연을 분리된 것으로 보고 자연보다 우월한 위치에서 자연을 도구로서의 가치만 지닌 타자로 대했었다. 그런데 사냥 중 이러한 인식에 변화가 시작된다. 그는 하나의 생명을 빼앗기 위해 또 다른 생명을 수단으로 삼은 행동이 잘못이었다는 것을 깨닫게 된 것이다. 그리고 인간과 마찬가지로 자연 역시 동등한 가치를 지닌 존재라는 생태주의적 인식을 하게 된다.

① 도라꾸 아저씨의 자연에 대한 인식이 변화된 것은 죽은 새끼들을 쫓아온 어미 멧돼지와 시선을 마주한 것이 계기가 되었겠군.

② 도라꾸 아저씨가 한때 멧돼지의 생명을 우습게 여겼던 이유는 멧돼지를 자신의 공명심을 드러내는 도구로서의 가치로 판단했기 때문이겠군.

③ 도라꾸 아저씨가 자신이 한 번 죽었다고 말한 것은 멧돼지들을 거침없이 죽였던 것이 잘못된 행동이었음을 깨달았다는 것을 의미하는 것이겠군.

④ 도라꾸 아저씨가 세 사람과 마주친 멧돼지를 죽이지 않은 것은 자연 속에서 살아가는 모든 생명은 소중하다는 생태주의적 인식에서 기인한 것이겠군.

⑤ 도라꾸 아저씨가 새끼의 생명을 빼앗아 어미 멧돼지를 잡는 사냥법을 암수라고 한 삼촌의 말에 동의한 것은 멧돼지도 인간과 동등한 가치를 지닌 생명체임을 인정한 것이겠군.

[31 ~ 34] 다음 글을 읽고 물음에 답하시오.

미래주의는 20세기 초 이탈리아 시인 마리네티의 '미래주의 선언'을 시작으로, 화가 발라, 조각가 보치오니, 건축가 상텔리아, 음악가 루솔로 등이 참여한 전위예술* 운동이다. 당시 산업화에 뒤처진 이탈리아는 산업화에 대한 열망과 민족적 자존감을 ⓐ고양시킬 수 있는 새로운 예술을 필요로 하였다. 이에 산업화의 특성인 속도와 운동에 주목하고 이를 예술적으로 표현하려는 미래주의가 등장하게 되었다.

특히 미래주의 화가들은 질주하는 자동차, 사람들로 북적이는 기차역, 광란의 댄스홀, 노동자들이 일하는 공장 등 활기찬 움직임을 보여 주는 모습을 주요 소재로 삼아 산업 사회의 역동적인 모습을 표현하였다. 그들은 대상의 움직임의 ⓑ추이를 화폭에 담아냄으로써 대상을 생동감 있게 형상화하려 하였다. 이를 위해 미래주의 화가들은, 시간의 흐름에 따른 대상의 움직임을 하나의 화면에 표현하는 분할주의 기법을 사용하였다. '질주하고 있는 말의 다리는 4개가 아니라 20개다.'라는 미래주의 선언의 내용은, 분할주의 기법을 통해 대상의 역동성을 ⓒ지향하고자 했던 미래주의 화가들의 생각을 잘 드러내고 있다.

분할주의 기법은 19세기 사진작가 머레이의 연속 사진 촬영 기법에 영향을 받은 것으로, 이미지의 겹침, 역선(力線), 상호 침투를 통해 대상의 연속적인 움직임을 효과적으로 표현하였다. 먼저 이미지의 겹침은 화면에 하나의 대상을 여러 개의 이미지로 중첩시켜서 표현하는 방법이다. 마치 연속 사진처럼 화가는 움직이는 대상의 잔상을 바탕으로 시간의 흐름에 따른 대상의 움직임을 겹쳐서 나타내었다. 다음으로 힘의 선을 나타내는 역선은, 대상의 움직임의 궤적을 여러 개의 선으로 구현하는 방법이다. 미래주의 화가들은 사물이 각기 특징적인 움직임을 갖고 있다고 보고, 이를 역선을 통해 표현함으로써 사물에 대한 화가의 느낌을 드러내었다. 마지막으로 상호 침투는 대상과 대상이 겹쳐서 보이게 하는 방법이다. 역선을 사용하여 대상의 모습을 나타내면 대상이 다른 대상이나 배경과 구분이 모호해지는 상호 침투가 발생해 대상이 사실적인 형태보다는 ⓓ왜곡된 형태로 표현된다. 이러한 방식으로 미래주의 화가들은 움직이는 대상의 속도와 운동을 효과적으로 나타낼 수 있었다.

기존의 전통적인 서양 회화가 대상의 고정적인 모습에 ⓔ주목하여 비례, 통일, 조화 등을 아름다움의 요소로 보았다면, 미래주의 회화는 움직이는 대상의 속도와 운동이라는 미적 가치에 주목하여 새로운 미의식을 제시했다는 점에서 의의를 찾을 수 있다. 이러한 미래주의 회화는 이후 모빌과 같이 나무나 금속으로 만들어 입체적 조형물의 운동을 보여 주는 키네틱 아트가 등장하는 데 ㉠영감을 제공한 것으로 평가되고 있다.

* 전위예술 : 기존의 표현 예술 형식을 부정하고 새로운 표현을 추구하는 예술 경향.

31. 윗글에서 언급된 내용이 <u>아닌</u> 것은?

① 미래주의에 참여한 예술가들
② 미래주의가 등장하게 된 배경
③ 미래주의 화가들이 사용한 기법
④ 미래주의 회화가 발전해 온 과정
⑤ 미래주의 화가들이 추구한 미의식

32. ㉠의 구체적 내용으로 가장 적절한 것은?

① 전통 회화 양식에서 벗어나 움직이는 대상이 주는 아름다움을 최초로 작품화하려는 생각
② 기존의 방식과 달리 미적 가치를 3차원에서 실제로 움직이는 대상을 통해 구현하려는 생각
③ 사진의 촬영 기법을 회화에 접목시켜 비례와 조화에서 오는 조형물의 예술성을 높이려는 생각
④ 산업 사회의 역동적인 모습에서 벗어나 인류가 추구해야 할 미래상을 화폭에 담아내려는 생각
⑤ 예술적 대상의 범위를 구체적인 대상에서 추상적인 대상으로 확대하여 작품을 창작하려는 생각

33. 윗글을 바탕으로 <보기>를 감상한 내용으로 적절하지 <u>않은</u> 것은? [3점]

< 보 기 >

발라의 「강아지의 다이내미즘」은 여인이 강아지를 데리고 산책하는 모습을 그린 미래주의 회화의 대표적인 작품이다.

① 움직이는 강아지의 모습을 속도감 있게 그린 것에서 미래주의 회화의 경향을 엿볼 수 있겠군.
② 선을 교차시켜 쇠사슬의 잔상을 구체적으로 재현한 것에서 역선을 통해 사실적인 형태를 강조했음을 알 수 있겠군.
③ 강아지의 발과 바닥의 경계가 모호하게 보이는 것에서 대상과 배경의 상호 침투 효과를 엿볼 수 있겠군.
④ 강아지의 발을 중첩시켜 표현한 것은 이미지 겹침을 통해 시간의 흐름에 따른 대상의 움직임을 나타낸 것이겠군.
⑤ 사람의 다리를 두 개가 아닌 여러 개로 그린 것은 분할주의 기법을 활용하여 걷는 이의 역동적 모습을 강조한 것이겠군.

34. ⓐ~ⓔ의 사전적 의미로 적절하지 <u>않은</u> 것은?

① ⓐ : 정신이나 기분 따위를 북돋워서 높임.
② ⓑ : 시간의 경과에 따라 변하여 나감.
③ ⓒ : 어떤 목표로 뜻이 쏠리어 향함.
④ ⓓ : 사실과 다르게 해석하거나 그릇되게 함.
⑤ ⓔ : 자신의 의견이나 주의를 굳게 내세움.

[35~37] 다음 글을 읽고 물음에 답하시오.

중국 황제가 크게 화를 내어 신라를 침공하고자 하여 계란을 솜으로 여러 번 싸서 돌함에 넣고 황초를 불에 녹여 그 안을 채워서 흔들리지 않게 하고 또 구리쇠를 녹여 함에 부어 열어 보지 못하게 하여 봉서와 함께 신라에 보내었다. 봉서의 내용인즉,

㉠'너희 나라가 만약 이 함 속에 있는 물건을 알아내어 시를 바치지 못한다면, 너희 나라를 도살하여 없애 버리겠다.'

하였더라. 대국 사신이 조서를 받들고 신라에 도착하니 신라 왕이 몸소 사신을 맞이하고 조서를 읽어 보시고는 즉시 나라의 선비들을 불러 모아 이르시기를,

㉡"너희 유생 중에 이 함 속에 있는 물건을 알아내어 시를 짓는 사람은 장차 관직을 높여 땅을 나누어 줄 것이다."

하시매 아무도 그 속 물건을 알아내지 못하여 온 조정이 들끓더라.

이때 아이도 왕이 내린 명령을 들었다. 또 나 승상의 딸아이가 아름답고 재예*가 뛰어나며 게다가 절개가 있다는 소문을 들은 터인지라, 떨어진 옷으로 갈아입고 거울을 수선하는 장사로 사칭하고는 서울로 들어갔다. 그러고는 승상 댁 문 앞에 이르러 '거울 수선하라'는 말을 여러 차례 외쳤다. 이에 나 승상의 딸이 그 소리를 듣고 낡은 거울을 유모에게 주어 보내고, 인해 유모를 따라 외문 밖으로 나와 사립문 틈으로 엿보았다. 그 장사 역시 몰래 눈으로 바라보고 아름다운 아가씨라 여기고는 쥐고 있던 거울을 고의로 떨어뜨려 깨뜨렸다. 유모가 발을 구르며 다급하게 화를 내자 장사 아이가 말하기를,

"이미 거울이 깨졌으니 발은 굴러 무엇하겠습니까? 이 몸이 노복이 되어 거울 깨뜨린 보상을 하겠으니 청을 들어주소서."

하는지라. 유모가 돌아가 승상께 고하니 승상께서 허락하시고 묻기를,

"너의 이름은 무엇이며 어디에 살고 있느냐?"

아이가 대답하되,

"거울을 고치다 깨뜨렸으니 파경노라 불러 주시옵고, 일찍 부모를 여의고 갈 곳이 없나이다."

하는지라. 승상은 파경노에게 말 먹이는 일을 하도록 하였다. 파경노가 말을 타고 나가면 말 무리들이 열을 지어 뒤따랐으며 조금도 싸우는 일이 없었다. 이후로 말들이 살찌고 여윈 말이 없었다. ㉢아침에 파경노가 말 무리들을 이끌고 나가 사방에 흩어 놓고 숲 속에서 온종일 시를 읊으면, 청의동자* 수 명이 어디서 왔는지 혹은 말을 먹이고 혹은 채찍으로 훈련시키더라. 해가 지면 말들이 구름같이 모여 파경노 앞에 늘어서서 머리를 조아리니 보는 이마다 신기함을 칭찬하지 않는 이 없더라. 나 승상 부인께서 이 소문을 듣고 승상에게 말하기를,

"파경노는 생김새가 기이하고 말 다룸도 또한 기이하니 필시 비범한 사람일 것입니다. 천한 일을 맡게 하지 마옵소서."

하니 승상도 옳게 여기고 그 말을 따랐다. 예전에 동산에다 나무와 꽃을 많이 심었으나 잘 가꾸지 못하여 거칠어지고 매몰되어 잡초 속에 묻혀 버렸는지라, 파경노로 하여금 꽃밭 가꾸는 일을 맡기었다. 파경노는 또한 한가로이 꽃밭에 앉아서 시만 읊고 있을 뿐 가꾸는 일은 하지 않으나 하늘에서 선녀가 밤에 내려와 혹은 거름을 주어 가꾸고 혹은 풀을 뽑으니 전보다 배나 더 아름답고 무성하였다.

[중략 부분의 줄거리] 승상은 시를 지으라는 임금의 명을 받고 시름에 빠진다. 파경노의 비범함을 알아차린 딸의 권유로 승상이 파경노에게 시 짓는 일을 명하자 파경노는 자신을 사위로 삼는다면 시를 짓겠다고 말한다. 파경노가 노비라는 이유로 혼인을 반대하던 승상은 딸이 설득하자 결국 파경노를 사위로 맞이한다.

다음날 아침 승상이 사람을 시켜 시 짓는 모습을 엿보라 하였다. 이때 파경노가 자기 이름을 지어 치원이라 하고, 자를 고운이라 하더라. 승상의 딸이 옆에 앉아서 시 짓기를 재촉하니 치원이 말하기를,

"시는 내일 중으로 지을 것이니 너무 재촉하지 마오."

하고는 승상의 딸더러 종이를 벽 위에 붙여 놓도록 하고 스스로 붓 대롱을 잡아 발가락에 끼우고 잤다. 승상의 딸이 근심하다가 고단하여 자는데 꿈속에 쌍룡이 하늘에서 내려와 함 위에서 서로 벗하며 무늬 옷을 입은 동자 십여 명이 함을 받들고 서서 소리 내어 노래하니 함이 열리는 듯하였다. 이윽고 쌍룡의 콧구멍에서 여러 가지 빛깔의 상서로운 기운이 나와 함 속을 환히 비추니 그 안에 붉은 옷을 입고 푸른 수건을 쓴 사람이 좌우로 늘어서서 어떤 자는 시를 지어 읊고 어떤 자는 붓을 잡아 글씨를 쓰는데, 승상이 빨리 시를 지으라고 재촉하는 소리에 놀라 깨어 보니 꿈이더라. ㉣치원 역시 깨어나 시를 지어 벽에 붙인 종이에다 써 놓으니 용과 뱀이 놀라 꿈틀거리는 듯하더라. 시의 내용인즉,

둥글고 둥근 함 속의 물건은
반은 희고 반은 노란데,
밤마다 때를 알아 울려 하건만
뜻만 머금을 뿐 토하지 못하도다.

이더라. 치원이 승상의 딸을 시켜 승상께 바치게 하니 승상이 믿지 않다가 딸의 꿈 이야기를 듣고서야 믿고 대궐로 들어가 왕께 바치었다. 왕이 보시고서 크게 놀라 물으시기를,

"경이 어떻게 알아 가지고 시를 지었느뇨?"

하시니 대답하여 아뢰되,

㉤"신이 지은 것이 아니옵고 신의 사위가 지은 것이옵니다."

하니 왕은 사신으로 하여금 대국 황제께 바치었다. 황제가 그 시를 보시고 말씀하시기를,

"'둥글고 둥근 함 속의 물건은 반은 희고 반은 노란데'는 맞는 구절이나 '밤마다 때를 알아 울려 하건만 뜻만 머금을 뿐 토하지 못하도다'라 한 것은 잘못이로다."

하고 함을 열고 달걀을 보시니 여러 날 따뜻한 솜 속에서 병아리로 되어 있으매 황제가 탄복하면서 말하기를,

"이는 천하의 기재로다."

하고 학사를 불러 보이시니, 칭찬하지 않는 자가 없었다.

— 작자 미상, 「최고운전」 —

* 재예 : 재능과 기예를 아울러 이르는 말.
* 청의동자 : 신선의 시중을 든다는 푸른 옷을 입은 사내아이.

35. 윗글에서 알 수 있는 내용으로 적절하지 <u>않은</u> 것은?

① '아이'는 승상 댁의 노복이 된 이후에 돌함의 존재에 대해 알게 되었다.
② '승상의 부인'은 파경노의 외모와 행동을 근거로 그가 범상한 인물이 아님을 알아보았다.
③ '승상'은 파경노에게 천한 일을 맡기지 말라는 부인의 말을 따랐다.
④ '파경노'는 승상의 딸과 결혼한 이후 자신의 이름을 스스로 치원이라 지었다.
⑤ '승상의 딸'은 치원이 지은 시에 대해 회의적인 태도를 보이는 승상에게 자신의 꿈 이야기를 들려주었다.

36. 윗글의 거울에 대한 설명으로 가장 적절한 것은?

① 아이가 승상에게 자신의 능력을 증명하는 데 사용된 소재이다.
② 승상 댁에 노복으로 들어간 아이가 겪게 될 고난을 암시하는 소재이다.
③ 아이가 승상의 사위가 되려는 내적 욕망을 실현하는 데 동원된 소재이다.
④ 혼인을 둘러싸고 아이와 승상 사이에 긴장감이 조성될 것을 예고하는 소재이다.
⑤ 아이가 승상 딸의 뛰어난 재예와 절개를 시험할 수 있는 기회를 제공하는 소재이다.

37. <보기>를 바탕으로 ㉠ ~ ㉤을 이해한 내용으로 적절하지 <u>않은</u> 것은? [3점]

<보 기>

「최고운전」은 '시 짓기'를 통해 주인공과 국가가 당면한 문제 상황이 해결되는 구조로 서사가 전개되고 있다. 이 작품은 뛰어난 능력을 가지고 있으나 신분적 한계로 인해 자신의 능력을 제대로 펼치지 못했던 실존 인물 최치원의 삶을 바탕으로 창작되었다. 최치원의 삶이 주인공에 투영되어 형상화되는 과정에서 그의 비범함이 극적으로 부각되며, 이는 주로 '시 짓기'를 통해 발휘된다.

① ㉠에서 '시 짓기'는 중국 황제가 신라를 문제 상황에 빠뜨리기 위해 내세운 불합리한 요구로군.
② ㉡에서 '시 짓기'는 국가적 문제를 해결할 수 있는 인재가 없는 신라의 상황을 보여 주는군.
③ ㉢에서 '시 짓기'는 초월적 요소와 결합하여 인물의 비범함을 드러내는군.
④ ㉣에서 '시 짓기'는 신분적 한계로 인한 울분을 직접적으로 토로하는 수단이로군.
⑤ ㉤에서 '시 짓기'는 개인의 능력을 드러냄과 동시에 국가의 위기를 해결하는 방법이 되는군.

[38 ~ 42] 다음 글을 읽고 물음에 답하시오.

최근 수입품에 높은 관세를 부과하여 국제 무역 분쟁이 발생하면서 관세에 대한 관심이 높아지고 있다. 관세란 수입되는 재화에 부과되는 조세로, 정부는 조세 수입을 늘리거나 국내 산업을 보호하기 위한 목적으로 관세를 부과한다. 그런데 관세를 부과하면 국내 경기 및 국제 교역에 영향을 미치게 된다.

관세가 국내 경기에 미치는 영향을 살펴보기 위해서는 시장에서의 수요와 공급의 원리를 알아야 한다. <그림>은 가격에 따른 수요량과 공급량의 변화를 나타내는 그래프이다.

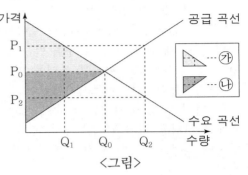

<그림>

여기서 수요 곡선은 재화의 가격에 따른 수요량의 변화를 나타내는데, 그래프에서 가격은 재화 1단위 추가 소비를 위한 소비자의 지불 용의 가격을 나타내기도 한다. 공급 곡선은 재화의 가격에 따른 공급량의 변화를 나타내는데, 그래프에서 가격은 재화 1단위 추가 생산을 위한 생산자의 판매 용의 가격을 나타내기도 한다. 수요와 공급의 원리에 따르면 재화의 균형 가격은 수요 곡선과 공급 곡선이 만나는 P_0에서 형성된다. 재화의 가격이 P_1로 올라가면 수요량은 Q_1로 줄어들고 공급량은 Q_2로 증가하지만, 재화의 가격이 P_2로 내려가면 수요량은 Q_2로 증가하고 공급량은 Q_1로 줄어든다.

이처럼 재화의 가격 변화로 수요량과 공급량이 달라지면 소비자 잉여와 생산자 잉여에도 변화가 생기게 된다. 여기서 잉여란 제품을 소비하거나 판매함으로써 얻는 이득으로, 소비자 잉여는 소비자가 어떤 재화를 구입할 때 지불할 용의가 있는 가격과 실제 지불한 가격의 차이이고, 생산자 잉여는 생산자가 어떤 재화를 판매할 때 실제 판매한 가격과 판매할 용의가 있는 가격의 차이이다. <그림>에서 수요 곡선과 실제 재화의 가격의 차이에 해당하는 ㉮는 소비자 잉여를, 실제 재화의 가격과 공급 곡선의 차이에 해당하는 ㉯는 생산자 잉여를 나타낸다. 만일 재화의 가격이 P_0에서 P_1로 올라가면 소비자 잉여는 줄어들고 생산자 잉여는 늘어나는 반면, 재화의 가격이 P_2로 내려가면 소비자 잉여는 늘어나고 생산자 잉여는 줄어들게 된다.

이를 바탕으로 관세가 국내 경기에 미치는 영향을 살펴보자. 밀가루 수입 전에 형성된 K국의 밀가루 가격이 500원/kg이고, 국제 시장에서 형성된 밀가루의 가격이 300원/kg이라고 가정해 보자. K국이 자유 무역을 통해 관세 없이 밀가루를 수입하면 국산 밀가루 가격은 수입 가격 수준인 300원/kg까지 내려가게 된다. 그 결과 국산 밀가루 공급량은 줄어들지만 오히려 수요량은 늘어나기 때문에, 국내 수요량에서 국내 공급량을 뺀 나머지 부분만큼 밀가루를 수입하게 된다. 밀가루 수입으로 국산 밀가루 가격이 하락하면 결과적으로 생산자 잉여가 감소하지만 소비자 잉여는 증가하게 된다. 증가한 소비자 잉여가 감소한 생산자 잉여보다 크기 때문에 소비자 잉여와 생산자 잉여의 총합인 사회적 잉여는 밀가루를 수입하기 전에 비해 커지게 된다.

그런데 K국이 수입 밀가루에 100원/kg의 관세를 부과할 경우, 수입 밀가루의 국내 판매 가격은 400원/kg으로 올라가게 된다. 그렇게 되면 국산 밀가루 생산자는 관세 부과 전보다

100원/kg 오른 가격에 밀가루를 판매할 수 있으므로 국산 밀가루의 공급량이 늘어 관세를 부과하기 전보다 생산자 잉여가 증가하게 된다. 반대로 소비자 입장에서는 가격이 올라가면 그만큼 수요량이 줄어들게 되므로 소비자 잉여는 감소하게 된다. 하지만 증가한 생산자 잉여가 감소한 소비자 잉여보다 작기 때문에 소비자 잉여와 생산자 잉여의 총합인 사회적 잉여는 수입 밀가루에 관세를 부과하기 전에 비해 작아지게 된다.

그런데 관세 정책이 장기화될 경우, 국내 경기가 침체에 빠질 수 있다. 예컨대 K국 정부가 국내 밀가루 산업을 보호하기 위하여 수입 밀가루에 높은 관세를 부과할 경우, 단기적으로는 국내 밀가루 생산자의 이익을 늘려 자국의 밀가루 산업을 보호할 수 있다. 하지만 높은 관세로 국내 밀가루 가격이 상승하면 밀가루를 원료로 하는 제품들의 가격이 줄줄이 상승하게 되어, 국내 소비자들은 밀가루를 이용하여 만든 제품들의 소비를 줄이게 된다. 이러한 과정이 장기화된다면 K국의 경기는 결국 침체에 빠질 수도 있다. 실제로 1930년대 국내 산업을 보호할 목적으로 시행된 각국의 관세 정책으로 인해 오히려 경제 대공황이 심화된 사례가 이를 잘 보여 주고 있다.

이렇게 볼 때 국내 산업을 보호할 목적으로 부과된 ㉠관세는 사회적 잉여를 감소시키고, 해당 제품에 대한 국내 소비를 줄어들게 한다. 그리고 그와 관련된 다른 산업까지 악영향을 미칠 수 있다. 또한 과도한 관세는 국제 교역을 감소시켜 국제 무역 시장을 침체시킬 뿐만 아니라, 국제 무역 분쟁을 야기할 소지도 있다. 이러한 이유로 대다수의 경제학자들은 과도한 관세에 대한 우려를 드러내고 있다.

38. 윗글에 대한 설명으로 가장 적절한 것은?

① 상반된 두 입장을 제시한 후 이를 절충하고 있다.
② 문제 상황을 언급한 후 해결책을 구체화하고 있다.
③ 이론의 한계를 단계적인 순서에 따라 설명하고 있다.
④ 학설이 나타난 배경과 그 학문적 성과를 분석하고 있다.
⑤ 원리를 설명한 후 구체적 사례를 들어 이해를 돕고 있다.

39. 윗글에 대한 이해로 적절하지 <u>않은</u> 것은?

① 소비자의 지불 용의 가격은 균형 가격보다 항상 높다.
② 균형 가격에서는 재화의 수요량과 공급량이 동일하다.
③ 원료의 가격은 이에 기반한 제품의 가격에 영향을 미친다.
④ 관세는 국가 간의 무역 분쟁의 원인으로 작용하기도 한다.
⑤ 대다수의 경제학자들은 과도한 관세에 대해 부정적 입장을 취한다.

40. ㉠의 이유로 적절한 것은?

① 소비자 잉여 감소분이 생산자 잉여 증가분과 같기 때문에
② 소비자 잉여 감소분이 생산자 잉여 증가분보다 크기 때문에
③ 소비자 잉여 증가분이 생산자 잉여 증가분보다 크기 때문에
④ 소비자 잉여 감소분이 생산자 잉여 감소분보다 작기 때문에
⑤ 소비자 잉여 증가분이 생산자 잉여 감소분보다 작기 때문에

41. 윗글을 바탕으로 <보기>를 설명한 내용으로 적절하지 <u>않은</u> 것은? [3점]

<보 기>

P국에서는 국산 바나나만을 소비하다 값싼 수입산 바나나를 관세 없이 수입하면서 국산 바나나 가격이 국제 시장 가격 수준으로 하락했다. 이에 정부에서는 국내 바나나 산업 보호를 위하여 관세를 부과하였다.

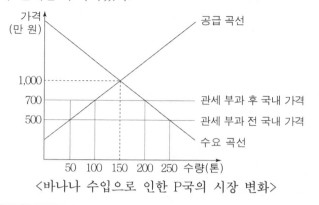

<바나나 수입으로 인한 P국의 시장 변화>

① 바나나를 수입하기 전 바나나의 국내 균형 가격은 톤당 1,000만 원이었다.
② 관세를 부과하기 이전에는 수입되는 바나나의 수량이 200톤이었다.
③ 관세를 부과하기 이전과 이후의 가격을 비교해 보니 톤당 200만 원만큼의 관세가 부과되었다.
④ 관세를 부과한 결과 국내 생산자는 바나나의 공급량을 50톤에서 100톤으로 늘리게 된다.
⑤ 관세를 부과한 결과 수입되는 바나나의 수량은 이전보다 50톤이 줄어드는 효과가 발생한다.

42. 윗글의 '관세(A)'와 <보기>의 '수입 할당제(B)'에 대해 이해한 내용으로 적절하지 <u>않은</u> 것은?

<보 기>

'수입 할당제'는 일정 기간 특정 재화를 수입할 수 있는 양을 제한하여 제한된 할당량까지는 자유 무역 상태에서 수입하고 그 할당량이 채워지면 수입을 전면적으로 금지하는 비관세 정책이다. 수입 할당제는 수입되는 재화의 양을 제한함으로써 그 재화의 국내 가격을 자연적으로 상승시켜 국내 생산자를 보호하는 기능을 한다.

① A는 수입품의 가격을 상승시키는 원인으로 작용하겠군.
② B는 수량을 기준으로 수입되는 재화의 양을 제한하겠군.
③ A는 B와 달리 정책 시행 시의 혜택을 국내 생산자가 보겠군.
④ B는 A와 달리 수입품에 대한 정부의 조세 수입이 없겠군.
⑤ A와 B 모두 국제 무역 규모의 감소를 유발할 수 있겠군.

[43 ~ 45] 다음 글을 읽고 물음에 답하시오.

(가)
진주 장터 생어물전에는
바닷밑이 깔리는 해 다 진 어스름을,

울 엄매의 장사 끝에 남은 고기 몇 마리의
빛 발(發)하는 눈깔들이 속절없이
은전(銀錢)만큼 손 안 닿는 한(恨)이던가
울 엄매야 울 엄매,

별 밭은 또 그리 멀리
우리 오누이의 머리 맞댄 골방 안 되어
손 시리게 떨던가 손 시리게 떨던가,

진주 남강 맑다 해도
오명 가명
신새벽이나 밤빛에 보는 것을,
울 엄매의 마음은 어떠했을꼬,
달빛 받은 옹기전의 옹기들같이
말없이 글썽이고 반짝이던 것인가.

— 박재삼, 「추억에서」 —

(나)
죽장의 김삿갓은 죽고
참빗으로 이 잡던 시절도 가고
대바구니 전성 시절에

새벽 서리 밟으며 어머니는 바구니 한 줄 이고 장에 가시고 고구마로 점심 때운 뒤 기다리는 오후, 너무 심심해 아홉 살 내가 두 살 터울 동생 손 잡고 신작로를 따라 마중갔었다. 이십 리가 짱짱한 길, 버스는 하루에 두어 번 다녔지만 ㉠꼬박꼬박 걸어오셨으므로 가다보면 도중에 만나겠지 생각하며 낯선 아줌마에게 길도 물어가면서 ㉡하염없이…… 그런데 이 고개만 넘으면 읍이라는 곳에서 해가 ㉢덜렁 졌다. 배는 고프고 으스스 무서워져 ㉣한참 망설이다가 되짚어 돌아오는 길은 한없이 멀고 캄캄 어둠에 동생은 울고 기진맥진 한밤중에야 호롱 들고 찾아나선 어머니를 만났다. — 어머니는 그날 따라 버스로 오시고

아, 요즘도 장날이면
허리 굽은 어머니
플라스틱에 밀려 시세도 없는 대바구니 옆에 쭈그려앉아
㉤멀거니 팔리기를 기다리는
담양장.

— 최두석, 「담양장」 —

43. (가)와 (나)의 표현상 공통점으로 가장 적절한 것은?

① 동일한 어미를 반복하여 리듬감을 주고 있다.
② 역설법을 활용하여 내면 심리를 부각하고 있다.
③ 자조적인 어조를 사용하여 시적 정서를 드러내고 있다.
④ 공감각적 이미지를 사용하여 표현 효과를 높이고 있다.
⑤ 수미상관의 기법을 활용하여 주제 의식을 강조하고 있다.

44. <보기>의 수업 상황에서 선생님이 제시한 과제를 수행한 것으로 적절하지 <u>않은</u> 것은? [3점]

── < 보 기 > ──
선생님 : 「추억에서」와 「담양장」은 '시 엮어 읽기'의 방법으로 감상하기에 좋은 작품입니다. 시 엮어 읽기란 시적 맥락을 고려하여 다른 시를 서로 비교하며 감상함으로써 작품 감상의 폭을 넓히는 방법입니다. 여러분, 이 두 작품의 시적 상황, 정서, 소재, 배경 등을 고려하면서 시 엮어 읽기를 해 볼까요?

① (가)의 '고기'와 (나)의 '대바구니'는 어머니가 가족들의 생계 유지를 위하여 장터에서 팔아야 하는 소재라는 점에서 유사합니다.
② (가)의 '울 엄매야 울 엄매'와 (나)의 '허리 굽은 어머니'에는 고단한 삶을 살아온 어머니에 대한 연민의 정이 담겨 있다는 점에서 유사합니다.
③ (가)의 '골방'에 비해 (나)의 '신작로'는 어머니를 기다리는 마음이 더 능동적인 행위로 나타나는 공간이라는 점에서 차이가 있습니다.
④ (가)의 '신새벽'과 (나)의 '한밤중'은 어머니의 부재로 인해 어린 화자가 느끼는 불안감이 해소되는 시간적 배경이라는 점에서 유사합니다.
⑤ (가)의 '말없이 글썽이고 반짝이던 것인가'에서는 어머니의 과거 삶을, (나)의 '아, 요즘도 장날이면'에서는 과거로부터 이어지는 어머니의 현재 삶을 떠올리고 있는 시적 상황이라는 점에서 차이가 있습니다.

45. <보기>를 참고하여 ㉠ ~ ㉤을 이해한 내용으로 적절하지 <u>않은</u> 것은?

── < 보 기 > ──
시에서는 정서나 상황 등을 효과적으로 표현하기 위해 부사어를 사용하기도 한다. 따라서 부사어를 사용한 의도를 파악해 보면 시적 의미를 섬세하게 해석할 수 있어 감상의 묘미가 높아진다.

① ㉠ : 늘 걸어서 장에 다니시는 어머니의 일상을 강조한다.
② ㉡ : 어머니를 마중 갔던 길이 길고 멀었다는 것을 부각한다.
③ ㉢ : 갑작스럽게 해가 져 놀라고 겁이 난 심리를 강조한다.
④ ㉣ : 더 갈지 돌아가야 할지 주저하는 내적 갈등을 부각한다.
⑤ ㉤ : 장이 끝나 가서 장사를 마쳐야 하는 아쉬움을 강조한다.

★ 확인 사항
o 답안지의 해당란에 필요한 내용을 정확히 기입(표기)했는지 확인하시오.

[특별 부록] 3월 학력평가 대비 실전 모의고사 1

국어 영역

제 1 교시

08회

● 문항수 45개 | 배점 100점 | 제한 시간 80분

● 점수 표시가 없는 문항은 모두 2점 ● 출처 : 고1 학력평가

[1 ~ 3] 다음은 학생이 수업 시간에 한 발표의 일부이다. 물음에 답하시오.

안녕하세요. '세계로 가는 길' 모둠의 마지막 발표자 ○○○ 입니다. 앞에서 세계 여러 나라에 대한 정보를 소개했었는데, 이제 여행을 갈 때 필요한 여권을 소개할 차례입니다. 저는 먼저 여권은 무엇인지, 여권을 발급받으려면 무엇을 준비하고 유의해야 하는지, 그리고 여권에 기재되는 정보에는 어떤 것들이 있는지 발표하려고 합니다.

여러분, 여권이 무엇인지 아시나요? (청중의 반응을 살피고) 여행할 나라로부터 받는 입국 허가증을 여권으로 알고 있는 친구가 있는데, 그건 비자라고 합니다. 여권은 해외에서 자신의 국적과 신분을 증명하기 위해 사용하는 신분증입니다.

여권을 신청하려면 사진과 신분증 등이 필요합니다. 특히 사진이 중요한데요, (스마트폰으로 얼굴을 찍는 자세를 취하며) 여러분들은 아마 이렇게 비스듬한 각도로 찍어서 얼굴이 갸름하고 예쁘게 보이는 사진을 여권에 넣고 싶을 겁니다. 하지만 여권용 사진은 정면을 바라보고 얼굴 전체가 잘 드러난 것이어야 합니다. 왜 그럴까요? (청중의 대답을 듣고 고개를 끄덕이며) 네, 맞습니다. 여권을 제시한 사람이 본인인지 확인할 수 있어야 하기 때문입니다.

그렇다면, 여권에 기재되는 정보에는 어떤 것들이 있을까요? 여권의 신원 정보 면에는 사진, 여권의 종류, 여권 번호, 로마자 성명, 주민등록번호, 발급일과 기간 만료일 등이 실려 있습니다.

여권 종류는 알파벳 약자의 조합으로 표시됩니다. 예를 들어 'PS'는 유효 기간 동안 우리나라를 기준으로 출입국에 한 번만 사용할 수 있는 여권이고, 'PM'은 여러 번 사용할 수 있는 여권을 나타냅니다. 여권 번호는 여권 종류를 나타내는 알파벳과 숫자 여덟 개의 조합으로 되어 있는데, 이 숫자는 위조나 변조를 막기 위해 무작위로 부여됩니다. 여권에는 로마자 성명도 실려 있어요. 로마자 성명은 한글 성명의 발음과 일치하게 로마자로 표기하도록 하고 있습니다. '기호'라는 이름을 예로 들어 볼게요. '기'의 경우 로마자 표기법에 따르면 (칠판에 적어 보여 주며) 'GI'로 표기해야 합니다. 그런데 많은 사람들이 여권에 'KI'로 쓰고 있어요. 이런 경우, 여권을 발급받을 때 'KIHO'로 등록 했다면 유효 기간 만료 전에 로마자 표기법에 따라 'GIHO'로 정정하는 게 제한됩니다. 그래서 여권을 신청할 때 성명을 어떻게 로마자로 표기할지 신중하게 결정해야 합니다. 그리고 주민 등록번호는 생년월일을 제외한 뒷부분이 기재되는데 2020년 부터 발급될 여권에는 개인 정보 보호를 위해 기재되지 않을 예정이라고 합니다.

한 가지 유용한 정보를 더 알려 드릴게요. 여권에는 개인 정 보가 수록되어 있기 때문에 국내에서도 신분증으로 활용될 수 있습니다. 단, 유효 기간이 만료되기 전이어야 합니다.

1. 발표에 반영된 학생의 계획으로 적절하지 <u>않은</u> 것은?

① 구체적인 예를 들어 청중의 이해를 돕는다.
② 자료의 출처를 밝혀 발표의 신뢰성을 높인다.
③ 비언어적 표현을 활용하여 청중의 흥미를 유발한다.
④ 청중의 대답을 유도하는 질문을 던져 청중과 상호 작용한다.
⑤ 도입부에서 발표 내용을 안내해 청중이 예측하며 듣게 한다.

2. 다음은 여권의 신원 정보 면 자료이다. 위 발표를 들은 청중이 ㉠ ~ ㉤에 대해 보인 반응으로 적절하지 <u>않은</u> 것은?

① ㉠ : 정면을 바라보고 얼굴 전체가 드러나 여권 소지자가 본인 이라는 것을 확인할 수 있겠군.
② ㉡ : 이 여권은 기간 만료일까지 출입국할 때 여러 번 사용할 수 있겠군.
③ ㉢ : 이 여권을 소지한 사람이 다른 나라로부터 입국 허가를 받았음을 알 수 있겠군.
④ ㉣ : 로마자 표기법에 따라 한글 이름과 발음이 일치하게 표기 한 이름을 실었다고 볼 수 있겠군.
⑤ ㉤ : 2020년 이후에 여권을 발급받는다면 수록되지 않을 정보 이겠군.

3. <보기>에 나타난 학생의 듣기 전략으로 적절한 것은?

< 보 기 >

'그러고 보니 한국어능력시험을 볼 때, 기간 만료 전의 여 권도 신분증으로 제시할 수 있다는 안내문을 보고 여권을 가 지고 간 적이 있어. 여권이 있으면 나중에 대학수학능력시험을 보러 갈 때 신분증으로 활용할 수 있겠다.'

① 발표 내용 중 이해하기 어려운 점에 대해 의문을 떠올리며 들었다.
② 정보 전달에 적합한 내용 조직 방식을 사용했는지 평가하며 들었다.
③ 발표자가 제시한 정보들 사이의 공통점과 차이점을 파악하며 들었다.
④ 발표 내용과 관련된 자신의 경험을 떠올리고 유사한 상황에 적용하며 들었다.
⑤ 발표 내용을 요약하며 자신이 들은 내용을 잘 이해하고 있는지 점검하며 들었다.

[4 ~ 7] (가)는 라디오 대담이고, (나)는 (가)를 청취한 학생이 학교 신문에 실을 글의 초고이다. 물음에 답하시오.

(가)

진행자: 폐사한 거북이의 코에서 플라스틱 빨대가 발견된 소식이 많은 사람들에게 충격을 준 이후, 플라스틱 쓰레기 문제에 대한 관심이 높아졌습니다. 오늘은 한국해양과학기술원서○○ 연구원과 함께 플라스틱 쓰레기로 인한 해양 오염에 대해 알아보겠습니다. 반갑습니다.

연구원: 네, 반갑습니다.

진행자: 얼마 전에도 고래상어 뱃속에서 엄청난 양의 플라스틱 쓰레기가 나온 사건이 있었는데요. 바다에 있는 플라스틱 쓰레기양이 어느 정도인지 궁금합니다.

연구원: 현재 전 세계 바다에 1억 6천만 톤 이상의 플라스틱이 떠 있는 상태인데 거기에 매년 약 800만 톤이 새로 유입되고 있습니다.

진행자: 800만 톤이 워낙 큰 수치다보니 실감이 나지 않는데요.

연구원: 1분마다 쓰레기 트럭 한 대 분량의 플라스틱이 바다에 버려지고 있다고 보시면 됩니다. 이 플라스틱 쓰레기의 대다수는 육지나 강에 아무렇게나 버려진 것으로 바람이나 물살에 쓸려 바다로 흘러 들어간 것입니다. 우리나라에서도 집중호우와 태풍으로 해마다 10만 9400톤가량의 쓰레기가 육지에서 바다로 유입되는데 이 가운데 70% 이상이 플라스틱입니다.

진행자: 육지에 버려져 있던 쓰레기 가운데 바다로 쓸려 [A] 들어간 플라스틱의 양이 꽤 많았네요.

연구원: 집중호우와 태풍에 휩쓸려 들어가는 것 외에도 분리수거 후 저개발 국가로 수출된 플라스틱 쓰레기 중 재활용 처리 비용이 높다는 이유로 바다에 폐기되는 양이 많은 것으로 드러났고요. 도로변 미세 플라스틱, 하수처리시설 방류수에 포함된 미세 플라스틱이 일상적으로 바다에 유입되고 있습니다.

진행자: 상황이 심각하군요. 플라스틱 쓰레기의 규모를 보니 해양 오염도 심각할 것 같은데요?

연구원: 그렇습니다. 지난해 저희가 인근 해역의 굴, 담치, 게 등의 어패류를 채집해 내장과 배설물을 분석한 결과 139개체 중 97%에서 5㎜ 미만 크기의 미세 플라스틱이 검출되었습니다. [A]

진행자: 그러니까 어패류 체내에 플라스틱이 쌓이고 있다는 말씀이신가요?

연구원: 네, 현재 바다에는 여러 형태의 미세 플라스틱이 쌓여 있어 플랑크톤을 비롯한 해양 생물의 먹이가 되고 있습니다. 그 결과, 미세 플라스틱 알갱이는 물론 플라스틱에서 발생하는 유해 물질이 먹이 사슬 과정에서 농축되고 있는 상황입니다.

진행자: 플라스틱으로 인한 해양 오염이 우리 식탁의 안전을 위협하고 있군요. 우리나라만의 문제는 아닐 텐데요. 국제적으로 함께 고민해야 할 것 같습니다.

연구원: 네, 해양 오염을 줄이기 위한 국제 협약으로 '런던 협약 및 의정서'가 있습니다. 매년 '런던 협약 및 런던 의정서 합동 과학 그룹 회의'를 통해 해양 투기 폐기물 평가 지침을 검토하고 연구 활동을 공유하는 한편 해양 환경 보전을 위한 기술 협력 및 지원 사항을 논의하고 있습니다. 이와 같은 국제적 관심과 협력이 각국의 플라스틱 사용 규제 정책 도입으로 이어지고 있고 플라스틱의 유해성 연구, 해양 쓰레기 제거 기술 연구 또한 힘을 얻고 있습니다.

진행자: 불행 중 다행이네요. 그렇다면 우리 청취자들이 해양 오염 개선을 위해 일상에서 실천할 수 있는 방법에는 어떤 것이 있을까요?

연구원: 해양 오염을 개선하는 데 중요한 것은 무엇보다도 플라스틱 쓰레기양을 줄이는 것입니다. 플라스틱 제품을 하나라도 덜 쓰기를 당부 드리고, 사용 후 플라스틱은 재활용될 수 있도록 부착물을 제거하신 후 세척해서 배출해 주시기를 부탁드립니다.

진행자: 이제 플라스틱 빨대 하나라도 덜 쓰려는 노력을 해봐야겠습니다. 오늘 말씀 잘 들었습니다.

(나)

얼마 전 라디오 방송에서, 전 세계 바다에 떠 있는 플라스틱 쓰레기양이 무려 1억 6천만 톤 이상이라는 말을 들었다. 그동안 우리는 얼마나 많은 플라스틱을 쓰고 버려왔던 것일까? 일주일간 나의 생활을 돌아보았더니, 패스트푸드점 음식, 편의점 도시락을 이용하면서 플라스틱으로 만든 용기, 뚜껑, 일회용 숟가락, 빨대를 버리고 있었으며 매일 마시고 버리는 생수병만 해도 적지 않았다.

매년 세계에서 바다로 배출하는 플라스틱 쓰레기양은 대략 800만 톤이며, 5㎜ 미만 크기의 미세 플라스틱 수는 플랑크톤 수의 180배이다. 이 가운데는 바다로 유입된 플라스틱 쓰레기가 햇빛과 파도에 부서져 생긴 것도 있고 우리가 의식하지 못한 채 바다로 흘려보낸 미세 플라스틱도 있다. 치약, 세정제의 원료로 쓰인 미세 플라스틱과 합성 섬유로 만들어진 옷을 세탁할 때마다 떨어져 나오는 미세 플라스틱 또한 방류수를 통해 바다로 흘러들어가고 있다. 바다 속의 미세 플라스틱은 해양 생물의 먹이가 되면서 먹이 사슬 과정에서 농축되어 수산물을 섭취하는 우리의 건강에 해를 끼친다.

해양 오염 상황을 개선하기 위해서는 바다로 흘러가는 플라스틱 쓰레기양을 줄이려는 노력이 필요하다. 우선 다회용 식기를 제공하는 매장을 이용하고 개인 컵을 휴대하여 일회용 플라스틱 사용을 줄여야 한다. 또, 다른 소재가 부착되어 있거나 잔여물이 남은 플라스틱의 경우 재활용률이 낮으므로 요구르트, 컵 커피 같은 플라스틱 포장 상품을 이용할 때에는 알루미늄 뚜껑 부분을 제거한 뒤 세척해서 버릴 필요가 있다.

4. <보기>는 진행자가 (가)를 준비하면서 떠올린 생각이다. (가)에 반영되지 <u>않은</u> 것은?

<보 기>

㉠<u>화제와 관련된 최근의 사례를 언급한 후, 대담의 중심 화제를 소개</u>함으로써 청취자의 관심을 유도해야겠어. ㉡<u>바다에 있는 플라스틱 쓰레기양의 규모도 확인</u>하여 청취자가 문제의 심각성을 실감하도록 해야지. 그 다음, ㉢<u>해양 오염 개선을 위한 국제 협약의 성과를 소개</u>하도록 요청함으로써 전문적인 정보가 제공되도록 해야겠어. 대담을 끝내기 전에, ㉣<u>청취자들이 문제 해결에 참여할 수 있는 방법</u>에 대해 질문한 후 ㉤<u>일상생활에서 실천할 수 있는 예를 들며</u> 마무리해야겠어.

---

① ㉠   ② ㉡   ③ ㉢   ④ ㉣   ⑤ ㉤

5. [A], [B]를 이해한 내용으로 가장 적절한 것은? [3점]

① [A] : '연구원'은 구체적 수치를 활용하여 '진행자'의 동의를 구하고 있다.
② [A] : '진행자'는 '연구원'이 언급한 정보를 이용하여 이어질 내용을 예측하고 있다.
③ [A] : '연구원'은 연구 결과를 토대로 해결책을 모색하고 있다.
④ [B] : '연구원'은 외국의 통계 자료와 비교하여 우리나라의 현황을 보고하고 있다.
⑤ [B] : '진행자'는 물음의 형식을 이용하여 자신의 이해가 정확한지 확인하고 있다.

6. 다음은 (가)를 반영하여 (나)를 작성하기 위한 학생의 작문 계획이다. (나)에서 언급하지 <u>않은</u> 것은?

○ 대담에서 연구원이 언급한 정보를 활용하여 플라스틱 쓰레기로 인한 해양 오염 실태를 독자에게 알려야겠어. ………… ①

○ 플라스틱 소비에 대한 개인적 경험을 활용하여 독자가 플라스틱 쓰레기에 대한 문제의식을 공유하도록 해야겠어. ………… ②

○ 대담에서 연구원이 언급하지 않은 정보를 추가로 조사하여 생활 하수를 통해 배출되는 미세 플라스틱에 대해 독자가 구체적으로 인지하도록 해야겠어. …………… ③

○ 대담에서 연구원이 언급한 내용에 대한 예를 들어 독자가 실천해야 할 방법을 명료하게 파악하도록 해야겠어. ………… ④

○ 다른 소재의 재활용률보다 플라스틱의 재활용률이 낮음을 지적하여 플라스틱 재활용률을 높일 수 있도록 독자의 참여를 유도해야겠어. …………… ⑤

---

7. 다음 선생님의 조언에 따라 (나)에 내용을 추가하고자 할 때, 가장 적절한 것은?

선생님 : 독자에게 글의 의도를 효과적으로 전달하려면 마지막에 상황의 심각성을 한 번 더 언급하고, 앞서 제안했던 실천이 갖는 의의를 나타내면 좋습니다.

---

① 플라스틱은 생산되는 데 5초, 쓰이는 데 5분, 분해되는 데 500년이 걸리는 소재로 알려져 있다. 그런데 최근 플라스틱 쓰레기를 재활용한 신소재 연구가 진행 중이라는 반가운 소식이 들리고 있다. 플라스틱 쓰레기가 유용한 신소재로 재탄생할 날도 멀지 않았다.

② 우리나라 남해 연안의 미세 플라스틱 오염도는 세계 최고 수준으로 바닷물 $1m^3$에 평균 21만 개의 미세 플라스틱 입자가 들어 있는 것으로 확인되었다. 플라스틱 사용을 줄이고 재활용률을 높이려는 노력이 모이면 해양 환경을 위협하는 플라스틱 쓰레기가 줄어들 것이다.

③ 태평양의 동서쪽에는 한반도 면적의 7배 크기인 쓰레기 섬과 미국에서 두 번째로 큰 텍사스 주 면적의 2배 크기인 쓰레기 섬이 떠다니는데, 쓰레기 섬의 90%를 차지하는 것은 플라스틱이다. 현재의 추세라면, 2050년 무렵 바다에는 물고기보다 플라스틱이 더 많아질 것으로 전망된다.

④ 유엔환경계획은 미세 플라스틱이 체내에 쌓이면 심각한 질병을 유발할 수 있다고 경고해왔다. 치약, 화장품 생산에 쓰였던 미세 플라스틱 알갱이의 위험성이 알려지자 호두 껍데기나 코코넛 껍데기 같은 유기 물질로 원료를 바꾸는 기업의 노력이 이어지고 있어 상황이 개선될 것이다.

⑤ 미국, 멕시코, 중국 등 9개국 11개 브랜드 생수 259병을 조사한 결과 93% 제품에서 미세 플라스틱이 검출되었고, 21개국에서 판매되는 소금을 분석한 결과 90% 제품에 미세 플라스틱이 함유된 것으로 드러났다. 이처럼 우리가 버린 플라스틱이 우리의 식탁으로 돌아와 건강을 위협하고 있다.

[8 ~ 10] (가)는 초고 작성을 위한 메모이고, (나)는 학생의 초고 이다. 물음에 답하시오.

(가) 초고 작성을 위한 메모

[작문 과제]
　최근 청소년들의 관심을 끌고 있는 1인 방송에 대해 조사하여 교지에 기고할 글을 써 보자.

[학생이 떠올린 생각]
○ 1인 방송의 개념과 현황에 대해 설명하며 시작해야겠어. ··· ⓐ
○ 1인 방송이 청소년 사이에서 확산된 이유를 설명해야겠어. ··· ⓑ
○ 1인 방송이 청소년에게 주는 긍정적 효과를 설명해야겠어. ··· ⓒ
○ 1인 방송이 청소년에게 미치는 부정적 영향을 설명해야겠어. ··· ⓓ
○ 청소년에게 부정적 영향을 끼치는 1인 방송에 대한 규제의 필요성을 언급하며 마무리해야겠어. ········· ⓔ

(나) 학생의 초고

　개인이 제작하여 다수의 사람들에게 영상 콘텐츠를 ㉠제시하는 방송을 1인 방송이라고 한다. 최근 들어 1인 방송이 활성화되고 있으며, 이에 따라 화장하는 방법을 소개하는 방송, 음식을 먹는 모습을 보여 주는 방송, 게임을 소개하는 방송 등의 1인 방송을 즐겨 찾는 청소년들이 점점 늘어나고 있다.

　1인 방송이 청소년 사이에서 확산되는 이유는 무엇일까? 그것은 1인 방송이 청소년들이 관심을 가질 만한 다양한 콘텐츠를 생산하고 있기 때문이다. ㉡이로 인해 1인 방송 진행자가 청소년의 장래 희망으로 급부상하고 있다. 다양한 콘텐츠를 생산할 수 있었던 배경으로는 고성능 스마트 기기 카메라와 영상 편집 애플리케이션의 보편화로 누구나 쉽게 다양한 콘텐츠를 제작할 수 있게 ㉢된 점이다.

　그렇다면 청소년들은 1인 방송을 보며 어떤 긍정적 효과를 얻을 수 있을까? 우선 청소년들은 1인 방송을 통해 기존의 미디어에서 접하기 어려웠던 진로나 취미 생활 등에 대한 유익한 정보를 얻을 수 있을 뿐만 아니라 여가를 즐김으로써 스트레스를 해소할 수 있다. ㉣그래서 댓글을 달거나 채팅을 통해 진행자와 직접적으로 소통하며 방송에 참여하는 색다른 묘미와 즐거움을 느낄 수 있다.

　그런데 최근 시청자의 관심을 끌기 위해 비속어 등 규범에 맞지 않는 언어 표현을 하거나 선정적, 폭력적 내용을 담고 있는 방송이 늘어나고 있다. 문제는 청소년이 모방 심리가 강하기 때문에 이러한 방송에 지속적으로 ㉤노출되어질 경우 언어생활이나 가치관에 부정적인 영향을 끼칠 수 있다는 것이다. 실제로 1인 방송 진행자가 사용하는 막말과 비속어 등이 청소년들 사이에서 유행어처럼 번지고, 1인 방송에서 본 잘못된 행동을 모방하는 사례가 늘고 있다.

　따라서 청소년들은 잘못된 내용을 방송하는 1인 방송에 대해 비판적 태도를 가져야 한다. 그리고 청소년 스스로가 주체적으로 1인 방송의 콘텐츠를 선별하여 시청하는 태도가 필요하다.

8. (가)에서 학생이 글을 쓰기 전에 떠올린 생각 중 (나)에 반영되지 <u>않은</u> 것은?

① ⓐ　　② ⓑ　　③ ⓒ　　④ ⓓ　　⑤ ⓔ

9. (나)를 수정·보완하는 과정에서 <보기>의 두 자료를 모두 활용하는 방안으로 가장 적절한 것은? [3점]

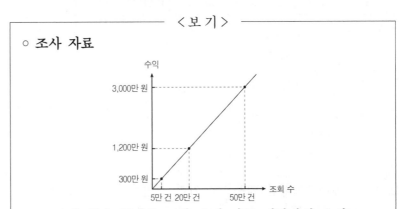

───── < 보 기 > ─────

○ 조사 자료

<1인 방송 콘텐츠 조회 수에 따른 제작자의 수익>

○ 1인 방송 제작자 인터뷰

　"제가 1인 방송을 할 때, 막말 등을 섞어서 자극적인 콘텐츠로 방송을 했더니 그렇지 않았을 때보다 조회 수가 크게 늘어났어요. 그 이후로 조회 수를 늘리기 위해 더 자극적인 콘텐츠를 제작하려는 유혹을 느낄 수밖에 없었습니다."

① 1인 방송에 대해 청소년들의 관심이 집중되는 이유가 자극적인 콘텐츠를 다수 포함하고 있기 때문임을 제시한다.
② 1인 방송에서 자극적인 콘텐츠가 늘어나는 이유가 조회 수가 제작자의 이익으로 이어지기 때문이라는 내용을 추가한다.
③ 1인 방송에 대한 규제를 강화하는 이유가 자극적인 콘텐츠를 즐기는 청소년들이 크게 증가하고 있기 때문임을 추가한다.
④ 1인 방송의 제작자가 자극적인 콘텐츠를 적극적으로 개발하는 이유가 콘텐츠의 다양성을 추구하기 위함임을 제시한다.
⑤ 1인 방송에서 부적절한 언어를 사용하는 것이 1인 방송을 조회하는 청소년의 수가 늘어나게 되는 요인이 됨을 제시한다.

10. (나)의 ㉠~㉤을 고쳐 쓰기 위한 방안으로 적절하지 <u>않은</u> 것은?

① ㉠: 단어의 사용이 잘못되었으므로 '제공'으로 고친다.
② ㉡: 문단의 통일성을 고려하여 4문단의 마지막 문장 뒤로 옮긴다.
③ ㉢: 주어와 서술어의 호응 관계를 고려하여 '되었다는 점을 들 수 있다'로 고친다.
④ ㉣: 접속 표현의 사용이 잘못되었으므로 '또한'으로 교체한다.
⑤ ㉤: 피동 표현이 중복되었으므로 '노출될'로 고친다.

[11 ~ 12] 다음 글을 읽고 물음에 답하시오.

<대화 1>

<자료>

관형어는 문장을 구성하는 성분 중 하나로, 품사 가운데 명사나 대명사와 같은 체언 앞에서 그 뜻을 꾸며 주는 기능을 한다. 예를 들어 '모든 책'의 '모든'은 뒤에 오는 명사 '책'에 '빠짐이나 남김이 없이 전부의.'라는 의미를 더해 주는 관형어이다.

다음 문장들의 밑줄 친 부분은 모두 관형어이다.

　ㄱ. 선생님의 목소리가 들린다.
　ㄴ. 마실 물이 있다.
　　　맑은 물이 있다.
　ㄷ. 온갖 꽃이 활짝 피어 있다.

ㄱ은 체언에 관형격 조사 '의'가 결합하여 관형어가 된 경우이다. '선생님의'는 명사 '선생님'에 관형격 조사 '의'가 결합하여 '목소리'를 꾸며 주고 있다. 이 경우 '선생님 목소리'와 같이 관형격 조사 없이 명사만으로도 관형어가 될 수 있다. 하지만 관형격 조사 '의'를 반드시 써야 하는 경우가 있고, '의'가 생략되면 의미가 달라지는 경우도 있다.

ㄴ은 동사나 형용사와 같은 용언의 어간에 관형사형 어미 '-(으)ㄴ', '-(으)ㄹ' 등이 결합하여 관형어가 된 경우이다. '마실'은 동사의 어간 '마시-'에 관형사형 어미 '-ㄹ'이 결합하여 '물'을 꾸며 주고 있고, '맑은'은 형용사의 어간 '맑-'에 관형사형 어미 '-은'이 결합하여 '물'을 꾸며 주고 있다.

ㄷ은 관형사가 관형어가 된 경우이다. 관형사는 체언 앞에서 체언의 뜻을 꾸며 주는 품사이다. 관형사 '온갖'은 명사 '꽃'을 꾸며 주며 '이런저런 여러 가지의.'라는 의미를 더해 주고 있다. 관형사는 체언과 달리 조사와 결합할 수 없으며, 용언과 달리 활용이 불가능하다는 특성이 있다.

<대화 2>

11. [A], [B]에 들어갈 말을 바르게 짝지은 것은?

	[A]	[B]
①	품사가 무엇인가	의미가 무엇인가
②	품사가 무엇인가	문장 성분이 무엇인가
③	문장 성분이 무엇인가	문장의 종류가 무엇인가
④	문장의 종류가 무엇인가	의미가 무엇인가
⑤	문장의 종류가 무엇인가	문장 성분이 무엇인가

12. 윗글을 참고하여 <보기>를 이해한 것으로 적절하지 <u>않은</u> 것은?

──────── < 보 기 > ────────

a. 고향
b. 예쁜
　　　　+　친구가 여기 있다.
c. 남자의
d. 옛

① a ~ d는 모두 체언 '친구'를 꾸며 주는 역할을 한다.
② a는 조사가 없이 체언만으로 관형어가 된 경우이다.
③ b는 용언의 어간 '예쁘-'에 관형사형 어미 '-ㄴ'이 결합된 것이다.
④ c에서 관형격 조사 '의'가 생략되어도 문장의 원래 의미가 달라지지 않는다.
⑤ d는 조사가 결합할 수 없으며 활용이 불가능하다.

13. 다음은 음운 변동에 대한 선생님의 설명이다. 질문에 대한 답으로 적절한 것은?

> **선생님** : 음운 변동에는 한 음운이 다른 음운으로 바뀌는 현상인 '교체', 있던 음운이 없어지는 현상인 '탈락', 없던 음운이 새로 생기는 현상인 '첨가', 두 음운이 하나의 음운으로 합쳐지는 현상인 '축약'이 있습니다.
> 　　그러면 '국물[궁물]'과 '몫[목]'에서는 각각 어떤 음운 변동이 일어날까요?

	국물	몫
①	교체	탈락
②	교체	첨가
③	탈락	축약
④	첨가	교체
⑤	첨가	탈락

14. <보기>의 (가), (나)에 들어갈 내용으로 적절한 것은?

───── < 보 기 > ─────

단어는 문맥에 따라 여러 가지 뜻을 가진다. 그래서 반의어도 여럿이 될 수 있다. 예를 들어 '시계가 서다.'에서 '서다'의 반의어는 '가다'인데, '기강이 서다.'에서 '서다'의 반의어는 '무너지다'가 된다. '벗다'도 문맥에 따라 여러 가지 뜻을 가지기 때문에 반의어가 여럿이다.

단어	예문	반의어
벗다	외투를 벗다.	입다
	(가)	쓰다
	배낭을 벗다.	(나)

	(가)	(나)
①	누명을 벗다.	메다
②	안경을 벗다.	끼다
③	장갑을 벗다.	차다
④	모자를 벗다.	걸다
⑤	허물을 벗다.	들다

15. 다음은 학생들이 '-쟁이'와 '-장이'에 대해 탐구한 내용이다. ㄱ~ㅁ에 제시된 탐구 결과 중 적절하지 <u>않은</u> 것은? [3점]

탐구 목표	어근의 뒤에 붙어 새로운 단어를 만드는 접미사 중 '-쟁이'와 '-장이'의 의미와 쓰임을 구분해 사용할 수 있다.
탐구 자료	(1) 고집쟁이 : 고집이 센 사람.　거짓말쟁이 : 거짓말을 잘하는 사람.　(2) 노래쟁이 : '가수(歌手)'를 낮잡아 이르는 말.　그림쟁이 : '화가(畫家)'를 낮잡아 이르는 말.　(3) 땜장이 : 땜질을 직업으로 하는 사람.　옹기장이 : 옹기 만드는 일을 직업으로 하는 사람.
탐구 결과	○ (1)의 '-쟁이'의 의미는 '어떤 속성을 많이 가진 사람'으로 볼 수 있다. ·············· ㄱ　○ (2)와 (3)은 둘 다 직업과 관련된 말이지만, '기술자'를 의미할 때는 '-장이'를 쓴다. ·············· ㄴ　○ (1)~(3)을 볼 때, '-쟁이'와 '-장이'는 모두 명사와 결합하여 새로운 단어를 만든다. ·············· ㄷ　○ (1)~(3)을 볼 때, '-쟁이'와 '-장이'는 모두 어근의 품사를 변화시키지 않는 접미사이다. ·············· ㄹ　○ (1), (2), (3)의 예로 '욕심쟁이', '대장쟁이', '중매장이'를 각각 추가할 수 있다. ·············· ㅁ

① ㄱ　② ㄴ　③ ㄷ　④ ㄹ　⑤ ㅁ

[16~21] 다음 글을 읽고 물음에 답하시오.

식물의 생장에는 물이 필수적이다. 동물과 달리 식물은 잎에서 광합성을 통해 생장에 필요한 양분을 만들어 내는데, 물은 바로 그 원료가 된다. 물은 지구 중심으로부터 중력을 받기 때문에 높은 곳에서 낮은 곳으로 흐르지만, 식물은 지구 중심과는 반대 방향으로 자란다. 따라서 식물이 줄기 끝에 달려 있는 잎에 물을 공급하려면 중력의 반대 방향으로 물을 끌어 올려야 한다. 미국의 캘리포니아 레드우드 국립공원에는 세계에서 키가 가장 큰 세쿼이아가 있다. 이 나무는 키가 무려 112m에 이르며, 뿌리는 땅속으로 약 15m까지 뻗어 있다고 한다. 따라서 물이 뿌리에서 나무의 꼭대기에 있는 잎까지 도달하려면 127m나 끌어 올려져야 한다. 펌프 같은 장치도 보이지 않는데 대체 물이 어떻게 그 높은 곳까지 올라갈 수 있는 것일까? 식물은 어떤 힘을 이용하여 뿌리에서부터 잎까지 물을 끌어 올릴까? 식물이 물을 뿌리에서 흡수하여 잎까지 보내는 데는 뿌리압, 모세관 현상, 증산 작용으로 생긴 힘이 복합적으로 작용한다.

[A] 호박이나 수세미의 잎을 모두 ⓐ떼어 내고 뿌리와 줄기만 남기고 자른 후 뿌리 끝을 물에 넣어 보면, 잘린 줄기 끝에서는 물이 힘차게 솟아오르지는 않지만 계속해서 올라온다. 뿌리털을 둘러싼 세포막을 경계로 안쪽은 땅에 비해 여러 가지 유기물과 무기물들이 더 많이 섞여 있어서 뿌리 바깥보다 용액의 농도가 높다. 다시 말해 뿌리털 안은 농도가 높은 반면, 흙 속에 포함되어 있는 물은 농도가 낮다. 이때 농도의 균형을 맞추기 위해 흙 속에 있는 물 분자는 뿌리털의 세포막을 거쳐 물 분자가 상대적으로 적은 뿌리 내부로 ⓑ들어온다. 이처럼 농도가 낮은 흙 속의 물을 농도가 높은 뿌리 쪽으로 이동시키는 힘이 생기는데, 이를 뿌리압이라고 한다. 즉 뿌리압이란 뿌리에서 물이 흡수될 때 밀고 들어오는 압력으로, 물을 위로 밀어 올리는 힘이다.

물이 담긴 그릇에 가는 유리관을 ⓒ꽂아 보면 유리관을 따라 물이 올라가는 것을 관찰할 수 있다. 이처럼 가는 관과 같은 통로를 따라 액체가 올라가거나 내려가는 것을 모세관 현상이라고 한다. 모세관 현상은 물 분자와 모세관 벽이 결합하려는 힘이 물 분자끼리 결합하려는 힘보다 더 크기 때문에 일어난다. 따라서 관이 가늘어질수록 물이 올라가는 높이가 높아진다. 식물체 안에는 뿌리에서 줄기를 거쳐 잎까지 연결된 물관이 있다. 물관은 말 그대로 물이 지나가는 통로인데, 지름이 $75\mu m$(마이크로미터, $1\mu m=0.001mm$)로 너무 가늘어 눈으로는 볼 수 없다. 이처럼 식물은 물관의 지름이 매우 작기 때문에 ㉠모세관 현상으로 물을 밀어 올리는 힘이 생긴다.

뜨거운 햇볕이 내리쬐는 더운 여름철에는 큰 나무가 만들어 주는 그늘이 그렇게 고마울 수가 없다. 나무가 만들어 주는 그늘이 건물이 만들어 주는 그늘보다 더 시원한 이유는 무엇일까? ㉯나무의 잎은 물을 수증기 상태로 공기 중으로 내보내는데, 이때 물이 주위의 열을 흡수하기 때문에 나무의 그늘 아래가 건물이 만드는 그늘보다 훨씬 시원한 것이다. 식물의 잎에는 기공이라는 작은 구멍이 있다. 기공을 통해 공기가 들락날락하거나 잎의 물이 공기 중으로 증발하기도 한다. 이처럼 식물체 내의 수분이 잎의 기공을 통하여 수증기 상태로 증발하는 현상을 ㉡증산 작용이라고 한다. 가로 세로가 10×10cm인 잔디밭에서 1년 동안 증산하는 물의 양을 조사한 결과, 놀랍게도 55톤이나 되었다. 이는 1리터짜리 페트병 5만 5천 개 분량에 해당하는 물의 양이다. 상수리나무는 6~11월 사이에 약 9,000kg의 물을 증산하며, 키가 큰 해바라기는 맑은 여름날 하루 동안 약 1kg의 물을 증산한다.

기공의 크기는 식물의 종류에 따라 ⓓ다른데 보통 폭이 8㎛, 길이가 16㎛ 정도밖에 되지 않는다. 크기가 1cm2인 잎에는 약 5만 개나 되는 기공이 있으며, 그 대부분은 잎의 뒤쪽에 있다. 이 기공을 통해 그렇게 엄청난 양의 물이 공기 중으로 증발해 버린다. 증산 작용은 물을 식물체 밖으로 내보내는 작용으로, 뿌리에서 흡수된 물이 줄기를 거쳐 잎까지 올라가는 원동력이다. 잎의 세포에서는 물이 공기 중으로 증발하면서 아래쪽의 물 분자를 끌어 올리는 현상이 일어난다. 즉, 물 분자들은 서로 잡아당기는 힘으로써 연결되는데, 이는 물 기둥을 형성하는 것과 같다. 사슬처럼 연결된 물 기둥의 한쪽 끝을 ⓔ이루는 물 분자가 잎의 기공을 통해 빠져 나가면 아래쪽 물 분자가 끌어 올려지는 것이다. 증산 작용에 의한 힘은 잡아당기는 힘으로 식물이 물을 끌어 올리는 요인 중 가장 큰 힘이다.

16. 윗글의 내용과 일치하지 <u>않는</u> 것은?

① 식물의 종류에 따라 기공의 크기가 다르다.
② 식물의 뿌리압은 중력과 동일한 방향으로 작용한다.
③ 식물이 광합성 작용을 하기 위해서는 반드시 물이 필요하다.
④ 뿌리에서 잎까지 물 분자들은 사슬처럼 서로 연결되어 있다.
⑤ 물관 내에서 물 분자와 모세관 벽이 결합하려는 힘으로 물이 위로 이동한다.

17. [A]와 <보기>를 이해한 것으로 적절하지 <u>않은</u> 것은? [3점]

─── <보 기> ───

삼투 현상이란 용액의 농도가 낮은 곳에서 높은 곳으로 선택적 투과성 막을 통해 물이 이동하는 현상이다. 이때 물이 이동하는 힘을 삼투압이라 하며, 이 힘은 용액의 농도에 따라 비례한다. 삼투 현상의 예로 배추를 소금물에 담그면 소금 입자는 이동하지 못하고 배추에 있는 물이 소금물 쪽으로 이동하여 배추가 절여지는 것을 들 수 있다.

① 뿌리털을 둘러싼 세포막은 선택적 투과성 막 역할을 한다.
② 소금물에 소금을 추가하면 배추에서 빠져 나오는 물이 이동하는 힘이 커진다.
③ 선택적 투과성 막을 흙 속의 물 분자는 통과할 수 있지만 소금 입자는 통과할 수 없다.
④ 흙 속의 물과 배추의 물이 이동하면 뿌리털 안의 용액과 소금물의 농도가 높아진다.
⑤ 뿌리가 흙 속의 물을 흡수하는 것과 배추에서 물이 빠져 나오는 것은 용액의 농도 차이 때문에 발생한다.

18. ㉠과 ㉡에 대한 설명으로 적절하지 <u>않은</u> 것은?

① ㉠은 관의 지름에 따라 물이 올라가는 높이가 달라진다.
② ㉡이 일어나면 물이 식물체 내에서 빠져 나와 주변의 온도를 낮춘다.
③ ㉠에 의해서는 물의 상태가 바뀌지 않고, ㉡에 의해서는 물의 상태가 바뀐다.
④ ㉠으로 물을 위로 밀어 올리는 힘이, ㉡으로 물을 위에서 잡아당기는 힘이 생긴다.
⑤ ㉠에 의해 식물이 물을 밀어 올리는 힘보다 ㉡에 의해 식물이 물을 끌어 올리는 힘이 더 작다.

19. ㉮와 같은 현상이 일어나는 예로 적절한 것은?

① 피부에 알코올 솜을 문지를 때
② 주머니 난로의 액체가 하얗게 굳어갈 때
③ 음식물을 공기 중에 오래 두어 부패될 때
④ 이누이트 족이 얼음집 안에 물을 뿌릴 때
⑤ 폭죽에 들어있는 화약이 터져 불꽃이 발생할 때

20. 학생이 <보기>와 같은 실험을 하였다. 윗글을 바탕으로 <보기>에 대한 반응으로 적절한 것은?

─── <보 기> ───

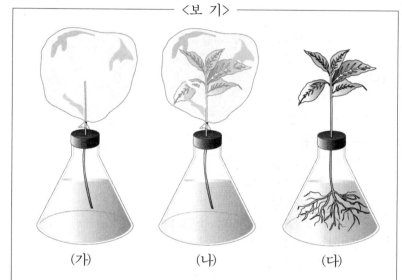

(가)   (나)   (다)

크기와 종류가 같은 식물 셋을 (가)는 줄기만, (나)는 줄기와 잎만을 남겨 비닐을 씌운다. (다)는 뿌리, 줄기, 잎을 그대로 둔다. 셋을 물에 담아 햇빛 등이 동일한 조건에서 변화를 관찰하였다.

① (가)보다 (나)의 비닐 안쪽 면에 물방울이 덜 맺힐 것이다.
② (가)의 용기에 담긴 물이 (나), (다)의 용기에 담긴 물보다 더 많이 줄어들 것이다.
③ (나)에서는 한 가지 힘이, (다)에서는 두 가지 힘이 작용하여 물이 이동한다.
④ (가), (나), (다) 모두 물 분자들이 연결된 물 기둥이 형성될 것이다.
⑤ (가), (나), (다) 모두 공기가 식물 내부로 출입하는 현상이 일어나지 않는다.

21. 문맥상 ⓐ~ⓔ와 바꿔 쓰기에 가장 적절한 것은?

① ⓐ: 삭제(削除)하고
② ⓑ: 투입(投入)된다
③ ⓒ: 부착(附着)하면
④ ⓓ: 상이(相異)한데
⑤ ⓔ: 조성(造成)하는

[22~26] 다음 글을 읽고 물음에 답하시오.

(가)

① 산촌(山村)에 눈이 오니 돌길이 묻혔어라
ⓗ 시비(柴扉)를 열지 마라 날 찾을 이 뉘 있으랴
밤중만 일편명월(一片明月)이 긔 벗인가 하노라

② 창(窓)밖에 워석버석 임이신가 일어 보니
혜란 혜경(蕙蘭蹊徑)* 에 낙엽(落葉)은 무슨 일이고
어즈버 유한한 간장(肝腸)이 다 긏을까 하노라

③ 노래 삼긴 사람 시름도 하도 할샤
일러 다 못 일러 불러나 풀었던가
진실로 풀릴 것이면은 나도 불러 보리라

　　　　　　　　　　 – 신흠, 「방옹시여(放翁詩餘)」 –

*혜란 혜경: 난초가 자라난 지름길.

(나)

너를 꿈꾼 밤
문득 인기척에
잠이 깨었다.
문턱에 귀대고 엿들을 땐
거기 아무도 없었는데
베개 고쳐 누우면
지척에서 들리는 ⓐ발자국 소리.
나뭇가지 스치는 소매깃 소리.
아아, 네가 왔구나.
산 넘고 물 건너
누런 해 지지 않는 서역(西域) 땅에서
나직이 신발을 끌고 와
다정하게 부르는
ⓑ너의 목소리,
오냐, 오냐,
안쓰런 마음은 만리 길인데
황망히 ⓒ문을 열고 뛰쳐나가면
밖엔 하염없이 내리는 ⓒ가랑비 소리,
후두둑,
댓잎 끝에 방울지는
봄비 소리.

　　　　　　　　　 – 오세영, 「너의 목소리」 –

22. (가)와 (나)의 표현상 공통점으로 가장 적절한 것은?

① 영탄적 표현을 통해 감정을 효과적으로 표출하고 있다.
② 명사로 시상을 마무리하여 시적 여운을 자아내고 있다.
③ 의문형 진술을 활용하여 심리적 태도를 부각하고 있다.
④ 말을 건네는 방식을 사용하여 친밀감을 강화하고 있다.
⑤ 자연물에 인격을 부여하여 주제 의식을 드러내고 있다.

23. 다음은 탐구 학습을 통해 (가)의 ②와 (나)를 비교하여 정리한 내용이다. ㄱ~ㅁ 중, 적절하지 않은 것은? [3점]

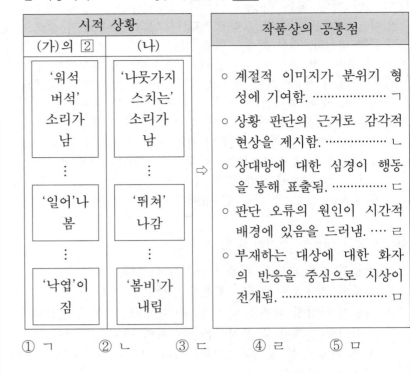

시적 상황		작품상의 공통점
(가)의 ②	**(나)**	
'워석버석' 소리가 남	'나뭇가지 스치는' 소리가 남	○ 계절적 이미지가 분위기 형성에 기여함. ············· ㄱ
⋮	⋮	○ 상황 판단의 근거로 감각적 현상을 제시함. ·········· ㄴ
'일어' 나 봄	'뛰쳐' 나감	○ 상대방에 대한 심경이 행동을 통해 표출됨. ········· ㄷ
⋮	⋮	○ 판단 오류의 원인이 시간적 배경에 있음을 드러냄. ···· ㄹ
'낙엽'이 짐	'봄비'가 내림	○ 부재하는 대상에 대한 화자의 반응을 중심으로 시상이 전개됨. ········· ㅁ

① ㄱ　　② ㄴ　　③ ㄷ　　④ ㄹ　　⑤ ㅁ

24. ㉠과 ㉡에 대한 설명으로 가장 적절한 것은?

① ㉠에는 ㉡과 달리 화자의 소망이 투영되어 있다.
② ㉡에는 ㉠과 달리 화자의 억울한 심정이 내재되어 있다.
③ ㉠에는 화자의 단절감이, ㉡에는 화자의 기대감이 담겨 있다.
④ ㉠에는 냉소적 태도가, ㉡에는 관조적 태도가 반영되어 있다.
⑤ ㉠과 ㉡에는 결핍 상태가 충족된 내면 심리가 나타나 있다.

25. <보기>를 바탕으로 (가)를 감상한 내용으로 적절하지 않은 것은?

―――― < 보 기 > ――――
　(가)는 선조의 총애를 받던 신흠이 선조 사후 '계축옥사'에 연루되어 관직을 박탈당하고 김포로 내쫓겼던 시기에 쓴 시조 30수 중 일부이다. 이들 30수는 자연 지향, 세태 비판, 연군, 취흥 등의 다양한 주제 의식을 형성하고 있으며, 우리말 시가에 대한 작가의 인식도 엿볼 수 있다. 그 서문 격인 「방옹시여서」에는 창작 당시 그의 심경이 다음과 같이 적혀 있다. "내 이미 전원으로 돌아오매 세상이 진실로 나를 버렸고 나 또한 세상사에 지쳤기 때문이다."

① '산촌'은 세상과 대비되는 공간으로서의 자연의 의미를 지니는 것이겠군.
② '일편명월'은 세태를 비판하고 자신의 억울한 처지를 호소하는 작가를 상징하는 것이겠군.
③ '임'을 군왕으로 이해한다면 '간장이 다 긏을까 하노라'는 임금을 향한 신하의 애끓는 심정이 함축된 것이겠군.
④ '시름'은 정치적 혼란기에 정계에서 쫓겨나 버림받은 작자의 복잡한 심경을 나타내는 것이겠군.
⑤ '노래'는 세상사에 지치고 뒤엉킨 작가의 마음을 풀어 내는 수단으로서의 성격을 지니는 것이겠군.

26. @ ~ ⓒ와 관련하여 (나)를 이해한 내용으로 적절하지 <u>않은</u> 것은?

① 화자가 꾼 '꿈'은 빗소리를 ⓐ로 여기는 계기가 된다고 볼 수 있겠군.

② '너'에 대한 화자의 그리움이 고조됨에 따라 빗소리가 ⓐ에서 ⓑ로 인식된다고 볼 수 있겠군.

③ ⓑ는 '산 넘고 물 건너' 들려오는 것이기에 화자에게 반가움과 동시에 과거의 추억을 환기한다고 볼 수 있겠군.

④ '하염없이 내리는' ⓒ는 하강의 이미지를 통해 만남이 무산된 화자의 좌절감과 조응한다고 볼 수 있겠군.

⑤ ⓑ가 ⓒ임을 알고 난 후의 화자의 허탈감이 '후두둑'을 통해 청각적 이미지로 부각된다고 볼 수 있겠군.

[27 ~ 30] 다음 글을 읽고 물음에 답하시오.

> **[앞부분의 줄거리]** 윤창권은 가족과 함께 일제 치하의 고향을 떠나 만주 장쟈워푸에서 황무지를 개간하는 조선 이주민 집단에 합류한다.

깊은 겨울엔 땅 속이 한 길씩 언다. 얼기 전에 삼십 리 대간선*은 째어 놓아야 내년 봄엔 물이 온다. ㉠이것을 실패하면 황무지엔 잡곡이나 뿌릴 수밖에 없고, 그 면적에 잡곡이나 뿌려 가지고는 그 다음해 먹을 수가 없다.

창권이넨 새로 와서 지리도 어둡고, 가역(家役)*도 끝나기 전이라 동네에서 제일 가까운 구역을 맡았다. ㉡한 삼 마장 길이 되는 대간선의 끝 구역이었다. 그것을 쿨리* 다섯 명을 데리고, 넓이 열두 자, 깊이 다섯 자로, 얼기 전에 뚫어 놔야 한다. 여간 대규모의 수리공사가 아니다. 창권은 가역 때문에 처음 얼마는 쿨리들만 시키었으나, 날이 자꾸 추워지는 것이 겁나 집일 웬만한 것은 어머니와 아내에게 맡기고 봇도랑 내는 데만 전력하였다.

㉢쿨리들은 눈만 피하면 꾀를 피웠다. 우묵한 양지쪽에 앉아 이를 잡지 않으면 졸고 있었다. 빨리 하라고 소리를 치면 그들도 알아들을 수 없는 말로 마주 투덜대었다. 다행히 돌은 없으나 흙일은 변화가 없어 타박타박해 힘들고 지리했다.

이런 일이 반이나 진행되었을까 한 때다. 땅도 자꾸 얼어들어 일도 힘들어졌거니와 더 큰 문제가 일어났다. 이날도 역시 모두 제 구역에서 제가 맡은 쿨리들을 데리고 일을 하는데 쿨리들이 먼저 보고 둔덕으로 뛰어올라가며 뭐라고 떠들어 댔다. 창권이도 둔덕으로 올라서 보았다. 한편 쪽에서 갈가마귀떼처럼 이곳 토민들이 수십 명씩 무더기가 져서 새까맣게 몰려오는 것이다.

'마적떼 아닌가!'

그러나 말을 탄 사람은 하나도 없다. 그들은 더러는 이쪽으로 몰려 오고 더러는 동네로 들어간다. 창권은 집안 식구들이 걱정된다. 삽을 든 채 집으로 뛰어들어가다가 그들 한패와 부딪쳤다. 앞을 턱 막아서더니 쭉 에워싼다. 까울리, 까울리방즈,* 어쩌구 한다. 조선 사람이냐고 묻는 눈치다. 그렇다고 고개를 끄덕이니까 한 자가 버럭 나서며 창권이가 잡은 삽을 낚아 챈다. 창권은 기운이 부쳐서가 아니라 얼떨결에 삽자루를 놓쳤다. 삽을 빼앗은 자는 삽을 번쩍 쳐들고 창권을 내려치려 한다. 창권은 얼굴이 퍼렇게 질려 뒤로 물러났다. 창권에게 발등을 밟힌 자가 창권의 등덜미를 갈긴다. 그리고는 일제 깔깔 웃어 댄다. 삽을 들었던 자도 삽을 휘휘 두르더니 밭 가운데로 팽개쳐 버린다. 그리고는 창권의 멱살을 잡고 봇도랑 내는 데로 끄는 것이다.

창권은 꼼짝 못 하고 끌렸다. 뭐라고 각기 제대로 떠들고 삿대질이더니 창권을 봇도랑 바닥에 고꾸라뜨린다. 창권이뿐 아니라 봇도랑 일을 하던 쿨리들도 붙들어 가지고 힐난이다. 봇도랑을 못 내게 하는 모양이다. ㉣그러자 윗구역에서, 또 그 윗구역에서 여깃말 할 줄 아는 조선 사람들이 내려왔다. 동리에서도 조선 사람들이 소리를 지르며 나타났다. 창권은 눈이 째지게 놀랐다. 윗구역에서 내려오는 조선 사람 하나가 괭이를 둘러메고 여기 토민들 몰켜선 데로 뭐라고 여깃말로 호통을 치면서 그냥 닥치는 대로 찍으려 덤벼드는 것이다. 몰켜 섰던 토민들은 와 흩어져 버린다. 창권을 둘러쌌던 패들도 슬금슬금 물러선다. 동리에서는 조선 부인네들 몇이 식칼을 들고, 낫을 들고 달려들 나오는 것이다. 낫과 식칼을 보더니 토민들은 제각기 사방으로 흩어져 달아난다. 창권은 사지가 부르르 떨렸다.

'여기선 저럭해야 사나 부다! 아니, 이 봇도랑은 우리 목줄이 아니고 뭐냐!'

아까 등덜미를 맞고, 멱살을 잡히고 한 분통이 와락 터진다. ㉤다리 오금이 날갯죽지처럼 뻗는다.

"덤벼라! 우린 여기서 못 살면 죽긴 마찬가지다!"

달아나는 녀석 하나를 다우쳤다. 뒷덜미를 낚아챘다. 공중걸이로 나가떨어진다. 또 하나 쫓아가는데 뒤에서 어머니의 목소리가 난다. 어머니가 달려오며 붙든다.

이 장쟈워푸를 수십 리 둘러 사는 토민들이 한덩어리가 되어 조선 사람들이 보동* 내는 것을 반대하는 것이었다.

[A]
반대하는 이유는 극히 단순한 것이었다. 보동을 내어 논을 풀면 그 논에서들 나오는 물이 어디로 가느냐?였다. 방바닥 같은 들이라 자기네 밭에 모두 침수가 될 것이니 자기네는 조선 사람들 때문에 농사도 못 짓고 떠나야 옳으냐는 것이다. 너희들도 그 물을 끌어다 벼농사를 지으면 도리어 이익이 아니냐 해도 막무가내였다. 자기넨 벼농사를 지을 줄도 모르거니와 이밥을 못 먹는다는 것이다. 고소하지도 않을 뿐더러 배가 아파진다는 것이다. 그럼 먹지는 못하더라도 벼를 장춘으로 가지고 가 팔면 잡곡을 몇 배 살 돈이 나오지 않느냐? 또 벼농사를 지을 줄 모르면 우리가 가르쳐 줄 터이니 그대로 해보라고 하여도 완강히 반대로만 나가는 것이었다. 그리고 조선 사람이 칼이나 낫으로 덤비면 저희에게도 도끼도 몽둥이도 있다는 투로 맞서는 것이다.

조선 사람들은 일을 계속하기가 틀렸다. 쿨리들이 다 달아났다. 땅이 자꾸 얼었다. 삼동 동안은 그냥 해토*되기만 기다리는 수밖에 없고, 해토가 된다 하여도 조선 사람들의 힘만으로는, 못자리는 우물물로 만든다 치더라도, 모낼 때까지 봇물을 끌어오게 될지 의문이다.

그러나 이 보동 이외에 달리 살 길은 없다. 겨울 동안에 황채심과 몇몇 이곳 말 잘하는 사람들은 나서 이웃 동네들을 가가호호 방문하였다. 보동을 낸다고 해서 물을 무제한으로 끌어오는 것이 아니요, 완전한 장치로 조절한다는 것과 조선서는 봇물이 오면 수세를 내면서까지 밭을 논으로 만든다는 것과 여기서도 한 해만 지어 보면 나도 나도 하고 물이 세가 나게 될 것과 우리가 벼농사 짓는 법도 가르쳐 주고, 벼만 지어 놓으면 팔기는 우리가 나서 주선해 줄 것이니 그것은 서로 계약을 해도 좋다고까지 역설하였으나 하나같이 쇠귀에 경읽기였다. 뿐만 아니라 어떤 동네에선 사나운 개를 내세워 가까이 오지도 못하게 하였다.

조선 사람들은 지칠 대로 지치고 악만 남았다.

추위는 하루같이 극성스럽다. 더구나 늦게 지은 창권이네 집은 벽이 모두 얼음장이 되었다. 그냥 견딜 수가 없어 방 안에다 조짚을 엮어 둘러쳤다. 석유도 귀하거니와 불이 날까 보아 등잔도 별로 켜지 못했다. 불 안 켜는 밤이면 바람 소리는 더 크게 일어났다.

– 이태준, 「농군」 –

* 대간선 : 수로나 도로 등의 시설에서 중심이 되는 큰 줄기의 선.
* 가역 : 집을 짓거나 고치는 일.
* 쿨리 : 육체노동에 종사하는 현지인 노동자.
* 까울리, 까울리방즈 : 중국인이 한국인을 낮추어 부르는 말.
* 보동 : 보를 둘러쌓은 둑.
* 해토 : 얼었던 땅이 풀림.

27. 윗글에 대한 설명으로 가장 적절한 것은?

① 인물의 대화를 직접적으로 인용하여 사건의 진행을 더디게 하고 있다.
② 심리적 갈등을 드러내기 위해 인물의 내면을 위주로 서술하고 있다.
③ 서술자가 주인공으로 등장하여 자신의 체험을 이야기하고 있다.
④ 상황의 현장감을 부각하기 위해 현재 시제를 활용하고 있다.
⑤ 시점의 변화를 통해 사건을 다각적으로 제시하고 있다.

29. <보기>를 참고하여 윗글을 감상한 내용으로 적절하지 <u>않은</u> 것은? [3점]

> ─────< 보 기 >─────
> 이 작품의 등장인물들은 하나의 공간에서 각기 자신들에게 익숙한 생활 방식을 고수하려는 과정에서 충돌한다. 한 편은 이 공간을 변화시킴으로써 기존의 생활 방식을 지속하고 공간의 이질성을 극복하려 한다. 하지만 다른 편의 입장에서 이러한 행위는 자신들에게 익숙한 생활 방식에 대한 침해이자, 익숙한 공간을 낯설게 만들려는 시도로 인식된다. 이들 간의 충돌은 생존의 문제와 직결되면서 한층 더 절박한 양상을 띠게 된다.

① '장쟈워푸'의 혹독한 기후와 낯선 언어는, 조선인 집단에 갓 합류한 창권으로 하여금 공간에 대해 이질감을 느끼게 하는 요인으로 볼 수 있군.
② 조선인들이 봇도랑을 내는 것은 '장쟈워푸'라는 낯선 공간을 벼농사가 가능한 땅으로 만들어 자신들에게 익숙한 생활 방식을 지속하려는 시도라 할 수 있군.
③ 조선인들이 일하는 구역에 '토민들'이 몰려와 방해하는 이유는 자신들이 유지해 오던 기존의 생활 방식을 조선인들이 침해하고 있다고 생각했기 때문이겠군.
④ 창권이 봇도랑을 '우리 목줄'로 인식하는 것은 공간의 변화 여부가 생존과 직결되어 있음을 깨닫게 된 것으로 볼 수 있군.
⑤ 조선인들과 '토민들'이 대립하는 것은 양측 모두 '장쟈워푸'라는 공간을 변화시키고자 하지만 그 방식을 놓고 의견이 엇갈리기 때문인 것으로 파악할 수 있군.

28. ㉠ ~ ㉤에 대한 설명으로 적절하지 <u>않은</u> 것은?

① ㉠ : 가정과 예상되는 결과를 연쇄적으로 제시하여 상황의 시급함을 강조하고 있다.
② ㉡ : 작업의 규모와 기한을 밝혀 '창권'의 부담을 구체화하고 있다.
③ ㉢ : 행동 묘사를 통해 '쿨리들'의 불성실한 면모를 구체적으로 드러내고 있다.
④ ㉣ : 유사한 문장을 반복하여 상황의 반전이 시작되는 지점을 부각하고 있다.
⑤ ㉤ : 비유를 통해 '창권'이 느낀 두려움을 생생하게 표현하고 있다.

30. [A]에 대한 이해로 가장 적절한 것은?

① 문제 제기에 대해 다양한 대안을 열거하면서 최선의 해결책을 이끌어내고 있다.
② 주장과 반론이 교차되는 과정에서 입장의 차이를 좁혀나가는 모습을 그려내고 있다.
③ 역사적 배경을 서술하면서 사건의 근본적 원인을 과거의 시대 상황에서 탐색하고 있다.
④ 설득이 실패하는 상황을 반복적으로 제시하여 문제의 해결이 쉽지 않을 것임을 강조하고 있다.
⑤ 공동체가 난관에 대처하는 방식을 서술하여 개인의 문제를 집단의 것으로 수용하는 과정을 구체화하고 있다.

[31 ~ 33] 다음 글을 읽고 물음에 답하시오.

절에서 시간을 알리거나 의식을 행할 때 쓰이는 종을 범종이라고 한다. 범종은 불교가 중국에 유입되면서 나타나기 시작하여 우리나라와 일본의 사찰로 퍼져 나갔다. 중국 종의 영향 속에서도 우리나라와 일본의 범종은 각각 독특한 조형 양식을 발전시켰는데, 우리나라 범종의 전형적인 조형 양식은 신라에서 완성되었다. 신라에서는 독창적이고 섬세한 조형 양식을 지닌 대형 종을 주조하였는데, 이는 중국이나 일본의 주조 공법으로는 만들기 어려운 것이었다. 이러한 신라 종의 조형 양식은 조선 초기를 기점으로 한 ㉠큰 변화가 나타나기 전까지 후대의 범종으로 계승되었다.

신라 종의 몸체는 항아리를 거꾸로 세워 놓은 것과 비슷하게 가운데가 불룩하게 튀어나온 모습을 하고 있다. 이와 달리 중국 종은 몸체의 하부가 팔(八) 자로 벌어져 있으며, 일본 종은 수직 원통형으로 되어 있다. 범종의 정상부에는 종을 매다는 용 모양의 고리인 용뉴(龍鈕)가 있는데, 신라 종의 용뉴는 쌍용 형태인 중국 종이나 일본 종의 용뉴와는 달리 한 마리 용의 모습을 하고 있다. 그리고 용뉴 뒤에는 우리나라의 범종에서만 특징적으로 나타나는 음통이 있다.

주조 공법이 발달했던 신라의 범종에는 섬세한 문양들이 장식되어 있어 중국 종이나 일본 종과 차이를 보인다. 신라 종의 상부와 하부에는 각각 상대와 하대라고 부르는 동일한 크기의 문양 띠가 있는데, 여기에는 덩굴무늬나 연꽃무늬 등의 불교적 상징물이 장식되어 있다. 상대 바로 아래 네 방향에는 사다리 꼴의 유곽이 있으며 그 안에 연꽃 봉우리 형상이 장식된 유두가 9개씩 있어, 단순한 꼭지 형상의 유두가 있는 일본 종이나 유두와 유곽 모두 존재하지 않는 중국 종과 차이를 보인다. 그리고 가장 불룩하게 튀어나온 종의 정점부에는 타종 부위인 당좌(撞座)가 있으며, 이 당좌 사이에는 천인상(天人像)이 아름답게 장식되어 있어 가로 세로의 띠만 있는 일본 종과 차이가 있다.

고려 시대에는 이러한 신라 종의 조형 양식이 미약한 변화 속에서 계승된다. 전기에는 상대와 접하는 종의 상판 둘레에 견대라 불리는 어깨 문양의 장식이 추가되고 유곽과 당좌의 위치가 달라지며, 천인상만 부조되어 있던 자리에 삼존불 등이 함께 나타난다. 그리고 고려 후기로 가면 전기 양식의 견대가 연꽃을 세운 모양으로 변하고, 원나라의 침입 이후 전래된 라마교의 영향으로 범자(梵字) 문양 등의 장식이 나타난다. 한편, 범종이 소형화되어 신라 종의 조형 양식이 계승되면서도 그러한 조형 양식을 지닌 대형 종의 주조 공법은 사라지게 된다.

조선 초기에는 새 왕조를 연 왕실 주도로 다시 대형 종이 주조된다. 이때 조선에서는 신라의 대형 종 주조 공법을 대신하여 중국 종의 주조 공법을 도입하게 된다. 그러면서 중국 종처럼 음통이 없이 쌍용으로 된 용뉴가 등장하며, 당좌가 사라지고, 신라 종의 섬세한 장식 대신 중국 종의 전형적인 장식들이 나타나게 된다. 이후 불교를 억제하는 정책에 따라 한동안 범종 제작이 통제되었고, 16세기에 사찰 주도로 소형 종이 주조되면서 사라졌던 신라 종의 조형 양식이 다시 나타난다. 그 후 이러한 혼합 양식과 복고 양식이 병립하다가 복고 양식이 사라지면서 우리나라의 범종은 쇠퇴기에 접어들게 된다.

31. 윗글의 내용과 일치하지 <u>않는</u> 것은?

① 고려 시대까지 우리나라의 범종은 외국의 영향을 받지 않으며 신라 종의 조형 양식을 계승하였다.

② 신라 종의 상부와 하부에는 불교적 상징물이 장식되어 있는 동일한 크기의 문양 띠가 있다.

③ 신라 시대부터 범종에 장식되어 있었던 당좌는 조선 시대에 들어와 사라지기도 하였다.

④ 우리나라와 일본에서 범종이 만들어진 것은 중국에서 불교가 전파된 것과 관련이 있다.

⑤ 신라에서는 중국이나 일본과는 다른 주조 공법으로 대형 종을 주조하였다.

32. <보기>는 신라 시대에 만들어진 범종의 그림이다. 이 범종의 ⓐ ~ ⓔ와 관련된 설명으로 적절하지 <u>않은</u> 것은?

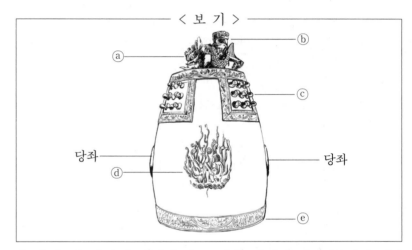

< 보 기 >

① 용이 한 마리인 형태의 ⓐ는 쌍용 형태인 중국 종이나 일본 종과 차이가 있다.

② ⓑ는 중국 종이나 일본 종에는 존재하지 않는 신라 종의 독특한 조형 양식에 해당한다.

③ 중국 종에는 ⓒ가 존재하지 않고, 일본 종에 존재하는 것은 ⓒ와 형상이 다르다.

④ 일본 종은 신라 종과 달리 ⓓ의 주변에 가로 세로의 띠가 있다.

⑤ 신라 종은 중국 종이나 일본 종과 달리 몸체의 정점부가 ⓔ 부분보다 불룩하게 튀어나와 있다.

33. ㉠이 나타나게 된 이유로 가장 적절한 것은? [3점]

① 조선 시대에 불교를 억제하는 정책을 펴면서 범종 제작이 통제되었기 때문이다.

② 고려 시대에 종이 소형화되면서 신라 종의 조형 양식이 전승되지 못했기 때문이다.

③ 중국 종의 주조 공법으로 대형 종을 만들면서 중국 종의 조형 양식을 따르게 되었기 때문이다.

④ 16세기에 사찰 주도로 범종을 주조할 때 신라 종의 조형 양식을 복원하는 데 한계가 있었기 때문이다.

⑤ 조선 초기에 사찰 주도로 대형 종을 주조하면서 섬세한 조형 양식을 지닌 신라 종을 따르고자 했기 때문이다.

[34 ~ 39] 다음 글을 읽고 물음에 답하시오.

심리학자인 카너먼은 인간이 논리적 사고 과정을 통해 합리적으로 문제를 해결하기보다는 직감에 의해 문제를 해결하는 경향이 강하다고 주장하였다. 예컨대 "영어 단어 중 R로 시작하는 단어와 R이 세 번째에 있는 단어 중 어느 것이 더 많은가?"라는 질문에, 실제로는 후자의 단어가 더 많지만 전자의 단어가 더 쉽게 떠오르기 때문에 대부분의 사람들은 R로 시작하는 단어가 더 많다고 대답한다. 그는 이를 ㉠해당 사례를 자주 접하거나 쉽게 떠올릴 수 있으면, 발생 빈도수가 높다고 판단하는 인간의 심리적 특성에 기인한다고 보았다. 그는 실제 인간의 행동에 나타나는 다양한 양상을 연구하여 인간은 합리적 선택을 한다는 전통 경제학의 전제에 반기를 들고, 심리학적 연구 성과를 경제학에 접목시킨 새로운 이론을 제안했다.

전통 경제학에서는 인간을 합리적 선택을 하는 존재로 가정하고, 시장에서의 재화와 용역의 생산, 분배, 소비 활동을 연구한다. 전통 경제학의 대표적 이론인 기대 효용 이론에 따르면, 인간은 대안이 여러 개일 때 각 대안의 효용을 계산하여 자신에게 최대 이득을 주는 대안을 선택한다. 이때 '효용'이란 재화를 소비할 때 느끼는 만족감이다. 어떤 대안의 기댓값인 기대 효용은, 대안을 선택했을 때 발생할 수 있는 개별 사건의 효용에, 각 사건의 발생 확률을 곱해 모두 더한 값이다.

예컨대 동전을 던져 앞면이 나오면 20,000원을 얻고 뒷면이 나오면 10,000원을 잃는 게임 A, 앞면이 나오면 10,000원을 얻고 뒷면이 나오면 5,000원을 잃는 게임 B가 있다고 해 보자. 화폐 효용은 그것의 액면가와 같다고 할 때, 동전의 앞면, 뒷면이 나올 확률은 각각 0.5이므로, 게임 A의 기대 효용은 (20,000원×0.5) − (10,000원×0.5) = 5,000원, 게임 B의 기대 효용은 (10,000원×0.5) − (5,000원×0.5) = 2,500원이다. 기대 효용 이론에 따라 합리적 판단을 한다면 기대 효용이 더 큰 게임 A를 선택해야 하지만, 실제 선택 상황에서는 대다수의 사람들이 게임 B를 선택한다.

카너먼은 이러한 선택의 문제를 설명하기 위해 전망 이론을 제시하였다. ⓐ전망 이론은 이득보다 손실에 대해 민감하게 반응하는 인간의 심리가 선택 행동에 미치는 영향을 설명하는 이론이다. 여기서 '전망'은 이득과 손실에 대해 사람들이 느끼는 심리 상태를 의미한다. 전망은 대안을 선택했을 때 발생할 수 있는 개별 성과의 가치에, 각각의 결정 가중치*를 곱해 모두 더한 값이다.

<그림>은 전망 이론에서 이득과 손실에 대한 인간의 반응을 설명하는 그래프다. 여기서 x축은 성과를, y축은 성과에 대해 사람들이 부여하는 가치(v)를 나타낸다. 그리고 두 축이 교차하는 지점은 현재 '나'의 상황을 의미하는 준거점으로, 이를 기준으로 오른쪽은 이득 영역이고,

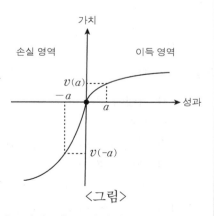

<그림>

왼쪽은 손실 영역이다. 이 그래프에서 이득 영역의 $v(a)$와 손실 영역의 $v(-a)$의 절댓값을 비교하면 후자의 값이 더 크다는 것을 알 수 있는데, 이는 같은 크기의 이득과 손실이 있을 때 이득감보다 손실감이 더 크다는 것을 의미한다.

이 그래프에 따라 앞서 예를 든 게임 A와 B 중에서 사람들이 후자를 더 많이 선택하는 이유를 분석하면, 20,000원을 얻었을 때의 이득감이 10,000원을 얻었을 때의 이득감보다 크지만, 10,000원을 잃었을 때의 손실감이 5,000원을 잃었을 때의 손실감보다 훨씬 더 크기 때문에, 더 큰 손실감을 피하고자 하는 심리가 반영된 결과로 해석할 수 있다.

전망 이론에서는 이러한 심리가 실제 선택 행동에 영향을 미치는 현상을 ⓑ'틀 효과'로 설명한다. 이에 따르면 사람들은 여러 대안 중 하나를 선택할 때, 선택 상황이 자신에게 이득을 주는지, 손실을 주는지에 따라 전자를 '긍정적 틀'로, 후자를 '부정적 틀'로 인식한다. 그 결과 사람들은 긍정적 틀에서는 확실한 이득을 주는 대안을 선택하고, 부정적 틀에서는 불확실한 손실을 주는 대안을 선택한다. 불확실성을 '위험'이라 할 때, 불확실성을 피해 확실성을 추구하는 것은 '위험 회피 성향'에, 불확실성을 추구하는 것은 '위험 추구 성향'에 해당하므로, 사람들은 긍정적 틀에서는 위험 회피 성향을, 부정적 틀에서는 위험 추구 성향을 보인다고 할 수 있다. 다음의 선택 상황에서 이와 같은 틀 효과를 확인할 수 있다.

[상황 1] 100만 원이 있으며, Ⓐ안과 Ⓑ안 중 택 1
○ Ⓐ안 : 0.5의 확률로 100만 원을 받거나, 아무것도 받지 못한다.
○ Ⓑ안 : 1의 확률로 50만 원을 받는다.

[상황 2] 100만 원이 있으며, Ⓒ안과 Ⓓ안 중 택 1
○ Ⓒ안 : 0.5의 확률로 100만 원을 잃거나, 아무것도 잃지 않는다.
○ Ⓓ안 : 1의 확률로 50만 원을 잃는다.

'상황 1'은 이득을 주는 상황으로, 사람들은 이를 긍정적 틀로 인식하므로 많은 사람들이 이득이 불확실한 Ⓐ안보다 이득이 확실한 Ⓑ안을 선택한다. 반대로 '상황 2'는 손실을 주는 상황으로, 사람들은 이를 부정적 틀로 인식하므로 많은 사람들이 손실이 확실한 Ⓓ안보다 손실이 불확실한 Ⓒ안을 선택한다.

전통 경제학은 인간이 합리적 선택을 한다는 전제로 이상적인 경제 상황을 설명했다면, 카너먼은 이러한 전제를 비판하며 실제 인간의 삶에서 나타나는 선택 행동의 특성을 심리학에 근거해 설명했다. 그 결과 인간의 선택 과정에 영향을 주는 요인들에 주목해 행동 경제학이라는 새로운 분야를 개척하였다.

* 결정 가중치 : 어떤 성과에 대해 사람들이 주관적으로 느끼는 발생 확률.

---

34. 윗글의 내용과 일치하지 않는 것은?

① 기대 효용 이론은 자신의 현재 상황을 준거로 하여 나타나는 선택 행동의 다양한 양상을 분석하였다.

② 기대 효용 이론에 따르면 인간은 여러 대안이 있을 때 자신에게 가장 큰 이득을 주는 대안을 선택한다.

③ 카너먼은 인간이 논리적 사고 과정보다는 직감에 의존해 문제를 해결하는 경향이 강하다고 주장하였다.

④ 카너먼은 심리학적 연구 성과를 경제학에 접목시켜 전통 경제학과 구별되는 새로운 이론을 구축하였다.

⑤ 카너먼은 인간이 합리적인 선택을 한다는 전통 경제학의 전제를 실제 인간의 행동을 근거로 반박하였다.

[해설편 p.065]

35. ㉠에 해당하는 사례로 가장 적절한 것은?

① **(질문)** 신은 존재하는가?
   (대답) 그렇다. 왜냐하면 신이 없음을 증명한 사람이 없기 때문이다.
② **(질문)** '1부터 10까지의 합'과 '11부터 15까지의 합' 중 더 큰 것은?
   (대답) 전자이다. 왜냐하면 전자가 후자보다 많은 숫자를 더 하기 때문이다.
③ **(질문)** '교통사고로 인한 사망률'과 '당뇨로 인한 사망률' 중 사망률이 더 높은 것은?
   (대답) 전자이다. 왜냐하면 전자를 후자보다 매체를 통해 자주 보기 때문이다.
④ **(질문)** '지방이 10% 함유된 우유'와 '지방이 90% 제거된 우유' 중 선택하고 싶은 것은?
   (대답) 후자이다. 왜냐하면 후자가 전자보다 지방이 적게 함 유된 식품으로 느껴지기 때문이다.
⑤ **(질문)** '한 명이 빵 한 개를 만드는 것'과 '열 명이 빵 열 개를 만드는 것' 중 시간이 더 오래 걸리는 것은?
   (대답) 후자이다. 후자가 전자보다 힘이 더 많이 드는 일로 느껴지기 때문이다.

36. <보기>는 윗글의 <그림>에 대한 설명이다. A, B에 들어갈 내용을 바르게 짝지은 것은?

———— < 보 기 > ————
이득 영역에서는 성과가 동일한 크기로 증가할 때마다 성 과에 대하여 부여하는 가치의 크기가 (A   )하는 폭이 (B   ).

	A	B
①	증가	작아진다
②	증가	커진다
③	증가	같아진다
④	감소	작아진다
⑤	감소	커진다

37. '카너먼'의 입장에서 윗글의 '상황 1'과 '상황 2'에 대해 설명한 것으로 적절하지 않은 것은?

① ⑧안의 50만 원과 ⑩안의 50만 원에 대해 사람들이 부여하는 가치는 다르다.
② Ⓐ안을 선택하는 사람들은 위험 회피 성향이고, ⓒ안을 선택 하는 사람들은 위험 추구 성향이다.
③ Ⓐ, ⓒ안은 이득이나 손실이 불확실한 대안, ⑧, ⑩안은 이득 이나 손실이 확실한 대안에 해당한다.
④ '상황 1'에서 ⑧안을 선택하는 사람이 많은 것은 사람들이 불 확실한 이득보다 확실한 이득을 선호하기 때문이다.
⑤ '상황 2'에서 ⓒ안을 선택하는 사람이 많은 것은 확실한 손실을 꺼리는 인간의 심리가 반영된 결과이다.

38. ⓐ를 바탕으로, <보기>의 밑줄 친 부분의 이유를 추론한 것으 로 가장 적절한 것은?

———— < 보 기 > ————
"먼저 써 보시고 한 달 후에 제품이 마음에 들지 않으면 반품하십시오. 금액은 전액 환불해 드립니다."라는 광고 문구에 많은 소비자들이 귀가 솔깃해져 쉽게 제품을 구매한다. 하지만 막상 한 달 후, 제품이 마음에 들지 않더라도 사용하던 제품을 반품하고 구매한 금액을 환불받는 소비자는 소수에 지나지 않는다. 이는 이득과 손실에 대한 심리 반응의 차이를 이용한 효과적인 판매 전략이라 할 수 있다.

① 제품을 사용하는 기간만큼 제품을 통해 얻는 이득감이 줄어 들기 때문에
② 제품에 대한 불만족은 심리적인 현상일 뿐, 제품 자체의 문 제가 아니기 때문에
③ 제품을 반품했을 때의 이득감이 제품을 그대로 사용했을 때의 이득감보다 더 크기 때문에
④ 제품을 반품할 때 느끼는 손실감이 구매한 금액을 환불받을 때 느끼는 이득감보다 크게 느껴지기 때문에
⑤ 제품을 구매하는 과정에 투입된 시간과 노력을 계산했을 때, 제품을 반품하는 것이 합리적 선택이기 때문에

39. ⓑ를 고려할 때, <보기>의 '상황'에 대한 사람들의 선택을 예 측한 것으로 적절한 것은? [3점]

———— < 보 기 > ————
[상황]
　○○ 지역에 전염병이 돌아 600명의 주민이 죽을 것으로 예상된다. 이 전염병을 막기 위한 프로그램 ㉮와 ㉯가 있다.

○ 프로그램 ㉮ : 400명의 사람이 죽게 됨.
○ 프로그램 ㉯ : 아무도 죽지 않을 확률이 3분의 1이고, 600 명이 죽게 될 확률이 3분의 2임.

[질문]
만약 여러분이 정책 담당자라면 프로그램 ㉮와 ㉯ 중 어느 것을 선택하겠는가?

① 사람들은 상황을 부정적 틀로 인식하기 때문에 프로그램 ㉮를 선택하는 사람들이 더 많을 것이다.
② 사람들은 상황을 부정적 틀로 인식하기 때문에 프로그램 ㉯를 선택하는 사람들이 더 많을 것이다.
③ 사람들은 상황을 긍정적 틀로 인식하기 때문에 프로그램 ㉮를 선택하는 사람들이 더 많을 것이다.
④ 사람들은 상황을 긍정적 틀로 인식하기 때문에 프로그램 ㉯를 선택하는 사람들이 더 많을 것이다.
⑤ 사람들은 상황을 긍정적 틀로 인식하기 때문에 프로그램 ㉮와 ㉯를 선택하는 사람들이 비슷할 것이다.

08회

[40 ~ 42] 다음 글을 읽고 물음에 답하시오.

[앞부분 줄거리] 경기도 장단에 사는 선비 김 주부는 무남독녀 매화를 슬하에 두고 있었다. 조정의 간신들이 김 주부를 해치려고 하자, 그는 매화를 남장시켜 길거리에 두고 부인과 함께 구월산으로 몸을 피한다. 부모를 잃은 매화는 조 병사 집 시비에게 발견되어 그 집 아들인 양유와 함께 글공부를 하면서 성장한다.

이때에 양유 매화를 찾아 학당으로 돌아오매 매화 눈물 흔적 있거늘 양유가 가로되,

"그대 어찌하여 먼저 왔으며 슬픈 기색이 있느뇨. 아마도 곡절이 있도다. 오늘 사람들이 여자가 남복을 입었다 하니 그 일로 그러한가 싶으니 그럼 여자가 분명한가?"

하더라. 매화 흔연히 웃으며 가로되,

"어린아이 부모를 생각하니 어찌 아니 슬프리요. 또 내 몸이 여자면 여자로 밝히고 길쌈을 배울 것이지 남복을 입고 남을 속이리요. 본디 골격이 연연하매 지각없는 사람들이 여자라 하거니와, 일후 장성하여 골격이 웅장하면 장부 분명하올지라."

하고 단정히 앉아 풍월을 읊으니 소리 웅장하여 호치(晧齒)를 들어 옥반(玉盤)을 치는 듯 진시 남자의 소리 같은지라. 양유 그 소리 들으며 남자가 분명하되 이향(異香)이 만당(滿堂)하여 다만 매화의 태도를 보고 마음만 상할 따름일러라.

이때는 놀기 좋은 춘삼월이라. 춘풍을 못 이겨 양유 매화를 데리고 경개(景槪)를 따라 놀더니 서로 풍월 지어 화답하매 매화 ⓐ 양유 글을 받아 보니 하였으되,

양유선득춘(楊柳先得春) 양유는 먼저 봄빛을 얻었는데,
매화하불락(梅花何不樂) 매화는 어찌 즐겁지 아니하는고.

하였더라. 양유가 ⓑ 매화의 글을 받아 보니 하였으되,

호접미지화(胡蝶未知花) 나비가 꽃을 알지 못하고,
원앙부득수(鴛鴦不得水) 원앙새가 물을 얻지 못하였도다.

하였거늘 이에 양유가 그 글을 받아 보고 크게 놀라 기뻐하여 가로되,

"그대 행색이 다르기로 사랑하였더니 풍모가 정녕 여자로다. 그러하면 백년해로 어떠하뇨."

매화 고개를 숙이고 수색(愁色)이 만안하여 가로되,

"나는 과연 여자이거니와 그대는 사부(士夫)집 자제요, 나는 유리걸식하는 사람이라. 어찌 부부 되기 바라리요. 낸들 양지작을 모르리요마는 피차 부모의 명이 없삽고 또한 예절을 행치 못하면 문호에 욕이 되올 것이니 어찌 불효짓을 하리요. 부모의 명을 받아 백년해로한다면 낸들 아니 좋으리까."

양유 희색이 만안하여 가로되,

"그대 말이 당연하도다."

마침 이때에 시비 옥란이 급히 와 여쭈오되,

"외당에 상객이 왔으매 생원님이 급히 찾나이다."

양유 매화를 데리고 외당으로 들어가매 과연 상객이 있는지라. 병사가 가로되,

"두 아이 상을 보라."

한대 상객이 가로되,

"매화의 상을 보니 여자로소이다."

병사가 가로되,

"그대 상을 잘못 보았도다. 어찌 여자라 하리요."

상객이 가로되,

"여자가 남복을 입고 남을 속이려니와, 내 눈에 어찌 벗어나리요."

매화 무료하여 학당에 돌아가니라. 양유의 상을 보고 가로되,

"내두(來頭)*에 일국의 재상이 되었으되, 불쌍코 가련토다. 나이 16세 되면 호식(虎食)*할 상이오니 어찌 가련치 아니하리요."

병사가 크게 놀라 가로되,

"어디서 미친놈이 상객이라 하고 왔도다."

하인을 불러 쫓아내라 한대 상객 일어나 두 걸음에 인홀불견(仞忽不見)*이거늘 실로 고이하여 살펴보니 상객 앉았던 자리에 한 봉서 놓였거늘 즉시 개탁(開坼)*하니 하였으되,

'양유와 매화로 부부 아니 되면 임진 3월 초삼일에 필연 호식(虎食)하리라.'

하였더라. 병사 대경하여 무수히 슬퍼하다가 매화를 불러 가로되,

"너를 보고 여자라 하니 실로 고이하도다."

하시고 무수히 슬퍼하시거늘 매화 두 번 절하고 가로되,

"소녀 어찌 기망(欺罔)*하오리까. 소녀 과연 여자로소이다. 일찍 부모를 이별하옵고 일신을 감출 길 없사와 남복을 입고 기망하였사오니 죄를 범하였나이다."

하거늘 병사 크게 놀라며 또한 크게 기뻐하여 더욱 사랑하여 가로되,

"오늘부터 내당에 들어가 출입치 말라."

하시고 매화의 손을 이끌어 내당에 들어가 부인을 대하여 가로되,

"매화는 여자라 하니 어찌 사랑치 아니하리요. 행실을 가르치라."

하거늘 최 씨 부인이 크게 기뻐하여 연연하더라. 이때 병사 외당에 나가 양유를 불러 가로되,

"매화는 여자라 하니 일후는 매화로 더불어 한자리에 앉지 말라."

하신대 양유 어찌 부모의 명령을 거역하리요.

차설이라. 매화는 여복을 입고 내당에 거처하고, 양유는 학당에 있으매, 시서(詩書)에 뜻이 없고 다만 생각이 매화뿐이로다. 월명사창(月明紗窓)* 빈 방 안에 홀로 앉아 탄식할 제,

"매화야, 너는 무슨 일로 남복을 입고 나를 속였느냐. 부모의 명이 지엄하시니 뉘로 하여금 공부하며 뉘로 하여금 노잔 말가."

이렇듯이 자탄할 제, 이때 최 씨 부인 양유의 계모라 매화의 인물 탐하여 매일 사랑하시더니 제 상처한 남동생 있으매 혼사할 뜻이 있어 모계(謀計)를 꾸미더라. 하루는 병사 내당에 들어와 부인 최 씨를 대하여 가로되,

"전일 상객이 이러이러하니 내두 길흉을 어찌하리요. 매화는 양유와 동갑이요, 인물이 비범하니 혼사함이 어떠하리이까."

부인이 변색하여 가로되,

"병사 어찌 그런 말씀을 하시나이까. 양유는 사부 후계요, 매화는 유리걸식하는 아이라, 근본도 아지 못하고 어찌 인물만 탐하리까."

병사 옳이 여겨 가로되,

"부인의 말씀이 옳도다. 일후에 장단골 가서 매화 근본을 알리라."

– 작자 미상, 「매화전」 –

* 내두(來頭) : 지금부터 다가오게 될 앞날.
* 호식(虎食) : 호랑이에게 잡아 먹힘.
* 인홀불견(仞忽不見) : 보이다가 슬쩍 없어져 보이지 않음.
* 개탁(開坼) : 봉한 편지나 서류를 뜯음.
* 기망(欺罔) : 그럴듯하게 속여 넘김.
* 월명사창(月明紗窓) : 달이 밝게 비치는 창.

40. 윗글의 서술상의 특징으로 가장 적절한 것은?

① 사건 진행 과정에서 과거와 현재가 교차되고 있다.
② 장면을 빈번하게 전환하여 긴박한 분위기를 조성하고 있다.
③ 공간적 배경을 활용하여 주제를 암시적으로 드러내고 있다.
④ 인물과 인물의 첨예한 갈등을 중심으로 사건이 전개되고 있다.
⑤ 인물의 심리를 서술자가 직접 제시하여 독자의 이해를 돕고 있다.

41. 윗글의 인물에 대한 이해로 적절하지 <u>않은</u> 것은?

① 양유는 여자가 남복을 입었다는 사람들의 말을 듣고 매화의 정체를 의심하고 있다.
② 매화는 부모의 허락을 전제로 양유의 청혼을 긍정적으로 받아들이고 있다.
③ 상객은 양유와 매화가 혼인하지 않으면 양유에게 불행이 닥칠 것을 예고하고 있다.
④ 병사는 매화의 용모와 양유의 적극적인 결혼 의지를 바탕으로 둘의 혼인에 대해 최 씨의 동의를 구하고 있다.
⑤ 최 씨는 매화의 근본을 핑계 삼아 양유와 매화의 혼인을 반대하고 있다.

42. <보기>를 참고할 때, ⓐ와 ⓑ에 대한 이해로 적절하지 <u>않은</u> 것은? [3점]

─────── <보 기> ───────

고전 소설 속에 삽입된 시는 서사 맥락 속에서 다양한 역할을 수행한다. 인물의 심리를 함축적으로 드러내거나 인물을 비유적으로 표현하기도 하고, 주제를 집약적으로 전달하기도 한다. 또한 사건을 전개시키거나 사건 전개의 방향을 암시하기도 하고 분위기 형성, 인물들 간의 의사소통의 매개체 역할을 수행하기도 한다.

① ⓐ는 양유의 심리 상태를 함축적으로 드러내고 있다.
② ⓐ를 본 후 매화가 ⓑ로 답한 것은 인물 간의 의사소통 행위로 볼 수 있다.
③ ⓑ에서 '나비'는 양유를, '꽃'은 매화를 비유적으로 표현한 것으로 볼 수 있다.
④ ⓑ를 본 후 양유가 매화에게 청혼한 것으로 볼 때 ⓑ는 사건을 전개하는 역할을 했다고 볼 수 있다.
⑤ ⓐ와 ⓑ는 양유와 매화의 앞날이 순탄하지 않을 것이라는 사건 전개의 방향을 암시하고 있다.

[43~45] 다음 글을 읽고 물음에 답하시오.

S#49. 몽타주*
○ 산채 정식처럼 각종 산나물과 된장찌개를 정갈하게 무치고 끓이고 소박한 상을 정사에게 올리는 장금.
○ 사신, 먹으며 가운데 미간이 찡그려진다.
○ 보는 장금과 장번 내시, 오겸호, 불안하고,
○ 다음날은 각종 해조류 반찬이 눈에 띄게 많은 밥상.
○ 보는 정사. 미역국에 고기 대신 생선이 들어가 있다.
○ 먹고는 역시 가운데 미간이 찡그려지는 정사.
○ 보는 장금과 장번 내시, 오겸호, 불안.
○ 흰 생선 살을 잘 발라내고 있는 장금.
○ 생선 살을 넣은 두부로 두부전골을 끓이는 장금.
○ 두부전골을 중심으로 올려지는 상.
○ 먹어 보고는 역시 미간이 심하게 찡그려지는 사신 정사.
○ 말린 나물과 버섯들을 걷어 가는 장금.
○ 대나무 밥을 하는 장금.
○ 사신에게 올려지는 상. 보면 물김치와 톳나물, 버섯나물과 산나물 그리고 대나무 밥이 올려져 있고.
○ 먹고는 미간을 찡그리는 사신의 모습.
○ 보는 장금의 모습.

S#55. 태평관 연회장
들어오는 장금, 보면, 화려하게 차려진 음식상이 있다. 이때, 오겸호와 장번 내시가 사신을 모시고 나오고, 상을 보는 정사, 놀라는데, 그를 바라보는 최 상궁과 금영의 표정에 자신감이 넘친다. 한 켠에는 불안한 표정으로 서 있는 장금.

오겸호: 그동안 (장금을 보며) 궁녀의 불경한 짓거리로 본의 아니게 무례를 저질렀습니다.
정 사: …….
오겸호: 하여 오늘부터는 만한전석을 올릴 것입니다!
정 사: 만한전석을? (장금을 본다.)
오겸호: 오늘은 저 불경한 것의 처결이 있는 날이니 원하시는 대로 벌을 내리고 마음껏 드십시오!
장 금: …….
금 영: (장금을 보는데)

정사, 역시 장금을 본다. 그러고는 자신의 앞에 놓인 음식을 보고, 다시 한 번 장금을 보고는 수저를 들어 음식을 먹기 시작한다. 보는 최 상궁과 금영, 희색이 가득하고, 정사는 계속 먹어 보는데, 미간이 찌푸려지지 않는다. 오겸호 정사의 미간을 보고는 입가에 미소를 띠며 최 상궁을 보면 최 상궁 목례를 하고, 불안한 장금, 계속 먹는 사신 정사. 최 상궁과 장번 내시의 표정, 이제는 끝이라는 듯 바라보는 금영의 표정. 절망에 휩싸이는 장금의 표정.

S#56 태평관 연회장 안
모두가 지켜보는 가운데 음식을 먹던 정사, 수저를 놓는다. 모두들 정사를 바라보는데,

오겸호: 대인! 대인을 능멸한 나인이옵니다.
정 사: …….
오겸호: 어찌 하올까요?

정 사 : 앞으로 산해진미는 이것으로 끝이오!

모 두 : ……?

정 사 : (장금에게) 이 정도 먹은 것은 용서해 주겠느냐?

장 금 : …….

정 사 : 오늘의 만한전석은 참으로 훌륭하였소.

오겸호 : 예, 앞으로 연회는 이틀 동안 계속될 것이옵니다.

정 사 : 정성은 고마우나, 사양해야 할 듯하오.

오겸호 : 대인, 그게 무슨 말씀이온지, 그동안, 저 나인의 방자한 행동으로 입에 맞지 않는 음식을 드시느라 고생하셨던 것을 송구하게 생각하여 준비한 음식입니다. 어찌하여 마다시는지요.

정 사 : (웃으며) 저 방자한 나인 때문이오.

오겸호 : 무슨 말씀이신지?

정 사 : 그동안 나는 맛있고 기름진 음식만을 탐해 왔소. 하여, 지병인 소갈을 얻었음에도, 사람이란 참으로 약한 존재인지라, 알면서도 그런 음식을 끊을 수가 없었소이다.

모 두 : …….

정 사 : (장금에게) 나는 조선의 사람도 아니며, 오래 있을 사람도 아니다. 대충 내가 원하는 음식을 해 주어 보내면 될 것을, 어찌하여 고집을 피웠느냐?

장 금 : …….

장번 내시 : 어서 아뢰어라.

장 금 : 저는 다만 마마님의 뜻을 따랐을 뿐이옵니다.

정 사 : 그 뜻이 무엇이냐?

장 금 : 그 어떠한 경우에도, 먹는 사람에게 해가 되는 것을, 올려서는 안 된다는 것입니다. 그것이 음식을 하는 자의 도리라 하셨습니다.

정 사 : 그로 인해 자신에게 크나큰 위험이 닥쳐도 말이냐?

장 금 : 이미, 한 상궁 마마님께서 끌려가시며 제게 몸소 보여 주시지 않으셨습니까?

정 사 : (웃으며) 참으로 고집불통인 스승과 제자로다.

모 두 : (보면)

정 사 : 그래, 하여, 알았다. 음식을 하는 자가 도리와 소신이 있듯이 음식을 먹는 자 또한 도리가 있어야 한다는 것을.

모 두 : …….

정 사 : 음식을 해 주는 자가 올곧은 마음으로 내 몸을 지켜 주려는데 정작 먹는 자인 내가 내 몸을 소홀히 하여, 나를 해치는 음식을 먹는다는 것이 말이 안 되지. 먹는 자에게도 도리가 있는 것이었어.

모 두 : …….

정 사 : 갖은 향신료에 절어 있던 차라 네가 올린 음식이 처음에는 풀 냄새만 나더니 먹으면 먹을수록, 그 재료 고유의 맛이 느껴지면서 참으로 맛있었다. 또 다른 맛의 공간이더구나. 비록 조선의 작은 땅덩어리에 사나, 네 배포와 심지는 대륙의 땅보다도 크구나.

장 금 : …….

정 사 : 가는 날까지 내 음식은 고집불통인 네 스승과 너에게 맡기겠노라!

– 김영현 각본, 「대장금(大長今)」 –

* 몽타주 : 각각 촬영한 화면을 이어 붙여 다양한 효과를 연출하는 기법으로, 사건을 속도감 있게 보여 주는 효과를 나타내기도 함.

43. 윗글을 통해 알 수 있는 내용으로 적절한 것은?

① 한 상궁은 정사의 뜻을 알고 장금에게 음식을 준비하도록 했다.

② 장금과 금영은 정사가 먹을 음식을 기쁜 마음으로 함께 준비하였다.

③ 정사는 오겸호의 조언에 따라 장금이 만든 음식을 억지로 먹고 있었다.

④ 오겸호는 만한전석을 준비하라고 한 정사의 지시에 불만을 가지고 있었다.

⑤ 정사는 떠나는 날까지 음식을 준비하라고 할 만큼 장금에 대한 신뢰를 보였다.

44. <보기>를 통해 윗글을 감상한 내용으로 적절하지 <u>않은</u> 것은? [3점]

< 보 기 >

음식은 먹는 사람의 건강을 지키는 수단이자 맛에 대한 욕망을 충족하는 수단이기도 하다. 이 둘은 상충되기도 하지만 조화를 이루기도 한다. 「대장금」은 다양한 음식을 소재로 한 일련의 사건과 음식에 대한 소신을 지키는 장금의 모습에서 전통 음식 문화에 대한 자부심을 느끼게 한다.

① 정사는 '소갈'에 걸리고도 맛있고 '기름진 음식'을 끊을 수 없었다는 점에서 맛에 대한 욕망을 제어하지 못하였음을 알 수 있군.

② 장금이 정사가 싫어하는 것을 알면서도 '생선'과 '산나물'을 이용하여 만든 음식을 올리는 것은 정사의 건강을 우선시했기 때문이군.

③ 정사는 장금이 만든 음식에서 '재료 고유의 맛'을 느끼며 건강을 지키는 것과 맛에 대한 욕망이 조화를 이룰 수 있음을 깨닫게 되는군.

④ 장금은 정사가 '만한전석'과 같이 건강을 해치는 음식을 선호하는 것을 보고 음식을 먹는 자의 도리를 지키지 않는다고 말하며 안타까워했군.

⑤ 장금이 위험을 무릅쓰고 먹는 사람의 건강에 도움이 되는 음식을 고집하는 것에서 '음식을 하는 자의 도리'를 지키고자 하는 소신을 확인할 수 있군.

45. S#49를 제작하기 위한 회의 내용으로 적절하지 <u>않은</u> 것은?

① 음식을 정성스럽게 만드는 장금의 솜씨를 강조할 필요가 있습니다. 음식을 만드는 손을 클로즈업하면 좋겠습니다.

② 이틀에 걸친 사건을 짧은 장면으로 이어 붙인 장면입니다. 사건이 속도감 있게 전달될 수 있도록 편집하면 좋겠습니다.

③ 불안해하는 오겸호를 담은 장면이 반복됩니다. 배우의 표정 연기를 통해 긴장감이 고조되도록 연출을 하면 좋겠습니다.

④ '음식 준비 – 사신의 시식 – 장금의 기대 – 사신의 평가'가 이어지고 있습니다. 이 순서대로 장면들을 편집하면 좋겠습니다.

⑤ 조선 시대를 배경으로 하고 있습니다. 사실성이 드러나도록 당시의 의복과 소품을 고증하여 준비하는 것이 좋겠습니다.

* 확인 사항

○ 답안지의 해당란에 필요한 내용을 정확히 기입(표기)했는지 확인하시오.

2023학년도 6월 고1 전국연합학력평가 문제지

국어 영역

제 1 교시

09회

● 문항수 45개 │ 배점 100점 │ 제한 시간 80분

● 점수 표시가 없는 문항은 모두 2점

1

09회

[1 ~ 3] 다음은 학생의 발표이다. 물음에 답하시오.

(화면1)역사 동아리 친구들과 고분 답사를 갔다가 화면에서 보시는 도자기 조각 같은 것을 발견했습니다. 알고 보니 화단 장식물 파편이었는데, 만약 진짜 문화재라면 어떻게 행동해야 하는지 궁금했습니다. 혹시 여러분 중에 이런 경우에 어떻게 해야 하는지 아시는 분 있나요? (반응을 확인하고) 대부분 잘 모르시는 것 같군요. 자료 조사를 하면서 '매장 문화재 발견 신고 제도'가 마련되어 있음을 알게 되었는데, 저는 오늘 이에 대해 발표해 볼까 합니다.

땅속이나 수중, 건조물 등에 묻혀 있던 유형의 문화재를 매장 문화재라고 합니다. (화면2)일반적으로 이런 문화재는 화면과 같이 문화재청이나 학술 단체 등 전문 기관의 발굴 조사를 통해 세상에 나옵니다. 그런데 최근에는 매장 문화재의 발견 양상이 다양해졌고, 특히 일상생활이나 여가 활동 중에 문화재를 발견하는 경우가 늘고 있다고 합니다. (화면3)왼쪽에 보시는 것은 텃밭에서 농사를 짓다가 발견한 청동기 시대의 돌도끼, 오른쪽에 보시는 것은 등산 중에 발견한 백제의 기와입니다.

(화면4)이런 현실을 반영해 만들어진 매장 문화재 발견 신고 제도의 절차를 화면으로 보고 계시는데요, 어떤 단계들이 있는지 함께 살펴봅시다. 우선 매장 문화재를 발견하게 되면 7일 이내에 관할 지방 자치 단체나 경찰서로 신고를 해야 합니다. 신고를 받은 기관은 발견 신고서를 문화재청으로 제출하고, 해당 물건의 소유자를 찾기 위해 90일간 공고를 해야 합니다. 다음으로 문화재청은 해당 물건이 문화재인지 확인하기 위해 예비 감정 평가를 실시하고, 필요에 따라 발견 지역에 대한 현장 조사도 진행합니다.

문화재로 판명되었는데도 정당한 소유자가 나타나지 않으면 국가에 귀속시켜 보관·관리하게 됩니다. 국가는 귀속된 문화재의 가치를 최종 감정하여 신고자에게 보상금을 지급하며, 이 신고로 인근에 발굴 조사가 이루어졌다면 포상금도 지급할 수 있습니다.

(화면5)주의할 점도 정리해 보았는데요, 화면에 붉게 표시한 부분들에 특히 유의해야 합니다. 발견이란 우연한 기회에 드러난 문화재를 찾은 것을 말합니다. 따라서 땅속에 묻혀 있는 것을 일부러 파내어 신고하는 것은 범죄 행위인 도굴에 해당 됩니다. 또한 발견하고도 신고하지 않는 경우에는 은닉죄 등이 적용되어 처벌을 받게 된다는 것도 기억해야 합니다.

매장 문화재 발견 신고는 소중한 문화재를 보호하는 데 힘이 됩니다. 그리고 무엇보다 일반 국민의 신고로 우리 문화재를 지키고 남길 수 있다는 데도 큰 의미가 있습니다. 여러분도 주변 사물들과 문화재에 더 많은 주의를 기울였으면 합니다. 끝까지 들어주셔서 감사합니다.

1. 위 발표에 활용된 말하기 방식으로 적절하지 <u>않은</u> 것은?

① 발표 주제를 선정하게 된 동기를 밝히며 발표를 시작하고 있다.
② 발표 내용과 관련된 질문을 하여 청중의 관심을 유도하고 있다.
③ 구체적인 예를 활용하여 발표 내용을 효과적으로 전달하고 있다.
④ 발표 주제와 관련된 용어의 개념을 설명하여 청중의 이해를 돕고 있다.
⑤ 발표 내용을 친숙한 소재에 빗대어 표현하여 청중의 흥미를 유발하고 있다.

2. 위 발표에서 자료를 활용한 방식에 대한 설명으로 가장 적절한 것은?

① 자신이 발굴한 문화재를 소개하기 위해 '화면 1'에 발견한 것의 실물 사진을 제시하였다.
② 일반적으로 매장 문화재가 세상에 나오는 상황을 보여 주기 위해 '화면 2'에 문화재청의 발굴 조사 장면을 제시하였다.
③ 발견된 문화재의 시대적 층위를 부각하기 위해 '화면 3'에 고대와 근대의 문화재를 대비하여 제시하였다.
④ 제도를 세부적으로 파악할 수 있도록 하기 위해 '화면 4'에 감정 평가의 세부 단계들을 정리하여 제시하였다.
⑤ 주의할 점을 부각하여 전하기 위해 '화면 5'에 제도 운영의 핵심 취지 부분에 강조 표시를 해서 제시하였다.

3. 위 발표를 들은 학생이 <보기>와 같이 반응했다고 할 때, 이에 대한 설명으로 가장 적절한 것은?

< 보 기 >
할아버지 친구분께서 집을 새로 짓다가 비석을 발견해서 신고하셨는데 신라 시대 문화재로 밝혀졌다는 이야기를 들었던 게 떠올랐어. 이 비석이 어떤 절차를 밟아 문화재로 인정을 받게 되었는지 이전부터 궁금했는데, 알게 되어 유익했어. 수중 에도 매장 문화재가 있다고 했는데, 구체적인 사례를 발표에서 다루지 않은 점은 아쉬웠어.

① 자신이 직접 당사자가 되었던 경험과 관련지어 발표 내용에 공감하고 있군.
② 발표를 듣기 전에 지니고 있었던 의문을 발표 내용을 통해 해소하고 있군.
③ 발표의 내용을 구조적으로 파악하여 전체 내용을 간략하게 정리하고 있군.
④ 발표의 내용이 발표 목적에 부합하고 있는지를 객관적으로 분석하고 있군.
⑤ 발표 내용 중에서 사실과 다른 부분을 판단하며 비판적으로 평가하고 있군.

[4 ~ 7] (가)는 학교 홈페이지에 게시된 글이고, (나)는 (가)를 게시한 후에 열린 회의이다. 물음에 답하시오.

(가)

　○○고등학교 학생 여러분, 안녕하세요. ○○고등학교 학생회입니다. 학교 공간을 사용자 중심의 공간으로 만들자는 취지에서 학교 공간 개선에 대한 논의를 진행하고 있습니다. 그 일환으로 실시된 우리 학교 공간 중 개선이 필요한 장소에 대한 온라인 투표가 여러분들의 협조 덕분에 잘 마무리되었습니다. 그 결과를 공유하고, 구체적인 개선 방안에 대한 설문 조사를 안내하기 위해 글을 쓰게 되었습니다.

　투표 실시 전에 안내가 된 것처럼, 학생들이 가장 개선이 필요하다고 생각하는 학교 공간을 학생들의 의견을 적극적으로 반영하여 정비하겠다고 학교 측과 사전에 협의가 되었습니다. 전교생 중 90%가 투표에 참여했고, 그중 83%가 화장실 공간 개선을 요구하였습니다. 이에 화장실 공간 개선에 대한 구체적인 의견을 수렴하기 위해 설문 조사를 실시하고자 합니다.

　오늘부터 일주일간 진행되는 설문 조사는 크게 두 가지 항목으로 이루어져 있습니다. 첫 번째로 여러분들이 생각하는 우리 학교 화장실의 문제점과 여기에 대한 해결 방안을 제안해 주십시오. 두 번째로 첨부 파일에 있는 우리 학교 각 층 화장실 도면을 참고하여 화장실의 구체적인 공간 구성에 대한 의견도 제시해 주시기 바랍니다.

　학교 공간 디자인 전문가의 힘도 빌려야 하겠지만, 더 중요한 것은 학생 여러분의 의견입니다. '손이 많으면 일도 쉽다.'라는 말이 있습니다. 무슨 일이나 여러 사람이 힘을 합하면 쉽게 잘 이룰 수 있다는 이 말처럼 우리가 원하는 학교 화장실을 만들기 위해서 학생 여러분의 많은 관심과 적극적인 참여가 필요합니다.

㉠

(나)

선생님 : 많은 학생들이 요구했던 화장실 공간 개선에 대한 회의를 시작하겠습니다. 설문 조사 기간이 일주일이었지요? 회의를 통해 화장실 개선에 대한 설문 조사 결과를 살피고, 학교 공간 디자인 전문가에게 전달할 내용들을 정리해 봅시다. 학생들은 개선이 필요한 점이 무엇이라고 이야기했는지 말해 볼까요?

학생 1 : 네, 설문 조사 결과 여러 학생이 가장 불편함을 느꼈던 부분은 화장실 환기가 잘 되지 않는다는 점이었습니다. 습기가 빠지지 않아 눅눅하다는 의견, 공기 정화가 잘 되지 않는다는 의견 등이 나왔습니다.

학생 2 : 맞습니다. 또 세면대 이용이 불편하다는 의견도 많았습니다. 세면대 개수가 부족하고 높이가 모두 같기에 본인의 키에 맞지 않아 불편함을 느낀다고 하였습니다.

선생님 : 그렇군요. 정리하자면 학생들이 생각하는 우리 학교 화장실의 문제점은 화장실의 환기가 제대로 되지 않는다는 것과 세면대 개수와 높이에 문제가 있다는 것이네요. 그렇다면 학생들은 이러한 문제점에 대해 어떤 해결 방안을 제시하였나요?

학생 1 : 화장실 환기 문제를 해결하기 위한 방안으로는, 낡고 오래되어 여닫기 힘든 창문을 교체해 달라는 의견이 있었습니다. 또한 환풍기를 추가로 설치하고 공기 정화 장치를 새롭게 설치했으면 좋겠다는 의견도 있었습니다.

학생 2 : 공기 정화 장치를 설치하자는 것은 좋은 의견이 [A] 네요. 세면대에 대한 해결 방안으로, 먼저 학생들은 세면대가 지금보다 더 많았으면 좋겠다고 답했습니다. 또한 두세 가지 정도의 다양한 높이로 되어 있다면 자신의 키에 맞게 사용할 수 있어서 좋을 것 같다고 하였습니다.

선생님 : 그렇군요. 학생들이 생각하는 해결 방안을 잘 들었습니다. 참, 학생들에게 우리 학교 각 층 화장실의 도면도 제시했다고 알고 있는데, 이와 관련된 의견이 있었나요?

학생 2 : 네, 우리 학교 1층 화장실의 도면을 참고하여 의 [B] 견을 낸 학생들이 있었습니다. 다른 층에 비해 1층 화장실의 내부 공간이 여유로우니 여기에 탈의 공간을 만들어 체육복을 갈아입을 수 있도록 하면 좋겠다는 의견이 있었습니다. 저도 이 의견에 동의합니다.

학생 1 : 이미 체육관 앞에 탈의 공간이 따로 있으니 탈의 공간보다는 그곳에 세면대를 더 두면 어떨까요? 저도 1층 화장실을 이용할 때 불편을 겪은 적이 있었기 때문에, 세면대를 두는 것이 넓은 공간을 잘 활용하는 방안이 될 것 같습니다.

선생님 : 학교 도면이 복잡해서 잘 파악했을지 걱정이 좀 되었는데, 잘 이해하고 좋은 의견을 내어 주었네요. 그 외에 다른 의견들은 없었나요?

학생 1 : 화장실 벽면에 학생들의 추천을 받아 그림이나 글귀를 부착하자는 의견도 있었습니다.

선생님 : 여러 의견이 나왔네요. 이 의견들이 충분히 고려되어야 하므로 회의 내용을 학교 측과 학교 공간 디자인 전문가에게 전달하겠습니다. 그럼 다음 회의에는 학교 공간 디자인 전문가도 함께 모셔서 구체적인 시안을 바탕으로 화장실 공간 디자인을 검토하도록 합시다.

4. (가)를 이해한 내용으로 적절하지 <u>않은</u> 것은?

① 예상 독자를 명시한 후 글을 쓴 이유를 드러내고 있다.

② 사전 협의 내용을 밝히며 이후 진행될 과정을 제시하고 있다.

③ 온라인 투표 결과를 수치로 나타내어 독자와 결과를 공유하고 있다.

④ 설문 항목을 안내하고 설문 참여 시에 주의할 점을 덧붙이고 있다.

⑤ 관용 표현의 의미를 풀어 설명하여 독자의 참여를 유도하고 있다.

5. <조건>에 따라 ㉠에 마지막 문장을 추가한다고 할 때 가장 적절한 것은?

> ─────── < 조 건 > ───────
> ○ 서두에 제시된 학교 공간 개선의 취지를 다시 강조할 것.
> ○ 비유적 표현을 활용하여 맥락에 맞게 마무리할 것.

① 전문가도 인정하는 새로운 공간이 가득한 우리 학교는 사랑입니다.

② 편안하고 쾌적한 공원 같은 우리 학교 공간을 여러분에게 소개합니다.

③ 사용자인 우리의 편의를 두루 고려한 내 집 같은 학교 공간을 함께 만듭시다.

④ 공간을 바라보는 틀에 박힌 생각에서 벗어나 우리 학교를 새롭게 바꾸어 봅시다.

⑤ 학생도 선생님도 만족하며 사용하는 학교 공간을 우리의 노력으로 만들어 봅시다.

6. (나)의 '선생님'에 대한 설명으로 적절하지 <u>않은</u> 것은? [3점]

① (가)에서 언급한 설문 조사 기간을 확인하고, 회의에서 논의해야 할 사항을 안내하고 있다.

② (가)에서 제시한 첫 번째 설문 항목과 관련하여 설문 조사의 결과를 모아 온 학생들의 발화를 정리하고 있다.

③ (가)에서 두 번째로 제시한 설문 항목과 관련하여 조사 결과에 대해 질문하고 있다.

④ (가)에서 언급한 설문 참고 자료를 잘 파악했는지 점검한 후 학생의 설명에 대한 자신의 이해가 적절한지 확인하고 있다.

⑤ (가)에서 언급한 관련 분야 전문가가 다음 회의 참여자임을 밝히며 다음 회의를 예고하고 있다.

7. [A], [B]에 대한 설명으로 가장 적절한 것은?

① [A] : '학생 1'은 '학생 2'의 발언과 달리 전달할 내용을 제시한 후 자신의 의견을 덧붙이고 있다.

② [A] : '학생 2'는 '학생 1'의 발언을 구체화하며 자신의 견해를 수정하고 있다.

③ [A] : '학생 2'는 '학생 1'의 발언의 일부를 긍정하며 추가적인 정보 제공을 요청하고 있다.

④ [B] : '학생 1'은 '학생 2'의 발언과 달리 조사한 내용을 말하고 그에 동의하고 있다.

⑤ [B] : '학생 1'은 '학생 2'의 발언 내용과는 다른 의견을 자신의 경험을 바탕으로 제안하고 있다.

[8 ~ 10] 다음을 읽고 물음에 답하시오.

[작문 상황]
○ 작문 목적 : 새롭게 주목받는 직업에 대한 정보를 전달하는 글을 씀.
○ 예상 독자 : 우리 학교 학생들

[학생의 초고]

최근 도시 경관을 아름답게 해 주고 소음과 미세 먼지를 줄이는 데에 효과가 있는 생활권 도시림이 주목받으면서, 이를 구성하는 가로수와 조경수 등을 체계적으로 관리하는 '나무의사'라는 직업이 관심을 끌고 있습니다.

나무의사는 나무의 병해충을 예방하거나 진료하는 전문가를 일컫습니다. 몇몇 나라는 우리보다 먼저 나무의사와 유사한 제도를 시행하고 있었고, 우리나라는 2018년부터 '나무의사 자격 제도'를 두어 아파트 단지나 공원, 학교 등에 있는 생활권 수목의 치료를 나무의사가 맡도록 하고 있습니다.

이전에는 '생활권 수목 병해충 방제 사업' 대부분을 비전문가가 실행하여 여러 가지 부작용이 발생했습니다. 이런 부작용을 해소하고 관리의 전문성을 더욱 강화할 필요성이 제기되면서 이 제도를 도입했다고 합니다. 특히 생활권 도시림이 해마다 증가하고 있는 것도 중요한 이유 중 하나입니다.

나무의사가 되려면 자격시험에 응시해야 하는데, 응시를 위해서는 일정한 자격 조건을 갖추어야 합니다. 수목 진료 관련 석박사 학위를 소지하고 있거나, 산림 및 농업 분야 특성화고를 졸업한 후 3년 이상의 경력이 필요합니다. 자격시험에서 1차 시험은 필기시험이고, 2차 시험은 수목 및 병해충의 분류와 약제 처리, 외과 수술로 이루어져 있습니다. 여러 단계에 거쳐 정교하게 생명을 다루어야 하기에 실제 합격률은 저조한 편이라고 합니다.

이 제도가 전면 시행되는 2023년부터는 나무의사가 없이는 나무병원을 운영할 수 없기 때문에 나무의사에 대한 수요는 계속 늘 것으로 보입니다. 자격증의 공신력도 높은 편이라서 자격증을 취득하면 관련 분야에 진출하기가 쉬워집니다. ㉠나무가 내뿜는 피톤치드가 우리 몸을 건강하게 하기에 나무를 잘 가꾸고 지켜야 우리의 삶이 윤택해집니다. 새로운 시대 상황에서 나무의사가 주목받는 것처럼 여러분도 사회의 변화에 관심을 갖고 다양하게 직업을 탐색했으면 좋겠습니다.

8. 학생이 글을 쓰기 전에 떠올린 생각 중 글에 반영된 것은?

> ㄱ. 나무의사 제도 도입의 이유를 언급해야겠어.
> ㄴ. 나무의사 총인원의 연간 증가율을 객관적 수치로 제시해야겠어.
> ㄷ. 나무의사 자격증의 공신력이 과거에 비해 높아진 이유를 제시해야겠어.
> ㄹ. 나무의사 자격 제도에 응시할 수 있는 요건을 구체적으로 언급해야겠어.

① ㄱ, ㄴ ② ㄱ, ㄹ ③ ㄴ, ㄷ ④ ㄴ, ㄹ ⑤ ㄷ, ㄹ

9. <보기>는 초고를 보완하기 위해 수집한 자료들이다. 자료의 활용 방안으로 적절하지 <u>않은</u> 것은? [3점]

─────── < 보 기 > ───────

(가) 통계 자료

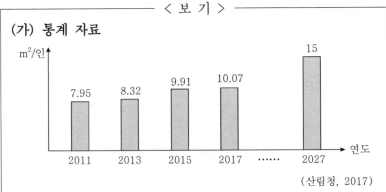

<생활권 도시림 증감 추이>

(나) 나무의사 김○○ 씨 인터뷰

　예전부터 '나무의사'와 유사한 제도를 운영하고 있는 나라들이 있습니다. 중국의 '수예사(樹藝師)', 일본의 '수목의(樹木醫)'라는 제도가 대표적입니다. 나무는 여러 오염 물질의 정화, 온실가스 저감, 홍수나 산사태 방비 등의 기능을 합니다. 그래서 이를 관리할 나무의사의 역할이 중요해졌습니다. 나무의사의 필요성이 커지는 만큼 자격시험 응시생도 꾸준히 늘고 있으나 4회의 시험 동안 최종 합격률 평균은 응시생 대비 8% 수준에 불과합니다.

(다) 신문 기사

　산림청이 실시한 '생활권 수목 병해충 관리 실태 조사' 결과에 따르면 비전문가에 의한 수목 방제 사례가 90% 이상이었다. 그로 인해 살포된 농약 중 69%는 부적절하게 사용됐고, 독한 농약과 해당 수목에 알맞지 않은 약제를 살포한 것은 78%에 달하는 것으로 나타나 시민들의 건강과 산림 자원에 위협이 되고 있다. 특히 가로수 방제용 약제 중 발암 물질을 함유하고 있는 것도 있어 전문가의 손길이 필요하다.

① (가)를 3문단에서 활용하여, 생활권 수목이 증가하고 있음을 뒷받침하는 근거로 제시한다.

② (나)를 2문단에서 활용하여, 나무의사와 유사한 제도를 이미 운영하고 있는 나라들이 있다는 내용을 뒷받침하는 근거로 제시한다.

③ (나)를 4문단에서 활용하여, 나무의사 자격시험 합격률이 저조하다는 내용을 뒷받침하기 위해 구체적인 수치를 제시한다.

④ (다)를 3문단에서 활용하여, 비전문가가 수목을 치료하는 현황과 그 부작용의 사례를 제시한다.

⑤ (다)를 5문단에서 활용하여, 나무의사가 없이는 나무병원을 운영할 수 없기 때문에 나무의사에 대한 수요가 증가한다는 근거로 제시한다.

10. <보기>는 선생님의 조언에 따라 ㉠을 수정한 것이다. 선생님이 조언했음 직한 내용으로 가장 적절한 것은?

─────── < 보 기 > ───────

　자연환경 보호와 삶의 질 향상이 중시되는 시대이므로, 생활권 수목에 대한 관리 대책도 과거와는 달라져야 합니다. 거대한 산소 공장인 나무와 숲을 살리는 나무의사라는 전문 인력이 그 무엇보다 필요한 때입니다.

① 오늘날 나무의사의 역할이 과거와는 어떻게 달라졌는지를 알려 주면 좋겠구나.

② 국가적 차원에서 나무의사를 관리해야 전문성이 향상된다는 것을 강조하면 좋겠구나.

③ 나무의사가 등장하게 된 사회적 배경을 바탕으로 하여 나무의사의 역할을 강조하면 좋겠구나.

④ 나무의사라는 직업에 대한 소개이니, 나무의사가 되어서 하는 구체적인 업무들을 소개하면 좋겠구나.

⑤ 나무의사가 가로수와 조경수를 잘 관리해서 인간이 자연으로부터 얻을 수 있는 혜택을 구체화하면 좋겠구나.

[11 ~ 12] 다음 글을 읽고 물음에 답하시오.

보조사는 앞말에 붙어 특별한 뜻을 더해 주는 기능을 한다. 격조사가 문법적 관계를 나타내 주는 것과 달리, 보조사는 앞말에 결합되어 의미를 첨가하는 기능을 한다.

ㄱ. 소설만 읽지 말고 시도 읽어라.
ㄴ. 소설만을 읽지 말고 시도 읽어라.

위의 ㄱ에서 '만'은 앞 체언에 '한정'의 의미를 더해 주고 있으며, '도'는 앞 체언에 '역시, 또한'의 의미를 더해 주고 있다. 한편 ㄴ의 '만을'에서 확인할 수 있듯이, 보조사와 격 조사가 함께 나타날 수 있다. 이때 문법적 관계는 격 조사가 담당하고 보조사는 앞말에 특정한 의미를 더해 주는 기능을 한다.

보조사의 다른 특징은 결합할 수 있는 앞말이 체언에 국한되지 않고, 부사, 어미 등의 뒤에도 결합할 수 있다는 것이다. 또한 '격 조사+보조사' 혹은 '보조사+보조사'의 형태로도 결합할 수 있고, 격 조사 자리에 보조사가 나타날 수도 있다.

[A]

한편 ⓐ<u>보조사</u> 중에서 ⓑ<u>의존 명사</u> 또는 어미와 그 형태가 동일한 경우가 있어 헷갈릴 수 있다.

ㄱ. 나는 나대로 계획이 있다.
ㄴ. 네가 아는 대로 말해라.

위 ㄱ에서 '대로'는 대명사 '나'에 결합되었기 때문에 보조사로, ㄴ에서 '대로'는 관형어의 수식을 받기 때문에 의존 명사로 본다.

11. 윗글을 참고하여 <보기>의 ㉠~㉢을 이해한 것으로 적절하지 <u>않은</u> 것은? [3점]

───────< 보 기 >───────

㉠ 라면마저도 품절됐네.
㉡ 형도 동생만을 믿었다.
㉢ 그는 아침에만 운동했다.

① ㉠: 격 조사 뒤에 '역시, 또한'의 의미를 더해 주는 보조사가 덧붙고 있다.
② ㉡: 주격 조사 자리에 '도'라는 보조사가 나타나고 있다.
③ ㉡: 보조사 '만'과 격 조사 '을'이 함께 나타나고 있다.
④ ㉢: '에'는 체언에 결합하여 문법적 관계를 나타낸다.
⑤ ㉢: '만'은 보조사가 결합할 수 있는 앞말이 체언에 국한되지 않음을 보여 준다.

12. [A]에서 설명하는 ⓐ, ⓑ의 예에 해당하는 것은?

① ⓐ : 너만큼 아는 사람은 드물다.
　 ⓑ : 너는 먹을 만큼만 먹어라.
② ⓐ : 그는 그냥 서 있을 뿐이다.
　 ⓑ : 날 알아주는 사람은 너뿐이다.
③ ⓐ : 그녀는 뛸 듯이 기뻐했다.
　 ⓑ : 사람마다 생김새가 다르듯이 생각도 다르다.
④ ⓐ : 나는 사과든지 배든지 아무거나 좋다.
　 ⓑ : 노래를 부르든지 춤을 추든지 해라.
⑤ ⓐ : 불규칙한 식습관은 건강에 좋지 않다.
　 ⓑ : 친구를 만난 지도 꽤 오래되었다.

13. <보기>의 [활동]을 수행한 결과로 적절하지 <u>않은</u> 것은?

───────< 보 기 >───────

[활동] 제시된 단어의 발음을 [자료]와 연결해 보자.

신라, 칼날, 생산량, 물난리, 불놀이

[자료]

㉠ 'ㄹ'의 앞에서 'ㄴ'이 [ㄹ]로 발음되는 경우
㉡ 'ㄹ'의 뒤에서 'ㄴ'이 [ㄹ]로 발음되는 경우
㉢ 'ㄴ'의 뒤에서 'ㄹ'이 [ㄴ]으로 발음되는 경우

① '신라'는 ㉠에 따라 [실라]로 발음하는군.
② '칼날'은 ㉡에 따라 [칼랄]로 발음하는군.
③ '생산량'은 ㉢에 따라 [생산냥]으로 발음하는군.
④ '물난리'는 ㉠, ㉡에 따라 [물랄리]로 발음하는군.
⑤ '불놀이'는 ㉡, ㉢에 따라 [불로리]로 발음하는군.

14. 밑줄 친 ㉠의 예로 적절한 것은?

> 우리말의 문장 유형은 평서문, 의문문, 명령문, 청유문, 감탄문으로 나뉘는데, 대개 특정한 종결 어미를 통해 실현된다. 그런데 경우에 따라 ㉠동일한 형태의 종결 어미가 서로 다른 문장 유형을 실현하기도 한다.

① -니 ┌ 너는 무엇을 먹었니?
        └ 아버님은 어디 갔다 오시니?

② -ㄹ게 ┌ 오늘은 내가 먼저 나갈게.
         └ 내가 나중에 다시 전화할게.

③ -구나 ┌ 그것 참 그럴듯한 생각이구나.
        └ 올해도 과일이 많이 열리겠구나.

④ -ㅂ시다 ┌ 지금부터 함께 청소를 합시다.
          └ 밥을 먹고 공원에 놀러 갑시다.

⑤ -어라 ┌ 늦을 것 같으니까 어서 씻어라.
        └ 그 사람을 몹시도 만나고 싶어라.

15. <보기>는 '사전 활용하기 학습 자료'의 일부이다. 이에 대해 탐구한 내용으로 적절하지 <u>않은</u> 것은?

> ──────< 보 기 >──────
>
> **갈다¹** 동 갈아[가라] 가니[가니]
> 【…을, …을 …으로】 이미 있는 사물을 다른 것으로 바꾸다.
> ¶ 컴퓨터의 부속품을 좋은 것으로 갈았다.
>
> **갈다²** 동 갈아[가라] 가니[가니]
> ① 【…을】 날카롭게 날을 세우거나 표면을 매끄럽게 하기 위하여 다른 물건에 대고 문지르다.
> ¶ 옥돌을 갈아 구슬을 만든다.
> ② 【…을】 잘게 부수기 위하여 단단한 물건에 대고 문지르거나 단단한 물건 사이에 넣어 으깨다.
> ¶ 무를 강판에 갈아 즙을 낸다.
>
> **갈다³** 동 갈아[가라] 가니[가니]
> ① 【…을】 쟁기나 트랙터 따위의 농기구나 농기계로 땅을 파서 뒤집다.
> ¶ 논을 갈다.
> ② 【…을】 주로 밭작물의 씨앗을 심어 가꾸다.
> ¶ 밭에 보리를 갈다.

① '갈다¹', '갈다²', '갈다³'은 동음이의어이군.
② '갈다³'은 여러 가지 뜻을 가지므로 다의어이군.
③ '갈다²-②'의 용례로 '무딘 칼을 날카롭게 갈다.'를 추가할 수 있겠군.
④ '갈다¹'은 '갈다²', '갈다³'과 달리 부사어를 요구할 수도 있는 동사로군.
⑤ '갈다¹', '갈다²', '갈다³'은 '갈-'에 '-니'가 결합할 때 표기와 발음이 같군.

[16 ~ 20] 다음 글을 읽고 물음에 답하시오.

상담 이론이자 상담 기법인 '현실요법'에서는 인간의 다섯 가지 기본 욕구를 제시하고 있다. 이 이론에서는 개인의 모든 행동은 기본 욕구를 충족시키기 위해서 그 자신이 선택하는 것이라 보았다. 만약 이러한 선택으로 문제가 발생한다면 다섯 가지 기본 욕구를 실현 가능한 수준으로 타협하고 조절해 새로운 선택을 할 필요가 있다고 ⓐ제안했다.

다섯 가지 기본 욕구 중 첫째는 '생존의 욕구'로, 자신의 삶을 유지하려는 생물학적인 속성이다. 사회적 규칙이나 상식을 지키려는 욕구이며, 생존에 필요한 것을 아끼고 모으려는 욕구이기도 하다. 이 욕구가 강한 사람은 건강과 안전을 중시하는 편이다. 둘째는 '사랑의 욕구'로, 사랑하고 나누며 함께하고자 하는 욕구이다. 이 욕구가 강한 사람은 타인을 잘 돕고, 사랑을 주는 만큼 받는 것도 중요하게 여기기에 인간관계에서 힘들어하기도 한다. 셋째는 '힘의 욕구'로, 경쟁하여 성취하고 인정받고 싶어 하는 욕구이다. 이 욕구가 강한 사람은 직장에서의 성공과 명예를 중시하고 높은 사회적 지위에 ⓑ도달하기 위해 노력한다. 또한 자기가 옳게 여기는 것에 대한 의지가 있어 자기주장이 강하며 타인에게 지시하는 일에 능하다. 넷째는 '자유의 욕구'로, 무언가에 얽매이지 않고 벗어나고 싶어 하는 욕구이다. 이 욕구가 강한 사람은 상대방을 구속하는 것, 자신을 구속시키는 것을 싫어한다. 그래서 상대방에게 대체로 관대하고, 혼자 하는 것을 좋아하며, 사람들과 적정한 거리를 유지하는 것을 편하게 여긴다. 다섯째는 '즐거움의 욕구'로, 새로운 것을 배우고 놀이를 통해 즐기고 싶어하는 욕구이다. 이 욕구가 강한 사람은 취미 생활을 즐기며, 잘 웃고 긍정적 태도를 취한다. 또한 호기심이 많기에 배우는 것을 좋아한다.

현실요법에서는 이 다섯 가지 욕구들의 강도가 개인마다 달라 행동 양상이 다양하게 나타나고, 여러 가지 갈등을 겪을 수도 있다고 보았다. 현실요법은 우선 내담자*가 자신의 욕구를 들여다 볼 수 있도록 한 다음, 약한 욕구를 북돋아 주거나 강한 욕구들 사이에서 타협과 조절을 하여 새로운 선택을 하도록 이끄는 단계를 밟는다. 예를 들어 사랑의 욕구가 강하고 힘의 욕구가 약한 사람이 타인의 부탁에 불편함을 느끼면서도 거절하지 못해 괴로워한다고 가정해 보자. 이 경우 현실요법에서는 ㉠힘의 욕구를 북돋아 자기주장을 표현할 수 있도록 도울 수 있다. 또 자유의 욕구와 힘의 욕구 모두가 강한 사람은 자신이 ⓒ선호하는 것을 우선시하고 이것이 방해받으면 불편해하며 주변 사람들과 갈등을 일으킬 수 있다. 이 경우 힘의 욕구를 조절하도록 이끌 수 있는데, 타인과의 사소한 의견 충돌 상황에서 자기주장을 강조하기 보다는 타인의 마음을 헤아리고 그 의견을 ⓓ겸허하게 수용하는 연습을 하게 할 수 있다.

현실요법은 타인의 욕구 충족을 방해하지 않으면서 효과적인 선택을 통해 자신의 욕구를 충족시키려 한다. 이는 내담자가 외부 요인에 의해 통제되는 존재가 아니라 스스로 자신의 욕구를 조절할 수 있는 주체라고 보는 관점을 기반으로 한다. 현재 현실요법은 상담 분야에서 호응을 얻어 심리 상담에 널리 ⓔ활용되고 있다.

* 내담자: 상담실 따위에 자발적으로 찾아와서 이야기하는 사람.

16. 윗글에 대한 설명으로 가장 적절한 것은?

① 이론의 주요 개념을 밝히고 그 이론의 구체적 적용 사례를 들고 있다.
② 이론을 소개하고 장점을 밝힌 후 그 이론이 지닌 한계를 덧붙이고 있다.
③ 이론이 등장하게 된 사회적 배경과 이론이 발전하는 과정을 드러내고 있다.
④ 하나의 이론과 다른 관점의 이론을 대조하여 둘의 차이점을 부각하고 있다.
⑤ 이론의 주요 개념을 여러 유형으로 나눈 다음 추가할 새로운 유형을 소개하고 있다.

17. 윗글의 내용과 일치하지 <u>않는</u> 것은?

① 약한 욕구를 강한 욕구로 대체해야 갈등에서 벗어날 수 있다.
② 개인이 지닌 욕구들의 강도에 따라 다양한 행동 양상이 나타난다.
③ 현실요법에서는 내담자는 외부 요인에 의해 통제되는 존재가 아니라고 본다.
④ 현실요법에 따르면 인간은 기본 욕구를 충족시키기 위해 스스로 행동을 선택한다.
⑤ 현실요법은 기본 욕구들을 실현 가능한 수준으로 타협하는 것이 가능하다고 본다.

18. ㉠의 구체적인 방법으로 가장 적절한 것은?

① 자신과 다른 의견을 경청하는 연습을 하도록 이끈다.
② 부탁을 거절하거나 자신의 불편함을 표출하도록 이끈다.
③ 혼자 어디론가 떠나거나 혼자만의 시간을 갖도록 권한다.
④ 타인과 약속을 잘 지킬 수 있는 원칙을 만들도록 권한다.
⑤ 사람들과 어울려 새로운 취미 생활을 즐길 수 있도록 권한다.

19. 윗글을 바탕으로 <보기>를 이해한 내용으로 적절하지 <u>않은</u> 것은? [3점]

< 보 기 >

A, B 학생의 욕구 강도 프로파일
(5점: 매우 강하다, 4점 : 강하다, 3점 : 보통이다,
2점 : 약하다, 1점 : 매우 약하다)

다섯 가지 기본 욕구 측정 항목		욕구 강도 A	욕구 강도 B
(가)	• 남의 지시와 잔소리를 싫어한다. • 자신의 방식대로 살고 싶다. ⋮	5	5
(나)	• 다른 사람의 잘못을 잘 짚어 준다. • 내 분야에서 최고가 되고 싶다. ⋮	4	1
(다)	• 친구를 위한 일에 기꺼이 시간을 낸다. • 친절을 베푸는 것을 좋아한다. ⋮	5	1
(라)	• 큰 소리로 웃는 것을 좋아한다. • 여가 활동으로 알찬 휴일을 보낸다. ⋮	1	3
(마)	• 균형 잡힌 식생활을 하려고 노력한다. • 저축을 중요하게 생각한다. ⋮	2	5

① A는 '즐거움의 욕구'보다 '힘의 욕구'가 더 강하다고 할 수 있겠군.
② B는 '힘의 욕구'가 '생존의 욕구'보다 더 약하다고 할 수 있겠군.
③ A는 B보다 '힘의 욕구'가 더 약하다고 할 수 있겠군.
④ A와 B는 모두 '자유의 욕구'가 매우 강하다고 할 수 있겠군.
⑤ A는 '사랑의 욕구'가 '즐거움의 욕구'보다 강하지만, B는 '즐거움의 욕구'가 '사랑의 욕구'보다 강하다고 할 수 있겠군.

20. ⓐ ~ ⓔ의 사전적 의미로 적절하지 <u>않은</u> 것은?

① ⓐ : 안이나 의견으로 내놓음.
② ⓑ : 사람이나 동식물 따위가 자라서 점점 커짐.
③ ⓒ : 여럿 가운데서 특별히 가려서 좋아함.
④ ⓓ : 스스로 자신을 낮추고 비우는 태도가 있음.
⑤ ⓔ : 충분히 잘 이용함.

[21 ~ 25] 다음 글을 읽고 물음에 답하시오.

물이 담긴 욕조의 마개를 빼면 물이 배수구 주변에서 회전하며 소용돌이를 일으킨다. 배수구에서 멀리 떨어져 있으면 빨려 들어가는 속도의 크기가 0에 가깝고, 배수구 중앙에 가까울수록 속도가 빨라진다. 원운동을 하는 물체의 이동 거리, 즉 호의 길이가 시간에 따라 변하는 비율을 원주속도라고 한다. 욕조의 소용돌이 중심과 가장 가까운 부분에서 최대 원주속도가 나오고, 소용돌이 중심에서 멀어져 반지름이 커짐에 따라 원주속도가 감소한다. 이 소용돌이를 '자유 소용돌이'라 하는데, 배수구로 들어간 물은 물체의 자유낙하처럼 중력의 영향 아래 물 자체의 에너지로 운동을 유지한다.

이와 달리 컵 속의 물을 숟가락으로 강하게 휘젓거나 컵의 중심선을 회전축으로 하여 컵과 물을 함께 회전시키는 상황을 생각해 보자. 이때 원심력 등이 작용해 중심의 물 입자들이 컵 가장자리로 쏠려 컵 중앙에 있는 물의 압력이 낮아지면서 ㉠가운데가 오목한 소용돌이가 만들어진다. 회전이 충분히 안정되면 물 전체의 회전 속도, 즉 회전하는 물체의 단위 시간당 각도 변화 비율인 ㉡각속도가 똑같아져 마치 팽이가 돌듯이 물 전체가 고체처럼 회전한다. 이때 물은 팽이의 회전과 같이 회전 중심은 원주속도가 0이 되고 중심에서 멀어질수록 반지름에 비례하여 원주속도가 증가하는 분포를 보인다. 이 소용돌이를 '강제 소용돌이'라 하는데, 용기 안의 물이 회전 운동을 유지하려면 에너지를 외부에서 인위적으로 제공해야 한다.

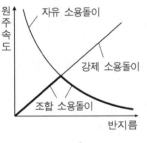

<그림>

숟가락으로 컵 안에 강제 소용돌이를 만든 후 숟가락을 빼고 일정한 시간 동안 관찰하면 가운데에는 강제 소용돌이, 주변에는 자유 소용돌이가 발생한다. <그림>에서 보는 것처럼 이를 '랭킨의 조합 소용돌이'라고 한다. 이는 전체를 강제로 회전시킨 힘을 제거했을 때 바깥쪽에서는 원주속도가 서서히 떨어지고, 중심에서는 원주속도가 유지되는 상태의 소용돌이다. 조합 소용돌이에서는 소용돌이 중심에서 원주속도가 최소가 되고, 강제 소용돌이에서 자유 소용돌이로 전환되는 점에서 원주속도가 최대가 된다. 조합 소용돌이의 예로 ㉢태풍의 소용돌이를 들 수 있다.

이러한 원리를 적용한 분체 분리기는 기체나 액체의 흐름으로 분진 등 혼합물을 분리하는 장치이다. 혼합물에 작용하는 원심력도 이용하기 때문에 원심 분리기, 공기의 흐름이 기상 현상의 사이클론과 비슷해서 사이클론 분리기라고도 한다. 그 예로 쓰레기용 필터가 없는 가정용, 산업용 ㉣사이클론식 청소기를 들 수 있다. 원통 아래에 원추 모양의 통을 붙이고 원추 아래에 혼합물 상자를 두는데, 내부 중앙에는 별도의 작은 원통인 내통이 있다. 혼합물을 함유한 공기를 원통부 가장자리를 따라 소용돌이를 만들어 시계 방향으로 흘려보내면, 혼합물은 원통부와 원추부 벽면에 충돌하여 떨어져 바닥에 쌓인다. 유입된 공기는 아래쪽 원추부로 향할수록 원주속도를 증가시키는 자유 소용돌이를 만들고, 원추부 아래쪽에서는 강해진 자유 소용돌이가 돌면서 강제 소용돌이를 만들어 낸다. 강제 소용돌이는 용기 중앙의 내통에서 혼합물이 없는 공기로 흐르게 되어 반시계 방향으로 돌며 배기된다.

21. 윗글의 내용과 일치하지 <u>않는</u> 것은?

① 자연에서 발생하는 소용돌이는 모두 자유 소용돌이이다.
② 배수구에서 멀어지면 원운동을 하는 물의 속도는 느려진다.
③ 강제 소용돌이는 고체처럼 회전하고 회전 중심의 속도는 0이다.
④ 분체 분리기는 자유 소용돌이로 강제 소용돌이를 만들어 낼 수 있는 기계 장치이다.
⑤ 용기 안의 강제 소용돌이는 외부에서 가해지는 힘이 있어야 운동을 유지할 수 있다.

22. ㉠에 대한 설명으로 적절한 것은?

① 물이 회전할 때 원심력과 압력은 서로 관련이 없다.
② 컵 중앙 부분으로 갈수록 물 입자의 양이 많아진다.
③ 컵 반지름이 클수록 물을 회전시키는 에너지 크기는 작아진다.
④ 컵 속에서 회전하는 물의 압력이 커진 부분은 수면이 높아진다.
⑤ 외부 에너지를 더 가하더라도 회전 중심의 수면 높이는 변화가 없다.

23. ㉡을 통해 알 수 있는 것은?

① 각속도가 시간이 지남에 따라 점점 빨라지겠군.
② 단위 시간당 각도가 변하는 비율이 수시로 달라지겠군.
③ 각속도는 회전 중심에서 가깝든 멀든 상관없이 일정하겠군.
④ 강제 소용돌이의 수면 어느 지점에서나 원주속도는 항상 같겠군.
⑤ 강제 소용돌이는 자유 소용돌이와 같은 원주속도 분포를 보이겠군.

24. 윗글을 바탕으로 ⓒ을 이해할 때, <보기>의 ⓐ ~ ⓒ에 들어갈 말로 적절한 것은?

───────── < 보 기 > ─────────

태풍 중심 부분은 '태풍의 눈'이라 하고 (ⓐ)의 중심에 해당한다. 강제 소용돌이와 자유 소용돌이의 경계층에 해당하는 부분은 '태풍의 벽'이라고 하여 바람이 (ⓑ). 이는 윗글 <그림>의 (ⓒ)에 해당한다.

	ⓐ	ⓑ	ⓒ
①	자유 소용돌이	강하다	자유 소용돌이와 강제 소용돌이의 교차점
②	자유 소용돌이	약하다	반지름이 가장 큰 자유 소용돌이의 지점
③	강제 소용돌이	강하다	반지름이 가장 작은 자유 소용돌이의 지점
④	강제 소용돌이	약하다	반지름이 가장 큰 강제 소용돌이의 지점
⑤	강제 소용돌이	강하다	자유 소용돌이와 강제 소용돌이의 교차점

25. <보기>는 ㉣의 구조를 그림으로 나타낸 것이다. 윗글을 읽은 학생의 반응으로 적절하지 <u>않은</u> 것은? [3점]

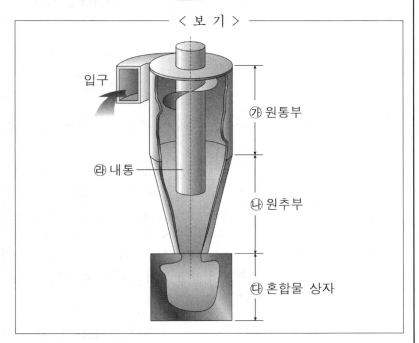

─────────── < 보 기 > ───────────

(입구, ㉮ 원통부, ㉲ 내통, ㉯ 원추부, ㉰ 혼합물 상자)

① ㉮에서는 소용돌이가 시계 방향으로 돌아 혼합물에 원심력이 작용하겠군.
② ㉮보다 ㉯에서 소용돌이의 원주속도가 상대적으로 빠르겠군.
③ ㉰에 모인 쓰레기나 혼합물이 ㉲ 내부에서 도는 소용돌이를 통해 외부로 배출되겠군.
④ ㉲의 반지름이 커지면 ㉲에서 반시계 방향으로 도는 소용돌이의 원주속도는 빨라지겠군.
⑤ 산업용으로 돌조각을 분리한다면 ㉮와 ㉯에 충격이나 마모에 강한 소재를 써야겠군.

[26 ~ 28] 다음 글을 읽고 물음에 답하시오.

[앞부분의 줄거리] '나'는 취재 차 중앙아시아로 향하면서 강제 이주된 고려인 동포들의 삶을 목격한다. 또한 한국을 그리며 '말 배우는 아이'라는 글을 쓴 고려인 '류다'를 만나길 희망한다. 알마아타에 도착한 '나'는 인근 우슈토베 지역을 여행하며 고려인 '미하일'로부터 류다가 이식쿨 호수 근처에 살고 있음을 듣게 된다.

"여기 사람들이 말하는데, 그 **호수 밑에 옛날 도시가 가라앉아 있다**고 그렇게 말합니다."
내가 그 호수에 관심을 보이자 미하일이 말했다. 그는 드물게도 서울 동숭동에 있는 해외동포교육원의 초청을 받아 어느새 한국에도 갔다 왔다고 했는데, **우리말을 꽤 정확하게 구사하고** 있었다. 그의 말에 나는 더욱 흥미를 갖지 않을 수 없었다.
"호수 밑에……"
나는 음료수와 함께 나온 깡통 맥주를 한 모금 마시며 그 먼 호수를 머릿속에 그렸다. 미하일의 말에 의하면 키르기스말로 이식쿨의 이식은 뜨겁다는 뜻이며, 쿨은 호수라고 했다. 또, 이식쿨의 물은 위는 민물, 아래는 짠물이며, 이에 비교되어 발하슈 호수는 한쪽이 민물, 다른 쪽이 짠물로서, 서로 차이를 보인다는 것이었다. 그리고 키르기스스탄의 소설가 아이트마토프가 쓴 《하얀 배》라는 소설까지 들먹거렸다. 부모가 이혼하는 바람에 그 호숫가의 할아버지 집으로 와 살고 있는 한 소년이 호수를 떠가는 **하얀 배**를 보면서, 커다란 물고기가 되어 **배를 따라가기를 꿈꾸는** 이야기라는 것이었다. 그의 말을 들으면서 나는 나대로 학교 시절에 읽은 독일 소설가 슈토름의 소설 《이멘 호수》를 떠올리고도 있었다.
㉠"하얀 배라……"
신비하고 아름다운 광경이 내 머리를 자극했다.
그러던 나는 한글 선생이나 미하일 누구에게랄 것 없이 그곳까지 가볼 수는 없느냐고 조심스럽게 물었다. 미하일이 들려주는 이야기는 모두 그 호수를 향한 내 마음을 한층 북돋기에 부족함이 없는 것이었다.
그러나 미하일에 의하면, 알마아타에서 호수까지는 직선거리는 그리 멀지 않지만 천산 산맥이 가로막혀 있어서 서남쪽 고갯길이 뚫린 곳으로 빙 돌아가야 하기 때문에 상당히 멀다는 것이었다.
㉡"꼭 거길 가봤으면 하는데……무슨 방법이 없었을까요?"
나는 한글 선생과 미하일을 번갈아 쳐다보며 간청하다시피 했다. 내 말에 미하일은 한참 동안 생각을 하는 듯하다가 마침내 자기도 이 기회에 비탈리를 찾아가서 한번 만날 겸 같이 가보자고 말했다. 알마아타로 가서 차편을 알아보자는 것이었다. 이렇게 되어 나는 정말 뜻하지 않게 그 호수를 향하여 떠나게 된 것이었다.
우슈토베에의 여행에서 얻은 것은 적지 않은 셈이었다. 다른 것은 그렇다 치더라도 무엇보다 우리 동포들의 무덤을 보았고, 그들이 저 1937년에 내동댕이쳐 버려졌던 처절한 삶의 뿌리를 내리기 위해 **광야에 파놓은 갈대 움막집의 흔적**을 보았다. 오늘날 그곳에 문을 연 한글학교도 보았다. ㉢그러나 무엇보다도 내 가슴을 뛰게 한 것은 새로운 세계, 산속의 호수를 향해 가게 된 것이었다.

<중략>

그 호수를 보겠다고 해서, 카라가지나무와 주다나무와 미루나무와 버드나무를 이정표로 달려왔고, 드디어 보았다. 그러나……

나는 머리에 '그러나'가 꼬리표처럼 따라붙는 것을 어찌지 못했다. 서울에서의 문제들은 서울에 가서의 일이다. ㉢나는 그 꼬리표를 떼어내려고 머리를 흔들었다. 그러나……

그때였다. 유원지의 돌 축대를 바라보던 나는 거기 웬 나무가 한 그루 우뚝 서 있는 것을 보았다. 들어올 때는 눈에 띄지 않은 까닭을 알 수 없었다. 아니다. 그 나무만 서 있었다면 그냥 스쳐 지나갔을지도 모른다. 그러니까 나는 그 나무만을 본 것이 아니라 그 옆에 서 있는 한 여자를 함께 본 것이었다. 젊고 환한 얼굴이 나무 그늘에 묻혀 있었다.

"류다!"

미하일이 소리쳤다. 우리는 돌 축대를 올라가 그 나무 아래로 걸음을 옮겼다. 서로 몇 마디의 러시아말이 오가고 난 뒤 내가 소개되었다.

"안녕하십니까."

맑은 눈동자가 나를 바라보았다. 순간, 나는 **너무나 또렷한 우리말**에 놀라지 않을 수 없었다. 중앙아시아에서 처음 들어 보는 또렷한 우리말이었다. 그리고 그 말 뒤에 '이 말은 우리 민족 말입니다'하는 말이 소리 없이 뒤따르고 있음도 또렷이 느낄 수 있었다.

"아, 안녕하십니까."

㉤나는 엉겁결에 똑같이 따라하고 말았다. 그와 함께 나는 그 단순한 인사말이 왜 그렇게 깊은 울림으로 온몸을 떨리게 하는지 형언할 수 없는 감동에 휩싸였다. ⓐ개양귀비 꽃밭이 수런거리고, 숲 속의 들고양이들이 귀를 쫑긋거리고, 커다란 까마귀들이 전나무 가지를 치고 날았으며, 사막쥐들이 이리 뛰고 저리 뛰고, 돌소금이 하얗게 깔린 사막으로 큰바람이 이는 광경이 눈에 어른거렸다. 천산에서 빙하가 우르르르 무너지는 소리가 들린다고도 생각되었다.

나는 호수 건너 눈 덮인 천산을 바라보았다. '그러나'라고 미진했던 마음이 그녀의 "안녕하십니까"에 눈 녹듯 스러지는 듯 싶었다. 건너편의 천산이 내게 "안녕하십니까"의 새로운 의미를 배워 주고 있다고 받아들여졌다. **멀리 동방의 조상 나라**를 동경하며 하얀 배를 그리는 모습이 거기 있음을 알 수 있었다.

그녀가 그 그늘에 서 있던 나무가 바로 러시아말로 '키파리스'인 사이프러스였다. 스타니슬라브는 그 나무가 본래 중앙아시아에는 없는 나무로서 그루지야에나 가야 많다고 설명해 주었다. 아마도 유원지가 북적거리던 시절, 무슨 기념으로 심은 나무일 것이라고도 했다.

그날 그녀를 만나서 이야기를 나눈 시간은 매우 짧을 수밖에 없었다. 우리는 곧 알마아타로 돌아가야 했고, 또 내가 그녀와 오랫동안 함께 있어야 할 이유도 특별히 없는 것이었다. 그러나 나는 그 어느 때보다도 많은 느낌을 받았다.

ⓑ키르기스스탄의 사이프러스나무 아래 우리 민족의 말인 "안녕하십니까"의 의미를 전혀 새롭게 말하는 처녀가 있었다. 나는 돌아오는 차 안에서도 내내 그 모습이 머리에서 떠나지를 않았다. 그리고 그 나무 아래서 호수를 바라보았을 때 물에 비치던 하얀 만년설의 산봉우리를 눈에 그렸다. 그리고 그것이 바로 하얀 배의 또 다른 모습이라고 깨달은 나는 입속으로 가만히 "안녕하십니까"를 되뇌었다.

– 윤후명, 「하얀 배」 –

26. ㉠ ~ ㉤에 대한 이해로 적절하지 <u>않은</u> 것은?

① ㉠: 이식쿨 호수와 관련된 이야기를 듣고 흥미를 느끼고 있음이 드러난다.

② ㉡: 이식쿨 호수에 가고 싶어 하는 간절한 마음을 확인할 수 있다.

③ ㉢: 계획에 없었던 새로운 여정에 대한 기대감과 설렘이 나타난다.

④ ㉣: 이식쿨 호수만을 생각하며 달려왔던 것을 반성하는 마음이 드러난다.

⑤ ㉤: 놀라움에 자신도 생각지 못한 반응이 나타났음을 확인할 수 있다.

27. ⓐ와 ⓑ에 대한 설명으로 가장 적절한 것은?

① ⓐ는 상상 속 장면을 활용하여, ⓑ는 과거 회상을 활용하여 인물의 내면 상황을 드러내고 있다.

② ⓐ는 내적 독백을 사용하여, ⓑ는 구어체를 사용하여 인물 사이의 대립 양상을 제시하고 있다.

③ ⓐ는 전해 들은 이야기를 통해, ⓑ는 직접 경험한 사건을 통해 인물의 성격을 구체적으로 보여 주고 있다.

④ ⓐ는 외부 세계를 묘사하여, ⓑ는 인물 간의 대화를 서술하여 인물이 처한 상황을 객관적으로 전달하고 있다.

⑤ ⓐ는 앞으로 일어날 일들을 제시하여, ⓑ는 이전에 일어난 일들을 제시하여 인물의 심리 변화 과정을 나타내고 있다.

28. <보기>를 바탕으로 윗글을 감상한 내용으로 적절하지 <u>않은</u> 것은? [3점]

< 보 기 >

이 작품에서 '하얀 배'는 외부 세계에 대한 동경을 상징하는 것으로, 중앙아시아 동포들의 고국에 대한 그리움을 서정적으로 드러내는 기능을 한다. '나'는 하얀 배를 그리는 소년과 류다를 연결지어 이해하면서, 류다를 포함한 중앙아시아 동포들이 시련이 연속되는 삶 속에서도 언어를 통해 민족의 정체성을 잃지 않으려는 모습에 주목한다.

① '호수 밑에 옛날 도시'는 소년이 '하얀 배'를 타고 가고자 하는 동경의 공간으로 '나'가 지향하는 곳이군.

② 미하일이 '우리말을 꽤 정확하게 구사'하는 것은 민족의 정체성을 잃지 않으려는 동포들의 모습으로 볼 수 있군.

③ '광야에 파놓은 갈대 움막집의 흔적'은 중앙아시아 동포들이 겪었던 시련을 증명하는 것이겠군.

④ '나'는 류다의 '너무나 또렷한 우리말'에서 동포들의 고국에 대한 그리움을 읽어 내고 있군.

⑤ '나'는 '멀리 동방의 조상 나라'를 꿈꾸는 류다와 '배를 따라가기를 꿈꾸는' 소년을 연관지었군.

[29 ~ 32] 다음 글을 읽고 물음에 답하시오.

⊙황성에 병란(兵亂)이 일어났고, 살기(殺氣)가 등등하며, 천자는 피신한 모양이라. 국진은 재빨리 방으로 들어와 무장을 갖추고, 머리에 황금 투구를 쓰고, 몸에 풍운갑을 입고, 좌수에 절륜도와 우수에 청학선, 이런 식으로 무장을 갖추자 잠시도 지체없이 말에 뛰어오르리라.

그리하여 국진은 필마단기(匹馬單騎)*로 나는 듯이 달렸고, 달리면서도 자기의 중대한 임무를 잊지 않은 터라. 그의 빛나는 준마는 순식간에 그를 황성으로 옮겨 주니, 그의 마음과 몸과 말은 실로 혼연일체가 된 듯하더라.

아니나 다르랴, 그가 읽은 천기는 정확하였으니, 달마국의 수십만 대군은 명나라 군을 무찔러 없애고, 이 때 황성으로 쳐들어와 황성의 운명은 경각에 달하였으니, 국진은 즉시 궐내로 들어가 어전에 꿇어 엎드려 가로되,

[A] ┌ "소신이 중임을 맡아 원방(遠方)에 갔사와 폐하께 근심을 └ 끼쳤사오니 이것이 모두가 신의 죄인 줄로 아뢰오. 적병을 파한 후에 죄를 당하여지이다."

하고 아뢰더라.

절망한 천자는 그것이 누군가 처음에는 잘 모르시는 듯하다가 장국진이라는 것을 아시자 놀라시며, 계하로 뛰어내려가 그의 손을 잡고 반가워서 어쩔 줄을 몰라 하시며,

[B] ┌ "경이 있었으면 무슨 근심을 하리오. 경은 힘을 다하여 사 └ 직(社稷)을 안보(安保)하고 짐의 근심을 덜라."

하고는 눈물을 뿌리며 애걸하듯이 하교하시더라.

적은 어느새 도성에 다다르고 도성의 백성들은 아우성치니, 이는 지옥을 상상하게 하더라. 그것은 도무지 구할 도리가 없는 완전한 파멸을 보는 듯하더라. 이것을 어느 누구의 힘으로 구원하여 밝은 빛을 뿌려 터인가.

국진은 다시 말에 오르자, **한 손에 절륜도, 또 한 손에 청학선을 흔들며** 성문을 빠져나가 물밀 듯 밀려드는 수십만 ⓒ적군의 진영으로 비호처럼 달리더라. 그의 절륜도가 닿는 곳마다 번갯불이 번쩍 일더니 적장과 적 군사는 **추풍낙엽같이 쓰러**지니, 적군에게는 전혀 예상하지 못한 일대 혼란이 일더라. 그들의 시체는 산을 이루고 피가 바다를 이루면서 물러가니라.

[중략 부분의 줄거리] 국진은 달마국을 정벌하기로 결심하고 이를 위해 전장으로 떠난다. 달마국은 천원국과 합력하여 국진을 대적한다.

결국 국진이 병을 얻어 누운 것도 당연한 이치일 터라. 이것은 전투 중에 치명적인 일로, 국진은 군중에 엄명을 내려 진문을 굳게 닫게 하고 이 어려운 지경을 어찌 구할 것인지 궁리에 궁리를 더하더라. 적은 몇 번이고 도전하니, 이쪽의 진 앞에서 호통을 지르곤 하더라. 그러나 국진의 진에서 아무런 답이 없자 백운도사와 오금도사는 장국진에게 중대한 곡절이 있음을 의심하기 시작하더라.

며칠이 지나도 국진의 **신병은 조금도 차도가 없**으니, 이 위급함을 무엇으로 해결하여야 한단 말인가.

이 때 어려서부터 닦아 온 천문지리가 누구보다 능통한 이 부인이 천기를 보고 있던 터라, 남편의 이런 사실을 깨닫고는 놀라움을 금치 못하더라. 더욱이 옆에 있던 유 부인 역시 남편의 위험에 애통해 하니, 장 승상이나 왕씨도 이 소식을 듣고 달려와 울 따름이더라. 육도삼략과 손오병법에도 능통한 이 부인은 생각 끝에 결연히 일어서더니, ⓒ달마국 전장으로 달려가 병을 앓는 남편을 구하고 이 싸움을 결단 지으리라 결심하더라.

이 부인은 즉시 남장을 하고 머리에 용인 투구를 쓰고, 몸에 청사 전포를 입고, 왼손에 비린도, 오른손에 홀기를 들고는, 시부모와 유 부인과 주위 사람들에게 이별을 고하고 필마단기로 달마국을 향하여 ⓔ집을 떠나리라. 유 부인은 멀리 전송을 나와 이 부인의 전도를 근심하며, 봉서 한 통과 바늘 한 쌍을 유 부인의 품속에서 내어 주더라.

그리고 이 부인에게 말하되,

"이것을 가지고 동정호 물 건널 제 물에 던지면 용왕 부인이 청할 것이니, 들어가 보옵소서. 동정호 용왕은 첩의 전생 부모이니 부모가 보오면 반가워할 터요, 이제 **가장 좋은 선약(仙藥)을 얻어** 가야 승상의 목숨을 구할 것이오. 다음은 선녀 한 쌍을 얻어 가야 천원 왕과 달마 왕을 잡으리라."

하니, 이 부인은 그것을 받아 가지고 질풍처럼 달리더라.

동정호에 왔을 때 이 부인은 유 부인이 시킨 대로 하여 ⓜ용궁에 인도되어 들어가자, 용왕 내외가 반가워하며 만년주(萬年酒)를 권하더라. 그리고는 유 부인의 말대로 선약과 선녀 한 쌍을 이 부인에게 내리시며,

"천원 왕과 달마 왕은 욕이나 뵈옵되 죽이지는 마옵소서. 두 사람은 천상 선관으로 인간에 적거(謫居)*하였으니, 만일 죽이면 일후에 원(怨)이 되리라."

하고 교시하더라.

또한 용왕 부인은 선녀들에게 분부하여 **이 부인을 잘 모시고 가서 공을 이루라고 특별히 당부**하더라.

이렇게 하여 이 부인은 용궁에서 나와 전장으로 질풍같이 달려가니, 마음이 든든하기만 하더라.

이때 명나라 진영은 **적병들에 의해 완전히 포위**되고 있었으며, 진문은 열지 않고 굳게 닫혀 있었으니, 적병은 이것을 깨칠 속셈으로 그 준비에 분주하더라. 명나라 군의 운명은 경각에 있음이더라.

이를 본 이 부인은 잠시도 지체할 여유가 없으니, 투구를 고쳐 쓰고, 비린도를 높이 들어 만리청총의 고삐를 바싹 쥐어 잡고, 좌우에 따라온 선녀들은 앞에 서서 길을 인도하라고 분부하고 즉시 급하게 채찍질을 하니, 만리 청총마는 화살처럼 적의 포위를 일직선으로 밟아 넘어서며 명나라 진문으로 향하여 달리더라.

적병들은 이 돌발적인 사태를 만나 몹시 어리둥절할 뿐이더라. 난데없이 천지에 소나기가 퍼붓고 **번갯불과 천둥이 무섭게 진동**하니 어느 누구든 **공포 속에서 정신을 잃는** 것은 당연한 일이라, 적병들이라고 해서 무섭지 않으랴. 그들은 이 사태를 운명에 맡길 뿐이더라.

– 작자 미상, 「장국진전(張國振傳)」 –

* 필마단기 : 혼자 한 필의 말을 탐. 또는 그렇게 하는 사람.
* 적거 : 귀양살이를 하고 있음.

29. 윗글의 서술상 특징으로 적절한 것은?

① 연속되는 대화를 활용해 인물 간의 갈등을 고조시키고 있다.
② 과거와 현재의 빈번한 교체로 인물의 내력을 소개하고 있다.
③ 한 인물의 동일한 행위를 반복함으로써 사건의 전환을 예고하고 있다.
④ 서술자의 개입을 통해 작중 상황에 대한 주관적 판단을 제시하고 있다.
⑤ 특정 인물의 외양이나 행동을 과장되게 표현하여 인물을 희화화하고 있다.

30. ㉠ ~ ㉤을 중심으로 윗글을 이해한 내용으로 적절하지 않은 것은?

① ㉠에서의 병란은 국진이 자신의 중대한 임무를 수행하기 위해 이동하는 계기가 된다.

② ㉡에서 국진은 고통에 시달리는 도성의 백성들을 구원하기 위해 적병과 맞서 싸운다.

③ ㉢에서 국진에게 일어나는 일은 이 부인이 남장을 결심하는 원인이 된다.

④ ㉣에서 이 부인은 미래를 예측하여 위기에 대비할 수 있는 방법을 국진에게 알려 주고 있다.

⑤ ㉤에서 용왕 내외는 적장의 전생 신분을 밝힘으로써 앞날을 경계하고 있다.

31. [A], [B]에 대한 설명으로 가장 적절한 것은?

① [A]는 자신의 실망감을 우회적으로 표현하고 있고, [B]는 상대에 대한 원망을 직설적으로 표현하고 있다.

② [A]는 자신의 목적을 달성하기 위해 거짓으로 말하고 있고, [B]는 상대의 질문에 답하기 위해 사건 내용을 밝히고 있다.

③ [A]는 자신의 손해를 줄이기 위해 상대의 요청을 거절하고 있고, [B]는 상대의 손해를 줄이기 위해 상대를 설득하고 있다.

④ [A]는 상대에 대한 호감을 바탕으로 상대를 격려하고 있고, [B]는 사건 해결을 위해 상대에게 용기를 북돋워 주고 있다.

⑤ [A]는 상대의 근심을 덜기 위해 그 원인을 자신의 탓으로 돌리고 있고, [B]는 상대에 대한 믿음을 바탕으로 명령하고 있다.

32. <보기>를 바탕으로 윗글을 감상한 내용으로 적절하지 않은 것은? [3점]

< 보 기 >

이 작품은 장국진이라는 영웅의 일생을 다룬 영웅소설이다. 주인공의 영웅적 활약과 더불어 여성 영웅의 활약도 중요하게 나타나고, 이들은 위기 상황에서 주변 인물이나 초월적 존재의 도움으로 위기를 극복해 간다. 이 과정에서 초월적 세계와 현실 세계의 상호 작용, 남성과 여성의 상호 작용을 통해 영웅성이 강화되고 있다.

① 국진이 말에 올라 '한 손에 절륜도, 또 한 손에 청학선을 흔들며' 수십만 적군을 '추풍낙엽같이 쓰러'뜨리는 데에서, 주인공의 영웅적 활약상을 확인할 수 있다.

② 전투 중 '신병은 조금도 차도가 없'는 국진이 '적병들에 의해 완전히 포위'된 장면에서, 영웅이 처한 위기 상황을 확인할 수 있다.

③ '가장 좋은 선약(仙藥)을 얻어' 국진의 병을 구하려는 데에서, 초월적 존재의 도움으로 위기를 극복해 나간다는 점을 확인할 수 있다.

④ 용왕 부인이 선녀들에게 '이 부인을 잘 모시고 가서 공을 이루'라고 특별히 당부하'는 장면에서, 초월적 세계와 현실 세계의 상호 작용을 확인할 수 있다.

⑤ 이 부인이 국진을 구하기 위해 '번갯불과 천둥이 무섭게 진동'하여 '공포 속에서 정신을 잃는' 상황을 이겨 내는 데에서, 남성과 여성의 상호 작용을 확인할 수 있다.

[33 ~ 37] 다음 글을 읽고 물음에 답하시오.

(가)

옥설이 차갑게 대나무를 누르고 　　　　玉屑寒堆壓
얼음같이 둥근 달 휘영청 밝도다 　　　　氷輪逈映徹
여기서 알겠노라 **굳건한** 그 절개를 　　從知苦節堅
더욱이 깨닫노라 **깨끗한** 그 빈 마음 　　轉覺虛心潔

　　　　　　　　　　　　－이황, 「설월죽(雪月竹)」－

(나)

㉠**모첨(茅簷)***의 달이 진 제 첫 잠을 얼핏 깨어
반벽 잔등(半壁殘燈)을 의지 삼아 누웠으니
일야(一夜) 매화가 발하니 **님**이신가 하노라　　　<제1수>

아마도 이 벗님이 풍운(風韻)*이 그지없다
옥골 빙혼(玉骨氷魂)*이 냉담도 하는구나
풍편(風便)*의 **그윽한 향기**는 세한 불개(歲寒不改)* 하구나
　　　　　　　　　　　　　　　　　　　　　<제2수>

천기(天機)도 묘할시고 네 먼저 **춘휘(春暉)***로다
한 가지 꺾어 내어 이 소식 전(傳)차 하니
님께서 너를 보시고 반기실까 하노라　　　　<제3수>

㉡**님이 너를 보고 반기실까 아니실까**
기년(幾年)* 화류(花柳)의 ⓐ**취한** 잠 못 깨었는가
두어라 다 각각 정이니 나와 늙자 하노라　　<제4수>

　　　　　　　　　　　　　　　－권섭, 「매화(梅花)」－

* 모첨: 초가지붕의 처마.
* 풍운: 풍류와 운치를 아울러 이르는 말.
* 옥골 빙혼: 매화의 별칭. '옥골'은 고결한 풍채를, '빙혼'은 얼음과 같이 맑고 깨끗한 넋을 의미함.
* 풍편: 바람결.
* 세한 불개 : 매우 심한 한겨울의 추위에도 바뀌지 않음.
* 춘휘: 봄의 따뜻한 햇빛.
* 기년: 몇 해.

(다)

휴전이 되던 해 음력 정월 초순께, 해가 설핏한 강 나루터에 아버지와 나는 서 있었다. 작은증조부께 세배를 드리러 가는 길이었다. 강만 건너면 바로 작은댁인데, 배가 강 건너편에 있었다. 아버지가 입에 두 손을 나팔처럼 모아 대고 강 건너에다 소리를 지르셨다.

"사공—, 강 건너 주시오."

건너편 강 언덕 위에 뱃사공의 오두막집이 납작하게 엎드려 있었다. **노랗게 식은 햇살**에 동그마니 드러난 외딴집, 지붕 위로 하얀 연기가 저녁 강바람에 산란하게 흩어지고 있었다. 그 오두막집 삽짝 앞에 능수버들나무가 맨 몸뚱이로 비스듬히 서 있었다. 둥치에 비해서 가지가 부실한 것으로 보아 고목인 듯싶었다. 나루터의 세월이 느껴졌다.

강심만 남기고 강은 얼어붙어 있었고, 해가 넘어가는 쪽 컴컴한 산기슭에는 **적설**이 쌓여서 **하얗게 번쩍거렸다**. 나루터의 마른 갈대는 '서걱서걱' 아픈 소리를 내면서 언 몸을 회리바람에 부대끼고 있었다. 마침내 해는 서산으로 떨어지고 **갈대는 아픈 소리를 신음처럼** 질렀다.

나룻배는 건너오지 않았다. 나는 ⓒ뱃사공이 나오나 하고 추워서 발을 동동거리며 사공네 오두막집 삽짝을 바라보고 있었다. 아버지는 팔짱을 끼고 부동의 자세로 사공 집 삽짝 앞의 **버드나무 둥치처럼 꿈쩍도 않**으셨다. '사공—, 강 건너 주시오.' 나는 아버지가 그 소리를 한 번 더 질러 주시기를 바랐다. 그러나 아버지는 **두 번 다시 그 소리를 지르지 않**으셨다. 그걸 아버지는 치사(恥事)*로 여기신 것일까. 사공은 분명히 ⓑ따뜻한 방 안에서 방문의 쪽유리를 통해서 건너편 나루터에 우리 부자가 하얗게 서 있는 것을 보았을 것이다. 그러나 도선의 효율성과 사공의 존재가치를 높이기 위해서 나루터에 ⓔ선객이 더 모일 때를 기다렸기 쉽다. 그게 사공의 도선 방침일지는 모르지만 엄동설한에서 있는 사람에 대한 옳은 처사는 아니다. 이 점이 아버지는 못마땅하셨으리라. 힘겨운 시대를 견뎌 내신 아버지의 완강함과 사공의 존재가치 간의 이념적 대치였다.

아버지는 주루막을 지고 계셨다. 주루막 안에는 정성 들여 ⓜ한지에 싼 육적(肉炙)과 술 항아리에 용수를 질러서 뜬, 제주(祭酒)로 쓸 술이 한 병 들어 있었다. 작은증조부께 올릴 세의(歲儀)다. **엄동설한 저문 강변**에 세의를 지고 **꼿꼿하게 서** 계시던 분의 모습이 보인다.

－목성균, 「세한도(歲寒圖)」－

* 치사: 행동이나 말 따위가 쩨쩨하고 남부끄러움.

33. (가) ~ (다)의 공통점으로 가장 적절한 것은?

① 설의적 표현으로 대상이 지닌 속성을 강조하고 있다.
② 명암의 대비를 통해 작품의 주제를 형상화하고 있다.
③ 구체적 사물이나 상황을 통해 내면적 가치를 발견하고 있다.
④ 직유법을 활용하여 대상의 외양을 구체적으로 묘사하고 있다.
⑤ 풍자적 기법으로 사회 현실에 대한 비판 의식을 보여 주고 있다.

34. <보기>를 참고하여 (가)와 (나)를 감상한 내용으로 적절하지 않은 것은? [3점]

─── < 보 기 > ───

(가)와 (나)는 추운 계절을 이겨 내는 강인한 속성이 있어 예로부터 예찬의 대상이었던 대나무와 매화를 각각 시적 대상으로 삼고 있다. (가)의 화자는 사철 푸르고 속이 빈 대나무를 고매한 인품에 빗대고 있고, (나)의 화자는 이른 봄 피어난 매화를 통해 임을 떠올리고 매화에 대한 긍정적 인식과 임에 대한 정서를 함께 드러내고 있다.

① (가)의 화자는 '옥설'에 눌려도 푸름을 유지하는 대나무를 통해 '굳건한' 지조를 떠올리고 있군.
② (가)의 화자는 대나무의 속이 빈 속성을 긍정적으로 인식하여 대나무를 내면이 '깨끗한' 인품에 비유하고 있군.
③ (나)의 화자는 '옥골 빙혼(玉骨氷魂)'의 자태를 가진 매화를 '님'으로 착각한 것을 깨닫고 서러워하고 있군.
④ (나)의 화자는 추운 계절에도 굴하지 않고 '그윽한 향기'를 풍기는 매화의 강인함을 예찬하고 있군.
⑤ (나)의 화자는 '춘휘(春暉)'를 먼저 느끼게 해 준 매화의 소식을 '님'에게 전달하고 싶은 소망을 드러내고 있군.

35. ㉠ ~ ㉤에 대한 설명으로 적절하지 않은 것은?

① ㉠: 매화를 발견할 당시 화자의 상황과 시간적 배경이 드러나 있다.
② ㉡: 매화를 대할 임의 반응이 어떠할지를 궁금해하는 마음이 드러나 있다.
③ ㉢: 아버지와 대비되는 글쓴이의 행동에서 추위에서 벗어나고 싶어 하는 마음이 드러나 있다.
④ ㉣: 선객들의 모습을 비판적으로 바라보는 아버지의 생각이 드러나 있다.
⑤ ㉤: 작은댁에 세배하러 가면서 준비한 음식으로 아버지의 정성이 드러나 있다.

36. <보기>를 바탕으로 (다)를 감상한 내용으로 적절하지 않은 것은?

─── < 보 기 > ───

(다)의 제목이기도 한 '세한도'는, 한겨울 풍경을 통해 선비의 지조를 드러낸 추사 김정희의 그림이다. (다)의 글쓴이는 혹독하게 추운 겨울에 뜻을 굽히지 않던 아버지의 모습에서 선비적 면모를 발견하고 이날의 경험을 회화적으로 형상화하고 있다. 글쓴이는 아버지가 사공의 처사를 부당하게 여겼고 이에 맞서는 의미로 추위를 견디며 꼿꼿이 서 있었다고 본 것이다.

① '노랗게 식은 햇살'과 '하얗게 번쩍거'리는 '적설'을 통해 매섭게 추운 겨울 강가를 회화적으로 형상화하고 있군.
② '아픈 소리를 신음처럼' 지르는 '갈대'는 사공의 부당한 처사에 맞서려는 글쓴이의 내면을 표상하고 있군.
③ 글쓴이는 '버드나무 둥치처럼 꿈쩍도 않'는 아버지의 모습에서 지조를 지키려는 선비적 면모를 발견하고 있군.
④ '두 번 다시 그 소리를 지르지 않'는 모습을 통해 자신의 뜻을 꺾지 않으려는 아버지의 태도를 드러내고 있군.
⑤ '엄동설한 저문 강변'에서 '꼿꼿하게 서' 있던 아버지의 모습은 추사의 그림 '세한도'의 이미지와 연결되는군.

37. ⓐ와 ⓑ를 이해한 내용으로 가장 적절한 것은?

① ⓐ에는 임이 처한 상황에 대한 연민이, ⓑ에는 사공이 처한 상황에 대한 추측이 담겨 있다.
② ⓐ에는 화자가 지향하는 행동이, ⓑ에는 글쓴이가 지향하는 공간의 속성이 구체화되고 있다.
③ ⓐ에는 돌아오지 않는 임에 대한 원망이, ⓑ에는 곧 돌아올 사공에 대한 기대감이 내포되어 있다.
④ ⓐ에는 자신의 처지에 대해 자조하는 태도가, ⓑ에는 사공의 몰인정함에 대해 비판하는 태도가 드러나 있다.
⑤ ⓐ에는 화자의 처지와 대비되는 임의 모습이, ⓑ에는 글쓴이가 있는 공간과 대비되는 공간이 제시되어 있다.

[38 ~ 42] 다음 글을 읽고 물음에 답하시오.

어떤 안건을 대하는 집단 구성원들의 생각은 각기 다르므로, 상이한 생각들을 집단적 합의에 이르게 하는 의사 결정 과정이 필요하다. 공공 선택 이론은 이처럼 집단을 구성하는 개인의 의사가 집단의 의사로 통합되는 과정을 다룬다. 직접 민주주의 하에서의 의사 결정 방법으로 단순 과반수제, 최적 다수결제, 점수 투표제, 보르다(Borda) 투표제 등이 있다.

㉠단순 과반수제는 투표자의 과반수가 지지하는 안건이 채택되는 다수결 제도이다. 효율적으로 의사 결정이 이루어져 많이 사용되고 있으나, 각 투표자는 찬반 여부를 표시할 뿐 투표 결과에는 선호 강도가 드러나지 않아 안건 채택 시 사회 전체의 후생*이 감소할 가능성이 있다. 이는 다수의 횡포에 의해 소수의 이익이 침해되는 상황이 발생할 수 있음을 의미한다. 또한 어떤 대안들을 먼저 비교하는가에 따라 그 결과가 달라지는 ⓐ'투표의 역설' 현상이 나타날 수 있다. 예를 들어, 갑, 을, 병 세 사람이 사는 마을에 정부에서 병원, 학교, 경찰서 중 하나를 지어 줄 테니 투표를 통해 선택하라고 제안하였고, 이때 세 사람의 선호 순위가 다음 <표>와 같다고 하자. 세 가지 대안을 동시에 투표에 부치면 하나의 대안으로 결정되지 않는다. 그래서 먼저 병원, 학교, 경찰서 중 두 대안을 선정하여 다수결로 결정한 후 남은 한 가지 대안과 다수결로 승자를 결정하면 최종적으로 하나의 대안이 결정된다. 즉, 비교하는 대안의 순서에 따라 <표>의 투표 결과는 달라지게 된다.

선호 순위 투표자	1순위	2순위	3순위
갑	병원	학교	경찰서
을	학교	경찰서	병원
병	경찰서	병원	학교

<표>

[A]
최적 다수결제는 투표에 따르는 총비용이 최소화되는 지점을 산정한 후, 안건의 찬성자 수가 그 이상이 될 때 안건이 통과되는 제도이다. 이때의 총비용은 의사 결정 비용과 외부 비용의 합으로 결정된다. 의사 결정 비용은 투표자들의 동의를 구하는 데 드는 시간과 노력에 따른 비용을 의미하며, 찬성표의 비율이 높을수록 증가한다. 외부 비용은 어떤 안건이 통과됨에 따라 그 안건에 반대하였던 사람들이 느끼는 부담을 의미하며, 찬성표의 비율이 높아질수록 낮아지며 모든 사람이 찬성할 경우에는 0이 된다. 안건 통과에 필요한 투표자 수가 증가할수록 의사 결정 비용이 증가하므로 의사 결정 비용 곡선은 우상향한다. 이와 달리 외부 비용은 감소하므로 외부 비용 곡선은 우하향하며, 두 곡선을 합한 총비용 곡선은 U자 형태로 나타난다. 이때 총비용이 최소화되는 곳이 최적 다수결제에서의 안건 통과의 기준이 되는 최적 다수 지점이 된다. 이 제도는 의사 결정 과정을 이론적으로 명쾌하게 설명할 수 있지만, 최적 다수결의 기준을 정하는 데 시간을 지나치게 소비하게 된다는 단점이 있다.

㉡점수 투표제는 각 투표자에게 일정한 점수를 주고 각 투표자가 자신의 선호에 따라 각 대안에 대하여 주어진 점수를 배분하여 투표하는 제도로, 합산하여 가장 많은 점수를 얻은 대안이 선택된다. 투표자의 선호 강도에 따라 점수를 배분하므로 투표자의 선호 강도가 잘 반영된다. 소수의 의견도 투표 결과에 잘 반영되며, 투표의 역설이 나타나지 않는다는 장점이

있다. 하지만 전략적 행동에 취약하여 투표 결과가 불규칙하게 바뀔 수 있다는 단점이 있다. 전략적 행위란 어떤 투표자가 다른 투표자의 투표 성향을 예측하고 자신의 행동을 이에 맞춰 변화시킴으로써 자기가 원하는 것을 얻으려 하는 태도를 뜻한다. 이 행위는 어떤 투표 제도에서든 나타날 수 있으나, 점수 투표제에서 나타날 가능성이 높다.

㉢보르다 투표제는 n개의 대안이 있을 때 가장 선호하는 대안부터 순서대로 n, (n−1), …, 1점을 주고, 합산하여 가장 높은 점수를 받은 대안을 선택하는 투표 방식으로, 점수 투표제와 달리 오로지 순서에 의해서만 선호 강도를 표시한다. 이 제도하에서는 일부에게 선호도가 아주 높은 대안보다는 투표자 모두에게 어느 정도 차선이 될 수 있는 ⓑ중도의 대안이 채택될 가능성이 높으며, 점수 투표제와 마찬가지로 투표의 역설이 발생하지 않는다.

* 후생: 사회 구성원들의 복지 수준.

38. 윗글에 대한 이해로 적절하지 않은 것은?

① 어떤 투표제에서든 투표자의 전략적 행위가 나타날 수 있다.
② 보르다 투표제에서는 가장 선호하지 않는 대안에 0점을 부여한다.
③ 단순 과반수제에서는 채택된 대안으로 인해 사회의 후생이 감소되기도 한다.
④ 점수 투표제는 최적 다수결제와 달리 대안에 대한 선호 강도를 표시할 수 있다.
⑤ 최적 다수결제는 단순 과반수제와 달리 안건 통과의 기준이 안건에 따라 달라질 수 있다.

39. ⓐ와 관련하여 <표>를 이해한 것으로 적절하지 않은 것은?

① '병원'과 '학교'를 먼저 비교할 경우, '병원'과 '경찰서'의 다수결 승자가 최종의 대안으로 결정된다.
② '학교'와 '경찰서'를 먼저 비교할 경우, '갑'과 '을'이 '학교'에 투표하여 최종적으로 '학교'가 결정된다.
③ '병원'과 '학교'를 먼저 비교하는지, '학교'와 '경찰서'를 먼저 비교하는지에 따라 투표의 결과가 달라진다.
④ '병원', '학교', '경찰서'를 동시에 투표에 부치면, 모두 한 표씩 얻어 어떤 대안도 과반수가 되지 않는다.
⑤ 대안에 대한 '갑', '을', '병' 세 사람의 선호 순위는 바뀌지 않아도, 투표의 결과가 바뀌는 현상이 나타난다.

40. ⓑ의 이유로 가장 적절한 것은?

① 주어진 점수를 투표자가 임의대로 배분할 수 있기 때문이다.
② 투표자는 중도의 대안에 관해서만 자신의 의사를 표현할 수 있기 때문이다.
③ 점수 투표제와 달리 투표자의 전략적 행동을 유발하여 투표 결과를 조작할 수 있기 때문이다.
④ 일부에게만 선호도가 높은 대안이 다수에게 선호도가 매우 낮으면 점수 합산 면에서 불리하기 때문이다.
⑤ 순서로만 선호 강도를 표시할 경우, 모든 투표자에게 선호도가 가장 높은 대안이라도 최종 승자가 아닐 수 있기 때문이다.

41. <보기>가 [A]의 각 비용들에 대한 그래프라고 할 때, 이에 대한 이해로 적절하지 <u>않은</u> 것은?

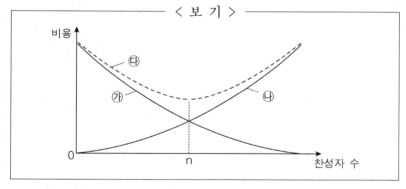

< 보 기 >

① ㉮는 외부 비용으로, 반대하는 투표자 수가 많아질수록 그 값이 커진다.
② ㉯는 의사 결정 비용으로, 투표 참가자들을 설득하는 데 드는 시간과 노력이 적을수록 그 값이 작아진다.
③ ㉰는 총비용으로, ㉮와 ㉯를 합한 값이 최소가 되는 지점 n이 최적 다수 지점이 된다.
④ 투표에 참가하는 모든 사람이 찬성하면 ㉮의 값은 0이 된다.
⑤ 안건 통과에 필요한 투표자가 많아지게 되면 ㉯는 이동하지만 ㉮는 이동하지 않는다.

42. 대안 Ⅰ~Ⅲ에 대한 투표자 A~E의 선호 강도가 <보기>와 같다고 할 때, ㉠~㉢을 통해 채택될 대안으로 적절한 것은? [3점]

< 보 기 >

투표자 대안	A	B	C	D	E
Ⅰ	3	1	1	3	1
Ⅱ	1	7	6	2	5
Ⅲ	6	2	3	5	4

(단, 표 안의 수치가 높을수록 더 많이 선호함을 나타내며, 투표에 미치는 외부적인 요인과 투표자들의 전략적 행동은 없다고 가정한다.)

	㉠	㉡	㉢
①	Ⅰ	Ⅲ	Ⅱ
②	Ⅱ	Ⅱ	Ⅱ
③	Ⅱ	Ⅱ	Ⅲ
④	Ⅲ	Ⅰ	Ⅲ
⑤	Ⅲ	Ⅱ	Ⅱ

[43 ~ 45] 다음 글을 읽고 물음에 답하시오.

(가)

여기저기서 단풍잎 같은 슬픈 가을이 뚝뚝 떨어진다. 단풍잎 떨어져 나온 자리마다 봄을 마련해 놓고 나뭇가지 위에 하늘이 펼쳐 있다. 가만히 ㉠하늘을 들여다보려면 **눈썹**에 **파란 물감**이 든다. 두 손으로 따뜻한 볼을 쓸어보면 손바닥에도 파란 물감이 묻어난다. 다시 손바닥을 들여다본다. 손금에는 **맑은 강물**이 흐르고, 맑은 강물이 흐르고, 강물 속에는 사랑처럼 슬픈 얼굴―아름다운 **순이(順伊)**의 얼굴이 어린다. **소년(少年)**은 황홀히 눈을 감아 본다. 그래도 맑은 강물은 흘러 사랑처럼 슬픈 얼굴―아름다운 순이(順伊)의 얼굴은 어린다.

― 윤동주, 「소년(少年)」 ―

(나)

자라면 뭐가 되고 싶니
의자가 되고 싶니
누군가의 **책상**이 되고 싶니
밟으면 삐걱 소리가 나는 계단도 있겠지
그 계단을 따라 올라가는 다락방
별빛이 들고 나는 창문들도 있구나
누군가 그 창문을 통해 바다를
생각할지도 몰라
수평선을 넘어가는 목선을 그리워할지도 몰라
㉡바다를 보는 게 꿈이라면
배가 되고 싶겠구나
어쩌면 그 무엇도 되지 못하고
아궁이 속 **장작**으로 눈을 감을지도 모르지
잊지 마렴 **한 줌 재**가 되었지만
넌 그때도 하늘을 날고 있는 거야
누군가의 **몸을 데워**주고 난 뒤
춤을 추듯 피어오르는 거야
하지만, 지금은
다만 네 잎사귀를 스치고 가는
저 **바람 소리**를 들어보렴
너는 지금 바람을 만나고 있구나
바람의 춤을 따라 흔들리고 있구나
지금이 바로 너로구나

― 손택수, 「나무의 꿈」 ―

43. (가), (나)의 표현상 특징으로 가장 적절한 것은?

① (가)는 (나)와 달리 반어적 표현을 통해 시적 긴장을 고조시키고 있다.
② (나)는 (가)와 달리 동일한 종결 어미의 반복으로 운율감을 형성하고 있다.
③ (가)와 (나) 모두 대상을 의인화하여 화자의 연민을 드러내고 있다.
④ (가)와 (나) 모두 시어의 연쇄적 활용을 통해 시상을 발전시켜 나가고 있다.
⑤ (가)와 (나) 모두 시선의 이동을 통해 장소가 지닌 의미를 다양하게 제시하고 있다.

44. ㉠, ㉡에 대한 이해로 가장 적절한 것은?

① ㉠은 '소년(少年)'의 정서를 환기하는 기능을 하고 있다.
② ㉠은 '소년(少年)'이 거부하고자 하는 세계를 상징하고 있다.
③ ㉠은 '소년(少年)'이 자신의 한계를 인식하는 계기가 되고 있다.
④ ㉡은 '너'가 처한 긍정적 상황을 드러내는 역할을 한다.
⑤ ㉡은 '너'의 성찰이 이루어진 이후의 모습을 표상하고 있다.

45. <보기>를 참고하여 (가)와 (나)를 감상한 내용으로 적절하지 않은 것은? [3점]

─────── < 보 기 > ───────

(가), (나)는 시간의 흐름 속에서 성장하는 존재의 순수한 정서와 인식에 대해 표현하고 있다. (가)는 소년이 자연물에 동화되는 과정을 감각적으로 드러내면서 과거의 사랑을 그리워하는 소년의 정서를 보여 준다. (나)는 대상이 품을 수 있는 다양한 꿈을 제시하고, 꿈을 이루지 못한 상황에서도 대상이 존재 가치가 있다는 것을 역설적으로 보여 주고 있다. 또 미래보다 현재 상황과 모습에 주목하는 자세를 강조하며 마무리한다.

① (가)의 '파란 물감이 든' 눈썹은 '소년(少年)'이 자연물에 동화되는 것을 감각적으로 표현하는군.
② (가)의 '맑은 강물'에 어린 얼굴에는 '순이(順伊)'에 대한 '소년(少年)'의 그리움이 투영되어 있군.
③ (나)의 '의자', '책상', '한 줌 재' 등은 대상이 품을 수 있는 다양한 꿈을 보여 주는군.
④ (나)의 '장작'은 꿈을 이루지 못한 상황에서도 '몸을 데워' 줄 수 있다는 존재 가치에 대한 역설적 인식을 보여 주는군.
⑤ (나)의 '바람 소리'는 대상에게 '지금'의 상황과 모습을 주목하게 하는 계기가 될 수 있겠군.

┌─────────────────────────────
│ * 확인 사항
│ ◦ 답안지의 해당란에 필요한 내용을 정확히 기입(표기)했는지 확인하시오.
└─────────────────────────────

[1 ~ 3] 다음은 학생의 발표이다. 물음에 답하시오.

안녕하세요? 이번 시간 발표를 맡은 ○○○입니다.

여러분은 성적표를 확인할 때 무엇부터 보시나요? (대답을 듣고) 네. 많은 친구들이 자신이 받은 원점수를 평균 점수와 비교해 보며 본인이 시험을 잘 친 편인지 아닌지 판단해 보네요. 그런데 평균 점수가 자신의 실력을 정확하게 판단하는 기준이 될 수 있을까요? ㉠다음 자료를 보시죠.

	A반 학생들의 원점수	평균 점수	표준편차
국어	70, 67, 65, 63, 60	65	3.4
수학	100, 63, 60, 52, 50	65	18.2

이 자료를 보면 A반의 국어와 수학 시험 평균 점수가 65점으로 같습니다. 단순히 원점수와 평균 점수만 비교한다면 각 과목에서 63점을 받은 학생은 평균 점수보다 낮은 점수를 받아 시험을 못 쳤다고 판단할 수 있습니다. 하지만 수학의 평균 점수는 100점이라는 점수로 인해 왜곡된 면이 있습니다. 실제 수학에서 63점을 받은 학생은 반에서 수학 시험을 두 번째로 잘 친 학생입니다.

집단 내의 이러한 상대적 위치를 점수화한 것을 백분위라고 합니다. 백분위는 자신보다 낮은 점수를 받은 학생의 비율을 백분율로 나타내는데요, 국어 시험의 백분위가 96이라면 본인은 상위 4%에 해당한다고 할 수 있습니다. 백분위는 평균의 영향을 받지 않기 때문에 시험의 난이도와 상관없이 집단에서의 상대적 위치를 파악할 수 있습니다.

그런데 백분위에서는 원점수의 차이 정도가 반영되지 않기 때문에 성적표에서는 백분위와 더불어 표준점수를 활용하기도 합니다. ㉡다음 자료를 보시죠.

$$표준점수 = \frac{원점수 - 평균점수}{표준편차} \times 20 + 100$$

이 자료를 보면 알 수 있듯이, 원점수가 평균 이상일 때 동일한 원점수를 받더라도 평균 점수가 낮고 표준편차가 작을수록 표준점수는 높아집니다. 지난번 시험에서 국어 만점의 표준점수가 125점이고, 수학 만점의 표준점수는 140점이었습니다. 같은 원점수인데 왜 수학의 표준점수가 더 높을까요? (대답을 듣고) 네. 수학 시험이 상대적으로 어려워 표준점수가 더 높게 나온 것입니다.

지금까지 살펴본 것처럼 단순히 원점수만 보고 성적이 낮게 나왔다고 실망할 필요는 없습니다. 성적표를 통해 얻은 정보를 바탕으로 본인의 성장을 위한 학습 전략을 세우는 것이 중요합니다. 우리에게 많은 정보를 주는 성적표, 이제부터라도 꼼꼼하게 살펴보는 것은 어떨까요?

이상으로 발표를 마치겠습니다.

1. 위 발표에 활용된 말하기 방식으로 적절한 것은?

① 자료의 출처를 밝혀 발표 내용의 신뢰성을 높이고 있다.

② 발표 내용과 관련된 질문을 하여 청중의 주의를 환기하고 있다.

③ 발표 내용을 친숙한 소재에 빗대어 표현하여 청중의 흥미를 유발하고 있다.

④ 발표 내용의 순서를 안내하여 청중이 발표 내용을 예측할 수 있도록 돕고 있다.

⑤ 발표 내용에 대한 청중의 이해도를 점검하며 발표를 마무리하여 주제를 강조하고 있다.

2. 학생이 제시한 자료 ㉠, ㉡에 대한 설명으로 가장 적절한 것은?

① 평균 점수가 실력을 평가하는 기준이 되는 이유를 제시하기 위해 ㉠을 활용하고 있다.

② 평균 점수가 특정 점수에 의해 왜곡될 수도 있음을 보여 주기 위해 ㉠을 활용하고 있다.

③ 표준점수와 백분위의 장단점을 비교하기 위해 ㉡을 활용하고 있다.

④ 자신보다 낮은 점수를 받은 집단의 비율을 구하는 방법을 소개하기 위해 ㉡을 활용하고 있다.

⑤ 평균 점수와 표준편차에 따라 원점수가 변할 수 있다는 것을 설명하기 위해 ㉡을 활용하고 있다.

3. <보기>는 학생들이 발표를 들은 후 보인 반응이다. 이를 바탕으로 학생의 듣기 활동을 이해한 내용으로 적절하지 <u>않은</u> 것은? [3점]

<보 기>

학생 1 : 이번 시험에서 지난번 시험보다 국어의 원점수가 낮았는데도 표준점수가 높은 이유를 알 수 있어서 좋았어.

학생 2 : 표준점수와 백분위가 성적표 외에 활용되는 분야도 있지 않을까? 발표자가 이 부분에 대해서도 언급해 줬으면 좋았을 것 같아. 자료를 한번 검색해 봐야겠어.

학생 3 : 표준점수와 백분위를 반영하는 방법이 대학마다 다르다는 기사를 본 적이 있어. 내가 가고 싶은 대학교에서는 어떻게 반영하고 있을까? 대학 홈페이지에서 관련 정보를 찾아봐야겠어

① '학생 1'은 발표를 통해 접한 정보의 유용성에 대해 긍정적으로 인식하고 있다.

② '학생 2'는 발표 내용과 관련한 추가적인 정보가 제공되지 않은 것에 아쉬움을 느끼고 있다.

③ '학생 1'과 '학생 2'는 발표에서 언급되지 않은 내용을 바탕으로 새로운 관점을 제시하고 있다.

④ '학생 1'과 '학생 3'은 발표 내용과 관련된 자신의 경험을 떠올리고 있다.

⑤ '학생 2'와 '학생 3'은 발표 내용과 관련된 의문점을 해결하기 위해 추가 활동을 계획하고 있다.

[4 ~ 7] (가)는 환경 동아리 학생들이 실시한 인터뷰이고, (나)는 이를 바탕으로 '학생 1'이 작성한 초고이다. 물음에 답하시오.

(가)

학생 1: 안녕하세요? 해양 생태계의 보전에 대한 관심과 노력을 촉구하는 글을 동아리 소식지에 싣기 위해 박사님을 찾아뵈었습니다.

박사: 네. 만나서 반가워요.

학생 1: 그럼, 저희가 준비한 질문을 드리겠습니다. 얼마 전에 바다 사막화로 인한 해양 생태계의 위기가 심각하다는 TV 뉴스를 보며, 바다 사막화가 무엇인지 궁금했던 적이 있습니다. 바다 사막화의 개념부터 설명을 부탁드려도 될까요?

박사: 물론이죠. 바다 사막화란 바닷속에 녹아 있는 탄산 칼슘이 석출되어 해저나 바위를 하얗게 뒤덮는 현상을 말해요. 탄산 칼슘으로 뒤덮인 곳은 해조류가 살 수 없는 환경이 됩니다. 이로 인해 해조류가 사라지면서 바다가 황폐화되기 때문에 바다 사막화라고 부르는 것이에요.

학생 1: 그렇군요. 그럼, 바다 사막화는 탄산 칼슘의 영향이 크기 때문이라고 봐도 될까요?

박사: 네. 그렇습니다.

학생 2: 그러면 탄산 칼슘이 왜 이렇게 많이 석출되는 것인지 궁금한데, 설명해 주시겠어요?

박사: 그러죠. 탄산 칼슘이 석출되는 원인으로는 우선 도시화나 연안 개발에 따른 해양 오염을 들 수 있어요. 연안 개발을 위해 사용하는 콘크리트 원료의 약 63%가 탄산 칼슘으로 이루어져 있는데, 이 콘크리트가 바다로 흘러 들어가서 탄산 칼슘이 증가하는 것이죠. 또 전문가들은 지구 온난화로 인한 수온 상승 때문에 탄산 칼슘의 석출이 증가하고 있다고 보고 있어요. [A]

학생 2: 수온 상승으로 탄산 칼슘의 석출이 증가한다는 말이 잘 이해가 안 되는데, 좀 더 자세히 알려 주시겠어요?

박사: 네. 탄산 칼슘은 이산화 탄소가 들어있는 물에 잘 용해되는데, 바닷물에는 다량의 이산화 탄소가 있어 탄산 칼슘이 많이 녹아 있습니다. 그런데 지구 온난화에 따라 수온이 상승하면서 이산화 탄소의 용해도가 낮아져 탄산 칼슘의 석출이 가속화되는 것입니다.

학생 1: 그렇군요. 탄산 칼슘이 많이 석출되는 것은 이산화 탄소의 용해도가 낮아진 것 때문이군요. 그러면 바다 사막화로 인한 해양 생태계의 위기에 대해 말씀해 주시고, 이를 막기 위한 노력들도 말씀해 주시겠어요?

박사: 네. 해조류는 바다 생태계의 1차 생산자 역할을 담당하면서 다양한 해양 생물의 서식처를 제공합니다. 바다 사막화로 이러한 해조류가 사라지게 되면 해조류를 먹이로 삼거나 서식처로 삼는 해양 생물들이 살 수 없기 때문에 해양 생태계의 파괴로 이어지게 됩니다.

학생 2: 심각한 문제군요.

박사: 그렇죠. 그래서 육지의 사막화를 막기 위해 나무를 심는 것처럼 바다의 사막화를 막기 위해서 바다 숲을 조성하고 있습니다. 또한 국민들에게 해양 생태계 보전의 중요성을 알리기 위해 '바다 식목일'을 제정하여 적극적으로 홍보도 하고 있습니다. [B]

학생 2: 듣고 보니 더 많은 관심을 가져야겠다는 생각이

듭니다. 저희도 힘을 보탤 수 있게 생활 속에서 실천할 수 있는 방법이 있다면 알려주세요.

박사: 네. 불필요한 전기 사용 줄이기, 재활용품 분리배출 등 온실가스를 줄이기 위한 노력들이라면 모두 사막화된 바다를 되살리는 중요한 실천이 될 수 있습니다.

학생 1, 2: 좋은 말씀 감사합니다.

(나)

최근 바다 사막화 현상의 확산으로 해양 생태계의 위기가 심각해지고 있다. 바다 사막화는 바닷속에 녹아 있는 탄산 칼슘이 석출되어 해저나 암반을 뒤덮어 해양 생태계의 근간이 되는 해조류들이 줄어들거나 사라지는 현상을 말한다.

탄산 칼슘은 바다 환경을 황폐화시켜 해조류가 생존할 수 없는 환경으로 만든다. 이러한 탄산 칼슘의 석출이 증가하는 이유에 대해서는 지구 온난화, 해양 오염, 해조류의 남획, 해조류를 먹고 사는 해양 동물의 급증 등의 요인이 복합적으로 작용한다고 알려져 있다. 전문가들은 특히 바다 사막화의 주요 원인으로 지구 온난화에 따른 해수 온도의 상승을 지목하고 있다. 탄산 칼슘은 온도가 낮은 바닷물에 많이 녹아 있는데, 지구 온난화로 인해 수온이 상승하면서 탄산 칼슘의 석출이 많아지고 바다 사막화의 진행 속도가 빨라진다는 것이다.

바다 사막화는 생태계의 파괴로 이어질 수 있다는 점에서 그 심각성이 매우 크다. 바다 사막화로 해조류가 줄어들거나 사라진다면 해조류를 먹이로 삼고, 거처로 삼는 해양 동물들 역시 생존할 수 없게 되기 때문이다. 따라서 해양 생태계의 보전을 위해서 바다 사막화에 대한 대책 마련이 절실한 상황이다.

이러한 문제를 인식하고 우리나라에서도 여러 대책을 세워 추진하고 있다. 대표적으로 사막화된 바다를 복원하기 위한 바다 숲 조성 사업이 있다. 2009년부터 현재까지 211개소에 26,644ha의 바다 숲을 조성했다고 한다. 또한 바다 사막화의 심각성과 해양 생태계 보전의 중요성을 국민들에게 알리기 위해 세계 최초로 지난 2013년에 5월 10일을 바다 식목일로 제정하여 적극적으로 홍보하고 있다.

4. (가)의 '학생 1'에 대한 이해로 적절하지 <u>않은</u> 것은?

① 상대방에게 인터뷰를 하게 된 목적을 밝히고 있다.

② 자신의 경험을 바탕으로 알고 싶은 정보를 상대방에게 질문하고 있다.

③ 상대방이 설명한 내용에 대한 자신의 이해가 적절한지 확인하고 있다.

④ 상대방이 발언한 내용을 재진술하면서 추가적인 질문을 이어가고 있다.

⑤ 상대방이 언급한 정보를 바탕으로 자신이 가졌던 생각이 수정되었음을 드러내고 있다.

5. [A], [B]에 대한 설명으로 가장 적절한 것은?

① [A]에서 '학생 2'는 질문을 통해 '박사'가 설명한 내용의 타당성에 의문을 제기하고 있다.

② [A]에서 '박사'는 '학생 2'의 요청에 따라 앞서 자신이 설명한 내용을 보충하고 있다.

③ [A]에서 '박사'는 '학생 2'의 이해를 돕기 위해 관련 설문 자료를 활용하고 있다.

④ [B]에서 '학생 2'는 '박사'가 소개한 내용을 요약하고 이를 긍정적으로 평가하고 있다.

⑤ [B]에서 '박사'는 '학생 2'의 배경지식을 점검하여 용어의 개념에 대해 추가 설명을 하고 있다.

6. (가)를 바탕으로 '학생 1'이 세운 작문 계획 중 (나)에 반영되지 <u>않은</u> 것은?

○ 바다 사막화의 개념을 서두에 제시해야겠어. ········· ①

○ 바다 숲 조성 사업과 관련하여 사업 추진 현황을 제시해야겠어. ···················· ②

○ 바다 식목일의 제정 취지와 함께 바다 식목일로 제정된 날을 구체적으로 제시해야겠어. ··········· ③

○ 바다의 탄산 칼슘을 증가시키는 연안 개발 실태를 보여줄 수 있는 자료를 제시해야겠어. ··············· ④

○ 탄산 칼슘이 석출되는 원인 중 박사님께서 말씀하신 것 외에 다른 원인들을 조사하여 추가로 제시해야겠어. ··· ⑤

7. 다음은 (나)를 읽은 '학생 2'의 조언이다. 이를 고려하여 (나)에 내용을 추가하고자 할 때, 가장 적절한 것은?

예상 독자가 우리 학교 학생들임을 고려할 때, 글의 끝부분에 바다 사막화가 우리의 삶과 관련된 문제라는 점을 강조하고, 바다 사막화를 막기 위한 구체적인 실천 방안을 제시하면서 마무리하면 글의 의도가 잘 전달될 것 같아.

① 바다 사막화로 인한 해조류의 소멸은 해양 생물들의 생존을 크게 위협하고 있다. 해양 생물들을 지키기 위해서는 해양 생물들의 서식처에 대한 보전이 이루어져야 한다.

② 바다 사막화는 해양 생태계의 근간을 송두리째 파괴할 수 있다는 점에서 그 문제가 심각하다. 바다 사막화를 막기 위한 우리의 노력은 결국 해양 생태계를 보전하는 일이 될 것이다.

③ 바다 사막화의 문제는 해양 생물들의 위기로만 그치는 것이 아니라 우리의 생존에도 큰 위협이 되고 있다. 이를 막기 위해서는 불필요한 전등 끄기 등과 같은 생활 속 작은 일들부터 실천하는 것이 필요하다.

④ 바다는 우리 모두가 지켜야 할 소중한 자원이다. 사막화로 황폐해진 바다를 되살리기 위한 정책과 제도적 장치가 뒷받침된다면 건강한 해양 생태계의 재건을 통해 소중한 해양 자원의 가치를 지켜갈 수 있을 것이다.

⑤ 지구 온난화로 인한 급격한 기후 변화는 해양 생태계뿐 아니라 전지구적 생태계 파괴의 주요 원인이라 할 수 있다. 지구 온난화를 줄이기 위해서는 에너지 절약하기처럼 생활 속에서 실천할 수 있는 작은 습관부터 바꿔 나가야 한다.

10회

[8 ~ 10] 다음 글을 읽고 물음에 답하시오.

[작문 상황]
○ 작문 목적 : 교내 축제 운영에 대한 건의문 쓰기
○ 예상 독자 : 교장 선생님

[학생의 초고]

  안녕하세요? 저는 미래기술연구 동아리 부장 □□□입니다. 얼마 전 동아리 담당 선생님으로부터 학교에서 올해 축제를 어떻게 운영할 것인지 고민하고 있다고 들었습니다. 그래서 저는 이전에 ㉠열려진 축제의 형태가 아닌 메타버스를 활용한 새로운 형태의 학교 축제를 건의드립니다.

  메타버스를 활용하면 실제 학교와 유사한 가상 공간 속에서 학생들이 가상 인물인 아바타로 다양한 활동을 수행할 수 있습니다. 제 주변 친구들은 메타버스에 관심이 많고, 이를 활용하여 학교 축제를 운영하는 것에 긍정적인 반응을 보이고 있습니다. 저는 중학생 때 메타버스 제작 체험을 해 본 적이 있는데, ㉡이 경험이 학생들도 메타버스를 충분히 만들 수 있다는 생각을 하게 되었습니다.

  메타버스로 학교 축제를 운영하는 것에 대해 비용 문제와 학생들의 저조한 참여를 걱정하실 수도 있습니다. 하지만 지난달 저희 동아리에서 전문가와의 만남 행사를 통해 메타버스를 만드는 활동을 해 본 결과 학생들이 제작에 참여하면 많은 비용이 들지 않는다는 것을 알게 되었습니다. ㉢저희 동아리 부원들은 전문가와의 만남 행사가 유지되었으면 합니다. 또한 이미 주변 학교에서 메타버스로 개최된 축제가 전교생의 큰 호응을 얻어 화제가 된 사례가 있습니다. 저희도 학생들의 참여를 이끌어 내기 위해 다양한 온라인 행사를 실시하여 메타버스 축제를 적극적으로 홍보할 계획입니다.

  메타버스를 활용하여 축제를 운영하면 학생들이 시·공간의 제약 없이 자유롭게 만나 소통할 수 있습니다. 또한 메타버스에는 미래 사회의 핵심 기술들이 활용되어 ㉣있지만, 학교 축제를 즐기면서 변화하는 미래 사회에 대응할 수 있는 역량도 기를 수 있습니다. 축제를 기대하는 학생들의 ㉤바램이 이루어질 수 있도록 건의를 수용해 주시면 좋겠습니다. 감사합니다.

8. 학생의 초고에 활용된 글쓰기 전략으로 가장 적절한 것은?

① 예상 독자와 함께했던 경험을 언급하며 공감대를 형성한다.
② 건의 사항이 받아들여지지 않을 경우 발생할 수 있는 문제점을 제시한다.
③ 건의 사항과 관련된 통계 자료를 활용함으로써 예상 독자의 이해를 돕는다.
④ 속담을 활용하여 건의 사항이 실현되었을 때 기대할 수 있는 긍정적인 효과를 부각한다.
⑤ 예상되는 우려와 그것을 해소할 수 있는 방안을 제시하여 건의 사항이 실현 가능함을 나타낸다.

9. <보기>는 초고를 보완하기 위해 추가로 수집한 자료이다. 자료의 활용 방안으로 적절하지 <u>않은</u> 것은? [3점]

─── <보 기> ───

ㄱ. **우리 학교 학생 100명 대상 설문 조사**
  1. 메타버스에 대해 관심이   2. 메타버스를 경험한 적이
     있나요?   있나요?

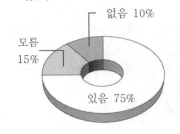 

ㄴ. **전문가 인터뷰**
  "다양한 원인으로 대면 만남이 힘든 상황에서 메타버스는 새로운 사회적 소통의 공간이 될 수 있습니다. 메타버스 내의 공간에서 학생들이 언제 어디서든 자유롭게 만나 학급 회의를 하거나 동아리 박람회와 같은 행사를 개최하는 것이 그 예라고 할 수 있습니다. 이러한 메타버스에서의 활동 내용은 데이터로 남아 있으므로 활동과 관련된 자료를 영구적으로 보관하여 활용할 수 있습니다."

ㄷ. **신문 기사**
  ○○고는 메타버스를 활용하여 학교 축제를 성공적으로 개최하였다. ○○고는 학생들이 직접 메타버스를 만듦으로써 절감한 예산을 축제 활동 지원금으로 사용하여 학생들의 긍정적인 반응을 이끌어 내었다. 학생들은 "친구들이 자유롭게 모여 소통할 수 있었고, 축제 자료를 내년에도 활용할 수 있어서 매우 만족스럽다."라는 소감을 밝혔다.

① ㄱ-1을 활용하여 둘째 문단에 학생들이 메타버스에 대해 많은 관심을 보이고 있음을 수치로 구체화하여 제시한다.
② ㄴ을 활용하여 넷째 문단에 메타버스가 시·공간의 제약 없이 소통하는 공간으로 활용될 수 있는 예를 제시한다.
③ ㄷ을 활용하여 셋째 문단에 학생들이 직접 메타버스를 만들어 비용을 절감한 사례를 제시한다.
④ ㄴ, ㄷ을 활용하여 넷째 문단에 메타버스로 축제를 운영할 경우, 관련 자료를 이후에도 활용할 수 있다는 장점을 추가한다.
⑤ ㄱ-2, ㄷ을 활용하여 첫째 문단에서 메타버스를 경험해 보지 못한 학생들이 기존의 축제보다 메타버스를 활용한 축제를 선호한다는 점을 부각한다.

10. ㉠ ~ ㉤을 고쳐 쓰기 위한 방안으로 적절하지 <u>않은</u> 것은?

① ㉠ : 이중 피동 표현이 사용되었으므로 '열린'으로 수정한다.
② ㉡ : 문장의 호응을 고려하여 '이 경험을'로 수정한다.
③ ㉢ : 글의 흐름에 맞지 않는 문장이므로 삭제한다.
④ ㉣ : 연결 어미가 어색하기 때문에 '있으므로'로 수정한다.
⑤ ㉤ : 어법에 맞지 않는 어휘이므로 '바람'으로 수정한다.

[11 ~ 12] 다음 글을 읽고 물음에 답하시오.

우리말에는 다양한 유형의 된소리되기가 존재하는데, 우선 특정 음운 환경에서 예외 없이 일어나는 경우가 있다. 받침 'ㄱ, ㄷ, ㅂ' 뒤에 'ㄱ, ㄷ, ㅂ, ㅅ, ㅈ'이 올 때에는 예외 없이 된소리되기가 일어난다. '국밥'이 [국빱]으로, '(길을) 걷다'가 [걷따]로 발음되는 것이 그 예이다.

음운 환경이 같더라도 된소리되기가 일정하지 않은 경우가 있는데, 이때에는 다른 조건이 충족될 때 된소리되기가 일어난다. 첫째, 용언의 어간 받침 'ㄴ(ㄵ), ㅁ(ㄻ)' 뒤에 'ㄱ, ㄷ, ㅅ, ㅈ'으로 시작하는 어미가 올 때 된소리되기가 일어나는데, '나는 신발을 신고 갔다.'에서 '신고'가 [신꼬]로 발음되는 것이 그 예이다. '습득물 신고'의 '신고'는 음운 환경이 같음에도 불구하고 용언이 아니기 때문에 된소리되기가 일어나지 않는다. 둘째, 한자어에서 'ㄹ' 받침 뒤에 'ㄷ, ㅅ, ㅈ'이 연결될 때 된 소리되기가 일어나는데, '물질(物質)'이 [물찔]로 발음되는 것이 그 예이다. '물잠자리'는 음운 환경이 같음에도 불구하고 고유어이기 때문에 된소리되기가 일어나지 않는다. 셋째, 관형사형 어미 '-(으)ㄹ' 뒤에 'ㄱ, ㄷ, ㅂ, ㅅ, ㅈ'로 시작하는 체언이 올 때 된소리되기가 일어나는데, '살 것'이 [살 껃]으로 발음 되는 것이 그 예이다. 이러한 유형의 된소리되기는 음운 환경 외에도 '용언의 어간', '한자어', '관형사형 어미'라는 조건이 충족되어야 음운 변동이 일어난다는 특징이 있다.

[A]
한편, 명사와 명사가 결합하여 합성 명사가 될 때 된소리되기가 일어나는 경우도 있다. 예를 들어 '코+등'은 [코뜽/콛뜽]으로, '손+바닥'은 [손빠닥]으로 발음된다. 이때 '코+등'처럼 앞의 말이 모음으로 끝나고, 한자어끼리의 결합이 아닐 때에는 '콧등'과 같이 사이시옷을 표기한다. 이러한 된소리되기는 두 단어가 대등한 관계일 때는 잘 일어나지 않지만, 앞말이 뒷말의 '시간, 장소, 용도' 등을 나타낼 때는 잘 일어난다. 그 이유는 중세 국어의 관형격 조사 'ㅅ'과 관련이 있다. '손바닥'은 중세 국어에서 '솑바당'으로 표기가 되는데, 이는 '손+ㅅ+바당' 즉, '손의 바닥'으로 분석된다. 이 'ㅅ'의 흔적이 '손빠당'을 거쳐 [손빠닥]이라는 발음으로 남게 된 것이다. 음운 환경이 같은 '손발'에서는 이러한 현상이 일어나지 않는데, 그 이유는 '손'과 '발'은 관형격 조사로 연결되는 관계가 아니기 때문이다.

11. 윗글을 바탕으로 '된소리되기'를 이해한 내용으로 적절하지 <u>않은</u> 것은?

① '(밥을) 먹다'와 '(눈을) 감다'에서 일어난 된소리되기는 용언에서만 일어나는 유형이다.

② '말다툼'과 달리 '밀도(密度)'에서 된소리되기가 일어나는 이유는 한자어이기 때문이다.

③ '납득'과 같이 'ㅂ' 받침 뒤에 'ㄷ'이 오는 음운 환경에서는 예외 없이 된소리되기가 일어난다.

④ '솔개'와 달리 '줄 것'에서 된소리되기가 일어나는 이유는 '관형사형 어미'라는 조건 때문이다.

⑤ '삶과 죽음'의 '삶과'와 달리 '(고기를) 삶고'에서 된소리되기가 일어나는 이유는 '삶고'가 용언이기 때문이다.

12. [A]를 바탕으로 <보기>의 단어를 분석한 내용으로 적절하지 <u>않은</u> 것은?

— <보 기> —
○ 공부방(工夫房) [공부빵]
○ 아랫집 [아래찝/아랟찝]
○ 콩밥 [콩밥], 아침밥 [아침빱]
○ 논밭 [논받], 논바닥 [논빠닥]
○ 불고기 [불고기], 물고기 [물꼬기]

① '공부방'에서 된소리되기가 일어나는 이유는 '공부'가 뒷말의 용도를 나타내기 때문이겠군.

② '아랫집'에 'ㅅ'을 받침으로 표기한 것은 '콧등'에서 사이시옷을 표기한 것과 같은 이유 때문이겠군.

③ '콩밥'과 달리 '아침밥'에서 된소리되기가 일어나는 이유는 '아침'이 뒷말의 시간을 나타내기 때문이겠군.

④ '논바닥'과 달리 '논밭'에서 된소리되기가 일어나지 않는 이유는 결합하는 두 단어가 대등한 관계를 가지기 때문이겠군.

⑤ '불고기'에서 '물고기'와 달리 된소리되기가 일어나지 않는 이유는 중세 국어에서 '불+ㅅ+고기'로 분석되기 때문이겠군.

13. <보기>의 설명을 참고할 때, ㉠을 분석한 내용으로 적절하지 <u>않은</u> 것은?

— <보 기> —
형태소란 뜻을 가진 가장 작은 말의 단위이다. 가장 작은 말의 단위라는 것은 더 이상 나눌 수 없으며, 더 나눌 경우 원래의 뜻이 사라지는 것을 말한다.

㉠ 우리 아기만 맨발로 잔디밭에서 놀았다.

① '우리'는 '우'와 '리'로 나누면 뜻이 사라지므로 하나의 형태소이다.

② '아기만'은 '아기'와 '만'으로 나눌 수 있으므로 두 개의 형태소이다.

③ '맨발'은 '맨-'과 '발'로 나눌 수 있으므로 두 개의 형태소이다.

④ '잔디밭'은 '잔디'와 '밭'으로 나눌 수 있으므로 두 개의 형태소이다.

⑤ '놀았다'는 '놀았-'과 '-다'로 나눌 수 있으므로 두 개의 형태소이다.

14. <보기>의 설명을 참고하여 ⓐ ~ ⓒ의 밑줄 친 안긴문장에 대해 이해한 것으로 적절한 것은?

─── <보 기> ───

　다른 문장 속에 들어가 하나의 문장 성분처럼 쓰이는 문장을 안긴문장이라고 하며, 이 안긴문장을 포함하는 문장을 안은문장이라고 한다.

ⓐ 그가 소리도 없이 밖으로 나갔다.
ⓑ 나는 그가 이 사건의 범인임을 깨달았다.
ⓒ 어머니께서 시장에서 산 수박은 매우 달았다.

① ⓐ의 안긴문장에는 주어가 생략되어 있다.
② ⓑ의 안긴문장은 조사와 결합하여 부사어의 기능을 한다.
③ ⓒ의 안긴문장에는 체언을 수식하는 관형어가 있다.
④ ⓐ의 안긴문장은 용언을 수식하고, ⓒ의 안긴문장은 체언을 수식한다.
⑤ ⓑ의 안긴문장에는 목적어가 있고, ⓒ의 안긴문장에는 목적어가 생략되어 있다.

15. <보기>는 '사전 활용하기' 학습 활동을 위한 자료이다. 이에 대해 탐구한 내용으로 적절하지 <u>않은</u> 것은? [3점]

─── <보 기> ───

묻다² 〔동〕 [묻고, 묻어, 묻으니]
① 【…에 …을】 물건을 흙이나 다른 물건 속에 넣어 보이지 않게 쌓아 덮다.
　¶ 화단에 거름을 묻어 주다.
② 【…에 …을】/【…을 …으로】 일을 드러내지 아니하고 속 깊이 숨기어 감추다.
　¶ 그는 자신이 한 일을 과거의 일로 묻어 두고 싶어 했다.
③ 【…에 …을】/【…을 …으로】 얼굴을 수그려 손으로 감싸거나 다른 물체에 가리듯 기대다.
　¶ 나는 베개에 얼굴을 묻었다.

묻다³ 〔동〕 [묻고, 물어, 물으니]
【…에/에게 …을】 무엇을 밝히거나 알아내기 위하여 상대편의 대답이나 설명을 요구하는 내용으로 말하다.
　¶ 모르는 문제를 친구에게 물었다.

① '묻다²'는 목적어와 부사어를 필수적으로 요구하는 동사로군.
② '묻다²'와 '묻다³'은 별개의 표제어로 기술된 것을 보니 동음이의어겠군.
③ '묻다²-①'의 용례로 '아우는 형의 말을 비밀로 묻어 두었다.'를 추가할 수 있겠군.
④ '묻다²'와 '묻다³'은 모음으로 시작하는 어미가 결합할 때 활용 형태가 서로 다르게 나타나는군.
⑤ '묻다³'의 용례에서 '물었다'는 '질문했다'로 바꾸어 쓸 수 있겠군.

[16 ~ 20] 다음 글을 읽고 물음에 답하시오.

　㉠중화(中華) 사상은 한족(漢族)이 자신들을 세계의 중심을 의미하는 중화로 생각하고, 주변국들이 자신들의 발달된 문화와 예법을 받아들여야 한다고 생각한 사상이다. 조선은 중화사상을 수용하여 한족 왕조인 명나라의 문화를 받아들이는 것을 당연시하였다. 17세기에 이민족이 ⓐ 세운 청나라가 중국 땅을 차지하였지만, 조선은 청나라를 중화라고 생각하지 않고 명나라의 부활을 고대하였다. 당시 송시열은 '오랑캐는 중국을 차지 할 수 없고 금수(禽獸)는 인류와 한 부류가 될 수 없다.'라고 하였는데, 이는 청나라를 공격하자는 북벌론과 청나라를 배척하자는 척화론으로 이어졌다.

　18세기에 청나라가 정치적 안정을 이루고 조선이 북벌을 통해 명나라를 회복하기 어렵게 되자, 조선의 유학자들 사이에서는 조선이 중화의 계승자라는 인식이 보편화되었다. 이때 청나라가 가진 발달된 문물을 도입하자는 북학파가 등장하였다. 그중 홍대용은 청나라의 발달된 문물은 오랑캐인 청나라가 만든 것이 아니라, 청나라가 중국 땅을 차지하며 가지게 된 한족의 문물로 보았다. 이런 생각은 청나라와 청나라의 문물을 구별한 것으로, 그가 저술한 「을병연행록」에서도 발견된다. 이를 통해 이때까지도 그는 조선이 중화의 계승자라는 인식과 중화사상에서 벗어나지 못했음을 알 수 있다. 하지만 청나라 여행을 계기로 그곳에서 만난 학자들과 교류를 이어 가며 선진 문물과 새로운 학문을 탐구한 결과, 사상적 전환을 이루었고 이를 바탕으로 「의산문답」을 저술하였다.

　홍대용의 사상적 전환을 잘 보여 주는 것은 「의산문답」에 실려 있는 ㉡지구설과 무한 우주설이다. 그는 하늘이 둥글고 땅이 모나다는 전통적인 천지관을 비판하고, 땅이 둥글다는 지구설을 주장하면서 그 근거로 일식과 월식을 이야기하였다. 일식과 월식이 둥글게 나타나는 것은 달과 우리가 사는 땅이 둥글기 때문이라는 것이다. 우리가 사는 땅은 둥글기 때문에 상하나 동서남북은 정해져 있지 않고, 개개인이 서 있는 곳이 각각 기준이 될 수 있다고 주장하였다. 또한 그는 하늘은 무한하여 형체를 알 수 없고 지구와 같은 땅이 몇 개가 되는지 알 수 없다는 무한 우주설을 주장하였다.

　지구설과 무한 우주설은 세상의 중심과 그 주변을 구별하는 중화사상과 다른 생각이다. 홍대용은 하늘에서 우리가 사는 세상을 본다면 이 땅이 무한한 우주에 비해 티끌만큼도 안 되며, 안과 밖을 구별하거나 중심과 주변을 나눌 수 없다고 보았다. 따라서 중국 안과 밖을 구별할 수 없고 중화와 오랑캐라는 구별도 상대적이라고 생각했다. 이에 따라 중화와 오랑캐로 여겨졌던 국가가 모두 동등하며, 사람들이 각자 제 나라와 제 문화를 기준으로 살아가는 것이 당연하다고 생각하였다. 이러한 그의 생각은 모든 사람들이 중심이 될 수 있고 존재 가치가 있다는 생각으로 이어졌고, 이를 바탕으로 그는 당시 유교적 명분을 내세우며 특권을 누리려 했던 양반들을 비판하였다. 또한 재주와 학식이 있는 자는 신분이 낮은 농부의 자식이라도 높은 관직에 오를 수 있어야 한다고 주장하였다.

　어떤 국가와 문화, 사람도 각자 중심이 될 수 있고 존재 가치가 있다고 생각한 홍대용의 사상은 평등주의와 다원주의를 우리 역사에서 선구적으로 보여 주었다는 점에서 의의가 있다.

16. 다음은 학생이 윗글을 읽는 중 작성한 독서 활동지이다. 학생의 활동 내용 중 적절하지 <u>않은</u> 것은?

◈ 2문단까지 읽고 내용을 정리한 후, 이어질 내용을 예측하고 확인하며 읽어 보자.

읽은 내용 정리
○ 청나라가 중국 땅을 차지한 후 조선에서는 북벌론과 척화론이 나타남. ··· ①
○ 청나라가 정치적 안정을 이루고 북벌이 힘들어지자 조선의 유학자들은 조선이 중화의 계승자라고 생각함. ·········· ②
○ 청의 문물을 배우자는 북학파가 등장하였고, 그중 홍대용은 선진 문물과 새로운 학문을 탐구하여 사상을 전환하고 「의산문답」을 저술함.

↓

이어질 내용 예측	확인 결과
○ 홍대용이 선진 문물과 새로운 학문을 탐구하여 깨달은 점이 언급될 것이다.	하늘이 둥글다는 것을 깨달음. ·········· ③
○ 「의산문답」의 내용이 언급될 것이다.	지구설과 무한 우주설을 설명함. ·········· ④
○ 홍대용이 아닌 다른 북학파 학자들의 사상이 언급될 것이다.	언급되지 않음. ···· ⑤

17. <보기>의 대화를 윗글과 관련지어 이해한 것으로 적절하지 <u>않은</u> 것은?

— <보 기> —

갑 : 천지 사이의 생물 가운데 오직 사람만이 귀합니다. 동물과 초목은 지혜가 없고 깨달음도 없으며, 오륜도 모릅니다. 그러므로 사람은 동물보다 귀하고, 초목은 동물보다 천합니다.

을 : 오륜은 사람의 예의입니다. 무리 지어 다니고 소리를 내어 새끼들을 불러 먹이는 것은 동물의 예의입니다. 그리고 떨기로 나서 무성해지는 것은 초목의 예의입니다. 사람의 관점을 기준으로 하면 사람이 귀하고 사물이 천하지만, 사물의 관점을 기준으로 하면 사물이 귀하고 사람이 천한 것입니다. 하늘에서 보면 사람과 사물은 똑같습니다.

① 갑은 귀한 대상과 천한 대상을 나누어 생각한다는 점에서 송시열과 공통점이 있다.

② 갑이 동물보다 사람을 높게 평가한 것은 신분이 낮은 농부의 자식이라도 높은 관직에 오를 수 있어야 한다는 생각으로 이어질 수 있다.

③ 을이 동물과 초목이 각자의 예의가 있다고 한 것은 세상 사람들이 자기 나라와 자기 문화를 기준으로 살아가는 것이 당연하다는 생각과 연결될 수 있다.

④ 을이 사물의 관점을 기준으로 하면 사물이 귀하다고 한 것은 모든 사람이 존재 가치가 있다는 생각과 연결될 수 있다.

⑤ 을이 하늘에서 보면 사람과 사물이 똑같다고 한 것은 우리가 사는 이 땅에서 중심과 주변을 나눌 수 없다는 홍대용의 생각과 일맥상통한다.

18. ㉠과 ㉡을 이해한 것으로 가장 적절한 것은?

① ㉠은 ㉡을 통해 조선의 중심 사상으로 자리 잡았다.

② ㉠과 ㉡은 청을 오랑캐라 여기는 생각의 근거가 되었다.

③ ㉠은 북벌론의 바탕이 되었고, ㉡은 척화론의 바탕이 되었다.

④ ㉡은 홍대용이 ㉠에서 벗어났음을 보여 주는 학설이다.

⑤ ㉡은 조선의 유학자들이 가지고 있던 ㉠을 홍대용이 발전시킨 것이다.

19. <보기>는 심화 학습을 위해 조사한 자료이다. (가), (나)에 대해 보인 반응으로 적절하지 <u>않은</u> 것은? [3점]

— <보 기> —

(가)
　중국 의관이 변한 지 이미 100년이 넘은지라 지금 천하에 오직 우리 조선만이 오히려 명나라의 제도를 지키거늘, 청나라에 들어오니 무식한 부류들이 우리를 보고 웃지 않는 사람이 없으니 어찌 가련치 않겠는가? (중략) 슬프다! 번화한 문물을 오랑캐에게 맡기고 백 년이 넘도록 회복할 방법이 없구나.
　　　　　　　　　　　　　　　　– 홍대용, 「을병연행록」 –

(나)
　피와 살이 있으면 다 똑같은 사람이고, 강토를 지키고 있으면 다 동등한 국가이다. 공자는 주나라 사람이므로 그가 쓴 『춘추』에서 주나라 안과 밖을 구분한 것은 당연하다. 그가 바다를 건너 주나라 밖에 살았더라면 주나라 밖에서 도를 일으켰을 것이고, 그곳을 기준으로 생각하는 『춘추』가 나왔을 것이다.
　　　　　　　　　　　　　　　　– 홍대용, 「의산문답」 –

① (가) : 청나라를 오랑캐라고 말하고 있는 것에서, 홍대용이 중화 사상을 가진 적이 있었다는 것을 확인할 수 있군.

② (가) : 조선만이 명나라의 제도를 지킨다는 것에서, 홍대용이 조선을 중화의 계승자라고 생각했음을 알 수 있군.

③ (가) : 번화한 문물을 오랑캐에게 맡겼다고 한 것에서, 홍대용이 청나라와 청나라가 가지고 있는 문물을 구별하려 했음을 확인할 수 있군.

④ (나) : 『춘추』에서 주나라 안과 밖을 구분한 것이 당연하다는 것에서, 중국 안과 밖을 구별하려는 홍대용의 생각이 드러나는군.

⑤ (나) : 공자가 주나라 밖에 살았다면 그곳에서 도를 일으켰을 것이라는 부분에서, 중화와 오랑캐의 구별이 상대적이라는 홍대용의 생각이 드러나는군.

20. 문맥상 ⓐ와 의미가 가장 유사한 것은?

① 그는 새로운 회사를 <u>세웠다</u>.

② 국가의 기강을 바로 <u>세워야</u> 한다.

③ 집을 지을 구체적인 방안을 <u>세웠다</u>.

④ 두 귀를 쫑긋 <u>세우고</u> 말소리를 들었다.

⑤ 도끼날을 잘 <u>세워야</u> 나무를 쉽게 벨 수 있다.

[21 ~ 25] 다음 글을 읽고 물음에 답하시오.

　　전자 녹음 장치에 녹음된 자신의 목소리를 스피커를 통해 들으면 어색하게 느껴진다. 그 이유를 이해하기 위해서는 소리가 무엇이며 어떤 과정을 통해 들리게 되는지 살펴볼 필요가 있다.

　　소리는 물체의 진동에 의해 발생하고 매질의 진동으로 전달되는 파동이다. 소리가 들린다는 것은 매질의 진동이 내이에 도달하여 달팽이관 속 림프액을 진동시켜 섬모가 흔들리고, 이로 인해 발생한 전기 신호가 청각 신경을 따라 뇌에 전달됨을 의미한다. 이때 소리가 내이에 도달하는 방식으로는 외이와 중이를 거치는 공기 전도와 이를 거치지 않는 골전도가 있다.

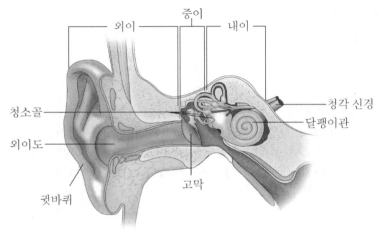

　　공기 전도는 공기를 매질로 소리가 내이에 전달되는 것을 의미한다. 물체의 진동이 주변 공기를 진동시키면 귓바퀴가 이 진동을 모아 귓속으로 보내고, 그 결과 진동은 외이도를 지나게 된다. 귓바퀴와 외이도 등 진동이 지나가는 각 지점에서는 소리의 공명이 발생한다. 공명이란 공명 주파수*에서 진폭이 커지는 현상을 말하는데 외이도의 경우 공명 주파수는 성인 기준으로 2,500 ~ 2,700Hz이다. 공명 주파수는 외이도의 길이에 반비례하기 때문에, 외이도의 길이가 성인보다 짧은 유아는 공명 주파수가 더 높다. 이러한 공명에 의해 증폭된 진동은 고막을 진동시키고 고막의 진동은 청소골에서 더욱 증폭되어 내이에 전달된다.

　　이에 반해 골전도는 귀 주변 뼈를 매질로 소리가 내이에 바로 전달되는 것이다. 대화할 때 들리는 자신의 목소리에는 성대에서 발생한 진동이 공기 전도를 통해 전달된 소리와 골전도를 통해 전달된 소리가 함께 있다. 자신의 목소리 중에서 20 ~ 1,000Hz의 소리는 골전도로는 잘 전달이 되지만, 외이와 중이에서 공명이 잘 일어나지 않아 공기 전도로는 잘 전달되지 않는다. 녹음된 자신의 목소리를 스피커를 통해 들으면 골전도를 통해 듣던 소리는 잘 들리지 않으므로 어색함을 느끼게 되는 것이다.

　　한편 외이와 중이에 이상이 있는 사람도 골전도를 통해서는 소리를 들을 수 있는데, 이를 이용한 보청기도 사용되고 있다. 최근에는 이어폰에도 골전도의 원리가 이용되고 있다. 이어폰 내부에는 일반적으로 내부 자기장을 형성하는 자석과 보이스코일이 있다. 보이스코일에 교류 전류를 가하면 내부 자기장에 의해 보이스코일에 인력과 척력이 교대로 작용하여 보이스코일에 진동이 발생한다. 이때 전류의 방향이 바뀌는 주기를 짧게 할수록 주파수가 높아져 높은 음의 소리가 난다. 또 전류를 세게 할수록 진폭이 커져 음량이 높아진다. ㉠일반적인 이어폰은 이러한 진동을 공기를 통해 전달하는데, ㉡골전도 이어폰은

귀 주변 뼈에 진동판을 밀착하여 진동을 내이로 직접 전달한다.

　　골전도 이어폰은 일반적인 이어폰과 달리 귀를 막지 않고 사용하기 때문에 다양한 장점이 있다. 우선 귀 내부가 습해지는 것을 방지할 수 있고 고막을 직접 자극하지 않는다. 또 야외 활동 시 착용해도 주변 소리를 들을 수 있어 위험 상황에 잘 대처할 수 있다. 그러나 골전도 이어폰을 사용해도 내이는 자극이 되므로 장시간 사용하면 청각 신경이 손상될 수 있어 주의해야 한다.

* 공명 주파수 : 공명 현상이 일어나거나 공명에 의해 강해지는 주파수.

21. 윗글에 대한 설명으로 가장 적절한 것은?

① 소리가 전달되는 두 가지 방식을 제시하고 이와 관련한 기술을 소개하고 있다.
② 이어폰 기술의 과학적 원리를 살펴보고 앞으로 전개될 발전 방향을 예측하고 있다.
③ 청각에 대한 두 가지 관점을 언급하고 이를 절충한 새로운 관점을 제시하고 있다.
④ 골전도 현상이 일어나는 과정을 제시하고 이에 대한 서로 다른 견해를 분석하고 있다.
⑤ 청각에 이상이 생기는 사례를 소개하고 이를 예방하기 위한 구체적인 방안을 제시하고 있다.

22. 윗글을 읽고 알 수 있는 내용으로 적절하지 않은 것은?

① 주파수가 낮아지면 낮은 음의 소리가 난다.
② 고막의 진동은 청소골을 통과할 때 증폭된다.
③ 외이도의 길이가 짧을수록 공명 주파수는 높아진다.
④ 이어폰의 보이스코일에 흐르는 전류가 세지면 음량이 높아진다.
⑤ 20 ~ 1,000Hz의 소리는 물체의 진동에 의해서는 발생할 수 없다.

23. 윗글의 내용을 고려할 때, 그 이유 로 가장 적절한 것은?

① 평소에 골전도로 전달되는 소리를 들을 기회가 적었으므로
② 스피커에서 나온 녹음된 목소리는 내이를 거치지 않고 뇌에 전달되므로
③ 전자 장치의 전기적 에너지로 인해 청각 신경이 받는 자극의 크기가 커졌으므로
④ 녹음된 소리를 들을 때에는 골전도로 전달되는 주파수의 소리가 잘 들리지 않으므로
⑤ 자신이 말할 때 듣는 목소리에는 녹음된 목소리와 달리 외이에서 공명이 일어나는 소리가 빠져 있으므로

24. 윗글을 바탕으로 <보기>에 대해 보인 반응으로 가장 적절한 것은? [3점]

<보 기>

　난청이란 소리가 잘 들리지 않거나 전혀 들리지 않는 증상으로 외이도에서 뇌에 이르기까지 소리가 전달되는 과정 중 특정 부분에 문제가 생기면 발생한다. 그 중 전음성 난청은 외이와 중이에 문제가 있어 발생하는 증상으로, 이 경우 소리가 커지면 알아듣는 정도가 좋아질 수 있다.

　이와 달리 감각 신경성 난청은 달팽이관까지 소리가 잘 전달되었음에도 소리가 잘 들리지 않는 것으로 달팽이관의 청각 세포나, 청각 자극을 뇌로 전달하는 청각 신경 또는 중추 신경계 이상 등으로 발생한다. 이 경우 소리가 커져도 그것을 알아듣는 정도가 좋아지지 않는다.

① 골전도 이어폰은 장시간 사용해도 감각 신경성 난청을 유발하지는 않겠군.
② 청각 신경의 이상으로 인한 난청이 있는 사람의 경우 이어폰의 음량을 높이면 잘 들을 수 있겠군.
③ 자신이 말하는 목소리가 전혀 들리지 않는 사람은 감각 신경성 난청 증상이 있다고 볼 수 있겠군.
④ 고막의 이상으로 난청이 있는 경우 골전도의 원리를 이용한 보청기는 사용해도 효과가 없겠군.
⑤ 전음성 난청이 있는 사람은 골전도 이어폰의 소리는 들을 수 없지만 일반적인 이어폰의 소리는 들을 수 있겠군.

25. ㉠, ㉡에 대한 설명으로 적절하지 <u>않은</u> 것은?

① ㉠은 교류 전류를 진동으로 바꾸고 공기를 통해 그 진동을 내이에 전달한다.
② ㉡은 진동판을 통해 뼈에 진동을 발생시켜 소리를 내이로 전달한다.
③ ㉠은 ㉡과 달리 섬모의 흔들림을 유발하여 전기 신호를 발생시킨다.
④ ㉡은 ㉠과 달리 야외 활동 시 사용해도 주변 소리를 들을 수 있어 위험 상황에 잘 대처할 수 있다.
⑤ ㉠과 ㉡은 모두 내부 자기장과 교류 전류로 인해 인력과 척력이 발생한다.

[26 ～ 28] 다음 글을 읽고 물음에 답하시오.

[아니리] 우리 세상 같고 보면 일품 제상님네가 먼저 차례로 들어오실 터인데, 수국(水國)이라 물고기 등물이 각각 벼슬 이름을 맡아 가지고 들어오는데, 용국의 벼슬 이름이 사기(史記)에 있던 바라, 꼭 이렇게 들어오것다.

[자진모리]

[A] 승상은 거북, 승지는 도미, 판서 민어, 주서 오징어, 한림 박대, 대사성 도루묵, 방첨사 조개, 해운공 방게, 병사 청어, 군수 해구, 현감 홍어, 조부장 조기, 비변랑 낭청 장대, 성대, 청달이, 가오리, 좌우 나졸, 금군 모조리, 상어, 솔치, 눈치, 준치, 삼치, 멸치, 미끈 장어, 사수, 자가사리며, 꺽지, 금리어, 장뚱어, 망둥이, 빠각 빠각 들어와서 대왕전에 절을 꾸벅 꾸벅 꾸벅 꾸벅 하는구나.

[아니리] 용왕이 요만하고 보시더니, "경들 중에 세상을 나가서 ㉠천년 토끼 간을 얻어 짐의 병을 구원할 자 뉘 있나뇨?"

좌우 신하들이 서로 보기만 하고 묵묵부답이 되었것다. 용왕이 또다시 탄식하시는데,

[중모리] 왕이 똘똘 탄식헌다.

"남의 나라는 충신이 있어서, 할고사군 개자추와 광초망신 기신*이는 죽을 임금을 살렸건마는, 우리나라는 충신이 있어도 어느 누가 날 살리리오?"

정언 잉어가 여짜오되,

"세상이라 허는 곳은 인심이 박하여 지혜 용맹 없는 자는 성공하지를 못하리다."

"좌승상 거북이 어떠하뇨."

"승상 거북은 지략이 넓사오나 복판이 모두 다 대모*인 고로, 세상에를 나가오면 인간들이 잡어다가 복판 떼어 대모장도, 밀이개살짝, 탕건 묘또기, 쥘쌈지 끈까지 대모가 아니면은 할 줄을 모르니 보내지는 못하리다."

[아니리] 이때 해운공 방게가 열 발을 쩍 벌리고 살살 기어 들어와서 공손히 엎드리더니, 장담하여 말을 하는데,

[중중모리] "신의 고향 세상이오. 신의 고향 세상이라. 청림벽계(靑林碧溪) 산천수 가만히 몸 담그고 천봉만학(千峯萬壑)을 바라보니, 산토끼 달토끼 안면이 있사오니, 소신의 엄지발로 토끼놈의 가는 허리를 바드드드득 안어다가 대왕전 바치리다."

[아니리] "네 말은 그러하나, 너 생긴 눈이 허망하게 폭 솟았기로 왔다갔다를 잘하니, 가다가 뒷걸음질을 잘할 테니, 저리 물렀거라."

[중모리] "방첨사 조개가 어떠하뇨?"

정언이 여짜오되,

"방첨사 조개는 철갑이 꿋꿋 방신제도*가 좋사오나, 옛글에 이르기를, 휼조와 싸우다가 어부의 공이 된다 하였으니, 세상에를 나가오면, 휼조라는 새가 있어, 수루루 펄펄 펄펄 날아들어, 휼조는 조개를 물고, 조개는 휼조를 물고, 서로 놓지를 못하다가 어부에게 잡히어 속절없이 죽을 터이니, 보내지를 못하리다."

[아니리] "그리하면 어찌하면 옳단 말이냐?"

[자진모리] "그럼 수문장 메기가 어떠한고?"

정언이 여짜오되,

"메기는 수염 길고 입 크고 풍채 좋거니와, 아가리가 너무 커서 식량이 너룬 고로, 세상을 나가오면 요깃감을 얻으려고 조그마한 산천수 이리저리 기댈 제, 사립 쓴 어옹들이 비바람이

불어도 돌아가지 않는지라, 입감 꿰어서 물에 풍, 탐식으로 덜컥 삼켜 꼼짝없이 죽게 되면 탁 채어 낚어다가 인간의 이질, 복질, 설사, 배앓이 하는 데 약으로 먹사오니 보내지는 못하리다.”

[아니리] 한참 이리 결정을 못하고 있을 적에, 저 영덕전 뒤에서 한 신하가 들어오는데,

[진양조] 영덕전 뒤로 한 신하가 들어온다. 눈 작고 다리 짧고, 목 길고 주둥이는 까마귀 부리 같구나. 등에다 방패를 지고 앙금앙금 기어 들어오더니, 몸을 굽혀 재배하고 상소를 올리거늘,

[아니리] 왕이 상소를 받아 보시니, 별주부 자라였다.

(중략)

[아니리] 용왕이 상소 받아 보시고 칭찬 왈,

“신하라! 별주부가 신하다, 충신이라! 별주부가 충신이로다. 참으로 충신일다. 그러나 우리 수국 충신이 다 세상 사람의 고기밥이 된다 하니, 그 아니 원통한고?”

별주부 여짜오되,

“소신은 네 발이 갖춰 있어 강상(江上)에 높이 떠 망보기를 잘하와 인간에게 잡힐 걱정은 없사오나, 바닷속에 태어나 토끼 얼굴을 모르오니, 화상(畫像)을 하나 그려주사이다.”

“글랑은 그리 하여라.”

[중중모리] “화공을 불러라.”

화공을 불러 들여 토끼 화상을 그린다. 동정호 유리로 만든 벼루에 비단같은 물결 담은 거북 연적 오징어로 먹 갈아, 붓을 풀어 단청 채색을 두루 묻히어서 이리저리 그린다.

[B]
천하명산승지간의 경개 보던 눈 그리고, 두견앵무 지지 울제 소리 듣던 귀 그리고, 난초지초 온갖 향초 꽃 따먹던 입 그리고, 봉래 방장 운무* 중의 냄새 잘 맡던 코 그리고, 대한엄동 설한풍 어한(禦寒)*하던 털 그리고, 만화방창 꽃밭에서 펄펄 뛰던 발 그리고, 두 귀는 쫑긋, 눈은 도리도리, 허리는 늘씬, 꼬리가 뭉툭, 좌편 청산이요, 우편은 녹순데, 녹수청산의 애굽은 장송, 휘러진 버드나무, 들랑달랑 오락가락 엉거주춤 기는 토끼 산토끼 달토끼 얼풋 그려, 아미산 위에 뜬 반달이 가을이 되었다는 말이 이에서 더할 쏘냐.

“아나, 엿다, 별주부야. 어서 가지고 나가거라.”

　　　　　　　　　　　　– 유성준 창본, 「수궁가」 –

* 할고사군 개자추와 광초망신 기신: 임금을 위해 희생한 고사 속 충신들.
* 대모: 바다거북의 등껍질. 장식품이나 공예품을 만드는 데 쓰임.
* 방신제도 : 제 몸을 지키는 방법.
* 봉래 방장 운무 : 신선이 사는 산의 안개.
* 어한: 추위를 막아주는.

26. 윗글에 대한 이해로 적절한 것은?

① 용왕은 자신에게 신임을 얻기 위해 다투는 신하들을 못마땅하게 생각한다.
② 잉어는 지혜와 용맹이 있는 인물이 토끼의 간을 얻어 올 수 있을 것이라고 생각한다.
③ 잉어는 승상인 거북이 다양한 재주가 있으나 지략이 없는 것을 한탄한다.
④ 방게는 수국에서 벼슬을 얻지 못하자 자신의 고향인 육지로 돌아가고 싶어 한다.
⑤ 화공은 토끼의 모습을 모르는 자라를 돕기 위해 육지로 동행한다.

27. [A]와 [B]에 대한 이해로 가장 적절한 것은?

① [A]는 용궁의 모습을, [B]는 육지의 모습을 묘사하여 공간적 배경을 대비하고 있다.
② [A]는 수국의 신하를, [B]는 토끼의 신체 부위를 열거하여 장면을 구체화하고 있다.
③ [A]는 신하들의 생활 모습을, [B]는 토끼의 생활 모습을 제시하여 인물의 성격을 보여 주고 있다.
④ [A]는 용왕이 처한 문제를, [B]는 이에 대한 해결책을 제시하여 사건의 전개 방향을 예고하고 있다.
⑤ [A]는 용궁을 긍정적으로, [B]는 토끼를 부정적으로 평가하여 인물에 대한 작가의 태도를 드러내고 있다.

28. ㉠을 선정하는 과정을 다음과 같이 정리할 때, 이에 대한 설명으로 적절하지 <u>않은</u> 것은? [3점]

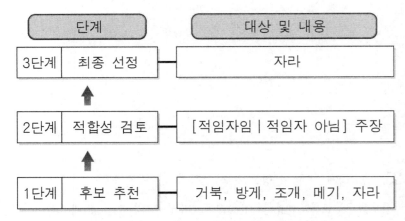

① ‘1단계’에서 방게와 자라는 스스로 후보로 나선다.
② ‘2단계’에서 용왕은 방게의 눈이 솟아 있어 다른 동물들 눈에 띄기 쉬우므로 적임자가 아니라고 주장한다.
③ ‘2단계’에서 잉어는 조개가 황조와 서로 물고 싸우다가 인간에게 잡힐 것이므로 적임자가 아니라고 주장한다.
④ ‘2단계’에서 잉어는 메기가 탐식 때문에 돌아다니다가 인간들에게 잡힐 것이므로 적임자가 아니라고 주장한다.
⑤ ‘3단계’에서 자라가 선정된 것은, 망보기를 잘하여 인간에게 잡힐 염려가 없다는 자라의 주장이 받아들여졌기 때문이다.

[29 ~ 31] 다음 글을 읽고 물음에 답하시오.

(가)

모란이 피기까지는
나는 아직 나의 봄을 기둘리고 있을 테요
모란이 뚝뚝 떨어져 버린 날
나는 비로소 봄을 여읜 설움에 잠길 테요
오월 ⓐ 어느 날 그 하루 무덥던 날
떨어져 누운 꽃잎마저 시들어 버리고는
천지에 모란은 자취도 없어지고
뻗쳐오르던 내 보람 서운케 무너졌으니
모란이 지고 말면 그뿐 내 한 해는 다 가고 말아
삼백예순 날 하냥 **섭섭해 우웁네다**
모란이 피기까지는
나는 **아직 기둘리고 있을 테요 찬란한 슬픔**의 봄을
　　　　　　　　　　　－ 김영랑, 「모란이 피기까지는」－

(나)

아래층에서 물 틀면 단수가 되는
좁은 계단을 올라야 하는 전세방에서
만학을 하는 나의 등록금을 위해
사글셋방으로 이사를 떠나는 형님네
달그락거리던 밥그릇들
베니어판으로 된 농짝을 리어카로 나르고
집안 형편을 적나라하게 까 보이던 이삿짐
가슴이 한참 덜컹거리고 이사가 끝났다
형은 시장 골목에서 자장면을 시켜주고
쉽게 정리될 살림살이를 정리하러 갔다
나는 전날 친구들과 깡소주를 마신 대가로
냉수 한 대접으로 조갈증을 풀면서
자장면을 앞에 놓고
이상한 중국집 젊은 부부를 보았다
바쁜 점심시간 맞춰 잠자주는 아기를 고마워하며
젊은 부부는 밀가루, 그 **연약한 반죽**으로
튼튼한 미래를 꿈꾸듯 명랑하게 전화를 받고
서둘러 배달을 나아갔다
나는 그 모습이 **눈물처럼 아름다워**
물배가 부른데도 자장면을 남기기 미안하여
마지막 면발까지 다 먹고 나니
더부룩하게 배가 불렀다, 살아간다는 게
ⓑ 그날 나는 분명 **슬픔도 배불렀다**
　　　　　　　　　－ 함민복, 「그날 나는 슬픔도 배불렀다」－

29. (가)에 대한 설명으로 적절하지 <u>않은</u> 것은?

① 색채어를 활용하여 대상의 불변성을 부각하고 있다.
② 변형된 수미상관의 구조를 통해 시의 주제를 강조하고 있다.
③ 도치의 방식으로 시상을 마무리하여 시적 의미를 강조하고 있다.
④ 음성 상징어를 통해 대상의 움직임에서 느끼는 인상을 드러내고 있다.
⑤ 작품의 표면에 나타난 화자가 자신의 정서를 직접적으로 드러내고 있다.

30. ⓐ와 ⓑ에 대한 설명으로 가장 적절한 것은?

① ⓐ는 대상과의 소통이 확대된 시간이고, ⓑ는 대상과의 소통이 단절된 시간이다.
② ⓐ는 대상과의 유대감을 느끼는 시간이고, ⓑ는 대상과의 거리감을 느끼는 시간이다.
③ ⓐ는 대상을 통해 삶의 희망을 찾게 된 시간이고, ⓑ는 대상을 통해 삶의 권태를 느낀 시간이다.
④ ⓐ는 대상의 소멸로 인해 슬픔을 느낀 시간이고, ⓑ는 슬픔 속에서도 아름다움을 발견한 시간이다.
⑤ ⓐ는 현실에 대한 비판적 태도가 드러나는 시간이고, ⓑ는 미래에 대한 희망이 드러나는 시간이다.

31. <보기>를 참고하여 (가)와 (나)를 감상한 것으로 적절하지 <u>않은</u> 것은? [3점]

> ───── <보 기> ─────
> 　시에서 대비되는 정서나 태도, 이미지가 제시될 때, 화자가 처한 상황이나 대상에 대한 인식이 강조되는 효과가 있다. 그런데 상반되거나 이질적인 정서나 태도, 이미지들이 함께 나타날 때는 표면적으로 모순이 있는 것처럼 보이기도 한다. 하지만 시인은 모순적으로 보이는 것들을 통해서 표면적 진술 너머에 있는 보다 높은 차원의 인식을 보여 준다.

① (가): '섭섭해 우웁네다'와 '아직 기둘리고 있을 테요'에서는 꽃이 사라진 것에 대한 화자의 태도가 대비되면서 화자의 기다림이 강조되는군.
② (가): '찬란한 슬픔'은 모순된 진술처럼 보이지만, 표면적 진술 너머에 슬픔을 극복하려는 화자의 인식이 담겨 있음을 볼 수 있군.
③ (나): '연약한 반죽'과 '튼튼한 미래'에서는 이미지의 대비를 통해 희망을 잃지 않는 중국집 젊은 부부의 건강한 삶을 강조하고 있군.
④ (나): '이상한'과 '눈물처럼 아름다워'에서는 중국집 젊은 부부를 향한 태도가 대비되면서 중국집 젊은 부부에 대한 화자의 긍정적인 인식이 부각되고 있군.
⑤ (나): '슬픔도 배불렀다'는 모순된 진술을 통해 중국집 젊은 부부의 고단한 삶과의 대비에서 느끼는 화자 자신의 삶에 대한 만족감을 강조하고 있군.

[32 ~ 35] 다음 글을 읽고 물음에 답하시오.

(가)

저기 가는 저 [각시] 본 듯도 하구나
천상 백옥경(白玉京)*을 어찌하여 이별하고
해 다 져 저문 날에 누굴 보러 가시는고
어와 [너]로구나 이 내 사설 들어 보오
내 얼굴 이 거동이 **임** 사랑 받을 만할까만
어쩐 일로 날 보시고 너로다 여기시니
나도 임을 믿어 군뜻이 전혀 없어
아양이야 교태야 어지러이 하였더니
반기시는 낯빛이 전과 어찌 다르신고
누워 생각하고 일어나 앉아 헤아리니
내 몸의 지은 죄 산같이 쌓였으니
하늘이라 원망하며 사람이라 허물하랴
서러워 풀어 헤아리니 **조물***의 **탓**이로다
그리 생각 마오
맺힌 일이 있소이다
임을 모셔 있어 임의 일을 내 알거니
물 같은 얼굴이 편하실 적 몇 날일꼬
　　　　　　　(중략)
반벽 푸른 등은 누굴 위하여 밝았는고
오르며 내리며 헤매며 오락가락하니
어느덧 힘이 다해 풋잠을 잠깐 드니
정성이 지극하여 꿈에 임을 보니
옥 같던 얼굴이 반이 넘게 늙었어라
마음에 먹은 말씀 실컷 사뢰자 하니
눈물이 이어져 나니 말씀인들 어이 하며
정을 못다 풀고 목조차 메어 오니
방정맞은 닭 울음에 잠을 어찌 깨었던고
어와 허사로다 이 임이 어디 간고
바로 일어나 앉아 창을 열고 바라보니
불쌍한 그림자 날 좇을 뿐이로다
차라리 사라져 **낙월(落月)**이나 되어서
임 계신 창 안에 번듯이 비추리라
각시님 달이야커녕 궂은 비나 되소서
　　　　　　　　　　－ 정철, 「속미인곡(續美人曲)」 －

* 백옥경 : 옥황상제가 지내는 궁궐.
* 조물 : 조물주.

(나)

[손[客]]이 [주옹(舟翁)]에게 물었다.
"그대가 배에서 사는데, 고기를 잡는다 하자니 낚시가 없고, 장사를 한다 하자니 팔 것이 없고, 뱃사공 노릇을 한다 하자니 물 가운데만 있어 오고감이 없구려. 변화불측한 물에 조각배 하나를 띄워 가없는 ㉠넓은 바다를 헤매다가, 바람 미치고 물결 놀라 돛대는 기울고 노까지 부러지면, 정신과 혼백이 흩어지고 두려움에 싸여 목숨이 지척에 있게 될 것이로다. 이는 지극히 험한 데서 위태로움을 무릅쓰는 일이거늘, 그대는 도리어 이를 즐겨 오래오래 물에 떠가기만 하고 돌아오지 않으니 무슨 재미인가?"
주옹이 대답했다.

"아아, 그대는 생각하지 못하는가? 대개 사람의 마음이란 변덕스러운 것이어서, ㉡평탄한 땅을 디디면 느긋해지고, 험한 지경에 처하면 두려워 조심하는 법이다. 두려워 조심하면 든든하게 살지만, 느긋하면 반드시 흐트러져 위태롭게 되나니, 내 차라리 위험을 믿고서 항상 조심할지언정, 편안한 데 살아 스스로 쓸모없게 되지 않으려 한다. 하물며 내 배는 정해진 꼴이 없이 떠도는 것이니, 혹시 무게가 한쪽에 치우치면 그 모습이 반드시 기울어지게 된다. 왼쪽으로도 오른쪽으로도 기울지 않고, 무겁지도 가볍지도 않게끔 내가 배 한가운데서 평형을 잡아야만 기울어지지도 뒤집히지도 않아 내 배의 평온을 지킬 수 있다. 비록 ㉢풍랑이 거세게 인다 한들 편안한 내 마음을 어찌 흔들 수 있겠는가? 또, 무릇 인간 세상이란 한 거대한 물결이요, 인심(人心)이란 ㉣한바탕 큰 바람이니, 하잘것없는 내 한 몸이 아득한 그 가운데 떴다 잠겼다 하는 것보다는, 오히려 ㉤한 잎 조각배로 만 리의 부슬비 속에 떠 있는 것이 낫지 않은가? 내가 배에서 살면서 세상 사람을 보니, 안전한 때는 후환을 생각지 못하고, 욕심을 부리느라 나중을 돌보지 못하다가, 마침내는 빠지고 뒤집혀 죽는 자가 많다. 그대는 어찌 이를 두려워하지 않고 도리어 나를 위태롭다 하는가?"
　　　　　　　　　　　　　－ 권근, 「주옹설(舟翁說)」 －

32. (가)와 (나)의 공통점으로 가장 적절한 것은?

① 설의적 표현을 활용하여 의미를 강조하고 있다.
② 점층적 방식을 활용하여 주제를 부각하고 있다.
③ 다양한 감각적 심상을 사용하여 대상을 예찬하고 있다.
④ 반어적 진술을 통해 대상에 대한 태도를 드러내고 있다.
⑤ 명령적 어조를 통해 현실에 대한 비판 의식을 드러내고 있다.

33. <보기>를 바탕으로 (가)를 이해한 내용으로 적절하지 <u>않은</u> 것은?

───── < 보 기 > ─────

　연군 가사는 임금과 떨어진 신하가 임금을 그리워하고 걱정하며 충성심을 드러낸 가사 작품들을 가리킨다. 「속미인곡」은 정철이 정쟁(政爭)으로 인해 관직에서 물러난 후 낙향하였을 때 쓴 연군 가사의 대표적 작품이다.

① '천상 백옥경'은 화자가 '임'과 지냈던 곳으로 임금이 있는 궁궐에 대응된다.
② '내 몸의 지은 죄'가 '조물의 탓'이라는 화자의 한탄을 통해 작가가 자신을 관직에서 물러나게 한 사람들을 원망하고 있음을 알 수 있다.
③ 화자가 꿈속에서 '임'의 모습을 보고 '눈물이 이어져'난다고 하는 것에서 임금에 대한 작가의 걱정과 그리움의 깊이를 짐작할 수 있다.
④ '임'과 헤어지게 된 화자가 자신의 그림자를 '불쌍한'으로 표현한 것에서 임금과 떨어져 지내야 하는 것에 대한 작가의 안타까운 심정을 알 수 있다.
⑤ '낙월'이 되어서라도 '임 계신 창 안에 번듯이 비추'려는 화자의 모습에서 임금에 대한 작가의 충성심을 알 수 있다.

34. 다음은 수업의 일부이다. 선생님의 설명에 따라 (가)와 (나)의 인물을 분석한 내용으로 적절하지 <u>않은</u> 것은? [3점]

> **선생님** : 시나 수필을 창작할 때 주제 의식을 효과적으로 표현하기 위해 인물 간의 대화로 작품을 구성하기도 합니다. 이 경우 인물들은 중심 인물과 주변 인물로 나누어 볼 수 있는데, 중심 인물은 대화를 주도하며, 작가 의식을 대변하는 역할을 합니다. 주변 인물은 중심 인물의 말을 이끌어내거나 중심 인물을 위로하고 대안을 제시하는 보조적 인물, 중심 인물과 대립하면서 중심 인물에게 문제 제기를 하는 대립적 인물로 나눌 수 있습니다.

	인물	특징적 발화	인물 유형	인물의 역할	
(가)	각시	내 사설 들어 보오	중심 인물	대화를 주도함.	
	너	누굴 보러 가시는고	주변 인물	중심 인물의 말을 이끌어냄.	①
		그리 생각 마오	주변 인물	중심 인물과 대립함.	②
		굿은 비나 되소서	주변 인물	대안을 제시함.	③
(나)	주옹	그대는 어찌 이를 두려워하지 않고 도리어 나를 위태롭다 하는가?	중심 인물	작가 의식을 드러냄.	④
	손	그대는 도리어 이를 즐겨 오래 오래 물에 떠가기만 하고 돌아오지 않으니 무슨 재미인가?	주변 인물	중심 인물에게 문제 제기를 함.	⑤

35. (나)의 ㉠~㉤을 이해한 내용으로 적절하지 <u>않은</u> 것은?

① ㉠ : 변화불측한 특성을 가진 곳으로, '세상 사람들'이 위험하다고 생각하는 공간이다.

② ㉡ : '주옹'이 사는 곳과 대비되는 장소로, '세상 사람들'이 안전하다고 생각하는 공간이다.

③ ㉢ : 조각배의 돛대를 기울게 하고 노를 부러뜨릴 수 있는 바람과 물결로, '주옹'이 위태로움을 느끼는 외적 요인이다.

④ ㉣ : 욕심을 부리는 세상 사람들의 마음을 비유한 것으로, 그들의 삶을 위태롭게 만드는 요인이다.

⑤ ㉤ : 바람에 쉽게 흔들릴 수 있는 곳이지만, 인간 세상과 비교했을 때 오히려 '주옹'이 안전함을 느끼는 곳이다.

[36 ~ 40] 다음 글을 읽고 물음에 답하시오.

어떤 제약 회사에서 특정한 병에 효과가 있는 새로운 약을 만들고 있다고 가정해 보자. 신약 개발은 엄청난 자본이 들어가는 일이기 때문에 경영자는 신중하게 판단을 해야 한다. 경영자는 신약이 효과가 있다는 것을 확인하기 위해 가설 검정의 방법을 사용할 수 있다. 가설 검정은 ⓐ모순된 관계에 있는 두 개의 가설을 세우고 실험을 통해 얻은 통계 자료로 가설의 참 또는 거짓을 판단하는 것이다. 가설 검정을 위해 경영자는 '신약이 효과가 있다.'와 '신약이 효과가 없다.'라는 가설을 설정한다. 전자는 판단하는 이가 주장하려는 가설로 '대립(對立)가설'이라 하고 후자는 주장하고 싶은 내용과는 반대되는 가설인 '귀무(歸無)가설'이라 한다.

'신약이 효과가 있다.'라는 대립가설을 입증하기 위해서는 특정 질병을 겪고 있는 모든 환자에게 신약을 투약해 보면 된다. 하지만 전체를 대상으로 실험하는 것은 현실적으로 불가능하기 때문에 대립가설을 기준으로 가설 검정을 하지는 않는다. 대신 가설 검정에서는 귀무가설이 참이라고 가정한 상태에서, 일부 환자에게 투약해서 얻은 자료를 바탕으로 확률에 근거하여 귀무가설의 기각 여부를 결정한다. '신약이 효과가 없다.'라는 귀무가설 아래에서 투약하였는데 관찰한 결과 ⓑ병이 호전된 경우가 많았다고 하자. 이는 '신약이 효과가 없다.'가 타당하지 않은 것이므로, 경영자는 ⓒ귀무가설을 버리고 대립가설을 채택하면 된다. 한편 '신약이 효과가 없다.'라는 귀무가설 아래에서 투약하였고, 관찰 결과 병이 낫지 않은 경우가 더 많았다고 하자. 이때는 귀무가설을 버릴 수 없다. 이처럼 가설 검정은 '귀무가설을 기각한다.' 또는 '귀무가설을 기각하지 못한다.'라는 의사 결정을 중심으로 대립가설의 채택 여부가 결정된다.

경영자가 의사 결정을 하는 과정에서는 두 가지 오류가 발생할 수 있다. 귀무가설이 참인데도 불구하고 귀무가설을 기각하는 결정을 내린 것을 '1종 오류'라고 한다. 앞선 예에서 실제로는 약효가 없는데도 약효가 있다고 판단하는 것이다. 그리고 귀무가설이 참이 아닌데 귀무가설을 기각하지 못한 결정을 내린 것을 '2종 오류'라고 한다. 실제로는 약효가 있지만 약효가 없다고 판단하는 것이다. 이러한 오류는 판결에서도 나타날 수 있다. 증거에 의해 '피고인은 유죄이다.'라는 대립가설이 채택되기 전까지는 '피고인은 무죄이다.'라고 가정한다. 판사는 확보된 증거를 바탕으로 ⓓ귀무가설의 기각 여부를 판단해야 한다. 이때 판사가 무죄인 사람에게 유죄를 선고하는 것은 1종 오류, 유죄인 사람에게 무죄를 선고하는 것은 2종 오류에 해당한다.

오류들 중 상대적으로 더 심각한 문제를 초래하는 것은 1종 오류이다. 효과가 있는 약을 출시하지 못해서 기업이 수익을 창출할 기회를 잃어버리는 상황에 비해, 시장에 출시했는데 약의 효능이 없어서 회사가 신뢰를 잃는 위험이 더 크다. 또한 죄가 있는데 무죄 판결을 내리는 것보다 결백한 사람에게 유죄 판결을 내리는 것이 더 심각한 문제이다. 그런데 ⓔ두 가지 오류를 동시에 줄일 수는 없다. 한쪽 오류를 줄이면 그만큼 반대쪽 오류는 늘어나기 때문이다. 만약 경영자가 약의 효능과는 무관하게 일단 약을 출시하기로 결정했다면 2종 오류는 배제할 수 있지만 그만큼 1종 오류는 늘어나게 된다.

따라서 가설 검정 과정에서는 1종 오류가 발생할 확률의 최대 허용 범위인 ㉠유의 수준을 가급적 낮게 정한다. 예를 들어 유의 수준이 5%라면 백 번의 시행 중 다섯 번 이내로 1종 오류가 발생하더라도 우연히 일어난 일로 보고 대립가설을 채택하지만, 이 값을 넘어서면 귀무가설을 기각하지 못한다는 것이다. 또한 유의 수준은 실험을 하기 전에 미리 정하며, 사람의 생명이나 인권과 결부된 것이라면 유의 수준은 더 낮게 잡아야 한다.

36. 가설 검정에 대하여 윗글을 통해 답을 찾을 수 없는 질문은?

① 귀무가설을 기각할 때 새롭게 설정하는 가설은 무엇인가?
② 대립가설을 기준으로 가설을 검정하지 않는 이유는 무엇인가?
③ 대립가설의 채택 여부를 판단하기 위해 사용하는 가설은 무엇인가?
④ 1종 오류와 2종 오류를 함께 줄일 수 없는 이유는 무엇인가?
⑤ 1종 오류와 2종 오류 중 더 심각한 문제를 초래하는 오류는 무엇인가?

37. 윗글의 내용과 일치하는 것은?

① 귀무가설이 기각되면 대립가설은 채택될 수 없다.
② 판결에서 대립가설의 기각 여부는 피고인이 판단한다.
③ 귀무가설은 대립가설이 채택될 때 받아들여지는 가설이다.
④ 귀무가설은 참과 거짓을 알기 전까지는 거짓으로 간주한다.
⑤ 신약 개발을 하는 경영자가 채택하고 싶은 것은 대립가설이다.

38. 윗글을 바탕으로 <보기>를 이해할 때, A ~ D에 대한 설명으로 적절하지 않은 것은? [3점]

<보 기>

구분		실제 상황	
		귀무가설 참	귀무가설 거짓
의사 결정	귀무가설 기각 못함	A	B
	귀무가설 기각함	C	D

① 실제로 피고인이 죄를 저지르지 않은 것은 A와 C의 경우에 해당한다.
② 경영자가 신약의 효능이 없다고 판단하는 것은 A와 B의 경우에 해당한다.
③ A와 D는 피고인에 대해 판사가 내린 판결에 오류가 발생하지 않은 경우에 해당한다.
④ 법원이 B를 줄이면, 실제로 죄를 저지른 피고인을 무죄로 판결해서 사회로 돌려보내는 수가 늘어난다.
⑤ 제약 회사가 C를 줄이려는 이유는 약의 효능이 없어 시장에서 신뢰를 잃는 상황을 심각하게 생각하기 때문이다.

39. ㉠에 대한 설명으로 적절한 것은?

① 인권과 관련된 판단일수록 값을 크게 설정한다.
② 귀무가설이 참일 확률과 거짓일 확률의 차이를 의미한다.
③ 값을 낮게 정할수록 대립가설을 채택할 확률이 낮아진다.
④ 실험이 이루어진 후에 자료를 분석할 때 결정하는 값이다.
⑤ 가설을 판단할 때 사용할 자료 개수의 최대 허용 범위이다.

40. 문맥상 ⓐ ~ ⓔ와 바꿔 쓰기에 적절하지 않은 것은?

① ⓐ : 동시에 참이 되거나 동시에 거짓이 될 수 없는
② ⓑ : 귀무가설과 어긋난
③ ⓒ : '신약이 효과가 없다.'라는 가설을 기각하고
④ ⓓ : '피고인은 유죄이다.'라는 가설
⑤ ⓔ : 1종 오류와 2종 오류

[41 ~ 45] 다음 글을 읽고 물음에 답하시오.

(가)

[앞부분 줄거리] 시골 학교로 전학 온 '나'는 힘으로 학급을 장악하고 있던 석대에게 저항하다 이내 굴복한다. 그러나 김 선생이 부임한 후 아이들이 석대의 비행을 폭로하고 석대는 학교를 떠난다. 학교를 떠난 석대는 학교 밖에서 아이들을 괴롭힌다.

교실 안에서 우리에게 가장 많은 혼란과 소모를 강요한 것은 의식의 파행이었다. 선생님의 격려와 근거 없는 승리감에 취한 우리 중의 일부는 지나치게 앞으로 내달았고, 아직도 ⓐ석대의 질서가 주던 중압에서 깨어나지 못한 아이들은 또 너무 뒤처져 미적거렸다. 임원진으로 뽑힌 아이들도 마찬가지였다. 어른들의 식으로 표현하자면, 한쪽은 너무도 민주의 대의에 충실히 우왕좌왕하는 다수와 함께 우왕좌왕했고, 또 한쪽은 석대 식의 권위주의를 청산하지 못해 은근히 **작은 석대를 꿈꾸**었다. 거기다가 **새로 생긴 건의함**은 올바른 국민 탄핵제도의 기능을 하기보다는 밀고와 모함으로 일주일에 하나씩은 임원들을 갈아치웠다.

(중략)

그렇지만 시간이 흐르면서 ㉠안팎의 도전들은 차츰 해결되어 갔다.

먼저 해결된 것은 석대 쪽이었는데, 그 해결을 유도한 담임선생님의 방식은 좀 특이했다. 우리에게는 거의 불가항력적이었건만 어찌 된 셈인지 담임선생님은 석대 때문에 결석한 아이들을 그 어느 때보다 호된 매질과 꾸지람으로 다루었다.

"다섯 놈이 하나한테 하루 종일 끌려 다녀? 병신 같은 자식들."

"너희들은 두 손 묶어 놓고 있었어? 멍청한 놈들."

그렇게 소리치며 마구잡이 매질을 해댈 때는 마치 사람이 갑자기 변한 것처럼 보였다. 우리는 영문을 몰랐으나 그 효과는

오래잖아 나타났다. ㉡우리 중에서 좀 별나고 당찬 소전거리 아이들 다섯이 마침내 석대와 맞붙은 것이었다. 석대는 전에 없이 표독을 떨었지만 상대편 아이들도 이판사판으로 덤비자 결국은 혼자서 다섯을 당해내지 못하고 꽁무니를 뺐다. 선생님은 그 아이들에게 그 당시 한창 인기 있던 케네디 대통령의 『용기 있는 사람들』이란 ㉢책 한 권씩을 나눠 주며 우리 모두가 부러워할 만큼 여럿 앞에서 그들을 추켜세웠다. 그러자 다음날 미창 쪽에서도 똑같은 일이 벌어지고 그 뒤 석대는 두 번 다시 아이들 앞에 나타나지 않았다.

거기 비해 우리 **내부에서 일어나는 혼란**을 대하는 담임선생님의 태도는 또 앞서와 전혀 달랐다. 잘못된 이해나 엇갈리는 의식 때문에 아무리 교실 안이 시끄럽고 **학급의 일이 갈팡질 팡해도 담임선생님은 철저하게 모르는 척**했다. 토요일 오후 **자치회가 끝없는 입씨름으로 서너 시간씩 계속돼도**, 급장 부급장이 건의함을 통해 밀고된 대단치 않은 잘못으로 한 달에 한 번씩 갈리는 소동이 나도 언제나 가만히 지켜보고 있을 뿐 충고 한마디 하는 법이 없었다.

[A]
그 바람에 우리 학급이 정상으로 돌아가는 데는 거의 한 학기가 다 소비된 뒤였다. 여름방학이 지나자 벌써 서너 달 앞으로 닥친 중학 입시가 말깨나 할 만한 아이들의 주의를 온통 그리로 끌어들인 까닭도 있지만, 그보다는 경험의 교훈이 자정 능력을 길러 준 덕분이 아닌가 한다. 서로 다투고 따지고 부대끼고 시달리는 그 대여섯 달 동안에 우리는 **차츰 스스로가 스스로를 규율**한다는 게 어떤 것인가를 배우게 된 것이었다. 하지만 그때껏 그런 우리를 지켜보기만 했던 담임선생님의 깊은 뜻을 이해하는 데는 아직도 훨씬 더 많은 세월이 지나야 했다.

학교 생활이 정상으로 돌아감과 아울러 **굴절되었던 내 의식도** 차츰 원래대로 회복되어 갔다. 다시 어른들 식으로 표현하면, **새로운 급장 선거에서 기권표를 던질** 때만 해도 머뭇거리던 내 시민 의식은 오래잖아 자신과 희망을 가지게 되고 자유와 합리에 대한 예전의 믿음도 이윽고는 되살아 났다. 가끔씩—이를테면, 내가 듣기에는 더할 나위 없는 의견 같은데도 공연히 떠드는 게 좋아 씨알도 먹히지 않는 따지기로 회의만 끝없이 늘여 놓는 아이들을 볼 때나, **다 같이 힘을 합쳐야 할 작업에 요리조리 빠져나가** 우리 반이 딴 반에 뒤지게 만드는 아이들을 보게 될 때와 같은 때—석대의 질서가 가졌던 **편의와 효용성**을 떠올릴 때가 있었지만 그것도, 금지돼 있기에 더 커지는 유혹 같은 것에 지나지 않았다.

석대는 미창 쪽 아이들과의 싸움이 있고 난 뒤 우리들뿐만 아니라 그 작은 읍에서도 사라져버렸다. 얼마 후 들리는 소문 으로는 서울에 있는 어머니를 찾아갔다는 것이었다.

– 이문열, 「우리들의 일그러진 영웅」 –

(나)
S#136 교실 (아침)

얼굴들에 상처 난 아이들 몇 명을 중심으로 모여 수군거리는 아이들. 그 교실의 소란스러운 분위기를 뚫고 들어오는 김 선생. 급히 자기 자리를 찾아가는 아이들로 우당탕거리던 교실이 갑자기 쥐죽은 듯 조용해진다. 교실 안을 휘 휘둘러보는 김 선생. 군데군데 비어 있는 몇 개의 자리. 김 선생과 시선이 마주친 상처 난 얼굴의 아이들이 얼굴을 숙인다.

김 선생 : 언제까지 이럴 거야. 너희들! (갑작스런 김 선생의 높아진 음성에 아이들의 고개가 더 숙여진다.) 이렇게 매일 얻어맞고 그게 무서워 결석을 하고... (고개를 숙인 채 기가 죽은 아이들을 굳은 얼굴로 둘러보는 김 선생.) 석대가 그렇게 무서워? 난 너희들 같은 겁쟁이들은 가르치고 싶지 않다. 절대 피하지 마라. 맨손으로 안 되면 돌이라도 들고 싸워라. 한 사람이 안 되면 두 사람, 그래도 안 되면 전부 다들 덤벼라. 내 말 알아듣겠나? (아이들 중 몇 명이 죽어가는 소리로 겨우 대답한다.) 다시! 알아듣겠나?

아이들 : (조금 커진 소리로) 네.

김 선생 : 다시.

아이들 : (일제히 힘차게) 네!

S#137 교실 (밤)

나무 의자와 책상 등이 불길에 싸여 있다.

S#138 동 밖 (밤)

물을 길어와 교실 안에다 끼얹는 동네 사람들. 서서히 불길이 잡힌다. (F.O)

S#139 (F.I) 같은 장소 (아침)

웅성거리며 모여 드는 아이들. 입을 꽉 다문 병태도 섞여 있다. 급하게 뛰어온 김 선생. 주먹을 불끈 쥔다. 병태, 시커먼 병이 나무둥치 밑에 숨겨져 있는 것을 발견한다. 화단에 흐드러지게 피어 있는 철쭉과 진달래의 붉은 색이 눈을 어지럽힌다. 교문 쪽으로 먼 시선을 주고 있던 병태. 다시 한번 쓰러져 있는 병을 본다.

병태(내레이션) : 그날 이후 엄석대를 본 사람은 아무도 없었다. 들리는 소문으로는 개가한 서울의 어머니를 찾아갔다던가?

S#140 교실 (오후)

칠판에는 ㉣제7차 급장 선거라는 글씨와 후보들의 이름, 개표 결과가 써 있다. 김 선생 교단 위로 올라서면서

김 선생 : 좀 혼란했던 기간이 있긴 했지만 이제는 너희들이 제자리를 찾은 것 같구나. 각자의 일들을 알아서 처리하고 공동의 일들은 서로 협력해서 처리하는 새로운 6학년 2반이 돼주길 바란다. 급장!

황영수 : (㉤단상에 오르지 않고 앞에 나와 서서) 잘 부탁드리겠습니다. 어려운 일이 있으면 언제든지 절 불러 주세요. 기꺼이 여러분께 봉사하는 급장이 되겠습니다.

박수 치는 아이들. 전에와는 다른 모습이다. 이를 쳐다보는 병태.

병태(내레이션) : 그 후 학교 생활은 정상으로 돌아갔고 굴절 되었던 내 의식도 원래대로 회복되었다. 그리고 석대에 대한 기억은 희미해져 갔다.

– 이문열 원작, 박종원 각색, 「우리들의 일그러진 영웅」 –

41. [A]의 서술상 특징으로 가장 적절한 것은?

① 독백을 통해 대상에 대한 의문과 해답을 제시하고 있다.
② 감각적인 묘사를 통해 인물 간의 대립을 부각하고 있다.
③ 공간의 이동을 통해 인물의 심리 변화를 드러내고 있다.
④ 회상의 방식을 통해 과거 사건의 의미에 대해 서술하고 있다.
⑤ 들은 바를 전달하는 형식을 통해 사건의 전모를 밝히고 있다.

42. <보기>를 참고할 때, (가)를 (나)로 각색하는 과정에 대해 이해한 것으로 적절하지 <u>않은</u> 것은? [3점]

─────── <보 기> ───────

소설을 시나리오로 각색할 경우, 갈래의 차이에 따라 여러 가지 변화가 일어나는데 예를 들면 소설에서는 인물의 내면 심리나 대상의 변화를 직접 서술할 수 있으나 시나리오는 이를 장면으로 시각화하거나 영화적 기법을 통해 표현한다. 또한 갈래적 차이에 따른 변화 외에도 각색 과정에서 창작자의 의도에 따라 특정 내용을 삭제 혹은 다른 장면으로 대체하거나 소설에 없던 장면을 추가하기도 한다.

① (가)에서 김 선생이 아이들을 꾸짖는 모습이 S#136에서는 '다시'를 반복하는 장면으로 대체되어 아이들의 변화에 비관적인 그의 모습을 부각하고 있군.
② (가)에서 아이들이 석대와 맞붙을 수 있게 된 것이 S#136 에서는 '일제히 힘차게' 대답하는 모습으로 대체되고 있군.
③ S#137의 '불길에 싸'인 교실과 S#139의 '시커먼 병' 등을 통해 (가)에 나오지 않는 석대의 방화를 추가하여 그의 보복을 암시하고 있군.
④ (가)에서 직접적으로 서술된 병태의 내면을 S#140에서는 내레이션 기법을 통해 드러내고 있군.
⑤ (가)에서 학급이 정상으로 돌아가게 되었다는 것을 S#140 에서는 '박수 치는 아이들'의 모습을 통해 드러내고 있군.

43. ⓐ에 대한 이해로 적절하지 <u>않은</u> 것은?

① 학급의 일부 임원들이 '작은 석대를 꿈꾸'는 것은 아직 ⓐ에서 벗어나지 못했기 때문이다.
② '내부에서 일어나는 혼란'을 쉽게 해결하지 못한 것은 ⓐ를 대체할 수 있는 것을 마련하지 못했기 때문이다.
③ ⓐ는 석대가 아이들 '스스로가 스스로를 규율'할 수 있도록 하기 위하여 만든 것이다.
④ '내 의식'이 '굴절되었던' 이유는 ⓐ에 익숙해져 있었기 때문이다.
⑤ '나'는 ⓐ가 학급에 '편의와 효용성'을 제공했었지만 지금은 되돌릴 수 없는 것이라고 생각한다.

44. ㉠ ~ ㉤에 대한 설명으로 적절하지 <u>않은</u> 것은?

① ㉠ : 석대가 떠난 후 학급이 맞닥뜨린 문제 상황들을 의미한다.
② ㉡ : 석대와 처음으로 맞붙은 인물들의 특성을 나타낸다.
③ ㉢ : 다른 아이들도 석대와 맞붙을 수 있도록 하는 효과를 가져왔다.
④ ㉣ : 그동안 학급에 여러 차례 혼란이 거듭되어 왔음을 보여준다.
⑤ ㉤ : 새 급장이 아직 완전히 인정받지 못하고 있음을 나타낸다.

45. <보기>는 윗글의 심화 학습을 위해 찾은 자료이다. 이를 참고하여 (가)를 이해한 내용으로 적절하지 <u>않은</u> 것은?

─────── <보 기> ───────

철학자 마이클 샌델은 올바른 사회를 위해서는 시민이 덕성을 바탕으로 자기 통치에 참여해야 한다고 말했다. 자기 통치에 참여한다는 것은 공동선(共同善)에 대하여 동료 시민들과 함께 고민하고 그것을 실현하기 위해 적극적으로 참여하는 것을 뜻한다. 그는 공동선에 대한 토론에서 시민들이 자신의 목표를 잘 선택하고 다른 사람의 선택권을 존중해야 한다고 주장하였다.

① '새로 생긴 건의함'은 아이들의 적극적인 참여를 통해 학급의 공동선을 실현하기 위한 기능을 수행하였군.
② '학급의 일이 갈팡질팡해도 담임선생님은 철저하게 모르는 척'한 것은 아이들이 자기 통치를 할 수 있는 능력을 스스로 기르도록 하기 위해서였겠군.
③ '자치회가 끝없는 입씨름으로 서너 시간씩 계속'된 것은 아이들이 공동선을 위한 토론에 익숙하지 않은 모습을 나타낸 것이겠군.
④ '내'가 '새로운 급장 선거에서 기권표를 던'졌던 것은 아직 자기 통치에 참여할 준비가 되지 않아서였겠군.
⑤ '다 같이 힘을 합쳐야 할 작업에 요리조리 빠져나가'는 아이들은 동료 시민들과 함께하는 것에 대해 적극적이지 않은 시민에 해당하겠군.

───────────────────────
※ 확인 사항

답안지의 해당란에 필요한 내용을 정확히 기입(표기)했는지 확인하시오.
───────────────────────

2021학년도 6월 고1 전국연합학력평가 문제지　　1

제 1 교시

국어 영역

11회

● 문항수 45개 | 배점 100점 | 제한 시간 80분

● 점수 표시가 없는 문항은 모두 2점

[1~3] 다음은 학생의 발표이다. 물음에 답하시오.

안녕하세요? 저는 수행평가 과제인 '생활 속 기호 찾기' 중 '도로 표지판'에 대해 발표를 하겠습니다. 도로에는 도로의 종류, 속도 제한, 주의 사항 등을 알려주는 다양한 종류의 표지판이 있는데요, 그중에서도 도로에 대한 정보가 담겨 있는 대표적인 세 개의 표지판을 보며, 표지판의 모양과 번호의 의미에 대해 설명해 보겠습니다.

(자료1을 보여주며) 첫 번째 자료는 고속도로 표지판입니다. 고속도로란 주요 도시와 거점 지역을 빠르게 통행할 수 있게 만든 자동차 전용 도로입니다. 보시는 것처럼 전체적으로 방패 모양과 비슷하게 생겼으며 중앙에 적힌 번호에는 고속도로에 대한 정보가 담겨 있습니다. 우선 홀수는 고속도로가 남북으로 연결되어 있음을, 짝수는 동서로 연결되어 있음을 의미합니다. 그리고 남북으로 연결된 고속도로는 국토를 기준으로 왼쪽에서 오른쪽으로 갈수록, 동서로 연결된 고속도로는 아래쪽에서 위쪽으로 갈수록 큰 번호가 부여됩니다. 자료처럼 60번인 서울양양고속도로와 10번인 남해고속도로는 모두 짝수이기 때문에 동서로 연결되어 있고, 번호가 더 큰 서울양양고속도로가 남해고속도로보다 더 위쪽에 있음을 알 수 있습니다.

(자료2를 보여주며) 두 번째로 보여 드리는 표지판은 타원 모양을 하고 있는데요, 일반국도를 가리킵니다. 일반국도란 전국의 주요 도시와 공항, 관광지 등을 연결하는 도로로, 번호는 고속도로와 마찬가지로 홀수는 남북으로 연결된 도로를, 짝수는 동서로 연결된 도로를 의미합니다. 다만 일반국도 중 자료처럼 한 자리 번호가 적힌 경우는 두 자리 이상의 번호가 부여된 일반국도보다 중심적인 역할을 담당합니다.

(자료3을 보여주며) 마지막으로 보여 드리는 직사각형 모양의 표지판은 지방도를 가리킵니다. 지방도는 도내의 시·군청 소재지들을 연결하고 있는 도로로, 앞의 두 도로와 달리 도지사가 직접 관리합니다. 지방도의 번호 중 백의 자리와 천의 자리 숫자는 각 도의 고유 번호를 나타내는데요, 자료처럼 백의 자리가 3인 경우는 경기도를 의미합니다. 참고로 4××는 강원도, 5××는 충청남도, 8××는 전라남도, 10××는 경상남도를 의미하며, 뒷자리의 ××는 앞서 언급한 도로들처럼 홀수는 남북 방향을, 짝수는 동서 방향을 의미합니다.

지금까지 도로 표지판에 대해 알아보았습니다. 앞으로는 차를 타고 가다 도로 표지판을 보면 어떤 종류의 도로를 지나가고 있는지 알 수 있겠죠? 이상 발표를 마치겠습니다.

1. 위 발표자의 말하기 방식으로 가장 적절한 것은?

① 발표 자료의 출처를 밝혀 청중에게 신뢰감을 주고 있다.
② 발표 중간중간 청중에게 질문을 던지며 청중의 반응을 확인하고 있다.
③ 발표 내용의 역사적 유래와 가치를 언급하여 청중의 관심을 유도하고 있다.
④ 발표 내용과 관련된 자신의 경험을 이야기하여 청중의 흥미를 유발하고 있다.
⑤ 발표에서 언급된 화제에 대한 구체적인 예를 제시하여 청중의 이해를 돕고 있다.

2. 위 발표 내용을 바탕으로 (가) ~ (다)의 표지판을 이해한 내용으로 적절하지 않은 것은?

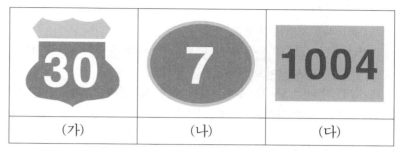

| (가) | (나) | (다) |

① (가)가 가리키는 도로는 남해고속도로와 서울양양고속도로 사이에 위치하고 있겠군.
② (나)가 가리키는 도로는 두 자리 번호가 적힌 같은 종류의 도로보다 중심적인 역할을 하겠군.
③ (다)가 가리키는 도로는 경상남도 내의 시·군청 소재지들을 연결하고 있는 도로들 중 하나이겠군.
④ (나)가 가리키는 도로는 (가)와 (다)가 가리키는 도로와는 달리 동서로 연결되어 있겠군.
⑤ (다)가 가리키는 도로는 (가)와 (나)가 가리키는 도로와는 달리 도지사가 직접 관리하겠군.

3. <보기>는 위 발표를 들은 학생의 반응이다. 이를 이해한 내용으로 가장 적절한 것은?

─── <보 기> ───

얼마 전 여행을 갔을 때가 생각이 나. 도로를 지날 때마다 번호들이 적혀 있는 방패 모양, 타원 모양, 직사각형 모양의 표지판들을 보았는데, 발표를 듣고 모두 의미가 있다는 것을 알게 되었어. 가기 전에 알았으면 더 좋았을 텐데……. 그런데 그때 삼각형과 육각형 모양의 표지판도 본 것 같은데, 그것들도 어떤 의미가 있는지 인터넷으로 검색해 봐야겠어.

① 발표 내용을 객관적 사실과 발표자의 의견으로 구분하고 있다.
② 발표했던 경험을 떠올리며 발표자의 발표 태도에 대해 아쉬워하고 있다.
③ 발표를 듣고 난 후 생긴 궁금증을 적극적으로 해결하려는 태도를 보이고 있다.
④ 발표에서 언급하지 않은 정보에 대해 발표자에게 질문을 해야겠다고 생각하고 있다.
⑤ 발표 내용과 자신이 알고 있던 사실을 비교하며 발표에서 제시한 정보에 의문을 품고 있다.

[4~7] (가)는 텔레비전 방송의 인터뷰이고, (나)는 (가)를 시청한 후 행복 나눔 장터를 다녀온 학생이 학교 홈페이지에 올리기 위해 쓴 건의문의 초고이다. 물음에 답하시오.

(가)

진행자 : 오늘은 '행복 나눔 장터'를 성공적으로 운영하고 있는 △△시의 시장님을 모시고 말씀을 나눠보겠습니다. 시장님, 안녕하세요.

△△시 시장 : 안녕하세요.

진행자 : ㉠시청자 분들께 행복 나눔 장터를 운영하게 된 배경을 말씀해 주시겠어요?

△△시 시장 : 그동안 우리 시에서는 재활용이 가능한 다양한 중고품이 쓰레기와 함께 버려지는 경우가 많았고, 이는 환경오염을 심화시켜 늘 골칫거리였습니다. (사진1 화면) 보시다시피 주변에 버려진 전자제품과 가구가 오랫동안 방치되어 환경을 오염시키고 있습니다. 그런데 한 시민의 제안으로 시작한 행복 나눔 장터 덕분에 지금은 중고품의 재활용이 증가하여 쓰레기 배출량도 많이 줄었습니다.

진행자 : 네, 그렇군요. 행복 나눔 장터가 주말마다 열린다고 들었는데, ㉡장터의 모습을 잠시 보여 주실 수 있나요?

△△시 시장 : (동영상 화면) 지난 주말의 장터 모습을 촬영한 것인데, 많은 시민들이 행복 나눔 장터를 찾았습니다.

진행자 : (동영상을 보고 나서) 행복 나눔 장터의 열기가 여기까지 전해지는 듯하네요. 시장님, ㉢올해는 운영 면에서 지난해와 달라진 점이 있나요?

△△시 시장 : 지난해까지는 나눔 마당을 통해 시민들로부터 기증 받은 중고품을 필요한 사람들에게 나눠주거나 중고품을 교환하는 행사에 치중했습니다. (사진2 화면) 하지만 올해는 화면에서 보시는 것처럼 실속 마당을 새롭게 마련하여 우리 지역에서 생산되는 토마토, 참외, 버섯 등의 농산물을 저렴하게 구입할 수 있도록 했습니다. (사진3 화면) 뿐만 아니라 행사장 가장자리에 체험 마당도 마련하여 폐식용유를 활용한 비누 만들기 체험을 해 볼 수 있게 하였습니다.

진행자 : 올해는 나눔 마당, 실속 마당, 체험 마당으로 구성하여 운영한다는 말씀이죠?

△△시 시장 : 네, 그렇습니다.

진행자 : 그동안 행복 나눔 장터를 운영하면서 힘들었던 일도 많았을 것 같은데, 소개해 주시겠습니까?

△△시 시장 : 행복 나눔 장터를 열던 첫해에는 시민들의 관심도 적었고, 기증 받은 중고품도 많지 않아 큰 어려움을 겪었습니다. 또 행사 진행을 도와 줄 자원봉사자들이 부족하여 무척 힘들었죠.

진행자 : 그렇군요. 그런데 시장님, ㉣기증 받은 중고품에는 어떤 것들이 있나요? 또 행사장에 가면 누구나 원하는 만큼 중고품을 무료로 받을 수 있는 건가요?

△△시 시장 : (표 화면) 이 표를 보시면 아시겠지만 가구, 가전 제품, 학용품, 옷, 신발, 완구 등 시민들로부터 기증 받은 중고품이 굉장히 많습니다. 행사장에 도착한 순서대로 번호표를 배부한 후 그 순서에 따라 필요한 물품을 선택할 수 있는 기회를 부여합니다. 하지만 물품 선택은 한 세대 당 하나만 가능하죠.

진행자 : 그렇군요. 시장님, 행사가 열리는 장소는 어디죠?

△△시 시장 : 시청에서 5분 거리에 있는 시민운동장입니다. 다른 지역에서 오시는 분들은 지하철을 이용하시면 시민운동장까지 편안하게 이동할 수 있습니다.

진행자 : ㉤시민들이 중고품을 기증하려면 어떻게 해야 하나요?

△△시 시장 : (사진4 화면) △△시 홈페이지 게시판입니다. 이 게시판을 이용하여 기증할 물품과 기증자의 연락처만 남겨 주시면 업무 담당자가 직접 연락하여 기증자가 원하는 날짜에 수거할 것입니다.

진행자 : 끝으로 시청자 분들께 한 말씀 해 주시죠.

△△시 시장 : 행복 나눔 장터에는 다양한 종류의 중고품과 지역 농산물들이 준비되어 있습니다. 이번 주말에 가족과 함께 행복 나눔 장터를 방문해 주세요.

진행자 : 네, 오늘 좋은 말씀 감사합니다.

(나) 학생의 초고

교장 선생님, 안녕하십니까? 저는 1학년 김○○입니다. 제가 교장 선생님께 글을 쓰게 된 이유는 우리 학교에도 중고품을 교환할 수 있는 나눔 장터를 마련해 달라고 건의하기 위해서입니다.

저는 지난 주말에 가족들과 함께 시민운동장에서 열린 '행복 나눔 장터'를 다녀왔습니다. 이곳에서는 누구나 자유롭게 중고품을 교환할 수도 있고, 자신에게 필요한 물품을 무료로 제공받을 수 있습니다. 그러다 보니 시민들에게도 인기가 많을 뿐만 아니라 다른 도시에서도 소문을 듣고 이 장터를 찾는 사람들이 있다고 합니다. 저는 행복 나눔 장터를 다녀온 후 우리 학교에도 중고품을 교환할 수 있는 나눔 장터가 있으면 좋겠다고 느꼈습니다.

제가 환경 동아리 부원들과 함께 전교생을 대상으로 사용하지 않는 물건들의 종류와 그 처리 방법을 알아보기 위해 설문 조사를 했습니다. 사용하지 않는 물건에는 학용품을 비롯하여 참고서, 책, 가방, 자전거, 전자시계 등 종류가 다양했습니다. 이러한 물건들은 모두 쓸 만한 것들이지만 마땅히 처리할 방법을 잘 몰라 그냥 버리거나 집에 방치하고 있다는 응답이 상당수를 차지했습니다.

이러한 현실을 감안할 때, ⓐ우리 학교에 중고품을 교환할 수 있는 장터가 생긴다면, 분명 긍정적인 효과가 발생할 것이라 생각합니다. 그러므로 중고품 나눔 장터를 마련해 주셨으면 좋겠습니다. 감사합니다.

[해설편 p.086]

4. (가)에 나타난 말하기 방식으로 적절한 것은?

① '진행자'는 '△△시 시장'에게 인터뷰할 내용의 순서를 안내하고 있다.

② '진행자'는 '△△시 시장'에게 자신이 이해한 내용이 맞는지 확인하고 있다.

③ '진행자'는 친숙한 소재에 빗대어 인터뷰 내용을 요약하여 시청자들에게 전달하고 있다.

④ '△△시 시장'은 '진행자'의 질문에 전문가의 말을 인용하여 답변하고 있다.

⑤ '△△시 시장'은 기대되는 긍정적인 결과를 언급하며 인터뷰를 마무리하고 있다.

5. <보기>는 '△△시 시장'이 인터뷰를 위해 준비한 자료이다. ㉠ ~ ㉥에 답변을 하기 위한 자료 활용 계획 중, (가)에서 확인할 수 없는 것은?

<보 기>
- 사진1 : 주변에 버려진 냉장고의 모습
- 동영상 : 행복 나눔 장터의 사람들 모습
- 사진2 : 지역 농산물을 판매하는 모습
- 사진3 : 폐식용유로 비누 만들기를 하는 모습
- 표 : 2021년 △△시 시민들이 기증한 중고품 목록
- 사진4 : △△시 홈페이지의 게시판 화면

① ㉠에 대한 답변에서 '사진 1'을 제시하여, 행복 나눔 장터의 운영이 자원 재활용 및 환경 보호와 관련이 있음을 전달해야겠어.

② ㉡에 대한 답변에서 '동영상'을 제시하여, 행복 나눔 장터를 찾은 사람들의 모습을 생생하게 보여줘야겠어.

③ ㉢에 대한 답변에서 '사진 2'와 '사진 3'을 제시하여, 행복 나눔 장터에서 판매하는 지역 농산물과 시민들이 참여할 수 있는 체험 활동을 언급해야겠어.

④ ㉣에 대한 답변에서 '표'를 제시하여, 기증 받은 중고품의 목록과 기증자에게 돌아갈 다양한 혜택을 언급해야겠어.

⑤ ㉤에 대한 답변에서 '사진4'를 제시하여, 중고품의 기증 방법과 절차를 안내해야겠어.

6. 다음은 학생이 (나)를 쓰기 전 떠올린 생각이다. (나)에 반영되지 않은 것은?

- ○ 글을 쓰는 사람이 누구인지를 먼저 밝혀야겠어. ········ ㉠
- ○ 행복 나눔 장터를 직접 방문한 후의 느낀 점을 언급해야겠어. ·············· ㉡
- ○ 다른 지역의 학교에서 운영하고 있는 중고품 나눔 장터의 현황을 소개해야겠어. ···················· ㉢
- ○ 우리 학교 학생들이 사용하지 않고 있는 물건을 어떻게 처리하는지 언급해야겠어. ················ ㉣
- ○ 중고품 나눔 장터를 마련해 달라고 건의하며 글을 마무리해야겠어. ·················· ㉤

① ㉠　　② ㉡　　③ ㉢　　④ ㉣　　⑤ ㉤

7. 다음을 고려할 때, ⓐ를 보완한 내용으로 가장 적절한 것은?

[3점]

[글쓰기 과정에서의 자기 점검]
　긍정적인 효과가 무엇인지 잘 드러나지 않았네. 우리 학교 학생들이 얻을 수 있는 교육적 효과와 학교가 얻을 수 있는 홍보 효과도 함께 강조하면 설득력이 더 높아질 것 같아.

① 우리 학교에 중고품을 교환할 수 있는 장터가 생긴다면, 학생들뿐만 아니라 지역 주민들도 분명 동참하게 될 것입니다.

② 우리 학교에 중고품을 교환할 수 있는 장터가 생긴다면, 학생들도 자신의 물건을 함부로 버리지 않고 더 애정을 가지게 될 것입니다.

③ 우리 학교에 중고품을 교환할 수 있는 장터가 생긴다면, 환경 보호에도 도움이 될 것이고 학생들도 자원 절약의 정신을 배우게 될 것입니다.

④ 우리 학교에 중고품을 교환할 수 있는 장터가 생긴다면, 우리 지역의 중학생들도 이 소문을 듣게 될 것이므로 자연스럽게 학교 홍보가 될 것입니다.

⑤ 우리 학교에 중고품을 교환할 수 있는 장터가 생긴다면, 학생들은 나눔의 정신을 배울 것이고 학교는 자원 절약을 실천하는 배움터라는 이미지를 얻을 것입니다.

11회

[8~10] 다음을 읽고 물음에 답하시오.

(가) 작문 상황

○ 작문 목적 : 디지털 기기의 사용이 지구 환경에 미치는 영향을 알려, 디지털 탄소발자국 줄이기에 동참할 것을 권유함.
○ 예상 독자 : 학교 학생들

(나) 학생의 초고

　최근 '기후변화'와 '지속가능'의 개념들이 뉴스에서도 언급되는 등 지구적인 관심사가 되면서 다양한 분야에서 탄소발자국을 ㉠감소시키고 줄이려는 노력이 이어지고 있다. '탄소발자국'은 제품의 생산에서 소비, 폐기에 이르는 전 과정에서 직간접적으로 발생하는 이산화탄소의 총량으로, 한마디로 우리가 살아가면서 지구에 남기는 흔적이다.

　그런데 탄소발자국 줄이기와 관련하여 간과해서는 안 될 분야가 바로 디지털 영역이다. 디지털 기기는 사용 흔적이 눈에 보이지 않아 대수롭지 않게 여기는 경우가 많은데 실제로는 그렇지 않기 때문이다. 디지털 기기와 데이터 센터에 있는 서버를 연결하는 과정에서 이산화탄소가 발생하며, 데이터 센터의 적정 온도를 유지하는 데에도 이산화탄소가 많이 발생한다. ㉡그러나 스마트폰과 노트북 등 디지털 기기를 사용하는 것만으로도 지구를 병들게 할 수 있는 것이다.

　그렇다면 이러한 디지털 탄소발자국을 줄이기 위해 우리가 실천할 수 있는 일에는 무엇이 있을까? 우리의 일상과 떼려야 뗄 수 없는 스마트폰과 관련지어 생각해 보자. 우선, 스마트폰 사용 시간을 줄이는 것이다. 통화를 하거나 데이터를 사용하는 것뿐만 아니라 습관적으로 화면을 켜는 행위도 그만큼 전력을 소모해 이산화탄소를 발생시킨다고 하니, 환경을 위해 ▽ 조금 멀리하는 것이 필요하다. 다음으로, 콘텐츠를 스트리밍하는 대신에 다운로드하는 것이다. 스트리밍은 인터넷을 사용하면서 발생하는 트래픽의 상당 부분을 차지하므로, 자주 듣고 보는 음악과 영상을 미리 다운로드하는 것이 탄소발자국을 줄이는 좋은 방법이 된다. 끝으로, 스마트폰을 자주 바꾸지 않는 것이다. ㉢스마트폰 한 대를 생산할 때 배출되는 이산화탄소의 양은 스마트폰 한 대를 약 10년 동안 사용할 때의 양과 같다고 한다. 스마트폰의 교체가 잦을수록 이산화탄소 발생량이 점점 증가하므로 스마트폰의 교체 주기를 늘리는 것이 탄소발자국을 줄이는 방법이 될 수 있다.

　이처럼 디지털 탄소발자국을 줄이는 것은 개개인의 작은 실천에서 시작될 수 있다. 고개 숙여 스마트폰을 보는 대신 앞에 앉아 있는 사람과 눈 ㉣마추며 대화를 나누는 것은 어떨까? 어쩌면 스마트폰을 잠시 내려놓는 일은 사람들 간의 관계를 회복할 뿐만 아니라 지구의 건강을 지키는 일일 것이다.

8. (나)에 활용된 글쓰기 전략으로 적절하지 <u>않은</u> 것은?

① 비유적 표현을 활용하여 독자의 경각심을 높인다.
② 서두에 시사 용어를 사용하여 독자의 관심을 유도한다.
③ 묻고 답하는 방식을 통해 전달하려는 내용을 강조한다.
④ 다양한 실천 방안을 제시하여 독자의 참여를 이끌어낸다.
⑤ 예상되는 반론을 언급하여 글의 내용에 공정성을 부여한다.

9. <보기>는 (나)를 쓴 '학생'이 '초고'를 보완하기 위해 추가로 수집한 자료들이다. 자료의 활용 방안으로 적절하지 <u>않은</u> 것은? [3점]

―――――――― <보 기> ――――――――

ㄱ. 통계 자료

1. 스마트폰의 디지털 탄소발자국　2. 디지털 탄소발자국의 비율(%)

데이터 8.6MB 사용 ＝ 자동차 1km 주행
CO₂ 95g 배출

구분	디지털탄소발자국 / 탄소발자국
2013년	2.5%
2018년	3%
2020년	3.7%
2040년	14% 초과 추정

ㄴ. 신문 기사

　○○구는 지속가능한 지역 사회를 만들고 기후변화에 대응하기 위해 '디지털 탄소발자국 줄이기 5대 지침'을 시행한다고 밝혔다. 세부 지침은 컴퓨터 절전 프로그램 사용, 스팸 메일·쪽지 차단, 북마크 활용, 스트리밍 대신 다운로드, 전자 기기 교체 주기 늘리기 등이다.

ㄷ. 전문가 인터뷰 자료

　"2020년 7월 한 달 동안 스마트폰 가입자가 사용한 데이터는 1인당 평균 12.5GB 정도 되는데요, 이것은 한 달 동안 1인당 137.5kg의 이산화탄소를 배출한 셈이 됩니다. 실제 한 대학교 연구진은 개인이 스마트폰을 사용하면서 발생하는 이산화탄소가 다른 디지털 기기를 사용하는 과정에서 나온 이산화탄소의 총량을 넘어설 것이라고 지적하기도 했죠."

① ㄱ-1을 활용하여, CO₂ 배출량을 자동차 주행과 비교함으로써 스마트폰 데이터의 사용이 탄소발자국을 남기고 있다는 것을 강조해야겠어.
② ㄱ-2를 활용하여, 탄소발자국에서 디지털 탄소발자국이 차지하는 비중이 앞으로 더 늘어날 것임을 알려야겠어.
③ ㄴ을 활용하여, 디지털 탄소발자국을 줄여 기후변화에 대응하는 실천 방안을 추가로 제시해야겠어.
④ ㄱ-1과 ㄷ을 활용하여, 스마트폰 데이터의 사용으로 발생하는 디지털 탄소발자국을 구체적인 수치로 나타내야겠어.
⑤ ㄱ-2와 ㄴ을 활용하여, 디지털 탄소발자국을 줄이기 위해 현행 제도의 문제점을 지적하고 이를 개선해야 함을 부각해야겠어.

10. ㉠~㉣을 고쳐 쓰기 위한 방안으로 적절하지 <u>않은</u> 것은?

① ㉠ : 의미가 중복되므로 '감소시키고'를 삭제한다.
② ㉡ : 문맥을 고려하여 '그래서'로 고친다.
③ ㉢ : 필요한 문장 성분이 생략되어 있으므로 '스마트폰을'을 첨가한다.
④ ㉢ : 글의 통일성을 해치는 내용이므로 삭제한다.
⑤ ㉣ : 맞춤법에 어긋나므로 '맞추며'로 고친다.

11. <보기>의 ㉠과 ㉡이 모두 일어나는 단어로 적절한 것은?

─── <보 기> ───

음운의 변동에는 한 음운이 다른 음운으로 바뀌는 ㉠'교체', 원래 있던 음운이 없어지는 '탈락', 두 개의 음운이 하나로 합쳐지는 ㉡'축약', 없던 음운이 새로 생기는 '첨가'가 있다.

① 굳히다[구치다]　　　　② 미닫이[미다지]
③ 빨갛다[빨가타]　　　　④ 솜이불[솜니불]
⑤ 잡히다[자피다]

12. 윗글을 바탕으로 <보기>를 탐구한 내용으로 적절하지 <u>않은</u> 것은?

─── <보 기> ───

㉠오랫동안 여행을 떠났던 친구가 ㉡ 자신이 돌아왔음을 알리며 ㉢ 곧장 나를 만나러 오겠다고 ㉣ 기분 좋게 약속해서 나는 ㉤마음이 설렜다.

① ㉠은 뒤에 오는 명사 '친구'를 수식하므로 관형절로 안긴문장으로 볼 수 있군.
② ㉡은 서술어 '알리며'의 부사어 역할을 하므로 명사절로 안긴문장으로 볼 수 있군.
③ ㉢은 '고'를 사용하여 친구의 말을 인용하고 있으므로 인용절로 안긴문장으로 볼 수 있군.
④ ㉣은 서술어 '약속해서'를 수식하고 있으므로 부사절로 안긴문장으로 볼 수 있군.
⑤ ㉤은 주어 '나'의 상태를 서술하는 역할을 하므로 서술절로 안긴문장으로 볼 수 있군.

[12~13] 다음 글을 읽고 물음에 답하시오.

일반적으로 문장은 주어와 서술어의 관계에 따라 홑문장과 겹문장으로 나눌 수 있다. 홑문장은 '주어─서술어'의 관계가 한 번만 나타나는 문장이고, 겹문장은 '주어─서술어'의 관계가 두 번 이상 나타나는 문장이다. 겹문장은 문장의 짜임새에 따라 다시 안은문장과 이어진문장으로 나뉜다.

다른 문장 속에 들어가 하나의 성분처럼 쓰이는 문장을 안긴문장이라고 하며, 이 문장을 포함한 문장을 안은문장이라고 한다. 안긴문장은 문법 단위로는 '절'에 해당하며, 이는 크게 명사절, 관형절, 부사절, 서술절, 인용절의 다섯 가지로 나뉜다.

명사절은 '우리는 <u>그가 돌아오기</u>를 기다린다.'의 밑줄 친 부분과 같이 절 전체가 명사처럼 쓰이는 것으로, 문장에서 주어, 목적어, 보어, 부사어 등의 역할을 한다. 관형절은 절 전체가 관형어의 기능을 하는 것으로, '<u>아이들이 들어오는</u> 소리를 들었다.'의 밑줄 친 부분과 같이 체언 앞에 위치하여 체언을 수식하는 역할을 한다. 부사절은 절 전체가 부사어의 기능을 하는 것으로, '하늘이 <u>눈이 시리도록</u> 푸르다.'의 밑줄 친 부분과 같이 서술어를 수식하는 역할을 한다. 서술절은 '나는 <u>국어가 좋아</u>.'의 밑줄 친 부분과 같이 절 전체가 서술어의 기능을 하는 것이다. 인용절은 '담당자가 "<u>서류는 내일까지 제출하세요.</u>"라고 말했다.'의 밑줄 친 부분과 같이 화자의 생각 혹은 느낌이나 다른 사람의 말을 인용한 것이 절의 형식으로 안기는 경우로, '고', '라고'와 결합하여 나타난다.

이어진문장은 둘 이상의 절이 연결 어미에 의해 결합된 문장을 말한다. 절이 이어지는 방법에 따라 대등하게 이어진문장과 종속적으로 이어진문장으로 나뉜다. 대등하게 이어진문장은 앞 절과 뒤 절이 '─고', '─지만' 등의 연결 어미에 의해 이어지며, 각각 '나열', '대조' 등의 대등한 의미 관계로 해석된다. 종속적으로 이어진문장은 앞 절과 뒤 절이 '─아서/─어서', '─(으)면', '─(으)러' 등의 연결 어미에 의해 이어지며, 앞 절이 뒤 절에 대해 각각 '원인', '조건', '목적' 등의 종속적인 의미 관계로 해석된다.

13. 윗글을 바탕으로 이어진문장을 구분한 내용으로 적절한 것은?

	예문	종류	의미 관계
①	무쇠도 갈면 바늘이 된다.	종속	목적
②	하늘도 맑고, 바람도 잠잠하다.	대등	대조
③	나는 시험공부를 하러 학교에 간다.	종속	조건
④	함박눈이 내렸지만 날씨가 따뜻하다.	대등	나열
⑤	갑자기 문이 열려서 사람들이 놀랐다.	종속	원인

14. <보기>를 바탕으로 ㉠~㉤을 이해한 내용으로 적절하지 <u>않은</u> 것은? [3점]

───── <보 기> ─────

　'동사'는 동작이나 작용을 나타내는 단어이고, '형용사'는 성질이나 상태를 나타내는 단어이다. 동사와 형용사는 활용하는 양상이 다른데, 일반적으로 동사 어간에는 현재 시제 선어말 어미 '-ㄴ-/-는-', 현재 시제의 관형사형 어미 '-는', 명령형 어미 '-아라/-어라', 청유형 어미 '-자' 등이 붙지만, 형용사 어간에는 붙지 않는다.

　㉠ 지훈이가 야구공을 멀리 <u>던졌다</u>.
　㉡ 해가 떠오르며 점차 날이 <u>밝는다</u>.
　㉢ 그 친구는 <u>아는</u> 게 참 많다.
　㉣ 날씨가 더우니 한복을 <u>입어라</u>.
　㉤ *올해도 우리 모두 <u>건강하자</u>.

※ '*'는 비문법적인 문장임을 나타냄.

① ㉠의 '던졌다'는 대상의 동작을 나타내므로 동사이다.
② ㉡의 '밝는다'는 대상의 상태를 나타내므로 형용사이다.
③ ㉢의 '아는'은 현재 시제의 관형사형 어미 '-는'이 결합하였으므로 동사이다.
④ ㉣의 '입어라'는 명령형 어미 '-어라'가 결합하였으므로 동사이다.
⑤ ㉤의 '건강하자'의 기본형 '건강하다'는 청유형 어미 '-자'가 결합할 수 없으므로 형용사이다.

15. <보기>를 바탕으로 단어의 의미를 이해하려 할 때, ㉠과 ㉡의 예로 바르게 짝지어진 것은?

───── <보 기> ─────

　다의어는 두 가지 이상의 뜻을 가진 단어를 가리킨다. 다의어는 단어가 원래 뜻하는 ㉠중심적 의미와 중심적 의미에서 파생된 ㉡주변적 의미를 갖는다. '날아가는 새를 보다'에서 '보다'는 '눈으로 대상의 존재, 형태를 알다'라는 중심적 의미로 사용되었다. 그러나 '의사가 환자를 보다'에서 '보다'는 '진찰하다'라는 주변적 의미로 사용되었다.

	㉠	㉡
①	창문을 <u>열어</u> 환기를 하자.	회의를 <u>열어</u> 그를 회장으로 추천하자.
②	마음을 굳게 <u>먹고</u> 열심히 연습했다.	국이 매워서 많이 <u>먹지</u> 못하겠다.
③	미리 숙소를 <u>잡고</u> 여행지로 출발했다.	오디션에 참가할 기회를 <u>잡았다</u>.
④	그는 이번 인사발령으로 총무과로 <u>갔다</u>.	그는 아침 일찍 일터로 <u>갔다</u>.
⑤	창밖을 내다보니 동이 트려면 아직도 <u>멀었다</u>.	학교에서 버스정류장까지가 매우 <u>멀었다</u>.

[16~20] 다음 글을 읽고 물음에 답하시오.

　'식욕'은 음식을 먹고 싶어 하는 욕망으로, 인간이 살아가는 데 필요한 영양분을 얻기 위해서 반드시 필요하다. 식욕은 기본적으로 뇌의 시상 하부*에 있는 식욕 중추*의 영향을 받는데, 이 중추에는 배가 고픈 느낌이 들게 하는 '섭식 중추'와 배가 부른 느낌이 들게 하는 '포만 중추'가 함께 있다. 우리 몸이 영양분을 필요로 하는 상태가 되면 섭식 중추는 뇌 안의 다양한 곳에 신호를 보낸다. 그러면 식욕이 느껴져 침의 분비와 같이 먹는 일과 관련된 무의식적인 행동이 촉진된다. 그러다 영양분의 섭취가 늘어나면, 포만 중추가 작용해서 식욕이 억제된다.

[A] ┌ 　그렇다면 뇌에 있는 섭식 중추나 포만 중추는 어떻게 몸 속 영양분의 상태에 따라 식욕을 조절하는 것일까? 여기에서 중요한 역할을 하는 것이 혈액 속을 흐르는 영양소인데, 특히 탄수화물에서 분해된 '포도당'과 지방에서 분해된 '지방산'이 중요하다. 먼저 탄수화물은 식사를 통해 섭취된 후 소장에서 분해되면, 포도당으로 변해 혈액 속으로 흡수된다. 그러면 혈중 포도당의 농도가 높아지고, 이를 줄이기 위해 췌장에서 '인슐린'이라는 호르몬이 분비된다. 이 포도당과 인슐린이 혈액을 타고 시상 하부로 이동하여 포만 중추의 작용은 촉진하고 섭식 중추의 작용은 억제한다. 반면에 지방은 피부 아래의 조직에 중성지방의 형태로 저장되어 있다가 공복 상태가 길어지면 혈액 속으로 흘러가 간(肝)으로 운반된다. 그러면 부족한 에너지를 보충하기 위해 간에서 중성지방이 분해되고, 이 과정에서 생긴 지방산이 혈액을 타고 시상 하부로 이동하여 섭식 중추의 작용은 촉진하고 포만 중추의 작용은 억제한다. 이와 같은 작용 원리에 따라 우리의 식욕은 자연스럽게 조절된다. └

　그런데 우리는 온전히 영양분 섭취만을 목적으로 식욕을 느끼는 것은 아니다. 예를 들어, '스트레스를 받으니까 매운 음식이 먹고 싶어.'처럼 영양분의 섭취와 상관없이 취향이나 기분에 좌우되는 식욕도 있다. 이와 같은 식욕은 대뇌의 앞부분에 있는 '전두 연합 영역'에서 조절되는데, 본래 이 영역은 정신적이고 지적인 활동을 담당하는 곳이지만 식욕에도 큰 영향을 미친다. 이곳에서는 음식의 맛, 냄새 등 음식에 관한 다양한 감각 정보를 정리해 종합적으로 기억한다. 또한 맛이 없어도 건강을 위해 음식을 섭취하는 것과 같이, 먹는 행동을 이성적으로 조절하는 일도 이곳에서 담당하는데, 전두 연합 영역의 지령은 신경 세포의 신호를 통해 섭식 중추와 포만 중추로 전해진다.

　한편 전두 연합 영역의 기능을 알면, ⓐ음식을 먹은 후 '이젠 더 이상 못 먹겠다.'라고 생각하면서도 디저트를 먹는 현상을 쉽게 이해할 수 있다. 흔히 사람들이 '이젠 더 이상 못 먹겠다.'고 생각하는 이유는 ⓑ실제로 배가 찼기 때문일 수도 있고, 배가 차지는 않았지만 특정한 맛에 질렸기 때문일 수도 있다. 그런데 이런 상황에도 불구하고 디저트를 먹는 현상은 모두 전두 연합 영역의 영향을 받는다. 먼저, 배가 찬 상태에서는 전두 연합 영역의 영향으로 위(胃) 속에 디저트가 들어갈 공간을 마련할 수 있다. 전두 연합 영역의 신경 세포가 '맛있다'와 같은 신호를 섭식 중추로 보내면, 거기에서 '오렉신'이라는 물질이 나온다. 오렉신은 위(胃)의 운동에 관련되는 신경 세포에 작용해서, 위(胃)의 내용물을 밀어내고 다시 새로운 음식이 들어갈 공간을 마련하는 것이다. 다음으로, 배가 차지 않은 상태이지만 전두 연합 영역의 영향으로 특정한 맛에 질릴 수 있다. 그래서 식사가 끝난 후에는 대개 단맛의 음식을 먹고 싶어 하게 되는데, 이는 주식이나 반찬에는 그 정도의 단맛을 내는 음식이 없기 때문이다. 따라서 우리가 "디저트 먹을 배는 따로 있다."라고 하는 것은 생물학적으로 충분히 설득력 있는 표현이 되는 것이다.

* 시상 하부 : 사람이 의식적으로 통제하지 못하는 다양한 신체 시스템을 감시하고 조절하는 뇌의 영역.
* 중추 : 신경 기관 가운데, 신경 세포가 모여 있는 부분.

16. 윗글의 표제와 부제로 가장 적절한 것은?

① 식욕의 작용 원리
　－ 식욕 중추와 전두 연합 영역을 중심으로
② 식욕의 개념과 특성
　－ 영양소의 종류와 역할을 중심으로
③ 식욕이 생기는 이유
　－ 탄수화물과 지방의 영향 관계를 중심으로
④ 전두 연합 영역의 특성
　－ 디저트의 섭취와 소화 과정을 중심으로
⑤ 전두 연합 영역의 여러 기능
　－ 포도당과 지방산의 작용 관계를 중심으로

17. 윗글을 이해한 내용으로 적절하지 <u>않은</u> 것은?

① 식욕은 인간이 살아가는 데 반드시 필요한 욕망이다.
② 인간의 뇌에 있는 시상 하부는 인간의 식욕에 영향을 끼친다.
③ 위(胃)의 운동에 관여하는 오렉신은 전두 연합 영역에서 분비된다.
④ 음식의 특정한 맛에 질렸을 때 더 이상 먹을 수 없다고 생각할 수 있다.
⑤ 전두 연합 영역은 정신적이고 지적인 활동뿐만 아니라 식욕에도 관여한다.

18. ⓑ와 '식욕 중추의 작용'을 고려하여 ⓐ를 이해한 내용으로 적절한 것은?

① 섭식 중추의 작용이 억제되므로 ⓐ는 타당하다.
② 섭식 중추의 작용이 활발하므로 ⓐ는 모순적이다.
③ 포만 중추의 작용이 억제되므로 ⓐ는 모순적이다.
④ 포만 중추의 작용이 활발하므로 ⓐ는 모순적이다.
⑤ 섭식 중추와 포만 중추의 작용이 반복되므로 ⓐ는 타당하다.

19. [A]를 바탕으로 <보기>에 대해 설명한 내용으로 가장 적절한 것은?

<보 기>

다음은 탄수화물이 포함된 식사 전후에 혈액 속을 흐르는 물질이 식욕 중추에 끼치는 영향 관계를 표현한 모식도이다.

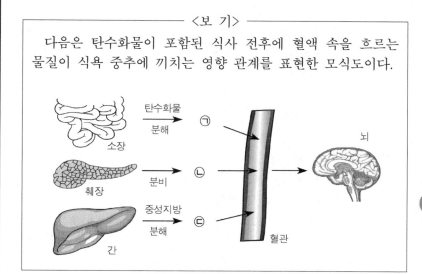

① 혈관 속에 ㉠의 양이 줄어들면 ㉡이 분비된다.
② 혈관 속에 ㉠과 ㉡의 양이 많아지면 배가 고픈 느낌이 든다.
③ 공복 상태가 길어지면 ㉠과 ㉢은 시상 하부의 명령을 식욕 중추에 전달한다.
④ 공복 상태가 길어지면 혈관 속에 ㉠의 양은 줄어들고 ㉢의 양은 늘어난다.
⑤ 식사를 하는 동안에 ㉡은 ㉢의 도움으로 피부 아래의 조직에 중성지방으로 저장된다.

20. 윗글을 바탕으로 <보기>를 이해한 내용으로 적절하지 <u>않은</u> 것은? [3점]

<보 기>

(뷔페에서 음식을 먹은 후)

A : 너무 많이 먹어서 배가 터질 것 같아.
B : 나도 배가 부르기는 한데, 그래도 내가 좋아하는 떡볶이를 좀 더 먹어야겠어.

(잠시 후 디저트를 둘러보며)

A : 예전에 여기서 이 과자 먹어 봤는데 정말 달고 맛있었어. 오늘도 먹어 볼까?
B : 너 조금 전에 배가 터질 것 같다고 하지 않니?
A : 후식 먹을 배는 따로 있다는 말도 못 들어 봤어?
B : 와! 그게 또 들어가? 진짜 대단하다. 나는 입맛에는 안 맞지만 건강을 위해 녹차나 마셔야겠어.

① A는 오렉신의 영향으로 위(胃)에 후식이 들어갈 공간이 더 마련되었겠군.
② A는 섭식 중추의 작용으로 뷔페의 과자가 맛있었다고 떠올릴 수 있었겠군.
③ B는 영양분의 섭취와는 무관하게 떡볶이가 먹고 싶다고 생각했겠군.
④ B는 전두 연합 영역의 작용으로 건강을 위해 입맛에 맞지 않는 녹차를 마셨겠군.
⑤ A와 B는 디저트를 둘러보기 전까지 섭식 중추의 작용이 점점 억제되었겠군.

[21~25] 다음 글을 읽고 물음에 답하시오.

정약용은 조선 후기의 실학자로, 인간의 본성에 대한 탐구를 통해 인간의 선한 행위를 설명하고자 하였다. 그는 이전까지 절대적 권위를 가지고 있던 주희(朱熹)의 주자학을 비판하며 인간의 본성에 대한 자신의 이론을 정립했다는 점에서 주희와는 다른 관점을 보여 주었다.

주희는 인간의 본성을 '본연지성(本然之性)'과 '기질지성(氣質之性)'으로 설명하였다. '본연지성'은 인간이 하늘로부터 부여받은 순수하고 선한 본성이고, '기질지성'은 본연지성에 사람마다 다른 기질이 더해진 것으로 사람에 따라 다양하게 나타난다. 그래서 주희는 인간의 기질이 맑으면 선한 행위를 하고 탁하면 악한 행위를 할 수 있다고 보았다. 그러나 정약용은 선한 행위와 악한 행위의 원인을 기질이라는 선천적 요인으로 본다면 행위에 인간의 의지가 개입되지 않으므로 악한 행위를 한 사람에게 윤리적 책임을 물을 수 없다고 주희의 관점을 비판하였다.

정약용은 인간의 본성을 '기호(嗜好)'라고 보았다. 기호란 즐기고 좋아한다는 뜻으로, 생명이 있는 모든 존재는 각각의 기호를 본성으로 갖는다고 보았다. 꿩은 산을 좋아하는 경향성을 갖고 벼는 물을 좋아하는 경향성을 갖는 것처럼, 인간도 어떤 경향성을 갖는다는 것이다. 정약용은 인간에게 ㉠'감각적 욕구에서 비롯된 기호'와 ㉡'도덕적 욕구에서 비롯된 기호'가 있다고 보았다. 먼저, 감각적 욕구에서 비롯된 기호는 생명이 있는 모든 존재가 지니는 육체의 경향성으로, 맛있는 것을 좋아하고 맛 없는 것을 싫어하는 것을 예로 @들 수 있다. 다음으로, 도덕적 욕구에서 비롯된 기호는 인간만이 지니는 영혼의 경향성으로, 선을 좋아하거나 악을 싫어하는 것을 예로 들 수 있다. 정약용은 감각적 욕구가 생존에 필요하고 삶의 원동력이 된다는 점에서 일부 긍정했으나, 감각적 욕구에서 비롯된 기호를 제어하지 못할 경우 악한 행위가 나타날 수 있고, 도덕적 욕구에서 비롯된 기호를 따를 경우 선한 행위가 나타난다고 보았다. 정약용은 선한 행위를 하거나 악한 행위를 하는 것이 온전히 인간의 자유 의지에 달려 있으므로, 악한 행위를 한 사람에게 윤리적 책임을 물을 수 있다고 보았다.

그래서 정약용은 자유 의지로 선한 행위를 선택하고 이를 실천하는 것이 중요하다고 보았는데, 구체적인 실천 원리로 '서(恕)'를 강조하였다. 그는 '서'를 용서(容恕)와 추서(推恕)로 구분하고, 추서를 특히 강조하였다. 용서는 타인을 다스리는 것과 관련되어 '타인의 악을 너그럽게 보아줌'을 의미하고, 추서는 자신을 다스리는 것과 관련되어 '내가 대접받고 싶은 대로 타인을 대우함'을 의미한다. 친구가 거짓말을 했을 때 잘못을 덮어 주는 행위는 용서이고, 내가 아우의 존중을 받고 싶을 때 내가 먼저 형을 존중하는 모습을 보여주는 행위는 추서인 것이다. 그런데 용서는 타인의 악한 행위를 용인해 주는 문제가 발생할 수 있지만, 추서는 자신의 마음을 미루어 타인의 마음을 이해할 수 있으므로, 정약용은 추서에 따라 선한 행위를 실천해야 한다고 보았다.

21. 윗글의 내용 전개 방식으로 가장 적절한 것은?

① 인간의 본성에 대한 여러 관점이 사회에 미친 영향을 설명하고 있다.
② 인간의 본성에 대한 기존의 관점을 비판하는 다른 관점을 소개하고 있다.
③ 인간의 본성에 대한 관점의 타당성 여부를 다양한 입장에서 분석하고 있다.
④ 인간의 본성에 대한 상반된 관점을 절충한 새로운 관점의 특징을 밝히고 있다.
⑤ 인간의 본성에 대해 대비되는 관점이 등장하게 된 시대적 배경을 설명하고 있다.

22. 윗글의 내용과 일치하지 <u>않는</u> 것은?

① 주희는 인간에게 하늘로부터 부여 받은 본연지성이 있다고 보았다.
② 주희는 기질의 맑고 탁함에 따라 선하거나 악한 행위가 나타날 수 있다고 보았다.
③ 정약용은 추서에 따라 선한 행위를 실천하는 것이 중요하다고 보았다.
④ 정약용은 감각적 욕구가 악한 행위를 유도하므로 제거해야 한다고 보았다.
⑤ 정약용은 주희의 관점으로는 악한 행위를 한 사람에게 윤리적 책임을 물을 수 없다고 보았다.

23. ㉠과 ㉡에 대한 이해로 가장 적절한 것은?

① ㉠은 인간이 제어할 수 없는 기호이다.
② ㉡은 생존에 필요한 욕구에서 비롯된 것이다.
③ ㉠은 ㉡과 달리 생명이 있는 모든 존재가 지닌다.
④ ㉡은 ㉠과 달리 욕구를 즐기고 좋아하는 경향성이다.
⑤ ㉠과 ㉡은 모두 타인의 잘못을 덮어 주는 행위와 직결된다.

24. 윗글을 바탕으로 <보기>를 이해한 내용으로 적절하지 <u>않은</u> 것은? [3점]

─── <보 기> ───

학급에서 복도 청소를 맡은 학생 A와 B가 있었다. A는 평소 청소를 잘 하지 않았고, B는 항상 성실히 청소를 하였다. 복도가 깨끗한 것을 본 선생님이 복도 청소 담당인 두 학생을 모두 칭찬하였는데, 이때 A는 자신이 B보다 더 열심히 청소를 했다고 거짓말을 하였다. B는 A가 거짓말을 했다는 것을 알고 있었지만 이를 내색하지 않고 평소대로 열심히 청소하였고 A는 그러한 B를 보면서 부끄러움을 느꼈다. 이후, A는 B에게 자신의 행동을 사과하였으며, 책임감을 갖고 청소하였다.

① 주희는 거짓말을 한 것과 무관하게 A에게는 순수하고 선한 본성이 있다고 보겠군.
② 주희는 평소 청소를 잘 하지 않는 A와 항상 성실히 청소하는 B의 기질이 서로 다르다고 보겠군.
③ 정약용은 A가 책임감 있게 청소하게 된 것이 A의 자유 의지에 의한 것이라고 보겠군.
④ 정약용은 A가 도덕적 욕구에서 비롯된 기호를 따랐기 때문에 행동의 변화가 나타났다고 보겠군.
⑤ 정약용은 B가 추서로 A의 마음을 이해해 주었기 때문에 A의 거짓말을 용인하게 되었다고 보겠군.

25. ⓐ와 문맥적 의미가 가장 유사한 것은?

① 명확한 증거를 <u>들었다</u>.
② 감기가 <u>들어</u> 약을 먹었다.
③ 마음에 <u>드는</u> 사람이 있다.
④ 우리 집은 햇볕이 잘 <u>든다</u>.
⑤ 상자 안에 선물이 <u>들어</u> 있다.

[26~28] 다음 글을 읽고 물음에 답하시오.

안 초시는 한나절이나 화투패를 떼다 안 떨어지면 그 화풀이로 박희완 영감이 들고 중얼거리는 『속수국어독본』을 툭 채어 행길로 팽개치며 그랬다.
"넌 또 무슨 재술 바라구 밤낮 화투패나 떨어지길 바라니?"
"난 심심풀이지."
그러나 속으로는 박희완 영감보다 더 세상에 대한 야심이 끓었다. 딸이 평양으로 대구로 다니며 지방 순회까지 하여서 제법 돈냥이나 걷힌 것 같으나 연구소를 내느라고, 집을 뜯어 고친다, 유성기를 사들인다, 교제를 하러 돌아다닌다 하느라고, 더구나 귀찮게만 아는 이 아비를 위해 쓸 돈은 예산에부터 들지 못하는 모양이었다.

"얘? 낡은 솜이 돼 그런지, 삿바느질이 돼 그런지 바지 솜이 모두 치어서 어떤 덴 홑옷이야. 암만해두 샤쓸 한 벌 사입어야겠다."
하고 딸의 눈치만 보아 오다 한번은 입을 열었더니,
"어련히 인제 사드릴라구요."
하고 딸은 대답은 선선하였으나 셔츠는 그해 겨울이 다 지나도록 구경도 못 하였다. ㉠셔츠는커녕 안경다리를 고치겠다고 돈 1원만 달래도 1원짜리를 굳이 바꿔다가 50전 한 닢만 주었다. 안경은 돈을 좀 주무르던 시절에 장만한 것이라 테만 오륙 원 먹는 것이어서 50전만으로 그런 다리는 어림도 없었다. 50전짜리 다리도 있지만 살 바에는 조촐한 것을 택하던 초시의 성미라 더구나 면상에서 짝짝이로 드러나는 것을 사기가 싫었다. ㉡차라리 종이 노끈인 채 쓰기로 하고 50전은 담뱃값으로 나가고 말았다.

"왜 안경다린 안 고치셨어요?"
딸이 그날 저녁으로 물었다.
"흥……."
초시는 말은 하지 않았다. 딸은 며칠 뒤에 또 50전을 주었다. 그러면서 어떻게 들으라고 하는 소리인지,
"아버지 보험료만 해두 한 달에 3원 80전씩 나가요."
하였다. 보험료나 타 먹게 어서 죽어 달라는 소리로도 들리었다.
"그게 내게 상관있니?"
"아버지 위해 들었지, 누구 위해 들었게요 그럼?"
[A] 초시는 '정말 날 위해 하는 거면 살아서 한 푼이라두 다오. 죽은 뒤에 내가 알 게 뭐냐' 소리가 나오는 것을 억지로 참았다.
"50전이문 왜 안경다릴 못 고치세요?"
초시는 설명하지 않았다.
"지금 아버지가 좋고 낮은 것을 가리실 처지야요?"
그러나 50전은 또 마코* 값으로 다 나갔다. 이러기를 아마 서너 번째다.
"자식도 소용없어. 더구나 딸자식…… 그저 내 수중에 돈이 있어야……."
초시는 돈의 긴요성을 날로날로 더욱 심각하게 느끼었다.

(중략)

초시는 이날 저녁에 박희완 영감에게서 들은 이야기를 딸에게 하였다. 실패는 했을지라도 그래도 십수 년을 상업계에서 논안 초시라 **출자(出資)를 권유하는 수작**만은 딸이 듣기에도 딴 사람인 듯 놀라웠다. 딸은 즉석에서는 가부를 말하지 않았으나 그의 머릿속에서도 이내 잊혀지지는 않았던지 다음 날 아침에는, ㉢딸 편이 먼저 이 이야기를 다시 꺼내었고, 초시가 박희완 영감에게 묻던 이상을 시시콜콜히 캐어물었다. 그러면 초시는 또 박희완 영감 이상으로 손가락으로 가리키듯 소상히 설명하였고 1년 안에 청장*을 하더라도 최소한도로 **50배 이상의 순이익이 날 것이라 장담 장담**하였다.
딸은 솔깃했다. 사흘 안에 **연구소 집**을 어느 신탁 회사에 넣고 **3천 원**을 돌리기로 하였다. 초시는 금시발복*이나 된 듯 뛰고 싶게 기뻤다.
"서 참위 이놈, 날 은근히 멸시했것다. 내 굳이 널 시켜 네 집보다 난 집을 살 테다. 네깟 놈이 천생 가쾌*지 별거냐……."
그러나 신탁 회사에서 돈이 되는 날은 웬 처음 보는 청년

하나가 초시의 앞을 가리며 나타났다. 그는 딸의 청년이었다. ㉣딸은 아버지의 손에 단 1전도 넣지 않았고 꼭 그 청년이 나서 돈을 쓰며 처리하게 하였다. 처음에는 팩 나오는 노염을 참을 수가 없었으나 며칠 밤을 지내고 나니, 적어도 3천 원의 순이익이 오륙만 원은 될 것이라, 만 원 하나야 어디로 가랴 하는 타협이 생기어서 안 초시는 으슬으슬 그, 이를테면 사위녀석 격인 청년의 뒤를 따라나섰다.

[B]
　　1년이 지났다.
　　모두 꿈이었다. 꿈이라도 너무 악한 꿈이었다. 3천 원어치 땅을 사놓고 날마다 신문을 훑어보며 수소문을 하여도 거기는 축항*이 된단 말이 신문에도, 소문에도 나지 않았다. 용당포(龍塘浦)와 다사도(多獅島)에는 땅값이 30배가 올랐느니 50배가 올랐느니 하고 졸부들이 생겼다는 소문이 있어도 여기는 감감소식일 뿐 아니라 나중에 역시 이것도 박희완 영감을 통해 알고 보니 그 관변 모씨에게 박희완 영감부터 속아 떨어진 것이었다. **축항 후보지로** 측량까지 하기는 하였으나 무슨 결점으로인지 중지되고 마는 바람에 너무 기민하게 거기다 땅을 샀던, 그 모씨가 그 땅 처치에 곤란하여 꾸민 **연극**이었다.

　　돈을 쓸 때는 1원짜리 한 장 만져도 못 봤지만 벼락은 초시에게 떨어졌다. ㉤ 서너 끼씩 굶어도 밥 먹을 정신이 나지도 않거니와 밥을 먹으러 들어갈 수도 없었다.
　　"재물이란 **친자 간의 의리도 배추 밑 도리듯** 하는 건가?"
　　탄식할 뿐이었다. 밥보다는 술과 담배가 그리웠다. 물론 안경다리는 그저 못 고치었다. 그러나 이제는 50전짜리는커녕 단 10전짜리도 얻어 볼 길이 없다.
　　추석 가까운 날씨는 해마다의 그때와 같이 맑았다. 하늘은 천리같이 트였는데 조각구름들이 여기저기 널리었다. 어떤 구름은 깨끗이 바래 말린 옥양목*처럼 흰빛이 눈이 부시다. 안 초시는 이번에도 자기의 때 묻은 적삼 생각이 났다. 그러나 이번에는 소매 끝을 불거나 떨지는 않았다. 고요히 흘러내리는 눈물을 그 더러운 소매로 닦았을 뿐이다.
　　　　　　　　　　　　　　　　　　　　 － 이태준, 「복덕방」 －

*마코 : 일제 강점기 때의 담배 이름.
*청장 : 장부를 청산한다는 뜻으로, 빚 따위를 깨끗이 갚음을 이르는 말.
*금시발복 : 어떤 일을 한 다음 이내 복이 돌아와 부귀를 누리게 되는 것.
*가쾌 : 집 흥정을 붙이는 일을 직업으로 가진 사람.
*축항 : 항구를 구축함. 또는 그 항구.
*옥양목 : 빛이 썩 희고 얇은 무명의 한 가지.

26. [A]와 [B]에 대한 설명으로 가장 적절한 것은?

① [A]는 외양 묘사를 통해 인물의 성격을 드러내고 있고, [B]는 배경 묘사를 통해 인물의 처지를 드러내고 있다.
② [A]는 대화와 서술을 통해 인물 간의 갈등이 드러나고 있고, [B]는 요약적 서술을 통해 사건의 전모가 드러나고 있다.
③ [A]는 작품 속 서술자가 사건에 대해 평가하고 있고, [B]는 작품 밖 서술자가 앞으로 전개될 사건을 예측하고 있다.
④ [A]는 시간의 흐름에 역행하여 사건이 진행되고 있고, [B]는 시간의 흐름에 따라 사건이 순차적으로 진행되고 있다.
⑤ [A]는 향토적인 소재를 통해 주제 의식을 드러내고 있고, [B]는 상징적인 소재를 통해 사건의 의미를 드러내고 있다.

27. ㉠ ~ ㉤에 대한 설명으로 적절하지 <u>않은</u> 것은?

① ㉠ : 형편이 어려운 안 초시를 인색하게 대하는 딸의 모습이 드러나 있다.
② ㉡ : 저렴한 안경다리는 사지 않겠다는 안 초시의 자존심이 드러나 있다.
③ ㉢ : 안 초시가 전해준 이야기에 적극적으로 관심을 보이는 딸의 모습이 드러나 있다.
④ ㉣ : 안 초시의 수고로움을 덜어 주려는 딸의 심리가 드러나 있다.
⑤ ㉤ : 예상 밖의 결과로 딸과 마주할 자신이 없는 안 초시의 모습이 드러나 있다.

28. 다음은 윗글이 창작될 당시 신문 기사의 일부이다. 이를 참고하여 윗글을 감상한 내용으로 적절하지 <u>않은</u> 것은? [3점]

〰〰〰〰〰〰〰〰〰〰〰〰〰〰〰〰

○○ 일보

━━━━━━━━━━━━━━━━

부동산 투기 열풍으로 전국은 지금 …

　　일본의 축항 사업 발표 후, 전국이 부동산 투기 열풍으로 떠들썩하다. 한탕주의에 빠진 많은 사람들이 제2의 황금광 사업으로 불리는 축항 사업에 몰려들고 있다. 1932년 8월, 중국 동북부와 연결되는 철도의 종착지이자 축항지로 나진이 결정되자, 빠르게 정보를 입수한 브로커들로 나진은 북새통을 이루고 있다. 하지만 누구나 투자에 성공하는 것은 아니어서, 잘못된 소문으로 투자에 실패하여 전 재산을 잃은 사람들, 이로 인해 가족들에게 외면받는 사람들, 자신의 피해를 사기로 만회하려는 사람들까지 등장하여 사회적 혼란이 커지고 있다. 이러한 모습은 물질 만능주의가 만연한 우리 사회의 어두운 단면을 보여준다는 비판이 일고 있다.

① 딸에게 '출자를 권유하는 수작'으로 보아 안 초시는 건설 사업이 확정된 부지에 빠르게 투자하였겠군.
② 안 초시가 '50배 이상의 순이익이 날 것이라 장담 장담하'며 부추기는 모습에서 한탕주의에 빠져 있음을 알 수 있군.
③ 안 초시의 딸이 '연구소 집'을 담보로 '3천 원'을 마련한 것은 당시의 투기 열풍과 관련이 있겠군.
④ 모씨가 '축항 후보지'에 대해 '연극'을 꾸민 것은 자신의 피해를 사기로 만회하기 위한 것이었겠군.
⑤ 안 초시가 '친자 간의 의리도 배추 밑 도리듯' 한다고 '탄식'하는 모습에서 물질 만능주의의 어두운 모습을 엿볼 수 있군.

[29~32] 다음 글을 읽고 물음에 답하시오.

"여보 마누라, 슬퍼 마오. 가난 구제는 나라에서도 못한다하니 형님인들 어찌하시겠소? 우리 부부가 품이나 팔아 살아 갑시다."

흥부 아내 이 말에 순종하여 서로 나가서 품을 팔기로 하였다. 흥부 아내는 방아 찧기, 술집의 술 거르기, 초상난 집 제복 짓기, 대사 치르는 집 그릇 닦기, 굿하는 집의 떡 만들기, 얼음이 풀릴 때면 나물 캐기, 봄보리 갈아 보리 놓기. 흥부는 이월 동풍에 가래질하기, 삼사월에 부침질하기, 일등 전답의 무논 갈기, 이 집 저 집 돌아가며 이엉 엮기 등 이렇게 내외가 **온갖 품을 다 팔았다.** 그러나 역시 **살기는 막연**하였다.

(중략)

큰 구렁이가 제비 새끼를 모조리 잡아먹고 남은 한 마리가 허공으로 뚝 떨어져 피를 흘리며 발발 떠는 것이었다. 흥부 아내가 명주실을 급히 찾아내어 주니 흥부는 얼른 받아 제비 새끼의 상한 다리를 곱게 감아 매어 찬 이슬에 얹어 두었다. 그랬더니 하루 지나고 이틀 지나고 이리하여 십여 일이 지나자 상한 다리가 제대로 소생되어 날아다니게 되니, 줄에 앉아 재잘거리며 울고 둥덩실 떠서 날아갈 때 소상강 기러기는 왔노라 하고 강남 가는 제비는 가노라 하직하는 것이었다.

이리하여 제비가 강남 수천 리를 훨훨 날아가서 **제비 왕**을 뵈러 가니 제비 왕이 물었다.

"경은 어찌하여 다리를 절며 들어오느냐?"

"신의 부모가 조선국에 나가 흥부의 집에 깃들었는데 뜻밖에 큰 구렁이의 화를 입어 다리가 부러져 죽을 것을 흥부의 구조를 받아 살아서 돌아왔습니다. 흥부의 가난을 면케 해주신다면 소신은 그 은공을 만분의 일이라도 갚을까 합니다."

"흥부는 과연 어진 사람이다. 공 있는 자에게 보은함은 군자의 도리이니, 그 은혜를 어찌 아니 갚으랴? 내가 **박씨** 하나를 줄 테니 경은 가지고 나가 은혜를 갚도록 하라."

제비가 왕께 감사드리고 물러 나와서 그럭저럭 그 해를 넘기고 이듬해 춘삼월을 맞으니 모든 제비가 타국으로 건너갈 때였다. 그 제비 허공 중천에 높이 떠서 박씨를 입에 물고 너울너울 자주자주 바삐 날아 흥부네 집 동네를 찾아들어 너울너울 넘노는 거동은 마치 북해 흑룡이 여의주를 물고 오색구름 사이로 넘는 듯, 단산의 어린 봉이 대씨를 물고 오동나무에서 노니는 듯, 황금 같은 꾀꼬리가 봄빛을 띠고 수양버들 사이를 오가는 듯하였다. 이리 기웃 저리 기웃 넘노는 거동을 흥부 아내가 먼저 보고 반긴다.

"여보, 아이 아버지, 작년에 왔던 제비가 입에 무엇을 물고 와서 저토록 넘놀고 있으니 어서 나와 구경하오."

흥부가 나와 보고 이상히 여기고 있으려니 그 제비가 머리 위를 날아들며 입에 물었던 것을 앞에다 떨어뜨린다. 집어 보니 한가운데 '보은(報恩)박'이란 글 석 자가 쓰인 박씨였다.

그것을 울타리 밑에 터를 닦고 심었더니 이삼일에 싹이 나고, **사오일**에 순이 뻗어 마디마디 잎이 나고, 줄기마다 꽃이 피어 박 네 통이 열린 것이다. 추석날 아침이었다. 배가 고파 죽겠으니 영근 박 한 통을 따서 박속이나 지져 먹자하고 박을 따서 먹줄을 반듯하게 긋고서 흥부 내외는 톱을 마주 잡고 켰다. 이렇게 밀거니 당기거니 켜서 툭 타 놓으니 오색 채운이 서리며 청의동자 한 쌍이 나오는 것이었다.

왼손에 약병을 들고 오른손에 쟁반을 눈 위로 높이 받쳐 들

고 나온 그 동자들은,

"이것을 값으로 따지면 억만 냥이 넘으니 팔아서 쓰십시오."

라고 말하며 홀연히 사라져 버렸다.

박 한 통을 또 따놓고 슬근슬근 톱질이다. 쓱삭 쿡칵 툭 타 놓으니 속에서 온갖 **세간붙이**가 나왔다.

또 한 통을 따서 먹줄 쳐서 톱을 걸고 툭 타 놓으니 **순금궤**가 하나 나왔다. 금거북 자물쇠를 채웠는데 열어 보니 황금, 백금, 밀화, 호박, 산호, 진주, 주사, 사향 등이 가득 차 있었다. 그런데 쏟으면 또 가득 차고 또 가득 차고 해서 밤낮 쏟고 나니 큰 부자가 된 것이다.

다시 한 통을 툭 타 놓으니 일등 목수들과 **각종 곡식**이 나왔다. 그 목수들은 우선 명당을 가려 터를 잡고 집을 지었다. 그다음 또 사내종, 계집종, 아이종이 나오며 온갖 것을 여기저기 다 쌓고 법석이니 흥부 내외는 좋아하고 춤을 추며 돌아다녔다.

이리하여 흥부는 좋은 집에서 즐거움으로 세월을 보내게 되었다.

이런 소문이 놀부 귀에 들어가니,

"이놈이 도둑질을 했나? 내가 가서 욱대기면* 반재산을 뺏어 낼 것이다."

벼락같이 건너가 닥치는 대로 살림살이를 쳐부수는 것이었다.

한참 이렇게 소란을 피우고 있을 때 마침 출타 중이던 흥부가 들어왔다.

"네 이놈, 도둑질을 얼마나 했느냐?"

"형님 그 말씀이 웬 말씀이오?"

흥부가 앞뒷일을 자세히 말하자, 그럼 네 집 구경을 자세히 하자고 놀부가 나섰다.

흥부는 형을 데리고 돌아다니며 집 구경을 시키는데 놀부가 재물이 나오는 **화초장***을 달라고 했다. 그러고는 흥부가 화초장을 하인을 시켜 보내주겠다는 것도 마다하고 **스스로 짊어지고** 가서 집에 이르니 놀부 아내는 눈이 휘둥그레진다. 그리고 그 출처와 흥부가 부자가 된 연유를 알게 되자,

"우리도 다리 부러진 제비 하나 만났으면 그 아니 좋겠소?"

라며, 그해 동지섣달부터 제비를 기다렸다.

- 작자 미상, 「흥부전」 -

* 욱대기면 : 난폭하게 윽박질러 협박하면.
* 화초장 : 문짝에 유리를 붙이고 화초 무늬를 채색한 옷장.

---

29. 윗글에 대한 설명으로 가장 적절한 것은?

① 인물의 반복적 행위와 결과를 나열하여 극적 효과를 높이고 있다.

② 서술자를 작중 인물로 설정하여 사건의 현장감을 조성하고 있다.

③ 전기(傳奇)적인 요소를 활용하여 주인공의 영웅성을 부각하고 있다.

④ 권위 있는 새로운 인물이 등장하여 인물 간의 갈등을 해소하고 있다.

⑤ 꿈과 현실을 교차적으로 서술하여 사건을 입체적으로 구성하고 있다.

30. 윗글에 대한 이해로 적절하지 <u>않은</u> 것은?

① 흥부 부부는 먹고 살기 위해 온갖 노력을 다하였다.
② 박에서 나온 목수들은 흥부 부부를 위해 좋은 터에 집을 지어 주었다.
③ 흥부는 자신이 치료해 준 제비가 박씨를 물고 온 사실을 알아채고 그를 매우 반겼다.
④ 제비는 다리를 다친 사연을 제비 왕에게 말하며 흥부에게 받은 은혜를 갚기를 원하였다.
⑤ 놀부는 흥부의 집을 방문하기 전까지 흥부가 어떻게 부자가 되었는지를 정확히 알지 못했다.

31. <보기>를 참고하여 윗글을 감상한 내용으로 적절하지 <u>않은</u> 것은? [3점]

<보 기>

조선 후기에는 잦은 자연재해와 관리들의 횡포 때문에 백성들은 아무리 노력해도 가난에서 벗어날 수 없었다. 이러한 시대적 배경에서 창작된 「흥부전」은 최소한의 의식주라도 해결하고 싶었던 당시 백성들의 소망이 반영된 작품으로 볼 수 있다. 특히 당시의 백성들은 성품이 착한 흥부 내외가 초월적인 존재의 도움으로 가난을 벗어나는 장면을 통해 대리만족을 얻기도 하였다. 하지만 착한 흥부에게 주어지는 보상이 환상성(幻想性)을 띠고 있다는 점은 가난이 실제 현실에서는 극복되기 어렵다는 것을 우회적으로 보여주고 있다.

① 흥부 내외가 '온갖 품을 다 팔았'지만 여전히 '살기는 막연'했던 것은 창작 당시의 시대적 배경과 관련이 있겠군.
② 흥부 집을 찾아간 놀부가 '화초장'을 '스스로 짊어지고' 간 것은 가난을 극복하기 위한 백성들의 노력으로 볼 수 있겠군.
③ '제비 왕'이 제비에게 준 '박씨'를 통해 흥부가 가난을 벗어날 수 있었다는 점에서 초월적 존재의 도움을 확인할 수 있겠군.
④ 흥부가 타는 박 속에서 '세간붙이'와 '각종 곡식'이 나온 것은 의식주 문제를 해결하고 싶었던 백성들의 소망과 관련이 있겠군.
⑤ '사오일' 만에 열린 박에서 '순금 궤'가 나와 부자가 된다는 점에서 흥부에게 주어진 보상이 환상성을 띠고 있음을 알 수 있겠군.

32. 윗글의 놀부를 평가하는 말로 가장 적절한 것은?

① 불난 집에 부채질하는 인물이군.
② 소 잃고 외양간 고치는 인물이군.
③ 사촌이 땅을 사면 배 아파하는 인물이군.
④ 간에 붙었다 쓸개에 붙었다 하는 인물이군.
⑤ 오르지 못할 나무는 쳐다도 보지 않는 인물이군.

[33~37] 다음 글을 읽고 물음에 답하시오.

수요의 법칙에 따르면 어떤 상품의 가격 변화에 따라 그 상품의 수요량은 변화한다. 수요의 가격탄력성은 가격이 변할 때 수요량이 변하는 정도를 나타내는 지표다. 가격 변화에 따른 수요량의 변화가 ㉠민감하면 탄력적이라 하고, 가격 변화에 따른 수요량의 변화가 민감하지 않으면 비탄력적이라고 한다.

수요의 가격탄력성에 영향을 주는 대표적인 요인에는 세 가지가 있다. 첫째, 대체재의 존재 여부이다. 어떤 상품에 ㉡밀접한 대체재가 있으면, 소비자들은 그 상품 대신에 대체재를 사용할 수 있으므로 그 상품 수요의 가격탄력성은 탄력적이다. 예를 들어 버터는 마가린이라는 밀접한 대체재가 있기 때문에 버터 가격이 오르면 버터의 수요량은 크게 감소하므로 버터 수요의 가격탄력성은 탄력적이다. 반면에 달걀은 마땅한 대체재가 없으므로, 달걀 수요의 가격탄력성은 비탄력적이다. 둘째, 필요성의 정도이다. 필수재 수요의 가격탄력성은 대체로 비탄력적인 반면에, 사치재 수요의 가격탄력성은 대체로 탄력적이다. 예를 들어 필수재인 휴지의 가격이 오르면 아껴 쓰기는 하겠지만 그 수요량이 ㉢급격하게 줄어들지는 않는다. 그러나 사치재인 보석의 가격이 상승하면 그 수요량이 감소한다. 셋째, 소득에서 지출이 차지하는 비중이다. 해당 상품을 구매하기 위한 지출이 소득에서 차지하는 비중이 높을수록 수요의 가격탄력성은 커진다. 소득에서 차지하는 비중이 큰 상품의 가격이 인상되면 개인의 소비 생활에 지장을 ㉣초래할 수 있으므로 그만큼 가격 변화에 민감하게 반응할 수밖에 없다.

그렇다면 수요의 가격탄력성은 어떻게 계산할 수 있을까? 수요의 가격탄력성은 수요량의 변화율을 가격의 변화율로 나눈 값이다.

$$\text{수요의 가격탄력성} = \left|\frac{\text{수요량의 변화율}}{\text{가격의 변화율}}\right| = \left|\frac{\text{수요량 변화분／기존 수요량}}{\text{가격 변화분／기존 가격}}\right|$$

[A] 예를 들어 아이스크림 가격이 10% 인상되었는데, 아이스크림 수요량이 20% 감소했다고 하자. 이 경우 수요량의 변화율이 가격 변화율의 2배에 해당하므로 수요의 가격탄력성은 2가 된다. 일반적으로 수요의 가격탄력성이 1보다 크면 탄력적, 1보다 작으면 비탄력적이라 하고, 수요의 가격탄력성이 1이면 단위탄력적이라 한다.

수요의 가격탄력성은 총수입에 큰 영향을 미친다. 총수입은 상품 판매자의 판매 수입이며 동시에 상품에 대한 소비자의 지출액인데, 이는 상품의 가격에 거래량을 곱한 수치로 ㉤산출할 수 있다. 일반적으로 수요의 가격탄력성이 비탄력적인 경우 가격이 상승하면 총수입도 증가하지만, 수요의 가격탄력성이 탄력적인 경우 가격이 상승하면 총수입은 감소한다. 예를 들어 어느 상품의 가격이 500원에서 600원으로 20% 상승할 때 수요량이 100개에서 90개로 10% 감소했다면, 이 상품 수요의 가격탄력성은 비탄력적이다. 이때 총수입은 상품의 가격에 거래량을 곱한 수치이므로 가격 인상 전 50,000원에서 인상 후 54,000원으로 4,000원 증가하게 되는 것이다. 그러므로 ⓐ수요의 가격탄력성을 파악하는 것은 판매자에게 매우 중요한 일이다.

33. 윗글을 통해 알 수 있는 내용으로 적절하지 <u>않은</u> 것은?

① 수요의 가격탄력성 개념
② 수요의 가격탄력성 산출 방법
③ 상품 판매자의 판매 수입 산출 방법
④ 대체재의 유무가 수요의 가격탄력성에 미치는 영향
⑤ 수요의 가격탄력성에 영향을 주는 요인들 간의 관계

34. 윗글을 참고할 때, <보기>의 ㉮ ~ ㉱에 들어갈 말을 바르게 짝지은 것은?

───── <보 기> ─────

쌀을 주식으로 하는 갑국은 밀을 주식으로 하는 나라에 비해 쌀 수요의 가격탄력성은 (㉮)이고, 자동차보다 저렴한 오토바이가 주요 이동 수단인 을국은 자동차가 주요 이동 수단인 나라에 비해 자동차를 (㉯)로 인식하여 자동차 수요의 가격탄력성은 (㉰)이다.

	㉮	㉯	㉰
①	비탄력적	사치재	비탄력적
②	비탄력적	사치재	탄력적
③	비탄력적	필수재	탄력적
④	탄력적	사치재	비탄력적
⑤	탄력적	필수재	탄력적

35. ⓐ의 이유로 가장 적절한 것은?

① 수요의 가격탄력성으로 소비자의 소득 규모를 판단할 수 있기 때문에
② 수요의 가격탄력성으로 판매 상품의 문제점을 파악할 수 있기 때문에
③ 수요의 가격탄력성이 판매 상품의 생산 단가를 예측 가능하게 하기 때문에
④ 수요의 가격탄력성이 판매자의 총수입 증가 여부에 영향을 미칠 수 있기 때문에
⑤ 수요의 가격탄력성으로 판매자의 판매 수입과 소비자의 지출액 차이를 파악할 수 있기 때문에

36. <보기>는 김밥과 영화 관람권의 가격 인상 이후 하루 동안의 수요량 감소를 나타낸 표이다. [A]를 바탕으로 <보기>를 탐구한 내용으로 적절한 것은? [3점]

───── <보 기> ─────

구분	김밥	영화 관람권
기존 가격	2,000원	10,000원
가격 변화분	500원	2,000원
기존 수요량	100개	2,500장
수요량 변화분	20개	1,000장

※ 단, 김밥과 영화 관람권의 가격과 수요량에 영향을 끼치는 다른 요인은 없는 것으로 한다.

① 김밥은 가격의 변화율이 수요량의 변화율보다 작다.
② 영화 관람권은 가격의 변화율이 수요량의 변화율보다 크다.
③ 김밥과 영화 관람권 수요의 가격탄력성은 모두 1보다 작다.
④ 김밥과 영화 관람권은 가격의 변화율에 대한 수요량의 변화율이 같다.
⑤ 김밥 수요의 가격탄력성은 비탄력적이고, 영화 관람권 수요의 가격탄력성은 탄력적이다.

37. ㉠ ~ ㉤의 사전적 의미로 적절하지 <u>않은</u> 것은?

① ㉠ : 자극에 빠르게 반응을 보이거나 쉽게 영향을 받음.
② ㉡ : 아주 가깝게 맞닿아 있음.
③ ㉢ : 변화의 움직임 따위가 급하고 격렬함.
④ ㉣ : 일의 결과로서 어떤 현상을 생겨나게 함.
⑤ ㉤ : 어떤 일에 필요한 돈이나 물자 따위를 내놓음.

[38~42] 다음 글을 읽고 물음에 답하시오.

(가)

십 년(十年)을 경영(經營)ᄒ여 초려삼간(草廬三間) 지어 내니
나 ᄒᆫ 간 둘 ᄒᆫ 간에 청풍(淸風) ᄒᆫ 간 맛뎌 두고
강산(江山)은 들일 듸 업스니 둘러 두고 보리라

– 송순 –

(나)

서산의 아침볕 비치고 구름은 낮게 떠 있구나
비 온 뒤 묵은 풀이 뉘 밭에 더 짙었든고
두어라 차례 정한 일이니 매는 대로 매리라   <제1수>

둘러내자* 둘러내자 긴 고랑 둘러내자
바라기 역고*를 고랑마다 둘러내자
잡초 짙은 긴 사래 마주 잡아 둘러내자   <제3수>

땀은 듣는 대로 듣고 볕은 쬘대로 쬔다
청풍에 옷깃 열고 긴 휘파람 흘리 불 때
어디서 길 가는 손님네 아는 듯이 머무는고   <제4수>

밥그릇에 보리밥이요 사발에 콩잎 나물이라
내 밥 많을세라 네 반찬 적을세라
먹은 뒤 한 숨 졸음이야 너나 나나 다를소냐   <제5수>

돌아가자 돌아가자 해 지거든 돌아가자
냇가에 손발 씻고 호미 메고 돌아올 제
어디서 우배초적(牛背草笛)*이 함께 가자 재촉하는고

<제6수>

– 위백규, 「농가구장(農歌九章)」 –

*둘러내자 : 휘감아서 뽑자.
*바라기 역고 : 잡초의 일종.
*우배초적 : 소의 등에 타고 가면서 부는 풀피리 소리.

(다)

우리 집 뒷동산에 복숭아나무가 하나 있었다. 그 꽃은 **빛깔이 시원치 않고** 그 열매는 맛이 없었다. 가지에도 **부스럼이 돋고** 잔 가지는 무더기로 자라 참으로 볼 것이 없었다. 지난 봄에 이웃에 박 씨 성을 가진 이의 손을 빌어 **홍도 가지**를 접붙여 보았다. 그랬더니 그 꽃이 아름답고 열매도 아주 튼실하였다. 애초에 한창 잘 자라는 나무를 베어 버리고 잔가지 하나를 접붙였을 때에 나는 그것을 보고 '대단히 어긋난 일을 하는구나'하고 생각하였다. 그런데 어느새 밤낮으로 싹이 나 자라고 비와 이슬이 그것을 키워 눈이 트고 가지가 뻗어 얼마 지나지 않아 울창하게 자라 제법 그늘을 드리우게 되었다. 올봄에는 꽃과 잎이 많이 피어서 붉고 푸른 비단이 찬란하게 서로 어우러진 듯하니 그 경치가 진실로 볼 만하였다.

오호라, 하나의 복숭아나무, 이것이 심은 땅의 흙도 바꾸지 않고 그 뿌리의 종자도 바꾸지 않았으며 단지 접붙인 한 줄기의 기운으로 줄기도 되고 가지도 되어 아름다운 꽃이 밖으로 피어나 그 **자태가 돌연히 다른 모습**으로 바뀌니 보는 이로 하여금 눈을 씻게 하고 지나가는 이가 많이 찾아 오솔길을 내게 되었다. 이러한 기술을 가진 이는 그 조화의 비밀을 아는 이가 아닌가! 신기하고 또 신기하도다.

내가 여기에 이르러 느낀 바가 있었다. 사물이 변화하고 바뀌어 개혁을 하게 되는 것은 오로지 초목에 국한한 것이 아니오, 내 몸을 돌이켜 본다 하여도 그런 것이니 어찌 그 관계가 멀다 할 것인가! **악한 생각**이 나는 것을 결연히 내버리는 일은 나무의 옛 가지를 잘라 내버리듯 하고 **착한 마음**의 실마리 싹을 끊임없이 움터 나오게 하기를 새 가지로 접붙이듯 하여, 뿌리를 북돋아 잘 기르듯 마음을 닦고 가지를 잘 자라게 하듯 깊은 진리에 이른다면 이것은 시골 사람에서 성인에 이르기까지 나무 접붙임과 다른 것이 무엇이겠는가!

『주역』에 이르기를 ㉠"땅에서 나무가 자라나는 것은 승괘(升卦)*이니 군자가 이로써 덕을 순하게 하여 작은 것을 쌓아 높고 크게 한다." 하였으니, 이것을 보고 어찌 스스로 힘쓰지 아니하겠는가. 그리고 또 느낀 바가 있다. 오늘부터 지난 봄을 돌이켜 보면 겨우 추위와 더위가 한 번 바뀐 것뿐인데 한 치 가지를 손으로 싸매어 놓은 것이 저토록 지붕 위로 높이 자라 꽃을 보게 되었고, 또 장차 그 열매를 먹게 되었으니 만약 앞으로 내가 몇 해를 더 살게 된다면 이 나무를 즐김이 그 얼마나 더 많을 것인가! 세상 사람들은 자기가 **늙는 것만 자랑하여 팔다리를 게을리 움직이고** 그 마음 씀도 별로 소용되는 바가 없다. 이로 미루어 보면 또한 어찌 마음을 분발하여 뜻을 불러일으키기를 권하지 아니하겠는가. 이 모든 것은 다 이 늙은이를 경계함이 있으니 이렇게 글을 지어 마음에 새기노라.

– 한백겸, 「접목설(接木說)」 –

*승괘 : 육십사괘의 하나. 땅에 나무가 자라남을 상징함.

38. (가) ~ (다)에 대한 설명으로 적절한 것은?

① (가)는 공간의 이동에 따라 시상을 전개하고 있다.
② (나)는 색채어의 대비를 활용하여 주제를 강조하고 있다.
③ (다)는 음성 상징어를 사용하여 생동감을 드러내고 있다.
④ (가)와 (나)는 시어의 반복을 통해 리듬감을 형성하고 있다.
⑤ (가)와 (다)는 구체적인 묘사를 통해 계절감을 부각하고 있다.

39. (나)를 활용하여 '전원일기'라는 제목으로 영상시를 제작하기 위해 학생들이 협의한 내용으로 적절하지 <u>않은</u> 것은?

① <제1수>는 아침부터 농기구를 가지고 밭을 가는 농부의 모습을 보여주면 좋겠어.

② <제3수>는 농부들이 함께 잡초를 뽑고 있는 모습을 보여주면 좋겠어.

③ <제4수>는 옷깃을 열고 바람을 쐬고 있는 농부의 모습을 보여주면 좋겠어.

④ <제5수>는 농부들이 모여 식사하고 있는 모습을 보여주면 좋겠어.

⑤ <제6수>는 해 질 무렵에 농사일을 마치고 마을로 돌아오는 농부의 모습을 보여주면 좋겠어.

41. (다)의 글쓴이가 ㉠을 인용한 이유로 가장 적절한 것은?

① 자신이 깨달은 바를 뒷받침하기 위해
② 자신의 상황을 반어적으로 드러내기 위해
③ 자신의 지식이 보잘것없음을 성찰하기 위해
④ 자신과 군자의 삶이 다르지 않음을 강조하기 위해
⑤ 자신이 살고 있는 세태를 지난날과 비교하기 위해

40. <보기>를 참고하여 (가)와 (나)를 감상한 내용으로 적절하지 <u>않은</u> 것은? [3점]

< 보 기 >

조선 시대 사대부들의 시조에는 자연이 자주 등장하는데, 작품 속 자연에 대한 인식이 같지는 않다. (가)에서의 자연은 속세를 벗어난 화자가 동화되어 살고 싶어 하는 공간이자 안빈낙도(安貧樂道)의 공간으로 그려져 있다. 반면에 (나)에서의 자연은 소박하게 살아가는 삶의 현장이자 건강한 노동 속에서 흥취를 느끼는 공간으로 그려져 있다.

---

① (가)의 '초려삼간'은 화자가 안빈낙도하며 사는 공간으로 볼 수 있군.

② (가)의 화자는 '강산'에서 벗어나 '둘', '청풍'과 하나가 되어 살아가려는 태도를 보이고 있군.

③ (나)의 '묵은 풀'이 있는 '밭'은 화자가 땀 흘리며 일해야 하는 공간으로 볼 수 있군.

④ (나)의 '보리밥'과 '콩잎 나물'은 노동의 현장에서 맛보는 소박한 음식으로 볼 수 있군.

⑤ (나)의 화자가 '호미 메고 돌아올' 때에 듣는 '우배초적'에서 농부들의 흥취를 느낄 수 있군.

42. 다음은 학생이 (다)를 읽고 정리한 메모이다. ⓐ~ⓔ 중 적절하지 <u>않은</u> 것은?

접목설(接木說)

ⓐ 글쓴이는 '빛깔이 시원치 않'은 꽃과 '부스럼이 돋'은 가지가 달린 복숭아나무를 소재로 글을 썼다.

ⓑ 글쓴이는 이웃에 사는 박 씨의 도움으로 '홍도 가지'를 접붙인 후 자라난 꽃과 열매를 본 경험을 제시하였다.

ⓒ 글쓴이는 사물이 '자태가 돌연히 다른 모습'으로 바뀌기 위해서는 근본의 변화가 중요함을 강조하였다.

ⓓ 글쓴이는 사물이 변화하는 이치를 사람들이 깨달아 실천하게 되면, '악한 생각'을 버리고 '착한 마음'을 자라게 하는 변화가 가능하다고 여겼다.

ⓔ 글쓴이는 '늙는 것만 자랑하여 팔다리를 게을리 움직이'는 사람들에게 삶의 태도를 바꾸도록 권하고 싶어 한다.

① ⓐ   ② ⓑ   ③ ⓒ   ④ ⓓ   ⑤ ⓔ

[43~45] 다음 글을 읽고 물음에 답하시오.

(가)

어두운 ⊙방 안엔
빠알간 숯불이 피고,

외로이 늙으신 할머니가
애처로이 잦아드는 어린 목숨을 지키고 계시었다.

이윽고 **눈 속을**
아버지가 **약**을 가지고 돌아오시었다.

아 아버지가 눈을 헤치고 따 오신
그 붉은 산수유 열매—

나는 한 마리 어린 짐승,
젊은 아버지의 서느런 옷자락에
열로 상기한 볼을 말없이 부비는 것이었다.

이따금 뒷문을 눈이 치고 있었다.
그날 밤이 어쩌면 성탄제의 밤이었을지도 모른다.

어느새 나도
그때의 아버지만큼 나이를 먹었다.

옛것이라곤 찾아볼 길 없는
성탄제 가까운 도시에는
이제 **반가운 그 옛날의 것**이 내리는데,

서러운 서른 살 나의 이마에
불현듯 아버지의 **서느런 옷자락**을 느끼는 것은,

눈 속에 따 오신 산수유 붉은 알알이
아직도 **내 혈액 속에 녹아 흐르는** 까닭일까.
                                        −김종길, 「성탄제」−

(나)

나는 당신의 옷을 다 지어 놓았습니다.
심의도 짓고 도포도 짓고 자리옷도 지었습니다.
짓지 아니한 것은 작은 주머니에 수놓는 것뿐입니다.

그 주머니는 나의 손때가 많이 묻었습니다.
짓다가 놓아두고 짓다가 놓아두고 한 까닭입니다.
다른 사람들은 나의 바느질 솜씨가 없는 줄로 알지마는
그러한 비밀은 나밖에는 아는 사람이 없습니다.
나의 마음이 아프고 쓰린 때에 주머니에 수를 놓으려면
나의 마음은 수놓는 금실을 따라서 바늘구멍으로 들어가고
주머니 속에서 맑은 노래가 나와서 나의 마음이 됩니다.
그리고 아직 ⓒ이 세상에는 그 주머니에 넣을 만한 무슨 보물이 없습니다.
이 작은 주머니는 짓기 싫어서 짓지 못하는 것이 아니라 짓고 싶어서 다 짓지 않는 것입니다.
                                        − 한용운, 「수(繡)의 비밀」 −

43. (가)와 (나)에 대한 설명으로 가장 적절한 것은?

① (가)는 수미상관의 방식을 통해, (나)는 설의적 표현을 통해 화자의 의지를 드러내고 있다.

② (가)는 (나)와 달리 동일한 종결 표현을 사용하여 구조적 안정감을 부여하고 있다.

③ (나)는 (가)와 달리 역설적 표현을 통해 대상에 대한 화자의 정서를 부각하고 있다.

④ (가)와 (나)는 모두 후각적 이미지를 통해 시적 상황을 구체화하고 있다.

⑤ (가)와 (나)는 모두 시간의 흐름에 따라 시상을 전개하여 화자의 태도 변화를 드러내고 있다.

44. ⊙과 ⓒ에 대한 설명으로 가장 적절한 것은?

① ⊙은 화자가 자아를 성찰하는 공간이다.

② ⊙은 화자와 대상과의 관계가 단절된 공간이다.

③ ⓒ은 화자의 소망이 실현되지 못하고 있는 공간이다.

④ ⓒ은 화자가 일상의 삶에서 벗어난 초월적인 공간이다.

⑤ ⊙과 ⓒ은 모두 화자가 추구하는 이상적 공간이다.

45. <보기>를 참고하여 (가)를 감상한 내용으로 적절하지 <u>않은</u> 것은? [3점]

─────── <보 기> ───────

김종길 시인의 작품에 가족에 대한 시가 많은 것은 어린 시절 어머니의 부재 속에서도 가족의 보호를 받으며 자란 그의 성장 과정과 연관이 깊다. 「성탄제」에도 삼대로 이어지는 따뜻한 가족애가 다양한 소재를 통해 형상화되어 있다. 이러한 가족애는 개인의 경험을 넘어 현대인의 메마른 삶을 극복 할 수 있는 인간애로 확장됨으로써 공감을 얻고 있다.

① '외로이 늙으신 할머니'가 어린 화자를 돌보고 있는 모습은 시인의 성장 배경과 관련이 있겠군.

② '눈 속'을 헤치고 '약'을 구해 온 아버지의 사랑은 삭막한 현실을 극복할 수 있는 인간애로 확장될 수 있겠군.

③ '반가운 그 옛날의 것'은 화자에게 어린 시절을 떠올리게 하는 역할을 하겠군.

④ '서느런 옷자락'은 화자가 경험하는 현대인의 메마른 삶을 형상화한 것이겠군.

⑤ '내 혈액 속에 녹아 흐르는' 산수유는 과거에서 현재까지 이어져 온 가족애를 의미한다고 볼 수 있겠군.

※ 확인 사항

답안지의 해당란에 필요한 내용을 정확히 기입(표기)했는지 확인하시오.

[회] 리얼 오리지널 모의고사 답안지

① 교시 국어영역

※ 답안지 작성(표기)은 반드시 검은색 컴퓨터용 사인펜만을 사용하고, 연필 또는 샤프 등의 필기구를 절대 사용하지 마십시오.

결시자 확인 (수험생은 표기하지 말것.)
검은색 컴퓨터용 사인펜을 사용하여 수험번호란과 옆란을 표기 ○

※ 문제지 표지에 안내된 필적 확인 문구를 아래 '필적 확인란'에 정자로 반드시 기재하여야 합니다.

필 적 확인란

성 명

수 험 번 호

문형
홀수형 ○
짝수형 ○

※문제의 문형을 확인 후 표기

감독관 확인 (수험생은 표기하지 말것) 서 명 또는 날 인
본인 여부, 수험번호 및 문형의 표기가 정확한지 확인, 옆란에 서명 또는 날인

문번	답 란		문번	답 란		문번	답 란
1	① ② ③ ④ ⑤		21	① ② ③ ④ ⑤		41	① ② ③ ④ ⑤
2	① ② ③ ④ ⑤		22	① ② ③ ④ ⑤		42	① ② ③ ④ ⑤
3	① ② ③ ④ ⑤		23	① ② ③ ④ ⑤		43	① ② ③ ④ ⑤
4	① ② ③ ④ ⑤		24	① ② ③ ④ ⑤		44	① ② ③ ④ ⑤
5	① ② ③ ④ ⑤		25	① ② ③ ④ ⑤		45	① ② ③ ④ ⑤
6	① ② ③ ④ ⑤		26	① ② ③ ④ ⑤			
7	① ② ③ ④ ⑤		27	① ② ③ ④ ⑤			
8	① ② ③ ④ ⑤		28	① ② ③ ④ ⑤			
9	① ② ③ ④ ⑤		29	① ② ③ ④ ⑤			
10	① ② ③ ④ ⑤		30	① ② ③ ④ ⑤			
11	① ② ③ ④ ⑤		31	① ② ③ ④ ⑤			
12	① ② ③ ④ ⑤		32	① ② ③ ④ ⑤			
13	① ② ③ ④ ⑤		33	① ② ③ ④ ⑤			
14	① ② ③ ④ ⑤		34	① ② ③ ④ ⑤			
15	① ② ③ ④ ⑤		35	① ② ③ ④ ⑤			
16	① ② ③ ④ ⑤		36	① ② ③ ④ ⑤			
17	① ② ③ ④ ⑤		37	① ② ③ ④ ⑤			
18	① ② ③ ④ ⑤		38	① ② ③ ④ ⑤			
19	① ② ③ ④ ⑤		39	① ② ③ ④ ⑤			
20	① ② ③ ④ ⑤		40	① ② ③ ④ ⑤			

리얼 오리지널 l 예비 고1 《반배치고사＋3월·6월 모의고사》

✂ 절취선

[회] 리얼 오리지널 모의고사 답안지

① 교시 국어영역

※ 답안지 작성(표기)은 반드시 검은색 컴퓨터용 사인펜만을 사용하고, 연필 또는 샤프 등의 필기구를 절대 사용하지 마십시오.

결시자 확인 (수험생은 표기하지 말것.)
검은색 컴퓨터용 사인펜을 사용하여 수험번호란과 옆란을 표기 ○

※ 문제지 표지에 안내된 필적 확인 문구를 아래 '필적 확인란'에 정자로 반드시 기재하여야 합니다.

필 적 확인란

성 명

수 험 번 호

문형
홀수형 ○
짝수형 ○

※문제의 문형을 확인 후 표기

감독관 확인 (수험생은 표기하지 말것) 서 명 또는 날 인
본인 여부, 수험번호 및 문형의 표기가 정확한지 확인, 옆란에 서명 또는 날인

문번	답 란		문번	답 란		문번	답 란
1	① ② ③ ④ ⑤		21	① ② ③ ④ ⑤		41	① ② ③ ④ ⑤
2	① ② ③ ④ ⑤		22	① ② ③ ④ ⑤		42	① ② ③ ④ ⑤
3	① ② ③ ④ ⑤		23	① ② ③ ④ ⑤		43	① ② ③ ④ ⑤
4	① ② ③ ④ ⑤		24	① ② ③ ④ ⑤		44	① ② ③ ④ ⑤
5	① ② ③ ④ ⑤		25	① ② ③ ④ ⑤		45	① ② ③ ④ ⑤
6	① ② ③ ④ ⑤		26	① ② ③ ④ ⑤			
7	① ② ③ ④ ⑤		27	① ② ③ ④ ⑤			
8	① ② ③ ④ ⑤		28	① ② ③ ④ ⑤			
9	① ② ③ ④ ⑤		29	① ② ③ ④ ⑤			
10	① ② ③ ④ ⑤		30	① ② ③ ④ ⑤			
11	① ② ③ ④ ⑤		31	① ② ③ ④ ⑤			
12	① ② ③ ④ ⑤		32	① ② ③ ④ ⑤			
13	① ② ③ ④ ⑤		33	① ② ③ ④ ⑤			
14	① ② ③ ④ ⑤		34	① ② ③ ④ ⑤			
15	① ② ③ ④ ⑤		35	① ② ③ ④ ⑤			
16	① ② ③ ④ ⑤		36	① ② ③ ④ ⑤			
17	① ② ③ ④ ⑤		37	① ② ③ ④ ⑤			
18	① ② ③ ④ ⑤		38	① ② ③ ④ ⑤			
19	① ② ③ ④ ⑤		39	① ② ③ ④ ⑤			
20	① ② ③ ④ ⑤		40	① ② ③ ④ ⑤			

① 교시 **국 어 영 역**

※ 답안지 작성(표기)은 반드시 검은색 컴퓨터용 사인펜만을 사용하고, 연필 또는 샤프 등의 필기구를 절대 사용하지 마십시오.

결시자 확인 (수험생은 표기하지 말것.)

검은색 컴퓨터용 사인펜을 사용하여 수험번호란과 옆란을 표기 ○

※ 문제지 표지에 안내된 필적 확인 문구를 아래 '필적 확인란'에 정자로 반드시 기재하여야 합니다.

필 적
확인란

성 명

수 험 번 호

문형

홀수형 ○

짝수형 ○

※문제의 문형을 확인 후 표기

감독관 확인 (수험생은 표기 하지 말것)

서 명 또는 날 인

본인 여부, 수험번호 및 문형의 표기가 정확한지 확인, 옆란에 서명 또는 날인

문번	답 란	문번	답 란	문번	답 란
1	① ② ③ ④ ⑤	21	① ② ③ ④ ⑤	41	① ② ③ ④ ⑤
2	① ② ③ ④ ⑤	22	① ② ③ ④ ⑤	42	① ② ③ ④ ⑤
3	① ② ③ ④ ⑤	23	① ② ③ ④ ⑤	43	① ② ③ ④ ⑤
4	① ② ③ ④ ⑤	24	① ② ③ ④ ⑤	44	① ② ③ ④ ⑤
5	① ② ③ ④ ⑤	25	① ② ③ ④ ⑤	45	① ② ③ ④ ⑤
6	① ② ③ ④ ⑤	26	① ② ③ ④ ⑤		
7	① ② ③ ④ ⑤	27	① ② ③ ④ ⑤		
8	① ② ③ ④ ⑤	28	① ② ③ ④ ⑤		
9	① ② ③ ④ ⑤	29	① ② ③ ④ ⑤		
10	① ② ③ ④ ⑤	30	① ② ③ ④ ⑤		
11	① ② ③ ④ ⑤	31	① ② ③ ④ ⑤		
12	① ② ③ ④ ⑤	32	① ② ③ ④ ⑤		
13	① ② ③ ④ ⑤	33	① ② ③ ④ ⑤		
14	① ② ③ ④ ⑤	34	① ② ③ ④ ⑤		
15	① ② ③ ④ ⑤	35	① ② ③ ④ ⑤		
16	① ② ③ ④ ⑤	36	① ② ③ ④ ⑤		
17	① ② ③ ④ ⑤	37	① ② ③ ④ ⑤		
18	① ② ③ ④ ⑤	38	① ② ③ ④ ⑤		
19	① ② ③ ④ ⑤	39	① ② ③ ④ ⑤		
20	① ② ③ ④ ⑤	40	① ② ③ ④ ⑤		

리얼 오리지널 | 예비 고1 〈반배치고사+3월·6월 모의고사〉

✂ 절취선

[　회] 리얼 오리지널 모의고사 답안지

① 교시 **국 어 영 역**

※ 답안지 작성(표기)은 반드시 검은색 컴퓨터용 사인펜만을 사용하고, 연필 또는 샤프 등의 필기구를 절대 사용하지 마십시오.

결시자 확인 (수험생은 표기하지 말것.)

검은색 컴퓨터용 사인펜을 사용하여 수험번호란과 옆란을 표기 ○

※ 문제지 표지에 안내된 필적 확인 문구를 아래 '필적 확인란'에 정자로 반드시 기재하여야 합니다.

필 적
확인란

성 명

수 험 번 호

문형

홀수형 ○

짝수형 ○

※문제의 문형을 확인 후 표기

감독관 확인 (수험생은 표기 하지 말것)

서 명 또는 날 인

본인 여부, 수험번호 및 문형의 표기가 정확한지 확인, 옆란에 서명 또는 날인

문번	답 란	문번	답 란	문번	답 란
1	① ② ③ ④ ⑤	21	① ② ③ ④ ⑤	41	① ② ③ ④ ⑤
2	① ② ③ ④ ⑤	22	① ② ③ ④ ⑤	42	① ② ③ ④ ⑤
3	① ② ③ ④ ⑤	23	① ② ③ ④ ⑤	43	① ② ③ ④ ⑤
4	① ② ③ ④ ⑤	24	① ② ③ ④ ⑤	44	① ② ③ ④ ⑤
5	① ② ③ ④ ⑤	25	① ② ③ ④ ⑤	45	① ② ③ ④ ⑤
6	① ② ③ ④ ⑤	26	① ② ③ ④ ⑤		
7	① ② ③ ④ ⑤	27	① ② ③ ④ ⑤		
8	① ② ③ ④ ⑤	28	① ② ③ ④ ⑤		
9	① ② ③ ④ ⑤	29	① ② ③ ④ ⑤		
10	① ② ③ ④ ⑤	30	① ② ③ ④ ⑤		
11	① ② ③ ④ ⑤	31	① ② ③ ④ ⑤		
12	① ② ③ ④ ⑤	32	① ② ③ ④ ⑤		
13	① ② ③ ④ ⑤	33	① ② ③ ④ ⑤		
14	① ② ③ ④ ⑤	34	① ② ③ ④ ⑤		
15	① ② ③ ④ ⑤	35	① ② ③ ④ ⑤		
16	① ② ③ ④ ⑤	36	① ② ③ ④ ⑤		
17	① ② ③ ④ ⑤	37	① ② ③ ④ ⑤		
18	① ② ③ ④ ⑤	38	① ② ③ ④ ⑤		
19	① ② ③ ④ ⑤	39	① ② ③ ④ ⑤		
20	① ② ③ ④ ⑤	40	① ② ③ ④ ⑤		

리얼 오리지널 | 예비 고1 〈반배치고사+3월·6월 모의고사〉

[회] 리얼 오리지널 모의고사 답안지

① 교시 국어영역

결시자 확인 (수험생은 표기하지 말것.)

검은색 컴퓨터용 사인펜을 사용하여
수험번호란과 옆란을 표기   ○

※ 문제지 표지에 안내된 필적 확인 문구를 아래
'필적 확인란'에 정자로 반드시 기재하여야 합니다.

**필 적
확인란**

성 명

수 험 번 호

문형

홀수형 ○

짝수형 ○

※문제의
문형을
확인 후
표기

**감독관
확 인**
(수험생은 표기
하지 말것) (서 명
또는
날 인)   본인 여부, 수험번호 및
문형의 표기가 정확한지
확인, 옆란에 서명 또는
날인

※ 답안지 작성(표기)은 반드시 검은색 컴퓨터용 사인펜만을 사용하고, 연필 또는 샤프 등의 필기구를 절대 사용하지 마십시오.

문번	답 란	문번	답 란	문번	답 란
1	① ② ③ ④ ⑤	21	① ② ③ ④ ⑤	41	① ② ③ ④ ⑤
2	① ② ③ ④ ⑤	22	① ② ③ ④ ⑤	42	① ② ③ ④ ⑤
3	① ② ③ ④ ⑤	23	① ② ③ ④ ⑤	43	① ② ③ ④ ⑤
4	① ② ③ ④ ⑤	24	① ② ③ ④ ⑤	44	① ② ③ ④ ⑤
5	① ② ③ ④ ⑤	25	① ② ③ ④ ⑤	45	① ② ③ ④ ⑤
6	① ② ③ ④ ⑤	26	① ② ③ ④ ⑤		
7	① ② ③ ④ ⑤	27	① ② ③ ④ ⑤		
8	① ② ③ ④ ⑤	28	① ② ③ ④ ⑤		
9	① ② ③ ④ ⑤	29	① ② ③ ④ ⑤		
10	① ② ③ ④ ⑤	30	① ② ③ ④ ⑤		
11	① ② ③ ④ ⑤	31	① ② ③ ④ ⑤		
12	① ② ③ ④ ⑤	32	① ② ③ ④ ⑤		
13	① ② ③ ④ ⑤	33	① ② ③ ④ ⑤		
14	① ② ③ ④ ⑤	34	① ② ③ ④ ⑤		
15	① ② ③ ④ ⑤	35	① ② ③ ④ ⑤		
16	① ② ③ ④ ⑤	36	① ② ③ ④ ⑤		
17	① ② ③ ④ ⑤	37	① ② ③ ④ ⑤		
18	① ② ③ ④ ⑤	38	① ② ③ ④ ⑤		
19	① ② ③ ④ ⑤	39	① ② ③ ④ ⑤		
20	① ② ③ ④ ⑤	40	① ② ③ ④ ⑤		

리얼 오리지널 I 예비 고1 〈반배치고사＋3월·6월 모의고사〉

✂ 절취선 ✂

[회] 리얼 오리지널 모의고사 답안지

① 교시 국어영역

결시자 확인 (수험생은 표기하지 말것.)

검은색 컴퓨터용 사인펜을 사용하여
수험번호란과 옆란을 표기   ○

※ 문제지 표지에 안내된 필적 확인 문구를 아래
'필적 확인란'에 정자로 반드시 기재하여야 합니다.

**필 적
확인란**

성 명

수 험 번 호

문형

홀수형 ○

짝수형 ○

※문제의
문형을
확인 후
표기

**감독관
확 인**
(수험생은 표기
하지 말것) (서 명
또는
날 인)   본인 여부, 수험번호 및
문형의 표기가 정확한지
확인, 옆란에 서명 또는
날인

※ 답안지 작성(표기)은 반드시 검은색 컴퓨터용 사인펜만을 사용하고, 연필 또는 샤프 등의 필기구를 절대 사용하지 마십시오.

문번	답 란	문번	답 란	문번	답 란
1	① ② ③ ④ ⑤	21	① ② ③ ④ ⑤	41	① ② ③ ④ ⑤
2	① ② ③ ④ ⑤	22	① ② ③ ④ ⑤	42	① ② ③ ④ ⑤
3	① ② ③ ④ ⑤	23	① ② ③ ④ ⑤	43	① ② ③ ④ ⑤
4	① ② ③ ④ ⑤	24	① ② ③ ④ ⑤	44	① ② ③ ④ ⑤
5	① ② ③ ④ ⑤	25	① ② ③ ④ ⑤	45	① ② ③ ④ ⑤
6	① ② ③ ④ ⑤	26	① ② ③ ④ ⑤		
7	① ② ③ ④ ⑤	27	① ② ③ ④ ⑤		
8	① ② ③ ④ ⑤	28	① ② ③ ④ ⑤		
9	① ② ③ ④ ⑤	29	① ② ③ ④ ⑤		
10	① ② ③ ④ ⑤	30	① ② ③ ④ ⑤		
11	① ② ③ ④ ⑤	31	① ② ③ ④ ⑤		
12	① ② ③ ④ ⑤	32	① ② ③ ④ ⑤		
13	① ② ③ ④ ⑤	33	① ② ③ ④ ⑤		
14	① ② ③ ④ ⑤	34	① ② ③ ④ ⑤		
15	① ② ③ ④ ⑤	35	① ② ③ ④ ⑤		
16	① ② ③ ④ ⑤	36	① ② ③ ④ ⑤		
17	① ② ③ ④ ⑤	37	① ② ③ ④ ⑤		
18	① ② ③ ④ ⑤	38	① ② ③ ④ ⑤		
19	① ② ③ ④ ⑤	39	① ② ③ ④ ⑤		
20	① ② ③ ④ ⑤	40	① ② ③ ④ ⑤		

리얼 오리지널 I 예비 고1 〈반배치고사＋3월·6월 모의고사〉

[회] 리얼 오리지널 모의고사 답안지

※ 답안지 작성(표기)은 반드시 검은색 컴퓨터용 사인펜만을 사용하고, 연필 또는 샤프 등의 필기구를 절대 사용하지 마십시오.

① 교시 국어영역

결시자 확인 (수험생은 표기하지 말것.)

검은색 컴퓨터용 사인펜을 사용하여 수험번호란과 옆란을 표기   ○

※ 문제지 표지에 안내된 필적 확인 문구를 아래 '필적 확인란'에 정자로 반드시 기재하여야 합니다.

필 적 확인란

성 명

수 험 번 호

문형

홀수형 ○

짝수형 ○

※문제의 문형을 확인 후 표기

감독관 확인
(수험생은 표기 하지 말것)
(서 명 또는 날 인)
본인 여부, 수험번호 및 문형의 표기가 정확한지 확인, 옆란에 서명 또는 날인

문번	답 란	문번	답 란	문번	답 란
1	① ② ③ ④ ⑤	21	① ② ③ ④ ⑤	41	① ② ③ ④ ⑤
2	① ② ③ ④ ⑤	22	① ② ③ ④ ⑤	42	① ② ③ ④ ⑤
3	① ② ③ ④ ⑤	23	① ② ③ ④ ⑤	43	① ② ③ ④ ⑤
4	① ② ③ ④ ⑤	24	① ② ③ ④ ⑤	44	① ② ③ ④ ⑤
5	① ② ③ ④ ⑤	25	① ② ③ ④ ⑤	45	① ② ③ ④ ⑤
6	① ② ③ ④ ⑤	26	① ② ③ ④ ⑤		
7	① ② ③ ④ ⑤	27	① ② ③ ④ ⑤		
8	① ② ③ ④ ⑤	28	① ② ③ ④ ⑤		
9	① ② ③ ④ ⑤	29	① ② ③ ④ ⑤		
10	① ② ③ ④ ⑤	30	① ② ③ ④ ⑤		
11	① ② ③ ④ ⑤	31	① ② ③ ④ ⑤		
12	① ② ③ ④ ⑤	32	① ② ③ ④ ⑤		
13	① ② ③ ④ ⑤	33	① ② ③ ④ ⑤		
14	① ② ③ ④ ⑤	34	① ② ③ ④ ⑤		
15	① ② ③ ④ ⑤	35	① ② ③ ④ ⑤		
16	① ② ③ ④ ⑤	36	① ② ③ ④ ⑤		
17	① ② ③ ④ ⑤	37	① ② ③ ④ ⑤		
18	① ② ③ ④ ⑤	38	① ② ③ ④ ⑤		
19	① ② ③ ④ ⑤	39	① ② ③ ④ ⑤		
20	① ② ③ ④ ⑤	40	① ② ③ ④ ⑤		

리얼 오리지널 | 예비 고1 〈반배치고사+3월·6월 모의고사〉

✂ 절취선

[회] 리얼 오리지널 모의고사 답안지

※ 답안지 작성(표기)은 반드시 검은색 컴퓨터용 사인펜만을 사용하고, 연필 또는 샤프 등의 필기구를 절대 사용하지 마십시오.

① 교시 국어영역

결시자 확인 (수험생은 표기하지 말것.)

검은색 컴퓨터용 사인펜을 사용하여 수험번호란과 옆란을 표기   ○

※ 문제지 표지에 안내된 필적 확인 문구를 아래 '필적 확인란'에 정자로 반드시 기재하여야 합니다.

필 적 확인란

성 명

수 험 번 호

문형

홀수형 ○

짝수형 ○

※문제의 문형을 확인 후 표기

감독관 확인
(수험생은 표기 하지 말것)
(서 명 또는 날 인)
본인 여부, 수험번호 및 문형의 표기가 정확한지 확인, 옆란에 서명 또는 날인

문번	답 란	문번	답 란	문번	답 란
1	① ② ③ ④ ⑤	21	① ② ③ ④ ⑤	41	① ② ③ ④ ⑤
2	① ② ③ ④ ⑤	22	① ② ③ ④ ⑤	42	① ② ③ ④ ⑤
3	① ② ③ ④ ⑤	23	① ② ③ ④ ⑤	43	① ② ③ ④ ⑤
4	① ② ③ ④ ⑤	24	① ② ③ ④ ⑤	44	① ② ③ ④ ⑤
5	① ② ③ ④ ⑤	25	① ② ③ ④ ⑤	45	① ② ③ ④ ⑤
6	① ② ③ ④ ⑤	26	① ② ③ ④ ⑤		
7	① ② ③ ④ ⑤	27	① ② ③ ④ ⑤		
8	① ② ③ ④ ⑤	28	① ② ③ ④ ⑤		
9	① ② ③ ④ ⑤	29	① ② ③ ④ ⑤		
10	① ② ③ ④ ⑤	30	① ② ③ ④ ⑤		
11	① ② ③ ④ ⑤	31	① ② ③ ④ ⑤		
12	① ② ③ ④ ⑤	32	① ② ③ ④ ⑤		
13	① ② ③ ④ ⑤	33	① ② ③ ④ ⑤		
14	① ② ③ ④ ⑤	34	① ② ③ ④ ⑤		
15	① ② ③ ④ ⑤	35	① ② ③ ④ ⑤		
16	① ② ③ ④ ⑤	36	① ② ③ ④ ⑤		
17	① ② ③ ④ ⑤	37	① ② ③ ④ ⑤		
18	① ② ③ ④ ⑤	38	① ② ③ ④ ⑤		
19	① ② ③ ④ ⑤	39	① ② ③ ④ ⑤		
20	① ② ③ ④ ⑤	40	① ② ③ ④ ⑤		

리얼 오리지널 | 예비 고1 〈반배치고사+3월·6월 모의고사〉

| 신입생 학급 배치고사 |

01회 고등학교 신입생 학급 배치고사

01④ 02⑤ 03⑤ 04⑤ 05④ 06④ 07① 08④ 09④ 10⑤
11④ 12③ 13⑤ 14④ 15① 16④ 17① 18③ 19② 20③
21⑤ 22② 23④ 24④ 25③ 26⑤ 27② 28① 29① 30②

02회 고등학교 신입생 학급 배치고사

01④ 02⑤ 03③ 04② 05⑤ 06① 07④ 08⑤ 09③ 10⑤
11③ 12⑤ 13① 14① 15③ 16③ 17② 18⑤ 19③ 20②
21② 22① 23② 24⑤ 25③ 26② 27① 28⑤ 29④ 30②

03회 고등학교 신입생 학급 배치고사

01④ 02② 03② 04② 05③ 06④ 07② 08② 09② 10④
11⑤ 12⑤ 13⑤ 14④ 15⑤ 16④ 17③ 18③ 19② 20④
21② 22① 23④ 24④ 25⑤ 26① 27① 28② 29② 30②

| 3월 전국연합학력평가 |

04회 2023학년도 3월 전국연합학력평가

01② 02② 03① 04⑤ 05③ 06③ 07⑤ 08③ 09④ 10①
11⑤ 12④ 13④ 14⑤ 15③ 16② 17④ 18③ 19⑤ 20④
21② 22④ 23④ 24④ 25④ 26① 27④ 28② 29⑤ 30④
31⑤ 32② 33② 34① 35② 36⑤ 37⑤ 38① 39④ 40④
41④ 42③ 43⑤ 44④ 45⑤

05회 2022학년도 3월 전국연합학력평가

01④ 02④ 03⑤ 04① 05② 06⑤ 07④ 08① 09② 10②
11⑤ 12① 13① 14② 15③ 16⑤ 17① 18③ 19③ 20④
21② 22④ 23④ 24① 25② 26① 27② 28⑤ 29④ 30④
31① 32④ 33③ 34⑤ 35⑤ 36③ 37② 38② 39③ 40⑤
41③ 42③ 43⑤ 44③ 45①

06회 2021학년도 3월 전국연합학력평가

01⑤ 02② 03④ 04⑤ 05③ 06④ 07⑤ 08① 09⑤ 10②
11④ 12① 13④ 14③ 15② 16③ 17⑤ 18③ 19② 20③
21① 22③ 23⑤ 24⑤ 25④ 26⑤ 27① 28① 29⑤ 30③
31② 32④ 33① 34⑤ 35③ 36② 37④ 38③ 39④ 40④
41④ 42① 43④ 44④ 45②

07회 2020학년도 3월 전국연합학력평가

01⑤ 02③ 03④ 04① 05① 06③ 07④ 08④ 09⑤ 10②
11② 12④ 13② 14① 15① 16③ 17⑤ 18④ 19③ 20⑤
21② 22① 23③ 24④ 25③ 26④ 27② 28② 29③ 30⑤
31④ 32② 33② 34⑤ 35① 36③ 37④ 38⑤ 39① 40②
41⑤ 42③ 43① 44④ 45⑤

08회 2024학년도 3월 대비 모의고사 [특별 부록]

01② 02③ 03④ 04③ 05⑤ 06⑤ 07② 08⑤ 09② 10②
11② 12④ 13① 14① 15⑤ 16② 17④ 18⑤ 19① 20④
21④ 22① 23④ 24③ 25② 26③ 27④ 28⑤ 29⑤ 30④
31① 32④ 33③ 34① 35③ 36① 37② 38④ 39② 40⑤
41④ 42⑤ 43⑤ 44④ 45⑤

| 6월 전국연합학력평가 |

09회 2023학년도 6월 전국연합학력평가

01⑤ 02② 03② 04④ 05③ 06④ 07⑤ 08② 09⑤ 10③
11② 12① 13⑤ 14⑤ 15③ 16① 17① 18② 19③ 20②
21① 22④ 23③ 24⑤ 25③ 26④ 27① 28① 29④ 30④
31⑤ 32⑤ 33③ 34③ 35④ 36② 37⑤ 38② 39② 40④
41⑤ 42③ 43④ 44① 45③

10회 2022학년도 6월 전국연합학력평가

01② 02② 03③ 04⑤ 05② 06④ 07③ 08⑤ 09⑤ 10②
11① 12⑤ 13⑤ 14④ 15③ 16③ 17② 18④ 19④ 20①
21① 22⑤ 23④ 24③ 25③ 26② 27② 28② 29① 30④
31⑤ 32① 33② 34② 35③ 36① 37⑤ 38④ 39③ 40④
41④ 42① 43③ 44⑤ 45①

11회 2021학년도 6월 전국연합학력평가

01④ 02④ 03③ 04② 05④ 06⑤ 07⑤ 08⑤ 09⑤ 10④
11① 12② 13⑤ 14② 15① 16① 17③ 18④ 19④ 20②
21② 22④ 23③ 24⑤ 25① 26② 27④ 28① 29① 30③
31② 32③ 33⑤ 34② 35④ 36⑤ 37⑤ 38④ 39① 40②
41① 42③ 43③ 44③ 45④

《빠른 정답 보기》 활용 안내

① 문제집에서 《정답과 해설》 분리

② 뒷장 속표지 앞면에 《빠른 정답 보기》 수록

③ 절취 후 편리하게 빠른 《정답 확인》

정답을 빠르게 확인하고 채점할 수 있도록 《빠른 정답 보기》를 제공합니다.
❶ 문제집에서 책속의 책 《정답과 해설》을 분리하세요.
❷ 뒷장 속표지 앞면에 《빠른 정답 보기》가 있습니다.
❸ 절취선을 따라 자른 후 정답 확인할 때 사용하고, 책갈피처럼 사용하시면 분실을 예방할 수 있습니다.

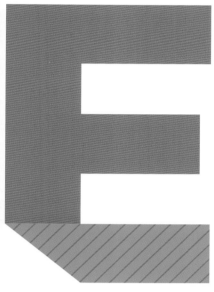
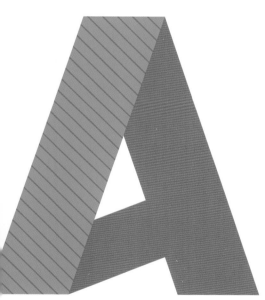

2024 리얼 오리지널

REAL

The Real series ipsifly
provide questions in previous
real test and you can practice
as real college scholastic
ability test.

2024 반배치고사+학평대비

반 배치고사 +3월·6월 전국연합 모의고사

11회 [반 배치고사 3회 3월 5회+6월 3회]

반 배치+3월은 중3 과정! 6월 모의고사는 고1 1학기!

- 2024학년도 신입생 **반 배치고사** 대비 기출 모의고사 3회
- 최신 **4개년** 고1 [3월] 전국연합 학력평가 기출 4회
- 최신 **3개년** 고1 [6월] 전국연합 학력평가 기출 3회
- 고1 [1학기] 6월 모의고사까지 풀어 볼 수 있는 특별 구성
- 혼자서도 학습이 가능한 꿀~팁 & 자세하고 명쾌한 해설
- 회차별 **등급 컷·SPEED 정답 체크·OMR 체크카드** 제공
- [특별 부록] 3월 대비 실전 모의고사 1회

예비 고1 국어
•해 설 편•

수능 모의고사 전문 출판

입시플라이

SPEED 정답 체크 반 배치고사+3월·6월 전국연합 모의고사 | 예비 고1·국어

| 신입생 학급 배치고사 |

01회 고등학교 신입생 학급 배치고사

01④ 02⑤ 03⑤ 04⑤ 05④ 06④ 07① 08④ 09④ 10⑤
11④ 12③ 13⑤ 14④ 15① 16③ 17① 18③ 19② 20③
21⑤ 22② 23④ 24⑤ 25③ 26⑤ 27② 28① 29① 30②

02회 고등학교 신입생 학급 배치고사

01④ 02⑤ 03③ 04② 05⑤ 06① 07④ 08⑤ 09③ 10⑤
11③ 12⑤ 13① 14① 15③ 16③ 17② 18⑤ 19③ 20②
21② 22① 23② 24⑤ 25③ 26② 27① 28⑤ 29④ 30②

03회 고등학교 신입생 학급 배치고사

01④ 02② 03② 04② 05③ 06④ 07② 08② 09② 10④
11⑤ 12⑤ 13⑤ 14④ 15⑤ 16④ 17③ 18③ 19④ 20④
21② 22① 23④ 24② 25⑤ 26① 27① 28② 29② 30②

| 3월 전국연합학력평가 |

04회 2023학년도 3월 전국연합학력평가

01② 02② 03① 04⑤ 05③ 06③ 07⑤ 08③ 09④ 10①
11⑤ 12④ 13③ 14⑤ 15③ 16② 17④ 18③ 19⑤ 20①
21① 22② 23④ 24④ 25④ 26① 27④ 28② 29⑤ 30④
31⑤ 32② 33② 34① 35⑤ 36⑤ 37⑤ 38① 39② 40③
41③ 42③ 43① 44④ 45⑤

05회 2022학년도 3월 전국연합학력평가

01④ 02④ 03⑤ 04① 05② 06⑤ 07④ 08① 09② 10②
11⑤ 12① 13① 14② 15③ 16⑤ 17① 18③ 19③ 20④
21② 22④ 23④ 24① 25② 26① 27② 28⑤ 29④ 30④
31① 32③ 33③ 34⑤ 35⑤ 36③ 37② 38② 39③ 40⑤
41③ 42③ 43⑤ 44③ 45①

06회 2021학년도 3월 전국연합학력평가

01⑤ 02② 03④ 04⑤ 05③ 06④ 07⑤ 08① 09⑤ 10②
11④ 12① 13④ 14③ 15② 16③ 17⑤ 18③ 19② 20③
21① 22③ 23⑤ 24⑤ 25④ 26⑤ 27① 28① 29⑤ 30③
31② 32④ 33① 34⑤ 35③ 36② 37④ 38① 39④ 40④
41② 42① 43③ 44④ 45②

07회 2020학년도 3월 전국연합학력평가

01⑤ 02③ 03④ 04① 05① 06③ 07④ 08④ 09⑤ 10②
11② 12④ 13② 14① 15① 16③ 17⑤ 18④ 19③ 20⑤
21② 22① 23③ 24④ 25③ 26④ 27② 28② 29③ 30⑤
31④ 32② 33② 34⑤ 35① 36③ 37④ 38⑤ 39① 40②
41⑤ 42③ 43① 44④ 45⑤

08회 2024학년도 3월 대비 모의고사 [특별 부록]

01② 02③ 03④ 04③ 05⑤ 06⑤ 07② 08⑤ 09② 10②
11② 12④ 13① 14① 15⑤ 16② 17④ 18⑤ 19① 20④
21④ 22① 23④ 24③ 25② 26③ 27④ 28⑤ 29⑤ 30④
31① 32④ 33③ 34① 35③ 36① 37② 38④ 39② 40⑤
41④ 42⑤ 43⑤ 44④ 45④

| 6월 전국연합학력평가 |

09회 2023학년도 6월 전국연합학력평가

01⑤ 02② 03② 04④ 05③ 06④ 07⑤ 08② 09⑤ 10③
11① 12① 13⑤ 14⑤ 15③ 16① 17① 18② 19③ 20②
21① 22④ 23③ 24⑤ 25③ 26④ 27① 28① 29④ 30④
31⑤ 32⑤ 33③ 34③ 35④ 36② 37⑤ 38② 39② 40④
41⑤ 42③ 43④ 44① 45③

10회 2022학년도 6월 전국연합학력평가

01② 02② 03③ 04⑤ 05② 06④ 07③ 08⑤ 09⑤ 10②
11① 12⑤ 13⑤ 14④ 15③ 16③ 17② 18④ 19④ 20①
21① 22⑤ 23④ 24③ 25③ 26② 27② 28② 29① 30④
31⑤ 32① 33② 34② 35③ 36① 37⑤ 38④ 39③ 40④
41④ 42① 43③ 44⑤ 45①

11회 2021학년도 6월 전국연합학력평가

01⑤ 02④ 03③ 04② 05④ 06③ 07⑤ 08⑤ 09⑤ 10④
11① 12② 13⑤ 14② 15① 16① 17③ 18④ 19④ 20②
21② 22④ 23③ 24⑤ 25① 26② 27④ 28① 29① 30③
31② 32③ 33⑤ 34① 35④ 36⑤ 37⑤ 38④ 39① 40②
41① 42③ 43③ 44③ 45④

〈빠른 정답 보기〉 활용 안내

문제집에서
〈정답과 해설〉 분리

뒷장 속표지 앞면에
〈빠른 정답 보기〉 수록

절취 후 편리하게
빠른 〈정답 확인〉

정답을 빨리 확인하고 채점할 수 있도록 〈빠른 정답 보기〉를 제공합니다.
❶ 문제집에서 책속의 책 〈정답과 해설〉을 분리하세요.
❷ 뒷장 속표지 앞면에 〈빠른 정답 보기〉가 있습니다.
❸ 절취선을 따라 자른 후 정답 확인할 때 사용하고, 책갈피처럼 사용하시면 분실을 예방할 수 있습니다.

REAL
ORIGINAL

반 배치고사+3월·6월
전국연합 모의고사

예비 고1 국어 [해설편]

Contents

※ 수록된 정답률은 실제와 차이가 있을 수 있습니다.
문제 난도를 파악하는데 참고용으로 활용하시기
바랍니다.

수능 모의고사 전문 출판
입시플라이

· 정답 ·

01 ④ 02 ⑤ 03 ⑤ 04 ⑤ 05 ④   06 ④ 07 ① 08 ④ 09 ④ 10 ⑤   11 ④ 12 ③ 13 ⑤ 14 ④ 15 ①   16 ③ 17 ① 18 ③ 19 ② 20 ③   21 ⑤ 22 ② 23 ④ 24 ④ 25 ③   26 ⑤ 27 ② 28 ① 29 ① 30 ②

[01~03] 화법

01   말하기 방식 이해   정답 ④

㉠~㉤에 대한 설명으로 적절하지 않은 것은? [3점]

① ㉠ : 비언어적 표현을 활용하여 의사를 표현하고 있다.

새롬은 고개를 갸웃둥하는 비언어적 표현을 활용하여 자신의 의사를 표현하고 있다.

② ㉡ : 상대방의 의견을 물으며 대화를 이어가고 있다.

재희는 에스컬레이터에서 한 줄 서기를 하는 것에 대해 새롬이 어떻게 생각하는지 묻고 있다.

③ ㉢ : 매체에서 얻은 정보를 활용하여 근거를 제시하고 있다.

새롬은 '신문'이라는 매체 자료를 통해 얻은 정보를 자기 생각의 근거로 제시하고 있다.

✔ ④ ㉣ : 화제에서 벗어난 이야기를 하여 대화의 맥이 끊어지고 있다.

㉣에서 새롬이 재희의 말을 끊고 있는 것은 사실이지만, 새롬이 화제에서 벗어난 이야기를 하여 대화의 맥이 끊어졌다고 보기는 어렵다.

⑤ ㉤ : 질문의 형식을 통해 상대방의 동의를 구하고 있다.

재희는 새롬에게 질문을 하는 방식으로 바쁜 일이 있는 사람들을 배려하는 것이 필요하다는 것에 대해 동의를 구하고 있다.

02   생략된 대화 내용 추리   정답 ⑤

〈보기〉에서 설명하고 있는 내용을 적용할 때, ⓐ에 들어갈 말로 가장 적절한 것은? [3점]

― 〈 보 기 〉―

상대방과 원활하게 대화를 나누기 위해서는 주변 상황이나 상대방에게 책임을 미루기보다는 자신의 책임임을 나타내는 표현을 사용하는 것이 더 바람직하다.

① 너 나한테 지금 뭐라고 하지 않았니?

상대방의 말을 재차 확인하려는 말이다.

② 네 목소리 크기가 너무 작은 거 아니니?

상대방에게 책임을 전가하는 말이다.

③ 안내 방송 때문에 네 말이 잘 안 들렸어.

주변 상황에 책임을 전가하는 말이다.

④ 에스컬레이터에서 여러 명이 어떻게 되었다고?

상대방의 말을 다시 확인하려는 말이다.

✔ ⑤ 잠깐 다른 생각을 하느라 네 말을 잘 못 들었어.

의사소통이 제대로 이루어지지 않은 책임을 영화관의 안내 방송 소리나 새롬에게 미루지 않고 자신이 다른 생각을 하느라 말을 잘 못 들었다고 반응한 것이다. 이는 주변 상황이나 상대방에게 책임을 미루지 않고 자신의 책임임을 나타내는 표현에 해당하므로, ⓐ에 들어갈 내용으로 적절하다.

03   발표 계획의 반영 여부 판단   정답 ⑤

다음은 어떤 학생의 발표 내용이다. 위 학생이 세웠던 발표 계획 중, 발표에 반영되지 않은 것은? [3점]

저는 여러분께 간송 전형필에 대해 알려 드리려고 합니다.

간송 전형필은 1906년 서울에서 태어났습니다. 그의 집안은 당시 서울에서 손꼽는 갑부였답니다. 일제강점기 때 전형필은 사재를 들여서 문화재를 수집하는 데에 심혈을 기울였습니다. 당시에 기와집 한 채 값이 천 원 정도였는데, 그는 기와집 열 채 값을 치르고 고려청자나 조선백자를 사들였습니다. 그래서 문화재 수집 초기에는 많은 돈을 들여 낡은 그림과 그릇, 책을 사들이는 이런 전형필을 보고 주변 사람들은 '집안을 말아먹을 철부지', '바보 같은 남자'라고 비웃기도 했습니다.

간송 전형필은 문화재의 가격을 정할 때, 그것을 파는 사람이 요구하는 액수가 아니라 그 문화재가 지닌 진정한 가치를 판단하여 그 가치에 걸맞은 값을 치렀습니다.

('시각 자료 1~3'을 순서대로 보여 주며) 이것은 전형필이 수집한 추사 김정희의 작품입니다. 이것은 우리 강산을 담은 겸재 정선의 산수화이고 이것들은 김홍도와 신윤복의 풍속화들입니다.

(잠시 호흡을 가다듬고) 한국 전쟁 때 피란길에서도 전형필이 소중하게 간직한 것이 있었습니다. 파는 사람이 원하는 값의 열 배를 주고 샀다는 일화가 전해지는데요. 도대체 그것이 무엇인지 궁금하지 않으세요?

('시각 자료 4'를 보여 주며) 이것이 방금 전에 말했던 그 물건입니다. 바로 훈민정음 원본입니다.

간송 전형필이 전 재산을 털어 모았던 그 문화재들은 현대에 와서 훌륭한 문화유산으로서 그 가치를 인정받고 있습니다. 그 문화재들 중 국보로 지정된 것이 12점이나 되고, 보물로 지정된 것이 10점, 서울시 지정 문화재가 4점입니다.

이처럼 간송 전형필 덕분에 우리 곁에 남게 된 소중한 문화재들은 지금 간송미술관에 보관되어 있습니다. 매년 두 번씩 이 문화재들을 전시한다고 하니, 여러분도 꼭 한 번쯤은 이곳을 방문하여 소중한 우리 문화재들을 감상해 보시기 바랍니다. 이것으로 발표를 마치겠습니다.

① 질문을 통해 청중의 관심을 유발해야겠어.

청중의 관심과 흥미를 유발하기 위해서 발표 중간에 '도대체 그것이 무엇인지 궁금하지 않으세요?'라고 질문을 하고 있다.

② 시각 자료를 활용해서 내용의 전달 효과를 높여야겠어.

전형필이 수집한 문화재들에 대한 '시각 자료 1~4'를 보여 주어 효과적으로 내용을 전달하고 있다.

③ 일화를 소개하여 인물에 대한 이해를 도울 필요가 있어.

'훈민정음 원본'과 관련된 전형필의 일화를 소개하여 문화재에 대한 인물의 열정을 부각하고 있다.

④ 청중에게 구체적인 행동을 권유하며 발표를 마무리해야겠어.

발표를 마무리하면서 간송미술관에 방문해 볼 것을 권유하고 있다.

✔ ⑤ 널리 알려진 사람의 명언을 인용해서 발표 의도를 부각해야겠어.

발표는 공식적인 말하기의 하나이므로 발표를 준비할 때는 발표 상황과 맥락, 청중, 매체 등을 고려하여 적절한 계획을 세워야 한다. 이 과정에서 발표 대상에 대한 이해를 돕기 위해 다양한 매체를 활용하거나 질문을 통해 청중의 흥미나 관심을 유발하는 방식을 활용할 수 있다. 또한 반언어적 표현이나 비언어적 표현을 활용하거나 책의 내용이나 속담, 명언 등을 인용할 수도 있다. 그런데 이 발표에서 발표자는 다양한 방법을 활용하고 있으나 유명한 사람의 명언을 인용하는 방식으로 발표 의도를 부각하지는 않았다.

[04~06] 작문

04   자료 활용 방안의 적절성 판단   정답 ⑤

자료를 활용하기 위한 방안으로 적절하지 않은 것은? [3점]

① (가) : 척추 측만증으로 인해 청소년의 건강이 위협받을 수 있음을 강조한다.

(가)의 자료에서는 척추 측만증으로 인해 장기와 폐를 손상시키고 성장을 방해하는 등의 건강에 미치는 영향에 대해 언급하고 있으므로, (가)를 활용하여 청소년의 건강이 위협받을 수 있음을 강조한다는 자료 활용 방안은 적절하다.

② (나) : 척추 측만증이 청소년 척추 질환의 대표적 질환이며 발병률 또한 증가하고 있음을 문제로 지적한다.

(나)의 2를 통해 청소년 척추 질환 중 척추 측만증이 29.4%를 차지하고 있음을 알 수 있으므로, 척추 측만증이 청소년 척추 질환의 대표적 질환이라 할 수 있다. 그리고 (나)의 1에서 청소년 척추 측만증 발병률이 시간에 따라 점차 증가하고 있음을 알 수 있으므로, 발병률 또한 증가하고 있음을 문제로 지적한다는 자료 활용 방안은 적절하다고 할 수 있다.

③ (다) : 척추 측만증을 조기에 발견하는 것이 중요하므로 정기검진의 필요성을 제시한다.

(다)에서는 척추 측만증을 조기에 발견하여 치료하면 완치가 가능하다고 언급하고 있다. 이렇게 볼 때, 척추 측만증을 조기에 발견하는 것이 중요하므로 정기 검진의 필요성을 제시한다는 자료 활용 방안은 적절하다고 할 수 있다.

④ (가)+(다) : 척추 측만증을 예방하려면 바른 자세를 유지하고 운동을 꾸준히 해야 함을 강조한다.

(가)에서는 척추 측만증이 허리에 무리를 주는 자세로 오래 앉아 있거나 근육이 약화되면 발생할 수 있다고 척추 측만증의 원인을 제시하고 있고, (다)에서는 척추 측만증 해결책으로 올바른 생활 습관과 꾸준한 운동을 언급하고 있다. 따라서 척추 측만증을 예방하려면 올바른 자세를 유지하고 운동을 꾸준히 해야 함을 강조한다는 자료 활용 방안은 적절하다고 할 수 있다.

✔ ⑤ (나)+(다) : 척추 측만증이 증가하는 원인은 우울증이므로 평소 긍정적인 생각을 가져야 함을 권유한다.

〈보기〉의 자료 (가)는 척추 측만증의 개념 및 발생 원인, 건강에 미치는 영향에 대한 전문가 인터뷰 자료이고, (나)는 청소년 척추 측만증 발병률과 청소년 척추 질환에 대한 통계 자료이다. 그리고 (다)는 척추 측만증 조기 발견 및 운동을 통한 척추 측만증 해결책을 제시하고 있는 신문 기사이다. 이러한 자료 내용을 바탕으로 자료 활용 방안을 생각해야 하는데, ⑤는 적절하지 않다. ⑤에서는 척추 측만증이 증가하는 원인이 우울증이라고 하고 있지만, (가)의 자료를 볼 때 우울증은 척추 측만증으로 인한 건강 이상 증세에 해당하므로 원인에 해당하지 않는다. 또한 (다)에서 해결책으로 올바른 생활 습관과 꾸준한 운동을 언급하고 있으므로, 긍정적인 생각을 가져야 함을 해결책으로 제시한 것 역시 적절하지 않다.

05   조건에 따른 글쓰기   정답 ④

위의 자료를 활용하여 공익광고를 제작하려고 한다. 〈조건〉을 반영한 것으로 가장 적절한 것은? [3점]

― 〈 조 건 〉―

○ 척추 건강을 지키기 위한 실천 방법을 제시할 것.
○ 대상을 의인화하여 표현할 것.

① 허리가 아프신가요? 소중하게 보살펴 주세요.

'소중하게 보살펴 주세요.'는 실천 방법이라기보다는 당부의 말이라 할 수 있고, 의인법도 사용되지 않았으므로 조건을 반영한 것이라 볼 수 없다.

② 아직도 핸드폰을 오랫동안 보시나요? 이제 그만!

핸드폰 보는 것을 그만하라는 내용을 통해, 핸드폰 보는 것이 허리에 영향을 준다는 점에서 구체적인 실천 방법이라 할 수 있지만, 의인법이 사용되지 않았으므로 적절하지 않다.

③ 곧은 허리는 삶의 활력소! 꾸준한 운동으로 지키세요.

'곧은 허리는 삶의 활력소!'라고 비유하여 표현하고 있지만 의인법은 사용되지 않아 적절하지 않다. 하지만 '꾸준한 운동으로 지키세요.'는 척추 건강을 지키기 위한 구체적인 실천 방법이라 할 수 있다.

✔ ④ 허리를 펴고 바르게 앉아 보세요. 아파하는 허리가 방긋!

'허리를 펴고 바르게 앉아 보세요.'라고 척추 건강을 지키기 위한 실천 방법을 제시하고 있고, '아파하는 허리가 방긋!'이라고 하여 '허리'를 의인화하여 표현하고 있으므로 조건을 반영한 것이라 할 수 있다.

⑤ 푹신한 의자! 굽이 높은 신발! 모두 건강을 위해 멀리하세요.

'푹신한 의자, 굽이 높은 신발'이 허리에 무리를 준다는 점에서 이것들을 멀리하라는 것은 구체적인 실천 방법이라 할 수 있다. 하지만 의인법을 사용하지는 않고 있으므로 적절하지 않다.

06   고쳐쓰기의 적절성 판단   정답 ④

〈보기〉는 동아리 가입을 권유하는 글의 초고이다. ㉠~㉤을 고쳐 쓰기 위한 방안으로 적절하지 않은 것은? [3점]

― 〈 보 기 〉―

안녕하세요? 우리 동아리는 학교에서 유일한 봉사 동아리입니다. 작년에는 ㉠ 폐지와 자선 바자회를 열어서 꽤 많은 돈을 모았습니다. 우리는 모은 돈을 연말에 기부금으로 ㉡ 사용되었습니다. ㉢ 앞으로는 기부 내용도 꼭 공개하겠습니다. 이러한 활동을 하면서 육체적으로는 힘들었지만 큰 보람을 느꼈습니다. ㉣ 그리고 선·후배 간의 끈끈한 정도 나눌 수 있었습니다. ㉤ 새로 입학한 신입생 여러분도 우리 동아리에서 의미 있는 학교생활을 함께하기를 바랍니다.

① ㉠은 호응 관계를 고려하여 '폐지를 팔고 자선 바자회를 열어서'로 고친다.
'꽤 많은 돈을 모았습니다.'와의 호응을 고려할 때 '폐지와는'을 '폐지를 팔고'로 고치는 것이 적절하다.

② ㉡은 부적절한 피동 표현이므로 '사용하였습니다'로 고친다.
피동 표현은 주어가 다른 주체에 의해서 동작을 당하게 되는 것을 나타내는 표현이다. '우리는'이 주어이므로 '사용하였습니다'로 고치는 것이 적절하다.

③ ㉢은 글의 통일성에 어긋나므로 삭제한다.
㉢ 앞에 기부 내용의 공개에 대한 언급이 없으므로 본문의 내용 흐름상 적절하지 않은 문장이다. 따라서 삭제하는 것이 적절하다.

☑ ㉣은 문장의 연결이 어색하므로 '그러면'으로 고친다.
'그러면'은 앞의 내용이 뒤의 내용의 조건이 될 때, 또는 앞의 내용을 받아들이거나 그것을 전제로 새로운 주장을 할 때 쓰는 접속 부사이다. ㉣의 앞에서 봉사 활동이 힘들었지만 큰 보람을 느꼈다는 내용과 ㉣의 뒤에서는 선후배 간의 끈끈한 정도 나눌 수 있었다는 내용에서 '그러면'으로 고치기 위한 조건은 나타나지 않는다. 따라서 ④는 고쳐 쓰기 위한 방안으로 적절하지 않다.

⑤ ㉤은 의미가 중복되므로 '새로 입학한'을 삭제한다.
'새로 입학한'과 '신입생'은 동일한 대상을 말하므로 둘 중 하나를 삭제하는 것이 적절하다.

[07~09] 문법

07 품사의 이해   정답 ①

〈보기〉에서 설명하는 품사의 예로 적절한 것은? [4점]

〈보 기〉
○ 용언을 수식한다.   ○ 형태가 변하지 않는다.

☑ 잠을 설쳤더니 몹시 피곤하다.
부사는 용언 또는 다른 말 앞에 놓여 그 뜻을 분명하게 하는 품사로 활용하지 못한 특징이 있으므로, 제시된 〈보기〉는 부사에 대한 설명임을 알 수 있다. 따라서 서술어인 '피곤하다'를 수식하는 ①의 '몹시'가 이에 해당한다고 할 수 있다.

② 꽃이 떨어지면 열매가 달린다.
'달린다'는 이 문장의 서술어 역할을 하고 있으므로, 용언 중 동사에 해당한다.

③ 시장에 가서 사과 세 개를 샀다.
'사과 세 개'의 '세'는 뒤의 체언인 '개'를 꾸며 주므로 관형사에 해당한다.

④ 선풍기에서도 뜨거운 바람이 불었다.
'뜨거운 바람'에서 '뜨거운'은 형용사 '뜨겁다'에 관형사형 어미 '-은'이 결합한 단어로, 체언인 '바람'을 꾸며 주고 있지만 품사는 형용사에 해당한다.

⑤ 모든 사람들이 다 착한 것은 아니다.
'모든 사람들이'에서 '모든'은 뒤의 '사람들이'를 꾸며 주고 있으므로 관형사에 해당한다.

08 문장의 짜임 이해   정답 ④

〈보기〉의 ㄱ~ㄹ을 활용하여 만든 겹문장을 이해한 내용으로 적절하지 않은 것은? [3점]

〈보 기〉
ㄱ. 바람이 분다.   ㄴ. 바람이 차갑다.   ㄷ. 단풍잎이 빨갛다.   ㄹ. 단풍잎이 흔들린다.

① '바람이 불어서 단풍잎이 흔들린다.'는 ㄱ과 ㄹ이 종속적으로 이어진 문장이다.
'바람이 불어서 단풍잎이 흔들린다.'는 ㄱ과 ㄹ이 종속적 연결어미 '-어서'로 연결된 이어진 문장이므로 적절하다.

② '차가운 바람이 분다.'는 ㄴ이 ㄱ에 안기면서 ㄴ의 주어가 생략된 문장이다.
'차가운 바람이 분다.'는 ㄴ이 ㄱ에 관형절로 안기면서 ㄴ의 주어가 생략된 문장이므로 적절하다.

③ '바람이 차갑고 단풍잎이 빨갛다.'는 ㄴ과 ㄷ이 대등적으로 이어진 문장이다.
'바람이 차갑고 단풍잎이 빨갛다.'는 ㄴ과 ㄷ이 대등적 연결어미 '-고'로 연결된 이어진 문장이므로 적절하다.

☑ '단풍잎이 바람이 불면 흔들린다.'는 ㄹ이 관형절로 바뀐 ㄱ을 안고 있는 문장이다.
'단풍잎이 바람이 불면 흔들린다.'는 ㄹ인 '단풍잎이 흔들린다.'에 ㄱ인 '바람이 분다.'가 관형절로 안겨 있지 않으므로 적절하지 않다.

⑤ '흔들리는 단풍잎이 빨갛다.'는 ㄹ이 관형절의 형태로 ㄷ에 안겨 있는 문장이다.
'흔들리는 단풍잎이 빨갛다.'는 ㄹ이 ㄷ에 관형절로 안겨 이루어진 문장이므로 적절하다.

09 단어의 품사 분류   정답 ④

〈보기〉의 [가]를 바탕으로 [나]를 분석한 내용으로 적절하지 않은 것은? [4점]

〈보 기〉
[가] 품사는 단어를 '형태', '기능', '의미'를 기준으로 분류한 것이다. ㉠ '형태'에 따라 불변어, 가변어로, ㉡ '기능'에 따라 체언, 용언, 수식언, 관계언, 독립언으로 나뉜다. 그리고 ㉢ '의미'에 따라 명사, 대명사, 수사, 동사, 형용사, 관형사, 부사, 조사, 감탄사로 나뉜다.
[나] 열에 아홉은 매우 착실한 학생이다.

① ㉠에 따라 나누면 '착실한'과 '이다'는 가변어이다.
'착실한'과 '이다'는 활용하여 그 형태가 변하는 가변어이다.

② ㉡에 따라 나누면 '열'과 '학생'은 체언이다.
'열'과 '학생'은 각각 수사와 명사이므로 둘 다 체언에 속한다.

③ ㉡에 따라 나누면 '은'과 '이다'는 관계언이다.
'은'은 보조사이고, '이다'는 서술격 조사로 둘 다 관계언이다.

☑ ㉢에 따라 나누면 '아홉'과 '학생'은 같은 품사이다.
'아홉'은 수사이고, '학생'은 명사이므로 서로 다른 품사이다.

⑤ ㉢에 따라 나누면 '매우'와 '착실한'은 다른 품사이다.
'매우'는 부사이고, '착실한'은 형용사이다.

[문제편 p.002]

● 문법 필수 개념

■ 품사

형태	기능	의미
불변어	체언	명사
		대명사
		수사
	수식언	관형사
		부사
	독립언	감탄사
	관계언	조사
가변어	용언	동사
		형용사

※ 단, 서술격 조사 '-이다'는 조사이지만, 활용이 가능하므로 형태가 변하는 가변어이다.

[10~30] 독서·문학

10~11 현대시

(가) 박용래, 「밭머리에 서서」

감상 고향에 대한 그리움을 감각적 이미지를 통해 형상화하고 있는 작품이다.
화자는 배추와 무가 심어져 있는 밭머리에 서서 '배추꼬리'나 '무꼬리'와 같이 작고 사사롭지만 고향의 추억이 담겨 있는 소중한 존재들을 떠올리고 있다. 또한 '기적소리에 떠나간 사람'인 고향을 떠나간 사람을 떠올리며 고향에 대한 그립고도 아쉬운 마음을 '달착한 맛'으로 집약하고 있다.
주제 고향에 대한 그리움

이 시의 특징
• 시각(노랗게, 하얗게), 미각(배추꼬리 맛, 달착한 맛), 청각(기적 소리) 등의 다양한 이미지 사용으로 주제를 선명하게 제시함.
• 서술어 종결 어미를 생략하여 여운감과 그리움의 정서를 심화.
• 유사한 문장 구조의 반복으로 운율을 형성하고 통일감을 부여함.

(나) 김준태, 「강강술래」

감상 산업화 이후 해체와 붕괴를 거듭해 온 농촌을 배경으로 '풀여치 하나'에도 안절부절 못하시는, 생명을 소중히 여기는 할머니의 마음과 '죽순 하나' 함부로 하지 않으며 '대밭'을 가꾸셨던, 개인보다는 사회를 우선시하는 할아버지의 모습을 형상화하면서 자연과의 조화와 공동체를 소중히 여겼던 과거 농촌에 대한 그리움을 형상화하고 있다. 화자가 읊조리는 '강강술래'에는 이러한 과거 농촌이 사라져가는 것에 대한 안타까움과 그리움, 공동체 회복에 대한 염원이 집약되어 있다.
주제 배려와 인정이 넘치던 과거 농촌 공동체의 모습과 그것에 대한 그리움

이 시의 특징
• 후각(산국화 냄새)적 이미지나 시각(흰 옷자락)적 이미지를 통해 인물에 대한 인상을 제시함.
• 시적 화자의 행위(손톱과 발톱을 깎아드린다)의 반복으로 운율을 형성하며 통일감을 부여함.

10 시의 이미지의 기능 이해   정답 ⑤

〈보기〉에서 선생님이 제시한 과제를 수행한 결과로 적절하지 않은 것은? [4점]

〈보 기〉
선생님 : (가)와 (나)는 이미지가 돋보이는 시입니다. 시에서 이미지는 대상에 대한 인상을 선명하게 하거나 정서를 환기하여 시적 상황을 생생하게 느낄 수 있게 합니다. 다음 그림과 같이 (가)의 ㉠과 (나)의 ㉡의 이미지에 대해 설명하고자 할 때, A, B, C에 들어갈 내용을 이야기해 봅시다.

① A : 화자가 느끼고 있는 그리움을 미각적 이미지를 통해 환기하고 있어.
고향에 대한 그리움을 무의 '달착한 맛'을 떠올리며 환기하고 있으므로 미각적 이미지를 통해 그리움을 나타내고 있다고 볼 수 있다.

② A : 화자의 지난날의 경험을 구체적인 감각을 통해 생생하게 전달하고 있어.
무를 먹었던 과거의 경험을 미각적 심상을 통해 감각적으로 구체화하여 전달하고 있다.

③ B : 인물에 대한 인상을 후각적 이미지를 통해 나타내고 있어.
'산국화 냄새'는 후각적 심상이 나타난 시구로, 이를 통해 앞도 잘 보지 못할 정도로 늙어 버린 할머니에 대한 인상을 선명하게 드러내고 있다.

④ C : 대상에 대한 화자의 정서를 감각적 이미지를 통해 선명하게 드러내고 있어.
㉠은 '옛날' 고향에 대한 화자의 정서가, ㉡은 '할머니'에 대한 화자의 정서가 각각 미각과 후각을 통해 선명하게 드러나고 있다.

☑ C : 감각적 표현을 통해 화자의 과거와 현재 상황을 연결하고 있어.
㉠에서는 미각적 심상이 ㉡에서는 후각적 심상이 주로 쓰여 시를 감각적으로 표현하고 있는데, ㉠은 화자가 밭머리에 서서 고향의 추억을 옛날에 먹었던 무의 '맛'을 통해 환기하고 있다. 이러한 '맛'의 이미지는 현재의 화자가 과거를 떠올리게 하는 매개체가 되므로 화자의 과거와 현재를 이어 주는 기능을 하고 있다. ㉡은 화자가 대하는 현재의 '할머니'에 대한 인상이나 정서를 '산국화 냄새'라는 후각적 심상으로 드러낸 것이다. 따라서 화자의 과거와 현재를 연결하는 기능을 하는 것은 ㉠에만 해당된다.

〈보기〉를 (나)의 작가가 한 강연의 일부라고 할 때, 이를 바탕으로 (나)를 감상한 내용으로 적절하지 않은 것은? [4점]

〈보 기〉

추석이라 고향에 다녀왔습니다. 예전에는 명절이면 마을의 번영과 풍년을 기원하며 마을 사람들이 함께 손잡고 '강강술래'를 노래했지요. 산업화가 되면서 살기나 농촌은 예외인가 봅니다. 젊은이들이 떠나간 들녘은 활기를 잃어 가고, 작은 생명체 하나라도 아끼고 공동체를 소중히 여겼던 삶들이 사라져 가고 있습니다. 앞도 잘 못 보게 늙으신 할머니의 모습이 쇠락해 가는 고향처럼 다가와 마음이 아팠습니다. 생전에 가꾸시던 대밭을 보며 할아버지를 떠올려 봅니다. 그리고 그 옛날의 '강강술래'를 읊조리며 아픈 농촌을 풀어 봅니다. 공동체의 회복을 꿈꿔 봅니다.

① '할머니'의 손발톱을 '깎아드리'는 화자의 행위에는 쇠락해 가는 '고향'에 대한 애정과 연민이 함께 담겨 있겠군.
눈도 잘 보이지 않게 늙으신 할머니의 모습은 쇠락해 가는 고향(농촌)의 모습을 드러내는 것이기도 하다. 따라서 시에서 반복되는 할머니 손발톱을 깎아드리는 화자의 행위에는 할머니와 고향에 대한 애정과 연민을 함께 담고 있다.

② '팔십평생 행여 풀여치 하나 밟을세라'를 통해 작은 생명체 하나라도 소중히 여겼던 농촌 사람들의 삶을 엿볼 수 있겠군.
'팔십평생 행여 풀여치 하나 밟을세라'라는 구절에서 풀여치는 단순히 구체적인 대상이 아니라 작은 생명체를 대표한다고 볼 수 있다. 따라서 이 구절에서는 풀여치와 같은 것도 밟지 않을 만큼 작은 생명체를 소중히 다루는 농촌 사람들의 삶을 엿볼 수 있다.

③ '대밭'을 가꾸며 '집안과 나라'를 걱정하는 '할아버지'의 모습에서 공동체를 중시했던 농촌 사회의 일면을 들여다볼 수 있겠군.
'대밭이 죽으면 ~ 할아버님' 구절에서 집안과 나라를 걱정하는 할아버님의 태도를 통해 개인보다는 사회를 우선시하는 모습, 즉 공동체를 중시한 농촌사람들의 삶이 드러나 있다.

✔ ④ '그 시절 도깨비들이 춤추던 대밭'은 활기를 잃어 가는 농촌을 의미하는 것으로, 농촌 현실에 대한 화자의 비판 의식을 드러내고 있겠군.
(나)는 '할머니'와 '할아버지'의 삶으로 대변되는, 생명체를 아끼고 공동체를 소중히 여겼던 과거 농촌에 대한 그리움과 '강강술래'로 집약되는 공동체 가치의 회복에 대한 소망을 형상화한 작품이다. 여기에는 산업화 이후 이동 현상과 더불어 쇠락해 가는 농촌 현실이 전제되어 있다. 너무 늙어 버린 할머니의 모습이나 돌아가신 할아버지는 과거 농촌의 삶을 보여 주는 것이기도 하지만, 그만큼 농촌이 노쇠해지고, 소중한 가치들이 사라져 가고 있음을 드러내는 것이기도 하다. 따라서 '그 시절 도깨비들이 춤추던 대밭'은 순수하고 활력이 넘쳤던 과거 농촌에 대한 비유적 표현이므로, 활기를 잃어 가는 농촌의 의미와는 거리가 멀다.

⑤ '강강술래 나는 논이 되고 싶었다'에는 농촌의 아픔을 보듬으며 공동체의 가치가 회복되기를 바라는 화자의 염원이 담겨 있겠군.
시의 제목이기도 한 '강강술래'는 공동체의 기원, 사랑, 애환 등의 의미를 담고 있는 말이기도 하고, 둥글게 원을 그리며 함께 추는 춤을 이르는 말이기도 한다. 어느 쪽으로 해석하든 둘 다 공동체의 염원과 삶을 드러내는 것이다. 따라서 시의 마지막 두 행에서 화자가 '강강술래 논(밭)이 되고 싶었다.'에는 아픈 농촌 현실을 보듬으며 공동체의 가치가 회복되기를 바라는 화자의 소망이 담겨 있다.

12~14   사회

'불확실한 상황에서의 인간의 의사 결정'

해제 이 글에서는 카너먼과 트버스키가 제시한 이론인 프로스펙트 이론의 특징 및 프로스펙트 이론에서의 의사 결정 경향 세 가지에 대해 구체적인 사례와 더불어 설명해 주고 있다.
글쓴이는 불확실한 상황에서 가장 합리적인 선택이 기대효용이론에 투영되었음을 드러내면서, **불확실한 상황에서의 판단 기준은 기대소득이 아니라 기대효용임**을 드러내고 있다. 그러나 우리가 수행하는 의사 결정 내용은 기대효용이론에서 제시하는 바와 다르다고 생각한 카너먼과 트버스키의 '프로스펙트 이론'에 대해 제시하고 있다. 그리고 이러한 인간의 의사 결정의 경향을 '준거 의존성', '민감도 체감성', '손실 회피성'의 세 가지로 설명하고 있음을 언급하면서 각각의 개념 및 구체적인 사례를 통해 이해시키고 있다.
주제 프로스펙트 이론의 특징 및 의사 결정 경향 세 가지

문단 핵심 내용

1문단	기대효용이론에 투영된 합리적인 선택
2문단	불확실성에서의 판단 기준인 기대효용
3문단	카너먼과 트버스키의 프로스펙트 이론
4문단	프로스펙트 이론에서의 의사 결정 경향 – 준거 의존성
5문단	프로스펙트 이론에서의 의사 결정 경향 – 민감도 체감성
6문단	프로스펙트 이론에서의 의사 결정 경향 – 손실 회피성

윗글의 내용과 일치하지 않는 것은? [4점]

① 인간은 이익보다 손해에 더 큰 반응을 보인다.
이 글 마지막 문단의 손실 회피성의 내용을 보면, 인간은 이익보다 손실을 더 크게 느낀다 하고 있으므로 이익보다 손해에 더 큰 반응을 보인다라고 할 수 있다.

② 기대효용이론은 인간의 합리적 선택을 믿는다.
이 글 1문단의 '경제학은 오랫동안 인간이 불확실한 상황에서도 가장 합리적인 선택을 할 수 있다고 믿어 왔다. 그리고 이러한 믿음은 기대효용이론에 투영되었다.'의 내용을 통해, 기대효용이론에서는 인간의 합리적 선택을 믿고 있음을 알 수 있다.

✔ ③ 인간의 의사 결정은 비합리적이라 예측이 불가능하다.
이 글 3문단을 보면 '인간의 행동이 비합리적이라고 해도 거기에는 일정한 경향이 있고 어느 정도 예측이 가능하다.'는 것을 알 수 있다. 따라서 '인간의 의사 결정은 비합리적이라 예측이 불가능하다'의 내용은 적절하지 않다.

---

④ 기대효용이론에 따르면 인간은 확실한 소득을 선호한다.
이 글 2문단에서 기대소득이 선택의 기준이 된다면 대부분의 사람들은 불확실한 20만 원보다는 확실한 현금 10만 원을 더욱 선호한다는 것을 알 수 있으므로, 기대효용이론에 따를 때 인간은 확실한 소득을 선호함을 알 수 있다.

⑤ 인간은 똑같은 금액이라도 상황에 따라 달리 체감하게 된다.
이 글 5문단의 '민감도 체감성은 이익이나 손실의 변화 폭이 작을 때에는 민감하게 반응하지만 이익이나 손실의 변화 폭이 커질 경우 가치의 민감도가 감소한다는 것이다.'를 볼 때, 인간은 똑같은 금액이라도 이익이나 손실의 변화 폭의 작고 큰 상황에 따라 달리 체감하게 됨을 알 수 있다.

윗글을 바탕으로 〈보기〉를 이해할 때 적절하지 않은 것은? [4점]

〈보 기〉

ⓐ
A는 자신이 지닌 금융자산 5,000만 원 중 1,000만 원을 주식에 투자해 1,000만 원의 손실을 봤고, B는 금융자산 1,000만 원을 은행에 넣어 두어 100만 원의 이자를 받았다.
⇩
ⓑ
A는 입은 손해를 복구하기 위해 1,000만 원을, B는 여윳돈이 생긴 이유로 100만 원을 주식에 투자하기로 결심한다.
⇩
ⓒ
A와 B는 모두 주가가 하락해 투자한 돈을 잃게 되었다.

① ㉠에서 B는 A보다 자산이 적지만 더 큰 행복함을 느끼겠군.
이 글 4문단의 '만약 A라는 사람은 금융자산이 3,000만 원에서 2,000만 원으로 줄고, B라는 사람은 금융자산이 1,000만 원에서 1,100만 원으로 늘었다면, 비록 절대적인 금액은 적을지라도 B가 느끼는 감정이 더 행복하다는 것이다.'의 내용을 볼 때, ㉠에서 B는 A보다 비록 자산은 적지만 1,000만 원이 1,100으로 이익을 얻게 되어 더 큰 행복함을 느낀다고 할 수 있다.

② ㉡의 A와 B의 행위는 비합리적인 선택의 결과로 봐야겠군.
이 글 3문단의 '불확실한 상황에서 인간은 '효용'이 아니라 '가치'에 근거해 의사를 결정하고, 의사 결정 과정에 있어 '비합리성'이 드러난다.'의 내용을 볼 때, ㉡에서 잃은 손해를 만회하기 위해 주식을 투자한 A와 여윳돈이 생겨 주식에 투자한 B의 행위는 비합리적인 선택의 결과라 할 수 있다.

③ ㉡에서 A와 B는 기대소득을 판단의 기준으로 삼아 행동했군.
이 글 1문단의 '기대소득은 불확실한 상황에서 자신이 선택한 대안으로 얻게 될 것으로 기대되는 수익의 크기를 의미'한다고 하였으므로, ㉡에서 A와 B는 기대소득을 판단의 기준으로 삼아 주식에 투자한 것이라 할 수 있다.

④ ㉢에서 A가 입은 마음의 상처는 ㉠에 비해 작겠군.
이 글 5문단의 '민감도 체감성'의 사례, 즉 '한 주식투자자가 투자 손실을 입으면 처음 100만 원은 매우 크게 느끼지만 손실이 100만 원 더 늘어나면 처음의 손실만큼 가슴 아파하지 않는 경우이다.'를 볼 때, ㉢에서 A가 입은 마음의 상처는 ㉠에 비해 작을 것임을 알 수 있다.

✔ ⑤ ㉢에서 B는 ㉠에서 얻은 이익만큼 손실을 입은 것이니 마음 아파하지 않겠군.
〈보기〉에서 B는 100만 원의 이자를 받았고, 이를 주식에 투자했다가 100만 원을 잃게 되었음을 알 수 있다. 그런데 이 글 6문단의 손실 회피성의 내용을 통해 이익보다 손실을 더 크게 느낀다는 것을 알 수 있으므로, B가 같은 금액인 100만 원을 벌었을 때의 기쁨보다 투자해서 100만 원을 잃었을 때의 마음의 고통이 더 크다는 것을 알 수 있다.

문맥상 ⓐ ~ ⓔ를 바꿔 쓰기에 적절하지 않은 것은? [2점]

① ⓐ : 고른
ⓐ는 '여럿 가운데서 필요한 것을 골라 뽑은'이라는 의미로 사용되고 있으므로, '여럿 중에서 가려내거나 뽑은'의 의미를 지닌 '고른'으로 바꿔 쓸 수 있다.

② ⓑ : 틀림없는
ⓑ는 '틀림없이 그러한'의 의미로 사용되고 있으므로, '조금도 어긋나는 일이 없는'의 의미를 지닌 '틀림없는'으로 바꿔 쓸 수 있다.

③ ⓒ : 받은
ⓒ는 '상을 받은'의 의미로 사용되고 있으므로, '다른 사람이 주거나 보내오는 물건 따위를 가진'의 의미를 지닌 '받은'으로 바꿔 쓸 수 있다.

✔ ④ ⓓ : 한결같은
'일정한 경향이 있고 어느 정도 예측이 가능하다.'에서 '일정한'은 '어떠한 흐름이나 절차가 매우 규칙적인'의 의미로 사용되고 있다. 그런데 '한결같은'은 '처음부터 끝까지 변함없이 꼭 같은'의 의미이므로 문맥상 바꿔 쓰기에는 적절하지 않다.

⑤ ⓔ : 떨어진다는
ⓔ는 '양이나 수치가 준다는'의 의미로 사용되고 있으므로, '값, 기온, 수준, 형세 따위가 낮아지거나 내려간다는'의 의미를 지닌 '떨어진다는'과 바꿔 쓸 수 있다.

15~17   고전 소설

작자 미상, 「심청전」

감상 주인공 심청이 심봉사의 딸로 태어나 눈 먼 아버지를 지성으로 봉양하여 마침내 눈을 뜨게 한다는 내용의 판소리계 소설이다. 심청이가 공양미 삼백 석을 마련하기 위해 인당수에 빠졌으나 상제의 도움으로 왕후가 되어 아버지의 눈을 뜨게 하였다는 내용이다. 심청이의 아버지에 대한 간절한 효성을 통해 **효가 사람이 지켜야 할 중요한 덕목임**을 잘 드러내고 있다.
주제 부모에 대한 지극한 효성
작품 줄거리 옛날 황주 도화동에 눈멀어 앞을 못 보는 심학규와 곽씨 부인이 살았다. 이 부부는 나이 마흔이 되도록 자식이 없다가 딸을 낳았지만, 곽씨 부인은 아기를 낳은 지 이레 만에 세상을 떠나고 말았다. 혼자가 된 심봉사는 젖동냥을 하면서 어린 딸 청이를 키웠다. 그러던 어느 날, 심봉사는 딸을 마중 나가는 길에 개천에 빠지게 되었고, 물에 빠진 심봉사를 몽운사 화주승이 구해 주었다. 이 화주승은 심봉사에게 부처님께 쌀 삼백석을 바치면 눈을 뜰 수 있다고 말하였고, 심 봉사는 공양미 삼백 석을 시주하겠다

고 약속하고 만다. 심청은 아버지에게 쌀 삼백 석을 드리기 위해 공양미 삼백 석을 받고 자신을 뱃사람들에게 판다. 그리고는 인당수에 빠져 죽는다. 한편 심 봉사는 심청이 떠난 뒤 슬픔과 외로움 속에서 지냈다. 이러한 사정을 안 뺑덕 어미는 심 봉사에게 접근하여 심청이 남기고 간 재물을 마음껏 쓰기 시작하였다. 심청은 물에 빠진 뒤 용궁에서 귀한 대접을 받으며 살다가 혼인 할 나이가 되어 연꽃을 타고 물 위로 올라가게 되고, 뱃사람들에게 발견되어 황제에게 바쳐지고 마침 황후의 자리가 비어 황후가 된다. 심청은 황제에게 그간의 사정을 얘기하였고, 아버지를 찾기 위해 맹인을 위한 잔치를 열었다. 그곳에서 심청은 아버지를 만나게 되고, 심 봉사는 눈을 뜨게 된다.

15 작품 내용의 이해 정답 ①

윗글을 통해 알 수 있는 내용으로 적절한 것은? [4점]

☑ 옥황상제는 심청을 인간 세상에 보낼 것을 지시했다.
'심 소저 혼약할 기한이 가까우니, 인당수로 돌려보내어 좋은 때를 잃지 말게 하라.'는 말을 통해 옥황상제가 심청을 인간 세상에 보낼 것을 지시했음을 알 수 있다.

② 심청은 죽어서 어머니와 만날 것을 이미 알고 있었다.
'오늘날 이곳에 와서 어머니와 만날 줄을 알았더라면'에서 심청은 죽어서 어머니와 만날 것을 미리 알지 못했음을 알 수 있다.

③ 심 봉사는 심청이 죽고 난 후 귀덕 어미와 재혼을 했다.
'그간 수십 년에 홀아비나 면했으며'에서 심청의 어머니가 심 봉사가 재혼을 했는지 근황을 묻고 있고, '뒷마을 귀덕 어미 네게 극진하지 않더냐?'고 묻고 있을 뿐 심청이 죽고 난 후 심 봉사와 귀덕 어미가 재혼을 했다는 것은 알 수 없다.

④ 사해용왕은 옥진 부인과 이별을 하며 옥 화분을 선물했다.
'사해용왕이 명을 듣고 심 소저를 보내실 제, 큰 꽃송이 겉에서 모시게 하여 아침저녁 먹을 것과 비단 보배를 많이 넣고 옥 화분에 고이 담아'에서 사해용왕이 옥진 부인이 아닌 심청과 이별을 할 때 심청을 넣은 큰 꽃송이를 옥 화분에 담은 것임을 알 수 있다.

⑤ 어머니는 옥지환을 보고서야 심청이 자신의 딸임을 알았다.
자신이 끼던 옥지환을 심청이 갖고 있음을 본 것일 뿐 이를 보고 나서 자신의 딸임을 안 것은 아니다.

16 작품 감상의 적절성 판단 정답 ③

㉠의 의미로 적절하지 않은 것은? [3점]

① 심청과 어머니와의 만남을 가능하게 하는 공간이다.
심청은 옥황상제의 도움으로 수궁으로 가게 되고 광한전의 옥진 부인(심청의 어머니)이 찾아와 만나게 되었으므로 적절한 판단이다.

② 심청이 죽은 후에 머물게 되는 비현실적인 공간이다.
심청이 인당수 제물이 되어 물에 빠져 죽은 후 옥황상제의 도움으로 수궁에 머무르게 된 상황은 현실에서는 일어날 수 없는 일이므로 적절한 판단이다.

☑ 심청이 부귀영화를 실현할 목적으로 선택한 공간이다.
㉠ '수정궁'은 아버지의 눈을 뜨게 하기 위해 자신을 희생하여 죽은 심청이 머문 공간이지 부귀영화를 실현할 목적으로 선택한 공간은 아니다.

④ 심청이 아버지를 위한 희생에 대해 보상을 받는 공간이다.
심청이 아버지의 눈을 뜨게 하기 위해 공양미 삼백 석에 인당수 제물이 되어 물에 빠져 죽게 된 이후 머무르게 된 곳이므로 적절한 판단이다.

⑤ 심청이 다시 현실 세계로 가기 위해 준비를 하는 공간이다.
옥황상제가 심청을 인당수로 돌려보내기 전까지 머물던 곳이므로 적절한 판단이다.

17 상황에 맞는 한자 성어 파악 정답 ①

㉡의 상황을 나타내는 말로 가장 적절한 것은? [3점]

☑ 각골난망(刻骨難忘)
㉡ '여러 왕의 덕을 입어 죽을 몸이 다시 살아 세상에 나가오니 은혜를 잊을 수가 없습니다.'는 상황을 나타내기에 적절한 말은 '남에게 입은 은혜가 뼈에 새길 만큼 커서 잊히지 아니함'을 뜻하는 '각골난망(刻骨難忘)'이다.

② 개과천선(改過遷善)
지난날의 잘못이나 허물을 고쳐 올바르고 착하게 된다는 말이다.

③ 온고지신(溫故知新)
옛것을 익히고 그것을 미루어서 새것을 안다는 말이다.

④ 진퇴양난(進退兩難)
이러지도 저러지도 못하는 어려운 처지를 말한다.

⑤ 청출어람(靑出於藍)
쪽에서 뽑아낸 푸른 물감이 쪽보다 더 푸르다는 뜻으로, 제자나 후배가 스승이나 선배보다 나음을 비유적으로 이르는 말이다.

18~20 과학

'멀미가 생기는 원인과 대처 방법'

해제 이 글에서는 멀미가 일어나는 원인을 내이와 눈을 통해 설명하면서, 이러한 멀미를 예방하는 **방법**에 대해 설명하고 있다. 글쓴이는 멀미의 개념 및 멀미가 일어나는 경우에 대해 언급하면서, **신체의 일부분인 내이와 눈이 멀미를 발생하는 것과 밀접한 관련**이 있음을 드러내 주고 있다. 그러면서 내이와 눈을 통해 멀미가 일어나는 과정을 설명해 주고 있다. 그리고 멀미가 내이와 눈의 불일치 여부에 따라 강도가 다르게 나타남을 구체적 상황을 설정하여 보여 주면서, 이러한 **멀미를 예방하는 방법**에 대해 언급해 주고 있다.

주제 멀미가 일어나는 원인 및 예방법

문단 핵심 내용

| 1문단 | 멀미의 개념 및 멀미가 일어나는 경우 |

2문단	멀미를 유발시키는 신체 기관인 내이와 눈
3문단	눈과 내이에서 오는 정보의 일치 여부에 따른 멀미의 강도
4문단	멀미를 예방하는 방법

18 내용을 바탕으로 한 자료의 이해 정답 ③

윗글을 바탕으로 〈보기〉의 그림을 이해할 때 적절하지 않은 것은? [4점]

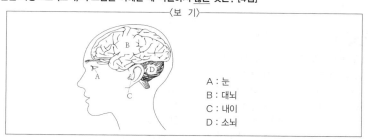

─ 〈보 기〉 ─

A : 눈
B : 대뇌
C : 내이
D : 소뇌

① A를 통해 공간과 관련된 정보가 들어온다.
2문단의 '눈에서도 신호를 보내는데 공간과 관련된 정보를 시각 신경을 통해서 대뇌로 전달한다.'를 보면 눈을 통해 공간과 관련된 정보가 들어옴을 알 수 있다.

② A를 통한 정보는 B로 전달된다.
2문단의 '눈에서도 신호를 보내는데 공간과 관련된 정보를 시각 신경을 통해서 대뇌로 전달한다.'를 보면 눈을 통해 들어온 정보가 대뇌로 전달됨을 알 수 있다.

☑ B를 통해 몸은 회전과 직선 운동에 반응한다.
2문단의 '내이의 반고리관은 회전 운동에 반응하고 전정 기관은 직선 운동에 반응한다.'는 내용을 통해 몸이 회전과 직선 운동에 반응하는 곳은 C인 '내이'임을 알 수 있으므로 ③은 적절하지 않다. B는 2문단을 통해 눈에서 보내는 공간과 관련된 정보를 시각 신경을 통해 받는 곳임을 알 수 있다.

④ C를 통한 정보는 D로 전달된다.
2문단의 '이 두 가지 운동에 대한 반응으로 생긴 신호는 신경을 통해서 소뇌에 전해진다.'를 통해, 내이를 통한 정보는 소뇌로 전달됨을 알 수 있다.

⑤ D에서 몸의 각 부분을 움직여 균형을 잡는다.
2문단의 '내이와 눈에서 오는 정보에 대응해 몸의 각 부분을 움직여 균형을 잡는 것은 소뇌이다.'를 통해, 소뇌에서 몸의 각 부분을 움직여 균형을 잡아 줌을 알 수 있다.

19 문맥적 의미의 파악 정답 ②

㉠의 문맥적 의미와 가장 유사한 것은? [4점]

① 나는 학교에서 시인으로 통했다.
'통했다'는 '어떠한 자격이나 이름으로 알려지거나 불리다.'의 의미로 사용되었다.

☑ 비상구를 통해 밖으로 빠져나갔다.
'신경을 통해서 소뇌에 전해진다.'는 신호가 어떤 공간 따위를 거쳐서 지나간다는 의미이므로, ②가 유사하게 사용되었다고 할 수 있다. ②에서도 비상구를 통해서 밖으로 이어진다는 의미이므로 어떤 공간을 거쳐 지나감을 드러낸다고 할 수 있다.

③ 그의 주장은 앞뒤가 잘 통하지 않는다.
'통하지'는 '말이나 문장 따위의 논리가 이상하지 아니하고 의미의 흐름이 적절하게 이어져 나가다.'의 의미로 사용되었다.

④ 우리는 상식이 통하는 사회를 만들어야 한다.
'통하는'은 '마음 또는 의사나 말 따위가 다른 사람과 소통되다.'의 의미로 사용되었다.

⑤ 바람이 잘 통하는 곳에 빨래를 널어야 잘 마른다.
'통하는'은 '어떤 곳에 무엇이 지나가다.'의 의미로 사용되었다.

20 적절한 접속어 파악 정답 ③

㉡에 들어갈 접속어로 가장 적절한 것은? [2점]

① 그러나
앞의 내용과 뒤의 내용이 상반될 때 쓰는 접속 부사이다.

② 그런데
화제를 앞의 내용과 관련시키면서 다른 방향으로 이끌어 나갈 때나, 앞의 내용과 상반되는 내용을 이끌 때 쓰는 접속 부사이다.

☑ 따라서
이 글의 3문단에서는 멀미가 일어나는 현상을 구체적인 상황을 가정하여 제시해 주고 있고, 4문단에서는 이러한 멀미를 방지하기 위한 방법에 대해 제시하고 있다. 이렇게 볼 때, 앞에서 말한 일이 뒤에서 말한 일의 원인이나 이유가 됨을 나타내 주는 접속어 '따라서'가 가장 적절하다.

④ 그렇지만
앞의 내용을 인정하면서 앞의 내용과 뒤의 내용이 대립될 때 쓰는 접속 부사이다.

⑤ 왜냐하면
앞 내용에 대한 원인이나 이유를 뒤 내용에서 말할 때 쓰여 앞뒤 문장을 이어 주는 말이다.

21~22 희곡

이강백, 「파수꾼」

감상 양치기 소년 우화에서 모티브를 얻은 작품으로, **우화적인 장치를 사용하여 1970년대 정치 체제의 억압성**을 고발했다. 상징성이 강한 인물과 소재와 대사를 활용하여 극적 효과를 나타냈다. 특히 들판 너머에는 흰 구름만 있고 평화로운데 가짜로 만들어진 이리 떼에 대한 공포 속에서 마을의 평화가 유지된다는 아이러니와 진실을 밝히려는 파수꾼 '다'가 촌장의 교묘한 말에 설득당하여 오히려 진실을 은폐하고 동조하는 아이러니를 통해 당대 권력의 위선적인 실체와 시대 상황을 풍자하고 있다.

주제 진실을 향한 열망과 진실이 통하지 않는 사회의 비극

작품 줄거리 파수꾼 '가'는 망루에 올라서 "이리떼가 나타났다"라고 소리치고 늙은 파수꾼인 '나'는 양철 북을 두드리며 마을 사람들에게 이리 떼를 경고한다. 그때마다 마을 사람들은 공포에 떨지만 신입 소년 파수꾼 '다'는 어느 날 망루에 올라서 이리 떼는 존재하지 않고 그저 하얀 흰 구름만이 있을 뿐이라는 진실을 알게 된다. 파수꾼 '다'는 마을 사람들에게 이리 떼는 거짓이라는 진실을 알리고자 하지만 촌장은 진실을 알리면 마을의 질서가 무너지게 될 것이라고 파수꾼 '다'를 만류하며 마을의 질서 유지를 위해서는 가상의 인 이리떼가 있어야 한다고 설득한다. 결국 파수꾼 '다'는 촌장의 설득에 수긍하여 다른 파수꾼과 마찬가지로 양철 북을 두드리게 된다.

21 작품의 종합적 감상 정답 ⑤

윗글에 대한 설명으로 적절한 것은? [3점]

① 극중 인물이 해설자의 역할을 하고 있다.
> 극중 인물이 해설자의 역할을 하는 내용은 나타나지 않는다.

② 공간의 이동에 따라 사건을 전개하고 있다.
> 공간의 이동은 나타나지 않으며 대화로 이야기가 전개되고 있다.

③ 새로운 인물의 등장으로 갈등이 해소되고 있다.
> 새로운 인물은 나타나지 않으며, 대화를 통해 갈등이 변화하고 있다.

④ 장면을 빠르게 전환하여 긴박한 분위기를 조성하고 있다.
> 빠른 장면 전환과 긴박한 분위기는 나타나지 않는다.

☑ 인물 간의 대화를 통해 갈등의 변화 양상을 보여주고 있다.
> '촌장'과 '다'는 이리 떼는 처음부터 없었음을 마을 사람들에게 알리는 문제로 갈등한다. 촌장은 이리 떼가 존재하지 않는다는 '다'의 말을 인정하고 그의 말에 따르는 척 하다가, '다'가 마을 사람들에게 진실을 알리려 하자 이를 내일 알리자고 회유하는 대화 내용에서 갈등의 변화 양상을 알 수 있다.

22 외적 준거에 따른 작품 감상 정답 ②

〈보기〉를 참고하여 윗글을 감상한 내용으로 적절하지 않은 것은? [4점]

─〈보 기〉─
우의는 전달하고자 하는 내용이 있을 때 그것을 직접적으로 밝히지 않고 다른 내용을 통해서 넌지시 전달하는 기법이다. 이 작품의 작가는 주제를 전달하기 위하여 한국의 현실적 상황과 관련이 없는 듯 보이는 가상적인 상황과 인물을 설정하고, 이를 통해 1970년대 군사정권 체제를 유지하기 위한 정치 상황과 진실이 왜곡된 사회 현실을 풍자하였다.

① '흰 구름'에 대한 '촌장'의 태도를 통해 한국의 군사정권을 풍자하고 있군.
> 마을 사람들이 흰 구름의 진실 또는 아름답고 평화로움을 알게 되면 자신이 누리고 있는 권력을 잃을까 두려워 '다'를 설득하려는 '촌장'의 모습에서 1970년대 군사정권을 풍자하고 있다고 본 것은 적절한 감상이다.

☑ '양철 북'은 거짓된 상황에 맞서 진실을 추구하는 민중의 의지를 의미하는군.
> '망루도 세웠구, 양철 북도 두들기구, 마을 사람들은 무서워서 떨기도 한다.'에서 양철 북은 대중의 공포심과 불안감을 조성하는 도구임을 알 수 있다. 따라서 양철 북이 거짓된 상황에 맞서 진실을 추구하는 민중의 의지를 의미한다는 감상은 적절하지 않다.

③ '이리 떼'는 작가가 주제를 드러내기 위해 만들어 낸 우의적 장치라고 볼 수 있겠군.
> '이리 떼? 그게 뭐냐? 있지도 않은 그걸 이 황야에 가득 길러 놓구', '마을 사람들은 무서워서 떨기도 한다.'에서 이리 떼는 사람들에게 공포심을 주기 위해 만들어진 적으로 권력 유지를 위해 불안감을 조성하는 수단임을 알 수 있다. 따라서 '이리 떼'를 작가가 진실이 왜곡된 사회 현실을 풍자하기 위한 우의적 장치로 본 것은 적절한 감상이다.

④ '마을 사람들'은 진실이 왜곡된 사회에서 진실을 모른 채 살아가는 당시의 민중을 의미하겠군.
> 없는 이리 떼를 이용하여 평화롭게 살아갈 수 있는 마을 사람들을 끊임없이 두려움에 떨게 만들고, 마을 사람들에게 진실을 알리려는 '다'와 이를 막으려는 '촌장'의 대화에서 '마을 사람들'은 진실이 왜곡된 사회에서 진실을 모른 채 살아가는 1970년대 군사정권 체제 당시의 민중을 의미한다고 본 것은 적절한 감상이다.

⑤ '촌장'과 '다'는 1970년대 정치 현실을 비판하기 위해 의도적으로 설정된 인물로 볼 수 있겠군.
> 자신의 권력을 유지하기 위해 진실을 은폐하려는 '촌장'과 진실을 알고 있지만 결국 '촌장'의 설득에 넘어가는 '다'는 1970년대 군사정권과 이에 순응하는 나약한 존재를 상징한다. 따라서 '촌장'과 '다'가 1970년대 정치 현실을 비판하기 위해 의도적으로 설정된 인물이라고 본 것은 적절한 감상이다.

23~25 예술

'오케스트라와 오케스트라에서 쓰이는 악기'

해제 이 글은 **오케스트라**에 대해서 다양한 악기들의 **배치 방법**을 중심으로 설명하고 있다.
글쓴이는 먼저 **오케스트라라는 이름의 의미**에 대해 제시하면서, **오케스트라의 구성하는 악기와 이러한 악기들의 배치 방법**에 대해 현악기, 목관악기, 금관악기, 타악기 순으로 설명하고 있다.
그리고 오케스트라는 이러한 다양한 악기들이 하나의 주제를 표현하기 위해 음향적으로 완벽하게 결합하고 있음을 언급해 주고 있다.

주제 오케스트라의 악기 및 배치 방법

문단 핵심 내용

1문단	오케스트라 이름의 의미
2문단	오케스트라를 구성하는 악기 및 배치 방식
3문단	현악기의 배치 방법
4문단	목관악기의 배치 방법
5문단	금관악기의 배치 방법
6문단	타악기의 배치 방법
7문단	다양한 악기들이 조화를 이루는 오케스트라

23 작품의 종합적 감상 정답 ④

〈보기〉에서 윗글에 쓰인 내용 전개 방식을 모두 고른 것은? [3점]

─〈보 기〉─
ㄱ. 장점과 단점을 나열하며 대상을 설명하고 있다.
ㄴ. 대상의 뜻을 명백히 밝혀 화제를 제시하고 있다.
ㄷ. 공간의 이동에 따른 대상의 변화 과정을 설명하고 있다.
ㄹ. 대상을 공통되는 성질에 따라 종류별로 나누어 설명하고 있다.

① ㄱ, ㄴ   ② ㄱ, ㄷ   ③ ㄴ, ㄷ   ☑ ㄴ, ㄹ   ⑤ ㄷ, ㄹ

ㄱ. 장점과 단점을 나열하며 대상을 설명하고 있다.
> 이 글에서는 '다양한 악기들이 하나의 주제를 표현하기 위해 음향적으로 완벽하게 결합'한 것을 통해 오케스트라가 지니는 장점을 엿볼 수는 있지만, 글 전체적으로 오케스트라의 장점과 단점을 나열하여 제시하지는 않고 있다.

ㄴ. 대상의 뜻을 명백히 밝혀 화제를 제시하고 있다.
> 이 글 1문단에서는 고대 그리스, 6세기 말, 오늘날의 오케스트라라는 이름의 의미에 대해 설명해 주고 있다.

ㄷ. 공간의 이동에 따른 대상의 변화 과정을 설명하고 있다.
> 이 글에서는 공간에 따른 오케스트라의 배치 방법에 대해 설명하고는 있지만, 이러한 공간의 이동에 따른 오케스트라의 변화 과정에 대해 설명하지는 않고 있다.

ㄹ. 대상을 공통되는 성질에 따라 종류별로 나누어 설명하고 있다.
> 이 글 3~6문단에서는 각 악기들의 공통되는 성질에 따라 현악기, 목관악기, 금관악기, 타악기로 나눈 다음, 각 악기들에 해당하는 세부 악기들의 배치 방법에 대해 설명해 주고 있다.

24 구체적인 상황에의 적용 정답 ④

윗글을 바탕으로 할 때 바이올린의 위치로 적절한 것은? [4점]

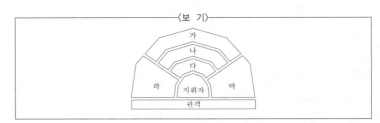

① 가
> '가'는 관객석에서 볼 때 맨 뒤에 위치하므로, 이 부분에는 타악기가 배치됨을 알 수 있다.

② 나
> 4문단과 5문단을 통해 현악기 뒤에는 목관악기가, 목관악기 뒤에는 금관악기가 배치됨을 알 수 있다. 따라서 '나'는 금관악기가 배치되는 곳이라 할 수 있다.

③ 다
> 4문단을 통해 현악기 뒤에는 목관악기가 배치됨을 알 수 있다. 따라서 '다'는 목관악기가 배치되는 곳이라 할 수 있다.

☑ 라
> '바이올린'은 현악기에 해당하므로 현악기의 배치 방법에 대해 언급하고 있는 3문단의 내용을 통해 바이올린의 위치를 파악해야 한다. 3문단에서 현악기는 오케스트라에서 중심 역할을 수행하여 무대 가까운 쪽에 배치됨을 알 수 있고, 관객석에서 바라볼 때 왼쪽에는 가장 높고 날카로운 소리를 지닌 바이올린이 배치됨을 알 수 있으므로, 바이올린의 위치는 '라'라고 할 수 있다.

⑤ 마
> 이 글 3문단을 통해 무대 가까운 쪽의 오른쪽에는 바이올린보다 조금 낮은 소리를 내는 비올라와 첼로가 배치됨을 알 수 있다.

25 유사한 사례에의 적용 정답 ③

[A]와 유사한 사례로 가장 적절한 것은? [2점]

① 실내 습도를 조절하면 감기를 예방할 수 있다.

② 연출자의 능력이 뛰어나야 드라마가 성공할 수 있다.

☑ 요리는 다양한 재료들이 서로 어우러질 때 가장 맛있다.
> [A]에서는 오케스트라의 각 악기들이 자신의 역할을 다하여 조화를 이룰 때 오케스트라는 우리에게 멋진 소리를 들려준다고 언급하고 있다. 따라서 이와 유사한 사례로 적절한 것은, 요리에서도 오케스트라와 마찬가지로 다양한 재료들이 하나의 음식으로 만들어지기 위해 조화가 되어야 맛있는 음식이 나올 수 있음을 언급한 ③이라 할 수 있다.

④ 규정 속도를 지키면 목적지에 안전하게 도착할 수 있다.

⑤ 기후에 맞게 농사를 지어야 풍성한 결실을 맺을 수 있다.

26~27 인문

이정모 외, 「기억의 단계에서 망각의 양상」

해제 망각 현상을 세 가지 관점으로 설명하고 있는 글이다.
부호화 단계에서 망각을 설명하고 있는 입장에서는 '망각이란 외부 정보가 부호화되는 과정에서 일부 생

락되거나 왜곡되어 발생하는 현상'으로 보면서, 정교화가 잘된 정보가 그렇지 않은 정보보다 망각이 잘되지 않는다고 설명한다.

저장 단계에서 망각을 설명하는 입장에서는 '망각을 저장된 정보가 시간의 흐름에 따라 사라지는 현상'으로 설명하면서 적절한 시점에서의 복습의 중요성을 강조한다.

인출 단계에서 망각을 설명하는 입장에서는 '망각을 저장된 정보가 제대로 인출되지 못하여 나타나는 현상'으로 보면서, 적절한 인출 단서를 제시하면 저장된 정보가 떠오를 수 있다고 설명한다.

주제 망각의 개념과 망각의 세 가지 관점에 대한 이해

문단 핵심 내용

1문단	망각의 개념 및 망각의 세 가지 관점에 대한 소개
2문단	부호화 단계에서 망각을 설명하는 입장 이해
3문단	저장 단계에서 망각이 일어난다고 보는 입장 이해
4문단	인출 단계에서 망각이 일어난다고 보는 입장 이해

---

26 핵심 개념 파악 정답 ⑤

'음운 부호'와 '의미 부호'에 대한 설명으로 적절한 것은? [4점]

① '음운 부호'는 외부 정보를 배경지식이나 맥락에 따라 수정한 것이다.
2문단에서 음운 부호는 외부 정보가 발음될 때 나는 소리에 초점을 둔 부호라 했으므로 외부 정보를 배경지식이나 맥락에 따라 수정한 것이라는 설명은 적절하지 않다.

② '음운 부호'는 외부 정보를 그것에서 연상되는 의미로 처리하는 부호이다.
2문단에서 음운 부호는 외부 정보가 발음될 때 나는 소리에 초점을 둔 부호라 했으므로 외부 정보를 그것에서 연상되는 의미로 처리하는 부호라는 설명은 적절하지 않다.

③ '의미 부호'는 외부 정보를 기억의 체계에 맞게 전환하는 데 필요한 부가 정보이다.
2문단에서 언급한 '정교화는 외부 정보를 배경지식이나 상황 맥락 등의 부가 정보와 밀접하게 관련시키는 것이다.'를 보면 부가 정보는 배경지식이나 상황 맥락 등과 관련된 것이므로 의미 부호를 부가 정보라고 설명하는 것은 적절하지 않다.

④ '음운 부호'와 달리 '의미 부호'로 입력된 정보는 망각되지 않는다.
'음운 부호'와 '의미 부호' 모두 망각되므로 적절하지 않다.

⑤ '의미 부호'는 '음운 부호'에 비해 부호화 과정에서 정교화가 잘 이루어진다.
두 번째 문단의 '의미 부호는 외부 정보가 갖는 의미에 집중하여 부호화하는 것이므로, 음운 부호에 비해 정교화가 잘 일어난다.'를 통해 알 수 있다.

---

27 구체적인 상황에 글의 내용 적용 정답 ②

㉠~㉢에서 단어 학습과 관련된 〈보기〉의 대화를 설명한다고 할 때, 그 내용으로 적절하지 않은 것은?
[3점]

〈보 기〉
다련: 단어를 외울 때 기존에 알고 있는 단어와 연관 지어서 암기하면 좀 더 오래 기억할 수 있어.
수민: 단어를 소리로 외우지 않고 용례를 보며 의미에 집중하여 외우는 것이 오래 기억되지만, 시간이 많이 걸린다는 것이 흠이야.
예린: 단어 시험 볼 때는 다 맞았는데, 시험이 끝난 후 며칠 뒤에 다시 보니 그 단어들이 기억나지 않아 속상해.
서정: 외운 단어를 잊어버리지 않으려면, 학습 직후부터 반복적으로 복습을 하는 것이 최고인 것 같아.
석현: 좀 전까지도 알고 있는 단어였는데, 갑자기 말하려니까 혀끝에서만 빙빙 돌 뿐 생각이 나지 않아 답답해.

① ㉠: 다련은 단어를 정교화하는 것이 기억에 효과적이라는 것을 언급하고 있다.
기존에 알고 있는 단어와 연관 지어서 단어를 암기하는 것은 정교화의 설명이다.

② ㉠: 수민은 단어를 음운 부호로 부호화하는 과정이 시간이 많이 걸린다는 것을 말하고 있다.
수민은 단어를 소리로 외우지 않고 의미에 집중하여 외웠으므로 단어를 음운 부호로 부호화 한 것이 아니라 의미부호로 부호화 한 것이다. 또한 수민이 단어를 암기하는 데 시간이 많이 걸린 이유는 단어를 사전의 용례와 관련해서 정교화 하는 데 시간이 오래 걸렸기 때문이므로, 단어를 음운 부호로 부호화하는 과정에서 시간이 오래 걸렸다고 볼 수 없다.

③ ㉡: 예린이 단어들을 기억하지 못하는 것은 시간의 경과에 따라 저장 단계에서 망각이 일어났기 때문이다.
예린이는 단어들을 기억하지 못하는 이유를 시간의 경과에 따라 저장 단계에서 망각이 일어났기 때문이라고 보고 있으므로 ㉡의 견해에 관한 설명으로 적절하다.

④ ㉡: 서정이 복습을 중요하게 여기는 이유는 학습 직후부터 망각이 시작되기 때문이다.
저장 단계에서 망각을 설명하는 입장인 ㉡에서는 학습 직후부터 망각이 발생한다고 보고, 학습 직후 복습을 해야 효과가 있다고 강조하므로 적절한 설명이다.

⑤ ㉢: 석현에게 단어와 관련이 큰 적절한 인출 단서를 주면 단어가 생각날 수도 있다.
인출 단계에서 망각이 일어난다고 보는 입장에서는 단어를 기억하지 못하는 이유를 적절한 인출 단서가 없기 때문이라고 본다. 따라서 적절한 인출 단서를 주면 기억이 회복될 수 있다는 설명은 ㉢의 관한 설명으로 적절하다.

28~30 현대 소설

김유정, 「동백꽃」

감상 이 작품은 1930년대 농촌을 배경으로 **사춘기 남녀의 풋풋한 사랑을 해학적으로 그린 소설**로, **사투리와 토속적 어휘를 사용하여 향토적 분위기를 형성**하고 있다.
이 작품에 **주된 갈등은 '나'와 '점순'으로**, 마름의 딸인 점순에게 소작농의 아들인 '나'가 드러내는 열등감은 당시 사회의 계층적 갈등을 보여 주기도 한다. 하지만 '나'와 '점순'이의 **순수한 사랑과 해학적 장치**를 통해 이러한 계층적 문제를 **웃음으로 승화**시키고 있는 작품이다.

주제 산골 마을 젊은 남녀의 순박한 사랑

작품 줄거리 점순은 '나'의 수탉을 때리고 자기네 수탉과 닭싸움을 붙이며 '나'를 약올린다. 나를 전 '나'에게 점순이 다가와 감자를 주었지만 자존심이 상한 '나'가 이를 거절했기 때문이다. '나'는 매번 싸움에서 패하는 우리집 수탉에게 고추장까지 먹이며 반격을 시도하지만 실패한다. 그러던 어느 날 나무를 하고 오는 길에 또다시 점순이 닭싸움을 시켜 놓은 것을 보고 화가 난 '나'는 그 자리에서 점순네 닭을 때려 죽인다. 점순은 '나'가 자기네 닭을 죽인 것을 용서하기로 하고, '나'와 함께 동백꽃 속으로 쓰러진다.

---

28 서술자의 이해 정답 ①

윗글의 서술자에 대한 설명으로 가장 적절한 것은? [3점]

✔ ① 작품 안 서술자가 자신의 이야기를 서술한다.
이 글은 작품 안 서술자인 '나'가 '점순'이 일어났던 사건을 '나'의 시선을 중심으로 서술하고 있는 1인칭 주인공 시점에 해당한다.

② 작품 안 서술자가 주인공을 관찰하여 서술한다.
이 글에서 작품 안 서술자인 '나'가 자신의 이야기를 전개하고 있지, 작품 속 인물인 '점순'을 관찰하여 서술하고 있는 것은 아니다. 작품 안 서술자가 주인공을 관찰하여 서술하는 것은 1인칭 관찰자 시점에 대한 설명이다.

③ 작품 밖 서술자가 인물의 내면 심리를 서술한다.
이 글은 작품 안 서술자인 '나'가 '나'의 심리를 직접 드러내며 서술하고 있지, 작품 밖 서술자가 인물의 내면 심리를 서술하지는 않고 있다. 작품 밖 서술자가 인물의 내면 심리를 서술하는 것은 전지적 작가 시점에 대한 설명이다.

④ 작품 밖 서술자가 인물의 행동을 객관적으로 서술한다.
이 글은 작품 안 서술자인 '나'가 자신의 이야기를 드러내고 있지, 작품 밖 서술자가 작품 속 인물인 '나'를 관찰하여 서술하지는 않고 있다. 작품 밖 서술자가 인물의 행동을 객관적으로 서술하는 것은 3인칭 관찰자 시점에 대한 설명이다.

⑤ 작품 밖 서술자가 특정 인물의 시각으로 사건을 서술한다.
이 글은 작품 안 서술자인 '나'의 시각으로 사건을 서술하고 있지, 작품 밖 서술자가 특정 인물의 시각으로 사건을 서술하지는 않고 있다.

---

29 핵심 사건 및 소재의 이해 정답 ①

㉠과 ㉡에 대한 설명으로 가장 적절한 것은? [4점]

✔ ① ㉠과 ㉡은 '나'에 대한 점순이의 관심의 표현이다.
이 글에서 ㉠은 '닭싸움'을 의미하는 것으로, 점순이가 '바짝바짝 내 기를 올리느라고' 한 고의적인 행동이다. 이러한 점순이의 행동 이면에는 '나로 하여금 관심을 가지게 하려는 의도가 내포되어 있다. 그리고 ㉡은 점순이가 '나'에 대해 생각하는 정성을 의미하는 소재로, 이 역시 점순이가 '나'의 관심을 끌기 위해 건네는 소재라 할 수 있다. 따라서 ㉠, ㉡ 모두 점순이가 '나'에 대한 관심을 끌기 위한 표현에 해당한다고 할 수 있다.

② ㉠과 ㉡은 '나'에 대한 점순이의 질투심을 드러낸다.
이 글에서 점순이가 질투심을 느낄 대상이 드러나지 않으므로, ㉠과 ㉡이 '나'에 대한 점순이의 질투심을 드러낸다는 진술은 적절하지 않다.

③ ㉠과 ㉡은 점순에 대한 '나'의 호기심의 표현이다.
㉠과 ㉡은 모두 '나'에 대한 점순이의 행동에 해당하므로, 점순에 대한 '나'의 호기심의 표현은 인물이 뒤바뀐 잘못된 진술이어서 적절하지 않다.

④ ㉠은 점순이의 자존심을, ㉡은 '나'의 연민을 나타낸다.
닭싸움은 점순이가 '나'의 시선을 끌기 위한 의도적인 행위이므로, ㉠을 점순이의 자존심이라고 하기에는 무리가 있다. 또한 ㉡은 점순이가 '나'에게 주는 소재이므로, '나'의 연민을 나타낸다는 진술은 적절하지 않다.

⑤ ㉠은 '나'의 반항심을, ㉡은 점순이의 동정심을 드러낸다.
㉠으로 인해 점순에 대한 '나'의 반발 의식이 커지게 하므로, '나'의 반항심을 유발하는 행위라고는 할 수 있지만, 이를 '나'의 반항심이라고 할 수는 없다. 그리고 ㉡은 점순이가 나에 대한 애정을 드러내 주는 소재이므로, 점순이의 동정심을 드러낸다는 진술 역시 적절하지 않다.

---

30 다른 장르로의 변용 정답 ②

윗글을 드라마로 제작하기 위한 계획으로 적절하지 않은 것은? [3점]

① 점순이가 눈물을 보이는 장면은 얼굴을 확대해 촬영하자.
점순이는 '나'가 감자를 거절하자 얼굴이 빨개지고 눈물을 흘리고 있는데, 이러한 점순이가 눈물을 보이는 얼굴을 확대해 촬영하는 것은 점순이의 분함과 당혹감 등을 잘 드러낼 수 있으므로 적절한 연출 계획이라 할 수 있다.

✔ ② 점순이와 동리 어른의 대화 장면은 어두운 배경음악을 넣자.
이 글에서 점순이는 동리 어른이 '너 얼른 시집을 가야지?' 하고 물으면, '염려 마셔유. 갈 때 되면 어련히 갈라구……' 하고 천연덕스레 받아넘기고 있음을 알 수 있다. 따라서 이 대화 장면을 통해 점순이의 활달한 성격을 엿볼 수 있으므로, 이 장면에서 어두운 배경 음악을 넣자는 연출 계획은 점순이의 밝은 성격을 효과적으로 드러내지 못한다는 점에서 적절하지 않다.

③ '나'가 점순이네와의 관계를 설명할 때 내레이션을 활용하자.
이 글의 '그렇잖아도 저희는 마름이고 ~ 안 되는 까닭이었다.' 부분은 '나'의 생각을 드러내는 부분으로, 이를 통해 '나'와 점순이네의 관계에 대해 알 수 있다. 그런데 '나'와 '점순'이의 관계를 영화 속 인물이 직접 말하는 것은 사건 전개에서 다소 어색할 수 있으므로, 이를 설명할 때 내레이션을 활용하는 것은 적절한 연출 계획이라 할 수 있다.

④ '나'의 회상 장면을 이전 장면과 겹치게 편집하여 자연스럽게 이어지게 하자.
이 글의 나를 전 감자 사건이 과거 회상 장면에 해당하므로, 이 장면을 제시할 때는 자연스럽게 드라마가 이어질 수 있도록 이전 장면과 겹치게 편집하는 것이 적절하다고 할 수 있다.

⑤ 점순이가 논둑으로 달아나는 장면에서 인물을 강조하기 위해 배경을 흐릿하게 하자.
점순이는 '나'에게 감자를 거절당하자 '논둑으로 휭하게 달아나는데', 이처럼 점순이가 논둑으로 달아나는 장면에서의 핵심은 점순이의 모습이므로, '점순'을 강조하기 위해 배경을 흐릿하게 하는 연출 계획은 적절하다고 할 수 있다.

· 정답 ·

01 ④ 02 ⑤ 03 ③ 04 ② 05 ⑤ 06 ① 07 ④ 08 ⑤ 09 ③ 10 ⑤ 11 ③ 12 ⑤ 13 ① 14 ① 15 ③
16 ③ 17 ② 18 ⑤ 19 ③ 20 ② 21 ② 22 ① 23 ② 24 ⑤ 25 ③ 26 ② 27 ① 28 ⑤ 29 ④ 30 ②

[01~03] 화법

01 대화의 방식 이해
정답 ④

위 대화의 ㉠~㉤에 대한 이해로 적절하지 않은 것은? [2점]

① ㉠ : 표정을 통해 상대방의 의도를 짐작하고 있다.
교사는 학생의 '근심 어린 표정'을 살피면서, 할 말이 있다고 여기고 있으므로 적절한 이해라 할 수 있다.

② ㉡ : 상대방과 유사한 경험을 언급하며 상대방의 처지에 공감하고 있다.
교사는 학생의 말에 '고개를 끄덕이는' 반응을 보이면서, 자신 역시 학생과 같은 유사한 경험이 있다고 말하고 있으므로 적절한 이해라 할 수 있다.

③ ㉢ : 대화의 목적을 고려하여 적극적인 듣기 자세를 보여주고 있다.
교사가 책을 읽는 방법을 몇 가지 소개한다 하자 학생이 메모를 하겠다고 말하고 있으므로, 대화의 목적을 고려하여 적극적인 듣기 자세를 보여 준다고 할 수 있다.

✓ ④ ㉣ : 배경 지식을 활용하여 상대방이 제시한 정보의 신뢰성을 평가하고 있다.
이 대화에서 학생은 책을 읽을 때 목차나 작가의 말을 주의 깊게 본 적은 없었다는 개인적인 경험을 말하고 있지만, 자신이 알고 있는 배경지식을 활용하여 교사가 제시한 정보의 신뢰성을 평가하지는 않고 있다.

⑤ ㉤ : 상대방의 말을 정리하며 자신이 이해한 내용을 확인하고 있다.
학생은 교사의 책을 효과적으로 읽는 방법에 대한 말을 정리하여 말하면서, '~읽으라는 말씀이시죠?'라고 학생 자신이 이해한 내용이 정확한지 확인하고 있으므로 적절한 이해라 할 수 있다.

02 이해 내용의 적절성 판단
정답 ⑤

다음 중 학생이 메모한 내용으로 적절하지 않은 것은? [2점]

○ 읽으면서 중요한 내용 메모하기	①
○ 독서 후에 친구들과 독서 모임 하기	②
○ 소제목을 토대로 질문을 만들고 답 찾아보기	③
○ 목차, 작가의 말 등에서 책의 내용을 추측해 보기	④
○ 제목을 통해 책이 자신의 수준에 맞는지 확인하기	⑤

① 읽으면서 중요한 내용 메모하기
교사의 다섯 번째 대화 내용인 '그리고 지금 네가 하는 ~ 읽으면 도움이 된단다.'를 통해 읽으면서 중요한 내용 메모하기는 적절한 메모 내용이라 할 수 있다.

② 독서 후에 친구들과 독서 모임 하기
교사의 여섯 번째 대화 내용인 '마지막으로 독서 모임도 추천하고 싶어.'를 통해 독서 후에 친구들과 독서 모임 하기는 적절한 메모 내용이라 할 수 있다.

③ 소제목을 토대로 질문을 만들고 답 찾아보기
교사의 다섯 번째 대화 내용인 '다음으로는 소제목이나 ~ 찾으면서 읽는 거야.'를 통해 소제목을 토대로 질문을 만들고 답 찾아보기는 적절한 메모 내용이라 할 수 있다.

④ 목차, 작가의 말 등에서 책의 내용을 추측해 보기
교사의 네 번째 대화 내용인 '먼저 책의 목차, 작가의 말 등을 ~ 추측해 볼 수 있단다.'를 통해 목차, 작가의 말 등에서 책의 내용을 추측해 보기는 적절한 메모 내용이라 할 수 있다.

✓ ⑤ 제목을 통해 책이 자신의 수준에 맞는지 확인하기
이 대화에서 교사는 학생에게 책을 효과적으로 읽는 방법 몇 가지를 말하고 있지만, 제목을 통해 책이 자신의 수준에 맞는지 확인하기는 말하고 있지 않으므로 적절한 메모 내용이라 할 수 없다.

03 참여자들의 말하기 방식 파악
정답 ③

다음은 토론의 일부이다. 토론 참가자들의 말하기 방식으로 적절하지 않은 것은? [3점]

사회자	지금부터 '지하철 내부 CCTV 설치'에 대한 토론을 시작하겠습니다. 먼저 찬성 측 입론해 주십시오.
찬성 1	지하철에서 발생하는 각종 범죄를 예방할 수 있기 때문에 지하철 내부에 CCTV를 설치하는 것에 찬성합니다. 영국은 약 4만여 대의 CCTV를 설치한 후 범죄 발생률이 30% 이상 감소했다고 합니다.
사회자	반대 측 확인 질문해 주십시오.
반대 1	CCTV로 인해 시민들의 초상권 및 사생활이 침해될 수 있는데 이 문제는 어떻게 할 것인가요?
찬성 1	그 문제보다 CCTV를 통해 각종 범죄를 예방하고 해결하는 것이 훨씬 중요하다고 생각합니다.
반대 2	우리나라의 경우에도 다른 나라처럼 CCTV를 통한 범죄 예방 효과가 클 것이라고 기대할 수 있을까요?
찬성 2	물론이죠. 이미 방송에서 CCTV가 범죄 해결에 유용하게 활용된 사례가 많이 보도되었습니다.
사회자	반대 측 입론해 주십시오.
반대 2	CCTV를 설치하게 되면 CCTV 설치 안내 표시판을 달아야 하는데, 범죄자가 이를 악용하여 CCTV를 피해 범죄를 저지를 수 있습니다. 또한 CCTV를 설치하면 이를 관리하기 위한 비용도 추가적으로 필요합니다.

① 사회자는 발언 순서를 안내하며 토론을 진행하고 있다.
사회자는 '먼저 찬성 측 입론해 주십시오.'라고 말하면서, 찬성 측 입론이 끝나자 반대 측에게 확인 질문해 달라 말하고 있다. 이를 통해 이 토론에서 사회자는 발언 순서를 안내하며 토론을 진행하고 있음을 알 수 있다.

② 찬성 1은 주장을 뒷받침할 수 있는 사례를 활용하고 있다.
찬성 1은 지하철 내부 CCTV 설치 주장에 찬성하면서, 이러한 주장을 뒷받침하는 구체적인 사례로 영국의 경우를 들고 있으므로 적절하다고 할 수 있다.

✓ ③ 찬성 2는 상대측의 견해를 일부 수용하고 있다.
찬성 2는 찬성 1에게 우리나라의 경우에도 지하철 내부 CCTV 설치가 효과가 있을 것인지 의문을 제기하고 있는 찬성 2의 견해를 일부 수용하지는 않고 있다.

④ 반대 1은 상대측 주장의 문제점을 제기하고 있다.
반대 1은 찬성 1의 주장에 대해 시민들의 초상권 및 사생활 침해라는 문제점이 있음을 들고 있으므로 적절한 이해라 할 수 있다.

⑤ 반대 2는 예상되는 부정적 결과를 언급하고 있다.
반대 2는 지하철 내부 CCTV 설치 안내 표시판이 범죄자에게 악용될 수 있고, 관리 비용도 추가적으로 든다고 하였으므로, 지하철 내부 CCTV 설치로 인해 예상되는 부정적 결과를 언급하고 있다고 할 수 있다.

[04~06] 작문

04 고쳐쓰기 방안의 적절성 판단
정답 ②

다음은 학생이 '우리 지역에도 행복 택시를 도입하자'라는 주제로 쓴 건의문의 초고이다. ㉠~㉤을 고쳐 쓰기 위한 방안으로 적절하지 않은 것은? [3점]

○○구청 담당자님, 안녕하세요? 저는 ○○고등학교 1학년 홍지영입니다. 우리 읍은 교통이 좋지 않아 주민들이 많은 불편을 겪고 있습니다. 그래서 제가 우리 지역에 적용할 만한 좋은 사례가 있어 ㉠ 소개시켜 드리려고 합니다.
시골 마을에는 버스비도 안 되는 금액으로 이용할 수 있는 행복 택시가 있다고 합니다. 행복 택시는 2013년 충남 서천군에서 처음 시작됐으며, 운영을 ㉡ 검토하는 곳이 전국적으로 확대되고 있다고 합니다. 주민 복지에서 시작한 행복 택시는 예산 절감 효과도 있는 것으로 분석됐습니다. ㉢ 택시는 외진 마을을 오가는 것을 싫어합니다. 행복 택시를 운영하는 것이 버스를 운영하는 것보다 비용이 적게 들기 때문입니다. ㉣ 하지만 버스가 들어가지 못하는 도로를 확충하는 데 필요한 예산도 줄일 수 있다고 합니다. 또한 시골 마을 주민들의 편리한 이동으로 우리 지역의 교통 복지가 증진될 뿐 아니라 주민들이 우리 읍의 전통 시장 등을 쉽게 오갈 수 있어 지역 경제 활성화에도 도움이 될 것입니다. 아무쪼록 저의 ㉤ 바램이 이루어졌으면 합니다. 감사합니다.

① ㉠ : 사동 표현을 잘못 사용하였으므로 '소개해'로 고친다.
'소개하다'가 '【…에/에게 …을】잘 알려지지 아니하였거나, 모르는 사실이나 내용을 잘 알도록 설명하다.'는 의미를 지니고 있으므로, '소개시켜'는 '-시키다'라는 사동 접미사를 잘못 사용한 사동 표현에 해당하므로, '소개해'로 고치는 것은 적절하다고 할 수 있다.

✓ ② ㉡ : 단어의 의미 관계를 고려하여 '검색'으로 고친다.
'검토'는 '어떤 의견이나 그 내용을 찬찬히 살피거나 잘 따져 봄.'의 의미이고, '검색'은 '책이나 컴퓨터에 들어 있는 자료 중 필요한 자료를 찾아냄.'의 의미이다. 그런데 행복 택시 '운영을 검토하는 곳이 전국적으로 확대'된다고 하고 있으므로, 의미상 '검토'를 사용하는 것이 적절하다고 할 수 있다.

③ ㉢ : 글의 흐름과 어울리지 않으므로 삭제한다.
㉢의 앞에서는 행복 택시 도입으로 인한 예산 절감 효과를, 뒤에는 예산 절감의 구체적인 내용이 제시되어 있으므로, ㉢은 글의 흐름상 어울리지 않으므로 삭제해야 한다.

④ ㉣ : 문맥을 고려하여 '그리고'로 고친다.
㉣ 뒤에 행복 택시를 도입할 경우의 예산 절감 효과에 대해 언급하고 있으므로, ㉣ 뒤의 내용은 앞 내용과 대등한 관계를 이룬다고 할 수 있다. 따라서 앞의 내용과 반대의 의미를 지닌 '하지만'보다는 '그리고'로 쓰는 것이 적절하다.

⑤ ㉤ : 맞춤법을 고려하여 '바람'으로 고친다.
'바라다'가 기본형이므로, 기본형에 따라 '바라다'의 명사형인 '바람'이 적절하다.

05 자료 활용 방안의 적절성 판단
정답 ⑤

자료를 활용하기 위한 방안으로 적절하지 않은 것은? [3점]

① (가)를 활용하여 탄수화물에 대한 논의의 필요성을 언급한다.
(가)에서는 탄수화물이 건강의 적인 것처럼 인식되고 있지만, 탄수화물 자체가 아닌 탄수화물을 과도하게 섭취하는 것이 문제임을 드러내고 있으므로, 이를 활용하여 탄수화물에 대한 논의의 필요성을 언급한다는 자료 활용 방안은 적절하다.

② (나)를 활용하여 탄수화물 과잉 섭취의 위험성을 제시한다.
(나)에서 탄수화물을 과도하게 섭취하면 고혈압, 대사증후군 등의 발병 위험이 높다 하고 있으므로, 이를 활용하여 탄수화물 과잉 섭취의 위험성을 제시한다는 자료 활용 방안은 적절하다.

③ (다)를 활용하여 탄수화물의 섭취 실태에 대한 문제를 제기한다.
(다)에서는 회사원 A씨의 하루 식사와 식품별 탄수화물 함유량을 드러낸 그래프를 제시하고 있다. 이를 통해 A씨가 탄수화물을 과도하게 섭취하고 있음을 알 수 있다. 따라서 이를 활용하여 탄수화물의 섭취 실태에 대한 문제를 제기한다는 자료 활용 방안은 적절하다.

④ (가)와 (나)를 활용하여 탄수화물의 긍정적인 면과 부정적인 면을 비교하여 제시한다.
(가)에서는 탄수화물이 생명 유지의 가장 기본이 되는 영양소라고 탄수화물의 긍정적인 측면을 언급하고 있다. 그리고 (나)에서는 탄수화물의 과도한 섭취로 인해 각종 질병이 발생한다는 부정적인 측면을 언급하고 있다. 따라서 (가)와 (나)를 활용하여 탄수화물의 긍정적인 면과 부정적인 면을 비교하여 제시한다는 자료 활용 방안은 적절하다.

✓ ⑤ (가)와 (다)를 활용하여 탄수화물이 들어 있는 음식의 판매를 제한하는 정책을 제안한다.
(가)에서는 탄수화물이 건강의 적인 것처럼 인식되고 있지만, 탄수화물 자체가 아닌 탄수화물을 과도하게 섭취하는 것이 문제임을 드러낸 신문 기사이다. 그리고 (다)는 회사원 A씨의 하루 식사와 식품별 탄수화물 함유량을 드러낸 그래프를 제시하고 있다. 이를 통해 A씨가 탄수화물을 과도하게 섭취하고 있음을 알 수 있다. 따라서 (가)와 (다)는 과도한 탄수화물 섭취에 대한 문제점 및 이에 대한 식습관 개선이 필요함을 드러내는 자료로 활용할 수 있다. 하지만 이를 통해 탄수화물이 들어 있는 음식의 판매를 제한하는 정책을 제안한다는 활용 방안은 적절하지 않다. 또한 탄수화물이 들어 있는 음식의 판매를 제한한다는 것도 (가)의 탄수화물 자체가 문제가 되지 않는다는 내용과 어긋나는 내용이므로 적절하지 않다.

06 조건에 따른 글쓰기
정답 ①

위의 자료를 활용하여 〈조건〉에 따라 홍보 문구를 작성한 것으로 가장 적절한 것은? [3점]

〈조 건〉
• 탄수화물의 올바른 섭취 방법을 제시할 것.
• 설의법을 활용할 것.

☑ 좋은 것도 과하면 독이 될 수 있습니다. 탄수화물의 권장량을 지킨 균형 잡힌 식단으로 건강을 유지하는 게 어떨까요?

〈조건〉을 볼 때, 내용에서는 '탄수화물의 올바른 섭취 방법'이, 표현면에서는 '설의법'이 사용되어야 함을 알 수 있다. 이러한 조건에 따라 홍보 문구를 작성해야 하는데, 이러한 조건을 충족시키는 것은 ①이다. ①에서는 '탄수화물의 권장량을 지킨 균형 잡힌 식단'을 통해 '탄수화물의 올바른 섭취 방법'을 확인할 수 있고, '건강을 유지하는 게 어떨까요?'라고 설의법을 통해 강조하고 있다.

② 바쁘게 일한 당신, 달콤한 후식과 디저트가 생각나지 않나요? 달콤한 음식으로 스트레스를 날리고 기분 전환을 해봅시다.
'생각나지 않나요?'라고 설의법이 사용되고 있지만, '탄수화물의 올바른 섭취 방법'은 제시되지 않고 있다.

③ 한국 사람에게는 역시 밥이 최고! 밥을 굶으면 기운이 없고 종일 무기력할 수 있으니 오늘부터 밥을 꼭 챙겨 먹읍시다.
밥을 꼭 챙겨 먹어야 한다고 강조하고 있을 뿐 '탄수화물의 올바른 섭취 방법'에 대해서는 언급하지 않았고, 설의법 역시 사용되지 않고 있다.

④ 각종 성인병의 원인이 되는 탄수화물. 탄수화물이 들어간 음식 대신 다른 영양소를 선택하여 건강을 지키는 건 어떨까?
'지키는 건 어떨까?'라고 하여 설의법이 사용되었지만, 탄수화물 먹는 것 대신에 다른 영양소를 선택하라는 내용을 언급하고 있을 뿐 '탄수화물의 올바른 섭취 방법'에 대해서는 언급하지 않고 있다.

⑤ 예로부터 밥심으로 산다는 말이 있다. 세끼를 든든히 먹고 탄수화물을 많이 섭취할 수 있는 간식도 곁들여야 하지 않을까?
탄수화물을 많이 섭취하자는 것을 강조하고 있지만, '탄수화물의 올바른 섭취 방법'에 대해서는 언급하지 않고 있다. 반면 '곁들여야 하지 않을까?'라고 하여 설의법을 사용하고 있다.

[07~09] 문법

07 문장의 필수 성분 파악
정답 ④

〈보기〉의 밑줄 친 부분에 해당하는 것만을 ㉠ ~ ㉣ 중에서 있는 대로 고른 것은? [4점]

〈보 기〉
하나의 문장이 문법적으로 완전한 문장을 이루기 위해서는 서술어가 반드시 요구하는 문장 성분을 갖추어야 한다. 이때 대상이 되는 문장 성분은 주어 이외에 목적어, 보어, 필수 부사어가 있다.

○ 철수는 어제 민규에게 책을 돌려주었다.
　　㉠　　 ㉡　 ㉢　　㉣

① ㉠, ㉡　　② ㉠, ㉣　　③ ㉡, ㉢　　☑ ㉠, ㉢, ㉣　　⑤ ㉡, ㉢, ㉣

④ ㉠, ㉢, ㉣
서술어 '돌려주었다'는 문법적으로 완전한 문장을 이루기 위해 주어(㉠ 철수는), 목적어(㉣ 책을), 필수 부사어(㉢ 민규에게)를 필요로 한다. '어제'는 생략할 수 있는 부사어이다.

● 문법 필수 개념

■ 서술어의 자릿수
하나의 문장이 문법적으로 완전한 문장을 이루기 위해서는 **서술어가 반드시 요구하는 문장 성분**을 갖추어야 하는데 이를 서술어의 자릿수라고 한다. 서술어의 자릿수는, 서술어가 필요로 하는 필수 성분의 개수에 따라 1자리 서술어, 2자리 서술어, 3자리 서술어로 구분한다.
〈보기〉에 제시된 '돌려주었다'라는 서술어는 필수 성분으로 주어, **목적어, 필수적 부사어**를 요구하는 3자리 서술어이다. 이때, 부사어는 서술어 자릿수를 셀 때 보통 포함시키지 않지만 필수적 부사어는 문장에서 없으면 문장의 의미가 완전하게 이루어지지 않으므로 문장에 꼭 있어야 하는 필수 성분으로 분류한다. 따라서 필수적 부사어도 서술어의 자릿수를 셀 때 포함시킨다.

08 서술어의 자릿수 파악
정답 ⑤

〈보기〉의 ㉠에 해당하는 예로 가장 적절한 것은? [4점]

〈보 기〉
서술어는 그 성격에 따라 필요로 하는 문장 성분의 개수가 다른데, 이를 '서술어의 자릿수'라고 한다. 이러한 서술어의 자릿수에 의한 서술어의 종류에는 주어만을 요구하는 한 자리 서술어, 주어 이외에도 목적어, 보어, 부사어 중에서 한 성분을 필수적으로 요구하는 두 자리 서술어, 주어, 목적어, 부사어 세 가지 성분을 모두 요구하는 ㉠ 세 자리 서술어가 있다.

① 계절이 어느덧 가을이 되었다.
제시된 글에서 두 자리 서술어는 주어 이외에도 목적어, 보어, 부사어 중에서 한 성분을 필수적으로 요구한다고 하였다. '되었다'는 주어(계절이), 보어(가을이)를 필수적으로 요구하고 있으므로 두 자리 서술어라 할 수 있다.

② 오빠는 아빠와 정말 많이 닮았다.
제시된 글에서 두 자리 서술어는 주어 이외에도 목적어, 보어, 부사어 중에서 한 성분을 필수적으로 요구한다고 하였다. '닮았다'는 주어(오빠는), 부사어(아빠와)를 필수적으로 요구하고 있으므로 두 자리 서술어라 할 수 있다.

③ 장미꽃이 우리 집 뜰에도 피었다.
제시된 글에서 한 자리 서술어는 주어만을 요구한다고 하였으므로, '피었다'는 주어(장미꽃이)만을 필수적으로 요구하므로 한 자리 서술어라 할 수 있다.

④ 아버지께서 헌 집을 정성껏 고치셨다.
제시된 글에서 두 자리 서술어는 주어 이외에도 목적어, 보어, 부사어 중에서 한 성분을 필수적으로 요구한다고 하였다. '고치셨다'는 주어(아버지께서), 목적어(집을)를 필수적으로 요구하고 있으므로 두 자리 서술어라 할 수 있다.

☑ 그는 자신의 직업을 천직으로 여겼다.
제시된 글에서 세 자리 서술어는 주어, 목적어, 부사어 세 가지 성분을 모두 요구한다고 하였으므로, 이를 볼 때 세 자리 서술어에 해당하는 것은 '여겼다'라고 할 수 있다. '여겼다'는 주어(그는), 목적어(직업을), 부사어(천직으로)를 필수적으로 요구하므로 세 자리 서술어임을 알 수 있다.

09 담화 요소의 기능 이해
정답 ③

〈보기〉의 ㉠ ~ ㉤에 대한 설명으로 적절하지 않은 것은? [3점]

〈보 기〉
아버지 : (아이 방으로 들어오며) 은주야. ㉠ 이거 받아.
은 주 : (선물을 보며) 어? 그게 뭐예요?
아버지 : 응. 스웨터야. 어제 고모를 만났는데, 곧 있으면 네 생일이라고 주시더라. 마음에 드니?
　　　　㉡ 저 옷이랑 같이 입으면 잘 어울릴 것 같은데.
은 주 : 왜! ㉢ 그러면 정말 예쁘겠네요. 내일 당장 입어야겠어요.
아버지 : 그래. 고모한테 고맙다고 전화 한 통 드려.
은 주 : 네, 저도 ㉣ 그렇게 하려고 했어요.
아버지 : ㉤ 그런데 내일 아빠랑 영화나 보러 갈까?

① ㉠은 지시하는 대상이 청자인 은주에 비해 화자인 아버지에게 가까이 있음을 나타낸다.
'이거'는 가리키는 대상이 화자와 가깝게 위치할 때 쓰이는 지시 표현에 해당하는 것으로, 대화의 흐름상 아버지가 가지고 온 '스웨터'를 의미함을 알 수 있다. 따라서 '지시하는 대상이 청자인 은주에 비해 화자인 아버지에게 가까이 있음을 나타낸다.'라는 진술은 적절하다.

② ㉡은 지시하는 대상을 청자인 은주도 볼 수 있음을 전제로 한다.
'저'는 상황 맥락 속에 존재하는 대상을 직접적으로 가리키는 지시 표현에 해당하는 것으로, 은주 방에 있는 '옷'을 가리킴을 알 수 있다. 따라서 '지시하는 대상을 청자인 은주도 볼 수 있음을 전제로 한다.'라는 진술은 적절하다.

☑ ㉢은 아버지가 앞에서 한 말과 관련된 세부 사항이 뒤에 추가될 것임을 나타낸다.
㉢은 '은주' 말 앞에서 아버지가 말한 '저 옷이랑 같이 입으면'의 내용을 대신하여 표현하고 있는 대용 표현에 해당한다. 따라서 '아버지가 앞에서 한 말과 관련된 세부 사항이 뒤에 추가될 것임'을 나타내는 진술이라고 한 내용은 적절하지 않다.

④ ㉣은 고모한테 고맙다고 전화 한 통 드리라는 말을 대신 표현하여 담화의 중복을 피한다.
'그렇게'는 앞서 아버지가 이야기한 내용을 대신하는 대용 표현으로, 고모한테 고맙다고 전화 한 통 드리라는 말을 대신한 것이라 할 수 있다. 따라서 '그렇게'를 사용하여 담화의 중복을 피한다는 진술은 적절하다.

⑤ ㉤은 아버지가 지금까지 은주와 나눈 대화의 화제를 다른 데로 돌리는 기능을 한다.
'그런데'는 고모한테 전화 한 통 드리라는 화제에서 영화를 보러 가자는 화제로 바꾸고 있으므로, 화제를 다른 데로 돌리는 기능을 한다는 진술은 적절하다.

● 문법 필수 개념

■ 대용 표현
대용 표현이란 이미 앞에서 언급된 내용의 중복을 피하기 위해 다른 것으로 대신하는 표현이다. 이는 담화의 통일성과 응집성을 높이는 기능을 하며, 대화의 완성도를 높이는 기능을 한다.
단어나 문장, 문단 이상의 언어 형식으로 표현될 수 있으며, 간결한 지시어로 표현되는 경우가 많다.
예 나는 아주 어릴 때부터 옷에 관심이 많았기 때문에 **패션 디자이너**가 되고 싶었다. 나는 **내 꿈**을 이루기 위해 열심히 노력할 것이다. → '패션 디자이너'가 대용 표현인 '내 꿈'으로 표현되었다.

[10~30] 독서·문학

10~12 인문

'인문학의 현대적 의미'

해제 이 글은 오늘날 인문학이 어떤 의미와 의의를 지니고 있는지 의견을 드러내고 있다.
이 글에서 글쓴이는 오늘날 인문학이 어떤 삶이 행복한 삶인지 사색하고 그러한 삶을 추구한다는 현대적 의미를 먼저 밝힌 다음, **인문학의 의미**와 인문학이 **현대인들에게 어떤 역할**을 하는지 보여 주고 있다. 그러면서 행복이 무엇인지 **아리스토텔레스의 행복에 대한 입장**을 소개하면서, 행복한 사람은 어떤 사람인지 그 조건을 제시해 주고 있다. 마지막으로 **오늘날 인문학이 현대인들이 자기 자신을 돌보고 보다 행복한 삶을 살아갈 수 있도록 한다는 점에서 의의가 있음**을 밝히며 글을 마무리하고 있다.
주제 인문학이 오늘날 가지는 의미와 의의

문단 핵심 내용

1문단	인문학이 갖는 현대적 의미
2문단	인문학의 의미와 역할
3문단	아리스토텔레스가 생각하는 행복의 의미
4문단	행복한 사람이 되기 위한 조건
5문단	오늘날 인문학이 현대 사회에서 지니는 의의

10 핵심 정보의 파악
정답 ⑤

윗글을 읽고 대답할 수 없는 질문은? [4점]

① 어떤 사람이 행복한 사람인가?
4문단의 '우리가 행복한 사람이라 부를 수 있는 이는 지속적으로 자신의 삶의 의미를 찾기 위해 노력하는 사람이다.'를 통해 확인할 수 있는 내용이다.

② 행복을 왜 최고의 선이라 하는가?
3문단의 '행복이 최고의 선인 이유는 우리가 언제나 행복을 다른 무엇을 위해서가 아니라 그 자체로서 우리가 추구해야 할 목적으로 여기기 때문이다.'를 통해 확인할 수 있다.

③ 현대사회에서 인문학의 역할은 무엇인가?
2문단의 '인문학은 인간의 마음을 바르게 지켜주고 행복으로 안내하며 마음의 안식과 평화를 준다.'를 통해 인문학의 역할이 무엇인지 알 수 있다.

④ 아리스토텔레스는 행복을 무엇이라고 보았는가?
3문단의 '아리스토텔레스는 인간이 도달할 수 있는 목적들 중에서 최고의 선을 바로 행복이라 보았다.'를 통해 확인할 수 있다.

☑ 인문학은 어떻게 물질적 풍요를 보장할 수 있는가?
이 글의 2문단에서는 현대인들이 행복하고 좋은 삶을 영위할 수 있는 길을 안내하는 학문이 인문학임을 밝히면서, '행복'은 외적 조건을 통해 충족되는 것도, 물질적인 것도 아님을 드러내고 있다. 이렇게 볼 때, 인문학이 물질적 풍요를 보장할 수 있다는 내용은 글의 내용과 어긋날 뿐만 아니라, 이 글을 통해 알 수 없는 내용이다.

11 글의 내용에 따른 생략된 내용 추리 　　　　정답 ③

윗글과 〈보기〉를 고려할 때 빈칸에 들어갈 말로 적절하지 않은 것은? [3점]

〈보 기〉
2016년 국제연합(UN)에서 발표한 '세계 행복 보고서'를 보면 덴마크는 행복 지수가 가장 높은 나라이다. 덴마크가 물가도 높고 날씨도 궂지만 가장 행복한 나라로 꼽히는 이유는 바로 행복의 기준을 '관계', '따스함', '친밀함', '평등함'에서 찾기 때문이다. 한국은 1인당 GDP가 세계 29위인데 행복 지수는 58위에 불과하다. 이처럼 한국이 행복 지수가 낮은 이유로는 (　　　　)을/를 들 수 있다.

① 타인과 비교하는 사회 분위기
경쟁 사회인 현대 사회에서 외적 조건이나 물질적인 측면이 타인보다 못할 경우 정서적 좌절감과 불행을 겪을 수 있으므로, '타인과 비교하는 사회 분위기'는 행복감을 줄 수 없다는 점에서 적절하다.

② 성과에 대한 경쟁 분위기 조장
현대 사회의 직장 생활을 하는 직장인들의 경우 일에서 성과를 내지 못할 경우 스트레스를 겪을 수 있으므로, '성과에 대한 경쟁 분위기 조장'은 행복감을 줄 수 없다는 점에서 적절하다.

☑ 단순하고 소박한 삶에 대한 동경
〈보기〉를 볼 때, 괄호 안에는 1인당 GDP가 세계 29위로 높음에도 불구하고 행복 지수는 58위에 불과한 이유가 들어가야 한다. 그리고 이 글에서는 행복은 외적 조건을 통해 충족되는 것도 물질적인 것도 아닌 정신적인 것이라 하고 있다. 또한 행복한 사람은 지속적으로 자신의 삶의 의미를 찾기 위해 노력하는 사람이라 하고 있다. 이렇게 볼 때, '단순하고 소박한 삶에 대한 동경'은 물질적 가치를 추구하는 것이 아니라 자신의 삶의 의미를 찾는 행복과 관련되므로 괄호에 들어갈 내용으로 적절하지 않다.

④ 연봉이 높은 직업을 선호하는 태도
이 글에서 행복은 물질적인 것이 아니라 하였으므로, '연봉이 높은 직업을 선호하는 태도'는 물질을 추구한다는 점에서 적절하다.

⑤ 개인의 삶보다 일을 중요시하는 경향
이 글에서 행복한 사람은 지속적으로 자신의 삶의 의미를 찾기 위해 노력하는 사람이라 하였으므로, 개인의 삶을 포기하고 일을 중시하는 '개인의 삶보다 일을 중요시하는 경향'은 행복감을 줄 수 없다는 점에서 적절하다.

12 어휘의 문맥적 의미 파악 　　　　정답 ⑤

밑줄 친 부분의 의미가 ⑤과 가장 유사한 것은? [4점]

① 그 일은 일주일이 넘게 걸렸다.
'일정한 시간, 시기, 범위 따위에서 벗어나 지나다.'의 의미로 사용되었다.

② 이 시기만 무사히 넘으면 된다.
'어려움이나 고비 따위를 겪어 지나다.'의 의미로 사용되었다.

③ 우리는 산을 넘어 이동하기로 했다.
'높은 부분의 위를 지나가다.'의 의미로 사용되었다.

④ 할아버지의 연세가 일흔이 넘으셨다.
'일정한 시간, 시기, 범위 따위에서 벗어나 지나다.'의 의미로 사용되었다.

☑ 그의 노래 실력은 아마추어 수준을 넘지 못한다.
⑤은 '일정한 기준이나 한계 따위를 벗어나 지나다.'의 의미로 사용되었으므로, 이와 유사하게 사용된 것은 ⑤라 할 수 있다.

13~15 사회

'희소성의 이해'

[해제] 이 글은 희소성의 의미, 희소성과 관련된 사례를 들어 희소성을 이해시키고 있다.
글쓴이는 먼저 희소성의 의미를 설명하면서, 이러한 **희소성이 희귀성과는 차이가 있음**을 들고 있다.
그런 다음 **희소성이 재화나 서비스의 가격을 결정짓는 중요한 요인임**을 언급하며 이와 관련된 사례로 중동 지역의 생수를 들어 희소성이 사회와 장소에 따라 다름을 드러내 주고 있다.
마지막으로 글쓴이는 **희소성의 여부에 따라 재화를 경제재와 무상재로 나누어짐**을 드러내면서, 무상재가 경제재로 바뀌기도 함을 드러내며 글을 마무리하고 있다.
[주제] 재화나 서비스의 가격을 결정짓는 희소성의 이해

문단 핵심 내용

1문단	희소성의 의미와 희귀성과의 차이점
2문단	재화나 서비스의 가격을 결정짓는 희소성
3문단	희소성 여부에 따른 무상재와 경제재

13 세부 정보의 확인 　　　　정답 ①

윗글의 내용과 일치하지 <u>않는</u> 것은? [4점]

☑ 동일한 재화는 어디에서나 희소성이 동일하다.
이 글 2문단의 '동일한 재화나 서비스라고 하더라도 희소성은 사회와 장소에 따라 다르다.'는 내용을 통해, 동일한 재화는 어디에서나 희소성이 동일하지 않음을 알 수 있다.

② 경제 문제가 발생하는 근본 원인은 희소성 때문이다.
2문단의 '희소성은 경제 문제가 발생하는 근본 원인으로 희소성 때문에 우리는 늘 선택의 문제와 마주하게 된다.'를 통해 알 수 있다.

③ 무한한 욕구에 비해 자원이 부족하여 희소성이 발생한다.
1문단의 '인간의 욕구는 무한한데, 이를 충족시켜 줄 자원은 한정되어 있기 때문이다. 이를 희소성이라 한다.'를 통해 확인할 수 있다.

④ 희소성은 재화나 서비스의 가격을 결정짓는 중요한 요인이다.
2문단의 '희소성은 재화나 서비스의 가격을 결정짓는 중요한 요인이 되기도 한다.'를 통해 알 수 있다.

⑤ 선택을 할 때 그로 인해 포기하는 돈과 시간도 고려해야 한다.
2문단의 '선택에는 그로 인해 포기해야 하는 돈과 시간 등이 따르므로 선택을 할 때에는 이러한 비용을 고려해야 한다.'를 통해 확인할 수 있다.

14 내용 이해의 구체적인 상황에의 적용 　　　　정답 ①

윗글의 내용을 바탕으로 〈보기〉에서 ⊙의 이유와 ⓒ의 가격변화를 파악한 것으로 바르게 짝지은 것은? [4점]

〈보 기〉
중세 유럽에서는 청금석을 이용하여 신비한 푸른색인 울트라마린 물감을 만들었다. 사람들이 울트라마린 물감을 매우 선호하였기 때문에 원료인 ⊙ 청금석은 황금보다 비싼 값에 거래되었다. 그런데 19세기 초 화학의 발달로 청금석보다 값싼 인공 안료를 이용한 ⓒ 울트라마린 물감이 만들어졌다.

　　⊙　　　　ⓒ

☑ 희소성　　　하락
이 글을 통해 희소성이 인간의 욕구는 무한한데, 이를 충족시켜 줄 자원은 한정되어 있기 때문에 발생함을 알 수 있다. 그리고 희소성은 희귀성과 달리 원하는 사람이 있어야 함을 알 수 있고, 2문단의 사례에서 알 수 있듯이 희소성이 있는 재화의 경우 가격이 높아짐을 알 수 있다.
〈보기〉에서 중세 유럽에서 울트라마린 물감을 만드는 데 필요한 '청금석'은 원하는 사람이 많아 비싼 값에 거래되고 있으므로, 중세 유럽에서 '청금석'은 희소성 있는 재화라 할 수 있다. 그런데 화학의 발달로 이러한 '청금석'보다 값싼 인공 안료를 이용한 울트라마린이 더 많이 이용되었고, 당연히 값이 비쌌던 '청금석'은 그만큼 요구가 줄어들 수 밖에 없어 값이 하락할 것임을 알 수 있다.

② 희소성　　　상승
③ 희소성　　　동일
④ 희귀성　　　하락
⑤ 희귀성　　　상승

15 구체적인 사례 파악 　　　　정답 ③

[가]에 들어갈 예로 적절한 것은? [4점]

① 공급의 증가로 바나나 가격이 폭락한 것
공급되기 이전의 '바나나' 역시 돈을 주고 사 먹어야 하는 희소성이 있는 경제재라는 측면에서 [가]에 해당하는 사례로 적절하지 않다.

② 독감의 유행으로 백신의 가격이 달라진 것
독감의 유행되기 이전에도 백신은 돈을 주고 사야 하는 것으로 무상재가 아니고, 또한 이를 통해 백신이 희소성을 지니고 있는지는 알 수 없으므로 [가]에 들어갈 사례로 적절하지 않다.

☑ 환경오염으로 인해 물을 사서 먹기 시작한 것
[가]에는 희소성이 없어 아무런 대가를 지불하지 않고도 얻을 수 있는 무상재가, 시간이 지남에 따라 희소성이 존재하여 반드시 대가를 지불해야만 얻을 수 있는 경제재로 바뀐 것을 드러내는 사례가 제시되어야 한다. 이렇게 볼 때, 가장 적절한 사례는 ③이라 할 수 있다. 환경오염되기 이전에는 '물'은 사 먹는 것이 아닌 아무런 대가를 지불하지 않아도 먹을 수 있는 것이었지만, 환경오염된 오늘날에는 사서 먹을 수 있는 재화로 바뀌었기 때문이다.

④ 쇠고기 가격이 오르자 돼지고기 수요가 많아진 것
쇠고기 가격이 오르자 돼지고기 수요가 많아진 것은 희소성과 관련이 없다. '쇠고기'를 대체하여 '돼지고기'의 수요가 많아졌다는 것은, 서로 대신 쓸 수 있는 관계에 있는 대체재에 해당하는 내용이다.

⑤ 유지비를 줄이기 위해 친환경 자동차를 구입하는 것
유지비를 줄이기 위해 친환경 자동차를 구입하는 것은, '유지비'나 '친환경 자동차' 역시 돈으로 주고 사야 한다는 점에서 무상재라 볼 수 없다.

16~17 과학

'지구 자기장의 생성'

[해제] 이 글은 **지구 자기장의 의미와 생성 원인 및 역할**에 대해 설명하고 있다.
글쓴이는 먼저 지구 자기장의 의미를 밝히면서 **지구의 자기장이 외핵 물질의 대류 현상으로 인해 발생한 유도 전류에 의해 발생함**을 드러내고 있다. 그리고 **지구의 생명체를 보호해 주는 방어막 역할**을 지구의 자기장이 한다고 하면서, 이러한 자기장이 없을 경우 인체뿐만 아니라 전자 기기에도 부정적 영향을 미칠 것이라 언급하여 **지구 자기장의 중요성을 간접적으로 드러내며** 글을 마무리하고 있다.
[주제] 지구 자기장의 생성 및 역할

문단 핵심 내용

1문단	지구 자기장의 의미
2문단	지구 자기장의 생성 원인
3문단	지구 자기장의 역할
4문단	지구 자기장이 없을 경우 발생하는 상황

16 핵심 내용의 구체적 사례에의 적용
정답 ③

윗글을 읽고 〈보기〉를 이해한 내용으로 적절한 것은? [4점]

〈 보 기 〉

영화 '코어(2001)'는 인공 지진에 의한 충격으로 지구 자기장이 사라지는 상황을 가정하며 시작한다. 어느 날 갑자기 날아다니는 새들이 길을 찾지 못하여 지상으로 곤두박질치고, 회의를 하던 사람이 갑자기 심장을 안고 쓰러진다. 또 맑은 하늘에 강력한 번개가 치면서 건물이 부서지고, 강한 태양 광선이 대기층을 그대로 통과해 쇠로 된 다리를 녹이는 일들이 일어난다.

① 인공 지진으로 지구 중심부에 있는 커다란 자석이 사라진 상황을 보여주는군.
1문단에서 지구 속에 커다란 막대자석이 있을 것이라는 생각이 잘못된 생각이라는 내용임을 볼 때, 지구 중심부에 있는 커다란 자석이 사라진 상황이라는 내용은 글의 내용과 어긋나는 진술에 해당한다.

② 맑은 하늘에 번개가 친 이유는 오로라가 발생하는 이유와 같다고 볼 수 있군.
3문단을 통해 태양의 고에너지 입자들이 지구 자기장 때문에 지구 표면으로 들어오지 못하고 극지방으로 이동하면서 상층 대기와 충돌할 때 발생하는 현상이 오로라이므로, 지구 자기장이 사라져 맑은 하늘에 번개가 치는 이유와는 다르다고 할 수 있다.

✔ ③ 사람이 갑자기 쓰러진 것은 태양의 고에너지를 직접적으로 받았기 때문이겠군.
3문단 지구 자기장은 우주에서 날아오는 고에너지 입자로부터 지구의 생명체를 보호해 주는 방어막 역할을 하는데' 와 4문단의 '만약 자기장이 없어진다면 지구의 생명체나 건물 등은 태양에서 방출되는 고에너지 입자에 그대로 노출될 것이다.'는 내용을 통해, 사람이 갑자기 쓰러진 것은 지구 자기장이 파괴되어 태양의 고에너지를 직접적으로 받았기 때문임을 알 수 있다.

④ 새들이 곤두박질친 것은 외핵의 철과 니켈에 직접적으로 노출되었기 때문이겠군.
새들이 곤두박질친 것은 지구 자기장이 사라져 발생하는 현상이므로, 새들이 외핵의 철과 니켈에 직접적으로 노출되었다는 진술은 적절하다고 할 수 없다.

⑤ 쇠로 된 다리가 녹는 일은 유도 전류가 강한 태양 광선으로 바뀌면서 발생했겠군.
쇠로 된 다리가 녹는 것은 지구 자기장이 사라져서 태양 광선이 직접적으로 쇠로 된 다리에 접촉했기 때문으로, 유도 전류가 강한 태양 광선으로 바뀌면서 발생한 것과는 상관이 없다.

17 문맥에 따른 적절한 접속어 파악
정답 ②

㉠에 들어갈 접속어로 가장 적절한 것은? [2점]

① 그리고
단어, 구, 절, 문장 따위를 병렬적으로 연결할 때 쓰는 접속 부사에 해당한다.

✔ ② 하지만
㉠의 앞에서는 오랫동안 사람들은 지구 속에 커다란 막대자석이 있을 것이라고 생각한 내용이고, ㉠ 뒤는 ㉠ 앞의 사람들의 생각이 잘못되었음을 드러내 주고 있다. 이렇게 볼 때, ㉠ 앞뒤의 내용은 반대되는 내용에 해당하므로 ㉠에는 역접의 접속어인 '하지만'이 적절하다.

③ 그래서
앞의 내용이 뒤의 내용의 원인이나 근거, 조건 따위가 될 때 쓰는 접속 부사에 해당한다.

④ 왜냐하면
앞의 결과에 대해 뒤에 이유가 나옴을 드러내는 접속 부사에 해당한다.

⑤ 그러므로
앞의 내용이 뒤의 내용의 이유나 원인, 근거가 될 때 쓰는 접속 부사에 해당한다.

18~20 독서

'청구 기호를 만드는 원리'

해제 이 글은 청구 기호의 의미를 이해할 수 있는 **십진분류법을 중심으로** 청구 기호를 만드는 원리에 대해 설명하고 있다.
이 글에서는 먼저 **십진분류법의 원리**를 알면 청구 기호의 의미를 이해할 수 있다고 언급하면서 청구 기호를 만드는 원리를 제시하고 있다.
그리고 **청구 기호**는 숫자와 문자를 조합하여 만들어지는데, 청구 기호의 첫 번째, 두 번째, 나머지 부분이 어떤 의미를 지니는지 구체적으로 설명해 주고 있다.
마지막으로 **십진분류법에 따라 책을 기호화하여 얻을 수 있는 이점**을 드러내면서 **십진분류법이 지닌 의의**를 드러내며 글을 마무리하고 있다.

주제 청구 기호를 만드는 원리

문단 핵심 내용

1문단	청구 기호의 의미를 이해할 수 있는 십진분류법
2문단	청구 기호 첫 번째 자리의 의미
3문단	청구 기호 두 번째 자리의 의미
4문단	청구 기호 나머지 부분의 의미
5문단	십진분류법의 의의

18 내용의 사실적 이해
정답 ⑤

윗글을 읽고 대답할 수 없는 질문은? [4점]

① 청구 기호의 첫째 자리가 의미하는 것은 무엇인가?
2문단의 '그 결과 000은 총류, 100은 철학 ~ 800은 문학, 900은 역사 분야의 지식을 의미한다.'를 통해 알 수 있다.

② 특정하게 분류할 수 없는 책은 어떻게 처리하는가?
2문단의 '백과사전이나 연감처럼 어느 분야로도 분류되기 어려운 경우는 첫 번째 자리를 0으로 하여 각 분야를 구분 짓는다.'를 통해 알 수 있다.

③ 책을 십진분류법에 따라 기호화하는 이유는 무엇인가?
5문단의 '십진분류법에 따라 책을 기호화하면 책을 정리하기에 편리하고, 이용자는 책을 쉽고 빠르게 찾을 수 있다.'를 통해 책을 십진분류법에 따라 기호화하는 이유를 짐작할 수 있다.

④ 청구 기호에 사용되는 책의 정보에는 어떤 것들이 있는가?
이 글의 2~4문단을 통해, 청구 기호에 사용되는 책의 정보에는 책의 분야, 글쓴이에 대한 정보, 책 제목 등이 담겨 있음을 알 수 있다.

✔ ⑤ 작가의 이름을 숫자로 풀어 기호를 만드는 원리는 무엇인가?
이 글의 4문단을 통해 청구 기호의 나머지 부분에 글쓴이에 대한 정보가 담겨 있음은 알 수 있지만, 작가의 이름을 숫자로 풀어 기호를 만드는 원리에 대해서는 제시되지 않고 있다.

19 구체적인 사례에의 적용
정답 ③

제주도를 소개하는 보고서를 작성하려고 한다. 도서관에서 참고 도서를 찾기 위한 계획으로 적절하지 않은 것은? [3점]

① 제주도 방언의 특성을 알아보기 위해 700번대에 가봐야겠어.
2문단에서 '700'은 언어 분야에 해당하므로 적절한 도서 찾기 계획이라 할 수 있다.

② 자연과 풍속의 영향 관계를 조사하기 위해 380번대를 찾아봐야겠어.
3문단의 표에서 '380'은 '풍속, 민속학'에 해당하므로 적절한 도서 찾기 계획이라 할 수 있다.

✔ ③ 제주도의 관광객 수의 변화를 분석하기 위해 420번대에 가봐야겠어.
3문단에 제시된 사례, 즉 413번대의 책에서 '4'는 자연과학 분야를, '2'는 자연과학 중 물리학 의미하는 것을 볼 때, ③은 적절한 계획이라 할 수 없다.

④ 800번대에 가서 제주도를 배경으로 한 문학 작품이 있는지 찾아보는 것도 의미가 있겠어.
2문단에서 '800'은 문학 분야에 해당하므로 적절한 도서 찾기 계획이라 할 수 있다.

⑤ 제주도의 전반적인 특징이 무엇인지 알아보기 위해 000번대에서 백과사전을 찾아보는 것도 좋겠어.
2문단에서 백과사전이나 연감처럼 어느 분야로도 분류되기 어려운 경우는 첫 번째 자리를 0으로 하여 각 분야를 구분 짓는다고 하였으므로, 적절한 도서 찾기 계획이라 할 수 있다.

20 사전적 의미 파악
정답 ②

㉠ ~ ㉤의 사전적 의미로 적절하지 않은 것은? [3점]

① ㉠ : 일정한 방법이나 형식.

✔ ② ㉡ : 일정한 차례나 간격에 따라 벌여 놓음.
'조합'의 사전적 의미는 '여럿을 한데 모아 한 덩어리로 짬.'에 해당한다. ②에 제시된 '일정한 차례나 간격에 따라 벌여 놓음.'은 '배열'의 의미이다.

③ ㉢ : 여러 갈래로 나누어진 범위나 부분.

④ ㉣ : 일정한 기준에 따라 전체를 몇 개로 갈라 나눔.

⑤ ㉤ : 편하고 이로우며 이용하기 쉬움.

21~22 시가 복합

(가) 도종환, 「흔들리며 피는 꽃」

감상 이 시는 삶의 과정에서 거쳐야 하는 고난의 필연성과 이를 극복하고자 하는 의지를 노래하고 있다.
이 시에서는 흔들리며 피는 꽃을 통해 시련과 고통을 겪으면서 성장하는 사람과 삶을 유추하며 드러내고 있다. 즉 살아가는 모든 존재들은 온갖 갈등과 유혹, 시련, 고통 등을 받지만, 그 안에서 꽃과 같은 소중한 결실을 맺을 수 있음을 말하고 있다.

주제 시련과 고통 속에 완성되는 사랑과 삶

이 시의 특징

- 1연과 2연이 동일한 통사 구조로 이루어져 있음.
- 설의법과 '~나니'의 반복을 통해 주제 의식을 강조하고 있음.

(나) 김수영, 「풀」

감상 이 시는 억압적 존재인 바람보다 먼저 일어나고 먼저 웃는 풀을 통해 민중의 강인한 생명력을 형상화하고 있다.
이 시에서 '풀'은 억압당하는 자로 나약해 보이지만 강인한 민중을 상징한다. 반면 '바람'은 풀을 굴복시키는 존재로 풀을 억압하는 권력자를 상징한다.

주제 풀의 끈질긴 생명력

이 시의 특징

- 풀을 인격화하여 표현하고 있음.
- 풀과 바람의 대립적인 구조로 시상을 전개하고 있음.
- 반복과 대구를 사용하여 운율감을 획득하고 주제 의식을 강조하고 있음.

(다) 이방원, 「하여가」

감상 이 작품은 정몽주를 자기편으로 회유하려는 목적이 담긴 시조이다.
이 시조에서 화자는 자신의 목적 달성을 위해 직설적인 말을 피하고, 우회적으로 함께 살아가는 것이 어떠하냐고 표현하고 있다.

주제 함께 살아가는 회유

이 시의 특징

이렇게 산들 어떠하며 저렇게 산들 어떠하리오.
만수산의 칡덩굴이 얽힌 것처럼 살아간들 어떠하리오.
우리도 이와 같이 얽혀 한평생을 누리리라.

다음은 (가)의 화자가 (나)의 화자에게 쓴 편지의 일부이다. 적절하지 않은 것은? [3점]

> 기쁘기만 한 인생이 어디 있겠습니까? ① 살다 보면 누구나 넘어지고 주저앉아 울 일이 생기지요. ② 고통스러운 일은 피하며 살아가는 게 좋겠지요. ③ 하지만 힘들고 어려운 시간을 견뎌내면 한층 성숙해집니다. ④ 당신이 겪고 있는 시련도 상처만을 남기지는 않을 것입니다. ⑤ 저는 당신이 다시 일어서서 웃을 수 있을 것이라 믿습니다.

① 살다 보면 누구나 넘어지고 주저앉아 울 일이 생기지요
화자가 '꽃'이 피기 위해서는 '흔들려야', 즉 고통스러운 상황을 맞이할 수 있다고 여기고 있으므로 적절하다.

☑ 고통스러운 일은 피하며 살아가는 게 좋겠지요
(가)에서 화자는 '흔들리지 않고 피는 꽃'이 있지 않다고 하여, '꽃'이 피기 위해서는 '흔들려야' 하고, '바람과 비에 젖어야' 함을 드러내고 있다. 즉, 화자는 '꽃'이라는 결실을 맺기 위해서는 고통이 있어야 함을 드러내 주고 있다. 이렇게 볼 때 화자는 고통스러운 일을 피하며 살아가라고 말하지는 않았을 것이므로 ②는 적절하지 않다.

③ 하지만 힘들고 어려운 시간을 견뎌내면 한층 성숙해집니다
화자는 흔들리면서 '줄기를 곧게 세울 수 있고, '꽃잎 따뜻하게 피웠'다고 하였으므로, '흔들리는' 힘들고 어려운 상황을 극복하면 한층 성숙해질 것이라 할 수 있다.

④ 당신이 겪고 있는 시련도 상처만을 남기지는 않을 것입니다
(나)를 보면 '풀'이 '바람'에 의해 '눕는' 고통을 당하고 있고, (가)의 화자는 고통을 긍정적으로 수용하면 '줄기'와 '꽃잎'을 피우는 결과를 낳게 된다고 하였으므로 적절한 내용이라 할 수 있다.

⑤ 저는 당신이 다시 일어서서 웃을 수 있을 것이라 믿습니다
(가)의 화자는 힘든 현실을 극복하면 좋은 결과가 있을 것이라 여기고 있으므로, (나)의 화자에게 비록 지금 '바람'에 의해 고통을 당하고 있지만 언젠가는 고통을 극복하고 웃을 수 있을 것이라 말할 수 있다.

〈보기〉를 참고하여 (다)를 이해한다고 할 때 빈칸에 들어갈 내용이 가장 적절하게 짝지어진 것은? [4점]

> 〈보 기〉
> 작품에서 화자는 어떤 현상이나 사물을 직접 설명하지 아니하고 다른 비슷한 현상이나 사물에 빗대어서 설명하기도 한다. (다)에서 화자는 (   )을/를 통해 (   )은/는 의도를 효과적으로 전달하고 있다.

☑ '칡'의 속성 – 함께 어우러져 지내자
(다)에서 화자는 '칡'이 얽어진 것처럼 함께 어우러져 오랫동안 누려 보자고 말하고 있다. 즉 화자는 '칡'이라는 사물에 빗대어서 함께 어우러져 지내자고라 말하고 있는 것이다. 따라서 〈보기〉의 빈칸에 들어갈 내용이 가장 잘 짝지어진 것은 ①이라 할 수 있다.

② '백 년'이라는 시간 – 인생이 무상하다
'백 년'이라는 시간은 화자가 상대방과 함께 어우러져 누리려고 하는 오랜 시간을 드러내는 것이므로, 이를 통해 인생이 무상하다 의도를 드러낸다고 볼 수 없다.

③ '칡'의 모양새 – 자연물을 본받아야 한다
'칡'이 서로 얽어져 있는 모습을 드러내 있지만, 이는 '칡'처럼 얽어져 오래 동안 함께 어우러져 지내자라는 의도를 전달하고 있을 뿐 자연물인 '칡'을 본받아야 함을 드러내기 위해 사용한 것은 아니다.

④ '만수산'의 모습 – 상대방이 생각을 바꿔야 한다
'만수산'은 '칡'이 많이 있는 공간에 해당하지 '만수산'의 모습을 드러내지는 않고 있으므로 적절하지 않다.

⑤ '우리'와 '칡'의 유사성 – 현재 상황이 만족스럽다
화자는 서로 얽어져 있는 '칡'의 속성을 바탕으로 상대방과 함께 얽어져 오래 동안 함께 어우러졌으면 하는 바람을 드러내고 있다. 이를 통해 현재 '우리'가 '칡'처럼 얽어진 것이라 볼 수 없으므로 '우리'와 '칡'이 유사하다는 것은 적절하지 않다.

23~25   **현대 소설**

박완서, 「부끄러움을 가르칩니다」

감상 이 소설은 **중년 여성을 서술자로 내세워 물질적 가치에 전도된 근대화의 부정적 이면을 비판**하고, 그 과정 속에서 삶의 진정성이 상실되었음을 일깨워 주고 있다.
이 소설에 나타난 인물들은 '보이는 나'와 '바라보는 나'로 자아를 철저히 분화시켜 시기나 상황에 따라 얼굴을 변화시키는 연극적 삶을 살아간다. 겉으로는 명예나 물욕에 담박하고 작은 것들에 따뜻한 시선을 보낼 줄 아는 사람으로 알았던 두 번째 남편이나, 겉으로는 품위와 부끄러움을 잃지 않으면서도 남편의 신분에 얽매이며 살아가는 중학 동창, 자신의 삶에 당당한 듯하면서도 어린 시절 어머니와 가정 형편에 대한 부끄러움에 얽매여 살아가는 '나'가 모두 이 점에서 공통적이다. 한편 이 소설의 주된 감정인 '부끄러움'은 서술자인 '나'가 속물적인 세태 속에서 현실적으로 변모하기 이전에 지니고 있던 **순수한 감정, 정신적 가치를 소중히 여기는 마음**을 상징하는 것이라 할 수 있다.
주제 속물근성과 허위의식에 대한 비판과 삶의 진정성 회복에 대한 소망
작품 줄거리 '나'는 한국전쟁 때 어머니, 동생들과 서울로 피난 와 기지촌 근처에 살면서 어머니로부터 집안의 부양을 위해 양공주가 되라는 압박을 받는다. 그러나 도저히 그 일을 할 수 없었던 나는 부농에게 시집을 가고, 십여 년 만에 아이를 낳지 못하여 시앗을 보게 되며 이혼한다. 그 다음 T대학 강사와 결혼하는데, 명예와 부에 대한 세속적 욕망을 초월한 학자로 그를 오해하며 시작한 결혼 생활은 남편의 실체를 알게 되며 환멸 속에 막을 내린다. 이후 사업가인 세 번째 남편을 만난 것도 잘사는 것이 꿈이라는 그의 솔직함이 오히려 좋다는 생각에서였다. '나'는 오랜만에 중학 동창들을 만나게 되고, 그들은 세 번의 결혼이라는 이력에 대해 노골적으로 조롱을 표하며 그러면서도 내가 얼마나 잘 사는지를 궁금해 한다. 그들은 중학교 때의 '나'를 부끄러움이 많던 아이로 기억하는데, 내가 회상하는 나는 딸에게 양공주가 되라고 강요하던 어머니로부터 비롯된 부끄러움이 많은 아이였다. 나는 짐짓 그들 앞에서 세 번의 결혼이 아무렇지도 않다는 것을 당당히 이야기하지만, 사실은 부끄러움을 잃어버리게 만든 삶과 세월의 신산한 곡절이 나뿐만 아니라 잘 살고 있는 듯한 동창에게도 있음을 간파하고 씁쓸한 만족을 느낀다.

윗글의 서술상의 특징으로 적절한 것은? [4점]

① 인물 간의 대화를 통해 사건의 내용을 전달하고 있다.
이 글에서는 서술자인 '나'의 생각을 중심으로 사건이 전개되고 있지, 인물 간의 대화는 드러나고 있지 않다.

☑ 서술자가 자신의 내면 심리를 주관적으로 드러내고 있다.
이 글에서 서술자인 '나'는 일본인 여행객에게 소매치기를 주의하라는 안내원의 말을 듣고 무안하게 생각하며 '부끄러움'을 느꼈음을 드러내고 있다. 아울러 이러한 '부끄러움'으로 인해 고통을 느꼈음을 드러내면서, '나'가 느낀 부끄러움이 나만의 것이어서는 안 된다는 생각을 드러내고 있다. 이렇게 볼 때, 이 글은 서술자인 '나'가 특정 상황을 보고 느낀 자신의 내면 심리를 드러내는 서술상 특징을 보인다고 할 수 있다.

③ 과거와 현재를 교차하여 사건을 입체적으로 서술하고 있다.
이 글에서 '나'는 종로 일대에서 바라본 학원들과 일본 관광객들의 안내원의 말을 들은 경험을 바탕으로 사건을 드러내고 있지, 과거와 현재를 교차하여 사건을 서술하지는 않고 있다.

④ 빠른 장면 전환을 통해 사건 전개에 긴박감을 더하고 있다.
이 글에서는 종로 일대의 학원가를 바라보는 장면을 중심으로 사건이 서술되고 있으므로, 빠른 장면 전환은 드러나지 않고 있다.

⑤ 공간적 배경을 묘사하여 작품의 주제 의식을 암시하고 있다.
종로 일대에 학원이 많다고 언급하고 있지만, 공간적 배경인 종로 일대를 묘사하지는 않고 있다.

윗글에 대한 이해로 가장 적절한 것은? [3점]

① '나'는 '학생들'의 젊음과 열정을 부러워한다.
'나'는 '학생들'이 근ھ히 탐내는 것은 자식을 길러 본 경험이 없기 때문이다. 하지만 '이들의 반항적인 몸짓과 곧 허물어질 듯한 피곤을 이해할 수 없어 겁도 났다.'에서 알 수 있듯이 '나'는 '학생들'의 젊음과 열정을 부러워하지는 않는다.

② '나'는 '관광객들'을 보고 그들을 본받아야 한다고 느낀다.
이 글에서 '나'는 일본인 '관광객들'을 보고 있지만, 그들을 본받아야 한다고 느끼지는 않고 있다.

③ '안내원 여자'는 '소매치기'를 보고 '관광객들'에게 주의를 준다.
'안내원 여자'가 일본인 관광객들에게 '소매치기'를 주의하라는 말을 하고 있지만, '소매치기'가 많으니 주의하라고 한 것일뿐 '소매치기'를 직접 보고 주의를 준 것은 아니다.

④ '나'는 '학생들'이 '안내원 여자'의 말을 알아듣지 못하기를 바란다.
이 글에서 '나'는 '안내원 여자'의 말을 알아듣고 '부끄러움'을 느끼고 있지만, 이러한 안내원의 말을 '학생들'이 듣지 못하기를 바란다는 내용은 찾아볼 수 없다.

☑ '나'는 '일본인들'에 비해 '안내원 여자'가 더 화려해 보인다고 생각한다.
이 글의 '어느 촌구석에서 왔는지 야박스럽고, 경망스럽고, 교활하고, 게다가 촌티까지 더덕더덕 나는 일본인들에 비하면 우리나라 안내원 여자는 너무 멋쟁이라 개 발에 편자처럼 민망해 보였다.'를 통해, '나'가 '일본인들'에 비해 '안내원 여자'가 더 화려해 보인다고 생각하고 있음을 알 수 있다.

윗글의 ㉠과 〈보기〉의 ㉡을 비교한 내용으로 가장 적절한 것은? [4점]

> 〈보 기〉
> 죽는 날까지 하늘을 우러러
> 한 점 ㉡ 부끄럼이 없기를
> 잎새에 이는 바람에도 / 나는 괴로워했다
>
> 별을 노래하는 마음으로 / 모든 죽어 가는 것을 사랑해야지
> 그리고 나한테 주어진 길을 / 걸어가야겠다
>
> 오늘 밤에도 별이 바람에 스치운다
>
> – 윤동주, 「서시」

① ㉠은 인물에게 교훈을 주고, ㉡은 화자에게 자신감을 준다.

② ㉠은 인물의 욕망을 의미하고, ㉡은 화자의 의지를 의미한다.

☑ ㉠은 인물이 공유하고자 하는 가치이고, ㉡은 사라지기를 바라는 가치이다.
이 글에서 '나'는 '부끄러움'이 나만의 것이어서는 안 되고 '부끄러움'을 가르쳐야 한다고, 아니 반드시 가르쳐야 한다라고 생각하고 있다. 이렇게 볼 때, '부끄러움'은 '나'가 다른 사람들과 공유하고자 하는 가치라 할 수 있다. 그리고 〈보기〉에서 화자는 '죽는 날까지' 한 점 '부끄럼'이 없기를 하늘을 우러러 간절히 소망하고 있다. 이렇게 볼 때, '부끄럼'은 화자가 사라지기를 바라는 것이라 할 수 있다.

④ ㉠은 인물이 현실 문제를 회피하고자 하는 태도를 의미하고, ㉡은 현실에 대한 극복 의지를 의미한다.

⑤ ㉠은 인물이 운명에 순응하며 깨달은 가치이고, ㉡은 화자가 자연과의 조화를 느끼며 내세운 가치이다.

26~27   **극문학**

함세덕, 「동승」

감상 이 작품은 함세덕의 초기 작품 세계를 잘 반영하고 있는 희곡으로, **한 동승의 환속(還俗)**기를 그리고 있다.
어머니를 그리워하는 세속적 욕망과 종교적 제약 속에서 살아야 하는 한 동승(童僧)과 고운 인정을 소유한 미망인. 정심 등의 주변 인물들 사이의 관계를 통해 **그리움과 기다림, 기다림의 좌절, 세속으로 뛰쳐나옴 등이 긴밀한 구조 속에 잘 드러나 있다.** 특히 어머니와 닮은 모습으로 느껴지는 서울의 미망인과의 모정을 통해 그 어느 작품보다도 훌륭한 서정성이 있다.
한편 이 작품은 **표면적으로 어머니에 대한 그리움을 드러내고 있지만, 그 이면에는 보다 심오한 불교적 사랑을 담고 있다.**
주제 세속적 인연과 불가적 삶 사이의 갈등, 인간의 욕망과 사랑, 이별 그리고 꿈과 동경
작품 줄거리 동네에서 멀리 떨어진 오래 된 절에서, 아직 수행을 쌓이지 않은 열네 살의 사미승 도념은 자기를 버리고 달아난 어머니를 애타게 기다리고 있다. 그의 생모는 여승이었으나 사냥꾼을 만나 파계를 하고 절을 떠난다. 주지승은 생모의 행적을 들어 도념으로 하여금 어머니를 기다리는 일을 포기하도록 하지만 어린 도념으로서는 모자의 정을 쉽게 끊을 수 없다. 그러던 차에 서울에서 내려 온 아름다운 미망인에게 마음이 끌리고, 아들을 잃은 슬픔을 견디지 못하던 미망인 또한 도념을 수양아들로 삼고자 한다.

그러나 도념을 타락한 속세로 보내지 않으려는 주지승의 완강한 반대에 부딪혀 서울행이 좌절되자 도념은 결국 홀로 절을 떠나게 된다.

26 작품의 특징 파악   정답 ②

위와 같은 글의 특징을 〈보기〉에서 모두 고른 것은? [3점]

─〈보기〉─
ㄱ. 무대 상연을 전제로 쓴 글이다.
ㄴ. 시간과 공간의 제약을 받지 않는다.
ㄷ. 작가가 직접 개입해서 이야기를 서술한다.
ㄹ. 등장인물의 대사와 행동으로 사건을 전개한다.

① ㄱ, ㄷ   ✔ ㄱ, ㄹ   ③ ㄴ, ㄷ   ④ ㄴ, ㄹ   ⑤ ㄷ, ㄹ

ㄱ. 무대 상연을 전제로 쓴 글이다.
이 작품은 무대 상연을 전제로 쓰여진 희곡에 해당한다.

ㄴ. 시간과 공간의 제약을 받지 않는다.
희곡은 무대 상연을 전제로 쓴 글이므로, 영화와 달리 시간과 공간의 제약을 받는다.

ㄷ. 작가가 직접 개입해서 이야기를 서술한다.
희곡은 인물의 대사와 행동, 지시문으로 사건이 전개될 뿐 작가가 직접 개입하지는 않는다. 작가가 직접 개입하여 이야기를 서술하는 것은 소설에 해당한다.

ㄹ. 등장인물의 대사와 행동으로 사건을 전개한다.
희곡은 인물들의 대사와 행동을 통해 인물의 심리 상태나 성격이 드러나고 사건이 전개된다.

27 인물의 심리 파악   정답 ①

㉠에 담긴 인물의 심리로 가장 적절한 것은? [3점]

✔ **기대감**
이 글에서 도념은 어머니를 찾아 절을 떠나고 있다. 그리고 초부에게 어머니를 꼭 찾을 것이라 말하면서, 어머니가 자신을 알아보고 반겨 주는 꿈을 여러 번 꾸었다고 말하고 있다. 이렇게 볼 때, ㉠에는 어머니를 반드시 찾겠다는 간절함과 어머니와 만날 수 있을 것이라는 도념의 기대감이 반영되어 있다고 할 수 있다.

② 서글픔
③ 두려움
④ 만족감
⑤ 절망감

28~30 고전 소설

박지원, 「광문자전」

[감상] 이 작품은 광문이라는 미천한 인물의 덕성을 부각시킴으로써 양반 사회에 대한 비판적인 인식을 드러내고 있는 풍자 소설이다.
이 작품에서는 주인공을 대부분의 고전 소설과 달리 **미천한 신분의 거지로 설정**하고 있다. 이러한 주인공의 설정은 가문, 권력, 부 등과 관계 없이 바르게 살면 주위 사람들의 인정을 받을 수 있음을 통해, **당시 사회에 주인공인 광문과 같은 성실하고 신의 있는 인물이 필요함을 드러내기 위해서**라 할 수 있다.
[주제] 신의 있고 정직한 삶의 태도
[작품 줄거리] 광문(廣文)은 청계천변에 움막을 짓고 사는 거지의 우두머리로, 어느 날 동료들이 모두 걸식을 나간 사이에 병들어 누워 있는 거지아이를 혼자서 간호하다가 그 아이가 죽어버리자 동료들의 오해를 사게 되어 거기서 도망친다. 그러나 그는 다음 날 거지들이 버린 아이의 시체를 몰래 거두어 산에다 묻어 준다. 이 일이 있은 후 광문은 서울 장안에 소문이 자자해졌다. '얼굴도 추하고 말주변도 없는' 광문이 의리가 있고 마음씨가 착하다는 소문은 널리 퍼졌다. 이것을 목격한 어떤 부자가 이를 가상히 여겨 그를 어느 약종상(藥種商)에 소개한다. 점원이 된 그는 그 곳에서 정직함과 허욕이 없는 원만한 인간성으로 많은 사람의 인정을 받게 된다. 나이가 차서 결혼할 때가 되었으나 그는 자신의 추한 몰골을 생각하고 아예 결혼할 생각을 하지 않는다. 그러던 어느 날 그는 장안에서도 가장 이름난 은심이란 기생을 찾아간 일이 있었다. 방에 있던 귀인들이 그의 남루한 복장과 추한 얼굴에 낯을 찡그리고 상대하지 않았으나 그는 끝내 의젓한 기품을 잃지 않았다. 그러자 조금 전까지 그를 거들떠 보지도 않던 은심이 그의 높은 인격에 감동하여 흔연히 자리에서 일어나 그를 위해 춤을 추었다.

28 구절의 의미 파악   정답 ⑤

㉠ ~ ㉤에 대한 설명으로 적절하지 않은 것은? [3점]

① **㉠으로 인해 광문은 곤경에 처하게 된다.**
㉠으로 인해 광문이 거지 아이들에게 아이를 죽였다는 의심을 받고 쫓겨나게 되므로 적절한 설명이라 할 수 있다.

② **㉡은 광문이 새로운 상황을 맞게 되는 계기가 된다.**
부자의 집에 들어간 광문이 부자의 의심을 받지만, 이내 의심이 풀려 부자가 의로운 인물이라고 다른 사람들에게 알려 그의 명성이 널리 알려지게 되므로, ㉡의 상황은 광문으로 하여금 새로운 상황을 맞게 되는 계기가 된다라고 할 수 있다.

③ **㉢으로 인해 광문에 대한 오해가 풀린다.**
부자는 돈이 없어지자 광문이 돈을 가져갔다고 의심하지만, 처조카가 돈을 가지고 와서 광문에 대한 의심이 풀리게 된다. 따라서 ㉢으로 인해 광문에 대한 오해가 풀린다고 할 수 있다.

④ **㉣은 부자의 인물됨을 보여준다.**
부자는 광문을 의심한 ㉣에서처럼 자신의 태도를 반성하는 모습을 보여 주고 있으므로, ㉣은 부자가 자신의 잘못을 솔직하게 인정하는 인물임을 보여 준다고 할 수 있다.

✔ **㉤은 새로운 갈등의 요인이 된다.**
부자는 광문이 돈을 훔치지 않았다는 사실을 알고 여러 사람들과 다른 부자나 큰장사치들에게 광문이 의롭다고 말하게 되고, 이러한 말이 퍼져서 ㉤과 같은 결과로 나타나게 된다. 따라서 ㉤은 새로운 갈등의 요인이 된다기보다는 광문의 이름이 더욱 알려지게 되었음을 보여 주는 것이라 할 수 있다.

29 내용에 어울리는 한자 성어 파악   정답 ④

윗글의 내용과 어울리는 한자성어로 적절한 것은? [4점]

① **광문에 대한 사람들의 칭찬은 과유불급(過猶不及)이군.**
부자로 인해 사람들이 광문의 의로움을 알게 되고 사람들이 이를 더욱 칭찬하게 되므로, '정도를 지나침은 미치지 못함과 같다는 뜻으로, 중용(中庸)이 중요함을 이르는 말.'인 '과유불급(過猶不及)'과는 관련이 없다.

② **광문은 묘지에서 입신양명(立身揚名)의 의지를 보여주는군.**
광문은 묘지에서 죽은 거지 아이에 대한 안타까움으로 슬퍼하고 있을 뿐 '출세하여 이름을 세상에 떨침.'의 의미를 지닌 '입신양명(立身揚名)'의 의지를 드러내지 않고 있다.

③ **광문은 결초보은(結草報恩)의 마음으로 죽은 아이를 묻었군.**
광문은 죽은 거지 아이를 불쌍히 여겨 묻어 주고 있을 뿐이다. 그리고 거지 아이가 광문에게 도움을 주었는지는 이 글을 통해 알 수 없으므로, 광문이 '죽은 뒤에라도 은혜를 잊지 않고 갚음을 이르는 말.'인 '결초보은(結草報恩)'의 마음을 지니고 죽은 아이를 묻었다고 볼 수 없다.

✔ **광문이 모두에게 칭송받게 된 것은 사필귀정(事必歸正)이군.**
부자가 광문이 돈을 훔치지 않은 것을 알고 여러 사람들에게 광문을 의로운 사람이라고 칭송하고, 이러한 칭찬은 널리 퍼져나가게 된다. 이렇게 볼 때, 의로운 인물인 광문이 다른 사람들에게 칭송을 받는 것은 당연한 결과에 해당하므로, '모든 일은 반드시 바른길로 돌아감.'의 의미를 지닌 '사필귀정(事必歸正)'과 관련이 있다고 할 수 있다.

⑤ **집주인이 유비무환(有備無患)했다면 도적을 만나지 않았겠군.**
집주인은 광문이 집으로 들어오자 집주인이 광문을 도둑으로 오인하고 있을 뿐 도적을 만나지는 않았으므로 유비무환(有備無患)했다면 도적을 만나지 않았다는 내용은 적절하지 않다. '유비무환(有備無患)'은 '미리 준비가 되어 있으면 걱정할 것이 없음.'을 뜻하는 말이다.

30 작가가 의도한 인물형 파악   정답 ②

윗글에서 〈보기〉의 '새로운 인간상'을 찾은 것으로 가장 적절한 것은? [3점]

─〈보기〉─
박지원은 실학사상을 바탕으로 가문이나 권력, 지위를 중시하는 낡은 유교적 인간상을 비판하면서 새로운 인간상을 제시했다.

① **권력에 순응하지 않고 처세하는 인간**
이 글에서 광문이 권력에 순응하는지의 여부는 드러나지 않고 있다.

✔ **미천한 신분이지만 의로운 성품을 지닌 인간**
이 글에서 광문은 가문이나 지위를 지니지 않은 거지에 해당하므로 미천한 신분이라 할 수 있다. 그리고 광문의 의로움이 약방 돈 사건으로 인해 부자에게 알려지고, 이러한 의로움이 널리 알려져 칭송받고 있음을 알 수 있다. 이러한 광문의 모습은 〈보기〉에서 언급한 '낡은 유교적 인간상'이 아닌 '새로운 인간상'에 해당한다고 할 수 있다.

③ **상대방의 지위에 따라 태도를 달리 하는 인간**
광문이 죽은 거지 아이를 묻어 주는 모습이나 주인에게 솔직한 모습을 보이는 모습 등을 볼 때, 광문이 상대방의 지위에 따라 태도를 달리 하는 인간이라고는 볼 수 없다.

④ **가진 것이 없지만 유교적 질서를 존중하는 인간**
광문이 거지라는 점에서 가진 것이 없다고 할 수 있지만, 이 글을 통해 광문이 유교적 질서를 존중하는지의 여부는 나타나지 않으므로 적절하지 않다.

⑤ **가문의 위세와 상관없이 양반들의 무능을 비판하는 인간**
이 글에서 광문이 가문에 상관없이 널리 칭찬을 받는다는 내용은 알 수 있지만, 광문이 양반들의 무능을 비판하고 있는 내용은 드러나지 않으므로 적절하지 않다.

- 정답 -

01 ④ 02 ② 03 ④ 04 ② 05 ③ 06 ④ 07 ② 08 ② 09 ② 10 ④ 11 ⑤ 12 ⑤ 13 ⑤ 14 ④ 15 ⑤
16 ④ 17 ③ 18 ③ 19 ④ 20 ④ 21 ② 22 ① 23 ④ 24 ② 25 ⑤ 26 ① 27 ① 28 ② 29 ② 30 ②

[01~03] 화법

01 대화 상황에 따른 말의 의도 파악 정답 ④

밑줄 친 ㉠ ~ ㉤에 대한 설명으로 적절하지 않은 것은? [2점]

① ㉠:상대의 공감을 얻기 위한 의도가 담겨 있다.
  은채는 빨간색 원피스가 마음에 들어서 만족스러운 표정을 짓고 있으므로, ㉠은 친구들의 판단을 묻는 것이라기보다는 친구들의 공감을 얻기 위한 것이라고 볼 수 있다.

② ㉡:상대의 기분을 배려하며 조심스럽게 말하고 있다.
  민서는 빨간색 옷을 입은 은채를 보며 당황했음에도 불구하고, 검은색은 어떠냐며 다른 색 옷을 조심스럽게 권유하고 있다.

③ ㉢:상대의 권유를 받아들이겠다는 의미가 담겨 있다.
  은채가 미소를 지으며 대답하는 것으로 보아 검은색 옷도 입어 보라는 민서의 권유를 수용하고 있음을 알 수 있다.

✔ ㉣:우회적 표현으로 자신의 생각을 완곡하게 전달하고 있다.
  '검정색이 훨씬 나아. 빨간색은 너한테 어울리지 않아.'라고 말한 서우는 은채에게 빨간색 원피스가 어울리지 않는다는 직설적인 표현을 하고 있다. 이는 자신의 생각을 돌려서 말하는 우회적 표현이 아니므로, ④에서 우회적 표현으로 자신의 생각을 완곡하게 전달하고 있다는 말은 적절하지 않다.

⑤ ㉤:여러 가지 이유를 들어 자기 의견을 제시하고 있다.
  민서는 은채의 피부색과 어울리는 정도, 소재의 상태, 박음질 상태 등의 이유를 들며 검은색 원피스가 빨간색 원피스보다 더 낫다는 자신의 의견을 제시하고 있다.

02 협상을 위한 말하기 전략 파악 정답 ②

[A] 부분에 나타난 은채의 말하기 방식에 대한 평가로 가장 적절한 것은? [3점]

① 서로 양보함으로써 적절한 타협점을 찾을 것을 제안하였다.
  은채는 타협점을 찾기보다 상대의 양보를 요구하고 있다.

✔ 미래에 발생할 이득을 내세우며 상대의 양보를 요구하였다.
  은채는 옷가게 주인에게 옷값을 싸게 해 주면, 동생을 소개해 주겠다고 제안하고 있다. 즉, 동생에게도 옷을 판매할 수 있다는 미래의 이득을 제시하며 주인에게 양보를 요구하고 있다.

③ 상대가 원하는 것을 파악하기 위해 질문을 던졌다.
  "어떡하죠?"라는 질문은, 옷가게 주인이 바라는 것이 무엇인지를 묻기 위한 질문이 아니라 자신의 요구를 관철시키기 위한 것이라고 할 수 있다.

④ 상대의 의견을 인정하며 적극적으로 수용하였다.
  은채는 가게 주인의 의견을 인정하고 수용하지 않았다.

⑤ 상대의 요구가 부당함을 논리적으로 반박하였다.
  은채는 가게 주인의 요구에 부당함을 논리적으로 반박하고 있지 않다.

● 화법 필수 개념

■ 협상의 개념과 말하기 전략
(1) **협상의 개념** : 개인이나 집단 간에 존재하는 의견 차이나 갈등을 해소하기 위해 당사자나 대표가 협의하는 일을 말한다. 또한 사회생활에서 발생하는 **의견 차이나 갈등을 합리적으로 조정**함으로써 개인이나 집단 간의 분쟁을 막고 **협력적인 관계를 유지**하는데 효과적인 말하기 방식이다.
(2) **협상의 말하기 전략**
 • 협상을 통해 얻고자 하는 것을 구체적으로 정한다.
 • 상대편의 반박을 대응할 수 있는 방안을 준비한다.
 • 상대방의 의견을 존중하는 태도를 지닌다.

03 토의 참가자들의 공통된 인식 파악 정답 ②

다음은 '문화재 보존'에 대한 토의이다. '김 교수'와 '최 선생'이 공통적으로 인식하는 문제점으로 가장 적절한 것은? [3점]

사회자	오늘은 전문가를 모시고 문화재 보존에 대한 토의를 하겠습니다. 민족의 역사와 정신이 담겨 있는 문화재가 요즘은 시민들의 관심에서 멀어지고 있습니다. 그래서 궁궐, 사찰 등 유형 문화재 보존 분야 전문가이신 김 교수님과 무형 문화재 '봉산 탈춤' 전수자이신 최 선생님을 모시고 문화재 보존 문제 전반에 대해 말씀을 나누겠습니다. 먼저 김 교수님 말씀해 주십시오.
김 교수	네, (화면의 자료를 보며) 설문조사 결과를 보면 아직도 많은 시민들이 문화재를 관광의 대상 정도로만 생각하고 있다는 것을 알 수 있습니다. 뿐만 아니라 제가 조사한 바에 의하면, 문화재에 관한 정보를 시민들에게 설명하고 이를 통해 인식을 개선할 담당 전문 인력이 부족한 상황입니다.
사회자	문화재에 대한 시민의식과 제도적인 부분에서의 문제점을 지적해 주셨습니다. 그럼, 무형 문화재의 보존에는 어떤 문제가 있는지 최 선생님께서 말씀해 주십시오.
최 선생	네, 현재 각 지역마다 전수관이 있지만 시민들이 참여할 수 있는 다양한 프로그램을 기획하고 운영할 수 있는 전문 인력이 부족한 상황입니다. 그로 인해 무형 문화재의 가치와 의미를 시민들에게 전달하는데 어려움이 있습니다.
사회자	그럼, 해결 방안에는 무엇이 있나요?

최 선생	얼마 전에 '□□ 탈춤 전수관'에서 지역 시민들에게 지역 대표 탈춤을 소개하기 위해 탈춤 전문가와 담당 공무원이 협력하여 '□□ 탈춤 교실'을 운영했습니다. 요즘 유행가와 전통 탈춤 춤사위를 결합한 이 프로그램은 지역 시민들에게 좋은 반응을 얻었습니다. 이런 노력을 확대하고 홍보하는 것이 중요하다고 봅니다.
김 교수	저는 학생과 시민을 대상으로 한 강연에서 주로 '문화재 스토리텔링 프로그램'을 통해 문화재 속에 담긴 이야기를 소개했는데 반응이 좋았고 큰 관심을 보이는 분도 많았습니다. 문화재를 알리는 일을 지속적으로 하는 것이 필요합니다.

① 시민들의 문화재 훼손이 심각하다.
  김 교수가 시민들이 문화재를 관광의 대상으로 바라보고 있음을 언급하고 있지만, 시민들의 문화재 훼손이 심각함을 지적하지는 않고 있다. 또한 최 선생 역시 시민들의 문화재 훼손과 관련하여 언급하지 않고 있다.

✔ 문화재의 의미를 전달하는 전문 인력이 부족하다.
  김 교수의 첫 번째 발언을 보면, 김 교수는 문화재에 관한 정보를 시민들에게 설명하고 이를 통해 인식을 개선할 담당 전문 인력이 부족한 상황임을 문제 상황으로 언급하고 있다. 그리고 최 선생은 첫 번째 발언에서 현재 각 지역마다 전수관이 있지만 시민들이 참여할 수 있는 다양한 프로그램을 기획하고 운영할 수 있는 전문 인력이 부족한 상황이라고 언급하고 있다. 이렇게 볼 때, 김 교수와 최 선생은 공통적으로 문화재의 의미를 전달해 주는 전문 인력이 부족하다고 인식하고 있음을 알 수 있다.

③ 시대의 변화에 어울리는 새로운 문화재 개발이 시급하다.
  김 교수는 문화재를 알리는 일이 지속적으로 필요함을, 최 선생은 무형 문화재의 가치와 의미를 전달하는 노력 확대와 홍보의 필요성을 언급하고 있지만, 둘 모두 시대의 변화에 어울리는 새로운 문화재 개발이 시급함을 드러내지는 않고 있다.

④ 시민들이 문화재를 직접 체험할 수 있는 시설이 부족하다.
  최 선생은 시민들이 참여할 수 있는 다양한 프로그램을 기획하고 운영할 수 있는 전문 인력이 부족한 상황임을 언급하고 있지, 시민들이 문화재를 직접 체험할 수 있는 시설이 부족한 것에 대해서는 언급하고 있지 않다. 김 교수 역시 문화재를 직접 체험할 수 있는 시설 부족에 대해서는 언급하고 있지 않다.

⑤ 시민들의 문화재 관리에 대한 부정적 인식을 개선하는 것이 시급하다.
  김 교수는 시민들이 문화재를 관광의 대상 정도로만 생각하는 인식에 문제점이 있음을 지적하고 있지, 시민들의 문화재 관리에 대한 부정적 인식에 대해서는 언급하고 있지 않다. 또한 최 선생 역시 문화재 관리에 대한 시민들의 부정적 인식에 대해서는 언급하고 있지 않다.

[04~06] 작문

04 글쓰기 전략의 이해 정답 ②

학생이 활용한 글쓰기 전략으로 볼 수 없는 것은? [2점]

① 예상 독자를 고려하여 예의를 갖추어 글을 시작한다.
  예상 독자인 교장 선생님께 예의를 갖추어 '존경하는 교장 선생님께'라고 표현하며 글을 시작하고 있다.

✔ 건의 내용을 시간의 순차적 흐름에 따라 조직한다.
  이 글은 학생이 학교 누리집에 학교 신문을 만들어 주실 것을 교장 선생님께 건의하는 내용의 건의문이다. 학생은 자신의 건의 내용을 효과적으로 전달하기 위해 글쓰기의 다양한 전략을 구사하고 있지만, 건의 내용을 시간의 순차적 흐름에 따라 조직하지는 않고 있다.

③ 건의를 하게 된 이유를 구체적으로 밝힌다.
  입학한 후 우리 학교에 대해 잘 몰라 답답했다며 학교 신문 제작을 건의하는 이유를 밝히고 있다.

④ 건의 내용에 대한 기대 효과를 제시한다.
  학교 신문을 통해 학생들이 즐거운 학교생활을 할 수 있다고 기대 효과를 제시하고 있다.

⑤ 자신의 경험을 언급하며 글을 전개한다.
  중학교 때 자신이 학교 신문 기자 활동을 한 경험을 언급하고 있다.

05 조건에 따른 적절한 글쓰기 파악 정답 ③

〈조건〉을 고려하여 [A]에 들어갈 내용을 작성한다고 할 때, 가장 적절한 것은? [3점]

— 〈보 기〉 —
ㅇ 건의 내용을 강조할 것.
ㅇ 비유적 표현을 활용할 것.

① 우리 학교를 대표할 매체가 될 것이기 때문입니다. 우리 학교에서 학교 신문이 발간된다는 기쁜 소식을 빨리 전해 주십시오.
  학교 신문을 만들어 달라는 건의 내용을 반영하지 않았고 비유적 표현을 사용하지 않았다.

② 학생들이 재미있게 읽을 수 있고 학교생활에도 도움을 주기 때문입니다. 학생들에게 사랑받는 학교 신문을 반드시 만들어 주십시오.
  학교 신문을 만들어 달라는 건의 내용을 반영하고 있으나 비유적 표현을 사용하지 않았다.

✔ 우리들의 학교생활에 활력소가 되어 줄 비타민이기 때문입니다. 학교생활을 건강하게 만들어 줄 학교 신문이 꼭 발간되도록 해 주십시오.
  조건을 고려할 때 [A]에는 학교 신문을 만들어 달라는 건의 내용을 강조하여 드러내야 하고, 비유적 표현으로 전달하는 문장이 들어가야 한다. 따라서 가장 적절한 것은 ③이다. ③에서는 학교 신문을 '비타민'에 비유하면서 학교 신문을 꼭 발간하게 해 달라는 건의 내용을 강조하고 있다.

④ 우리의 모든 활동이 담겨 있는 자화상이기 때문입니다. 우리의 활동이 빠짐없이 기록될 수 있도록 학교 신문 편집 인원을 더 늘려 주십시오.
  '자화상'이라는 비유적 표현을 살펴볼 수 있으나 건의 내용을 반영하지 않았다.

⑤ 우리들의 자유 발언대이기 때문입니다. 학생 기자가 아닌 다른 학생들도 학교 신문에 자신의 의견을 발표할 수 있는 기회를 마련해 주십시오.
  '자유 발언대'라는 비유적 표현을 살펴볼 수 있으나 건의 내용을 반영하지 않았다.

06 고쳐쓰기의 적절성 판단 정답 ④

〈보기〉는 봉사활동 체험 보고서의 초고이다. ㉠ ~ ㉤을 고쳐 쓰기 위한 방안으로 적절하지 않은 것은? [3점]

〈보 기〉

지난주에 우리 반은 강화의 ○○ 복지시설로 체험학습을 다녀왔다. 나는 체험학습을 작년처럼 놀이공원으로 갈 것이라 생각했는데, 학급회의 결과 ⑤ 과반수 이상의 찬성으로 복지시설에 봉사 활동을 가게 되어서 실망이 컸다. 하지만 봉사 활동을 하면서 나의 생각이 ⓒ 잘못되어졌다는 것을 깨달았다. ⓒ 높이 나는 비행기를 보며 조종사가 되고 싶었다. 진정한 봉사의 의미를 ② 잊은 채 살았던 내 자신이 후회되어, 창피한 마음에 한동안 차마 고개를 들 수 ⑩ 있었다.

① ⑤은 의미가 중복되므로 '이상'을 삭제한다.
⑤에서 '과반수'는 전체의 절반이 넘는 수로, '수량이나 정도가 일정한 기준보다 더 많거나 나음.'의 의미를 지닌 '이상'과 같이 쓰면 의미가 중복된다. 따라서 '이상'을 삭제한다는 고쳐쓰기 방안은 적절하다.

② ⓒ은 부적절한 피동 표현이므로 '잘못되었다'로 고친다.
ⓒ인 '잘못되어졌다는 피동 접미사 '-되-'와 통사적 피동 표현인 '-어지다'가 붙은 이중 피동 표현이므로 잘못된 표현이다. 따라서 이를 '잘못되었다'로 고친 것은 적절한 고쳐쓰기 방안이라고 할 수 있다.

③ ⓒ은 글의 통일성에 어긋나므로 삭제한다.
〈보기〉의 글은 봉사 활동 체험 보고서의 내용에 해당하는데, ⓒ은 자신의 꿈에 대한 내용에 해당하여 〈보기〉 글에서 통일성을 해치고 있다. 따라서 글의 통일성에 어긋나므로 삭제한다는 고쳐쓰기 방안은 적절하다.

✓ ② ②은 띄어쓰기를 바르게 하지 못했으므로 '잊은채'로 고친다.
②의 '잊은 채'에서 '채'는 앞의 '잊은'의 꾸밈을 받는 의존 명사이므로 띄어 쓰는 것이 적절하다. 따라서 이를 '잊은채'로 붙여 써야 한다는 고쳐쓰기 방안은 적절하지 않다.

⑤ ⑩은 부사와의 호응을 고려하여 '없었다'로 고친다.
⑩ 앞에 사용된 '차마'는 '(뒤에 오는 동사를 부정하는 문맥에 쓰여) 부끄럽거나 안타까워서 감히'의 뜻이므로, '있었다'는 '차마'와 호응하지 않는다. 따라서 '차마'와 호응되게 부정적 의미의 '없었다'로 고치는 것은 적절한 고쳐쓰기 방안이라 할 수 있다.

[07~09] 문법

07 부사절로 안긴문장 분석   정답 ②

〈보기〉의 ⑤에 해당하는 예로 적절한 것은? [3점]

〈보 기〉

○ 재희는 봉사활동에 아무도 모르게 참여한다.

위 문장에서 '아무도 모르게'는 단어가 아니라 주어인 '아무도'와 서술어인 '모르다'로 이루어진 문장이다. 이 문장은 '재희는 봉사활동에 참여한다.'라는 문장에서 서술어 '참여한다'를 수식하여 '어떻게'라는 의미를 더해 주면서 수식하고 있다. 이런 역할을 하면서 안겨 있는 문장을 ⑤ 부사절이라 한다.

① 이 일은 하기가 쉽지 않다.
밑줄 친 부분은 서술어를 수식하지 않으며, 명사형 전성어미 '-기'가 쓰였고, 주격 조사 '가'가 결합하여 체언처럼 쓰이기 때문에 명사절이다.

✓ ② 빙수는 이가 시리도록 차가웠다.
부사는 수식언으로써 주로 서술어를 수식하는 역할을 하며, 부사절 또한 문장 안에서 서술어를 수식하는 역할을 한다. 따라서 '이가 시리도록'은 원래 '이가 시리다.'라는 문장에 부사형 어미 '-도록'이 결합하여 서술어 '차가웠다'를 수식하기 때문에 부사절로 볼 수 있다.

③ 은기는 꼭 꿈을 이루겠다고 말했다.
밑줄 친 부분은 조사 '고'가 사용되어 자신의 말을 간접 인용한 것이므로 인용절이다.

④ 승희는 마음이 따뜻한 사람을 좋아한다.
밑줄 친 부분은 '마음이 따뜻하다'라는 문장에 관형사형 어미 '-ㄴ'이 결합하여 명사 '사람'을 수식하기 때문에 관형절이다.

⑤ 민우는 우리가 어제 돌아온 사실을 모른다.
밑줄 친 부분은 '우리가 어제 돌아오다.'라는 문장에 관형사형 어미 '-ㄴ'이 결합하여 명사 '사실'을 수식하기 때문에 관형절이다.

● **문법 필수 개념**

■ 안은문장의 종류
(1) **명사절을 안은문장** : 문장에서 명사처럼 기능하는 절이 안겨있는 문장으로 명사절은 명사형 어미 '-(으)ㅁ'이나 '-기'가 붙어서 만들어진다.
   ⑩ 이 일은 하기가 쉽지 않다.
     그가 시험에 합격했음이 밝혀졌다.
(2) **관형절을 안은문장** : 문장에서 관형어로 기능하는 절을 안은 문장으로 관형절은 관형사형 어미 '-(으)ㄴ, -는, -(으)ㄹ, -던'이 붙어서 만들어진다.
   ⑩ 그것이 바로 내가 본 책이다.
     나는 어릴 때 놀던 놀이터에 갔다.
(3) **부사절을 안은 문장** : 문장에서 부사어로 기능하는 절을 안은 문장으로 부사절은 부사 파생 접미사 '-이'나 부사형 어미 '-게, -아서, -도록' 등이 붙어서 만들어진다.
   ⑩ 비가 소리도 없이 내린다.
     나는 온몸이 땀에 젖도록 운동을 하였다.
(4) **서술절을 안은 문장** : 문장에서 서술어의 기능을 하는 절을 안은 문장으로 서술절을 만드는 특별한 어미가 없어 주어가 2개가 있는 것처럼 보인다.
   ⑩ 희선이는 얼굴이 예쁘다.
     코끼리는 코가 길다.
(5) **인용절을 안은 문장** : 남의 말이나 생각을 인용한 문장을 절의 형태로 안은 문장을 말하며, 직접인용일 때는 '-라고'가 쓰이고, 간접인용일 때는 '-고'가 쓰인다.
   ⑩ 남자친구는 나에게 "너는 참 예뻐."라고 말했다.
     나는 내 친구에게 그가 옳다고 주장하였다.

08 주어진 기준에 따른 단어 분류   정답 ②

제시된 탐구 과정을 고려할 때, [A], [B]에 들어갈 ⑤ ~ ②을 바르게 분류한 것은? [4점]

탐구 주제	밑줄 친 말을 문장 성분과 품사를 기준으로 분류하시오. • 이것은 ⑤ 새로운 글이다. • 이것은 ⓒ 새 글이다. • 그는 ⓒ 빠르게 달린다. • 그는 ② 빨리 달린다.	
탐구 관련 지식	• 관형어는 체언을, 부사어는 용언을 한정하는 기능을 함.	• 형용사는 관형사나 부사와 달리 활용을 함. • 관형사는 명사를, 부사는 동사를 수식함.
탐구 결과	문장 성분에 따라 [A] 로 분류할 수 있다.	품사에 따라 [B] 로 분류할 수 있다.

     [A]   [B]

① ⑤, ⓒ / ⓒ, ②   ⑤, ⓒ / ⓒ, ②

✓② ⑤, ⓒ / ⓒ, ②   ⑤, ② / ⓒ, ⓒ

'탐구 관련 지식'을 고려할 때, 문장 성분의 경우 ⑤, ⓒ은 체언인 명사 '글'을 한정하고 있고, ⓒ, ②은 용언인 동사 '달린다'를 한정하고 있음을 알 수 있다. 그러므로 문장 성분에 따라 분류할 때, '⑤, ⓒ'(관형어)과 'ⓒ, ②'(부사어)로 구분할 수 있다. 또한 품사의 경우 ⑤, ⓒ은 활용할 수 있음을 알 수 있고, ⓒ은 명사 '글'을, ②은 동사 '달린다'를 수식하고 있음을 알 수 있다. 그러므로 품사에 따라 분류할 때, '⑤, ⓒ'(형용사), 'ⓒ'(관형사), '②'(부사)로 구분할 수 있다.

③ ⑤, ⓒ / ⓒ, ②   ⑤, ②, / ⓒ / ⓒ

④ ⑤, ⓒ / ⓒ, ②   ⑤ / ② / ⓒ, ⓒ

⑤ ⑤, ⓒ / ⓒ, ②   ⑤, ⓒ / ⓒ / ②

09 문장의 주성분 파악   정답 ②

〈보기〉의 수업 상황에서, 밑줄 친 물음에 대한 학생의 대답으로 적절하지 않은 것은? [3점]

〈보 기〉

이번 시간에는 문장을 구성할 때 반드시 있어야 하는 성분인 주성분에 대해 살펴보겠습니다. 주성분에는 주어, 서술어, 목적어, 보어가 있습니다. 주어는 문장에서 동작 또는 상태나 성질의 주체를 나타내는 것입니다. 서술어는 주어의 동작, 상태, 성질 따위를 풀이하는 기능을 하는 성분입니다. 서술어의 동작 대상이 되는 문장 성분을 목적어라고 하고, 서술어 '되다, 아니다'가 필요로 하는 문장 성분 중에서 주어를 제외하고 조사 '이/가'가 붙은 것을 보어라고 합니다.
자, 그럼 다음 문장의 주성분에 대해 알아볼까요?

ㄱ. 철수의 동생이 사진을 찍었다.
ㄴ. 언니는 올해 대학생이 되었다.

① ㄱ의 '찍었다'는 '동생'의 동작을 풀이하는 서술어입니다.
ㄱ에서 '찍었다'는 '동생'의 동작을 나타내므로 서술어이다.

✓② ㄴ의 '올해'는 '되었다'가 꼭 필요로 하므로 주성분입니다.
'되었다'는 주어와 보어가 필요한 서술어이다. ㄴ에서 '올해'는 시간을 나타내는 부사어로서 '되었다'가 꼭 필요로 하는 성분이 아니다.

③ ㄱ에는 목적어가 있지만, ㄴ에는 목적어가 없습니다.
ㄱ에서 '찍었다'는 동작의 대상이 필요한 말이며 이때 대상은 '사진'이므로 '사진을'이 목적어이다. '되었다'는 동작의 대상이 필요하지 않은 서술어이므로 ㄴ에는 목적어가 없다.

④ ㄱ과 ㄴ에는 주어가 하나씩 있습니다.
ㄱ에서 '찍었다'의 주체는 '동생'이므로 '동생이'가 주어이고, ㄴ에서 '되었다'의 주체는 '언니'이므로 '언니가'가 주어이다. '대학생이'는 '되었다'가 주어 외에 필요로 하는 보어이다.

⑤ ㄱ과 ㄴ에는 주성분의 종류가 세 가지씩 있습니다.
ㄱ에 쓰인 주성분은 주어, 목적어, 서술어이고, ㄴ에 쓰인 주성분은 주어, 보어, 서술어이다. 따라서 주성분의 종류는 세 가지이다.

[10~30] 독서·문학

10~12 인문

'소피스트와 소크라테스의 상반된 입장'

해제 이 글은 **소피스트와 소크라테스의 진리에 대한 입장 차이를 설명**하면서, 이들이 **철학사에서 지닌 의의**에 대해 설명하고 있다.
글쓴이는 먼저 소피스트와 소크라테스가 진리에 대한 차이점이 있음을 언급하면서, 각각의 진리에 대한 입장을 드러내 주고 있다. 즉 **소피스트는 보편타당하고 절대적인 진리가 존재하지 않는다**고 본 반면에, **소크라테스는 보편타당하고 객관적인 진리가 있음**을 주장했다고 언급하고 있다. 그러면서 이들 두 입장이 지닌 문제점을 드러내면서도, **이들의 입장은 진리에 관한 논의의 근간을 이루었다**고 의의를 밝히며 글을 마무리하고 있다.
주제 소피스트와 소크라테스의 진리에 대한 입장

문단 핵심 내용

1문단	진리에 대한 입장이 다른 소피스트와 소크라테스
2문단	보편타당하고 절대적인 진리가 존재하지 않는다고 여긴 소피스트
3문단	보편타당하고 객관적인 진리가 있다고 여긴 소크라테스
4문단	소피스트와 소크라테스 진리에 대한 입장이 지닌 문제점 및 이들이 철학사에 미친 의의

10 내용의 사실적 이해   정답 ④

윗글의 내용과 일치하지 않는 것은? [3점]

① 소피스트는 개인의 감각은 위조가 없다고 보았다.
이 글 2문단의 '소피스트의 주장에 따르면 순수한 감각은 같은 개인에게 있어서도 시간에 따라 변화하지만 위조가 없기에 그 자체로 진리이다.'의 내용을 통해 소피스트가 개인의 감각은 위조가 없다고 보았음을 알 수 있다.

② 소피스트와 소크라테스는 후대 철학에 영향을 주었다.
이 글 4문단의 '그럼에도 소피스트와 소크라테스의 주장은 후대 철학자들의 진리에 관한 논의의 근거를 이루었다는 점에서 의의를 찾을 수 있다.'를 통해 소피스트와 소크라테스가 후대 철학에 영향을 주었음을 알 수 있다.

③ 프로타고라스는 모든 판단의 기준을 개인의 경험에 두었다.
이 글 2문단의 '소피스트인 프로타고라스는 "인간은 만물의 척도이다."라고 주장함으로써 모든 판단의 기준을 개인의 감각적 경험에 두었다.'를 통해, 프로타고라스가 모든 판단의 기준을 개인의 경험에 두었음을 알 수 있다.

☑ 소크라테스는 우연성을 통해 사물의 본질에 접근하려 했다.
이 글 3문단의 '객관적 진리를 발견하기 위한 판단의 근거를 우연적인 경험이 아닌 명료한 이성에 두었으며'를 통해, 소크라테스가 우연성을 통해 사물의 본질에 접근하려 했다는 내용은 적절하지 않음을 알 수 있다.

⑤ 소피스트의 주장대로라면 진리의 개념이 없어질지도 모른다.
이 글 4문단의 '모든 주관적 의견을 타당하다고 평가해야 한다면 진리라는 개념 자체가 사라질 위험에 놓일 수 있기 때문이다.'를 통해, 소피스트의 주장대로라면 진리의 개념이 없어질 수도 있음을 알 수 있다.

11 작품의 종합적 감상　정답 ⑤

㉠의 관점과 가장 유사한 것은? [4점]

① 모든 진리는 감각을 통해 외부로부터 주어진다.
2문단의 내용을 볼 때, '모든 진리는 감각을 통해 외부로부터 주어진다'는 것은 소피스트의 관점과 유사하다는 것을 알 수 있다.

② 이것이 진리일 수도 있고, 저것이 진리일 수도 있다.
3문단에서 소크라테스는 보편타당하고 객관적인 진리가 있다고 주장했다고 했으므로 '이것이 진리일 수도 있고, 저것이 진리일 수도 있다.'는 것은 소크라테스의 관점에 위배되는 것이라 할 수 있다.

③ 감각은 과학과 같고 항상 실재하는 대상을 갖고 있다.
'진리란 존재하지 않으며, 존재한다 하여도 알 수 없다.'는 내용은 개인의 감각적 경험을 통해 진리를 발견할 수 있다는 소피스트의 관점과 유사하다고 할 수 있다.

④ 진리란 존재하지 않으며, 존재한다 하여도 알 수 없다.
3문단에서 소크라테스는 보편타당하고 객관적인 진리가 있으며, 객관적 진리를 발견하기 위한 판단의 근거를 우연적인 경험이 아닌 명료한 이성에 두었으며, 사물의 본질에 대해 알고자 '그것이 무엇인가?'라고 끊임없이 물어 답을 찾기 위해 노력했다고 했으므로 '진리란 존재하지 않으며, 존재한다 하여도 알 수 없다.'는 것은 소크라테스의 관점에 위배되는 것이라 할 수 있다.

☑ 보편적인 진리를 인식하는 것이 삶의 궁극적인 목적이다.
이 글 3문단의 내용을 통해, 소크라테스가 이성을 통해 진리에 도달할 수 있다고 생각하면서, 보편타당하고 객관적인 진리에 도달하기 위한 기초를 발견하려고 노력했고, 사물의 본질에 대해 알고자 '그것이 무엇인가?'라고 끊임없이 물으며 답을 찾기 위해 노력했음을 알 수 있다. 이러한 소크라테스의 생각을 볼 때, 보편적인 진리를 인식하는 것이 삶의 궁극적인 목적이라는 내용이 소크라테스의 관점과 유사하다고 할 수 있다.

12 어휘의 사전적 의미　정답 ⑤

ⓐ ~ ⓔ의 의미로 적절하지 않은 것은? [3점]

① ⓐ : 속일 목적으로 꾸며 진짜처럼 만듦.
② ⓑ : 기본이 되는 표준.
③ ⓒ : 내용이나 성격, 의미 등을 밝혀 정함.
④ ⓓ : 두둔하고 편들어 지킴.

☑ ⓔ : 분쟁이나 사건 등을 어물어물 덮어 버림.
'야기'는 '일이나 사건 따위를 끌어 일으킴.'의 의미이므로, ⑤는 '야기'의 사전적 의미로 적절하지 않다. '분쟁이나 사건 따위를 어물어물 덮어 버림.'은 '무마'의 의미이다.

13~15 과학

전영석, 「톡톡 튀는 소리의 세계」

해제 이 글은 음파가 가지고 있는 속성들을 과학적으로 설명하면서, 이를 활용한 **어군 탐지기와 지구 온난화 연구** 실험에 대해 설명하고 있다.
음파는 주파수의 크기에 따라 고주파와 저주파로 나뉘는데, 고주파는 직진성이 강하고 도달거리가 짧으며 반사파가 잘 발생하는 반면 저주파는 직진성이 약하고 도달거리가 길며 반사파가 잘 발생하지 않는다. 또한 음파는 파동을 전달하는 물질의 밀도가 높을수록 속도가 빠르다. 따라서 공기보다는 물속에서 파동의 속도가 훨씬 빠르며, 같은 물속에서도 물의 온도나 압력에 따라 파동의 속도가 변화한다. **음파를 이용하여 물고기의 위치를 파악하는 기기를 어군 탐지기**라고 하는데 이 어군 탐지기는 음파가 목표물에 부딪쳐 반사되는 원리를 이용하여 목표물의 방향과 거리를 찾아내는 것이다. 또한 **음파를 활용하여 지구 온난화 연구**를 할 수 있는데, 이 연구 방법은 수온이 높아지면 음파의 속도가 빨라지는 특성을 활용한 것으로 이를 통해 지구 온난화에 의한 해수 온도의 상승을 입증하는 자료를 얻을 수 있다.
주제 음파의 종류와 특성 및 음파의 활용

문단 핵심 내용

1문단	음파의 정의와 성질
2문단	고주파와 저주파의 대비되는 특성
3문단	음파의 속도와 밀도, 온도, 압력과의 관계
4문단	음파의 다양한 활용
5문단	어군 탐지기에 쓰이는 음파의 원리
6문단	지구 온난화 연구에 활용되는 음파

13 새로운 내용의 추론　정답 ⑤

윗글을 통해 알 수 있는 내용이 아닌 것은? [3점]

① 소리는 파동이 전달되는 현상이다.
1문단에서 소리는 진동으로 인해 발생한 파동이 전달되는 현상이라고 하였으므로 적절하다.

② 물의 밀도는 공기의 밀도보다 높다.
이 글에서 음파는 전달하는 물질의 밀도가 높을수록 속도가 빨라진다고 하였는데, 공기 중에 비해 물속에서 음파가 더 빠르다고 하였으므로 물의 밀도가 공기의 밀도보다 높음을 추론할 수 있다.

③ 수중에서 음파는 물을 매개로 전달된다.
수중에서 음파는 물의 온도나 압력에 따라 속도가 달라진다고 하였으므로, 수중에서 음파는 물을 매개로 전달되는 것을 추론할 수 있다.

④ 음파의 속도는 수압에 따라 달라질 수 있다.
수중에서 음파의 속도는 수온이나 수압이 높을 경우 속도가 빨라진다고 하였으므로 음파의 속도가 수압에 따라 달라짐을 알 수 있다.

☑ 멀리 있는 물체일수록 반사파의 양은 많아진다.
이 글에서 음파는 고주파나 저주파 모두 전달되는 과정에서 물에 흡수되어, 멀리 있는 물체일수록 반사파의 양은 줄어들게 됨을 알 수 있다. 따라서 멀리 있는 물체일수록 반사파의 양이 많아진다는 ⑤는 적절한 추론이라고 할 수 없다.

14 구체적인 사례에의 적용　정답 ④

〈보기〉의 ⓐ와 ⓑ에 대해 설명한 내용으로 적절하지 않은 것은? [4점]

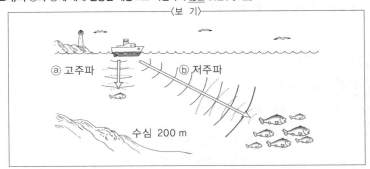

〈보 기〉
ⓐ 고주파　ⓑ 저주파
수심 200 m

① ⓐ나 ⓑ로 물고기를 찾을 수 있는 것은 음파가 반사되어 돌아왔기 때문이군.
어군 탐지기는 목표물로 발신한 음파가 반사되어 오는 성질을 이용하여 목표물의 위치를 확인하는 기기이므로 적절한 내용이다.

② ⓐ나 ⓑ가 0.1초 만에 고깃배로 돌아왔다면 물고기는 75m 거리에 있겠군.
5문단에서 '어군 탐지기가 특정 방향으로 발신한 음파가 0.1초 만에 반사되어 돌아왔다면, 목표물은 발신 방향으로 75m거리에 있음을 알 수 있다.'라고 하였으므로 적절한 내용이다.

③ ⓐ는 ⓑ에 비해 작은 물체에도 반사파가 잘 발생하므로 작은 물고기를 찾을 때 유리하겠군.
고주파가 작은 물고기를 찾는 데 이용되는 이유는 고주파가 작은 물체에도 반사파가 잘 생기는 특성을 가지고 있기 때문이다. 반면에 저주파는 작은 물체에는 반사파가 잘 생기지 않는다.

☑ ⓐ는 직진성이 약하기 때문에 가까운 곳에 있는 물고기를 찾는 데 이용되는군.
2문단에서 '고주파는 직진성이 강한 음파'라고 하였으므로 직진성이 약하다고 언급한 ④의 내용은 적절하지 않다.

⑤ ⓑ가 먼 곳에 있는 물고기를 찾는 데 이용되는 것은 물에 흡수되는 음파의 양이 적기 때문이군.
저주파는 고주파와 달리 물에 흡수되는 양이 적어 도달 거리가 길어 먼 곳에 있는 물고기를 찾는 데 이용된다.

15 내용의 추론　정답 ⑤

㉡을 고려하여 ㉠의 결과를 추론한 내용으로 가장 적절한 것은? [4점]

① 음파의 양이 증가하는 추세를 보였겠군.
음파의 양이 증가하였다는 사실과 수온의 지속적 상승과의 관련성에 대한 정보는 이 글을 통해 알 수 없다.

② 음파의 속도가 느려지는 추세를 보였겠군.
음파의 속도가 느려지는 것은 수온이 낮아지는 경우에 해당한다.

③ 음파의 주파수가 높아지는 추세를 보였겠군.
음파의 주파수와 수온의 증가와의 관련성에 대한 정보는 이 글을 통해 알 수 없다.

④ 음파의 도달 거리가 길어지는 추세를 보였겠군.
음파의 도달 거리와 수온의 증가와의 관련성에 대한 정보는 이 글을 통해 알 수 없다.

☑ 음파의 도달 시간이 짧아지는 추세를 보였겠군.
'지구 온난화'란 지구의 평균 온도가 상승하는 현상으로, 미국의 한 연구팀이 수행한 실험은 지구 온난화 현상 중 하나인 해수의 온도 상승을 입증한 것이라고 볼 수 있다.
이 글에서 수온이 높아지면 음파의 속도 또한 빨라진다고 하였으므로 해안을 오가는 음파의 시간을 측정한 ㉠의 결과를 음파가 도달하는 시간이 짧아지는 추세일 것이라고 추론하는 것이 적절하다.

16~18 현대 소설

오상원, 「유예」

감상 이 소설은 6·25 전쟁 중 부하들을 모두 잃고 인민군에게 포로로 잡혀 총살을 앞둔 국군 소대장이 죽음 직전에 주어진 1시간의 유예 시간에 떠오른 상념들을 과거, 미래를 오가면서 묘사하고 있다. 액자식 구성이며 **의식의 흐름**이라는 형식을 통해 극한 상황에 몰린 인간의 심리 상태를 조명하고 전쟁의 비극성과 무의미성을 드러낸 작품이다.
주제 전쟁의 비극성과 인간 존재의 가치
작품 줄거리 국군 소대장인 '나'는 수색대를 이끌고 전투를 계속하며 북으로 전진하였다. 너무 적진

깊숙이 들어가 버린 부대는 적에게 포위되어 모두 죽고 혼자 남게 된다. 남쪽을 향해 필사의 탈출을 시도하던 중 마을을 발견하지만 그 마을은 이미 적에게 점령된 상태였다. 그곳에서 총살당하려는 아군을 보고 구하려다 자신도 포로가 되고 만다. 포로 심문 과정에서 인민군이 끊임없이 회유하지만 죽음을 택한다. 총살형이 확정된 후 1시간의 유예 시간이 주어지고 유예 시간에 과거와 죽음 뒤의 일들을 생각하게 되고 눈 쌓인 길을 걸어가다 뒤에서 쏜 총에 맞아 죽게 된다.

16 외적 준거에 따른 작품 감상   정답 ④

〈보기〉를 참고하여 윗글을 감상한 내용으로 적절한 것은? [4점]

> ─〈 보 기 〉─
> 문학 작품의 감상 방법 중 반영론적 관점은 작품을 현실 세계의 반영이라고 보고 시대적 요인이 작품의 형성에 관여한 내용을 파악하는 관점이다. 즉 문학 작품이 만들어진 사회 현실과 관련지어 작품을 해석하고 감상하는 방법을 말한다.

① 제목 '유예'는 작품의 전개를 참고할 때 주인공이 죽기까지 유보된 한 시간을 의미한다.
제목의 의미에 대해 작품의 내용 전개를 바탕으로 파악하고 감상하는 것은 문학 작품 자체의 요소를 중심으로 작품을 감상하는 내재적 관점에 해당한다.

② 전쟁이라는 극한 상황에 처한 주인공의 모습을 통해 인간의 존엄성에 대해 깊이 생각하게 한다.
주인공의 모습을 통해 인간의 존엄성에 대해 깊이 생각한다는 감상은 작품을 읽은 독자가 얻은 깨달음, 교훈, 태도 변화를 중심으로 작품을 감상하는 효용론적 관점에 해당한다.

③ 작가는 자신의 체험을 바탕으로 전쟁의 참상 속에 혼란스러워하는 주인공의 모습을 그려내고 있다.
작가가 자신의 체험을 바탕으로 전쟁의 참상 속에 혼란스러워하는 주인공의 모습을 그려내고 있다는 감상은 작가의 창작 의도, 동기 등을 파악하고 작가의 경험이나 가치관을 중심으로 작품을 감상하는 표현론적 관점에 해당한다.

✔ 이 작품은 이념적 대립으로 인해 서로 총부리를 겨누었던 1950년대 동족상잔의 비극을 잘 담아내고 있다.
이 작품은 6·25 전쟁을 배경으로 전쟁의 비극성과 인간 존재의 가치에 대해 말하고 있으므로 '이념적 대립으로 인해 서로 총부리를 겨누었던 1950년대 동족상잔의 비극을 잘 담아내고 있다'는 감상은 작품을 현실 세계의 반영이라고 보고 시대적 요인이 작품의 형성에 관여한 내용을 파악하는 반영론적 관점을 반영한 적절한 감상이다.

⑤ 이 작품에 나오는 '동무, 계급, 인민군, 공산주의' 등의 용어는 소설의 주제를 드러내는 데에 중요한 역할을 하고 있다.
용어가 주제를 드러내는 데 중요한 역할을 하고 있다는 감상은 문학 작품 자체의 요소를 중심으로 작품을 감상하는 내재적 관점에 해당한다.

17 작품 내용의 이해   정답 ③

[A]에 대한 설명으로 적절하지 않은 것은? [3점]

① 독백 형식으로 '나'의 의식의 흐름을 보여준다.
'나'는 한 시간 후면 총살형에 처해질 상황에 대해, 둑길을 걷는 것으로 시작해서 총살형을 당하는 마지막 순간까지 일들을 예상하며 독백 형식으로 생각하고 있으므로 적절한 설명이다.

② 시각적 이미지의 대비를 통해 '나'의 죽음을 강조한다.
'붉은 피가 하이얀 눈을 호젓이 물들여 간다.'에서 시각적 이미지의 대비를 통해 죽음을 강조하고 있으므로 적절한 설명이다.

✔ 살기 위해 흰 둑길을 걸어가는 '나'의 모습을 나타낸다.
'그들에게 끌려 예정대로의 둑길을 걸어가고 있을 것', '수 발의 총성. 나는 그대로 철썩 눈 위에 쓰러진다. 이윽고, 붉은 피가 하이얀 눈을 호젓이 물들여 간다. 그 순간 모든 것은 끝나는 것이다.'를 통해 '나'가 살기 위해 흰 둑길을 걸어가는 것이 아님을 알 수 있다.

④ 음성 상징어를 사용하여 '나'의 상황을 생생하게 표현한다.
'사박사박' 눈 부서지는 소리는 총살형을 앞둔 나의 심정을 나타낸다고 할 수 있으므로 적절한 설명이다.

⑤ '나'를 발가벗기는 적군을 통해 인간의 비정함을 드러낸다.
총살형 후 옷을 벗겨 가져도 되지만, 빛깔이 제 빛인 온전한 옷을 얻으려는 적군의 탐욕을 보여주면서 인간의 비정함을 드러내고 있으므로 적절한 설명이다.

18 작품 감상의 적절성 판단   정답 ③

㉠~㉤에 대한 설명으로 적절하지 않은 것은? [3점]

① ㉠ : '나'가 구하려고 했던 아군 병사를 떠올리고 있다.

✔ ㉡ : '나'의 이념적 성향을 확인하려는 적군의 질문이다.
㉢은 포로로 잡힌 주인공을 인민군이 회유하는 장면이다. 교묘하게 적군을 속이고 있는 '나'의 모습과 이를 비난하는 말은 나타나 있지 않다.

③ ㉢ : 교묘하게 적군을 속이고 있는 '나'를 비난하는 말이다.

④ ㉣ : 사람을 죽이고도 아무렇지 않은 적군의 모습을 의미한다.

⑤ ㉤ : 죽음 앞에서는 전쟁의 명분이 모두 무의미해짐을 뜻한다.

19~21 갈래 복합

(가) 윤동주, 「서시」

> 감상 이 시는 하늘을 우러러 한 점 부끄러움 없는 깨끗한 삶을 살기를 원하며 주어진 길을 묵묵히 걸어가고자 하는 화자의 의지가 잘 드러나 있다. 이 시에서 '하늘', '별'은 시인이 지향하는 세계를 의미하고, 반면에 '바람', '밤'은 현실 세계의 어두움과 시련을 의미한다. 이 시에서는 이처럼 대조되는 의미를 지닌 시어를 사용하여 주제 의식을 효과적으로 전달해 주고 있다.
> 주제 부끄러움 없는 삶에 대한 다짐

(나) 김소월, 「진달래꽃」

> 감상 이 시는 임과의 이별을 가정하며, 임에 대한 사랑과 헌신, 인종의 태도를 그리고 있다. 이 시의 핵심 소재인 '진달래꽃'은 시적 화자의 분신으로, 임에 대한 희생적 사랑을 표상하는 상징적 의미를 지닌다.
> 주제 이별의 슬픔과 사랑의 승화

(다) 홍랑의 시조

> 감상 이 시조는 기생 홍랑이 한양으로 떠나는 임을 배웅하며 지은 것으로, 임에 대한 사랑과 그리움을 담고 있다. 특히 이 시조에 제시된 '묏버들'은 화자의 심정을 대변하는, 임에게 화자의 마음을 전달하는 매개물로서의 역할을 한다.
> 주제 임에 대한 그리움과 사랑

19 외적 준거에 따른 감상의 적절성 판단   정답 ④

〈보기〉를 바탕으로 하여 ㉠~㉤을 감상한 내용으로 적절하지 않은 것은? [4점]

> ─〈 보 기 〉─
> 윤동주는 일제 강점기 지식인으로서 겪어야 했던 정신적 고통을 섬세하게 노래하였다. 그는 암담한 현실과 시련 속에서도 이상적인 세계를 지향하고 윤리적 삶의 기준에 따라 양심을 지키고자 했다. 조국과 민족의 고난 앞에서 자신의 역할을 찾고자 했던 시인의 고뇌가 그의 시에 담겨 있다.

① ㉠ : 화자가 지키고자 하는 삶의 기준을 의미하는군.
(가)에서 '하늘'을 우러러보며 '한 점 부끄러움이 없기'를 바라고 있으므로, ㉠은 화자가 지키고자 하는 〈보기〉에 언급된 윤리적 삶의 기준에 해당한다고 할 수 있다.

② ㉡ : 화자의 양심을 흔드는 시련을 의미하는군.
(가)에서 화자는 '잎새에 이는 바람에도 / 나는 괴로워했다.'라고 하고 있으므로, ㉡은 〈보기〉에서 윤동주가 지키고자 하는 양심을 흔드는 시련을 의미한다고 할 수 있다.

③ ㉢ : 화자가 지향하는 이상적인 세계를 나타내는군.
(가)에서 화자가 '별을 노래하는 마음으로 / 모든 죽어 가는 것을 사랑해야지.'라고 하고 있으므로, ㉢은 〈보기〉에서 윤동주가 지향하고자 하는 이상적인 세계를 나타낸다고 할 수 있다.

✔ ㉣ : 자신의 역할을 찾지 못한 화자의 고뇌가 드러나는군.
〈보기〉에서는 윤동주의 시세계에 대해 설명하고 있다. 즉 윤동주의 시에는 일제 강점기 지식인으로서 겪어야 했던 정신적 고통, 암담한 현실과 시련 속에서도 이상적인 세계를 지향하고 윤리적 삶의 기준에 따라 양심을 지키고자 한 것 등, 민족의 고난 앞에서 자신의 역할을 찾고자 했던 고뇌가 담겨 있음을 드러내고 있다. 따라서 ㉠~㉤을 이러한 윤동주의 시 세계와 관련하여 의미를 파악해야 한다. 그런데 (가)에서 '그리고 나한테 주어진 길을 / 걸어가야겠다.'라고 자신이 가야 할 길을 가겠다고 의지적으로 드러내고 있으므로, 이를 자신의 역할을 찾지 못한 화자의 고뇌가 드러난다고 감상하고 있는 것은 적절하지 않다.

⑤ ㉤ : 화자가 처한 암담한 현실을 의미하는군.
(가)의 '오늘 밤에'서 '밤'은 현재 화자가 처해 있는 상황을 드러내므로, ㉤은 〈보기〉에서 윤동주가 처한 암담한 현실과 시련을 의미한다고 할 수 있다.

20 표현상 특징 파악   정답 ④

(나)의 표현상 특징으로 적절하지 않은 것은? [4점]

① '–우리다'의 반복으로 운율을 형성하고 있다.
1연과 2연, 4연에서 '–우리다'가 반복적으로 사용되고 있는데, 이러한 반복은 운율감을 형성해 주므로 적절하다.

② 반어적 표현을 통해 화자의 태도를 강조하고 있다.
임과의 이별하는 상황에서 화자는 '죽어도 아니 눈물 흘리오리다.'라고 말하고 있는데, 이는 이별을 매우 슬퍼하는 실제 화자의 심정과는 어긋나는 반어적 표현으로, 이러한 반어적 표현은 슬픔을 감내하겠다는 화자의 태도를 강조해 주는 것이라 할 수 있다.

③ 수미상관의 구성으로 시에 안정감을 부여하고 있다.
이 시의 처음과 마지막 연은 공통적으로 '나 보기가 역겨워'로 시작하여 '~ 우리다'로 시상을 끝맺고 있으므로, 수미상관의 구성 방식을 사용하고 있음을 알 수 있다. 이러한 수미상관의 구성은 시에 구조적 안정감을 부여하는 효과를 주므로 적절하다고 할 수 있다.

✔ 대화체를 사용하여 대상과의 친근감을 드러내고 있다.
이 시에서는 임에 대한 사랑과 정성을 독백체로 드러내고 있지만, 특정 청자를 설정하여 대화하는 형식으로 시상을 전개하고 있지는 않다.

⑤ 구체적 지명을 제시하여 향토적인 분위기를 조성하고 있다.
이 시에서는 '영변의 약산'이라는 구체적 지명을 제시하고 있는데, 이러한 구체적인 지명 제시는 향토적인 분위기를 조성하는 효과를 주로 적절하다.

21 소재의 역할 파악   정답 ②

ⓐ에 대한 설명으로 가장 적절한 것은? [3점]

① 의인화된 사물로 화자의 원망이 담겨 있다.
'묏버들'이 인격을 지닌 사람처럼 의인화되어 있지 않고, 임에 대한 사랑을 드러낸다는 점에서 원망이 담겨 있다고 할 수 없다.

✔ 화자의 분신으로 임에 대한 사랑을 드러낸다.
(다)에서 '묏버들'은 임에게 보내고 싶어하는 자연물로, 임에 대한 화자의 사랑과 정성을 드러낸다는 점에서 화자의 분신이라고도 할 수 있다.

③ 감정이입의 대상으로 화자의 슬픔이 담겨 있다.
화자의 임에 대한 사랑이 담겨 있다는 점에서 감정 이입의 대상으로 볼 수 있지만, 화자의 슬픔을 담지는 않고 있으므로 적절하지 않다.

④ 회상의 매개체로 재회에 대한 기쁨을 드러낸다.
(다)에서 화자는 과거를 회상하지는 않고 있으므로, 회상의 매개체라 할 수 없다. 또한 화자는 임과 이별한 상황에 처해 있으므로 임과의 재회에 대한 기쁨을 드러낸다고도 볼 수 없다.

⑤ 사랑의 증표로 임을 떠나보낸 후회가 담겨 있다.
'묏버들'은 화자가 임을 떠나 보낸 임에게 보내고자 한다는 점에서 화자의 사랑을 담은 사랑의 증표로 볼 수 있다. 하지만 (다)에서 화자가 임을 떠나 보낸 뒤 후회하는 모습은 드러나지 않으므로 적절하지 않다.

있는 아내 앞에서 돈을 많이 벌어 온 것처럼 허세를 부리지만, 곧 아내가 바로 자신을 구해 준 비장임을 알게 되어 진심으로 잘못을 뉘우치고, 이후 새사람이 되어 부인과 화목하게 산다.

이준구, 「새 열린 경제학」

해제 튤립과 메추리알이라는 구체적인 예를 통해 거품(bubbles) 현상의 개념과 그러한 거품 현상이 일어나는 원인과 결과에 대해 설명하고 있는 글이다. 거품 현상이란 어떤 상품의 가격이 우리의 상식으로는 도저히 이해하기 힘든 수준까지 뛰어오르는 현상으로, 이는 특히 투기의 대상이 되는 자산의 경우에 자주 목격된다. 글쓴이는 이 같은 거품이 무한정 커질 수는 없으며 언젠가는 터져 정상적인 상태로 돌아올 수밖에 없지만, 거품이 터지는 충격으로 인해 경제에 심각한 위기가 닥칠 수도 있음을 지적하고 있다.

주제 거품 현상의 개념 및 그 현상의 발생 원인과 결과

문단 핵심 내용

1문단	거품 현상의 등장 – 튤립과 메추리알의 사례
2문단	가격 결정의 원리
3문단	거품 현상의 발생 현상 및 개념
4문단	거품 현상의 발생 원인 및 영향

---

22 논지 전개 방식의 파악   정답 ①

윗글의 논지 전개 방식으로 적절한 것은? [4점]

☑ 구체적인 사례를 통해 중심 화제의 개념을 설명하고 있다.
이 글에서는 거품 현상의 개념과 거품 현상이 일어나는 원인과 결과를 설명하고 있다. 특히 1문단에서, 튤립과 메추리알을 구체적 사례로 들어서 거품 현상이 무엇인지 설명하고 있다. 따라서, 정답은 ①이다.

② 전문가의 말을 인용하여 주장의 타당성을 확보하고 있다.
이 글에는 전문가의 말을 인용한 부분이 없다. 또한, 글쓴이는 거품 현상에 대해 설명하고 있을 뿐, 자신의 주장을 드러내고 있지도 않다.

③ 일반적인 상식을 제시한 후 논리적으로 비판하고 있다.
2문단과 3문단을 보면, 가격은 수요와 공급에 의해서 결정된다는 이론을 제시(2문단)한 후, 그렇지만 현실에서는 상품의 가격이 상식적으로는 도저히 이해하기 힘든 수준까지 급등하는 현상이 나타날 수도 있다(3문단)고 하고 있다. 이는 거품을 설명하기 위한 것일 뿐, 일반적인 상식을 제시한 후 논리적으로 그 상식을 비판하고 있다는 설명은 맞지 않다.

④ 대상의 문제점을 지적하고 해결 방안을 모색하고 있다.
이 글에서는 거품의 발생 원인과 결과를 제시하고 있을 뿐, 해결 방안을 모색하고 있지는 않다. 또한, 마지막 문단에서 거품이 터진 이후에 심각한 경제 위기가 닥칠 수도 있다며 거품의 문제점을 지적하고 있지만 마찬가지로 그 해결 방안에 대해서는 언급하고 있지 않다.

⑤ 단계적인 순서에 따라 개념의 차이를 부각하고 있다.
사례를 통해 거품의 개념을 설명하고 있을 뿐, 단계적인 순서에 따른 개념의 차이는 나타나 있지 않다.

---

23 구체적 사례에의 적용   정답 ④

㉠의 사례로 가장 적절한 것은? [4점]

① A 회사는 신기술이 적용된 휴대폰을 개발하여 기존의 휴대폰보다 가격을 3배 올려서 판매하기 시작했다.
신기술 때문에 가격이 인상된 사례에 해당한다.

② 작년 봄에는 수요에 비해 공급이 부족하여 배추 가격이 한 포기에 2천원에서 1만 4천원까지 올랐다가 가을이 되자 본래 가격으로 돌아왔다.
공급 부족으로 인해 가격이 인상된 사례에 해당한다.

③ 경제 개발로 석유 수요가 지속적으로 늘어나고 있는 상황에 중동 전쟁까지 겹쳐 원유 수입이 어려워지자 B 석유 회사는 석유 가격을 50% 인상했다.
공급 부족으로 인해 가격이 인상된 사례에 해당한다.

☑ 1990년대 일본에서는 땅을 사면 돈을 번다는 소문 때문에 너도나도 땅을 사기 시작하자, 상상하기 힘든 수준까지 땅값이 치솟았다가 얼마 후 급격히 떨어져 경제가 어렵게 되었다.
거품 현상은 어떤 상품의 가격이 우리의 상식으로는 도저히 이해하기 힘든 수준까지 일시적으로 뛰어오르는 현상인데, 특히 투기의 대상이 되는 자산의 경우에 자주 목격된다고 제시되어 있다. 땅 투기로 인해 땅값이 상상하기 힘들 정도로 치솟았다가 얼마 후 급격히 떨어져 경제가 어려워진 사례로, 이는 거품의 전형적인 사례에 해당한다.

⑤ 생고무 생산국인 브라질에 기상 이변이 일어나자 C 회사는 이미 수입한 생고무로 타이어를 만들어 기존의 가격보다 2배나 올려 판매하다 1년이 지나서야 정상적인 가격으로 환원했다.
공급 부족으로 인해 가격이 인상된 사례에 해당한다.

작자 미상, 「이춘풍전」

감상 이 작품은 기생에 빠져 재물을 탕진하는 춘풍을 통해 조선 후기의 부정적 세태를 풍자적으로 그리고 있다. 이 작품에서는 가부장적인 남성인 춘풍이 지닌 **권력의 횡포**를 풍자하면서도 여성인 춘풍 아내의 능력을 부각하고 있다. 춘풍 아내의 이러한 부각은 **여성의 지위와 역할에 대한 새로운 인식이 싹튼 당시의 사회상을 반영**해 주는 것이라 할 수 있다.

주제 당대 세태 풍자와 진취적 여성상 제시

작품 줄거리 조선 숙종 때 한양에 이춘풍이라는 인물이 살았는데 부모가 남겨준 수많은 재산을 방탕한 생활로 모두 탕진해 버린다. 잠시 잘못을 뉘우치고 아내에게 집안일을 다 맡기겠다는 각서를 쓰지만 아내가 삯바느질로 재산을 모으자 다시 본성이 발동하여 나랏돈 2천 냥을 빌려 장사하겠다며 평양으로 가버린다. 평양에 도착한 춘풍은 기생 추월에 빠져 가진 돈을 몽땅 날리고 오갈 데 없게 되자 추월의 집 하인이 되어 구박을 받는 처량한 신세가 된다. 이 소식을 들은 춘풍은 아내는 뒷집에 사는 참판이 평양 감사로 가게 되자 비장으로 써 달라고 청하여 남장을 하고 따라간다. 평양에 도착한 춘풍의 아내는 춘풍과 추월을 잡아들여 매를 치고 추월에게 춘풍의 돈을 물어내게 한다. 집으로 돌아온 이춘풍은 먼저 돌아와

---

24 작품 내용의 이해   정답 ②

윗글을 통해 알 수 있는 내용으로 가장 적절한 것은? [3점]

① 춘풍은 비장에게 돈을 빌린 것을 부끄러워하고 있다.
이 글에서 춘풍이 부끄러워하는 것은 '춘풍이 부끄러워 제 계집이 문 밖에서 엿듣는가 민망하건마는 비장이 하는 말을 제가 막을쏘냐.'에서 알 수 있듯이 평양에서의 자기 모습을 아내가 들을까 민망하였기 때문이다. 따라서 춘풍이 비장에게 돈을 빌린 것을 부끄러워하고 있는 것은 아니라 할 수 있다. 또한 춘풍이 비장에게 돈을 빌린 것도 아니므로 이 역시 적절하지 않다.

☑ 춘풍은 아내에게 평양에서 돈을 벌어 온 척하고 있다.
이 글에서 춘풍은 비장으로 변신한 아내 덕에 돈을 찾게 되지만, 집으로 돌아온 뒤에는 '춘풍이 이십 바리 돈을 여기저기 벌여 놓고 장사에 남긴 듯이 의기양양하니.'에서 알 수 있듯이 아내에게 자신이 돈을 벌어 온 듯이 행동하고 있다. 따라서 춘풍이 아내에게 평양에서 돈을 벌어 온 척한다는 ②의 내용은 적절하다고 할 수 있다.

③ 춘풍의 처는 남편에게 실망해 집을 나가 돌아오지 않고 있다.
이 글에서 춘풍의 처는 춘풍을 속이려 밖에 나가 비장 복색을 하고 다시 집으로 돌아오므로, 춘풍의 처가 집을 나가 돌아오지 않는다는 내용은 적절하지 않다.

④ 춘풍의 처는 돈을 벌어온 남편을 진심으로 반가워하고 있다.
이 글에서 춘풍의 처는 비장으로 변장하여 추월이에게 빼앗긴 돈을 다시 찾아주게 된다. 이렇게 볼 때, 춘풍의 처가 춘풍이 돈을 벌어왔다라고 생각하지는 않을 것이므로 적절한 내용이라 할 수 없다.

⑤ 춘풍은 자신의 잘못을 반성하고 아내에게 용서를 구하고 있다.
이 글에서 춘풍은 마치 자신이 돈을 벌어 온 듯이 행동하며, 아내를 무시하고 기고만장하는 모습을 보이고 있으므로, 춘풍이 자신의 잘못을 반성하고 아내에게 용서를 구하고 있다는 내용은 적절하지 않다.

---

25 인물의 변화에 따른 내용 이해   정답 ⑤

㉠과 ㉡에 대한 설명으로 적절하지 않은 것은? [4점]

① ㉠이 ㉡으로 바뀌며 해학성이 유발된다.
춘풍의 처가 ㉡으로 바뀌면서 춘풍이 어찌할 바를 모르며 행동하고 있는데, 이러한 춘풍의 행동이 웃음을 유발하게 하므로 적절하다고 할 수 있다.

② ㉠과 ㉡을 대하는 춘풍의 태도가 다르다.
춘풍은 춘풍의 처가 ㉠일 때는 거만하게 행동하며 꾸짖고 무시하는 태도를 보이지만, 춘풍의 처가 ㉡이 되어 나타났을 때는 버선발로 뛰어나와 맞이하면서 공손히 대하고 있다. 따라서 ㉠과 ㉡을 대하는 춘풍의 태도가 다르게 나타난다고 할 수 있다.

③ ㉠이 ㉡으로 바뀌며 춘풍과의 지위가 역전된다.
춘풍의 처가 ㉠일 때는 춘풍에게 무시를 당하지만, ㉡일 때는 춘풍이 공손하게 대하고 있으므로 ㉠에서 ㉡으로 바뀌면서 춘풍과의 지위가 역전된다고 할 수 있다.

④ 춘풍은 ㉠과 ㉡이 서로 다른 인물이라 생각한다.
춘풍은 비장으로 변장한 ㉡을 알아보지 못하고 있으므로, 춘풍이 ㉠과 ㉡이 서로 다른 인물이라 생각함을 알 수 있다.

☑ 춘풍은 ㉠과 ㉡ 모두에게 두려움을 느끼고 있다.
이 글에서 춘풍은 ㉠이 '주찬을 소담히 차려' 내오자 '안주도 좋지 않고 술 맛도 무미하다. 평양서는 좋은 안주로 매일 장취하여 입맛이 높았으니 평양으로 다시 가고 싶다 아무래도 못 잊겠다.'라고 꾸짖으며 평양에서와 달리 온갖 것이 다 어설프다는 생각을 드러내고 있다. 이렇게 볼 때, 춘풍은 ㉠에 대해 불만을 지니고 있지 두려움을 지닌다고는 할 수 없다. 반면에 춘풍의 처가 ㉡으로 바뀌어 나타나자 황겁하여 버선발로 뛰어 나와 조아리고 공손히 대하고 있으므로, ㉡에 대해 두려움을 지니고 있다고 할 수 있다. 따라서 춘풍이 ㉠과 ㉡ 모두에게 두려움을 느끼고 있다는 설명은 적절하지 않다.

---

26 상황에 적절한 한자 성어 파악   정답 ①

[A]의 상황을 나타내는 말로 가장 적절한 것은? [3점]

☑ 적반하장(賊反荷杖)
춘풍은 비장으로 변한 자신의 처 덕택에 추월에게 빼앗긴 돈을 찾아 무사히 집에 돌아오게 되지만, [A]에서 보이는 것과 같이 자신을 구원해 준 아내를 무시하면서 평양으로 다시 돌아가 추월과 다시 놀고 싶다는 말을 하고 있다. 따라서 이러한 춘풍의 모습은 '도둑이 도리어 매를 든다는 뜻으로, 잘못한 사람이 아무 잘못도 없는 사람을 나무람을 이르는 말'인 '적반하장(賊反荷杖)'의 모습이라 할 수 있다.

② 오비이락(烏飛梨落)
까마귀 날자 배 떨어진다는 뜻으로, 아무 관계도 없이 한 일이 공교롭게도 때가 같아 억울하게 의심을 받거나 난처한 위치에 서게 됨을 이르는 말.

③ 사면초가(四面楚歌)
아무에게도 도움을 받지 못하는, 외롭고 곤란한 지경에 빠진 형편을 이르는 말.

④ 결초보은(結草報恩)
죽은 뒤에라도 은혜를 잊지 않고 갚음을 이르는 말.

⑤ 개과천선(改過遷善)
지난날의 잘못이나 허물을 고쳐 올바르고 착하게 됨.

이정인, 「키네틱 아트란 무엇인가?」

해제 이 글은 키네틱 아트의 개념과 등장 배경, 조형 요소, 예술사적 의의를 밝히고 있다. **키네틱 아트**는 움직임을 의미하는 그리스어 '키네티코스'에서 유래한 말로 **움직임을 중시**하거나 그것을 주요 요소로 하는 예술 작품을 뜻한다. 이러한 작품들은 산업 혁명에서 비롯된 **대량 생산과 기술의 발달**로 인해 급격하게 기계 문명 사회로 변화하던 시기를 배경으로 출현하였다. 키네틱 아트는 **기계적 움직임을 예술적으로 수용**하여 작가의 창작 의도를 표현하였고, **우연성, 비물질화를 조형 요소로 한 예술**이며, 작품의 움직임에 의미를 부여하고 작품과 감상자의 상호 작용을 중시함으로써 **다양한 실험적 예술의 길을 열어 주었다.**

주제	키네틱 아트의 개념 및 의의

문단 핵심 내용

1문단	키네틱 아트의 어원 및 개념
2문단	키네틱 아트의 창작 의도 표현 방법
3문단	키네틱 아트의 조형 요소 – (1) 우연성, (2) 비물질화
4문단	키네틱 아트의 조형 요소의 효과
5문단	키네틱 아트의 의의

---

27 시각 자료를 통한 정보 확인 · 정답 ①

윗글을 읽고 〈보기〉의 「아니마리스」를 이해한 내용으로 적절하지 <u>않은</u> 것은? [4점]

─〈보기〉─

이 작품은 키네틱 아트의 대표 작가인 테오 얀센이 창작한 「아니마리스」이다. 얀센은 플라스틱 관으로 뼈대와 다리를 만들고 등에는 비닐 깃털을 달아, 바람이 불면 깃털이 반응하면서 해변에서 다양한 모습으로 움직이면서 돌아다니도록 했다. 얀센은 이 작품을 연작 형태로 진화시켜 공학 기술과 예술을 접목한 인공 생명체를 만들겠다는 창작 의도를 표현하였다.

☑ **해변에 돌아다니는 생명체의 형상을 그대로 재현하는 데 초점을 두고 있군.**
〈보기〉는 키네틱 아트 작가인 테오 얀센의 작품 「아니마리스」에 대해 설명하고 있다. 2문단에서 키네틱 아트 작가들은 대상을 사실적으로 재현하는 것에 초점을 맞춰 창작하는 것이 아니라 추상적 구조물처럼 보이도록 창작했다고 설명하고 있다. 따라서 「아니마리스」가 생명체의 형상을 그대로 재현(사실적 재현)하는 데 초점을 두고 있다는 ①은 적절한 이해라고 볼 수 없다.

② 작품이 고정되어 있지 않고 계속 움직인다는 점에서 비물질화가 드러나고 있군.
3문단에서 비물질화란 '작품이 고정되지 않고 계속 움직이는 상태'를 의미한다고 했다. 따라서 「아니마리스」가 바람에 의해 계속 움직이면서 고정되지 않은 움직임을 보인다는 점은 비물질화의 요소가 나타난다고 볼 수 있으므로 적절한 이해이다.

③ 다양하게 움직이는 모습을 통해 감상자의 시각을 자극하는 효과를 줄 수 있겠군.
4문단에서 조형 요소(우연성, 비물질화)를 통해 감상자의 시각을 자극하여 작품에 주의를 집중시키는 효과를 준다고 언급하고 있다. 따라서 「아니마리스」가 바람에 의해 다양한 움직임을 나타내면 감상자에게 시각을 자극하는 효과를 줄 수 있다는 이해는 적절하다.

④ 공학 기술과 예술을 접목시킴으로써 기계적 움직임을 예술적 요소로 수용하고 있군.
〈보기〉에서 얀센이 언급한 창작 의도처럼 「아니마리스」는 공학 기술과 예술을 접목시킨 작품이라 할 수 있으므로 적절한 이해이다.

⑤ 바람에 의해 움직일 수 있도록 만들어졌다는 점에서 외부적인 힘을 활용하고 있군.
바람에 의해 움직인다는 점에서 「아니마리스」는 외부적인 힘으로 움직임이 구현된다고 볼 수 있으므로 적절한 이해이다.

---

28 다른 작품과 비교·감상 · 정답 ②

㉠과 〈보기〉의 「4분 33초」가 공통적으로 전제하고 있는 것은? [4점]

─〈보기〉─

1952년 미국의 전위 예술가인 존 케이지는 새로운 피아노 작품 「4분 33초」를 발표하였다. 그런데 피아니스트는 피아노를 치지 않고 일정 시간에 맞춰 피아노 뚜껑을 열었다 닫았다 할 뿐이었다. 청중들은 연주를 기다리며 웅성거리다가 4분 33초가 흘러 피아니스트가 퇴장하자 크게 술렁거렸다. 존 케이지는 「4분 33초」를 통해 연주를 기다리는 동안 청중들의 기침 소리, 불평 소리, 각종 소음 등 공연장에서 뜻하지 않게 발생한 모든 소리가 훌륭한 연주가 될 수 있다는 생각을 나타냈다.

① 사회 구조의 변화에 따라 예술은 기계 문명에 대한 예찬을 표명해야 한다.
1문단을 보면 키네틱 아트는 기계 문명 사회로 변화하던 시기를 배경으로 출현한 것이지 기계 문명에 대한 예찬을 표명해야 한다는 내용은 전제하고 있지 않다.

☑ **우연적 요소와 감상자의 참여가 예술을 구성하는 중요한 원리가 될 수 있다.**
존 케이지의 「4분 33초」는 연주를 기다리는 동안 공연장에서 청중 등이 내는 뜻하지 않게 발생하는 모든 소리가 훌륭한 연주가 될 수 있다는 생각을 나타낸 작품이다. ㉠도 감상자가 바퀴를 돌리는 속도에 따라 나타나는 다양한 모습을 조형 요소로 삼았다는 점에서 두 작품은 우연적 요소와 감상자의 참여를 예술을 구성하는 중요한 원리(②)로 삼았다고 할 수 있다.

③ 첨단 매체를 활용해야 변화무쌍한 움직임이 강조되는 예술 작품을 만들 수 있다.
지문의 마지막 문단을 보면 첨단 매체를 활용하여 변화무쌍한 움직임이 강조되는 예술 작품이 출현하는 계기가 되었음을 언급하고 있을 뿐, 첨단 매체를 활용해야 변화무쌍한 움직임이 강조되는 예술 작품을 만들 수 있다고 전제하지는 않았다.

④ 제한된 시간 내에 감상이 이루어질 때, 작가와 감상자의 상호 작용이 더욱 긴밀해진다.
제한된 시간 내에 감상이 이루어질 때 작가와 감상자의 상호 작용이 더욱 긴밀해 진다는 내용은 지문의 내용으로는 알 수 없다.

---

⑤ 작가의 창작 의도가 직접적으로 노출되었을 때, 감상자가 풍부한 상상력을 발휘할 수 있다.
2문단에서 기계의 움직임을 예술적 요소로 수용하여 작품 전체나 일부를 움직이게 함으로써 창작 의도를 표현한다고 했을 뿐 창작 의도가 직접적으로 노출된다는 내용은 언급되지 않았다.

29~30 시나리오

윤지희, 「마지막 플래시맨」

감상 이 작품은 성장하면서 깨달아가는 과정인 성장통을 해학적으로 그리고 있는 시나리오로, 주변에 있는 것들의 소중함을 드러내고 있다.
이 작품에서는 가족들이 복남에게 주는 다양한 소재를 통해 주제 의식을 효과적으로 전달하고 있는데, 이를 통해 가족들의 사랑과 배려를 잘 드러내 주고 있다.
주제 내 주변에 있는 것들의 소중함
작품 줄거리 플래시맨을 좋아하고 태권도가 특기인 복남의 가족은 하루도 조용한 날이 없다. 어느 날, 학교에서 신체검사를 받은 복남은 가족이 모두 A형인데 자신만이 O형이라는 사실에 충격을 받고 자신의 출생에 비밀이 있다고 생각한다. 그러던 중 우연히 정신이 돌아온 할머니로부터 자신이 하늘에서 떨어진 아이라는 말을 듣게 된다. 자신이 플래시맨처럼 우주인이라고 단정한 복남은 자신의 별로 돌아가리라 다짐한다. 그러다 우연히 이웃집 우주남으로부터 지구에 사는 토성인의 증상이 현기증, 무기력증, 조숙증이라는 이야기를 듣는다. 그러한 증상이 자기에게 해당한다고 느낀 복남은 우주남으로부터 토성으로 돌아갈 방법을 듣게 된다. 바로 가장 소중한 물건 다섯 가지를 가지고 주문을 외우면 목걸이가 빛나면서 토성으로 돌아갈 수 있다는 것이다. 한편 미국으로 혼자 유학 가는 것이 싫은 반장 세미는 가출을 하고 복남과 함께 토성으로 가기 위해 송신탑이 있는 언덕으로 올라간다. 그리고 얼마 안 있어 복남의 백혈병이 재발하여 병원에 입원하게 되고, 가족들과 친구들은 복남이 회복되기를 바란다. 몇 년 뒤 할머니는 돌아가시고 복남은 다시 일상으로 돌아와 가족의 평범한 사랑을 깨닫는다.

---

29 작품의 종합적 감상 · 정답 ②

윗글에 대한 설명으로 적절하지 <u>않은</u> 것은? [4점]

① 공간의 변화로 인물의 상황이 달라졌음을 드러낸다.
이 글의 S# 73, S# 75는 병실로, 복남이 백혈병으로 인해 위급한 상황임을 보여 주고 있다. 그리고 S# 76은 복남네 거실로, 백혈병에서 어느 정도 나아 할머니의 제사를 모시는 복남의 모습을 확인할 수 있다. 따라서 공간의 변화를 통해 복남이의 상태가 매우 호전되었음을 보여 주고 있으므로, 인물의 상황이 달라졌음을 드러내 준다고 할 수 있다.

☑ **과거 장면을 삽입하여 갈등 해결의 실마리를 보여준다.**
이 작품의 S# 72 ~ S# 75는 복남이 백혈병을 앓아 위급한 상황에 처해 있는 장면이고, S# 76은 복남이 백혈병에서 어느 정도 나아 할머니의 제사를 모시는 장면이다. 이를 통해 사건이 순차적으로 전개되고 있음을 알 수 있지만, 과거 장면을 삽입하고 있지는 않음을 알 수 있다. 또한 이 글에서 인물 간의 갈등이 드러나지 않으므로 갈등 해결의 실마리를 보여 준다는 내용도 적절하지 않다.

③ 인물들이 보여주는 특정 행위를 통해 주제를 드러낸다.
이 글의 S# 73에서 복남의 친구들인 동건과 세미가 복남의 곁에 플래시맨 비디오 테이프와 목걸이를 놓고, S# 74에서 순영이가 복남이를 위해 닭다리를 튀기고 있는 행동 등을 볼 때, 제시된 소재들이 인물들의 따뜻한 배려의 정을 드러내 주고 있으므로, 인물들이 보여 주는 특정 행위를 통해 주제를 드러낸다고 할 수 있다.

④ 예상을 깨고 등장한 인물에 의해 사건의 반전이 이루어진다.
이 글의 S# 75에서 제사상이 차려져 있고 복남네 가족이 침통한 표정으로 서 있어서 백혈병을 앓은 복남이가 죽었다고 여기게 되는 상황에서, 여중생 교복을 입은 복남이가 헐레벌떡 들어오고 있다. 이러한 장면은 복남이가 죽었을 것이라는 독자들의 예상을 깨고 복남이 등장한다는 점에서 사건의 반전을 드러낸 것이라 할 수 있다.

⑤ 특별한 의미를 지닌 소재로 인물의 심리와 태도를 드러낸다.
이 글에서는 '목걸이, 플래시맨 비디오 테이프, 닭다리, 토끼 인형' 등 다양한 소재가 제시되고 있는데, 이러한 소재는 복남이에 대한 애정을 드러내 준다고 할 수 있다. 따라서 특별한 의미를 지닌 소재로 인물의 심리와 태도를 드러낸다고 할 수 있다.

---

30 상황에 맞는 적절한 연출 계획 파악 · 정답 ②

㉠~㉤을 연기할 때 조언으로 적절하지 <u>않은</u> 것은? [2점]

① ㉠ : 친구를 걱정하는 마음으로 울먹이며 대사를 해야 해요.
㉠ 앞에서 동건은 백혈병으로 인해 위험에 처한 복남을 보고 '울먹'이고 있으므로, ㉠을 말할 때는 친구인 복남이를 걱정하는 마음으로 울먹이며 대사를 해야 상황에 적절하다고 할 수 있다.

☑ **㉡ : 인형 뽑기에 빠졌던 과거를 후회하는 표정을 지으세요.**
'앞부분 줄거리'에서 원식은 아픈 복남을 위해 인형을 뽑고 있음을 알 수 있고, ㉡에서도 원식이 토끼 인형을 들고 순영이 병실에서 우는 모습을 바라보고 있다. 이렇게 볼 때, '토끼 인형'은 복남에 대한 원식의 사랑을 의미한다고 할 수 있으므로, ㉡을 통해 원식이 인형 뽑기에 빠진 과거를 후회한다고 볼 수 없다. 따라서 ②에서 제시한 연기 조언 내용은 적절하다고 볼 수 없다.

③ ㉢ : 바나나를 올려놓을 때에는 그리움이 드러나도록 하세요.
'앞부분 줄거리'에서 할머니인 '꽃순'은 복남을 위해 바나나를 먹이고 치매에 걸린 후에도 바나나를 안고 다님을 알 수 있다. 따라서 할머니 제사상에 복남이 바나나를 올려 놓을 때에는 할머니에 대한 그리움이 드러나도록 연기하는 것이 자연스럽다고 할 수 있다.

④ ㉣ : 못마땅한 감정이 드러나도록 화난 어조로 말씀해 주세요.
순영은 밥을 먹는 밥상 앞에서도 여전히 껌을 씹고 있는 아라에게 ㉣와 같이 말하는 것이므로, 순영이 아라의 행동에 대해 못마땅한 감정이 드러나도록 화난 어조로 말하는 것은 적절하다고 할 수 있다.

⑤ ㉤ : 갑작스런 일에 놀라는 표정이 드러나도록 연기해 주세요.
복남이 백혈병에 걸려 죽을 위험에 처한 상황에서 어느 정도 회복이 되었지만 가족들은 복남의 백혈병이 재발할 것에 대해 일말의 두려움을 지니고 있음을 알 수 있다. 따라서 복남이 인상을 쓰는 장면에서 가족들이 긴장하고 원식이가 ㉤과 같이 말하는 것이므로, 갑작스런 일에 놀라는 표정이 드러나도록 원식이 연기하는 것은 적절하다고 할 수 있다.

• 정답 •

01 ② 02 ② 03 ① 04 ⑤ 05 ③ 06 ③ 07 ⑤ 08 ③ 09 ④ 10 ① 11 ⑤ 12 ④ 13 ④ 14 ⑤ 15 ③
16 ② 17 ④ 18 ③ 19 ⑤ 20 ① 21 ① 22 ② 23 ④ 24 ④ 25 ④ 26 ① 27 ④ 28 ② 29 ⑤ 30 ④
31 ⑤ 32 ② 33 ④ 34 ① 35 ② 36 ⑤ 37 ⑤ 38 ① 39 ② 40 ④ 41 ④ 42 ④ 43 ① 44 ④ 45 ⑤

★ 표기된 문항은 [등급을 가르는 문제]에 해당하는 문항입니다.

[01~10] 화법과 작문

01 말하기 전략의 이해
정답률 92% | 정답 ②

위 발표에 대한 설명으로 적절하지 않은 것은?

① 발표 소재를 선정한 계기를 언급하며 발표를 시작하고 있다.
1문단에서 발표자는 '병풍폰' 개발 기사를 보고 호기심이 생겨 병풍을 발표 소재로 선택했다는 계기를 언급하면서 발표를 시작하고 있으므로 적절하다.

☑ 다른 대상과 대비하여 발표 소재의 장점을 강조하고 있다.
2문단에서 발표 소재인 병풍의 장점으로 공간을 효율적으로 사용할 수 있음을 소개하고 있지만, 병풍의 장점을 강조하기 위해 다른 대상과 대비하지는 않고 있다.

③ 구체적인 예를 들어 발표 내용에 대한 이해를 돕고 있다.
발표자는 3문단에서 상징적 의미를 지닌 그림의 예를, 4문단에서 문자도 병풍의 소재와 관련된 효자 설화의 예를 제시하고 있다. 이러한 구체적인 사례 제시는 청중들에게 발표 내용에 대한 이해를 도울 수 있으므로 적절하다.

④ 질문을 던지는 방식을 활용하여 청중과 상호작용하고 있다.
1문단의 '여러분, 병풍이 무엇인지 알고 계신가요? (청중의 반응을 살피며)'와 4문단의 '여러분, 이 병풍에는 어떤 특징이 있을까요? (청중의 대답을 듣고)'를 통해, 발표자는 발표는 청중과 상호 작용하고 있음을 알 수 있다.

⑤ 발표 소재에 대한 관심을 당부하며 발표를 마무리하고 있다.
5문단의 '앞으로 여러분께서도 어디선가 병풍을 접했을 때 관심 있게 살펴봐 주시기 바랍니다.'를 통해, 발표자는 발표 소재에 대한 관심을 당부하며 발표를 마무리하고 있음을 알 수 있다.

02 자료 활용 방안 파악
정답률 89% | 정답 ②

다음은 발표자가 제시한 자료이다. 발표자의 자료 활용에 대한 이해로 적절하지 않은 것은?

[자료 1] [자료 2] [자료 3]

① ㉠에서 [자료 1]을 활용하여, 펼치고 접을 수 있어 공간 활용의 효율성을 높이는 병풍의 구조적 특징을 설명하였다.
2문단에서 ㉠을 제시하면서 공간 활용의 효율성을 높이는 병풍의 장점을 설명하고 있다. 따라서 ㉠에서 [자료 1]을 활용하여 펼치고 접을 수 있는 병풍의 구조적 특징을 설명하였다는 자료 활용 이해는 적절하다.

☑ ㉠에서 [자료 1]을 활용하여, 실내외 공간에 따라 그림이나 글자를 선택할 수 있는 병풍의 다양성을 설명하였다.
2문단의 내용을 볼 때, [자료 1]은 펼치고 접을 수 있는 병풍의 구조적 특징을 보여 주는 자료라 할 수 있다. 따라서 ㉠에서 [자료 1]을 활용하여 실내외 공간에 따라 그림이나 글자를 선택할 수 있는 병풍의 다양성을 설명하였다는 자료 활용 이해는 적절하지 않다.

③ ㉡에서 [자료 2]를 활용하여, 기원하는 바를 그림에 담아 표현하는 병풍의 상징성을 설명하였다.
3문단에서 ㉡을 제시하면서 신랑 신부의 행복과 부귀영화를 기원하는 상징적 의미를 담고 있다고 설명하고 있다. 따라서 ㉡에서 [자료 2]를 활용하여 기원하는 바를 그림에 담아 표현하는 병풍의 상징성을 설명하였다는 자료 활용 이해는 적절하다.

④ ㉡에서 [자료 2]를 활용하여, 공간을 꾸며 상황에 맞는 분위기를 조성하는 병풍의 장식적 특징을 설명하였다.
3문단에서 병풍이 공간을 꾸며 상황에 맞는 분위기를 조성하는 장식적 특징도 있다고 설명한 뒤, ㉡을 제시하면서 결혼식의 경사스러운 분위기를 조성하는 데 사용하였다고 설명하고 있다. 따라서 ㉡에서 [자료 2]를 활용하여 공간을 꾸며 상황에 맞는 분위기를 조성하는 병풍의 장식적 특징을 설명하였다는 자료 활용 이해는 적절하다.

⑤ ㉢에서 [자료 3]을 활용하여, 글자와 그림을 통해 유교적 덕목을 되새길 수 있는 병풍의 용도를 설명하였다.
4문단에서 ㉢을 제시하면서 문자도 병풍이 유교의 주요 덕목을 나타내는 글자를 그린 병풍이라 설명하고 있다. 따라서 ㉢에서 [자료 3]을 활용하여 글자와 그림을 통해 유교적 덕목을 되새기는 병풍의 용도를 설명하였다는 자료 활용 이해는 적절하다.

03 청자의 반응 이해
정답률 94% | 정답 ①

다음은 발표를 듣고 학생이 보인 반응이다. 이를 이해한 내용으로 가장 적절한 것은?

> 얼마 전 카페에서 전체를 접고 펼 수 있는 구조로 된 창문을 보았어. 날씨가 나쁠 때는 펼쳐서 외부와 차단하고, 날씨가 좋을 때는 접어서 공간을 확장하여 사용하고 있었어. 발표 내용을 듣고 그 창문이 공간을 분리하고 확장하는 병풍의 구조적 특징과 유사하다고 생각하게 되었어. 박물관에서나 볼 수 있는 옛날 물건이라고만 생각했던 병풍이 가지는 현대적 가치를 생각해 보는 기회가 되었어.

☑ 자신의 경험과 관련지어 발표 소재에 대해 새롭게 인식하고 있다.
'얼마 전 카페에서 전체를 접고 펼 수 있는 구조로 된 창문을 보았어.', '발표 내용을 듣고 그 창문이 공간을 분리하고 확장하는 병풍의 구조적 특징과 유사하다고 생각하게 되었어.'를 통해, 자신의 경험과 관련지어 발표 소재인 병풍을 떠올렸음을 알 수 있다. 그리고 '병풍이 가지는 현대적 가치를 생각해 보는 기회가 되었어.'를 통해, 병풍의 현대적 가치를 새롭게 인식하고 있음을 알 수 있다. 따라서 학생은 자신의 경험과 관련지어 병풍에 대해 새롭게 인식하고 있음을 알 수 있다.

② 발표 내용이 발표 주제에 부합하는지 객관적으로 분석하고 있다.
학생의 반응에서 발표 내용이 발표 주제에 부합하는지 객관적으로 분석하지는 않고 있다.

③ 발표를 듣기 전에 지녔던 의문을 발표 내용을 통해 해소하고 있다.
학생의 반응에서 발표를 듣기 전 지녔던 의문을 해소하는 내용은 드러나지 않고 있다.

④ 발표 내용 중 사실과 의견을 구분하여 선별적으로 수용하고 있다.
학생의 반응에서 발표 내용 중 사실과 의견을 구분하지는 않고 있다.

⑤ 배경지식을 활용하여 발표자의 견해를 비판적으로 평가하고 있다.
학생의 반응에서 카페의 창문 구조에 대한 내용은 배경지식을 언급한 것이라고 볼 수 있다. 하지만 이를 활용하여 발표자의 견해를 비판적으로 평가하지는 않고 있으므로 적절하지 않다.

04 말하기 방식 파악
정답률 89% | 정답 ⑤

(가)의 '동아리 회장'의 말하기 방식으로 적절하지 않은 것은?

① 지난 회의 내용을 환기하며 협의할 내용을 밝히고 있다.
동아리 회장의 첫 번째 말을 통해, 동아리 회장은 지난 회의에서 학생들을 대상으로 반려 식물 키우기 캠페인을 하기로 결정했다는 내용을 환기시키고 있음을 알 수 있다. 또한 동아리 회장은 캠페인을 어떻게, 어떤 내용으로 진행할지에 대해 협의하겠다고 협의할 내용을 밝히고 있음을 알 수 있다.

② 의문의 형식을 활용하여 자신의 견해를 제안하고 있다.
동아리 회장의 세 번째, 네 번째, 여섯 번째 말을 통해, 동아리 회장은 의문의 형식을 활용하여 자신의 견해를 부원 1, 2에게 제안하고 있음을 알 수 있다.

③ 서로 공감한 내용을 바탕으로 새로운 의견을 제시하고 있다.
동아리 회장의 네 번째 발화를 통해, 동아리 회장은 반려 식물과 관련한 정보를 제공해 주자는 의견에 대해 모두 공감하고 있음을 밝히면서, 이를 바탕으로 정보를 제공할 수 있는 안내문을 작성하자는 새로운 의견을 제시하고 있음을 알 수 있다.

④ 논의된 내용을 구체화할 수 있는 발언을 유도하고 있다.
동아리 회장의 다섯 번째 발화를 통해, 동아리 회장은 안내문에 어떤 내용을 어떤 순서로 제시할지에 대해 의견을 말씀해 달라 하고 있음을 알 수 있다. 이러한 동아리 회장의 발언은 부원 1, 2에게 논의된 내용을 구체화할 수 있는 발언을 유도하는 것이라 할 수 있다.

☑ 회의 내용을 전체적으로 요약하며 회의를 마무리하고 있다.
동아리 회장의 회의를 마무리하는 마지막 말을 통해 안내문을 작성해 보자고 제안하고 있음을 알 수 있지만, 회의 내용을 전체적으로 요약하지는 않고 있다.

05 발화 양상의 파악
정답률 93% | 정답 ③

[A], [B]에 대한 설명으로 가장 적절한 것은?

① [A]는 미래의 상황을 예측하는, [B]는 과거의 상황을 환기하는 발화이다.
[A]를 통해 미래의 상황을 예측하는 내용이 일부 제시되어 있음을 알 수 있지만, [B]에는 과거의 상황을 환기하는 내용은 제시되어 있지 않다.

② [A]는 상대의 의견을 보완하는, [B]는 상대의 의견을 뒷받침하는 발화이다.
[A]에는 부원 1의 우려를 해소하는 내용이 제시되어 있을 뿐 부원 1의 의견을 보완하는 내용은 제시되어 있지 않다. 또한 [B]는 상대의 의견을 뒷받침하는 것이 아니라 상대의 의견에 대한 우려를 표하고 있는 발화이다.

☑ [A]는 상대의 우려를 해소하는, [B]는 상대의 견해에 우려를 드러내는 발화이다.
[A]는, 나누어 줄 모종의 수가 부족하여 걱정이라는 부원 1의 우려에 대해, 300명의 학생이 반려 식물을 키우는 경험을 할 수 있고, 반려 식물 키우기를 원하지 않는 학생도 있을 수도 있기 때문에 모종 300개로도 충분하다는 발언이다. 따라서 [A]는 부원 2가 부원 1의 우려를 해소하는 발화라 할 수 있다. 그리고 [B]는, 안내문에 반려 식물의 이름, 특징, 키우는 방법 등을 제시하자는 부원 2의 견해에 대해 반려 식물을 키우는 방법을 안내문의 제한된 공간에 제시하는 것이 현실적으로 어렵다는 발언이다. 따라서 [B]는 부원 2의 발언에 대한 부원 1의 우려를 드러내는 발언이라 할 수 있다.

④ [A]는 문제 해결의 방법을 요구하는, [B]는 문제 해결의 결과에 주목하는 발화이다.
[A]에는 부원 1이 제시한 우려를 해소하는 내용이 제시되어 있을 뿐 회의 참가자들에게 문제 해결의 방법을 요구하는 내용은 제시되어 있지 않다.

⑤ [A]는 상대와 자신의 견해 차이를 확인하는, [B]는 상대와 자신의 공통된 견해를 확인하는 발화이다.
[A]에서 부원 1과 부원 2의 견해 차이를 일부 확인할 수 있다. 하지만 [B]에는 부원 1과 부원 2의 공통된 견해가 제시되어 있지 않으므로, 이를 확인하는 발화라고 할 수 없다.

06 작문 계획의 반영 여부 파악
정답률 84% | 정답 ③

(가)의 내용이 (나)에 반영된 양상으로 적절하지 않은 것은?

① (가)에서 반려 식물 모종 나누기 행사를 안내하자는 의견에 따라, (나)에서 행사의 일시와 장소를 밝히고 있다.

(가)에서 부원 2는 안내문에 담을 내용을 협의하는 과정에서 행사를 안내하자는 의견을 제시하고 있다. 그리고 (나)에서 모종 나누기 행사의 구체적인 일시와 장소가 제시되어 있으므로 (가)의 내용이 (나)에 반영되어 있음을 알 수 있다.

② (가)에서 반려 식물과 관련한 정보를 제공하자는 의견에 따라, (나)에서 반려 식물의 이름, 특징 등을 제시하고 있다.

(가)에서 동아리 회장은 반려 식물과 관련한 정보를 제공하자는 제안을 하자 부원 1, 2가 이러한 제안에 동의하고 있다. 그리고 (나)에 세 종류의 반려 식물의 이름, 특징 등이 제시되어 있으므로 (가)의 내용이 (나)에 반영되어 있음을 알 수 있다.

✓③ (가)에서 학생들이 캠페인에 적극적으로 동참하도록 촉구하자는 의견에 따라, (나)에서 캠페인의 취지를 설명하고 있다.

(가)를 통해 학생들이 캠페인 활동에 동참할 것을 촉구하자는 취지의 발언은 찾아볼 수 없고, (나)를 통해 캠페인의 취지를 설명하고 있는 부분도 찾아볼 수 없으므로 적절하지 않다.

④ (가)에서 반려 식물을 키우며 생기는 궁금증을 해결하게 돕자는 의견에 따라, (나)에서 동아리 블로그를 소개하고 있다.

(가)에서 부원 2는 반려 식물을 키우며 수시로 생기는 궁금증을 해결할 수 있게 우리 동아리 블로그를 안내해도 좋겠다는 발언을 하고 있다. 그리고 (나)의 마지막 부분에 '반려 식물을 키우면서 궁금증이 생기면?'이라는 항목에 동아리 블로그가 제시되어 있으므로 (가)의 내용이 (나)에 반영되어 있음을 알 수 있다.

⑤ (가)에서 학생들이 흥미를 느낄 수 있도록 '식집사'라는 용어를 쓰자는 의견에 따라, (나)의 제목에서 해당 용어를 사용하고 있다.

(가)에서 부원 1은 '냥집사'라는 용어처럼 '식집사'라는 용어를 쓰면 학생들이 더 흥미를 느낄 것이라고 제안하고 있다. 그리고 (나)의 제목에 '식집사'라는 용어가 사용되었으므로 (가)의 내용이 (나)에 반영되어 있음을 알 수 있다.

---

07 자료 활용 방안의 적절성 판단　정답률 92% | 정답 ⑤

(나)의 성격을 고려할 때, 〈보기〉의 자료를 활용하여 (나)를 보완하는 방안으로 가장 적절한 것은? [3점]

〈보 기〉

[신문 자료]
　최근 반려 동물과 식물에 대한 관심이 커지면서 이와 관련한 문제점이 나타나고 있다. 반려 동물의 경우 이미 동물 학대, 동물 유기 등이 사회적 문제로 부각되고 있으며, 최근에는 반려 식물과 관련한 문제도 증가하고 있다. 반려 식물은 반려 동물에 비해 존재감이 미약해 관리를 소홀히 하여 생명을 잃는 경우가 많고, 버려지는 사례도 점점 늘고 있다.

① 반려 식물을 키우기 쉬운 이유를 밝히며 지속적인 관심과 노력이 필요하다는 점을 강조해야겠어.

〈보기〉에는 반려 식물을 키우기 쉬운 이유와 관련된 내용이 제시되어 있지 않다. 따라서 반려 식물을 키우기 쉬운 이유를 바탕으로 반려 식물 키우기에 대한 지속적인 관심과 노력이 필요하다는 보완 방안을 제시하는 것은 적절하지 않다.

② 반려 식물에 대한 관심이 부족한 점을 지적하며 반려 식물을 구입할 수 있는 방법에 대한 내용을 추가해야겠어.

〈보기〉에는 최근 반려 식물에 대한 관심이 커진다는 내용이 언급되어 있다. 따라서 반려 식물에 대한 관심이 부족하다는 점을 지적하며 반려 식물을 구입할 수 있는 방법에 대한 내용을 추가하는 것은 (나)의 적절한 보완 방안이라고 볼 수 없다.

③ 반려 식물의 유기를 금지하는 규정이 마련되어 있지 않은 점을 강조하며 이를 제정해야 한다는 내용을 추가해야겠어.

〈보기〉에는 반려 동물과 반려 식물의 유기를 금지하는 규정과 관련된 내용이 제시되지 않았다. 따라서 반려 동물과 반려 식물의 유기를 금지하는 규정을 제정해야 한다는 내용을 추가하는 보완 방안은 적절하지 않다.

④ 반려 동물과 구별되는 반려 식물의 장점을 언급하며 반려 식물을 키우는 사람이 많아지고 있다는 점을 강조해야겠어.

〈보기〉에는 반려 식물의 장점은 제시되어 있지 않다. 따라서 반려 식물의 장점을 언급하며 반려 식물을 키우는 사람이 많아지고 있다는 점을 강조하는 보완 방안은 적절하지 않다.

✓⑤ 반려 식물이 생명을 지닌 존재임을 언급하며 정성을 기울여 반려 식물을 키워 줄 것을 권유하는 문구를 추가해야겠어.

〈보기〉의 신문 자료를 통해, 최근 들어 반려 동물과 반려 식물에 대한 관심이 커지면서 여러 가지 문제가 발생하고 있으며, 특히 최근에는 반려 식물이 생명을 잃거나 버려지는 사례가 점점 늘고 있다는 내용을 알 수 있다. 그러므로 이러한 내용을 바탕으로 (나)에 정성을 기울여 반려 식물을 키워 줄 것을 권유하는 문구를 추가하는 것은 (나)를 보완하는 방안으로 적절하다고 할 수 있다.

---

08 글쓰기 방법 파악　정답률 74% | 정답 ③

윗글에서 활용한 글쓰기 방법으로 적절하지 않은 것은?

① 중심 소재를 대하는 인물의 행동을 나열하며 시작한다.

1단락에서는 오토바이의 먼지를 털고, 경적을 울려 보고, 시동도 걸어 보고, 해진 안장을 툭툭 치는 아버지의 행동을 나열해 오토바이에 대한 아버지의 애정을 표현하고 있다.

② 의성어를 사용하여 중심 소재에 대한 인상을 부각한다.

학생의 '초고'를 통해 '빠방', '부르릉', '부릉부릉 부루룽' 등의 의성어를 활용하고 있음을 알 수 있다. 그리고 이러한 의성어의 활용을 통해 아버지의 오토바이에 대한 인상을 부각하고 있다.

✓③ 색채어를 사용하여 다양한 공간을 사실적으로 묘사한다.

학생의 '초고'를 통해 야트막한 언덕에 자리한 우리 학교의 모습과 교실 유리창으로 내려다보이는 플라타너스 길을 묘사하고 있음을 알 수 있다. 하지만 색채어를 사용하여 다양한 공간을 사실적으로 묘사하는 부분은 드러나 있지 않다.

④ 의인법을 사용하여 자연물에서 느끼는 친밀감을 나타낸다.

2단락에서는 '인자한 미소를 띤 고목'이라는 의인법을 활용하여 자연물에서 느끼는 친밀감을 표현하고 있다.

⑤ 구체적 일화를 제시하여 중심 소재에 대한 정서를 드러낸다.

학생의 '초고'에서는 중학교 때 늦잠을 자는 바람에 아버지께서 오토바이에 태워 등교를 시켜주었던 일, 점심시간에 아버지의 오토바이 소리를 듣고 아버지의 마음을 상상했던 일 등을 제시하여 아버지의 오토바이에 대한 글쓴이의 정서를 드러내고 있다.

---

09 글의 내용 생성 방법 이해　정답률 95% | 정답 ④

다음은 글을 쓰기 전에 학생이 떠올린 생각을 메모한 것이다. ㄱ ~ ㅁ 중 초고에 반영되지 않은 것은? [3점]

○ 처음
• 낡고 작은 오토바이를 친구처럼 여기시는 아버지 ·········· ㄱ
○ 중간
• 아름다운 플라타너스 길이 내려다보이는 우리 학교 ········ ㄴ
• 오토바이에 나를 태워 학교에 데려다주셨던 아버지 ········ ㄷ
• 학교 산책길에서 들었던 아버지의 오토바이 소리
• 힘든 오토바이 배달로 늘 고단해 하시던 아버지 ··········· ㄹ
• 오토바이 소리에 담긴 아버지의 마음에 대한 나의 상상
○ 끝
• 누군가의 마음을 더 깊이 헤아려 볼 수 있게 된 나 ········· ㅁ

① ㄱ
1문단의 내용을 통해, 우리 집 마당 창고에 있는 낡고 작은 배달용 오토바이를 마치 친구처럼 대하는 아버지의 모습을 확인할 수 있다.

② ㄴ
2문단의 내용을 통해 학교 교실 유리창을 통해 내려다보이는 플라타너스 길이 운치가 있고 아름답다는 내용을 확인할 수 있다.

③ ㄷ
3문단의 내용을 통해 늦잠을 잔 '나'를 아침에 급히 오토바이로 학교에 태워 주시고, 교문에 들어설 때까지 '나'를 지켜보시다가 돌아서셨던 아버지의 모습을 확인할 수 있다.

✓④ ㄹ
중간 부분인 2 ~ 4문단을 통해 '힘든 오토바이 배달로 늘 고단해하시던 아버지'의 모습을 확인할 수 없다. 따라서 'ㄹ'은 글을 쓰기 전에 학생이 떠올린 생각이지만 초고에는 반영되지는 않았음을 알 수 있다.

⑤ ㅁ
5문단을 통해 내게 누군가의 마음을 더 깊이 헤아려 볼 수 있는 상상력이 생긴 것 같다는 내용을 확인할 수 있다.

---

10 조건에 맞게 글쓰기　정답률 93% | 정답 ①

〈보기〉는 초고를 읽은 선생님의 조언이다. 이를 반영하여 초고에 추가할 내용으로 가장 적절한 것은?

〈보 기〉

선생님 : 글의 마지막 문장 뒤에, 아버지께서 오토바이 배달을 그만두셨을 때 네가 아쉬움을 느낀 이유를 추가하고, 비유를 활용한 표현도 있으면 좋겠어.

✓① 다정한 인사처럼 들렸던 아버지의 오토바이 소리를 더 이상 들을 수 없게 되어서.

'선생님'의 말을 통해 내용적 조건이 아쉬움을 느낀 이유를 추가하는 것이고, 형식적 조건이 비유를 활용하는 것임을 알 수 있다. 이러한 조건을 만족하는 것은 ①로, ①의 '다정한 인사처럼 들렸던 아버지의 오토바이 소리'는 비유를 활용하고 있다. 그리고 아버지의 오토바이 소리를 더 이상 들을 수 없게 되었다는 것은 '나'가 아쉬움을 느낀 이유라 할 수 있다.

② 이제 고등학교 신입생이 되어 학교생활을 새롭게 시작해야 한다는 부담감이 생겨서.

아버지께서 오토바이 배달을 그만두신 것에 내가 아쉬움을 느낀 이유가 직접적으로 드러나지 않고, 비유를 활용한 표현도 쓰이지 않았다.

③ 아버지의 오토바이를 타고 함께 등교하는 소소한 즐거움을 더 이상 느낄 수 없어서.

오토바이를 타고 함께 등교하는 소소한 즐거움을 더 이상 느낄 수 없다는 것이 '나'가 아쉬움을 느낀 이유로 볼 수도 있으나, 비유를 활용한 표현이 나타나 있지 않다.

④ 교문 앞을 지나 플라타너스 가로수 길을 오가시던 아버지의 모습을 더 이상 볼 수 없어서.

배달을 다니시는 아버지의 모습을 더 이상 볼 수 없어서 위로나 격려를 받지 못한다는 점에서 '나'가 아쉬움을 느낀 이유와 관련성이 있으나, 비유를 활용한 표현은 나타나 있지 않다.

⑤ 중학교를 졸업하여 친구들과 함께했던 추억의 서랍장을 이제는 열어 볼 수 없을 것 같아서.

'추억의 서랍장'이라는 비유를 활용한 표현이 나타나지만 '나'가 아쉬움을 느낀 이유는 적절하지 않다.

[11~15] 문법

11 용언의 어간, 어미의 특징 이해　정답률 83% | 정답 ⑤

윗글을 통해 알 수 있는 내용으로 적절한 것은?

① 용언은 어간의 앞뒤에 어미가 결합한 단어이다.

2문단의 '어간이나 어미는 문장에서 홀로 쓰일 수 없고, 어간 뒤에 어미가 결합하여 용언을 이룬다.'를 통해, 용언은 어간의 뒤에 어미가 결합한 단어임을 알 수 있다. 또한 이를 통해 어간이나 어미가 하나의 용언을 이루기 위해서는 어간과 어미가 서로 결합하여야 함을 알 수 있다.

② 어간은 단독으로 쓰여 하나의 용언을 이룰 수 있다.

2문단의 내용을 통해 어간은 단독으로 쓰일 수 없고, 어미와 결합하여 용언을 이룸을 알 수 있다.

③ 어미는 용언이 활용할 때 형태가 유지되는 부분이다.

1문단의 '용언이 활용할 때 형태가 변하지 않는 부분을 어간이라고 하고, 형태가 변하는 부분을 어미라고 한다.'를 통해, 어미는 용언이 활용할 때 형태가 변하는 부분임을 알 수 있다.

④ 어말 어미는 용언이 활용할 때 나타나지 않을 수 있다.
5문단의 '활용할 때 어말 어미처럼 반드시 나타나지는 않지만'을 통해, 어말 어미는 용언이 활용할 때 반드시 나타나야 함을 알 수 있다.

☑ 선어말 어미는 한 용언에 두 개가 동시에 쓰일 수 있다.
5문단의 '활용할 때 어말 어미처럼 반드시 나타나지는 않지만, 한 용언에서 서로 다른 선어말 어미가 동시에 쓰이기도 한다.'를 통해, 선어말 어미는 한 용언에 두 개가 동시에 쓰일 수 있음을 알 수 있다.

12 용언의 어간, 어미의 종류 및 결합 양상 이해   정답률 78% | 정답 ④

윗글을 바탕으로 〈보기〉의 ㄱ ~ ㅁ의 밑줄 친 부분을 탐구한 내용으로 적절하지 않은 것은?

─〈보 기〉─
ㄱ. 너도 그를 아니?   ㄴ. 사과가 맛있구나!
ㄷ. 산은 높고 강은 깊다.   ㄹ. 아침에 뜨는 해를 봐.
ㅁ. 그녀는 과자를 먹었다.

① ㄱ : 어간 '알-'에 어미 '-니'가 결합하면서 'ㄹ'이 탈락하였다.
2문단의 '노는'은 어간 '놀-'과 어미 '-는'이 결합하면서 'ㄹ'이 탈락한 경우이고'를 참고할 때, '아니'는 '알다'의 어간 '알-'에 어미 '-니'가 결합하면서 어간의 'ㄹ'이 탈락했음을 알 수 있다.

② ㄴ : 어간 '맛있-'에 종결 어미 '-구나'가 결합하여 문장을 종결하고 있다.
4문단의 '종결 어미는 '가신다'의 '-다'와 같이 문장을 종결하는 어미이고'를 참고할 때, '맛있구나'의 '-구나'는 어간 '맛있-'에 결합하여 문장을 종결하는 종결 어미임을 알 수 있다.

③ ㄷ : 어간 '높-'에 연결 어미 '-고'가 결합하여 앞뒤의 말을 연결하고 있다.
4문단의 '연결 어미는 '가겠고'의 '-고'와 같이 앞뒤의 말을 연결하는 어미이다.'를 참고할 때, '높고'는 '높다'의 어간 '높-'에 연결 어미 '-고'가 결합하면서 앞뒤 말을 연결하고 있음을 알 수 있다.

☑ ㄹ : 어간 '뜨-'에 전성 어미 '-는'이 결합하면서 용언이 부사처럼 쓰이고 있다.
'뜨는'은 어간 '뜨-'에 전성 어미 '-는'이 결합한 형태의 용언으로, 뒤에 오는 체언인 '해'를 꾸며 주고 있다. 따라서 '뜨는'은 주로 용언을 수식하는 기능을 하는 단어인 부사가 아니라 체언을 수식하는 기능을 하는 단어인 관형사처럼 쓰인다고 할 수 있다.

⑤ ㅁ : 어간 '먹-'과 어말 어미 '-다' 사이에 선어말 어미 '-었-'이 결합하여 과거 시제를 나타내고 있다.
5문단을 참고할 때, '먹다'는 어간 '먹-'과 단어의 끝에 오는 어미인 어말 어미 '-다'가 결합하고 있고, 여기에 선어말 어미 '-었-'이 어간과 어말 어미 사이에 쓰여 과거 시제를 나타내고 있음을 알 수 있다.

13 최소 대립쌍의 이해   정답률 79% | 정답 ③

〈보기〉의 '학습 과제'를 바르게 수행하였다고 할 때, ㉠에 들어갈 단어로 적절한 것은? [3점]

─〈보 기〉─
[학습 자료]
  음운은 단어의 뜻을 구별해 주는 소리의 가장 작은 단위이다. 특정 언어에서 어떤 소리가 음운인지 아닌지는 최소 대립쌍을 통해 확인할 수 있다. 최소 대립쌍이란, 다른 모든 소리는 같고 단 하나의 소리 차이로 의미가 구별되는 소리의 쌍을 말한다. 예를 들어, 최소 대립쌍 '감'과 '잠'은 'ㄱ'과 'ㅈ'의 차이로 인해 의미가 구별되므로 'ㄱ'과 'ㅈ'은 서로 다른 음운이다.

[학습 과제]
  앞사람이 말한 단어와 최소 대립쌍인 단어를 말해 보자.

쌀! → 달! → ㉠ → 굴!

① 꿀
'꿀'은 뒤의 '굴'과 최소 대립쌍이지만, 앞의 '달'과 최소 대립쌍이 아니므로 적절하지 않다.

② 답
'답'은 앞의 '달'과 최소 대립쌍이지만, 뒤의 '굴'과 최소 대립쌍이 아니므로 적절하지 않다.

☑ 둘
'학습 자료'를 고려할 때, ㉠에는 앞사람이 말한 '달'과 뒷사람이 말한 '굴' 모두와 최소 대립쌍인 단어가 들어가야 함을 알 수 있다. 따라서 '둘'과 '달'은 [ㅜ]와 [ㅏ]의 차이가 있고, '둘'과 '굴'은 [ㄷ]과 [ㄱ]의 차이가 있으므로, '둘'과 '달', '둘'과 '굴'은 최소 대립쌍이라 할 수 있다.

④ 말
'말'은 앞의 '달'과 최소 대립쌍이지만, 뒤의 '굴'과 최소 대립쌍이 아니므로 적절하지 않다.

⑤ 풀
'풀'은 뒤의 '굴'과 최소 대립쌍이지만, 앞의 '달'과 최소 대립쌍이 아니므로 적절하지 않다.

14 문장의 중의성 이해   정답률 88% | 정답 ⑤

다음 '탐구 학습지' 활동의 결과로 적절하지 않은 것은?

[탐구 학습지]
1. 문장의 중의성
  ○ 하나의 문장이 둘 이상의 의미로 해석되는 것
2. 중의성 해소 방법
  ○ 어순 변경, 쉼표나 조사 추가, 상황 설명 추가 등
3. 중의성 해소하기
  ─ 과제 : 빈칸에 적절한 말 넣기
  ㄱ. (조사 추가) ·· a
  ○ 중의적 문장 : 관객들이 다 도착하지 않았다.
  ○ 전달 의도 : (관객 중 일부가 도착하지 않음.) ······· b
  ○ 수정 문장 : 관객들이 다는 도착하지 않았다.

  ㄴ. (어순 변경) ·· c
  ○ 중의적 문장 : 우리는 어제 전학 온 친구와 만났다.
  ○ 전달 의도 : (전학 온 친구와 만난 때가 어제임.) ······· d
  ○ 수정 문장 : 우리는 전학 온 친구와 어제 만났다.

  ㄷ. 상황 설명 추가
  ○ 중의적 문장 : 민우는 나와 윤서를 불렀다.
  ○ 전달 의도 : '나와 윤서'를 부른 사람이 '민우'임.
  ○ 수정 문장 : (민우는 나와 둘이서 윤서를 불렀다.) ······· e
          ⋮

① a
ㄱ의 중의적 문장은 '관객 중 일부가 도착하지 않음.'과 '관객 중 누구도 도착하지 않음.'의 의미로 모두 해석될 수 있다. 수정 문장인 '관객들이 다는 도착하지 않았다.'를 보면, 중의성 해소를 위해 조사 '는'을 추가하여 부정 표현의 범위를 한정하고 있음을 알 수 있다.

② b
수정 문장인 '관객들이 다는 도착하지 않았다.'는 중의성 해소를 위해 조사 '는'을 추가하여 '관객 중 일부가 도착하지 않음.'으로 해석되고 있다.

③ c
ㄴ의 중의적 문장은 '전학 온 친구와 만난 때가 어제임.'과 '친구가 전학 온 것이 어제임.'의 의미로 모두 해석될 수 있다. 수정 문장인 '우리는 전학 온 친구와 어제 만났다.'는 중의성 해소를 위해 '어제'의 위치를 변경해 '어제'의 수식 범위를 한정하고 있음을 알 수 있다.

④ d
수정 문장인 '우리는 전학 온 친구와 어제 만났다.'는 중의성 해소를 위해 '어제'의 위치를 변경해 '전학 온 친구와 만난 때가 어제임.'으로 해석되고 있다.

☑ e
수정한 문장인 '민우는 나와 둘이서 윤서를 불렀다.'는 '민우와 나'가 주체가 되어 '윤서'를 불렀음을 의미한다. 전달 의도처럼 '나와 윤서'를 부른 사람이 '민우'임을 표현하기 위해서는 '민우는 나와 둘이서 윤서를 불렀다.'가 아니라 '민우는 혼자서 나와 윤서를 불렀다.'로 문장을 수정해야 한다.

15 반의어의 이해   정답률 92% | 정답 ③

밑줄 친 부분이 〈보기〉의 ㉠, ㉡에 해당하는 예로 적절하지 않은 것은?

─〈보 기〉─
  '위 – 아래'나 '앞 – 뒤'는 방향상 대립하는 반의어이다. '위 – 아래'나 '앞 – 뒤'가 단독으로 쓰이거나 다른 단어와 결합해서 쓰일 때, 문맥에 따라서 ㉠ '위'나 '앞'이 '우월함'의 의미를, ㉡ '아래'나 '뒤'가 '열등함'의 의미를 갖거나 강화하기도 한다.

① ㉠ : 그가 머리 쓰는 게 너보다 한 수 위다.
'위'는 '신분, 지위, 정도 따위에서 어떠한 것보다 높거나 나은 쪽'이라는 의미로 쓰여 '우월함'의 의미를 나타낸다.

② ㉠ : 이 회사의 기술 수준은 다른 곳에 앞선다.
'앞서다'는 '발전이나 진급, 중요성 따위의 정도가 남보다 높은 수준에 있거나 빠르다.'라는 의미로 쓰여 '우월함'의 의미를 나타낸다.

☑ ㉡ : 이번 행사는 치밀한 계획 아래 진행되었다.
'아래'가 '열등함'의 의미를 갖는 경우는 '신분, 지위, 정도 따위에서 어떠한 것보다 낮은 쪽'이라는 의미로 쓰이는 경우이다. 그런데 '치밀한 계획 아래'의 '아래'는 '조건, 영향 따위가 미치는 범위'라는 의미로 쓰여 '열등함'의 의미를 갖는 경우라 할 수 없다.

④ ㉡ : 그녀는 남에게 뒤떨어지지 않고자 노력했다.
'뒤떨어지다'는 '발전 속도가 느려 도달하여야 할 수준이나 기준에 이르지 못하다.'라는 의미로 쓰여 '열등함'의 의미를 나타낸다.

⑤ ㉡ : 우리 팀의 승률이 조금씩 뒷걸음질 치고 있다.
'뒷걸음질'은 '본디보다 뒤지거나 뒤떨어짐.'이라는 의미로 쓰여 '열등함'의 의미를 나타낸다.

[16~45] 독서 · 문학

16~18 현대시

(가) 이성선, 「고향의 천정(天井) 1」

  감상 이 작품에서 화자는 마당에 누워 고향의 하늘을 올려다보면서 별을 통해 잊고 있었던 할머니와의 기억을 떠올리고, 할머니의 무한한 사랑을 깨달으며 정서적 충만감을 얻고 있다. 이 작품에서는 하얗게 핀 메밀꽃과 온 하늘에 가득한 별이 지닌 시각적 유사성을 바탕으로, 할머니의 보살핌 아래 바람과 놀던 화자의 어린 시절 기억과 할머니가 돌아가신 후 다시금 깨닫는 할머니의 무한한 사랑이 과거와 현재, 이승과 저승, 지상과 우주의 연결 속에서 아름답게 펼쳐지고 있다.
  주제 할머니의 따스한 사랑에 대한 그리움

표현상의 특징

• 시간의 흐름에 따라 시상이 전개됨.
• 역설적 표현을 사용하여 화자의 상황을 드러냄.
• 비유적 표현을 사용하여 대상에 대한 그리움을 효과적으로 드러냄.

(나) 손택수, 「밥물 눈금」

  감상 이 시는 손가락 주름을 따라 밥물을 맞추는 일상적 행위의 반복 속에서 떠올린 유년의 기억을 통해, 현재 자신의 모습을 긍정적으로 인식하면서 자기 위안을 얻고 있다. 밥물의 오르내림 속에서 화자가 떠올린 가난한 시절의 기억은 현재 화자의 눈에 보이는 듯, 귓가에 들리는 듯 선명하다. 화자는 이러한 유년의 기억을 현재와 연결하면서, 얼굴보다 늙은 자신의 손이 전기밥솥에는 없는 눈금을 지니고 있다는 긍정적 인식에 도달하고 있다.
  주제 힘겹게 살아온 삶에 대한 자기 위안

표현상의 특징
- 청각적 이미지를 통해 화자의 정서를 부각하고 있음.
- 일상적인 체험을 매개로 형편이 어려웠던 과거를 회상함.
- 자신의 모습을 긍정적으로 인식하고 자기 위안에 도달하며 시상이 종결됨.

---

16 표현상 특징 파악
정답률 68% | 정답 ②

(가)와 (나)에 대한 설명으로 가장 적절한 것은?

① (가)는 (나)와 달리 설의법을 통해 화자의 의지를 표현하고 있다.
(가)와 (나)에서 설의법을 통해 화자의 의지를 표현하지는 않고 있다.

✓② (나)는 (가)와 달리 청각적 심상을 통해 화자의 정서를 부각하고 있다.
(나)의 '일찍 철이 들어서 슬픈 귓속으로 / 봉지쌀 탈탈 터는 소리라도 들려올 듯'을 통해, 청각적 심상이 사용되었음을 알 수 있는데, 화자는 이러한 청각적 심상을 통해 가난한 처지에 있었던 자신의 정서를 부각하고 있다.

③ (가)는 격정적 어조를, (나)는 단정적 어조를 통해 화자의 기대감을 드러내고 있다.
(가)에서 격정적 어조는 사용되지 않았고, (나)에서 단정적 어조를 통해 화자의 기대감을 드러내지 않았다.

④ (가)는 상승의 이미지를, (나)는 하강의 이미지를 통해 대상의 역동성을 강조하고 있다.
(가)에서 화자가 '마당에 누워' '하늘'을 올려다보고 있다는 점에서 상승적 이미지를 찾을 수 있고, (나)에서 화자가 '밥물'을 '중지의 마디'를 따라 오르내리게 하는 모습에서 상승과 하강의 이미지를 엿볼 수도 있다. 하지만 상승의 이미지나 하강의 이미지를 통해 대상의 역동성을 강조하지는 않고 있다.

⑤ (가)와 (나)는 모두 계절감을 드러내는 시어를 통해 대상의 변화 양상을 나타내고 있다.
(가)의 '늦여름'을 통해 계절감이 드러남을 알 수 있지만 이를 통해 대상의 변화 양상을 나타내지는 않고 있다. 그리고 (나)에서 계절감을 드러내는 시어는 찾아볼 수 없다.

---

17 시어의 의미 파악
정답률 78% | 정답 ④

㉠과 ㉡을 비교한 내용으로 가장 적절한 것은?

① ㉠은 화자가 벗어나려는, ㉡은 화자가 지향하는 공간이다.
㉠은 화자가 할머니의 보살핌을 받으며 놀고 있는 곳이므로 화자가 벗어나려는 공간으로 볼 수 없고, ㉡은 가난으로 인해 화자를 일찍 철들게 하는 곳이므로 화자가 지향하는 공간으로 볼 수 없다.

② ㉠은 화자가 이질감을, ㉡은 화자가 동질감을 느끼는 공간이다.
㉠은 화자가 할머니와 함께하며 성장한 곳이므로 화자가 이질감을 느끼는 공간으로 볼 수 없다. ㉡은 어린 시절 화자가 가난하게 살던 공간이므로 화자가 동질감을 느낀다고 보기에는 어렵다.

③ ㉠은 화자의 슬픔이, ㉡은 화자의 그리움이 해소되는 공간이다.
㉠은 어린 화자가 바람과 장난치며 놀던 곳이므로 화자의 슬픔이 해소되는 공간으로 볼 수 없고, ㉡은 화자가 유년을 보낸 곳으로 화자의 그리움이 해소되는 공간으로 볼 수 없다.

✓④ ㉠은 화자의 동심이 허용되는, ㉡은 화자의 성숙함이 요구되는 공간이다.
(가)의 ㉠은 화자인 '나'가 어린 시절 할머니의 보살핌 속에서 아무 걱정 없이 놀던 곳이라는 점에서 동심이 허용되는 공간이라고 볼 수 있다. 그리고 (나)의 ㉡은 '한 그릇으로 두 그릇 세 그릇'을 만드는 가난한 동네로, 화자에게 이 공간은 '한 끼를 아끼기 위해 친구 집에 가던 '소년', 곧 '일찍 철이 들어서 슬픈' 자신의 유년 시절 기억이 담긴 공간에 해당한다. 따라서 ㉡은 가난으로 인해 화자에게 성숙함이 요구되었던 공간으로 볼 수 있다.

⑤ ㉠은 화자가 경험한 적 없는 가상의, ㉡은 화자의 경험이 축적된 현실의 공간이다.
㉠은 화자가 어린 시절에 놀던 공간이므로 화자가 경험한 적 없는 가상의 공간으로 볼 수 없다. ㉡은 화자가 어린 시절 살던 곳이므로 화자의 경험이 축적되어 있는 현실의 공간이라 할 수 있다.

---

18 외적 준거에 따른 작품의 감상
정답률 72% | 정답 ③

〈보기〉를 바탕으로 (가), (나)를 감상한 내용으로 적절하지 않은 것은? [3점]

〈보 기〉
과거의 경험에 대한 기억은 어떤 계기를 통해 되살아나 현재의 삶에 영향을 미칠 수 있다. (가)의 화자는 할머니와의 기억을 통해 과거와 현재를 연결하며 깨달음과 정서적 충만감을 얻고 있다. 한편 (나)의 화자는 일상적 행위의 반복 속에서 유년의 기억을 되살리고, 그 기억을 현재와 연결하며 자신의 현재 모습을 긍정하게 된다.

① (가)의 화자는 별이 가득한 '하늘'을 보며, 자신이 여전히 '나를 살피'시는 할머니의 사랑 속에 있음을 깨닫고 있군.
(가)의 화자는 마당에 누워 고향의 '하늘'을 보고 있는데, '하늘'의 별은 화자에게 어릴 적 할머니와의 추억이 담긴 메밀꽃을 떠올리게 하는 소재이다. 화자는 할머니가 저승으로 가신 후에도 '하늘'의 메밀밭에서 살아생전과 같이 '나를 살피'고 계신다고 생각하고 있으므로, 화자는 여전히 할머니의 무한한 사랑 속에 있음을 깨닫는다고 할 수 있다.

② (나)의 화자는 유년의 기억을 통해 '전기밥솥에는 없는 눈금'을 지닌 '늙은 손'을 긍정하며 자기 위안을 얻고 있군.
(나)의 화자는 문평동에서 가난하게 살던 유년의 기억을 떠올리면서, 현재 '얼굴보다 먼저 늙은 손'이 '전기밥솥에는 없는 눈금'을 지녔다 하면서 자신의 현재 모습을 긍정한다. 따라서 화자는 '늙은 손'을 긍정하면서 자기 위안을 얻고 있음을 알 수 있다.

✓③ (가)의 '커서도 덜 자'랐다는 것과 (나)의 '밥맛을 조금씩 달리'하는 것은 현재의 화자에게 정서적 충만감을 주는군.
(가)에서 화자는 하늘의 별을 보며 할머니가 살아생전과 같이 '나를 살피'고 계신다고 생각하고, 자신이 여전히 할머니의 무한한 사랑 속에 있음을 깨달으며 이를 통해 정서적 충만감을 얻고 있다. 따라서 (가)의 '커서도 덜 자'란 것은 현재 화자에게 정서적 충만감을 준다고 할 수 없다. 그리고 (나)의 '밥맛을 조금씩 달리' 하는 것은 밥을 지을 때 밥물을 맞추는 일에 어려움을 겪던 화자가 점차 익숙하게 밥물을 맞추게 된 것으로, 이러한 경험 자체가 현재의 화자에게 정서적 충만감을 준다고 볼 수는 없다.

④ (가)에서 '마당에 누'워 하늘을 보는 행위와 (나)에서 '손가락 주름'으로 '밥물'을 맞추는 행위는 회상의 계기가 되는군.

(가)에서 '마당에 누'워 하늘을 보는 행위는 하늘의 별을 통해 화자에게 할머니와 함께했던 추억을 떠올리게 한다는 점에서, (나)에서 '손가락 주름'으로 '밥물'을 맞추는 행위는 화자에게 유년의 기억을 떠올리게 한다는 점에서 모두 회상의 계기라고 할 수 있다.

⑤ (가)의 화자가 '별'에서 '메밀꽃'을 떠올리는 것과 (나)의 화자가 '가난한 지붕들이 내 손가락 마디에는 있다'고 생각하는 것은 기억이 현재의 삶에 영향을 미치고 있음을 보여 주는군.
(가)의 화자가 '별'에서 어릴 적 '메밀꽃'을 떠올리며 현재에도 자신이 할머니의 사랑 속에 있다는 것을 깨닫고 있다는 점에서, (나)의 화자가 현재 자신의 주름진 손에 여전히 '가난한 지붕들이' 있다고 생각한다는 점에서 모두 기억이 현재의 삶에 영향을 미치고 있음을 보여 준다고 할 수 있다.

19~22 사회

한진수, '경기 살리기 대작전'

해제 이 글은 유동성 통화 정책에 대해 설명하면서 이와 관련된 케인스의 견해를 드러내고 있다. 경기가 침체되면 국가는 통화량을 나타내는 말로 사용되는 유동성을 늘리는 통화 정책을 시행한다. 국가는 금리를 통해 유동성을 조절할 수 있는데, 중앙은행이 기준 금리를 내리면 시중 금리가 내려가게 되어, 가계나 기업이 예금을 인출하거나 대출을 받으려는 경향성이 늘어나 유동성이 증가하게 된다. 그러나 중앙은행이 금리 인하 정책을 시행하더라도 경기 회복에 대한 전망이 불투명한 경우, 충분한 유동성이 소비나 투자로 이어지지 못해 침체가 지속될 수 있다. 케인스는 이러한 상황을 유동성 함정이라 부르며 통화 정책의 한계를 설명하고 재정 지출 확대의 중요성을 강조하였다.

주제 유동성 통화 정책 및 이에 관한 케인스의 견해

문단 핵심 내용

1문단	경기 침체 심화 시 사용되는 유동성 통화 정책
2문단	통화량의 의미를 지니는 유동성의 의미
3문단	유동성을 조절하는 방법
4문단	경기 안정을 위한 중앙은행의 통화 정책
5문단	유동성 통화 정책의 한계 및 극복 방법을 제안한 케인스

---

19 세부 정보의 확인
정답률 75% | 정답 ⑤

윗글을 통해 알 수 있는 내용이 아닌 것은?

① 중앙은행이 하는 역할
3문단의 '한 나라의 금융 및 통화 정책의 주체인 중앙은행에 의해 결정된다.'를 통해 알 수 있다.

② 유동성이 높은 자산의 예
2문단의 '현금과 같은 화폐는 유동성이 높은 자산'을 통해 알 수 있다.

③ 기준 금리와 시중 금리의 관계
3문단의 '시중 금리는 기준 금리의 영향을 받아'와 4문단의 '중앙은행은 기준 금리를 인하하는 정책을 도입하여 시중 금리를 낮추도록 유도한다.'를 통해 알 수 있다.

④ 경기 침체로 인해 나타나는 현상
1문단을 통해 가계의 소비와 기업의 생산이 줄어드는 등 경기 침체로 인해 나타나는 현상을 알 수 있다.

✓⑤ 유동성에 대한 케인스 주장의 한계
5문단에서 케인스가 유동성 함정을 통해 통화 정책의 한계를 설명하였다는 내용은 확인할 수 있지만, 유동성에 대한 케인스 주장의 한계는 확인할 수 없다.

---

20 세부적인 내용 이해
정답률 66% | 정답 ①

윗글을 바탕으로 할 때, 〈보기〉의 ㄱ ~ ㄷ에 들어갈 말로 적절한 것은?

〈보 기〉
국가의 통화 정책이 정상적으로 작동될 때, 중앙은행이 기준 금리를 (ㄱ) 시중의 유동성이 (ㄴ)하며, 화폐의 가치가 (ㄷ)한다.

	ㄱ	ㄴ	ㄷ
✓①	내리면	증가	하락

4문단을 통해 중앙은행은 기준 금리를 인하하는 정책을 도입하여 시중 금리를 낮추도록 유도하고, 그 결과 유동성이 증가함을 알 수 있다. 그리고 2문단을 통해 유동성이 넘쳐 날 경우 화폐의 가치는 떨어지게 됨을 알 수 있다. 따라서 중앙은행이 기준 금리를 내리면 시중의 유동성이 증가하며, 화폐의 가치는 하락함을 알 수 있다.

| ② | 내리면 | 증가 | 상승 |
중앙은행이 기준 금리를 내리면 시중의 유동성이 증가하지만, 이때 화폐의 가치는 하락하므로 적절하지 않다.

| ③ | 내리면 | 감소 | 상승 |
중앙은행이 기준 금리를 내리면 시중의 유동성은 증가하므로 적절하지 않다.

| ④ | 올리면 | 증가 | 상승 |
중앙은행이 기준 금리를 올리면 시중의 유동성은 감소하므로 적절하지 않다.

| ⑤ | 올리면 | 감소 | 하락 |
중앙은행이 기준 금리를 올리면 시중의 유동성이 감소하지만, 이때 화폐의 가치는 상승하므로 적절하지 않다.

---

21 핵심 정보의 이해
정답률 89% | 정답 ①

유동성 함정에 대해 이해한 내용으로 가장 적절한 것은?

✓① 시중에 유동성이 충분히 공급되더라도 경기 침체가 지속되는 상황을 의미한다.
5문단을 통해, 유동성 함정이 심각한 경기 침체로 인해 경기 회복에 대한 전망이 불투명할 경우, 기준 금리 인하를 통해 충분한 유동성이 시중에 공급되더라도 경기 침체가 지속되는 상황과 관련 있음을 알 수 있다.

② 시중 금리의 상승으로 유동성이 감소하여 물가가 하락하는 상황을 의미한다.
　5문단을 통해 유동성 함정이 시중에 충분히 공급된 유동성이 경기 활성화로 이어지지 않는 상황을 의미함을 알 수 있으므로, 시중 금리 상승으로 유동성이 감소하는 상황을 의미하는 것은 아니라 할 수 있다.

③ 기업의 생산과 가계의 소비가 줄어들어 유동성이 넘쳐 나는 상황을 의미한다.
　5문단을 통해 유동성 함정이 발생했을 때 시중에 유동성이 충분한 것은 적절함을 알 수 있다. 하지만 유동성이 넘쳐 나는 상황이 기업의 생산과 가계의 소비가 감소하여 발생하는 것은 아니라 할 수 있다.

④ 경기 과열로 인해 유동성이 높은 자산에 대한 선호가 늘어나는 상황을 의미한다.
　5문단을 통해 유동성 함정이 충분한 유동성으로도 침체된 경기를 회복하지 못하는 경우를 의미함을 알 수 있으므로, 경기 과열로 인한 상황을 의미하는 것은 아니라 할 수 있다.

⑤ 유동성이 감소하여 경기 회복에 대한 전망이 긍정적으로 바뀌는 상황을 의미한다.
　5문단을 통해 유동성 함정은 시중에 유동성이 충분하더라도 경기 회복에 대한 전망이 부정적일 때 발생함을 알 수 있으므로, 유동성이 감소하여 경기 회복에 대한 전망이 긍정적으로 바뀌는 상황을 의미하는 것은 아니라 할 수 있다.

★★★ 등급을 가르는 문제!
22 구체적인 상황에의 적용　정답률 61% | 정답 ②

윗글을 바탕으로 경제 주체들이 〈보기〉의 신문 기사를 읽고 보일 수 있는 반응으로 적절하지 않은 것은?　[3점]

―〈보 기〉―
금융 당국 '빅스텝' 단행

금융 당국은 오늘 '빅스텝'을 단행하였다. 빅스텝이란 기준 금리를 한 번에 0.5%p 인상하는 것을 의미한다. 이처럼 금리를 큰 폭으로 인상한 것은 과도하게 증가한 유동성으로 인해 물가가 지나치게 상승하고 부동산, 주식 등의 자산 가격이 폭등했기 때문이다.

① 투자자 : 부동산의 가격이 하락할 수 있으니, 당분간 부동산 투자를 미루고 시장 상황을 지켜봐야겠군.
　4문단을 통해 기준 금리 인하 정책은 주식이나 부동산과 같은 자산 가격이 하락하는 상황으로 이어짐을 알 수 있다. 따라서 투자자가 부동산의 가격이 하락할 것을 예측하고 당분간 부동산 투자를 미루겠다는 반응을 보이는 것은 적절하다.

✓② 소비자 : 위축된 소비 심리가 회복되어 지금보다 물가가 오를 수 있으니, 자동차 구매 시기를 앞당겨야겠군.
　3문단을 통해 기준 금리의 영향을 받아 시중 금리가 올라가면 이자 수익과 대출 이자 부담이 모두 늘어 유동성은 감소함을 알 수 있다. 또한 4문단을 통해 이 경우 가계의 소비는 줄고 주식이나 부동산에 대한 투자는 축소되며, 기업의 생산과 고용, 투자가 축소되어 자산 가격은 하락하고 경기가 안정됨을 알 수 있다. 그리고 〈보기〉는 금융 당국이 한 번에 큰 폭으로 기준 금리를 인상하는 정책을 단행하였다는 내용의 신문 기사로, 이러한 상황에서는 기준 금리의 영향을 받아 시중 금리 역시 상승하여 소비나 투자가 줄고 물가나 자산 가격이 하락할 것임을 알 수 있다. 따라서 소비자가 물가 상승을 예측하고 자동차 구매 시기를 앞당기겠다는 반응을 보이는 것은 적절하지 않다.

③ 기업인 : 대출을 통해 자금을 확보하는 것이 부담스러워질 수 있으니, 공장을 확장하려던 계획을 보류해야겠군.
　3문단을 통해 기준 금리 인상은 대출 이자에 대한 부담이 늘어나는 상황으로 이어짐을 알 수 있다. 따라서 기업인이 대출을 통한 자금 확보가 부담스러워질 것을 예측하고 공장 확장 계획을 보류하겠다는 반응을 보이는 것은 적절하다.

④ 공장장 : 당분간 우리 공장에서 생산한 부품에 대한 수요가 줄 수 있으니, 재고가 늘어날 것에 대비해야겠군.
　4문단을 통해 기준 금리 인상은 소비와 투자가 축소되는 상황으로 이어짐을 알 수 있다. 따라서 공장장이 공장에서 생산한 부품에 대한 수요가 줄어들 것을 예측하고 재고가 늘어날 것에 대비하겠다는 반응을 보이는 것은 적절하다.

⑤ 은행원 : 시중 은행에 저축하려는 사람들이 늘어날 수 있으니, 다양한 상품을 개발하여 고객을 유치해야겠군.
　3문단을 통해 기준 금리 인상은 예금을 통한 이자 수익이 늘어나는 상황으로 이어짐을 알 수 있다. 따라서 은행원이 저축 상품에 대한 사람들의 관심이 늘어날 것을 예측하고 고객 유치를 위해 다양한 상품을 개발하겠다는 반응을 보이는 것은 적절하다.

★★ 문제 해결 꿀~팁 ★★
▶ 많이 틀린 이유는?
이 문제는 기준 금리를 인상할 때 일어날 수 있는 경기 현상을 정확히 이해하지 못하였고, 이를 실제 상황에 적용하는 과정에서 어려움을 겪어 오답률이 높았던 것으로 보인다.
▶ 문제 해결 방법은?
이 문제를 해결하기 위해서는 4문단을 통해 기준 금리를 인하할 때와 인상할 때 경기 현상을 이해해야 한다. 즉 4문단에 제시된 기준 금리 인하를 고려하여, 기준 금리를 인상할 때는 유동성이 감소하여 가계의 소비가 줄고 주식이나 부동산에 대한 투자가 줄어들며, 물가가 하락하여 경기가 전반적으로 활성화되지 않음을 이해해야 한다. 그런 다음 선택지를 통해 적절성을 판단해야 하는데, 〈보기〉에서 기준 금리를 인상했으므로 물가가 하락하게 될 것임을 알 수 있으므로 소비 심리가 위축될 것임을 알 수 있다. 이렇게 보면 ②의 '위축된 소비 심리가 회복되어 지금보다 물가가 오를 수 있'다고 한 내용은 적절하지 않음을 알 수 있다. 마찬가지로 오답률이 상대적으로 높은 ①과 ④의 경우 적절한 이해임을 알 수 있다. 한편 기준 금리의 인상과 인하와 관련해서는 경제 지문과 관련해 간혹 출제되는 경우가 많으므로 이 기회에 정확히 정리하여 이해할 필요가 있다.

23~27 갈래 복합

(가) 이원익, 「고공답주인가」

　감상　이 작품은 나라의 신하들을 농사짓는 집안의 종들에 비유하여 집안의 무너진 살림을 일으킬 생각은 하지 않고 자신의 소임도 다하지 않는 종들의 잘못된 행태를 비판하고 있는 가사이다. 이 작품에서는 종들의 행태뿐만 아니라 종들을 제대로 관리하지 못한 상전에게도 잘못이 있다고 말하여 상전의 책임도 강조하고 있다.
　주제　집안을 일으키기 위해 주인과 종이 가져야 할 자세

(나) 문태준, 「돌탑과 잔돌」

　감상　이 작품에서 글쓴이는 잔돌이 그 자체로는 두드러지지 않을지라도 돌탑을 쌓을 때 잔돌이 없으면 돌탑의 수평이 무너질 수 있다고 말하고 있다. 글쓴이는 이러한 인식을 인간 세상의 삶으로 확장하여 잔돌 같은 사람의 필요성을 강조하고 있다.
　주제　잔돌 같은 사람의 필요성

---

23 작품 간의 공통점 파악　정답률 85% | 정답 ④

(가)와 (나)의 공통점으로 가장 적절한 것은?

① 부재하는 대상에 대한 그리움을 표현하고 있다.
　(가), (나) 모두 부재하는 대상에 대한 그리움을 표현하지는 않고 있다.

② 순수한 자연 세계에 대한 동경을 나타내고 있다.
　(가)에서는 순수한 자연 세계에 대한 동경을 나타내는 부분을 확인할 수 없다. 그리고 (나)에서는 자연과 더불어 사는 삶에 대해 긍정적으로 바라보는 내용을 확인할 수는 있지만 이를 자연 세계에 대한 동경으로 보는 것은 적절하지 않다.

③ 부정적 현실에 대한 냉소적 태도를 드러내고 있다.
　(가)에서는 부정적 현실을 바로잡고자 하는 태도를 엿볼 수 있을 뿐 화자의 냉소적 태도는 나타나지 않는다. (나)에서는 글쓴이가 바람직하게 생각하는 삶의 모습이 제시되어 있을 뿐 현실에 대한 냉소적 태도는 나타나지 않는다.

✓④ 현실이나 세상에 대해 통찰한 내용을 전달하고 있다.
　(가)는 화자가 처한 현실 상황에 대해 통찰한 내용을 구체적 청자로 설정된 상전에게 전하고 있고, (나)는 인간의 삶, 즉 세상에 대해 통찰한 내용을 전하고 있다. 따라서 (가), (나)는 현실이나 세상에 대해 통찰한 내용을 전달하는 공통점이 있음을 알 수 있다.

⑤ 자신이 처한 상황에 순응하는 태도를 보여 주고 있다.
　(가)의 화자는 자신이 처한 상황을 개선하고자 하는 뜻을 전하고 있으므로 자신이 처한 상황에 순응하는 태도가 나타난다는 말은 적절하지 않다. (나)의 글쓴이 역시 자신이 처한 상황에 순응하려는 태도를 표출하고 있지 않다.

★★★ 등급을 가르는 문제!
24 표현상 특징 파악　정답률 55% | 정답 ④

[A]와 [B]에 대한 설명으로 가장 적절한 것은?

① [A]는 [B]와 달리 대조적 의미를 지닌 구절을 활용하여 대상의 속성을 드러내고 있다.
　[A]에 대조적 의미를 지닌 구절이 활용되지 않고 있지만, [B]에는 대조적 의미를 지닌 구절이 활용되고 있다.

② [B]는 [A]와 달리 자연물에 글쓴이의 감정을 이입하여 표현의 효과를 높이고 있다.
　[A]와 [B]를 통해 자연물에 화자의 감정을 이입한 감정 이입은 찾아볼 수 없다.

③ [A]는 반어법을 활용하여, [B]는 역설법을 활용하여 주제 의식을 강조하고 있다.
　[A]에서 반어법은 활용되지 않았고, [B]에서 역설법은 활용되고 있지 않다.

✓④ [A]와 [B]는 모두 유사한 문장 구조를 반복하여 전달 의도를 강조하고 있다.
　[A]에서는 '~거든 ~고'의 문장 구조가 반복되고 있고, [B]에서는 '~ 사람도 있고'의 문장 구조가 반복되고 있다. 따라서 [A]와 [B]에서는 유사한 문장 구조를 반복하여 화자나 글쓴이의 전달 의도를 강조하였다고 할 수 있다.

⑤ [A]와 [B]는 모두 말을 건네는 어투를 사용하여 청자의 행동 변화를 호소하고 있다.
　[A]에서는 구체적인 청자로 설정된 상전에게 말을 건네는 어투를 사용하고 있다고 볼 수 있다. 하지만 [B]에서는 말을 건네는 어투를 확인할 수 없으며 행동 변화를 호소하는 내용도 확인할 수 없다.

★★ 문제 해결 꿀~팁 ★★
▶ 많이 틀린 이유는?
이 문제는 [A], [B]에 사용된 표현 방법을 정확히 파악하지 못하여 오답률이 높았던 것으로 보인다.
▶ 문제 해결 방법은?
이 문제를 해결하기 위해서는 먼저 [A]를 중심으로 각 선택지에 제시된 표현이 사용되었는지 확인한 다음, [B]에서 사용된 표현의 사용 여부를 판단하면 된다. 즉 [A]를 통해 선택지 ①~⑤에 제시된 표현이 사용되었음을 확인한 뒤, 이들 중에서 [B]에만 사용된 것이 무엇인지 파악하면 된다. 이렇게 볼 때, [A]에서는 '~을 ~거든 ~고'라고 유사한 문장 구조가 사용되어 있고, [B]에서도 '~처럼 ~사람도 있고'를 통해 유사한 문장 구조가 사용되었음을 알 수 있어서 ④가 적절함을 알 수 있다. 한편 학생들 중에는 간혹 표현상 특징을 묻는 문제를 틀리는 경우가 있는데, 평소 문제에 자주 출제되는 기본적인 용어, 가령 '대조적 의미, 반어법, 역설법, 문장 구조 반복, 말을 건네는 어투' 등에 대해 대해서 정확히 정리하여 이해할 수 있어야 한다.
▶ 오답인 ②를 많이 선택한 이유는?
이 문제의 경우 학생들이 ②가 적절하다고 하여 오답률이 높았는데, 이 역시 '감정 이입'에 대해 정확히 이해하지 못했기 때문으로 보인다. '감정 이입'은 말 그대로 자연물에 화자의 감정을 이입하여 표현한 것이므로, 화자의 감정이 작품에 드러나야 한다. 하지만 [B]에서는 '사람'을 자연물에 빗대어 표현하고 있지, 자연물에 글쓴이 자신의 감정을 담아 제시하지는 않고 있으므로 적절하지 않다. 이처럼 문학의 주요 용어를 정확히 이해하지 못하고 있으면 실수하는 경우가 많을 수 있으므로 평소 정확히 이해해 두도록 한다.

---

25 글쓴이의 태도 파악　정답률 80% | 정답 ④

(나)의 글쓴이에 대한 이해로 적절한 것만을 고른 것은?

ㄱ. 자연과 대비되는 인간의 유한성을 자각한다.
ㄴ. 사람들이 서로 더불어 사는 세상을 긍정한다.
ㄷ. 주장을 굽히지 않는 삶을 살았던 자신을 반성한다.
ㄹ. 세상에는 갈등을 중재할 사람이 필요하다고 생각한다.

① ㄱ, ㄴ   ② ㄱ, ㄷ   ③ ㄴ, ㄷ   ✔④ ㄴ, ㄹ   ⑤ ㄷ, ㄹ

ㄱ. 자연과 대비되는 인간의 유한성을 자각한다.
  (나)에서 글쓴이가 자연과 대비되는 인간의 유한성을 자각하는 내용은 찾아볼 수 없다.

ㄴ. 사람들이 서로 더불어 사는 세상을 긍정한다.
  (나)에서 글쓴이는 '이 명료한 문장을 읽고 있으면 사람이 떼를 이루어 사는 세상의 풍경이 한눈에 들어오는 것만 같다.'라고 말하고 있는데, 이는 사람들이 서로 더불어 사는 세상을 긍정하는 태도가 표출된 것으로 볼 수 있다.

ㄷ. 주장을 굽히지 않는 삶을 살았던 자신을 반성한다.
  (나)에서 글쓴이가 주장을 굽히지 않는 삶을 살았다는 내용은 찾아볼 수 없다.

ㄹ. 세상에는 갈등을 중재할 사람이 필요하다고 생각한다.
  글쓴이는 '의견이 맞지 않아 다툴 때 그 대화의 매정한 분위기를 무너뜨려 주는 사람'을 '잔돌 같은 사람'이라 말하면서 그러한 존재가 필요하다는 생각을 드러내고 있다.

---

26 외적 준거에 따른 구절의 이해
정답률 71% | 정답 ①

〈보기〉를 참고할 때 (가)의 ㉠ ~ ㉤에 대한 이해로 적절하지 않은 것은?

─── 〈보 기〉 ───
「고공답주인가」는 고공(종)이 상전에게 답을 하는 형식을 통해 국가 경영을 집안 다스리는 일에 빗대어 표현하고 있다. 이 작품에서 상전은 왕, 종은 신하를 가리키는데, 화자는 임진왜란으로 인해 나라가 황폐해지고 위계질서가 무너진 상황에서 당파 싸움만 일삼으며 재물을 탐하는 신하들을 비판하고 있다. 그리고 국가를 경영하는 왕으로서의 책임을 강조하고 있다.

✔① ㉠ : 나라가 황폐해진 상황이 예전부터 지금까지 이어지고 있다는 것을 드러내고 있다.
  ㉠의 '우리 댁 살림이 예부터 이렇던가'는 설의법이 사용된 문장에 해당하므로, 이를 고려하면 ㉠은 예전에는 살림이 이렇지 않음을 말한 것으로 볼 수 있다. 따라서 나라가 황폐해진 상황이 예전부터 지금까지 이어지고 있다고 보는 것은 적절하지 않다.

② ㉡ : 상하의 위계질서가 무너져 신하들의 기강이 해이해진 상황을 나타내고 있다.
  ㉡에서 '소 먹이는 아이들'이 자신보다 지위가 높은 '상마름'을 능욕하는' 것은 상하의 위계질서가 무너져 신하들의 기강이 해이해진 상황을 나타낸 것으로 볼 수 있다.

③ ㉢ : 나라를 돌보는 일을 외면한 채 부정한 방법으로 재물을 탐하는 신하들의 모습을 드러내고 있다.
  ㉢의 '그릇된 재산 모아 다른 꾀로 제 일하'는 것은 부정한 방법으로 재물을 탐하는 신하들의 모습을 나타낸 것으로 볼 수 있다.

④ ㉣ : 시도 때도 없는 당파 싸움으로 인해 혼란스러운 조정의 모습을 나타내고 있다.
  ㉣에서 '풀어헤치거나 맺히거나'는 당파를 결성하는 모습을, '헐뜯거니 돕거니'는 서로 다른 당파끼리 당쟁을 하는 모습을 나타낸 것이라 할 수 있다. 그리고 '하루 열두 때 어수선을 핀 것'은 당파 싸움으로 인해 혼란스러운 조정의 모습을 나타낸 것으로 볼 수 있다.

⑤ ㉤ : 나라가 어지러워진 책임이 신하뿐만 아니라 왕에게도 있다는 인식을 드러내고 있다.
  ㉤에서 '돌이켜 생각하니 상전님 탓이로다'라고 말하고 있는데, 이는 나라가 어지러운 책임이 왕에게도 있다는 인식을 드러낸 것으로 볼 수 있다.

---

27 외적 준거에 따른 작품의 감상
정답률 75% | 정답 ④

〈보기〉를 바탕으로 (가), (나)를 감상한 내용으로 적절하지 않은 것은? [3점]

─── 〈보 기〉 ───
전체는 구성 요소들의 집합체이다. 그러므로 전체를 이루는 구성 요소들은 그 자체로는 두드러지지 않을지라도 전체를 위해 없어서는 안 되는 존재이다. 그리고 다양성을 지닌 구성 요소들은 각각의 역할을 능동적으로 수행할 때 존재의 의미를 획득하게 되고 전체는 조화로운 모습을 이루게 된다.

① (가)의 '가도'가 바로 선 집안은 구성 요소들이 어우러져 조화로운 모습을 갖춘 전체를 의미한다고 볼 수 있겠군.
  '가도'는 '집안의 법도'를 의미하므로 가도가 바로 선 집안은 집안을 이루는 구성 요소들이 어우러져 조화로운 모습을 갖춘 것으로 볼 수 있다.

② (나)의 '탑'이 '수평을 이루게' 하는 '잔돌'은 두드러지지 않지만 전체를 위해 없어서는 안 될 구성 요소로 볼 수 있겠군.
  '탑'이 '수평을 이루게' 하기 위해 필요한 '잔돌'은 그 자체로는 두드러지지 않은 존재로 볼 수 있다. 하지만 잔돌이 없으면 돌탑이 수평을 이루지 않게 될 수 있으므로 전체를 위해 없어서는 안 될 구성 요소로 볼 수 있다.

③ (가)의 '낮잠만 자'는 종과 달리 (나)의 '스스로' 핀 꽃은 능동적으로 존재의 의미를 획득한 구성 요소로 볼 수 있겠군.
  '낮잠만 자는 종'은 자신에게 주어진 역할을 제대로 하지 않아 존재의 의미를 획득하지 못한 구성 요소로 볼 수 있다. 이와 달리 '스스로의 생명력으로' 핀 꽃은 세세하고 능동적인 존재의 움직임을 보여 주고 있으므로 능동적으로 존재의 의미를 획득한 구성 요소로 볼 수 있다.

✔④ (가)의 '먹고 입으며 드나드는'과 (나)의 '서로 업고 업혀서'는 다양성을 지닌 존재들의 필요성을 강조한 것으로 볼 수 있겠군.
  (가)의 '먹고 입으며 드나드는'은 종의 행동을 나타낸 말로, 이를 다양성을 지닌 존재들의 필요성을 강조한 것으로 해석하는 것은 적절하지 않다. 이와 달리 (나)의 '서로 업고 업혀서'는 큰 돌과 잔돌이 모두 필요하다는 생각을 드러낸 것이므로 다양성을 지닌 존재들의 필요성을 강조한 것으로 볼 수 있다.

⑤ (가)의 '크게 기운 집'은 구성 요소들이 역할을 제대로 수행하지 않은 결과로, (나)의 '기우뚱하는 돌탑'은 필요한 구성 요소들이 제대로 갖추어지지 않은 결과로 볼 수 있겠군.
  '크게 기운 집'은 집안을 이루는 구성 요소들이 자신에게 주어진 역할을 제대로 하지 않아서 생기는 결과로 볼 수 있다. '기우뚱하는 돌탑'은 돌탑이 수평을 이루게 하기 위해 필요한 큰 돌이나 잔돌이 없을 때 발생할 수 있는 결과이므로, 이는 필요한 구성 요소들이 제대로 갖추어지지 않은 결과로 볼 수 있다.

28~33 인문

(가) 권석만, '인간 이해를 위한 성격 심리학'

해제 이 글은 인간의 정신세계에서 무의식의 세계를 발견한 프로이트의 '정신분석이론'을 소개하고 있다. 프로이트는 인간에게 의식과는 다른 무의식 세계가 있다는 것을 발견하고, 이러한 무의식의 심연에는 '원초아'가, 무의식에서 의식에 걸쳐 '자아'와 '초자아'가 존재한다고 하였다. 이러한 원초아, 자아, 초자아는 역동적으로 상호작용하며 개인의 성격을 형성한다. 자아는 원초아와 초자아의 요구 사이에서 이를 조정하는 역할을 하는데, 이 역할을 제대로 하지 못하면 정신 요소 간의 균형이 무너지고 자아는 불안감이 생긴다. 자아는 이를 해소하기 위해 방어기제를 사용한다. 또한 어린 시절 해소되지 않은 심리적 갈등은 성인이 되어 재현되므로 이를 해소하기 위해서는 무의식에 내재된 과거의 상처를 의식의 세계로 끌어내는 과정이 필요하다.

주제 인간의 정신세계를 규명하려 한 프로이트의 정신분석이론

문단 핵심 내용

1문단	프로이트의 정신분석이론의 소개
2문단	무의식의 정신세계를 이루는 원초아, 자아, 초자아
3문단	상호작용하며 개인의 성격을 형성하는 원초아, 자아, 초자아
4문단	성인의 정신 질환을 치료하기 위해 내세운 프로이트의 주장

(나) 이부영, '분석심리학 이야기'

해제 이 글은 프로이트와 다른 관점에서 인간의 정신세계를 설명한 융의 '분석심리학'을 소개하고 있다. 융은 인간의 정신세계가 의식, 개인 무의식, 집단 무의식으로 이루어져 있다고 보았다. 의식은 인간이 직접 인식할 수 있는 영역이고 여기에는 '자아'가 존재한다. 개인 무의식은 의식에 의해 배제된 생각, 감정, 기억 등이 존재하는 영역이다. 집단 무의식은 태어날 때부터 지니고 있는 원초적이고 보편적인 무의식으로 집단 무의식의 가장 안쪽에는 '자기'가 존재하는데 이는 개인의 근원적인 모습이다. 인간은 이러한 무의식을 의식화하는 과정을 통해 자기를 발견하고 비로소 타인과 구별되는 고유한 존재가 될 수 있는데, 이를 개별화라 한다.

주제 인간의 정신세계를 설명한 융의 분석심리학

문단 핵심 내용

1문단	프로이트의 이론과 구별되는 융의 분석심리학 소개
2문단	의식, 개인 무의식, 집단 무의식에 대한 융의 생각
3문단	융의 개별화 및 개별화가 이루어지는 과정

---

28 서술상 공통점 파악
정답률 63% | 정답 ②

(가), (나)의 공통점으로 가장 적절한 것은?

① 인간의 무의식을 주장한 이론에 대한 상반된 평가를 제시하고 있다.
  (가)와 (나) 모두 인간의 무의식을 주장한 이론에 대해 설명하고 있지만, 이에 대한 상반된 평가를 제시하지는 않고 있다.

✔② 기존과 다른 관점에서 인간의 정신세계를 설명한 이론을 소개하고 있다.
  (가)에서는 인간의 정신세계가 의식으로 이루어져 있다고 설명한 분트의 실험심리학을 언급하면서, 이와 다른 관점에서 인간의 정신세계가 의식과 무의식으로 이루어져 있다고 설명한 프로이트의 정신분석이론을 소개하고 있다. 그리고 (나)에서는 무의식을 의식에서 수용할 수 없는 원초적 욕구나 해결되지 못한 갈등의 창고로 본 프로이트와 달리 무의식을 인간이 잠재적 가능성을 실현할 때 필요한 창조적인 에너지의 샘으로 해석한 융의 분석심리학을 소개하고 있다. 따라서 (가), (나) 모두 기존과 다른 관점에서 인간의 정신세계를 설명한 이론을 소개하고 있음을 알 수 있다.

③ 인간의 무의식을 설명한 이론이 등장하게 된 역사적 사건을 소개하고 있다.
  (가)와 (나) 모두 인간의 무의식을 주장하는 이론에 대해 설명하고 있지만, 이 이론이 등장하게 된 역사적 사건을 소개하지는 않고 있다.

④ 인간의 정신 질환을 분류하고 각각의 특징을 설명한 이론을 제시하고 있다.
  (가)와 (나) 모두 인간의 정신 질환을 분류하지는 않고 있다.

⑤ 인간의 정신세계를 설명한 이론이 다른 학문 영역에 미친 영향을 분석하고 있다.
  (가)와 (나) 모두 인간의 정신세계를 설명하고 있지만 그것이 다른 학문 영역에 미친 영향을 분석하지는 않고 있다.

---

29 세부 정보의 확인
정답률 75% | 정답 ⑤

(가)의 내용과 일치하지 않는 것은?

① 분트는 인간의 정신세계가 의식으로만 구성되어 있다고 보았다.
  1문단의 '분트는 인간의 정신세계가 의식으로 이루어져 있다고 보고'를 통해 알 수 있다.

② 프로이트는 인간을 무의식의 지배를 받는 비합리적 존재로 여겼다.
  1문단의 '인간을 무의식의 지배를 받는 비합리적 존재로 간주하고'를 통해 알 수 있다.

③ 프로이트는 원초아가 강할 때 본능적인 욕구에 집착하는 성격이 나타난다고 생각했다.
  3문단의 '원초아가 강할 때는 본능적인 욕구에 집착하는 충동적인 성격'을 통해 알 수 있다.

④ 프로이트는 세 가지 정신 요소들이 상호작용하면서 개인의 성격이 형성된다고 보았다.
  3문단의 '원초아, 자아, 초자아는 역동적으로 상호작용하면서 개인의 성격을 형성한다.'를 통해 알 수 있다.

✔⑤ 프로이트는 의식적으로 사용하는 방어기제와 무의식적으로 사용하는 방어기제를 구분하였다.
  1문단의 '만일 자아가 제 역할을 하지 못하면 정신 요소의 균형이 깨져 불안감이 생기는데, 자아는 이를 해소하기 위해 무의식적으로 방어기제를 사용하게 된다.'를 통해, 프로이트가 의식적으로 사용하는 방어기제를 무의식적으로 사용하는 방어기제와 구분하였다는 내용은 적절하지 않다.

(가)의 '프로이트'와 (나)의 '융'의 관점에서 〈보기〉를 이해한 내용으로 적절하지 않은 것은? [3점]

〈보 기〉

[헤르만 헤세의 연보]

○ 1877 : 기독교인다운 엄격한 생활을 중시하는 경건주의 집안에서 태어남. ········ ㉠

○ 1881 ~ 1886 : 자유분방한 기질로 인해 엄한 아버지의 교육 방식에 반항하며 불안감을 느낌. ····· ㉡

○ 1904 ~ 1913 : 잠재된 문학적 재능을 발휘하여 왕성하게 작품 창작을 하며 불안에서 벗어남. ····· ㉢

○ 1916 ~ 1919 : 아버지의 죽음을 접하고 심한 우울증을 경험함. ········ ㉣

○ 1945 ~ 1962 : 성찰적 글쓰기 활동 속에서 심리적 안정감을 느끼며 여생을 보냄. ····· ㉤

○ 1962 : 몬타뇰라에서 죽음.

① ㉠ : 프로이트는 엄격한 집안 분위기가 헤세의 초자아가 발달하는 데 영향을 주었다고 보겠군.
　(가)의 프로이트에 따르면 어린 시절 부모의 종교나 가치관 등을 내재화하는 과정에서 헤세의 초자아는 발달하게 되므로 적절하다.

② ㉡ : 프로이트는 헤세의 불안감을 원초아와 초자아의 요구를 자아가 제대로 조정하지 못한 결과라고 보겠군.
　(가)의 프로이트에 따르면 헤세의 불안감은 타고난 자유분방한 기질에서 비롯된 원초아의 요구와 엄한 아버지의 교육으로 내재화된 초자아의 요구 사이에서 자아가 이를 조정하지 못해 생긴 것으로 볼 수 있다.

③ ㉢ : 프로이트는 헤세의 왕성한 창작 활동을 승화로, 융은 이를 무의식의 창조적 에너지가 발현된 것으로 보겠군.
　(가)의 프로이트에 따르면 헤세의 작품 창작은 어린 시절 생겨난 불안감을 무의식적으로 해소하려는 '승화'의 방어기제로 볼 수 있다. (나)의 융에 따르면 헤세의 작품 창작 활동은 무의식의 창조적 에너지가 발현되어 헤세의 잠재된 문학적 재능을 실현한 것으로 볼 수 있다.

✔④ ㉣ : 프로이트는 헤세의 우울증을 유년기의 불안이 재현된 것으로, 융은 이를 자아와 그림자가 통합된 것으로 보겠군.
　(가)의 프로이트에 따르면 〈보기〉에 제시된 헤세의 우울증은 유년기에 느낀 불안감의 재현으로 볼 수 있다. 그리고 (나)의 융에 따르면 자아가 자기를 찾아가는 과정에서 정신세계를 구성하는 그림자, 그리고 여러 원형들이 대립에서 벗어나 하나의 정신으로 통합되므로, 자아와 그림자의 통합은 내면의 성숙과 관련이 있다. 따라서 헤세의 우울증을 자아와 그림자가 통합된 것이라고 융은 보지 않았을 것임을 알 수 있다.

⑤ ㉤ : 융은 헤세가 성찰하는 글쓰기 활동을 통해 자기를 발견하는 과정에서 심리적 안정감을 느낀 것으로 보겠군.
　(나)의 융에 따르면 헤세가 심리적 안정감을 느낀 것은 성찰하는 글쓰기 활동을 통해 자기를 발견하는 과정에서 내면이 점점 성숙해졌기 때문이라고 볼 수 있다.

(가)의 정신분석이론과 (나)의 분석심리학에서 모두 동의하는 진술로 가장 적절한 것은?

① 자아는 의식과 무의식의 세계에 걸쳐서 존재한다.
　(가)의 정신분석이론에서 자아는 의식과 무의식의 세계에 걸쳐서 존재한다고 진술하고 있지만, (나)의 분석심리학에서 자아는 의식의 세계에 존재한다고 진술하고 있으므로 적절하지 않다.

② 무의식은 성적 에너지로만 이루어진 정신 요소이다.
　(가)의 정신분석이론에서 원초아가 성적 에너지를 바탕으로 한다고 진술하고 있지만, (나)의 분석심리학에서 무의식은 창조적인 에너지의 샘이라고 진술하고 있다.

③ 무의식은 개인의 경험을 초월해 원형의 형태로 유전된다.
　(나)의 분석심리학에서 집단 무의식은 진화를 통해 축적되어 온 인류의 경험이 '원형'의 형태로 존재한다고 진술하고 있지만, (가)에서는 그러한 내용이 언급되어 있지 않으므로 적절하지 않다.

④ 무의식에는 자아에 의해 억압된 열등한 자아가 존재한다.
　(나)의 분석심리학에서 그림자를 자아에 의해 억압된 '또 하나의 나'라고 설명하고 있지만 이를 '열등한 자아'라고 볼 수 없다. 또한 (가)의 정신분석이론에서는 무의식에 자아에 의해 억압된 열등한 자아가 존재한다는 설명은 나타나 있지 않다.

✔⑤ 정신적 균형을 이루기 위해서는 자아의 역할이 중요하다.
　(가)에 제시된 프로이트의 정신분석이론을 통해 자아는 원초아와 초자아의 요구 사이에서 이를 조정하는 역할을 하기 때문에 정신적으로 균형을 이루기 위해서는 자아의 발달이 중요함을 알 수 있다. 그리고 (나)에 제시된 융의 분석심리학을 통해 정신세계를 구성하는 각 요소들이 통합되어 정신적 균형을 이루기 위해서는 의식에 존재하는 자아가 끊임없이 무의식과 상호작용하며 무의식을 의식화하는 과정이 필요함을 알 수 있다. 따라서 두 이론 모두 정신세계의 균형을 이루기 위해 자아의 역할을 중요하게 보고 있다고 할 수 있다.

㉠을 이해한 내용으로 가장 적절한 것은?

① 의식의 확장을 통해 타인과의 경계를 허무는 과정이다.
　의식의 확장을 통해 타인과 구별되는 고유한 존재가 되어 가는 과정이므로 타인과의 경계를 허무는 과정이라 할 수 없다.

✔② 자신의 근원적인 모습을 찾아 나가는 개별화의 과정이다.
　㉠은 의식에 존재하는 자아가 무의식과 끊임없이 상호 작용하여 타인과 구별되는 고유한 존재가 되는 개별화의 과정을 의미한다고 할 수 있다.

③ 의식에 의해 발견된 무의식의 욕구가 억눌리는 과정이다.
　㉠은 무의식의 영역을 의식으로 통합하면서, 정신세계를 이루는 정신 요소들이 하나로 통합되면서 균형을 이루는 과정이므로, 의식에 의해 발견된 무의식의 욕구가 억눌리는 과정으로 볼 수 없다.

④ 무의식이 의식에서 분화되어 정체성이 실현되는 과정이다.
　정체성의 실현은 무의식이 의식에서 분화됨으로써 이루어지는 것이 아니라 무의식과 의식의 통합을 통해 이루어진다.

⑤ 과거의 경험들을 반복함으로써 성격이 형성되는 과정이다.
　과거의 경험들을 반복하는 것은 '무의식을 의식화하는 과정'과 무관하다.

ⓐ ~ ⓔ의 사전적 의미로 적절하지 않은 것은?

① ⓐ : 어떤 사실을 자세히 따져서 바로 밝힘.

✔② ⓑ : 주기적으로 자꾸 되풀이하여 돎.
　'전환'의 사전적 의미는 '다른 방향이나 상태로 바뀌거나 바꿈.'이다. '주기적으로 자꾸 되풀이하여 돎.'의 사전적 의미를 지닌 단어는 '순환'이다.

③ ⓒ : 큰 관심 없이 대강 보아 넘김.

④ ⓓ : 받아들이지 아니하고 물리쳐 제외함.

⑤ ⓔ : 서로 얼굴을 마주 보고 대함.

윤흥길, 「아이젠하위에게 보내는 멧돼지」

감상 이 작품은 윤흥길의 「소라단 가는 길」에 실려 있는 연작소설 중 한 편으로, 하인철이란 인물이 6·25 전쟁 당시 유년 시절의 체험을 고향 친구들에게 들려주는 액자 소설의 형식으로 되어 있다. 어린 '나'의 순진한 시각을 통해 창권이 형의 활약과 몰락의 과정을 전달함으로써 전쟁의 폭력성과 이데올로기 대립의 참혹성에 대해 생각해 보게 하고 있다. 한편 몰락하게 되는 창권이 형의 모습을 통해 어리석은 인물이 가진 욕망의 허망함을 풍자하고 있다.

주제 전쟁의 폭력성과 이데올로기 대립의 참혹성

윗글에 대한 설명으로 가장 적절한 것은?

✔① 이야기 내부 인물이 중심인물의 행동과 그에 대한 자신의 생각을 서술하고 있다.
　이 글은 작품 전체의 내화 중 일부로, 이야기 내부 인물인 '나'가 중심인물인 창권이 형의 행동과 그에 대한 자신의 생각을 전달하고 있다.

② 이야기 내부 인물이 인물과 인물 사이의 갈등을 해소하는 과정을 보여 주고 있다.
　이야기 내부 인물인 '나'와 창권이 형, '나'와 어머니, 창권이 형과 어머니 사이의 갈등을 해소하는 과정은 나타나지 않는다.

③ 이야기 내부 인물이 과거와 현재를 반복적으로 교차하며 자신의 경험을 전달하고 있다.
　이야기 내부 인물인 '나'가 자신의 경험을 전달하고는 있으나, 과거와 현재를 반복적으로 교차하며 전달하지는 않고 있다.

④ 이야기 외부 서술자가 특정 소재와 관련된 인물의 내면 심리를 묘사하고 있다.
　이 글을 통해 '회중시계와 관련한 '나'의 느낌을 서술한 부분은 찾아볼 수 있지만, 이 글의 서술자는 이야기 내부의 등장인물인 '나'이므로 적절하지 않다.

⑤ 이야기 외부 서술자가 서로 다른 공간에서 동시에 일어나는 사건들을 나열하고 있다.
　이 글의 서술자는 등장인물인 '나'이고, 서로 다른 공간에서 동시에 일어나는 사건이 나열되지도 않고 있으므로 적절하지 않다.

윗글을 읽고 알 수 있는 내용이 아닌 것은?

① '나'는 궐기대회가 끝나기 전 친구들과 도중에 나온 적이 있었다.
　'나'는 '친한 녀석들을 데리고 몰래 광장을 빠져나와 걸구대가 끝날 때까지 우리 식당에서 즐거운 시간을 함께 보낸 적이 종종 있었다.'

✔② '나'는 창권이 형이 궐기대회에서 혈서를 쓴 사실을 어머니를 통해 전해 들었다.
　이 글에서 '나'는 궐기대회에서 군복 차림의 인물이 연단에 오른 것을 직접 보고 눈에 익은 사람이라고 생각했고, 식당에 돌아온 창권이 형이 열 손가락에 붕대를 감고 있는 것을 보고 연단에 올랐던 인물이 창권이 형임을 확실히 알게 된다. 따라서 '나'가 어머니에게 창권이 형이 궐기대회에서 혈서를 쓴 사실을 들은 것이 아니다.

③ 창권이 형은 열혈 애국 청년 노릇으로 바빠지게 되자 식당 심부름꾼으로 일할 겨를이 없었다.
　창권이 형은 '혈서를 쓰는 열혈 애국 청년 노릇'에 바쁘다 보니 '식당 안에 진드근히 붙어 있을 겨를'이 없었다.

④ 창권이 형은 퇴원 후 어머니에게 노골적인 박대를 받던 끝에 고향으로 돌아갈 결심을 했다.
　창권이 형이 퇴원한 뒤 어머니가 그를 '눈엣가시로 알고 노골적으로 박대했'으며, 창권이 형은 '눈칫밥이나 축내며 지내던 어느 날' '마침내 시골집으로 돌아갈 결심을 굳혔'다.

⑤ 어머니는 창권이 형이 궐기대회에서 박수갈채를 받으며 애국 학도로 행세하는 것을 못마땅하게 여겼다.
　창권이 형이 쓴 혈서가 궐기대회에서 공개될 때 '박수갈채'를 받았다고 했고, 어머니는 '형의 그 가짜배기 애국 학도 행각을 애초부터 끝갈잖게 여'겼다고 했으므로, 어머니는 창권이 형이 궐기대회에서 애국학도로 행세하는 것을 못마땅하게 여겼음을 알 수 있다.

㉠에 대한 이해로 가장 적절한 것은?

① 빛나는 교표로는 오히려 창권이 형의 능청스러운 성격을 은폐하기 어려움을 의미한다.
　창권이 형의 능청스러운 성격은 교표를 통해 은폐하고자 하는 대상이 아니다.

② 교표가 빛이 날수록 오히려 창권이 형이 자신의 행동을 부끄럽게 생각할 수 있음을 의미한다.
　창권이 형은 교표를 정성스럽게 닦으며 스스로 '진짜배기 고등학생으로 착각하고 있는 기색'이었고, 스스

로 '가짜배기 나이롱 고등과 학생'이라며 '천연덕스레' '히히거'리며 말하는 등 자신의 행동을 부끄러워하는 모습을 보이지 않는다.

③ 번뜩이는 교표로 인해 궐기대회에서 창권이 형이 맡는 역할이 오히려 축소될 수 있음을 의미한다.

교표는 궐기대회에서 남들의 시선을 고려하여 창권이 형을 고등학생으로 보이게 하기 위한 것이고 이후 교표 때문에 창권이 형이 궐기대회에서 맡은 역할이 축소되지도 않았다.

④ 교표를 정성스럽게 닦는 행위 때문에 오히려 창권이 형이 불안감을 더 크게 느끼게 됨을 의미한다.

창권이 형은 교표를 정성스럽게 닦으며 자신의 학력 위조에 대해 불안감을 느끼는 모습을 보이지 않는다.

☑ 지나치게 새것으로 보이는 교표 때문에 오히려 창권이 형의 학력 위조가 쉽게 탄로 날 수 있음을 의미한다.

이 글에서 '교표'는 창권이 형의 학력을 위장하기 위한 장치에 해당하는 것으로, 창권이 형은 이런 교표를 '안 그래도 새것임을 만천하에 광고하듯' 광을 내고 있다. 따라서 ⊙은, 교표가 너무 번뜩이면 새것으로 보이는 교표가 눈에 띄게 부자연스럽게 보여 창권이 형이 가짜 고등학생이라는 것이 쉽게 탄로 날 수 있음을 의미한다고 할 수 있다.

★★★ 등급을 가르는 문제!

37 외적 준거에 따른 작품 감상　정답률 57% | 정답 ⑤

〈보기〉를 바탕으로 윗글을 감상한 내용으로 적절하지 않은 것은? [3점]

――――〈보 기〉――――
이 작품은 6·25 전쟁으로 인해 혼란해진 사회를 배경으로 한다. 창권이 형은 궐기대회에서 애국 학도로 활약하게 되는 과정에서 권력층에 편승하는 모습을 보인다. 정치적 목적을 위해 대중을 기만하는 권력층에 이용당하다 결국 몰락하게 되는 창권이 형을 통해 어리석은 인물이 가진 욕망의 허망함을 풍자하고 있다. 그리고 궐기대회에서 벌어지는 일을 제대로 이해하지 못하는 어린 '나'를 통해 궐기대회가 희화화된다.

① '멧세지'를 보내는 것을 '멧돼지 보내기'로 오해한 '나'를 통해 궐기대회가 희화화 되는군.

'나'는 어리기 때문에 '멧세지'가 무엇인지 몰라 '멧돼지'로 오해한다. 이러한 '나'의 오해는 궐기대회에서 주장되는 비장한 멧세지를 우스꽝스러운 대상으로 만들어버리고 웃음을 유발한다.

② '좀체 아물 새가 없'는 '손가락들'은 표면적으로는 애국심의 증거이지만 이면적으로는 창권이 형이 권력층에 이용당하는 인물임을 엿볼 수 있게 하는군.

궐기대회의 사회자가 '열 손가락을 모조리 깨물어 혈서를 쓴' 창권이 형을 '열혈 애국 청년'으로 소개하므로 창권이 형의 '손가락들'은 애국심의 증거로 볼 수 있다. 그러나 혈서를 쓰느라 그의 손가락이 '좀체 아물 새가 없'다는 것은 창권이 형이 궐기대회에 모인 군중들의 애국심을 고양하기 위해 이용되는 피해자이기도 하다는 것을 드러낸다.

③ '고등과 학생 숭내를 내고 댕기'라고 지시하는 것에서 자신들의 목적을 위해 대중을 속이는 권력층의 부정적 면모가 드러나는군.

창권이 형은 아침 일찍 '높은 사람들'을 만나러 갔다가 '고등학생으로 변해' 돌아온다. 국민학교 졸업에 불과한 인물이 궐기대회에서 하는 말을 신뢰하지 않을까 봐 권력층이 그에게 고등학생 흉내를 내라고 지시했다는 점에서 목적을 위해 대중을 속이는 권력층의 부정적 면모가 드러난다.

④ '시위대의 선두에 섰'다가 '중상을 입'은 비극을 통해 권력층에 편승하려는 창권이 형의 부질없는 욕망이 풍자되고 있군.

창권이 형이 '시위대의 선두에' 선 것은 권력층에 편승하여 애국 학도로서 인정을 받고자 한 욕망에서 나온 행동으로 볼 수 있다. 그런데 결국 '만용'을 부려 인대가 끊어지는 중상을 입는 비극으로 끝남으로써 그의 욕망이 부질없음이 드러난다는 점에서 풍자의 대상이 된다.

☑ '유일한 전리품'이었던 '회중시계'는 전쟁 시기에 애국 학도로서의 신념을 지키지 못한 창권이 형의 고뇌를 상징하는군.

'나'는 '회중시계'가 창권이 형의 '금빛 찬란하던 한 때'를 '증언하는' 듯하다고 했다. 그리고 창권이 형은 애국학도로서의 신념을 지키지 못한 것은 아니라서, 창권이 형에게 '유일한 전리품'으로 남겨진 '회중시계'가 전쟁 시기에 애국 학도로서의 신념을 지키지 못한 창권이 형의 고뇌를 상징한다고 보기 어렵다.

★★ 문제 해결 꿀~팁 ★★

▶ 많이 틀린 이유는?
이 문제는 글에 제시된 소재나 구절을 〈보기〉와 연관하여 이해하는 데 어려움을 겪어 오답률이 높았던 것으로 보인다. 특히 글의 중심인물인 '창권이 형'의 행동이 지니는 의미를 이해하지 못한 것도 오답률이 높았던 것으로 보인다.

▶ 문제 해결 방법은?
이 문제를 해결하기 위해서는 먼저 〈보기〉를 정확히 이해하면서, 글의 내용을 〈보기〉와 관련하여 제시한 선택지의 적절성을 판단하면 된다. 이때 주의할 점은 글의 내용을 정확하게 이해해야 한다는 점이다. 정답인 ⑤의 경우에 글의 내용을 바탕으로 '회중시계'의 의미와 '창권이 형'에 대해 정확히 이해해야 한다. 즉 피난민 시체로부터 받은 '회중시계'에 대해 '나'가 창권이 형의 '금빛 찬란하던 한 때'를 '증언하는' 듯하다고 하였음을 이해해야 한다. 이러한 글의 내용을 바탕으로 하면 '회중시계'가 전쟁 시기에 애국 학도로서의 신념을 지키지 못한 창권이 형의 고뇌를 상징하지 않음을 알 수 있다. 이처럼 〈보기〉를 바탕으로 작품을 감상하는 문제의 경우 글의 내용을 정확히 이해하지 못할 경우 잘못된 선택을 할 수 있으므로, 인물을 중심으로 글의 내용을 정확히 이해할 수 있도록 평소 훈련을 해야 한다.

▶ 오답인 ④를 많이 선택한 이유는?
이 문제의 경우 학생들이 ④가 적절하지 않다고 하여 오답률이 높았는데, 이는 글에 제시된 창권이 형의 모습을 〈보기〉와 연관하여 이해하는 데 어려움을 겪었기 때문으로 보인다. 즉, 이 글에서 창권이 형이 '시위대의 선두'에 선 이유, '중상을 입'고 창권이 형이 떠나는 의미를 〈보기〉와 연관하여 이해하지 못했기 때문으로 보인다. 만일 〈보기〉를 통해 창권이 형이 권력층에 편승하려는 인물이고, 몰락하게 되는 창권이 형을 통해 욕망의 허망함을 풍자하는 내용을 이해하였으면, ④의 선택지가 적절함을 알 수 있었을 것이다.

38~42　기술

이준엽, 'OLED 소재 및 소자의 기초와 응용'

해제 이 글은 OLED 소재를 사용한 스마트폰에서 화면 내부 기판에 반사되는 외부광을 차단하여

야외 시인성을 개선하기 위해 적용된 기술에 대해 설명하고 있다. 야외 시인성은 빛이 밝은 야외에서 대상을 명확하게 인식할 수 있는 성질을 의미하는데, 스마트폰에는 야외 시인성 개선을 위한 기술이 적용되어 있다.

스마트폰 화면의 명암비가 높으면 우리는 화면에 표현된 이미지를 선명하다고 인식하는데, 명암비는 흰색의 휘도를 검은색을 표현할 때의 휘도로 나눈 값이다. 외부광이 존재하는 환경에서 명암비를 높이면 야외 시인성을 높일 수 있는데, OLED 소자를 사용한 스마트폰에서는 편광판과 위상지연필름을 활용하여 검은색을 표현할 때의 휘도를 줄임으로써 스마트폰의 야외 시인성을 높인다.

주제 야외 시인성을 개선하기 위해 적용된 기술

문단 핵심 내용

1문단	야외 시인성 개선에 적용되는 기술에 대한 의문 제기
2문단	명암비의 이해
3문단	명암비의 종류−암실 명암비와 명실 명암비
4문단	OLED 스마트폰에 휘도를 낮추는 기술이 적용되는 이유
5문단	OLED 스마트폰에 적용된 편광판의 원리 이해
6문단	OLED 스마트폰에서 야외 시인성을 높이는 기술

★★★ 등급을 가르는 문제!

38 내용의 사실적 이해　정답률 56% | 정답 ①

윗글에서 알 수 있는 내용으로 가장 적절한 것은?

☑ 햇빛은 진행하는 방향에 수직인 모든 방향으로 진동한다.

5문단을 통해 일반적으로 빛이 진행하는 방향에 수직인 모든 방향으로 진동하며 나아감을 알 수 있다. 그리고 스마트폰에 적용된 편광판의 원리를 나타낸 〈그림〉과 6문단의 내용을 통해, 외부광은 편광판을 거치면서 일부가 차단되므로 외부광이 일반적인 빛에 해당된다는 사실을 확인할 수 있다. 또한 3문단을 통해 햇빛은 외부광에 해당함을 알 수 있으므로 햇빛이 진행하는 방향에 수직인 모든 방향으로 진동한다는 진술은 적절하다.

② OLED는 네 가지의 색을 조합하여 다양한 색을 구현한다.

4문단을 통해 OLED는 빨간색, 초록색, 파란색 빛을 조합하여 다양한 색을 구현함을 알 수 있다.

③ 사람의 눈에 들어오는 빛의 양이 많으면 휘도는 낮아진다.

2문단을 통해 휘도는 '화면에서 나오는 빛이 사람의 눈에 얼마나 들어오는지를 나타내는 양'임을 알 수 있으므로, 사람의 눈에 들어오는 빛의 양이 많으면 휘도는 높아진다고 할 수 있다.

④ 야외 시인성은 사물 간의 크기 차이를 비교하는 기준이다.

1문단을 통해 야외 시인성이 '빛이 밝은 야외에서 대상을 명확하게 인식할 수 있는 성질'임을 알 수 있으므로, 야외 시인성이 대상 간의 크기 차이를 비교하는 기준이라는 진술은 적절하지 않다.

⑤ OLED는 화면의 외부 표면에 반사되는 외부광을 차단한다.

4문단을 통해 OLED는 화면의 내부에 있는 기판에서 빛을 내는 역할을 하는 소자임을 알 수 있으므로, OLED가 화면의 외부 표면에 반사되는 외부광을 차단한다는 진술은 적절하지 않다.

★★ 문제 해결 꿀~팁 ★★

▶ 많이 틀린 이유는?
이 문제는 선택지에 제시된 내용이 글의 내용을 사실대로 제시하지 않고, 글의 내용을 바탕으로 변형하였거나 여러 문단의 정보를 활용하여 선택지를 만들어서 오답률이 높았던 것으로 보인다.

▶ 문제 해결 방법은?
최근 수능 문제에서는 내용의 사실 여부를 묻는 일치 문제보다 주어진 내용을 바탕으로 새로운 정보를 알아내거나 여러 정보를 종합하는 문제가 주로 출제되고 있다. 따라서 이러한 문제를 해결하기 위해서는 선택지의 내용과 관련된 정보가 어디에 있는지 일차적으로 확인하고, 이러한 정보를 바탕으로 선택지가 적절한지 판단할 수 있어야 한다.
가령 오답인 ③의 경우, 2문단을 통해 '화면에서 나오는 빛이 사람의 눈에 얼마나 들어오는지를 나타내는 양'이 휘도임을 확인하고, 이러한 내용을 바탕으로 사람의 눈에 들어오는 빛의 양이 많으면 휘도는 높아짐을 이끌어 내야 한다. 또한 정답인 ①의 경우, 3문단을 통해 햇빛은 외부광이라는 사실, 6문단을 통해 외부광이 일반적인 빛에 해당함을, 그리고 5문단을 통해 일반적으로 빛은 진행하는 방향에 수직인 모든 방향으로 진동하며 나아간다는 것을 확인하고, 이를 종합할 수 있어야 한다. 이렇게 볼 때, 내용 이해 문제를 해결하는 핵심은 선택지에 제시된 내용이 글의 어느 부분과 관련 있는지를 확인하는 것에 있으므로, 글을 읽을 때 주요 개념이나 내용에 대해서는 반드시 밑줄을 긋을 수 있도록 한다. 이렇게 해 두면 밑줄을 바탕으로 선택지의 내용이 어느 문단에 있는지 보다 쉽게 확인할 수 있는 이점이 있으므로 문제 해결에도 효율적일 수 있다.

39 세부 정보의 이해　정답률 64% | 정답 ②

⊙에 대한 설명으로 적절하지 않은 것은?

① 명실 명암비를 높이면 야외 시인성이 높아지게 된다.

3문단을 통해 스마트폰의 야외 시인성을 높이기 위해서는 명실 명암비를 높여야 함을 알 수 있다. 따라서 명실 명암비를 높이면 야외 시인성이 높아지게 됨을 알 수 있다.

☑ 흰색을 표현할 때의 휘도가 낮아질수록 암실 명암비가 높아진다.

2, 3문단을 통해 암실 명암비는 외부광이 존재하지 않는 조건에서, 화면이 흰색을 표현할 때의 휘도를 검은색을 표현할 때의 휘도로 나눈 값임을 알 수 있다. 따라서 흰색을 표현할 때의 휘도가 낮아질수록 암실 명암비도 낮아짐을 알 수 있다.

③ 휘도를 측정하는 환경에 따라 명실 명암비와 암실 명암비로 나뉜다.

3문단을 통해 암실 명암비와 명실 명암비는 휘도를 측정하는 환경에 따라 구분됨을 알 수 있다.

④ 흰색을 표현할 때의 휘도를 검은색을 표현할 때의 휘도로 나눈 값이다.

2문단을 통해 명암비는 흰색을 표현할 때의 휘도를 검은색을 표현할 때의 휘도로 나눈 값임을 알 수 있다.

⑤ 화면에 반사된 외부광이 눈에 많이 들어올수록 명실 명암비가 낮아진다.

1문단을 통해 화면에 반사된 햇빛이 화면에서 나오는 빛과 많이 혼재될수록 검은색을 표현할 때의 휘도가 높아져서 명실 명암비가 낮아짐을 알 수 있다.

ⓒ의 이유를 추론한 것으로 가장 적절한 것은?

① OLED가 내는 빛의 휘도를 조절할 수 없기 때문이다.
  4문단을 통해 OLED가 색을 표현할 때, 출력되는 빛의 세기를 높여 해당 색의 휘도를 높일 수 있음을 알 수 있으므로 적절하지 않다.

② OLED가 내는 빛이 강할수록 수명이 길어지기 때문이다.
  4문단을 통해 OLED가 강한 세기의 빛을 출력할수록 OLED의 수명이 단축됨을 알 수 있으므로 적절하지 않다.

☑ **OLED가 내는 빛 중 일부가 편광판에서 차단되기 때문이다.**
  ⓒ과 같은 단점이 발생하는 원인은 투과되는 빛의 세기를 감소시키는 편광판이 사용되기 때문이다. 편광판은 OLED에서 방출된 빛 중 편광판 투과축의 수직 방향으로 진동하는 빛을 차단시켜 빛의 세기를 감소시키는데, 이를 통해 OLED에서 방출된 빛이 외부광처럼 편광판에 일부 차단되어 빛의 세기가 줄어든다는 것을 추론할 수 있다.

④ OLED가 내는 빛이 약하면 명암비 계산이 어렵기 때문이다.
  빛의 세기를 높게 유지해야 하는 것은 명암비 계산을 어렵게 하는 것과는 관련이 없으므로 적절하지 않다.

⑤ OLED가 내는 빛의 세기를 높이는 데 한계가 있기 때문이다.
  4문단을 통해 빛의 세기를 높이는 데 한계가 있지만 이는 빛의 세기를 높게 유지하는 것과 관련이 없음을 알 수 있으므로 적절하지 않다.

★★★ 등급을 가르는 문제!

〈보기〉는 [A]의 과정을 나타낸 그림이다. 윗글을 바탕으로 〈보기〉를 이해한 내용으로 적절하지 **않은** 것은? [3점]

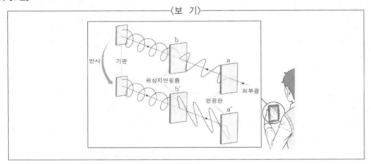

〈보 기〉

① 외부광은 a를 거치면서 투과축과 평행한 방향으로 진동하는 빛만 남게 된다.
  5, 6문단을 통해 외부광은 편광판을 거치면서 편광판의 투과축과 평행한 방향으로 진동하며 나아가는 선형 편광만 남음을 알 수 있다.

② a를 거쳐 b로 나아가는 빛은 진행 방향에 수직인 방향으로 진동한다.
  5, 6문단을 통해 편광판을 거쳐 위상지연필름으로 나아가는 빛은 선형 편광임을 알 수 있고, 선형 편광은 진행하는 방향에 수직인 빛 중 편광판의 투과축과 평행한 방향으로 진동하며 나아가는 빛이다.

☑ **b를 거친 빛은 기판에 의해 a를 거쳐 b로 나아가는 빛과 같은 형태의 편광으로 바뀌게 된다.**
  b를 거친 빛은 원형 편광이며, a를 거쳐 b로 나아가는 빛은 선형 편광이므로, 둘은 같은 형태의 편광이 아니다. 또한 기판은 편광의 형태를 바꾸지 않으므로, b를 거친 빛이 a를 거쳐 b로 나아가는 빛과 같은 형태의 편광으로 바뀐다는 진술은 적절하지 않다.

④ b′를 거친 빛의 진동 방향은 a를 거쳐 b로 나아가는 빛의 진동 방향과 수직을 이룬다.
  6문단을 통해 기판에 반사되어 다시 위상지연필름을 통과한 빛의 진동 방향은 외부광이 처음 편광판을 통과했을 때 남은 선형 편광의 진동 방향과 수직을 이룸을 알 수 있다.

⑤ b′를 거친 빛은 진동 방향이 a′의 투과축과 수직을 이루므로 화면 밖으로 빠져 나가지 못하게 된다.
  6문단을 통해 기판에 반사되어 다시 위상지연필름을 통과한 빛의 진동 방향은 편광판 투과축의 수직 방향임을 알 수 있다.

★★ 문제 해결 꿀~팁 ★★

▶ 많이 틀린 이유는?
이 문제는 글의 내용, 즉 [A]에 제시된 내용을 실제 그림에 적용하는 것에 어려움을 겪어 오답률이 높았던 것으로 보인다.
▶ 문제 해결 방법은?
학생들 중, 특히 문과에 속하는 학생들이 가장 어려워하는 것이 과학·기술이고, 그중에서도 그림이 나온 문제를 제일 어려워한다. 그런데 사실 이러한 문제의 경우 그림과 관련된 정보가 글에 제시되어 있으므로, 글의 내용에 따라 그림을 이해하고 있는 선택지의 내용을 글과 직접 연관시키면 생각보다 쉽게 문제를 해결할 수 있다.
가령 학생들이 적절하지 않다고 선택한 ②와 ④의 경우, 5문단을 통해 a, b, a′, b′가 무엇인지 이해하고, [A]의 내용에 따라 내용을 이해했으면 적절함을 알 수 있었을 것이다. 마찬가지로 적절하지 않아 정답인 ③의 경우에도, [A]를 통해 b를 거친 빛은 원형 편광, a를 거쳐 b로 나아가는 빛은 선형 편광임을 알았으면 적절하지 않음을 알았을 것이다. 이처럼 과학·기술에 제시된 그림의 경우(경제 지문에 사용되는 그래프의 경우도 마찬가지로)에는 글에 답이 반드시 제시되어 있으므로, 글의 내용과 그림을 비교하면서 선택지의 적절성 여부를 판단하도록 한다.

문맥상 ⓐ ~ ⓔ와 바꾸어 쓰기에 적절하지 **않은** 것은?

① ⓐ : 뒤섞일수록
  '혼재되다'는 '뒤섞여 있다.'라는 의미를 지닌 단어이므로, '혼재될수록'은 '뒤섞일수록'으로 바꾸어 쓸 수 있다.

② ⓑ : 있는
  '존재하다'는 '현실에 실재(實在)하다.'라는 의미를 지닌 단어이며, '있다'는 '어떤 사실이나 현상이 현실로 존재하는 상태이다.'라는 의미를 지닌 단어이므로, '존재하는'은 '있는'으로 바꾸어 쓸 수 있다.

☑ ⓒ : 고른다
  '구현하다'는 '어떤 내용을 구체적인 사실로 나타나게 하다.'라는 의미를 지닌 단어이다. 따라서 '구현한다'를 '여럿 중에서 가려내거나 뽑는다.'라는 의미를 지닌 '고른다'로 바꾸는 것은 적절하지 않다.

④ ⓓ : 줄어드는
  '단축되다'는 '시간이나 거리 따위가 짧게 줄어들다.'라는 의미를 가진 단어이므로, '단축되는'은 '줄어드는'으로 바꾸어 쓸 수 있다.

⑤ ⓔ : 막지
  '방지하다'는 '어떤 일이나 현상이 일어나지 못하게 막다.'의 의미를 지닌 단어이므로, '방지하지'는 '막지'로 바꾸어 쓸 수 있다.

작자 미상, 「금방울전」

감상 이 소설은 동해 용왕의 아들이었던 해룡과 남해 용왕의 딸이었던 금령(금방울)이 온갖 시련을 이겨 내고 혼인을 하여 전생의 인연을 되찾는다는 내용을 담고 있는 작품이다. 이 작품에서 금방울은 자신의 능력을 바탕으로 해룡의 위기 극복과 입신양명을 돕고, 서사 진행에 있어 주도적인 역할을 하며 마지막에는 여성의 몸으로 변하고 있어서, 이 작품을 여성 영웅 소설로 평가하기도 한다.
주제 고난 극복을 통한 남녀의 결합과 부귀 획득
작품 줄거리 명나라 때 장원은 아들이 없다가 동해 용왕의 아들을 구출해 준 인연으로 부인이 임태하여 아들 해룡을 낳는다. 그 뒤에 난리를 만나 피난길에 장원 부부가 해룡을 버리자, 도적인 장삼이 해룡을 업고 달아난다. 한편 김삼랑의 아내 막 씨는 어느 날 꿈을 꾸어 옥황상제로부터 아이를 점지 받고, 죽은 남편의 혼과 동침해서 금방울을 낳는다. 막 씨가 사는 마을의 원님이 된 장원이 금방울이 요망한 물건이란 소릴 듣고 처치하려 하지만 고생만 하게 되어 금방울을 풀어 준다. 하루는 장원의 부인이 병을 얻어 죽게 되었는데, 금방울이 보은초를 가지고 와 생명을 구해 주고, 이 인연으로 금방울은 의형제를 맺은 장원 부인과 막 씨 사이를 오가며 사랑을 받는다. 이때 태조 고황제의 딸 금선 공주가 괴물에게 납치당하자 공주를 구해 주면 나라의 반을 주겠다는 어명이 내려진다. 한편 해룡은 장삼의 양자로 자라나지만 장삼의 처가 아들 소룡을 낳고 장삼이 사망하면서 심한 박대를 받으며 지내게 된다. 나중에는 소룡이 저지른 살인 사건 누명까지 쓰면서 감옥에 가지만 마을 관리의 아들 귀동이의 도움을 받아 누명을 벗게 된다. 이후 장삼의 집에서 나온 해룡은 금방울의 도움을 받아 괴물을 물리치고 금선 공주를 구하게 되고, 황제는 해룡을 부마로 삼는다. 부마가 된 해룡은 북방의 흉노를 물리치고, 금방울의 도움으로 장원 부부와 만나게 된다. 이후 해룡은 껍질을 깨고 아름다운 여인이 된 금방울과 금선 공주 두 부인을 거느리며 행복하게 산다.

윗글의 내용에 대한 이해로 적절하지 **않은** 것은?

☑ **변 씨는 소룡에게 잠자는 해룡을 깨우라고 지시했다.**
  변 씨는 잠자는 해룡을 직접 부르고 있다. 해룡이 얼어 죽지 않은 것을 확인한 후 이상한 일이니 두고 보자고 소룡에게 이야기 할 뿐, 소룡에게 잠자는 해룡을 깨우라고 지시한 부분은 찾아볼 수 없다.

② 변 씨는 해룡을 도운 것이 금방울이라는 것을 몰랐다.
  해룡은 방아질을 하다가 얼어 죽을 뻔한 상황에서 금방울의 도움으로 살고, 방아질, 비질도 금방울의 도움을 받는다. 하지만 변 씨는 이를 알지 못하고 해룡이 요술을 부려 사람을 속인 것이라고 생각하고 있다.

③ 해룡은 밤에 방아질을 하다가 추워 방 안으로 들어갔다.
  해룡은 얇은 홑옷만 입고 추운 겨울날 밤에 방아질을 하다가 추위를 이기지 못해 잠깐 쉬려고 방 안에 들어갔다.

④ 해룡은 방 안에서 움직이는 금방울을 보고 신통해 했다.
  해룡은 자신의 방에서 금방울을 발견하고 잡으려 하지만 방 안을 굴러다니며 잡히지 않는 금방울을 신통하게 여겼다.

⑤ 금방울은 구호동에서 사라진 후 해룡보다 먼저 방에 도착했다.
  금방울은 해룡이 호랑이를 잡도록 도와준 후 해룡이 산을 내려오면서 돌아볼 때는 이미 사라지고 없었으나, 해룡이 집에 돌아와 제 방에 들어가 보니 금방울이 방에 먼저 도착해 있었다.

[A]에 대한 설명으로 가장 적절한 것은?

① 지난 일의 책임을 상대방에게 전가하며 태도 변화를 촉구하고 있다.
  가산이 줄어든 것에 대해서 언급하고 있으나 해룡에게 이에 대한 책임을 묻고 있지 않다.

② 상대방으로 인한 자신의 손해를 언급하며 요청 사항을 전달하고 있다.
  변 씨는 해룡이 논밭을 일구면 도움이 될 것이라고 말하고 있을 뿐, 해룡으로 인한 손해를 언급하고 있지 않다.

③ 상대방의 역할에 대해 의문을 제기하며 자신의 입장을 수정하고 있다.
  변 씨는 해룡의 역할에 대해서 의문을 제기하고 있지 않으며, 입장을 수정하고 있지도 않다.

☑ **자신이 제안한 바가 서로에게 이익이 됨을 근거로 상대방을 설득하고 있다.**
  변 씨는 해룡에게 구호동 논밭을 일굴 것을 제안하며, 해룡도 장가를 가고 변 씨와 소룡도 잘살게 된다면 좋다는 말을 하고 있다. 즉 해룡이 구호동에서 논밭을 일구는 것이 변 씨와 해룡 모두에게 도움이 된다는 것을 근거로 해룡을 설득하고 있는 것이다.

⑤ 상대방이 취하려는 행위를 만류하기 위해 상대방과 자신의 관계를 언급하고 있다.
  변 씨는 해룡에게 구호동에 가서 논밭을 일굴 것을 제안하고 있는 것일 뿐 해룡이 취하려는 행위를 만류하려고 하고 있지 않다.

〈보기〉는 윗글의 서사 구조를 도식화한 것이다. ㄱ ~ ㄹ에 대한 설명으로 적절하지 **않은** 것은? [3점]

〈보 기〉

해룡의 첫 번째 위기	→	해룡의 첫 번째 위기 극복	→	해룡의 두 번째 위기	→	해룡의 두 번째 위기 극복
┊		┊		┊		┊
ㄱ		ㄴ		ㄷ		ㄹ

① ㄱ은 집에서 얼어 죽게 될, ㄷ은 구호동에서 짐승에게 해를 입게 될 상황이다.

해룡의 첫 번째 위기는 집에서 방아질을 하면서 얼어 죽을 뻔한 것이고, 두 번째 위기는 호랑이가 나오는 구호동에서 짐승에게 해를 입을 뻔한 것이다.

② ㄱ과 ㄷ은 모두 해룡에게 수행하기 어려운 과제가 주어지는 상황이다.

ㄱ에서는 해룡에게 아이가 견디기 어려운 추위에 방아질이라는 어려운 과제가 주어졌고, ㄴ에서는 해룡에게 호랑이가 나오는 곳에서 논밭을 일구어야 하는 어려운 과제가 주어졌다.

③ ㄴ은 장차 해룡에게 화를 입을 것을 염려한 변 씨가 ㄷ을 계획하는 계기가 된다.

해룡이 첫 번째 위기를 극복한 뒤 변 씨는 금방울의 도움이 있던 것을 모르고, 해룡의 요술로 인한 것이라고 생각한 뒤 해룡을 오래 두었다가는 화를 당할 것이라 생각해, 해룡을 죽일 계획을 생각하게 된다.

④ ㄴ과 ㄹ은 신이한 능력을 지닌 금방울에 의해 주도적으로 진행된다.

금방울은 첫 번째 위기 상황에서 자신의 능력을 바탕으로 해룡의 방을 따뜻하게 해 해룡의 목숨을 구하고, 두 번째 위기 상황에서 해룡을 공격하는 호랑이를 공격해 제압한다. ㄴ과 ㄹ에서 해룡이 위기를 벗어나는 것은 금방울의 주도로 진행된 것이다.

✔ ㄱ ~ ㄹ의 과정에서 해룡은 겉과 속이 다르게 자신을 대하는 변 씨의 이중성을 눈치채고 반발하게 된다.

해룡이 집에서의 첫 번째 위기와 구호동에서의 두 번째 위기를 겪는 과정에서 변 씨는 해룡을 걱정하는 척, 겉과 속이 다른 모습을 보인다. 하지만 해룡은 구호동에서 돌아와서도 변 씨의 칭찬에 감사를 표하며 변 씨에게 예의 바른 모습을 보이고 있을 뿐 변 씨의 이중성에 대해 반발하고 있지 않다.

• 정답 •

★ 표기된 문항은 [등급을 가르는 문제]에 해당하는 문항입니다.

[01~10] 화법과 작문

01 발표의 말하기 방식 파악 정답률 84% | 정답 ④

위 발표에 대한 설명으로 적절하지 않은 것은?

① 용어의 뜻을 설명하며 청중의 이해를 돕고 있다.

2문단의 '영구 동토층은 온도가 ~ 녹지 않는 토양층을 말합니다.'를 통해, 발표자가 영구 동토층이라는 용어의 뜻을 설명하여 청중의 이해를 돕고 있음을 알 수 있다.

② 질문을 하면서 청중이 발표에 집중하도록 하고 있다.

2문단의 '영구 동토층에 대해 들어보신 적 있나요?'와 3문단의 '이것이 왜 문제가 될까요?'라고 질문을 하고 있는데, 이러한 질문들은 청중으로 하여금 발표에 집중할 수 있게 해 주는 효과가 있다.

③ 학습 경험을 언급하며 관련된 내용을 설명하고 있다.

3문단의 '수업 시간에 배운 것처럼 ~ 대표적인 온실가스입니다.'를 통해 확인할 수 있다.

✔ 예상되는 반론을 반박하며 발표의 설득력을 높이고 있다.

이 발표에서 발표자는 영구 동토층이 녹으면서 생기는 문제, 즉 영구 동토층이 녹을 때 대량의 온실가스가 방출되고, 이는 영구 동토층의 기온 상승을 가속화하며, 결국 지구 전체의 온난화를 악화시킨다고 언급하고 있다. 그러면서 영구 동토층이 녹지 않도록 전지구적 노력이 필요함을 강조하고 있다. 하지만 예상되는 반론을 반박하지는 않고 있다.

⑤ 캠페인에 대한 관심을 요청하며 발표를 마무리하고 있다.

마지막 문단에서 발표자는 '동아리 캠페인에도 지속적인 관심을 부탁'한다고 요청하며 발표를 마무리하고 있다.

02 발표 자료의 활용 방식 파악 정답률 70% | 정답 ④

발표자가 ㉠과 ㉡을 활용한 방식에 대한 설명으로 가장 적절한 것은?

① ㉠을 활용해 영구 동토층이 녹는 원인을 제시하고, ㉡을 활용해 해당 원인의 소멸 과정을 보여 주었다.

㉠ 뒤의 내용을 통해 영구 동토층이 녹으면 온실가스가 방출된다고 했으므로 영구 동토층이 녹는 원인을 제시한 것은 아니다. 또한 ㉡ 뒤의 내용을 통해 영구 동토층이 녹는 원인의 소멸 과정을 찾아볼 수 없다.

② ㉠을 활용해 영구 동토층이 생성된 과정을 제시하고, ㉡을 활용해 해당 과정의 발생 원인을 보여 주었다.

㉠은 영구 동토층이 생성된 과정을 제시한 자료가 아니며, ㉡은 영구 동토층의 생성 과정에 대한 원인을 보여 준 자료가 아니다.

③ ㉠을 활용해 영구 동토층이 녹는 속도의 차이를 보여 주고, ㉡을 활용해 그 차이를 줄이기 위한 방안을 제시하였다.

㉠은 영구 동토층이 유지되는 지역과 녹고 있는 지역의 차이를 보여 주지만 녹는 속도의 차이를 보여 주고 있지는 않다. 또한 ㉡은 영구 동토층의 녹는 속도 차이를 줄이기 위한 방안을 보여 주고 있지 않다.

✔ ㉠을 활용해 영구 동토층이 녹을 때 생기는 문제를 보여 주고, ㉡을 활용해 이 문제가 악화될 수 있음을 강조하였다.

㉠ 뒤의 '보시는 자료에서 왼쪽 그래프는 ~ 확인할 수 있습니다.'를 통해, ㉠은 영구 동토층이 녹지 않고 유지되는 지역과 영구 동토층이 녹고 있는 지역을 대조하여 영구 동토층이 녹을 때 온실가스의 방출량이 급격히 증가했음을 보여 주기 위해 활용했음을 알 수 있다. 그리고 ㉡ 뒤의 '붉은 선과 파란 선 ~ 같은 상황이 가속화됩니다.'를 통해, ㉡은 북극권의 연평균 기온 상승을 지구 전체의 연평균 기온 상승과 비교함으로써, 영구 동토층이 녹을 때 방출되는 온실가스로 인해 해당 문제가 악화될 수 있음을 강조하기 위해 활용했음을 알 수 있다.

⑤ ㉠을 활용해 영구 동토층이 유지된 지역의 문제 상황을 보여 주고, ㉡을 활용해 해당 문제가 가져올 결과를 제시하였다.

㉠은 영구 동토층이 유지된 지역의 문제 상황을 보여 주고 있지 않고, ㉡은 영구 동토층이 유지된 지역의 문제가 가져올 결과를 보여 주고 있지 않다.

03 청중의 듣기 과정 및 반응 파악 정답률 93% | 정답 ⑤

다음은 발표를 들은 학생들의 반응이다. 발표의 내용을 고려하여 학생의 반응을 이해한 내용으로 적절하지 않은 것은? [3점]

> ○ 학생 1 : 영구 동토층은 녹지 않는 것으로 알고 있었는데, 발표를 듣고 그렇지 않다는 것을 알게 되었어. 영구 동토층이 녹아서 문제가 생긴 사례를 더 찾아봐야지.
> ○ 학생 2 : 영구 동토층이 주로 북극권에 분포해 있다고 했는데, 나머지는 어디에 분포해 있을지 궁금해. 발표에서 참조한 자료의 출처를 물어봐야겠어.
> ○ 학생 3 : 영구 동토층이 녹는 문제의 심각성을 알리자는 캠페인의 취지에 동의해. 인근 학교와 지역 사회에 이 문제를 어떻게 공유할지 생각해 봐야겠어.

① '학생 1'은 발표 내용을 듣고 알게 된 정보를 통해 기존의 지식을 수정하고 있다.

'학생 1'은 발표를 통해 영구 동토층이 녹고 있다는 새로운 정보를 접한 후, 영구 동토층이 녹지 않는다고 여긴 기존의 지식을 수정하고 있다.

② '학생 2'는 발표자가 언급하지 않은 발표 내용에 대해 궁금증을 드러내고 있다.

② '학생 2'는 발표자가 북극권에 분포한 영구 동토층에 대해서만 언급하고 있음을 언급하면서 발표에 언급되지 않은 다른 지역에 대한 궁금증을 드러내고 있다.

③ '학생 3'은 발표 내용을 수용하면서 주변에 알릴 방법을 고민하고 있다.
'학생 3'은 환경 동아리의 캠페인의 취지에 동의하면서, 영구 동토층이 녹는 문제의 심각성과 관련하여 인근 학교와 지역 사회에 알릴 방법을 생각해 보겠다 하고 있다.

④ '학생 1'과 '학생 3'은 발표 내용과 관련하여 추가적인 활동을 계획하고 있다.
'학생 1'은 영구 동토층이 녹아서 문제가 생긴 사례를 더 찾아보겠다고 했고, '학생 3'은 인근 학교와 지역 사회에 알릴 방법을 생각해야겠다고 했으므로 추가적인 활동을 계획한 것으로 볼 수 있다.

☑ '학생 2'와 '학생 3'은 발표에 활용된 정보에 출처가 언급되지 않았음을 지적하고 있다.
'학생 2'는 발표에서 참고한 자료의 출처를 물어봐야겠다 하고 있으므로, 정보에 출처가 언급되지 않았음을 지적하고 있다. 하지만 '학생 3'은 영구 동토층이 녹는 문제의 심각성을 알리자는 환경 동아리의 캠페인과 관련하여 인근 학교와 지역 사회에 어떻게 공유할지 생각해 보겠다 하고 있을 뿐, 정보에 출처가 언급되지 않았음을 지적하지는 않고 있다.

---

04 발화의 기능 이해   정답률 89% | 정답 ①

(가)의 '학생 1'에 대한 설명으로 적절하지 <u>않은</u> 것은?

☑ 일부 대화 참여자의 발언이 맥락에서 벗어났음을 지적하고 논의의 범위를 제한할 것을 요청하고 있다.
'학생 1'의 발화를 통해, 일부 대화 참여자의 발언이 맥락에서 벗어났음을 지적하거나 논의의 범위를 제한할 것을 요청하는 말은 찾아볼 수 없다.

② 대화 참여자의 발언에 대해 평가하고 논의와 관련하여 대화 참여자들이 해야 할 일을 제시하고 있다.
'학생 1'의 네 번째 발화에서 '학생 1'은 앞의 '학생 3'의 의견에 대해 '정말 좋은 의견이야.'라고 긍정적으로 평가하면서, 대화 참여자들이 해야 할 일로 자료 수집을 제안하고 있다.

③ 대화 참여자의 발언의 일부를 재진술하고 논의와 관련된 추가적인 설명을 요구하고 있다.
'학생 1'의 두 번째 발화에서 '학생 1'은 앞의 '학생 3'의 '고립될 수 있다는 불안을 느끼기 쉽다'는 말을 재진술하면서 포모라는 말에 대한 추가 설명을 요구하고 있다.

④ 대화 참여자의 발언 내용에 동의하고 더 논의할 내용을 제시하고 있다.
'학생 1'의 세 번째 발화에서 '학생 1'은 앞의 '학생 2'의 발화에 동의하면서 '학생들에게 제안할 만한 내용'을 더 논의하자고 하고 있다.

⑤ 지난번 대화 내용을 환기하고 이번에 논의할 내용을 밝히고 있다.
'학생 1'의 첫 번째 발화에서 '학생 1'은 지난번 대화 내용을 환기하며 오늘 논의할 내용을 밝히고 있다.

---

05 발화의 특성 이해   정답률 87% | 정답 ②

[A], [B]에 대한 이해로 가장 적절한 것은?

① [A]에서 전문가의 관점을 소개하고, [B]에서는 소개한 관점의 의의를 제시하고 있다.
'학생 3'은 [A]에서 전문가의 관점을 소개하지 않았고, [B]에서 관점의 의의를 제시하지 않았다.

☑ [A]에서 용어에 대해 설명하고, [B]에서는 설명한 내용의 일부를 활용하여 자신의 견해를 드러내고 있다.
'학생 3'은 [A]에서 '포모'와 '포모 증후군'이라는 용어에 대해 설명하고 있다. [B]에서는 포모 증후군에 대한 설명 내용 중 일부인 인간관계 맺기에 관련된 부분을 바탕으로 포모 증후군이 청소년과 관련된다는 자신의 견해를 드러내고 있다.

③ [A]에서 상대방 발언의 핵심 내용을 정리하고, [B]에서는 정리한 내용에 대한 자신의 견해를 밝히고 있다.
'학생 3'은 [A]에서 상대 발언의 질문에 맞게 답했으나 상대 발언의 핵심 내용을 정리하지는 않았다.

④ [A]에서 구체적 사례를 나열하여 제시하고, [B]에서는 일정한 기준에 따라 제시한 사례를 분류하고 있다.
'학생 3'은 [A]에서 구체적 사례를 나열하지 않았고, [B]에서 일정한 기준에 따라 사례를 분류하지 않았다.

⑤ [A]에서 자신의 견해를 요약하여 제시하고, [B]에서는 다른 의견을 받아들여 자신의 견해를 수정하고 있다.
'학생 3'은 [A]에서 견해가 아닌 정보에 해당하는 내용을 제시하고 있고, [B]에서 다른 사람의 의견을 받아들여 자신의 견해를 수정하지 않고 있다.

---

06 대화 내용이 글에 반영된 양상 이해   정답률 75% | 정답 ⑤

(가)의 대화 내용이 (나)에 반영된 양상으로 적절하지 않은 것은? [3점]

① (가)에서 포모 증후군에 대해 설명한 내용이, (나)의 3문단에서 청소년기의 심리적 특성과 함께 제시되었다.
(가)의 '학생 3'의 두 번째 발화와 세 번째 발화를 통해 포모 증후군에 대해 설명하고 있음을 알 수 있고, 이와 관련하여 (나)의 3문단에서 포모 증후군을 청소년의 또래를 중시하는 심리적 특성에 대한 설명과 함께 제시하고 있음을 알 수 있다.

② (가)에서 SNS 사용에 대해 청소년들에게 제안하려는 내용이, (나)의 4문단에서 개인적 측면과 사회적 측면으로 구분되어 제시되었다.
(가)의 '학생 2'의 마지막 발화를 통해 SNS 사용에 대해 청소년들에게 제안하고 있음을 알 수 있고, 이와 관련하여 (나)의 4문단에서 경각심을 갖고 자기를 성찰하자는 개인적 측면과 일상 친구 관계 형성에 집중하자는 사회적 측면 등의 두 가지 방안으로 제시되었음을 알 수 있다.

③ (가)에서 청소년의 SNS 이용 시간과 관련하여 언급한 내용이, (나)의 1문단에서 설문 결과에 나타난 수치와 함께 구체적으로 제시되었다.
(가)의 '학생 1'의 첫 번째 발화와 '학생 2'의 첫 번째 발화를 통해 청소년의 SNS 이용 시간과 관련한 내용을 알 수 있고, 이와 관련하여 (나)의 1문단에서 '77%', '3시간', '19%' 등의 수치를 통해 구체적으로 제시되었음을 알 수 있다.

④ (가)에서 청소년기의 특성에 대한 전문가의 견해가 필요하다는 의견이, (나)의 2문단에서 전문가가 제시한 청소년의 두 가지 특징으로 구체화되어 반영되었다.
(가)의 '학생 3'의 마지막 발화를 통해 청소년기 특성에 대한 전문가 견해가 필요하다는 의견을 알 수 있고, 이와 관련하여 (나)의 2문단에서 청소년기의 두 가지 특징으로 구체화되어 반영되었음을 알 수 있다.

☑ (가)에서 포모 증후군과 청소년의 SNS 이용 시간의 관련성에 대해 언급한 내용이, (나)의 2문단에서 청소년의 SNS 과다 사용과 포모 증후군의 악순환 관계로 제시되었다.
(가)의 '학생 3'의 세 번째 발화를 통해 포모 증후군과 청소년 SNS 이용 시간과 관련하여 언급한 내용을 알 수 있고, 이와 관련하여 (나)의 3문단에서 이에 대해 언급하고 있음을 알 수 있다. 하지만 (나)의 2문단에 청소년의 SNS 과다 사용과 포모 증후군의 악순환 관계에 대해 언급하지는 않고 있다.

---

07 조건에 맞는 표현   정답률 89% | 정답 ④

㉠에 들어갈 문장을 <조건>에 따라 작성한 것으로 가장 적절한 것은?

── 〈조 건〉──
○ 문단의 내용과 어긋나지 않도록 할 것.
○ 내용의 대비가 드러나도록 비교의 방식을 활용할 것.

① 포모 증후군은 아닌지 걱정만 하기보다는 사용 시간 점검으로 현명한 SNS 사용자가 되자.
내용 대비가 드러나는 비교의 방식이 쓰였으나 4문단 내용과 어긋난다.

② 이번 주말 현실 속 친구들과 시간을 보냈다면, 다음 주말은 SNS 친구들에게 더 집중하도록 하자.
'SNS 친구들'과 '현실 속 친구들'이 대비를 이루고 있지만, 4문단 내용에 부합하지 않는다.

③ 내 손을 잡아 줄 옆자리 친구만큼 내 마음을 잡아 줄 SNS 친구도 소중하다는 것을 잊지 말아야 한다.
'옆자리 친구'와 'SNS 친구'가 대비를 이루고 있지만, 이들이 비교되지는 않았으며, 4문단 내용과도 상반되는 내용이다.

☑ SNS 속 친구 목록의 길이에 마음을 쓰기보다 곁에서 마음을 나누는 몇몇 친구와의 시간을 소중히 여길 필요가 있다.
'조건'을 통해 내용상 조건이 '문단의 내용에 맞는 것'이고, 형식상 조건이 '비교의 방식 활용'임을 알 수 있다. 이러한 조건을 만족하는 것은 ④로, ④는 (나)의 4문단의 친구 관계 형성에 집중하자는 내용과 어긋나지 않으며, 'SNS 속 친구 목록의 길이'와 '곁에서 마음을 나누는 몇몇 친구와의 시간'이 대비를 이루는 비교의 방식을 사용하고 있다.

⑤ 일상생활에서 직접 만나는 친구를 SNS 속에서 자주 만나며 연결되지 못하는 불안에서 벗어나 우정의 폭을 넓혀 보자.
4문단의 내용과 부합하고 '일상생활'과 'SNS'가 대비는 이루어지고 있지만 비교는 드러나지 않았다.

---

08 글쓰기 전략의 이해   정답률 91% | 정답 ①

'학생의 초고'에 나타난 글쓰기 전략을 〈보기〉에서 모두 골라 바르게 짝지은 것은?

── 〈보 기〉──
㉠ 『페스트』를 읽었을 때의 효용을 밝히며 읽기를 권유한다.
㉡ 『페스트』의 내용을 개괄하여 작품의 대강을 파악하도록 한다.
㉢ 작품의 주요 구절을 인용하며 『페스트』를 추천하는 이유를 설명한다.
㉣ 다른 책과의 비교를 통해 『페스트』가 갖는 독자적인 가치를 강조한다.

☑ ① ㉠, ㉡　　② ㉠, ㉢　　③ ㉡, ㉢　　④ ㉡, ㉣　　⑤ ㉢, ㉣

㉠ 『페스트』를 읽었을 때의 효용을 밝히며 읽기를 권유한다.
'학생의 초고' 세 번째 문단의 '어려움에 처한 사람이라면 이 책을 읽고 자신의 상황에 대처할 수 있는 실마리를 얻을 수 있을 것이다.'를 통해, 작품을 읽었을 때의 효용을 밝히며 책 읽기를 권유하고 있음을 알 수 있다.

㉡ 『페스트』의 내용을 개괄하여 작품의 대강을 파악하도록 한다.
'학생의 초고' 첫 번째 문단의 '이 책은 1947년에 발표된 작품으로 오랑이라는 도시가 페스트로 인해 봉쇄되면서 페스트와 맞서는 다양한 인간을 다룬 소설이다.'를 통해, 작품 내용을 개괄하여 작품의 대강을 파악하도록 하였음을 알 수 있다.

㉢ 작품의 주요 구절을 인용하며 『페스트』를 추천하는 이유를 설명한다.
'학생의 초고' 세 번째 문단을 통해 '탁월한 통찰과 진지함으로 우리 시대 인간의 정의를 밝힌 작가'라는 인용을 확인할 수 있지만, 인용한 구절은 작품의 주요 구절이 아니므로 적절하지 않다.

㉣ 다른 책과의 비교를 통해 『페스트』가 갖는 독자적인 가치를 강조한다.
'학생의 초고'를 통해 다른 책과의 비교에 해당하는 내용은 찾아볼 수 없다.

---

09 자료 활용의 적절성 평가   정답률 67% | 정답 ②

〈보기〉는 윗글을 쓰기 위해 학생이 참고한 자료이다. 학생의 자료 활용에 대한 설명으로 적절하지 <u>않은</u> 것은?

── 〈보 기〉──
ㄱ. 알베르 카뮈(1913 ~ 1960)는 프랑스의 소설가로 '탁월한 통찰과 진지함으로 우리 시대 인간의 정의를 밝힌 작가'라는 평을 받으며 1957년에 노벨 문학상을 수상하였다. 주요 작품으로는 『이방인』, 『페스트』 등이 있다. ― 문학 사전의 '알베르 카뮈' 항목 중 일부

ㄴ. 제가 보기에 예술이란 고독한 향락이 아닙니다. 그것은 인간의 공통적인 괴로움과 기쁨의 유별난 이미지를 제시함으로써 최대 다수의 사람들을 감동시키는 수단입니다. ― 카뮈의 노벨 문학상 수상 후 연설 중 일부

ㄷ. 1941년부터 오랑에서 생활하던 카뮈는 그 지역에 장티푸스가 창궐하여 매일같이 사람들이 죽어가는 상황과 그로 인해 발생하는 혼란을 목격하였다. 이때의 경험은 『페스트』의 창작에 영감을 주었다. ― 출판사의 책 소개 중 일부

① ㄱ을 활용하여 작가에 대한 평가를 제시하고 있다.
'학생의 초고'를 볼 때, 학생은 ㄱ을 활용하여 '탁월한 통찰과 진지함으로 우리 시대 인간의 정의를 밝힌 작가'와 같이 작가에 대한 평가를 제시하고 있다.

✓ ㄴ을 활용하여 예술의 필요성에 대한 작가의 인식이 작품 창작의 동기가 되었음을 설명하고 있다.
자료 ㄴ은 '예술의 필요성에 대한 작가의 인식'을 드러낸 자료라 할 수 있다. 그런데 '학생의 초고'를 볼 때, 학생이 ㄴ을 '작품의 창작 동기'와 연결 지어 활용하고 있다고는 볼 수 없다.

③ ㄴ을 활용하여 작품이 보편적인 공감을 획득하고 있음을 작가의 예술관과 연결하여 드러내고 있다.
'학생의 초고'를 볼 때, 학생은 ㄴ을 활용하여 '작가가 말한 것처럼 「페스트」는 모두가 공감할 수 있는 현실의 모습과 정서를 표현하고 있다.'와 같이, 작가의 예술관과 연결하여 작품이 보편적인 공감을 획득하고 있음을 제시하고 있다.

④ ㄷ을 활용하여 특정 도시가 작품 속 공간으로 설정된 배경을 드러내고 있다.
'학생의 초고'를 볼 때, 학생은 ㄷ을 활용하여 '그는 오랑에서 머물던 중 전염병으로 수많은 사람이 죽는 것을 목격하였고 이때의 경험을 작품 속에 사실적으로 담아내었다.'와 같이 카뮈가 1941년 생활했던 오랑이 작품 속 공간으로 설정된 배경을 드러내고 있다.

⑤ ㄷ을 활용하여 전염병에 대한 작가의 경험이 작품의 사실성을 갖추는 데 기여하였음을 밝히고 있다.
학생은 ㄷ을 활용하여 '이때의 경험을 작품 속에 사실적으로 담아내었다.'와 같이 작가의 경험이 작품이 사실성을 갖추는 데 기여하였음을 밝히고 있다.

---

10 고쳐쓰기의 적절성 판단　　　　　정답률 54% | 정답 ②

〈보기〉는 선생님의 조언에 따라 [A]를 수정한 것이다. 선생님이 했을 조언으로 가장 적절한 것은?

―〈보 기〉―
작가는 재난이라는 상황을 부각하기보다 그 속에서 살아가는 인간의 다양한 모습에 주목한다. 최전선에서 환자를 치료하는 의사 리외, 민간 보건대 조직을 주도한 타루, 묵묵히 자신의 임무를 수행하는 말단 공무원 그랑, 신념과 다르게 돌아가는 현실 속에서 내적 갈등으로 고민하는 성직자 파늘루, 탈출을 시도하다 오랑에 남아 페스트와 싸운 기자 랑베르, 혼란 속에서 자신의 이익을 추구하는 밀수업자 코타르 등 비극적인 재난 속에서 작품의 인물들은 각자의 선택을 한다. 페스트라는 질병과의 전쟁 속에서 매일 패배하면서도 굴하지 않는 다양한 인간 군상을 통해, 카뮈는 '인간은 어떤 존재여야 하는가?'라는 질문을 던지고 그에 대한 답을 암시한다.

① 책의 장점만 제시하기보다 책의 단점에 대해서도 언급하고, 책에 대한 균형 잡힌 시각을 드러낼 수 있는 내용으로 문단을 마무리하는 게 좋겠어.
〈보기〉의 내용을 통해 '책의 단점'과 관련된 언급은 찾아볼 수 없다.

✓ 인물 유형을 단순화하기보다는 다양한 인물의 모습을 보여 주고, 뒤 문단에서 언급된 작가에 대한 평가와 자연스럽게 연결될 수 있는 내용으로 문단을 마무리하는 게 좋겠어.
[A]에서는 인물의 유형을 긍정적인 유형과 부정적 유형, 두 가지로만 나누어 인물 유형을 단순화하여 제시하고 있지만, 〈보기〉에서는 인물의 유형을 단순화하기보다 작품에 드러나는 다양한 인물의 모습을 제시하고 있다. 그리고 [A]는 카뮈가 '공동체의 어려움을 이겨내기 위해서 구성원들의 연대 의식이 필요함을 역설한다.'와 같은 언급으로 마무리되고 있고, 〈보기〉는 '다양한 인간 군상을 통해, 카뮈는 '인간은 어떤 존재여야 하는가?'라는 질문을 던지고 그에 대한 답을 암시한다.'와 같은 언급으로 마무리하고 있는데, 이는 뒤 문단에서 언급된 작가에 대한 평가와 자연스럽게 연결되는 것이라 할 수 있다.

③ 인물 간 갈등의 원인만 제시하기보다는 갈등의 해소 과정을 보여 주고, 갈등 상황에 대처할 때 독자가 가져야 할 태도와 마음가짐에 대한 내용으로 문단을 마무리하는 게 좋겠어.
[A]를 통해 학생이 인물 간 갈등의 원인을 제시했다고 보기 어렵고, 〈보기〉의 내용이 갈등의 해소 과정을 드러냈다고 보기 어렵다. 그리고 〈보기〉에서 수정된 문단의 마무리 부분에 갈등 상황에 대처할 때 가져야 할 태도에 대한 내용이 제시되었다고 볼 수 없다.

④ 인물에 대한 정보를 간략하게 제시하기보다는 소설 속 인물의 행동을 자세하게 언급하고, 우리 사회에 필요한 바람직한 인간상을 제시하는 내용으로 문단을 마무리하는 게 좋겠어.
학생이 [A]를 수정하면서 작품의 인물에 대한 정보를 자세하게 언급한 측면은 일부 찾아볼 수 있지만, 그 내용이 수정된 글〈보기〉에서 '우리 사회에 필요한 바람직한 인간상을 제시하는 내용'으로 연결되어 글이 마무리되고 있다고 볼 수는 없다.

⑤ 책의 내용을 자세하게 소개하는 대신 책에서 받은 인상을 간략하게 제시하고, 뒤 문단에서 언급된 독서 행위의 의미를 이끌어 낼 수 있는 내용으로 문단을 마무리하는 게 좋겠어.
학생이 [A]에서 〈보기〉로 글을 수정한 방향을 책의 내용을 자세하게 소개하는 대신, 책에서 받은 인상을 간략하게 제시한 것으로 설명하는 것은 적절하지 않다.

[11~15] 문법

11 서술어가 요구하는 문장 성분의 이해　　　정답률 75% | 정답 ⑤

[A]를 이해한 내용으로 적절하지 않은 것은? [3점]

① ②-「1」의 의미로 쓰이는 '풀다'는 부사어를 요구한다.
[A]의 국어사전을 통해, ②-「1」의 문형 정보로 【 …에 …을】이 제시되었음을 알 수 있으므로, 부사어를 요구한다고 할 수 있다.

② 문형 정보에 주어가 표시되지 않았지만 '풀다'는 주어를 요구한다.
[A]의 국어사전을 통해 문형 정보에 주어가 표시되지 않았음을 알 수 있다. 그런데 원칙적으로 서술어는 주어를 항상 요구하므로 문형 정보에는 주어를 제외한 필수적 문장 성분에 대한 정보만 제시된다고 할 수 있다.

③ ①-「1」과 ②-「1」의 의미로 쓰이는 '풀다'는 모두 목적어를 요구한다.
[A]의 국어사전을 통해 ①-「1」의 문형 정보로 【 …을】이 제시되어 있고, ②-「1」의 문형 정보로 【 …에 …을】이 제시되어 있음을 알 수 있다. 따라서 ①-「1」과 ②-「1」의 의미로 쓰이는 '풀다'는 모두 목적어를 요구함을 알 수 있다.

④ '풀다'가 ①-「1」의 의미로 쓰일 때와 ①-「5」의 의미로 쓰일 때는 필수적 문장 성분의 개수가 같다.

[A]의 국어사전을 통해 ①-「1」과 ①-「5」의 문형 정보로 【 …을】이 제시되어 있음을 알 수 있다. 따라서 ①-「1」과 ①-「5」의 필수적 문장 성분의 개수는 2개로 같다고 할 수 있다.

✓ '그는 십 분 만에 선물 상자의 매듭을 풀었다.'에 쓰인 '풀다'의 문형 정보는 사전에 【 …에 …을】로 표시된다.
'그는 십 분 만에 선물 상자의 매듭을 풀었다.'의 '매듭을 풀었다'를 볼 때, 이 문장에 쓰인 '풀다'의 문형 정보는 【 …을】임을 알 수 있다.

---

12 문장 성분의 호응 이해　　　　　정답률 86% | 정답 ①

㉠, ㉡에 들어갈 말로 적절한 것은?

　　　㉠　　　　　　　　㉡

✓① 목적어　　　액체나 가루 따위에 해당하는 말
'그래서 나는 물에 세제와 신발을 풀었다.'에서 서술어 '풀었다'와 목적어 '신발을'이 호응하지 않음을 알 수 있으므로 ㉠에 들어갈 말로 적절한 것은 '목적어'라 할 수 있다. 그리고 [A]에 제시된 국어사전을 통해 밑줄 친 문장에 쓰인 '풀다'의 의미가 '액체에 다른 액체나 가루 따위를 섞다.'임을 알 수 있으므로, ㉡에 들어갈 말로 적절한 것은 '액체나 가루 따위에 해당하는 말'이라 할 수 있다.

② 목적어　　　복잡한 문제 따위에 해당하는 말
㉠은 적절하지만 ㉡에 들어갈 말로 적절한 것은 '액체나 가루 따위에 해당하는 말'이므로 적절하지 않다.

③ 부사어　　　액체에 해당하는 말
㉠도 적절하지 않고, ㉡에는 '액체나 가루 따위에 해당하는 말'이 들어가야 적절하다.

④ 주어　　　복잡한 문제 따위에 해당하는 말
㉠도 적절하지 않고, ㉡에는 '액체나 가루 따위에 해당하는 말'이므로 적절하지 않다.

⑤ 주어　　　액체에 해당하는 말
㉠도 적절하지 않고, ㉡에는 '액체나 가루 따위에 해당하는 말'이 들어가야 적절하다.

---

13 표준 발음법에 따른 발음의 이해　　　정답률 70% | 정답 ①

〈보기 1〉의 '표준 발음법'에 따라 〈보기 2〉의 ㉠ ~ ㉤을 발음한다고 할 때, 적절하지 않은 것은?

―〈보기 1〉―
표준 발음법
제10항 겹받침 'ㄳ', 'ㄵ', 'ㄼ, ㄽ, ㄾ', 'ㅄ'은 어말 또는 자음 앞에서 각각 [ㄱ, ㄴ, ㄹ, ㅂ]으로 발음한다.
제11항 겹받침 'ㄺ, ㄻ, ㄿ'은 어말 또는 자음 앞에서 각각 [ㄱ, ㅁ, ㅂ]으로 발음한다. 다만, 용언의 어간 말음 'ㄺ'은 'ㄱ' 앞에서 [ㄹ]로 발음한다.
제14항 겹받침이 모음으로 시작된 조사나 어미, 접미사와 결합되는 경우에는, 뒤엣것만을 뒤 음절 첫소리로 옮겨 발음한다.
제23항 받침 'ㄱ(ㄲ, ㅋ, ㄳ, ㄺ), ㄷ(ㅅ, ㅆ, ㅈ, ㅊ, ㅌ), ㅂ(ㅍ, ㄼ, ㄿ, ㅄ)' 뒤에 연결되는 'ㄱ, ㄷ, ㅂ, ㅅ, ㅈ'은 된소리로 발음한다.

―〈보기 2〉―
책장에서 ㉠읽지 않은 시집을 발견했다. 차분히 ㉡앉아 마음에 드는 시를 예쁜 글씨로 공책에 ㉢옮겨 적었다. 소리 내어 시를 ㉣읊고, 시에 대한 감상을 적어 보기도 했다. 마음이 평온해지는 ㉤값진 경험이었다.

✓① ㉠은 제11항, 제23항 규정에 따라 [일찌]로 발음해야겠군.
〈보기 1〉의 표준 발음법 제11항 규정을 통해 겹받침 'ㄺ'은 자음 앞에서 [ㄱ]으로 발음함을 알 수 있고, 제23항 규정을 통해 겹받침 'ㄺ' 뒤에 연결되는 'ㅈ'은 된소리로 발음함을 알 수 있다. 따라서 〈보기 2〉의 ㉠은 11항과 23항에 따라 [익찌]로 발음해야 한다.

② ㉡은 제14항 규정에 따라 [안자]로 발음해야겠군.
제14항 규정을 보면, 겹받침이 모음으로 시작된 어미와 결합되는 경우 뒤엣것만을 뒤 음절 첫소리로 옮겨 발음함을 알 수 있다. 따라서 ㉡은 제14항 규정에 따라 [안자]로 발음해야 한다.

③ ㉢은 제11항 규정에 따라 [옴겨]로 발음해야겠군.
제11항 규정을 보면, 겹받침 'ㄻ'은 자음 앞에서 [ㅁ]으로 발음함을 알 수 있으므로, ㉢은 제11항 규정에 따라 [옴겨]로 발음해야 한다.

④ ㉣은 제11항, 제23항 규정에 따라 [읍꼬]로 발음해야겠군.
제11항 규정을 보면 겹받침 'ㄿ'은 자음 앞에서 [ㅂ]으로 발음함을 알 수 있고, 제23항 규정을 보면 겹받침 'ㄿ' 뒤에 연결되는 'ㄱ'은 된소리로 발음함을 알 수 있다. 따라서 ㉣은 제11항과 제23항 규정에 따라 [읍꼬]로 발음해야 한다.

⑤ ㉤은 제10항, 제23항 규정에 따라 [갑찐]으로 발음해야겠군.
제10항 규정을 보면 'ㅄ'은 자음 앞에서 [ㅂ]으로 발음함을 알 수 있고, 제23항 규정을 보면 'ㅄ' 뒤에 연결되는 'ㅈ'은 된소리로 발음함을 알 수 있다. 따라서 ㉤은 제10항과 제23항 규정에 따라 [갑찐]으로 발음해야 한다.

★★★ 등급을 가르는 문제!

14 단어의 품사 파악　　　　　정답률 29% | 정답 ②

〈보기 1〉의 밑줄 친 부분에 해당하는 단어를 〈보기 2〉에서 있는 대로 모두 고른 것은?

―〈보기 1〉―
선생님 : 하나의 단어가 수사로 쓰이기도 하고 수 관형사로도 쓰이는 경우가 많습니다. 그런데 수 관형사로만 쓰이는 단어도 있습니다.

―〈보기 2〉―
○ 나는 필통에서 연필 하나를 꺼냈다.　　　○ 그 마트는 매월 둘째 주 화요일에 쉰다.
○ 이번 학기에 책 세 권을 읽는 게 내 목표야.　　○ 여섯 명이나 이 일에 자원해서 정말 기뻐.

① 하나
'하나'는 수 관형사로 쓰이지 않고 수사로만 쓰이고 있다.

✓② 세
수 관형사는 뒤의 체언을 꾸며 주고, 수사는 조사와 결합하여 사용된다. 따라서 〈보기 2〉에 제시된 단어 중 수 관형사로만 쓰이고 수사로는 쓰이지 않는 단어에 해당하는 것은 '세'이다.

③ 하나, 여섯
'하나'는 수 관형사로 쓰이지 않고 수사로만 쓰인다. 이와 달리 '여섯'은 〈보기〉에서 수 관형사로 쓰이고 있지만, 수사로도 쓰일 수 있는 단어에 해당한다.

④ 둘째, 세
'세'는 수 관형사로만 쓰인다. 이와 달리 '둘째'는 〈보기〉에서 수 관형사로 쓰이고 있지만, 수사로도 쓰일 수 있는 단어에 해당한다.

⑤ 둘째, 여섯
'둘째, 여섯'은 〈보기〉에서 수 관형사로 쓰이고 있지만, 수사로도 쓰일 수 있는 단어에 해당한다.

★★ 문제 해결 꿀~팁 ★★

▶ 많이 틀린 이유는?
이 문제는 수사와 수 관형사에 대한 정확한 이해가 부족하여 오답률이 높았던 것으로 보인다. 또한 하나의 단어가 수사 또는 수 관형사로만 쓰이는 경우에 대한 이해 부족도 오답률을 높인 것으로 보인다.
▶ 문제 해결 방법은?
이 문제를 해결하기 위해서는 수사와 수 관형사에 대해 정확히 이해해야 한다. 즉 수사는 체언으로 뒤에 조사가 붙어 사용됨을, 수 관형사는 수식언으로 뒤에 오는 체언을 꾸며 주는 역할을 한다는 것을 정확히 이해해야 한다. 이러한 이해를 바탕으로 한다면 하나의 단어가 수사로만 쓰일 때는 뒤에 오는 체언을 수식하지 못함을, 수 관형사로만 쓰일 때는 뒤에 조사가 붙지 않음을 파악할 수 있다. 정답인 '세'의 경우 뒤에 조사를 붙여 보면, '세는, 세를, 세와' 등이 되어 어색함을 알 수 있으므로, '세'는 수 관형사로만 쓰임을 알 수 있다. 마찬가지로 '하나'의 경우, '하나를, 하나는' 등에서 보이듯이 뒤에 조사가 붙을 수 있지만, '하나 개, 하나 사람, 하나 명' 등에서 보이듯이 뒤에 오는 체언을 꾸며 주면 어색함을 알 수 있으므로 수사로만 쓰임을 알 수 있다. 이 문제에서 알 수 있듯이 문법 문제를 해결할 때 기본적인 지식이 주어지지 않은 경우가 있으므로 평소 기본적인 문법 지식은 충분히 숙지하는 것이 필요하다.

---

15 지시 표현의 이해 　　　　정답률 91% | 정답 ③

㉠~⑩에 대한 설명으로 적절하지 않은 것은?

〈 보 기 〉
지현 : 저기 ㉠ 버스 온다. 얼른 타자. 우리가 오늘 영화를 볼 장소로 가는 버스야.
경준 : ㉡ 차에 사람이 많아 보여. 차라리 택시를 타자.
지현 : 좋아. 그런데 ㉢ 이곳이 원래 사람이 이렇게 많았나?
경준 : 여기가 혼잡한 데는 아닌데 주말이라 그런 것 같아. 급하게 와서 그런지 목이 마르네. 물병 좀 꺼내 줄래? 배낭을 열면 물병이 두 개 있어.
지현 : 잠시만. ㉣ 이 중에서 더 작은 ㉤ 것을 주면 돼?
경준 : 응, 고마워. 그런데 ㉥ 우리가 오늘 보기로 한 영화는 누가 추천한 거야?
지현 : ㉦자기가 봤는데 재미있더라면서 민재가 추천해 줬어.

① ㉡은 '버스'의 상위어로서 ㉠을 가리킨다.
㉡은 '버스'의 상위어로서, 여기서는 ㉠을 가리킨다.

② ㉢과 ㉣은 다른 단어이지만, 같은 곳을 가리킨다.
㉢과 ㉣은 다른 단어이지만 둘 다 지현과 경준이 대화를 나누고 있는 장소를 가리킨다

✔ ③ ㉣은 '배낭'을, ㉤은 '물병'을 가리킨다.
앞의 경준의 말인 '배낭을 열면 물병이 두 개 있어.'를 볼 때 ㉣은 '물병 두 개'를 가리킴을 알 수 있다. 그리고 ㉤은 두 개의 물병 중 작은 것에 해당하므로 작은 '물병'을 가리킨다고 할 수 있다.

④ ㉥은 화자와 청자를 모두 포함한다.
지현과 경준이 대화하고 있는 상황이므로 ㉥은 화자인 경준과 청자인 지현 모두를 포함한다고 할 수 있다.

⑤ ㉦은 '민재'를 가리킨다.
㉦은 앞의 경준의 말을 통해 영화를 추천한 사람에 해당하므로, ㉦은 뒤에 나오는 '민재'를 가리킨다.

[16~45] 독서·문학

16~20 사회

배영달, 「보드리야르의 소비의 사회 읽기」

해제 이 글은 보드리야르의 소비 이론을 설명하고 있다. 마르크스는 교환가치를 경제적 가치로 파악하고 소비의 자율성을 인정하지 않았다. 이와 달리 보드리야르는 기호가치를 경제적 가치로 파악하고 자본주의 사회를 소비 우위 사회라고 주장하였다. 보드리야르는 대량 생산 기술이 급속하게 발전한 자본주의 사회에서 소비는 자신이 속하고 싶은 집단과 다른 집단 간의 차이를 부각하는 기호에 대한 욕구에 따라 소비하며 이러한 욕구는 자유로운 선택이 아니라 사회적으로 강제된 욕구임을 강조하였다. 또한 그는 기호가치를 소비하는 현대 자본주의 사회를 소비사회로 명명하였는데, 이러한 소비에 대한 그의 이론은 소비가 인간에 미치는 영향을 비판적으로 성찰해야 한다는 점을 시사한다는 의의가 있다.

주제 보드리야르의 소비 이론

문단 핵심 내용

1문단	교환가치를 경제적 가치로 파악하며 소비의 자율성을 인정하지 않은 마르크스
2문단	기호가치를 경제적 가치로 파악하고 자본주의 사회를 소비 우위 사회라고 주장한 보드리야르
3문단	기호의 의미 내용을 결정하는 기호 체계
4문단	자본주의 사회에서 기호가치 때문에 소비한다고 여긴 보드리야르
5문단	소비를 강제된 욕구에 따르는 것으로 여긴 보드리야르
6문단	보드리야르 이론이 지니는 의의

---

16 인물들의 관점 이해 　　　　정답률 76% | 정답 ⑤

'자본주의 사회'에 대한 ㉠, ㉡의 주장을 이해한 내용으로 가장 적절한 것은?

① ㉠ : 소비가 생산에 종속되므로 사용가치와 교환가치는 결국 동일하다.

1문단을 통해 마르크스는 소비가 생산에 종속된다고 생각했음을 알 수 있다. 그런데 마르크스는 사용가치는 고정적이라고 본 반면에, 교환가치는 사물의 생산 비용에 의해 결정되는 것(유동적)이라고 보았으므로, 사용가치와 교환가치를 동일하게 보지 않았음을 알 수 있다.

② ㉠ : 사물 자체의 유용성은 변하지 않으므로 소비자의 욕구를 중심으로 분석해야 한다.

1문단을 통해 마르크스는 사물 자체의 유용성은 변하지 않는다고 생각했음을 알 수 있다. 하지만 마르크스는 소비를 생산에 종속된 현상으로 보고 소비의 자율성을 인정하지 않았으므로, 소비자의 욕구를 중요하게 생각하지 않았음을 알 수 있다.

③ ㉡ : 소비자에게 소비의 자율성이 존재하므로 교환가치가 사용가치를 결정한다.

2문단을 통해 보드리야르가 자본주의 사회를 소비 우위의 사회라고 주장했으므로 소비자에게 소비의 자율성이 존재한다고 생각했음을 알 수 있다. 하지만 보드리야르는 사용가치가 경제적 가치를 결정한다고 생각했으므로, 교환가치가 사용가치를 결정한다고 생각하지 않았음을 알 수 있다.

④ ㉡ : 개인에게 욕구가 강제되므로 소비를 통해 집단 간의 사회적 차이가 소멸한다.

5문단을 통해 보드리야르는 개인의 욕구에 따라 자유롭게 소비하는 것처럼 보이지만 사실은 강제된 욕구에 따르는 것에 불과하다고 보았음을 알 수 있다. 그런데 4문단에서 소비자가 소비하는 사물은 소비자가 속하고 싶은 집단과 다른 집단 간의 차이를 부각하는 기호로서 기능한다고 하였으므로, 집단 간의 사회적 차이는 현대 소비 사회에 강화된다고 할 수 있지 소멸한다고 할 수 없다.

✔ ⑤ ㉡ : 경제적 가치는 사회적 상징체계에 따라 결정되므로 기호가치가 소비의 원인이다.

2문단을 통해 보드리야르가 기호가치가 경제적 가치를 결정한다고 보았음을 알 수 있고, 5문단을 통해 보드리야르가 기호 체계를 사회적 상징체계와 동일 표현으로 보았음을 알 수 있다. 그리고 4문단을 통해 보드리야르는 소비자가 기호가치 때문에 사물을 소비한다고 보았음을 알 수 있다. 따라서 경제적 가치는 사회적 상징체계에 따라 결정되므로 보드리야르는 기호가치가 소비의 원인이라고 주장했음을 알 수 있다.

★★★ 등급을 가르는 문제!

17 세부 내용의 이해 　　　　정답률 28% | 정답 ①

기호 체계를 바탕으로 [A]를 이해한 내용으로 적절하지 않은 것은?

✔ ① 사물은 기표로서의 추상성과 기의로서의 구체성을 갖는다.

[A]에서는 자본주의 사회의 소비를 기호 소비로 설명하고 있고, 3문단의 내용을 통해 사물은 기표와 기의로 구성되며, 구체적인 사물은 기호이자 기표로 작용함을 알 수 있다. 따라서 기표는 문자와 음성같이 감각적으로 지각되는 부분으로 구체성을, 기의는 의미 내용 부분으로 추상성을 가진다고 할 수 있다.

② 사물과 그것이 상징하는 특정한 사회적 지위와의 관계는 자의적이다.

[A]에 언급된 '특정한 사회적 지위'는 사물이 가지는 기의에 해당하고, 3문단을 통해 기표와 기의의 관계는 자의적임을 알 수 있으므로 적절한 이해이다.

③ 사물은 사물 자체가 아닌 사물 간의 관계를 통해 의미 내용이 결정된다.

3문단을 통해 기호의 의미 내용을 결정하는 것은 기표와 기의의 관계가 아니라 기호들 사이의 관계임을 알 수 있으므로 적절한 이해이다.

④ 소비는 사물이라는 기호를 통해 특정 계층 또는 집단의 일원이라는 상징을 얻는 행위이다.

[A]에 제시된 명품 가방 소비의 예시를 통해 확인할 수 있으므로 적절한 이해이다.

⑤ 기호가치는 사물의 기의와 그에 대한 소비자의 욕구와 관련될 뿐 사물의 기표에 의해 결정되는 것은 아니다.

3문단을 통해 기호가치가 어떤 대상을 지시하는 상징의 기능적 가치임을 알 수 있으므로, 구체적으로 감각되는 기표와는 관계가 없다고 할 수 있다.

★★ 문제 해결 꿀~팁 ★★

▶ 많이 틀린 이유는?
이 문제는 3문단에 제시된 '기호 체계'를 정확히 이해하지 못하고, [A]에 제시된 '사물'과 '사물'이 상징하는 특정한 사회적 지위'가 기호와 기의와 어떻게 연관되는지 파악하지 못해 오답률이 높았던 것으로 보인다.
▶ 문제 해결 방법은?
이 문제를 해결하기 위해서는 3문단을 통해 '기호 체계'를 이해해야 한다. 즉, 기표와 기의의 의미, 기표와 기의의 관계에 대해 이해해야 한다. 그런 다음 [A]에 제시된 '사물'이 기표에 해당하고, '사물이 상징하는 특정한 사회적 지위'가 기의임을 파악해야 한다. 이러한 내용을 바탕으로 하면 정답인 ①의 경우 기표는 문자와 음성같이 감각적으로 지각되는 부분으로 구체성을, 기의는 의미 내용 부분으로 추상성을 가지므로 적절하지 않음을 알 수 있다. 마찬가지로 오답률이 높았던 ⑤의 경우, 기호가치가 기의에 해당함을 알 수 있으므로 적절한 내용임을 알 수 있다. 이처럼 특정 개념에 대한 이해 및 적용 문제는 개념에 대한 정확한 이해가 반드시 필요하므로, 글을 읽을 때 특정 개념이 언급되면 그와 관련된 주요 내용에 반드시 밑줄을 긋도록 한다.

---

18 전제된 내용의 추리 　　　　정답률 78% | 정답 ③

㉢의 전제로 가장 적절한 것은?

① 상징체계 변화에 의해 사물 자체의 유용성이 변화한다.
사물 자체의 유용성은 사용가치로 이는 기호 체계와 관련된 상징체계 변화와 무관하다.

② 사물에 대한 욕구는 사람마다 제각기 다른 양상을 보인다.
보드리야르는 개인의 욕구를 사회적으로 강제된 것으로 보고 있으므로, 사물에 대한 욕구가 사람마다 제각기 다르다는 것은 전제로 성립할 수 없다.

✔ ③ 사물의 기호가치가 변화하면 사물에 대한 욕구도 변화한다.
4문단을 통해 사물의 기호가치가 변화하면 사물의 경제적 가치와 사물에 대한 욕구도 변화함을 알 수 있고, 특정 사물이 지닌 기호가치는 사회적 상징체계임도 알 수 있다. 따라서 ㉢에 전제된 내용은 사물의 기호가치가 변화하면 사물에 대한 욕구도 변화한다임을 추론할 수 있다.

④ 사물을 소비하는 행위는 개인의 자연 발생적 욕구에 따른 것이다.
보드리야르는 개인의 자연 발생적인 욕구가 없다고 보았다.

⑤ 사물이 지시하는 의미 내용과 사물에 대한 욕구는 서로 독립적이다.
보드리야르는 오히려 의미 내용과 욕구가 연관된다고 보았다.

19 구체적인 사례에의 적용 | 정답률 20% | 정답 ③

윗글의 '보드리야르'의 관점을 바탕으로 〈보기〉를 이해한 내용으로 적절하지 <u>않은</u> 것은? [3점]

〈보 기〉

개성이란 타인과 구별되는 개인만의 고유한 특성으로, 현대 사회의 개인은 개성을 추구함으로써 자신의 고유함을 드러내려 한다. 이때 사물은 개성을 드러낼 수 있는 수단이다. 찢어진 청바지를 입는 것, 타투나 피어싱을 하는 것은 사물을 통한 개성 추구의 사례이다. 이런 점에서 '당신의 삶에 차이를 만듭니다'와 같은 광고 문구는 개성에 대한 현대인의 지향을 단적으로 드러낸 것이라 할 수 있다.

① 타인과 구별되는 개성이란 개인이 소속되길 바라는 집단의 차별화된 속성일 수 있겠군.
　개인은 자신이 소속되길 바라는 집단의 속성을 통해 타인과 구별되고자 한다.

② 소비사회에서 사물을 통한 개성의 추구는 그 사물의 기호가치에 대한 욕구에서 비롯되겠군.
　보드리야르는 자본주의 사회를 '소비사회'로 보았으며, 소비사회에서의 개성 추구는 기호가치에의 욕구로부터 비롯된다.

☑ 찢어진 청바지는 개인만의 고유한 특성을 드러내는 수단이자 젊은 세대의 일원이라는 기호를 상징하는 것일 수 있겠군.
　〈보기〉에서는 현대 사회에서 개인이 개성을 추구하는 여러 사례를 제시하고 있다. 그리고 5문단을 통해 보드리야르는 현대인은 자연 발생적인 욕구에 따라 자유롭게 소비하는 것처럼 보이지만 사실은 사회적으로 강제된 욕구에 따르는 것에 불과하다고 주장했음을 알 수 있다. 여기에서 개인에게 사회가 강제하는 욕구는 소비자가 속하고 싶은 집단과 다른 집단 간의 차이를 부각해야 한다는 욕구이다. 이런 욕구는 대중매체를 통해 더 강화되는데, 대중매체를 통해 전달되는 현실은 현실 그 자체가 아니라 다른 기호와 조합될 수 있는 기호로 추상화되기 때문이다. 이렇게 볼 때, '찢어진 청바지'가 개인의 자유로운 개성 추구처럼 보이겠지만, 보드리야르는 이를 개인만의 고유한 특성이 아니라 사회적으로 강제된 욕구로 보았다고 할 수 있다.

④ '당신의 삶에 차이를 만듭니다'라는 광고 문구는 그 광고의 상품을 소비함으로써 사회적 차이를 드러내고 싶다는 욕구를 강제하는 것일 수 있겠군.
　'차이'를 강조하는 광고문구는 개인에게 차이를 드러내고 싶은 욕구를 강제하는 대중매체의 예시이다.

⑤ 타투나 피어싱을 한 유명 연예인을 텔레비전에서 보고, 이를 따라하기 위해 돈을 지불하는 것은 대중매체를 매개로 하여 추상화된 기호를 소비하는 것일 수 있겠군.
　타투나 피어싱을 한 유명 연예인을 대중매체를 통해 보고 이를 따라하기 위해 돈을 지불하는 것은 대중매체가 제시하는 추상적 기호를 소비하는 것이다.

★★ 문제 해결 꿀~팁 ★★

▶ 많이 틀린 이유는?
이 문제는 글에 제시된 보드리야르의 생각을 〈보기〉의 구체적인 사례에 적용하는 데 어려움을 겪어 오답률이 높았던 것으로 보인다.
▶ 문제 해결 방법은?
이 문제를 해결하기 위해서는 먼저 글에 제시된 보드리야르의 관점이 무엇인지 파악한 뒤, 〈보기〉의 내용이 보드리야르의 관점과 어떻게 연결되는지 이해할 수 있어야 한다. 그리고 이를 바탕으로 선택지의 적절성을 판단해야 한다. 즉 5문단을 통해 보드리야르가 현대인이 자연 발생적인 욕구에 따라 자유롭게 소비하는 것처럼 보이지만 사실은 사회적으로 강제된 욕구에 따르는 것에 불과하다고 주장했음을 파악하게 되면, 〈보기〉의 '찢어진 청바지'에 관련된 내용은 보드리야르의 관점에서 이해한 것임을 쉽게 알 수 있다.
▶ 오답인 ①, ④를 많이 선택한 이유는?
이 문제의 경우 학생들이 ①과 ④가 적절하다고 하여 오답률이 높았는데, 이 경우에도 글에 제시된 보드리야르의 관점, 즉 사물은 소비자가 속하고 싶은 집단과 다른 집단 간의 차이를 부각하는 기호로서 기능한다를 통해 ①이 적절함을 알 수 있다. 또한 대중매체는 사물의 기의에 영향을 미침으로써 욕구를 강제할 수 있다를 통해 ④ 역시 적절함을 알 수 있다. 이처럼 특정 인물의 관점에서 특정 상황을 이해하라는 문제 해결의 핵심은 글에 제시된 특정 인물의 관점을 정확히 이해하는 데 있으므로, 글을 읽을 때 인물의 생각이 드러난 부분이 있으면 특정하게 표시하여 이해도를 높일 수 있도록 해야 한다.

20 문맥적 의미 파악 | 정답률 56% | 정답 ④

문맥상 의미가 ⓐ와 가장 가까운 것은?

① 그는 항상 지갑에 현금을 지니고 있었다.
　'몸에 간직하여 가지다.'의 의미로 사용되었다.

② 그녀는 어릴 때의 모습을 그대로 지니고 있다.
　'본래 모양을 그대로 간직하다.'의 의미로 사용되었다.

③ 우리는 자기가 맡은 일에 책임을 지녀야 한다.
　'어떠한 일 따위를 맡아 가지다.'의 의미로 사용되었다.

☑ 사람은 누구나 고정 관념을 지니고 살기 마련이다.
　글의 내용을 볼 때 ⓐ의 '지니다'는 '바탕으로 갖추고 있다.'라는 의미로 사용되었음을 알 수 있으므로, 이와 같은 의미로 사용된 것은 ④의 '지니고'라 할 수 있다.

⑤ 그는 어린 시절의 추억을 항상 마음속에 지니고 있다.
　'기억하여 잊지 않고 새겨 두다.'의 의미로 사용되었다.

21~25 인문

(가) 타타르키비츠, 「미학사」

해제　이 글은 플라톤의 철학적 관점을 바탕으로 예술관을 설명한 글이다. 플라톤은 형상이 이데아계에 존재하며 현상계는 이를 본뜬 것이라고 보았다. 따라서 플라톤은 예술은 현상계를 모방한 허구의 허구이며, 이런 관점에서 그는 고대 그리스의 음유시인이 시를 연기한 것은 이를 다시 모방한 허구라고 보면서 비판적으로 인식하였다.

주제　플라톤의 예술관

문단 핵심 내용

1문단	이데아계와 현상계에 대한 플라톤의 인식
2문단	예술을 현상의 모방이라고 여긴 플라톤
3문단	고대 그리스에서의 음유시인의 역할 및 내적 특성
4문단	음유시인이 저급한 인간의 면모를 모방했다고 주장한 플라톤

(나) 비어슬리, 「미학사」

해제　이 글은 아리스토텔레스의 철학적 관점을 바탕으로 예술관을 설명한 글이다. 아리스토텔레스는 이데아계가 존재하지 않으며 형상은 질료에 내재한다고 생각했다. 그는 사물의 변화를 가능태와 현실태를 통해 설명하고, 예술은 사물 안에 내재한 보편자를 그릴 수 있기 때문에 시가 역사보다 우월하다고 주장했다.

주제　아리스토텔레스의 예술관

문단 핵심 내용

1문단	이데아계가 존재하지 않는다고 여긴 아리스토텔레스
2문단	형상은 질료에 내재한다고 생각한 아리스토텔레스
3문단	시가 역사보다 우월하다고 주장한 아리스토텔레스
4문단	예술을 통해 쾌감을 얻을 수 있다고 본 아리스토텔레스

21 글의 전개 방식 파악 | 정답률 72% | 정답 ②

(가)와 (나)에 대한 설명으로 가장 적절한 것은?

① (가)와 (나)는 모두 특정 사상가의 예술을 바라보는 관점이 변화하게 된 이유를 설명하고 있다.
　(가)와 (나) 모두 특정 사상가의 예술을 바라보는 관점이 변화하게 된 이유를 설명하지 않았다.

☑ (가)와 (나)는 모두 특정 사상가가 예술을 평가하는 데 바탕이 된 철학적 관점을 설명하고 있다.
　(가)에서 플라톤은 이데아계에 형상이 존재한다고 보았고 현상계는 이를 본뜬 것에 불과하다고 생각했다. 그리고 예술은 현상계를 모방하여 만든 허구의 허구로 이데아계에 있는 형상에서 두 단계나 떨어진 열등한 것이라고 보았다. 그리고 (나)의 아리스토텔레스는 형상이 사물에 내재한다고 보고 예술은 형상을 표현하는 것이라고 보았다. 따라서 시는 개별적인 사건의 기록을 다루는 역사보다 우월한 것이라는 평가를 내렸다. 따라서 (가)와 (나) 모두 특정 사상가가 예술을 평가하는 데 바탕이 된 철학적 관점을 설명하였다고 할 수 있다.

③ (가)와 달리 (나)는 특정 사상가가 생각하는 예술의 불완전성을 설명하고 있다.
　(가)는 플라톤이 생각하는 예술의 불완전성을 설명하고 있지만, (나)에서는 예술의 불완정성에 대한 아리스토텔레스의 생각은 찾아볼 수 없다.

④ (나)와 달리 (가)는 특정 사상가의 예술관에 내재한 장점과 단점을 제시하고 있다.
　(가)에서 플라톤의 예술관이 지닌 장점과 단점에 대한 내용은 드러나지 않고 있다.

⑤ (가)는 특정 사상가의 예술관이 보이는 한계를, (나)는 특정 사상가의 예술관이 주는 의의를 제시하고 있다.
　(가)에서 플라톤의 예술관이 지닌 한계를, (나)에서 아리스토텔레스의 예술관이 지닌 의의를 찾아볼 수 없다.

22 인물의 견해 파악 | 정답률 52% | 정답 ④

(가)의 '플라톤'의 사상을 이해한 내용으로 적절하지 <u>않은</u> 것은?

① 예술은 형상에 대한 참된 인식을 방해한다.
　2문단을 통해 플라톤이 예술은 허구의 허구에 불과하기 때문에 형상에 대한 참된 인식을 방해한다고 생각했음을 알 수 있다.

② 형상은 감각이 아닌 이성을 통해서만 인식할 수 있다.
　1문단을 통해 플라톤이 형상을 감각이 아닌 이성을 통해서만 인식 가능하다고 생각했음을 알 수 있다.

③ 현상계의 사물을 모방한 예술은 형상보다 열등한 것이다.
　2문단을 통해 플라톤이 예술에 대해 형상을 모방한 현상을 다시 모방한 것이라 하였음을 알 수 있으므로, 플라톤은 예술이 형상보다 열등한 것이라 생각했을 것임을 알 수 있다.

☑ 예술의 표현 대상은 사물이 아니라 사물 안에 존재하는 형상이다.
　(가)의 2문단을 통해 플라톤이 예술을 감각 가능한 현상의 모방이라고 보았음을 알 수 있다. 따라서 플라톤은 예술의 표현 대상을 감각 가능한 사물이라 보았음을 알 수 있다.

⑤ 이데아계는 현상계에 나타난 모든 사물의 형상이 존재하는 곳이다.
　1문단을 통해 플라톤은 이데아계를 현상의 보편인인 형상이 존재하는 곳이라 생각했음을 알 수 있다.

23 핵심 정보의 비교 이해 | 정답률 38% | 정답 ④

(나)의 '아리스토텔레스'의 관점에서 ̄형상 ̄과 ̄질료 ̄에 대해 이해한 내용으로 적절하지 <u>않은</u> 것은?

① 형상은 질료와 분리되어 존재할 수 없다.
　2문단을 통해 형상이 항상 사물의 생성과 변화의 바탕이 되는 질료에 내재함을 알 수 있다.

② 질료는 형상을 실현시킬 수 있는 가능적 힘이다.
　2문단을 통해 질료는 형상을 실현시킬 수 있는 가능적 힘임을 알 수 있다.

③ 형상이 질료에 실현되는 원인은 가능태 자체에 내재한다.
　2문단을 통해 형상이 질료에 실현되어 현실태가 되는 원인은 가능태 자체에 내재함을 알 수 있다.

☑ 형상과 질료 사이의 관계는 현실태와 가능태 사이의 관계와 같다.
　(나)의 2문단을 통해 아리스토텔레스는 현실태를 가능태에 형상이 실현된 어떤 상태로, 가능태를 형상을 실현시킬 수 있는 가능적 힘이자 질료를 의미한다고 보았음을 알 수 있다. 따라서 형상과 질료 사이의 관계는 현실태와 가능태 사이의 관계와 같지 않다고 할 수 있다.

05회

⑤ 생성·변화하는 것은 형상이 질료에 완전히 실현된 상태인 완전 현실태를 향한다.
2문단을 통해 생성·변화하는 것은 형상이 질료에 실현된 상태인 완전 현실태를 향하는 것임을 알 수 있다.

(가)와 (나)를 참고할 때, '아리스토텔레스'의 입장에서 ⊙을 비판한 것으로 가장 적절한 것은?

✓① 현상계의 사물이 형상을 본뜬 것이라면 현상계의 사물이 생성·변화하는 이유를 설명할 수 없다.
(나)의 1문단에서 아리스토텔레스는 이데아계의 변하지 않는 어린아이와 어른의 형상으로 현상계의 인물이 생겨났다면, 현상계에서 어린아이가 성인으로 성장하는 것을 설명할 수 없다 하고 있다. 따라서 아리스토텔레스는 ⊙에 대해, 이데아계에 있는 변하지 않는 형상을 본떠 현상계의 사물을 만들었다면 현상계에 존재하는 사물들이 생성·변화하는 이유를 설명할 수 없다고 비판했을 것이다.

② 형상이 변하지 않는 것이라면 현상계에 존재하는 사물들이 모두 제각기 다른 이유를 설명할 수 없다.
(가)의 1문단에서 플라톤이 현상계의 모든 사물은 이데아계의 형상을 본떠 만들어졌다고 생각하고 있으므로, 플라톤의 관점에서 현상계에 존재하는 사물들이 모두 제각기 다른 이유를 설명할 수 있다.

③ 형상과 현상계의 사물이 서로 독립적이라면 현상계에서 사물이 시시각각 변화하는 현상을 설명할 수 없다.
(가)의 1문단에서 플라톤은 형상과 현상계의 사물이 서로 독립적이라고 보지 않았으므로 적절한 비판이라 할 수 없다.

④ 형상이 현상계를 초월하여 존재하는 것이라면 형상을 포함하지 않는 사물을 감각으로 느끼는 것은 불가능하다.
(가)의 1문단에서 플라톤은 현상계의 사물을 감각으로 인식할 수 있다고 보았으므로 적절한 비판이라 할 수 없다.

⑤ 현상계의 모든 사물이 형상의 그림자에 불과하다면 그림자만 볼 수 있는 인간이 형상을 인식하는 것은 불가능하다.
(가)의 1문단에서 플라톤은 이성을 통해 형상을 인식할 수 있다고 보았으므로 적절한 비판이라 할 수 없다.

★★★ 등급을 가르는 문제!

(가)의 '플라톤'과 (나)의 '아리스토텔레스'가 〈보기〉에 대해 보일 반응으로 적절하지 않은 것은? [3점]

〈보 기〉
고대 그리스의 비극시 『오이디푸스 왕』의 주인공 오이디푸스는 자신에게 주어진 숙명에 의해 파멸당하는 인물이다. 비극시를 공연하는 음유시인은 목소리, 몸짓으로 작품 속 오이디푸스를 관객 앞에서 연기한다. 음유시인의 연기에 몰입한 관객은 덕성을 갖춘 주인공이 특별한 잘못이 없는데도 불행해지는 모습을 보고 연민과 공포를 느낀다.

① 플라톤 : 오이디푸스는 덕성을 갖춘 현상 속 인물을 본떠 만든 허구의 허구이며, 그에 대한 음유시인의 연기는 이를 다시 본뜬 허구이다.
(가)의 3문단을 통해 플라톤은 음유시인이 허구의 허구인 서사시나 비극을 창작하고, 이를 작품 속 등장인물의 성격에 어울리는 말투, 몸짓 같은 감각 가능한 현상으로 연기함으로써 다시 허구를 만들어 낸다고 보았다는 점을 확인할 수 있다. 이러한 플라톤의 관점에서 보면, 〈보기〉의 오이디푸스는 덕성을 지닌 현상 속 인물을 본떠 만든 허구의 허구이며, 그에 대한 음유시인의 연기는 이를 다시 본뜬 허구라고 볼 수 있다.

✓② 플라톤 : 음유시인은 오이디푸스의 덕성을 연기하는 데 주력하겠지만, 관객은 이를 감각으로 파악할 수 없기 때문에 감정과 욕구에 지배되어 타락하게 된다.
(가)의 4문단을 통해 플라톤이 음유시인이 용기나 절제 같은 덕성을 지닌 인간이 아닌 저급한 인간의 면모를 모방할 수밖에 없다고 주장했음을 알 수 있다. 이러한 플라톤의 관점에서 보면, 〈보기〉의 음유시인은 오이디푸스의 덕성을 연기하는 데 주력하지 않을 것임을 알 수 있다.

③ 플라톤 : 음유시인의 목소리와 몸짓을 통해 오이디푸스의 성격이 드러난다면, 감각 가능한 외적 특성을 모방하는 과정에서 감각되지 않는 내적 특성이 표현된 것이다.
(가)의 3문단을 통해 플라톤은 음유시인의 연기는 인물의 성격을 드러내는데, 이는 감각 가능한 외적 특성을 모방해 감각으로 파악할 수 없는 내적 특성을 드러낸다고 보았다는 점을 확인할 수 있다. 이러한 플라톤의 관점에서 보면, 〈보기〉의 음유시인의 연기를 통해 오이디푸스의 성격이 드러난다면, 감각 가능한 외적 특성을 모방하는 과정에서 감각되지 않는 내적 특성이 표현된 것이라고 볼 수 있다.

④ 아리스토텔레스 : 음유시인이 현상 속 인간의 개별적 모습들에서 보편자를 인식해 내어, 이를 다시 오이디푸스라는 허구의 개별자로 표현한 것이다.
(나)의 4문단을 통해, 비극시 속 이야기는 음유시인이 경험 세계의 개별자들 속에서 보편자를 인식해 내어, 그것을 다시 허구의 개별자로 표현한 결과물이라고 보았다는 점을 확인할 수 있다. 이러한 아리스토텔레스의 관점에서 보면, 〈보기〉의 음유시인이 현상 속 인간의 개별적 모습에서 보편자를 인식해 내어, 이를 다시 오이디푸스라는 허구의 개별자로 표현한 것이라고 볼 수 있다.

⑤ 아리스토텔레스 : 오이디푸스가 숙명에 의해 파멸당하는 것을 본 관객들은 인간 존재의 본질을 이해하는 쾌감을 느낄 뿐 아니라 카타르시스를 경험할 수 있다.
(나)의 4문단을 보면, 아리스토텔레스는 관객은 음유시인의 연기를 통해 앎의 쾌감을 느낄 수 있을 뿐 아니라 고통을 받는 인물의 이야기를 통해 카타르시스를 경험한다고 보았다는 점을 확인할 수 있다. 이러한 아리스토텔레스의 관점에서 보면, 〈보기〉의 오이디푸스가 숙명에 의해 파멸당하는 것을 본 관객들은 앎의 쾌감과 카타르시스를 경험할 수 있다고 볼 수 있다.

★★ 문제 해결 꿀~팁 ★★
▶ 많이 틀린 이유는?
이 문제는 비극시에 대한 플라톤과 아리스토텔레스의 입장을 정확히 이해하지 못하여 오답률이 높았던 것으로 보인다.
▶ 문제 해결 방법은?
이 문제를 해결하기 위해서는 글의 내용을 바탕으로 비극시에 대한 플라톤과 아리스토텔레스의 입장을 정리해야 한다(반드시 밑줄을 그어서 이해해야 함). 그런 다음 선택지에 제시된 내용이 정리된 각 인물의 생각에 해당하는지를 판단할 수 있어야 한다. 가령, 정답인 ②의 경우, 글을 통해 플라톤은 음유시인은 용기나 절제 같은 덕성을 지닌 인간이 아닌 저급한 인간의 면모를 모방할 수밖에 없다고 주장했음을 이해했다면 잘못된 내용임을 바로 알았을 것이다. 마찬가지로 오답률이 높았던 ③, ④의 경우에도 (가)의 3문단과

(나)의 4문단에 제시된 플라톤과 아리스토텔레스의 생각만 파악했다면 적절한 반응임을 알았을 것이다.
이 문제처럼 인문 분야의 문제에서는 특정 인물의 관점을 바탕으로 〈보기〉를 이해하는 문제가 출제되는데, 이러한 유형의 문제 해결의 핵심은 글에 드러난 특정 인물의 이해라는 점을 명심할 필요가 있다.

박기현, 「데이터 통신과 네트워크」
해제 이 글은 컴퓨터 네트워크의 데이터 전송 과정에서 나타날 수 있는 데이터 오류를 검출하는 방법에 대해서 설명하고 있다. 데이터의 오류를 검출하기 위해서 송신기는 오류 검출 부호를 포함한 데이터를 전송하고 수신기는 수신한 데이터를 검사하여 오류가 있으면 재전송을 요청한다. 데이터의 오류를 검출하는 방식으로는 패리티 비트를 활용하는 패리티 방식, 생성 부호를 사용해서 오류 검출 부호를 생성하는 CRC 방식이 있다.
주제 데이터 오류 검출하는 방법

문단 핵심 내용
1문단	데이터 전송 오류 검출 과정에서 송신기와 수신기의 역할
2문단	수신 데이터 오류를 검출하는 방식인 패리티 검사
3문단	패리티 비트를 활용하는 패리티 방식
4문단	생성 부호를 사용해서 오류 검출 부호를 생성하는 CRC 방식
5문단	CRC 방식의 장점

윗글에서 알 수 있는 내용으로 적절하지 않은 것은?

✓① CRC 방식은 모듈로-2 연산을 사용해서 생성 부호를 만들어 낸다.
4문단을 통해 CRC 방식은 모듈로-2 연산을 사용해서 나머지를 구하고 오류 검출 부호를 생성함을 알 수 있다. 그런데 4문단을 통해 미리 선택된 생성 부호는 모듈로-2 연산을 활용하여 전송할 데이터를 나눌 때 사용하는 것임을 알 수 있으므로, 생성 부호는 모듈로-2 연산으로 만들어 내는 것이 아니라 미리 설정되어 있음을 알 수 있다.

② 패리티 검사에서 송신기와 수신기는 동일한 패리티 방식을 사용해야 한다.
2문단을 통해 패리티 검사에는 짝수 패리티와 홀수 패리티 방식이 있고, 송신기와 수신기는 모두 같은 방식을 사용해야 함을 알 수 있다.

③ CRC 방식에서 생성 부호의 비트 수는 오류 검출 부호의 비트 수보다 하나가 더 많다.
5문단을 통해 CRC 방식에서는 오류 검출 부호가 들어갈 자리에 생성 부호의 비트 수보다 하나 작은 비트 수만큼 0을 추가함을 알 수 있으므로, 생성 부호의 비트 수는 오류 검출 부호의 비트 수보다 하나가 더 많다고 할 수 있다.

④ 짝수 패리티는 패리티 비트를 포함한 데이터의 1의 개수가 짝수인지 여부를 검사한다.
2문단을 통해 패리티 검사는 패리티 비트를 추가하여 데이터의 1의 개수를 짝수나 홀수로 만드는 방식임을 알 수 있으므로, 짝수 패리티를 사용하는 경우 데이터의 1의 개수가 짝수가 되도록 해야 함을 알 수 있다.

⑤ CRC 방식은 여러 개의 오류가 동시에 생겨도 검출할 수 있어서 오류 검출 확률이 높다.
5문단을 통해 CRC 방식은 복잡하지만 여러 개의 오류가 동시에 생겨도 이를 검출할 수 있어서 오류 검출 확률이 높음을 알 수 있다.

⊙과 ⓛ에 대해 이해한 내용으로 적절하지 않은 것은?

① ⊙은 ⓛ과 달리 데이터에 포함된 1의 개수가 짝수나 홀수가 되도록 오류 검출 부호를 생성한다.
패리티 검사는 데이터에 포함된 1의 개수가 짝수나 홀수가 되도록 오류 검출 부호인 패리티 비트를 생성하고 CRC 방식은 모듈로-2 연산을 통해 오류 검출 부호를 생성한다.

✓② ⓛ은 ⊙과 달리 데이터의 오류를 검출하기 위해 송신기와 수신기 모두에서 오류 검사를 해야 한다.
이 글을 통해 패리티 검사와 CRC 방식은 모두 송신기는 오류 검출 부호를 생성해서 이를 데이터에 포함하여 전송하고 수신기가 수신한 데이터를 검사하여 오류를 검출함을 알 수 있다. 따라서 패리티 검사와 CRC 방식 모두 송신기는 오류 검사를 하지 않는다고 할 수 있다.

③ ⊙과 ⓛ은 모두, 수신한 데이터의 오류 발생 여부를 수신기가 판단한다.
패리티 검사는 수신기가 수신한 데이터의 1의 개수를 파악하여 오류를 검출하고, CRC 방식은 수신기가 수신한 데이터를 모듈로-2 연산을 수행하여 나머지를 구해 오류를 검출한다.

④ ⊙과 ⓛ은 모두, 데이터를 전송하기 전에 오류 검출 부호를 생성해야 한다.
패리티 검사와 CRC 방식 모두 송신기가 데이터를 전송하기 전에 오류 검출 부호를 생성한다.

⑤ ⊙과 ⓛ은 모두, 전송할 데이터가 같더라도 오류 검출 부호는 다를 수 있다.
패리티 검사는 데이터가 같더라도 짝수 패리티나 홀수 패리티 중 어떤 방식을 사용하는가에 따라 패리티 비트가 달라질 수 있고, CRC 방식은 미리 정해진 생성 부호에 따라 송신기의 모듈로-2 연산의 나머지가 달라질 수 있다.

㉑의 이유로 가장 적절한 것은?

① 송신기가 패리티 비트를 생성하는 것이 불가능하기 때문에
데이터의 오류는 전송 과정에서 발생하는 것이다. 송신기가 패리티 비트를 생성하는 것은 전송하기 전의 일이므로 패리티 비트를 생성하는 것이 불가능하지 않다.

② 전송되는 데이터에 포함된 1의 개수가 항상 홀수로 나타나기 때문에
전송되는 데이터에 포함된 1의 개수는 사용하는 패리티 방식에 따라 짝수나 홀수로 나타난다.

③ 전송되는 데이터에 포함된 1의 개수가 항상 짝수로 나타나기 때문에
전송되는 데이터에 포함된 1의 개수는 사용하는 패리티 방식에 따라 짝수나 홀수로 나타난다. 어떤 방식을 사용하더라도 수신한 데이터에 짝수 개의 오류가 동시에 있으면 수신기는 오류를 검출할 수 없다.

④ 오류가 발생했을 때 전송되는 패리티 비트의 크기가 늘어나기 때문에
패리티 비트는 송신기가 데이터를 전송하기 전에 생성하는 것으로 크기가 달라지지 않는다.

☑ 수신한 데이터가 정상일 때와 수신한 데이터에 오류가 있을 때의 패리티 비트가 동일하기 때문에
패리티 검사를 활용하면 데이터의 1의 개수가 짝수나 홀수가 되도록 패리티 비트를 생성한다. 만약 짝수 패리티를 사용하여 1의 개수가 짝수가 되도록 패리티 비트를 생성해서 전송할 때, 수신한 데이터에 오류가 있어서 1의 개수가 홀수가 되어 있으면 오류라고 판단하는 것이다. 하지만 짝수 개의 비트에 오류가 발생하면 전송할 데이터와 수신한 데이터가 달라지더라도 수신한 데이터의 1의 개수는 짝수로 나타나고, 패리티 비트는 전송할 데이터가 짝수일 때를 기준으로 생성되었기 때문에 데이터의 1의 개수의 짝·홀수 여부는 달라지지 않는다. 따라서 수신한 데이터가 정상일 때와 패리티 비트가 동일하고 수신기가 오류를 검출할 수 없다.

---

29 구체적인 사례에의 적용 정답률 44% | 정답 ④

윗글을 바탕으로 〈보기〉를 설명한 내용으로 적절하지 **않은** 것은? [3점]

〈보 기〉

송신기는 오류 검출 방식으로 홀수 패리티를 활용하기로 하였다. 수신기는 수신한 데이터에 오류가 있다고 다음과 같이 판단하였다.

(단, 패리티 비트의 오류는 없다고 가정한다.)

① 첫 번째 행은 패리티 비트를 포함한 데이터의 1의 개수가 홀수이므로 오류가 없다고 판단했을 것이다.
첫 번째 행의 패리티 비트를 포함한 데이터의 1의 개수는 홀수인 3개이다. 홀수 패리티를 사용했으므로 수신기는 첫 번째 행에 오류가 없다고 판단했을 것이다.

② 여섯 번째 열은 패리티 비트를 포함한 데이터의 1의 개수가 홀수이므로 오류가 없다고 판단했을 것이다.
여섯 번째 열의 패리티 비트를 포함한 데이터의 1의 개수는 홀수인 1개이다. 홀수 패리티를 사용했으므로 수신기는 여섯 번째 행에 오류가 없다고 판단했을 것이다.

③ ⓐ가 포함된 행과 열의 패리티 비트를 포함한 데이터의 1의 개수가 각각 짝수이므로 수신기는 ⓐ를 오류라고 판단했을 것이다.
ⓐ가 포함된 행과 열은 각각 두 번째 행과 세 번째 열이다. 두 번째 행과 세 번째 열의 패리티 비트를 포함한 1의 개수는 각각 6개와 2개로 짝수이다. 홀수 패리티를 사용했으므로 수신기는 두 번째 행과 세 번째 열에 오류가 발생했다고 판단했을 것이고, 행과 열의 교차 지점을 확인하는 것이 가능하기 때문에 오류가 발생한 정확한 위치가 ⓐ라고 판단하는 것이 가능하다.

☑ 수신한 데이터에서 ⓑ도 0으로 바뀌어서 수신되었다면 데이터의 오류 발생 여부를 검출할 수 없었을 것이다.
수신한 데이터에서 ⓑ도 0으로 바뀌어서 수신되었다면 두 번째 행은 짝수 개의 비트에 오류가 발생했으므로 두 번째 행의 1의 개수는 홀수가 되고, 홀수 패리티를 사용하고 있으므로 수신기는 두 번째 행에 대해서는 오류가 없다고 판단할 것이다. 하지만 일곱 번째 열의 1의 개수가 짝수가 되었으므로 여기에 대해서는 오류가 있다고 판단할 것이다. 따라서 오류가 있는 행과 열의 교차 지점을 알 수 없기 때문에 오류의 정확한 발생 위치는 알 수 없지만 일곱 번째 열에 오류가 있다는 것은 알 수 있기 때문에 오류 발생 여부는 검출할 수 있다.

⑤ 짝수 패리티를 활용했다면 송신기는 ⓒ를 1010110으로 생성했을 것이다.
짝수 패리티를 활용하면 전송할 데이터를 2차원 배열로 구성한 후 각각의 행과 열에 대해 패리티 비트를 포함한 1의 개수가 짝수가 되도록 패리티 비트를 생성해야 한다. 또한 패리티 비트는 전송할 데이터를 바탕으로 생성되기 때문에 오류가 발생하지 않은 상태를 기준으로 생성된다. 따라서 전송할 데이터의 열에 대한 패리티 비트는 ⓒ와는 반대로 1010110으로 생성되었을 것이다.

---

30 내용 이해를 통한 자료에의 적용 정답률 36% | 정답 ④

〈보기〉는 수신기가 ⓒ의 오류를 검사한 연산이다. 윗글을 바탕으로 〈보기〉를 이해한 내용으로 적절하지 **않은** 것은?

〈보 기〉

① 수신기는 송신기와 동일한 생성 부호인 '1011'을 사용하여 모듈로-2 연산을 하였군.
4문단에 CRC 방식에서 수신기는 송신기와 동일한 생성 부호를 사용해서 모듈로-2 연산을 한다고 하였다. 수신기의 연산에서 사용한 1011은 송신기에서 사용했던 생성 부호와 동일한 것이다.

---

② 수신기가 수신한 데이터의 오른쪽 끝에 있는 '111'은 송신기에서 생성한 오류 검출 부호이군.
수신기가 수신한 데이터의 오른쪽 끝의 111은 송신기의 모듈로-2 연산으로 생성된 오류 검출 부호인 111을 추가한 것이다.

③ 수신기가 모듈로-2 연산을 할 때는 수신한 데이터에 생성 부호보다 하나 작은 비트 수만큼의 0을 추가하지 않았군.
〈보기〉의 모듈로-2 연산을 보면 수신한 데이터의 오른쪽 끝에 생성 부호보다 하나 작은 비트 수만큼 0을 추가하지 않고 110101111을 바로 생성 부호로 나누고 있다는 것을 알 수 있다.

☑ 수신기가 연산한 몫인 '111101'이 송신기가 전송한 데이터와 동일하기 때문에 수신기는 오류가 없다고 판단했겠군.
4문단을 통해 CRC 방식에서 오류의 판단 기준은 모듈로-2 연산의 나머지라고 언급하였음을 알 수 있다. 따라서 수신기가 수신한 데이터에 오류가 없다고 판단한 이유는 모듈로-2 연산의 나머지가 0이기 때문이다.

⑤ 수신기가 연산한 결과의 나머지가 0이 아니었다면 수신기는 송신기에 재전송을 요청했겠군.
CRC 방식에서는 수신기의 모듈로-2 연산의 나머지가 0으로 나오면 수신한 데이터에 오류가 없다고 판단하고 0이 아니면 오류가 있다고 판단한다. 따라서 〈보기〉의 모듈로-2 연산의 나머지가 0이 아니었다면 수신기는 수신한 데이터에 오류가 있다고 판단하고 송신기에 재전송을 요청했을 것이다.

31~33 현대시

(가) 김영랑, 「사개 틀린 고풍의 툇마루에」

감상 이 시에서는 달이 떠오르기를 기다리는 화자의 모습과 달이 떠오르게 될 때의 화자의 정서가 드러나 있다. 화자는 밤이 깊어지면서 달이 떠오르기를 기다리면서, 달이 떠오르게 될 때의 상황, 즉 달이 만든 감나무 그림자와 화자의 그림자만 존재하는 정경을 그려내고 있다. 이를 통해 화자는 달이 떠오르기만을 기다리는 외롭고 가냘픈 자신의 모습을 효과적으로 보여 주고 있다.
주제 달이 떠오르기를 기다리는 밤의 적막감에서 느끼는 외로움

표현상의 특징

• 시간의 흐름에 따라 화자의 시선이 이동함.
• 음성 상징어를 활용하여 대상의 움직임을 형상화함.
• 추측으로 시상을 종결하여 시적 여운을 줌.

(나) 정진규, 「따뜻한 달걀」

감상 이 글은 봄빛이 뚜렷해지기를 기다리며 자연과 온몸의 감각을 통해 감응하는 화자의 모습을 그려 내고 있다. 봄비가 내리는 절기인 우수를 전후해 화자는 고향의 산 여울을 뛰어 건너는 발자국 소리와도 같은 봄의 기척을 느낀다. 우수로 인한 자연의 변화가 손에 잡힐 듯 다가오자, 화자는 따뜻한 달걀을 꺼내며 개구리가 깨어나는 절기인 경칩이 다가오기를 기대하게 된다.
주제 다가올 절기에 대한 기대감

표현상의 특징

• 시간의 흐름에 따라 시상을 전개함.
• 음성 상징어를 활용하고 있음.
• 시적 대상을 인격화하여 표현하고 있음.

---

31 표현상 공통점 파악 정답률 41% | 정답 ①

(가)와 (나)의 공통점으로 가장 적절한 것은?

☑ 음성 상징어를 활용하여 움직임의 정도를 드러내고 있다.
(가)에서는 '사뿐', '보시시'의 음성 상징어를 사용하여 고요함 속에 달 그림자가 소리도 없이 조금씩 이동하는 모습을 드러내고 있다. 그리고 (나)에서는 '가만가만'의 음성 상징어를 사용하여 조금씩 다가오는 봄 기운을 느끼는 화자의 조심스러운 태도를 드러내고 있다.

② 원경과 근경을 대비하여 심리적 거리감을 표현하고 있다.
(가)와 (나) 모두 원경과 근경의 대비는 나타나지 않는다.

③ 청자를 명시적으로 드러내어 화자의 바람을 표출하고 있다.
(가)의 '벗'은 화자의 외로운 그림자를, (나)의 '그'는 봄기운을 빗댄 것이므로, (가)와 (나)에서 청자가 명시적으로 드러나지는 않고 있다.

④ 가정의 진술을 활용하여 현실 극복의 의지를 드러내고 있다.
(가)에서 달 그림자가 '깔리우면'이라는 가정을 나타내는 진술을 바탕으로 달이 떠오르기를 바라는 화자의 기대를 드러내고 있지만, 현실 극복의 의지를 드러내지는 않는다. 또한 (나)에서 가정의 진술은 찾아볼 수 없다.

⑤ 추측을 나타내는 표현으로 시상을 종결하여 시적 여운을 자아내고 있다.
(가)에서는 '들려오리라'라는 추측을 나타내는 표현으로 시상을 종결하여, 떠오를 달에 대한 기대감을 표명하며 시적 여운을 형성하고 있다. 하지만 (나)는 추측을 나타내는 표현으로 시상을 종결하지는 않고 있다.

---

32 시어의 의미 이해 정답률 68% | 정답 ④

㉠과 ㉡에 대한 설명으로 가장 적절한 것은?

① ㉠과 ㉡은 모두 오랜 세월의 흔적을 간직한 일상적 삶의 공간이다.
오랜 세월의 흔적을 간직한 일상적 삶의 공간은 (가)의 '사개 틀린 고풍의 툇마루'이다.

② ㉠과 ㉡은 모두 화자가 현실을 관조하며 스스로를 성찰하는 공간이다.
(가)와 (나)의 화자는 모두 자연의 변화를 기다리고 있으며, 현실을 관조한다고 볼 수 없다.

③ ㉠은 상승하는 대상과 친밀감을, ㉡은 하강하는 대상과 일체감을 느끼는 공간이다.
(가)에서는 달이 '떠오를' 것이라는 점에서 상승적 이미지가 나타나지만, (나)에서는 대상이 하강하는 이미지가 나타나지 않는다.

☑ ㉠은 고독하고 적막한 상황이, ㉡은 생동하는 청량한 기운이 형상화되는 공간이다.

(가)에서 화자는 툇마루에 앉아 조용한 가운데 달이 떠오르기만을 기다리고 있으며, 자신의 분신과도 같은 '내 그림자'를 '외론 벗'이라 표현하며 고독감을 표출하고 있다. 따라서 '툇마루'는 고독하고 적막한 상황이 형상화되는 공간이라 할 수 있다. (나)의 '산 여울'은 봄빛이 깊어지며 찰박대는 소리가 나고, 우수를 지나 경칩으로 이어지는 계절의 변화가 나타난다는 점에서 생동하는 청량한 기운이 형상화되는 공간이라 할 수 있다.

⑤ ㉠은 지나온 삶에 대한 그리움이, ㉡은 현재의 삶에 대한 만족감이 드러나는 공간이다.
(가)에는 '아직' 떠오르지 않은 달이 '이제' 떠오를 것이라는 기대감이 나타나 있으며, 지나온 삶에 대한 그리움은 나타나지 않는다.

---

33 외적 준거에 따른 작품의 감상 정답률 64% | 정답 ③

〈보기〉를 참고하여 (가)와 (나)를 감상한 내용으로 적절하지 않은 것은? [3점]

〈 보 기 〉
(가)와 (나)는 자연의 순환적 질서에 감응하는 화자의 모습을 보여준다. (가)의 화자는 밤이 깊어지면서 달이 떠오르기를 기다리고 있고, (나)의 화자는 절기가 바뀌면서 봄빛이 점점 뚜렷해지고 있음을 느끼고 있다. 시간의 흐름에 따른 자연의 점진적 변화를 감지하기 위해 화자는 온몸의 감각을 집중하면서, 자연을 자신과 교감을 이루는 주체로 인식한다.

① (가)의 화자가 '아무런 생각'이나 '뜻 없이' 달이 떠오르기를 기다리는 것은, 자연의 변화를 감지하기 위해 온몸의 감각을 집중하는 것으로 볼 수 있군.
(가)의 화자는 '아무런 생각 없이 / 뜻 없이', '말없이 / 몸짓 없이'에서 알 수 있듯이 움직임과 소리를 자제하며 달이 떠오르는 데만 주의를 집중하고 있다.

② (나)에서 소리로 인식되던 대상의 '새끼발가락'을 만질 수 있게 되었다는 것은, 시간의 흐름에 따라 자연이 변화하는 양상을 표현한 것으로 볼 수 있군.
'그'의 '찰박대'는 소리를 듣다가 '그 새끼발가락'을 만지게 된다는 것은 그만큼 봄빛이 뚜렷해졌음을 드러낸 것이라 할 수 있다.

✓ (가)의 '떠오를 기척도 없는 달'과 (나)의 '이쁜 발자욱 소리' 하나는 자연의 순환적 질서가 지연되는 것에 대한 화자의 조바심을 유발하는 것으로 볼 수 있군.
(가)의 화자는 시간이 지나 달이 떠오르기를 기다리고 있고, (나)의 화자는 다가올 경칩에 대한 기대감을 드러내고 있으므로, (가)와 (나) 화자 모두 자연의 순환적 질서가 나타나는 것을 기대한다고 할 수 있다. 따라서 (가)와 (나) 화자 모두 자연의 순환적 질서가 지연되는 데 대한 조바심을 보인다는 감상은 적절하지 않다.

④ (가)에서는 달이 뜨는 것을 '이 밤 옮기는 발짓'을 한다고 표현하고, (나)에서는 뚜렷해진 봄빛을 '진솔 속곳을 갈아입'은 것으로 표현하여 자연을 행위의 주체로 인식하고 있군.
(가)에서는 달을 마치 '발짓'을 하는 것처럼 표현하고 있고, (나)에서는 봄빛이 뚜렷해지는 것을 '진솔 속곳을 갈아입고 / 그가 왔다'라고 표현하고 있으므로, 자연을 행위의 주체로 제시하였다고 할 수 있다.

⑤ (가)에서는 달이 만든 '내 그림자'를 '벗' 삼아 '서로 맞대고 있으려'는 데서, (나)에서는 '경칩'을 예감하며 '달걀'의 온기를 느끼는 데서 화자와 자연이 교감하는 모습이 나타나는군.
(가)의 화자는 달이 만든 '내 그림자'와 '벗'처럼 '서로 맞대고 있'고자 한다는 점에서 자연과 감응한다고 볼 수 있다. (나)의 화자는 '그'를 위해 집어든 '달걀'에서 따뜻한 온기를 느끼고 '경칩이 멀지 않다'고 생각한다는 데서 미리 절기를 예감하며 자연과 교감한다고 볼 수 있다.

34~37 갈래 복합

(가) 송순, 「면앙정가」

감상 이 작품은 작가가 고향에 내려와 면앙정을 지어 살면서 지은 것으로, 아름다운 자연 속에 은거하는 삶의 즐거움과 임금에 대한 은혜를 노래하고 있다. 면앙정을 둘러싸고 있는 자연 풍경을 근경과 원경으로 그려 내고, 또 사계절에 따른 풍경의 변화 등을 세밀하게 묘사하면서, 그 속에서의 풍류적 삶에 대한 만족감을 나타내고 있다. 또한 결사 부분의 '역군은(亦君恩)이샷다'와 같은 관습적 표현을 통해 연군지정을 드러내고 있다. 한편 이 작품은 형식과 내용에서 정극인의 「상춘곡」의 영향을 받고, 또 정철의 「성산별곡」에 영향을 주면서 이른바 강호가도의 전통을 이어 주었다는 점에서 문학사적 의의를 갖는다.

주제 자연 속에서의 풍류와 임금의 은혜에 대한 감사

현대어 풀이

가마를 급히 타고 소나무 아래 굽은 길로 오며 가며 하는 때에
푸른 버드나무에서 우는 꾀꼬리는 흥에 겨워 아양을 떠는구나.
나무와 풀이 우거져 녹음이 짙어진 때에
기다란 난간에서 긴 졸음을 내어 펴니
물 위의 서늘한 바람은 그칠 줄을 모르는구나.
된서리 걷힌 후에 산빛이 수놓은 비단 물결 같구나.
누렇게 익은 벼는 또 어찌 넓은 들에 펼쳐져 있는가?
고기잡이를 하며 부르는 피리도 흥을 이기지 못하여 달을 따라 계속 부는구나.
초목이 다 진 후에 강산이 묻혔거늘
조물주가 야단스러워 얼음과 눈으로 꾸며 내니
경궁요대와 옥해 은산 같은 설경이 눈 아래 펼쳐져 있구나.
하늘과 땅도 풍성하여 가는 곳마다 아름다운 경치로구나.
인간 세상을 떠나와도 내 몸이 한가로울 겨를이 없다.
이것도 보려 하고 저것도 들으려 하고,
바람도 쏘이려 하고 달도 맞으려 하고,
밤은 언제 줍고 고기는 언제 낚으며,
사립문은 누가 닫으며 떨어진 꽃은 누가 쓸려는가?
아침 시간이 모자라니 저녁이라도 싫겠느냐?
오늘도 부족한데 내일이라고 넉넉하랴?
이 산에 앉아 보고 저 산에 걸어 보니
번거로운 마음에 버릴 일이 전혀 없다.
쉴 사이도 없는데 오는 길을 알리겠는가?
다만 지팡이만 다 무디어져 가는구나.
술이 익었으니 벗이 없을 것인가?

036 예비 고1·반배치 + 3월·6월 국어 [리얼 오리지널]

노래를 부르게 하고 악기를 타고 또 켜게 하며, 방울을 흔들며
온갖 소리로 흥취를 돋우니
근심이라 있겠으며 시름이라 붙었겠느냐.
누웠다가 앉았다가 구부렸다가 젖혔다가
(시를) 읊다가 휘파람을 불다가 마음 놓고 노니
천지도 넓디넓고 세월도 한가하다.
(복희 황제 시대의) 태평성대를 몰랐더니 지금이야말로 그때로구나.
신선이 어떤 것인가 이 몸이야말로 신선이로구나.
아름다운 자연을 거느리고 내 평생을 다 누리면
악양루 위의 이태백이 살아온들
넓고 끝없는 정다운 회포는 이보다 더하겠느냐?

(나) 백석, 「가재미·나귀」

감상 이 글은 백석이 함흥으로 이주한 이후 1936년 9월 신문사의 기획란 '나의 관심사'에 발표한 수필이다. 새로운 거처에서 생긴 일상의 관심사 두 가지를 통해 그곳 생활의 정취를 전하며, 이를 통해 일상의 작고 평범한 존재를 소중히 여기는 마음을 드러내고 있다.

주제 일상의 작은 것들에 대한 애정

★★★ 등급을 가르는 문제!
34 표현상 공통점 파악 정답률 33% | 정답 ⑤

(가)와 (나)의 공통점으로 가장 적절한 것은?

① 색채어를 활용하여 사물의 역동성을 표현하고 있다.
(가)의 '누렇게', (나)의 '빨간', '시허연' 등을 통해 색채어가 사용되었음을 알 수 있지만, 이러한 색채어를 활용하여 사물의 역동성을 표현하지는 않고 있다.

② 말을 건네는 방식을 통해 독자의 주의를 환기하고 있다.
(가)에서 '없을쏘냐', '붙었으랴' 등과 같이 의문의 형식을 사용한 표현을 말을 건네는 방식이라고 볼 수 있지만, 이를 통해 독자의 주의를 환기한다고는 볼 수 없다. (나)에서는 말을 건네는 방식이 사용되지 않았다.

③ 영탄적 표현을 활용하여 대상에 대한 경외감을 드러내고 있다.
(가)의 '산빛이 금수로다', '간 데마다 승경이로다' 등을 통해 영탄적 표현을 사용하여 자연의 아름다움에 대한 경탄을 드러내고 있음을 알 수 있다. 하지만 (나)에는 영탄적 표현이 사용되지 않았다.

④ 연쇄적 표현을 통해 주변 사물을 사실감 있게 제시하고 있다.
(가)와 (나) 모두 주변 사물을 제시하고 있지만, 이를 연쇄적 표현을 통해 드러내지는 않고 있다.

✓ 계절감을 환기하는 사물을 통해 자연의 모습을 드러내고 있다.
(가)에서는 '녹음', '누렇게 익은 벼', '빙설' 등의 사물을 통해 여름, 가을, 겨울의 자연 풍경을 드러내 주고 있고, (나)에서는 '눈'을 통해 겨울의 자연 풍경을 드러내고 있다. 따라서 (가)와 (나) 모두 계절감을 환기하는 사물을 통해 자연의 모습을 드러냈다고 할 수 있다.

★★ 문제 해결 꿀~팁 ★★

▶ 많이 틀린 이유는?
이 문제는 (가), (나)에 사용된 표현상 특징을 정확히 파악하지 못하여 오답률이 높았던 것으로 보인다.
▶ 문제 해결 방법은?
작품 간의 표현상 공통점을 파악하는 문제를 해결하기 위해서는 먼저 (가)를 중심으로 각 선택지에 제시된 표현이 사용되었는지 확인한 다음, 표현이 사용된 선택지 중 (나)에서의 사용 여부를 판단하면 된다. 즉 (가)를 통해, '색채어의 활용', '말을 건네는 방식', '영탄적 표현', '연쇄적 표현', '계절감을 환기하는 사물'이 사용되었는지 확인한다. 그런 다음 (가)에서 사용된 것을 (나)에서도 사용되었는지 확인하면 된다. 이때 주의할 점은 (가)와 (나)에 사용되었다 하더라도(색채어의 사용), 이를 사용한 효과가 적절하지 않을 수 있으므로, 반드시 선택지를 끝까지 확인하도록 한다.
▶ 오답인 ④를 많이 선택한 이유는?
이 문제의 경우 학생들이 ④가 적절하다고 하여 오답률이 높았는데, 이는 '연쇄적 표현'에 대해 정확히 이해하지 못했기 때문으로 보인다. '연쇄적 표현'은 말 그대로 앞의 말을 이어서 뒤에서 사용하는 것으로, (가)와 (나)에서는 이러한 연쇄적 표현은 찾아볼 수 없다. 한편 이 선택지의 경우, '주변 사물을 사실감 있게 제시'하였다는 내용은 적절하게 제시되어 있지만 앞의 '연쇄적 표현'이 잘못되었기 때문에 적절하지 않은 것이다. 이처럼 선택지의 앞과 뒤의 내용을 연관하여 읽지 않으면 자칫 잘못된 선택을 할 수 있으므로, 반드시 선택지를 읽을 때에는 꼼꼼하게 읽도록 한다.

---

35 구절의 의미 파악 정답률 47% | 정답 ⑤

㉠ ~ ㉤에 대해 이해한 내용으로 적절하지 않은 것은?

① ㉠ : 감각적 경험을 통해 환기된 장면을 묘사하여 인간이 자연물과 어우러지는 상황을 제시하고 있다.
어부의 피리 소리를 듣고 흘러가는 달을 따라 불며 간다고 표현한 것은, 청각적 경험을 통해 떠올린 장면을 묘사하여 인간과 자연이 어우러지는 상황을 보여 준다고 할 수 있다.

② ㉡ : 시간을 표현하는 시어를 대응시켜 현재와 같은 상황이 이후에도 이어질 것임을 드러내고 있다.
'아침'과 '저녁', '오늘'과 '내일' 등 시간을 표현한 시어를 대응시켜 자연을 감상하느라 바쁜 현재 상황이 이후로도 이어질 것임을 드러내고 있다.

③ ㉢ : 역사적 인물과 견주며 삶에 대한 만족감을 드러내고 있다.
당나라 시인 이백과 비교하며 '강산풍월'을 거느리고 '호탕한' 풍류를 즐기는 자신의 삶에 대한 만족감을 표출하고 있다.

④ ㉣ : 기대하는 일이 실현되었을 때 느낄 심정을 직접적으로 표출하고 있다.
'가재미'를 구할 수 있는 '음력 팔월 초상'이 되어 '흰밥'에 '고추장'과 함께 '가재미'를 먹게 된다면 '아침저녁 기뻐하게' 될 것이라 말하며 기대하는 일이 실현되었을 때 느낄 심정을 표출하고 있다.

✓ ㉤ : 원하는 것을 구하기 위해 시도한 방법이 실패하는 과정에서 느낀 체념을 드러내고 있다.
㉤에 '나귀'를 구하기 위해 '소장 마장'에도 가보고, 다른 사람에게 수소문도 해봤지만 나귀를 구하지 못한 실패한 과정이 서술되어 있다. 하지만 체념을 드러내지는 않고 있다. 오히려 '좀더 이놈을 구해보고 있다.'는 진술을 통해 글쓴이가 나귀를 구하는 것을 단념하지 않았음을 알 수 있다.

36 외적 준거에 따른 작품의 감상 정답률 61% | 정답 ③

〈보기〉를 바탕으로 (가), (나)를 이해한 내용으로 적절하지 않은 것은? [3점]

─〈 보 기 〉─

문학 작품에서 공간을 체험하는 주체는 공간 및 주변 경물에 대한 인식을 드러내며, 이 인식은 주체의 지향이나 삶에서 중시하는 가치를 암시한다. (가)의 화자는 '면앙정' 주변의 자연에 대한 인식과 함께 풍류 지향적인 태도를 드러내고 있고, (나)의 글쓴이는 공간의 변화와 대상에 대한 인식을 관련지으며 자신이 소중하게 생각하는 삶의 가치를 암시한다.

① (가) : '솔 아래 굽은 길'을 오가는 화자는 '꾀꼬리'의 '교태 겨워하는' 모습에 주목하면서 자연을 즐기는 자신의 태도와의 동일성을 발견하고 있다.
화자가 꾀꼬리가 흥을 이기지 못해 교태를 부리며 운다고 말한 것은 아름다운 자연 풍경을 감상하며 흥겨움을 느끼는 자신과 꾀꼬리 간의 동일성을 인식한 것이라고 할 수 있다.

② (가) : '간 데마다 승경'이라는 화자의 인식은 '내 몸이 쉴 틈 없'는 다양한 일들을 통해 자연의 다채로운 풍광을 즐길 수 있으리라는 기대로 이어지고 있다.
화자가 '쉴 틈 없'다고 말한 것은 자신이 체험하는 모든 곳을 다 '승경'이라고 인식했기 때문이며, 이는 자연의 다채로운 풍광을 감상하게 될 것이라는 기대로 이어지고 있다.

✔③ (가) : '이 산'과 '저 산'에서 '번거로운 마음'과 '버릴 일이 전혀 없'음을 동시에 느끼는 화자의 모습에는 '인간 세상'의 번잡한 일상을 여전히 의식하고 있음이 드러나 있다.
'번거로운 마음'은 화자가 자연에서의 삶을 즐기느라 바쁜 마음을 표현한 것이고, '버릴 일이 전혀 없'는 이러한 '번거로운 마음'을 버리지 않겠다는 것이다. 따라서 '번거로운 마음에도 버릴 일이 전혀 없다'는 아름다운 자연 풍광을 하나도 놓치지 않기 위해 바쁘게 돌아다니는 생활에서 느끼는 화자의 즐거움을 드러낸 표현이라 할 수 있으므로, 화자가 떠나온 '인간 세상'의 일상을 의식한다고는 볼 수 없다.

④ (나) : '동해 가까운 거리로 와서' 주목하게 된 '가재미'에 대한 글쓴이의 인식은 '가난하고 쓸쓸한' 삶 속에서 '한없이 착하고 정다운' 것을 소중히 여기는 태도를 드러내고 있다.
새로운 거처로 이주하여 '가재미'를 즐겨 먹게 된 것을 '동해 가까운 거리로 와서 나는 가재미와 가장 친하다'라고 표현한 것과, '가재미'를 '가난하고 쓸쓸한' 삶 속에서 '한없이 착하고 정다운' 존재라고 서술한 것을 통해 '가재미'를 소중히 여기는 글쓴이의 태도를 확인할 수 있다.

⑤ (나) : '중리'로 와서 '재래종의 조선 말'보다 '처량한 당나귀'와 '일없이 왔다갔다 하고 싶다'는 글쓴이의 바람은 일상의 작은 존재에 대해 느끼는 우호적 인식을 드러내고 있다.
'그래도 나는 그 처량한 당나귀가 좋다'고 언급한 것을 통해 일상의 작은 존재인 '당나귀'에 대한 글쓴이의 우호적 인식을 확인할 수 있다.

37 소재의 기능 파악 정답률 76% | 정답 ②

ⓐ와 ⓑ에 대한 이해로 가장 적절한 것은?

① ⓐ는 화자에게 심리적 위안을 주는, ⓑ는 글쓴이에게 고독감을 느끼게 하는 매개체이다.
ⓐ를 통해 화자가 근심과 시름을 떨쳐내고 '취흥'을 즐기고 있으므로 화자에게 심리적 위안을 준다고 볼 수 있으나, ⓑ는 글쓴이의 기쁨을 확장하는 기능을 하므로 고독감을 느끼게 한다고 볼 수 없다.

✔② ⓐ는 화자가 느끼는 흥을 심화하는, ⓑ는 글쓴이가 느끼는 기쁨을 확장하는 매개체이다.
(가)에서 화자는 때마침 익은 술을 벗과 함께 마시며, 노래를 부르고 악기도 연주하며 극도의 흥취에 빠져드는 모습을 보이고 있으므로, ⓐ는 화자가 느끼는 흥을 심화해 준다고 할 수 있다. 그리고 (나)에서 글쓴이는 'H'에게도 '가재미'를 보내어 함께 나누어 먹으려 하고 있으므로, ⓑ는 글쓴이가 '가재미'를 먹으며 느끼는 기쁨을 확장하는 매개체라 할 수 있다.

③ ⓐ는 화자가 내면의 만족감을 드러내는, ⓑ는 글쓴이가 현실에 대한 불만을 표출하는 매개체이다.
ⓐ는 자연 속에서 풍류를 즐기는 화자의 만족감을 드러낸다고 볼 수 있으나, ⓑ는 글쓴이가 현실에 대한 불만을 표출하는 매개체라고 볼 수 없다.

④ ⓐ는 화자에게 삶의 목표를 일깨워 주는, ⓑ는 글쓴이에게 심경 변화의 계기를 제공하는 매개체이다.
ⓐ는 화자의 풍류 지향적 태도와 관련이 있으므로 화자에게 삶의 목표를 일깨워 준다고 볼 수 있으나, ⓑ는 글쓴이의 심경 변화의 계기를 제공한다고 보기는 어렵다.

⑤ ⓐ는 화자에게 이상적 세계의 모습을, ⓑ는 글쓴이에게 윤리적 삶의 태도를 떠올리게 하는 매개체이다.
ⓐ는 화자가 지향하는 삶의 태도를 드러내므로 화자에게 이상적 세계를 떠올리게 하는 기능을 한다고 볼 수 있으나, ⓑ는 윤리적 삶의 태도와는 관련이 없다.

38~41 현대 소설

이문구, 「산 너머 남촌」

감상 이 작품은 1980년대 서울 근교 농촌을 배경으로 자본주의적 근대화 과정 속에서 변화하는 농촌의 현실과 농민의 인식을 그리고 있다. 농촌의 잡다한 세태를 통해, 농민들이 보고 겪는 농촌의 모습이 그려져 있다. 작가의 농촌 경험이 반영되어 있어, 농촌과 농민의 삶이 사실적으로 현실감 있게 드러나 있다.

주제 당대 농민들이 겪는 삶의 어려움

작품 줄거리 이문정은 전형적인 농촌인으로, 마을의 공동체 의식을 중요하게 여기며, 또 그것을 지키고 실천해 나가는 농촌 공동체의 원로이다. 즉, 이문정은 일의 경위, 동네의 전통, 이웃 간의 풍속, 사회적 해묵은 덕목을 애써 분별하고 몸소 실천하는 동네의 터줏대감이다. 이와 달리 마을의 젊은 세대들은 보다 합리적이고 효율적이며, 물질적인 가치가 우선되는 삶을 추구한다. 이러한 이문정과 젊은 세대의 대비적인 모습을 통해 농촌 공동체에 깃든 우리 민족의 정서와 가치의 소중함을 드러내고 있다.

38 서술상 특징 파악 정답률 46% | 정답 ②

윗글에 대한 설명으로 가장 적절한 것은?

① 빈번하게 장면을 전환하여 사건 전개의 긴박감을 드러내고 있다.
이 글에서는 권중만과 영두의 대화, 영두의 심리를 중심으로 서술되어 있어 장면이 빈번하게 전환되었다고 볼 수 없다.

✔② 서술자가 특정 인물의 관점에서 사건과 인물의 심리를 전달하고 있다.
이 글은 작품 밖의 서술자가 작중 인물인 영두의 관점에서 권중만과 영두의 대화를 제시하여 사건을 전달하고 있으며, 또한 서술자가 영두의 관점에서 영두의 내면을 서술하고 있다.

③ 동시에 일어난 별개의 사건을 병치하여 사태의 전모를 드러내고 있다.
이 글에서 권중만과 영두의 대화와 함께 영두가 과거 일에 대해 회상하는 내용이 서술되어 있지만, 이를 별개의 사건이 동시에 일어난 것이라고 보는 것은 적절하지 않다.

④ 인물 간의 대화를 통해 인물이 겪은 사건의 비현실적인 면모를 드러내고 있다.
이 글에 권중만과 영두 사이의 대화가 제시되어 있지만, 사건의 비현실적인 면모는 찾아볼 수 없다.

⑤ 인물의 표정 변화와 내면 변화를 반대로 서술하여 그 인물의 특성을 부각하고 있다.
이 글에 권중만이나 영두의 표정, 영두의 내면 심리가 나타나 있지만, 인물의 표정 변화와 내면 변화가 반대로 서술되어 있다고는 볼 수 없다.

39 인물의 발화 이해 정답률 60% | 정답 ③

[A]와 [B]에 대한 이해로 가장 적절한 것은?

① [A]에서 '권중만'은 자신의 우월한 지위를 과시하며 상대의 동의를 요구하고 있고, [B]에서 '영두'는 상대와의 개인적 친밀감을 환기하며 서운함을 드러내고 있다.
[A]에서 권중만은 자신의 지위가 우월하다는 점을 내세우지 않고 있고, [B]에서 영두가 권중만에게 친밀감을 표현하지는 않고 있다.

② [A]에서 '권중만'은 자신의 경험을 들어 상대의 문제에 대한 해결책을 제시하고 있고, [B]에서 '영두'는 상대가 저질렀던 잘못을 지적하며 상대의 사과를 요구하고 있다.
[A]에서 권중만은 사례를 들며 자신의 생각을 말하고 있으나, 그것이 영두의 문제에 대한 해결책으로 제시된 것이라고는 볼 수 없다. 그리고 [B]에서 영두는 권중만의 말이 적절하지 않음을 지적하고 있지만, 권중만의 사과를 요구하지는 않고 있다.

✔③ [A]에서 '권중만'은 자신이 상대에게 제시한 요구의 이유를 사람들의 선입견과 관련지어 밝히고 있고, [B]에서 '영두'는 상대의 말에 논리적 한계가 있음을 지적하며 항변하고 있다.
[A]에서 권중만은 '아파트 사람들'이 채소에 묻은 흙에 대해 가진 선입견을 들어, 자신이 영두에게 '놀랜 흙'을 묻히는 일을 요구하는 이유를 설명하고 있다. 그리고 [B]에서 영두는 권중만의 말에 따른다면 일어났어야 할 일이 실제로는 일어나지 않았다는 점을 논리적 한계로 지적하며 권중만의 말이 타당하지 않다고 항변하고 있다.

④ [A]에서 '영두'는 상대의 제안에서 모순을 지적하며 새로운 대안을 제시하고 있고, [B]에서 '권중만'은 다른 사람들의 사례를 들어 자신의 행동에 대해 변명하고 있다.
[A]에서 영두는 권중만의 말이 적절하지 않음을 지적하고 있지만, 권중만에게 대안을 제시하지는 않고 있다. 그리고 [B]에서 권중만은 '아파트 사람들'과 관련한 사례를 들고 있지만, 자신의 행동에 대해 변명하지는 않고 있다.

⑤ [A]에서 '영두'는 상대의 문제의식에 대한 공감을 드러내며 구체적인 조언을 요구하고 있고, [B]에서 '권중만'은 상대의 예상치 못한 반응에 당황하며 자신의 잘못을 사과하고 있다.
[A]에서 영두는 권중만의 생각에 대해 공감을 드러내거나 조언을 요구하지 않고 있고, [B]에서 권중만은 당황한 모습을 드러내거나 영두에게 사과하지는 않고 있다.

40 소재의 서사적 기능 이해 정답률 74% | 정답 ⑤

만 원에 대한 설명으로 가장 적절한 것은?

① '권중만'과 '영두' 사이의 갈등이 해소된 이유이다.
권중만이 '만 원'을 제안하며 요구한 일로 인해 권중만과 영두 사이에는 긴장감이 조성되었으므로, 갈등이 해소되었다고 보기 어렵다.

② '영두'가 '권중만'의 조언을 수용하게 된 이유이다.
권중만이 '만 원'을 제안하며 요구한 일을 조언으로 보기 어려우며, 영두가 권중만의 제안을 수용하지도 않고 있다.

③ '권중만'이 '영두'에게 친밀감을 보이게 된 이유이다.
권중만이 '만 원'을 제안하며 요구한 일에 대해 영두는 '듣던 중에 그처럼 욕된 말'이 없다고 느끼며 부정적인 반응을 보였다.

④ '영두'가 '권중만'에게 양보를 강요하게 된 이유이다.
권중만이 '만 원'을 제안하며 요구한 일과 관련하여 영두가 권중만에게 양보를 요구한 것은 없다.

✔⑤ '영두'가 '권중만'에게 부정적으로 반응하게 된 이유이다.
권중만이 '만 원'을 제안하며 채소에 '놀랜흙을 묻혀 놓는' 작업을 요구하는 것에 대해, 영두는 '듣던 중에 그처럼 욕된 말'이 없다고 느끼며, '성질이 나서 견딜 수가 없었다'고 반응하고 있다. 그리고 권중만이 '얼굴을 붉힐' 정도로, 권중만의 말에 대해 비판하고 있다. 따라서 '만 원'은 영두가 권중만에게 부정적으로 반응하게 된 이유를 제공한다고 할 수 있다.

41 외적 준거에 따른 작품의 감상 정답률 62% | 정답 ③

〈보기〉를 바탕으로 윗글을 감상한 내용으로 적절하지 않은 것은? [3점]

─〈 보 기 〉─

이 작품은 1980년대 농민들의 생활을 형상화하고 있다. 작가는 농민들이 농사의 경제적 이익을 고려하거나 농산물의 유통과 판매까지 감안하게 된 상황을 보여 준다. 작품 속 '영두'는 먹거리를 생산하는 농민으로서 가져야 할 태도를 인식하면서도 이러한 태도를 지켜나가기 어려운 현실 속에서 가치관의 혼란을 겪고 있다. 작가는 이를 통해 당대 농민들이 겪고 있던 어려움을 현실감 있게 보여 준다.

① 농민들이 권중만을 보고 '채소를 돈거리로 갈기 시작'하는 상황은, 농사를 통한 경제적 이익 창출을 고려하는 농민들의 면모를 드러내는군.
농민들이 권중만을 보고 '채소를 돈거리로 갈기 시작'하는 상황은, 경제적 이익 창출을 위해 농사를 짓기 시작했음을 보여 준다고 할 수 있다.

② 영두가 '국내 수요'와 '대일 수출'을 언급하며 권중만과 나누는 모습은, 농산물의 유통과 판매까지 감안하는 농민의 현실을 드러내는군.
농민인 영두가 '밭떼기 전문 채소 장수'인 권중만과 '국내 수요'와 '대일 수출' 등에 대해 이야기하는 모습은, 농민들이 농산물의 유통과 판매까지 감안하게 되었음을 보여 준다고 할 수 있다.

☑ 영두가 '밭떼기 장수'를 '미더운 물주요 필요악 이상의 불가결한 존재'로 받아들이는 것은, 다른 농민들의 어려운 상황을 이용해 경제적 이익을 추구하는 영두의 모습을 드러내는군.
영두가 '밭떼기 장수'를 '미더운 물주요 필요악 이상의 불가결한 존재'로 받아들이는 것은, 경제적 이익 창출의 시각에서 농사를 바라보게 되었음을 의미한다. 그렇지만 이를 영두가 다른 농민들을 이용해 경제적 이익을 추구한 모습이라고 보는 것은 적절하지 않다.

④ 영두가 '자칫 못 먹을 것을 만들어서 파는 사람으로 취급받지 않'으려 하는 것은, 먹거리를 생산하는 농민이 가져야 할 태도에 대해 인식하고 있음을 드러내는군.
영두가 권중만에게 '자칫 못 먹을 것을 만들어서 파는 사람으로 취급받지 않'으려 하는 것은, 농산물은 사람들이 먹게 될 먹거리를 생산하는 일이라는 점을 인식하고 있음을 보여 준다고 할 수 있다.

⑤ 영두가 '구수한 맛이 더하던 이치'에도 불구하고 '볼품이 없는 것'이 '값이 있을 리가 없'다고 판단하는 것은 농사에 대한 가치관을 따르기 어려운 현실에 대한 인식을 드러내는군.
영두가 '볼품이 없는 것'이 오히려 '구수한 맛이 더하던 이치'에도 불구하고 상품성이 떨어진다고 평가하는 것은, 농사에 대한 가치관에 따르기 어려운 현실을 인식하고 있음을 보여 준다고 할 수 있다.

42~45 고전 소설

작자 미상, 「춘향전」

감상 이 작품은 조선 시대 전라도 남원을 배경으로 하여 신분을 초월한 남녀 간의 사랑을 그리고 있는 판소리계 소설이다. 표면적으로는 양반 자제 이몽룡과 퇴기 딸 춘향의 신분을 뛰어넘는 사랑을 그리고 있지만, 그 이면에는 신분적 제약을 벗어나려는 인간 해방의 주제 의식을 담아 내고 있다. 특히 춘향과 이몽룡이 신분의 격차를 뛰어넘어 사랑을 이루는 과정 속에서 정절을 지키려는 춘향의 굳은 의지와 탐관오리를 혁파하는 이몽룡의 모습이 잘 형상화되어 있다.
주제 춘향의 굳은 절개와 탐관오리에 대한 비판 / 안타까운 이별로 인한 비애감
작품 줄거리 남원부사의 아들 이도령과 기생의 딸 춘향이 광한루에서 만나 정을 나누다가, 남원부사가 임기를 끝내고 서울로 돌아가자 두 사람은 다시 만날 것을 기약하며 이별한다. 그 다음에 새로 부임한 변학도가 춘향의 미모에 반하여 수청을 강요한다. 그러나 춘향은 일부종사(一夫從事)를 앞세워 거절하다 옥에 갇혀 죽을 지경에 이른다. 한편, 이도령은 과거에 급제하여 어사가 되어 변학도를 탐관오리로 몰아 봉고파직(封庫罷職)시키고 춘향을 구출한다. 이도령은 춘향을 정실부인으로 맞이하여 백년해로를 한다.

42 인물의 이해   정답률 55% | 정답 ③

[A]와 [B]를 통해 인물을 이해한 내용으로 가장 적절한 것은?

① [A]에서는 '춘향 어미'의 비난을 통해, [B]에서는 '향단'의 옹호를 통해 '신관 사또'에 대한 두 인물의 상반된 인식을 알 수 있다.
[A]에서 춘향 어미가 '신관 사또는 사람 죽이러 왔'냐고 말하는 것을 통해 춘향 어미가 신관 사또를 비난하고 있음을 알 수 있다. 하지만 [B]에서 향단이 신관 사또를 옹호하는 모습은 드러나지 않고 있다.

② [A]에서는 '춘향 어미'의 만류를 통해, [B]에서는 '향단'의 재촉을 통해 '춘향'의 수절에 대한 두 인물의 상반된 인식을 알 수 있다.
[A]에서 춘향 어미가 '기생이라 하는 것이 수절이 다 무엇이냐?'라고 묻는 것을 통해 춘향의 수절에 대해 만류하고 있음을 알 수 있다. 하지만 [B]에서 향단이 춘향에게 무엇인가를 재촉하거나 춘향의 수절에 대한 인식을 드러내는 부분은 찾아볼 수 없다.

☑ [A]에서는 앞날을 걱정하는 '춘향 어미'를 통해, [B]에서는 '춘향'의 현재 상태를 염려하는 '향단'을 통해 '춘향'의 고난에 대한 상이한 반응을 확인할 수 있다.
[A]에서 춘향 어미는 춘향이 비극적 상황에 놓여 있는 모습을 보고 '이 한 몸 의탁코자 하였더니, 저 지경을 만든단 말이오'라고 말하고 있는데, 이를 통해 춘향 어미가 춘향의 고난이 야기할 앞으로의 상황을 걱정하고 있음을 알 수 있다. 그리고 [B]에서 칼을 쓴 춘향에게 향단이 음식을 권하고 있는데, 이를 통해 향단이 춘향의 현재 몸 상태를 염려하고 있음을 알 수 있다.

④ [A]에서는 격앙된 '춘향 어미'를 진정시키는 모습을 통해, [B]에서는 '춘향'에게 음식을 정성스레 건네는 모습을 통해 '향단'의 침착한 태도를 확인할 수 있다.
[A]에서 춘향 어미는 삼문간에서 춘향을 보고 격앙된 모습을 보이지만, 향단이 이러한 춘향 어미를 진정시키는 모습은 찾아볼 수 없다. 그리고 [B]에서 향단은 옥에 갇힌 춘향이 정신을 차릴 수 있도록 음식을 건넬 뿐이며, 이를 향단의 침착한 태도와 연결시키는 어렵다.

⑤ [A]에서 '도련님'의 약속을 신뢰하는 '춘향 어미'의 모습과 [B]에서 '춘향'의 앞날을 걱정하는 '향단'의 모습으로 인해 '춘향'의 내적 갈등이 심화되고 있음을 확인할 수 있다.
[A]에서 춘향의 어미가 도련님의 약속을 신뢰하는 내용은 드러나 있지 않다. 그리고 [B]에서 향단이 옥에 갇힌 춘향을 걱정하고 있지만, 이러한 향단의 행동이 춘향의 내적 갈등을 심화시킨다고는 보기 어렵다.

43 인물의 심리 파악   정답률 60% | 정답 ⑤

[C]에 대한 이해로 적절하지 않은 것은?

① 공간의 특징을 열거하여 자신의 비참한 처지를 드러내고 있다.
'벼룩 빈대 ~ 번개는 번쩍번쩍'에서 공간의 특징이 열거됨을 확인할 수 있고 '이것이 웬일인고'에서 비참한 처지가 드러남을 확인할 수 있다.

② 비현실적인 존재를 언급하며 자신이 느끼는 두려움을 드러내고 있다.
'도깨비', '온갖 귀신'에서 비현실적 존재를 확인할 수 있고 '무서워'라고 말하는 모습에서 춘향이 두려움을 느낌을 확인할 수 있다.

③ 청각적 경험을 자극하는 자연물을 통해 자신의 근심을 드러내고 있다.
'동방의 귀뚜라미 소리', '울고 가는 기러기'는 청각적 경험을 자극하는 자연물이며, 춘향이 '나의 근심 자아낸다'고 말하는 내용에서 춘향의 근심을 확인할 수 있다.

④ 미래에 대한 부정적 전망과 함께 자신의 신세에 대한 한탄을 드러내고 있다.
'이것을 먹고 살면 무엇할고'에서는 미래에 대한 부정적 전망을 드러내고 있음을 확인할 수 있고, '이것이 웬일인고'에서는 춘향의 신세 한탄을 확인할 수 있다.

☑ 자신과 같이 억울한 처지에 놓인 사람들에 대한 연민의 감정을 드러내고 있다.
여러 '죽은 귀신'이 '처량히 슬피 울며' '달려드'는 것을 보고 '처량하고 무서워라'라고 한 부분에서 연민의 감정을 부분적으로 엿볼 수 있다. 하지만 앞서 서술된 '죽은 귀신'에 대한 묘사로 보아 그들이 춘향 자기 자신과 같이 억울한 처지에 놓였다고 보기는 어렵다.

44~45

〈보기〉를 참고하여 44번과 45번의 두 물음에 답하시오.

─〔보 기〕─
서사적 모티프란 전체 이야기를 구성하는 작은 이야기 단위이다. 이 작품에서는 황릉묘의 주인이자 정절의 표상인 아황 부인과 여영 부인이 등장하는 황릉묘 모티프가 사용되었다. 이는 천상계와 인간 세상, 전생과 현생, 꿈과 현실의 대응을 형성하면서 공간적 상상력을 풍요롭게 하는 동시에 주인공의 또 다른 정체성을 드러낸다.
서사적 모티프는 작품을 읽는 독자에게 서사 이해의 실마리를 제공함으로써 작품의 전개 방향을 예측하게 한다. 황릉묘 모티프에서 '머지않아 장경성을 다시 만나 부귀영화를 누릴 것'이라는 두 부인의 말을 감안하여, 독자는 이어지는 내용에서 ㉮ .

44 외적 준거에 따른 작품의 감상   정답률 61% | 정답 ③

〈보기〉를 참고하여 윗글을 감상한 내용으로 적절하지 않은 것은? [3점]

① 춘향이 잠이 들어 '황릉묘 시녀'를 만난 것은 황릉묘 모티프를 통해 꿈과 현실의 연결이 일어나게 됨을 보여 주는군.
춘향이 현실 속에서 꿈을 꾸어 황릉묘에 도착하므로 잠을 통해 꿈과 현실을 연결하고 있음을 확인할 수 있다.

② '봉황 부채'에 의한 '구름 같이 이는 바람'을 타고 '소상강 만리 밖' 황릉묘까지 춘향이 날려가는 것은 꿈속 공간의 초월적 성격을 드러내는군.
여동이 부친 부채가 일으킨 바람에 의해 비현실적 방법으로 춘향이 순식간에 공간을 이동하는 것은 꿈속 공간이 현실을 초월한 곳임을 드러내고 있으므로 적절하다.

☑ 아황 부인과 여영 부인이 '춘향이 바삐 들라'라고 명령하는 것은 자신의 문제를 서둘러 해결하고자 하는 춘향에게 인간 세상에 대비되는 천상계의 질서가 있음을 보여 주는군.
아황 부인과 여영 부인이 춘향에게 '바삐 들라'는 말은 춘향을 환대하는 말이다. 따라서 이를 춘향이 자신의 문제를 서둘러 해결하고자 하는 모습으로 보기는 어렵다.

④ '전생'에 춘향이 '운화 부인 시녀'였다는 아황 부인과 여영 부인의 말은 전생과 현생의 대응을 드러내면서 공간적 상상력의 확장을 유도하는군.
전생의 운화 부인 시녀는 현생의 춘향에 대응되고, 전생의 장경성은 현생의 이 도령에 대응됨을 확인할 수 있다. 이는 현생에서의 서사가 전생으로 확장되도록 유도하는 것을 확인할 수 있다.

⑤ 아황 부인과 여영 부인이 춘향에게 '마음을 변치 말고 열녀를 본받'으라고 당부하는 것은 춘향이 정절을 지켜갈 인물임을 암시하는군.
아황 부인과 여영 부인은 정절의 표상인 인물로 춘향에게 정절을 지켜갈 것을 당부하고 있는데 이는 춘향이 정절을 지켜나갈 인물임을 드러내는 것임을 확인할 수 있다.

45 독자의 반응 파악   정답률 63% | 정답 ①

〈보기〉의 ㉮에 들어갈 내용으로 가장 적절한 것은?

☑ '내가 죽을 꿈이로다'라는 춘향의 말보다는 이 도령이 과거에 급제한 상황에 주목하며 두 인물의 재회를 예상할 것이다.
이 작품에서 춘향은 옥에 갇혀 꿈을 꾸고 황릉묘에 가서 아황 부인과 여영 부인을 만난다. 이때 춘향은 미래의 긍정적인 전망이 담긴 예언을 듣게 되지만, 절체절명의 위기 속에서 예언을 신뢰하지 못하고 자신의 처지를 비관하고 만다. 그런데 독자는 황릉묘 모티프에 영향을 받아, 춘향의 앞날에 대한 긍정적인 기대를 하게 된다. 특히, 아황 부인과 여영 부인이 장경성과의 재회에 대해 예언한 내용을 통해서 독자는 재회의 대상으로서의 이 도령과 장경성이 동일함을 짐작하며 읽게 된다. 따라서 춘향은 '내가 죽을 꿈이로다'라고 말하지만, 독자는 이 도령이 장원 급제한 내용에 주목하게 되고, 그 이후에 춘향과 이 도령이 재회할 것을 예상하게 된다.

② 꿈에 대해 자문하며 탄식하는 춘향의 모습을 보고 춘향이 현실에서의 정체성에 의문을 갖게 되리라고 예상할 것이다.
독자는 춘향이 자문하는 모습에 관심을 두기보다는 춘향에게 긍정적인 영향을 줄 요소를 찾을 것이다.

③ 두 부인과의 만남이 꿈임을 깨닫는 춘향의 모습을 보고 꿈과 현실의 대비가 주는 허무함을 절감하게 될 것이다.
꿈에서 깨어난 춘향이 허무함을 느낄 수 있으나, 독자는 예언에 주목하므로 춘향의 허무함을 느끼기보다는 춘향에게 일어날 긍정적인 변화에 주목할 것이다.

④ 춘향이 자신의 실수로 꿈에서 깨어나는 장면을 춘향의 고난이 지속될 것이라는 암시로 받아들일 것이다.
독자는 춘향의 부정적 반응을 그대로 믿지 않게 되므로, 춘향의 고난이 지속될 것이라고 예상하지 않을 것이다.

⑤ 꿈에서 '달나라 구경'을 이루지 못하고 깨어난 춘향이 꿈에 대한 미련을 보이리라고 예상할 것이다.
달나라 구경을 이루지 못한 춘향의 모습을 발견할 수도 있으나, 독자는 전생과 관련된 예언에 주목할 뿐이다.

• 정답 •

01 ⑤ 02 ② 03 ④ 04 ⑤ 05 ③ 06 ④ 07 ⑤ 08 ① 09 ⑤ 10 ② 11 ④ 12 ① 13 ④ 14 ③ 15 ②
16 ③ 17 ⑤ 18 ③ 19 ② 20 ③ 21 ① 22 ③ 23 ⑤ 24 ⑤ 25 ④ 26 ⑤ 27 ① 28 ① 29 ⑤ 30 ③
31 ② 32 ④ 33 ① 34 ⑤ 35 ③ 36 ② 37 ④ 38 ① 39 ④ 40 ④ 41 ② 42 ① 43 ③ 44 ④ 45 ②

★ 표기된 문항은 [등급을 가르는 문제]에 해당하는 문항입니다.

[01~10] 화법과 작문

01 발표의 구성과 말하기 방식 파악 | 정답률 86% | 정답 ⑤

위 발표에 대한 설명으로 적절하지 않은 것은?

① 용어의 뜻을 풀이하며 청중의 이해를 돕고 있다.
2문단의 '이처럼 오토마타는 크랭크 ~ 만들어진 조형물을 뜻합니다.'에서 오토마타의 뜻을 풀이하고 있는데, 이러한 뜻풀이를 제시하여 발표자는 오토마타에 대한 청중의 이해를 돕고 있다.

② 구체적 정보를 제공하며 청중을 설득하려 하고 있다.
발표자는 자율 동아리 '직접 함께 오토마타'를 소개하고 자율 동아리 가입을 권유하기 위해, 어떠한 활동을 하고 이 동아리에 가입하면 어떠한 장점이 있는지 구체적으로 제시하고 있다.

③ 비언어적 표현을 사용하여 전달의 효과를 높이고 있다.
3문단의 '두 팔을 교차해 가위표를 만들며', 5문단의 '엄지를 치켜들며'를 통해, 발표자가 비언어적 표현을 사용하여 발표 내용을 효과적으로 전달하고 있음을 알 수 있다.

④ 질문을 던지는 방식으로 청중의 관심을 유발하고 있다.
발표자는 발표를 시작할 때 청중에게 '어떤 자율 동아리 활동을 하셨어요?'와 같은 질문을 던지고 있는데, 이러한 질문을 던지는 방식은 청중의 관심을 유발하는 효과가 있다.

☑ 앞에서 설명한 내용을 요약하며 발표를 마무리하고 있다.
발표자는 발표의 마지막에 동아리 가입을 권유하며 가입 방법을 언급하고 있지만, 앞서 발표한 내용을 요약하거나 다시 정리하고 있지는 않다.

02 자료 활용 방식 파악 | 정답률 79% | 정답 ②

㉠과 ㉡의 활용에 대한 설명으로 가장 적절한 것은?

① ㉠을 활용해 동아리에 대한 관심을 유도하고, ㉡을 활용해 동아리 활동의 주의 사항을 드러냈다.
㉠은 흥미나 관심을 유발하는 데 활용되고 있지만, ㉡의 경우 동아리 활동의 주의 사항을 알려 주기 위한 것은 아니므로 적절하지 않다.

☑ ㉠을 활용해 청중의 경험을 환기하고, ㉡을 활용해 동아리가 목표로 하는 결과물의 수준을 제시하였다.
㉠ 뒤의 '초등학교 과학 시간이나 ~ 만들어 보셨을 텐데요.'를 통해, ㉠은 청중이 초등학교 때 만들 만한 것을 가리키는 것임을 알 수 있다. 따라서 발표자는 청중의 과거 경험을 환기시켜 흥미를 불러일으키기 위해 ㉠을 활용하고 있음을 알 수 있다. 그리고 ㉡은 작년 '오토마타 경진대회'에 나온 작품들을 보여 주는 것으로, 앞의 '한발 더 나아가 ~ 목표로 합니다.'를 통해, 자신의 동아리에서 목표로 하는 작품의 수준을 알려 주기 위해 활용하였음을 알 수 있다.

③ ㉠을 활용해 동아리 활동의 결과물을 보여 주고, ㉡을 활용해 오토마타 작품의 발전 단계를 설명하였다.
㉠은 동아리 활동에서 만들고자 하는 결과물을 보여 주는 것이 아니므로 적절하지 않다.

④ ㉠을 활용해 동아리 활동을 위한 준비물을 알려 주고, ㉡을 활용해 오토마타 작품이 지닌 특징을 보여 주었다.
㉠은 동아리에서 만들고자 하는 것이 아니므로 동아리 활동의 준비물이라고 볼 수 없다.

⑤ ㉠을 활용해 오토마타 부품이 작동하는 원리를 설명하고, ㉡을 활용해 오토마타에서 코딩이 중요한 까닭을 강조하였다.
㉠을 보여 주며 '크랭크, 기어, 캠' 같은 부품을 언급하고 있지만, 이러한 부품이 작동하는 원리를 설명하고 있지는 않다.

03 청중의 듣기 과정이나 반응 파악 | 정답률 92% | 정답 ④

〈보기〉는 발표를 들은 학생들의 반응이다. 발표의 내용을 고려하여 학생의 반응을 이해한 내용으로 적절하지 않은 것은?

─〈보 기〉─
학생 1 : 3D 프린터나 메이커실을 사용할 수 있다는 것을 알고 이 동아리에 가입하고 싶어졌어. 먼저 화요일, 목요일 방과 후에 나에게 다른 일정이 없는지 확인해야겠어.
학생 2 : 오토마타 동아리에서 코딩을 제대로 배운다는 것이 가능할까? 우리 학교에 코딩을 제대로 배울 수 있는 다른 동아리는 없는지 찾아 봐야겠어.
학생 3 : 미술을 전공할 생각인데, 이 동아리의 장점이 진로에 도움이 될 것 같아. 오토마타와 미술에 대한 자료를 더 찾아 본 후에 가입을 결정하는 것이 좋겠어.

① '학생 1'은 발표에서 알게 된 내용 중 일부를 동아리 가입을 결정하는 핵심 정보라고 판단하고 있다.
'학생 1'은 발표에서 알게 된 정보와 관련 지어 자신의 일정을 확인하고 있으므로, '학생 1'은 발표에서 알게 된 정보를 자신의 동아리 가입을 결정하는 핵심 정보라고 판단하였다고 볼 수 있다.

② '학생 2'는 발표자가 말한 내용의 실현 가능성에 대해 궁금해 하고 있다.
'학생 2'는 '오토마타 동아리에 들어오면 코딩을 제대로 배울 수' 있다는 발표자의 말이 실제로 가능한 일인지 궁금해 하고 있다.

③ '학생 3'은 발표자가 말한 내용을 자신의 진로와 관련지어 긍정적으로 평가하고 있다.
'학생 3'은 동아리의 장점이 자신의 진로에 도움이 될 거라 생각하고 긍정적으로 받아들이고 있다.

☑ '학생 1'과 '학생 3'은 발표자가 말한 내용이 타당한 근거에 바탕한 것인지를 따져 보고 있다.
'학생 1'과 '학생 3'은 발표자가 소개한 동아리가 자신에게 도움이 될지 따져보고 있지만, 두 학생 모두 발표자가 말한 내용이 타당한 근거를 바탕으로 한 것인지 따져 보지는 않고 있다.

⑤ '학생 2'와 '학생 3'은 발표에서 알게 된 내용과 관련하여 추가적인 정보 탐색을 계획하고 있다.
'학생 2'는 자신에게 오토마타 동아리보다 더 도움이 되는 동아리는 없는지 확인하기 위해, '학생 3'은 이 동아리의 활동이 자신의 진로에 어떤 영향을 미칠지 확인하기 위해 추가 정보를 수집할 것을 계획하고 있다.

04 말하기 방식 파악 | 정답률 77% | 정답 ⑤

(가)의 '학생'에 대한 설명으로 적절하지 않은 것은?

① 알고 싶은 내용을 서두에 밝히며 인터뷰를 시작하고 있다.
학생은 인터뷰의 서두에서 '조선 왕릉과 관련하여 장묘 전통, 공간 구성, 석물'에 대해 설명을 듣고 싶다는 의사를 밝히고 있다.

② 자신이 알고 있는 정보를 바탕으로 학예사에게 질문하고 있다.
학생은 '조선 왕릉은 진입 공간, 제향 공간, 능침 공간으로 구분된다'는 자신이 알고 있는 정보를 바탕으로 학예사에게 '공간 구성의 독창성'에 대해 질문하고 있다.

③ 학예사의 설명에 대한 자신의 이해가 적절한지 확인하고 있다.
학생은 학예사의 설명을 듣고, '조선 왕릉은 공간에 따라 조망 범위를 다르게 하는 방식으로 공간의 위계를 조성했다고 이해하면 될까요?'라고 자신의 이해가 적절한지 확인하고 있다.

④ 학예사가 설명한 내용에 대해 자신의 경험을 밝히며 공감을 드러내고 있다.
조선 왕릉은 '자연 친화적 성격'이 돋보인다는 학예사의 설명에 대해, 학생은 '건원릉이나 광릉에 갔을 때의 경험을 밝히면서 '이곳 선릉도 자연 친화적 공간이라는 인상을 받았습니다.'라고 학예사의 설명에 대한 공감을 드러내고 있다.

☑ 학예사의 설명을 바탕으로 자신의 생각을 수정하며 질문을 덧붙이고 있다.
학생은 학예사의 설명에 대해 자신이 이해한 내용을 밝히거나 추가 질문을 하고 있지만, 자신의 생각을 수정하며 질문을 덧붙이지는 않고 있다.

05 의사소통 방식의 이해 | 정답률 85% | 정답 ③

[A], [B]에 대한 설명으로 가장 적절한 것은? [3점]

① [A], [B] 모두에서 학생은 학예사의 이전 답변을 인용하며 추가적인 설명을 요청하고 있다.
[B]에서 학생은 [A]에서의 학예사의 답변 내용 중 일부를 인용하여 설명을 요청하고 있으나, [A]의 학생 질문에서는 이러한 내용이 나타나 있지 않다.

② [A], [B] 모두에서 학생은 학예사가 제시한 사례의 적절성에 의문을 제기하며 새로운 사례를 요청하고 있다.
[A]나 [B]를 통해 학생이 학예사가 답변에서 제시한 사례의 적절성에 대해 의문을 제기하는 내용은 찾아볼 수 없다.

☑ 학예사는 학생의 요청에 따라 [A]에서 자신이 설명한 내용을 [B]에서 보충하고 있다.
[A]에서 학예사는 능침 공간에는 예술적 가치가 높은 석물이 배치되었다고 설명하자, [B]에서 학생은 학예사의 설명을 듣고 '석물의 예술적 가치가 높다'는 말에 대해 설명을 요구하고 있다. 그리고 학예사는 학생의 추가 질문의 요청을 받아들여 석물의 예술미에 대해 설명하고 있다. 따라서 학예사는 학생의 요청에 따라 [A]에서 자신이 설명한 석물의 예술적 가치에 대해 [B]에서 보충하여 설명하고 있음을 알 수 있다.

④ 학예사는 학생의 이해를 돕기 위해 [A]에서 자신이 설명한 내용을 [B]에서 반복하고 있다.
학예사는 학생의 요청에 따라 [B]에서 석물의 예술미에 대해 설명하고 있지만, [A]에서 자신이 설명한 내용을 [B]에서 반복하지는 않고 있다.

⑤ 학예사는 [A]의 설명에 대한 학생의 잘못된 이해를 [B]에서의 설명을 통해 바로잡고 있다.
[B]를 통해 학예사가 [A]의 설명에 대한 학생의 이해가 잘못되었다고 밝히는 내용은 찾아볼 수 없고, [B]에서 학생의 잘못된 이해를 바로잡기 위해 설명하지도 않고 있다.

06 글쓰기 계획 파악 | 정답률 85% | 정답 ④

〈보기〉는 (나)를 작성하기 위해 세운 글쓰기 계획이다. 〈보기〉에서 (나)에 반영된 것만을 있는 대로 고른 것은?

─〈보 기〉─
ㄱ. 조선 왕릉이 유네스코 세계 유산으로 등재되었다는 점을 고려하여, 조선 왕릉이 어떤 점에서 가치를 인정받았는지를 글의 첫머리에 밝히며 시작해야겠어.
ㄴ. 조선 왕릉의 자연 친화적 장묘 전통이 인정받았다는 점을 고려하여, 조선의 고유한 장묘 문화가 형성되는 데 우리나라의 자연 환경이 영향을 끼쳤음을 밝혀야겠어.
ㄷ. 조선 왕릉에 공간 구성의 독창성이 있다는 점을 고려하여, 조선 왕릉에 나타나는 공간의 위계에 대해 설명해야겠어.
ㄹ. 조선 왕릉과 관련한 기록 문화와 제례 의식이 있다는 점을 고려하여, 왕릉과 관련된 기록물과 현재 유지되고 있는 제례 의식의 사례를 찾아 제시해야겠어.

① ㄱ, ㄴ ② ㄱ, ㄷ ③ ㄴ, ㄹ ☑ ㄱ, ㄷ, ㄹ ⑤ ㄴ, ㄷ, ㄹ

ㄱ. 조선 왕릉이 유네스코 세계 유산으로 등재되었다는 점을 고려하여, 조선 왕릉이 어떤 점에서 가치를 인정받았는지를 글의 첫머리에 밝히며 시작해야겠어.
1문단의 '조선 왕릉은 자연 친화적 장묘 전통, 인류 역사의 중요한 단계를 잘 보여 주는 왕릉 조성과 기록 문화, 조상 숭배의 전통이 이어지고 있는 살아 있는 유산이라는 점에서 가치를 인정받아'를 통해, ㄱ이 반영되었음을 알 수 있다.

ㄴ. 조선 왕릉의 자연 친화적 장묘 전통이 인정받았다는 점을 고려하여, 조선의 고유한 장묘 문화가 형성되는 데 우리나라의 자연 환경이 영향을 끼쳤음을 밝혀야겠어.
2문단에 조선은 '자연과의 조화 속에서 왕릉을 조성하는 자연 친화적 원칙'을 지켜 왔다는 내용이 나타나 있으나, 우리나라의 자연 환경이 조선의 고유한 장묘 문화 형성에 영향을 끼쳤다는 내용은 초고에 반영되어 있지 않다.

ㄷ. 조선 왕릉에 공간 구성의 독창성이 있다는 점을 고려하여, 조선 왕릉에 나타나는 공간의 위계에 대해 설명해야겠어.
2문단의 '조선 왕릉은 지면의 높이 차이를 만들고 정자각의 배치를 활용하여 제향 공간과 능침 공간의 조망 범위를 다르게 함으로써 공간의 위계를 조성하였다.'를 통해 ㄷ이 반영되어 있음을 알 수 있다.

ㄹ. 조선 왕릉과 관련한 기록 문화와 제례 의식이 있다는 점을 고려하여, 왕릉과 관련된 기록물과 현재 유지되고 있는 제례 의식의 사례를 찾아 제시해야겠어.
4문단에서 '국장도감의궤', '산릉도감의궤', '종묘에서 정례적으로 봉행되는 제례 의식'이 기록 문화와 제례 의식과 관련된 사례로 제시되어 있으므로, ㄹ이 반영되었음을 알 수 있다.

---

07 글쓰기 방식의 파악 　정답률 93% | 정답 ⑤

[C]에 나타난 글쓰기 방식에 대한 이해로 가장 적절한 것은?

① 능침 공간에 배치된 석물의 예술미를 분석하고 왕릉들을 비교하며 설명하고 있다.
[C]는 능침 공간에 배치된 석물의 외적 특징이나 상징적 의미 등을 설명하고 있으나, 석물의 예술미에 대해 분석하거나 왕릉들을 비교하며 설명하고 있지 않다.

② 능침 공간의 특정 석물에 대한 평가들을 소개하고 평가 간의 차이를 부각하고 있다.
[C]는 능침 공간에 배치된 석물을 통해 조선의 내세관과 문치주의를 표방했던 조선 왕조의 지향이 드러난다고 설명하고 있으나, 석물과 관련한 평가를 소개하고, 각 평가 간의 차이를 설명하고 있지는 않다.

③ 능침 공간에 배치된 석물의 형태 변화 양상을 설명하고 시기별 특징을 드러내고 있다.
[C]는 능침 공간에 배치된 석물의 외적 특징에 대해 설명하고 있으나, 석물의 형태 변화 양상을 설명하거나 시기별로 나누어 특징을 설명하고 있지는 않다.

④ 능침 공간에 배치된 석물에 대한 설명을 인용하고 이를 비판적 관점에서 검토하고 있다.
[C]는 능침 공간에 배치된 석물에 대해 설명하고 있으나, 각 석물에 대한 설명을 인용하고 그러한 설명을 비판적 관점에서 검토하고 있지는 않다.

✓⑤ 능침 공간을 세 영역으로 구분하고 각 영역에 배치된 석물에 대해 설명을 덧붙이고 있다.
[C]에서는 능침 공간이 왕의 공간인 상계, 신하의 공간인 중계와 하계로 영역이 나뉜다고 하면서, 상계에 병풍석, 난간석, 혼유석, 양 석상과 호랑이 석상 등이 배치되고, 중계에 장명등, 문신 형상의 석인상, 석마 등이 배치되고, 하계에는 무신 형상의 석인상, 석마 등이 배치되어 있음을 설명하고 있다. 그리고 각 석물의 외적 특징이나 상징적 의미 등에 대한 설명을 덧붙이고 있다.

---

08 글쓰기 계획 파악 　정답률 78% | 정답 ①

(가)를 고려하여 학생이 구상한 내용 중 (나)에 나타나지 않은 것은?

✓① ㉠을 고려하여, 학생들에게 좋은 평가를 받은 채식 식단의 사례를 제시한다.
(나)의 2문단에 '다양한 방식으로 조리한 맛있는 채소류 음식을 제공할 예정'이라는 내용을 언급하였으나, 사례를 제시하고 있지는 않다. 따라서 ㉠을 고려하여 채식 식단의 사례를 제시하였다는 내용은 (나)에 나타나지 않으므로 적절하지 않다.

② ㉡을 고려하여, 채소류 섭취를 늘려 영양소를 골고루 섭취하는 것이 건강에 도움이 됨을 밝힌다.
2문단에 학생들이 영양소가 골고루 포함된 채소류 음식을 즐기게 되면 몸이 건강해질 것이라고 밝히고 있으므로, ㉡을 고려한 내용이 반영되었음을 알 수 있다.

③ ㉢을 고려하여, 학생의 급식 실태를 밝히며 '채식하는 날' 도입의 필요성을 제시한다.
2문단에 급식 시간에 관찰한 학생들의 식습관과 잔반 문제를 제시하고 이를 개선하기 위해 '채식하는 날'을 도입해야 함을 밝히고 있으므로, ㉢을 고려한 내용이 반영되었음을 알 수 있다.

④ ㉣을 고려하여, '채식하는 날'의 운영 주기와 식단에 포함되지 않는 식재료를 설명한다.
1문단에 '채식하는 날'이 도입되면 매주 월요일에 육류, 계란 등을 제외한 식단을 제공할 예정임을 설명하고 있으므로, ㉣을 고려한 내용이 반영되었음을 알 수 있다.

⑤ ㉤을 고려하여, 육류 소비를 줄이면 온실가스의 발생량을 줄이는 데 기여한다는 점을 제시한다.
3문단에 육류 소비를 줄이면 온실가스 배출을 줄일 수 있다는 점을 밝히고 있으므로, ㉤을 고려한 내용이 반영되었음을 알 수 있다.

---

09 자료 활용 방안 파악 　정답률 69% | 정답 ⑤

다음은 (나)를 보완하기 위해 추가로 수집한 자료이다. 자료의 활용 방안으로 적절하지 않은 것은?

ㄱ. 전문 서적
　육류 섭취량이 지나치게 많아지면 단백질과 지방의 섭취량이 적정 수준을 초과하게 되고, 육류에 거의 없는 비타민, 미네랄, 식이 섬유 등이 부족하게 된다. 지방의 과잉 섭취나 특정 영양소의 부족은 건강에 악영향을 끼친다.
　　　　　　　　　　　　　　　　　　　　　　　　　　　　　　– 「영양학」 –

ㄴ. 인터뷰 내용
　"우리 시에서는 1년 간 590여 개의 공공 급식소에서 '고기 없는 화요일'이라는 제도를 운영했습니다. 이를 통해 30년생 소나무 755만 그루를 심은 것과 같은 온실가스 감축 효과를 얻었습니다. 그리고 이 제도 덕분에 채식을 즐기는 습관을 가지게 되었다는 사람, 과체중 문제를 해결했다는 사람도 있었습니다."
　　　　　　　　　　　　　　　　　　　　　　　　　　　– ○○시 정책 홍보 담당자 –

ㄷ. 통계 자료

〈그림〉 전 세계 온실가스 배출 비율

축산 분야를 통해 배출되는 온실가스는 전 세계 전 세계 온실가스 배출량의 약 18%를 차지하며, 이는 산업, 교통, 에너지 분야 등에 비해 가장 높은 수치에 해당한다.
　　　　　　　　　　　　　　　　　　　　　– 유엔식량농업기구 보고서 –

① 2문단에 ㄱ의 내용을 추가하고 그 출처도 함께 밝혀 글의 신뢰성을 높인다.
ㄱ은 육류의 과도한 섭취가 건강에 부정적 영향을 미친다는 내용의 전문 서적 자료이므로, 2문단에 추가하여 채식이 개인 건강에 도움이 된다는 내용을 강조하고 글의 신뢰성을 높이는 자료로 활용할 수 있다.

② 2문단에 ㄴ을 활용하여 채식이 건강과 식습관에 긍정적인 변화를 준 사례를 제시한다.
ㄴ에는 '채식하는 날'과 유사한 제도에 참여하여 건강과 식습관의 긍정적인 변화를 경험한 사례가 포함되어 있으므로, 2문단에 추가하여 내용을 뒷받침하는 자료로 활용할 수 있다.

③ 3문단에 제시된 공공 기관의 사례를 ㄴ의 수치를 들어 구체화한다.
ㄴ은 '채식하는 날'과 유사한 제도가 환경 문제에 미친 긍정적 영향을 수치화한 자료이므로, 3문단에 추가하여 내용을 뒷받침하는 자료로 활용할 수 있다.

④ 3문단에 ㄷ의 〈그림〉을 삽입하여 통계 자료의 내용을 시각적으로 보여 준다.
ㄷ은 축산 분야로 인해 발생하는 온실가스 배출량을 강조하는 그래프이므로, 3문단의 내용을 시각적으로 보여 주는 자료로 활용할 수 있다.

✓⑤ 3문단에 ㄴ과 ㄷ을 활용하여 제도적 변화보다 개인의 노력이 중요함을 드러낸다.
ㄴ은 '채식하는 날'과 유사한 제도를 시행하여 지구의 기후 위기를 막는 데 기여할 수 있다는 점을 보여 주는 공공 기관의 사례이며, ㄷ은 축산 분야에서 발생하는 온실가스 비율이 다른 분야와 비교했을 때 가장 높다는 점을 강조하는 연구 자료이다. 그리고 3문단은 '채식하는 날'을 도입하면 온실가스의 배출을 줄여 기후 위기를 막는 데 도움이 될 수 있다는 내용으로, 환경 문제 해결에 도움이 된다는 내용이다. 따라서 ㄴ과 ㄷ을 3문단과 관련하여 초고를 보완할 때 '채식하는 날'의 도입이 기후 위기를 막는 데 기여한다는 점을 강조하는 자료로 활용할 수 있지만, 제도의 변화보다 개인의 노력이 더욱 중요함을 드러내는 자료로 활용하는 것은 적절하지 않다.

---

10 고쳐쓰기 방안의 적절성 판단 　정답률 83% | 정답 ②

〈보기〉는 (나)를 읽은 선생님의 조언이다. 〈보기〉를 반영하여 @를 수정하기 위한 구상으로 가장 적절한 것은? [3점]

〈보 기〉
선생님 : '채식하는 날'의 도입 목적을 잘못 이해하고 초고를 써서 읽는 사람이 오해할 수 있어요. 학교 급식은 곡류, 육류, 채소류 등을 다양하게 제공하여 학생의 건강에 필요한 영양소를 골고루 충족시키는 것을 목적으로 하는데, '채식하는 날'의 도입 목적도 이와 다르지 않아요. 이러한 점을 고려하여 마지막 문장을 수정해야 해요.

① '채식하는 날'의 도입 목적은 육류 음식보다 채소류 음식이 학생의 건강에 더 도움이 된다는 사실을 알리고 채소류 음식을 더 많이 먹는 데 있다는 내용으로 수정해야겠군.
육류 음식보다 채소류 음식이 학생의 건강에 더 도움이 된다는 사실을 알려야 한다는 내용은 〈보기〉의 내용과 관련이 없으며 (나)의 주장과도 일치하지 않는다.

✓② '채식하는 날'의 도입 목적은 육류를 먹지 말자는 것이 아니라 채소류 음식을 접할 기회를 늘려 영양소를 균형 있게 섭취하게 하는 데 있다는 내용으로 수정해야겠군.
〈보기〉에서 선생님은 '채식하는 날'과 '학교 급식'이, 다양한 종류의 식품을 골고루 제공해야 한다는 동일한 목적을 가진다고 언급하고 있다. 따라서 이를 고려하여 초고를 수정한다면, '채식하는 날'이 학생들의 육류 음식 위주로 먹지 못하게만 하는 것이 아니라 채소류 음식의 섭취 기회를 늘려 보다 균형 있게 영양소를 섭취하게 하는 데 있다는 내용으로 수정해야 한다.

③ '채식하는 날'의 도입 목적은 채소류 음식만으로 필요한 영양소를 모두 충족할 수 있음을 알려 채소류 위주의 식습관을 형성하는 데 있다는 내용으로 수정해야겠군.
채소류 음식만으로 필요한 영양소를 모두 충족할 수 있음을 알려야 한다는 내용은 〈보기〉의 내용과 관련이 없으며 (나)의 주장과도 일치하지 않는다.

④ '채식하는 날'의 도입 목적은 육류만 편식하는 학생들의 태도를 바꾸어 학교 급식의 잔반 중 채소류가 차지하는 비율을 줄이는 데 있다는 내용으로 수정해야겠군.
육류만 편식하는 학생들의 태도를 바꿔야 한다는 내용은 '채식하는 날'의 도입 목적과 관련이 있으나, 학교 급식의 잔반 중 채소류가 차지하는 비율을 줄여야 한다는 것은 〈보기〉의 내용과 관련이 없다.

⑤ '채식하는 날'의 도입 목적은 채소류 위주의 식습관 형성이 건강 증진과 기후 위기 방지에 기여한다는 점을 알리는 데 있다는 내용으로 수정해야겠군.
채소류 위주의 식습관 형성이 건강 증진과 기후 위기 해결에 기여한다는 점은 (나)의 주장과 일치하나, 〈보기〉의 내용과는 관련이 없다.

[11~15] 문법

11 단모음과 이중 모음의 이해 　정답률 86% | 정답 ④

윗글에 대한 이해로 적절하지 않은 것은?

① 'ㅠ'는 발음할 때 입술 모양이나 혀의 위치가 변한다.
2문단에서 입술 모양이나 혀의 위치가 발음 도중에 변하는 모음이 '이중 모음'임을 알 수 있다. 따라서 'ㅠ'는 이중 모음이므로 입술 모양이나 혀의 위치가 발음 도중에 변한다고 할 수 있다.

② 'ㅐ'는 발음할 때 입술 모양이나 혀의 위치가 변하지 않는다.
1문단에서 발음할 때 입술 모양이나 혀의 위치가 변하지 않는 모음이 '단모음'임을 알 수 있다. 따라서 'ㅐ'는 단모음이므로 발음할 때 입술 모양이나 혀의 위치가 변하지 않는다고 할 수 있다.

③ 'ㅖ'의 발음은 반모음 '[j]' 뒤에서 단모음 'ㅔ'가 결합한 소리이다.

2문단의 "'ㅑ'와 마찬가지로 'ㅒ, ㅕ, ㅖ, ㅛ, ㅠ, ㅢ'의 발음은, 각각 반모음 '[j]'와 단모음 'ㅐ, ㅓ, ㅔ, ㅗ, ㅜ, ㅡ'가 결합한 소리이다.'를 통해, 'ㅖ'의 발음은 'ㅣ'를 짧게 발음하는 것과 유사한 소리인 반모음 '[j]' 뒤에서 'ㅔ'가 결합한 것임을 알 수 있다.

☑ 'ㅘ'의 발음은 단모음 'ㅗ' 뒤에서 반모음 '[j]'가 결합한 소리이다.
제시된 글 2문단의 "'ㅗ'나 'ㅜ'를 짧게 발음하는 것과 유사한 반모음 '[w]'도 있는데 'ㅘ, ㅙ, ㅝ, ㅞ'의 발음은 각각 반모음 '[w]'와 단모음 'ㅏ, ㅐ, ㅓ, ㅔ'가 결합한 소리이다.'를 통해, 'ㅘ'는 반모음 '[w]'가 단모음 'ㅏ' 앞에서 결합한 이중 모음임을 알 수 있다.

⑤ 반모음 '[w]'는 홀로 쓰일 수 없고 단모음과 결합하여 이중 모음을 이룬다.
2문단의 '이중 모음은 홀로 쓰일 수 없는 소리인 '반모음'이 단모음과 결합한 모음이다.'를 통해, 반모음은 홀로 쓰일 수 없는 소리이고 이중 모음의 발음은 반모음이 단모음과 결합한 것임을 알 수 있다.

● 문법 필수 개념

■ 반모음
1. 개념 : 음성의 성질로 보면 모음과 비슷하지만, 혼자서는 음절을 이루지 못하고 반드시 다른 모음에 붙어야 발음되는 모음으로, 단모음처럼 완전하게 발음되지 못하고 아주 짧게 발음되는 모음임. 반모음은 온전한 모음이 아니기 때문에 반달표(˘)를 이용하여 ĭ, ŏ / ŭ 로 표시함.
2. 종류

| ĭ [j] | 혀가 'ㅣ' 자리에서 다른 자리로 옮겨갈 때 발음되는 모음 |
| ŏ / ŭ [w] | 혀가 'ㅗ / ㅜ' 자리에서 다른 자리로 옮겨갈 때 발음되는 모음 |

12 표준어 규정에 따른 발음의 이해　정답률 51% | 정답 ①

〈보기〉는 학생들의 대화이다. 윗글을 바탕으로 할 때 〈보기〉의 ㉠, ㉡에 들어갈 내용으로 적절한 것은? [3점]

─〈보 기〉─
학생 1 : '표준어 규정'에 따르면 'ㅚ'는 단모음으로 발음하는 것이 원칙이지만 이중 모음으로 발음하는 것도 허용하더라고. 그러면 '참외'는 [차뫼]로 발음하는 것이 원칙이지만,　㉠　로 발음하는 것도 허용한다고 할 수 있겠어.
학생 2 : 그래, 맞아. '표준어 규정'에서는 'ㅟ'도 이중 모음으로 발음하는 것을 허용하고 있어. 이에 따른 'ㅟ'의 이중 모음 발음은 'ㅑ, ㅒ, ㅕ, ㅖ, ㅘ, ㅙ, ㅛ, ㅝ, ㅞ, ㅠ, ㅢ'의 발음 중에　㉡　.

　　㉠　　　　㉡
☑ [차붸]　포함되어 있지 않아
3문단을 통해 '표준어 규정'에 따르면 'ㅚ'와 'ㅟ'는 단모음으로 발음하는 것이 원칙이지만 이중 모음으로 발음하는 것도 허용함을 알 수 있다. 그리고 'ㅚ'를 이중 모음으로 발음할 경우에는 반모음 '[w]'와 'ㅔ' 소리를 연속하여 발음하며 이 소리는 'ㅞ'의 발음에 해당하므로, ㉠에 들어갈 발음으로 적절한 것은 [차붸]임을 알 수 있다. 또한 'ㅟ'를 이중 모음으로 발음할 경우에는 반모음 '[w]'와 'ㅣ' 소리를 연속하여 발음하는데, 이 소리는 'ㅑ, ㅒ, ㅕ, ㅖ, ㅘ, ㅙ, ㅛ, ㅝ, ㅞ, ㅠ, ㅢ'의 발음 중에 없으므로 ㉡은 '포함되어 있지 않아'가 적절하다.
② [차붸]　'ㅢ' 소리에 해당해
③ [차쌔]　'ㅟ' 소리에 해당해
④ [차메]　포함되어 있지 않아
⑤ [차메]　'ㅢ' 소리에 해당해

13 문장의 짜임 파악　정답률 61% | 정답 ④

㉠~㉤에 대한 설명으로 적절하지 않은 것은?

─〈보 기〉─
㉠ 그는 우리와 함께 일하기를 거부했다.
㉡ 개는 사람보다 후각이 훨씬 예민하다.
㉢ 나는 그가 우리를 도와 준 일을 잊지 않았다.
㉣ 날이 추워지면 방한 용품이 필요하다.
㉤ 수만 명의 관객들이 공연장을 가득 메웠다.

① ㉠ : '우리와 함께 일하기를'이 안은문장에서 목적어의 역할을 하고 있군.
㉠은 명사절인 '우리와 함께 일하기'가 안긴문장으로, '우리와 함께 일하기'는 안은문장에서 목적어의 역할을 하고 있다.

② ㉡ : '후각이 훨씬 예민하다'가 안은문장에서 서술어의 역할을 하고 있군.
㉡은 서술절인 '후각이 훨씬 예민하다'가 안긴문장으로, '후각이 훨씬 예민하다'는 안은문장에서 서술어의 역할을 하고 있다.

③ ㉢ : '그가 우리를 도와 준'이 안은문장에서 관형어의 역할을 하고 있군.
㉢은 관형절인 '그가 우리를 도와 준'이 안긴문장으로, '그가 우리를 도와 준'은 안은문장에서 명사 '일'을 꾸며 주는 관형어 역할을 하고 있다.

☑ ㉣ : '날이 추워지다.'와 '방한 용품이 필요하다.'가 대등하게 이어진 문장이군.
㉣인 '날이 추워지면 방한 용품이 필요하다.'는 '날이 추워지다.'와 '방한 용품이 필요하다.'를 연결 어미 '-면'을 사용하여 만든 종속적으로 이어진문장에 해당한다. 여기에서 연결 어미 '-면'은 '날이 추워지다.'가 '방한 용품이 필요하다.'의 조건임을 나타내 주는 역할을 하고 있다.

⑤ ㉤ : '관객들이'가 주어이고 '메웠다'가 서술어인 홑문장이군.
㉤은 '관객들이'가 주어이고 '메웠다'가 서술어로, 주어와 서술어의 관계가 한 번 나타나는 홑문장에 해당한다.

14 사전 활용의 적절성 이해　정답률 76% | 정답 ③

〈보기 1〉은 국어사전의 일부이고, 〈보기 2〉는 원고지에 쓴 글을 고친 것이다. 〈보기 1〉을 바탕으로 〈보기 2〉의 ㉠~㉢을 이해한 내용으로 적절하지 않은 것은?

─〈보기 1〉─
드리다 [드리다] [동] (드리어(드려), 드리니)
【…에 / 에게 …을】
[1] '주다'의 높임말.
[2] 윗사람에게 그 사람을 높여 말이나, 인사, 부탁, 약속, 축하 따위를 하다.

들이다 [드리다] [동] (들이어(들여), 들이니)
[1] 【…을 …에】 밖에서 속이나 안으로 향해 가게 하거나 오게 하다.
[2] 【…에 / 에게 …을】 어떤 일에 돈, 시간, 노력, 물자 따위를 쓰다.

─〈보기 2〉─

새	해	첫	날	아	침	,	친	구	들	과	함	께	선	생
님	댁	을	방	문	했	다	.	선	생	님	께	서	는	우리를 사랑방
에	㉠들	이	면	서	매	우	기	뻐	하	셨	다	.	우	리	는
함	께	세	배	를	하	고	선	생	님	께	감	사	하	다	는
용	옷	담	은	편	지	를	㉡드	려	선	생	님	을	흐	뭇
하	게	했	다	.	정	성	을	㉢드	려	편	지	였	다	.

① ㉠은 '들이다'[1]의 의미로 사용되었군.
㉠은 '밖에서 속이나 안으로 향해 가거나 오게 하다.'의 의미로, ㉠이 포함된 문장은 '들이다'[1]의 용례라고 할 수 있다.

② ㉠을 포함한 문장에 '우리를'을 넣어야 하는 이유는 필요한 문장 성분이 빠졌기 때문이군.
㉠은 '들이다'[1]의 의미인 '밖에서 속이나 안으로 향해 가거나 오게 하다.'에 해당하므로, 〈보기 1〉에 제시된 '들이다'[1]의 문형 정보인 【…을 …에】를 참고하면 ㉠이 포함된 문장에 목적어가 생략되어 있음을 알 수 있다. 따라서 목적어 '우리를'을 추가하여 문장을 수정하였다.

☑ ㉡과 '할머니께 말씀을 드리다.'의 '드리다'는 모두 '드리다'[1]의 의미로 사용되었군.
㉡은 '주다'의 높임말로 '드리다'[1]의 의미이고, '할머니께 말씀을 드리다.'의 '드리다'는 '윗사람에게 그 사람을 높여 말을 하다.'인 '드리다'[2]의 의미로 사용되었다.

④ ㉢은 '들이다'[2]의 의미로 사용되었기 때문에 '들여'라고 고쳐 써야 하는군.
㉢은 '들이다'[2]의 의미인 '어떤 일에 돈, 시간, 노력, 물자 따위를 쓰다.'의 의미로 쓰인 것이므로 '들여'라고 고쳐 써야 한다.

⑤ ㉠과 ㉡은 사전에서 각각의 표제어 아래 제시된 여러 의미 중 하나로 풀이되는군.
〈보기 1〉에 제시된 사전의 뜻풀이를 보면 '드리다'와 '들이다'는 다의어이다. 따라서 ㉠과 ㉡의 의미는 사전의 표제어 아래 제시된 여러 뜻풀이 중 하나에 해당된다.

15 훈민정음의 제자 원리 이해　정답률 84% | 정답 ②

〈보기〉는 수업의 일부이다. 선생님의 설명을 참고할 때 ㉠에 해당하는 것은?

─〈보 기〉─
선생님 : 훈민정음의 초성 중 기본자는 발음 기관의 모양을 본뜨는 '상형'의 원리로 만들어졌어요. 'ㄱ'은 혀뿌리가 목구멍을 막는 모양을, 'ㄴ'은 혀가 윗잇몸에 닿는 모양을, 'ㅁ'은 입 모양을, 'ㅅ'은 이[齒] 모양을, 'ㅇ'은 목구멍 모양을 본뜬 것이에요. 기본자에 소리의 세기에 따라 획을 더하는 '가획'의 원리를 적용하여 가획자 'ㅋ, ㄷ, ㅌ, ㅂ, ㅍ, ㅈ, ㅊ, ㆆ, ㅎ'을 만들었고, 상형이나 가획의 원리를 적용하지 않고 별도로 이체자 'ㆁ, ㄹ, ㅿ'을 만들었지요. 중성은 하늘, 땅, 사람의 모양을 본떠서 기본자 'ㆍ, ㅡ, ㅣ'를 만들고, '합성'의 원리를 적용하여 초출자 'ㅗ, ㅏ, ㅜ, ㅓ'와 재출자 'ㅛ, ㅑ, ㅠ, ㅕ'를 만들었어요. 종성은 초성의 글자를 다시 사용했어요. 그러면 선생님과 함께 카드놀이를 하며 훈민정음에 대하여 공부해 봅시다. ㉠ 아래의 카드 중 [조건]을 모두 만족하는 글자 카드를 찾아볼까요?

[조건]
· 초성 : 이[齒] 모양을 본뜬 기본자에 가획하여 만든 글자
· 중성 : 초출자 'ㅗ'에 기본자 'ㆍ'를 결합하여 만든 글자
· 종성 : 상형이나 가획의 원리를 적용하지 않고 별도로 만든 글자

① 별　☑② 쫄　③ 심　④ 창　⑤ 동

쫄 〈보기〉를 통해 훈민정음의 초성 중에서 이[齒]의 모양을 본뜬 기본자는 잇소리 'ㅅ'임을 알 수 있으므로, 여기에 '가획'의 원리에 따라 획을 더하여 만든 글자는 가획자 'ㅈ, ㅊ'이라 할 수 있다. 그리고 〈보기〉를 통해 중성 중에서 초출자 'ㅗ'에 기본자 'ㆍ'를 결합하여 만든 글자는 재출자 'ㅛ'이고, '상형'이나 '가획'의 원리를 적용하지 않고 별도로 만든 이체자는 'ㆁ, ㄹ, ㅿ'임을 알 수 있다. 따라서 [조건]을 모두 만족하는 글자는 '쫄'이라 할 수 있다.

● 문법 필수 개념

1. 초성의 제자 원리 : 자음 17자

| 상형(象形)의 원리 | | 가획(加劃)의 원리 | |
| 발음 기관의 모양을 본떠서 만듦. | + | 소리의 세기를 반영하여 기본자에 획을 더하여 만듦. | |

구분＼제자 원리	기본자	1획 가획자	2획 가획자	이체자
어금닛소리[아음]	ㄱ	ㅋ		ㆁ
혓소리[설음]	ㄴ	ㄷ	ㅌ	ㄹ
입술소리[순음]	ㅁ	ㅂ	ㅍ	
잇소리[치음]	ㅅ	ㅈ	ㅊ	ㅿ
목구멍소리[후음]	ㅇ	ㆆ	ㅎ	

하늘과 땅과 사람의 형상을 본떠 기본자 'ㆍ, ㅡ, ㅣ'를 만든 후, 기본자를 조합하여 나머지 글자를 만듦.

구분	제자 원리	기본자	초출자	재출자
천(天)[양성]		ㆍ	ㅗ(ㆍ+ㅡ), ㅏ(ㅣ+ㆍ)	ㅛ(ㆍㅗ+ㆍ), ㅑ(ㅏ+ㆍ)
지(地)[음성]		ㅡ	ㅜ(ㅡ+ㆍ), ㅓ(ㆍ+ㅣ)	ㅠ(ㅜ+ㆍ), ㅕ(ㅕ+ㆍ)
인(人)[중성]		ㅣ		

[16~45] 독서·문학

16~20 인문

김태희, 「한국 주자학과 실학에서의 민(民) 개념」

해제 이 글은 조선 시대 통치 기조인 민본 사상과 관련하여 조선 학자들이 제시한 군주와 백성에 대한 관점을 설명하고 있다. 조선 시대 유학자들은 민본 사상을 통치의 기조로 삼을 것을 주장했는데, **정도전**은 군주나 관료가 백성에 대한 통치권을 지닌 것은 백성을 보살피고 안정시키기 위한 것이라 보면서, **군주의 덕성과 관료의 자질 향상 및 책무의 중요성을 강조**였다. **이이**는 백성들의 도덕적 교화와 경제적인 안정을 강조하면서, **군주가 백성에 대한 두려움을 가지고 백성의 신망을 유지하기 위해 노력해야 함을 강조**했다. 그리고 **정약용**은 사회적 약자에 속한 **백성을 적극 보살피는 것이 애민**이라 하는 한편, **백성이 자신의 경제적 처지에 따라 통치 체제 유지를 위한 역할을 수행해야 함을 주장**였다. 조선 시대 학자들의 이와 같은 주장은 조선의 통치 계층이 백성을 위한 다양한 정책을 펼치는 바탕이 되었다는 점에서 의의가 있다.

주제 민본 사상과 관련한 군주와 백성에 대한 유학자들의 관점

문단 핵심 내용

1문단	민본 사상을 통치 기조로 삼을 것을 주장한 조선 시대 유학자들
2문단	군주와 백성에 대한 정도전의 관점
3문단	군주와 백성에 대한 이이의 관점
4문단	군주와 백성에 대한 정약용의 관점
5문단	조선 시대 학자들의 군주와 백성에 대한 관점이 지니는 의의

16 글의 전개 방식 파악   정답률 80% | 정답 ③

윗글에 대한 설명으로 가장 적절한 것은?

① 조선 시대 관료 조직의 위계를 분석하고 있다.
2문단에서 왕권이 작동하기 위해 조선 시대 관료 조직을 위계적으로 정비하는 것을 언급하고 있지만, 관료 조직의 위계를 분석한 내용은 찾아볼 수 없다.

② 조선 시대 조세 제도의 문제점을 나열하고 있다.
4문단에서 부유한 대민이 납세의 부담을 맡아야 한다고 언급하고 있지만, 조세 제도의 문제점을 나열하지는 않고 있다.

✓ ③ 조선 시대 학자들의 백성에 대한 관점을 비교하고 있다.
3문단의 내용을 통해, 이이는 정도전과 마찬가지로 백성을 보살피고 교화해야 할 대상으로 여겼지만, 정도전과 달리 군주가 백성에 대한 두려움을 가지고 백성의 신망을 유지하기 위해 노력해야 함을 강조했음을 알 수 있다. 그리고 4문단의 내용을 통해, 정약용은 정도전, 이이와 마찬가지로 백성을 보살핌의 대상으로 바라보았지만, 이들과 달리 백성을 통치 체제 유지에 기여해야 하는 존재라 보고, 백성이 각자의 경제적 형편에 부합하는 역할을 수행해야 함을 강조했음을 알 수 있다. 이렇게 볼 때 이 글은 조선 시대 학자들의 백성에 대한 관점을 비교하였다고 할 수 있다.

④ 조선 시대 군주들의 통치관을 비판적으로 서술하고 있다.
2～4문단에 제시된 정도전, 이이, 정약용의 군주의 역할에 대한 논의를 통해 군주들의 통치관이 어떠했는지는 짐작해 볼 수 있지만, 군주들의 통치관에 대해 비판적으로 서술한 부분은 찾아볼 수 없다.

⑤ 조선 시대 상업의 발달 과정을 통시적으로 기술하고 있다.
4문단에서 조선 후기 상·공업 발달 상황을 언급하고 있지만, 조선 시대 상업의 발달 과정을 시간의 흐름에 따라 기술하지는 않고 있다.

17 글의 세부 정보 파악   정답률 78% | 정답 ⑤

외민(畏民)에 대한 이해로 가장 적절한 것은?

① 백성이 군주에 대해 지녀야 할 마음가짐이다.
3문단을 통해 '외민'은 백성이 아닌 군주가 지녀야 할 마음가짐임을 알 수 있다.

② 관료의 비행을 감독하기 위해 마련한 제도이다.
선택지에 제시된 내용은 2문단에 제시된 '감사 기능'에 대한 내용으로, '외민'에 대한 설명과는 무관하다.

③ 군주와 백성을 부모와 자식의 관계에 비유하는 근거이다.
1문단과 3문단에 의하면 군주와 백성을 부모와 자식의 관계에 비유한 것은 백성을 사랑하는 태도인 '애민'에 근거한 것으로 백성을 두려워하는 태도인 '외민'을 근거로 삼았다고 할 수 없다.

④ 민생이 안정되었을 때 드러나는 백성의 이상적 모습이다.
1문단에 제시된 민본 사상이 추구하는 백성의 모습에 해당하는 설명으로, '외민'을 의미하지 않는다.

✓ ⑤ 백성이 군주에 대한 신망을 버릴 수 있다고 보는 관점이다.
3문단의 '다만 군주가 백성에 대한 두려움을 가지고 백성의 신망을 유지하기 위해 노력해야 한다'를 통해, 군주가 백성에 대한 두려움을 군주가 지니지 않으면 군주가 백성의 신망을 얻지 못할 것임을 짐작할 수 있다. 따라서 '외민'을 백성이 군주에 대한 신망을 버릴 수 있다고 보는 관점이라고 한 이해는 적절하다.

18 내용의 구체적인 사례에의 적용   정답률 46% | 정답 ③

윗글을 바탕으로 <보기>를 이해한 내용으로 적절하지 않은 것은? [3점]

〈보 기〉
ㄱ. 옛날에 바야흐로 온 세상을 제압하고 나서 천자가 벼슬을 내리고 녹봉을 나누어 준 것은 신하들을 위해서가 아니라 백성들을 위한 것이었다. … 임금이 관리에게 책임을 지우는 것도 한결같이 백성에 근본을 두고, 관리가 임금에게 보고하는 것도 한결같이 백성에 근본을 두면, 백성은 중요한 존재가 된다.
– 정도전, 「삼봉집」 –

ㄴ. 청컨대 전하의 식사와 옷에서부터, 바치는 물건들과 대궐 안에서 일상적으로 쓰는 물건들을 일체를 삼분의 일 줄이십시오. 이런 방식으로 헤아려서 모든 팔도의 진상·공물들도 삼분의 일 줄이십시오. 이렇게만 하신다면 은택이 아래로 미치어 백성들이 실질적인 혜택을 받게 될 것입니다.
– 이이, 「율곡전서」 –

ㄷ. 만일 목화 농사가 흉작이 되어 면포의 가격이 뛰어 오르는데 수백 리 밖의 고장은 풍년이 들어 면포의 값이 매우 쌀 경우 수령은 일단 백성에게 군포를 납부하지 말도록 해야 한다. 그리고 아전 중 청렴한 자를 골라 풍년이 든 곳에 가서 면포를 구입해 오도록 하여 군포를 바친다. 그리고 면포를 구입하는 데 쓴 돈은 백성들이 균등하게 부담하게 하면 백성에게 큰 혜택이 돌아갈 것이다.
– 정약용, 「목민심서」 –

① ㄱ은 관료의 녹봉이 백성을 위해 일하는 봉사자로서 얻는 것이라는 주장과 관련된다.
ㄱ의 '천자가 벼슬을 내리고 녹봉을 나누어 준 것은 신하들을 위해서가 아니라 백성을 위한 것이었다.'이었다는 내용은, 군주나 관료가 지배자가 아니라 백성을 위해 일하는 봉사자일 때 이들의 지위나 녹봉은 그 정당성이 확보된다는 2문단에 언급된 정도전의 주장과 관련된다고 할 수 있다.

② ㄴ은 군주가 백성을 보살피는 존재라는 시각을 바탕으로 한다.
ㄴ은 왕이 먼저 대궐 안에서 일상적으로 쓰는 물건과 모든 팔도의 진상·공물들을 삼분의 일로 줄이면 백성들이 실질적인 혜택을 받게 될 것이라 언급하고 있는데, 이러한 내용은 3문단에 언급된 군주를 백성을 보살피는 존재로 바라본 이이의 관점이 바탕이 된다고 할 수 있다.

✓ ③ ㄷ은 대민과 소민에 따라 납세 부담에 차이가 있어야 한다는 주장을 구현하는 방법이다.
ㄷ에서는 특정 지역의 목화 농사가 흉작이 되어 면포 가격이 뛰어오를 경우, 해당 수령은 백성들에게 군포를 납부하지 않게 하면서 가격이 상대적으로 저렴한 곳에서 면포를 구입하여 군포를 납부한 뒤, 면포를 구입하는 데 쓴 돈을 백성들이 균등하게 납부하게 하면 백성의 혜택이 늘어날 것이라고 보고 있다. 이러한 내용은 백성의 처지를 고려한 것에 해당하므로 관료가 백성을 보살펴야 한다고 주장한 민본 사상과 상통하는 것이라 할 수 있다. 따라서 <보기>의 ㄷ의 내용은 백성 각자의 경제적 형편에 부합하는 역할을 수행하는 내용과는 관련이 없음을 알 수 있으므로, 대민과 소민을 구분하여 납세 부담에 차이가 있어야 한다는 정약용의 주장을 구현한 방법이라고 볼 수 없다.

④ ㄱ과 ㄷ은 민본 사상의 관점에서 바람직한 관료의 면모를 보여준다.
ㄱ에서는 임금이나 관리가 한결같이 백성에 근본을 두어야 함을 언급하고 있고, ㄷ에서는 군포를 거둘 때 백성의 처지를 고려하면서 백성에게 혜택이 돌아가도록 할 것을 언급하고 있다. 이러한 ㄱ과 ㄷ의 내용은 2문단에 언급된 민본 사상을 실현하는 관료의 면모를 드러내 준다고 할 수 있다.

⑤ ㄴ과 ㄷ은 백성의 경제적 안정을 중시하는 관점에서 제안된 방안에 해당한다.
ㄴ과 ㄷ의 내용을 통해, ㄴ과 ㄷ에 언급된 백성의 혜택이 경제적 혜택의 성격을 지님을 알 수 있다. 이렇게 볼 때, ㄴ과 ㄷ은 3문단에 언급된 백성의 경제적 안정을 중시하는 관점에서 제안된 방안이라 볼 수 있다.

19 관점의 차이 파악   정답률 73% | 정답 ②

다음은 윗글을 읽은 학생의 독후 활동이다. ㉮에 들어갈 내용으로 가장 적절한 것은?

독후 활동
유사한 화제를 다룬 다음 자료를 읽고, 관점의 차이를 정리해 보자.

[자료]
조선 시대의 교육은 신분 질서 유지를 통해 통치 계층의 우위를 확보하는 데 기여했다. 현실적으로 통치 계층이 아닌 백성은 정치에 참여하는 관료가 되기 어려웠는데, 이는 신분에 따라 교육 기회가 제한된 것과 관련된다. 한편, 백성을 대상으로 하는 교육은 대체로 도덕적 교화를 위한 것에 한정되었다.

[결론]
[자료]와 [A]는 조선 시대의 (㉮)에 대하여 관점의 차이를 보이고 있다.

① 백성이 교육 기회를 얻고자 노력했는지
<자료>와 [A]는 모두 조선 시대 정책을 화제로 삼은 글로 교육 기회에 대한 백성의 노력을 화제로 다루지 않아, 해당 부분에 대한 관점의 차이를 정리할 수 없다.

✓ ② 교육이 본질적으로 백성을 위한 것인지
<자료>는 조선 시대의 교육이 통치 계층의 우위를 확보하는 데 기여했으며, 백성에 대한 교육이 도덕적 교화에 한정되었다는 내용으로, 조선 시대의 교육이 본질적으로 통치 계층을 위한 것이었다는 관점을 보이고 있다. 반면 [A]에서는 조선 시대 교육 제도가 백성을 위한 것이었다고 보는 관점이 드러난다.

③ 교육 방식이 현대적으로 계승되었는지
<자료>와 [A] 모두 교육 방식이나 현대적 계승에 대한 언급이 드러나지 않아 관점의 차이를 찾을 수 없다.

④ 신분 질서가 어떤 의미를 지니는지
<자료>에 조선 시대 교육이 신분 질서 유지에 기여했다는 내용이 나올 뿐 그 의미는 제시되지 않고, [A]에서는 신분 질서에 대한 구체적 내용이 드러나지 않았다. 따라서 관점의 차이를 정리할 수 없다.

⑤ 백성이 어떻게 정치에 참여했는지
<자료>에 백성의 정치 참여가 제한되었다는 내용만 있을 뿐 참여한 방식은 제시되지 않았고 [A]에서도 관련 내용을 찾을 수 없다. 따라서 이 부분에 대한 관점의 차이가 드러난다고 결론지을 수 없다.

20 단어의 문맥적 의미 파악   정답률 91% | 정답 ③

문맥상 ⓐ ~ ⓔ와 바꿔 쓰기에 적절하지 않은 것은?

① ⓐ : 따라야
ⓐ는 '환경이나 변화에 잘 적응하여 따라'라는 뜻이므로 문맥상 '따라야'로 바꿔 쓸 수 있다.

② ⓑ : 가다듬는

ⓑ는 '정돈하여 제대로 갖추는'이란 뜻이므로 문맥을 고려해 '가다듬는'으로 바꿔 쓸 수 있다.

✓③ ⓒ : 끊임없이

ⓒ는 '일이 아무 탈이나 말썽 없이 예정대로 잘되어 가게'를 의미하므로, 의미상 '끊임없이'로 바꿔 쓸 수 없다. 문맥상 '잘되어 가게'로 바꾸어 쓰는 것이 적절하다.

④ ⓓ : 걸맞은

ⓓ는 '사물이나 현상이 꼭 들어맞는'이란 뜻이므로 문맥상 '걸맞은'으로 바꿔 쓸 수 있다.

⑤ ⓔ : 바탕을 둔

ⓔ는 '기초가 될 만한 바탕이 되는'이란 뜻이므로 문맥상 '바탕을 둔'이라고 바꿔 쓸 수 있다.

21~25 사회

정하중, 「행정법총론」

해제 이 글은 헌법상 권리인 손실 보상 청구권에 대해 설명하고 있다. 손실 보상 청구권의 의미와 성립 요건인 '특별한 희생'이 무엇인지 언급하면서, 헌법에 제시된 조항을 바탕으로 손실 보상 청구권에 대한 이해를 돕고 있다. 그리고 손실 보상 청구권의 성립 요건인 특별한 희생과 재산권의 사회적 한계 사이의 구별에 대해 서로 다른 입장인 경계 이론과 분리 이론에 대해 설명하고 있다. 즉 경계 이론은 재산권의 사회적 제약과 특별한 희생은 침해의 정도에 있어서만 차이가 있다고 보지만, 분리 이론은 재산권의 사회적 제약과 특별한 희생은 입법자의 의사에 따라 구별된다고 보고 있음을 설명하고 있다.

주제 손실 보상 청구권의 이해 및 이와 관련된 두 개의 이론

문단 핵심 내용

1문단	손실 보상 청구권 및 특별한 희생의 의미
2문단	헌법상 권리인 손실 보상 청구권
3문단	헌법에 규정된 재산권 및 재산권의 '사회적 제약'
4문단	재산권의 사회적 제약과 특별한 희생의 구별에 대한 경계 이론의 관점
5문단	재산권의 사회적 제약과 특별한 희생의 구별에 대한 분리 이론의 관점

21 글의 내용의 이해　　정답률 51% | 정답 ①

윗글에 대한 이해로 가장 적절한 것은?

✓① 헌법이 개인에게 보장하는 재산권의 내용은 법률로써 그 내용이 구체화된 것이다.

3문단의 '헌법은 제23조 제1항에서 ~ 재산권은 구체화된다고 밝히고 있다.'를 통해, 모든 국민의 재산권은 보장되고, 보장되는 재산권의 내용은 법률에 의해 구체화된다는 점을 확인할 수 있다. 따라서 헌법이 개인에게 보장하는 재산권의 내용은 법률로써 그 내용이 구체화된 것이라 할 수 있다.

② 공용 침해 중 '사용'과 달리 '제한'의 경우, 행정 작용에도 불구하고 개인의 재산권은 국가로 이전되지 않는다.

2문단의 '사용이란 행정 기관이 개인의 재산권을 일시적으로 사용하는 것'을 통해, 공용 침해 중 사용의 경우에도 재산권은 국가로 이전되지 않음을 알 수 있다.

③ 재산권을 침해하는 모든 행정 작용에 대해, 개인은 자신이 입은 손실을 보상하도록 요구할 수 있는 권리를 갖는다.

3문단의 '재산권 침해가 사회적 제약의 범위 내에 있다면 이로 인한 손실은 보상의 대상이 되지 않는다. 즉 재산권 침해가 특별한 희생에 해당할 때만 보상이 가능한 것이다.'를 통해, 재산권 침해가 특별한 희생에 해당하지 않는 행정 작용에 대해서는 손실을 보상하도록 요구할 수 없음을 알 수 있다.

④ 재산권의 사회적 제약을 규정하는 모든 법률은 공용 침해와 손실 보상이 내용상 분리될 수 없다는 원칙에 어긋난다.

법률에 따른 재산권 침해가 특별한 희생에 해당하지 않는다면, 공용 침해와 손실 보상이 내용상 분리될 수 없다는 원칙에 어긋나지 않는다.

⑤ 감염병 예방을 위해 행정 기관이 사설 연수원을 일정 기간 동원하는 것은 공공 필요에 의한 재산권의 '수용'에 해당한다.

2문단을 통해 '사용'이 행정 기관이 개인의 재산권을 일시적으로 사용하는 것임을 알 수 있다. 따라서 행정 기관이 사설 연수원을 일정 기간 동원하는 것은 개인의 재산권을 일시적으로 사용하는 공용 침해 중 '사용'에 해당한다고 할 수 있다.

★★★ 등급을 가르는 문제!

22 글의 핵심 정보의 비교 이해　　정답률 27% | 정답 ③

㉠과 ㉡에 대한 이해로 적절하지 않은 것은?

① ㉠은 법률에 보상 규정이 없는 경우에도 헌법 제23조 제3항을 근거로 하여, 행정 작용으로 인한 재산상 손실을 보상할 수 있다고 본다.

㉠은 법률에 보상 규정이 없는 경우에도 헌법 제23조 제3항을 근거로 행정 작용으로 인한 재산상 손실을 보상할 수 있다고 본다.

② ㉡은 헌법 제23조 제2항과 제3항의 규정은 전혀 다른 내용을 규정하고 있다고 본다.

㉡은 헌법 제23조 제2항과 제3항은 입법자의 의사에 따라 완전히 분리된다고 본다.

✓③ ㉠은 행정 작용으로 인한 재산상 손실을 항상 보상해야 한다고 보는 반면, ㉡은 보상하지 않을 수 있다고 본다.

3문단을 통해 재산권 침해가 특별한 희생에 해당할 때만 보상이 가능함을 알 수 있고, 4문단을 통해 ㉠이 재산권 침해 정도에 따라 재산권의 사회적 제약이 특별한 희생으로 바뀌는 것으로 본다는 점을 알 수 있다. 따라서 재산권 침해의 정도가 특별한 희생에까지 이르지 않는 행정 작용의 경우, ㉠은 손실을 보상하지 않아도 된다고 보는 입장이라는 것을 이해할 수 있다.

④ ㉠은 재산권 침해의 정도를, ㉡은 입법자의 의사를 기준으로 손실 보상 청구권의 성립 여부를 판단해야 한다고 본다.

손실 보상 청구권 성립 요건인 특별한 희생의 발생 여부에 대해 ㉠은 재산권 침해의 정도를, ㉡은 입법자의 의사를 기준으로 판단한다.

---

⑤ ㉠과 ㉡은 모두 보상 규정 없이 사회적 제약의 범위를 벗어나는 재산권 침해를 규정한 법률은 위헌이라고 본다.

보상 없이 사회적 제약의 범위를 벗어나는 재산권 침해를 규정한 법률에 대해, ㉠은 헌법 제23조 제3항에, ㉡은 제2항에 위반되어 위헌이라고 본다.

★★ 문제 해결 꿀~팁 ★★

▶ 많이 틀린 이유는?

이 문제는 글에 제시된 '경계 이론'과 '분리 이론'에 대해 정확히 이해하지 못하여 오답률이 높았던 것으로 보인다. 특히 선택지 ③의 '재산상 손실을 항상 보상'의 '항상 보상'을 간과하여 적절하다고 판단한 것도 오답률이 높았던 것으로 보인다.

▶ 문제 해결 방법은?

이 문제 해결의 초점은 글에 제시된 '경계 이론'과 '분리 이론'을 정확히 이해하는 것에 있으므로, 4문단과 5문단을 중심으로 '경계 이론'과 '분리 이론'을 통해 적절성을 판단해야 한다. 가령 정답인 ③의 경우, '경계 이론'을 설명한 4문단의 '재산권 침해는 그 정도가 사회적 제약의 범위를 넘어서면 특별한 희생으로 바뀐다는 것이다.'를 바탕으로 할 때, 사회적 제약의 범위를 넘어서지 않으면 재산상 손실을 보상하지 않아도 됨을 추론할 수 있으므로 '재산상 손실을 항상 보상'하지는 않음을 알 수 있다. 물론 이 문제의 경우 3문단에 제시된 '재산권 침해가 특별한 희생에 해당될 때만 보상이 가능하다.'라는 내용 이해가 전제되어야 하지만, 어쨌든 문제 해결의 핵심은 4문단의 '경계 이론'을 정확히 이해하였느냐 여부에 있다. 따라서 이와 같은 세부 정보를 이해하는 문제를 해결할 때는 관련 정보에 반드시 밑줄을 그어 이해의 정확성을 높일 수 있도록 한다.

▶ 오답인 ⑤를 많이 선택한 이유는?

이 문제의 경우 ⑤를 선택한 학생들이 많았는데, 이는 '보상 규정 없이 사회적 제약의 범위를 벗어나는 재산권 침해'에 대해 '경계 이론'과 '분리 이론'의 입장을 글을 통해 정확히 파악하지 못했기 때문으로 보인다. 만일 학생들이 4문단의 '보상을 규정하지 않은 채 ~ 위반되어 위헌이고'와, 5문단의 '재산권 침해를 규정한 ~ 사회적 제약으로 규정한 것으로 본다.', '만약 해당 법률에 규정된 ~ 위반하여 위헌이고'를 확인했다면 적절한 이해였음을 알 수 있었을 것이다.

★★★ 등급을 가르는 문제!

23 전제의 추리　　정답률 30% | 정답 ⑤

㉡의 전제로 가장 적절한 것은?

① 재산권은 입법자의 의사에 따라 보상 없이 제한해야 하는 권리이다.

분리 이론에서는 보상 규정이 없는 경우의 재산권 침해는 사회적 제약에 해당하고, 침해가 사회적 제약의 범위를 벗어나면 안 된다고 보고 있다.

② 공용 침해 규정과 손실 보상 규정이 동일한 법률에서 규정될 필요는 없다.

헌법에 따라 공용 침해 규정과 손실 보상 규정은 동일한 법률에서 규정되어야 한다.

③ 재산권의 사회적 제약은 입법자의 의사에 따라 제한 없이 규정될 수 있다.

분리 이론에서는 사회적 제약을 벗어나서 재산권을 과도하게 침해하는 법률은 헌법 제23조 제2항에 위반된다고 보고 있다.

④ 행정 작용이 공익을 목적으로 한다면 이로 인한 손실은 보상할 필요가 없다.

분리 이론에서는 행정 작용으로 인한 재산권 침해가 특별한 희생에 해당한다면 이로 인한 손실을 보상해야 한다고 보고 있다.

✓⑤ 입법자가 별도로 규정하지 않는 한, 재산권은 그대로 보존되어야 하는 권리이다.

5문단을 통해, 분리 이론은 재산권 침해를 규정한 법률에 보상 규정이 없는 경우 입법자가 이를 사회적 제약으로 규정한 것으로 보고 있고, 사회적 제약에 해당하더라도 재산권을 과도하게 침해한다면 헌법에 위반되고, 이때의 행정 작용은 위법하다고 본다는 점, 재산권 존속이 손실 보상보다 우선한다고 보고 있음을 알 수 있다. 또한 이에 근거해 분리 이론은 손실 보상 대신 위법한 행정 작용을 제거해야 한다고 보고 있음을 알 수 있다. 이는 입법자가 법률로써 보상을 규정하지 않는 한, 재산권은 보상으로 보장되는 권리가 아닌 그대로 보존되어야 하는 권리라고 본다는 점이 전제되어 있다.

★★ 문제 해결 꿀~팁 ★★

▶ 많이 틀린 이유는?

이 문제는 ㉡의 의미에 대한 정확한 이해 부족 및 ㉡의 의미를 '분리 이론'과 연결하여 이해하는 데 어려움을 겪어 오답률이 높았던 것으로 보인다.

▶ 문제 해결 방법은?

이 문제를 해결하기 위해서는 ㉡의 의미를 먼저 이해해야 한다. 즉 ㉡의 '위법한 행정 작용 자체'는 재산권 침해와 관련된 '사회적 제약'이고, 이를 제거해야 한다는 것은 '사회적 제약'이 재산권을 과도하게 침해하여 헌법에 위배되었기 때문임을 이해해야 한다. 그런 다음 이에 이어지는 이유에 해당하는 인용인, '재산권을 존속'하는 것이 과도한 사회적 제약으로 재산권을 침해하여 손실을 보상하는 것보다 우선이다를 통해, 재산권이 사회적 제약이 없는 한 '존속'시켜야 할 권리임을 이해할 수 있어야 한다. 이러한 내용을 바탕으로 할 때, ㉡에 전제된 내용은, '재산권'은 입법자가 별도로 규정할 때는 일정 정도 사회적 제약을 받을 수 있지만, 입법자가 별도로 규정하지 않으면 사회적 제약을 받지 않는 그대로 보존되어야 할 권리라는 내용이 전제되었음을 알 수 있다.

▶ 오답인 ②, ③, ④를 많이 선택한 이유는?

이 문제의 경우 ②, ③, ④를 선택한 학생들이 많았는데, 이는 글의 내용을 정확히 이해하지 못했기 때문으로 보인다. 글의 2문단을 '공용 침해 규정과 보상 규정은 하나의 법률에서 규정되어야 한다.'를 파악하였다면 잘못된 내용임을 금방 알 수 있었을 것이다. 또한 ③, ④의 내용은 5문단의 '분리 이론'을 정확히 이해했다면 잘못된 내용임을 알 수 있었을 것이다. 이처럼 전제된 내용을 추리할 때, 글의 내용과 어긋나는 내용이면 잘못된 추리에 해당하므로 우선적으로 글의 내용을 통해 선택지에 제시된 내용의 적절성 여부를 판단할 수 있도록 한다.

★★★ 등급을 가르는 문제!

24 구체적 사례에의 적용　　정답률 20% | 정답 ⑤

윗글을 참고하여 〈보기〉의 '헌법 재판소'의 판단에 대해 추론한 내용으로 적절하지 않은 것은? [3점]

〈 보 기 〉

A 법률에 따르면, 국가는 도시 환경을 보전하기 위해 개발 제한 구역을 지정할 수 있고, 개발 제한 구역으로 지정된 토지에서는 건축 등 토지 사용이 제한된다. 하지만 A 법률은 개발 제한 구역 지정으로 인한 손실을 보상하는 규정은 포함하고 있지 않다. 이러한 상황에서 A 법률에 대한 헌법 소원이 제기되었다.

헌법 재판소는 분리 이론의 입장을 취하면서, 토지 재산권의 공공성을 고려하면 A 법률은 원칙적으로 합헌이라고 판단하였다. 하지만 개발 제한 구역으로 지정되어 토지를 사용할 방법이 전혀 없는 등 개인에게 가혹한 부담이 발생하는 예외적인 경우에는 사회적 제약을 벗어나서 토지 소유자의 재산권을 과도하게 침해한다고 판단하였다. 따라서 이러한 예외적인 경우까지 고려하지 않은 A 법률은 헌법에 위반된다고 판단하였다.

① 헌법 재판소는 개발 제한 구역을 지정하는 행위가 헌법 제23조 제2항에 위반되는지를 판단하였겠군.
재산권의 사회적 제약에 해당하는 개발 제한 구역 지정 행위가, 헌법 제23조 제2항에 위반되는지를 판단하였을 것이다.

② 헌법 재판소는 개발 제한 구역을 지정하는 행위가 헌법 제23조 제3항과는 관련이 없다고 판단하였겠군.
개발 제한 구역 지정 행위는 특별한 희생에 대한 규정인 헌법 제23조 제3항과는 관련이 없다고 판단하였을 것이다.

③ 헌법 재판소는 개발 제한 구역을 지정하는 행위가 헌법에 위반되었는지 여부를 토지의 공공성을 근거로 판단하였겠군.
토지 재산권의 공공성을 고려하여 A 법률이 헌법에 위반되는지를 판단하였으므로, 개발 제한 구역을 지정하는 행위가 헌법에 위반되는지 여부를 토지의 공공성을 근거로 판단하였을 것이다.

④ 헌법 재판소는 개발 제한 구역 지정으로 인한 재산권 침해는 개인에게 가혹한 부담이 발생하지 않는 범위 내에서만 가능하다고 판단하였겠군.
개발 제한 구역 지정 행위가 개인에게 가혹한 부담을 발생시킨다면 헌법에 위반된다고 판단하였으므로, 개발 제한 구역 지정으로 인한 재산권 침해는 개인이 감수할 수 있는 범위 내에서만 가능하다고 판단하였을 것이다.

☑ 헌법 재판소는 개발 제한 구역을 지정하는 행위가 개인에게 가혹한 부담을 초래한 경우, 이때의 재산권 침해는 특별한 희생에 해당한다고 판단하였겠군.
〈보기〉를 통해 헌법 재판소가 분리 이론의 입장을 취했고, A 법률은 개발 제한 구역 지정에 대한 보상은 규정하지 않았다는 점을 알 수 있다. 그리고 5문단을 통해 분리 이론에서는 재산권 침해를 규정한 법률에 보상 규정이 없는 경우 이러한 재산권 침해를 특별한 희생이 아닌 재산권의 사회적 제약에 해당하는 것으로 본다는 점을 알 수 있다.
따라서 개발 제한 구역 지정으로 인한 재산권 침해의 경우, 헌법 재판소는 특별한 희생이 아닌 재산권의 사회적 제약에 해당한다고 판단했을 것이라는 점을 이해할 수 있다.

★★★ 등급을 가르는 문제!

| 25 | 문맥상 의미 파악 | 정답률 31% | 정답 ④ |

문맥상 ⓐ~ⓔ를 바꿔 쓴 것으로 적절하지 않은 것은?

① ⓐ : 행정 작용으로 인한 부담을 개인이 모두 떠안게 되는 불평등을 조정하기 위해
공적 부담의 평등이란 행정 작용으로 인한 특별한 희생을 공공이 분담하기 위한 것이므로 바꿔 쓴 것으로 적절하다.

② ⓑ : 공공필요에 의해 개인의 재산권을 수용·사용·제한하는 규정과
공용 침해란 '공공필요에 의한 재산권의 수용·사용 또는 제한'이므로 바꿔 쓴 것으로 적절하다.

③ ⓒ : 헌법 제23조 제2항에 규정된 재산권의 한계 안에
재산권의 사회적 제약은 헌법 제23조 제2항에서 규정한 재산권의 한계이므로 바꿔 쓴 것으로 적절하다.

☑ ④ ⓓ : 경계 이론의 입장과 분리 이론의 입장은 전혀 다른 것이 아니라
경계 이론이 별개가 아니라 단지 침해의 정도에 있어서만 차이가 있다고 보는 것은 재산권의 사회적 제약과 특별한 희생이다. 그러므로 ⓓ는 문맥상 '재산권의 사회적 제약과 특별한 희생은 전혀 다른 것이 아니라'로 바꾸는 게 적절하다.

⑤ ⓔ : 재산권 침해 정도에 따라 구분되는 것이 아니라 입법자의 서로 다른 의사가 반영된 것이라고
분리 이론에서는 헌법 제23조 제2항과 제3항의 규정을 재산권 침해 정도에 따라 구분되는 것이 아니라 입법자의 전혀 다른 의사가 규정된 것이라고 보고 있으므로 바꿔 쓴 것으로 적절하다.

26~30 과학

Raymond A. Serway 외, 『일반물리학』

해제 이 글은 핵분열과 핵융합의 원리를 설명하고 이를 활용한 발전에 대해 설명하고 있다. 이 글에서는 먼저 핵분열과 핵융합의 의미와 이를 설명할 수 있는 핵자당 결합 에너지에 대해 언급하고 있다. 그런 다음 핵분열이나 핵융합을 거쳐 핵자당 결합 에너지가 작은 상태에서 큰 상태가 되는데, 핵분열과 핵융합의 과정에서 줄어든 질량은 에너지로 전환됨을 밝히고 있다. 그리고 핵분열과 핵융합에서 발생하는 에너지를 발전에 이용할 수 있다고 하면서, 핵분열 발전과 핵융합 발전에 대해 설명하고 있다. 특히 핵융합 발전에서는 지구에서 많이 시도되는 방식인 D-T 핵융합 방식과 핵융합 반응을 일으키기 위해 필요한 플라스마 상태에 대해 설명해 주고 있다.

주제 핵분열과 핵융합의 의미 및 이를 이용한 발전

문단 핵심 내용

1문단	핵분열과 핵융합의 의미
2문단	핵분열과 핵융합을 설명할 수 있는 핵자당 결합 에너지
3문단	핵분열과 핵융합 반응 과정에서 에너지로 전환되는 줄어든 질량
4문단	발전에 이용되는 핵분열과 핵융합에서 발생하는 에너지
5문단	중성자 속도를 느리게 해야 하는 핵분열 발전
6문단	태양이 에너지를 생성하는 방법인 핵융합
7문단	지구에서 가장 많이 시도하는 방식인 D-T 핵융합
8문단	핵융합 반응을 일으키기 위해 필요한 플라스마 상태

| 26 | 내용의 사실적 이해 | 정답률 51% | 정답 ⑤ |

윗글의 내용과 일치하는 것은?

① 양성자의 질량과 중성자의 질량을 더한 것을 질량수라고 한다.
1문단을 통해 질량수는 원자핵을 구성하는 양성자와 중성자의 개수를 모두 더한 것임을 알 수 있다.

② 원자핵과 전자 사이에는 척력이 작용하여 서로 단단하게 결합되어 있다.
8문단을 통해 양(+)의 전하를 띤 원자핵은 음(-)의 전하를 띤 전자와 전기적 인력에 의해 단단히 결합되어 있음을 알 수 있다.

③ 원자핵의 결합 에너지는 핵자당 결합 에너지를 질량수로 나눈 것이다.
2문단을 통해 핵자당 결합 에너지는 원자핵의 결합 에너지를 질량수로 나눈 것임을 알 수 있다.

④ 질량 - 에너지 등가 원리에 따르면 질량은 에너지에 광속의 제곱을 곱한 값과 같다.
2문단의 '질량 - 에너지 등가 원리'를 통해 에너지는 질량에 광속의 제곱을 곱한 값과 같음을 알 수 있다.

☑ ⑤ 핵자들이 결합하여 원자핵이 될 때 줄어든 질량이 전환된 에너지의 크기는 그 원자핵을 다시 개별 핵자들로 분리할 때 필요한 에너지의 크기와 같다.
2문단의 '핵자들의 결합에서 줄어든 질량은 에너지로 전환되는데, 이 에너지는 원자핵의 결합 에너지와 그 크기가 같다. 원자핵의 결합 에너지란 원자핵을 개별 핵자들로 분리할 때 가해야 하는 에너지이다.'를 통해, 핵자들이 결합하여 원자핵이 될 때 줄어든 질량이 전환된 에너지의 크기는 그 원자핵을 개별 핵자들로 분리할 때 필요한 에너지인 원자핵의 결합 에너지와 그 크기가 같음을 알 수 있다.

| 27 | 글의 핵심 정보의 이해 | 정답률 63% | 정답 ① |

㉠에 대한 이해로 적절하지 않은 것은?

☑ ① 우라늄 - 235 원자핵에 전자를 흡수시켜 핵분열을 일으킨다.
4문단의 '우라늄 원자핵에 중성자를 흡수시키면 질량수가 작고 핵자당 결합 에너지가 큰 원자핵들로 분열된다.'를 통해, 핵분열 발전을 할 때는 우라늄 - 235 원자핵에 전자가 아닌 중성자를 흡수시켜 핵분열을 일으킨다고 할 수 있다.

② 물이나 흑연을 감속재로 사용하여 중성자의 속도를 조절한다.
5문단을 통해 중성자가 느리게 움직일 때 원자핵에 흡수될 확률이 높기 때문에 물이나 흑연을 감속재로 사용하여 중성자의 속도를 조절함을 알 수 있다.

③ 제어봉으로 중성자를 흡수하여 과도한 에너지가 발생하지 않도록 한다.
5문단을 통해 연쇄 반응이 급격하게 일어나면 과도한 에너지가 발생하여 폭발이 일어날 수 있기 때문에 제어봉으로 중성자를 흡수하여 급격한 연쇄 반응을 막는다는 것을 알 수 있다.

④ 우라늄 - 235 원자핵이 분열되면 우라늄 - 235 원자핵보다 질량수가 작은 원자핵들로 나뉜다.
2문단을 통해 핵분열이 질량수가 큰 하나의 원자핵이 질량수가 작은 두 개의 원자핵으로 쪼개지는 것임을 알 수 있다. 따라서 우라늄 - 235 원자핵이 분열되면 우라늄 - 235 원자핵보다 질량수가 작은 원자핵들로 나뉘게 된다고 할 수 있다.

⑤ 우라늄 - 235 원자핵이 분열되면서 방출되는 중성자의 속도를 느리게 해서 연쇄 반응을 일으킨다.
5문단의 '핵분열 과정에서 방출된 중성자는 속도가 매우 빠르기 때문에 이를 느리게 해야 연쇄 반응을 일으킬 수 있다.'를 통해, 우라늄 - 235 원자핵이 분열하면서 방출되는 중성자는 속도가 빠르기 때문에 중성자의 속도를 느리게 해야 다른 원자핵에 흡수될 확률이 높아져 연쇄 반응을 일으킬 수 있음을 알 수 있다.

28 글의 내용에 따른 자료의 이해
정답률 38% | 정답 ①

윗글을 읽은 학생이 〈보기〉의 설명을 이해한 내용으로 가장 적절한 것은? [3점]

〈보 기〉

선생님 : 이 그림은 여러 원자핵의 핵자당 결합 에너지를 나타내고 있어요. 철($_{26}^{56}$Fe) 원자핵은 다른 원자핵들에 비해 핵자당 결합 에너지가 크죠? 철 원자핵은 모든 원자핵 중에서 핵자당 결합 에너지가 가장 크고 가장 안정된 상태예요. 철 원자핵보다 질량수가 작은 원자핵은 핵융합을, 질량수가 큰 원자핵은 핵분열을 통해 핵자당 결합 에너지가 높은 원자핵이 된답니다.

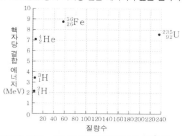

※ 원자핵의 질량수(A)와 양성자 수(Z)는 원소 기호(X)에 다음과 같이 표기한다.
$$_{Z}^{A}X$$

☑ **헬륨 - 4 원자핵은 핵융합을 거치면 더 안정된 상태의 원자핵으로 변하겠군.**
이 글을 통해 핵자당 결합 에너지가 클수록 원자핵이 더 안정된 상태이고 모든 원자핵은 안정된 상태로 가려는 성질이 있고, 핵자당 결합 에너지가 작은 원자핵들은 핵분열이나 핵융합을 거쳐 핵자당 결합 에너지가 크고 안정된 상태가 됨을 알 수 있다. 〈보기〉에서 철 원자핵보다 질량수가 작은 원자핵은 핵융합을 통해 핵자당 결합 에너지가 큰 원자핵이 된다고 했고, 헬륨 - 4 원자핵은 철 원자핵보다 질량수가 낮으므로 헬륨 - 4 원자핵이 핵융합을 거치면 더 안정된 상태의 원자핵으로 변한다고 할 수 있다.

② **중수소 원자핵은 삼중 수소 원자핵과 양성자의 수는 같지만 더 안정된 상태이겠군.**
〈보기〉의 그림을 보면 중수소 원자핵과 삼중수소 원자핵은 양성자의 수가 1개로 동일하다. 하지만 삼중수소 원자핵의 핵자당 결합 에너지가 더 높으므로 삼중수소 원자핵이 중수소 원자핵보다 더 안정된 상태이다.

③ **철 원자핵의 결합 에너지는 철 원자핵의 핵자당 결합 에너지에 26을 곱한 값과 같겠군.**
핵자당 결합 에너지는 원자핵의 결합 에너지를 질량수로 나눈 것이다. 철 원자핵의 질량수는 56이므로 철 원자핵의 결합 에너지는 철 원자핵의 핵자당 결합 에너지에 56을 곱한 값과 같다.

④ **우라늄 - 235 원자핵이 핵분열하여 생성된 원자핵들은 핵자당 결합 에너지가 9MeV 이상이겠군.**
〈보기〉에서 철 원자핵은 모든 원자핵 중에서 핵자당 결합 에너지가 가장 크다고 했으므로 우라늄 - 235 원자핵의 핵분열로 생성된 원자핵들은 핵자당 결합 에너지가 철 원자핵보다 작아야 한다. 철 원자핵의 핵자당 결합 에너지는 9MeV 이하이므로 우라늄 - 235 원자핵의 핵분열로 생성된 원자핵들의 핵자당 결합 에너지는 9MeV보다 작은 값을 가질 것이다.

⑤ **우라늄 - 235 원자핵은 철 원자핵에 비해 원자핵을 구성하고 있는 핵자들이 더 강력하게 결합되어 있겠군.**
핵자당 결합 에너지가 클수록 원자핵을 구성하는 핵자들은 강력하게 결합되어 있다. 우라늄 - 235 원자핵은 철 원자핵에 비해 핵자당 결합 에너지가 작으므로 철 원자핵을 구성하는 핵자들이 우라늄 - 235 원자핵을 구성하는 핵자들보다 더 강력하게 결합되어 있다.

29 정보 간의 관계 파악
정답률 51% | 정답 ⑤

ⓐ와 ⓑ에 대한 설명으로 적절하지 않은 것은?

① **ⓐ의 과정에서 헬륨 - 4 원자핵의 개수는 늘어난다.**
ⓐ는 여러 핵융합의 단계를 거쳐 최종적으로 헬륨 - 4 원자핵이 생성되므로 헬륨 - 4 원자핵의 개수는 늘어난다고 할 수 있다.

② **ⓑ는 중수소 원자핵과 삼중 수소 원자핵을 원료로 사용한다.**
7문단을 통해 지구에서는 태양의 핵융합을 똑같이 재현할 수 없기 때문에 ⓑ는 중수소 원자핵과 삼중수소 원자핵을 원료로 사용함을 알 수 있다.

③ **헬륨 - 4 원자핵은 ⓑ에서와 달리 ⓐ에서는 헬륨 - 3 원자핵이 융합하여 생성된다.**
ⓑ에서는 중수소 원자핵과 삼중수소 원자핵이 융합하여 헬륨 - 4 원자핵이 되지만, ⓐ에서는 두 개의 헬륨 - 3 원자핵이 융합하여 헬륨 - 4 원자핵이 된다고 할 수 있다.

④ **ⓐ와 ⓑ에서는 모두 반응 전후로 질량 결손이 일어나고 줄어든 질량은 에너지로 전환된다.**
ⓐ와 ⓑ는 모두 핵융합에 해당하고, 3문단을 통해 핵융합은 반응 전후로 질량 결손이 일어나고 줄어든 질량은 에너지로 전환됨을 알 수 있다.

☑ **ⓑ를 일으키기 위해서는 ⓐ가 일어나기 위한 물리적 조건과 동일한 조건을 만들어 주어야 한다.**
7문단을 통해 지구는 태양과 물리적 조건이 달라 수소 원자핵을 원료로 하는 태양의 핵융합을 똑같이 재현할 수 없고 물리적 조건을 동일하게 만들 수 없기 때문에 태양과 달리 중수소 원자핵과 삼중수소 원자핵을 사용함을 알 수 있다.

30 이유의 추리
정답률 60% | 정답 ③

ⓒ의 이유로 가장 적절한 것은?

① **원자핵이 융합로의 벽에 접촉하지 않게 하기 위해**
원자핵이 융합로의 벽에 접촉하지 않게 하기 위해서는 자기장을 활용한다.

② **자기장을 발생시켜 플라스마의 온도를 유지하기 위해**
자기장을 발생시켜 플라스마의 온도를 유지하는 것은 플라스마를 1억℃ 이상으로 가열한 후의 과정이다.

☑ **원자핵이 척력을 이겨내고 서로 융합할 수 있도록 하기 위해**
원자핵은 양의 전하를 띠고 있어 가까이 다가갈수록 척력이 강하게 작용하므로, 척력을 이겨내고 원자핵이 융합하게 하기 위해서는 플라스마 온도를 1억℃ 이상으로 높여 원자핵을 고속으로 움직이게 해야 한다.

---

④ **전자를 고속으로 움직이게 하여 핵융합의 효율을 높이기 위해**
플라스마를 1억℃ 이상으로 가열하는 것은 전자가 아니라 원자핵을 고속으로 움직이게 하려는 것이다.

⑤ **원자핵들 사이에 전기적 인력을 발생시켜 핵융합의 확률을 높이기 위해**
원자핵은 양의 전하를 띠고 있기 때문에 원자핵들 사이에는 전기적 인력이 아닌 척력이 존재한다.

31~33 문학

(가) 김광균, 「성호부근」

감상 이 작품은 겨울 호수 부근의 풍경을 감각적 이미지를 활용하여 형상화한 시로, 숫자로 구별된 세 개의 장면으로 구성되어 있다. 즉, 얼음이 빛나는 겨울 호수 부근을 한 사람이 홀로 걷고 있는 장면, 강물이 '얼어붙'고 노을이 지는 장면, '투명한' 하늘 밑 '논둑 위에' 송아지 '한마리'가 서 있는 장면을 감각적으로 형상화하여 애상적 정서를 환기하고 있다.

주제 성호 부근의 밤 풍경

표현상의 특징
- 추상적인 '추억'이나 '향수' 등을 시각화하여 표현함.
- 공감각적 표현을 사용함.
- 공간의 이동에 따라 풍경을 묘사함.
- 비유를 활용하여 이미지를 제시함.
- 화려한 색채를 느낄 수 있는 시각적 이미지를 사용함.
- 현재 시제를 활용하여 시적 상황에 주목하도록 해 줌.

(나) 이성선, 「논두렁에 서서」

감상 이 글은 '논고랑에 고인 물'을 보며 자신과 자신을 둘러싼 존재들의 관계와 의미를 돌아보는 화자의 모습이 드러나는 시이다. 이 작품에서 화자는 물 속에 비친 '거꾸로 서 있는' 자신의 모습을 '아프지 않다'고 인식하고, 물에 비친 '늘 떨며 우왕좌왕하던' 자신의 모습을 '무심하고 아주 선명하다'는 것을 깨닫고 있다.

주제 논고랑에 고인 물에 비쳐진 자신의 모습과 바람직한 세상에 대한 소망

표현상의 특징
- 자연물을 제재로 사상을 전개함.
- 화자는 자신과 대상을 관찰하며 사색하는 모습을 보임.
- 현실의 화자와 물에 비쳐진 화자의 모습을 대비시켜 주제를 드러냄.
- 현재 시제를 활용하여 시적 상황에 주목하도록 해 줌.

31 작품의 특징 파악
정답률 63% | 정답 ②

(가)와 (나)에 대한 설명으로 가장 적절한 것은?

① **(가)와 (나)는 음성 상징어를 사용하여 대상의 생동감을 강조하고 있다.**
(가), (나)에서 의성어나 의태어의 음성 상징어가 사용되지 않았다.

☑ **(가)와 (나)는 현재 시제를 활용하여 시적 상황에 주목하도록 하고 있다.**
(가)에서는 '스며든다', '서 있다'와 같이 현재 시제를 활용하고 있는데, 이러한 현재 시제 활용을 통해 겨울 호수의 쓸쓸한 풍경과 같은 시적 상황에 주목하게 해 주고 있다. 그리고 (나)에서도 '본다', '행복해진다', '함께 있다', '아름답다', '선명하다' 등과 같은 현재 시제를 활용하고 있는데, 이를 통해 물을 보고 있는 화자의 모습과 화자가 인식한 변화 등과 같은 시적 상황에 주목하게 해 주고 있다.

③ **(가)와 (나)는 청자와 대화하는 방식을 활용하여 주제를 형상화하고 있다.**
(가), (나) 모두 청자와 대화하는 방식을 활용하지는 않고 있다.

④ **(가)와 달리 (나)는 시선을 원경에서 근경으로 이동하면서 시상을 전개하고 있다.**
(나)를 통해 '고인 물'을 바라보는 화자의 시선이 이동함을 알 수 있지만, 원경에서 근경으로 시선이 이동하지는 않고 있다.

⑤ **(나)와 달리 (가)는 동일한 시어를 반복하여 리듬감을 형성하고 있다.**
(가)에서는 시어 '노을'이 반복되고 있고, (나)에서는 시어 '거꾸로'가 반복되고 있다. 한편 이러한 시어 반복은 리듬감을 형성하는 효과가 있다고 볼 수 있다.

32 외적 준거에 따른 작품의 감상
정답률 73% | 정답 ④

〈보기〉를 바탕으로 (가)를 이해한 내용으로 적절하지 않은 것은? [3점]

〈보 기〉

(가)는 숫자로 구별된 세 개의 장면으로 구성되어 있다. 각 장면에서는 다양한 이미지를 통해 겨울 호수와 그 부근의 풍경이 형상화되고, 이 과정에서 애상적 정서가 환기된다.

① **'1'에서는 '한포기 화려한 꽃밭'으로 표현된 호수의 모습에 '양철'과 '얼음'이 환기하는 날카롭고 차가운 감각이 연결되면서 겨울 호수의 이미지가 형상화되고 있다.**
'양철 같은 달'이 비치는 호수를 '한포기 화려한 꽃밭'에, '옷소매에 스며'드는 '얼음소리'를 '날카로운 호적'에 비유하면서, 날카롭고 차가운 감각을 드러내 겨울 호수의 이미지를 형상화하고 있다.

② **'1'에서 '달이 하나 수면 위에 떨어지'는 모습은 겨울 호숫가를 '홀로' 거니는 화자의 상황과 맞물리면서 쓸쓸한 정서를 드러내고 있다.**
달이 뜬 밤 호숫가를 '홀로' 거닐고 있는 모습에서 쓸쓸한 정서가 드러나 있다.

③ **'2'의 '강물'과 '노을'은 '낡은 고향'과 '향수'의 이미지로 연결되면서 고향에 대한 그리움의 정서를 떠올리게 한다.**
'얼어붙'은 강물의 모습과 노을이 지는 모습을 각각 '낡은 고향의 허리띠', '희미한 날개를 펴는 향수'에 비유하여 고향에 대한 그리움의 정서를 환기시키고 있다.

☑ **'2'의 '희미한 날개를 펴고 있었다'는 '3'의 '논둑 위에 서 있다'와 연결되면서, '송아지'의 '서글픈 얼굴'이 드러내는 정서가 극복될 수 있는 가능성을 암시하고 있다.**
'2'에서는 노을을 '희미한 날개를 펴고 있는 '향수'에 비유하고 있는데, 이는 고향에 대한 그리움과 같은 애상적 정서가 환기된다고 할 수 있다. 그리고 '3'에서 '송아지'가 '서글픈 얼굴'을 하고 있으므로 애상적 정서를 환기한다고 할 수 있다. 하지만 '송아지'를 '희미한 날개를 펴고 있는 것과 연결 지어 이해하기 어렵고 이 시에서는 애상적 정서가 극복될 수 있는 가능성이 암시되어 있다고 보기 어려우므로 적절하지 않다.

⑤ '1', '2', '3'에서는 각각 '조각난 빙설', '얼어붙은 '강물', '앙상한 잡목림'과 같은 시구가 스산한 분위기를 자아내면서 애상적 정서를 심화하고 있다.
　　시의 각 장면에 제시된 '조각난 빙설', '얼어붙은 '강물', '앙상한 잡목림'은 스산한 분위기를 환기하면서 애상적 정서를 심화하고 있다.

---

33 작품의 감상　　　　　　　　　정답률 58% | 정답 ①

(나)를 감상한 내용으로 적절하지 않은 것은?

✓ 화자는 '늘 떨며 우왕좌왕하던' 과거 자신의 모습과 '곁에 거꾸로 누워 있는' '산'의 모습을 동일시하고 있군.
　　화자는 자신의 모습이 물에 비치는 모습을 '거꾸로 서 있다'고 말하면서 이를 '아프지 않다'라고 말하는데, 이때 산이 자신의 '곁에 거꾸로 누워 있다'는 것을 인식하고 있다. 여기서 '산'은 화자와 함께 '고인 물에' 비치는 존재이므로, 산이 물에 거꾸로 비치는 모습이 '늘 떨며 우왕좌왕하던' 과거 화자 자신의 모습을 동일시한다고 보기 어렵다.

② '누가 높지도 낮지도 않은' 모습을 '아름답다'고 한 것에서 화자가 물에 비친 세상을 긍정적으로 보고 있음을 알 수 있군.
　　'그들'이 물에 비치는 모습을 '높지도 낮지도' 않으며 아름다운 모습이라 표현한 것에서 물에 비친 세상을 긍정적으로 보는 면모가 드러난다.

③ '거꾸로 서 있는 모습'을 '아프지 않은' 것으로 받아들이는 화자에게서 물에 비친 자신의 모습을 부정적이지 않은 것으로 수용하는 태도가 드러나는군.
　　물에 자신이 비치는 모습을 '거꾸로 서 있는 모습'으로 표현하고 이를 '아프지 않은 것'으로 표현한 것에서 물에 비치는 모습 그대로를 수용하는 태도가 드러난다.

④ '늘 홀로'라고 생각했던 화자는 '나뭇가지', '햇살', '새 그림자'와 '나의 얼굴'이 '함께 있'는 모습에서 자신이 다른 존재들과 공존하고 있음을 발견하는군.
　　물에 비치는 '나뭇가지', '햇살', '새 그림자'와 '나의 얼굴'이 '함께 있다'라는 표현을 통해서 '나'와 다른 존재들이 공존하고 있는 모습이 드러난다.

⑤ 물에 비친 자신의 모습을 '무심하고 아주 선명하다'라고 한 것에서, 화자가 물을 보는 행위를 통해 자기 자신에 대한 인식을 달리하게 되었음을 알 수 있군.
　　물에 비치는 자신의 모습을 '무심하고 아주 선명하다'라고 표현한 것에서 자신의 모습을 예전과는 다르게 인식하고 있음을 알 수 있다.

34~37 현대 소설

『도도한 생활』

감상 이 소설은 2000년대를 살아가는 20대 젊은이의 현실을 감각적이고 구체적으로 형상화한 작품이다. 이 작품에서 엄마가 내게 사 준 피아노는 엄마가 꿈꾸었던 '도도한 생활'의 상징으로, 부모로서 자녀가 누리기를 희망했던 삶의 기준을 의미한다. '나'는 성년이 되면서 엄마가 애써 마련해 준 환경에서 벗어나 새로운 환경에 직면하게 되는데, 이 환경은 '나'의 욕구를 제한하고 지금까지 '나'가 살아왔던 환경을 재평가하도록 한다. 이 작품은 이러한 과정에서 인물이 겪는 각성의 순간을 포착하고 있다. 한편 소설의 제목인 『도도한 생활』은 피아노 음계 '도'의 반복되는 소리와 피아노를 자유롭게 연주하며 살아가는 도도한 생활을 이중적으로 의미한다.

주제 청년들의 고단한 삶

작품 줄거리 엄마는 열심히 만두 가게를 꾸려서 약간의 여유가 생기자 '보통'의 기준에 맞춰 살아 보고자 생각하게 되고, 이를 둘째 딸인 '나'에게 피아노를 사 주는 것으로 실천한다. 피아노가 만두 가게와는 어울리지 않고 '나'에게 특별히 음악적 재능이 있지도 않았지만, 엄마는 빚보증 때문에 가게가 망하게 된 상황에서도 '기념비'처럼 피아노를 가지고 있으려 한다. 엄마의 부탁으로, 성년이 된 '나'는 피아노를 갖고 서울 반지하방으로 옮겨온다. '나'는 언니와 함께 아르바이트를 하며 힘겹게 서울 생활을 버티고, 피아노는 습기와 곰팡이로 점점 망가져간다. 어느 날 폭우로 반지하방에 물이 차오르게 되는데, '나'는 피아노를 치지 말라는 집주인의 말을 어기고 피아노를 연주하며 나의 '도도한 생활'을 지키려 한다.

---

34 서술상 특징 파악　　　　　　정답률 85% | 정답 ⑤

윗글의 서술상 특징으로 가장 적절한 것은?

① 동일한 사건을 여러 인물의 관점에서 다양하게 서술하고 있다.
　　이 글에서는 피아노를 중심으로 다양한 사건이 제시되고 있으며, 각 사건은 '나'의 관점에서 서술되고 있다.

② 서술자가 교체되면서 인물 간의 갈등을 다각적으로 조명하고 있다.
　　반지하방에 피아노를 들이는 일을 둘러싸고 집주인과 갈등이 벌어지고 있지만, 서술자는 '나'로 동일하게 제시되고 있어 서술자가 교체되면서 인물 간의 갈등을 서술하지는 않고 있다.

③ 이야기 외부의 서술자가 특정 인물의 관점에서 사건을 해석하고 있다.
　　이야기 내부의 서술자인 '나'에 의해 사건이 서술되고 있지, 이야기 외부의 서술자의 시점에서 사건이 서술되지 않고 있다.

④ 사건에 개입되지 않은 인물의 관점을 통해 사건을 객관적으로 전달하고 있다.
　　사건을 서술하는 '나'는 주요 인물로 사건과 긴밀한 관련을 맺고 있으며, 사건에 대한 주관적인 판단과 느낌을 전달하고 있다.

✓ 이야기 내부의 서술자가 인물의 행위를 묘사하며 자신의 내면을 드러내고 있다.
　　이 글에서는 이야기 내부의 서술자인 '나'가 엄마, 학원 선생님, 언니, 백인 남자, 외삼촌, 주인 남자 등 여러 인물의 행위를 묘사하면서 자신의 생각과 심리를 드러내고 있다.

---

35 구절에 사용된 표현상 특징 이해　　　정답률 75% | 정답 ③

㉠~㉤에 대한 이해로 적절하지 않은 것은?

① ㉠은 추측과 짐작을 드러내는 표현을 사용하여 현재의 시각에서 지나간 일의 의미를 진술하고 있다.
　　㉠에서는 '가능했던 일인지도 모른다'와 같이 단정적이지 않고 추측과 짐작을 드러내는 표현을 사용하여, 성년이 된 서술자의 시각에서 유년 시절에 있었던 일의 의미에 대해 생각해 보고 있다.

② ㉡은 외양에 대한 묘사를 나열하여 인물이 대상에서 받은 인상의 근거를 제시하고 있다.

㉡에서는 피아노의 넝쿨무늬, 금속 페달, 레드 카펫 등 외양적 특징을 나열하여 '나'가 피아노에 대해 '학원에 있는 어떤 것보다 좋아 보였다.'라고 판단하게 된 근거를 제시하고 있다.

✓ ㉢은 앞서 언급한 내용을 부연하여 자신의 경험에 대한 이해의 폭이 확장되었음을 강조하고 있다.
　　㉢에 사용된 '말이다'는 앞서 한 말이 사실임을 확인하거나 강조하는 표현에 해당하므로, ㉢은 바로 앞의 문장인 '우리 가족은 생계와 주거를 한 건물에서 해결하고 있었다.'를 부연하여 상세하게 설명해 준다고 할 수 있다.

④ ㉣은 비유적인 표현을 사용하여 어울리지 않는 곳에 놓이게 된 대상을 바라보는 마음을 드러내고 있다.
　　㉣에서는 반지하방에 놓이게 된 피아노를 '몰락한 러시아 귀족'에 빗대어 안타까운 마음을 드러내고 있다.

⑤ ㉤은 쉼표를 빈번하게 사용하여 예기치 않은 상황에 대한 인물의 불편한 심리를 부각하고 있다.
　　㉤에서는 쉼표를 빈번하게 사용하여 피아노가 들어오는 상황에 대한 '집주인'의 불편한 심리를 부각하고 있다.

---

36 작품의 세부적 내용 파악　　　정답률 64% | 정답 ②

ⓐ와 ⓑ를 바탕으로 윗글을 이해한 내용으로 적절하지 않은 것은?

① '파란 트럭'에 의해 ⓐ로 옮겨져 엄마를 기쁘게 했던 피아노는, '외삼촌의 트럭'에 의해 ⓑ로 옮겨지면서 언니를 당황하게 했다.
　　이 글에서 '나'는 유년 시절을 만두 가게에서 피아노를 연주하며 보내다가, 아빠의 빚보증 때문에 가게가 망하면서 서울 반지하방에 사는 언니에게로 옮겨 간다. 이때 엄마의 부탁으로 피아노를 가져가게 된다. 이때부터 '나'는 만두 가게 그리고 엄마와 함께 지내던 시절을 끝내고, 반지하방 그리고 언니와 함께 지내는 삶을 살게 된다. 그리고 이 두 시절을 이어주는 것이 바로 피아노이다. '나'의 유년 시절, '파란 트럭'에 의해 피아노가 운반되어 왔을 때 '나'는 엄마가 '무척 기뻐했던 기억'이 있다. 그러나 그 피아노를 '외삼촌의 트럭'으로 서울 반지하방으로 옮길 때에는 언니가 뜨악한 표정을 지으며 당황해한다.

✓ ⓐ에서 '나'는 '손뼉을 치'는 사람이 부끄러워하는 모습을 발견하고 있고, ⓑ에서 '나'는 '우리를 흘깃거'리는 시선에서 부끄러움을 느끼고 있다.
　　유년 시절 만두 가게에서 '나'는 어설픈 연주에 박수를 보내주는 '백인 남자'와의 사이에서 '어정쩡한 침묵'을 겪고 부끄러운 감정을 느끼지만 백인 남자가 부끄러워하는 모습은 나타나지 않는다. 그리고 성년이 되어 언니가 사는 서울 반지하방으로 피아노를 옮기며 사람들이 언니, 나, 외삼촌을 바라보는 시선에 '나'는 민망한 기분을 느끼고 있다.

③ ⓐ는 우리 가족이 '생계와 주거'를 모두 해결해야 했던 공간이고, ⓑ는 '나'와 언니가 '좁고 가파른 계단'을 오르내리며 살아야 하는 공간이다.
　　유년 시절 우리 가족은 '생계와 주거를 한 건물 안에서 해결'하고 있었고, 성년이 된 '나'는 언니가 사는 서울 반지하방에서 '좁고 가파른 계단'을 오르내리며 살아가게 된다.

④ ⓐ에서 '나'가 누구라도 '얼굴을 붉게 만들었을' 연주를 했던 피아노는 ⓑ로 옮겨지는 과정에서 '쿵 ― 하는 소리'로 '나'의 '얼굴이 붉어'지게 했다.
　　만두 가게에서 '나'는 어설픈 실력으로 피아노를 연주했는데, 자신의 연주 실력에 대해 누구라도 '얼굴을 붉게 만들었을' 만하다고 평가하고 있다. 반지하방으로 피아노를 옮기다가 떨어트려 '쿵 ― 하는 소리'가 났을 때 '나'는 '그 사실적이고, 커다랗고, 노골적인 소리'에 얼굴을 붉히고 있다.

⑤ ⓐ에서 피아노에 대한 반가움을 드러내던 '세탁기도 냉장고도 아닌 피아노라니.'라는 표현은, ⓑ로 피아노가 옮겨지는 과정에서 나타나는 무안함을 드러내는 데 활용되고 있다.
　　만두 가게에 처음 피아노가 운반되어 왔을 때 '나'는 '세탁기도 냉장고도 아닌 피아노라니.'라며 기쁨을 드러낸다. 그러나 반지하방으로 피아노를 옮기게 되었을 땐 '세탁기도, 냉장고도 아닌 피아노라니.'라며 '민망해지는 기분'을 느끼게 된다.

---

37 외적 준거에 따른 작품의 감상　　　정답률 53% | 정답 ④

〈보기〉를 참고하여 윗글을 감상한 내용으로 적절하지 않은 것은? [3점]

〈보 기〉
엄마가 내게 사 준 피아노는 엄마가 꿈꾸었던 '도도한 생활'의 상징으로, 부모로서 자녀가 누리기를 희망했던 삶의 기준을 의미한다. '나'는 성년이 되면서 엄마가 애써 마련해준 환경에서 벗어나 새로운 환경에 직면하게 되는데, 이 환경은 '나'의 욕구를 제한하고 지금까지 '나'가 살아왔던 환경을 재평가하도록 한다. 윗글은 이러한 과정에서 인물이 겪는 각성의 순간을 포착하고 있다.

① '놀이공원에 가고, 엑스포에 가는 것'과 같은 '평범한 유년의 프로그램'은, 엄마가 자녀에게 마련해주고 싶었던 환경의 일부이겠군.
　　'놀이공원에 가고, 엑스포에 가는 것'은 배움이 부족했던 엄마가 풍문에 따라 '나'에게 마련해 주려 했던 '평범한 유년의 프로그램'이라 할 수 있다.

② '베토벤같이 풀린 파마머리를 한 채 귀머거리처럼 만두를 빚'던 모습은, 피아노가 상징하는 삶에 가까워지기 위한 엄마의 수고를 보여주는군.
　　엄마는 만두 가게에서 열심히 만두를 팔아 그 돈으로 '나'를 피아노 학원에 보내고 피아노를 사 주고 있다.

③ '한 뼘쯤 세련돼진' 느낌을 주던 피아노에서 '세 뼘쯤 민망해지는 기분'을 느끼게 된 것은 '나'를 둘러싼 환경의 변화 때문이겠군.
　　유년 시절 '나'는 피아노에서 '세련돼진 것' 같은 느낌을 받았으나, 반지하방으로 피아노를 옮길 때에는 '민망해지는 기분'을 느끼고 있다.

✓ '피아노가 잠시 세기말 도시의 하늘 위로 비상'하는 모습에서 '나'는 자신의 욕구를 제한해 온 환경이 변화하고 있음을 확인하게 되는군.
　　〈보기〉를 통해 피아노가 엄마의 자존심을 상징하는 동시에 '나'에게 엄마가 마련해주고 싶어 했던 성장 환경을 의미함을 알 수 있다. 그리고 이 글에서 '나'는 생계가 어려워진 탓에 서울 반지하방으로 옮겨가고, 피아노를 운반하던 중 '쿵 ― 하는 소리'가 나고 넝쿨무늬 문양이 '사실은 본드로 붙여져 있던 것'이었음을 깨닫는 각성의 순간을 경험하고 있다. 그런데 이 글에서 '나'의 욕구를 제한하는 사람은 피아노를 절대 치지 말라는 조건을 내걸고 있는 서울 반지하방의 집주인이며, 피아노가 '비상'하는 것은 피아노를 옮기기 위해 잠깐 들어올리는 순간을 포착한 것이라 할 수 있으므로 적절하지 않다.

⑤ '오랫동안 양각된 거라 믿어온 문양이 사실은 본드로 붙여져 있던 것'임을 깨달으면서, '나'는 엄마가 애써 마련해준 환경이 그리 견고하지 못한 것이었음을 알게 되는군.

유년 시절에는 '원목 위에 양각된 우아한 넝쿨무늬'라고 알고 있었는데, 반지하방으로 피아노를 옮기는 과정에서 '나'는 피아노의 넝쿨무늬가 떨어져 '고장 난 스프링처럼 흔들리'는 모습을 보게 되는데, 이는 엄마가 '나'에게 마련해 주었던 환경이 그리 견고하지 못한 것이었음을 의미하는 것이라 할 수 있다.

38~41 갈래 복합

(가) 이황, 『도산십이곡』

감상 이 글은 퇴계 이황이 1565년 벼슬에서 물러나 향리로 돌아와 도산 서원에서 후학을 양성할 때 지은 12수로 된 연시조이다. **전6곡 언지(言志)는 자연에 묻혀 사는 뜻을 노래하고, 후6곡 언학(言學)은 뜻을 이루기 위한 학문 정진을 노래**하고 있다.

주제 자연 친화적 삶의 추구와 학문 수양에 대한 끝없는 의지

현대어 풀이

고인도 나를 못 보고 나도 고인을 못 봐.
고인을 못 보아도 (고인이) 가던 길이 앞에 있네.
(고인이) 가던 길이 앞에 있는데 가지 않을 수 있겠는가? 〈제9수〉

그 당시 학문 수양에 힘쓰던 길을 몇 해씩이나 버려 두고
어디 가 다니다가(벼슬길을 헤매다가) 이제야 돌아왔는가?
이제 돌아왔으니 (다시는) 딴 마음 먹지 않으리. 〈제10수〉

푸른 산은 어찌하여 영원히 푸르며
흐르는 물은 또 어찌하여 밤낮으로 그치지 않는가?
우리도 그치지 말고 언제나 푸르게 살리라. 〈제11수〉

(나) 법정, 『인형과 인간』

감상 이 글은 법정의 수필집 『무소유』에 나오는 내용 중 일부로, **참된 인간은 인형처럼 수동적이지 않고 인간답게 적극적으로 학문을 배우고 이 배운 지식을 이웃과 함께 하는 데 사용해야 한다는 무학(無學)의 정신을 역설**하고 있다.

주제 능동적이고 주체적이며 실천하는 지식의 필요성 강조

★★★ 등급을 가르는 문제!

38 작품 간의 공통점 파악
정답률 33% | 정답 ①

(가)와 (나)의 공통점으로 가장 적절한 것은?

☑ **옛사람의 행적을 긍정적으로 바라보고 있다.**
(가)의 화자는 '고인'이 남긴 학문의 길을 영원히 따르겠다 다짐하고 있고, (나)의 글쓴이는 진리에 대한 '성인'의 가르침을 본받아야 한다고 주장하고 있다. 따라서 (가)의 화자와 (나)의 글쓴이 모두 옛사람의 학문과 가르침을 긍정적으로 바라보고 있음을 알 수 있다.

② **새로운 도전에 대한 기대감을 형상화하고 있다.**
(가)에서 '고인'이 '가던' 길을 걷겠다는 화자의 다짐은, 가보지 않았던 길을 새롭게 가겠다는 내용이 아니라 이미 자신이 '당시에' 떠났다가 다시 돌아온 길을 가겠다는 것이므로 새로운 도전이라고 말할 수 없다. (나)에서 글쓴이의 새로운 도전은 찾아볼 수 없다.

③ **사물의 아름다움에 대한 예찬적 태도를 드러내고 있다.**
(가)에서 자연물인 '청산'과 '유수'의 영속성이 나타나지만, 이는 자연처럼 학문의 길을 끊임없이 걷겠다는 화자의 의지를 부각시키는 소재로만 활용되었을 뿐 자연 그 자체의 아름다움을 예찬한 것이라고 할 수 없다. (나)에서 사물의 아름다움에 대해 예찬한 내용은 찾아볼 수 없다.

④ **자연과 하나 되는 삶의 과정을 순차적으로 제시하고 있다.**
(가)에서 '청산'과 '유수'를 보며 '만고상청'하겠다는 화자의 의지가 나오지만 이는 자연의 속성을 학문에 대한 다짐과 연관시켰을 뿐 물아일체의 삶의 과정으로 볼 수 없다. (나)에서 자연과 하나되는 삶의 과정을 찾아볼 수 없다.

⑤ **지식인의 부정적 태도에 대한 냉소적인 인식을 나타내고 있다.**
(나)에서는 실천 없는 지식인들의 무력함을 냉소적으로 바라보는 글쓴이의 인식을 발견할 수 있지만, (가)에서는 지식인의 부정적 태도에 대한 냉소적인 인식을 찾아볼 수 없다.

★★ 문제 해결 꿀~팁 ★★

▶ 많이 틀린 이유는?
이 문제는 작품의 내용을 정확하게 이해하지 못하여 오답률이 높았던 것으로 보인다. 특히 '고인'과 '성인'이 '옛사람'임을 이해하지 못한 것도 오답률을 높인 원인으로 보인다.

▶ 문제 해결 방법은?
주어진 문제는 각 작품 내용을 정확하게 이해하고 내용상 공통점을 파악하는 것이므로, 작품 이해가 선행되지 않으면 문제를 해결할 수 없다. 즉 (가)에서는 '고인'을 따른다고 하면서 학문에 정진할 것을, (나)에서는 '성인'과 다른 오늘날 '학자'들을 비판하면서 인간답게 적극적으로 학문을 배우고 그 배운 지식을 이웃과 함께 하는 데 사용해야 한다는 무학(無學)의 정신을 역설하고 있다는 내용을 이해해야 한다. 이러한 내용 이해를 바탕으로 한다면 (가)와 (나) 모두 '고인'이나 '성인'인 옛사람에 대해 긍정적으로 인식하고 있는 공통점이 있음을 알 수 있었을 것이다. 마찬가지로 오답률이 높았던 ②와 ⑤의 경우 공통점으로 적절하지 않음을 바로 알 수 있었을 것이다.

39 표현상 특징 파악
정답률 56% | 정답 ④

[A]와 [B]에 대한 설명으로 적절하지 않은 것은?

① **[A]는 유사한 문장 구조를 활용하여 운율감을 형성하고 있다.**
[A]의 초장에는 '고인도 날 못 보고'와 '나도 고인을 못 뵈'가 대구를 이루며 운율감을 형성하고 있다.

② **[B]는 시간과 관련된 표현을 활용하여 상황 변화의 기점을 강조하고 있다.**
[B]는 '당시'에 가던 길을 버렸다가 '이제야' 그 길로 돌아온다는 상황의 변화에서 화자가 앞으로의 삶의 방향을 다짐하는 기점을 확인할 수 있다.

③ **[A]와 [B]는 모두 의문형 어구를 활용하여 화자의 태도를 드러내고 있다.**
[A]에서는 '어찌할까'라는 설의법으로 화자의 다짐을, [B]에서는 '돌아왔는가'라는 의문형 어구로 과거에 대한 부정적 태도를 드러내고 있다.

☑ **[A]와 [B]는 모두 부정 표현을 사용하여 반성하는 자세를 드러내고 있다.**
[B]의 '딴 데 마음 말리'에서는 성인이 '가던 길'을 떠났던 자신의 지난 모습을 반성하는 자세라 볼 수 있다. 하지만, [A]의 '못 보고'와 '못 뵈네'는 종장의 '아니 가고 어찌할까'와 이어져 마땅히 '못 뵈'었던 '고인'을 '고인'이 가던 길(학문의 길)에서 만나겠다는 화자의 의지를 드러내고 있을 뿐 반성하는 자세를 보인다고 볼 수 없다.

⑤ **[A]와 [B]는 모두 앞 구절의 일부를 다음 구절에서 반복하여 내용을 연결하고 있다.**
[A]에는 '초장(고인 못 뵈네)─중장(고인을 못 봐도)'와 '중장(가던 길 앞에 있네)─종장(가던 길 앞에 있거든)'에서, [B]에는 '중장(이제야 돌아왔는고)─종장(이제야 돌아왔으니)'에서 연쇄법을 사용하여 내용을 유기적으로 연결하고 있다.

40~41

〈보기〉를 참고하여 40번과 41번의 두 물음에 답하시오.

─〈보 기〉─

문학 작품의 감상 과정에서 독자는 작품에 제시된 대상이나 상황 간의 관계를 파악함으로써 내용을 더 잘 이해할 수 있다. (가)와 (나)의 독자는 이러한 방식을 통해 ㉠ **학문의 길을 걷는 사람이 지녀야 하는 올바른 삶의 태도를 발견**하게 된다.

40 외적 준거에 따른 작품의 감상
정답률 59% | 정답 ④

(가)와 (나)를 감상한 내용으로 적절하지 않은 것은? [3점]

① **(가)의 9수에서는 '고인'과 '나'가 만나지 못하는 현실을 인식하고 학문 수양이라는 '가던 길'을 매개로 '고인'을 따르겠다는 화자의 의도가 드러나고 있다.**
'나'와 '고인(옛 성인)'은 서로 만난 적이 없지만, '나'가 '고인'이 '가던 길(학문의 길)'을 걸음으로써 그 길을 걸었던 '고인'의 삶을 따르겠다는 '나'의 다짐을 확인할 수 있다.

② **(가)의 10수에서는 '당시에 가던 길'과 '딴 데'가 대비되면서 학문 수양 이외에 다른 것에는 힘을 쏟지 않겠다는 화자의 의지가 드러나고 있다.**
'당시에 가던 길'은 학문의 길이고 '딴 데'는 학문의 길을 벗어난 것(벼슬길)을 의미하므로 두 소재의 관계는 대비가 된다. 또한 '이제야' 다시 그 길만을 걷고 '딴 데' 마음을 두지 않겠다는 다짐에서 학문에 대한 화자의 의지를 확인할 수 있다.

③ **(가)의 11수에서는 '청산'과 '유수'의 공통적 속성이 '우리도 그치지' 않겠다는 다짐과 연결되면서 끊임없이 학문에 정진하겠다는 자세가 드러나고 있다.**
'청산'과 '유수'의 영속성을 보며, 자신도 이와 같이 '만고상청'하며 끊임없이 학문의 길을 걷겠다는 화자의 다짐을 확인할 수 있다.

☑ **(나)에서는 '말의 갈래를 쪼개고 나누는' 태도와 '자신의 문제는 묻어' 두는 태도가 대비되면서 학문 수양에서 자기 중심적 태도를 버려야겠다는 다짐이 드러나고 있다.**
'말의 갈래를 쪼개고 나누는' 태도와 '자신의 문제는 묻어' 두는 태도는 언행일치를 하지 않는 학자들의 자기중심적인 삶의 자세에 대한 설명에 해당한다. 따라서, '말의 갈래를 쪼개고 나누는' 태도와 '자신의 문제는 묻어' 두는 태도는 대비가 아니라 유사한 관계라 할 수 있다.

⑤ **(나)에서는 '살아 움직이는 인간'과 '끌려가는 짐승'이 대비되면서 학문을 통해 배운 신념을 바탕으로 당당하게 살아가겠다는 태도가 드러나고 있다.**
능동적인 '사람'과 수동적인 '짐승'의 모습을 대비시키며, 배운 지식을 이웃과 함께 나누고 그들을 책임지는 인간으로 살겠다는 화자의 의지를 확인할 수 있다.

41 글을 바탕으로 한 자료 내용의 이해
정답률 52% | 정답 ②

(나)의 무학(無學)의 의미를 바탕으로 〈보기〉의 ㉠을 설명한 내용으로 적절하지 않은 것은?

① **지식의 과잉에서 오는 관념성을 경계하는 태도이다.**
배운 지식을 불필요한 이론에 가두어놓고 현실에는 무관심한 것을 경계하고 있다.

☑ **배움이 부족하여 지식을 인격과 별개로 보는 태도이다.**
(나)를 통해 '무학(無學)'은 '많이 배웠으면서도 배운 자취가 없는 것'임을 알 수 있다. 이러한 '무학'의 의미를 바탕으로 〈보기〉의 ㉠을 설명한다면 '많이 배우고 배운 지식을 삶에서 실천한다'로 이해할 수 있다. 따라서 배움이 부족하다거나 지식을 인격과 별개의 것으로 보는 태도는 무학의 조건과 맞지 않아 적절하지 않다.

③ **많이 배웠으면서 배운 자취를 자랑하지 않는 태도이다.**
작품에서 이야기한 '무학'의 의미와 상통하는 태도이다.

④ **지식에서 추출된 진리에 대한 신념이 일상화된 태도이다.**
많은 배움을 통해 얻은 진리를 굳게 믿고 실천하는 태도를 의미한다. 이는 무학이 지식의 본래의 기능을 다하기 위한 방법이다.

⑤ **지식이나 정보에 얽매이지 않은 자유롭고 발랄한 태도이다.**
배움을 지식이라는 울타리에 가두지 않는 자유로운 태도를 의미한다.

42~45 고전 소설

작자 미상, 『토공전』

감상 이 소설은 널리 알려진 『토끼전』을 한문으로 개작하는 과정에서 송사 설화의 모티프를 빌려, 새로운 이야기로 후반부를 구성한 작품이다. 후반부의 중심 내용은 토끼를 놓친 것을 안 용왕이 옥황상제에게 글을 올려 토끼를 다시 수부 즉, 용궁으로 보내달라고 간청하고, 이에 옥황상제는 토끼와 용왕을 불러들여 각자의 진술을 들은 뒤 판결을 내리는 것이다. 판소리계 소설로 널리 알려진 『토끼전』의 새로운 결말을 보여 주는 『토공전』은, 『토끼전』의 주제가 다양함을 보여 줄 수 있을 뿐만 아니라, 국문 소설이 한문 소설로 개작되면서 어떻게 확장되는지를 알려 준다.

주제 신분의 차이를 초월한 생명의 가치를 존중함

작품 줄거리 동해 용왕 광연은 불치병을 얻게 되고 자신의 병을 고치기 위해서는 토끼의 간이 필요하다는 말을 듣게 된다. 이에 자라를 보내 속임수로 토끼를 용궁으로 데려오나 토끼는 기지를 발휘하여

육지로 도망친다. 토끼가 육지로 귀환한 이후 토끼를 놓친 용왕이 토끼를 잡아 달라고 옥황상제에게 표문을 올리고, 이에 옥황상제는 신선들과 의논한 끝에 용왕과 토끼를 불러 각각의 입장을 밝히게 한다. 옥황상제는 억울하게 목숨을 잃을 뻔한 토끼의 말이 옳다는 판결을 내려 토끼를 고향으로 돌려보낸다.

42 작품 내용의 이해 　　　　　정답률 34% | 정답 ①

윗글을 이해한 내용으로 적절하지 않은 것은?

☑ ① 만수산에서 토끼는 갑작스러운 날씨 변화가 옥황 때문이라고 생각하여 두려워했다.
'홀연히 한 때의∼번갯불이 번쩍번쩍하더니', '또 우레 소리가 울리고 번갯불이 번쩍번쩍하더니'의 갑작스러운 날씨의 변화에 대해 토끼는 '이는 필시 용왕의 조화야.'라고 짐작하고 있다. 따라서 토끼가 갑작스러운 날씨 변화를 옥황 때문이라고 생각하며 두려워한 것은 아니므로 적절하지 않다.

② 토끼는 백옥경에서 용왕을 만나기 전까지는 자신이 잡혀 온 이유를 알지 못했다.
'토끼가 혼이 나가고 기운을 잃어 땅에 엎어졌다가 다시 깨어나 머리를 들고 보니 천상의 백옥경이었다.'에서 백옥경에 도착한 점을 확인할 수 있고, '영문을 몰라 섬돌 아래에 기고 있다'는 부분에서 자신이 잡혀 온 이유를 알지 못한 점을 확인할 수 있다.

③ 만수산에서 토끼는 자신의 뛰어난 말솜씨에 대해 자부심을 느꼈다.
'두세 치밖에 안 되는 혀로 만승의 임금을 유혹하여'에서 자신의 말솜씨에 대한 언급을 확인할 수 있고, '소장의 구변이나 양평의 지혜라도 이보다 낫지 못할 거야.'에서는 자신의 말솜씨에 대한 자부심을 확인할 수 있다.

④ 토끼는 용궁에서 만수산으로 돌아온 것에 대해 만족감을 느꼈다.
'용궁을 두루 구경하고 만수산으로 돌아왔으니'에서 토끼가 만수산에서 용궁으로 돌아온 것을 확인할 수 있다. 그리고 '신세가 태평하고 만사에 무심하여'에서 토끼가 느끼고 있는 만족감을 확인할 수 있다.

⑤ 만수산에서 지내던 토끼는 용궁에서의 기억을 떠올렸다.
'용왕의 말이 귀에 들리는 듯하고 용궁의 경치가 눈앞에 삼삼하여 기쁨을 이기지 못한 채'에서 토끼는 용궁에서의 기억을 떠올렸음을 확인할 수 있다.

43 장면의 이해 　　　　　정답률 56% | 정답 ③

[A]와 [B]를 비교한 내용으로 적절하지 않은 것은?

① [A]와 [B]는 모두 자신의 내력을 요약하며 진술을 시작하고 있다.
[A]에서 사해의 우두머리로서 용왕이, 나라의 신을 섬기며 백성을 훈육하고 임금의 은혜에 보답해 온 자신의 삶을 요약하여 제시하며 진술을 시작하고 있다. [B]에서 만수산에서 태어난 토끼는 출세함을 구하지 않고 백이와 도잠처럼 자신이 삶을 살아왔음을 요약하여 제시하며 진술을 시작하고 있다.

② [A]와 [B]는 모두 비유적 표현을 사용하여 자신이 고난에 처했음을 부각하고 있다.
[A]의 '몸의 위태로움이 바늘 방석에 앉은 듯하고'에서 비유적 표현을 사용하여 용왕이 고난에 처했음을 부각하고 있음을 확인할 수 있다. [B]의 '절인 생선이 줄에 꾀인 듯하고 전상에서 호령하니 뜨거운 불바람이 부는 듯하니'에서 비유적 표현을 사용하여 토끼가 고난에 처했음을 부각하고 있음을 확인할 수 있다.

☑ ③ [A]는 제안의 문제점을 스스로 인정하고 있고, [B]는 제안에 대한 확신을 드러내고 있다.
[A]에서 용왕은 '작은 것을 가지고 큰 것을 바'꾸어 달라고 요청하고 있지만, 이러한 요청이나 제안을 스스로 문제라고 인정하는 모습을 보이지는 않고 있다. 그리고 [B]에서 용왕의 비위를 거슬렀기 때문에 삶을 구할 수 없다고 우려하는 토끼의 마음을 확인할 수 있다. 하지만 옥황에게 '엎드려 요컨대 살펴주소서'라고 요청하고 있을 뿐, 그 제안이나 요청이 성공할 것이라 확신하고 있는 것은 아니다.

④ [A]에는 자신에게 유리한 결과를 기대하는 모습이, [B]에는 자신에게 불리한 결과를 예상하는 모습이 나타나 있다.
[A]의 '오늘 이렇게 다시 와 뵈오니 굶은 자가 밥을 얻은 듯하고 온갖 병이 다 나아 고목에 꽃이 핀 듯합니다.'에서 자신에게 유리한 결과를 기대하는 용왕의 모습을 확인할 수 있다. [B]의 '다시 위태로운 땅을 밟아 스스로 화를 받을 것을 알겠습니다.'에서 토끼가 자신에게 불리한 결과를 걱정하는 모습을 확인할 수 있다.

⑤ [A]와 [B]는 모두 자신의 요구를 제시하며 진술을 마무리하고 있다.
[A]의 '가엾고 불쌍히 여겨 주소서.'에서, [B]의 '엎드려 비옵건대 살펴주소서.'에서 자신의 요구를 제시하며 진술을 마무리하는 것을 확인할 수 있다.

44 외적 준거에 따른 작품의 감상 　　　　　정답률 62% | 정답 ④

〈보기〉를 바탕으로 윗글을 감상한 내용으로 적절하지 않은 것은? [3점]

──〈보 기〉──
윗글은 『토끼전』을 고쳐 쓴 한문 소설로 재판을 통해 갈등을 해결하는 송사 설화의 모티프가 나타난다. 용왕과 토끼는 옥황상제가 주관하는 재판 상황에 놓이게 되고, 이 상황에서는 지위의 우열보다는 진술의 우위가 판결에 영향을 미친다. 이 판결의 내용은 지위의 높고 낮음보다 생명의 가치를 존중하는 작가의 의식을 드러내고 있다.

① '상제의 명이니 용왕과 토끼를 판결하라.'라는 말에서, 송사 설화의 모티프가 쓰였음을 확인할 수 있군.
송사 설화 모티프는 갈등을 판결을 통해 해결하는 이야기를 말한다. 용왕과 토끼가 옥황 아래에서 재판을 받는 모습이 드러난다는 점에서 송사 설화의 모티프를 가져왔음을 확인할 수 있다.

② 꿇어 앉아 함께 '처분을 기다리'는 것에서, 용왕과 토끼가 재판 당사자로서 대등한 처지에 놓이게 되었음을 알 수 있군.
용왕과 토끼가 옥황 앞에서 무릎을 꿇고 처분을 기다리는 모습에서, 두 인물이 옥황 앞에서 대등한 처지가 됨을 확인할 수 있다.

③ '강자를 누르고 약자를 도와 공정한 처결을 하소서.'라는 일광노의 말에서, 토끼의 진술에 대한 지지를 확인할 수 있군.
강자를 누르고 약자를 도와 공정한 처결을 하기를 바라는 일광노의 말에 따라 옥황은 토끼를 지지하는 판결을 한다. 이를 통해 일광노가 토끼를 지지함을 알 수 있는데, 강자보다는 약자를 도와야 한다는 인식은 토끼가 진술에서 밝힌 내용을 받아들인 것임을 알 수 있다.

☑ ④ '낳으면 늙고 늙으면 죽는 것은 인간의 일상적 일'이라는 말에서, 옥황이 판결을 망설이는 이유를 짐작할 수 있군.

'낳으면 늙고 늙으면 죽는 것은 인간의 일상적 일'이라는 옥황의 말은 판결에 대한 대전제로 이해할 수 있다. 이 말을 한 옥황은 결국 토끼의 편을 지지하는 판결을 내린다. 이 과정에서 옥황이 판결을 망설이는 내용은 확인할 수 없다.

⑤ '토끼인들 어찌 죽음을 싫어하는 마음이 없겠는가?'라는 말에서, 모든 생명은 소중하다는 작가의 의식을 확인할 수 있군.
토끼 역시 죽음을 좋아하지 않을 것이라는 옥황의 판결에서, 용왕과 토끼가 모두 동일한 생명이라 생각하며 신분이 낮은 이의 생명과 가치를 소중하게 여기는 태도를 발견할 수 있다.

45 장면의 서사적 기능 파악 　　　　　정답률 62% | 정답 ②

[C]의 서사적 기능으로 가장 적절한 것은?

① 적혼공의 말을 통해 앞서 일어난 사건을 평가하고 있다.
[C]에서 적혼공은 용왕의 명령에 따르겠다는 말을 할 뿐이다. 앞서 일어난 사건을 평가하고 있지 않다.

☑ ② 용왕의 시도가 실패하였음을 보여 주어 주제 의식을 강조하고 있다.
[C]에서 용왕은 적혼공에게 토끼가 만수산에 가기 전에 포획해 오라는 명령을 내린다. 그러나 뇌공에 의해 토끼가 순식간에 만수산으로 가게 되면서 용왕의 시도는 실패하게 된다. 이렇게 볼 때 '하늘이 망해놓은 화'라는 용왕의 말은, 이것이 하늘의 명에 따라 일어난 일임을 드러내는 데, 이를 통해 주제 의식을 강조하고 있음을 확인할 수 있다.

③ 용왕의 탄식을 통해 용왕과 옥황 간의 새로운 갈등을 예고하고 있다.
[C]에서 용왕은 옥황의 작용으로 토끼를 놓치고 탄식을 하고 있다. 용왕과 옥황의 지위는 천명에 의해 구분되는 것이므로 통곡하고 돌아가는 이후 내용이 용왕과 옥황 간의 새로운 갈등을 예고하는 것은 아니다.

④ 뇌공에 의해 공간이 전환되는 과정에서 공간적 배경의 사실성을 강조하고 있다.
[C]에서 토끼는 뇌공에 의해 만수산으로 빠르게 이동하지만, 이를 통해 공간적 배경의 사실성을 드러내지 않는다.

⑤ 용왕의 지시를 따르지 않는 적혼공의 반응을 제시하여 독자의 흥미를 유발하고 있다.
[C]에서 용왕은 적혼공의 지시를 따르지 않는 것이 아니라, 지시를 따르려 했으나 뇌공에 의해 실패하게 되므로 적절하지 않다.

• 정답 •

01 ⑤ 02 ③ 03 ④ 04 ① 05 ① 06 ③ 07 ④ 08 ④ 09 ⑤ 10 ② 11 ② 12 ④ 13 ② 14 ① 15 ①
16 ③ 17 ⑤ 18 ④ 19 ③ 20 ⑤ 21 ② 22 ① 23 ③ 24 ⑤★ 25 ③ 26 ④ 27 ② 28 ② 29 ③ 30 ⑤
31 ④ 32 ② 33 ② 34 ⑤ 35 ① 36 ③ 37 ④ 38 ⑤ 39 ① 40 ②★ 41 ⑤ 42 ③ 43 ① 44 ④ 45 ⑤

★ 표기된 문항은 [등급을 가르는 문제]에 해당하는 문항입니다.

[01~10] 화법과 작문

01 발표자의 말하기 전략 파악 · 정답률 63% | 정답 ⑤

발표자의 말하기 방식에 대한 설명으로 적절하지 않은 것은?

① 화제를 선정한 이유를 밝히며 발표를 시작하고 있다.
1문단의 '저는 지난 설날에 온 가족과 ~ 소개해 드리고자 합니다.'를 통해, 지난 설날에 윷놀이를 직접 체험했던 경험이 재미있어서 이를 소개하고자 윷놀이를 발표 화제로 선정했음을 알 수 있다.

② 비언어적 표현을 활용하여 전달의 효과를 높이고 있다.
발표자는 '화면을 가리키며'와 '손가락을 하나씩 펼치며', '미소를 지으며'의 비언어적 표현을 사용하고 있는데, 이러한 비언어적 표현은 전달 효과를 높일 수 있다.

③ 질문을 던지는 방식을 통해 청중과 상호 작용하고 있다.
1문단의 '여러분, 명절 하면 ~ (청중의 반응을 살피고)'를 통해 질문을 던진 뒤 청중의 반응을 살피고 있음을 알 수 있다. 그리고 2문단의 '윷놀이는 과연 언제 ~ 가장 적절할 것 같은데요?'를 통해, 질문을 던진 뒤 청중의 대답을 듣고 이에 반응하고 있음을 알 수 있다. 따라서 발표자는 청중과의 질의응답을 통해 청중과 상호 작용하고 있음을 알 수 있다.

④ 설명하는 내용의 출처를 언급하여 신뢰성을 확보하고 있다.
2문단을 통해 발표자는 윷놀이의 역사에 대한 내용을 소개하기 위해 『목은집』이라는 구체적인 출처를 언급하고 있는데, 이러한 출처의 언급은 발표 내용에 신뢰성을 준다고 할 수 있다.

✔ ⑤ 발표의 주요 내용을 요약, 정리하며 발표를 마무리하고 있다.
마지막 문단을 통해 발표자는 청중에게 다음 명절에 윷놀이에 참여해 볼 것을 독려하고 있음을 알 수 있다. 하지만 발표의 주요 내용을 요약, 정리하면서 발표를 마무리하지는 않고 있다.

02 발표 내용의 이해 · 정답률 90% | 정답 ③

다음은 발표를 들은 학생이 작성한 활동지이다. ㉠ ~ ㉤ 중 적절하지 않은 것은?

〈우리 전통 놀이, 윷놀이〉

1. 윷놀이의 역사
• (고려 시대)에 이미 성행함. .... ㉠

2. 말판의 모양과 의미
• 과거 : 원형 말판 → 현재 : 사각형 말판
  ↳ (하늘)과 별자리의 운행, (땅)을 나타냄. .... ㉡

3. 윷가락과 윷 패
• 윷가락의 등 : (평면) 부분, 배 : (곡면) 부분 .... ㉢
  ↳ 배를 보이는 개수에 따라 윷 패를 구분함.

4. 놀이의 규칙
• 윷 패에 따라 말의 이동 거리가 달라짐.
• (사리)일 때 윷을 한 번 더 던짐. .... ㉣

5. 윷 패가 나올 확률
• 개 = (걸) > (도) > 윷 > 모 .... ㉤

---

① ㉠ : (고려 시대)에 이미 성행함.
2문단의 '이 자료에는 고려 시대에 이미 윷놀이가 성행했음이 나타나 있는데'에서 확인할 수 있다.

② ㉡ : (하늘)과 별자리의 운행, (땅)을 나타냄.
3문단에서 윷놀이의 말판은 과거에는 원형이었고, 원을 그리고 있는 바깥의 점들은 하늘과 별자리의 운행을, 원 안쪽에 있는 열십자 모양의 점들은 땅을 의미함을 알 수 있다.

✔ ③ ㉢ : 윷가락의 등 : (평면) 부분, 배 : (곡면) 부분
4문단에서 윷가락의 둥근 부분은 '등', 평평한 부분은 '배'임을 알 수 있다. 따라서 활동지에서 둥근 부분은 '배', 평평한 부분은 '등'이라고 한 ㉢은 적절하지 않은 정리 내용이다.

④ ㉣ : (사리)일 때 윷을 한 번 더 던짐.
5문단에서 윷이나 모를 '사리'라 하고, 이 경우 한 번 더 윷을 던질 수 있음을 알 수 있다.

⑤ ㉤ : 개 = (걸) > (도) > 윷 > 모
6문단에서 윷 패가 나올 확률은 대략 개와 걸은 각각 35%, 도는 15%, 윷은 13%, 모는 2%임을 알 수 있다.

03 청자의 듣기 전략 파악 · 정답률 96% | 정답 ④

〈보기〉는 발표를 들으면서 학생이 보인 반응이다. 이에 대한 이해로 가장 적절한 것은?

---〈보 기〉---
윷놀이를 할 때 윷 패가 나오는 확률을 소개한 내용이 참 흥미로웠어. 내가 해 본 스마트폰 윷놀이 게임에서도 개나 걸이 자주 나오고 모는 잘 안 나오던데, 스마트폰 윷놀이 게임에도 실제 윷놀이를 했을 때 나오는 윷 패의 확률이 그대로 적용되었을까?

---

① 발표에서 언급되지 않았던 내용들에 대해 아쉬워하며 듣고 있다.
〈보기〉에서 발표에서 언급되지 않았던 내용에 대한 아쉬움은 찾아볼 수 없다.

② 발표 내용이 사실인지 발표자의 의견인지를 구분하며 듣고 있다.
〈보기〉에서 발표 내용을 사실과 의견으로 구분하지 않고 있다.

③ 발표 내용이 발표 목적에 부합하고 있는지를 평가하며 듣고 있다.
〈보기〉의 청자는 발표 목적, 즉 청중에게 윷놀이에 대한 정보를 제공하며 윷놀이를 소개하는 것이 발표 내용에 부합하는지를 평가하며 듣지는 않고 있다.

✔ ④ 발표 내용과 관련된 자신의 경험을 떠올리며 궁금증을 가지고 듣고 있다.
〈보기〉의 청자는 자신이 스마트폰 윷놀이 게임을 해 본 경험을 떠올리며 이 게임에 실제 윷놀이를 할 때 윷 패가 나오는 확률이 적용되었는지를 궁금해 하고 있다.
이러한 청자의 반응은 6문단의 윷놀이할 때 윷 패가 나오는 확률에 대한 내용과 관련한 것이므로, 청자는 발표 내용과 관련된 자신의 경험을 떠올리며 궁금증을 가지며 들었다고 할 수 있다.

⑤ 발표에서 언급된 내용을 바탕으로 자신의 배경지식을 수정하며 듣고 있다.
〈보기〉에 언급된 윷놀이를 할 때 윷 패가 나오는 확률에 대한 내용은 발표에서 언급된 것이라고 볼 수 있지만, 〈보기〉에서 이를 바탕으로 자신의 배경지식을 수정하지는 않고 있다.

04 인터뷰의 말하기 방식 파악 · 정답률 88% | 정답 ①

〈보기〉의 ㄱ ~ ㄹ 중에서 (가)의 '학생'의 말하기 방식에 해당하는 것으로만 묶인 것은?

---〈보 기〉---
ㄱ. 상대방의 말을 요약한 뒤 자신의 이해를 점검하고 있다.
ㄴ. 상대방의 말 중 의문이 드는 점에 대해 설명을 요청하고 있다.
ㄷ. 상대방의 말이 사전에 조사한 내용과 일치하는지 확인하고 있다.
ㄹ. 상대방의 답변 내용 중에서 모르는 용어의 개념을 묻고 있다.

✔ ① ㄱ, ㄴ   ② ㄱ, ㄷ   ③ ㄴ, ㄷ   ④ ㄴ, ㄹ   ⑤ ㄷ, ㄹ

ㄱ. 상대방의 말을 요약한 뒤 자신의 이해를 점검하고 있다.
(가)의 학생의 세 번째 말인 '결국 제품의 소리가 제품의 이미지를 형성하기 때문에 사운드 디자인이 중요한 것이군요. 제 말이 맞나요?'에서 확인할 수 있다.

ㄴ. 상대방의 말 중 의문이 드는 점에 대해 설명을 요청하고 있다.
(가)의 학생의 다섯 번째 말인 '가짜 엔진 소리요? 그건 왜 필요한지 말씀해 주세요.'에서 확인할 수 있다.

ㄷ. 상대방의 말이 사전에 조사한 내용과 일치하는지 확인하고 있다.
(가)의 학생이 사운드 디자이너와 관련해 사전 조사한 내용을 언급하고 있지 않고, 조사한 내용이 상대방의 말과 일치하는지 확인하고 있지 않다.

ㄹ. 상대방의 답변 내용 중에서 모르는 용어의 개념을 묻고 있다.
(가)의 학생은 상대방의 답변 내용 중 모르는 용어의 개념을 묻고 있지 않다.

05 말하기 전략의 이해 · 정답률 79% | 정답 ①

[A], [B]에 대한 설명으로 가장 적절한 것은?

✔ ① [A]는 청자의 경험을 환기하며, [B]는 구체적 사례를 들며 설명하고 있다.
[A]의 '방금 전에 소리를 들었을 때 뭐가 제일 먼저 떠올랐나요? 그 소리가 나는 제품이 떠오르지 않았나요?'에서, 청자의 경험을 환기하고 있음을 알 수 있다.
그리고 사운드 디자이너들은 소리를 어떻게 만드는지에 대한 학생의 질문에, [B]에서는 자동차의 경보음, 휴대폰 벨소리, 자동차의 가짜 엔진 소리와 같은 구체적인 사례를 들어 사운드 디자이너가 소리를 만드는 방법을 설명한다.

② [A]는 청자의 반응을 확인하며, [B]는 전문가의 말을 인용하며 설명하고 있다.
[A]에서 '네, 맞습니다.'라 하면서 청자의 반응을 확인하고 있지만, [B]에서는 전문가의 말을 인용하며 설명하는 하는 내용은 나타나지 않는다.

③ [A]는 청자의 참여를 독려하며, [B]는 일상적 상황을 가정하며 설명하고 있다.
[A]에서 청자의 참여를 독려하는 내용은 나타나지 않으며, [B]에서 일상적 상황을 가정하며 설명하는 내용도 나타나지 않는다.

④ [A]는 청자의 주의를 당부하며, [B]는 추가적인 정보를 제시하며 설명하고 있다.
[A]에서 청자의 주의를 당부하는 내용은 나타나지 않으며, [B]에서 추가적인 정보를 제시하며 설명하는 내용도 나타나지 않는다.

⑤ [A]는 청자의 관심을 유도하며, [B]는 기기의 작동 원리를 제시하며 설명하고 있다.
[A]에서 청자의 관심을 유도하는 내용은 나타나지 않으며, [B]에서 기기의 작동 원리를 제시하며 설명하는 내용도 나타나지 않는다.

06 작문 계획의 파악 · 정답률 70% | 정답 ③

〈보기〉는 (나)를 쓰기 전 편집부장이 '학생'에게 조언한 (나)의 집필 방향이다. 빈칸에 들어갈 내용으로 가장 적절한 것은? [3점]

---〈보 기〉---
편집부장 : 보내 준 인터뷰 녹음 파일 잘 들었어. 교지에 실을 글은 인터뷰 내용을 바탕으로 작성하되 인터뷰에는 없지만 _____ 을/를 언급해 주면 친구들이 진로를 탐색하는 데 도움이 될 수 있을 거야.

---

① 사운드 디자이너의 작업 과정
사운드 디자이너의 작업 과정은 (가)와 (나)에 모두 없는 내용이다.

② 사운드 디자이너로서 갖는 보람
사운드 디자이너로서 갖는 보람은 (가)와 (나)에 모두 없는 내용이다.

✔ ③ 사운드 디자이너와 관련된 전공 학과
〈보기〉에서 편집부장은 인터뷰 내용을 바탕으로 글을 작성하되, 인터뷰에는 없지만 친구들이 진로를 탐색하는 데 도움이 될 내용을 언급하라고 요청하고 있다. 따라서 인터뷰 내용인 (가)에는 없지만 '초고'인 (나)에서 친구들이 진로를 탐색하는 데 도움이 되는 내용을 찾으면 된다.
(가)와 (나)를 비교하면, (나)의 4문단에 있는 사운드 디자이너와 관련된 전공 학과를 소개하는 내용은 (가)에는 없지만 친구들이 진로를 탐색하는 데 도움이 될 내용이므로 '사운드 디자이너와 관련된 전공 학과'가 빈칸에 들어갈 내용으로 적절하다.

④ 사운드 디자이너를 필요로 하는 산업
사운드 디자이너를 필요로 하는 산업은 (가)에만 있다.

⑤ 사운드 디자이너라는 직업이 생긴 배경
사운드 디자이너라는 직업이 생긴 배경은 (가)와 (나)에 모두 없는 내용이다.

---

07 조건에 맞는 글쓰기 | 정답률 89% | 정답 ④

〈조건〉에 따라 (나)에 제목을 붙일 때 가장 적절한 것은?

─〈조 건〉─
○ 비유법을 활용하여 표현 효과를 높일 것.
○ 사운드 디자이너가 하는 역할을 드러낼 것.

① 무에서 유를 창조하는 직업인들을 만나다
비유법과 사운드 디자이너의 역할이 모두 드러나 있지 않다.

② 사운드, 세상과 나를 이어 주는 연결 고리
'연결 고리'를 통해 비유법이 드러나 있음을 알 수 있지만, 사운드 디자이너의 역할은 드러나 있지 않다.

③ 지친 마음을 치유하는 소리의 샘을 발견하다
'소리의 샘'을 통해 비유법이 드러나 있음을 알 수 있지만, 사운드 디자이너의 역할은 드러나 있지 않다.

☑ 제품에 매력적인 옷을 입히는 소리의 마법사
〈조건〉을 통해 형식상 조건이 '비유법' 사용이고, 내용상 조건이 '사운드 디자이너가 하는 역할'임을 알 수 있으므로, 이러한 조건을 모두 만족한 제목은 ④라 할 수 있다. ④에서는 사운드 디자이너를 '소리의 마법사'에 비유하고 있고, '제품에 매력적인 옷을 입히는'을 통해 사운드 디자이너의 역할을 알 수 있다.

⑤ 사운드 디자이너, 세상에 없는 소리를 찾아서
'세상에 없는 소리를 찾'는다는 것을 통해 사운드 디자이너의 역할을 확인할 수 있지만, 비유법이 드러나 있지 않다.

---

08 작문 계획에 따른 반영 여부 판단 | 정답률 76% | 정답 ④

'학생'의 작문 계획 중 '초고'에 반영되지 <u>않은</u> 것은?

① a
1문단에서 군산을 답사지로 택하게 된 이유가 국어 시간에 배운 채만식의 삶과 문학에 한 발자국 다가서고 싶었기 때문임을 알 수 있다.

② b
2문단에서 기차를 타고 익산역에 내려 버스를 타고 군산까지 가는 여정을 확인할 수 있다.

③ c
2문단에서 바둑판 모양으로 정리된 길과 일본식 가옥의 모습 등이 묘사되어 있음을 알 수 있다.

☑ d
3문단의 '파노라마식으로 펼쳐진 1층 전시실에서 작가의 삶의 흔적을 따라가며 작품을 둘러보았다.'에서, 군산의 채만식 문학관을 방문하여 본 것에 대해 언급하고 있음을 알 수 있다. 하지만 군산의 채만식 문학관에서 들은 내용을 언급하지는 않고 있다.

⑤ e
5문단에서 군산항에서 금강의 혼탁해진 물빛을 바라보며 『탁류』에 등장하는 인물들의 삶을 떠올리며 감상하고 있음을 알 수 있다.

---

09 자료를 활용한 수정·보완 방안 파악 | 정답률 52% | 정답 ⑤

〈보기〉의 (가)와 (나)를 모두 활용하여 '초고'를 수정·보완하는 방안으로 가장 적절한 것은? [3점]

─〈보 기〉─

(가) 시각 자료

일제 강점기 쌀 수탈량

- 목포 0.7%
- 진남포 10.9%
- 인천 14.7%
- 군산 40.2%
- 부산 33.5%

― ○○ 방송 자료 ―

(나) 인터뷰 자료

"군산은 채만식의 소설, 『탁류』의 배경이 된 곳입니다. 일제 강점기 때 군산 지역은 우리나라 최대의 곡창 지대인 호남평야의 쌀이 집결되는 경제 요충지로, 일본으로 쌀이 반출되는 창구였습니다. 그러다 보니 일확천금을 노린 사람들이 전국에서 모여들어 투기와 사기, 고리대금업 등이 횡행했습니다. 이러한 일들은 주로 쌀의 시세를 이용하여 투기 행위를 하는 미두장을 중심으로 벌어졌습니다. 그 결과 가진 돈을 모두 잃고 알거지 신세로 전락하여 결국 인간성마저 잃어 가는 사람들이 많아졌습니다."

― 문화 해설사 이△△ ―

① 1문단에서 『탁류』의 줄거리에 따라 군산 답사 일정을 정하게 된 계기를 소개하는 자료로 활용한다.
(가), (나) 자료의 내용으로 볼 때, 군산 답사 일정을 정하게 된 계기를 소개하는 자료로 활용하는 것은 관련성이 적다.

② 2문단에서 『탁류』의 배경인 군산의 이국적인 모습과 관련해 일본식 주거 문화를 소개하는 자료로 활용한다.
(가), (나)의 내용으로 볼 때, 일본식 주거 문화를 소개하는 것과는 거리가 멀다.

③ 3문단에서 『탁류』의 내용을 바탕으로 일본의 쌀 수탈량이 점점 증가하는 양상을 보여 주는 자료로 활용한다.
(가)는 일제 강점기 쌀 수탈량만을 보여 주는 것이므로, 이를 통해 일본의 쌀 수탈량이 점점 증가하는 양상은 알 수 없다.

---

④ 4문단에서 『탁류』에서 정 주사가 몰락하게 된 결정적 원인이었던 미두장의 전국적 분포 및 그로 인한 폐해를 소개하는 자료로 활용한다.
'초고'의 내용이나 (나)의 자료에서 미두장이 정 주사가 몰락하게 된 결정적 원인이었다는 내용을 확인할 수 없고, 또한 (가)의 자료에서 미두장의 전국적 분포를 확인할 수 없다.

☑ 5문단에서 『탁류』의 배경인 군산이 일제의 식량 수탈로 혼란한 상황에서 타락한 인간들이 모인 공간으로 그려질 수 있었던 개연성을 언급하는 자료로 활용한다.
〈보기〉의 (가)의 자료는 일제 강점기 쌀 수탈량을 보여 주는 것으로, 군산의 쌀 수탈량이 40.2%로 가장 많음을 알 수 있다. 또한 (나)의 자료는 인터뷰 자료로, 『탁류』의 배경인 군산 지역에서 미두장을 중심으로 일제 강점기의 혼란한 상황과 타락한 인간들의 모습을 언급하고 있음을 알 수 있다.
그리고 '초고' 5문단에서는 금강이 만나 혼탁해진 물빛을 바라보며 『탁류』의 시대적 배경이나 공간, 당대 사람들의 삶의 질곡에 대해 떠올리고 있음을 알 수 있다.
따라서 〈보기〉의 (가), (나) 자료는 5문단에서 『탁류』의 배경인 군산이 일제의 식량 수탈로 혼란한 상황에서 타락한 인간들이 모인 공간으로 그려질 수 있었던 개연성을 언급하는 자료로 활용할 수 있다.

---

10 고쳐 쓰기 방안의 적절성 파악 | 정답률 76% | 정답 ②

㉠ ~ ㉤에 대한 고쳐 쓰기 방안으로 적절하지 않은 것은?

① ㉠ : 맞춤법에 맞지 않으므로 '설레는'으로 고친다.
기본형이 '설레다'이므로 '설레는'으로 고치는 것은 적절하다.

☑ ㉡ : 접속 표현이 잘못 사용되었으므로 '그래서'로 고친다.
㉡의 앞뒤 내용을 볼 때, 1층 전시실을 구경하고 2층으로 올라간다는 내용이 순차적으로 이어지므로 '그리고'라는 접속 표현이 적절함을 알 수 있다.

③ ㉢ : 조사가 잘못 사용되었으므로 '역사의'로 고친다.
조사 '에'는 부사격 조사이므로 관형격 조사 '의'로 고치는 것은 적절하다.

④ ㉣ : 의미가 중복되므로 '다시'를 삭제한다.
'재현'은 '다시 나타나다.'라는 뜻이어서 '다시'와 의미가 중복되므로 '다시'를 삭제하는 것은 적절하다.

⑤ ㉤ : 문장 성분의 호응을 고려해 '느껴졌다'로 고친다.
주어인 '질곡이'와 서술어인 '느꼈다'의 호응 관계가 부적절하므로 '느껴졌다'로 고치는 것은 적절하다.

[11~15] 문법

11 음운 변동 양상 파악 | 정답률 77% | 정답 ②

〈보기〉의 '선생님'의 마지막 질문에 대한 '학생'의 대답에서 ㉠, ㉡에 들어갈 내용으로 적절한 것은? [3점]

─〈보 기〉─

선생님 : 음운 변동이 여러 번 일어날 때 최종적으로 음운의 수가 얼마나 바뀌었는지 파악하기 어려웠죠? 오늘은 좌표를 이용해서 이를 쉽게 확인해 볼게요.
이 좌표 평면에서 0인 별표(★)를 기준으로, 음운의 수가 늘어나는 '첨가'는 늘어난 음운 수만큼 위쪽으로, 음운의 수가 줄어드는 '탈락'과 '축약'은 줄어든 음운 수만큼 아래쪽으로 이동합니다. 그리고 음운의 수가 변하지 않는 '교체'는 교체 횟수만큼 오른쪽으로 이동합니다.
예를 들어 '걷히다'는 거센소리되기에 의해 [거티다]가 된 후 구개음화에 의해 [거치다]가 되므로, 축약과 교체가 한 번씩 일어나 ㉮로 이동합니다. 그 결과 음운의 수가 한 개 줄어든 것을 알 수 있어요.
그러면 '색연필'의 음운 변동 양상은 어떻게 될까요?

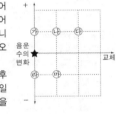

학생 : 제 생각에는 '색연필'이 [색년필 → 생년필]로 바뀌므로, (㉠)이/가 한 번씩 일어나 (㉡)로 이동합니다. 그 결과 음운의 수가 한 개 늘어납니다.

　　　㉠　　　　　㉡
① 첨가와 교체　　㉮

☑ 첨가와 교체　　㉯
'색연필'은 [색년필 → 생년필]로 바뀜을 알 수 있으므로, 발음된 [색년필]을 통해 'ㄴ 첨가'가 일어났음을 알 수 있고, [생년필]로 발음이 바뀌게 되므로 비음화가 일어났음을 알 수 있어서, '색연필'은 첨가와 교체 현상이 한 번씩 일어난다고 할 수 있다. 그리고 〈보기〉에 제시된 '걷히다'의 사례를 볼 때, '걷히다'는 축약과 교체가 한 번씩 일어나서 ㉮로 이동, 즉 교체가 일어났으므로 오른쪽으로 한 칸, 축약이 일어났으므로 아래쪽으로 한 칸 이동했음을 알 수 있다.
이러한 내용을 '색연필'에 적용하면 '색연필'은 첨가와 교체가 일어났으므로, 첨가의 경우 위쪽으로, 교체의 경우 오른쪽으로 이동해야 함을 알 수 있다. 즉 '색연필[생년필]'은 별표에서 ㉯로 이동한다고 할 수 있다.

③ 첨가와 탈락　　㉰
④ 탈락과 교체　　㉱
⑤ 탈락과 교체　　㉲

● 문법 필수 개념

■ 음운 변동이 일어나는 횟수
음운 변동은 한 단어에 한번만 일어나는 것이 아니라, 두 번 이상 일어나는 경우도 있으므로 순서에 따라 어떤 음운 변동이 일어났는지 살펴보는 것이 중요하다.

두 번 일어나는 경우	ⓔ 덧문 → [덛문](음절의 끝소리 규칙) → [던문](비음화) 닫히다 → [다티다](거센소리되기) → [다치다](구개음화)
세 번 일어나는 경우	ⓔ 꽃잎 → [꼳입](음절의 끝소리 규칙) → [꼳닙]('ㄴ' 첨가) → [꼰닙](비음화) 물엿 → [물엳](음절의 끝소리 규칙) → [물녇]('ㄴ' 첨가) → [물렫](유음화)

---

12 부정 표현의 이해 | 정답률 62% | 정답 ④

〈보기〉의 ㉠과 ㉡이 모두 적용된 예로 적절한 것은?

<보 기>
부정 표현이란 부정의 뜻을 나타내는 표현을 말한다. 부정 표현은 부사인 '안'과 '못'을 사용해서 짧게 표현할 수도 있고, ㉠ '-지 아니하다'와 '-지 못하다' 등을 사용해서 길게 표현할 수도 있다. 부정 표현은 능력을 부정하거나 의지를 부정하는 것 이외에 ㉡ 단순히 사실이나 상태를 부정하는 의미로도 해석된다.

① 우리가 묵은 방은 두 평이 채 못 된다.
'두 평이 못 된다'는 <보기>를 통해 '못'을 사용한 짧은 부정 표현이 사용되었음을 알 수 있고, '두 평이 되지 않은' 사실을 가리키므로 단순한 사실 부정에 해당한다고 할 수 있다.

② 나는 저녁을 먹으려고 간식을 안 먹었다.
'간식을 안 먹었다'는 <보기>를 통해 '안'을 사용한 짧은 부정 표현이 사용되었음을 알 수 있고, 말하는 이의 의지에 따라 간식을 먹지 않은 것에 해당하므로 의지 부정에 해당한다고 할 수 있다.

③ 그는 용기가 없어서 발표를 잘하지 못했다.
'발표를 잘하지 못했다'에서는 '-지 못하다'를 사용한 긴 부정 표현이 사용되고 있지만, 말하는 이가 발표를 제대로 하지 못했음을 드러내므로 발표 능력 부정에 해당한다고 할 수 있다.

☑ 다행히 소풍을 가는 날 비가 내리지 않았다.
㉠을 통해 '비가 내리지 않았다'에는 '-지 아니하다'가 사용되어 있어서 긴 부정 표현이 사용되었음을 알 수 있다. 그리고 '비가 내리지 않았다'는 비가 내리지 않은 현상을 나타낸 것이므로, 의지나 능력이 아닌 단순히 사실이나 상태를 부정하는 의미로 사용되었다고 할 수 있다.

⑤ 동생은 숙제를 한다며 놀이터에 나가지 않았다.
'놀이터에 나가지 않았다'는 '-지 아니하다'를 사용한 긴 부정 표현이 사용되고 있지만, 동생의 의지에 따라 놀이터에 나가지 않은 것이므로 의지 부정에 해당한다고 할 수 있다.

● 문법 필수 개념

■ 부정 표현의 이해
1. 개념 : 어떤 서술의 내용에 대해 의미를 부정하는 것
2. 종류 : '안' 부정문, '못' 부정문, '말다' 부정문이 있음.

'안' 부정문	개념	어떤 상태가 그렇지 않다는 단순 부정, 주체의 의지에 의한 부정인 의지 부정을 표현	• 날씨가 안 좋다. → 단순 부정 • 철수가 밥을 안 먹었다. → 의지 부정
	실현 방법	• '안(아니)'+용언 → 짧은 부정 • 용언의 어간 + '-지 아니하다(않다)' → 긴 부정	• 눈이 안 온다.(짧은 부정) • 눈이 오지 않는다.(긴 부정)
'못' 부정문	개념	주체의 능력 부족을 나타내는 능력 부정과, 외부의 원인에 의한 부정인 상황 부정을 표현	• 그는 너를 못 이긴다. → 능력 부정 • 눈이 와서 집에 못 간다. → 상황 부정
	실현 방법	• '못'+용언 → 짧은 부정 • 용언의 어간 + '-지 못하다' → 긴 부정	• 그는 너를 못 이긴다.(짧은 부정) • 그는 너를 이기지 못한다.(긴 부정)
'말다' 부정문	개념	명령문과 청유문의 부정 표현에 쓰임.	• 떠들지 말자. → 청유문 부정 • 떠들지 마라. → 명령문 부정
	실현 방법	용언의 어간 + '-지 말다' → 긴 부정	너는 그를 만나지 마라.(긴 부정)

13 어간과 어근의 개념 이해 정답률 84% | 정답 ②

윗글을 바탕으로 할 때, <보기>의 ㉠과 ㉡에 들어갈 내용으로 적절한 것은?

<보 기>
'높다'에서 '높-'은, 단어가 활용될 때 ____㉠____ 는 점에서 '어간', 단어를 구성할 때 ____㉡____ 는 점에서 '어근'이라고 할 수 있다.

	㉠	㉡
①	형태가 변한다	실질적 의미를 나타낸다
☑	형태가 변하지 않는다	실질적 의미를 나타낸다

2문단을 통해 '어간'은 용언 등이 활용될 때 형태가 변하지 않는 부분을 가리킨다는 것을 알 수 있으므로, '높고, 높지'와 같이 활용하는 '높다'에서 형태가 변하지 않는 부분인 어간은 '높-'임을 알 수 있다.
그리고 3문단을 통해 '어근'은 단어를 구성할 때, 실질적 의미를 나타내는 부분을 가리킨다는 것을 알 수 있고, 어근을 분석할 때에는 어간만을 대상으로 함을 알 수 있으므로, '높다'의 어근은 '높'이라 할 수 있다.

③	형태가 변하지 않는다	의미를 덧붙여 준다
④	의미를 덧붙여 준다	형태가 변한다
⑤	실질적 의미를 나타낸다	형태가 변하지 않는다

14 단어의 구성 방식의 이해 정답률 49% | 정답 ①

<보기>의 '자료'에서 '활동'의 a~c에 들어갈 단어로 적절하지 않은 것은?

<보 기>
[자료] 용언 : 검붉다, 먹히다, 자라다, 치솟다, 휘감다
[활동]
○ 어간과 어근이 일치하는 단어를 모아 봅시다.
  - ___a___
○ 어간과 어근이 일치하지 않는 단어를 모아 봅시다.
  - 어근의 앞이나 뒤에 접사가 결합한 단어 : ___b___
  - 둘 이상의 어근이 결합한 단어 : ___c___

☑ a : 휘감다
'휘감다'의 어간은 '휘감-'이고 어근은 '감-'으로 '휘감-'은 어근 '감-'에 접사 '휘-'가 결합한 단어이다. 따라서 '휘감다'는 어근의 앞이나 뒤에 접사가 결합한 b에 들어갈 수 있는 단어이다.

② a : 자라다

[문제편 p.081]

'자라다'의 어간과 어근 모두 '자라-'로 동일하다. 따라서 어간과 어근이 일치하는 a에 들어갈 수 있는 단어이다.

③ b : 먹히다
'먹히다'의 어간은 '먹히-'이고, 어근은 '먹-'으로, '먹히-'는 어근 '먹-'에 접사 '-히-'가 결합된 단어에 해당한다. 따라서 '먹히다'는 어근의 앞이나 뒤에 접사가 결합한 b에 들어갈 수 있는 단어이다.

④ b : 치솟다
'치솟다'의 어간은 '치솟-'이고 어근은 '솟-'으로, '치솟-'은 어근 '솟-'에 접사 '치-'가 결합한 단어이다. 따라서 '치솟다'는 어근의 앞이나 뒤에 접사가 결합한 b에 들어갈 수 있는 단어이다.

⑤ c : 검붉다
'검붉다'는 어간은 '검붉-'이고 어근은 '검-', '붉-'이다. '검붉-'은 어근 '검-'과 어근 '붉-'이 결합된 단어이다. 따라서 둘 이상의 어근이 결합한 c에 들어갈 수 있는 단어이다.

15 목적어의 다양한 형태 이해 정답률 61% | 정답 ①

<보기>에 있는 '자료'의 밑줄 친 부분이 ㄱ~ㄷ에 해당하는 예를 찾아 넣으려고 할 때, 적절하지 않은 것은?

<보 기>
목적어는 문장에서 주로 서술어가 나타내는 동작의 대상이 되는 문장 성분이다. 문장에서 목적어는 다음과 같은 형태로 나타난다.
○ 체언 + 목적격 조사 '을/를'
○ 체언 + 특정한 의미를 더해 주는 보조사 ·········· ㄱ
○ 체언 단독 ·· ㄴ
○ 체언 + 보조사 + 목적격 조사 ······················· ㄷ
[자료]
그는 _____ 갔어.

☑ ㄱ의 예로 '산책을'을 넣을 수 있다.
ㄱ은 '체언 + 특정한 의미를 더해주는 보조사'에 해당하고, '산책을'은 체언 '산책'에 목적격 조사 '을'이 결합한 경우에 해당하여 '체언 + 목적격 조사 을/를'의 경우에 해당한다. 따라서 ㄱ에 '산책을'로 예를 제시하는 것은 적절하지 않다.

② ㄱ의 예로 '이사도'를 넣을 수 있다.
체언 '이사'에 '역시'라는 의미를 더해 주는 보조사 '도'가 붙은 경우이므로 ㄱ에 해당한다.

③ ㄴ의 예로 '꽃구경'을 넣을 수 있다.
체언 '꽃구경'이 단독으로 쓰인 경우이므로 ㄴ에 해당한다.

④ ㄴ의 예로 '배낭여행'을 넣을 수 있다.
체언 '배낭여행'이 단독으로 쓰인 경우이므로 ㄴ에 해당한다.

⑤ ㄷ의 예로 '한길만을'을 넣을 수 있다.
체언 '한길'에 '단독'이라는 의미를 더해 주는 보조사 '만'과 목적격 조사 '을'이 함께 쓰인 경우이므로 ㄷ에 해당한다.

● 문법 필수 개념

■ 목적어의 형성 : 체언이나, 체언 구실을 하는 구나 절에 목적격 조사 '을/를', '보조사' 등이 결합하여 이루어짐.

체언 + 목적격 조사	체언 + 을/를	경아는 광한루에서 **그네를** 탔다.
체언 + 보조사	체언 + 도, 만, 마저 등	너는 아직 **밥도** 안 먹었니?
체언 구실을 하는 구나 절	구 + 목적격 조사	철수는 멀리서 **그 사람을** 보았다.
	절 + 목적격 조사	선생님은 **우리가 대학에 합격하기를** 간절히 기도했다.
목적격 조사의 생략		경수야, 아직 **밥** 안 먹었니?

[16~45] 독서·문학

16~21 인문·사회

김진우, 「언어와 뇌」

해제 이 글은 실어증에 대한 연구를 바탕으로 인간의 뇌에서 이루어지는 언어 처리 과정의 이론에 대해 설명하고 있다.
이 글에서는 먼저 실어증 및 이러한 실어증의 유형인 브로카 실어증과 베르니케 실어증을 언급한 뒤, 언어 처리 과정과 관련된 이론이 발전했음을 언급하고 있다.
언어 처리 과정에 대한 지배적 이론으로는 뇌의 여러 영역들이 결합하여 언어를 처리한다는 결합주의 이론이 있음을 밝히면서, 최초의 결합주의 모형 '베르니케 모형'과 베르니케 모형에 개념 중심부를 추가한 '리시트하임 모형'에 대해 설명하고 있다. 그런 다음 '리시트하임 모형'의 뇌에서의 듣기와 말하기 과정을 설명하면서 이 모형이 지닌 문제점도 설명하고 있다. 이후 뇌의 언어 중추가 추가로 발견됨에 따라 게쉬윈드는 '베르니케 - 게쉬윈드 모형'이 새롭게 제시하였음을 언급한 뒤, '베르니케 - 게쉬윈드 모형'이 지닌 특징과 '베르니케 - 게쉬윈드 모형'에 제시된 각 영역의 역할, 그리고 말하기, 듣기 과정이 어떻게 일어나는지 설명하고 있다. 마지막으로 이러한 '베르니케 - 게쉬윈드' 모형은 듣기와 말하기뿐만 아니라 읽기와 쓰기에 대해서도 종합적인 설명을 제공하고 있다는 점에서 오늘날 언어 처리 과정을 설명하는 표준형으로 평가된다는 의의를 제시하고 있다.
주제 언어 처리 과정에 대한 이론의 이해

문단 핵심 내용

1문단	실어증의 유형인 브로카 실어증
2문단	실어증의 유형인 베르니케 실어증
3문단	언어 처리 과정에 대한 대표적 이론인 결합주의 이론 - 베르니케 모형과 리시트 하임 모형
4문단	뇌에서 듣기와 말하기 과정을 설명한 리시트하임의 이론

---

16 내용의 사실적 이해 　　　　　정답률 69% | 정답 ③

윗글의 내용과 일치하지 않는 것은?

① 실어증은 후천적인 뇌 손상으로 인해 언어 처리에 장애가 생기는 증상이다.
1문단의 '실어증이란 후천적 뇌 손상으로 인해 언어의 표현과 이해에 장애가 발생하는 것이다.'에서 알 수 있다.

② 실어증 환자에 대한 연구를 바탕으로 언어 처리 과정에 대한 이론이 발전했다.
2문단의 '이와 같은 실어증 환자들의 뇌 손상 부위와 증상을 연구하는 과정에서 인간의 언어 처리 과정에 대한 관심이 대두하면서 그와 관련된 이론이 발전해 왔다.'에서 알 수 있다.

✔③ 베르니케가 제시한 모형은 오늘날 언어 처리 과정의 표준형으로 인정받고 있다.
8문단의 '베르니케 - 게쉬윈드 모형은 이전의 모형과 달리 ~ 오늘날 뇌의 언어 처리 과정을 설명하는 표준형으로 평가받는다.'에서, 오늘날 언어 처리 과정을 설명하는 표준형으로 평가되는 이론은 '베르니케 - 게쉬윈드' 모형이지 '베르니케 모형'이 아니라는 것을 알 수 있다.

④ 언어 처리 과정에 대한 이론이 발전됨에 따라 설정되는 언어 중추의 개수가 많아졌다.
3문단을 통해 '베르니케 모형'에서는 베르니케 영역과 브로카 영역의 두 언어 중추를, '리시트하임 모형'에서는 개념 중심부, 베르니케 영역, 브로카 영역의 세 언어 중추를 설정하고 있음을 알 수 있다. 그리고 5문단에서 '베르니케 - 게쉬윈드 모형'에서는 베르니케 영역, 브로카 영역, 운동 영역, 각회의 네 언어 중추를 설정했음을 알 수 있다.

⑤ 리시트하임은 뇌에서 의미 형성에 관여하는 영역의 구체적 위치를 밝혀내지 못하였다.
4문단의 '그는 개념 중심부를 새롭게 추가하였으나 그것의 정확한 위치를 규명하지는 못하였다.'에서 알 수 있다.

17 세부적인 내용의 이해 　　　　　정답률 53% | 정답 ⑤

㉠과 ㉡에 대한 설명으로 적절한 것은?

① ㉠은 실제 발음 기관을 움직여 소리를 만드는 과정에 대한 설명이 가능하다.
4문단의 '그런데 실제로 말하기 위해서는 ~ 과정이 드러나 있지 않다.'에서, '리시트하임 모형'에서는 발음 기관을 움직여 소리를 만드는 과정에 대한 설명이 불가능함을 알 수 있다.

② ㉡은 기본 시각 영역과 기본 청각 영역을 새로운 언어 중추로 추가하였다.
5문단의 '〈그림〉은 게쉬윈드가 제시한 ~ 언어 처리 과정을 설명하고 있다.'에서, 시각 자극과 청각 자극을 수용하는 곳인 기본 시각 영역과 기본 청각 영역은 언어 중추에 포함되지 않음을 알 수 있다.

③ ㉠은 ㉡과 달리 말하기, 듣기, 읽기, 쓰기의 전 과정에 대한 설명이 가능하다.
3, 4문단을 보면 '리시트하임 모형'에서는 듣기와 말하기 과정에 대한 설명만 가능할 뿐, 읽기와 쓰기 과정에 대한 설명은 불가능함을 알 수 있다. 반면 6문단의 '브로카 영역에는 단어를 ~ 역할을 추가하였다.'에서, '베르니케 - 게쉬윈드 모형'에서는 말하기, 듣기, 읽기, 쓰기 전 과정에 대한 설명이 가능함을 알 수 있다.

④ ㉡은 ㉠과 달리 귀로 들어온 청각 자극이 베르니케 영역으로 송부된다고 보았다.
4문단을 보면 '리시트하임 모형'에서는 귀로 들어온 청각 자극이 베르니케 영역으로 송부됨을 알 수 있다. 그리고 7문단을 보면 '베르니케 - 게쉬윈드 모형'에서의 듣기 과정은 '기본 청각 영역 → 베르니케 영역'의 순서로 이루어짐을 알 수 있다. 즉, 기본 청각 영역은 귀로 들어온 청각 자극을 수용하는 곳이므로, 두 모형 모두 귀로 들어온 청각 자극이 베르니케 영역으로 송부된다고 볼 수 있다.

✔⑤ ㉠과 ㉡ 모두 베르니케 영역에 단어가 소리의 형태로 저장되어 있다고 보았다.
3문단을 보면 '리시트하임 모형'에서는 베르니케 영역을 '일종의 머릿속 사전으로, 단어가 소리의 형태로 저장되어 있는 언어 중추'로 설명하고 있음을 알 수 있다. 그리고 5문단을 보면 '베르니케 - 게쉬윈드 모형'에서는 베르니케 영역을 '청각의 형태로 단어가 저장되어 있는 곳'으로 설명하고 있음을 알 수 있다. 즉, 두 모형 모두 베르니케 영역에 단어가 소리의 형태로 저장되어 있다고 보고 있다.

18 이유의 추론 　　　　　정답률 49% | 정답 ④

㉮의 이유를 추론한 내용으로 가장 적절한 것은?

① 베르니케 영역에서 개념 중심부로 직접 정보를 송부하기 때문에
4문단을 통해 베르니케 영역에서 개념 중심부로 정보가 송부되는 것은 듣기 과정에 해당함을 알 수 있다.

② 브로카 영역과 개념 중심부 사이의 정보가 쌍방향으로 송부되기 때문에
3문단을 통해 브로카 영역과 개념 중심부 사이의 정보는 일방향으로 흐른다는 것을 알 수 있다.

③ 개념 중심부에서 브로카 영역으로 정보를 직접 송부하지 못하기 때문에
3문단을 통해 개념 중심부에서 브로카 영역으로 정보를 직접 송부할 수 있음을 알 수 있다.

✔④ 개념 중심부에서 베르니케 영역으로 정보를 직접 송부하지 못하기 때문에
3문단의 '개념 중심부에서 브로카 영역으로 일방향으로 정보가 이동하지만, 브로카 영역과 베르니케 영역은 쌍방향으로 정보가 이동한다'를 보면 개념 중심부에서 형성된 의미가 베르니케 영역으로 직접 송부되지 못함을 알 수 있다. 이렇게 볼 때, '리시트하임 모형'의 말하기 과정이 '개념 중심부 → 브로카 영역 → 베르니케 영역 → 브로카 영역'처럼 브로카 영역을 두 번 거치는 복잡한 과정으로 이루어진 이유는 개념 중심부에서 베르니케 영역으로 정보를 직접 송부하지 못하기 때문임을 알 수 있다.

⑤ 베르니케 영역과 브로카 영역 사이의 정보가 쌍방향으로 송부되기 때문에
3문단을 통해 베르니케 영역과 브로카 영역 사이의 정보가 쌍방향으로 송부됨을 알 수 있지만 이것이 복잡한 절차의 직접적인 이유가 될 수 없다. 만일 개념 중심부에서 베르니케 영역으로 직접 정보가 송부될 수 있으면 브로카 영역을 거칠 필요가 없기 때문이다.

19 내용을 바탕으로 한 자료의 이해 　　　　　정답률 51% | 정답 ③

윗글을 바탕으로 〈보기〉의 과정에 대해 이해한 내용으로 적절하지 않은 것은?

〈보 기〉

'베르니케 - 게쉬윈드 모형'에 의하면 쓰기 과정은 다음과 같은 언어 처리 과정을 거친다.

| 베르니케 영역 | → | 각회 | → | 베르니케 영역 | → | 브로카 영역 | → | 운동 영역 |
| (가) | | (나) | | (다) | | (라) | | (마) |

① (가) : 의미를 형성하고 해당하는 단어를 찾는다.
5문단에서 베르니케 영역은 말하기와 쓰기 과정에서는 의미를 형성한 뒤 해당 단어를 찾는다는 것을 알 수 있다.

② (나) : 청각 형태의 정보를 시각 형태로 전환한다.
6문단에서 각회는 쓰기 과정에서 청각 형태의 정보를 시각 형태로 전환하여 베르니케 영역으로 송부함을 알 수 있다.

✔③ (다) : 각회에서 처리한 정보를 받아 의미를 해석한다.
7문단의 '각회에서 처리한 정보는 베르니케 영역으로 송부되어 읽기의 경우에는 의미를 해석하고, 쓰기의 경우에는 바로 다음 단계인 브로카 영역으로 정보를 송부한다.'를 통해, 쓰기 과정에서 (다)의 베르니케 영역은 각회에서 처리한 정보를 받아 브로카 영역으로 송부하는 역할을 한다는 것을 알 수 있다.

④ (라) : 쓰기를 하는 데 필요한 운동 프로그램을 만든다.
6문단에서 브로카 영역은 문장이나 발화를 생성하는 역할 이외에 말하기나 쓰기에 필요한 운동 프로그램을 만들어 운동 영역으로 송부함을 알 수 있다.

⑤ (마) : 운동 프로그램을 바탕으로 신경적 지시를 내린다.
6문단에서 운동 영역은 브로카 영역에서 받은 운동 프로그램에 근거하여 말하기나 쓰기에 필요한 신경적 지시를 내리고 있음을 알 수 있다.

20 구체적인 상황에의 적용 　　　　　정답률 58% | 정답 ⑤

윗글을 바탕으로 할 때, 〈보기〉를 보고 '리시트하임(A)'과 '게쉬윈드(B)'가 진단할 만한 내용으로 적절한 것은? [3점]

〈보 기〉

[실어증 환자 관찰 결과]

○ 문법에 어긋난 문장을 사용함.
○ 조사나 어미를 제대로 사용하지 못함.
○ 단어를 조합하여 문장을 잘 만들지 못함.

---

① A는 B와 달리 베르니케 영역이 손상되었다고 진단하겠군.
A는 베르니케 영역에 단어가 소리의 형태로 저장되어 있다고 보았기 때문에 단어를 조합하여 문장을 잘 만들지 못하는 증상과는 관련이 없다.

② B는 A와 달리 브로카 영역이 손상되었다고 진단하겠군.
A, B 모두 브로카 영역이 손상되었다고 진단할 것이다.

③ A는 브로카 영역이, B는 베르니케 영역이 손상되었다고 진단하겠군.
B는 베르니케 영역이 단어가 소리 형태로 저장되어 있는 곳이자, 의미를 형성하고 해석하는 역할을 한다고 보았다.

④ A는 개념 중심부가, B는 브로카 영역이 손상되었다고 진단하겠군.
A는 개념 중심부에서 의미를 형성하거나 해석하는 역할을 한다고 보았다.

✔⑤ A와 B 모두 브로카 영역이 손상되었다고 진단하겠군.
〈보기〉에 제시된 '실어증 환자 관찰 결과'를 보면, 실어증 환자는 단어를 조합하여 문장을 만드는 기능에 장애가 있음을 알 수 있다. 그리고 이 글을 보면 리시트하임과 게쉬윈드 모두 브로카 영역에서 단어를 조합하여 문장이나 발화를 만드는 역할을 한다고 보고 있다. 따라서 〈보기〉의 실어증 환자에 대해 A, B 모두 브로카 영역이 손상되었다고 진단할 것이다.

21 단어의 문맥적 의미 파악 　　　　　정답률 90% | 정답 ②

문맥에 따라 ⓐ ~ ⓔ를 바꿔 쓴 것으로 적절하지 않은 것은?

① ⓐ : 이름 붙이고
'명명하다'는 '사람, 사물, 사건 따위의 대상에 이름을 지어 붙이다.'의 의미로 사용되었으므로 적절하다.

✔② ⓑ : 옮겨지면서
이 글에서 '대두하다'는 '어떤 세력이나 현상이 새롭게 나타나다.'의 의미로 사용되었으므로, '옮겨지면서'와는 바꿔 쓸 수 없다. 문맥상 '생기면서'로 바꿔 쓸 수 있다.

③ ⓒ : 받아들이는
'수용하다'는 '어떠한 것을 받아들이다.'의 의미로 사용되었으므로 적절하다.

④ ⓓ : 맡는다고
'담당하다'는 '어떤 일을 맡다.'의 의미로 사용되었으므로 적절하다.

⑤ ⓔ : 따르면
'의거하다'는 '어떤 사실이나 원리 따위에 근거하다.'의 의미로 사용되었으므로 적절하다.

22~26 갈래 복합

(가) 윤선도, 「오우가」

감상　이 작품은 **화자가 자신의 벗이라 여기는 다섯 자연물의 덕성을 예찬**하고 있다.
화자는 물, 바위, 소나무, 대나무, 달을 자신의 벗이라 여기고 있는데, 각각의 자연물을 〈제2수〉에서 〈제6수〉까지 순차적으로 배치하면서, **자연물의 모습을 통해 덕성을 이끌어 내고 예찬하는 방식으로 시상을 전개**하고 있다.

주제　오우(다섯 벗)에 대한 예찬

■ 현대어 풀이

내 벗이 몇인가 생각하니 물, 돌, 소나무, 대나무이구나.
동산(東山)에 달이 떠오르니 그 더욱 반갑구나.
두어라, 이 다섯 가지밖에 또 더하면 무엇하겠는가.
　　　　　　　　　　　　　　　　　　　　　〈제1수〉

구름 빛깔이 깨끗하다고 하지만 검기를 자주 한다.
바람 소리가 맑다고 하지만 그칠 때가 많구나.
깨끗하고 그칠 때가 없는 것은 물뿐인가 하노라. 〈제2수〉

꽃은 무슨 일로 피자마자 쉽게 지고
풀은 어찌하여 푸르러지자 곧 누른빛을 띄는가?
아마도 변하지 않는 것은 바위뿐인가 하노라. 〈제3수〉

따뜻해지면 꽃이 피고 추우면 나뭇잎이 지는데
소나무야 너는 어찌하여 눈과 서리를 모르느냐?
땅속 깊은 곳까지 뿌리가 곧은 줄을 그것으로 미루어 알겠구나. 〈제4수〉

나무도 아니고 풀도 아닌 것이
곧기는 누가 시켰으며 속은 어찌하여 비어 있느냐.
저러고도 사시사철 늘 푸르니 그를 좋아하노라. 〈제5수〉

작은 것이 높이 떠서 만물을 다 비추니
밤중에 밝은 빛이 너만 한 것이 또 있겠느냐?
보고도 말을 하지 않으니 내 벗인가 하노라. 〈제6수〉

(나) 박완서, 「꽃 출석부 1」

감상 이 작품에서 글쓴이는 자신의 마당에 핀 복수초가 눈을 녹이고 피어나 해를 바라보는 모습을 보면서 복수초의 강한 생명력에 경탄하고 있다.
또한 글쓴이는 자신의 마당에 피어나는 수많은 꽃들이 계절의 질서에 맞춰 차례로 피는 모습을 보면서 꽃들에 대한 기다림과 애정을 담아 꽃 출석부를 부른다고 말하고 있다.

주제 복수초의 강한 생명력 및 앞으로 피어날 꽃들에 대한 기대감

---

22 작품의 공통점 파악　　　　정답률 62% | 정답 ①

(가)와 (나)의 공통점으로 가장 적절한 것은?

☑ ① **색채어를 사용하여 대상을 감각적으로 묘사하고 있다.**
(가)의 제2수에서는 '검기', 제3수에서는 '푸르는 듯', 제5수에서는 '푸르니' 등 색채어가 사용되고 있는데, 이러한 색채어를 사용해 대상을 감각적으로 드러내고 있다. 그리고 (나)에서는 '흑갈색 잔부리', '검은 흙', '샛노란 꽃', '진한 황금색', '더욱 샛노랗게' 등의 색채어를 사용하여 대상을 감각적으로 묘사해 주고 있다. 따라서 (가), (나) 모두 색채어를 사용하여 대상을 감각적으로 묘사하는 공통점이 있다.

② 설의적 표현을 통해 대상에 대한 그리움을 강조하고 있다.
(가)에서는 '눈서리를 모르느냐(제4수)', '어이 비었느냐(제5수)', '너만한 이 또 있느냐(제6수)' 등 설의적 표현이 사용되고 있지만, 이를 통해 대상에 대한 그리움을 강조하고 있지 않다. (나)에서는 설의적 표현이 사용되지 않고 있다.

③ 음성 상징어를 사용하여 상황을 생동감 있게 그리고 있다.
(나)에서는 '축 처진'에서 의태어인 음성 상징어 '축'을 사용하여 상황을 생동감 있게 그리고 있지만, (가)에서는 음성 상징어가 사용되지 않고 있다.

④ 말을 건네는 방식을 통해 대상과의 유대감을 드러내고 있다.
(가)에서는 '솔아 너는 어찌 눈서리를 모르느냐'에서 말을 건네는 방식으로 자연물에 대한 화자의 애정을 표출하고 있지만, (나)에서는 자연물에게 말을 건네는 방식을 확인할 수 없다.

⑤ 반어적 표현을 사용하여 심리 변화의 양상을 나타내고 있다.
(가)와 (나) 모두 반어적 표현이 사용되고 있지 않다.

---

23 외적 준거에 따른 작품의 감상　　　　정답률 80% | 정답 ③

〈보기〉를 바탕으로 (가)와 (나)를 감상한 내용으로 적절하지 않은 것은? [3점]

〈보 기〉
(가)의 화자와 (나)의 글쓴이는 모두 관찰한 경험을 바탕으로 사물의 속성을 인식하고 있다. 사물의 속성을 인식하는 것은 사물의 모습에서 추상적인 의미를 발견해 내는 것이다. 그런데 관찰된 겉모습은 사물의 속성을 인식하는 데 도움이 되기도 하지만, 경우에 따라서는 방해가 되기도 한다.

① (가)의 〈제4수〉에서 화자는 눈서리 속에서도 잎이 지지 않는 모습에서, 시련에 굴하지 않는 굳건함을 '솔'의 속성으로 인식하고 있군.
(가)의 〈제4수〉의 '솔아 너는 어찌 눈서리를 모르느냐'는 눈서리 속에서도 솔의 잎이 지지 않는 솔의 모습을 나타낸 것이다. 여기에서 눈서리는 소나무에게 가하는 시련을 의미하므로, '솔아 너는 어찌 눈서리를 모르느냐'는 시련에 굴하지 않는 '솔'의 굳건함을 드러낸 것이다.

② (가)의 〈제5수〉에서 화자는 곧고 사계절 그 푸름을 잃지 않는 모습에서, 본모습을 지켜 나가는 꿋꿋함을 '대나무'의 속성으로 인식하고 있군.
(가)의 〈제5수〉에서는 사계절 푸른 모습을 잃지 않는 대나무의 모습을 예찬하고 있으므로, 푸른 모습을 잃지 않는다는 것은 본모습을 지켜 나가는 '대나무'의 꿋꿋함을 드러낸 것이다.

☑ ③ **(가)의 〈제6수〉에서 화자는 '달'이 높이 떠 있는 것이, 보고도 말 아니 하는 과묵함이라는 속성을 인식하는 데 방해가 된다고 생각하고 있군.**
(가)의 화자는 높이 떠서 만물을 비추는 달의 모습을 광명의 존재로 인식하고, '보고도 말 아니 하니'에서 보이듯이 달이 과묵함을 지니고 있다고 여기고 있다. 따라서 높이 떠 있는 것이 과묵함이라는 속성을 인식하는 데 방해가 된다고 생각하는 것은 적절하지 않다.

④ (나)에서 글쓴이는 하찮은 잡초처럼 보이는 겉모습으로 인해 눈 속에서 피는 '복수초'의 강인함이라는 속성을 한동안 인식하지 못했던 것이군.
(나)에서 글쓴이는 복수초의 약해 보이는 겉모습을 보면서 '그게 과연 눈 속에서 핀다는 그 복수초인지 잘 믿기지 않았다.'라고 말하고 있다. 이는 하찮은 잡초처럼 보이는 겉모습으로 인해 눈 속에서 피는 복수초의 강인한 속성을 인식하지 못한 것이다.

⑤ (나)의 글쓴이는 작은 키로는 견디기 어려운 두터운 눈을 녹이고 꽃을 피운 모습에서, 역경을 이겨 내는 생명력을 '복수초'의 속성으로 인식하고 있군.
(나)에서 글쓴이는 두터운 눈을 녹이고 꽃을 피우는 복수초의 모습에 감탄하고 있는데, 이는 복수초에 대해 역경을 이겨 내는 생명력을 지닌 존재라는 인식을 담고 있는 것이다.

---

24 시상 전개 과정의 이해　　　　정답률 62% | 정답 ④

〈보기〉는 (가)의 시상 전개 과정을 나타낸 것이다. 이를 바탕으로 (가)를 이해한 내용으로 적절하지 않은 것은?

〈보 기〉

제1수	제2, 3수	제4, 5수	제6수
A	B	C	D

① A에서는 중심 소재를 무생물, 생물, 천상의 자연물로 묶어 제시하고 있다.
A의 〈제1수〉에서는 다섯 벗을 '수석(물과 돌)', '송죽(소나무와 대나무)', '달'로 묶어 제시하고 있는데, 수석은 무생물, 송죽은 생물, 달은 천상의 자연물이라 할 수 있다.

② B에서는 대조의 방식을 활용하여 중심 소재를 예찬하고 있다.
B의 〈제2수〉와 〈제3수〉에서는 중장에 제시된 물과 바위의 덕성을 부각하고자 이와 대조적인 속성을 지닌 존재인 구름, 바람, 꽃, 풀을 각 수의 초, 중장에 배치하고 있다. 따라서 B에서는 대조의 방식을 활용하여 중심 소재를 예찬하는 것으로 볼 수 있다.

③ C에서는 B와 유사하게 대구의 방법을 활용하여 시적 운율감을 이어가고 있다.
B의 〈제2수〉와 〈제3수〉에서는 초장과 중장이 서로 대구를 이루고 있고, C의 〈제4수〉의 초장, 〈제5수〉의 초장, 중장에서도 대구가 이루어지고 있다. 따라서 B에서 대구로 인해 형성된 운율감은 C까지 이어지고 있다고 말할 수 있다.

☑ ④ **B와 C에서 중심 소재로 향했던 화자의 시선이 D에서는 내면으로 이동하고 있다.**
(가)의 내용을 바탕으로 시상 전개 과정을 보면, B, C, D에서는 A에 제시된 다섯 사물의 덕성을 예찬하는 내용이 차례로 제시되어 있으므로, B, C, D에서 화자의 시선은 중심 소재인 다섯 사물을 향하고 있다고 할 수 있다. 또한 D에서 화자는 광명과 과묵함의 존재인 달이 내 벗이라고 말하고 있는데, 이를 화자의 시선이 내면으로 이동한 것으로는 볼 수 없으므로 적절하지 않다.

⑤ B, C, D의 각 수에서는 A에서 언급된 중심 소재를 순차적으로 배치하고 있다.
〈제1수〉에서 언급된 다섯 자연물은 이후 〈제2수〉에서 〈제6수〉까지 각각의 수에서 순차적으로 배치되고 있음을 알 수 있다.

★★★ 등급을 가르는 문제!

25 대상에 대한 심리적 태도 파악　　　　정답률 42% | 정답 ③

'꽃'에 대한 심리적 태도를 고려할 때 ㉠과 ㉡에 대한 이해로 가장 적절한 것은?

① ㉠에는 화자의 동질감이, ㉡에는 글쓴이의 이질감이 담겨 있다.
㉠에는 '꽃'에 대한 화자의 동질감이, ㉡에는 '꽃'에 대한 글쓴이의 이질감이 나타나 있지 않다.

② ㉠에는 화자의 안도감이, ㉡에는 글쓴이의 불안감이 담겨 있다.
㉠에는 '꽃'에 대한 화자의 안도감이, ㉡에는 '꽃'에 대한 글쓴이의 불안감이 나타나 있지 않다.

☑ ③ **㉠에는 화자의 거리감이, ㉡에는 글쓴이의 친근감이 담겨 있다.**
(가)의 〈제3수〉에서 화자는 중심 소재인 '바위'의 변하지 않는 덕성을 예찬하기 위해, ㉠에서 이와 대조적인 성격을 가진, 즉 변하는 속성을 지닌 자연물 '꽃'을 제시하고 있다. 이렇게 볼 때, 화자는 바위와 대조적인 존재인 '꽃'을 부정적으로 인식하므로, '꽃'에 대해 심리적 거리감을 느끼고 있음을 알 수 있다. (나)의 ㉡에서 글쓴이는 제일 먼저 눈 쌓인 땅을 녹이고 더욱 샛노랗고 싱싱하게 해를 보고 있는 복수초를 보면서 '고 작은 풀꽃'이라고 말하며 기특해 하고 있다. 이러한 글쓴이의 모습을 볼 때, 글쓴이는 복수초에 대해 친근감을 느끼고 있음을 알 수 있다.

④ ㉠에는 화자의 비애감이, ㉡에는 글쓴이의 애상감이 담겨 있다.
㉡에는 '꽃'에 대한 글쓴이의 애상감이 나타나 있지 않다.

⑤ ㉠에는 화자의 자괴감이, ㉡에는 글쓴이의 만족감이 담겨 있다.
㉠에는 '꽃'에 대한 화자의 자괴감이 나타나 있지 않다.

★★ 문제 해결 꿀~팁 ★★

▶ 많이 틀린 이유는?
이 문제는 '꽃'을 ㉠만으로 해석, 즉 '꽃이 지는 것'에만 주목하여 오답률이 높았던 것으로 보인다.
▶ 문제 해결 방법은?
단순히 주어진 구절에만 의지하여 시어에 대한 화자의 심리적 태도를 파악하지 말고, 전후 문맥을 고려하여 화자의 심리적 태도를 파악할 수 있어야 한다. 즉 ㉠ 이후 제시된 '아마도 변치 아닐손 바위뿐인가 하노라'와 연관하여 이해한다면, ㉠에서 화자가 예찬하는 '바위'와 대비되는, 쉽게 변하는 존재임을 알 수 있으므로, 화자가 '꽃'에 대해 부정적으로 생각하였음을 알 수 있었을 것이다. 한편 ㉡의 경우에도 ㉡의 '더욱 샛노랗게 더욱 싱싱하게'와 ㉡ 이후의 '누구에겐가 보여 주고 자랑하고 싶어서'를 볼 때, 화자가 긍정적으로 생각하는 존재임을 알 수 있다. 이처럼 시어나 소재에 대한 화자나 글쓴이의 심리적 태도를 파악할 때는 시어나 소재가 사용된 곳의 전후 문맥을 통해 파악할 수 있어야 한다.

---

26 단어의 의미 파악　　　　정답률 84% | 정답 ④

(나)의 내용을 고려할 때, ⓐ에 담긴 의미로 가장 적절한 것은?

① 더 많은 종류의 꽃들을 마당에 심고 싶어 하는 글쓴이의 소망이 담겨 있다.
출석부를 부를 수 있을 정도로 많은 꽃이 피는 마당이 있다는 것에 대한 기쁨과 감사함의 마음이 나타나 있지만, 더 많은 종류의 꽃들을 심고 싶은 마음은 확인할 수 없다.

② 소박한 꽃보다 화려한 꽃의 가치를 우선시했던 자신을 돌아보는 태도가 담겨 있다.
글쓴이는 복수초를 비롯하여 눈에 띄지 않는 작은 꽃들에 대해서도 애정을 보이고 있으므로 화려한 꽃의 가치를 우선시했다는 말은 적절하지 않다.

③ 추웠던 겨울이 지나고 꽃이 피는 봄이 빨리 오기를 기다리는 글쓴이의 조급함이 담겨 있다.
기다리지 않아도 자연의 질서에 따라 꽃들은 피어날 것이라고 말하고 있으므로 봄이 오기를 기다리는 조급함이 나타났다는 것은 적절하지 않다.

☑ ④ **자연의 질서에 따라 차례대로 피고 지는 꽃들에 대한 글쓴이의 애정과 기대감이 담겨 있다.**
(나)에서 글쓴이는 마당에서 차례로 피는 꽃들의 번호를 매기며 이를 '출석부'라 말하면서, '출석부'에 있는 꽃들이 차례로 필 것이라는 기대감을 드러내고 있다. 이렇게 볼 때, '출석부'는 자연의 질서에 따라 계절에 맞춰 피어나는 꽃에 대한 글쓴이의 애정과 기다림, 기대감을 담고 있다고 말할 수 있다.

⑤ 소중하게 가꾼 꽃들을 자신만이 아니라 주변 사람들과 함께 즐기기를 바라는 마음이 담겨 있다.
마당에 피어난 꽃들을 주위 사람들과 함께 즐기기를 바라는 마음은 나타나 있지만, 이는 출석부의 의미와는 관련이 없다.

27~30 현대 소설

김연수, 「리기다소나무 숲에 갔다가」

감상 이 작품은 살아 있는 모든 것이 소중한 가치를 지니며, 생명이 이념이나 사랑, 공명심 등 어떠한 것의 수단이 될 수 없다는 주제의식을 전달하고 있다.
이러한 주제의식은 '도라꾸 아저씨'의 인식 변화를 통해 드러나고 있다. 즉 **도라꾸 아저씨**는 인간과 자연을 분리된 것으로 보고 자연보다 우월한 위치에서 자연을 도구로서의 가치만 지닌 타자로 대했지만, **사냥을 하면서 그는 하나의 생명을 빼앗기 위해 또 다른 생명을 수단으로 삼은 행동이 잘못되었다는 것**을 깨닫게 된다. 그리고 인간과 마찬가지로 **자연 역시 동등한 가치를 지닌 존재라는 생태주의적 인식**을 하게 된다.

주제 생명이 지닌 소중한 가치

작품 줄거리 '나'는 삼촌과 함께 덕유산 일대의 리기다소나무 숲으로 멧돼지 사냥을 가게 된다. 그해 5월 대학생이 집회 도중 분신자살한 것을 목격하고 충격을 받아 자원입대를 신청해 군 입대를 앞두고 있던 '나'는 인간이 왜 목숨을 잃게 될 줄 알면서도 죽음의 길을 선택하는지 의문을 품는다. 또한 카페 윤 마담과 사랑을 이루지 못하고 자살 소동까지 벌였던 삼촌이 사랑 때문에 정말 목숨을 걸 만큼의 용기는 없었다고 생각하면서도 그 여자를 정말로 사랑했는지, 자살 소동을 벌인 것이 오기가 아닌지 궁금해 한다. '나'와 삼촌의 사냥에 동행한 도라꾸 아저씨는 솜씨 좋은 포수였지만, 어느 날 '총을 꺾어 버린' 인물이다. 리기다소나무 숲에서 멧돼지를 만난 '나'는 방아쇠를 당길 뻔했지만 겨냥만 한 채 엄청난 인내심으로 쏘지 않는다. 삼촌은 멧돼지를 쫓아 총구를 겨눴지만 멧돼지의 눈을 보고 옛 애인이 떠올라 끝내 총을 쏘지 못해 달려드는 멧돼지에 몸을 받쳐 부상을 입는다. 결국 도라꾸 아저씨는 삼촌의 총을 주워 멧돼지에게 위협 사격을 가하여 쫓아낸다. 부상당한 삼촌을 등에 업은 도라꾸 아저씨와 돌아오는 길에 '나'는 도라꾸 아저씨의 과거 멧돼지 사냥 경험을 듣게 되고, 이를 통해 리기다소나무 숲에서 벌어진 사냥에서 도라꾸 아저씨가 멧돼지를 죽이지 않은 이유를 알게 된다.

27 서술상 특징의 파악
정답률 68% | 정답 ②

윗글의 서술상 특징으로 가장 적절한 것은?

① 빈번하게 장면을 전환하여 사건을 속도감 있게 전개하고 있다.
현재와 과거의 장면이 나타나고 있지만, 장면이 빈번하게 전환되지는 않고 있다. 또한 과거의 회상에 대한 이야기가 주를 이루고 있다는 점에서 사건이 속도감 있게 전개되지는 않고 있다.

✔ 인물의 회상을 통해 과거와 현재를 매개하는 경험을 전달하고 있다.
이 글에서 도라꾸 아저씨는 '아까 왜 멧돼지를 안 죽였냐'는 '나'의 질문에 답하기 위해 과거의 멧돼지 사냥 경험을 회상하며 '나'에게 들려준다. 도라꾸 아저씨의 이 회상을 통해 현재의 멧돼지 사냥에서 엽견 호식이가 어미 멧돼지가 도망가는 것을 막기 위해 새끼 멧돼지의 관절을 물고 늘어졌던 것과, 과거 도라꾸 아저씨가 어미 멧돼지를 사냥하기 위해 새끼들을 죽였던 방법이 연결되면서, 현재 도라꾸 아저씨가 멧돼지를 죽일 수 없었던 이유가 밝혀지게 된다. 이렇게 볼 때, 이 글은 인물의 회상을 통해 과거와 현재를 매개하는 경험을 전달하고 있다고 할 수 있다.

③ 공간의 이동에 따라 인물 간의 갈등이 해소되는 과정을 보여 주고 있다.
'나'와 삼촌, 도라꾸 아저씨가 숲에서 빠져나와 산길을 걸어 내려간다는 점에서 공간의 이동은 찾아볼 수 있지만, 인물 간의 갈등이 드러나지 않고 있고, 갈등을 해소하지도 않고 있다.

④ 요약적 서술과 대화를 교차하여 사건이 반전되는 양상을 부각하고 있다.
이 글에서 요약적 서술과 대화가 교차되는 부분은 찾아볼 수 없으며, 이를 통해 사건의 반전이 일어나지는 않고 있다.

⑤ 인물의 내면 심리 묘사를 통해 현실에 대한 부정적 인식을 보여 주고 있다.
인물의 내면 심리 묘사를 통해 현실에 대한 부정적 인식을 보여 주는 부분이 나타나지 않는다.

★★★ 등급을 가르는 문제!
28 작품 내용의 이해
정답률 42% | 정답 ②

윗글에서 알 수 있는 내용으로 적절하지 않은 것은?

① 삼촌은 '나'에게 사랑에 관한 자신의 이야기를 들려주었다.
'감정 정리를 하는지 삼촌의 만담은 더 이상 이어지지 않았으므로'에서 삼촌의 만담이 있었음을 알 수 있다. 또한 '조금 전까지 사랑이 어쩌네 수면제가 어쩌네 징징거리던'에서 삼촌이 한 이야기의 내용이 과거의 사랑과 관련된 내용임을 알 수 있다.

✔ 삼촌은 사냥에 동행한 엽견 호식이가 자신을 닮았다는 점에서 영물이라 불렀다.
삼촌은 엽견 호식이가 어미 멧돼지가 도망가지 못하게 하기 위해 새끼 멧돼지를 이용했다는 점에서 '영물'이라 한 것이지, 엽견 호식이가 자신을 닮았다는 점에서 '영물'이라 한 것은 아니다.

③ 도라꾸 아저씨는 사람들에게 능력을 인정받았던 뛰어난 사냥꾼이었다.
'불질 잘한다고 알려지만 ~ 영웅 되고 참 재미나지'와 '마을에서 영웅 대접 받고'에서 도라꾸 아저씨가 사람들에게 뛰어난 사냥꾼으로 능력을 인정받았음을 알 수 있다.

④ 도라꾸 아저씨는 부상당한 삼촌을 등에 업고 리기다소나무 숲을 빠져나왔다.
이전 줄거리를 보면 도라꾸 아저씨가 부상당한 삼촌을 업고 숲길을 걷는 상황임을 알 수 있다. 그리고 이어지는 '우리는 리기다소나무 숲을 빠져나왔다.', '삼촌을 등에 업은 도라꾸 아저씨는 지친 기색도 없이'라는 내용에서, 도라꾸 아저씨가 부상당한 삼촌을 업고 하산하고 있음을 알 수 있다.

⑤ 도라꾸 아저씨는 삼촌이 옛 애인 생각이 나서 멧돼지에게 총을 쏘지 못한 심정을 이해하였다.
새끼를 잃은 어미 멧돼지의 눈을 보고 난 후 사냥을 접은 도라꾸 아저씨가 자신이 삼촌을 좋아하는 이유로 '멧돼지 눈 보고 옛날 애인 생각나서 총 못 쏜' 것을 들고 있다는 점에서, 그가 삼촌의 심정을 이해하고 있다는 것을 알 수 있다.

★★ 문제 해결 꿀~팁 ★★

▶ 많이 틀린 이유는?
선택지에 제시된 내용을 작품을 통해 확인하는 과정에서 작품 내용을 정확하게 이해하지 못하여 오답률이 높았던 것으로 보인다.

▶ 문제 해결 방법은?
먼저 제시된 선택지의 내용이 작품의 어느 부분에 해당하는지를 파악하는 것이다. 그런 다음 선택지의 내용과 작품 내용을 비교하여 적절성을 판단할 수 있어야 한다. 즉 정답인 ②의 경우 '호식이가 새끼 관절 물고 ~ 영물이라 캉께.'라는 부분에 해당함을 알고, 이를 선택지와 비교하면, 삼촌이 엽견 호식이를 영물이라고 한 이유가 '호식이가 새끼 관절 ~ 놈들 참 많아여.'라고 한 도라꾸 아저씨의 말을 들은 뒤에 나온 것임을 알 수 있으므로 잘못 이해한 것임을 파악할 수 있다.
한편 오답률이 높았던 ①의 경우에도 '조금 전까지 사랑이 어쩌네 수면제가 어쩌네 징징거리던'과 관련이 있음을 찾았다면 적절한 이해였음을 알 수 있었을 것이다. 이처럼 소설에서의 작품 이해는 선택지에 제시된 내용이 작품의 어느 부분과 관련이 있는지를 파악하는 것이 중요하므로, 작품을 읽을 때 주요 인물을 중심으로 작품을 읽을 수 있어야 한다.

29 인물의 반응이 지닌 의미 파악
정답률 71% | 정답 ③

'나'와 '도라꾸 아저씨'의 대화 양상을 고려하여, ㉠, ㉡을 이해한 내용으로 가장 적절한 것은?

① ㉠은 도라꾸 아저씨의 말에 대한 나의 놀라움을, ㉡은 불신감을 나타낸다.
㉠은 도라꾸 아저씨의 의중을 이해하지 못한 데서 나온 반응이므로, 놀라움이 담겨 있다고 보기 어렵다.

② ㉠과 ㉡은 나의 질문을 가로막는 도라꾸 아저씨의 태도에 대한 반감을 드러낸다.
도라꾸 아저씨는 '나'의 질문을 받고 대답하고 있지, '나'의 질문을 가로막지는 않고 있다.

✔ ㉠과 ㉡을 통해 '나'가 도라꾸 아저씨의 의중을 이해하지 못하는 상황이 지속되고 있음을 알 수 있다.
왜 멧돼지를 죽이지 않았느냐는 질문에 호식이가 새끼 관절을 물고 늘어진 이야기를 늘어놓는 아저씨의 말을 듣고 '나'는 ㉠과 같이 생각하고 있다. 이는 새끼 멧돼지의 생명을 도구 삼아 어미 멧돼지를 도망가지 못하게 막았기 때문에 멧돼지를 죽이지 않았다는 도라꾸 아저씨의 의중을 이해하지 못한 것이다. 그리고 아저씨가 그때 쏴 죽인 거는 뭐라는 질문에 아저씨가 '그래 나는 한 번 죽었다.'라고 말하자 '나'는 ㉡과 같이 생각하고 있다. 이는 과거 멧돼지 사냥에서 쏴 죽인 것은 결국 자기 자신이었다는 도라꾸 아저씨의 말을 이해하지 못한 것이다.
따라서 ㉠, ㉡은 '나'가 도라꾸 아저씨의 말에 담긴 의중을 이해하지 못하여 나온 반응이다. 또한 ㉠에서처럼 ㉡에서도 동일한 반응이 나온 것은 도라꾸 아저씨의 의중을 이해하지 못하는 상황이 지속되고 있음을 보여 주는 것을 의미한다.

④ ㉠이 ㉡으로 연결되면서 계속 만담을 이어가려는 도라꾸 아저씨에 대한 '나'의 냉소적 태도가 약화되고 있다.
㉡의 '딴소리' 앞에 있는 '또'의 경우 아저씨가 딴소리를 거듭하고 있음을 드러내므로, 도라꾸 아저씨에 대한 냉소적 태도가 약화된다고 이해하기 어렵다.

⑤ ㉡은 ㉠에 담긴 의구심을 해소할 수 있는 실마리를 얻을 수 있으리라는 바람이 이루어진 데에 따른 성취감을 반영한다.
'의구심'은 '의심하고 두려워하는 마음'이므로 ㉠에 담겨 있다고 보기 어렵다. 또한 ㉡은 ㉠에 담긴 실마리를 얻을 수 있으리라는 바람이 무산된 상황으로 이해하는 것이 적절하다.

★★★ 등급을 가르는 문제!
30 외적 준거에 따른 작품의 감상
정답률 43% | 정답 ⑤

〈보기〉를 참고하여 윗글을 감상한 내용으로 적절하지 않은 것은? [3점]

〈보 기〉
이 작품은 '도라꾸 아저씨'의 인식 변화를 중심으로 이야기가 전개되고 있다. 도라꾸 아저씨는 인간과 자연을 분리된 것으로 보고 자연보다 우월한 위치에서 자연을 도구로서의 가치만 지닌 타자로 대했다. 그런데 사냥 중 이러한 인식에 변화가 시작된다. 그는 하나의 생명을 빼앗기 위해 또 다른 생명을 수단으로 삼은 행동이 잘못이었다는 것을 깨닫게 된 것이다. 그리고 인간과 마찬가지로 자연 역시 동등한 가치를 지닌 존재라는 생태주의적 인식을 하게 된다.

① 도라꾸 아저씨의 자연에 대한 인식이 변화된 것은 죽은 새끼들을 쫓아온 어미 멧돼지와 시선을 마주한 것이 계기가 되었겠군.
새끼 멧돼지를 보이는 족족 쏴 죽임으로써 어미 멧돼지를 잡으려고 했던 도라꾸 아저씨가 죽은 새끼를 쫓아 온 어미 멧돼지의 텅 빈 눈을 보고 한참을 쏘지 못했다고 말한 데서, 어미 멧돼지와 시선을 마주한 것이 인식이 변화된 계기임을 알 수 있다.

② 도라꾸 아저씨가 한때 멧돼지의 생명을 우습게 여겼던 이유는 멧돼지를 자신의 공명심을 드러내는 도구로서의 가치로 판단했기 때문이겠군.
도라꾸 아저씨가 자신이 한때 헛된 공명심에 눈이 멀어 '해수구제'로 영웅 대접 받는 것을 재미나게 여겼다는 점에서 멧돼지와 같은 동물을 인간과 동등한 생명으로 보지 않고 사냥꾼으로서 자신의 명예를 높이기 위한 도구로 보았음을 알 수 있다.

③ 도라꾸 아저씨가 자신이 한 번 죽었다고 말한 것은 멧돼지들을 거침없이 죽였던 것이 잘못된 행동이었음을 깨달았다는 것을 의미하는 것이겠군.
'산 것들 저래 살아가게 하는 일'이 용기 있는 일임을 깨닫고 이후 약실에 돌멩이 하나 못 집어넣게 되었다고 한 것으로 보아, 도라꾸 아저씨가 자신이 한 번 죽었다고 말한 것은 멧돼지들을 거침없이 죽였던 사냥 행위가 잘못된 행동이었음을 깨달았다는 것을 의미한다.

④ 도라꾸 아저씨가 세 사람과 마주친 멧돼지를 죽이지 않은 것은 자연 속에서 살아가는 모든 생명은 소중하다는 생태주의적 인식에서 기인한 것이겠군.
도라꾸 아저씨는 과거 어미 멧돼지의 텅 빈 눈을 보고 자신의 행위를 반성하며 리기다소나무, 직박구리, 청솔모 등 모든 살아있는 것들의 생명권을 동등하게 인정하고 있다.

✔ 도라꾸 아저씨가 새끼의 생명을 빼앗아 어미 멧돼지를 잡는 사냥법을 암수라고 한 삼촌의 말에 동의한 것은 멧돼지도 인간과 동등한 가치를 지닌 생명체임을 인정한 것이겠군.
〈보기〉는 도라꾸 아저씨가 새끼 멧돼지를 잃고 생의 의지를 상실한 어미 멧돼지와 시선을 마주침으로써 자연을 도구로 바라보는 관점에서 벗어나는 계기가 마련되며, 자연과 인간이 동등한 생명으로서 평등한 가치를 지닌 존재라는 인식의 변화가 일어남을 설명하고 있다. 즉, 도라꾸 아저씨는 멧돼지도 인간과 동등한 가치를 지닌 생명체라 인정하고 있다. 그런데 글의 내용을 볼 때 새끼의 생명을 수단으로 어미 멧돼지의 생명을 빼앗는 사냥법을 '암수'라고 한 것은 도라꾸 아저씨이므로, '암수'라고 한 삼촌의 말에 동의한다는 내용은 적절하지 않다.

★★ 문제 해결 꿀~팁 ★★

▶ 많이 틀린 이유는?
작품에 드러난 인물, 즉 도라꾸 아저씨의 모습과 〈보기〉 내용을 연관하여 이해하는 데서 어려움을 겪어 오답률이 높았던 것으로 보인다. 또한 작품에 드러난 도라꾸 아저씨와 삼촌의 말을 정확하게 이해하지 못했던 것도 오답률을 높였던 것으로 보인다.

▶ 문제 해결 방법은?
〈보기〉의 내용을 정확히 이해해야 한다. 즉 도라꾸 아저씨가 사냥 전후의 인식이 어떻게 변화하고 있는지 파악하여야 한다. 그런 다음 선택지에 언급된 작품 내용이 작품을 통해 확인할 수 있는지 파악하면서, 이러한 내용이 〈보기〉에서 설명하고 있는 내용과 관련성을 지니고 있는지 파악해야 한다. 이때 특히 주의할 점은 선택지에 제시된 내용이 작품 내용에 해당하지 않는 경우도 있다는 점을 유념해야 한다. 즉 정답인 ⑤의 경우, 작품에 대한 설명인 '도라꾸 아저씨가 ~ 삼촌의 말에 동의한 것은'은 작품 내용과 일치하지 않는 것에 해당하므로 작품 내용이 적절한지도 주의를 기울여야 한다.

▶ 오답인 ②, ④를 많이 선택한 이유는?
이 문제의 경우 ②, ④를 선택한 학생들이 많았는데, 특히 ②의 경우 ⑤와 마찬가지로 '도라꾸 아저씨가 한때 멧돼지의 생명을 우습게 여겼다'라는 내용을 작품 속에서 정확히 파악하지 못했기 때문이라 할 수 있다. 즉 도라꾸 아저씨의 말인 '나도 한때 그 이름도 ~ 영웅 되고 참 재미나지.'를 파악했으면, 도라꾸 아저씨가 이전에는 생명을 경시하면서 사냥을 자신의 공명심을 드러내는 도구로 생각했음을 쉽게 이해할 수 있었을 것이다. 그리고 ④의 경우, 멧돼지를 함부로 죽였던 도라꾸 아저씨의 이전 행동과 달리 멧돼지와 마주친 상황에서 멧돼지를 죽이지 않고 있으므로, 이러한 모습이 생명을 도구로 생각하던 이전의 생각과는 다른 모습이라 생각했으면 이 역시 쉽게 해결할 수 있었을 것이다.

31~34 예술

박홍순, 「미래주의 회화 운동」

해제 이 글은 20세기 초 이탈리아에서 시작된 미래주의 운동을 소개하고 있다. 이 글에서 글쓴이는 미래주의 회화가 운동과 속도를 특성으로 하는 산업화에 대한 낙관적 전망을 토대로 민족적 자존감을 고양시킬 수 있는 새로운 예술 운동으로 등장하였음을 소개하고 있다. 특히 미래주의 회화에서는 **연속 사진의 촬영 기법에 영향을 받은 분할주의 기법을 통해 대상의 역동성을 지향**하고자 했음을 밝히고 있다. 즉, 이미지의 겹침, 역선, 상호 침투의 방법을 활용해 움직이는 대상의 속도와 운동을 효과적으로 나타내었음을 밝히고 있다. 그런 다음 이러한 **미래주의 회화**는 비례, 통일, 조화 등의 아름다움을 추구한 전통적인 서양 회화와 달리 **대상의 속도와 운동**이라는 미적 가치에 주목해서 **새로운 미의식을 제시**하였음을 언급하고 있다.

주제 새로운 미의식을 제시한 미래주의 운동

문단 핵심 내용

1문단	미래주의의 의미 및 등장 배경
2문단	분할주의 기법을 통해 대상의 역동성을 지향한 미래주의 화가들
3문단	움직이는 대상의 속도와 운동을 표현하는 분할주의 기법
4문단	미래주의가 지닌 의의

---

31 핵심적인 정보의 파악 정답률 81% | 정답 ④

윗글에서 언급된 내용이 아닌 것은?

① 미래주의에 참여한 예술가들
1문단에서 발라, 보치오니, 상텔리아, 루솔로 등이 미래주의에 참여했음을 알 수 있다.

② 미래주의가 등장하게 된 배경
1문단에서 미래주의가 산업화에 뒤처진 이탈리아의 현실에서 산업화에 대한 열망과 민족적 자존감을 고양시키기 위해 등장했음을 알 수 있다.

③ 미래주의 화가들이 사용한 기법
2, 3문단에서 미래주의 화가들은 분할주의 기법을 활용했음을 알 수 있다.

☑ 미래주의 회화가 발전해 온 과정
이 글에서는 미래주의 회화의 정의와 등장 배경, 활용 기법, 미의식에 대해 설명하고 있다. 하지만 미래주의 회화가 어떤 과정으로 발전해 왔는지에 대해서는 언급하지 않고 있다.

⑤ 미래주의 화가들이 추구한 미의식
4문단에서 미래주의 회화는 움직이는 대상의 속도와 운동이라는 미적 가치에 주목해서 새로운 미의식을 제시하였음을 알 수 있다.

---

32 글의 내용을 바탕으로 정보의 추론 정답률 47% | 정답 ②

㉠의 구체적 내용으로 가장 적절한 것은?

① 전통 회화 양식에서 벗어나 움직이는 대상이 주는 아름다움을 최초로 작품화하려는 생각
글의 내용을 볼 때, 움직이는 대상이 주는 아름다움을 최초로 작품화한 것은 키네틱 아트 이전에도 있었음을 알 수 있다.

☑ 기존의 방식과 달리 미적 가치를 3차원에서 실제로 움직이는 대상을 통해 구현하려는 생각
4문단에서 움직이는 대상의 속도와 운동에 미적 가치를 부여한 미래주의 회화는 이후 입체적 조형물의 운동을 보여 주는 키네틱 아트가 등장하는 데 영향을 미쳤음을 확인할 수 있다. 따라서 '영감'의 구체적인 내용은 기존의 방식과 달리 미적 가치를 3차원에서 실제로 움직이는 대상을 통해 구현하려는 생각이라고 추론할 수 있다.

③ 사진의 촬영 기법을 회화에 접목시켜 비례와 조화에서 오는 조형물의 예술성을 높이려는 생각
4문단의 '모빌과 같이 나무나 금속으로 만들어 입체적 조형물의 운동'이 키네틱 아트임을 알 수 있으므로, 키네틱 아트가 사진 촬영 기법을 회화에 접목시킨 것이라고 볼 수 없다.

④ 산업 사회의 역동적인 모습에서 벗어나 인류가 추구해야 할 미래상을 화폭에 담아내려는 생각
미래주의는 산업화를 긍정적으로 인식하였으므로, 산업 사회의 역동적인 모습에서 벗어나려 했다는 것은 영감이 될 수 없다.

⑤ 예술적 대상의 범위를 구체적인 대상에서 추상적인 대상으로 확대하여 작품을 창작하려는 생각
키네틱 아트가 예술적 대상의 범위를 추상적인 대상으로 확대하려 한다는 것을 확인할 수 없다.

---

33 글의 내용의 구체적인 사례에의 적용 정답률 63% | 정답 ②

윗글을 바탕으로 〈보기〉를 감상한 내용으로 적절하지 않은 것은? [3점]

〈보 기〉

발라의 「강아지의 다이내미즘」은 여인이 강아지를 데리고 산책하는 모습을 그린 미래주의 회화의 대표적인 작품이다.

① 움직이는 강아지의 모습을 속도감 있게 그린 것에서 미래주의 회화의 경향을 엿볼 수 있겠군.
강아지를 빠르게 움직이는 모습으로 그렸다는 점에서 속도감을 중시하는 미래주의 경향을 엿볼 수 있다.

☑ 선을 교차시켜 쇠사슬의 잔상을 구체적으로 재현한 것에서 역선을 통해 사실적인 형태를 강조했음을 알 수 있겠군.
〈보기〉는 미래주의 화가 자코모 발라의 작품으로, 여인이 강아지를 데리고 산책하는 모습을 그리고 있다. 따라서 이 작품에서는 대상의 모습이 분할주의 기법 중 하나인 역선으로 구현되고 있음을 알 수 있다. 그런데 3문단의 '다음으로 힘의 선을 나타내는 역선은, ~ 화가의 느낌을 드러내었다.'를 보면, 역선은 대상의 움직임의 궤적을 나타내기는 하지만 대상을 사실적인 형태로 나타낸 것은 아니므로 적절하지 않다.

③ 강아지의 발과 바닥의 경계가 모호하게 보이는 것에서 대상과 배경의 상호 침투 효과를 엿볼 수 있겠군.
강아지의 움직이는 발과 바닥의 경계가 모호하게 보인다는 점에서 상호 침투 효과를 확인할 수 있다.

④ 강아지의 발을 중첩시켜 표현한 것은 이미지 겹침을 통해 시간의 흐름에 따른 대상의 움직임을 나타낸 것이겠군.
이미지의 겹침을 통해 강아지의 발의 형태를 알아볼 수 없을 정도로 중첩시켜 표현하고 있다는 점에서 시간의 추이를 보여 주고 있다.

⑤ 사람의 다리를 두 개가 아닌 여러 개로 그린 것은 분할주의 기법을 활용하여 걷는 이의 역동적 모습을 강조한 것이겠군.
강아지를 끌고 가는 사람의 다리를 여러 개로 그린 것에서 이미지의 겹침을 활용한 분할주의 기법을 확인할 수 있다.

---

34 단어의 사전적 의미 파악 정답률 82% | 정답 ⑤

ⓐ ~ ⓔ의 사전적 의미로 적절하지 않은 것은?

① ⓐ : 정신이나 기분 따위를 북돋워서 높임.

② ⓑ : 시간의 경과에 따라 변하여 나감.

③ ⓒ : 어떤 목표로 뜻이 쏠리어 향함.

④ ⓓ : 사실과 다르게 해석하거나 그릇되게 함.

☑ ⓔ : 자신의 의견이나 주의를 굳게 내세움.
'주목'의 사전적 의미는 '관심을 가지고 주의 깊게 살핌.'이다. '자신의 의견이나 주의를 굳게 내세움.'은 '주장'의 사전적 의미에 해당한다.

35~37 고전 소설

작자 미상, 「최고운전」

감상 이 작품은 실존 인물인 **최치원의 일생을 허구적 구성을 통하여 형상화한 전기적 소설**로, 이른바 '영웅의 일생'이라고 하는 서사 구조를 지니고 있는 영웅 소설이기도 하다. 또한 이 작품은 적강(謫降)·기아(棄兒)·글재주 다툼·알아 맞추기·기계(奇計) 등 전래의 **다양한 화소(話素)들이 복합**되어 있다. 한편 이 작품은 신라의 신선이라는 평가를 받던 대문장가 최치원을 주인공으로 삼아 당나라의 황제와 대결시킴으로써 **우리 민족의 우월감과 자부심을 표현한 작품**이라는 평가를 받기도 한다.

주제 최치원의 영웅적 일생

작품 줄거리 최고운이 태어나자 그의 부모는 금돼지의 새끼로 잘못 알고 내다 버리지만, 선녀와 연꽃 및 백조들이 아기를 돌보는 기적이 나타나자 다시 데려다가 키워 학문과 문장으로 크게 떨치게 된다. 하루는 중국 황제가 들으니 시 읊는 소리가 하도 낭랑하여 알아보게 한즉, 그것은 신라에서 들려오는 것이었다. 즉시 신하를 신라로 보내어 알아보았더니, 신라에는 재사가 수백 명이나 된다는 보고에 황제는 석함(石函)에 달걀을 넣고 초로 밀봉한 다음 신하를 시켜 석함 속의 물건을 시로 지어 보내지 않으면 대국(大國)을 가볍게 본 죄로 다스리겠다고 신라를 위협한다. 이에 최치원이 달걀이 병아리가 되었음을 시로 지어 보내니 탄복한 황제는 최고운을 중국에 초빙한다. 중국에서 장원급제한 그는 황소의 난이 일어나자 토황소격문(討黃巢檄文)을 지어 적장의 간담을 서늘케 하고 마침내 난을 다스리니 황제는 더욱 감탄한다. 그러나 이를 시기한 중국인 신하들의 모함으로 외딴 섬에 유배되어 몇 차례의 위기를 도술로 모면하고, 그 뒤 무사히 신라로 돌아온다. 신라로 돌아온 그에게 왕은 벼슬을 주었으나 끝내 사양하고 가야산에 들어가 신선이 된다.

---

35 작품 내용의 이해 정답률 57% | 정답 ①

윗글에서 알 수 있는 내용으로 적절하지 않은 것은?

✔ '아이'는 승상 댁의 노복이 된 이후에 돌함의 존재에 대해 알게 되었다.
'이때 아이도 왕이 내린 명령을 들었다.'에서, '아이'는 돌함 속 물건을 알아내어 시를 지으라는 왕의 명령을 알게 된 후 나 승상 댁의 노복으로 들어갔음을 알 수 있다.

② '승상의 부인'은 파경노의 외모와 행동을 근거로 그가 범상한 인물이 아님을 알아보았다.
승상 부인의 '파경노는 생김새가 기이하고 말 다룸도 또한 기이하니 필시 비범한 사람일 것입니다.'라는 말에서 알 수 있다.

③ '승상'은 파경노에게 천한 일을 맡기지 말라는 부인의 말을 따랐다.
'나 승상 부인께서 이 소문을 듣고 ~ 승상도 옳게 여기고 그 말을 따랐다.'에서 알 수 있다.

④ '파경노'는 승상의 딸과 결혼한 이후 자신의 이름을 스스로 치원이라 지었다.
중략 부분의 줄거리에서 파경노와 승상의 딸이 혼인하였음을 알 수 있으며, '이때 파경노가 자기 이름을 지어 치원이라 하고 자를 고운이라 하더라.'에서 '파경노'가 자신의 이름을 스스로 지었음을 알 수 있다.

⑤ '승상의 딸'은 치원이 지은 시에 대해 회의적인 태도를 보이는 승상에게 자신의 꿈 이야기를 들려주었다.
'치원이 승상의 딸을 시켜 승상께 바치게 하니 승상이 믿지 않다가 딸의 꿈 이야기를 듣고서야 믿고'에서 알 수 있다.

---

36 소재의 서사적 기능 파악　　　정답률 51% | 정답 ③

윗글의 **거울**에 대한 설명으로 가장 적절한 것은?

① 아이가 승상에게 자신의 능력을 증명하는 데 사용된 소재이다.
아이는 승상 댁 사위가 된 뒤 돌함 속 물건에 대한 시를 지음으로써 승상에게 자신의 비범함을 입증한다. 따라서 거울을 통해 아이가 승상에게 자신의 능력을 증명한 것은 아니다.

② 승상 댁에 노복으로 들어간 아이가 겪게 될 고난을 암시하는 소재이다.
아이가 승상 댁에 노복으로 들어간 후 말 먹이는 일, 꽃밭 가꾸는 일 등의 집안일을 맡게 된 것은 맞지만, 이것을 고난으로 보기는 어렵다.

✔③ 아이가 승상의 사위가 되려는 내적 욕망을 실현하는 데 동원된 소재이다.
아이는 돌함 속 물건을 알아내어 시를 지으면 관직을 높여 땅을 나누어 줄 것이라는 임금의 명령과, 나 승상의 딸아이가 아름답고 재예와 절개가 뛰어나다는 소문을 듣고 거울 장수로 가장하여 서울로 들어간다. 이후 나 승상 댁으로 간 아이는 나 승상 딸의 거울을 고의로 떨어뜨려 깨뜨린 뒤 이를 구실로 그 집의 노복이 된다. 이러한 행동은 아이가 나 승상 딸과의 혼인을 통해 승상 집안의 일원이 됨으로써 신분 상승을 이루고, 나아가 시를 지음으로써 자신의 능력을 입증하려는 의도에서 비롯된 것이라고 볼 수 있다. 따라서 거울은 아이의 내적 욕망을 실현하는 데 동원된 소재라고 할 수 있다.

④ 혼인을 둘러싸고 아이와 승상 사이에 긴장감이 조성될 것을 예고하는 소재이다.
중략 부분의 줄거리를 통해 승상이 아이, 즉 파경노와 자신의 딸이 혼인하는 것을 반대하였음을 알 수 있다. 그러나 거울이 혼인을 둘러싸고 아이와 승상 사이에 긴장감이 조성될 것임을 예고하였다고 보기는 어렵다.

⑤ 아이가 승상 딸의 뛰어난 재예와 절개를 시험할 수 있는 기회를 제공하는 소재이다.
아이는 거울 장수로 가장한 뒤 나 승상 댁을 찾아가 몰래 나 승상의 딸을 훔쳐보고 소문이 사실임을 확인한다. 그러나 이것이 나 승상 딸의 재예와 절개를 시험한 것은 아니다.

---

37 외적 준거에 따른 작품의 이해　　　정답률 75% | 정답 ④

〈보기〉를 바탕으로 ㉠ ~ ㉤을 이해한 내용으로 적절하지 않은 것은? [3점]

〈보 기〉
「최고운전」은 '시 짓기'를 통해 주인공과 국가가 당면한 문제 상황이 해결되는 구조로 서사가 전개되고 있다. 이 작품은 뛰어난 능력을 가지고 있으나 신분적 한계로 인해 자신의 능력을 제대로 펼치지 못했던 실존 인물 최치원의 삶을 바탕으로 창작되었다. 최치원의 삶이 주인공에 투영되어 형상화되는 과정에서 그의 비범함이 극적으로 부각되며, 이는 주로 '시 짓기'를 통해 발휘된다.

① ㉠에서 '시 짓기'는 중국 황제가 신라를 문제 상황에 빠뜨리기 위해 내세운 불합리한 요구로군.
㉠에서 중국 황제는 '시 짓기'를 내세워 봉인된 함 속의 물건을 맞히라는 불합리한 요구를 하는데, 이로 인해 서사 전개상 신라가 위기 상황에 당면하게 되었음을 알 수 있다.

② ㉡에서 '시 짓기'는 국가적 문제를 해결할 수 있는 인재가 없는 신라의 상황을 보여 주는군.
㉡에서 중국 황제가 제시한 '시 짓기' 과제를 아무도 해결하지 못하여 신라 조정은 혼란에 빠진다. 이는 국가적 문제를 해결할 인재가 없는 신라의 상황을 드러낸 것으로 볼 수 있다.

③ ㉢에서 '시 짓기'는 초월적 요소와 결합하여 인물의 비범함을 드러내는군.
㉢에서 최치원이 시를 읊으면 신선의 시중을 드는 청의동자가 나타나 말을 돌본다. 이는 초월적 존재의 등장과 맞물려 최치원의 비범함이 부각되는 것으로 볼 수 있다.

✔④ ㉣에서 '시 짓기'는 신분적 한계로 인한 울분을 직접적으로 토로하는 수단이로군.
㉣의 '시 짓기'를 통해 치원은 비범함을 발휘하여 황제가 제시한 문제를 해결하였음을 알 수 있다. 따라서 신분적 한계로 인한 울분을 직접적으로 토로하였다고 볼 수 없다.

⑤ ㉤에서 '시 짓기'는 개인의 능력을 드러냄과 동시에 국가의 위기를 해결하는 방법이 되는군.
㉤에서 승상이 자신의 사위가 쓴 것이라고 하며 치원의 시를 신라의 왕에게 바치자, 신라의 왕은 그 시를 중국 황제에게 바친다. 이는 치원의 '시 짓기' 능력이 승상과 왕에게 인정받았음을 보여 주는 동시에, 국가의 위기를 해결할 방법이 될 수 있음을 보여 준다.

38~42 사회

남종현 외, 「국제 무역론」

해제 이 글은 관세가 국내 경기 및 국제 교역에 미치는 영향을 수요와 공급의 원리를 바탕으로 이해시키고 있다. 관세가 국내 경기에 영향을 미치는 영향을 살펴보기 위해 시장에서의 수요와 공급의 원리에 대해 설명, 즉 수요 곡선과 공급 곡선의 개념과 균형 가격의 개념을 이해시키면서 가격 변화에 따른 수요량과 공급량의 변화에 대해 설명하고 있다. 또한 재화의 가격 변화로 인한 소비자 잉여와 생산자 잉

여의 변화를 이해시키기 위해 소비자 잉여와 생산자 잉여의 개념 및 변화 양상도 설명하고 있다. 그리고 수요와 공급의 원리를 바탕으로 관세를 부과하지 않은 경우와 관세를 부과한 경우로 나누어 가격 변화에 따른 소비자 잉여와 생산자 잉여의 변화에 대해 설명하면서, 관세 정책이 장기화될 경우 국내 경기가 침체에 빠질 수 있음을 구체적 상황을 통해 이해시키고 있다. 이러한 내용을 바탕으로 국내 산업을 보호할 목적으로 부과된 관세가 국내 소비를 감소시키고 국제 교역을 감소시켜 국제 무역 시장을 침체시킬 수도 있음을 언급하고 있다.

주제 관세가 국내 경기 및 국제 교역에 미치는 영향

문단 핵심 내용

1문단	관세의 이해 및 관세가 미치는 영향
2문단	시장에서의 수요와 공급의 원리
3문단	가격의 변화가 소비자 잉여와 생산자 잉여에 미치는 영향
4문단	관세가 국내 경기에 미치는 영향 1 – 관세를 부과하지 않는 경우
5문단	관세가 국내 경기에 미치는 영향 2 – 관세를 부과한 경우
6문단	관세 정책이 장기화될 경우의 문제점
7문단	관세 정책이 국내외에 미치는 영향

---

38 내용 전개 방식의 이해　　　정답률 68% | 정답 ⑤

윗글에 대한 설명으로 가장 적절한 것은?

① 상반된 두 입장을 제시한 후 이를 절충하고 있다.
관세 정책과 관련하여 상반된 두 입장에 대한 내용은 제시되어 있지 않다.

② 문제 상황을 언급한 후 해결책을 구체화하고 있다.
관세 정책이 국제 무역 분쟁의 원인이 될 수 있다는 문제 상황은 언급되어 있으나 해결책이 구체화되고 있는 것은 아니다.

③ 이론의 한계를 단계적인 순서에 따라 설명하고 있다.
관세 정책을 설명하기 위해 수요와 공급의 원리에 대한 이론을 제시하고 있을 뿐, 그 한계를 제시하고 있지는 않다.

④ 학설이 나타난 배경과 그 학문적 성과를 분석하고 있다.
관세 정책에 대한 학설이 대두된 배경에 대한 내용은 제시되어 있지 않다.

✔⑤ 원리를 설명한 후 구체적 사례를 들어 이해를 돕고 있다.
2문단에서 수요와 공급의 원리에 대해 설명하고 있고, 3문단에서 수요와 공급의 원리를 바탕으로 가격의 변화에 따른 생산자 잉여와 소비자 잉여의 변화에 대해 설명하고 있다. 그런 다음 4~6문단에서 관세 정책이 국내 경기 및 국제 무역 시장에 미치는 영향을 구체적인 사례로 들면서, 이를 소비자 잉여와 생산자 잉여와 관련하여 설명하고 있다.

---

39 내용의 세부적 이해　　　정답률 65% | 정답 ①

윗글에 대한 이해로 적절하지 않은 것은?

✔① 소비자의 지불 용의 가격은 균형 가격보다 항상 높다.
2문단에서 가격이 재화 1단위 추가 소비를 위한 소비자의 지불 용의 가격을 나타냄을 알 수 있고, 수요와 공급의 원리에 따를 때 수요 곡선과 공급 곡선이 만나는 지점에서 재화의 균형 가격이 형성됨을 알 수 있다. 또한 가격이 올라가면 수요량은 줄어들고, 가격이 내려가면 수요량은 늘어남을 알 수 있다. 이러한 내용을 바탕으로 할 때, 가격의 변화에 따라 소비자의 지불 용의 가격은 달라질 수 있으므로, 소비자의 지불 용의 가격이 균형 가격보다 항상 높다고는 할 수 없다.

② 균형 가격에서는 재화의 수요량과 공급량이 동일하다.
2문단에서 수요 곡선은 재화의 가격에 따른 수요량의 변화이고, 공급 곡선은 재화의 가격에 따른 공급량의 변화임을 알 수 있다. 그리고 수요와 공급의 원리에 따라 수요 곡선과 공급 곡선이 만나는 지점에서 재화의 균형 가격이 형성됨도 알 수 있다. 따라서 균형 가격에서는 재화의 수요량과 공급량이 동일하다.

③ 원료의 가격은 이에 기반한 제품의 가격에 영향을 미친다.
6문단의 국내 밀가루의 가격이 상승하면 밀가루를 원료로 하는 제품들의 가격이 줄줄이 상승한다는 내용을 바탕으로 할 때, 원료의 가격은 이에 기반한 재화의 가격에 영향을 미친다.

④ 관세는 국가 간의 무역 분쟁의 원인으로 작용하기도 한다.
1문단에서 높은 관세 부과로 인하여 국제 무역 분쟁이 발생함을 알 수 있고, 7문단에서 과도한 관세는 국제 무역 분쟁을 야기할 소지가 있음을 알 수 있다. 이렇게 볼 때, 관세가 국제 무역 분쟁의 원인이 될 수 있음을 알 수 있다.

⑤ 대다수의 경제학자들은 과도한 관세에 대해 부정적 입장을 취한다.
7문단에서, 관세는 국내 경기에 사회적 잉여를 감소시키고 해당 제품에 대한 국내 소비를 줄어들게 하는 부정적 영향을 미치고, 과도한 관세는 국제 무역 시장을 침체시킬 뿐만 아니라 국제 무역 분쟁을 야기할 소지도 있어서 대다수의 경제학자들이 과도한 관세에 대한 우려를 드러내고 있음을 알 수 있다. 이러한 내용을 볼 때, 대다수의 경제학자들은 과도한 관세에 대해 부정적 입장을 취한다고 할 수 있다.

---

40 이유의 추리　　　정답률 59% | 정답 ②

㉠의 이유로 적절한 것은?

① 소비자 잉여 감소분이 생산자 잉여 증가분과 같기 때문에
소비자 잉여 감소분이 생산자 증가분보다 크다.

✔② 소비자 잉여 감소분이 생산자 잉여 증가분보다 크기 때문에
5문단에서, 관세가 부과되는 경우 생산자 잉여는 증가하고 소비자 잉여는 감소함을 알 수 있고, 이때 증가한 생산자 잉여는 감소한 소비자 잉여보다 작아서 생산자 잉여와 소비자 잉여의 총합인 사회적 잉여는 관세 부과 전에 비해 작아짐을 알 수 있다. 이러한 내용을 볼 때, 관세가 부과될 경우 소비자 잉여 감소분이 생산자 잉여 증가분보다 크기 때문에 사회적 잉여가 감소됨을 알 수 있다.

③ 소비자 잉여 증가분이 생산자 잉여 증가분보다 크기 때문에
관세가 부과되는 경우 소비자 잉여는 감소한다.

④ 소비자 잉여 감소분이 생산자 잉여 감소분보다 작기 때문에
관세가 부과되는 경우 생산자 잉여는 증가한다.

⑤ 소비자 잉여 증가분이 생산자 잉여 감소분보다 작기 때문에

관세가 부과되는 경우 소비자 잉여는 감소하고 생산자 잉여는 증가한다.

★★★ 등급을 가르는 문제!

41 내용을 바탕으로 한 자료의 이해 | 정답률 22% | 정답 ⑤

윗글을 바탕으로 〈보기〉를 설명한 내용으로 적절하지 않은 것은? [3점]

〈보 기〉

P국에서는 국산 바나나만을 소비하다 값싼 수입산 바나나를 관세 없이 수입하면서 국산 바나나 가격이 국제 시장 가격 수준으로 하락했다. 이에 정부에서는 국내 바나나 산업 보호를 위하여 관세를 부과하였다.

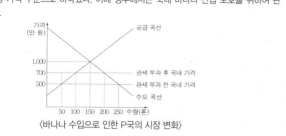

〈바나나 수입으로 인한 P국의 시장 변화〉

① 바나나를 수입하기 전 바나나의 국내 균형 가격은 톤당 1,000만 원이었다.

2문단에서 수요 곡선에서 가격이 재화 1단위 추가 소비를 위한 소비자의 지불 용의 가격이고, 공급 곡선에서 가격은 재화 1단위 추가 생산을 위한 생산자의 판매 용의 가격임을 알 수 있다. 그리고 2문단에서 수요와 공급의 원리에 따를 때 수요 곡선과 공급 곡선이 만나는 지점에서 재화의 균형 가격이 형성됨을 알 수 있고, 〈보기〉의 그래프를 통해 바나나를 수입하기 이전의 균형 가격은 1,000만 원임을 알 수 있다. 따라서 글의 내용과 제시된 그래프를 볼 때, 바나나를 수입하기 전 P국의 바나나 국내 균형 가격은 톤당 1,000만 원이다.

② 관세를 부과하기 이전에는 수입되는 바나나의 수량이 200톤이었다.

이 그래프를 통해 P국에서 관세를 부과하기 이전의 국내 수요량은 수요 곡선과 가격 500만원이 만나는 지점의 수량인 250톤임을 알 수 있고, 국내 공급량은 공급 곡선과 가격 500만 원이 만나는 지점인 50톤임을 알 수 있다. 그리고 4문단의 '국내 수요량에서 국내 공급량을 뺀 나머지 부분만큼 밀가루를 수입하게 된다.'에서, P국의 수입되는 바나나의 수량은 국내 수요량인 250톤에서 국내 공급량인 50톤을 뺀 200톤임을 알 수 있다.

③ 관세를 부과하기 이전과 이후의 가격을 비교해 보니 톤당 200만 원만큼의 관세가 부과되었다.

그래프에서 관세를 부과하기 전 P국의 바나나 국내 가격이 톤당 500만 원이고, 관세를 부과한 후 P국의 바나나 국내 가격은 톤당 700만 원임을 알 수 있다. 이렇게 볼 때, P국에서 부과한 관세는 관세를 부과한 후의 톤당 700만 원에서 관세를 부과하기 전의 톤당 500만원을 뺀 톤당 200만 원임을 알 수 있다.

④ 관세를 부과한 결과 국내 생산자는 바나나의 공급량을 50톤에서 100톤으로 늘리게 된다.

관세를 부과하기 전 P국의 바나나 국내 공급량은 가격 500만 원과 공급 곡선이 만나는 지점의 수량인 50톤임을 알 수 있다. 그리고 관세를 부과한 후 P국의 바나나 국내 공급량 가격 700만 원과 공급 곡선이 만나는 지점의 수량인 100톤임을 알 수 있다. 따라서 관세를 부과한 결과 P국 생산자는 바나나의 공급량을 50톤에서 100톤으로 늘렸다고 할 수 있다.

☑ 관세를 부과한 결과 수입되는 바나나의 수량은 이전보다 50톤이 줄어드는 효과가 발생한다.

이 그래프를 통해 P국에서 관세를 부과하기 이전의 국내 수요량은 수요 곡선과 가격 500만원이 만나는 지점의 수량인 250톤임을 알 수 있고, 국내 공급량은 공급 곡선과 가격 500만 원이 만나는 지점인 50톤임을 알 수 있다. 그리고 4문단의 '국내 수요량에서 국내 공급량을 뺀 나머지 부분만큼 밀가루를 수입하게 된다.'를 통해, P국의 수입되는 바나나의 수량은 국내 수요량인 250톤에서 국내 공급량인 50톤을 뺀 200톤임을 알 수 있다. 또한 이 그래프를 통해 관세를 부과한 후의 바나나 가격은 700만 원이고, 국내 수요량은 수요 곡선과 가격 700만 원이 만나는 지점의 수량인 200톤이고, 국내 공급량은 공급 곡선과 가격 700만 원이 만나는 지점인 100톤임을 알 수 있다. 그리고 4문단을 통해, 관세를 부과한 후의 수입되는 바나나의 수량은 국내 수요량 200톤에서 국내 공급량 100톤을 뺀 100톤이 됨을 알 수 있다. 따라서 관세를 부과한 결과 수입되는 바나나의 수량은 관세를 부과하기 이전보다 100톤(관세를 부과하기 전의 바나나 수입량 200톤 - 관세를 부과한 후의 바나나 수입량 100톤)이 줄어든다고 할 수 있다.

★★ 문제 해결 꿀~팁 ★★

▶ 많이 틀린 이유는?

〈보기〉로 제시된 그래프와 글의 내용을 연관하여 이해하는 데서 어려움을 겪어 오답률이 높았다. 특히 관세를 부과하기 전과 부과한 후의 상황을 정확히 이해하지 못해 오답률이 높았던 것으로 보인다.

▶ 문제 해결 방법은?

그래프를 통해 관세를 부과하기 전과 부과한 후의 가격에 따른 수요량, 공급량, 수입량을 정확히 이해해야 하므로, 수요량, 공급량, 수입량에 대해 언급된 부분을 찾아 정확히 이해할 수 있어야 한다. 정답인 ⑤의 경우에도, 4문단의 국내 수요량에서 국내 공급량을 뺀 나머지 부분만큼 밀가루를 수입한다는 내용을 이해했다면, 관세를 부과하기 전의 수입량(200톤)에서 관세를 부과한 후의 수입량(100톤)을 빼면 100톤임을 알 수 있어서 잘못된 것임을 쉽게 판단할 수 있었을 것이다. 사회 지문(경제)에서는 그래프가 종종 출제되는데, 이러한 그래프 문제 대부분은 이 문제처럼 관련된 글의 내용을 정확히 파악해 낸다면 그리 어렵지 않게 문제를 해결할 수 있다. 따라서 평소 그래프 문제를 접할 때 관련 글의 내용을 찾는 훈련을 한다면, 실제 시험에서 이러한 문제는 쉽게 해결할 수 있을 것이다.

▶ 오답인 ②를 많이 선택한 이유는?

이 문제의 경우 ②를 선택한 학생들이 많았는데, ②를 선택한 이유는 관세를 부과하기 전의 '수입량'이 가격에 따른 수요량과 동일하다고 생각하여 250톤이라고 단정했기 때문이다. 즉 '국내 수요량에서 국내 공급량을 뺀 나머지 부분만큼 밀가루를 수입하게 된다.'라는 4문단의 내용을 간과한 것이라 할 수 있다. 또한 국내 공급량이 관세를 부과하기 전의 가격과 공급 곡선이 만나는 지점인 50톤임도 정확히 이해하지 못한 것도 오답률이 높았던 원인이라 할 수 있다. 이 두 내용을 충분히 고려했다면 P국의 수입되는 바나나의 수량은 국내 수요량인 250톤에서 국내 공급량인 50톤을 뺀 200톤임을 금방 알 수 있었을 것이다.

42 핵심 정보와 새로운 정보와의 비교 이해 | 정답률 55% | 정답 ③

윗글의 '관세(A)'와 〈보기〉의 '수입 할당제(B)'에 대해 이해한 내용으로 적절하지 않은 것은?

〈보 기〉

'수입 할당제'는 일정 기간 특정 재화를 수입할 수 있는 양을 제한하여 제한된 할당량까지는 자유 무역 상태에서 수입하고 그 할당량이 채워지면 수입을 전면적으로 금지하는 비관세 정책이다. 수입 할당제는 수입되는 재화의 양을 제한함으로써 그 재화의 국내 가격을 자연적으로 상승시켜 국내 생산자를 보호하는 기능을 한다.

① A는 수입품의 가격을 상승시키는 원인으로 작용하겠군.

5문단의 내용을 고려할 때, 관세를 부과하게 되면 수입품의 가격이 관세 이전보다 상승함을 알 수 있으므로, 관세는 수입품의 가격을 상승시키는 원인으로 작용한다.

② B는 수량을 기준으로 수입되는 재화의 양을 제한하겠군.

〈보기〉를 통해 '수입 할당제'가 일정 기간 특정 재화를 수입할 수 있는 양을 제한하여 제한된 할당량까지는 자유 무역 상태에서 수입하고 그 할당량이 채워지면 수입을 전면적으로 금지하는 정책임을 알 수 있으므로, '수입 할당제'는 수량을 기준으로 수입되는 재화의 양을 제한한다.

☑ A는 B와 달리 정책 시행 시의 혜택을 국내 생산자가 보겠군.

1문단과 6문단에서, 관세를 부과하는 '관세' 정책이 생산자의 이익을 늘려 자국의 산업을 보호하는 효과가 있음을 알 수 있고, 〈보기〉를 통해 '수입 할당제'가 국내 가격을 자연적으로 상승시켜 국내 생산자를 보호하는 기능을 하는 것을 알 수 있다. 따라서 관세와 수입 할당제 모두 국내 생산자를 보호하는 기능을 하므로 국내 생산자에게 혜택을 주는 정책이다.

④ B는 A와 달리 수입품에 대한 정부의 조세 수입이 없겠군.

〈보기〉를 통해 '수입 할당제'는 제한된 할당량까지는 자유 무역 상태에서 수입한다고 하였으므로 정부의 조세 수입이 없다고 할 수 있다. 반면 1문단에서는 '관세'가 수입되는 재화에 부과되는 조세라 하였으므로, '관세'는 '수입 할당제'와 달리 정부의 조세 수입이 있다.

⑤ A와 B 모두 국제 무역 규모의 감소를 유발할 수 있겠군.

7문단에서 과도한 관세는 국제 교역을 감소시켜 국제 무역 시장을 침체시킬 수 있음을 알 수 있고, 〈보기〉를 통해 '수입 할당제'는 할당량이 채워지면 수입을 전면적으로 금지하는 정책임을 알 수 있다. 이러한 내용을 볼 때, 과도한 '관세'와 '수입 할당제' 모두 국제 무역 규모의 감소를 유발한다.

43~45 현대시

(가) 박재삼, 「추억에서」

감상 이 작품은 가난했던 어린 시절, 진주 장터에서 생선을 팔아 힘겹게 생계를 이어가던 어머니에 대한 '추억'을 담고 있다. 1연은 어머니의 삶의 터전인 '진주 장터 생어물전'을 '해 다 진 어스름'의 시간과 함께 제시하며 전체적으로 시에서 느껴지는 무겁고 어두운 정서를 보여 주고 있다. 2연은 아무리 열심히 장사를 해도 생선은 잘 팔리지 않고, 늘 가난하게 살아야 했던 어머니의 삶을 '은전만큼 손 닿는 한'이라고 표현하며 어머니에 대한 연민과 한스러운 마음을 '울 엄매야 울 엄매'에 응축하여 담고 있다. 3연은 장사 가신 어머니를 '골방 안'에서 늦은 밤까지 기다리는 오누이의 모습이 나타나 있다. 4연은 이른 새벽부터 밤늦게까지 장터를 오가며 느꼈을 한스러운 정서를 '달빛 받은 옹기들'과 같이 '반짝'이는 눈물의 이미지로 형상화하고 있다.

주제 어머니의 삶과 한

표현상의 특징

• 구체적 지명과 토속적 시어를 사용하여 분위기를 실감나게 하고 있음.
• 시각적 이미지를 통해 한의 정서를 효과적으로 보여 주고 있음.
• 영탄형, 의문형 어미를 사용하여 감정의 절제와 여운을 주고 있음.
• 동일한 어미를 반복하여 운율감을 형성하고 있음.

(나) 최두석, 「담양장」

감상 이 작품은 이야기 시의 형태로 생계를 위하여 대바구니를 팔러 '담양장'에 다니시며 고생하시는 어머니의 삶을 회상하는 시이다. 이 시에서는 과거의 어머니에 대한 회상에 그치지 않고, 현재의 어머니의 삶까지 이야기하고 있다는 점이 특징적이다.

1연에서는 '죽장의 김삿갓은 죽고', '참빗으로 이 잡던 시절도 가고', '대바구니 전성 시절에'라는 과거의 상황이 나타나 있다. 2연에서는 화자가 어렸을 때, 대바구니를 팔러 장터에 가신 어머니를 마중 나갔던 기억을 회상하고 있다. 3연에서는 플라스틱에 밀려 시세도 없는 대바구니 옆에 쭈그리고 앉아 먼거니 팔리기를 기다리는 어머니의 모습을 통해 과거에서 현재로 이어지는 어머니의 삶에 대한 연민을 드러내고 있다.

주제 고생하시는 어머니의 삶

표현상의 특징

• 동일한 어미를 사용하여 운율감을 형성하고 있음.
• 산문 형식을 사용하여 화자의 과거 경험을 드러내 줌.
• 영탄적 표현을 사용하여 화자의 정서를 표현해 줌.
• 과거 회상의 방식을 사용하여 시상을 전개하고 있음.

★★★ 등급을 가르는 문제!

43 표현상 공통점 파악 | 정답률 28% | 정답 ①

(가)와 (나)의 표현상 공통점으로 가장 적절한 것은?

☑ 동일한 어미를 반복하여 리듬감을 주고 있다.

(가)는 '한이던가', '떨던가', '것인가'에서 알 수 있듯이 어미 '-ㄴ가'가 반복되고 있고, (나)는 '김삿갓은 죽고', '이 잡던 시절도 가고', '장에 가시고', '동생 손 잡고', '배는 고프고', '길은 한없이 멀고' 등에서 어미 '-고'가 반복되고 있음을 알 수 있다. 어미의 반복 사용은 운율감을 형성해 주므로, (가), (나) 모두 동일한 어미를 반복하여 리듬감을 형성한다고 할 수 있다.

② 역설법을 활용하여 내면 심리를 부각하고 있다.

(가)와 (나) 모두 역설법이 나타나 있지 않다.

③ 자조적인 어조를 사용하여 시적 정서를 드러내고 있다.

(가)와 (나) 모두 자조적인 어조가 나타나 있지 않다.

④ 공감각적 이미지를 사용하여 표현 효과를 높이고 있다.

(가)와 (나) 모두 공감각적 이미지가 나타나 있지 않다.

⑤ 수미상관의 기법을 활용하여 주제 의식을 강조하고 있다.

(가)와 (나) 모두 수미 상관의 기법이 나타나 있지 않다.

★★ 문제 해결 꿀~팁 ★★

▶ 많이 틀린 이유는?
선택지에 제시된 표현상 특징에 대한 이해가 부족하여 오답률이 높았던 것으로 보인다.

▶ 문제 해결 방법은?
이러한 문제를 해결하기 위해서는 선택지에 제시된 표현상 특징, 즉 '동일한 어미를 반복, 역설법을 활용, 자조적인 어조를 사용, 공감각적 이미지를 사용, 수미상관의 기법을 활용'에 대한 이해가 전제되어야 한다. 특히 시(고전 시가 포함)에서는 이처럼 표현상 특징을 묻는 문제가 많이 출제되므로 주요 특징은 평소 충분히 정리해 두어야 한다. 정답인 ①의 경우 '어미'가 '용언과 서술격 조사가 활용하여 변하는 부분으로, '점잖다', '점잖으며', '점잖고'에서 '다', '으며', '고' 따위임을 이해하였다면, (가)에서는 어미 '-ㄴ가'가 반복되고있고, (나)에서는 어미 '-고'가 반복되고 있음을 쉽게 파악했을 것이다. 이처럼 표현상 특징 문제의 경우 그 의미만 분명히 알고 있으면 거의 다 쉽게 해결할 수 있으므로, 평소 주요 표현상 특징은 정리해서 익혀 두도록 해야 한다.

---

44 외적 준거에 따른 작품의 감상   정답률 61% | 정답 ④

〈보기〉의 수업 상황에서 선생님이 제시한 과제를 수행한 것으로 적절하지 않은 것은? [3점]

〈보 기〉
선생님 : 「추억에서」와 「담양장」은 '시 엮어 읽기'의 방법으로 감상하기에 좋은 작품입니다. 시 엮어 읽기란 시적 맥락을 고려하며 다른 시를 서로 비교하며 감상함으로써 작품 감상의 폭을 넓히는 방법입니다. 여러분, 이 두 작품의 시적 상황, 정서, 소재, 배경 등을 고려하면서 시 엮어 읽기를 해 볼까요?

① (가)의 '고기'와 (나)의 '대바구니'는 어머니가 가족들의 생계유지를 위하여 장터에서 팔아야 하는 소재라는 점에서 유사합니다.
(가)의 '고기'는 어머니께서 생계를 위해 진주 장터 생어물전에서 파는 생선이고, (나)의 '대바구니'는 어머니께서 생계를 위해 담양장에 내다 파는 물건이라는 점에서 유사하다.

② (가)의 '울 엄매야 울 엄매'와 (나)의 '허리 굽은 어머니'에는 고단한 삶을 살아온 어머니에 대한 연민의 정이 담겨 있다는 점에서 유사합니다.
(가)의 화자는 힘들게 장사를 하지만 가난한 삶에서 벗어나지 못하는 어머니의 삶을 한스럽고도 안타깝게 생각하는데, 이러한 감정을 '울 엄매야 울 엄매'에 담아 응축하여 표현하고 있다. 이런 구절에는 어머니에 대한 화자의 연민의 정이 담겨 있다고 볼 수 있다. (나)의 '허리 굽은 어머니'는 젊어서부터 현재까지 고단한 삶을 살고 있는 어머니의 모습을 나타내고 있다. 따라서 '허리 굽은 어머니'에는 어머니에 대한 화자의 연민의 정이 담겨 있다고 볼 수 있다.

③ (가)의 '골방'에 비해 (나)의 '신작로'는 어머니를 기다리는 마음이 더 능동적인 행위로 나타나는 공간이라는 점에서 차이가 있습니다.
(가)의 '골방'은 '우리 오누이'가 어머니를 기다리고 있는 공간임에 비해, (나)의 '신작로'는 화자와 동생이 어머니를 마중 갔던 길이라는 점에서 보다 능동적인 행위가 나타나는 공간이다.

④ ✔ (가)의 '신새벽'과 (나)의 '한밤중'은 어머니의 부재로 인해 어린 화자가 느끼는 불안감이 해소되는 시간적 배경이라는 점에서 유사합니다.
(가)의 '신새벽'은 어머니께서 진주 장터에서 생선을 팔기 위해 일찍 일어나셔서 장에 가시는 이른 새벽을 가리키므로, '신새벽'은 화자가 어머니에 대해 안타까운 마음을 느끼는 시간적 배경이다. 그리고 (나)의 '한밤중'은 화자가 장에 나가신 어머니를 마중 가기 위해 길을 나섰다가 해가 저물면서 공포감이나 불안감을 느끼는 시간적 배경이다. 따라서 '신새벽'이나 '한밤중' 모두 어린 화자가 느끼는 불안감이 해소되는 시간적 배경이라고는 할 수 없다.

⑤ (가)의 '말없이 글썽이고 반짝이던 것인가'에서는 어머니의 과거 삶을, (나)의 '아, 요즘도 장날이면'에서는 과거로부터 이어지는 어머니의 현재 삶을 떠올리고 있는 시적 상황이라는 점에서 차이가 있습니다.
(가)의 '말없이 글썽이고 반짝이던 것인가'에서는 생선을 팔며 고단한 삶을 살았던 어머니의 과거 삶을 떠올리고 있고, (나)의 '아, 요즘도 장날이면'에서는 과거로부터 현재까지 담양장에서 대바구니를 팔고 있던 어머니의 삶을 떠올리고 있다는 점에서 차이가 있다.

---

45 시어의 기능 파악   정답률 80% | 정답 ⑤

〈보기〉를 참고하여 ㉠ ~ ㉤을 이해한 내용으로 적절하지 않은 것은?

〈보 기〉
시에서는 정서나 상황 등을 효과적으로 표현하기 위해 부사어를 사용하기도 한다. 따라서 부사어를 사용한 의도를 파악해 보면 시적 의미를 섬세하게 해석할 수 있어 감상의 묘미가 높아진다.

① ㉠ : 늘 걸어서 장에 다니시는 어머니의 일상을 강조한다.
어머니께서 장터에서 '꼬박꼬박' 걸어오셨다는 것은, 늘 걸어서 장에 다니시며 대바구니를 파는 어머니의 일상을 강조한 것으로 볼 수 있다.

② ㉡ : 어머니를 마중 갔던 길이 길고 멀었다는 것을 부각한다.
'하염없이' 걸었다는 것은, 어머니를 만나기 위해 계속적으로 길을 걷는 상황을 나타내는 것이므로 어머니를 마중 갔던 길이 길고 멀었다는 것을 부각한 것으로 볼 수 있다.

③ ㉢ : 갑작스럽게 해가 져 놀라고 겁이 난 심리를 강조한다.
해가 '덜렁' 졌다는 것은 갑작스럽게 해가 진 상황을 부각한 것이므로 동생과 함께 어머니를 마중 나간 화자가 놀라고 겁이 난 심리를 강조한 것으로 볼 수 있다.

④ ㉣ : 더 갈지 돌아가야 할지 주저하는 내적 갈등을 부각한다.
해가 진 상황에서 장터를 향해 계속 길을 걸을 것인지 아니면 집으로 돌아갈 것인지를 망설이는 상황에서 느끼는 내적 갈등을 '한참'이라는 부사어를 사용하여 부각한 것으로 볼 수 있다.

⑤ ✔ ㉤ : 장이 끝나 가서 장사를 마쳐야 하는 아쉬움을 강조한다.
'멀거니'는 '정신없이 물끄러미 보고 있는 모양'을 의미하는 부사어로, 대바구니를 사러 오는 손님도 없는 장터에서 우두커니 앉아 혹시나 올지 모를 손님을 기다리는 어머니의 모습을 강조하고 있다. 따라서 장이 끝나 가서 장사를 마쳐야 하는 아쉬움을 강조하고 있다는 설명은 작품 맥락을 고려할 때 적절하지 않다.

08회 | 3월 학력평가 대비 실전 모의고사   고1

| 정답 |

01 ② 02 ③ 03 ④ 04 ③ 05 ⑤   06 ⑤ 07 ② 08 ⑤ 09 ② 10 ②   11 ② 12 ④ 13 ① 14 ① 15 ⑤
16 ② 17 ④ 18 ⑤ 19 ① 20 ★④   21 ④ 22 ① 23 ④ 24 ③ 25 ②   26 ③ 27 ④ 28 ⑤ 29 ③ 30 ④
31 ① 32 ④ 33 ③ 34 ① 35 ③   36 ① 37 ② 38 ④ 39 ② 40 ⑤   41 ④ 42 ⑤ 43 ⑤ 44 ④ 45 ④

★ 표기된 문항은 [등급을 가르는 문제]에 해당하는 문항입니다.

[01~03] 화법

01 발표자의 말하기 계획 평가   정답률 82% | 정답 ②

발표에 반영된 학생의 계획으로 적절하지 않은 것은?

① 구체적인 예를 들어 청중의 이해를 돕는다.
5문단에서 발표자가 여러 종류의 알파벳 약자 조합의 예, 로마자 이름 표기의 예를 구체적으로 제시하여 청중의 이해를 돕고 있다.

② ✔ 자료의 출처를 밝혀 발표의 신뢰성을 높인다.
발표자는 '로마자 표기법'에 따른 표기를 사례로 제시하고 있지만 구체적인 자료를 제시하지는 않고 있다. 또한 자료의 출처를 밝히지도 않고 있다.

③ 비언어적 표현을 활용하여 청중의 흥미를 유발한다.
3문단의 '스마트폰으로 얼굴을 찍는 자세를 취하며', '청중의 대답을 듣고 고개를 끄덕이며', 5문단의 '칠판에 적어 보여 주며'를 보면 발표자는 비언어적 표현을 사용하여 청중의 흥미를 유발하고 있다.

④ 청중의 대답을 유도하는 질문을 던져 청중과 상호 작용한다.
2문단에서 발표자는 자신의 질문에 대한 청중의 반응을 살피고 여권과 비자의 차이에 대해 설명하고 있으며, 3문단에서 청중의 대답을 듣고 고개를 끄덕이며 반응하고 있다. 이를 통해 발표자는 청중과 상호 작용하고 있다고 볼 수 있다.

⑤ 도입부에서 발표 내용을 안내해 청중이 예측하며 듣게 한다.
1문단에서 여권의 개념, 여권 발급 신청 시 준비물과 유의점, 여권 기재 정보라는 발표 내용을 언급하고 있다. 이는 청중이 이후에 전개될 내용을 예측하며 들을 수 있도록 해 주는 것이다.

---

02 발표 내용의 이해   정답률 88% | 정답 ③

다음은 여권의 신원 정보 면 자료이다. 위 발표를 들은 청중이 ㉠ ~ ㉤에 대해 보인 반응으로 적절하지 않은 것은?

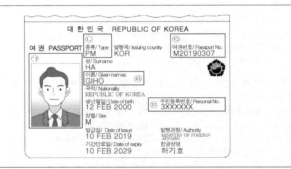

① ㉠ : 정면을 바라보고 얼굴 전체가 드러나 여권 소지자가 본인이라는 것을 확인할 수 있겠군.
3문단을 보면 여권에 수록할 사진은 정면을 바라보고 얼굴 전체가 드러난 것이어야 함을 알 수 있다.

② ㉡ : 이 여권은 기간 만료일까지 출입국할 때 여러 번 사용할 수 있겠군.
5문단을 보면 'PM'이 유효 기간 동안 여러 번 출입국에 사용할 수 있는 여권 종류를 나타내는 것임을 알 수 있다.

③ ✔ ㉢ : 이 여권을 소지한 사람이 다른 나라로부터 입국 허가를 받았음을 알 수 있겠군.
2문단에서 여행할 나라로부터 받는 입국 허가는 '비자'임을 알 수 있다. 그리고 5문단에서 여권 번호는 여권 종류를 나타내는 알파벳과 숫자 여덟 개의 조합으로 이루어져 있고, 이 숫자는 위조 시 변조를 막기 위해 무작위로 부여됨을 알 수 있다. 따라서 ㉢의 반응은 적절하지 않다.

④ ㉣ : 로마자 표기법에 따라 한글 이름과 발음이 일치하게 표기한 이름을 실었다고 볼 수 있겠군.
5문단을 보면 '기호'라는 이름이 로마자 표기법에 따라 'GIHO'로 표기할 수 있음을 알 수 있다.

⑤ ㉤ : 2020년 이후에 여권을 발급받는다면 수록되지 않을 정보이겠군.
5문단을 보면 2020년부터 발급될 여권에 주민등록번호 뒷부분이 기재되지 않을 예정이라는 내용을 알 수 있다.

---

03 청자의 듣기 전략 파악   정답률 92% | 정답 ④

〈보기〉에 나타난 학생의 듣기 전략으로 적절한 것은?

〈보 기〉
'그러고 보니 한국어능력시험을 볼 때, 기간 만료 전의 여권도 신분증으로 제시할 수 있다는 안내문을 보고 여권을 가지고 간 적이 있어. 여권이 있으면 나중에 대학수학능력시험을 보러 갈 때 신분증으로 활용할 수 있겠다.'

① 발표 내용 중 이해하기 어려운 점에 대해 의문을 떠올리며 들었다.

② 정보 전달에 적합한 내용 조직 방식을 사용했는지 평가하며 들었다.

③ 발표자가 제시한 정보들 사이의 공통점과 차이점을 파악하며 들었다.

☑ 발표 내용과 관련된 자신의 경험을 떠올리고 유사한 상황에 적용하며 들었다.
6문단에 제시된 여권을 국내에서 신분증으로 활용할 수 있다고 한 내용과 관련하여, 〈보기〉의 청자는 자신이 한국어능력시험을 볼 때 여권을 신분증으로 활용하였던 경험을 떠올리고 있다. 또한 대학수학능력시험이라는 유사한 상황에 적용하여 여권을 신분증으로 활용할 수 있을 것이라고 추측하며 말하고 있으므로 적절하다.

⑤ 발표 내용을 요약하며 자신이 들은 내용을 잘 이해하고 있는지 점검하며 들었다.

[04~07] 화법과 작문

04 말하기 계획의 반영 여부 판단 　　정답률 69% | 정답 ③

〈보기〉는 진행자가 (가)를 준비하면서 떠올린 생각이다. (가)에 반영되지 <u>않은</u> 것은?

─〈보 기〉─
ⓐ 화제와 관련된 최근의 사례를 언급한 후, 대담의 중심 화제를 소개함으로써 청취자의 관심을 유도해야겠어. ⓑ 바다에 있는 플라스틱 쓰레기양의 규모도 확인하여 청취자가 문제의 심각성을 실감하도록 해야지. 그 다음, ⓒ 해양 오염 개선을 위한 국제 협약의 성과를 소개하도록 요청함으로써 전문적인 정보가 제공되도록 해야겠어. 대담을 끝내기 전에, ⓓ 청취자들이 문제 해결에 참여할 수 있는 방법에 대해 질문한 후 ⓔ 일상생활에서 실천할 수 있는 예를 들며 마무리해야겠어.

① ⓐ 화제와 관련된 최근의 사례를 언급한 후, 대담의 중심 화제를 소개
진행자는 폐사한 거북이의 코에서 플라스틱 빨대가 발견된 사건이 많은 사람들에게 충격을 주었음을 언급한 뒤, 대담의 중심 화제로 '플라스틱 쓰레기로 인한 해양 오염'을 소개하고 있다.

② ⓑ 바다에 있는 플라스틱 쓰레기양의 규모도 확인
진행자의 두 번째 발화와 세 번째 발화에서 바다에 있는 플라스틱 쓰레기양의 규모를 질문하여 그에 대한 정보를 얻고 있음을 알 수 있다.

☑ ⓒ 해양 오염 개선을 위한 국제 협약의 성과를 소개하도록 요청
진행자는 '국제적으로 함께 고민해야 할 것'이라며 해양 오염에 대한 국제적 관심이 필요하다는 생각을 드러내고 있지만, 해양 오염 개선을 위한 국제적 노력 및 그 성과를 소개해 달라고 대담자에게 요청하지는 않고 있다.

④ ⓓ 청취자들이 문제 해결에 참여할 수 있는 방법에 대해 질문
진행자의 마지막 직전 발화에서 청취자들이 일상에서 실천할 수 있는 방법에 대해 묻고 있는 것을 확인할 수 있다.

⑤ ⓔ 일상생활에서 실천할 수 있는 예를 들며 마무리
진행자의 마지막 발언인 '플라스틱 빨대 하나라도 덜 쓰려는 노력을 해야 한다'는 것에서 확인할 수 있다.

05 말하기 방식의 이해 　　정답률 80% | 정답 ⑤

[A], [B]를 이해한 내용으로 가장 적절한 것은? [3점]

① [A] : '연구원'은 구체적 수치를 활용하여 '진행자'의 동의를 구하고 있다.
[A]에서 연구원은 구체적 수치를 제시하여 플라스틱 쓰레기 배출 규모를 알려 주고 있을 뿐, 진행자의 동의를 구하지는 않고 있다.

② [A] : '진행자'는 '연구원'이 언급한 정보를 이용하여 이어질 내용을 예측하고 있다.
[A]에서 진행자의 발화는 연구원이 제공한 정보를 요약, 재진술한 것으로, 이어질 내용을 예측하지는 않고 있다.

③ [A] : '연구원'은 연구 결과를 토대로 해결책을 모색하고 있다.
[A]에서 연구원은 연구 결과를 토대로 바다에 있는 플라스틱 쓰레기의 규모와 플라스틱 쓰레기가 바다로 유입되는 배경을 알려 주고 있지만, 해결책을 모색하지는 않고 있다.

④ [B] : '연구원'은 외국의 통계 자료와 비교하여 우리나라의 현황을 보고하고 있다.
[B]에서 연구원은 인근 해역의 어패류를 분석한 연구 결과를 바탕으로 우리나라의 현황을 알려 주고 있지만, 외국의 통계 자료와 비교하지는 않고 있다.

☑ [B] : '진행자'는 물음의 형식을 이용하여 자신의 이해가 정확한지 확인하고 있다.
진행자는 연구원이 언급한 연구 결과가 어패류 체내에 플라스틱이 쌓이고 있음을 뜻하는지 묻고 있는데, 이는 연구원의 발화에 대한 자신의 이해가 정확한지 확인하는 질문이라 할 수 있다.

06 작문 계획의 반영 여부 판단 　　정답률 67% | 정답 ⑤

다음은 (가)를 반영하여 (나)를 작성하기 위한 학생의 작문 계획이다. (나)에서 언급하지 <u>않은</u> 것은?

○ 대담에서 연구원이 언급한 정보를 활용하여 플라스틱 쓰레기로 인한 해양 오염 실태를 독자에게 알려야겠어. ……………………………… ①
○ 플라스틱 소비에 대한 개인적 경험을 활용하여 독자가 플라스틱 쓰레기에 대한 문제의식을 공유하도록 해야겠어. ………………………………… ②
○ 대담에서 연구원이 언급하지 않은 정보를 추가로 조사하여 생활 하수를 통해 배출되는 미세 플라스틱에 대해 독자가 구체적으로 인지하도록 해야겠어. ……… ③
○ 대담에서 연구원이 언급한 내용에 대한 예를 들어 독자가 실천해야 할 방법을 명료하게 파악하도록 해야겠어. ………………………………………… ④
○ 다른 소재의 재활용률보다 플라스틱의 재활용률이 낮음을 지적하여 플라스틱 재활용률을 높일 수 있도록 독자의 참여를 유도해야겠어. ……………… ⑤

① 대담에서 연구원이 언급한 정보를 활용하여 플라스틱 쓰레기로 인한 해양 오염 실태를 독자에게 알려야겠어.
(가)에서 연구원이 언급한 정보(1억 6천만 톤, 800만 톤)를 활용하여 (나)의 1, 2문단에서 해양 오염의 실태를 알리고 있다.

② 플라스틱 소비에 대한 개인적 경험을 활용하여 독자가 플라스틱 쓰레기에 대한 문제의식을 공유하도록 해야겠어.
1문단에서 일주일 간 자신이 사용하고 버린 플라스틱 쓰레기의 사례를 나열함으로써 일상적으로 배출되는 플라스틱 쓰레기가 적지 않음을 보여 주고 있다.

③ 대담에서 연구원이 언급하지 않은 정보를 추가로 조사하여 생활 하수를 통해 배출되는 미세 플라스틱에 대해 독자가 구체적으로 인지하도록 해야겠어.
(가)에서 연구원이 바다로 유입되는 플라스틱 쓰레기 중 도로변 미세 플라스틱과 하수처리시설 방류수에

─── (우측 컬럼) ───

포함된 미세 플라스틱이 있음을 언급하고 있다. 그런데 (나)의 2문단에서는 생활하수를 통해 치약, 세정제의 원료로 쓰인 미세 플라스틱과, 합성 섬유로 만들어진 옷을 세탁할 때마다 떨어져 나오는 미세 플라스틱이 바다로 유입되고 있음을 제시하여 독자가 이에 대해 구체적으로 인지하도록 하고 있다.

④ 대담에서 연구원이 언급한 내용에 대한 예를 들어 독자가 실천해야 할 방법을 명료하게 파악하도록 해야겠어.
(나)에서는 (가)에서 연구원이 언급한 청취자 실천 방법에 대해 구체적인 사례를 들어 독자가 실천해야 할 방법을 명료하게 평가하게 하고 있다.

☑ 다른 소재의 재활용률보다 플라스틱의 재활용률이 낮음을 지적하여 플라스틱 재활용률을 높일 수 있도록 독자의 참여를 유도해야겠어.
(나)의 3문단에서 플라스틱 재활용률을 높일 수 있도록 노력해야 한다는 내용은 찾아볼 수 있지만, 다른 소재의 재활용률과 플라스틱의 재활용률을 비교하는 내용은 언급되지 않고 있다.

07 조건에 맞게 고쳐쓰기 　　정답률 86% | 정답 ②

다음 선생님의 조언에 따라 (나)에 내용을 추가하고자 할 때, 가장 적절한 것은?

선생님 : 독자에게 글의 의도를 효과적으로 전달하려면 마지막에 상황의 심각성을 한 번 더 언급하고, 앞서 제안했던 실천이 갖는 의의를 나타내면 좋습니다.

① 플라스틱은 생산되는 데 5초, 쓰이는 데 5분, 분해되는 데 500년이 걸리는 소재로 알려져 있다. 그런데 최근 플라스틱 쓰레기를 재활용한 신소재 연구가 진행 중이라는 반가운 소식이 들리고 있다. 플라스틱 쓰레기가 유용한 신소재로 재탄생할 날도 멀지 않았다.
'플라스틱은 생산되는 데 5초, 쓰이는 데 5분, 분해되는 데 500년이 걸리는 소재로 알려져 있다.'라고 상황의 심각성을 언급하였고, '그런데 최근 플라스틱 쓰레기를 재활용한 신소재 연구가 진행 중이라는 반가운 소식이 들리고 있다. 플라스틱 쓰레기가 유용한 신소재로 재탄생할 날도 멀지 않았다.'라고 상황의 변화를 전망하고 있으나 초고에서 언급했던 실천의 의의를 보여 주지는 않고 있다.

☑ 우리나라 남해 연안의 미세 플라스틱 오염도는 세계 최고 수준으로 바닷물 1m³에 평균 21만 개의 미세 플라스틱 입자가 들어 있는 것으로 확인되었다. 플라스틱 사용을 줄이고 재활용률을 높이려는 노력이 모이면 해양 환경을 위협하는 미세 플라스틱 쓰레기가 줄어들 것이다.
선생님의 조언에 따라 (나)에 추가할 내용은, 상황의 심각성과 앞서 언급했던 실천의 의의를 밝히는 것이다. 미세 플라스틱 오염도를 언급하면서 플라스틱 사용을 줄이고 재활용률을 높이려는 노력이 모이면 플라스틱 쓰레기가 감소될 것이라는 의의를 밝히고 있으므로 적절하다.

③ 태평양의 동서쪽에는 한반도 면적의 7배 크기인 쓰레기 섬과 미국에서 두 번째로 큰 텍사스 주 면적의 2배 크기인 쓰레기 섬이 떠다니는데, 쓰레기 섬의 90%를 차지하는 것은 플라스틱이다. 현재의 추세라면, 2050년 무렵 바다에는 물고기보다 플라스틱이 더 많아질 것으로 전망된다.
'태평양의 동서쪽에는 한반도 면적의 7배 크기인 쓰레기 섬과 미국에서 두 번째로 큰 텍사스 주 면적의 2배 크기인 쓰레기 섬이 떠다니는데, 쓰레기 섬의 90%를 차지하는 것은 플라스틱이다.'라고 상황의 심각성을 언급하였고, '현재의 추세라면, 2050년 무렵 바다에는 물고기보다 플라스틱이 더 많아질 것으로 전망된다.'라고 상황의 변화를 전망하고 있으나 초고에서 언급했던 실천의 의의를 보여 주지는 않고 있다.

④ 유엔환경계획은 미세 플라스틱이 체내에 쌓이면 심각한 질병을 유발할 수 있다고 경고해왔다. 치약, 화장품 생산에 쓰였던 미세 플라스틱 알갱이의 위험성이 알려지자 호두 껍데기나 코코넛 껍데기 같은 유기 물질로 원료를 바꾸는 기업의 노력이 이어지고 있어 상황이 개선될 것이다.
'유엔환경계획은 미세 플라스틱이 체내에 쌓이면 심각한 질병을 유발할 수 있다고 경고해왔다.'라고 상황의 심각성을 언급하였고, '치약, 화장품 생산에 쓰였던 미세 플라스틱 알갱이의 위험성이 알려지자 호두 껍데기나 코코넛 껍데기 같은 유기 물질로 원료를 바꾸는 기업의 노력이 이어지고 있어 상황이 개선될 것이다.'라고 상황의 변화를 전망하고 있으나 초고에서 언급했던 실천의 의의를 보여 주지는 않고 있다.

⑤ 미국, 멕시코, 중국 등 9개국 11개 브랜드 생수 259병을 조사한 결과 93% 제품에서 미세 플라스틱이 검출되었고, 21개국에서 판매되는 소금을 분석한 결과 90% 제품에 미세 플라스틱이 함유된 것으로 드러났다. 이처럼 우리가 버린 플라스틱이 우리의 식탁으로 돌아와 건강을 위협하고 있다.
해양 오염의 실태와 그 영향을 진술한 것으로 상황의 심각성만 언급되어 있다.

[08~10] 작문

08 작문 계획의 반영 여부 판단 　　정답률 85% | 정답 ⑤

(가)에서 학생이 글을 쓰기 전에 떠올린 생각 중 (나)에 반영되지 <u>않은</u> 것은?

① ⓐ
1문단에 '1인 방송의 개념과 현황'이 제시되어 있다.

② ⓑ
2문단에서 '1인 방송이 청소년 사이에서 확산된 이유'를 제시하고 있다.

③ ⓒ
3문단에서 '1인 방송이 청소년에게 주는 긍정적 효과'를 제시하고 있다.

④ ⓓ
4문단에서 '1인 방송이 청소년에게 미치는 부정적 영향'을 제시하고 있다.

☑ ⓔ
(나) 초고 마지막을 보면, 청소년들은 '1인 방송'에 대해 비판적 태도를 가져야 하며, '1인 방송'의 콘텐츠를 선별하여 시청하는 태도를 가져야 한다고 언급한다. 이를 통해 청소년이 '1인 방송'에 대해 지녀야 할 태도에 대해 언급하고 있는 것을 알 수 있다. 따라서 청소년에게 부정적 영향을 끼치는 1인 방송에 대한 규제의 필요성에 대한 내용은 없으므로 적절하지 않다.

09 자료 활용의 적절성 평가 　　정답률 76% | 정답 ②

(나)를 수정·보완하는 과정에서 〈보기〉의 두 자료를 모두 활용하는 방안으로 가장 적절한 것은? [3점]

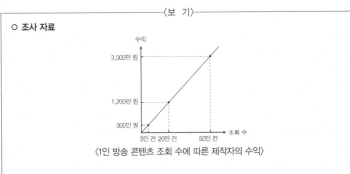

---〈보 기〉---

○ 조사 자료

〈1인 방송 콘텐츠 조회 수에 따른 제작자의 수익〉

○ 1인 방송 제작자 인터뷰

"제가 1인 방송을 할 때, 막말 등을 섞어서 자극적인 콘텐츠로 방송을 했더니 그렇지 않았을 때보다 조회 수가 크게 늘어났어요. 그 이후로 조회 수를 늘리기 위해 더 자극적인 콘텐츠를 제작하려는 유혹을 느낄 수밖에 없었습니다."

① 1인 방송에 대해 청소년들의 관심이 집중되는 이유가 자극적인 콘텐츠를 다수 포함하고 있기 때문임을 제시한다.
'인터뷰'와는 관련이 되지만 '조사 자료'와는 관련이 없다.

☑ 1인 방송에서 자극적인 콘텐츠가 늘어나는 이유가 조회 수가 제작자의 이익으로 이어지기 때문이라는 내용을 추가한다.
〈보기〉의 '조사 자료'는 1인 방송 콘텐츠 조회 수 증가에 따라 제작자의 수익이 올라가는 것을 확인할 수 있는 그래프이고, '인터뷰'는 자극적인 콘텐츠로 방송했을 때 조회 수가 늘어났다는 내용을 담고 있다. 따라서 '1인 방송에서 자극적인 콘텐츠가 늘어나는 이유가 조회 수가 제작자의 이익으로 이어지기 때문이라는 내용을 추가해야 한다.'가 적절하다.

③ 1인 방송에 대한 규제를 강화하는 이유가 자극적인 콘텐츠를 즐기는 청소년들이 크게 증가하고 있기 때문임을 추가한다.
모두 '조사 자료'나 '인터뷰'에서 확인할 수 없는 내용이다.

④ 1인 방송의 제작자가 자극적인 콘텐츠를 적극적으로 개발하는 이유가 콘텐츠의 다양성을 추구하기 위함임을 제시한다.
모두 '조사 자료'나 '인터뷰'에서 확인할 수 없는 내용이다.

⑤ 1인 방송에서 부적절한 언어를 사용하는 것이 1인 방송을 조회하는 청소년의 수가 늘어나게 되는 요인이 됨을 제시한다.
'인터뷰'와는 관련이 되지만 '조사 자료'와는 관련이 없다.

---

10 고쳐쓰기의 적절성 판단 　정답률 71% | 정답 ②

(나)의 ㉠ ~ ㉤을 고쳐 쓰기 위한 방안으로 적절하지 <u>않은</u> 것은?

① ㉠ : 단어의 사용이 잘못되었으므로 '제공'으로 고친다.
'제시'는 '어떠한 의사를 말이나 글로 나타내어 보임.'이라는 의미를 지녀 문맥상 어울리지 않는 어휘이므로, ㉠에는 '무엇을 내주거나 갖다 바침.'이라는 의미를 지닌 '제공'으로 고쳐 쓰는 것이 적절하다.

☑ ㉡ : 문단의 통일성을 고려하여 4문단의 마지막 문장 뒤로 옮긴다.
㉡은 1인 방송 진행자가 청소년의 장래 희망으로 급부상하고 있다는 내용으로, 1인 방송이 청소년 사이에서 확산된 이유를 설명하는 2문단 내용의 통일성을 해치고 있어 삭제하는 것이 적절하다. 한편 4문단은 1인 방송이 청소년에게 미치는 부정적 영향을 설명하는 문단에 해당하므로 적절하지 않다.

③ ㉢ : 주어와 서술어의 호응 관계를 고려하여 '되었다는 점을 들 수 있다'로 고친다.
㉢은 앞의 '배경으로는'을 고려할 경우 '된 점이다'가 아닌, '되었다는 점을 들 수 있다'로 고쳐 쓰는 것이 적절하다.

④ ㉣ : 접속 표현의 사용이 잘못되었으므로 '또한'으로 교체한다.
'그래서'는 앞의 내용이 뒤의 내용의 원인이나 근거, 조건 등이 될 때 쓰는 접속 부사이다. 반면 '또한'은 '거기에 더라는 의미를 지닌 접속 부사이다. 문맥상 ㉣의 앞뒤 문장은 모두 1인 방송의 긍정적인 효과를 나열하고 있으므로 접속 표현을 '또한'으로 고쳐야 한다.

⑤ ㉤ : 피동 표현이 중복되었으므로 '노출될'로 고친다.
㉤은 피동 표현인 '-되다'와 '-어지다'가 불필요하게 중복되어 사용된 것이므로 '노출될'의 형태로 고쳐 쓰는 것이 적절하다.

[11~15] 문법

11 관형사와 관형어의 분류 기준 　정답률 62% | 정답 ②

[A], [B]에 들어갈 말을 바르게 짝지은 것은?

	[A]	[B]
①	품사가 무엇인가	의미가 무엇인가
☑	품사가 무엇인가	문장 성분이 무엇인가

〈자료〉 1문단에서 관형어는 문장 성분에 따라 분류한 것임을 밝히고, '체언 앞에서 그 뜻을 꾸며 주는 기능'을 하는 것이라고 정의하고 있다. 또한 〈자료〉 5문단에서 관형사는 '체언 앞에서 체언의 뜻을 꾸며주는 품사'라고 정의하고, 품사에 따른 분류임을 밝히고 있다. 따라서 [A]에는 '품사가 무엇인가'가 [B]에는 '문장 성분이 무엇인가'가 제시되어야 한다.

③	문장 성분이 무엇인가	문장의 종류가 무엇인가
④	문장의 종류가 무엇인가	의미가 무엇인가
⑤	문장의 종류가 무엇인가	문장 성분이 무엇인가

● 문법 필수 개념

■ 문장 성분의 이해
1. **개념** : 문장 안에서 문장을 구성하면서 일정한 문법적 기능을 하는 각 부분
2. **문장 성분의 구분** : 주성분, 부속 성분, 독립 성분이 있음.

주성분	문장을 이루는 데 반드시 필요한 필수적인 성분 – 주어, 서술어 : 반드시 필요한 성분 – 목적어, 보어 : 문장의 성격에 따라 필요한 성분	주어 : 영희가 학교에 간다.
		목적어 : 나는 신발을 신었다.
		보어 : 물이 얼음이 되었다.
		서술어 : 비행기가 하늘을 난다.
부속 성분	주성분을 수식하는 기능을 하는 성분 – 꾸미는 대상을 설명해 주거나 꾸미는 대상의 의미를 제한함. – 수의적 성분 : 문장에서 빠져도 문장이 성립하는 성분	관형어 : 나는 친구의 가방을 들어 주었다.
		부사어 : 목련이 곱게 피어 있다.
독립 성분	문장 안에서 다른 성분들과 직접적인 관계를 맺지 않고 독립적으로 쓰이는 성분	독립어 : 철수야, 나하고 이야기 좀 하자.

---

12 관형어의 다양한 특성 파악 　정답률 85% | 정답 ④

윗글을 참고하여 〈보기〉를 이해한 것으로 적절하지 <u>않은</u> 것은?

---〈보 기〉---

a. 고향
b. 예쁜
c. 남자의　　+　　친구가 여기 있다.
d. 옛

① a ~ d는 모두 체언 '친구'를 꾸며 주는 역할을 한다.
a ~ d는 모두 체언 '친구'를 꾸며 주어 어떠한 친구가 여기 있는지 구체적으로 밝혀 주고 있다.

② a는 조사가 없이 체언만으로 관형어가 된 경우이다.
a의 '고향'은 관형격 조사 '의' 없이 체언 단독으로 뒤에 오는 체언 '친구'를 꾸며 주고 있으므로 관형어로 볼 수 있다.

③ b는 용언의 어간 '예쁘–'에 관형사형 어미 '–ㄴ'이 결합된 것이다.
'예쁜'의 기본형은 '예쁘다'로, 어간 '예쁘–'에 관형사형 어미 '–ㄴ'이 결합된 것이다.

☑ c에서 관형격 조사 '의'가 생략되어도 문장의 원래 의미가 달라지지 않는다.
c에 제시된 '남자의 친구'는 성별이 남자인 이와 친구 관계에 있는 사람을 가리키는 것으로 해석된다. 하지만 '남자의 친구'에서 '의'를 생략하여 '남자 친구'가 되면, '성별이 남자인 친구'나 '이성 교제의 대상으로서의 남자'를 가리키는 것으로 해석되어 의미에 변화가 생긴다.

⑤ d는 조사가 결합할 수 없으며 활용이 불가능하다.
'옛'은 '친구'의 의미를 꾸며 주면서 조사가 결합하지 않고 활용이 불가능한 단어이므로 관형사가 관형어가 된 경우로 볼 수 있다.

---

13 음운 변동의 이해 　정답률 89% | 정답 ①

다음은 음운 변동에 대한 선생님의 설명이다. 질문에 대한 답으로 적절한 것은?

선생님 : 음운 변동에는 한 음운이 다른 음운으로 바뀌는 현상인 '교체', 있던 음운이 없어지는 현상인 '탈락', 없던 음운이 새로 생기는 현상인 '첨가', 두 음운이 하나의 음운으로 합쳐지는 현상인 '축약'이 있습니다.
그러면 '국물[궁물]'과 '몫[목]'에서는 각각 어떤 음운 변동이 일어날까요?

	국물	몫
☑	교체	탈락

'국물'이 [궁물]로 발음되는 현상은 '국'의 종성인 'ㄱ'이 그 뒤에 오는 '물'의 초성인 'ㅁ'의 영향을 받아 'ㅇ'으로 바뀐 것이다. 따라서 '국물[궁물]'에서 일어나는 음운 변동은 한 음운이 다른 음운으로 바뀌는 현상인 '교체'에 해당한다. '몫'이 [목]으로 발음되는 현상은 '몫'의 종성에 있는 두 자음 중에서 'ㅅ'이 없어진 것이다. 따라서 '몫[목]'에서 일어나는 음운 변동은 있던 음운이 없어지는 현상인 '탈락'에 해당한다.

②	교체	첨가
③	탈락	축약
④	첨가	교체
⑤	첨가	탈락

● 문법 필수 개념

■ 음운 변동의 이해
1. **음운 변동의 뜻** : 어떤 형태소가 다른 형태소와 결합할 때 그 환경에 따라 발음이 달라지는 현상
2. **음운 변동의 종류**

구분	음운 현상	음운 변동의 종류
교체(交替)	어떤 음운이 음절의 끝에서 다른 음운으로 바뀌는 현상	음절의 끝소리 규칙, 음운의 동화, 된소리되기 등
축약(縮約)	두 음운이 하나의 음운으로 줄어드는 현상	거센소리되기, 음절 축약 등
탈락(脫落)	두 음운 중 어느 하나가 없어지는 현상	'ㅎ' 탈락, 'ㄹ' 탈락, 'ㅡ' 탈락 등
첨가(添加)	원래 없던 소리가 끼어드는 현상	사잇소리 현상 등

---

14 단어의 의미 관계 파악 　정답률 92% | 정답 ①

〈보기〉의 (가), (나)에 들어갈 내용으로 적절한 것은?

---〈보 기〉---

단어는 문맥에 따라 여러 가지 뜻을 가진다. 그래서 반의어도 여럿이 될 수 있다. 예를 들어 '시계가 서다.'에서 '서다'의 반의어는 '가다'인데, '기강이 서다.'에서 '서다'의 반의어는 '무너지다'가 된다. '벗다'도 문맥에 따라 여러 가지 뜻을 가지기 때문에 반의어가 여럿이다.

단어	예문	반의어
벗다	외투를 벗다.	입다
	(가)	쓰다
	배낭을 벗다.	(나)

　　(가)　　　　　(나)

✓ 누명을 벗다.　　메다

'벗다'는 문맥에 따라 여러 가지 뜻을 가진다. '누명을 벗다.'에서 '벗다'는 '누명이나 치욕 따위를 씻다.'라는 뜻이다. 이때 '벗다'의 반의어는 '사람이 죄나 누명 따위를 가지거나 입게 되다.'라는 뜻의 '쓰다'가 될 수 있다. '배낭을 벗다.'에서 '벗다'는 '메거나 진 배낭이나 가방 따위를 몸에서 내려놓다.'라는 뜻이다. 이때 '벗다'의 반의어는 '어깨에 걸치거나 올려놓다.'라는 뜻의 '메다'가 될 수 있다.

② 안경을 벗다.　　끼다

'안경을 벗다.'에서 '벗다'는 '사람이 자기 몸 또는 몸의 일부에 착용한 물건을 몸에서 떼어 내다.'라는 뜻이다. 이때 '벗다'의 반의어는 '얼굴에 어떤 물건을 걸거나 덮어쓰다.'라는 뜻의 '쓰다'가 될 수 있다. '배낭을 벗다.'에서 '벗다'는 '메거나 진 배낭이나 가방 따위를 몸에서 내려놓다.'라는 뜻이다. 이때 '벗다'의 반의어는 '어깨에 걸치거나 올려놓다.'라는 뜻의 '메다'가 될 수 있으므로 '끼다'가 '배낭을 벗다.'에서 '벗다'의 반의어라고 할 수 없다.

③ 장갑을 벗다.　　차다

'장갑을 벗다.'에서 '벗다'는 '사람이 자기 몸 또는 몸의 일부에 착용한 물건을 몸에서 떼어 내다.'라는 뜻이다. 이때 '벗다'의 반의어는 '얼굴에 어떤 물건을 걸거나 덮어쓰다.'라는 뜻의 '쓰다'가 될 수 있다. '배낭을 벗다.'에서 '벗다'는 '메거나 진 배낭이나 가방 따위를 몸에서 내려놓다.'라는 뜻이다. 이때 '벗다'의 반의어는 '어깨에 걸치거나 올려놓다.'라는 뜻의 '메다'가 될 수 있으므로 '차다'가 '배낭을 벗다.'에서 '벗다'의 반의어라고 할 수 없다.

④ 모자를 벗다.　　걸다

'모자를 벗다.'에서 '벗다'는 '사람이 자기 몸 또는 몸의 일부에 착용한 물건을 몸에서 떼어 내다.'라는 뜻이다. 이때 '벗다'의 반의어는 '얼굴에 어떤 물건을 걸거나 덮어쓰다.'라는 뜻의 '쓰다'가 될 수 있다. '배낭을 벗다.'에서 '벗다'는 '메거나 진 배낭이나 가방 따위를 몸에서 내려놓다.'라는 뜻이다. 이때 '벗다'의 반의어는 '어깨에 걸치거나 올려놓다.'라는 뜻의 '메다'가 될 수 있으므로 '걸다'가 '배낭을 벗다.'에서 '벗다'의 반의어라고 할 수 없다.

⑤ 허물을 벗다.　　들다

'허물을 벗다.'에서 '벗다'는 '동물이 껍질, 허물, 털 따위를 갈다.'의 뜻이다. 이때 '벗다'의 반의어는 '쓰다'가 될 수 없다. '배낭을 벗다.'에서 '벗다'는 '메거나 진 배낭이나 가방 따위를 몸에서 내려놓다.'라는 뜻이다. 이때 '벗다'의 반의어는 '어깨에 걸치거나 올려놓다.'라는 뜻의 '메다'가 될 수 있으므로 '들다'가 '배낭을 벗다.'에서 '벗다'의 반의어라고 할 수 없다.

15　단어의 의미와 쓰임의 이해　정답률 76% | 정답 ⑤

다음은 학생들이 '-쟁이'와 '-장이'에 대해 탐구한 내용이다. ㄱ ~ ㅁ에 제시된 탐구 결과 중 적절하지 않은 것은? [3점]

탐구 목표	어근의 뒤에 붙어 새로운 단어를 만드는 접미사 중 '-쟁이'와 '-장이'의 의미와 쓰임을 구분해 사용할 수 있다.

↓

탐구 자료	(1) 고집쟁이 : 고집이 센 사람. 거짓말쟁이 : 거짓말을 잘하는 사람. (2) 노래쟁이 : '가수(歌手)'를 낮잡아 이르는 말. 그림쟁이 : '화가(畫家)'를 낮잡아 이르는 말. (3) 땜장이 : 땜질을 직업으로 하는 사람. 옹기장이 : 옹기 만드는 일을 직업으로 하는 사람.

↓

탐구 결과	○ (1)의 '-쟁이'의 의미는 '어떤 속성을 많이 가진 사람'으로 볼 수 있다. ················· ㄱ ○ (2)와 (3)은 둘 다 직업과 관련된 말이지만, '기술자'를 의미할 때는 '-장이'를 쓴다. ··· ㄴ ○ (1) ~ (3)을 볼 때, '-쟁이'와 '-장이'는 모두 명사와 결합하여 새로운 단어를 만든다. ··· ㄷ ○ (1) ~ (3)을 볼 때, '-쟁이'와 '-장이'는 모두 어근의 품사를 변화시키지 않는 접미사이다. ·· ㄹ ○ (1), (2), (3)의 예로 '욕심쟁이', '대장쟁이', '중매장이'를 각각 추가할 수 있다. ········· ㅁ

① ㄱ : (1)의 '-쟁이'의 의미는 '어떤 속성을 많이 가진 사람'으로 볼 수 있다.
'-쟁이'는 '그것이 나타내는 속성을 많이 가진 사람'의 뜻을 더하는 접미사이다. '고집쟁이'에는 '고집이 센'이라는 속성이, '거짓말쟁이'에는 '거짓말을 잘하는'이라는 속성이 나타나므로 적절한 분석이다.

② ㄴ : (2)와 (3)은 둘 다 직업과 관련된 말이지만, '기술자'를 의미할 때는 '-장이'를 쓴다.
'-장이'는 '그것과 관련된 기술을 가진 사람'의 뜻을 더하는 접미사이다. '노래쟁이'에는 '가수(歌手)'라는 직업이, '그림쟁이'에는 '화가(畫家)'라는 직업이 나타나므로 적절한 분석이다.

③ ㄷ : (1) ~ (3)을 볼 때, '-쟁이'와 '-장이'는 모두 명사와 결합하여 새로운 단어를 만든다.
자료 (1) ~ (3)을 볼 때, '-쟁이'와 '-장이'는 '고집, 거짓말, 노래, 그림, 땜, 옹기'의 명사와 결합하여 새로운 단어를 만들고 있음을 알 수 있다.

④ ㄹ : (1) ~ (3)을 볼 때, '-쟁이'와 '-장이'는 모두 어근의 품사를 변화시키지 않는 접미사이다.
자료 (1) ~ (3)을 볼 때, '-쟁이'와 '-장이'는 명사인 '고집, 거짓말, 노래, 그림, 땜, 옹기'와 결합하여 '고집쟁이, 거짓말쟁이, 노래쟁이, 그림쟁이, 땜장이, 옹기장이'의 단어를 만들고 있다. 따라서 결합 전후를 비교할 때 품사는 변화하지 않음을 알 수 있다.

✓ ㅁ : (1), (2), (3)의 예로 '욕심쟁이', '대장쟁이', '중매장이'를 각각 추가할 수 있다.
제시된 자료를 통해 ㅁ에서 '대장쟁이'는 수공업적인 방법으로 쇠를 달구어 연장 따위를 다루는 일인 '대장일'을 하는 '기술자'를 의미하므로 '-장이'가 붙고 '중매장이'는 결혼이 이루어지도록 중간에서 소개하는 일인 '중매'를 하는 사람을 의미하므로 '-쟁이'가 붙어야함을 알 수 있다. 따라서 (1), (2), (3)의 예로 '욕심쟁이, 중매쟁이, 대장장이'를 추가할 수 있다. 한편 '욕심쟁이'는 욕심이 많은 사람을 낮잡아 이르는 말이므로, '-쟁이'가 붙어야 하므로 (1)의 예로 적절하다.

[16~45] 독서·문학

16~21　과학

홍준의 외, '살아 있는 과학 교과서'

해제　이 글은 식물이 물을 꼭대기의 잎까지 끌어 올리는 세 가지 힘, 뿌리압, 모세관 현상, 증산 작용에 대해 설명하고 있다.
글쓴이는 먼저 식물이 뿌리에서부터 잎까지 물을 어떻게 끌어올리는지에 대한 의문을 제기하며, 이러한 작용에 관여하는 것에 뿌리압, 모세관 현상, 증산 작용이 있음을 밝히고 있다.
그런 다음, 뿌리에서는 뿌리털 안과 흙 속의 농도 차이에 따라 삼투압이 발생하고, 이로 인해 뿌리압이 발생하고 그 힘에 의해 물이 위로 상승함을 밝히고 있다. 그리고 식물체 안의 가느다란 물관에서 모세관 현상이 발생하는데, 이러한 모세관 현상은 가는 관 안의 물 분자가 벽과 결합하려는 힘에 의해 생김을 언급하고 있다. 마지막으로 글쓴이는 잎의 기공을 통하여 식물체의 수분이 수증기 상태로 증발하는 현상이 증산 작용임을 밝히고, 이러한 증산 작용으로 인해 잎의 세포에서 물 분자가 증발되면서 아래쪽의 물 분자를 끌어올린다고 하면서, 물을 끌어올리는 요인 중 가장 큰 힘인 증산 작용임을 밝히며 글을 마무리하고 있다.

주제　식물이 물을 끌어 올리는 원리

문단 핵심 내용

1문단	식물이 뿌리에서부터 잎까지 물을 끌어올리는 데 작용하는 뿌리압, 모세관 현상, 증산 작용
2문단	뿌리압의 이해
3문단	모세관 현상의 의미 및 모세관 현상이 일어나는 이유
4문단	증산 작용의 이해
5문단	식물이 물을 끌어올리는 요인 중 가장 큰 힘인 증산 작용

16　세부 정보의 이해　정답률 86% | 정답 ②

윗글의 내용과 일치하지 않는 것은?

① 식물의 종류에 따라 기공의 크기가 다르다.
5문단의 '기공의 크기는 식물의 종류에 따라 다른데'에서 식물의 종류에 따라 기공의 크기가 다르다는 것을 확인할 수 있다.

✓ 식물의 뿌리압은 중력과 동일한 방향으로 작용한다.
1문단의 물은 지구 중심으로부터 중력을 받아 높은 곳에서 낮은 곳으로 흐른다는 내용과 2문단의 뿌리압은 물을 위로 밀어 올리는 힘이라는 내용을 바탕으로 뿌리압은 중력과 반대 방향으로 작용하는 것임을 알 수 있다.

③ 식물이 광합성 작용을 하기 위해서는 반드시 물이 필요하다.
1문단의 '동물과 달리 식물은 잎에서 광합성을 통해 생장에 필요한 양분을 만들어 내는데, 물은 바로 그 원료가 된다.'에서 알 수 있다.

④ 뿌리에서 잎까지 물 분자들은 사슬처럼 서로 연결되어 있다.
5문단의 '사슬처럼 연결된 ~ 올려지는 것이다.'에서 확인할 수 있다.

⑤ 물관 내에서 물 분자와 모세관 벽이 결합하려는 힘으로 물이 위로 이동한다.
3문단의 '모세관 현상은 물 분자와 모세관 벽이 결합하려는 힘이 물 분자끼리 결합하려는 힘보다 더 크기 때문에 일어난다.'와 '이처럼 식물은 물관의 지름이 매우 작기 때문에 모세관 현상으로 물을 밀어 올리는 힘이 생긴다.'에서 알 수 있다.

17　글의 내용과 〈보기〉의 정보 이해　정답률 72% | 정답 ④

[A]와 〈보기〉를 이해한 것으로 적절하지 않은 것은? [3점]

〈보 기〉
삼투 현상이란 용액의 농도가 낮은 곳에서 높은 곳으로 선택적 투과성 막을 통해 물이 이동하는 현상이다. 이때 물이 이동하는 힘을 삼투압이라 하며, 이 힘은 용액의 농도에 따라 비례한다. 삼투 현상의 예로 배추를 소금물에 담그면 소금 입자는 이동하지 못하고 배추에 있는 물이 소금물 쪽으로 이동하여 배추가 절여지는 것을 들 수 있다.

① 뿌리털을 둘러싼 세포막은 선택적 투과성 막 역할을 한다.
뿌리털을 둘러싼 세포막을 통해 물 분자들이 흡수되므로 세포막은 선택적 투과성 막이라 할 수 있다.

② 소금물에 소금을 추가하면 배추에서 빠져 나오는 물이 이동하는 힘이 커진다.
〈보기〉에서 용액의 농도가 높아지면 삼투압이 비례하여 커진다는 것을 알 수 있다.

③ 선택적 투과성 막을 흙 속의 물 분자는 통과할 수 있지만 소금 입자는 통과할 수 없다.
배추를 소금물에 담그면 소금 입자가 이동하는 것이 아니라 배추의 물이 선택적 투과성 막인 세포막을 통해 소금물 쪽으로 이동한다.

✓ 흙 속의 물과 배추의 물이 이동하면 뿌리털 안의 용액과 소금물의 농도가 높아진다.
〈보기〉를 통해 삼투 현상이 일어나면 분자가 큰 것은 선택적 투과성 막을 통과하지 못하고 물 분자가 용액의 농도가 높은 쪽으로 이동하여 용액의 농도가 낮아짐을 알 수 있다. 따라서 뿌리털 안의 용액과 소금물의 농도는 낮아진다.

⑤ 뿌리가 흙 속의 물을 흡수하는 것과 배추에서 물이 빠져 나오는 것은 용액의 농도 차이 때문에 발생한다.
[A]에서 물은 용액의 농도가 낮은 곳에서 높은 곳으로 이동하고, 뿌리털 안의 농도는 높고, 흙 속의 농도는 낮으므로 흙 속의 물이 뿌리털 안으로 이동함을 알 수 있다. 〈보기〉에서 소금물의 농도는 높고 배추 속은 농도가 낮음을 알 수 있으므로 배추의 물이 소금물 쪽으로 이동한다고 할 수 있다.

18　핵심 정보의 파악　정답률 70% | 정답 ⑤

㉠과 ㉡에 대한 설명으로 적절하지 않은 것은?

① ㉠은 관의 지름에 따라 물이 올라가는 높이가 달라진다.

3문단에서 모세관 현상은 관이 가늘어질수록 물이 올라가는 높이가 높아짐을 알 수 있다.

② ⓒ이 일어나면 물이 식물체 내에서 **빠져 나와 주변의 온도를 낮춘다.**
4문단에서 증산 작용을 하게 되면 수분이 수증기로 증발하면서 주위의 열을 흡수하기 때문에 주변의 온도가 떨어짐을 알 수 있다.

③ ㉠에 의해서는 물의 상태가 바뀌지 않고, ⓒ에 의해서는 물의 상태가 바뀐다.
4문단에서 증산 작용이 식물의 수분이 기공을 통해 빠져 나가며 수증기로 증발하는 것임을 알 수 있으므로 물의 상태가 바뀐다고 할 수 있다.

④ ㉠으로 물을 위로 밀어 올리는 힘이, ⓒ으로 물을 위에서 잡아당기는 힘이 생긴다.
3문단에서 모세관 현상은 물을 위로 밀어 올림을 알 수 있고, 4문단에서 증산 작용은 위에서 잡아당기는 힘으로 결합된 물 분자를 위로 끌어올림을 알 수 있다.

☑ ㉠에 의해 식물이 물을 밀어 올리는 힘보다 ⓒ에 의해 식물이 물을 끌어 올리는 힘이 더 작다.
5문단의 '증산 작용에 의한 힘은 잡아당기는 힘으로 식물이 물을 끌어 올리는 요인 중 가장 큰 힘이다.'에서 알 수 있다.

---

19 구체적 사례의 파악 | 정답률 51% | 정답 ①

㉮와 같은 현상이 일어나는 예로 적절한 것은?

☑ 피부에 알코올 솜을 문지를 때
4문단을 보면 나무 그늘에서는 잎의 증산 작용으로 수분이 외부로 빠져 나가며 열을 흡수하고 증발하여 주변의 온도를 낮추는 현상이 일어남을 알 수 있다. 그러므로 피부에 알코올 솜을 문지르면 알코올이 기화하면서 피부의 열을 흡수하는 흡열 반응으로 시원해지는 현상은 적절한 예시이다.

② 주머니 난로의 액체가 하얗게 굳어갈 때
액체가 고체가 되면서 열을 외부로 내보내는 발열 반응이다.

③ 음식물을 공기 중에 오래 두어 부패될 때
오래된 음식물이 산소와 반응하여 썩으면서 열이 발생하는 발열 반응이다.

④ 이누이트 족이 얼음집 안에 물을 뿌릴 때
얼음집 내부에 물을 뿌리면 액체가 고체로 되면서 열이 발생하는 발열 반응이다.

⑤ 폭죽에 들어있는 화약이 터져 불꽃이 발생할 때
폭죽에 들어 있는 화약이 터져 산화되면서 매우 높은 열이 발생하는 발열 반응이다.

★★★ 등급을 가르는 문제!
20 구체적 사례에의 적용 | 정답률 35% | 정답 ④

학생이 〈보기〉와 같은 실험을 하였다. 윗글을 바탕으로 〈보기〉에 대한 반응으로 적절한 것은?

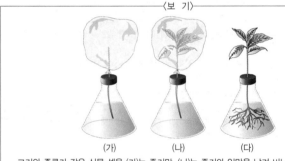

─〈보 기〉─

크기와 종류가 같은 식물 셋을 (가)는 줄기만, (나)는 줄기와 잎만을 남겨 비닐을 씌운다. (다)는 뿌리, 줄기, 잎을 그대로 둔다. 셋을 물에 담아 햇빛 등이 동일한 조건에서 변화를 관찰하였다.

① (가)보다 (나)의 비닐 안쪽 면에 물방울이 덜 맺힐 것이다.
(가)에는 증산 작용이 일어나지 않아 수증기가 나오지 않으므로 증산 작용이 일어나는 (나)의 비닐 안쪽 면에 더 많은 물방울이 맺힌다.

② (가)의 용기에 담긴 물이 (나), (다)의 용기에 담긴 물보다 더 많이 줄어들 것이다.
(가)는 (나), (다)와 달리 잎이 없어 증산 작용이 일어나지 않는다. 그리고 증산 작용은 엄청난 양의 물을 외부로 내보내므로, (나)와 (다)가 더 많은 물을 흡수할 것이다. 따라서 (나)와 (다)의 물이 더 많이 줄어들 것이다.

③ (나)에서는 한 가지 힘이, (다)에서는 두 가지 힘이 작용하여 물이 이동한다.
(나)는 모세관 현상과 증산 작용에 의한 힘이 발생하고, (다)는 뿌리가 있어 삼투압 현상까지 일어난다. 따라서 (다)는 세 가지 힘에 의해 물이 이동한다.

☑ (가), (나), (다) 모두 물 분자들이 연결된 물 기둥이 형성될 것이다.
(가)에서는 모세관 현상, (나)는 모세관 현상과 증산 작용, (다)는 삼투압, 모세관 현상, 증산 작용이 일어날 것이므로, 식물의 물관에 있는 물 분자들이 사슬처럼 연결되어 물 기둥을 형성할 것이다.

⑤ (가), (나), (다) 모두 공기가 식물 내부로 출입하는 현상이 일어나지 않는다.
(나)와 (다)에는 잎이 있어 기공을 통해 공기가 식물의 내부로 출입할 수 있다.

★★ 문제 해결 꿀~팁 ★★

▶ 많이 틀린 이유는?
〈보기〉에 제시된 (가)~(다)의 그림과 글에 언급된 '뿌리압, 모세관 현상, 증산 작용'을 정확히 연관하지 못하여 오답률이 높았던 것으로 보인다.
▶ 문제 해결 방법은?
글을 통해 '뿌리압, 모세관 현상, 증산 작용'에 대해 정확히 이해하여야 한다. 특히 '뿌리압'은 식물의 뿌리와, 모세관 현상은 줄기와, 증산 작용은 잎과 연관되어 있음을 이해하면서, 각각의 특징을 파악할 수 있어야 한다.
이렇게 볼 때, '물 분자들이 연결된 물 기둥'은 모세관 현상과 관련이 있고, 이는 줄기에서 일어남을 알 수 있으므로, (가)~(다) 모두 줄기가 있어서 적절함을 알 수 있다. 오답으로 선택한 ③의 경우에도 줄기만 있는 (가)는 모세관 현상, 줄기와 잎이 있는 (나)는 모세관 현상과 증산 작용, 뿌리, 줄기, 잎이 있는 (다)는 뿌리압, 모세관 현상, 증산 작용이 일어날 것임을 알 수 있어서 잘못된 것임을 쉽게 파악할 수 있었을 것이다.

이처럼 〈보기〉로 자료가 주어질 때는 글의 어느 내용과 연관된 자료인지를 먼저 파악하고, 각 선택지의 내용을 이해하여 적절성 여부를 판단할 수 있어야 한다.

---

21 단어의 문맥적 의미 파악 | 정답률 39% | 정답 ④

문맥상 ⓐ~ⓔ와 바꿔 쓰기에 가장 적절한 것은?

① ⓐ : 삭제(削除)하고
'깎아 없애거나 지워버리다.'라는 뜻이므로 적절하지 않다.

② ⓑ : 투입(投入)된다
'사람이나 물자, 자본 따위가 필요한 곳에 넣어지다.'라는 뜻이므로 적절하지 않다.

③ ⓒ : 부착(附着)하면
'떨어지지 아니하게 붙거나 달다.'라는 뜻이므로 적절하지 않다.

☑ ⓓ : 상이(相異)한데
'기공의 크기는 식물의 종류에 따라 다른데'에서 '다른데'는 '기공의 크기'가 차이가 있음을 드러내 주므로, 서로 다르다는 의미를 지닌 '상이(相異)한데'로 바꿔 쓸 수 있다.

⑤ ⓔ : 조성(造成)하는
'무엇을 만들어서 이루다.'라는 뜻이므로 적절하지 않다.

22~26 갈래 복합

(가) 신흠, 「방옹시여」

감상 이 작품은 작가 신흠이 계축옥사에 연루되어 김포에 유배되었을 때 쓴 것으로 추정되는 30수의 시조 모음 중 세 수를 제시한 것이다. **1**은 산촌에서 자연을 벗 삼아 살아가겠다는 **자연 친화적 삶의 자세**가 잘 드러나 있고, **2**는 가을 낙엽 소리에 '임'이 오셨는지 확인하기 위해 일어나는 화자의 모습을 통해 **부재하는 대상에 대한 그리움**을 나타내고 있다. 그리고 **3**은 깊은 시름을 말로 다 풀어 보고자 하는 화자의 정서를 담고 있는 것으로, **노래가 가지고 있는 근심 해소의 효과를 드러내고** 있다.

주제 속세를 벗어난 전원 생활의 정취

현대어 풀이

1 산촌에 눈이 오니 들길에 묻혔구나.
사립문 열지 마라. 날 찾아올 사람 누가 있겠느냐?
한밤중에 한 조각 밝은 달이 내 벗인가 하노라.

2 창 밖에 워석버석(나뭇가지 스치는 소리) 소리가 나서 임이신가 열어 보니
난초가 자라난 지름길에 낙엽은 무슨 일인가.
어즈버 한이 있는 간장이 다 끊어질까 하노라.

3 노래를 만든 사람 시름이 많기도 많았구나.
(말로) 일러도 다 못 일러 (노래를) 불러서 풀었던가?
진실로 풀릴 것이면 나도 불러 보리라.

(나) 오세영, 「너의 목소리」

감상 이 작품은 **부재하는 대상에 대한 간절한 그리움을 청각적 이미지를 통해 아름답게 형상화**하고 있다.
화자는 '너'를 꿈꾼 밤에 문 밖 인기척에 잠을 깨며 혹시 '너'가 온 것이 아닐까 귀 기울인다. 소리는 점점 발자국 소리, 나뭇가지 스치는 소매깃 소리로 들려오고 너의 목소리까지 들리는 듯하지만, 반가움에 문을 열고 나가 보았으나 결국 소리의 정체가 빗소리임을 안 후 슬픔과 허탈감을 느끼게 된다. 여기서 **빗소리를 '너'의 기척으로 착각하게 된 근본적인 원인은 화자의 '너'에 대한 그리움**에 있다.

주제 부재하는 대상에 대한 그리움

이 시의 특징

• 명사로 시상을 종결하여 여운을 주고 있음.
• 영탄적 표현을 사용하여 감정을 효과적으로 표출하고 있음.
• 비의 하강적 속성이 화자의 감정 상태와 효과적으로 조응하고 있음.

★★★ 등급을 가르는 문제!
22 표현상의 공통점 파악 | 정답률 39% | 정답 ①

(가)와 (나)의 표현상 공통점으로 가장 적절한 것은?

☑ 영탄적 표현을 통해 감정을 효과적으로 표출하고 있다.
(가)의 **2**에서 '어즈버(아!)'라는 감탄사를 사용한 영탄적 표현이 드러나고 있고, **1**의 '내 벗인가 하노라', **3**의 '시름도 하도 할새(많기도 많구나)'에서 영탄적 표현이 사용되었다. 그리고 (나)의 '아아, 네가 왔나', '오냐, 오냐'에서 영탄적 표현이 드러나 있다. 따라서 (가), (나) 모두 영탄적 표현을 사용하여 화자의 감정을 효과적으로 드러내 주므로 올바르다.

② 명사로 시상을 마무리하여 시적 여운을 자아내고 있다.
(나)에서는 '봄비 소리'로 시상을 종결하여 시적 여운을 주고 있지만, (가)는 해당되지 않는다.

③ 의문형 진술을 활용하여 심리적 태도를 부각하고 있다.
(가)의 **1**의 '뉘 있으랴', **2**의 '무슨 일이고' **3**의 '풀었던가에 의문형이 사용되었음을 알 수 있지만, (나)에서는 의문형 진술이 사용되지 않고 있다.

④ 말을 건네는 방식을 사용하여 친밀감을 강화하고 있다.
(나)에서는 청자 '너'를 명시적으로 드러내어, 화자가 청자에게 말을 건네는 방식이 부각하고 있다. (가)의 **1**에 제시된 '열지 마라'를 통해 시적 청자를 염두에 두고 말을 건네는 방식이 사용되지만 친근감을 형성하지는 않는다.

⑤ 자연물에 인격을 부여하여 주제 의식을 드러내고 있다.
(가)의 **1**에서 '일편명월을 '내 벗'이라 하여 자연물에 인격을 부여하고 있음을 알 수 있지만, (나)에서는 자연물에 인격을 부여하고 있지 않다.

격인 「방옹시여」에는 창작 당시 그의 심경이 다음과 같이 적혀 있다. "내 이미 전원으로 돌아오매 세상이 진실로 나를 버렸고 나 또한 세상사에 지쳤기 때문이다."

① '산촌'은 세상과 대비되는 공간으로서의 자연의 의미를 지니는 것이겠군.
'산촌'은 작가가 지향 내지 은둔하고자 하는 공간으로 세상과 대비되는 공간을 의미한다.

✔️ '일편명월'은 세태를 비판하고 자신의 억울한 처지를 호소하는 작가를 상징하는 것이겠군.
〈보기〉에 의하면, (가)는 정계에서 축출된 작가가 자연에 은둔하며, 임금을 그리워하고, 세상사에 대한 근심을 풀 길 없어 노래를 불러 보곤하 하는 면들을 드러내고 있다고 볼 수 있다. 따라서 '일편명월'은 작가의 분신이라기보다 작가가 지향하고자 하는 자연 세계의 한 부분으로 자신의 고독한 처지를 부각하는 자연물이자, 유일하게 벗이 되어 줄 만한 자연물이라 할 수 있다.

③ '임'을 군왕으로 이해한다면 '간장이 다 긏을까 하노라'는 임금을 향한 신하의 애끓는 심정이 함축된 것이겠군.
〈보기〉에 의하면 ②는 연군의 시조로, 이에 따라 '임'은 임금으로 파악되고, '유한한 ~ 하노라'에는 임금에 대한 그리움과 안타까움을 담은 신하의 심정이 함축되어 있다.

④ '시름'은 정치적 혼란기에 정계에서 쫓겨나 버림받은 작자의 복잡한 심경을 나타내는 것이겠군.
정계에서 축출된 작가의 처지를 고려한다면 '시름'은 어지러운 시대를 살아가며 생기는 세상사에 대한 염려나 작가의 복잡한 심경 등을 의미한다.

⑤ '노래'는 세상사에 지치고 뒤엉킨 작자의 마음을 풀어 내는 수단으로서의 성격을 지니는 것이겠군.
③에서 '노래'의 기능이 세상사의 시름을 풀어 내는 데에 있음을 알 수 있다. 즉 말로 다 표출하지 못한 심회를 시조로 풀 수 있어, 시름을 푸는 것이 시조의 본질이라는 것이다.
즉, 시조의 존재 가치는 우리나라 사람이 느낀 감정을 진솔하게 노래로 부를 수 있는 갈래라고 생각하는 작가의 인식을 엿볼 수 있다.

---

26 작품의 의미 파악　정답률 63% | 정답 ③

ⓐ ~ ⓒ와 관련하여 (나)를 이해한 내용으로 적절하지 않은 것은?

① 화자가 꾼 '꿈'은 빗소리를 ⓐ로 여기는 계기가 된다고 볼 수 있겠군.
화자는 '너'에 대한 그리움으로 인해 '꿈'을 꾸고 빗소리를 '발자국 소리'로 착각하게 되었다고 볼 수 있다.

② '너'에 대한 화자의 그리움이 고조됨에 따라 빗소리가 ⓐ에서 ⓑ로 인식된다고 볼 수 있겠군.
'너'에 대한 그리움이 커질수록 빗소리를 '발자국 소리'에서 '너의 목소리'로 보다 구체적으로 인식하게 됨을 엿볼 수 있다.

✔️ ⓑ는 '산 넘고 물 건너' 들려오는 것이기에 화자에게 반가움과 동시에 과거의 추억을 환기한다고 볼 수 있겠군.
(나)에서 '너'가 화자가 있는 곳까지 오기 위해 '산 넘고 물 건너' 와야 한다는 것은 그만큼 멀고 험한 곳에 서 온다는 뜻이다. 특히 '누런 해 지지 않는 서역 땅(저승을 의미하는 경우가 많음.)'으로 '너'의 죽음을 짐작할 수 있다. 따라서 현재 들리는 '너의 목소리'는 실제가 아닌 '너'에 대한 그리움으로 인해 들리는 환청 같은 것이다. 화자는 '아아, 네가 왔구나.'라고 반가움을 표현하고 있으나 과거의 추억을 환기하고 있는 내용은 확인할 수 없다.

④ '하염없이 내리는' ⓒ는 하강의 이미지를 통해 만남이 무산된 화자의 좌절감과 조응한다고 볼 수 있겠군.
비는 하강의 속성으로 화자는 '너'를 만날 것이라는 기대감을 가지고 '문'을 열지만 그 순간 '너'의 부재를 더욱 확인할 뿐이다. 따라서 '하염없이 내리는'에는 '너'를 만날 수 없다는 사실을 확인하게 된 화자의 좌절감이 그대로 투영되어 있다.

⑤ ⓑ가 ⓒ로 바뀌어 임을 알고 난 후의 화자의 허탈감이 '후두둑'을 통해 청각적 이미지로 부각된다고 볼 수 있겠군.
기대감이 고조되었던 만큼 '너의 목소리'가 빗소리라는 사실을 아는 순간의 허탈감은 더욱 크다. 이러한 화자의 심정이 '후두둑'이라는 청각적 이미지로 부각되고 있음을 볼 수 있다.

27~30 현대 소설

이태준, 「농군」

감상 이 작품은 1939년 「문장」지에 발표된 이태준의 단편 소설로, **조선 농민의 만주 이주를 다루고 있다.**
소설의 주인공인 윤창권은 아내와 어머니, 할아버지와 함께 일제 치하의 고향을 떠나 만주로 향한다. 윤창권을 비롯한 조선 이주민들은 개간권을 사들여 밭농사를 짓던 땅에 물길을 내고 벼농사가 가능한 땅으로 만들려는 과정에서 만주 토민들의 격렬한 반발과 마주하게 된다.
온갖 고난에도 굴하지 않고 결국 자신들이 뚫은 물길을 통해 물이 흘러내려오는 것을 윤창권이 목격하는 장면으로 끝을 맺는 이 소설에는, **순전히 자신들의 힘으로 운명을 개척해 나가야 하는 조선인들의 절박한 모습이** 잘 드러나 있다.
주제 생존을 위한 만주 이주 조선 농민들의 끈질긴 삶의 투쟁
작품 줄거리 윤창권 일가는 봉천행 보통급행 삼등 열차를 타고 고향을 떠나 만주 장춘으로 향한다. 젊은 창권은 아내와 어머니, 병든 조부와 함께 살기 어려운 현실을 벗어나 조선 이민들의 집단촌인 '장쟈워무'에 정착하여 새로운 삶을 시작한다. 농사를 짓기 위해 필요한 물을 위해 조선 농민들이 수로 공사(水路工事)를 하자 중국 토착민들은 자신들의 밭이 피해를 입는다는 이유로 공사를 방해한다. 조선 농민은 '물길이 아니면 무덤'이라는 자세로 강력히 대항한다. 황채심과 조선 농민 대표들은 중국인들을 찾아가 봇물이 들어오면 중국인도 벼농사를 지을 수 있으며 농사짓는 법도 알려 주겠다고 설득해 보지만 전혀 듣지 않는다. 추위 속에 창권의 조부는 운명하고 공사가 중단된다. 봄에 공사를 재개하자 중국인들은 군인까지 동원하여 공사를 저지한다. 조선 농민 대표들이 그 부당성을 관청에 진정하지만 오히려 감금당한다. 중국인들은 황채심을 이용해 조선 농민들을 회유하려 하나 그는 농민들에게 뜻을 관철할 수 있도록 격려한다. 이에 황채심은 다시 끌려가고 조선 농민들은 힘을 대해 물길을 낸다. 중국군의 총성이 울리고 총알이 창권의 살을 뚫고 지나간다. 그러나 드디어 물길이 솟구쳐 물은 끝없이 벌판을 번져 나간다.

---

27 작품의 서술상 특징 파악　정답률 50% | 정답 ④

윗글에 대한 설명으로 가장 적절한 것은?

위 왼쪽 칼럼:

▶ 많이 틀린 이유는?
두 작품의 표현상 공통점을 파악하는 문제인데, 선택지에 제시된 개념을 정확히 이해하지 못하였거나, 제시된 개념을 (가), (나)에서 정확히 찾아내지 못하여 오답률이 높았던 것으로 보인다.
▶ 문제 해결 방법은?
가장 기본이 되어야 하는 것은 문학 용어 및 선택지에 제시된 서술에 대한 이해이다. 즉 영탄적 표현, 명사로 시상을 마무리, 의문형 진술, 말을 건네는 방식, 자연물에 인격을 부여 등을 이해하는 것이다. 이러한 개념이나 선택지에 제시된 서술 내용을 평소에 충분히 숙지하지 못하면 수능에서 자주 출제되는 이런 문제는 해결하기 어려우므로, 평소 주요 문학 용어 및 서술 내용은 정리하여 숙지할 필요가 있다.
▶ 오답인 ④, ⑤를 많이 선택한 이유는?
④번 문제를 적절하다고 선택하여 오답률이 높았던 가장 큰 이유는, '말을 건네는 방식'이 사용되었음을 파악했지만, 이어지는 '친밀감을 강화하고 있다' 내용이 (가)에도 적용될 수 있다고 판단하였던 것 같다.
이처럼 표현상 특징은 맞지만 이어지는 표현상 효과가 잘못 제시될 수 있으므로 유의해야 한다. 그리고 ⑤번 문제도 오답률이 높았는데, (나)에서 자연물이 제시되어, 이러한 자연물을 인격화하여 표현하였을 것이라 지레짐작하였기 때문으로 보인다. 이처럼 지레짐작으로 답을 택하게 되면 실수할 수 있으므로 반드시 어느 부분에 표현상 특징이 사용되었는지 확인해야 한다.

---

23 작품 간의 공통점 파악　정답률 71% | 정답 ④

다음은 탐구 학습을 통해 (가)의 ②와 (나)를 비교하여 정리한 내용이다. ㄱ ~ ㅁ 중, 적절하지 않은 것은? [3점]

시적 상황		작품상의 공통점
(가)의 ②	(나)	
'워석 버석' 소리가 남	'나뭇가지 스치는' 소리가 남	○ 계절적 이미지가 분위기 형성에 기여함. ……… ㄱ
⋮	⋮	○ 상황 판단의 근거로 감각적 현상을 제시함. ……… ㄴ
'일어'나 봄	'뛰쳐' 나감	○ 상대방에 대한 심정이 행동을 통해 표출됨. ……… ㄷ ⇒
'낙엽'이 짐	'봄비'가 내림	○ 판단 오류의 원인이 시간적 배경에 있음을 드러냄. ……… ㄹ
		○ 부재하는 대상에 대한 화자의 반응을 중심으로 시상이 전개됨. ……… ㅁ

① ㄱ : 계절적 이미지가 분위기 형성에 기여함.
(가)의 ②에서 '낙엽', (나)에서 '봄비'를 통해 계절적 이미지가 분위기 형성에 기여함을 알 수 있다.

② ㄴ : 상황 판단의 근거로 감각적 현상을 제시함.
(가)의 ②의 '워석버석', (나)의 '나뭇가지 스치는 소리' 모두 청각적 이미지를 형성하고 있다. (가)의 ②와 (나)의 화자는 외부 소리를 통해 '임'과 '너'가 온 것이라 판단하고 있으며, 그 근거로 감각적 현상을 제시하고 있다.

③ ㄷ : 상대방에 대한 심경이 행동을 통해 표출됨.
'임'과 '너'가 왔다고 생각한 각각의 화자가 일어나고 뛰쳐나가는 행위를 통해 상대방을 그리워하고 있음을 알 수 있다.

✔️ ㄹ : 판단 오류의 원인이 시간적 배경에 있음을 드러냄.
(가)의 ②와 (나) 모두 부재하는 대상에 대한 그리움을 드러내고 있는 공통점을 찾아볼 수 있다. 이 그리움으로 인해 '낙엽' 소리와 '빗소리'를, '임'이나 '너'가 오는 소리로 화자가 착각하게 되는 것이다.
따라서 외부 현상에 대해 착각하게 되는 근본 원인은 정서에 있는 것이지 '가을'이나 '봄', 혹은 '밤'이라는 시간적 배경에 있는 것이라 볼 수 없다. 즉 부재하는 대상이 그립기 때문에 '낙엽' 소리도, '빗소리'도 '임'과 '너'의 소리로 들리게 되는 것이다.

⑤ ㅁ : 부재하는 대상에 대한 화자의 반응을 중심으로 시상이 전개됨.
부재하는 대상에 대해 귀 기울이고 일어나 밖으로 나가 확인한 후 안타깝게 여기는 과정 전체가 화자의 반응이라 할 수 있다.

---

24 작품 간 시구의 의미 비교　정답률 80% | 정답 ③

㉠과 ㉡에 대한 설명으로 가장 적절한 것은?

① ㉠에는 ㉡과 달리 화자의 소망이 투영되어 있다.
㉡에서 화자가 '너'를 만나기를 소망하고 있음을 알 수 있지만, ㉠에서는 화자가 문을 열지 말 것을 명령하고 있으므로 소망을 투영하였다고 볼 수 없다.

② ㉡에는 ㉠과 달리 화자의 억울한 심정이 내재되어 있다.
㉠, ㉡ 모두 화자의 억울한 심정이 내재되었다고 볼 수 없다.

✔️ ㉠에는 화자의 단절감이, ㉡에는 화자의 기대감이 담겨 있다.
(가)의 ①에서 화자가 '시비를 열지 마라'라고 말한 것은, 이어지는 '날 찾을 이 뉘 있으랴'와 연결시켜 이해하면 외부 세계를 차단하는 뜻을 드러냈다고 볼 수 있다. 따라서 ㉠은 외부 세계와의 단절감을 드러낸 것이다. 그리고 (나)에서 '문을 열고'는 문밖에 '너'가 와 있으리라는 기대감에 나가려는 행동에 해당하므로, ㉡에는 화자의 기대감이 담겨 있다.

④ ㉠에는 냉소적 태도가, ㉡에는 관조적 태도가 반영되어 있다.
'냉소'란 비웃음을 의미하므로, ㉠이 냉소적 태도를 지녔다고 보기 어렵다. 그리고 '관조'란 조용한 마음으로 대상의 본질을 바라보는 것을 이르는 것으로, ㉡에 관조적 태도가 반영되어 있다고 볼 수 없다.

⑤ ㉠과 ㉡에는 결핍 상태가 충족된 내면 심리가 나타나 있다.
㉠, ㉡ 모두 결핍 상태가 충족된 내면 심리와는 관련이 없다.

---

25 외적 준거에 따른 작품의 감상　정답률 48% | 정답 ②

〈보기〉를 바탕으로 (가)를 감상한 내용으로 적절하지 않은 것은?

〈보 기〉
(가)는 선조의 총애를 받던 신흠이 선조 사후 '계축옥사'에 연루되어 관직을 박탈당하고 김포로 내쫓겼던 시기에 쓴 시조 30수 중 일부이다. 이들 30수는 자연 지향, 세태 비판, 연군, 취흥 등의 다양한 주제 의식을 형성하고 있으며, 우리말 시가에 대한 작가의 인식도 엿볼 수 있다. 그 서문

① 인물의 대화를 직접적으로 인용하여 사건의 진행을 더디게 하고 있다.
인물의 대화가 직접적으로 인용된 부분은 창권의 '덤벼라! 우린 여기서 못 살면 죽긴 마찬가지다!'로, 이 외에는 인물의 대화가 직접적으로 인용된 부분을 찾아볼 수 없으므로 적절하지 않다.

② 심리적 갈등을 드러내기 위해 인물의 내면을 위주로 서술하고 있다.
이 글에서는 인물의 내면보다는 시간에 따른 사건의 전개 과정을 드러내는 데 치중하고 있다.

③ 서술자가 주인공으로 등장하여 자신의 체험을 이야기하고 있다.
이 작품의 시점은 전지적 작가 시점으로 3인칭 서술자의 시점에서 서술되고 있다. 서술자가 주인공으로 등장하여 자신의 체험을 이야기하는 것은 1인칭 주인공 시점의 특징이다.

✔ 상황의 현장감을 부각하기 위해 현재 시제를 활용하고 있다.
'창권'이 느닷없이 들이닥친 '토민들'과 대치하는 부분에서는 현재 시제가 활용되어 창권이 처한 상황의 현장감이 부각되고 있다.

⑤ 시점의 변화를 통해 사건을 다각적으로 제시하고 있다.
이 작품의 시점은 전지적 작가 시점으로, 이 글에서는 시점의 변화 없이 사건이 일관되게 3인칭 서술자의 시점에서 서술되고 있다.

★★★ 등급을 가르는 문제!

28 구절의 의미 파악   정답률 40% | 정답 ⑤

㉠~㉤에 대한 설명으로 적절하지 않은 것은?

① ㉠ : 가정과 예상되는 결과를 연쇄적으로 제시하여 상황의 시급함을 강조하고 있다.
㉠에서는 물길을 내는 데 실패하면 벼농사를 짓지 못해 잡곡을 뿌릴 수밖에 없고, 이럴 경우 그 다음해 살 길이 막막해지게 될 것임을 연쇄적으로 제시하며, 상황의 시급함을 강조하고 있다.

② ㉡ : 작업의 규모와 기한을 밝혀 '창권'의 부담을 구체화하고 있다.
㉡에서는 창권이 맡은 대간선의 구역을 길이, 넓이, 깊이로 표현한 수치와 함께 밝힘으로써 창권이 맡은 공사의 부담을 구체적으로 드러내고 있다.

③ ㉢ : 행동 묘사를 통해 '쿨리들'의 불성실한 면모를 구체적으로 드러내고 있다.
㉢에서는 쿨리들의 행동을 묘사함으로써 이들이 조선인들의 공사에 임하는 불성실한 면모를 표현하고 있다.

④ ㉣ : 유사한 문장을 반복하여 상황의 반전이 시작되는 지점을 부각하고 있다.
㉣에서는 '~에서 조선 사람들이 내려왔다', '~에서 조선 사람들이 나타났다'와 같이 유사한 문장을 반복하여 일방적으로 창권이 당하기만 하는 상황에서 조선인들이 나타나 반전이 일어나기 시작하고 있음을 부각하고 있다.

✔ ㉤ : 비유를 통해 '창권'이 느낀 두려움을 생생하게 표현하고 있다.
'오금이 뻗다'는 '마음을 졸이다', '두려워하다' 등의 의미를 지닌 '오금이 저리다', '오금이 움츠러든다'와는 반대되는 의미의 관용적 표현이다. ㉤에서 이 표현은 '날개죽지처럼'이라는 비유와 함께 사용되어, 토민들에게 일방적으로 당하다가 분통을 터뜨리고 저항하기 시작하는 창권의 심정을 표현하고 있다.

★★ 문제 해결 꿀~팁 ★★

▶ 많이 틀린 이유는?
관용어구의 잘못된 이해와 ㉤ 앞뒤에 이어지는 창권의 모습에 대해 정확하게 파악하지 않아 ⑤가 적절하다고 판단하여 오답률이 높았던 것으로 여겨진다. 특히 '오금이 뻗다'를 반대되는 의미를 지닌 '오금이 저리다'와 동일시하여 관용적 표현만으로 판단한 것도 오답률이 높았던 원인이라 생각된다.

▶ 문제 해결 방법은?
소설에서 구절의 의미를 묻는 문제를 해결할 때에는 반드시 구절의 전후에 드러난 사건과 인물의 행동, 심리 등과 연계하여 살펴야 한다. 그래야만 구절에 담긴 의미나 인물의 심리 등을 정확히 파악할 수 있지, 그렇지 않을 경우 구절 자체에 매몰되어 잘못된 이해를 할 수 있다.

▶ 오답으로 ④를 많이 선택한 이유는?
④를 적절하지 않은 것으로 선택한 요인에는 유사한 문장의 반복이 아닌 '문장의 반복'에 초점을 두어 '~에서 조선 사람들이 내려왔다', '~에서 조선 사람들이 나타났다'를 동일 문장의 반복이라고 여기지 않았기 때문이라 판단된다. 하지만 선택지에 분명히 제시되어 있듯이 '유사한 문장의 반복'이라고 하였으므로 적절한 설명이라 할 수 있다. 또한 ㉣ 앞뒤의 상황이 다르게 나타나고 있다는 점에서 ㉣을 기점으로 상황의 반전이 일어나고 있다는 설명도 적절함을 알 수 있다.

29 외적 준거에 따른 작품의 감상   정답률 59% | 정답 ⑤

〈보기〉를 참고하여 윗글을 감상한 내용으로 적절하지 않은 것은? [3점]

─〈보 기〉─
이 작품의 등장인물들은 하나의 공간에서 각기 자신들에게 익숙한 생활 방식을 고수하려는 과정에서 충돌한다. 한 편은 이 공간을 변화시킴으로써 기존의 생활 방식을 지속하고 공간의 이질성을 극복하려 한다. 하지만 다른 편의 입장에서 이러한 행위는 자신들에게 익숙한 생활 방식에 대한 침해이자, 익숙한 공간을 낯설게 만들려는 시도로 인식된다. 이들 간의 충돌은 생존의 문제와 직결되면서 한층 더 절박한 양상을 띠게 된다.

① '장쟈워푸'의 혹독한 기후와 낯선 언어는, 조선인 집단에 갓 합류한 창권으로 하여금 공간에 대해 이질감을 느끼게 하는 요인으로 볼 수 있군.
추운 날씨와 만주인들의 언어는 창권으로 하여금 '장쟈워푸'라는 공간에 이질감을 느끼게 하는 요소이다.

② 조선인들이 봇도랑을 내는 것은 '장쟈워푸'라는 낯선 공간을 벼농사가 가능한 땅으로 만들어 자신들에게 익숙한 생활 방식을 지속하려는 시도라 할 수 있군.
'토민들'은 이 땅에서 밭농사를 짓고 잡곡을 재배하며 생활해 온 사람들이다. 그런데 조선인들은 이 땅에 물길을 내고 벼농사를 함으로써 자신들의 고향인 조선에서 유지해 오던 생활 양식을 지속하고자 했다.

③ 조선인들이 일하는 구역에 '토민들'이 몰려와 방해하는 이유는 자신들이 유지해 오던 기존의 생활 방식을 조선인들이 침해하고 있다고 생각했기 때문이겠군.
조선인들은 이 땅에 물길을 내고 벼농사를 함으로써 자신들의 고향인 조선에서 유지해 오던 생활 양식을 지속하고자 했지만, '토민들'은 이러한 시도가 기존의 이 땅에서 밭농사를 짓고 잡곡을 재배해 오던 생활 방식을 방해하는 것으로 보고 이에 대한 반감을 표현하고 있다.

④ 창권이 봇도랑을 '우리 목줄'로 인식하는 것은 공간의 변화 여부가 생존과 직결되어 있음을 깨닫게 된 것으로 볼 수 있군.
동족이 만주인들에게 저항하는 모습을 보고 '봇도랑은 우리 목줄이 아니고 뭐냐!'고 생각하는 창권의 모습에서, 봇도랑을 내는 문제는 곧 '목줄', 즉 생존의 문제임을 깨닫게 된 것을 확인할 수 있다.

✔ 조선인들과 '토민들'이 대립하는 것은 양측 모두 '장쟈워푸'라는 공간을 변화시키고자 하지만 그 방식을 놓고 의견이 엇갈리기 때문인 것으로 파악할 수 있군.
조선인들과 '토민들'의 대립은 양측 모두 '장쟈워푸'라는 동일한 공간을 놓고 자신들에게 익숙한 기존의 생활 양식을 고수하고자 하는 데서 일어난 것으로, 이 과정에서 공간을 변화시키고자 하는 것은 조선인 쪽이다. 만주인들은 밭농사를 짓고 잡곡을 재배하는 기존의 방식을 변화시키고자 시도하는 조선인들에 대한 반발을 표출하고 있다.

30 작품의 전개 양상 이해   정답률 77% | 정답 ④

[A]에 대한 이해로 가장 적절한 것은?

① 문제 제기에 대해 다양한 대안을 열거하면서 최선의 해결책을 이끌어내고 있다.
조선인들의 설득과 만주인들의 반대, 이에 대해 대안을 제시하면서 조선인들이 재설득에 나서는 과정이 반복적으로 제시되고 있으나, 해결책을 이끌어 내는 과정은 나타나 있지 않다.

② 주장과 반론이 교차되는 과정에서 입장의 차이를 좁혀나가는 모습을 그려내고 있다.
조선인들과 만주인들 사이에서 주장과 반론이 교차하고 있으나, 이들의 입장 차이가 좁혀지는 모습은 확인할 수 없다.

③ 역사적 배경을 서술하면서 사건의 근본적 원인을 과거의 시대 상황에서 탐색하고 있다.
만주를 배경으로 한 조선인들과 만주인들의 갈등으로 시대적 배경을 짐작해 볼 수 있으나, 이러한 배경이 직접적으로 서술되고 있는 것은 아니며 사건의 근본적 원인을 탐색하고 있다고 볼 수도 없다.

✔ 설득이 실패하는 상황을 반복적으로 제시하여 문제의 해결이 쉽지 않을 것임을 강조하고 있다.
[A]는 네 개의 문단으로 이루어져 있다. 첫 번째 문단은 '이곳 토민들', 즉 만주인들이 조선인들의 설득에도 불구하고 개간 작업에 반대하는 이유를 제시하고 있으며, 두 번째 문단은 설득이 실패로 돌아간 가운데 점점 봇도랑 공사가 어려워져 가는 상황을, 세 번째 문단은 다시 만주인들을 설득하지만 실패하게 되는 조선인들의 모습을, 네 번째 문단은 지칠 대로 지친 조선인들의 상황을 서술하고 있다. 결국 [A]는 만주인들에 대한 조선인들의 설득이 실패하는 상황을 반복적으로 제시함으로써, 보동을 내야 하는 상황에서 반대에 부딪힌 조선인들의 문제가 여간해서는 해결이 어려울 것임을 강조하고 있는 것으로 볼 수 있다.

⑤ 공동체가 난관에 대처하는 방식을 서술하여 개인의 문제를 집단의 것으로 수용하는 과정을 구체화하고 있다.
조선인 공동체가 자신들의 공사에 반대하는 만주인들을 설득하는 모습을 통해 공동체가 난관에 대처하는 방식을 확인할 수 있으나, 이들이 맞닥뜨린 문제는 물길을 내어 벼농사를 지음으로써 낯선 땅에서 생존해야 한다는 것으로, 이는 공동체 전체의 문제로 볼 수 있다.

31~33 예술

곽동해, 「범종」

해제 이 글은 우리나라 범종의 전형이 되었던 **신라 종의 조형 양식이 어떤 특징을 지니고 있으며, 후대로 전승되는 과정에서 어떠한 변화를 겪게 되었는지** 설명하고 있다.
이 글에서는 범종이 무엇인지 알려 주면서, **우리나라 범종의 조형 양식은 신라에서 완성되었음**을 알려 주고 있다. 그리고 용뉴 뒤에 음통이 있고, 섬세한 문양을 지니고 있는 **신라 종의 특징**을 **중국 종과 일본 종과 대비**하여 설명하고 있다.
이러한 **신라종**이 조형 양식의 미약한 변화 속에서 **고려 시대에 계승**되었음을 드러내면서 **고려 시대 범종의 특징**을 설명하고 있다.
그리고 **조선 시대**에는 신라의 대형 종 주조 공법 대신 중국 종의 주조 공법을 도입하게 되었음을 드러내면서, **혼합 방식과 복고 향식이 병렬하다가 범종이 쇠퇴하게 되었음**을 언급하고 있다.

주제 신라 종의 조형 양식의 특징 및 범종의 전승 과정

문단 핵심 내용

1문단	범종의 전형적인 조형 양식을 완성한 신라 시대
2문단	신라 종 몸체의 특징
3문단	주조 공법이 발달하여 섬세한 문양이 장식된 신라의 범종
4문단	신라 종의 고려 시대에의 계승 및 고려 시대 범종의 특징
5문단	조선 시대 범종의 특징 및 쇠퇴

31 글의 세부 정보 파악   정답률 66% | 정답 ①

윗글의 내용과 일치하지 않는 것은?

✔ 고려 시대까지 우리나라의 범종은 외국의 영향을 받지 않으며 신라 종의 조형 양식을 계승하였다.
4문단의 '원나라의 침입 이후 전래된 라마교의 영향으로 범자 문양 등의 장식이 나타난다.'에서 고려 시대에는 외국의 영향을 받아 조형 양식에 미약한 변화가 나타났다는 내용을 확인할 수 있다.

② 신라 종의 상부와 하부에는 불교적 상징물이 장식되어 있는 동일한 크기의 문양 띠가 있다.
3문단의 '신라 종의 상부와 하부에는 ~ 불교적 장식물이 장식되어 있다.'를 통해 알 수 있다.

③ 신라 시대부터 범종에 장식되어 있었던 당좌는 조선 시대에 들어와 사라지기도 하였다.
3문단의 '그리고 가장 볼록하게 ~ 당좌가 있으며'에서 신라 시대에 당좌가 있었음을 알 수 있고, 5문단의 '그러면서 중국 종처럼 ~ 당좌가 사라지고'에서 조선 시대에는 당좌가 사라졌음을 알 수 있다.

④ 우리나라와 일본에서 범종이 만들어진 것은 중국에서 불교가 전파된 것과 관련이 있다.
1문단의 '범종은 불교가 ~ 일본의 사찰로 퍼져 나갔다.'에서 알 수 있다.

⑤ 신라에서는 중국이나 일본과는 다른 주조 공법으로 대형 종을 주조하였다.
1문단의 '신라에서는 독창적이고 섬세한 ~ 만들기 어려운 것이었다.'에서 알 수 있다.

    [문제편 p.102]

32 글의 정보를 자료와 연결하여 이해　　정답률 45% | 정답 ④

〈보기〉는 신라 시대에 만들어진 범종의 그림이다. 이 범종의 @ ~ @와 관련된 설명으로 적절하지 않은 것은?

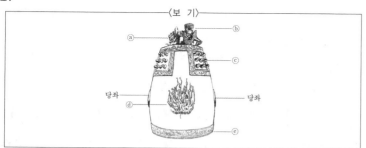

〈보 기〉

① 용이 한 마리인 형태의 @는 쌍용 형태인 중국 종이나 일본 종과 차이가 있다.
@는 용뉴에 해당하는 것으로, 1문단의 '범종의 정상부에는 ~ 한 마리 용의 모습을 하고 있다.'를 보아 적절한 설명이다.

② ⓑ는 중국 종이나 일본 종에는 존재하지 않는 신라 종의 독특한 조형 양식에 해당한다.
ⓑ는 음통에 해당하는 것으로, 2문단의 '그리고 용뉴 뒤에는 ~ 나타나는 음통이 있다.'를 보아 적절한 설명이다.

③ 중국 종에는 ⓒ가 존재하지 않고, 일본 종에 존재하는 것은 ⓒ와 형상이 다르다.
ⓒ는 유두에 해당하는 것으로, 3문단의 '상대 바로 아래 네 방향에는 ~ 중국 종과 차이를 보인다.'를 보아 적절한 설명이다.

✓④ 일본 종은 신라 종과 달리 ⓓ의 주변에 가로 세로의 띠가 있다.
3문단의 '당좌 사이에는 천인상이 아름답게 장식되어 있어 가로 세로의 띠만 있는 일본 종과 차이가 있다.'에서 알 수 있듯이 일본 종에는 천인상이 없으므로 적절하지 않다.

⑤ 신라 종은 중국 종이나 일본 종과 달리 몸체의 정점부가 ⓔ 부분보다 불룩하게 튀어나와 있다.
ⓔ는 몸체의 하부에 해당하는 것으로, 2문단의 '신라 종의 몸체는 ~ 튀어나온 모습을 하고 있다.'를 보아 적절한 설명이다.

★★ 문제 해결 꿀~팁 ★★

▶ 많이 틀린 이유는?
오답률이 많았던 이유는 범종에 제시된 @ ~ ⓔ의 명칭과 이에 대한 정확한 이해가 없었기 때문이라 판단된다. 즉 @는 용뉴, ⓑ는 음통, ⓒ는 유두, ⓓ는 천인상, ⓔ는 몸체라는 명칭을 이해하지 못하였거나, 이러한 각 명칭에 대해 언급한 글의 내용을 정확히 파악하지 못했기 때문이라 볼 수 있다.

▶ 문제 해결 방법은?
구체적인 그림을 제시하고 각 부분에 해당하는 부분에 대해 설명하라는 문제 해결의 기본은 글의 내용과 정확히 연결시키는 데 있다. 즉 종의 각 부분에 대한 명칭에 해당하는 부분을 글에서 찾은 뒤, 선택지에 제시된 각 명칭에 대한 설명이 적절한지 비교할 수 있어야 한다.

▶ 오답인 ⑤를 많이 선택한 이유는?
⑤가 적절하지 않다고 판단하여 선택한 가장 큰 이유는 중국 종이나 일본 종도 신라 종과 비슷하다고 글의 내용을 정확하게 파악하지 않고 지레짐작하였기 때문이라 여겨진다. 이처럼 지레짐작으로 문제를 해결하게 되면 오답일 확률이 매우 높을 수 있으므로 반드시 글의 내용을 확인하여 적절성 여부를 판단할 수 있어야 한다.

33 이유의 추리　　정답률 60% | 정답 ③

㉠이 나타나게 된 이유로 가장 적절한 것은? [3점]

① 조선 시대에 불교를 억제하는 정책을 펴면서 범종 제작이 통제되었기 때문이다.
조선 시대에 불교 정책을 억제하였고 범종 제작이 한동안 통제되기는 하였지만, 이로 인해 범종의 형태에 큰 변화가 일어난 것이라고는 볼 수 없다.

② 고려 시대에 종이 소형화되면서 신라 종의 조형 양식이 전승되지 못했기 때문이다.
고려 시대에는 범종이 소형화된 것은 맞지만, 신라 종의 조형 양식은 미약한 변화 속에서 계승되고 있었다.

✓③ 중국 종의 주조 공법으로 대형 종을 만들면서 중국 종의 조형 양식을 따르게 되었기 때문이다.
신라 종의 조형 양식이 조선 초를 기점으로 큰 변화가 나타나게 된 것은 중국 종의 주조 공법을 도입하게 된 것과 관련이 있다. 이 과정에서 중국 종의 조형 양식을 따르게 되면서 신라 종의 전형적인 조형 양식에 큰 변화가 일어나게 된 것이다.

④ 16세기에 사찰 주도로 범종을 주조할 때 신라 종의 조형 양식을 복원하는 데 한계가 있었기 때문이다.
16세기에 사찰 주도로 소형 종이 주조되면서 신라 종의 조형 양식이 나타났다는 내용을 볼 때 적절하지 않다.

⑤ 조선 초기에 사찰 주도로 대형 종을 주조하면서 섬세한 조형 양식을 지닌 신라 종을 따르고자 했기 때문이다.
조선 시대에는 왕실 주도로 대형 종이 주조되었고, 중국 종의 주조 공법을 따르고 있었으므로 적절하지 않다.

34~39 인문·사회

안서원, 『심리학, 경제를 말하다』

해제 이 글은 심리학적 입장에서 인간의 선택 행동을 설명한 카너먼의 전망 이론을 소개하고 있다. 글쓴이는 먼저 카너먼이 인간은 합리적인 선택을 한다는 전통 경제학에 반기를 들고, 심리학적 연구 성과를 경제학에 접목시킨 새로운 이론을 제안하였음을 밝히고 있다. 그리고 인간은 합리적인 선택을 한다

는 전제 아래, 시장에서 재화와 용역의 생산, 분배, 소비 활동을 연구하는 **전통 경제학의 대표적인 이론인 기대 효용 이론**에 대해 제시하고 있다.

하지만 **카너먼**은 실제 인간의 행동에 나타난 다양한 양상을 연구한 결과, 이러한 **전통 경제학의 전제에 반기**를 들고, 이득보다 손실에 대해 민감하게 반응하는 인간의 심리가 선택 행동에 미치는 영향을 설명하는 **전망 이론**을 제안하였음을 언급하고 있다.

카너먼의 전망 이론에 따르면 같은 크기의 이득과 손실이 있을 때, 사람들은 이득감보다 손실감을 더 크게 느끼게 되는데, 이와 같은 **이득과 손실에 대한 심리 반응의 차이**로 인해 '긍정적 틀'과 '부정적 틀'인 '**틀 효과**'가 발생하게 됨을 제시하고 있다. 즉 긍정적 틀에서는 확실한 이득을 주는 대안을 선택하고, 부정적 틀에서는 불확실한 손실을 주는 대안을 선택한다. 그리고 **이득의 영역에서는 확실한 이득을 추구하는 위험 회피 성향**을, 손실의 영역에서는 **불확실한 손실을 추구하는 위험 추구 성향**을 나타냄을 언급하고 있다. 그리고 마지막으로 글쓴이는 **카너먼**이 인간의 선택 과정에 영향을 주는 여러 요인에 주목하여 **행동 경제학을 개척**하였음을 언급하며 글을 마무리한다.

주제 심리학적 입장에서 인간의 선택 행동을 설명한 카너먼의 전망 이론

문단 핵심 내용

1문단	심리학적 연구 성과를 경제학에 접목시킨 새로운 이론을 제안한 카너먼
2문단	인간을 합리적 선택을 하는 존재로 가정한 전통 경제학의 기대 효용 이론
3문단	전통 경제학의 기대 효용 이론의 사례
4문단	선택의 문제를 설명하기 위한 카너먼의 전망 이론
5문단	전망 이론에서 이득과 손실에 대한 인간의 반응을 설명하는 그래프
6문단	사람들이 게임 B를 선택하는 이유—손실감을 피하고자 하는 심리
7문단	손실감의 심리를 '틀 효과'로 설명한 전망 이론
8문단	틀 효과를 확인할 수 있는 선택 상황의 사례
9문단	행동 경제학이라 새로운 분야를 개척한 카너먼

34 내용의 사실적 이해　　정답률 49% | 정답 ①

윗글의 내용과 일치하지 않는 것은?

✓① 기대 효용 이론은 자신의 현재 상황을 준거로 하여 나타나는 선택 행동의 다양한 양상을 분석하였다.
5문단의 '두 축이 교차하는 지점은 현재 '나'의 상황을 의미하는 준거점', 1문단의 '그는 실제 인간의 행동에 나타나는 다양한 양상을 연구하여', 9문단의 '인간의 선택 과정에 영향을 주는 여러 요인에 주목하여' 등의 내용을 볼 때, 자신의 현재 상황을 준거로 하여 나타나는 선택 행동의 다양한 양상을 분석하는 것은 기대 효용 이론이 아니라 카너먼의 이론임을 알 수 있다.

② 기대 효용 이론에 따르면 인간은 여러 대안이 있을 때 자신에게 가장 큰 이득을 주는 대안을 선택한다.
2문단의 '전통 경제학의 대표적 이론인 기대 효용 이론에 따르면 ~ 자신에게 최대 이득을 주는 대안을 선택한다.'에서 확인할 수 있다.

③ 카너먼은 인간이 논리적 사고 과정보다는 직감에 의존해 문제를 해결하는 경향이 강하다고 주장하였다.
1문단의 '심리학자인 카너먼은 ~ 직감에 의해 문제를 해결하는 경향이 강하다고 주장하였다.'에서 확인할 수 있다.

④ 카너먼은 심리학적 연구 성과를 경제학에 접목시켜 전통 경제학과 구별되는 새로운 이론을 구축하였다.
카너먼이 심리학적 연구 성과를 경제학에 접목시킨 새로운 이론을 제안했다는 1문단의 내용에서 확인할 수 있다.

⑤ 카너먼은 인간이 합리적인 선택을 한다는 전통 경제학의 전제를 실제 인간의 행동을 근거로 반박하였다.
1문단의 '그는 실제 인간의 행동에 나타나는 다양한 양상을 연구하여 인간은 합리적 선택을 한다는 전통 경제학의 전제에 반기를 들고'에서 확인할 수 있다.

35 사례의 적절성 판단　　정답률 79% | 정답 ③

㉠에 해당하는 사례로 가장 적절한 것은?

① (질문) 신은 존재하는가?
(대답) 그렇다. 왜냐하면 신이 없음을 증명한 사람이 없기 때문이다.
이 사례는 자주 접하거나 쉽게 떠올릴 수 있는 것과 관련이 없다.

② (질문) '1부터 10까지의 합'과 '11부터 15까지의 합' 중 더 큰 것은?
(대답) 전자이다. 왜냐하면 전자가 후자보다 많은 숫자를 더하기 때문이다.
이 사례는 자주 접하거나 쉽게 떠올릴 수 있는 것과 관련이 없다.

✓③ (질문) '교통사고로 인한 사망률'과 '당뇨로 인한 사망률' 중 사망률이 더 높은 것은?
(대답) 전자이다. 왜냐하면 전자를 후자보다 매체를 통해 자주 보기 때문이다.
㉠이 해당 사례를 자주 접하거나 쉽게 떠올릴 수 있으면, 발생 빈도수가 높다고 판단한다고 하였으므로 적절한 사례다.

④ (질문) '지방이 10% 함유된 우유'와 '지방이 90% 제거된 우유' 중 선택하고 싶은 것은?
(대답) 후자이다. 왜냐하면 후자가 전자보다 지방이 적게 함유된 식품으로 느껴지기 때문이다.
이 사례는 자주 접하거나 쉽게 떠올릴 수 있는 것과 관련이 없다.

⑤ (질문) '한 명이 빵 한 개를 만드는 것'과 '열 명이 빵 열 개를 만드는 것' 중 시간이 더 오래 걸리는 것은?
(대답) 후자이다. 후자가 전자보다 힘이 더 많이 드는 일로 느껴지기 때문이다.
이 사례는 자주 접하거나 쉽게 떠올릴 수 있는 것과 관련이 없다.

36 제시된 자료의 이해 정답률 56% | 정답 ①

〈보기〉는 윗글의 〈그림〉에 대한 설명이다. A, B에 들어갈 내용을 바르게 짝지은 것은?

〈보 기〉

이득 영역에서는 성과가 동일한 크기로 증가할 때마다 성과에 대하여 부여하는 가치의 크기가 (A   )하는 폭이 (B   ).

　　A　　　　B
✔ ① 증가　　작아진다
〈그림〉에 제시된 그래프를 보면 x값이 증가하면 y의 값도 증가한다. 그런데 이득 영역에서는 x의 값이 증가함에 따라 그래프의 기울기가 점점 완만해지는 것을 확인할 수 있다. 이는 이득 영역에서 성과가 동일한 크기로 증가할 때마다 성과에 대하여 부여하는 가치의 크기가 증가하는 폭이 작아진다는 것을 의미한다.

② 증가　　커진다
x의 값이 증가함에 따라 그래프의 기울기가 점점 완만해지므로 가치의 크기가 증가하는 폭이 커진다는 설명은 적절하지 않다.

③ 증가　　같아진다
x의 값이 증가함에 따라 그래프의 기울기가 점점 완만해지므로 가치의 크기가 증가하는 폭이 같아진다는 설명은 적절하지 않다.

④ 감소　　작아진다
x의 값이 증가함에 따라 y의 값도 증가하는 증가함수이므로 가치의 크기가 감소한다는 설명은 적절하지 않다.

⑤ 감소　　커진다
x의 값이 증가함에 따라 y의 값도 증가하는 증가함수이므로 가치의 크기가 감소한다는 설명은 적절하지 않다.

37 인물의 입장에 따른 자료의 이해 정답률 73% | 정답 ②

'카너먼'의 입장에서 윗글의 '상황 1'과 '상황 2'에 대해 설명한 것으로 적절하지 않은 것은?

① ⓑ안의 50만 원과 ⓓ안의 50만 원에 대해 사람들이 부여하는 가치는 다르다.
6문단에 언급된 카너먼의 전망 이론을 보면, 사람들은 같은 크기의 이득과 손실이 있을 때 이득감보다 손실감을 더 크게 느끼게 됨을 알 수 있다. 이를 적용해 보면, ⓑ안의 50만 원을 얻었을 때의 이득감보다 ⓓ안의 50만 원을 잃었을 때의 손실감이 더 크다는 것을 알 수 있으므로 올바르다.

✔ ② ⓐ안을 선택하는 사람들은 위험 회피 성향이고, ⓒ안을 선택하는 사람들은 위험 추구 성향이다.
7문단에서 확실성을 추구하는 것은 위험 회피 성향에 해당하고, 불확실성을 추구하는 것은 위험 추구 성향에 해당함을 알 수 있다. 그리고 '상황 1'과 '상황 2'를 보면, ⓐ안과 ⓒ안을 선택한 사람은 불확실성을 추구하는 사람이므로 위험 추구 성향에 해당하며 ⓑ안과 ⓓ안을 선택한 사람은 확실성을 추구하는 사람이므로 위험 회피 성향에 해당한다. 따라서 ⓐ안을 선택하는 사람들은 위험 추구 성향이므로 적절하지 않다.

③ ⓐ, ⓒ안은 이득이나 손실이 불확실한 대안, ⓑ, ⓓ안은 이득이나 손실이 확실한 대안에 해당한다.
'상황 1'과 '상황 2'에서 ⓐ안과 ⓒ안은 0.5의 확률로 돈을 받거나 잃는 상황이므로 불확실한 대안이고, ⓑ안과 ⓓ안은 1의 확률로 돈을 받거나 잃는 상황이므로 확실한 대안이다.

④ '상황 1'에서 ⓑ안을 선택하는 사람이 많은 것은 사람들이 불확실한 이득보다 확실한 이득을 선호하기 때문이다.
'상황 1'에서 ⓑ안을 선택한 사람들은 확실한 이득을 추구하는 위험 회피 성향을 나타낸다.

⑤ '상황 2'에서 ⓒ안을 선택하는 사람이 많은 것은 확실한 손실을 꺼리는 인간의 심리가 반영된 결과이다.
'상황 2'에서 ⓒ안을 선택한 사람들은 확실한 손실을 꺼리는 위험 추구 성향을 나타낸다.

38 글의 내용을 바탕으로 한 이유 추론 정답률 78% | 정답 ④

ⓐ를 바탕으로, 〈보기〉의 밑줄 친 부분의 이유를 추론한 것으로 가장 적절한 것은?

〈보 기〉

"먼저 써 보시고 한 달 후에 제품이 마음에 들지 않으면 반품하십시오. 금액은 전액 환불해 드립니다."라는 광고 문구에 많은 소비자들이 귀가 솔깃해져 쉽게 제품을 구매한다. 하지만 막상 한 달 후, 제품이 마음에 들지 않더라도 사용하던 제품을 반품하고 구매한 금액을 환불받는 소비자는 소수에 지나지 않는다. 이는 이득과 손실에 대한 심리 반응의 차이를 이용한 효과적인 판매 전략이라 할 수 있다.

① 제품을 사용하는 기간만큼 제품을 통해 얻는 이득감이 줄어들기 때문에
제품을 반품하지 않는 상황에 대한 이유로 적절하지 않다.

② 제품에 대한 불만족은 심리적인 현상일 뿐, 제품 자체의 문제가 아니기 때문에
제품에 대한 불만족은 심리적인 현상일 뿐이라는 설명은 전망 이론의 설명과는 관련이 없다.

③ 제품을 반품했을 때의 이득감이 제품을 그대로 사용했을 때의 이득감보다 더 크기 때문에
제품을 반품했을 때의 이득감이 제품을 그대로 사용했을 때의 이득감보다 더 크다면 제품을 반품하는 것이 적절하다.

✔ ④ 제품을 반품할 때 느끼는 손실감이 구매한 금액을 환불받을 때 느끼는 이득감보다 크게 느껴지기 때문에
이 글에 제시된 전망 이론에 의하면 사람들은 이득보다 손실에 더 민감하게 반응한다. 이를 〈보기〉에 적용하면, 소비자들이 구매 물품을 반품할 때 느끼는 손실감이 구매 금액을 환불받았을 때의 이득감보다 더 크게 느끼기 때문에, 실제로 제품을 반품하는 소비자는 소수에 지나지 않을 것이라고 해석할 수 있다.

⑤ 제품을 구매하는 과정에 투입된 시간과 노력을 계산했을 때, 제품을 반품하는 것이 합리적 선택이기 때문에
제품을 반품하지 않는 이유에 해당하지 않는다.

39 글의 내용을 바탕으로 한 자료 해석 정답률 63% | 정답 ②

ⓑ를 고려할 때, 〈보기〉의 '상황'에 대한 사람들의 선택을 예측한 것으로 적절한 것은? [3점]

〈보 기〉

[상황]
○○ 지역에 전염병이 돌아 600명의 주민이 죽을 것으로 예상된다. 이 전염병을 막기 위한 프로그램 ㉮와 ㉯가 있다.
○ 프로그램 ㉮ : 400명의 사람이 죽게 됨.
○ 프로그램 ㉯ : 아무도 죽지 않을 확률이 3분의 1이고, 600명이 죽게 될 확률이 3분의 2임.
[질문]
만약 여러분이 정책 담당자라면 프로그램 ㉮와 ㉯ 중 어느 것을 선택하겠는가?

① 사람들은 상황을 부정적 틀로 인식하기 때문에 프로그램 ㉮를 선택하는 사람들이 더 많을 것이다.
〈보기〉의 상황은 손실을 주는 상황이므로 사람들은 상황을 부정적 틀로 인식할 것이다. 많은 사람들은 손실이 확실한 것보다는 손실이 불확실한 것을 선택하므로, 손실이 불확실한 프로그램 ㉯를 선택할 것이다.

✔ ② 사람들은 상황을 부정적 틀로 인식하기 때문에 프로그램 ㉯를 선택하는 사람들이 더 많을 것이다.
〈보기〉에 제시된 상황은 손실을 주는 상황이므로 사람들은 이를 부정적 틀로 인식하게 된다. 그래서 많은 사람들은 손실이 확실한 프로그램 ㉮보다 손실이 불확실한 프로그램 ㉯를 선택하게 될 것임을 예측할 수 있다.

③ 사람들은 상황을 긍정적 틀로 인식하기 때문에 프로그램 ㉮를 선택하는 사람들이 더 많을 것이다.
〈보기〉에 제시된 상황은 손실을 주는 상황이므로 사람들은 이를 부정적 틀로 인식하게 된다. 따라서 〈보기〉의 상황을 긍정적 틀로 인식한다고 보는 것은 적절하지 않다.

④ 사람들은 상황을 긍정적 틀로 인식하기 때문에 프로그램 ㉯를 선택하는 사람들이 더 많을 것이다.
〈보기〉에 제시된 상황은 손실을 주는 상황이므로 사람들은 이를 부정적 틀로 인식하게 된다. 따라서 〈보기〉의 상황을 긍정적 틀로 인식한다고 보는 것은 적절하지 않다.

⑤ 사람들은 상황을 긍정적 틀로 인식하기 때문에 프로그램 ㉮와 ㉯를 선택하는 사람들이 비슷할 것이다.
〈보기〉에 제시된 상황은 손실을 주는 상황이므로 사람들은 이를 부정적 틀로 인식하게 된다. 따라서 〈보기〉의 상황을 긍정적 틀로 인식한다고 보는 것은 적절하지 않다.

40~42 고전 소설

작자 미상, 「매화전」

감상 이 작품은 남녀 간의 사랑을 주제로 한 애정 소설로, 「매화양유전」, 「유화양매록」이라고도 불린다. 이 작품에는 **남녀 간의 사랑을 다룬 애정 모티프와 계모에 의한 시련과 고난, 부모로부터 버림받음(기아), 도술을 통한 문제 해결 등 고전 소설의 다양한 모티프들이 복합적으로 사용**되고 있다. 또한 임진왜란이라는 역사적 사실을 배경으로 하고 있어 조선 후기 작품으로 추측되며, **판소리 사설의 문체를 지니고 있어 판소리계 소설, 혹은 판소리계 소설의 영향을 받은 작품**으로 평가받고 있다.
주제 온갖 시련을 이겨 낸 양유와 매화의 사랑
작품 줄거리 경기도 장단에 김주부라는 도술이 능한 선비가 매화라는 무남독녀를 두고 살고 있었다. 조정의 간신들이 그를 해치려 하므로 딸 매화를 남장을 시켜 길에 버리고 내외는 구월산으로 피하였다. 매화는 조병사 집에서 살면서 그의 아들 양유와 함께 학당에서 공부하며 성장한다. 양유는 매화의 용모를 보고 연정을 느껴왔는데, 하루는 매화가 자신의 사연을 털어놓고는 부모의 승낙을 받은 뒤 혼인을 약속하자고 한다. 어느 날 관상을 보는 사람이 와서 양유가 귀하게 될 상이지만 호랑이에게 잡혀 죽을 위험이 있다며, 매화와 양유를 혼인시켜야 한다는 편지를 남겨 놓는다. 매화의 신분을 알게 된 조병사는 매화를 내당에 머물게 한다. 조병사의 부인은 계모로서 성품이 악하여, 매화를 자기 동생과 혼사시키고자 한다. 계모는 동생을 시켜, 장단의 주민을 매수하여 매화의 아버지가 나쁜 인물이라고 소문내도록 한다. 조병사가 장단에 가서 김주부에 대한 악평을 듣고는 매화를 천한 사람의 자식이라며 박대한다. 매화가 계모의 강제 혼인을 거절하자 조병사는 매화를 내쫓는다. 양유는 쫓겨가는 매화와 슬픈 이별을 한다. 계모의 하수인에 의해 납치될 처지에 이른 매화는 물에 몸을 던졌으나, 아버지 김주부가 도술로 매화를 구출하고 매화는 구월산에 있는 어머니와 상봉한다. 혼인 전날, 신랑 양유가 호랑이에 물려 구월산에 와서 혼례를 치르고 보니 신부가 매화였다. 도사로 변한 김주부가 조병사에게 구월산에 아들이 있음을 알려 주자 조병사는 그곳으로 가 아들을 만난다. 그들은 김주부의 예언으로 그 곳에서 임진왜란의 피해를 면하였다. 김주부는 신선이 되고, 그들은 전쟁 후에 고향에 돌아가 행복하게 살았다.

40 서술상 특징 파악 정답률 47% | 정답 ⑤

윗글의 서술상의 특징으로 가장 적절한 것은?

① 사건 진행 과정에서 과거와 현재가 교차되고 있다.
사건은 시간의 흐름대로 진행되고 있지, 현재 사건과 과거 사건이 교차되지는 않고 있다.

② 장면을 빈번하게 전환하여 긴박한 분위기를 조성하고 있다.
장면의 전환은 찾아볼 수 있지만 긴박한 분위기를 조성하지는 않고 있다.

③ 공간적 배경을 활용하여 주제를 암시적으로 드러내고 있다.
공간적 배경은 제시되어 있으나 주제가 암시적으로 드러나지는 않는다.

④ 인물과 인물의 첨예한 갈등을 중심으로 사건이 전개되고 있다.
인물 간의 첨예한 갈등은 찾아볼 수 없다.

✔ ⑤ 인물의 심리를 서술자가 직접 제시하여 독자의 이해를 돕고 있다.
'양유 그 소리 들으며 ~ 매화의 태도를 보고 마음만 상할 따름일러라', '병사 대경하여 무수히 슬퍼하다가', '병사 크게 놀라며 또한 크게 기뻐하여' 등을 보면 서술자가 인물의 심리를 직접 제시하여 인물의 심리 상태를 독자가 이해할 수 있도록 하고 있다.

★★★ 등급을 가르는 문제!

41 인물의 이해 정답률 28% | 정답 ④

윗글의 인물에 대한 이해로 적절하지 않은 것은?

① 양유는 여자가 남복을 입었다는 사람들의 말을 듣고 매화의 정체를 의심하고 있다.
'오늘 사람들이 여자가 남복을 입었다 하니 그 일로 그러한가 싶으니 그럼 여자가 분명한가?'에서 알 수 있다.

② 매화는 부모의 허락을 전제로 양유의 청혼을 긍정적으로 받아들이고 있다.
매화는 부모의 허락을 전제로 혼인하고 싶다는 생각을 양유에게 밝히고 있다.

③ 상객은 양유와 매화가 혼인하지 않으면 양유에게 불행이 닥칠 것을 예고하고 있다.
상객은 양유와 매화가 혼인하지 않으면 양유가 호랑이에게 잡아먹힐 것이라고 경고하고 있다.

✓ ④ 병사는 매화의 용모와 양유의 적극적인 결혼 의지를 바탕으로 둘의 혼인에 대해 최 씨의 동의를 구하고 있다.
병사는 상객의 말과 매화의 용모를 바탕으로 양유와 매화의 혼인에 대해 부인 최 씨의 동의를 구하고 있다. 하지만 양유가 아버지 병사에게 매화와 결혼하고 싶다는 의지를 밝히지는 않고 있다.

⑤ 최 씨는 매화의 근본을 핑계 삼아 양유와 매화의 혼인을 반대하고 있다.
최 씨는 매화가 유리걸식하고 근본도 알지 못하는 아이라는 점을 핑계로 양유와 매화의 혼인을 반대하고 있다.

★★ 문제 해결 꿀~팁 ★★

▶ 많이 틀린 이유는?
선택지에 제시된 내용을 글의 내용과 정확히 연결 짓지 못하여 오답률이 높았던 것으로 보인다.
▶ 문제 해결 방법은?
인물의 행동과 태도, 심리를 중심으로 선택지가 제시되어 있으므로, 각 인물이 말하는 내용과 서술자의 인물에 대한 서술을 바탕으로 문제를 해결할 수 있어야 한다.
④의 경우 '병사'를 중심으로 이해하면 되는데, 병사가 매화에 대해 '인물이 비범하니'라고 하면서 최 씨에게 양유와의 혼인에 대해 동의를 구하고 있음을 알 수 있다. 하지만 이 글에 제시된 양유의 말을 통해 양유가 병사에게 매화와 혼인하고 싶다는 의견을 밝히지는 않고 있으므로 이 내용은 잘못된 것이라 할 수 있다.
▶ 오답인 ②를 많이 선택한 이유는?
②번 문제를 적절하다고 선택하여 오답률이 높았던 가장 큰 이유는, 선택지에 언급된 '부모의 허락을 전제로'라는 내용을 글에서 찾지 못했기 때문으로 보인다. 그런데 매화가 한 말인 '부모의 명을 받아 백년해로한다면 낸들 아니 좋으리까.'를 볼 때, 매화는 부모의 명을 받아야만 결혼하겠다는 생각을 드러내고 있으므로 적절한 내용이라 할 수 있다.
이처럼 선택지에서는 글의 내용을 다른 말로 바꾸어 제시하는 경우가 있으므로, 인물의 말과 행동을 바탕으로 선택지의 적절성 여부를 반드시 판단할 수 있어야 한다.

---

42 소재의 기능 파악 | 정답률 59% | 정답 ⑤

〈보기〉를 참고할 때, ⓐ와 ⓑ에 대한 이해로 적절하지 않은 것은? [3점]

── 〈 보 기 〉──
고전 소설 속에 삽입된 시는 서사 맥락 속에서 다양한 역할을 수행한다. 인물의 심리를 함축적으로 드러내거나 인물을 비유적으로 표현하기도 하고, 주제를 집약적으로 전달하기도 한다. 또한 사건을 전개시키거나 사건 전개의 방향을 암시하기도 하고 분위기 형성, 인물들 간의 의사소통의 매개체 역할을 수행하기도 한다.

① ⓐ는 양유의 심리 상태를 함축적으로 드러내고 있다.
ⓐ에서 양유는 봄 날 좋은 풍경을 보고 봄빛을 얻었다고 하면서 자신의 즐거운 마음을 함축적으로 드러내고 있다.

② ⓐ를 본 후 매화가 ⓑ로 답한 것은 인물 간의 의사소통 행위로 볼 수 있다.
ⓐ를 본 후 ⓑ에서 매화가 자신이 여자라는 정체를 밝힌 것은 인물 간의 소통 행위로 볼 수 있다.

③ ⓑ에서 '나비'는 양유를, '꽃'은 매화를 비유적으로 표현한 것으로 볼 수 있다.
ⓑ에서 매화는 양유를 나비에 비유하고 자신을 꽃으로 비유하여 자신이 은연중 여자임을 밝히고 있다.

④ ⓑ를 본 후 양유가 매화에게 청혼한 것으로 볼 때 ⓑ는 사건을 전개하는 역할을 했다고 볼 수 있다.
ⓑ를 본 후 양유가 매화에게 청혼한 것은 ⓑ가 사건 전개의 역할을 했다고 볼 수 있다.

✓ ⑤ ⓐ와 ⓑ는 양유와 매화의 앞날이 순탄하지 않을 것이라는 사건 전개의 방향을 암시하고 있다.
ⓐ의 시는 양유가 봄 날 좋은 풍경을 보고 자신은 즐거운데 매화는 왜 쓸쓸한 모습을 하고 있는지에 대한 안타까움을 표출하고 있는 내용이다. 그리고 ⓑ의 시는 ⓐ를 본 매화가 자신을 꽃으로, 양유를 나비에 비유하여 자신이 여자라는 정체를 우회적으로 밝히는 내용이다. 이러한 ⓐ와 ⓑ의 내용을 볼 때, ⓐ와 ⓑ가 양유와 매화의 앞날이 순탄하지 않을 것이라는 사건 전개의 방향을 암시한다고 볼 수 없다.

43~45 시나리오

김영현, 「대장금」

감상 이 작품은 드라마 「대장금」의 시나리오 대본으로, 조선 시대 실존 인물인 장금의 삶을 재구성한 것으로, 전문적인 지식과 기술을 습득해 궁중 최고의 요리사가 되고, 이후 조선 최고의 의녀가 되는 성공담을 다루고 있다. 특히 이 작품은 우리나라 전통 음식 문화의 가치를 잘 담아낸 작품으로 평가받는다.
주제 어려운 상황에서도 음식과 의술에서 일가를 이루는 대장금의 일생
작품 줄거리 장금은 어린 나이에 부모를 여의고 생각시로 입궁하여 수라간 생활을 하게 된다. 장금은 어머니의 친구이자 스승인 한 상궁에게 음식에 대한 철학을 배우며 실력을 쌓아 간다. 그러던 중 최고 상궁 자리를 놓고 한 상궁 측과 최 상궁 측이 경합을 벌이다가 최 상궁의 모함으로 한 상궁은 죽고 장금은 제주도로 귀양을 가게 된다.
장금은 제주도에서 의녀 장덕에게 의술을 배워 여러 가지 공을 세우고, 한양에 올라와 의녀로서 다시 입궁하게 되고, 스승 신익필을 통해서 의학에 대한 신념을 갖게 되며, 중전과 대비의 병을 치료하면서 신망을 얻는다.
장금은 중종의 병을 치료하여 그의 신임을 받게 되고, 결국 최 상궁 측을 단죄하고 어의의 자리에 올라 대장금이 된다.

---

43 작품 내용의 이해 | 정답률 77% | 정답 ⑤

윗글을 통해 알 수 있는 내용으로 적절한 것은?

① 한 상궁은 정사의 뜻을 알고 장금에게 음식을 준비하도록 했다.
한 상궁이 정사의 뜻을 알고 장금에게 음식을 준비하도록 한 내용은 나타나지 있지 않다.

② 장금과 금영은 정사가 먹을 음식을 기쁜 마음으로 함께 준비하였다.
장금과 금영은 각자 정사의 음식을 장만한 것을 추측할 수 있으므로 적절하지 않다.

③ 정사는 오겸호의 조언에 따라 장금이 만든 음식을 억지로 먹고 있었다.
오겸호는 장금을 불경한 것이라고 하며 정사에게 벌을 요청하고 있으므로 적절하지 않다.

④ 오겸호는 만한전석을 준비하라고 한 정사의 지시에 불만을 가지고 있었다.
정사는 만한전석을 올린다는 오겸호의 말에 놀라고 있으므로 적절하지 않다.

✓ ⑤ 정사는 떠나는 날까지 음식을 준비하라고 할 만큼 장금에 대한 신뢰를 보였다.
정사는 가는 날까지 자신의 음식을 고집불통인 장금과 장금의 스승인 한 상궁에게 맡긴다고 선언하고 있다. 이를 통해, 정사는 장금에 대해 신뢰를 보이고 있다고 할 수 있다.

---

44 외적 준거에 따른 작품의 감상 | 정답률 69% | 정답 ④

〈보기〉를 통해 윗글을 감상한 내용으로 적절하지 않은 것은? [3점]

── 〈 보 기 〉──
음식은 먹는 사람의 건강을 지키는 수단이자 맛에 대한 욕망을 충족하는 수단이기도 하다. 이 둘은 상충되기도 하지만 조화를 이루기도 한다. 「대장금」은 다양한 음식을 소재로 한 일련의 사건과 음식에 대한 소신을 지키는 장금의 모습에서 전통 음식 문화에 대한 자부심을 느끼게 한다.

① 정사는 '소갈'에 걸리고도 맛있고 '기름진 음식'을 끊을 수 없었다는 점에서 맛에 대한 욕망을 제어하지 못하였음을 알 수 있군.
정사는 그동안 맛있고 기름진 음식을 먹어 소갈을 얻었음에도 그런 음식을 끊을 수 없다고 말하고 있는데, 이는 맛에 대한 욕망을 제어하지 못하였음을 보여 주는 것이라 할 수 있다.

② 장금이 정사가 싫어하는 것을 알면서도 '생선'과 '산나물'을 이용하여 만든 음식을 올리는 것은 정사의 건강을 우선시했기 때문이군.
장금은 자신이 올린 음식을 먹고 싫은 표정을 짓는 정사를 보며 생선과 산나물 등의 음식을 올리고 있다. 그리고 정사의 질문에 먹는 사람에게 해가 되는 음식을 올려서는 안 된다고 말하고 있다. 따라서 장금은 정사의 건강을 위해 생선과 산나물을 이용한 음식을 만들었다고 할 수 있다.

③ 정사는 장금이 만든 음식에서 '재료 고유의 맛'을 느끼며 건강을 지키는 것과 맛에 대한 욕망이 조화를 이룰 수 있음을 깨닫게 되는군.
정사는 장금의 음식을 먹을수록 재료 고유의 맛이 느껴졌다고 말하고 있다. 그러므로 장금이 만든 음식에서 건강과 맛에 대한 욕망이 조화를 이룰 수 있음을 깨달았다고 할 수 있다.

✓ ④ 장금은 정사가 '만한전석'과 같이 건강을 해치는 음식을 선호하는 것을 보고 음식을 먹는 자의 도리를 지키지 않는다고 말하며 안타까워했군.
정사는 '음식을 하는 자 도리와 소신이 있듯이 음식을 먹는 자 또한 도리가 있어야 한다'고 여기면서, 장금의 뜻에 따라 자신을 해치는 음식을 먹지 않겠다고 말하고 있다. 즉, 음식을 먹는 자의 도리를 말한 것은 정사임을 알 수 있으므로 적절하지 않은 감상이다.

⑤ 장금이 위험을 무릅쓰고 먹는 사람의 건강에 도움이 되는 음식을 고집하는 것에서 '음식을 하는 자의 도리'를 지키고자 하는 소신을 확인할 수 있군.
장금은 자신에게 크나큰 위험이 닥쳐도 음식을 하는 자의 도리를 지켜야 한다고 정사에게 말하고 있으므로 위험을 무릅쓰고 음식을 하는 자의 도리를 지키고자 하는 소신을 가졌다고 할 수 있다.

---

45 영화로의 연출 계획의 적절성 파악 | 정답률 52% | 정답 ④

S#49를 제작하기 위한 회의 내용으로 적절하지 않은 것은?

① 음식을 정성스럽게 만드는 장금의 솜씨를 강조할 필요가 있습니다. 음식을 만드는 손을 클로즈업하면 좋겠습니다.
음식에 대한 장금의 정성을 강조한다는 점에서 적절한 연출 계획이다.

② 이틀에 걸친 사건을 짧은 장면으로 이어 붙인 장면입니다. 사건이 속도감 있게 전달될 수 있도록 편집하면 좋겠습니다.
'다음날'이라는 표지를 통해 이틀 간의 사건을 몽타주로 전달하고 있다는 것을 알 수 있으므로 적절한 연출 계획이다.

③ 불안해하는 오겸호를 담은 장면이 반복됩니다. 배우의 표정 연기를 통해 긴장감이 고조되도록 연출을 하면 좋겠습니다.
불안해하는 오겸호가 담긴 장면이 반복되고 있으므로, 이러한 오겸호의 표정 연기를 통해 장금을 둘러싼 위기감을 고조시킬 수 있으므로 적절한 연출 계획이다.

✓ ④ '음식 준비 – 사신의 시식 – 장금의 기대 – 사신의 평가'가 이어지고 있습니다. 이 순서대로 장면들을 편집하면 좋겠습니다.
S#49를 보면, 장금이 음식을 준비하는 과정, 정사가 시식하는 장면, 정사가 시식을 하며 반응하는 장면이 일련의 순서에 따라 반복되고 있다. 하지만 '사신의 시식' 이후에 나타나는 '장금의 기대'는 찾아볼 수 없으므로 적절하지 않다.

⑤ 조선 시대를 배경으로 하고 있습니다. 사실성이 드러나도록 당시의 의복과 소품을 고증하여 준비하는 것이 좋겠습니다.
정사의 말을 통해 정사가 사신으로 조선에 왔음을 알 수 있으므로 적절한 연출 계획이다.

• 정답 •

01 ⑤ 02 ② 03 ② 04 ④ 05 ③ 06 ④ 07 ⑤ 08 ④ 09 ⑤ 10 ③ 11 ① 12 ① 13 ⑤ 14 ⑤ 15 ③
16 ① 17 ① 18 ② 19 ③ 20 ② 21 ① 22 ④ 23 ③ 24 ⑤ 25 ⑤ 26 ④ 27 ① 28 ① 29 ④ 30 ④
31 ⑤ 32 ⑤ 33 ③ 34 ③ 35 ④ 36 ② 37 ⑤ 38 ② 39 ② 40 ④ 41 ⑤ 42 ③ 43 ④ 44 ① 45 ③

★ 표기된 문항은 [등급을 가르는 문제]에 해당하는 문항입니다.

[01~03] 화법

01 발표 전략의 파악 — 정답률 80% | 정답 ⑤

위 발표에 활용된 말하기 방식으로 적절하지 않은 것은?

① 발표 주제를 선정하게 된 동기를 밝히며 발표를 시작하고 있다.
1문단에서 고분 답사를 가서 화단 장식물 파편을 발견한 개인적 경험을 밝히면서 '매장 문화재 신고 제도'라는 발표 주제를 말하고 있다. 따라서 발표자는 발표 주제를 선정하게 된 동기를 밝히며 발표를 시작하고 있음을 알 수 있다.

② 발표 내용과 관련된 질문을 하여 청중의 관심을 유도하고 있다.
1문단의 '혹시 여러분 중에 이런 경우에 어떻게 해야 하는지 아시는 분 있나요?'를 통해, 발표자는 청중에게 질문을 하여 관심을 유도하고 있음을 알 수 있다.

③ 구체적인 예를 활용하여 발표 내용을 효과적으로 전달하고 있다.
2문단에서 일상생활이나 여가 활동 중에 문화재를 발견하는 사례를 언급하여 발표 내용을 효과적으로 전달하고 있음을 알 수 있다.

④ 발표 주제와 관련된 용어의 개념을 설명하여 청중의 이해를 돕고 있다.
2문단에서 '매장 문화재'의 개념을 설명하고 있는데, 이러한 개념 설명은 청중의 이해를 도울 수 있으므로 적절하다.

☑ 발표 내용을 친숙한 소재에 빗대어 표현하여 청중의 흥미를 유발하고 있다.
이 발표를 통해 학생이 발표 내용을 친숙한 소재에 빗대어 표현한 부분은 찾아볼 수 없다.

02 자료 활용의 적절성 파악 — 정답률 53% | 정답 ②

위 발표에서 자료를 활용한 방식에 대한 설명으로 가장 적절한 것은?

① 자신이 발굴한 문화재를 소개하기 위해 '화면 1'에 발견한 것의 실물 사진을 제시하였다.
'화면 1'은 발표자가 고분 답사를 갔다가 발견한 화단 장식물 파편에 해당하므로, 자신이 발굴한 문화재를 소개하기 위해 '화면 1'을 제시하였다는 설명은 적절하지 않다.

☑ 일반적으로 매장 문화재가 세상에 나오는 상황을 보여 주기 위해 '화면 2'에 문화재청의 발굴 조사 장면을 제시하였다.
'화면 2'는 전문 기관의 발굴 조사 장면을 제시한 것이므로, 일반적으로 매장 문화재가 세상에 나오는 상황을 보여 주기 위해 '화면 2'에 문화재청의 발굴 조사 장면을 제시하였다는 설명은 적절하다.

③ 발견된 문화재의 시대적 층위를 부각하기 위해 '화면 3'에 고대와 근대의 문화재를 대비하여 제시하였다.
'화면 3'은 일상생활, 여가 생활 중에 발견한 문화재에 관련된 것이므로 고대와 근대의 문화재를 대비하여 제시하였다는 설명은 적절하지 않다.

④ 제도를 세부적으로 파악할 수 있도록 하기 위해 '화면 4'에 감정 평가의 세부 단계들을 정리하여 제시하였다.
'화면 4'는 '매장 문화재 발견 신고 제도'의 절차들을 담고 있으므로 감정 평가의 세부 단계들을 정리하여 제시하였다는 설명은 적절하지 않다.

⑤ 주의할 점을 부각하여 전하기 위해 '화면 5'에 제도 운영의 핵심 취지 부분에 강조 표시를 해서 제시하였다.
'화면 5'는 매장 문화재 발견 신고와 관련하여 유의할 점을 부각하고 있으므로 제도 운영의 핵심 취지 부분에 강조 표시를 해서 제시하였다는 설명은 적절하지 않다.

03 청중의 반응 분석 — 정답률 74% | 정답 ②

위 발표를 들은 학생이 〈보기〉와 같이 반응했다고 할 때, 이에 대한 설명으로 가장 적절한 것은?

— 〈보 기〉 —

할아버지 친구분께서 집을 새로 짓다가 비석을 발견해서 신고하셨는데 신라 시대 문화재로 밝혀졌다는 이야기를 들었던 게 떠올랐어. 이 비석이 어떤 절차를 밟아 문화재로 인정을 받게 되었는지 이전부터 궁금했는데, 알게 되어 유익했어. 수중에도 매장 문화재가 있다고 했는데, 구체적인 사례를 발표에서 다루지 않은 점은 아쉬웠어.

① 자신이 직접 당사자가 되었던 경험과 관련지어 발표 내용에 공감하고 있군.
〈보기〉에서 발표자는 할아버지 친구분이 비석을 발견한 상황을 전해 들은 내용을 떠올리고 있으므로, 자신이 직접 당사자가 되었던 경험이라고 할 수 없다.

☑ 발표를 듣기 전에 지니고 있었던 의문을 발표 내용을 통해 해소하고 있군.
〈보기〉의 '비석이 어떤 절차를 밟아 문화재로 인정을 받게 되었는지 궁금'하다는 내용은 학생이 듣기 전에 지니고 있었던 의문에 해당한다. 그리고 '알게 되어 유익했어.'는 이러한 의문이 해소되었음을 드러낸 것이라 할 수 있다.

③ 발표의 내용을 구조적으로 파악하여 전체 내용을 간략하게 정리하고 있군.
〈보기〉의 학생의 반응에서 발표의 내용을 구조적으로 파악하여 정리한 부분은 찾아볼 수 없다.

④ 발표의 내용이 발표 목적에 부합하고 있는지를 객관적으로 분석하고 있군.
〈보기〉의 학생의 반응에서 발표 내용이 발표 목적에 부합하는지 분석하는 부분은 찾아볼 수 없다.

⑤ 발표 내용 중에서 사실과 다른 부분을 판단하며 비판적으로 평가하고 있군.

〈보기〉에서 수중의 매장 문화재 사례를 다루지 않은 점을 아쉬워하고 있지만, 사실과 다른 부분을 비판하지는 않고 있다.

[04~07] 화법과 작문

04 글쓰기 전략의 파악 — 정답률 80% | 정답 ④

(가)를 이해한 내용으로 적절하지 않은 것은?

① 예상 독자를 명시한 후 글을 쓴 이유를 드러내고 있다.
1문단에서는 '○○고등학교 학생 여러분, 안녕하세요.'에서 알 수 있듯이 예상 독자를 명시하면서, '그 결과를 공유하고, 구체적인 개선 방안에 대한 설문 조사를 안내하기 위해 글을 쓰게 되었습니다.'라고 글을 쓴 이유를 드러내고 있다.

② 사전 협의 내용을 밝히며 이후 진행될 과정을 제시하고 있다.
2문단에서는 학교 측과의 사전 협의 내용을 밝히면서, '이에 화장실 공간 개선에 대한 구체적인 의견을 수렴하기 위해 설문 조사를 실시하고자 합니다.'라고 이후 진행될 과정을 제시하고 있다.

③ 온라인 투표 결과를 수치로 나타내어 독자와 결과를 공유하고 있다.
2문단에서는 '전교생 중 90%가 투표에 참여했고, 그중 83%가 화장실 공간 개선을 요구하였습니다.'라고 온라인 투표 결과를 수치로 나타내어 독자와 결과를 공유하고 있다.

☑ 설문 항목을 안내하고 설문 참여 시에 주의할 점을 덧붙이고 있다.
(가)의 3문단에서 설문 항목을 안내하고 있지만, (가)에서 설문 참여 시 주의할 점을 덧붙인 부분은 찾아볼 수 없다.

⑤ 관용 표현의 의미를 풀어 설명하여 독자의 참여를 유도하고 있다.
4문단에서는 '손이 많으면 일도 쉽다.'라는 관용 표현의 의미를 풀어 설명하면서, '이 말처럼 우리가 원하는 학교 화장실을 만들기 위해서 학생 여러분의 많은 관심과 적극적인 참여가 필요합니다.'라고 독자의 참여를 유도하고 있다.

05 조건에 맞게 표현하기 — 정답률 81% | 정답 ③

〈조건〉에 따라 ㉠에 마지막 문장을 추가한다고 할 때 가장 적절한 것은?

— 〈조 건〉 —

○ 서두에 제시된 학교 공간 개선의 취지를 다시 강조할 것.
○ 비유적 표현을 활용하여 맥락에 맞게 마무리할 것.

① 전문가도 인정하는 새로운 공간이 가득한 우리 학교는 사랑입니다.
〈조건〉에 제시된 비유적 표현은 사용되고 있지만, 개선의 취지는 포함되어 있지 않다.

② 편안하고 쾌적한 공원 같은 우리 학교 공간을 여러분에게 소개합니다.
〈조건〉에 제시된 비유적 표현은 사용되고 있지만, 개선의 취지는 포함되어 있지 않고 글의 맥락에 맞게 마무리하지도 않고 있다.

☑ 사용자인 우리의 편의를 두루 고려한 내 집 같은 학교 공간을 함께 만듭시다.
1문단에 제시된 '사용자 중심의 공간'이라는 학교 공간 개선의 취지가 '사용자인 우리의 편의를 두루 고려한'에서 나타나고 있다. 또한 '내 집 같은'이라는 비유적 표현을 활용하여 맥락에 맞게 마무리하였다.

④ 공간을 바라보는 틀에 박힌 생각에서 벗어나 우리 학교를 새롭게 바꾸어 봅시다.
〈조건〉에 제시된 개선의 취지와 비유적 표현이 포함되어 있지 않다.

⑤ 학생도 선생님도 만족하며 사용하는 학교 공간을 우리의 노력으로 만들어 봅시다.
〈조건〉에 제시된 개선의 취지는 포함되어 있지만, 비유적 표현은 사용되지 않고 있다.

06 참여자의 역할 파악 — 정답률 80% | 정답 ④

(나)의 '선생님'에 대한 설명으로 적절하지 않은 것은? [3점]

① (가)에서 언급한 설문 조사 기간을 확인하고, 회의에서 논의해야 할 사항을 안내하고 있다.
선생님의 첫 번째 발화를 통해 (가)에서 언급한 설문 조사 기간을 확인하고 있으며, 회의에서 논의해야 할 사항을 안내하고 있음을 알 수 있다.

② (가)에서 제시한 첫 번째 설문 항목과 관련하여 설문 조사의 결과를 모아 온 학생들의 발화를 정리하고 있다.
선생님의 두 번째 발화를 통해 (가)에서 언급한 첫 번째 설문 항목과 관련하여 설문 조사의 결과를 모아 온 학생들의 발화를 정리하고 있음을 알 수 있다.

③ (가)에서 두 번째로 제시한 설문 항목과 관련하여 조사 결과에 대해 질문하고 있다.
선생님의 세 번째 발화를 통해 (가)에서 언급한 두 번째 설문 항목과 관련하여 조사 결과에 대해 질문하고 있음을 알 수 있다.

☑ (가)에서 언급한 설문 참고 자료를 잘 파악했는지 점검한 후 학생의 설명에 대한 자신의 이해가 적절한지 확인하고 있다.
'선생님'의 네 번째 발화를 통해 설문 조사를 위한 참고 자료를 잘 파악했는지 점검하고 있음을 알 수 있다. 하지만 학생의 설명에 대한 자신의 이해가 적절한지 확인하고 있지는 않다.

⑤ (가)에서 언급한 관련 분야 전문가가 다음 회의 참여자임을 밝히며 다음 회의를 예고하고 있다.
선생님의 다섯 번째 발화를 통해 (가)에서 언급한 관련 분야 전문가가 다음 회의 참여자임을 밝히면서 다음 회의를 예고하고 있음을 알 수 있다.

07 말하기 방식 파악 — 정답률 75% | 정답 ⑤

[A], [B]에 대한 설명으로 가장 적절한 것은?

① [A] : '학생 1'은 '학생 2'의 발언과 달리 전달할 내용을 제시한 후 자신의 의견을 덧붙이고 있다.
[A]에서 '학생 1'은 자신의 의견을 덧붙이고 있지 않으므로 적절하지 않다.

② [A] : '학생 2'는 '학생 1'의 발언을 구체화하며 자신의 견해를 수정하고 있다.

[A]에서 '학생 2'는 '학생 1'의 발언을 구체화하고 있지 않으며, 자신의 견해를 수정하고 있지 않으므로 적절하지 않다.

③ [A] : '학생 2'는 '학생 1'의 발언의 일부를 긍정하며 추가적인 정보 제공을 요청하고 있다.
[A]에서 '학생 2'는 '학생 1'의 발언의 일부를 긍정하고 있지만, 추가적인 정보 제공을 요청하지는 않고 있으므로 적절하지 않다.

④ [B] : '학생 1'은 '학생 2'의 발언과 달리 조사한 내용을 말하고 그에 동의하고 있다.
[B]에서 '학생 2'는 '학생 1'의 발언과는 다르게 조사한 내용을 말하고 그에 동의하고 있으므로 적절하지 않다.

☑ [B] : '학생 1'은 '학생 2'의 발언 내용과는 다른 의견을 자신의 경험을 바탕으로 제안하고 있다.
[B]에서 '학생 1'은 1층 화장실을 이용하며 불편을 겪은 자신의 경험을 근거로 하여, '학생 2'의 발언 내용과는 다른 의견을 제안하고 있다.

[08~10] 작문

08 글쓰기 계획 파악
정답률 90% | 정답 ②

학생이 글을 쓰기 전에 떠올린 생각 중 글에 반영된 것은?

> ㄱ. 나무의사 제도 도입의 이유를 언급해야겠어.
> ㄴ. 나무의사 총인원의 연간 증가율을 객관적 수치로 제시해야겠어.
> ㄷ. 나무의사 자격증의 공신력이 과거에 비해 높아진 이유를 제시해야겠어.
> ㄹ. 나무의사 자격 제도에 응시할 수 있는 요건을 구체적으로 언급해야겠어.

① ㄱ, ㄴ ☑ ㄱ, ㄹ ③ ㄴ, ㄷ ④ ㄴ, ㄹ ⑤ ㄷ, ㄹ

ㄱ. 나무의사 제도 도입의 이유를 언급해야겠어.
'학생의 초고' 2문단에서 '나무의사'라는 직업에 대해 설명하면서, 3문단에서 '나무의사' 제도가 도입하게 된 이유를 설명하고 있다.

ㄴ. 나무의사 총인원의 연간 증가율을 객관적 수치로 제시해야겠어.
〈보기〉에서 나무의사의 총인원의 연간 증가율을 객관적 수치로 드러내지는 않고 있다.

ㄷ. 나무의사 자격증의 공신력이 과거에 비해 높아진 이유를 제시해야겠어.
〈보기〉에서 '나무의사' 자격증의 공신력이 높다고 언급하고 있지만, '나무의사' 자격증의 공신력이 과거와 비교해서 높아진 이유는 찾아볼 수 없다.

ㄹ. 나무의사 자격 제도에 응시할 수 있는 요건을 구체적으로 언급해야겠어.
'학생의 초고' 4문단에서 '나무의사' 자격 제도에 응시할 수 있는 요건, 즉 수목 진료 관련 석사학위 학위를 소지하고 있거나, 산림 및 농업 분야 특성화고를 졸업한 후 3년 이상의 경력이 필요하다는 요건을 제시하고 있다.

09 자료 활용의 적절성 파악
정답률 69% | 정답 ⑤

〈보기〉는 초고를 보완하기 위해 수집한 자료들이다. 자료의 활용 방안으로 적절하지 않은 것은? [3점]

(가) 통계 자료
〈생활권 도시림 증감 추이〉
(산림청, 2017)

(나) 나무의사 김○○ 씨 인터뷰
예전부터 '나무의사'와 유사한 제도를 운영하고 있는 나라들이 있습니다. 중국의 '수예사(樹藝師)', 일본의 '수목의(樹木醫)'라는 제도가 대표적입니다. 나무는 여러 오염 물질의 정화, 온실가스 저감, 홍수나 산사태 방비 등의 기능을 합니다. 그래서 이를 관리할 나무의사의 역할이 중요해졌습니다. 나무의사의 필요성이 커지는 만큼 자격시험 응시생도 꾸준히 늘고 있으나 4회의 시험 동안 최종 합격률 평균은 응시생 대비 8% 수준에 불과합니다.

(다) 신문 기사
산림청이 실시한 '생활권 수목 병해충 관리 실태 조사' 결과에 따르면 비전문가에 의한 수목 방제 사례가 90% 이상이었다. 그로 인해 살포된 농약 중 69%는 부적절하게 사용됐고, 독한 농약과 해당 수목에 알맞지 않은 약제를 살포한 것은 78%에 달하는 것으로 나타나 시민들의 건강과 산림 자원에 위협이 되고 있다. 특히 가로수 방제용 약제 중 발암 물질을 함유하고 있는 것도 있어 전문가의 손길이 필요하다.

① (가)를 3문단에서 활용하여, 생활권 수목이 증가하고 있음을 뒷받침하는 근거로 제시한다.
(가)는 '생활권 도시림 증감 추이' 자료에 해당하므로, 3문단에서 생활권 수목이 증가하고 있음을 뒷받침하는 근거로 제시한다는 자료 활용 방안은 적절하다.

② (나)를 2문단에서 활용하여, 나무의사와 유사한 제도를 이미 운영하고 있는 나라들이 있다는 내용을 뒷받침하는 근거로 제시한다.
(나)의 '예전부터 '나무의사'와 유사한 제도를 운영하고 있는 나라들이 있습니다. 중국의 '수예사(樹藝師)', 일본의 '수목의(樹木醫)'라는 제도가 대표적입니다.'는 '나무의사'와 유사한 다른 나라의 제도와 관련된 내용이다. 따라서 이를 2문단에서 나무의사와 유사한 제도를 이미 운영하는 나라들이 있다는 내용을 뒷받침하는 근거로 제시한다는 자료 활용 방안은 적절하다.

③ (나)를 4문단에서 활용하여, 나무의사 자격시험 합격률이 저조하다는 내용을 뒷받침하기 위해 구체적인 수치를 제시한다.
(나)의 '나무의사의 필요성이 커지는 만큼 자격시험 응시생도 꾸준히 늘고 있으나 4회의 시험 동안 최종 합격률 평균은 응시생 대비 8% 수준에 불과합니다.'는 나무의사 자격시험 합격률이 저조하다는 내용이다. 따라서 이를 4문단에서 나무의사 자격시험 합격률이 저조하다는 내용을 뒷받침하기 위해 구체적인 수치를 제시한다는 자료 활용 방안은 적절하다.

④ (다)를 3문단에서 활용하여, 비전문가가 수목을 치료하는 현황과 그 부작용의 사례를 제시한다.
(다)는 생활권 수목 방제를 비전문가가 시행하여 여러 부작용이 나타났음을 드러내고 있다. 따라서 이를 3문단에서 비전문가가 수목을 치료하는 현황과 그 부작용의 사례를 제시한다는 자료 활용 방안은 적절하다.

☑ (다)를 5문단에서 활용하여, 나무의사가 없이는 나무병원을 운영할 수 없기 때문에 나무의사에 대한 수요가 증가한다는 근거로 제시한다.
〈보기〉의 (다)는 생활권 수목 방제를 비전문가가 시행하여 여러 부작용이 나타났음을 드러내는 신문 기사이다. 그런데 이 부작용을 나무의사에 대한 수요 증가의 근거로 볼 수 없으므로 적절하지 않다.

10 고쳐쓰기의 의도 파악
정답률 68% | 정답 ③

〈보기〉는 선생님의 조언에 따라 ㉠을 수정한 것이다. 선생님이 조언했음 직한 내용으로 가장 적절한 것은?

> 〈보 기〉
> 자연환경 보호와 삶의 질 향상이 중시되는 시대이므로, 생활권 수목에 대한 관리 대책도 과거와는 달라져야 합니다. 거대한 산소 공장인 나무와 숲을 살리는 나무의사라는 전문 인력이 그 무엇보다 필요한 때입니다.

① 오늘날 나무의사의 역할이 과거와는 어떻게 달라졌는지를 알려 주면 좋겠구나.
㉠과 〈보기〉를 비교해 보면, 〈보기〉에서 오늘날 나무의사의 역할이 과거와는 어떻게 달라졌는지를 알려 주는 내용은 없으므로 적절하지 않다.

② 국가적 차원에서 나무의사를 관리해야 전문성이 향상된다는 것을 강조하면 좋겠구나.
㉠과 〈보기〉를 비교해 보면, 국가적 차원에서 나무의사를 관리해야 전문성이 향상된다는 것을 강조하는 내용은 없으므로 적절하지 않다.

☑ 나무의사가 등장하게 된 사회적 배경을 바탕으로 하여 나무의사의 역할을 강조하면 좋겠구나.
㉠과 〈보기〉를 비교해 보면, 〈보기〉의 '자연환경 보호와 삶의 질 향상이 중시되는 시대'라는 부분에서 나무의사가 등장하게 되는 배경을 알 수 있다. 그리고 '나무와 숲을 살리는 전문 인력이 필요하다'는 부분에서 나무의사의 역할을 강조하고 있음이 드러나 있다. 따라서 선생님은 나무의사가 등장하게 된 사회적 배경을 바탕으로 하여 나무의사의 역할을 강조하면 좋겠다고 조언했음을 알 수 있다.

④ 나무의사라는 직업에 대한 소개이니, 나무의사가 되어서 하는 구체적인 업무들을 소개하면 좋겠구나.
㉠과 〈보기〉를 비교해 보면, 나무의사가 되어서 하는 구체적인 업무들을 소개하는 내용은 없으므로 적절하지 않다.

⑤ 나무의사가 가로수와 조경수를 잘 관리해서 인간이 자연으로부터 얻을 수 있는 혜택을 구체화하면 좋겠구나.
㉠과 〈보기〉를 비교해 보면, 나무의사가 가로수와 조경수를 잘 관리해서 인간이 자연으로부터 얻을 수 있는 혜택을 구체화하는 내용은 없으므로 적절하지 않다.

[11~15] 문법

★★★ 등급을 가르는 문제!
11 보조사의 이해
정답률 32% | 정답 ①

윗글을 참고하여 〈보기〉의 ㉠ ~ ㉢을 이해한 것으로 적절하지 않은 것은? [3점]

> 〈보 기〉
> ㉠ 라면마저도 품절됐네.
> ㉡ 형도 동생만을 믿었다.
> ㉢ 그는 아침에만 운동했다.

☑ ㉠ : 격 조사 뒤에 '역시, 또한'의 의미를 더해 주는 보조사가 덧붙고 있다.
㉠의 '라면마저도'에서 '마저는 '이미 어떤 것이 포함되고 그 위에 더함'의 뜻을 더해 주는 보조사에 해당하고, '도'는 '역시, 또한'의 뜻을 더해 주는 보조사에 해당한다. 따라서 '마저도'는 '보조사 + 보조사'로 결합된 형태이므로 적절하지 않다.

② ㉡ : 주격 조사 자리에 '도'라는 보조사가 나타나고 있다.
㉡의 '형도'에서 '도'는 '역시, 또한'의 뜻을 더해 주는 보조사에 해당한다. 따라서 주격 조사 자리에 '도'라는 보조사가 나타나고 있음을 알 수 있다.

③ ㉡ : 보조사 '만'과 격 조사 '을'이 함께 나타나고 있다.
㉡의 '동생만을'에서는 보조사 '만'과 격 조사 '을'이 함께 나타나고 있다.

④ ㉢ : '에'는 체언에 결합하여 문법적 관계를 나타낸다.
㉢의 '아침에만'의 '에'는 체언에 결합하여 문법적 관계를 나타내는 격조사에 해당한다.

⑤ ㉢ : '만'은 보조사가 결합할 수 있는 앞말이 체언에 국한되지 않음을 보여 준다.
㉢의 '아침에만'의 '만'은 격조사 '에'와 결합하여 사용되고 있다. 따라서 이를 통해 보조사가 결합할 수 있는 앞말이 체언에 국한되지 않음을 알 수 있다.

★★ 문제 해결 꿀~팁 ★★
▶ 많이 틀린 이유는?
이 문제는 글의 내용을 정확히 이해하지 못한 채, 실제 사례에 적용하는 과정에서 어려움을 겪어 오답률이 높았던 것으로 보인다.
▶ 문제 해결 방법은?
이 문제를 해결하기 위해서는 기본적으로 글에 제시된 보조사와 격조사의 의미 및 기능이 무엇인지 정확히 파악할 수 있어야 한다. 그런 다음 〈보기〉의 사례에 대해 설명한 선택지의 내용을 정확히 읽어서 글의 어느 부분과 관련이 있는지 알아야 한다. 이때 주의할 점은 격조사에 해당하는 것에 무엇이 있는지 배경지식이 있어야 한다는 것이다. 즉, 주격 조사, 목적격 조사, 부사격 조사 등과 각각의 대표적인 조사에 대해 배경지식으로 알고 있어야 한다. 그렇게 되면 이 문제는 쉽게 해결할 수 있는데, 정답인 ①의 경우, '라면마저도'에서 '마저도'의 '도'가 보조사임을 알 수 있고, '마저' 역시 격 조사에 해당하지 않으므로 보조사임을 알 수 있으므로 적절하지 않은 것이다. 마찬가지로 오답률이 높았던 ④의 경우에도 이를 통해 적절함을 알았을 것이다.
▶ 오답인 ⑤를 많이 선택한 이유는?
이 문제의 경우 학생들이 ⑤가 적절하지 않다고 하여 오답률이 높았는데, 이는 '만'이 사용된 ⓒ과 ⓔ을 보면 쉽게 해결할 수 있었을 것이다. 즉, ⓒ에서 보조사 '만'은 체언에 붙고 있고, ⓔ에서 보조사 '만'은 격조사에 붙고 있으므로 적절함을 알 수 있었을 것이다. 이처럼 사례에 제시된 내용을 비교하는 것만으로 문제를 해결할 수 있으므로, 사례로 제시된 것을 보다 정확히 이해할 수 있도록 해야 한다.

12 보조사와 의존 명사의 구별   정답률 75% | 정답 ①

[A]에서 설명하는 ⓐ, ⓑ의 예에 해당하는 것은?

☑ ① ⓐ : 너만큼 아는 사람은 드물다.
　 ⓑ : 너는 먹을 만큼만 먹어라.
[A]를 통해 대명사, 즉 체언과 결합하면 보조사이고, 관형어의 수식을 받으면 의존 명사임을 알 수 있다. 이를 볼 때, ⓐ의 '만큼'은 '너'라는 체언 뒤에 결합하여 특별한 의미를 더해 주고 있으므로 보조사에 해당하고, ⓑ의 '만큼'은 '먹을'이라는 관형어의 수식을 받고 있으므로 의존 명사에 해당한다.

② ⓐ : 그는 그냥 서 있을 뿐이다.
　 ⓑ : 날 알아주는 사람은 너뿐이다.
ⓐ의 '뿐'은 관형어의 수식을 받고 있으므로 의존 명사이고, ⓑ의 '뿐'은 체언 뒤에 붙어서 사용되고 있으므로 보조사이다.

③ ⓐ : 그녀는 뛸 듯이 기뻐했다.
　 ⓑ : 사람마다 생김새가 다르듯이 생각도 다르다.
ⓐ의 '듯이'는 관형어의 수식을 받고 있으므로 의존 명사이고, ⓑ의 '-듯이'는 용언의 뒤에 붙어 사용되고 있으므로 어미에 해당한다.

④ ⓐ : 나는 사과든지 배든지 아무거나 좋다.
　 ⓑ : 노래를 부르든지 춤을 추든지 해라.
ⓐ의 '든지'는 체언 뒤에 붙어서 사용되고 있으므로 보조사이고, ⓑ의 '-든지'는 용언의 뒤에 붙어 사용되고 있으므로 어미에 해당한다.

⑤ ⓐ : 불규칙한 식습관은 건강에 좋지 않다.
　 ⓑ : 친구를 만난 지도 꽤 오래되었다.
ⓐ의 '-지'는 용언의 뒤에 붙어 사용되고 있으므로 어미에 해당하고, ⓑ의 '지'는 관형어의 수식을 받고 있으므로 의존 명사에 해당한다.

13 음운 변동의 이해   정답률 76% | 정답 ⑤

〈보기〉의 [활동]을 수행한 결과로 적절하지 않은 것은?

― 〈 보 기 〉 ―
[활동] 제시된 단어의 발음을 [자료]와 연결해 보자.

신라, 칼날, 생산량, 물난리, 불놀이

[자료]
ⓐ 'ㄹ'의 앞에서 'ㄴ'이 [ㄹ]로 발음되는 경우
ⓑ 'ㄹ'의 뒤에서 'ㄴ'이 [ㄹ]로 발음되는 경우
ⓒ 'ㄴ'의 뒤에서 'ㄹ'이 [ㄴ]으로 발음되는 경우

① '신라'는 ⓐ에 따라 [실라]로 발음하는군.
'신라'는 'ㄹ'의 앞에서 'ㄴ'이 [ㄹ]로 발음되는 경우인 ⓐ이 적용되어 'ㄴ'이 'ㄹ' 앞에서 [ㄹ]로 바뀌어 [실라]로 발음된다.

② '칼날'은 ⓑ에 따라 [칼랄]로 발음하는군.
'칼날'은 'ㄹ'의 뒤에서 'ㄴ'이 [ㄹ]로 발음되는 경우인 ⓑ이 적용되어 'ㄴ'이 'ㄹ' 뒤에서 [ㄹ]로 바뀌어 [칼랄]로 발음된다.

③ '생산량'은 ⓒ에 따라 [생산냥]으로 발음하는군.
'생산량'은 'ㄴ'의 뒤에서 'ㄹ'이 [ㄴ]으로 발음되는 경우인 ⓒ이 적용되어 'ㄹ'이 'ㄴ' 뒤에서 [ㄴ]으로 바뀌어 [생산냥]으로 발음된다.

④ '물난리'는 ⓐ, ⓑ에 따라 [물랄리]로 발음하는군.
'물난리'는 'ㄹ'의 앞에서 'ㄴ'이 [ㄹ]로 발음되는 경우인 ⓐ과, 'ㄹ'의 뒤에서 'ㄴ'이 [ㄹ]로 발음되는 경우인 ⓑ이 모두 적용되어 'ㄴ'이 'ㄹ'의 앞과 뒤에서 [ㄹ]로 바뀌어 [물랄리]로 발음된다.

☑ ⑤ '불놀이'는 ⓑ, ⓒ에 따라 [불로리]로 발음하는군.
'불놀이'는 'ㄹ'의 뒤에서 'ㄴ'이 [ㄹ]로 발음되는 경우인 ⓑ이 적용되어 [불로리]로 발음되므로 적절하지 않다.

14 문장 유형의 이해   정답률 85% | 정답 ⑤

밑줄 친 ㉠의 예로 적절한 것은?

우리말의 문장 유형은 평서문, 의문문, 명령문, 청유문, 감탄문으로 나뉘는데, 대개 특정한 종결 어미를 통해 실현된다. 그런데 경우에 따라 ㉠ 동일한 형태의 종결 어미가 서로 다른 문장 유형을 실현하기도 한다.

① -니
　 ┌ 너는 무엇을 먹었니?
　 └ 아버님은 어디 갔다 오시니?
종결 어미 '-니'로 인해 의문문이 실현되고 있다.

② -ㄹ
　 ┌ 오늘은 내가 먼저 나갈게.
　 └ 내가 나중에 다시 전화할게.
종결 어미 '-ㄹ게'로 인해 평서문이 실현되고 있다.

③ -구나
　 ┌ 그것 참 그럴듯한 생각이구나.
　 └ 올해도 과일이 많이 열리겠구나.
종결 어미 '-구나'로 인해 감탄문이 실현되고 있다.

④ -ㅂ시다
　 ┌ 지금부터 함께 청소를 합시다.
　 └ 밥을 먹고 공원에 놀러 갑시다.
종결 어미 '-ㅂ시다'로 인해 청유문이 실현되고 있다.

☑ ⑤ -어라
　 ┌ 늦을 것 같으니까 어서 씻어라.
　 └ 그 사람을 몹시도 만나고 싶어라.
'늦을 것 같으니까 어서 씻어라.'는 종결 어미 '-어라'로 인해 명령문이 실현되고, '그 사람을 몹시도 만나고 싶어라.'는 종결 어미 '-어라'로 인해 감탄문이 실현된다. 따라서 종결 어미 '-어라'는 동일한 형태로 다른 문장 유형을 실현하고 있음을 알 수 있다.

15 사전 활용의 이해   정답률 70% | 정답 ③

〈보기〉는 '사전 활용하기 학습 자료'의 일부이다. 이에 대해 탐구한 내용으로 적절하지 않은 것은?

― 〈 보 기 〉 ―
갈다¹ 图 갈아[가라] 가니[가니]
【…을, …을 …으로】 이미 있는 사물을 다른 것으로 바꾸다.
¶ 컴퓨터의 부속품을 좋은 것으로 갈았다.

갈다² 图 갈아[가라] 가니[가니]
① 【…을】 날카롭게 날을 세우거나 표면을 매끄럽게 하기 위하여 다른 물건에 대고 문지르다.
¶ 옥돌을 갈아 구슬을 만든다.
② 【…을】 잘게 부수기 위하여 단단한 물건에 대고 문지르거나 단단한 물건 사이에 넣어 으깨다.
¶ 무를 강판에 갈아 즙을 낸다.

갈다³ 图 갈아[가라] 가니[가니]
① 【…을】 쟁기나 트랙터 따위의 농기구나 농기계로 땅을 파서 뒤집다.
¶ 논을 갈다.
② 【…을】 주로 밭작물의 씨앗을 심어 가꾸다.
¶ 밭에 보리를 갈다.

① '갈다¹', '갈다²', '갈다³'은 동음이의어이군.
'갈다¹', '갈다²', '갈다³'은 서로 글자의 음은 같으나 뜻이 다르므로 동음이의어에 해당한다.

② '갈다³'은 여러 가지 뜻을 가지므로 다의어이군.
'갈다³'은 의미 ①과 ②를 가지고 있으므로 다의어에 해당한다.

☑ ③ '갈다²-②'의 용례로 '무딘 칼을 날카롭게 갈다.'를 추가할 수 있겠군.
'무딘 칼을 날카롭게 갈다.'의 '갈다'는 '【…을】 날카롭게 날을 세우거나 표면을 매끄럽게 하기 위하여 다른 물건에 대고 문지르다.'의 의미로 쓰였으므로, '갈다²-①'의 용례에 해당한다.

④ '갈다¹'은 '갈다²', '갈다³'과 달리 부사어를 요구할 수도 있는 동사로군.
'갈다¹'은 '…을 …으로'라는 문형 정보를 통해 부사어를 요구할 수도 있음을 알 수 있다.

⑤ '갈다¹', '갈다²', '갈다³'은 '갈-'에 '-니'가 결합할 때 표기와 발음이 같군.
'갈다¹', '갈다²', '갈다³'은 '가니[가니]'라는 활용 정보를 통해 '갈-'에 '-니'가 결합할 때 표기와 발음이 같음을 확인할 수 있다.

[16~45] 독서·문학

16~20 인문

현실요법(재구성)

[해제] 이 글은 상담 기법인 현실요법에 대해 설명하고 있다. 현실요법에서는 인간의 다섯 가지 기본 욕구로 생존, 사랑, 힘, 자유, 즐거움의 욕구를 제시한다. 또한 개인마다 욕구들의 강도가 달라 다양한 행동 양상이 나타나는데, 이 양상에 따라 갈등을 겪을 수도 있다고 한다. 그래서 현실요법에서는 강한 욕구와 강한 욕구 사이의 갈등에서는 타협과 조절이 필요하다고 보고 있고, 강한 욕구와 약한 욕구 사이의 갈등에서는 약한 것을 북돋울 수 있는 연습이 필요하다고 보고 있다. 타인의 욕구 충족을 방해하지 않고 내담자가 스스로 자신의 욕구를 조절할 수 있는 존재라고 보는 관점을 기반으로 하는 현실요법은 심리 상담에 널리 활용되고 있다.

[주제] 상담 기법인 현실요법의 이해

문단 핵심 내용

1문단	인간의 다섯 가지 기본 욕구를 제시한 '현실요법'
2문단	인간의 다섯 가지 기본 욕구의 이해
3문단	현실요법을 활용한 심리 상담 방법
4문단	현실요법에서 내담자를 바라보는 관점

16 내용 전개 방식 파악   정답률 79% | 정답 ①

윗글에 대한 설명으로 가장 적절한 것은?

☑ ① 이론의 주요 개념을 밝히고 그 이론의 구체적 적용 사례를 들고 있다.
이 글의 2문단에서는 현실요법에서 제시한 다섯 가지 기본 욕구의 개념을 밝히면서, 3문단의 '예를 들어'에서 알 수 있듯이 현실요법의 적용 사례를 들고 있다.

② 이론을 소개하고 장점을 밝힌 후 그 이론이 지닌 한계를 덧붙이고 있다.
이 글을 통해 현실요법 이론이 지닌 한계는 찾아볼 수 없다.

③ 이론이 등장하게 된 사회적 배경과 이론이 발전하는 과정을 드러내고 있다.
이 글을 통해 현실요법 이론이 등장하게 된 사회적 배경이나 이러한 이론이 발전하는 과정은 제시되어 있지 않다.

④ 하나의 이론과 다른 관점의 이론을 대조하여 둘의 차이점을 부각하고 있다.

이 글을 통해 현실요법 이론과 다른 관점을 지닌 이론은 제시되지 않고 있다.

⑤ 이론의 주요 개념을 여러 유형으로 나눈 다음 추가할 새로운 유형을 소개하고 있다.
이 글을 통해 현실요법 이론의 주요 개념인 욕구를 다섯 가지로 나누고 있음을 알 수 있다. 하지만 추가할 새로운 유형을 소개한 내용은 제시되어 있지 않다.

17 내용의 사실적 이해 정답률 80% | 정답 ①

윗글의 내용과 일치하지 않는 것은?

☑ 약한 욕구를 강한 욕구로 대체해야 갈등에서 벗어날 수 있다.
3문단을 통해 약한 욕구는 강한 욕구로 대체해야 하는 것이 아니라 북돋아 주어야 함을 알 수 있으므로 적절하지 않다.

② 개인이 지닌 욕구들의 강도에 따라 다양한 행동 양상이 나타난다.
3문단을 통해 다섯 가지 욕구들의 강도는 개인마다 달라 다양한 양상으로 나타남을 알 수 있다.

③ 현실요법에서는 내담자는 외부 요인에 의해 통제되는 존재가 아니라고 본다.
4문단을 통해 현실요법에서 내담자를 외부 요인에 의해 통제되는 존재가 아니라고 보았음을 알 수 있다.

④ 현실요법에 따르면 인간은 기본 욕구를 충족시키기 위해 스스로 행동을 선택한다.
1문단을 통해 인간은 기본 욕구를 충족시키기 위해서 행동을 그 자신이 스스로 선택함을 알 수 있다.

⑤ 현실요법은 기본 욕구들을 실현 가능한 수준으로 타협하는 것이 가능하다고 본다.
1문단을 통해 현실요법에서는 기본 욕구들을 실현 가능한 수준으로 타협하는 것이 가능하다고 보았음을 알 수 있다.

18 내용의 구체적 사례에의 적용 정답률 88% | 정답 ②

㉠의 구체적인 방법으로 가장 적절한 것은?

① 자신과 다른 의견을 경청하는 연습을 하도록 이끈다.
자신과 다른 의견을 경청하는 연습을 하는 것은 힘의 욕구가 높은 경우 활용할 수 있는 구체적 방법이라 할 수 있다.

☑ 부탁을 거절하거나 자신의 불편함을 표출하도록 이끈다.
㉠은 사랑의 욕구가 강하고 힘의 욕구가 약한 사람의 갈등 해결을 도와주는 방법이다. 이 경우 타인의 부탁에 불편해하면서도 거절하지 못할 수 있으므로, 이를 거절하거나 불편하다는 자기주장을 할 수 있게 도와줄 수 있다.

③ 혼자 어디론가 떠나거나 혼자만의 시간을 갖도록 권한다.
혼자 훌쩍 떠나거나 혼자만의 시간을 갖는 것은 자유의 욕구가 낮을 때 활용할 수 있는 구체적 방법이라 할 수 있다.

④ 타인과 약속을 잘 지킬 수 있는 원칙을 만들도록 권한다.
타인과 약속을 지킬 수 있는 원칙을 만드는 것은 생존의 욕구가 낮을 때 활용할 수 있는 구체적 방법이라 할 수 있다.

⑤ 사람들과 어울려 새로운 취미 생활을 즐길 수 있도록 권한다.
사람들과 어울리는 것은 사랑의 욕구가 낮을 때에, 취미 생활을 즐기는 것은 즐거움의 욕구가 낮을 때에 활용할 수 있는 구체적 방법이라 할 수 있다.

19 구체적인 사례에의 적용 정답률 83% | 정답 ③

윗글을 바탕으로 〈보기〉를 이해한 내용으로 적절하지 않은 것은? [3점]

〈 보 기 〉

A, B 학생의 욕구 강도 프로파일

(5점 : 매우 강하다. 4점 : 강하다. 3점 : 보통이다. 2점 : 약하다. 1점 : 매우 약하다)

다섯 가지 기본 욕구 측정 항목		욕구 강도	
		A	B
(가)	• 남의 지시와 잔소리를 싫어한다. • 자신의 방식대로 살고 싶다.	5	5
(나)	• 다른 사람의 잘못을 잘 짚어 준다. • 내 분야에서 최고가 되고 싶다.	4	1
(다)	• 친구를 위한 일에 기꺼이 시간을 낸다. • 친절을 베푸는 것을 좋아한다.	5	1
(라)	• 큰 소리로 웃는 것을 좋아한다. • 여가 활동으로 알찬 휴일을 보낸다.	1	3
(마)	• 균형 잡힌 식생활을 하려고 노력한다. • 저축을 중요하게 생각한다.	2	5

① A는 '즐거움의 욕구'보다 '힘의 욕구'가 더 강하다고 할 수 있겠군.
A는 즐거움의 욕구 강도는 1, 힘의 욕구 강도는 4로, 즐거움의 욕구보다 힘의 욕구가 더 강하다고 할 수 있다.

② B는 '힘의 욕구'가 '생존의 욕구'보다 더 약하다고 할 수 있겠군.
B는 힘의 욕구 강도가 1, 생존의 욕구 강도가 5로, 힘의 욕구가 생존의 욕구보다 더 약하다.

☑ A는 B보다 '힘의 욕구'가 더 약하다고 할 수 있겠군.
(가)는 자유의 욕구, (나)는 힘의 욕구, (다)는 사랑의 욕구, (라)는 즐거움의 욕구, (마)는 생존의 욕구에 해당하는 항목들이다. 힘의 욕구 강도가 A는 4, B는 1이므로, A는 B보다 힘의 욕구가 더 강하다고 할 수 있다.

④ A와 B는 모두 '자유의 욕구'가 매우 강하다고 할 수 있겠군.
A와 B 모두 자유의 욕구 강도는 5로, 매우 강하다고 할 수 있다.

⑤ A는 '사랑의 욕구'가 '즐거움의 욕구'보다 강하지만, B는 '즐거움의 욕구'가 '사랑의 욕구'보다 강하다고 할 수 있겠군.

A는 사랑의 욕구 강도가 5로 즐거움의 욕구 강도 1보다 강하지만, B는 즐거움의 욕구 강도가 3으로 사랑의 욕구 강도 1보다 강하다.

20 단어의 사전적 의미 파악 정답률 90% | 정답 ②

ⓐ ~ ⓔ의 사전적 의미로 적절하지 않은 것은?

① ⓐ : 안이나 의견으로 내놓음.

☑ ⓑ : 사람이나 동식물 따위가 자라서 점점 커짐.
ⓑ의 사전적 의미는 '목표로 정한 곳이나 어떤 수준에 이르러 다다름.'이다. '사람이나 동식물 따위가 자라서 점점 커짐.'은 '성장'의 의미이므로 적절하지 않다.

③ ⓒ : 여럿 가운데서 특별히 가려서 좋아함.

④ ⓓ : 스스로 자신을 낮추고 비우는 태도가 있음.

⑤ ⓔ : 충분히 잘 이용함.

21 ~ 25 과학

'소용돌이의 종류와 특성(재구성)'

해제 이 글은 **실생활에서 접할 수 있는 소용돌이의 종류를 세 가지로 나누어 설명하고** 있다. 욕조 배수구를 빠져나가는 **자유 소용돌이**는 중심에 가까울수록 원주속도가 빠르다. 컵의 물을 휘젓거나 컵 자체를 회전시켜 만든 **강제 소용돌이**는 수면 어디에서나 각속도가 일정하지만, 원주속도는 반지름에 비례하여 증가한다. 이 둘이 합쳐진 랭킨의 **조합 소용돌이**는 가운데 강제 소용돌이, 주변에 자유 소용돌이가 발생하는 것이다. 중심에서 원주속도가 최소가 되고 강제 소용돌이가 자유 소용돌이로 전환되는 지점에서 원주속도가 최대가 된다. **자유 소용돌이와 강제 소용돌이의 원리를 활용해 만든 것이 분체 분리기**인데, 그 예로 쓰레기 필터가 없는 사이클론식 청소기가 있다.

주제 실생활에서 접할 수 있는 소용돌이의 종류의 이해

문단 핵심 내용

1문단	자유 소용돌이의 이해
2문단	강제 소용돌이의 이해
3문단	랭킨의 조합 소용돌이 원리의 이해
4문단	랭킨의 조합 소용돌이 원리를 적용한 분체 분리기

21 내용의 사실적 이해 정답률 64% | 정답 ①

윗글의 내용과 일치하지 않는 것은?

☑ 자연에서 발생하는 소용돌이는 모두 자유 소용돌이이다.
이 글에서 확인할 수 있는 자연의 소용돌이는 태풍으로, 3문단을 통해 태풍은 랭킨의 조합 소용돌이에 해당함을 알 수 있다. 따라서 자연에서 발생하는 소용돌이가 모두 자유 소용돌이라 할 수 없다.

② 배수구에서 멀어지면 원운동을 하는 물의 속도는 느려진다.
1문단을 통해 배수구 중심에 가까워질수록 원주속도가 빨라지지만, 멀어질수록 느려짐을 알 수 있다.

③ 강제 소용돌이는 고체처럼 회전하고 회전 중심의 속도는 0이다.
2문단을 통해 강제 소용돌이는 팽이의 회전과 같이 중심은 원주속도가 0임을 알 수 있다.

④ 분체 분리기는 자유 소용돌이로 강제 소용돌이를 만들어 낼 수 있는 기계 장치이다.
4문단을 통해 분체 분리기, 사이클론 분리기의 예로 사이클론식 청소기를 들고 있음을 알 수 있다. 그리고 분체 분리기는 자유 소용돌이를 강제 소용돌이(내통)로 바꿀 수 있는 기계 장치임을 알 수 있다.

⑤ 용기 안의 강제 소용돌이는 외부에서 가해지는 힘이 있어야 운동을 유지할 수 있다.
2문단 마지막 문장을 통해 용기 안의 강제 소용돌이는 외부에서 가해지는 힘이 있어야 운동을 유지할 수 있음을 알 수 있다.

22 핵심 정보의 이해 정답률 58% | 정답 ④

㉠에 대한 설명으로 적절한 것은?

① 물이 회전할 때 원심력과 압력은 서로 관련이 없다.
원심력이 커지면 압력도 커져 비례 관계를 보인다.

② 컵 중앙 부분으로 갈수록 물 입자의 양이 많아진다.
컵 중앙 부분에는 물 입자의 양이 적고, 가장자리에 많다.

③ 컵 반지름이 클수록 물을 회전시키는 에너지 크기는 작아진다.
컵의 반지름이 커질수록 물의 양이 많아 물을 회전시키는 에너지의 크기는 커져야 한다.

☑ 컵 속에서 회전하는 물의 압력이 커진 부분은 수면이 높아진다.
㉠은 물 입자가 컵 가장자리로 쏠려 컵 중앙의 물이 줄어들어 압력이 낮아지면서 만들어진다. 반대로 가장자리로 쏠린 물의 양은 많아져 압력은 커지고 수면은 높아진다.

⑤ 외부 에너지를 더 가하더라도 회전 중심의 수면 높이는 변화가 없다.
외부 에너지를 더 가하면 중심은 더 오목해지고 가장자리의 수면은 더 높아진다.

23 세부 내용의 추론 정답률 57% | 정답 ③

㉡을 통해 알 수 있는 것은?

① 각속도가 시간이 지남에 따라 점점 빨라지겠군.
팽이는 물 전체가 고체처럼 회전하는 것과 같으므로 물 표면의 각속도는 일정하다. 따라서 시간이 지날수록 속도는 느려질 것임을 알 수 있다.

② 단위 시간당 각도가 변하는 비율이 수시로 달라지겠군.
각속도는 단위 시간당 각도가 변하는 비율이 수시로 달라지면 각속도가 빨라졌다 느려졌다 한다는 의미이므로, ㉡으로 알 수 있는 것이 아니다.

✔ **각속도는 회전 중심에서 가깝든 멀든 상관없이 일정하겠군.**
각속도가 똑같아지고 물 전체가 고체처럼 회전하면 수면의 어느 지점에서나 각속도는 같다. 따라서 회전 중심에서 가깝든 멀든 각속도는 일정한 값을 가진다고 할 수 있다.

④ 강제 소용돌이의 수면 어느 지점에서나 원주속도는 항상 같겠군.
강제 소용돌이는 반지름에 비례하여 원주속도가 빨라진다. ⓒ으로 수면 어느 지점에서나 원주속도가 항상 같다는 것을 알 수 없다.

⑤ 강제 소용돌이는 자유 소용돌이와 같은 원주속도 분포를 보이겠군.
강제 소용돌이의 원주속도는 반지름에 비례하여 중심에서 멀어질수록 빨라지지만, 자유 소용돌이의 원주속도는 중심에 가까워질수록 빨라진다. 그러므로 둘은 같은 분포를 보이지 않는다.

---

24 내용의 추론   정답률 70% | 정답 ⑤

윗글을 바탕으로 ⓒ을 이해할 때, 〈보기〉의 ⓐ ~ ⓒ에 들어갈 말로 적절한 것은?

〈보 기〉
태풍 중심 부분은 '태풍의 눈'이라 하고 (ⓐ)의 중심에 해당한다. 강제 소용돌이와 자유 소용돌이의 경계층에 해당하는 부분은 '태풍의 벽'이라고 하여 바람이 (ⓑ). 이는 윗글 〈그림〉의 (ⓒ)에 해당한다.

	ⓐ	ⓑ	ⓒ
①	자유 소용돌이	강하다	자유 소용돌이와 강제 소용돌이의 교차점

ⓐ에는 자유 소용돌이가 아니라 강제 소용돌이가 제시되어야 한다.

	ⓐ	ⓑ	ⓒ
②	자유 소용돌이	약하다	반지름이 가장 큰 자유 소용돌이의 지점

반지름이 가장 큰 자유 소용돌이의 지점은 원주속도가 최소이고 바람이 약하다. 두 소용돌이의 경계층은 원주속도가 최대로 바람이 강하다.

	ⓐ	ⓑ	ⓒ
③	강제 소용돌이	강하다	반지름이 가장 작은 자유 소용돌이의 지점

반지름이 가장 작은 자유 소용돌이의 지점은 원주속도가 최대이지만 태풍의 중심 부분은 강제 소용돌이에 해당한다. 또 강제 소용돌이가 자유 소용돌이로 전환되는 지점, 즉 경계층이 아니다.

	ⓐ	ⓑ	ⓒ
④	강제 소용돌이	약하다	반지름이 가장 큰 강제 소용돌이의 지점

경계층은 바람이 강하다. 강제 소용돌이는 반지름에 비례하여 원주속도가 증가한다. 태풍에서 반지름이 커지면 태풍 주변부는 자유 소용돌이에 해당한다.

	ⓐ	ⓑ	ⓒ
✔⑤	강제 소용돌이	강하다	자유 소용돌이와 강제 소용돌이의 교차점

3문단을 통해 조합 소용돌이의 예로 태풍의 소용돌이를 들고 있고, 조합 소용돌이는 가운데가 강제 소용돌이, 주변이 자유 소용돌이임을 알 수 있다. 또 강제 소용돌이의 중심에서 원주속도가 최소가 되는데, 태풍의 눈은 '강제 소용돌이'의 중심에 해당함을 알 수 있다.(ⓐ). 그리고 두 소용돌이의 경계층은 강제 소용돌이가 자유 소용돌이로 전환되는 지점으로 원주속도가 최대가 되기 때문에 바람이 '강하'고(ⓑ), 〈그림〉에서 강한 바람이 부는 곳은 두 소용돌이가 교차하는 지점임을 알 수 있다(ⓒ).

★★★ 등급을 가르는 문제!
25 구체적인 사례에의 적용   정답률 46% | 정답 ③

〈보기〉는 ⓔ의 구조를 그림으로 나타낸 것이다. 윗글을 읽은 학생의 반응으로 적절하지 <u>않은</u> 것은? [3점]

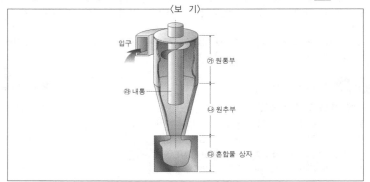

〈보 기〉
입구 / ㉮ 원통부 / ㉰ 내통 / ㉯ 원추부 / ㉱ 혼합물 상자

① ㉮에서는 소용돌이가 시계 방향으로 돌아 혼합물에 원심력이 작용하겠군.
혼합물의 원심력을 활용하여 원심 분리기라고 한다고 했으므로 적절하다.

② ㉮보다 ㉯에서 소용돌이의 원주속도가 상대적으로 빠르겠군.
㉮, ㉯에는 자유 소용돌이가 발생한다. 따라서 반지름이 작고 중심에 가장 가까운 부분에서 최대 원주속도가 나타나며, ㉮보다 반지름이 작아지는 ㉯에서 원주속도가 더 빠르다고 할 수 있다.

✔③ ㉱에 모인 쓰레기나 혼합물이 ㉰ 내부에서 도는 소용돌이를 통해 외부로 배출되겠군.
4문단을 통해 혼합물은 원통부 측면에 충돌하여 혼합물 상자(㉱)에 쌓임을 알 수 있다. 따라서 내통(㉰)을 통해 외부로 배출된다는 진술은 적절하지 않다.

④ ㉰의 반지름이 커지면 ㉰에서 반시계 방향으로 도는 소용돌이의 원주속도는 빨라지겠군.
㉰에는 강제 소용돌이가 발생함을 알 수 있고, 강제 소용돌이는 반지름에 비례하여 원주속도가 증가함을 알 수 있다. 따라서 반지름이 커지면 원주속도는 증가하므로 원주속도가 빨라진다는 진술은 적절하다.

⑤ 산업용으로 돌조각을 분리한다면 ㉮와 ㉯에 충격이나 마모에 강한 소재를 써야겠군.
㉮, ㉯ 벽면에 돌조각이 충돌한다면 강한 소재를 사용해야 함을 알 수 있다.

★★ 문제 해결 꿀~팁 ★★

▶ 많이 틀린 이유는?
이 문제는 〈보기〉에 제시된 '사이클론식 청소기'의 각 구성 요소를 글을 통해 이해하는 데서 어려움을 겪어 오답률이 높았던 것으로 보인다. 특히 제시된 지문이 기술 지문이라서 학생들의 글의 내용을 이해하는 데 어려움을 겪었을 것으로 보인다.

▶ 문제 해결 방법은?
글의 내용을 바탕으로 그림의 각 구성 요소를 이해하는 이러한 문제 해결 방법은 글의 내용 이해에 있다. 즉, '원통부, 원추부, 혼합물 상자, 내통'에 대해 설명한 선택지의 내용과 이러한 구성 요소에 대한 글의 내용을 비교하면 문제를 해결할 수 있다. 가령 정답인 ③의 경우 4문단을 통해 혼합물은 원통부 측면에 충돌하여 혼합물 상자에 쌓인다는 내용을 확인하게 되면 적절하지 않음을 알 수 있었을 것이다. 이처럼 기술 지문의 자료 제시 문제를 해결하는 핵심은 내용 이해에 있으므로, 자료가 글의 어느 부분에 제시되어 있는지 확인할 수 있도록 한다.

▶ 오답인 ④를 많이 선택한 이유는?
이 문제의 경우 학생들이 ④가 적절하지 않다고 하여 오답률이 높았는데, 이는 내통에서 일어나는 상황을 정확히 파악하지 못했기 때문으로 보인다. 또한 소용돌이의 원주속도가 빨라진다는 것에 대한 이해 부족도 정답으로 착각한 요인이 되었다. 이 문제 역시 글을 통해 내통에는 강제 소용돌이가 발생하고, 2문단을 통해 이러한 강제 소용돌이는 반지름에 비례하여 원주속도가 증가한다는 내용을 확인하면 적절한 반응임을 알 수 있었을 것이다.

26~28 현대 소설

윤후명, 「하얀 배」

감상 이 작품은 고려인의 삶을 통해 민족어의 소중함을 일깨우는 중편 소설이다. 서술자인 '나'는 카자흐스탄의 문류다라는 사람의 글을 받은 것이 계기가 되어 카자흐스탄에서 키르기스스탄 이식쿨 호수에 이르는 여정을 그리면서, 강제 이주된 고려인 동포가 힘든 삶 속에서도 모국어를 통해 민족의 정체성을 잃지 않으려는 모습을 보게 된다. 또한 고려인 소년의 고국에 대한 그리움과 한국말을 배우는 과정을 담은 '말 배우는 아이'라는 글을 쓴 '류다'를 만나기 희망하고, 현지 사정으로 많은 어려움을 겪지만, 이식쿨 호수에서 류다를 만나게 되고, 그녀의 평범한 인사말에서 하얀 배를 떠올린다. 이 글의 '하얀 배'는 이식쿨 호수를 배경으로 한 소설 작품이자 외부 세계에 대한 동경을 상징하는 소재라 할 수 있다.

주제 민족의 얼과 민족어의 소중함, 고국을 그리워하는 마음

작품 줄거리 '나'는 새로 이사 온 세검정 거처의 축대에 심긴 사이프러스나무를 통해 여행의 기억을 떠올린다. '나'는 카자흐스탄의 알마아타 한국 교육원으로부터 '말 배우는 아이'라는 글을 받는다. 이 글을 쓴 사람은 고려인 '문류다'이며, 중앙아시아에 사는 한인 3세 소년이 한국말을 배우는 과정을 담고 있다. '나'는 그 글에 그려진 풍경과 그 글을 쓴 류다에 대한 끌림에 카자흐스탄의 수도 알마아타로 향한다. 그곳에 도착해 유민사의 중요 지역인 우슈토베에 다녀올 권유를 받고 그곳으로 간다. 우슈토베까지 동행한 한글 학교 선생이 마침 류다를 알고 있어, 우슈토베에서 류다의 오빠 친구인 미하일을 소개해 준다. 미하일로부터 류다의 근황을 알게 된 '나'는 미하일에게 류다가 살고 있다는 키르기스스탄의 이식쿨 호수까지 가야겠다는 결심을 말하며 동행해 달라고 부탁한다. 미하일의 도움을 받아 류다가 있는 곳으로 가는 도중 배고픔과 차량의 기름 부족 등으로 어려움을 겪지만 결국 류다가 살고 있는 거대한 이식쿨 호수를 마주한다. 이식쿨 호수를 등지고 떠나오려는 순간에 류다를 만나게 되는데, 류다는 '나'에게 '안녕하십니까'라는 인사말을 한다. 이 단순한 인사말에 '나'는 큰 감명을 받는다.

---

26 구절의 이해   정답률 85% | 정답 ④

㉠ ~ ㉤에 대한 이해로 적절하지 <u>않은</u> 것은?

① ㉠ : 이식쿨 호수와 관련된 이야기를 듣고 흥미를 느끼고 있음이 드러난다.
㉠은 이식쿨 호수의 하얀 배와 관련된 이야기를 되뇌고 있는 것으로, '나'가 이식쿨 호수의 하얀 배에 흥미를 보이고 있음을 알 수 있다.

② ㉡ : 이식쿨 호수에 가고 싶어 하는 간절한 마음을 확인할 수 있다.
㉡은 '나'가 이식쿨 호수에 가는 방법을 묻는 것으로, '꼭 거길 가봤으면 하는데'를 통해 그곳에 가고 싶어 하는 '나'의 간절한 마음을 알 수 있다.

③ ㉢ : 계획에 없었던 새로운 여정에 대한 기대감과 설렘이 나타난다.
㉢의 '내 가슴을 뛰게 한 것'을 통해, 이식쿨 호수에 가게 된 '나'의 기대감과 설렘이 담겨 있음을 알 수 있다.

✔④ ㉣ : 이식쿨 호수만을 생각하며 달려왔던 것을 반성하는 마음이 드러난다.
'나'는 이식쿨 호수만을 생각하며 달려온 것이 아니라 류다를 만나기도 원하고 있으므로 ㉣에 반성하는 마음이 드러난다고 보기 어렵다. ㉣은 류다를 만나지 못한 상태에서 느끼는 미진한 마음에서 나온 행동이라고 할 수 있다.

⑤ ㉤ : 놀라움에 자신도 생각지 못한 반응이 나타났음을 확인할 수 있다.
"안녕하십니까."라고 말하는 류다를 만난 놀라움에 '나'는 "아, 안녕하십니까."라고 엉겁결에 똑같이 따라 하고 있다. 따라서 ㉤은 류다를 만난 놀라움에 '나'가 자신도 생각지 못한 반응이 나타났음을 드러낸 것이라 할 수 있다.

---

27 장면의 특성 파악   정답률 81% | 정답 ①

ⓐ와 ⓑ에 대한 설명으로 가장 적절한 것은?

✔① ⓐ는 상상 속 장면을 활용하여, ⓑ는 과거 회상을 활용하여 인물의 내면 상황을 드러내고 있다.
ⓐ는 류다를 만나 인사말을 듣고 받게 된 감동을 상상적 장면으로 표현한 것이라 할 수 있고, ⓑ는 류다와의 만남을 회상하며 만남의 의미를 생각하고 깨달음에 이르는 내면 상황을 드러낸 것이라 할 수 있다.

② ⓐ는 내적 독백을 사용하여, ⓑ는 구어체를 사용하여 인물 사이의 대립 양상을 제시하고 있다.
ⓐ는 '나'가 상상하여 생각한 것이므로 내적 독백을 사용하였다고 볼 수 없고, ⓑ에서 구어체를 사용하였다고 볼 수 없다. 또한 ⓐ, ⓑ를 통해 인물 사이의 대립 양상은 찾아볼 수 없으므로 적절하지 않다.

③ ⓐ는 전해 들은 이야기를 통해, ⓑ는 직접 경험한 사건을 통해 인물의 성격을 구체적으로 보여 주고 있다.
ⓐ는 '나'가 상상하여 생각한 것이므로 전해 들은 이야기라 할 수 없지만, ⓑ는 '나'가 류다와의 만남을 회상하고 있으므로 직접 경험한 사건을 드러낸 것이라 볼 수 있다. 하지만 ⓐ, ⓑ를 통해 인물의 성격을 구체적으로 보여 준다고 할 수 없다.

---

④ ⓐ는 외부 세계를 묘사하여, ⓑ는 인물 간의 대화를 서술하여 인물이 처한 상황을 객관적으로 전달하고 있다.
ⓐ에서는 상상 속의 모습을 드러낸 것이므로 외부 세계를 묘사하였다고 할 수 없고, ⓑ에서 인물 간의 대화가 드러난다고 할 수 없다.

⑤ ⓐ는 앞으로 일어날 일들을 제시하여, ⓑ는 이전에 일어난 일들을 제시하여 인물의 심리 변화 과정을 나타내고 있다.
ⓐ는 '나'가 상상하여 생각한 것이므로 앞으로 일어날 일들을 제시하였다고 볼 수 없다. 그리고 ⓑ는 류다와의 만남을 회상하고 있으므로 이전에 일어난 일들을 제시하였다고 볼 수 있지만, 이를 통해 인물의 심리 변화 과정을 나타내지는 않고 있다.

★★★ 등급을 가르는 문제!
28 외적 준거에 따른 작품의 감상 | 정답률 39% | 정답 ①

〈보기〉를 바탕으로 윗글을 감상한 내용으로 적절하지 않은 것은? [3점]

─ 〈보 기〉 ─
이 작품에서 '하얀 배'는 외부 세계에 대한 동경을 상징하는 것으로, 중앙아시아 동포들의 고국에 대한 그리움을 서정적으로 드러내는 기능을 한다. '나'는 하얀 배를 그리는 소년과 류다를 연결지어 이해하면서, 류다를 포함한 중앙아시아 동포들이 시련이 연속되는 삶 속에서도 언어를 통해 민족의 정체성을 잃지 않으려는 모습에 주목한다.

✓① '호수 밑에 옛날 도시'는 소년이 '하얀 배'를 타고 가고자 하는 동경의 공간으로 '나'가 지향하는 곳이군.
'호수 밑에 옛날 도시'는 미하일이 이식쿨 호수와 관련해 들려준 이야기의 일부로, '나'가 지향하는 공간으로 볼 수 없다.

② 미하일이 '우리말을 꽤 정확하게 구사하는' 것은 민족의 정체성을 잃지 않으려는 동포들의 모습으로 볼 수 있군.
미하일이 고려인으로서 한국에 와서 우리말을 배운 것은 언어를 통해 민족의 정체성을 잃지 않으려는 모습으로 볼 수 있다.

③ '광야에 파놓은 갈대 움막집의 흔적'은 중앙아시아 동포들이 겪었던 시련을 증명하는 것이겠군.
'광야에 파놓은 갈대 움막집의 흔적'은 동포들이 겪었던 역사적 시련을 보여 주는 소재이다.

④ '나'는 류다의 '너무나 또렷한 우리말'에서 동포들의 고국에 대한 그리움을 읽어 내고 있군.
류다의 '안녕하십니까'라는 '너무나 또렷한 우리말'에서 고국에 대한 그리움을 읽어 내고 있다.

⑤ '나'는 '멀리 동방의 조상 나라'를 꿈꾸는 류다와 '배를 따라 가기를 꿈꾸는' 소년을 연관지었군.
'나'는 외부 세계에 대한 동경을 지니고 있는 류다와 소년을 연결지어 이해하고 있다. 류다는 '동방의 조상 나라'를 지향하고, 소년은 배를 따라가기를 바라고 있다.

★★ 문제 해결 꿀~팁 ★★
▶ 많이 틀린 이유는?
이 문제는 작품을 〈보기〉와 연관하여 이해하는 과정에서 작품에 제시된 구절의 의미를 작품 내용을 바탕으로 이해하지 못하여 오답률이 높았던 것으로 보인다.
▶ 문제 해결 방법은?
이 문제를 해결하기 위해서는 〈보기〉에 제시된 내용을 정확히 이해하고, 이러한 〈보기〉와 작품과 연결하여 제시된 선택지의 적절성을 판단하여야 한다. 이때 주의해야 할 점은 선택지에 제시된 구절의 의미를 정확히 제시하고 있는지를 파악하여야 한다. 가령 정답인 ①의 경우 '호수 밑에 옛날 도시'는 소년이 동경하는 공간이라 할 수 있지만, '나'가 이 공간을 지향하는지는 글을 통해 확인할 수 없으므로 적절하지 않다. 이 문제에서 알 수 있듯이 작품 내용 이해 자체에 대한 잘못된 선택지도 있을 수 있으므로, 작품 내용 이해의 정확성 여부도 반드시 확인할 수 있도록 한다.

29~32 고전 소설

작자 미상, 「장국진전(張國振傳)」

해제 이 작품은 명나라를 배경으로 하여 장국진이라는 영웅의 일생을 다룬 영웅 소설로, 군주에 대한 충의(忠義)를 주제로 한 군담 소설이기도 하다. 명나라의 적국인 달마국이 여러 차례 쳐들어와 전쟁을 하게 되고 장국진은 영웅적 활약을 한다. 그 과정에서 여러 위기를 겪지만 남성 영웅인 주인공이 부인과 더불어 주변 인물이나 초월적 존재의 도움으로 이를 극복해 나가고, 결국 달마국을 정벌하게 된다. 한편 이 작품은 다른 영웅 소설과 달리 남성 영웅과 더불어 여성 영웅의 활약상이 부각되는 특징이 있다.

주제 장국진의 영웅적 활약상

작품 줄거리 명나라 때, 전 승상 장경구는 늦도록 자식이 없다가 부처께 발원하여 장국진을 얻는다. 7세 때 장국진은 달마국의 침입으로 부모를 잃고 술집에서 말을 먹이는 등의 고생을 한다. 이때 달마국의 백원 도사가 장국진의 영웅성을 보고는 잡아다가 강물에 던져 죽이려고 한다. 그러나 청의 동자의 구함을 얻어 여학 도사의 제자가 되어 경서와 도술을 익힌다. 7년 후 세속으로 돌아와 수소문 끝에 부모와 상봉하고 천장 배필인 이창옥의 딸 계양에게 구혼하나 거절당한다. 그 후 국진은 장원급제하여 천자의 주선으로 계양과 혼인하며 병부상서 유봉의 딸과도 혼인한다. 국진은 서주 어사가 되어 백성들을 진휼하고, 달마왕의 침입을 물리친다. 천자가 승하하고 태자가 즉위하자, 장국진은 이참의 참소로 유배를 가다가 달마국에 잡혀 갇힌다. 달마왕이 재차 침입하나, 국진이 탈출하여 막는다. 이때 국진이 병이 들어 위험에 처하자, 계양이 남장을 하고 나아가 남편의 병을 고치고 적군과 싸워 승리를 거둔다. 개선하여 국진은 호왕에 봉해지고, 두 부인은 왕비로 봉해져 행복한 삶을 산다.

29 서술상 특징 파악 | 정답률 57% | 정답 ④

윗글의 서술상 특징으로 적절한 것은?

① 연속되는 대화를 활용해 인물 간의 갈등을 고조시키고 있다.
이 글에서 인물 간의 연속되는 대화는 찾아볼 수 없다.

② 과거와 현재의 빈번한 교체로 인물의 내력을 소개하고 있다.
이 글에서 과거와 현재의 빈번한 교체를 통해 인물 간의 내력을 소개하지는 않고 있다.

③ 한 인물의 동일한 행위를 반복함으로써 사건의 전환을 예고하고 있다.
이 글에서 한 인물의 동일한 행위가 반복되지 않고 있고, 또한 사건의 전환이 예고되어 있지도 않다.

✓④ 서술자의 개입을 통해 작중 상황에 대한 주관적 판단을 제시하고 있다.
'이는 지옥을 상상하게 하더라.', '이것을 어느 누구의 힘으로 구원하여 밝은 빛을 뿌려 터인가.', '이 위급함을 무엇으로 해결하여야 한단 말인가.' 등에서 서술자의 개입이 나타나고, 이를 통해 작중 상황에 대한 서술자의 주관적 판단이 나타나고 있다.

⑤ 특정 인물의 외양이나 행동을 과장되게 표현하여 인물을 희화화하고 있다.
이 글을 통해 특정 인물의 외양을 과장하여 표현하여 희화화하는 내용은 찾아볼 수 없다.

30 작품 내용의 이해 | 정답률 63% | 정답 ④

㉠ ~ ㉤을 중심으로 윗글을 이해한 내용으로 적절하지 않은 것은?

① ㉠에서의 병란은 국진이 자신의 중대한 임무를 수행하기 위해 이동하는 계기가 된다.
국진은 황성에서의 병란을 알아차린 후 나라를 구하는 임무를 수행하기 위해 이동하고 있으므로 적절하다.

② ㉡에서 국진은 고통에 시달리는 도성의 백성들을 구원하기 위해 적병과 맞서 싸운다.
국진은 도성 가까이에 온 적병 때문에 아우성치는 도성의 백성들을 구원하기 위해 적군의 진영으로 나아가고 있으므로 적절하다.

③ ㉢에서 국진에게 일어나는 일은 이 부인이 남장을 결심하는 원인이 된다.
달마국 전장에서 국진이 신병을 얻어 어려운 지경이 된 것은 이 부인이 남장을 결심하는 원인이 되고 있으므로 적절하다.

✓④ ㉣에서 이 부인은 미래를 예측하여 위기에 대비할 수 있는 방법을 국진에게 알려 주고 있다.
㉣에서 이 부인은 위기 상황을 알고 직접 전장으로 향하고 있으므로, ㉣에서 이 부인이 미래를 예측하여 위기에 대비할 수 있는 방법을 국진에게 알려 준다는 이해는 적절하지 않다.

⑤ ㉤에서 용왕 내외는 적장의 전생 신분을 밝힘으로써 앞날을 경계하고 있다.
용궁에서 용왕 내외는 천원 왕과 달마 왕이 천상 선관이었음을 밝히며, 그렇기 때문에 그들을 죽이면 앞날의 원(怨)이 될 것이라 경계하고 있으므로 적절하다.

31 인물의 말하기 방식 이해 | 정답률 77% | 정답 ⑤

[A], [B]에 대한 설명으로 가장 적절한 것은?

① [A]는 자신의 실망감을 우회적으로 표현하고 있고, [B]는 상대에 대한 원망을 직설적으로 표현하고 있다.
[A]에서 자신의 실망감을 우회적으로 표현하지 않고 있고, [B]에서 상대에 대한 원망을 직설적으로 표현하지 않고 있다.

② [A]는 자신의 목적을 달성하기 위해 거짓으로 말하고 있고, [B]는 상대의 질문에 답하기 위해 사건 내용을 밝히고 있다.
[A]에서 국진이 거짓으로 말하고 있지는 않고 있고, [B]에서 천자가 국진에게 사건 내용을 밝히지는 않고 있다.

③ [A]는 자신의 손해를 줄이기 위해 상대의 요청을 거절하고 있고, [B]는 상대의 손해를 줄이기 위해 상대를 설득하고 있다.
[A]에서 국진이 천자의 요청을 거절하거나 [B]에서 국진의 손해를 줄이기 위해 천자가 국진을 설득하지는 않고 있다.

④ [A]는 상대에 대한 호감을 바탕으로 상대를 격려하고 있고, [B]는 사건 해결을 위해 상대에게 용기를 북돋워 주고 있다.
[A]에서 국진이 천자를 격려하는 모습이나 [B]에서 국진에게 용기를 용기를 북돋워 주는 천자의 모습은 찾아볼 수 없다.

✓⑤ [A]는 상대의 근심을 덜기 위해 그 원인을 자신의 탓으로 돌리고 있고, [B]는 상대에 대한 믿음을 바탕으로 명령하고 있다.
[A]에서 국진은 천자의 근심의 원인이 자신에게 있다고 말하며 상대의 근심을 덜어 내고 있다. 그리고 [B]에서 천자는 국진의 능력을 믿고 나라를 구하라고 명령하고 있다. 따라서 [A]에서는 상대의 근심을 덜기 위해 그 원인을 자신의 탓으로 돌리고 있음을, [B]에서는 상대에 대한 믿음을 바탕으로 명령하고 있음을 알 수 있다.

32 외적 준거에 따른 작품의 감상 | 정답률 57% | 정답 ⑤

〈보기〉를 바탕으로 윗글을 감상한 내용으로 적절하지 않은 것은? [3점]

─ 〈보 기〉 ─
이 작품은 장국진이라는 영웅의 일생을 다룬 영웅소설이다. 주인공의 영웅적 활약과 더불어 여성 영웅의 활약도 중요하게 나타나는데, 이들은 위기 상황에서 주변 인물이나 초월적 존재의 도움으로 위기를 극복해 간다. 이 과정에서 초월적 세계와 현실 세계의 상호 작용, 남성과 여성의 상호 작용을 통해 영웅성이 강화되고 있다.

① 국진이 말에 올라 '한 손에 절륜도, 또 한 손에 청학선을 흔들며' 수십만 적군을 '추풍낙엽같이 쓰러'뜨리는 데에서, 주인공의 영웅적 활약상을 확인할 수 있다.
전쟁 중에 국진이 무기를 들고 적군을 쓰러뜨리는 모습을 통해 영웅적 활약상을 확인할 수 있다.

② 전투 중 '신병은 조금도 차도가 없'는 국진이 '적병들에 의해 완전히 포위'된 장면에서, 영웅이 처한 위기 상황을 확인할 수 있다.
전투 중에 국진이 신병을 잃으며 적에게 포위당하여 명나라 군의 운명이 경각에 달렸다는 장면에서 영웅이 처한 위기 상황을 확인할 수 있다.

③ '가장 좋은 선약(仙藥)'을 얻어' 국진의 병을 구하려는 데에서, 초월적 존재의 도움으로 위기를 극복해 나간다는 점을 확인할 수 있다.
이 부인이 용왕에게서 국진을 살릴 수 있는 '가장 좋은 선약(仙藥)'을 얻은 것은 초월적 존재의 도움을 받은 것에 해당한다.

④ 용왕 부인이 선녀들에게 '이 부인을 잘 모시고 가서 공을 이루라고 특별히 당부하는 장면에서, 초월적 세계와 현실 세계의 상호 작용을 확인할 수 있다.
용왕 부인이 선녀들에게 당부하는 장면을 통해 초월적 세계와 현실 세계의 상호 작용을 확인할 수 있다.

33~37 고전시가 복합

(가) 이황, 「설월죽(雪月竹)」

감상 이 작품은 눈 내린 밤 푸른 대나무를 보고 그것을 곧고 속이 깨끗한 선비의 인품에 빗대어 예찬한 한시이다. 1행과 2행은 겨울과 달밤이라는 시적 배경을 제시하고 있고, 3행과 4행에서는 배경 묘사에 대한 화자의 내적 정서를 드러내고 있다. 이 작품은 이처럼 선경 후정의 시상 전개 방식을 통해 화자의 대나무에 대한 예찬적 태도를 보여 주고 있다.

주제 대나무 예찬

(나) 권섭, 「매화(梅花)」

감상 이 작품은 한밤중 문득 매화가 핀 것을 보고 임을 떠올리며 임에 대한 그리움과 매화에 대한 애정을 드러내고 있는 연시조이다. 즉 화자는 이른 봄 피어난 매화를 통해 임을 떠올리고 매화에 대한 긍정적 인식과 임에 대한 정서를 함께 드러내고 있다.

주제 임에 대한 그리움

현대어 풀이

초가지붕의 처마에 달이 질 때 첫 잠을 얼핏 깨어
벽에 걸린 희미한 등잔불에 의지하여 누웠으니
하룻밤 매화가 피어나니 임이신가 하노라. 〈제1수〉

아마도 이 벗님(매화)의 풍류와 운치가 끝이 없다.
얼음과 같이 맑고 깨끗한 넋은 서늘도 하는구나.
바람결 그윽한 향기는 추운 한겨울에도 바뀌지 않는구나. 〈제2수〉

하늘의 이치도 묘하구나. 네가 먼저 봄의 따뜻한 햇빛이구나.
한 가지 꺾어 내어 이 소식을 전하려 하니
임께서 너를 보고 반기실까 하노라. 〈제3수〉

임이 너를 보고 반기실까 반기지 않으실까.
몇 년 동안 꽃과 버들에 취해 잠을 못 깨웠는가.
두어라. 다 각각의 정이니 나와 함께 늙자꾸나. 〈제4수〉

(다) 목성균, 「세한도(歲寒圖)」

감상 인정이 없는 사공과 대치하며 뜻을 굽히지 않던 유년 시절 아버지의 모습을 회화적으로 그리고 있는 현대 수필이다. 이 글에서 글쓴이는 혹독하게 추운 겨울에 뜻을 굽히지 않던 아버지의 모습에서 선비적 면모를 발견하고 이날의 경험을 회화적으로 형상화하고 있다. 글쓴이는 아버지가 사공의 처사를 부당하게 여겼고 이에 맞서는 의미로 추위를 견디며 꿋꿋이 서 있었다고 본 것이다.

주제 아버지의 굽힐 수 없는 자존심

33 표현상 공통점 파악 정답률 70% | 정답 ③

(가)~(다)의 공통점으로 가장 적절한 것은?

① 설의적 표현으로 대상이 지닌 속성을 강조하고 있다.
(가), (다)에서는 설의법이 드러나지 않고 있다. (나)에서 설의적 표현이 나타난다고 볼 수 있지만, 이를 통해 대상이 지닌 속성을 강조하지는 않고 있다.

② 명암의 대비를 통해 작품의 주제를 형상화하고 있다.
(다)의 '컴컴한 산기슭'과 '하얀 적설'에서 명암 대비가 드러난다고 할 수 있지만, 이를 통해 주제를 형상화한다고 보기는 어렵다. 또한 (가), (나)에서 명암 대비가 드러나는 부분은 찾아보기 어렵다.

☑ 구체적 사물이나 상황을 통해 내면적 가치를 발견하고 있다.
(가)는 대나무, (나)는 매화를 통해 추위 속에서의 절개 등 내면적 가치를 발견하고 있다. 그리고 (다)에서는 글쓴이가 어린 시절 경험했던 일을 통해 아버지의 꿋꿋한 삶의 태도라는 내면적 가치를 발견하고 있다. 따라서 (가)~(다)는 구체적 사물이나 상황을 통해 내면적 가치를 발견한 공통점이 있다고 할 수 있다.

④ 직유법을 활용하여 대상의 외양을 구체적으로 묘사하고 있다.
(가)의 '얼음같이', (다)의 '나팔처럼', '신음처럼', '버드나무 둥치처럼' 등에서 직유법이 드러나지만, (나)에는 드러나지 않는다.

⑤ 풍자적 기법으로 사회 현실에 대한 비판 의식을 보여 주고 있다.
(가), (나), (다) 모두 풍자적 기법으로 사회 현실에 대한 비판 의식을 보여 주지는 않고 있다.

34 외적 준거에 따른 작품의 감상 정답률 76% | 정답 ③

〈보기〉를 참고하여 (가)와 (나)를 감상한 내용으로 적절하지 않은 것은? [3점]

〈보 기〉
(가)와 (나)는 추운 계절을 이겨 내는 강인한 속성이 있어 예로부터 예찬의 대상이었던 대나무와 매화를 각각 시적 대상으로 삼고 있다. (가)의 화자는 사철 푸르고 속이 빈 대나무를 고매한 인품에 빗대고 있고, (나)의 화자는 이른 봄 피어난 매화를 통해 임을 떠올리며 매화에 대한 긍정적 인식과 임에 대한 정서를 함께 드러내고 있다.

① (가)의 화자는 '옥설'에 눌려도 푸름을 유지하는 대나무를 통해 '굳건한' 지조를 떠올리고 있군.
〈보기〉에서 (가)의 화자는 사철 푸르고 속이 빈 대나무를 고매한 인품에 빗대고 있음을 알 수 있다. 따라서 (가)의 '여기서 알겠노라 굳건한 그 절개를'은 화자가 '옥설'에 눌려도 푸름을 유지하는 대나무를 통해 '굳건한' 지조를 떠올린 것이라 할 수 있다.

② (가)의 화자는 대나무의 속이 빈 속성을 긍정적으로 인식하여 대나무를 내면이 '깨끗한' 인품에 비유하고 있군.
〈보기〉에서 (가)의 화자는 사철 푸르고 속이 빈 대나무를 고매한 인품에 빗대고 있음을 알 수 있다. 따라서 (가)의 '더욱이 깨닫노라 깨끗한 그 빈 마음'은 화자가 대나무의 속이 빈 속성을 긍정적으로 인식하여 대나무를 내면이 '깨끗한' 인품에 비유한 것이라 할 수 있다.

☑ (나)의 화자는 '옥골 빙혼(玉骨氷魂)'의 자태를 가진 매화를 '님'으로 착각한 것을 깨닫고 서러워하고 있군.
〈제1수〉에서 화자가 매화를 임으로 착각했지만, 〈제2수〉에서 화자는 '옥골빙혼(매화)'을 임으로 착각하지는 않고 있다. 또한 〈제2수〉를 통해 서러워하는 화자의 정서도 드러나지 않고 있다.

④ (나)의 화자는 추운 계절에도 굴하지 않고 '그윽한 향기'를 풍기는 매화의 강인함을 예찬하고 있군.
〈보기〉를 통해 (나)의 화자는 매화에 대한 긍정적 인식, 즉 예찬적 인식을 드러내고 있음을 알 수 있다. 따라서 (나)의 '풍편(風便)의 그윽한 향기는 세한 불개(歲寒不改) 하구나', 화자가 추운 계절에도 굴하지 않고 '그윽한 향기'를 풍기는 매화의 강인함을 예찬한 것이라 할 수 있다.

⑤ (나)의 화자는 '춘휘(春暉)'를 먼저 느끼게 해 준 매화의 소식을 '님'에게 전달하고 싶은 소망을 드러내고 있군.
〈보기〉를 통해 (나)의 화자는 이른 봄 피어난 매화를 통해 임을 떠올리고 임에 대한 정서를 드러내고 있음을 알 수 있다. 따라서 '천기(天機)도 묘하시고 네 먼저 춘휘(春暉)로다 / 한 가지 꺾어 내어 이 소식 전(傳)차 하니'는 '춘휘(春暉)'를 먼저 느끼게 해 준 매화의 소식을 '님'에게 전달하고 싶은 화자의 소망을 드러낸다고 할 수 있다.

35 구절의 의미 파악 정답률 78% | 정답 ④

㉠~㉤에 대한 설명으로 적절하지 않은 것은?

① ㉠ : 매화를 발견할 당시 화자의 상황과 시간적 배경이 드러나 있다.
'모첨의 달이 진 제'에서 '매화'를 발견한 시간이 드러나고, '첫 잠을 얼핏 깨어'에서 문득 잠에서 깨어난 화자의 상황이 드러난다.

② ㉡ : 매화를 대할 임의 반응이 어떠할지를 궁금해하는 마음이 드러나 있다.
'너'는 매화를 지칭한 것으로, '너'를 임이 반길지 반기지 않을지 확신하지 못하고 있다.

③ ㉢ : 아버지와 대비되는 글쓴이의 행동에서 추위에서 벗어나고 싶어 하는 마음이 드러나 있다.
아버지가 팔짱을 낀 채 부동의 자세를 유지하고 있는 모습은 추위에서 벗어나고 싶어 발을 동동거리는 글쓴이의 행동과 대비된다.

☑ ㉣ : 선객들의 모습을 비판적으로 바라보는 아버지의 생각이 드러나 있다.
㉣은 글쓴이가 사공의 의도를 추측한 내용이다. 아버지가 사공을 비판적으로 보고 있지만, 선객을 비판적으로 바라본다고 할 수 없다.

⑤ ㉤ : 작은댁에 세배하러 가면서 준비한 음식으로 아버지의 정성이 드러나 있다.
'육적'과 '술'은 작은댁에 세배하러 가서 드릴 정성이 담긴 음식이다.

36 외적 준거에 따른 작품의 감상 정답률 65% | 정답 ②

〈보기〉를 바탕으로 (다)를 감상한 내용으로 적절하지 않은 것은?

〈보 기〉
(다)의 제목이기도 한 '세한도'는, 한겨울 풍경을 통해 선비의 지조를 드러낸 추사 김정희의 그림이다. (다)의 글쓴이는 혹독하게 추운 겨울에 뜻을 굽히지 않던 아버지의 모습에서 선비적 면모를 발견하고 이날의 경험을 회화적으로 형상화하고 있다. 글쓴이는 아버지가 사공의 처사를 부당하게 여겼고 이에 맞서는 의미로 추위를 견디며 꿋꿋이 서 있었다고 본 것이다.

① '노랗게 식은 햇살'과 '하얗게 번쩍거'리는 '적설'을 통해 매섭게 추운 겨울 강가를 회화적으로 형상화하고 있군.
'노랗게', '하얗게' 등의 색채 이미지를 사용하여 겨울 강가의 풍경을 회화적으로 형상화하고 있다.

☑ '아픈 소리를 신음처럼' 지르는 '갈대'는 사공의 부당한 처사에 맞서려는 글쓴이의 내면을 표상하고 있군.
'갈대'는 겨울의 스산한 분위기를 더욱 부각하고 있는 자연물이라 할 뿐, 사공의 처사에 맞서려는 글쓴이의 내면을 표상한다고 볼 수는 없다.

③ 글쓴이는 '버드나무 둥치처럼 꿈쩍도 않'는 아버지의 모습에서 지조를 지키려는 선비적 면모를 발견하고 있군.
아버지는 '버드나무 둥치처럼 꿈쩍도 않고' 있는데, 이는 사공의 부당함에 맞서려는 뜻을 드러낸 행동이라 할 수 있다. 따라서 이러한 아버지의 모습은 지조를 지키려는 선비적 면모를 드러낸다고 할 수 있다.

④ '두 번 다시 그 소리를 지르지 않'는 모습을 통해 자신의 뜻을 꺾지 않으려는 아버지의 태도를 드러내고 있군.
아버지가 서서 두 번 다시 사공을 부르지도 않았던 이유는 사공의 부당함에 맞서려는 뜻이 있었기 때문이라고 글쓴이는 추측하고 있다.

⑤ '엄동설한 저문 강변'에서 '꿋꿋하게 서' 있던 아버지의 모습은 추사의 그림 '세한도'의 이미지와 연결되는군.
김정희의 '세한도'는 한겨울 풍경을 통해 선비의 지조를 드러낸 그림인데, 이는 (다)의 제목이기도 하다. 글쓴이는 '엄동설한'에도 '꿋꿋한' 태도를 유지한 아버지의 모습에서 그림 '세한도'에서 제시된 것과 유사한 의미를 발견하고 있다.

37 대상의 의미 비교 정답률 49% | 정답 ⑤

ⓐ와 ⓑ를 이해한 내용으로 가장 적절한 것은?

① ⓐ에는 임이 처한 상황에 대한 연민이, ⓑ에는 사공이 처한 상황에 대한 추측이 담겨 있다.
ⓐ는 화자가 임에 대한 연민을 느끼는 상황이라고 할 수 없다.

② ⓐ에는 화자가 지향하는 행동이, ⓑ에는 글쓴이가 지향하는 공간의 속성이 구체화되고 있다.
ⓐ를 화자가 지향하는 행동이라고 볼 수 없다.

③ ⓐ에는 돌아오지 않는 임에 대한 원망이, ⓑ에는 곧 돌아올 사공에 대한 기대감이 내포되어 있다.
　ⓑ에는 곧 돌아올 사공에 대한 기대감이 드러나지 않는다.

④ ⓐ에는 자신의 처지에 대해 자조하는 태도가, ⓑ에는 사공의 몰인정함에 대해 비판하는 태도가 드러나 있다.
　ⓐ는 임의 상황을 표현한 시어로, 화자가 스스로를 비웃는 자조적 태도라 볼 수 없다.

✔ ⓐ에는 화자의 처지와 대비되는 임의 모습이, ⓑ에는 글쓴이가 있는 공간과 대비되는 공간이 제시되어 있다.
　ⓐ는 자신을 잊고 다른 것에 빠져 있는 임의 모습, ⓑ는 글쓴이, 아버지와 달리 사공이 머무는 공간에 해당한다. 따라서 ⓐ는 임을 생각하는 자신과 대비되고, ⓑ는 추위에 떨고 있는 나룻터의 글쓴이와 대비된다고 할 수 있다.

38~42 사회

'공공 선택 이론(재구성)'

해제　이 글은 선택 이론에서의 의사 결정 방법을 나열하여 설명하고 있다. 이 글에서는 **집단을 구성**하는 개인들의 의사를 집단의 의사로 통합하기 위한 의사 결정 과정으로 공공 선택 이론을 다루는데, 의사 결정 방법으로 단순 과반수제, 최적 다수결제, 점수 투표제, 보르다(Borda) 투표제가 있다. **단순 과반수제**는 투표자의 과반수가 지지하는 안건이 채택되는 다수결 제도이다. 이 제도에서는 어떤 대안을 먼저 비교하느냐에 따라 결과가 달라지는, 이른바 투표의 역설이 발생할 수 있다. **최적 다수결제**는 투표에 따르는 총비용이 최소화되는 지점을 산정한 후 안건의 찬성자 수가 그 이상이 될 때 안건이 통과되는 제도이다. **점수 투표제**는 각 투표자에게 일정한 점수를 주고 각 투표자가 자신의 선호도에 따라 대안들에 대해 주어진 점수를 배분하여 투표하는 제도로서, 합산 점수가 많은 대안이 선택된다. 소수의 의견도 잘 반영되며 투표의 역설이 나타나지 않기는 하지만 전략적 행동에 취약하여 결과가 불규칙하게 나타날 수 있다. **보르다 투표제**는 대안의 수를 기준으로 점수를 부여하여 가장 높은 점수를 받은 대안을 선택한다.

주제　공공 선택 이론에서의 의사 결정 방법의 이해

문단 핵심 내용

1문단	공공 선택 이론의 의미 및 의사 결정 방법의 종류
2문단	의사 결정 방법 1 – 단순 과반수제
3문단	의사 결정 방법 2 – 최적 다수결제
4문단	의사 결정 방법 3 – 점수 투표제
5문단	의사 결정 방법 4 – 보르다 투표제

---

38 내용의 이해　　정답률 75% | 정답 ②

윗글에 대한 이해로 적절하지 않은 것은?

① 어떤 투표제에서든 투표자의 전략적 행위가 나타날 수 있다.
　4문단을 통해 투표의 전략적 행위는 어떤 투표자가 다른 투표자의 투표 성향을 예측하고 자신의 행동을 이에 맞춰 변화시킴으로써 자기가 원하는 것을 얻으려 하는 태도임을 알 수 있다. 따라서 투표자의 전략적 행위는, 어떤 투표제에서든지 나타날 수 있다고 할 수 있다.

✔ 보르다 투표제에서는 가장 선호하지 않는 대안에 0점을 부여한다.
　5문단을 통해 보르다 투표제에서는 가장 선호하는 대안부터 순서대로 n점에서 시작해서 차례대로 n−1점, n−2점으로 점수를 부여하여 최하 1점을 줌을 알 수 있다. 따라서 가장 선호하지 않는 대안에 0점을 부여한다는 진술은 적절하지 않다.

③ 단순 과반수제에서는 채택된 대안으로 인해 사회의 후생이 감소되기도 한다.
　2문단을 통해 어느 대안이 채택이 되면 이로 인해 채택되지 않은 안건을 지지한 사람들을 포함하여 사회 전체의 후생이 감소할 가능성이 있음을 알 수 있다.

④ 점수 투표제는 최적 다수결제와 달리 대안에 대한 선호 강도를 표시할 수 있다.
　4문단을 통해 점수 투표제는 선호 강도에 따라 점수를 배분함을 알 수 있으므로, 투표자의 선호 강도가 잘 반영된다고 할 수 있다.

⑤ 최적 다수결제는 단순 과반수제와 달리 안건 통과의 기준이 안건에 따라 달라질 수 있다.
　2문단을 통해 단순 과반수제는 안건 통과의 기준이 몇 가지 대안이든 과반수를 얻는 안이 통과됨을 알 수 있다. 그리고 3문단을 통해 최적 다수결제에서는 투표에 들어가는 총비용이 최소화되는 곳이 안건 통과의 기준이 되는 최적 다수 지점이 됨을 알 수 있다. 따라서 최적 다수결제는 단순 과반수제와 달리 안건 통과의 기준이 안건에 따라 달라질 수 있음을 알 수 있다.

★★★ 등급을 가르는 문제!

39 내용을 통한 자료의 이해　　정답률 44% | 정답 ②

ⓐ와 관련하여 〈표〉를 이해한 것으로 적절하지 않은 것은?

① '병원'과 '학교'를 먼저 비교할 경우, '병원'과 '경찰서'의 다수결 승자가 최종의 대안으로 결정된다.
　병원과 학교를 먼저 비교한다면 갑은 병원, 을은 학교, 병은 병원을 투표할 것이므로, 병원이 채택될 것이다. 그 이후에는 최종 결정을 위해 투표한다면 병원과 경찰서의 다수결 승자가 최종적인 대안으로 결정된다(갑은 병원, 을은 경찰서, 병은 경찰서를 택하게 되어 최종적으로는 경찰서가 최종적인 대안으로 결정된다.).

✔ '학교'와 '경찰서'를 먼저 비교할 경우, '갑'과 '을'이 '학교'에 투표하여 최종적으로 '학교'가 결정된다.
　학교와 경찰서를 먼저 비교한다면, 갑은 학교, 을은 학교, 병은 경찰서를 택할 것이므로, 다수결로 보면 학교가 두 표를 얻어 먼저 채택이 될 것이다. 이후에는 학교와 병원이 최종 투표에 부쳐지는데, 갑은 병원, 을은 학교, 병은 병원에 투표할 것이므로 최종적인 대안으로는 두 표를 얻어 병원이 결정된다. 그러므로 학교가 최종적으로 결정된다는 설명은 적절하지 않다.

③ '병원'과 '학교'를 먼저 비교하는지, '학교'와 '경찰서'를 먼저 비교하는지에 따라 투표의 결과가 달라진다.

[문제편 p.122]

투표의 역설이란 개념은 어떤 대안들을 먼저 비교하느냐에 따라 결과가 달라진다는 것이다. 병원과 학교를 먼저 비교할 경우와 학교와 경찰서를 먼저 비교할 경우 결과가 달라지므로 투표의 역설이 나타난다.

④ '병원', '학교', '경찰서'를 동시에 투표에 부치면, 모두 한 표 씩 얻어 어떤 대안도 과반수가 되지 않는다.
　동시에 세 안건을 투표에 부치면 세 사람이 병원, 학교, 경찰서에 각 한 표씩 투표하게 되어 세 안건 중 어떤 대안도 과반수가 되지 않는다.

⑤ 대안에 대한 '갑', '을', '병' 세 사람의 선호 순위는 바뀌지 않아도, 투표의 결과가 바뀌는 현상이 나타난다.
　갑, 을, 병의 선호 순위는 바뀌지 않더라도 어떤 대안을 먼저 비교하느냐에 따라 최종 투표 결과는 바뀌는 현상이 나타난다.

★★ 문제 해결 꿀~팁 ★★

▶ 많이 틀린 이유는?
이 문제가 '표'를 이해하는 과정, 특히 '1순위, 2순위, 3순위'의 '선호 순위'에 대한 이해를 정확히 하지 못하여 오답률이 높았던 것으로 보인다.

▶ 문제 해결 방법은?
이 문제를 해결하기 위해서는 2문단에 제시된 내용을 바탕으로 표를 이해하면 되는데, 이때 주의해야 할 점은 1순위에 선호하는 것이 없을 경우 선호 순위에 따라 2순위에 있는 내용이 선호하는 것임을 이해해야 한다. 정답인 ②를 보면, 학교와 경찰서를 먼저 비교한다면, 갑은 1순위가 병원이고 2순위가 학교이므로 갑은 학교를 택할 것이라 판단해야 한다. 그렇게 되면 갑은 학교, 을은 학교를 택할 것이므로, 다수결에 따라 학교가 두 표를 얻어 먼저 채택이 되는 것이다. 이후에는 이런 방식을 고려하여 학교와 병원이 최종 투표를 하게 되고, 병원이 최종적인 대안으로 결정되어 적절하지 않음을 알 수 있다. 이 문제처럼 문제 의도가 정확히 이해하고 있었으면 문제를 비교적 수월하게 풀 수 있으므로, 문제를 접할 때는 반드시 출제 의도가 무엇인지 이해할 수 있도록 한다.

---

40 세부 정보의 추론　　정답률 51% | 정답 ④

ⓑ의 이유로 가장 적절한 것은?

① 주어진 점수를 투표자가 임의대로 배분할 수 있기 때문이다.
　주어진 점수를 투표자가 임의대로 배분할 수 있는 것은 점수 투표제에 해당하므로 이유로 적절하지 않다.

② 투표자는 중도의 대안에 관해서만 자신의 의사를 표현할 수 있기 때문이다.
　투표자는 중도의 대안에 관해서만 자신의 의사를 표현하는 것이 아니라 어떤 대안에 관해서도 점수를 배분하여 의사를 표현할 수 있다.

③ 점수 투표제와 달리 투표자의 전략적 행동을 유발하여 투표 결과를 조작할 수 있기 때문이다.
　점수 투표제에서도 투표자의 전략적 행동이 드러날 수 있으나 이로 인해 투표 결과를 조작할 수 있는 것은 아니다.

✔ 일부에게만 선호도가 높은 대안이 다수에게 선호도가 매우 낮으면 점수 합산 면에서 불리하기 때문이다.
　5문단을 통해 보르다 투표제에서는 일부에게 선호도가 아주 높은 대안보다는 투표자 모두에게 어느 정도 차선이 될 수 있는 중도의 대안이 채택될 가능성이 있음을 알 수 있다. 그 이유는 다수에 의해 중도의 대안으로 부여된 점수들의 합산 점수보다 선호도가 아주 높은 대안들의 합산 점수가 낮을 수 있기 때문이라 할 수 있다.

⑤ 순서로만 선호 강도를 표시할 경우, 모든 투표자에게 선호도가 가장 높은 대안이라도 최종 승자가 아닐 수 있기 때문이다.
　보르다 투표제에서 순서로만 선호 강도를 표시할 경우, 모든 투표자에게 선호도가 가장 높은 대안이 나올 수도 있으므로, 이는 ⓑ의 이유로 적절하지 않다.

---

41 구체적인 상황에의 적용　　정답률 58% | 정답 ⑤

〈보기〉가 [A]의 각 비용들에 대한 그래프라고 할 때, 이에 대한 이해로 적절하지 않은 것은?

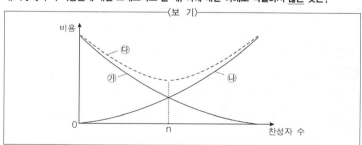

〈 보 기 〉

① ㉮는 외부 비용으로, 반대하는 투표자 수가 많아질수록 그 값이 커진다.
　㉮는 외부 비용을 나타낸다. 이는 안건에 반대하였던 사람들이 느끼는 부담을 의미하므로 찬성표의 비율이 높아질수록 외부 비용은 낮아지고, 반대표의 비율이 높아지면 외부 비용은 값이 커진다.

② ㉯는 의사 결정 비용으로, 투표 참가자들을 설득하는 데 드는 시간과 노력이 적을수록 그 값이 작아진다.
　㉯는 의사 결정 비용으로, 이는 투표 참가자들의 동의를 구하는 데에 드는 시간과 노력에 따른 비용을 의미한다. 그러므로 투표 참가자들을 설득하는 데에 드는 시간과 노력이 적을수록 그 값은 작아진다.

③ ㉰는 총비용으로, ㉮와 ㉯를 합한 값이 최소가 되는 지점 n이 최적 다수 지점이 된다.
　㉰는 총비용이다. n은 ㉮와 ㉯를 합한 값이 최소화되는 지점인데 이 지점은 안건 통과의 기준이 되는 최적 다수 지점이 된다.

④ 투표에 참가하는 모든 사람이 찬성하면 ㉮의 값은 0이 된다.
　투표에 참가하는 모든 사람이 찬성하면 ㉮의 값은 0이 된다.

✔ 안건 통과에 필요한 투표자가 많아지게 되면 ㉯는 이동하지만 ㉮는 이동하지 않는다.
　최적 다수결에 따르면 ㉮는 외부 비용이고, ㉯는 의사 결정 비용이다. ㉰는 A와 B의 곡선을 합한 총비용을 의미하며 U자 형태로 나타난다. n은 ㉮와 ㉯의 교차점으로서 최적 다수 지점을 가리킨다. 이는

총비용이 가장 적게 드는 지점이다. 그런데 안건 통과에 필요한 투표자 수가 많아진다는 것은 의사 결정 비용은 증가하고 외부 비용은 감소한다는 것을 의미한다. 그러므로 안건 통과에 필요한 투표자가 많아지게 되면 ㉮와 ㉯는 이동하게 된다. 그러므로 ㉯는 이동하지만 ㉮가 이동하지 않는다는 진술은 적절하지 않다.

42 구체적인 사례에의 적용　　정답률 53% | 정답 ③

대안 Ⅰ～Ⅲ에 대한 투표자 A～E의 선호 강도가 〈보기〉와 같다고 할 때, ㉠～㉢을 통해 채택될 대안으로 적절한 것은? [3점]

─〈보 기〉─

투표자 대안	A	B	C	D	E
Ⅰ	3	1	1	3	1
Ⅱ	1	7	6	2	5
Ⅲ	6	2	3	5	4

(단, 표 안의 수치가 높을수록 더 많이 선호함을 나타내며, 투표에 미치는 외부적인 요인과 투표자들의 전략적 행동은 없다고 가정한다.)

	㉠	㉡	㉢
①	Ⅰ	Ⅲ	Ⅱ
②	Ⅱ	Ⅲ	Ⅱ
✓③	Ⅱ	Ⅱ	Ⅲ
④	Ⅲ	Ⅰ	Ⅲ
⑤	Ⅱ	Ⅱ	Ⅲ

〈보기〉는 대안 Ⅰ, Ⅱ, Ⅲ에 대해 투표자 A～E의 선호 강도를 표시하고 있다. 이 안건들을 ㉠(단순 과반수제), ㉡(점수 투표제), ㉢(보르다 투표제)으로 투표에 부칠 때 각각의 경우에 채택될 대안이 무엇일지를 살펴보아야 한다.
㉠ : 단순히 과반수가 되면 채택되는데, 선호 강도에 따라 투표하면 Ⅱ는 B, C, E가 지지하고, Ⅲ은 A, D가 지지한다. Ⅰ을 지지하는 지지자는 없다. 따라서 ㉠에서는 대안 Ⅱ가 선택된다.
㉡ : 각 투표자가 선호에 따라 대안에 대해 주어진 점수를 배분하여 투표하는 제도이므로, 현재의 선호 강도에 따라 부여한 점수를 합산해 보면 Ⅰ가 21점, Ⅲ이 20점, Ⅰ이 9점이 되어 최종적으로 Ⅱ가 채택된다.
㉢ : 선호 순서대로 n점, n-1점, n-2점으로 점수를 부여하고 이를 합산하여 가장 높은 점수를 받은 안이 채택된다. n은 대안의 개수이므로 3이 된다. 그러면 A의 경우 선호 강도가 가장 높은 Ⅲ에 3점, Ⅰ에 2점, Ⅱ에 1점을 부여한다. 이와 같은 방법으로 B～E가 점수를 부여하면 합산 점수는 Ⅰ은 7점, Ⅱ는 11점, Ⅲ은 12점이 되어 최종적으로 Ⅲ이 채택된다.

43～45 현대시

(가) 윤동주, 「소년(少年)」

감상 이 시는 **시어의 연쇄적 반복을 통해 정서를 부각하고 운율을 형성하는 산문시**이다. 이 시에서는 계절과 관련된 감각적 이미지 사용을 통해 '순이'에 대한 '소년'의 순수하고 진실한 그리움을 자연스럽게 드러내고 있다.
주제 순수한 세계에의 동경

표현상의 특징
· '단풍잎', '하늘', '파란 물감', '손바닥', '맑은 강물'이라는 시어를 연쇄적으로 활용하고 있음.
· '-ㄴ다'라는 종결 어미를 반복하여 운율을 형성함.
· 현재 시제를 사용하여 시적 상황을 드러냄.

(나) 손택수, 「나무의 꿈」

감상 이 시에서 화자는 의인화된 **'나무'에 애정 어린 시선을 보내며 말을 건네는 방식으로 그 꿈과 가능성에 대해 이야기하고** 있다. 나아가 그 꿈과 가능성이 실현되지 못한 상황에 처하더라도 그 존재 가치가 있음을 따뜻한 어조로 일깨워 주고 있다.
주제 꿈과 현재의 중요성

표현상의 특징
· '계단', '창문', '바다'라는 시어를 연쇄적으로 활용하고 있음.
· '-니', '-구나' 등의 종결 어미를 반복하여 운율을 형성하고 있음.
· 시적 대상인 '나무'를 의인화한 청자로 설정하고 말을 건네는 어조로 시상을 전개함.

★★★ 등급을 가르는 문제!

43 표현상 특징 파악　　정답률 35% | 정답 ④

(가), (나)의 표현상 특징으로 가장 적절한 것은?
① (가)는 (나)와 달리 반어적 표현을 통해 시적 긴장을 고조시키고 있다.
　(가), (나) 모두 반어적 표현으로 시적 긴장이 고조되지 않았다.
② (나)는 (가)와 달리 동일한 종결 어미의 반복으로 운율감을 형성하고 있다.
　(가)는 '-ㄴ다'라는 종결 어미를 반복하여, (나)에서 '-니', '-구나' 등의 종결 어미를 반복하여 운율을 형성하고 있다.
③ (가)와 (나) 모두 대상을 의인화하여 화자의 연민을 드러내고 있다.
　(가)에서 대상을 의인화한 표현은 사용되지 않았고, (나)에서 시적 대상인 '나무'를 '너'라는 의인화된 청자로 설정하고 말을 건네는 어조로 시상을 전개하였다.
✓④ (가)와 (나) 모두 시어의 연쇄적 활용을 통해 시상을 발전시켜 나가고 있다.
　(가)에서는 '단풍잎', '하늘', '파란 물감', '손바닥', '맑은 강물'이라는 시어를 연쇄적으로 활용하였고, (나)에서는 '계단', '창문', '바다'라는 시어를 연쇄적으로 활용하였다.
⑤ (가)와 (나) 모두 시선의 이동을 통해 장소가 지닌 의미를 다양하게 제시하고 있다.
　(나)에서 화자의 시선 이동은 드러나지 않는다.

★★ 문제 해결 꿀~팁 ★★

▶ 많이 틀린 이유는?
이 문제는 작품을 통해 표현상 특징을 정확히 파악하지 못하였거나, 표현상 특징에 대한 이해를 정확히 하지 못해서 오답률이 높았던 것으로 보인다.
▶ 문제 해결 방법은?
이 문제를 해결하기 위해서는 기본적으로 표현상 특징에 대해 이해하고 있어야 한다. 즉 반어적 표현, 동일한 종결 어미의 반복, 대상을 의인화, 시어의 연쇄적 활용, 시선의 이동에 대한 정확한 이해가 필요하다. 정답인 ④의 경우, 연쇄적 표현(앞 구절의 끝 어구를 다음 구절의 첫머리에 이어받아 표현하는 방법)에 대해 정확히 알고 있었으면 (가), (나) 모두 연쇄적 표현을 사용하고 있음을 알았을 것이다. 마찬가지로 오답률이 높았던 '동일한 종결 어미의 반복'에 대해 정확히 알고 있었다면 (가), (나) 모두 종결 어미를 반복하고 있음을 알 수 있었을 것이다. 한편 표현상 공통점이나 차이점을 묻는 문제의 경우 (가)를 통해 먼저 표현상 특징을 찾을 수 있는지 확인한 다음, (가)에서 찾을 수 있는 것 중에서 (나)에서 확인하는 방법을 사용하게 되면 시간적으로나 정확성 측면에서 효과적일 수 있다.

44 시어의 의미 파악　　정답률 62% | 정답 ①

㉠, ㉡에 대한 이해로 가장 적절한 것은?

✓① ㉠은 '소년(少年)'의 정서를 환기하는 기능을 하고 있다.
　(가)에서 '하늘'을 들여다보면 눈썹에 파란 물감이 들고 손바닥에도 파란 물감이 묻어난다. 그리고 손바닥을 들여다보면 손금에는 맑은 강물이 흐르고, 강물 속에는 사랑처럼 슬픈 얼굴─아름다운 순이(順伊)의 얼굴이 어림을 알 수 있다. 따라서 ㉠은 '소년'의 '순이'에 대한 그리움이라는 정서를 환기해 준다고 할 수 있다.

② ㉠은 '소년(少年)'이 거부하고자 하는 세계를 상징하고 있다.
　㉠은 '소년'의 '순이'에 대한 그리움이라는 정서를 환기해 주므로, '소년'이 거부하는 세계를 상징한다고 할 수 없다.

③ ㉠은 '소년(少年)'이 자신의 한계를 인식하는 계기가 되고 있다.
　㉠은 '소년'의 '순이'에 대한 그리움이라는 정서를 환기해 주므로, '소년'이 자신의 한계를 인식하는 계기가 된다고 할 수 없다.

④ ㉡은 '너'가 처한 긍정적 상황을 드러내는 역할을 한다.
　㉡은 화자가 '너'가 지향할 것이라고 가정한 대상이라고 볼 수 있으므로, '너'가 처한 긍정적 상황을 드러내는 역할을 한다고 할 수 없다.

⑤ ㉡은 '너'의 성찰이 이루어진 이후의 모습을 표상하고 있다.
　㉡은 화자가 '너'가 지향할 것이라고 가정한 대상이라고 볼 수 있으므로, ㉡은 너의 성찰이 이루어진 이후의 모습을 표상한 것이라 할 수 없다.

45 외적 준거에 따른 작품의 감상　　정답률 49% | 정답 ③

〈보기〉를 참고하여 (가)와 (나)를 감상한 내용으로 적절하지 않은 것은? [3점]

─〈보 기〉─
　(가), (나)는 시간의 흐름 속에서 성장하는 존재의 순수한 정서와 인식에 대해 표현하고 있다. (가)는 소년이 자연물에 동화되는 과정을 감각적으로 드러내면서 과거의 사랑을 그리워하는 소년의 정서를 보여 준다. (나)는 대상이 품을 수 있는 다양한 꿈을 제시하고, 꿈을 이루지 못한 상황에서도 대상이 존재 가치가 있다는 것을 역설적으로 보여 주고 있다. 또 미래보다 현재 상황과 모습에 주목하는 자세를 강조하며 마무리한다.

① (가)의 '파란 물감이 든' '눈썹'은 '소년(少年)'이 자연물에 동화되는 것을 감각적으로 표현하는군.
　(가)에서는 '가만히 하늘을 들여다 보'고 '눈썹에 파란 물감이 든다'는 것을 통해 자연물인 하늘과 점차 동화되는 과정을 감각적으로 표현하고 있다.

② (가)의 '맑은 강물'에 어린 얼굴에는 '순이(順伊)'에 대한 '소년(少年)'의 그리움이 투영되어 있군.
　(가)의 '소년'은 '맑은 강물' 속에서 사랑처럼 슬픈 얼굴을 발견하고 있으므로, '맑은 강물'에는 현재 부재하는 '순이'에 대한 그리움이 투영되었다고 할 수 있다.

✓③ (나)의 '의자', '책상', '한 줌 재' 등은 대상이 품을 수 있는 다양한 꿈을 보여 주는군.
　(나)의 '의자', '책상'은 대상이 품을 수 있는 다양한 꿈으로 이해할 수 있지만, '한 줌 재'는 그 꿈을 이루지 못한 상황을 의미한다.

④ (나)의 '장작'은 꿈을 이루지 못한 상황에서도 '몸을 데워' 줄 수 있다는 존재 가치에 대한 역설적 인식을 보여 주는군.
　(나)의 '장작'이 한 줌 재가 된 것은 '너'의 '꿈'이 좌절된 상태라고 할 수 있으며, 누군가의 '몸을 데워' 준다는 것은 새롭게 발견한 존재 가치라 할 수 있다. 그러므로 대상의 존재 가치를 역설적으로 보여 준 것이라 할 수 있다.

⑤ (나)의 '바람 소리'는 대상에게 '지금'의 상황과 모습을 주목하게 하는 계기가 될 수 있겠군.
　(나)의 '바람 소리'는 '너'가 '지금 바람을 만나' '바람의 춤을 따라 흔들리고 있'음과 이어지므로, '너'의 현재 상황을 주목하게 하는 계기가 될 수 있다.

• 정답 •

01 ② 02 ② 03 ③ 04 ⑤ 05 ② 06 ④ 07 ⑧ 08 ⑤ 09 ⑤ 10 ② 11 ① 12 ⑤ 13 ⑤ 14 ④ 15 ③
16 ③ 17 ② 18 ④ 19 ④ 20 ① 21 ① 22 ⑤ 23 ④ 24 ③ 25 ③ 26 ② 27 ② 28 ② 29 ① 30 ④
31 ⑤ 32 ① 33 ② 34 ② 35 ③ 36 ① 37 ⑤ 38 ④ 39 ③ 40 ④ 41 ④ 42 ① 43 ③ 44 ⑤ 45 ①

★ 표기된 문항은 [등급을 가르는 문제]에 해당하는 문제입니다.

[01~03] 화법

01 말하기 방식 파악 정답률 80% | 정답 ②

위 발표에 활용된 말하기 방식으로 적절한 것은?

① 자료의 출처를 밝혀 발표 내용의 신뢰성을 높이고 있다.
이 발표에서 발표자는 자신이 활용한 발표 자료의 출처를 언급하지 않고 있다.

☑ 발표 내용과 관련된 질문을 하여 청중의 주의를 환기하고 있다.
2문단의 '여러분은 성적표를 확인할 때 무엇부터 보시나요?', 6문단의 '같은 원점수인데 왜 수학의 표준점수가 더 높을까요?' 등에서 알 수 있듯이 발표자는 청중에게 발표 내용과 관련된 질문을 하면서 발표를 전개하고 있다. 이러한 발표자의 질문은 청중들로 하여금 관심을 유발하여 주의를 환기해 주는 효과가 있다.

③ 발표 내용을 친숙한 소재에 빗대어 표현하여 청중의 흥미를 유발하고 있다.
이 발표에서 발표자가 청중이 친숙하게 느끼는 소재에 빗대어 표현하지는 않고 있다.

④ 발표 내용의 순서를 안내하여 청중이 발표 내용을 예측할 수 있도록 돕고 있다.
이 발표에서 발표자는 청중에게 질문을 제시하면서 발표를 시작하고 있지만, 발표 순서를 안내하지는 않고 있다.

⑤ 발표 내용에 대한 청중의 이해도를 점검하며 발표를 마무리하여 주제를 강조하고 있다.
이 발표에서 발표자가 자신의 발표 내용에 대한 청중의 이해도를 점검하는 부분을 찾을 수 없다.

02 자료 활용 방식의 이해 정답률 84% | 정답 ②

학생이 제시한 자료 ㉠, ㉡에 대한 설명으로 가장 적절한 것은?

① 평균 점수가 실력을 평가하는 기준이 되는 이유를 제시하기 위해 ㉠을 활용하고 있다.
발표자가 ㉠을 활용하면서 평균 점수를 실력 평가의 기준이 되는 값으로 설정하는 이유를 이야기하지는 않고 있으므로 적절하지 않다.

☑ 평균 점수가 특정 점수에 의해 왜곡될 수도 있음을 보여 주기 위해 ㉠을 활용하고 있다.
발표자는 ㉠을 제시하면서 '수학의 평균 점수는 100점이라는 점수로 인해 왜곡된 면이 있습니다.'고 말하고 있다. 이를 통해 발표자는 평균 점수가 특정 점수에 의해 왜곡될 수도 있음을 보여 주기 위해 ㉠을 활용하고 있음을 알 수 있다.

③ 표준점수와 백분위의 장단점을 비교하기 위해 ㉡을 활용하고 있다.
발표자는 ㉡을 활용하면서 표준점수와 백분위의 장단점을 비교하지는 않고 있으므로 적절하지 않다.

④ 자신보다 낮은 점수를 받은 집단의 비율을 구하는 방법을 소개하기 위해 ㉡을 활용하고 있다.
이 발표를 통해 ㉡은 표준점수를 설명하기 위한 자료임을 알 수 있다. 따라서 자신보다 낮은 점수를 받은 집단의 비율, 즉 백분위를 구하는 방법과는 상관이 없으므로 적절하지 않다.

⑤ 평균 점수와 표준편차에 따라 원점수가 변할 수 있다는 것을 설명하기 위해 ㉡을 활용하고 있다.
이 발표를 통해 평균 점수와 표준편차에 따라 원점수 자체가 변하지 않음을 알 수 있으므로 ㉡과는 상관없는 내용이어서 적절하지 않다.

03 청중 반응의 분석 정답률 93% | 정답 ③

〈보기〉는 학생들이 발표를 들은 후 보인 반응이다. 이를 바탕으로 학생의 듣기 활동을 이해한 내용으로 적절하지 않은 것은? [3점]

──────〈보 기〉──────
학생 1 : 이번 시험에서 지난번 시험보다 국어의 원점수가 낮았는데도 표준점수가 높은 이유를 알 수 있어서 좋았어.
학생 2 : 표준점수와 백분위가 성적표 외에 활용되는 분야도 있지 않을까? 발표자가 이 부분에 대해서도 언급해 줬으면 좋았을 것 같아. 자료를 한번 검색해 봐야겠어.
학생 3 : 표준점수와 백분위를 반영하는 방법이 대학마다 다르다는 기사를 본 적이 있어. 내가 가고 싶은 대학교에서는 어떻게 반영하고 있을까? 대학 홈페이지에서 관련 정보를 찾아봐야겠어.
────────────────

① '학생 1'은 발표를 통해 접한 정보의 유용성에 대해 긍정적으로 인식하고 있다.
'학생 1'은 국어의 원점수가 낮았음에도 표준점수가 높은 이유를 알게 되어 좋았음을 언급하고 있으므로, '학생 1'은 발표 내용이 자신에게 도움이 되었음을 긍정적으로 인식하고 있음을 알 수 있다.

② '학생 2'는 발표 내용과 관련한 추가적인 정보가 제공되지 않은 것에 아쉬움을 느끼고 있다.
'학생 2'는 '발표자가 이 부분에 대해서도 언급해 줬으면 좋았을 것 같아.'라고 이야기하고 있으므로, '학생 2'는 추가적인 정보가 제공되지 않은 데 대해 아쉬움을 표현하고 있음을 알 수 있다.

☑ '학생 1'과 '학생 2'는 발표에서 언급되지 않은 내용을 바탕으로 새로운 관점을 제시하고 있다.
'학생 1'은 국어의 원점수가 낮았음에도 표준점수가 높은 이유를 알게 되어 좋았음을 언급하고 있지, 언급되지 않은 내용을 바탕으로 새로운 관점을 제시하지는 않고 있다. 그리고 '학생 2'는 표준점수와 백분위가

활용되는 분야에 대한 언급이 없는 것에 아쉬움을 드러내며 이와 관련하여 자료를 찾아보겠다 하고 있지, 언급되지 않은 내용을 바탕으로 새로운 관점을 제시하지는 않고 있다.

④ '학생 1'과 '학생 3'은 발표 내용과 관련된 자신의 경험을 떠올리고 있다.
'학생 1'은 지난번 시험의 경험을 떠올리고 있고, '학생 3'은 '표준점수와 백분위를 반영하는 방법이 대학마다 다르다는 기사를 본' 경험을 떠올리고 있다. 따라서 '학생 1'과 '학생 3'은 발표 내용과 관련된 자신의 경험을 떠올리고 있음을 알 수 있다.

⑤ '학생 2'와 '학생 3'은 발표 내용과 관련된 의문점을 해결하기 위해 추가 활동을 계획하고 있다.
'학생 2'와 '학생 3' 모두 발표 내용과 관련하여 의문점을 갖고 자신의 의문점을 해결하기 위해 추가 활동을 계획하고 있음을 알 수 있다.

[04~07] 화법과 작문

04 인터뷰 전략의 파악 정답률 88% | 정답 ⑤

(가)의 '학생 1'에 대한 이해로 적절하지 않은 것은?

① 상대방에게 인터뷰를 하게 된 목적을 밝히고 있다.
'학생 1'의 첫 번째 발화를 통해 인터뷰를 하게 된 목적을 밝히고 있음을 확인할 수 있다.

② 자신의 경험을 바탕으로 알고 싶은 정보를 상대방에게 질문하고 있다.
'학생 1'의 두 번째 발화를 통해, '학생 1'이 TV 뉴스를 보며 궁금했던 바다 사막화의 개념을 박사님께 질문하고 있음을 알 수 있다.

③ 상대방이 설명한 내용에 대한 자신의 이해가 적절한지 확인하고 있다.
'학생 1'의 세 번째 발화를 통해, '학생 1'이 바다 사막화의 발생이 탄산 칼슘의 영향이 크기 때문이라고 봐도 되는지에 대해 질문하며 자신의 이해가 적절한지를 확인하고 있다.

④ 상대방이 발언한 내용을 재진술하면서 추가적인 질문을 이어가고 있다.
'학생 1'의 네 번째 발화를 통해, '학생 1'은 상대방이 발언한 내용을 재진술하면서 추가적인 질문을 이어가고 있음을 알 수 있다.

☑ 상대방이 언급한 정보를 바탕으로 자신이 가졌던 생각이 수정되었음을 드러내고 있다.
'학생 1'은 면담 목적을 밝히면서 박사에게 질문하고 있고, 박사의 답을 듣고 자신의 이해가 적절한지 추가적인 질문을 하고 있다. 하지만 '학생 1'의 말을 통해, 박사가 언급한 정보를 바탕으로 자신의 생각을 수정한 말은 찾아볼 수 없다.

05 말하기 방식 파악 정답률 92% | 정답 ②

[A], [B]에 대한 설명으로 가장 적절한 것은?

① [A]에서 '학생 2'는 질문을 통해 '박사'가 설명한 내용의 타당성에 의문을 제기하고 있다.
[A]에서 '학생 2'는 탄산 칼슘의 석출 원인과 증가에 대해 궁금한 점을 '박사'에게 질문하고 있다. 하지만 '박사'가 설명한 내용의 타당성에 의문을 제기하지는 않고 있으므로 적절하지 않다.

☑ [A]에서 '박사'는 '학생 2'의 요청에 따라 앞서 자신이 설명한 내용을 보충하고 있다.
[A]에서 '학생 2'가 수온 상승으로 탄산 칼슘의 석출이 증가한다는 말이 이해가 되지 않는다고 하면서 자세히 알려 줄 것을 요청하자, '박사'는 이에 대해 앞서 자신이 설명한 내용을 보충하는 추가 설명을 하고 있다.

③ [A]에서 '박사'는 '학생 2'의 이해를 돕기 위해 관련 설문 자료를 활용하고 있다.
[A]에서 '박사'는 '학생 2'의 이해를 돕기 위해 추가 설명을 하고는 있지만, 관련 설문 자료를 활용하고 있지는 않고 있으므로 적절하지 않다.

④ [B]에서 '학생 2'는 '박사'가 소개한 내용을 요약하고 이를 긍정적으로 평가하고 있다.
[B]에서 '학생 2'는 '박사'가 소개한 내용을 요약하지는 않고 있으므로 적절하지 않다.

⑤ [B]에서 '박사'는 '학생 2'의 배경지식을 점검하여 용어의 개념에 대해 추가 설명을 하고 있다.
[B]에서 '박사'는 '학생 2'의 배경지식을 점검하고 있지는 않고 있으므로 적절하지 않다.

06 글쓰기 계획의 적절성 파악 정답률 85% | 정답 ④

(가)를 바탕으로 '학생 1'이 세운 작문 계획 중 (나)에 반영되지 않은 것은?

○ 바다 사막화의 개념을 서두에 제시해야겠어. ⋯⋯⋯⋯⋯⋯⋯⋯⋯ ①
○ 바다 숲 조성 사업과 관련하여 사업 추진 현황을 제시해야겠어. ⋯⋯⋯ ②
○ 바다 식목일의 제정 취지와 함께 바다 식목일로 제정된 날을 구체적으로 제시해야겠어. ⋯ ③
○ 바다의 탄산 칼슘을 증가시키는 연안 개발 실태를 보여 줄 수 있는 자료를 제시해야겠어. ⋯ ④
○ 탄산 칼슘이 석출되는 원인 중 박사님께서 말씀하신 것 외에 다른 원인들을 조사하여 추가로 제시해야겠어. ⋯⋯⋯⋯⋯⋯⋯⋯⋯⋯⋯⋯⋯⋯⋯ ⑤

① 바다 사막화의 개념을 서두에 제시해야겠어.
(가)의 '박사'가 설명한 바다 사막화의 개념은 (나)의 1문단에서 제시하고 있다.

② 바다 숲 조성 사업과 관련하여 사업 추진 현황을 제시해야겠어.
(가)에서 '박사'는 바다 사막화를 막기 위한 노력으로 바다 숲 조성을 이야기하고 있고, (나)의 4문단에서 바다 숲 조성의 현황을 구체적인 수치로 제시하고 있다. 따라서 바다 숲 조성 사업과 관련하여 사업 추진 현황을 제시해야겠다는 계획이 반영되었음을 알 수 있다.

③ 바다 식목일의 제정 취지와 함께 바다 식목일로 제정된 날을 구체적으로 제시해야겠어.
(가)에서 '박사'는 바다 식목일의 제정 취지를 언급하고 있고, (나)의 마지막 문단에서 바다 식목일의 제정 취지와 함께 바다 식목일이 제정된 날을 구체적으로 제시하고 있으므로 적절하다.

☑ 바다의 탄산 칼슘을 증가시키는 연안 개발 실태를 보여 줄 수 있는 자료를 제시해야겠어.
(나)에서 바다의 탄산 칼슘을 증가시키는 연안 개발 실태를 보여 줄 수 있는 자료는 찾아볼 수 없다.

⑤ 탄산 칼슘이 석출되는 원인 중 박사님께서 말씀하신 것 외에 다른 원인들을 조사하여 추가로 제시해야겠어.

(가)에서 '박사'는 해양 오염과 지구 온난화로 인한 바다 사막화를 이야기하고 있고, (나)의 2문단에서 탄산 칼슘의 석출이 증가하는 이유로 해조류의 남획과 해조류를 먹고 사는 해양 동물의 급증을 추가로 제시하고 있다. 따라서 탄산 칼슘이 석출되는 원인 중 박사님께서 말씀하신 것 외에 다른 원인들을 조사하여 추가로 제시해야겠다는 계획이 반영되었음을 알 수 있다.

다음은 (나)를 읽은 '학생 2'의 조언이다. 이를 고려하여 (나)에 내용을 추가하고자 할 때, 가장 적절한 것은?

> 예상 독자가 우리 학교 학생들임을 고려할 때, 글의 끝부분에 바다 사막화가 우리의 삶과 관련된 문제라는 점을 강조하고, 바다 사막화를 막기 위한 구체적인 실천 방안을 제시하면서 마무리하면 글의 의도가 잘 전달될 것 같아.

① 바다 사막화로 인한 해조류의 소멸은 해양 생물들의 생존을 크게 위협하고 있다. 해양 생물들을 지키기 위해서는 해양 생물들의 서식처에 대한 보전이 이루어져야 한다.

우리의 삶과 관련된 문제라는 점을 언급하고 있지 않으며, 구체적인 실천 방안도 나타나지 않는다.

② 바다 사막화는 해양 생태계의 근간을 송두리째 파괴할 수 있다는 점에서 그 문제가 심각하다. 바다 사막화를 막기 위한 우리의 노력은 결국 해양 생태계를 보전하는 일이 될 것이다.

우리의 삶과 관련된 문제라는 점을 언급하고 있지 않으며, 구체적인 실천 방안도 나타나지 않는다.

✓ 바다 사막화의 문제는 해양 생물들의 위기로만 그치는 것이 아니라 우리의 생존에도 큰 위험이 되고 있다. 이를 막기 위해서는 불필요한 전등 끄기 등과 같은 생활 속 작은 일들부터 실천하는 것이 필요하다.

〈보기〉의 조언을 잘 반영한 것은 ③으로, ③의 '바다 사막화의 문제는 해양 생물들의 위기로만 그치는 것이 아니라 우리의 생존에도 큰 위험이 되고 있다.'는 바다 사막화가 우리의 삶과 관련된 문제라는 점을 강조하고 있는 내용으로 볼 수 있다. 그리고 '불필요한 전등 끄기 등과 같은 생활 속 작은 일들부터 실천하는 것이 필요하다.'라고 한 것은 구체적인 실천 방안을 이야기하며 학생들의 관심과 노력을 촉구한 것이라고 볼 수 있다.

④ 바다는 우리 모두가 지켜야 할 소중한 자원이다. 사막화로 황폐해진 바다를 되살리기 위한 정책과 제도적 장치가 뒷받침된다면 건강한 해양 생태계의 재건을 통해 소중한 해양 자원의 가치를 지켜갈 수 있을 것이다.

우리의 삶과 관련된 문제라는 점을 언급하고 있지만, 바다 사막화를 막기 위한 구체적인 실천 방안이 나타나지 않는다.

⑤ 지구 온난화로 인한 급격한 기후 변화는 해양 생태계뿐 아니라 전지구적 생태계 파괴의 주요 원인이라 할 수 있다. 지구 온난화를 줄이기 위해서는 에너지 절약하기처럼 생활 속에서 실천할 수 있는 작은 습관부터 바꿔 나가야 한다.

바다 사막화로 인한 해양 생태계의 위기가 아닌 지구 온난화로 인한 전지구적 생태계 파괴를 언급하고 있으므로 (나) 글의 의도에서 벗어난 내용이다. 또한 바다 사막화를 막기 위한 구체적인 실천 방안도 나타나지 않는다.

[08~10] 작문

학생의 초고에 활용된 글쓰기 전략으로 가장 적절한 것은?

① 예상 독자와 함께했던 경험을 언급하며 공감대를 형성한다.

'학생의 초고'에서 학생이 경험한 내용은 언급되어 있지만, 예상 독자와 함께했던 경험은 언급되지 않고 있다.

② 건의 사항이 받아들여지지 않을 경우 발생할 수 있는 문제점을 제시한다.

'학생의 초고'에서 건의 사항이 받아들여지지 않을 경우 발생할 수 있는 문제점은 찾아볼 수 없다.

③ 건의 사항과 관련된 통계 자료를 활용함으로써 예상 독자의 이해를 돕는다.

'학생의 초고'에서 건의 사항과 관련된 통계 자료를 활용한 부분은 찾아볼 수 없다.

④ 속담을 활용하여 건의 사항이 실현되었을 때 기대할 수 있는 긍정적인 효과를 부각한다.

'학생의 초고'에서 속담을 활용한 부분은 찾아볼 수 없다.

✓ 예상되는 우려와 그것을 해소할 수 있는 방안을 제시하여 건의 사항이 실현 가능함을 나타낸다.

'학생의 초고' 3문단에서 '학생'은 메타버스로 학교 축제를 운영하는 것에 대한 비용 문제와 학생들의 저조한 참여를 걱정할 수도 있다는 예상되는 학교 측의 우려를 언급하고 있다. 그러면서 '학생'은 학생들이 제작에 참여하면 많은 비용이 들지 않는다는 점, 학생들의 참여를 이끌어 내기 위한 다양한 온라인 행사를 실시하여 홍보할 계획이라는 점을 언급하여 학교 측의 우려를 해소할 수 있는 방안을 제시하고 있다. 이러한 '학생'의 해결 방안 제시는 건의 사항이 실현 가능한 것임을 드러낸 것이다.

〈보기〉는 초고를 보완하기 위해 추가로 수집한 자료이다. 자료의 활용 방안으로 적절하지 않은 것은? [3점]

〈보 기〉

ㄱ. 우리 학교 학생 100명 대상 설문 조사

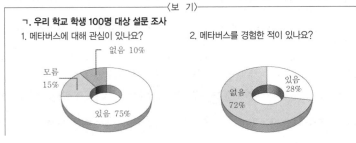

1. 메타버스에 대해 관심이 있나요?
없음 10%
모름 15%
있음 75%

2. 메타버스를 경험한 적이 있나요?
있음 28%
없음 72%

ㄴ. 전문가 인터뷰

"다양한 원인으로 대면 만남이 힘든 상황에서 메타버스는 새로운 사회적 소통의 공간이 될 수 있습니다. 메타버스 내의 공간에서 학생들이 언제 어디서든 자유롭게 만나 학급 회의를 하거나 동아리 박람회와 같은 행사를 개최하는 것이 그 예라고 할 수 있습니다. 이러한 메타버스에서의 활동 내용은 데이터로 남아 있으므로 활동과 관련된 자료를 영구적으로 보관하여 활용할 수 있습니다."

ㄷ. 신문 기사

○○고는 메타버스를 활용하여 학교 축제를 성공적으로 개최하였다. ○○고는 학생들이 직접 메타버스를 만듦으로써 절감한 예산을 축제 활동 지원금으로 사용하여 학생들의 긍정적인 반응을 이끌어 내었다. 학생들은 "친구들이 자유롭게 모여 소통할 수 있었고, 축제 자료를 내년에도 활용할 수 있어서 매우 만족스럽다."라는 소감을 밝혔다.

① ㄱ-1을 활용하여 둘째 문단에 학생들이 메타버스에 대해 많은 관심을 보이고 있음을 수치로 구체화하여 제시한다.

ㄱ-1을 통해 메타버스에 관심이 있는 학생들이 75%이므로 적절한 자료 활용 계획이라 할 수 있다.

② ㄴ을 활용하여 넷째 문단에 메타버스가 시·공간의 제약 없이 소통하는 공간으로 활용될 수 있는 예를 제시한다.

ㄴ의 '메타버스 내의 공간에서 ~ 그 예라고 할 수 있습니다.'에서 메타버스의 사례를 제시하고 있으므로 적절한 자료 활용 계획이라 할 수 있다.

③ ㄷ을 활용하여 셋째 문단에 학생들이 직접 메타버스를 만들어 비용을 절감한 사례를 제시한다.

ㄷ의 '○○고는 학생들이 ~ 반응을 이끌어 내었다.'에서 메타버스를 만들어 비용을 절감한 사례가 언급되어 있으므로 적절한 자료 활용 계획이라 할 수 있다.

④ ㄴ, ㄷ을 활용하여 넷째 문단에 메타버스로 축제를 운영할 경우, 관련 자료를 이후에도 활용할 수 있다는 장점을 추가한다.

ㄴ의 '이러한 메타버스에서의 활동 ~ 활용할 수 있습니다.'와 ㄷ의 학생들의 말을 통해 메타버스의 관련 자료를 이후에도 활용할 수 있음을 알 수 있으므로 적절한 자료 활용 계획이라 할 수 있다.

✓ ㄱ-2, ㄷ을 활용하여 첫째 문단에서 메타버스를 경험해 보지 못한 학생들이 기존의 축제보다 메타버스를 활용한 축제를 선호한다는 점을 부각한다.

〈보기〉의 ㄱ-2는 학생들의 메타버스에 대한 경험 여부를 나타내는 것일 뿐, 학생들이 기존의 축제보다 메타버스를 활용한 축제를 선호한다는 점을 나타내는 것은 아니다. 또한 〈보기〉의 ㄷ에서도 이러한 내용은 확인할 수 없다.

㉠ ~ ㉤을 고쳐 쓰기 위한 방안으로 적절하지 않은 것은?

① ㉠ : 이중 피동 표현이 사용되었으므로 '열린'으로 수정한다.

'열려진'은 '열리 + 어진'으로 분석되어 이중 피동 표현이 사용되었음을 알 수 있으므로 '열린'으로 수정하는 것은 적절하다.

✓ ㉡ : 문장의 호응을 고려하여 '이 경험을'로 수정한다.

㉡을 '이 경험을'로 수정해도 문장의 호응이 맞지 않으므로, 문장의 호응을 고려할 때 '이 경험을 통해'로 수정해야 한다.

③ ㉢ : 글의 흐름에 맞지 않는 문장이므로 삭제한다.

메타 버스로 학교 축제를 운영하는 데 있어서의 비용 문제와 관련된 내용이므로, ㉢은 이러한 글의 흐름에 맞지 않는 문장이므로 삭제한다는 고쳐 쓰기 방안은 적절하다.

④ ㉣ : 연결 어미가 어색하기 때문에 '있으므로'로 수정한다.

'-지만'은 앞뒤가 대조되는 내용을 드러내 주는 연결 어미에 해당하므로, 연결 어미가 어색하기 때문에 '있으므로'로 수정한다는 고쳐 쓰기 방안은 적절하다.

⑤ ㉤ : 어법에 맞지 않는 어휘이므로 '바람'으로 수정한다.

㉤은 '바라다'의 의미로 쓰였으므로, 어법에 맞게 '바람'으로 수정한다는 고쳐 쓰기 방안은 적절하다.

[11~15] 문법

윗글을 바탕으로 '된소리되기'를 이해한 내용으로 적절하지 않은 것은?

✓ '(밥을) 먹다'와 '(눈을) 감다'에서 일어난 된소리되기는 용언에서만 일어나는 유형이다.

주어진 글의 1문단을 통해 받침 'ㄱ, ㄷ, ㅂ' 뒤에 'ㄱ, ㄷ, ㅂ, ㅅ, ㅈ'이 올 때는 예외 없이 된소리가 일어남을 알 수 있으므로, '(밥을) 먹다'가 '(밥을) [먹따]'로 된소리되기가 일어나는 것은 'ㄱ' 뒤에 'ㄷ'이 오기 때문이라 할 수 있다. 따라서 '(밥을) 먹다'에서 일어나는 된소리되기를 용언에서만 일어나는 유형이라고 볼 수 없다. 한편 '(눈을) 감다'는 2문단의 '용언의 어간 받침 'ㄴ(ㄸ), ㅁ(ㄺ)' 뒤에 'ㄱ, ㄷ, ㅅ, ㅈ'으로 시작하는 어미가 올 때 된소리되기가 일어나는데'를 통해 용언에서만 일어나는 유형임을 알 수 있다.

② '말다툼'과 달리 '밀도(密度)'에서 된소리되기가 일어나는 이유는 한자어이기 때문이다.

2문단의 '한자어에서 'ㄹ' 받침 뒤에 'ㄷ, ㅅ, ㅈ'이 연결될 때 된소리되기가 일어나는데'를 통해, '밀도(密度)'에서 일어나는 된소리되기는 한자어이기 때문임을 알 수 있다.

③ '납득'과 같이 'ㅂ' 받침 뒤에 'ㄷ'이 오는 음운 환경에서는 예외 없이 된소리되기가 일어난다.

1문단을 통해 받침 'ㄱ, ㄷ, ㅂ' 뒤에 'ㄱ, ㄷ, ㅂ, ㅅ, ㅈ'이 올 때는 예외 없이 된소리가 일어남을 알 수 있으므로, '납득'처럼 'ㅂ' 받침 뒤에 'ㄷ'이 오는 음운 환경에서는 예외 없이 된소리되기가 일어난다고 할 수 있다.

④ '솔개'와 달리 '줄 것'에서 된소리되기가 일어나는 이유는 '관형사형 어미'라는 조건 때문이다.

2문단의 '관형사형 어미 '-(으)ㄹ' 뒤에 'ㄱ, ㄷ, ㅂ, ㅅ, ㅈ'로 시작하는 체언이 올 때 된소리되기가 일어나는데'를 통해, '솔개와 달리 '줄 것'에서 된소리되기가 일어나는 이유는 '줄'의 '-ㄹ'이 관형사형 어미이기 때문임을 알 수 있다.

⑤ '삶과 죽음'의 '삶과'와 달리 '(고기를) 삶고'에서 된소리되기가 일어나는 이유는 '삶고'가 용언이기 때문이다.

2문단의 '용언의 어간 받침 ㄴ(ㄵ), ㅁ(ㄻ)' 뒤에 'ㄱ, ㄷ, ㅅ, ㅈ'으로 시작하는 어미가 올 때 된소리되기가 일어나는데'를 통해, '(고기를) 삶고'에서 된소리되기가 일어나는 이유는 '삶고'가 용언이기 때문임을 알 수 있다.

12 합성어의 된소리되기 이해

정답률 71% | 정답 ⑤

[A]를 바탕으로 〈보기〉의 단어를 분석한 내용으로 적절하지 않은 것은?

〈보 기〉
○ 공부방(工夫房)[공부빵]
○ 아랫집[아래찝/아랟찝]
○ 콩밥[콩밥], 아침밥[아침빱]
○ 논밭[논받], 논바닥[논빠닥]
○ 불고기[불고기], 물고기[물꼬기]

① '공부방'에서 된소리되기가 일어나는 이유는 '공부'가 뒷말의 용도를 나타내기 때문이겠군.
제시된 글에서 앞말이 뒷말의 '시간, 장소, 용도' 등을 나타낼 때 된소리되기가 일어남을 알 수 있다. 따라서 '공부방'에서 된소리되기가 일어나는 이유는 '공부'가 뒷말의 용도를 나타내기 때문이라 할 수 있다.

② '아랫집'에 'ㅅ'을 받침으로 표기한 것은 '콧등'에서 사이시옷을 표기한 것과 같은 이유 때문이겠군.
제시된 글에서 '코+등'처럼 앞의 말이 모음으로 끝나고, 한자어끼리의 결합이 아닐 때에 '콧등'과 같이 사이시옷을 표기함을 알 수 있다. 그리고 '아랫집'은 '아래+ㅅ+집'으로 분석되어 앞의 말이 모음으로 끝나고, 한자어끼리의 결합이 아님을 알 수 있다. 따라서 '아랫집'에 'ㅅ'을 받침으로 표기한 것은 '콧등'에서 사이시옷을 표기한 것과 같은 이유라고 할 수 있다.

③ '콩밥'과 달리 '아침밥'에서 된소리되기가 일어나는 이유는 '아침'이 뒷말의 시간을 나타내기 때문이겠군.
제시된 글에서 앞말이 뒷말의 '시간, 장소, 용도' 등을 나타낼 때 된소리되기가 일어남을 알 수 있다. 따라서 '아침밥'에서 된소리되기가 일어나는 이유는 '아침'이 뒷말의 시간을 나타내기 때문이라 할 수 있다.

④ '논바닥'과 달리 '논밭'에서 된소리되기가 일어나지 않는 이유는 결합하는 두 단어가 대등한 관계를 가지기 때문이겠군.
제시된 글에서 된소리되기는 두 단어가 대등한 관계일 때는 잘 일어나지 않음을 알 수 있다. 따라서 '논밭'에서 된소리되기가 일어나지 않는 이유는 결합하는 두 단어가 대등한 관계를 가지기 때문이라 할 수 있다.

☑ '불고기'에서 '물고기'와 달리 된소리되기가 일어나지 않는 이유는 중세 국어에서 '불+ㅅ+고기'로 분석되기 때문이겠군.
제시된 글을 통해 사이시옷을 표기하는 된소리되기가 중세 국어의 관형격 조사 'ㅅ'과 관련이 있음을 알 수 있다. 그리고 〈보기〉를 통해 '불고기'는 된소리되기가 일어나지 않음을 알 수 있다. 따라서 '불고기'는 중세 국어의 관형격 조사 'ㅅ'과 관련이 없으므로, '불고기'는 중세 국어에서 '불+ㅅ+고기'로 분석될 수 없다.

13 형태소의 이해

정답률 71% | 정답 ⑤

〈보기〉의 설명을 참고할 때, ㉠을 분석한 내용으로 적절하지 않은 것은?

〈보 기〉
형태소란 뜻을 가진 가장 작은 말의 단위이다. 가장 작은 말의 단위라는 것은 더 이상 나눌 수 없으며, 더 나눌 경우 원래의 뜻이 사라지는 것을 말한다.

㉠ 우리 아기만 맨발로 잔디밭에서 놀았다.

① '우리'는 '우'와 '리'로 나누면 뜻이 사라지므로 하나의 형태소이다.
〈보기〉에서 형태소가 뜻을 가진 가장 작은 말의 단위이고, 작은 단위라는 것이 더 나눌 경우 원래의 뜻이 사라진다 하고 있다. 따라서 '우리'를 '우'와 '리'로 나누면 원래의 뜻이 사라지므로, '우리'는 '우'와 '리'로 나눌 수가 없는 하나의 형태소라 할 수 있다.

② '아기만'은 '아기'와 '만'으로 나눌 수 있으므로 두 개의 형태소이다.
'아기만'은 명사 '아기'와 조사 '만'으로 나눌 수 있으므로 두 개의 형태소로 이루어졌다고 할 수 있다.

③ '맨발'은 '맨-'과 '발'로 나눌 수 있으므로 두 개의 형태소이다.
'맨발'은 접두사 '맨-'과 체언 '발'로 나눌 수 있는 파생어이므로 두 개의 형태소로 이루어졌다고 할 수 있다.

④ '잔디밭'은 '잔디'와 '밭'으로 나눌 수 있으므로 두 개의 형태소이다.
'잔디밭'은 '잔디'와 '밭'으로 나눌 수 있는 합성어이므로 두 개의 형태소로 이루어졌다고 할 수 있다.

☑ '놀았다'는 '놀았-'과 '-다'로 나눌 수 있으므로 두 개의 형태소이다.
'놀았다'는 '놀-', '-았-', '-다'로 나눌 수 있으므로, '놀았다'는 세 개의 형태소로 이루어진 말이라 할 수 있다.

14 안은문장의 이해

정답률 54% | 정답 ④

〈보기〉의 설명을 참고하여 ⓐ ~ ⓒ의 밑줄 친 안긴문장에 대해 이해한 것으로 적절한 것은?

〈보 기〉
다른 문장 속에 들어가 하나의 문장 성분처럼 쓰이는 문장을 안긴문장이라고 하며, 이 안긴문장을 포함하는 문장을 안은문장이라고 한다.

ⓐ 그가 소리도 없이 밖으로 나갔다.
ⓑ 나는 그가 이 사건의 범인임을 깨달았다.
ⓒ 어머니께서 시장에서 산 수박은 매우 달았다.

① ⓐ의 안긴문장에는 주어가 생략되어 있다.
ⓐ의 안긴문장 '소리도 없이'는 부사절로, 주어는 '소리도'이다. '도'는 보조사에 해당한다.

② ⓑ의 안긴문장은 조사와 결합하여 부사어의 기능을 한다.
ⓑ의 안긴문장 '그가 이 사건의 범인임'은 명사절로, '범인임'에서 알 수 있듯이 목적격 조사 '을'과 결합하고 있으므로 해당 문장의 목적어 기능을 수행한다.

③ ⓒ의 안긴문장에는 체언을 수식하는 관형어가 있다.

ⓒ의 안긴문장 '어머니께서 시장에서 산'을 보면 '사다'라는 용언을 수식하는 부사어 '시장에서'가 있음을 알 수 있지만, 체언을 수식하는 관형어는 찾아볼 수 없다.

☑ ⓐ의 안긴문장은 용언을 수식하고, ⓒ의 안긴문장은 체언을 수식한다.
ⓐ에서 안긴문장은 '소리도 없이'라는 부사절이므로, 용언 '나갔다'를 수식한다고 할 수 있다. 그리고 ⓒ에서 안긴문장은 '어머니께서 시장에서 산'이라는 관형절이므로 체언 '수박'을 수식한다고 할 수 있다.

⑤ ⓑ의 안긴문장에는 목적어가 있고, ⓒ의 안긴문장에는 목적어가 생략되어 있다.
ⓑ의 안긴문장은 '나는 깨달았다.'와 '그가 이 사건의 범인이다.'가 결합한 문장이므로, 이를 통해 목적어가 사용되지 않았음을 알 수 있다. 하지만 ⓒ는 '어머니께서 시장에서 수박을 샀다.'와 '수박은 매우 달았다.'가 결합한 문장이므로, '목적어인 '수박'이 생략되어 있음을 알 수 있다.

15 사전의 활용

정답률 83% | 정답 ③

〈보기〉는 '사전 활용하기' 학습 활동을 위한 자료이다. 이에 대해 탐구한 내용으로 적절하지 않은 것은? [3점]

〈보 기〉
묻다² 〔통〕 〔묻고, 묻어, 묻으니〕
① 【…에 …을】 물건을 흙이나 다른 물건 속에 넣어 보이지 않게 쌓아 덮다.
¶ 화단에 거름을 묻어 주다.
② 【…에 …을】/【…을 …으로】 일을 드러내지 아니하고 속 깊이 숨기어 감추다.
¶ 그는 자신이 한 일을 과거의 일로 묻어 두고 싶어 했다.
③ 【…에 …을】/【…을 …으로】 얼굴을 수그려 손으로 감싸거나 다른 물체에 가리듯 기대다.
¶ 나는 베개에 얼굴을 묻었다.

묻다³ 〔통〕 〔묻고, 물어, 물으니〕
【…에/에게 …을】 무엇을 밝히거나 알아내기 위하여 상대편의 대답이나 설명을 요구하는 내용으로 말하다.
¶ 모르는 문제를 친구에게 물었다.

① '묻다²'는 목적어와 부사어를 필수적으로 요구하는 동사로군.
사전의 정보 '【…에 …을】', '【…에 …을】/【…을 …으로】'를 통해 주어 외에도 목적어와 부사어를 필수적으로 요구하는 서술어임을 알 수 있다.

② '묻다²'와 '묻다³'은 별개의 표제어로 기술된 것을 보니 동음이의어겠군.
'묻다²'와 '묻다³'은 다른 표제어로 기술되어 있으므로 동음이의어에 해당한다.

☑ '묻다²-①'의 용례로 '아우는 형의 말을 비밀로 묻어 두었다.'를 추가할 수 있겠군.
'아우는 형의 말을 비밀로 묻어 두었다.'의 '묻다'는 '일을 드러내지 아니하고 속 깊이 숨기어 감추다.'의 의미로 사용되었으므로 '묻다²-②'의 용례에 해당한다고 할 수 있다.

④ '묻다²'와 '묻다³'은 모음으로 시작하는 어미가 결합할 때 활용 형태가 서로 다르게 나타나는군.
'묻다³'은 '묻다²'와 달리 모음으로 시작하는 어미가 결합할 때, [물어, 물으니]와 같이 불규칙 활용이 일어난다.

⑤ '묻다³'의 용례에서 '물었다'는 '질문했다'로 바꾸어 쓸 수 있겠군.
'질문하다'는 '알고자 하는 바를 얻기 위해 묻다.'라는 의미이므로 '묻다³'의 '물었다'와 바꾸어 쓸 수 있다.

[16~45] 독서·문학

16~20 인문

'홍대용의 사상과 그 의의(재구성)'

해제 이 글은 홍대용의 사상과 그 의의를 설명하고 있다. 홍대용은 중화사상을 가지고 있었지만 청나라 여행을 계기로 그곳에서 만난 학자들과 교류하며 사상을 전환하였고, 지구설과 무한 우주설이 실려 있는 「의산문답」을 저술하였다. 지구설은 우리가 사는 땅이 둥글다는 것으로, 개인이 있는 곳이 각각 기준이 될 수 있다는 생각으로 이어졌고, 무한 우주설은 우주가 무한하다는 것으로, 세상의 중심과 주변을 구별할 수 없다는 생각으로 이어졌다. 홍대용의 사상은 현대 사회에 필요한 평등주의와 다원주의를 우리 역사에서 선구적으로 보여 주었다는 점에서 의의가 있다.
주제 홍대용의 사상과 그의 사상이 지닌 의의

문단 핵심 내용

1문단	한족의 중화사상을 수용한 조선
2문단	홍대용의 중화사상과 사상적 전환
3문단	지구설과 무한 우주설을 주장한 홍대용
4문단	지구설과 무한 우주설에 담긴 홍대용의 생각
5문단	홍대용 사상의 의의

16 세부 내용의 이해

정답률 80% | 정답 ③

다음은 학생이 윗글을 읽는 중 작성한 독서 활동지이다. 학생의 활동 내용 중 적절하지 않은 것은?

◈ 2문단까지 읽고 내용을 정리한 후, 이어질 내용을 예측하고 확인하며 읽어 보자.

읽은 내용 정리
○ 청나라가 중국 땅을 차지한 후 조선에서는 북벌론과 척화론이 나타남. ·············· ①
○ 청나라가 정치적 안정을 이루고 북벌이 힘들어지자 조선의 유학자들은 조선이 중화의 계승자라고 생각함. ················ ②
○ 청의 문물을 배우자는 북학파가 등장하였고, 그중 홍대용은 선진 문물과 새로운 학문을 탐구하여 사상을 전환하고 「의산문답」을 저술함.

↓

이어질 내용 예측	확인 결과
○ 홍대용이 선진 문물과 새로운 학문을 탐구하여 깨달은 점이 언급될 것이다.	하늘이 둥글다는 것을 깨달음. ……… ③
○ 「의산문답」의 내용이 언급될 것이다.	지구설과 무한 우주설을 설명함. ……… ④
○ 홍대용이 아닌 다른 북학파 학자들의 사상이 언급될 것이다.	언급되지 않음. ……………………… ⑤

① 청나라가 중국 땅을 차지한 후 조선에서는 북벌론과 척화론이 나타남.
1문단을 통해 청나라가 중국 땅을 차지하자 조선에서는 청나라를 공격하자는 북벌론과 청나라를 배척하자는 척화론이 나왔음을 알 수 있다.

② 청나라가 정치적 안정을 이루고 북벌이 힘들어지자 조선의 유학자들은 조선이 중화의 계승자라고 생각함.
2문단을 통해 청나라가 정치적 안정을 이루자 조선의 유학자들은 조선이 중화의 계승자라고 인식했음을 알 수 있다.

☑ 하늘이 둥글다는 것을 깨달음.
3문단의 '하늘이 둥글고 땅이 모나다는 전통적인 천지관을 비판하고'를 통해, 하늘이 둥글다는 것은 전통적인 천지관임을 알 수 있다. 따라서 홍대용이 청나라 여행을 계기로 하늘이 둥글다는 것을 깨달았다고 볼 수 없다.

④ 지구설과 무한 우주설을 설명함.
3문단을 통해 「의산문답」에 실려 있는 지구설과 무한 우주설을 설명하고 있음을 알 수 있다.

⑤ 언급되지 않음.
이 글을 통해 홍대용이 아닌 다른 북학파 학자들의 사상은 찾아볼 수 없다.

17 구체적인 사례에의 적용　　정답률 78% | 정답 ②

〈보기〉의 대화를 윗글과 관련지어 이해한 것으로 적절하지 않은 것은?

─〈보 기〉─

갑 : 천지 사이의 생물 가운데 오직 사람만이 귀합니다. 동물과 초목은 지혜가 없고 깨달음도 없으며, 오륜도 모릅니다. 그러므로 사람은 동물보다 귀하고, 초목은 동물보다 천합니다.
을 : 오륜은 사람의 예의입니다. 무리 지어 다니고 소리를 내어 새끼들을 불러 먹이는 것은 동물의 예의입니다. 그리고 떨기로 나서 무성해지는 것은 초목의 예의입니다. 사람의 관점을 기준으로 하면 사람이 귀하고 사물이 천하지만, 사물의 관점을 기준으로 하면 사물이 귀하고 사람이 천한 것입니다. 하늘에서 보면 사람과 사물은 똑같습니다.

① 갑은 귀한 대상과 천한 대상을 나누어 생각한다는 점에서 송시열과 공통점이 있다.
〈보기〉를 통해 갑이 사람을 귀한 대상으로 생각하고 동물과 초목은 천한 대상으로 생각하고 있음을 알 수 있다. 그리고 1문단을 통해 송시열이 중국과 인류를 귀한 대상으로 생각하고, 오랑캐와 금수는 천한 대상으로 생각하고 있음을 알 수 있다. 따라서 귀한 대상과 천한 대상을 나누어 생각한다는 점에서 갑과 송시열은 공통점이 있다고 할 수 있다.

☑ 갑이 동물보다 사람을 높게 평가한 것은 신분이 낮은 농부의 자식이라도 높은 관직에 오를 수 있어야 한다는 생각으로 이어질 수 있다.
〈보기〉를 통해 갑이 사람은 귀한 존재이고 동물이 천한 존재라 여기고 있으므로, 갑은 사람과 동물이 같을 수가 없다고 인식하고 있음을 알 수 있다. 그런데 4문단에 언급된 신분이 낮은 자도 높은 관직에 오를 수 있어야 한다는 홍대용의 주장은 천한 신분이라도 능력에 따라 중요한 존재가 될 수 있다는 생각에 해당하므로 갑의 생각과는 다르다고 할 수 있다.

③ 을이 동물과 초목이 각자의 예의가 있다고 한 것은 세상 사람들이 자기 나라와 자기 문화를 기준으로 살아가는 것이 당연하다는 생각과 연결될 수 있다.
〈보기〉를 통해 을이 동물과 초목도 각자 기준이 될 수 있다고 생각하고 있음을 알 수 있다. 그리고 5문단을 통해 홍대용이 모든 국가와 문화, 사람이 각자 중심이 될 수 있고 존재 가치가 있다고 생각했음을 알 수 있다. 이렇게 볼 때, 을의 생각은 홍대용의 사상과 연결된다고 할 수 있다.

④ 을이 사물의 관점을 기준으로 하면 사물이 귀하다고 한 것은 모든 사람이 존재 가치가 있다는 생각과 연결될 수 있다.
〈보기〉를 통해 을이 정해진 관점과 기준이 있는 것이 아니라 각자가 기준이 될 수 있다고 생각했음을 알 수 있다. 그리고 5문단을 통해 홍대용이 모든 국가와 문화, 사람이 각자 중심이 될 수 있고 존재 가치가 있다고 생각했음을 알 수 있다. 이렇게 볼 때, 을의 생각은 홍대용의 생각과 연결된다고 할 수 있다.

⑤ 을이 하늘에서 보면 사람과 사물이 똑같다고 한 것은 우리가 사는 이 땅에서 중심과 주변을 나눌 수 없다는 홍대용의 생각과 일맥상통한다.
〈보기〉를 통해 을이 하늘에서 우리가 사는 땅을 보면 특정 대상을 중심으로 생각할 수가 없다고 생각했음을 알 수 있다. 그리고 4문단을 통해 홍대용이 안과 밖을 구별하거나 중심과 주변을 나눌 수 없다고 보았음을 알 수 있다. 이렇게 볼 때, 갑의 생각과 우리가 사는 이 땅에서 중심과 주변을 나눌 수 없다는 홍대용의 생각은 공통점이 있다고 할 수 있다.

18 핵심 개념의 이해　　정답률 86% | 정답 ④

㉠과 ㉡을 이해한 것으로 가장 적절한 것은?

① ㉠은 ㉡을 통해 조선의 중심 사상으로 자리 잡았다.
㉠이 조선의 중심 사상으로 자리 잡은 것은 맞지만, ㉡은 ㉠에 어긋나는 학설이므로 적절하지 않다.

② ㉠과 ㉡은 청을 오랑캐라 여기는 생각의 근거가 되었다.
㉠은 청을 오랑캐로 여기는 생각의 근거가 되지만, ㉡은 청을 오랑캐로 여기는 생각의 근거가 아니므로 적절하지 않다.

③ ㉠은 북벌론의 바탕이 되었고, ㉡은 척화론의 바탕이 되었다.
㉠은 북벌론의 바탕이 되지만, ㉡은 척화론과 관련이 없으므로 적절하지 않다.

☑ ㉡은 홍대용이 ㉠에서 벗어났음을 보여 주는 학설이다.
2, 3문단의 내용을 통해 홍대용은 '중화사상'에서 벗어나 사상적 전환을 이루었음을 알 수 있다. 그리고 이러한 홍대용의 사상적 전환을 대표적으로 보여 주는 것이 ㉡임을 알 수 있다. 따라서 ㉡은 홍대용이 ㉠에서 벗어났음을 보여 주는 학설이라 할 수 있다.

⑤ ㉡은 조선의 유학자들이 가지고 있던 ㉠을 홍대용이 발전시킨 것이다.
㉠은 조선의 유학자들이 가지고 있던 것이 맞지만, ㉡이 ㉠을 발전시킨 것은 아니므로 적절하지 않다.

19 구체적 사례에의 적용　　정답률 65% | 정답 ④

〈보기〉는 심화 학습을 위해 조사한 자료이다. (가), (나)에 대해 보인 반응으로 적절하지 않은 것은? [3점]

─〈보 기〉─

(가)
　중국 의관이 변한 지 이미 100년이 넘은지라 지금 천하에 오직 우리 조선만이 오히려 명나라의 제도를 지키거늘, 청나라에 들어오니 무식한 부류들이 우리를 보고 웃지 않는 사람이 없으니 어찌 가련치 않겠는가? (중략) 슬프다! 번화한 문물을 오랑캐에게 맡기고 백 년이 넘도록 회복할 방법이 없구나.
　　　　　　　　　　　　－ 홍대용, 「을병연행록」 －

(나)
　피와 살이 있으면 다 똑같은 사람이고, 강토를 지키고 있으면 다 동등한 국가이다. 공자는 주나라 사람이므로 그가 쓴 「춘추」에서 주나라 안과 밖을 구분한 것은 당연하다. 그가 바다를 건너 주나라 밖에 살았다면 주나라 밖에서 도를 일으켰을 것이고, 그곳을 기준으로 생각하는 「춘추」가 나왔을 것이다.
　　　　　　　　　　　　－ 홍대용, 「의산문답」 －

① (가) : 청나라를 오랑캐라고 말하고 있는 것에서, 홍대용이 중화사상을 가진 적이 있었다는 것을 확인할 수 있군.
(가)에서 홍대용이 청나라를 오랑캐로 보고 있는데, 이는 중화사상을 바탕으로 한 것이라 할 수 있다. 이를 통해 홍대용이 중화사상을 가진 적이 있었다는 것을 알 수 있다.

② (가) : 조선만이 명나라의 제도를 지킨다는 것에서, 홍대용이 조선을 중화의 계승자라고 생각했음을 알 수 있군.
(가)에서 홍대용이 조선만이 명나라의 제도를 지킨다고 언급하고 있는데, 이를 통해 홍대용이 조선을 중화의 계승자로 생각했음을 알 수 있다.

③ (가) : 번화한 문물을 오랑캐에게 맡겼다고 한 것에서, 홍대용이 청나라와 청나라가 가지고 있는 문물을 구별하려 했음을 확인할 수 있군.
(가)에서 홍대용이 번화한 문물을 오랑캐에게 맡겼다고 언급하고 있는데, 이는 오랑캐로 여겨졌던 청나라와 그들이 가지고 있는 문물을 구별하는 것이라 할 수 있다.

☑ (나) : 「춘추」에서 주나라 안과 밖을 구분한 것이 당연하다는 것에서, 중국 안과 밖을 구별하려는 홍대용의 생각이 드러나는군.
(나)에서 홍대용은 「춘추」에서 주나라 안과 밖을 구분한 것이 당연하다고 여기고 있는데, 이는 공자가 주나라 사람이므로 주나라를 기준으로 생각하는 것이 당연하다는 생각을 드러낸 것이라 할 수 있다. 그리고 4문단을 통해 홍대용은 제 나라를 기준으로 살아가는 것이 당연하다는 생각을 지니고 있음을 알 수 있다. 따라서 홍대용의 생각은 중국 안과 밖을 구별하려는 중화사상과는 다른 것이라 할 수 있다.

⑤ (나) : 공자가 주나라 밖에 살았다면 그곳에서 도를 일으켰을 것이라는 부분에서, 중화와 오랑캐의 구별이 상대적이라는 홍대용의 생각이 드러나는군.
(나)에서 공자가 주나라 밖에 살았다면 그곳에서 도를 일으켰을 것이라고 언급한 것은 주나라가 아닌 다른 곳에서도 도가 나올 수 있다는 홍대용의 생각을 드러낸 것이라 할 수 있다. 이를 통해 홍대용이 중화와 오랑캐의 구별이 상대적이라 생각했음을 알 수 있다.

20 단어의 문맥적 의미 파악　　정답률 93% | 정답 ①

문맥상 ⓐ와 의미가 가장 유사한 것은?

☑ 그는 새로운 회사를 세웠다.
ⓐ와 ①의 '세우다'는 '나라나 기관 따위를 처음으로 생기게 하다.'라는 의미로 사용되었다.

② 국가의 기강을 바로 세워야 한다.
'질서나 체계, 규율 따위를 올바르게 하거나 짜다.'라는 의미로 사용되었다.

③ 집을 지을 구체적인 방안을 세웠다.
'계획, 방안 따위를 정하거나 짜다.'라는 의미로 사용되었다.

④ 두 귀를 쫑긋 세우고 말소리를 들었다.
'처져 있던 것을 똑바로 위를 향하여 곧게 하다.'라는 의미로 사용되었다.

⑤ 도끼날을 잘 세워야 나무를 쉽게 벨 수 있다.
'무딘 것을 날카롭게 하다.'라는 의미로 사용되었다.

21~25 과학

'청각의 원리(재구성)'

해제　이 글은 인간이 소리를 듣게 되는 과정을 공기 전도와 골전도로 나누어 설명하고 골전도의 원리가 적용된 골전도 이어폰에 대해 살펴보고 있다. 공기 전도는 소리가 외이, 중이를 거쳐 내이에 도달하는 방식이고 골전도는 소리가 뼈를 통해 바로 내이에 도달하는 방식이다. 골전도의 원리가 적용된 골전도 이어폰은 고막을 직접 자극하지 않고 야외 활동 시 사용해도 비교적 안전하다는 장점이 있다.

주제　소리가 내이에 도달하는 두 가지 방식과 골전도 이어폰

문단 핵심 내용

1문단	소리의 의미 및 소리가 들리는 과정을 살펴볼 필요성
2문단	소리의 의미 및 소리가 내이에 도달하는 방식
3문단	공기 전도에 의한 진동의 전달 과정
4문단	녹음된 목소리를 스피커를 통해 들으면 어색하게 느껴지는 이유
5문단	골전도 이어폰이 소리를 전달하는 과정
6문단	골전도 이어폰의 장점과 주의점

21 내용 전개 방식 파악　　정답률 85% | 정답 ①

윗글에 대한 설명으로 가장 적절한 것은?

✓ 소리가 전달되는 두 가지 방식을 제시하고 이와 관련한 기술을 소개하고 있다.
이 글은 소리가 무엇인지 설명한 뒤, 소리가 전달되는 방식인 공기 전도와 골전도에 대해 설명하고 있다. 그런 다음 이와 관련한 골전도 이어폰에 대해 소개하고 있다. 따라서 이 글은 소리가 전달되는 두 가지 방식을 설명하면서 이와 관련한 기술인 골전도 이어폰에 대해 소개하였다고 할 수 있다.

② 이어폰 기술의 과학적 원리를 살펴보고 앞으로 전개될 발전 방향을 예측하고 있다.
이 글에서 이어폰 기술의 발전 방향을 예측하지는 않고 있다.

③ 청각에 대한 두 가지 관점을 언급하고 이를 절충한 새로운 관점을 제시하고 있다.
이 글을 통해 청각에 대한 두 가지 관점은 찾아볼 수 없고, 이러한 두 가지 관점을 절충한 내용도 찾아볼 수 없다.

④ 골전도 현상이 일어나는 과정을 제시하고 이에 대한 서로 다른 견해를 분석하고 있다.
이 글을 통해 골전도 현상이 일어나는 과정에 대한 서로 다른 견해는 찾아볼 수 없다.

⑤ 청각에 이상이 생기는 사례를 소개하고 이를 예방하기 위한 구체적인 방안을 제시하고 있다.
이 글을 통해 청각에 이상이 생기는 구체적인 사례를 찾아볼 수 없고, 예방을 위한 구체적인 방안도 제시하지 않고 있다.

22 세부 내용의 이해 정답률 76% | 정답 ⑤

윗글을 읽고 알 수 있는 내용으로 적절하지 <u>않은</u> 것은?

① 주파수가 낮아지면 낮은 음의 소리가 난다.
5문단을 통해 주파수가 높아지면 높은 음의 소리가 남을 알 수 있으므로, 주파수가 낮아지면 낮은 음의 소리가 난다고 할 수 있다.

② 고막의 진동은 청소골을 통과할 때 증폭된다.
3문단을 통해 고막의 진동이 청소골에서 증폭됨을 알 수 있다.

③ 외이도의 길이가 짧을수록 공명 주파수는 높아진다.
3문단을 통해 공명 주파수는 외이도의 길이에 반비례함을 알 수 있으므로, 외이도의 길이가 짧을수록 공명 주파수는 높아진다고 할 수 있다.

④ 이어폰의 보이스코일에 흐르는 전류가 세지면 음량이 높아진다.
5문단을 통해 전류를 세게 할수록 진폭이 커져 음량이 높아짐을 알 수 있으므로, 보이스코일에 흐르는 전류가 세지면 음량이 높아진다고 할 수 있다.

✓ 20 ~ 1,000Hz의 소리는 물체의 진동에 의해서는 발생할 수 없다.
2문단을 통해 소리는 물체의 진동에 의해 발생하고, 3문단에서 진동이 지나가는 지점에서는 소리의 공명이 발생함을 알 수 있다. 그리고 3, 4 문단을 통해 20 ~ 1,000Hz는 공명 주파수임을 알 수 있다. 따라서 20 ~ 1,000Hz는 물체의 진동에 의해 발생하는 것이라 할 수 있다.

23 세부 내용의 추론 정답률 66% | 정답 ④

윗글의 내용을 고려할 때, <u>그 이유</u>로 가장 적절한 것은?

① 평소에 골전도로 전달되는 소리를 들을 기회가 적었으므로
4문단을 통해 평소에 말을 할 때 듣는 자신의 목소리에는 공기 전도로 전달된 소리와 골전도로 전달된 소리가 함께 있음을 알 수 있다. 따라서 골전도로 전달되는 소리를 들을 기회가 적다는 것은 이유로 적절하지 않다.

② 스피커에서 나온 녹음된 목소리는 내이를 거치지 않고 뇌에 전달되므로
2문단을 통해 녹음된 소리가 내이를 거치지 않고 뇌에 전달될 수 없음을 알 수 있으므로 이유로 적절하지 않다.

③ 전자 장치의 전기적 에너지로 인해 청각 신경이 받는 자극의 크기가 커졌으므로
전자 장치의 전기적 에너지와 청각 신경이 받는 자극 크기는 '그 이유'와 상관이 없다.

✓ 녹음된 소리를 들을 때에는 골전도로 전달되는 주파수의 소리가 잘 들리지 않으므로
4문단을 통해 대화할 때 듣는 자신의 목소리에는 공기 전도로 전달되는 소리와 골전도로 전달되는 소리가 함께 있음을 알 수 있다. 하지만 녹음된 소리를 들을 때에는 골전도로 전달되는 20 ~ 1,000Hz의 소리는 잘 들리지 않음을 알 수 있다. 따라서 '그 이유'는 녹음된 소리를 들을 때에는 골전도로 전달되는 주파수의 소리가 잘 들리지 않기 때문이라 할 수 있다.

⑤ 자신이 말할 때 듣는 목소리에는 녹음된 목소리와 달리 외이에서 공명이 일어나는 소리가 빠져 있으므로
4문단을 통해 자신이 말할 때 듣는 목소리에는 공기 전도와 골전도로 전달되는 소리가 함께 있음을 알 수 있다. 따라서 외이에서 공명이 일어나는 소리, 즉 공기 전도로 전달되는 소리가 빠져 있는 것은 아니므로 이유로 적절하지 않다.

24 구체적인 상황에의 적용 정답률 64% | 정답 ③

윗글을 바탕으로 <보기>에 대해 보인 반응으로 가장 적절한 것은? [3점]

<보 기>
난청이란 소리가 잘 들리지 않거나 전혀 들리지 않는 증상으로 외이도에서 뇌에 이르기까지 소리가 전달되는 과정 중 특정 부분에 문제가 생기면 발생한다. 그 중 전음성 난청은 외이와 중이에 문제가 있어 발생하는 증상으로, 이 경우 소리가 커지면 알아듣는 정도가 좋아질 수 있다.
이와 달리 감각 신경성 난청은 달팽이관까지 소리가 잘 전달되었음에도 잘 들리지 않는 것으로 달팽이관의 청각 세포나, 청각 자극을 뇌로 전달하는 청각 신경 또는 중추 신경계 이상 등으로 발생한다. 이 경우 소리가 커져도 그것을 알아듣는 정도가 좋아지지 않는다.

① 골전도 이어폰은 장시간 사용해도 감각 신경성 난청을 유발하지는 않겠군.
6문단에서 골전도 이어폰을 사용해도 내이는 자극이 되기 때문에 장시간 사용하면 청각 신경이 손상될 수 있다고 하였다.

② 청각 신경의 이상으로 인한 난청이 있는 사람의 경우 이어폰의 음량을 높이면 잘 들을 수 있겠군.
<보기>에서 감각 신경성 난청은 소리가 커져도 알아듣는 정도가 좋아지지 않는다고 했으므로, 이어폰의 음량을 높여도 알아들을 수 있는 정도가 좋아지는 것은 아니다.

✓ 자신이 말하는 목소리가 전혀 들리지 않는 사람은 감각 신경성 난청 증상이 있다고 볼 수 있겠군.

4문단을 통해 자신의 목소리는 공기 전도와 골전도의 방식으로 내이에 도달함을 알 수 있으므로, 외이와 중이에 이상이 있어도 청각 세포, 청각 신경, 중추 신경계 등에 이상이 없다면 골전도의 방식으로 전달된 소리는 들을 수 있다. 따라서 자신의 목소리가 전혀 들리지 않는다면 청각 세포, 청각 신경, 중추 신경계 등의 문제로 인한 감각 신경성 난청이 있음을 알 수 있다.

④ 고막의 이상으로 난청이 있는 경우 골전도의 원리를 이용한 보청기는 사용해도 효과가 없겠군.
고막에 이상이 있어도 고막을 거치지 않는 골전도의 방식으로 소리가 전달될 수 있으므로, 골전도의 원리를 이용한 보청기가 효과가 없다는 말은 적절하지 않다.

⑤ 전음성 난청이 있는 사람은 골전도 이어폰의 소리는 들을 수 없지만 일반적인 이어폰의 소리는 들을 수 있겠군.
전음성 난청은 외이, 중이에 문제가 있는 것이므로, 공기 전도로 전달되는 소리는 듣기 어렵지만 골전도로 전달되는 소리는 들을 수 있다.

25 핵심 정보의 이해 정답률 59% | 정답 ③

㉠, ㉡에 대한 설명으로 적절하지 <u>않은</u> 것은?

① ㉠은 교류 전류를 진동으로 바꾸고 공기를 통해 그 진동을 내이에 전달한다.
5문단에서 이어폰의 보이스코일에 교류 전류를 가하면 진동이 발생하며, ㉠은 이 진동을 공기 전도의 방식으로 내이에 전달한다고 하였다.

② ㉡은 진동판을 통해 뼈에 진동을 발생시켜 소리를 내이로 전달한다.
5문단에서 ㉡은 귀 주변 뼈에 진동판을 밀착하여 진동을 내이로 전달한다고 하였다.

✓ ㉠은 ㉡과 달리 섬모의 흔들림을 유발하여 전기 신호를 발생시킨다.
2문단을 통해 공기 전도로 전달되는 소리와 골전도로 전달되는 소리 모두 섬모가 흔들려 발생한 전기 신호가 뇌에 전달됨을 알 수 있다. 따라서, ㉠과 ㉡ 모두 섬모의 흔들림을 유발한다고 할 수 있다.

④ ㉡은 ㉠과 달리 야외 활동 시 사용해도 주변 소리를 들을 수 있어 위험 상황에 잘 대처할 수 있다.
6문단에서 ㉡은 귀를 막지 않고 사용하기 때문에 야외 활동 시 사용해도 주변 소리를 들을 수 있어 위험에 대처할 수 있다고 하였다.

⑤ ㉠과 ㉡은 모두 내부 자기장과 교류 전류로 인해 인력과 척력이 발생한다.
5문단에서 ㉠과 ㉡ 모두 내부 자기장과 교류 전류로 인해 인력과 척력이 작용한다고 하였다.

26~28 고전 산문

유성준 창본, 「수궁가」

감상 이 글은 수국의 용왕이 병이 나자 자라가 이를 고칠 약인 토끼의 간을 구하러 가고, 토끼는 자라의 꾐에 빠져 용궁으로 가지만 기지를 발휘하여 탈출한다는 내용의 판소리 사설이다. 별주부와 토끼, 용왕과 토끼의 갈등 구조를 통해 사건을 전개하면서, 충성스러운 신하인 자라와 지혜로 위기를 벗어나는 토끼를 통해 당대 사회의 현실을 우의적으로 보여 주고 있다.
주제 토끼의 기지와 자라의 충성심, 허욕에 대한 경계
작품 줄거리 용왕이 병이 나자 도사가 나타나 육지에 있는 토끼의 간을 먹으면 낫는다고 한다. 용왕은 수궁의 대신을 모아놓고 육지에 나갈 사자를 고르는데 서로 다투기만 할 뿐 결정을 하지 못한다. 이 때 별주부 자라가 나타나 자원하여 허락을 받는다. 토끼 화상을 가지고 육지에 이른 자라는 동물들의 모임에서 토끼를 만나 수궁에 가면 높은 벼슬을 준다고 유혹하면서 지상의 어려움을 말한다. 이에 속은 토끼는 자라를 따라 용궁에 이른다. 간을 내라는 용왕 앞에서 속은 것을 안 토끼는 꾀를 내어 간을 육지에 두고 왔다고 한다. 이에 용왕은 크게 토끼를 환대하면서 다시 육지에 가서 간을 가져오라고 한다. 자라와 함께 육지에 이른 토끼는 어떻게 간을 내놓고 다니느냐며 자라에게 욕을 하면서 숲 속으로 도망가 버린다. 어이없는 자라는 육지에서 죽거나 빈손으로 수궁으로 돌아간다.

26 내용의 이해 정답률 81% | 정답 ②

윗글에 대한 이해로 적절한 것은?

① 용왕은 자신에게 신임을 얻기 위해 다투는 신하들을 못마땅하게 생각한다.
자신의 병을 구원할 자가 누가 있느냐 용왕이 묻자, 신하들은 서로 보기만 하고 묵묵부답하고 있고, 이에 용왕은 충신이 없음을 탄식하고 있다. 따라서 용왕은 자신의 병을 구원할 신하가 없음에 탄식하고 있지, 자신에게 신임을 얻기 위해 다투는 신하들을 못마땅하게 생각하지는 않고 있다.

✓ 잉어는 지혜와 용맹이 있는 인물이 토끼의 간을 얻어 올 수 있을 것이라고 생각한다.
잉어의 '세상이라 허는 곳은 인심이 박하여 지혜 용맹 없는 자는 성공하지를 못하리라.'를 통해, 잉어는 지혜와 용맹이 있는 자가 토끼의 간을 얻어 올 수 있을 것이라 생각하였음을 알 수 있다.

③ 잉어는 승상인 거북이 다양한 재주가 있으나 지략이 없는 것을 한탄한다.
거북이 지략이 넓으나 복판이 대모로 되어 있어 인간들의 공예품 재료가 될 것이라는 잉어의 말을 통해 적절하지 않음을 알 수 있다.

④ 방게는 수국에서 벼슬을 얻지 못하자 자신의 고향인 육지로 돌아가고 싶어 한다.
'해운공 방게'를 통해 방게가 해운공이라는 벼슬을 지니고 있음을 알 수 있다. 따라서 방게가 벼슬을 얻지 못해 육지로 돌아가고 싶어 한다고 볼 수 없다.

⑤ 화공은 토끼의 모습을 모르는 자라를 돕기 위해 육지로 동행한다.
화공은 토끼의 모습을 모르는 자라를 위해 토끼의 모습을 그려 줄 뿐 자라와 동행하지는 않고 있다.

27 표현상의 특징 파악 정답률 82% | 정답 ②

[A]와 [B]에 대한 이해로 가장 적절한 것은?

① [A]는 용궁의 모습을, [B]는 육지의 모습을 묘사하여 공간적 배경을 대비하고 있다.
[A]와 [B]는 용궁과 육지라는 공간적 배경을 대비하기 위한 서술은 아니다.

✓ [A]는 수국의 신하를, [B]는 토끼의 신체 부위를 열거하여 장면을 구체화하고 있다.
[A]에서는 수국 신하들의 벼슬과 이름을, [B]에서는 토끼의 귀나 코 등의 신체 부위들을 길게 열거하고 있다. 따라서 [A]와 [B]에서는 열거의 방식을 통해 장면을 구체적으로 보여 준다고 할 수 있다.

③ [A]는 신하들의 생활 모습을, [B]는 토끼의 생활 모습을 제시하여 인물의 성격을 보여 주고 있다.
[A]와 [B]에서 인물의 성격은 드러나지 않는다.

④ [A]는 용왕이 처한 문제를, [B]는 이에 대한 해결책을 제시하여 사건의 전개 방향을 예고하고 있다.
[A]와 [B]에는 용왕이 처한 문제와 이에 대한 해결책이 제시되어 있지 않다.

⑤ [A]는 용궁을 긍정적으로, [B]는 토끼를 부정적으로 평가하여 인물에 대한 작가의 태도를 드러내고 있다.
[A]와 [B]에는 용궁과 토끼에 대한 평가가 제시되어 있지 않다.

---

28 인물 간의 관계 파악 정답률 54% | 정답 ②

㉠을 선정하는 과정을 다음과 같이 정리할 때, 이에 대한 설명으로 적절하지 **않은** 것은? [3점]

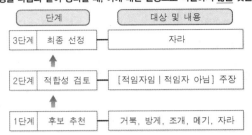

단계		대상 및 내용
3단계	최종 선정	자라
2단계	적합성 검토	[적임자임 | 적임자 아님] 주장
1단계	후보 추천	거북, 방게, 조개, 메기, 자라

① '1단계'에서 방게와 자라는 스스로 후보로 나선다.
방게는 '살살 기어 들어와서 공손히 엎드리'며, 자라는 '앙금앙금 기어 들어오더니, 몸을 굽혀 재배하고 상소를 올리'며 스스로 후보로 나서고 있다.

✓ ② '2단계'에서 용왕은 방게의 눈이 솟아 있어 다른 동물들 눈에 띄기 쉬우므로 적임자가 아니라고 주장한다.
용왕은 방게가 눈이 솟아 있어 왔다갔다를 잘하는 신체적 특성으로 인해 뒷걸음질을 할 것이므로 토끼를 데려올 적임자가 아니라고 주장하고 있다. 따라서 용왕은 방게가 다른 동물들 눈에 띄기 쉬워 적임자가 아니라고 생각하지는 않고 있다.

③ '2단계'에서 잉어는 조개가 휼조와 서로 물고 싸우다가 인간에게 잡힐 것이므로 적임자가 아니라고 주장한다.
잉어는 조개가 휼조와 다투다 인간에게 잡힌다는 고사를 근거로 적임자가 아니라고 주장하고 있다.

④ '2단계'에서 잉어는 메기가 탐식 때문에 돌아다니다가 인간들에게 잡힐 것이므로 적임자가 아니라고 주장한다.
잉어는 메기의 입이 커서 식탐이 많기 때문에 '어옹들'에게 쉽게 잡힐 것이라고 주장하고 있다.

⑤ '3단계'에서 자라가 선정된 것은, 망보기를 잘하여 인간에게 잡힐 염려가 없다는 자라의 주장이 받아들여졌기 때문이다.
자라는 강 위에 떠서 망보기를 잘하기 때문에 인간에게 잡히지 않고 무사히 임무를 수행할 수 있을 것이라고 주장하고 있다.

29~31 현대시

(가) 김영랑, 「모란이 피기까지는」

감상 이 작품은 모란이 피기를 기대하는 마음과 모란이 져서 느끼는 설움을 노래한 시이다. 이 작품은 '봄에 대한 기다림 → 봄의 상실 → 봄에 대한 기다림'이라는 순환 구조를 통해, 봄에 피는 모란을 통해 봄에 대한 기다림과 봄을 보내는 서러움을 형상화하고 있다.
주제 소망이 이루어지기를 기다림

표현상의 특징
• 수미 상관의 구조를 통해 주제 의식을 강조해 줌.
• 역설적 표현으로 의미를 심화하고 있음.
• 과장적 표현으로 심화된 화자의 정서를 드러내 줌.
• 도치의 방식을 사용하여 의미를 강조해 줌.

(나) 함민복, 「그날 나는 슬픔도 배불렀다」

감상 이 작품은 고단한 삶 속에서도 열심히 살아가는 중국집 젊은 부부의 삶을 관찰하며 이를 통해 자신의 삶에 대한 성찰을 드러낸 시이다. 이 작품에서 화자는 모순된 진술을 통해 고단한 삶 속에서도 긍정적으로 살아가는 젊은 부부를 보면서 슬픔 속에서도 아름다움을 발견했음을 드러내 주고 있다.
주제 고단한 생활 속에서도 희망을 잃지 않는 삶의 아름다움

표현상의 특징
• 역설적 표현을 사용하여 시적 의미를 드러내 줌.
• 이미지 대비를 통해 시상을 전개함.
• 청각적 심상을 사용하여 화자의 정서를 표현해 줌.

---

29 표현상의 특징 파악 정답률 82% | 정답 ①

(가)에 대한 설명으로 적절하지 **않은** 것은?

✓ ① 색채어를 활용하여 대상의 불변성을 부각하고 있다.
'모란'을 통해 희색의 색채 이미지를 연상할 수는 있지만, (가)에서 색채어를 직접적으로 활용하지는 않고 있다. 또한 (가)에서 화자는 모란이 질 때의 상실감을 드러내고 있을 뿐, 모란의 불변성을 드러내지도 않고 있다.

② 변형된 수미상관의 구조를 통해 시의 주제를 강조하고 있다.
마지막 11, 12행에 1, 2행과 비슷한 구절을 배치하고 있으므로 변형된 수미상관의 구조를 사용하였음을 알 수 있다. 그리고 화자가 '모란이 피기까지' '기다리고 있'겠다 하고 있으므로, 수미상관의 구조를 통해 모란이 피는 것에 대한 화자의 기다림을 강조하였다고 할 수 있다.

---

③ 도치의 방식으로 시상을 마무리하여 시적 의미를 강조하고 있다.
마지막 행에서는 '나는 아직 기둘리고 있을 테요'와 '찬란한 슬픔의 봄을'을 도치하여 시적 의미를 강조하고 있다.

④ 음성 상징어를 통해 대상의 움직임에서 느끼는 인상을 드러내고 있다.
3행에 음성 상징어인 '뚝뚝'을 활용하여 꽃이 떨어지는 느낌을 인상적으로 드러내고 있다.

⑤ 작품의 표면에 나타난 화자가 자신의 정서를 직접적으로 드러내고 있다.
'나는 아직 기둘리고'를 통해 화자가 표면에 드러나 있음을 알 수 있고, '설움', '서운케', '섭섭해'를 통해 화자의 설움의 정서가 드러나 있음을 알 수 있다.

---

30 시어의 의미 파악 정답률 89% | 정답 ④

ⓐ와 ⓑ에 대한 설명으로 가장 적절한 것은?

① ⓐ는 대상과의 소통이 확대된 시간이고, ⓑ는 대상과의 소통이 단절된 시간이다.
ⓐ에서 모란과의 소통이 있는 것은 아니며, ⓑ에서 화자가 중국집 젊은 부부를 관찰하지만 소통의 단절은 확인할 수 없다.

② ⓐ는 대상과의 유대감을 느끼는 시간이고, ⓑ는 대상과의 거리감을 느끼는 시간이다.
ⓐ에서 화자는 모란이 사라져 슬픔을 느꼈을 뿐 유대감을 느낀 것은 아니다. ⓑ에서 화자는 중국집 젊은 부부에게 거리감을 느낀 것은 아니다.

③ ⓐ는 대상을 통해 삶의 희망을 찾게 된 시간이고, ⓑ는 대상을 통해 삶의 권태를 느낀 시간이다.
ⓑ는 화자가 명랑하게 살아가는 중국집 젊은 부부의 삶에서 아름다움을 발견한 시간이므로 삶의 권태를 느낀 시간은 아니다.

✓ ④ ⓐ는 대상의 소멸로 인해 슬픔을 느낀 시간이고, ⓑ는 슬픔 속에서도 아름다움을 발견한 시간이다.
ⓐ 뒤의 '떨어져 누운 꽃잎마저 ~ 섭섭해 우옵네다'를 통해, ⓐ는 모란이 자취도 없이 사라져 화자가 슬픔을 느낀 시간임을 알 수 있다. 그리고 ⓑ는 앞의 '나는 전날 친구들과 ~ 그 모습이 눈물처럼 아름다워'를 통해, 화자가 중국집 젊은 부부의 모습을 보며 고단한 삶 속에서도 아름다움을 발견한 시간임을 알 수 있다.

⑤ ⓐ는 현실에 대한 비판적 태도가 드러나는 시간이고, ⓑ는 미래에 대한 희망이 드러나는 시간이다.
ⓐ가 현실을 비판하는 시간은 아니다.

---

31 외적 준거에 따른 작품의 감상 정답률 78% | 정답 ⑤

〈보기〉를 참고하여 (가)와 (나)를 감상한 것으로 적절하지 **않은** 것은? [3점]

〈보 기〉
시에서 대비되는 정서나 태도, 이미지가 제시될 때, 화자가 처한 상황이나 대상에 대한 인식이 강조되는 효과가 있다. 그런데 상반되거나 이질적인 정서나 태도, 이미지들이 함께 나타날 때는 표면적으로 모순이 있는 것처럼 보이기도 한다. 하지만 시인은 모순적으로 보이는 것들을 통해서 표면적 진술 너머에 있는 보다 높은 차원의 인식을 보여 준다.

① (가) : '섭섭해 우옵네다'와 '아직 기둘리고 있을 테요'에서는 꽃이 사라진 것에 대한 화자의 태도가 대비되면서 화자의 기다림이 강조되는군.
'섭섭해 우옵네다'에는 꽃이 사라지는 것을 안타까워하는 화자의 태도가 나타나지만, '아직 기둘리고 있을 테요'를 통해 기다림을 잃지 않는 화자의 태도를 강조하였음을 알 수 있다.

② (가) : '찬란한 슬픔'은 모순된 진술처럼 보이지만, 표면적 진술 너머에 슬픔을 극복하려는 화자의 인식이 담겨 있음을 볼 수 있군.
'찬란한'과 '슬픔'은 봄을 수식하는 모순된 진술로, 희망과 절망이 공존하는 봄에 대한 인식을 통해 모란이 지는 슬픔을 극복하려는 모습을 강조한다고 할 수 있다.

③ (나) : '연약한 반죽'과 '튼튼한 미래'에서는 이미지의 대비를 통해 희망을 잃지 않는 중국집 젊은 부부의 건강한 삶을 강조하고 있군.
'연약한'과 '튼튼한'의 이미지 대비를 통해 희망을 잃지 않는 중국집 젊은 부부의 삶을 강조하고 있다.

④ (나) : '이상한'과 '눈물처럼 아름다워'에서는 중국집 젊은 부부를 향한 태도가 대비되면서 중국집 젊은 부부에 대한 화자의 긍정적인 인식이 부각되고 있군.
화자가 처음 접한 중국집 젊은 부부의 모습은 '이상한' 것이었지만, 그들의 삶을 관찰하고 '눈물처럼 아름다워'와 같은 긍정적인 태도를 보여 주고 있다.

✓ ⑤ (나) : '슬픔도 배불렀다'는 모순된 진술을 통해 중국집 젊은 부부의 고단한 삶과의 대비에서 느끼는 화자 자신의 삶에 대한 만족감을 강조하고 있군.
(나)의 '슬픔도 배불렀다'는 화자가 고단한 삶 속에서도 긍정적으로 살아가는 중국집 젊은 부부를 보고 슬픔 속에서도 아름다움을 발견했음을 나타낸 것이다. 따라서 이를 젊은 부부의 고단한 삶을 보고 화자가 자신의 삶에 대한 만족감을 강조하였다고 감상한 내용은 적절하지 않다.

32~35 고전 시가 + 수필

(가) 정철, 「속미인곡(續美人曲)」

감상 이 작품은 화자를 여인으로 설정하여 임금을 그리워하는 마음을 표현한 연군 가사이다. 이 작품에서는 두 여인의 대화를 통해 스스로 잘못을 뉘우치고 님을 그리워하며 님의 소식을 몰라 높은 산과 강가를 방황하는 화자의 모습과 임에 대한 간절한 그리움과 죽어서라도 님을 따르고 싶은 화자의 마음을 잘 드러내고 있다. 이 작품은 「사미인곡」에 이어 지은 것으로 대화체로 내용을 진행한다는 점, 소박하고 진실하게 정서를 표현했다는 점 등에서 「사미인곡」보다 높은 평가를 받고 있다.
주제 임을 그리워하는 마음

(나) 권근, 「주옹설(舟翁說)」

감상 '손'과 '주옹'의 문답을 통해 바람직한 삶의 자세에 대해 이야기하고 있는 고전 수필이다. '주옹'의 대답을 통해 편안함만을 추구하기보다 늘 경계하며 사는 삶의 태도가 필요하다는 작가의 가치관을 전달하고 있다.
주제 세상을 살아가는 올바른 삶의 태도

32 표현상 공통점 파악 　　　　정답률 56% | 정답 ①

(가)와 (나)의 공통점으로 가장 적절한 것은?

☑ ① 설의적 표현을 활용하여 의미를 강조하고 있다.
(가)에서는 '하늘이라 원망하며 사람이라 허물하랴'의 의문형 표현을 통해, 임과 헤어진 화자의 심정을 강조하고 있다. 그리고 (나)에서는 주옹이 '내 마음을 어찌 흔들 수 있겠는가?', '만 리의 부슬비 속에 떠 있는 것이 아닌가?' 등과 같은 의문형 표현을 통해 자신의 가치관을 강조하고 있다. 따라서 (가), (나) 모두 설의적 표현을 사용하여 의미를 강조해 준다고 할 수 있다.

② 점층적 방식을 활용하여 주제를 부각하고 있다.
(가)와 (나) 모두 점층적 방식을 활용하여 주제를 부각한 부분은 나타나지 않고 있다.

③ 다양한 감각적 심상을 사용하여 대상을 예찬하고 있다.
(가)에서는 시각적 심상, 청각적 심상이, (나)에서는 시각적 심상이 나타나지만, 다양한 감각적 심상을 통해 대상을 예찬하지는 않고 있다.

④ 반어적 진술을 통해 대상에 대한 태도를 드러내고 있다.
(가)와 (나) 모두에서 반어적 진술은 나타나지 않고 있다.

⑤ 명령적 어조를 통해 현실에 대한 비판 의식을 드러내고 있다.
(가)에서 명령적 어조와 현실에 대한 비판 의식은 나타나지 않고, (나)에서 명령적 어조는 나타나지 않고 있다.

33 외적 준거에 따른 작품의 감상 　　　정답률 74% | 정답 ②

〈보기〉를 바탕으로 (가)를 이해한 내용으로 적절하지 않은 것은?

〈보 기〉
연군 가사는 임금과 떨어진 신하가 임금을 그리워하고 걱정하며 충성심을 드러낸 가사 작품들을 가리킨다. 「속미인곡」은 정철이 정쟁(政爭)으로 인해 관직에서 물러난 후 낙향하였을 때 쓴 연군 가사의 대표적 작품이다.

① '천상 백옥경'은 화자가 '임'과 지냈던 곳으로 임금이 있는 궁궐에 대응된다.
〈보기〉를 바탕으로 할 때 (가)의 화자는 임금과 떨어져 있는 작가라 할 수 있으므로, 화자가 이별한 임인 옥황상제는 임금과 대응한다고 할 수 있다. 따라서 '천상 백옥경'은 임금이 있는 궁궐로 볼 수 있다.

☑ ② '내 몸의 지은 죄'가 '조물의 탓'이라는 화자의 한탄을 통해 작가가 자신을 관직에서 물러나게 한 사람들을 원망하고 있음을 알 수 있다.
〈보기〉를 바탕으로 할 때 (가)의 화자는 임금과 떨어져 있는 작가라 할 수 있으므로, '내 몸의 지은 죄'라고 한 것은 임금과 떨어지게 된 원인이 작가 자신에게 있음을 나타낸 것이라 할 수 있다. 이렇게 볼 때, 임금과 헤어진 것을 '조물주의 탓'이라고 하는 것은 작가 자신의 운명을 탓한 것이라 할 수 있지, 자신을 관직에서 물러나게 한 사람들을 원망한 것이라고는 볼 수 없다.

③ 화자가 꿈속에서 '임'의 모습을 보고 '눈물이 이어져'난다고 하는 것에서 임금에 대한 작가의 걱정과 그리움의 깊이를 짐작할 수 있다.
화자는 꿈에서 '임'의 모습에 눈물을 흘리며 아무 말도 못하는 모습을 보이고 있는데, 이는 떨어져 있는 임금에 대한 작가의 걱정과 그리움을 드러낸 것이라 할 수 있다.

④ '임'과 헤어지게 된 화자가 자신의 그림자를 '불쌍한'으로 표현한 것에서 임금과 떨어져 지내야 하는 것에 대한 작가의 안타까운 심정을 알 수 있다.
화자가 자신의 그림자를 불쌍하다고 여기는 모습을 통해 임금과 떨어져 있는 상황에 대한 작가의 안타까운 심정을 알 수 있다.

⑤ '낙월'이 되어서라도 '임 계신 창 안에 번듯이 비추'려는 화자의 모습에서 임금에 대한 작가의 충성심을 알 수 있다.
화자가 '낙월'이 되어서라도 '임 계신 창 안에 번듯이 비추'려는 것은 '임'을 생각하는 마음을 표현한 것이므로, 이를 통해 임금에 대한 작가의 충성심을 알 수 있다.

★★★ 등급을 가르는 문제! ★★★

34 극적 구성의 이해 　　　　정답률 47% | 정답 ②

다음은 수업의 일부이다. 선생님의 설명에 따라 (가)와 (나)의 인물을 분석한 내용으로 적절하지 않은 것은? [3점]

선생님 : 시나 수필을 창작할 때 주제 의식을 효과적으로 표현하기 위해 인물 간의 대화로 작품을 구성하기도 합니다. 이 경우 인물들은 중심 인물과 주변 인물로 나누어 볼 수 있는데, 중심 인물은 대화를 주도하며, 작가 의식을 대변하는 역할을 합니다. 주변 인물은 중심 인물의 말을 이끌어내거나 중심 인물을 위로하고 대안을 제시하는 보조적 인물, 중심 인물과 대립하면서 중심 인물에게 문제 제기를 하는 대립적 인물로 나눌 수 있습니다.

	인물	특징적 발화	인물 유형	인물의 역할	
(가)	각시	내 사설 들어 보오	중심 인물	대화를 주도함.	
	너	누굴 보러 가시는고	주변 인물	중심 인물의 말을 이끌어냄.	①
		그리 생각 마오	주변 인물	중심 인물과 대립함.	②
		궂은 비나 되소서	주변 인물	대안을 제시함.	③
(나)	주옹	그대는 어찌 이를 두려워하지 않고 도리어 나를 위태롭다 하는가?	중심 인물	작가 의식을 드러냄.	④
	손	그대는 도리어 이를 즐겨 오래 오래 물에 떠다니기만 하고 돌아오지 않으니 무슨 재미인가?	주변 인물	중심 인물에게 문제 제기를 함.	⑤

① 주변 인물 → 중심 인물의 말을 이끌어냄.
'저기 가는 저 각시 ~ 누굴 보러 가시는고'를 통해, '너'는 중심 인물에게 먼저 말을 걸어 중심 인물의 말을 이끌어 내는 주변 인물(보조적 인물)이라 할 수 있다.

☑ ② 주변 인물 → 중심 인물과 대립함.
(가)에 제시된 '그리 생각 마오.'라는 발화를 볼 때, '너'는 자책하고 있는 '각시'를 위로하는 인물이라 할 수 있다. 따라서 '너'는 중심 인물과 대립되는 인물이 아니라 중심 인물을 위로하는 역할을 하는 주변 인물(보조적 인물)이라 할 수 있다.

③ 주변 인물 → 대안을 제시함.

'너'는 중심 인물인 '각시'에게 '낙월'보다 '궂은 비'가 되라 말하고 있는데, 이를 통해 '너'는 임에게 직접 다가가려는 대안을 제시하는 주변 인물(보조적 인물)이라 할 수 있다.

④ 중심 인물 → 작가 의식을 드러냄.
'주옹'은 '손'에게 다시 질문함으로써 바람직한 삶의 자세를 깨닫도록 유도하고 있으므로, '주옹'은 작가 의식을 대변하는 역할을 하는 중심 인물이라 할 수 있다.

⑤ 주변 인물 → 중심 인물에게 문제 제기를 함.
'손'은 중심 인물의 삶의 모습에 문제 제기를 하고 있는 주변 인물이라 할 수 있다.

★★ 문제 해결 꿀~팁 ★★

▶ 많이 틀린 이유는?
이 문제는 시적 상황을 통해 '너'의 말이 지니는 의미를 정확히 파악하지 못하여 오답률이 높았던 것으로 보인다.

▶ 문제 해결 방법은?
이 문제를 해결하기 위해서는 화자의 말하기와 관련하여 '너'가 말하고 있는 의미를 이해해야 한다. 즉, 화자가 말하고 있는 내용을 이해하고 그 상황에서의 '너'의 말이 화자에 대해 어떤 태도를 보이고 있는지 파악해야 한다. 정답인 ②의 경우, '그리 생각 마오.'의 앞 부분에서 '각시'가 자책하고 있는 상황을 파악하였다면, '그리 생각 마오'가 '각시'를 위로하는 말이라는 것을 알 수 있었을 것이다. 또한 오답률이 높았던 ③의 경우에도, 화자가 낙월이 되어 임이 계신 창에 비추겠다고 하자, 화자를 위로하고 있는 '너'는 달은 커녕 궂은 비나 되소서라고 말하고 있다. 즉 '너'는 화자에게 '달'이 아닌 '궂은 비'가 되어 임에게 다가가라고 위로하고 있다. 이렇게 볼 때, '궂은 비나 되소서'는 '너'가 화자에게 다른 안, 즉 대안을 제시한 것이라 할 수 있다. 이처럼 작품 상황을 고려하여야 인물의 말의 의미를 이해할 수 있으므로, 인물이 한 말이 어떤 상황 맥락에서 나온 것인지 파악할 수 있어야 한다.

35 어구의 의미 파악 　　　　정답률 60% | 정답 ③

(나)의 ㉠ ~ ㉤을 이해한 내용으로 적절하지 않은 것은?

① ㉠ : 변화불측한 특성을 가진 곳으로, '세상 사람들'이 위험하다고 생각하는 공간이다.
'손'은 ㉠이 변화불측하여 ㉠에서 지내는 것을 '험한 데서 위태로움을 무릅쓰는 일'이라 하고 있으므로 적절한 이해이다.

② ㉡ : '주옹'이 사는 곳과 대비되는 장소로, '세상 사람들'이 안전하다고 생각하는 공간이다.
㉡은 세상 사람들이 안전하다고 생각하는 공간이지만, '주옹'은 오히려 뭍보다 더 위험한 공간이 될 수 있다 하고 있으므로 적절한 이해이다.

☑ ③ ㉢ : 조각배의 돛대를 기울게 하고 노를 부러뜨릴 수 있는 바람과 물결로, '주옹'이 위태로움을 느끼는 외적 요인이다.
'주옹'은 ㉢이 인다고 해도 자신의 마음을 흔들 수 없다고 이야기하고 있으므로, ㉢ 때문에 '주옹'이 위태로움을 느낀다고 볼 수 없다.

④ ㉣ : 욕심을 부리는 세상 사람들의 마음을 비유한 것으로, 그들의 삶을 위태롭게 만드는 요인이다.
㉣은 편안함만을 좇으며 욕심을 부리다가 위험에 처하는 사람들의 마음(인심)을 비유하고 있으므로 적절한 이해이다.

⑤ ㉤ : 바람에 쉽게 흔들릴 수 있는 곳이지만, 인간 세상과 비교했을 때 오히려 '주옹'이 안전함을 느끼는 곳이다.
㉤은 세상 사람들이 보기에 매우 위태로운 곳이지만 주옹은 경계를 한다면 육지보다 더 안전한 곳이라 생각하므로 적절한 이해이다.

36~40 사회

'가설 검정과 오류(재구성)'

해제 이 글은 가설 검정과 판단 과정에서 발생할 수 있는 두 가지 오류에 대해 설명하고 있다. 가설 검정은 통계적 자료를 통해 확률에 근거한 판단을 내리는 절차이므로, 오류가 발생할 수 있다. 1종 오류는 귀무가설이 실제 참인데도 불구하고 이를 기각하는 오류를 뜻한다. 반대로 2종 오류는 귀무가설이 틀렸음에도 이를 기각하지 못하는 오류를 뜻한다. 1종 오류가 2종 오류에 비해 더 심각한 결과를 가져 오므로 가설 검정에서는 유의 수준을 두어 1종 오류를 범할 확률의 최대 허용 범위를 최소화하는데 중점을 둔다.

주제 가설 검정과 판단 과정에서 발생할 수 있는 두 가지 오류

문단 핵심 내용

1문단	가설 검정을 위해 설정하는 대립가설과 귀무가설
2문단	귀무가설을 바탕으로 대립가설의 채택 여부가 결정되는 가설 검정
3문단	의사 결정 과정에서 발생할 수 있는 두 가지 오류
4문단	상대적으로 심각한 문제를 초래하는 1종 오류
5문단	가설 검정 과정에서 유의 수준을 낮게 정하는 이유

36 핵심 정보의 파악 　　　　정답률 52% | 정답 ①

가설 검정에 대하여 윗글을 통해 답을 찾을 수 없는 질문은?

☑ ① 귀무가설을 기각할 때 새롭게 설정하는 가설은 무엇인가?
1문단을 통해 가설 검정을 위해 귀무가설과 대립가설을 설정함을 알 수 있다. 이렇게 볼 때, 귀무가설을 기각하면 대립가설을 채택하게 될 뿐이지, 귀무가설을 기각할 때 새롭게 가설을 설정하지 않음을 알 수 있다. 따라서 귀무가설을 기각할 때 새롭게 설정하는 가설이 무엇인지는 이 글을 통해 답을 찾을 수 없다.

② 대립가설을 기준으로 가설을 검정하지 않는 이유는 무엇인가?
2문단을 통해 대립가설을 기준으로 가설 검정을 하는 것은 현실적으로 어려워 귀무가설을 기준으로 검정함을 알 수 있다.

③ 대립가설의 채택 여부를 판단하기 위해 사용하는 가설은 무엇인가?
2문단을 통해 대립가설의 채택 여부는 귀무가설을 중심으로 이루어짐을 알 수 있다.

④ 1종 오류와 2종 오류를 함께 줄일 수 없는 이유는 무엇인가?
4문단을 통해 1종 오류와 2종 오류는 동시에 줄일 수 없는데, 그 이유가 한쪽 오류를 줄이면 그만큼 반대쪽 오류는 늘어나기 때문임을 알 수 있다.

⑤ 1종 오류와 2종 오류 중 더 심각한 문제를 초래하는 오류는 무엇인가?
4문단을 통해 오류 중 상대적으로 더 심각한 결과를 초래하는 것은 1종 오류임을 알 수 있다.

---

37 세부 내용의 이해   정답률 60% | 정답 ⑤

윗글의 내용과 일치하는 것은?

① 귀무가설이 기각되면 대립가설은 채택될 수 없다.
2문단을 통해 귀무가설이 기각되면 대립가설은 채택됨을 알 수 있다.

② 판결에서 대립가설의 기각 여부는 피고인이 판단한다.
3문단을 통해 판결에서 가설의 기각 여부는 판사가 결정함을 알 수 있다.

③ 귀무가설은 대립가설이 채택될 때 받아들여지는 가설이다.
2문단을 통해 귀무가설이 기각되면 대립가설은 채택됨을 알 수 있으므로, 귀무가설은 대립가설이 채택될 때 받아들여지는 가설임을 이끌어 낼 수 있다.

④ 귀무가설은 참과 거짓을 알기 전까지는 거짓으로 간주한다.
2문단을 통해 참과 거짓을 알기 전까지는 귀무가설을 참으로 간주함을 알 수 있다.

✓ 신약 개발을 하는 경영자가 채택하고 싶은 것은 대립가설이다.
1문단의 '가설 검정을 위해 경영자는 ~ 주장하고 싶은 내용과는 반대되는 가설인 '귀무(歸無)가설'이라 한다.'를 통해, 판단하는 이, 즉 경영자가 옳다고 주장하고 싶은 가설은 대립가설임을 알 수 있다.

★★★ 등급을 가르는 문제!

38 글을 바탕으로 한 추론   정답률 36% | 정답 ④

윗글을 바탕으로 〈보기〉를 이해할 때, A ~ D에 대한 설명으로 적절하지 않은 것은? [3점]

〈보 기〉

구분		실제 상황	
		귀무가설 참	귀무가설 거짓
의사 결정	귀무가설 기각 못함	A	B
	귀무가설 기각함	C	D

① 실제로 피고인이 죄를 저지르지 않은 것은 A와 C의 경우에 해당한다.
A와 C는 모두 귀무가설이 참인 상황에 해당하고 판결에서 귀무가설은 '피고인이 무죄이다.'이므로, 피고인이 죄를 저지르지 않은 것에 해당한다고 할 수 있다.

② 경영자가 신약의 효능이 없다고 판단하는 것은 A와 B의 경우에 해당한다.
A와 B는 모두 귀무가설을 기각하지 못한 판단에 해당하고, 약효 실험에서 귀무가설은 '신약이 효과가 없다.'이므로, 경영자가 신약의 효능이 없다고 판단하는 것은 A와 B의 경우에 해당한다고 할 수 있다.

③ A와 D는 피고인에 대해 판사가 내린 판결에 오류가 발생하지 않은 경우에 해당한다.
A와 D는 실제 상황에 맞는 판단이므로 오류가 발생하지 않은 것에 해당한다고 할 수 있다.

✓ 법원이 B를 줄이면, 실제로 죄를 저지른 피고인을 무죄로 판결해서 사회로 돌려보내는 수가 늘어난다.
2문단과 3문단의 내용을 바탕으로 〈보기〉의 표를 정리하면, A와 D는 실제 상황에 맞게 판단을 한 것이라 할 수 있다. 이에 비해 B는 귀무가설이 거짓임에도 기각하지 못한 것이므로 2종 오류를, C는 귀무가설이 참임에도 기각한 것이므로 1종 오류를 범한 것이라 할 수 있다. 그리고 4문단을 통해 판결에서 2종 오류를 줄이면 1종 오류가 늘어남을 알 수 있다. 그런데 3문단에 따르면 판결에서 1종 오류란 '무죄인 사람에게 유죄를 선고하는 것'이므로, 1종 오류가 는다는 것은 무죄인 사람에게 유죄 판결을 내리는 경우가 는다는 것을 의미한다고 할 수 있다.

⑤ 제약 회사가 C를 줄이려는 이유는 약의 효능이 없어 시장에서 신뢰를 잃는 상황을 심각하게 생각하기 때문이다.
C는 1종 오류에 해당하고, 4문단을 통해 제약 회사의 1종 오류란 신약의 효능이 없어 회사가 신뢰를 잃는 것임을 알 수 있다. 따라서 제약 회사가 C를 줄이려는 이유는 약의 효능이 없어 시장에서 신뢰를 잃는 상황을 심각하게 생각하기 때문이라 할 수 있다.

★★ 문제 해결 꿀~팁 ★★

▶ 많이 틀린 이유는?
이 문제는 귀무가설에 대한 내용을 정확하게 이해하지 못하여 오답률이 높았던 것으로 보인다. 또한 이러한 귀무가설에 대한 내용을 바탕으로 한 A~D를 구체적 사례에 적용하는 데 어려움을 겪은 것도 오답률을 높였던 것으로 보인다.

▶ 문제 해결 방법은?
이 문제를 해결하기 위해서는 기본적으로 귀무가설이 무엇인지 이해하고, 이를 바탕으로 '귀무가설 기각 못함, 귀무가설 기각함'의 이해를 바탕으로 A~D가 무엇을 의미하는지 정리할 수 있어야 한다. 귀무가설의 기각 여부와 관련하여 A~D를 정리하면
• A와 D : 실제 상황에 맞게 판단을 한 것임.
• B : 귀무가설이 거짓임에도 기각하지 못했으므로 2종 오류에 해당
• C : 귀무가설이 참임에도 기각하지 못했으므로 1종 오류에 해당
라고 정리할 수 있다. 이렇게 정리했을 때 정답인 ④의 경우, 판결에서 1종 오류가 '무죄인 사람에게 유죄를 선고하는 것'이고 2종 오류가 는다는 것은 무죄인 사람에게 유죄 판결을 내리는 경우가 는다는 것을 의미하므로 피고인을 사회로 돌려보내는 수가 줄어든다고 할 수 있다. 이 문제는 글의 내용을 정확히 이해하고 정리할 필요성이 있음을 보여 주는 문제이므로, 평소 글을 읽을 때 주요 내용과 이와 관련된 내용에는 밑줄을 그어서 그 내용을 정확히 이해할 수 있도록 한다.

▶ 오답인 ②를 많이 선택한 이유는?
이 문제의 경우 학생들이 ②가 적절하다고 하여 오답률이 높았는데, 이 역시 귀무가설을 기각하지 못할 때의 참, 거짓에 대해 정확히 이해하지 못했기 때문으로 보인다. 만일 약효 실험에서 귀무가설이 '신약이 효과가 없다.'임을 알고, 이를 기각하지 못한다는 의미를 알았다면 경영자가 신약의 효능이 없다고 판단하는 것은 A와 B의 경우임을 바로 알았을 것이다. 한편 이 문제처럼 선택지에 제시된 사례가 글에 언급

되어 있는 경우, 선택지에 해당하는 사례가 어디에 제시되어 있는 파악하여 글의 내용과 비교하게 되면 문제를 의외로 쉽게 해결할 수 있다.

★★★ 등급을 가르는 문제!

39 핵심 개념의 이해   정답률 50% | 정답 ③

㉠에 대한 설명으로 적절한 것은?

① 인권과 관련된 판단일수록 값을 크게 설정한다.
인권과 관련된 판단일수록 값을 작게 설정해야 한다.

② 귀무가설이 참일 확률과 거짓일 확률의 차이를 의미한다.
유의 수준은 참일 확률과 거짓일 확률의 차이를 의미하는 것은 아니다.

✓ 값을 낮게 정할수록 대립가설을 채택할 확률이 낮아진다.
5문단을 통해 유의 수준은 1종 오류가 발생할 확률의 최대 허용 범위이고, 이 범위 내에서는 1종 오류가 발생하더라도 대립가설을 채택함을 알 수 있다. 따라서 유의 수준을 낮게 정할수록 대립가설을 채택할 확률은 낮아진다고 할 수 있다.

④ 실험이 이루어진 후에 자료를 분석할 때 결정하는 값이다.
유의 수준은 실험 전에 미리 정하는 것이다.

⑤ 가설을 판단할 때 사용할 자료 개수의 최대 허용 범위이다.
유의 수준은 1종 오류가 발생할 확률의 최대 허용 범위이다. 가설을 판단할 때 사용할 자료 개수의 최대 허용 범위와는 관련이 없다.

★★ 문제 해결 꿀~팁 ★★

▶ 많이 틀린 이유는?
이 문제는 '유의수준 값'을 올리고 내리는 것의 의미를 정확하게 이해하지 못해 오답률이 높았던 것으로 보인다.
▶ 문제 해결 방법은?
이 문제를 해결하기 위해서는 5문단의 내용을 바탕으로 '유의수준'에 대해 정확히 이해해야 한다. 특히 주어진 사례를 바탕으로 '유의수준 값'을 올리고 내리는 것의 의미가 무엇인지 추론할 수 있어야 한다. 만일 5문단을 통해 유의수준을 5% 이하로 내릴 경우, 가령 2%로 내렸다고 할 경우에 백 번의 시행 중 두 번 이내로 1종 오류가 발생하더라도 우연히 일어난 일로 보고 대립 가설을 채택할 것이므로, 기존 5%보다 확률은 낮아질 것임을 알 수 있다. 이 문제처럼 제시된 사례를 바탕으로 문제를 해결해야 하는 경우가 있는데, 이 경우에는 사례를 선택지에서 제시된 상황을 적용하게 되면 정확성 여부를 판단할 수 있다.
▶ 오답인 ②, ⑤ 많이 선택한 이유는?
이 문제의 경우 학생들이 ②와 ⑤가 적절하지 않다고 하여 오답률이 높았는데, 이 경우 5문단의 내용에 대한 이해가 정확하지 못하여 오답률이 높았던 것으로 보인다. 특히 ②의 경우에는 보다 정확한 내용 이해가 필요하였는데, 유의수준이 '1종 오류가 발생할 확률의 최대 허용 범위'라고 이해했다면 잘못된 내용이었음을 바로 알았을 것이다. 이 문제에서 알 수 있듯이 문제를 해결할 때는 내용의 정확도를 위해 핵심 용어와 관련된 내용은 반드시 정확하게 확인할 수 있어야 한다.

---

40 문맥적 의미 파악   정답률 71% | 정답 ④

문맥상 ⓐ ~ ⓔ와 바꿔 쓰기에 적절하지 않은 것은?

① ⓐ : 동시에 참이 되거나 동시에 거짓이 될 수 없는
두 가설이 모순이라는 것은 한 가설이 참이면 다른 가설은 거짓이 된다는 것이므로 동시에 참이 되거나 동시에 거짓이 될 수 없다.

② ⓑ : 귀무가설과 어긋난
병이 호전된다는 것은 신약이 효과가 있다는 것이므로 '신약이 효과가 없다.'라는 귀무가설과 어긋난다.

③ ⓒ : '신약이 효과가 없다.'라는 가설을 기각하고
귀무가설을 버린다는 것은 '신약이 효과가 없다'라는 가설을 기각하는 것이다.

✓ ⓓ : '피고인은 유죄이다.'라는 가설
3문단을 통해 '피고인은 유죄이다.'가 대립가설임을 알 수 있으므로, ⓓ의 귀무가설은 '피고인은 무죄이다.'라는 가설이 됨을 알 수 있다.

⑤ ⓔ : 1종 오류와 2종 오류
판단에서 발생하는 두 가지 오류인 1종 오류와 2종 오류를 의미한다.

41~45 현대 소설 + 시나리오

(가) 이문열, 「우리들의 일그러진 영웅」

감상 이 작품은 1960년대 시골의 한 초등학교를 배경으로 엄석대라는 절대 권력을 가진 급장과 그 앞에서 굴복하는 나약한 아이들의 모습을 통해 한국 사회의 왜곡된 의식 구조와 권력의 행태를 우의적으로 풍자하고 있는 작품이다. 시골 초등학교를 배경으로 하여 반 친구들 사이에 군림하는 엄석대라는 인물을 통해 권력의 속성과 무기력한 대중들의 모습을 상징적으로 보여 준 작품이라 할 수 있다.

주제 잘못된 권력과 이를 따르는 사람들의 문제점

작품 줄거리 자유당 정권이 막바지 기승을 부리던 시기에 나(한병태)는 좌천된 공무원 아버지를 따라 서울에서 작은 읍의 초등학교로 전학한다. 나는 교활한 독재자 엄석대가 이루어 놓은 힘의 제국에서 가치관의 심한 혼란을 느끼며 외롭게 저항한다. 그러나 혼자만의 저항이 부질없음을 깨닫고 권력에 편승하여 그 달콤함에 젖어들 무렵, 새로운 담임 선생이 등장한다. 민주 체제로의 가능성이 없었던 환경은 새 담임에 의해 변혁을 겪고 엄석대 체제는 힘없이 붕괴하고 만다. 그러나 엄석대의 권위와 횡포는 다수의 아이들 자신의 힘에 의해서 붕괴된 것이 아니라는 사실을 나는 정확히 인식한다. 즉, 새 담임이 아니었다면 반 아이들의 반성과 자각은 생기지 않았을 것이다. 학급은 새로운 체제에 시행착오를 겪으며 허우적거리지만 점차 민주적 질서를 회복한다. 그 후 사회인으로 성장한 나는 부조리한 현실에서 힘겹게 살아가며 엄석대에 대한 일종의 향수마저 느낀다. 그러던 중 피서길에서, 수갑을 차고 경찰에 붙들려 가는 엄석대와 맞닥뜨린다.

(나) 이문열 원작, 박종원 각색, 「우리들의 일그러진 영웅」

감상 이 작품은 소설 「우리들의 일그러진 영웅」을 각색한 시나리오로, 원작과 달리 1990년대의 정치적 상황을 염두에 두고 표현한 작품이다. 1950년대 말의 한 시골 초등학교가 배경이므로, 부정한 방법

으로 반 친구들 위에 군림하는 엄석대라는 아이를 통해 권력의 형성과 몰락 과정을 상징적으로 묘사하였다.

주제 잘못된 권력과 이를 따르는 사람들의 문제점

작품 줄거리 서울에서 학원 강사를 하고 있는 한병태는 옛 시골 초등학교 은사님이 돌아가셨다는 소식을 듣고 그곳으로 향하던 중, 초등학교 시절을 회상한다. 자유당 정권 말기에 한병태는 서울에서 소도시의 초등학교로 전학을 간다. 같은 반에서 담임의 절대적인 신임을 받으며 모든 일을 좌지우지하는 엄석대의 존재는 병태의 가치관을 흔들어 놓는다. 병태는 처음에는 대항하지만 결국 교묘한 압력에 굴복하고 엄석대의 휘하에 들어가 권력의 단맛에 길들여진다. 새학기가 시작되고 김정원이라는 새로운 담임이 부임하면서 엄석대의 위치에 금이 가기 시작한다. 김 선생은 엄석대를 눈여겨보다가 시험지를 바꿔치는 현장을 발견하고 반 아이들이 보는 앞에서 엄하게 처벌한다. 용기를 얻은 아이들이 엄석대의 비행을 하나씩 늘어놓자 엄석대는 교실을 뛰쳐나가 그날 밤 학교에 불을 지르고 마을을 떠난다. 한병태는 상갓집에서 누군가가 보낸 화환을 보며 아직도 어딘가에서 엄석대가 절대자로 군림하고 있을 것이라 생각한다.

---

41 서술상 특징 파악 정답률 75% | 정답 ④

[A]의 서술상 특징으로 가장 적절한 것은?

① 독백을 통해 대상에 대한 의문과 해답을 제시하고 있다.
독백 형식으로 드러내고는 있지만, 대상에 대한 의문이 제시되지 않고 있다.

② 감각적인 묘사를 통해 인물 간의 대립을 부각하고 있다.
감각적인 묘사나 인물 간의 대립은 찾아볼 수 없다.

③ 공간의 이동을 통해 인물의 심리 변화를 드러내고 있다.
공간의 이동이 드러나지 않으며, 이를 통해 인물의 심리가 변화하는 과정도 나타나지 않고 있다.

✔️ ④ 회상의 방식을 통해 과거 사건의 의미에 대해 서술하고 있다.
[A]의 '하지만 그때껏 그런 우리를 ~훨씬 더 많은 세월이 지나야 했다.'를 통해 [A]가 회상의 방식을 사용했음을 알 수 있다. 따라서 [A]는 서술자가 어린 시절 학급에서 겪었던 혼란스러운 상황들을 회상하면서 어른이 된 지금 그 경험들이 어떤 의미를 가졌는지 서술한 것이라 할 수 있다.

⑤ 들은 바를 전달하는 형식을 통해 사건의 전모를 밝히고 있다.
[A]는 서술자가 들은 바를 전달하는 것이 아니라, 서술자 자신의 경험을 회상하여 서술하고 있다.

★★★ 등급을 가르는 문제!

42 갈래의 전환 파악 정답률 51% | 정답 ①

〈보기〉를 참고할 때, (가)를 (나)로 각색하는 과정에 대해 이해한 것으로 적절하지 않은 것은? [3점]

〈보 기〉
소설을 시나리오로 각색할 경우, 갈래의 차이에 따라 여러 가지 변화가 일어나는데 예를 들면 소설에서는 인물의 내면 심리나 대상의 변화를 직접 서술할 수 있으나 시나리오는 이를 장면으로 시각화하거나 영화적 기법을 통해 표현한다. 또한 갈래적 차이에 따른 변화 외에도 각색 과정에서 창작자의 의도에 따라 특정 내용을 삭제 혹은 다른 장면으로 대체하거나 소설에 없던 장면을 추가하기도 한다.

✔️ ① (가)에서 김 선생이 아이들을 꾸짖는 모습이 S#136에서는 '다시'를 반복하는 장면으로 대체되어 아이들의 변화에 비관적인 그의 모습을 부각하고 있군.
(나)의 S#136에서 김 선생이 '다시'를 반복하는 모습은 아이들을 고무시켜 석대에게 맞설 용기를 북돋워 주고자 하는 것이라 할 수 있다. 따라서 S#136에서 김 선생이 '다시'를 반복하는 모습을 아이들의 변화에 비관적인 김 선생의 모습을 부각하는 것이라고 할 수 없다.

② (가)에서 아이들이 석대와 맞붙을 수 있게 된 것이 S#136에서는 '일제히 힘차게' 대답하는 모습으로 대체되고 있군.
(나)의 S#136에서 아이들의 대답이 힘찬 소리로 바뀌는 것은 아이들이 석대에게 맞설 수 있게 된 것을 암시하는 것이라 할 수 있으므로, (가)에 언급된 아이들과 석대의 대결을 대체한 것이라 할 수 있다.

③ S#137의 '불길에 싸'인 교실과 S#139의 '시커먼 병' 등을 통해 (가)에 나오지 않는 석대의 방화를 추가하여 그의 보복을 암시하고 있군.
석대의 방화는 (가)에는 등장하지 않지만 (나)에서는 석대의 보복을 암시하기 위해 석대의 방화 내용이 추가되었음을 알 수 있다.

④ (가)에서 직접적으로 서술된 병태의 내면을 S#140에서는 내레이션 기법을 통해 드러내고 있군.
(가)에서 서술자의 서술로 처리된 인물의 내면 의식이, (나)의 S#140에서 내레이션 기법을 통해 표현되고 있다.

⑤ (가)에서 학급이 정상으로 돌아가게 되었다는 것을 S#140에서는 '박수 치는 아이들'의 모습을 통해 드러내고 있군.
(가)에서 학급이 정상으로 돌아가고 있다는 것을, (나)의 S#140에서는 '박수 치는 아이들'이라는 교실 속 장면을 통해 보여 주고 있다.

★★ 문제 해결 꿀~팁 ★★

▶ 많이 틀린 이유는?
이 문제는 소설과 이를 시나리오로 각색하는 과정을 정확하게 이해하지 못해 오답률이 높았던 것으로 보인다. 또한 시나리오에 드러나는 인물의 행동이나 말에 담긴 의미를 이해하지 못한 것도 오답률이 높았던 것으로 보인다.
▶ 문제 해결 방법은?
이 문제를 해결하기 위해서는 소설의 내용을 시나리오에서는 어떻게 각색하였는지를 파악하여, 이와 관련된 선택지의 적절성을 판단하여야 한다. 가령 오답률이 높았던 ④의 경우 소설인 (가)에 제시된 병태의 내면이 S#140에서 내레이션(영화적 장면에 나타나지 않으면서 장면의 진행에 따라 그 내용이나 줄거리를 장외에서 해설하는 일)로 나타나 있으므로 적절하다. 그리고 시나리오로 각색한 과정에서 인물의 행동이나 말이 어떻게 드러나고 있는지 파악해야 한다. 정답인 ①의 경우, 선생님이 자신의 말을 알아듣겠냐고 하면서 학생들의 목소리가 죽어가는 소리로 대답하자 '다시'를 말하고, 이에 대해 학생들이 점점 큰소리로 대답하고 있으므로 아이들의 변화에 비관적인 그의 모습을 부각한다는 이해는 적절하지 않음을 알 수 있다. 마찬가지로 오답률이 높았던 ③의 경우에도 '불길에 싸'여와 '시커먼 병을 연결시키면 석대가 방화되었음을 알았을 것이다. 이 문제처럼 단순히 소설과 시나리오를 비교하는 것뿐만 아니라, 시나리오에 드러난 인물의 말과 행동의 의미도 파악하는 경우가 있으므로, 작품 전체 내용을 이해하여 그 의미가 무엇인지 찾을 수 있어야 한다.

43 작품 내용의 이해 정답률 72% | 정답 ③

ⓐ에 대한 이해로 적절하지 않은 것은?

---

① 학급의 일부 임원들이 '작은 석대를 꿈꾸'는 것은 아직 ⓐ에서 벗어나지 못했기 때문이다.
'작은 석대를 꿈꾸'는 것은 일부 아이들이 석대가 만들어 놓은 질서를 재건하고자 하는 것이므로 아직 석대의 질서에서 벗어나지 못한 것을 의미한다고 할 수 있다.

② '내부에서 일어나는 혼란'을 쉽게 해결하지 못한 것은 ⓐ를 대체할 수 있는 것을 마련하지 못했기 때문이다.
아이들은 석대의 질서에서 벗어난 후 새로운 질서를 수립하지 못해 우왕좌왕하고 있는데, 이는 '석대의 질서'를 대체할 수 있는 것을 마련하지 못했음을 보여 주는 것이라 할 수 있다.

✔️ ③ ⓐ는 석대가 아이들 '스스로가 스스로를 규율'할 수 있도록 하기 위하여 만든 것이다.
아이들 '스스로가 스스로를 규율'할 수 있게 된 것은 석대의 질서가 무너진 후 생긴 변화이므로, ⓐ는 석대가 아이들 '스스로가 스스로를 규율'할 수 있도록 하기 위하여 만들었다는 이해는 적절하지 않다.

④ '내 의식'이 '굴절되었던' 이유는 ⓐ에 익숙해져 있었기 때문이다.
'나'는 석대의 억압적 질서에 익숙하게 적응하여 살아온 자신의 의식을 굴절되었다고 표현하고 있다.

⑤ '나'는 ⓐ가 학급에 '편의와 효용성'을 제공했지만 지금은 되돌릴 수 없는 것이라고 생각한다.
'나'는 석대의 질서가 학급에 편의와 효용을 제공한 측면이 있었지만 이제는 금지된 것이라고 생각하고 있다.

44 구절의 기능 파악 정답률 69% | 정답 ⑤

⊙ ~ ⓜ에 대한 설명으로 적절하지 않은 것은?

① ⊙ : 석대가 떠난 후 학급이 맞닥뜨린 문제 상황들을 의미한다.
학급 아이들이 교실 안에서 겪는 혼란과 교실 밖에서 석대의 괴롭힘에 시달리는 것을 말한다.

② ⓛ : 석대와 처음으로 맞붙은 인물들의 특성을 나타낸다.
별나고 당차다는 것은 아이들이 석대에게 맞붙을 수 있는 특성을 보여 주는 것이다.

③ ⓒ : 다른 아이들도 석대와 맞붙을 수 있도록 하는 효과를 가져왔다.
김 선생이 책을 나누어 준 것을 본 다른 아이들도 감화를 받아 석대와 맞서고 있다.

④ ⓔ : 그동안 학급에 여러 차례 혼란이 거듭되어 왔음을 보여준다.
그동안 여러 차례 급장을 바꾸어 왔다는 의미로, 학급에 여러 차례 혼란이 거듭되어 왔음을 암시한다.

✔️ ⑤ ⓜ : 새 급장이 아직 완전히 인정받지 못하고 있음을 나타낸다.
새 급장이 단상 위에 올라가지 않는 것은 학급의 다른 아이들과 평등한 입장임을 상징적으로 보여 주는 것이지, 새 급장이 인정받지 못함을 나타낸 것이라고 할 수 없다.

★★★ 등급을 가르는 문제!

45 외적 준거에 따른 작품의 감상 정답률 40% | 정답 ①

〈보기〉는 윗글의 심화 학습을 위해 찾은 자료이다. 이를 참고하여 (가)를 이해한 내용으로 적절하지 않은 것은?

〈보 기〉
철학자 마이클 샌델은 올바른 사회를 위해서는 시민이 덕성을 바탕으로 자기 통치에 참여해야 한다고 말했다. 자기 통치에 참여한다는 것은 공동선(共同善)에 대하여 동료 시민들과 함께 고민하고 그것을 실현하기 위해 적극적으로 참여하는 것을 뜻한다. 그는 공동선에 대한 토론에서 시민들이 자신의 목표를 잘 선택하고 다른 사람의 선택권을 존중해야 한다고 주장하였다.

✔️ ① '새로 생긴 건의함'은 아이들의 적극적인 참여를 통해 학급의 공동선을 실현하기 위한 기능을 수행하였군.
새로 생긴 건의함은 국민 탄핵제도의 기능을 하기보다는 밀고와 모함으로 학급 임원들을 갈아치웠다고 하였으므로, '새로 생긴 건의함'이 공동선을 실현하기 위한 기능을 제대로 수행하였다고 볼 수 없다.

② '학급의 일이 갈팡질팡해도 담임선생님은 철저하게 모르는 척'한 것은 아이들이 자기 통치를 할 수 있는 능력을 스스로 기르도록 하기 위해서였겠군.
담임선생님이 학급의 일을 모르는 척하는 것은 아이들이 스스로 학급의 질서를 새로 수립해 나가길 바랐기 때문이다.

③ '자치회가 끝없는 입씨름으로 서너 시간씩 계속'된 것은 아이들이 공동선을 위한 토론에 익숙하지 않은 모습을 나타낸 것이겠군.
자치회가 끝없는 입씨름으로 지속된 것은 아이들이 공동선을 위한 토론에 익숙하지 않은 모습을 나타낸 것이다.

④ '내'가 '새로운 급장 선거에서 기권표를 던'졌던 것은 아직 자기 통치에 참여할 준비가 되지 않아서였겠군.
'내'가 새로운 급장 선거에서 기권표를 던진 것은 구성원으로서 학급의 공동 문제에 참여할 의지가 아직 부족한 것을 의미한다.

⑤ '다 같이 힘을 합쳐야 할 작업에 요리조리 빠져나가'는 아이들은 동료 시민들과 함께하는 것에 대해 적극적이지 않은 시민에 해당하겠군.
학급의 일에 빠져나가는 아이들은 다른 아이들과 협력하여 학급의 일을 수행하는데 소극적이라고 볼 수 있다.

★★ 문제 해결 꿀~팁 ★★

▶ 많이 틀린 이유는?
이 문제는 〈보기〉로 제시된 내용을 작품에 적용하는 과정과 작품에 제시된 소재나 행동의 의미를 정확히 파악하지 못하여 오답률이 높았던 것으로 보인다.
▶ 문제 해결 방법은?
이 문제를 해결하기 위해서는 먼저 〈보기〉의 내용을 이해하고, 이러한 내용을 바탕으로 한 선택지를 정확히 파악할 수 있어야 한다. 그런 다음 선택지에 제시된 〈보기〉를 바탕으로 한 소재나 인물의 행동에 대한 설명이 적절한지 글의 내용을 통해 확인해야 한다. 가령 정답인 ①의 경우 '새로 생긴 건의함'이 밀고와 모함으로 학급 임원들을 갈아치우는 역할을 하고 있음을 알 수 있으므로 공동선을 실현하기 위한 기능을 수행하였다고 볼 수 없는 것이다. 마찬가지로 오답률이 높았던 ③의 경우에도 '자치회가 끝없는 입씨름으로 서너 시간씩 계속된 것'을 원활한 토론 상황이 전개되지 않는 상황을 보여 주는 것이라 이해했다면 적절함을 알았을 것이다. 이 문제처럼 〈보기〉를 바탕으로 한 감상이라 하더라도 문제 해결의 핵심은 작품의 이해에 있으므로, 선택지에 언급된 내용을 작품을 통해 반드시 확인하고 적절성을 평가하도록 한다.

[01~03] 화법

01 말하기 방식 파악   정답률 93% | 정답 ⑤

위 발표자의 말하기 방식으로 가장 적절한 것은?

① 발표 자료의 출처를 밝혀 청중에게 신뢰감을 주고 있다.
발표 화제와 관련된 자료들을 보여 주고 있지만, 이러한 자료들의 출처를 밝히지는 않고 있다.

② 발표 중간중간 청중에게 질문을 던지며 청중의 반응을 확인하고 있다.
발표자는 5문단에서 마무리를 위한 질문을 던지고 있지만, 발표 중간중간마다 질문을 던지며 청중의 반응을 확인하지는 않고 있다.

③ 발표 내용의 역사적 유래와 가치를 언급하여 청중의 관심을 유도하고 있다.
도로 표지판의 모양과 표지판에 있는 번호에 대해 설명하고 있지만, 도로 표지판의 역사적 유래와 가치에 대한 내용은 언급하지 않고 있다.

④ 발표 내용과 관련된 자신의 경험을 이야기하여 청중의 흥미를 유발하고 있다.
발표자는 도로 표지판과 관련된 자신의 경험을 제시하지는 않고 있다.

☑ 발표에서 언급된 화제에 대한 구체적인 예를 제시하여 청중의 이해를 돕고 있다.
발표자는 2문단에서 고속도로 표지판을 설명하면서, 60번인 서울양양고속도로와 10번인 남해고속도로 표지판의 예를 들고 있고, 4문단에서 지방도의 표지판을 설명하면서 경기도에 있는 지방도 표지판의 예를 들고 있다. 따라서 발표자는 발표 화제와 관련된 구체적인 예를 제시하여 청중의 이해를 돕고 있다.

02 자료 이해의 적절성 판단   정답률 88% | 정답 ④

위 발표 내용을 바탕으로 (가)~(다)의 표지판을 이해한 내용으로 적절하지 않은 것은?

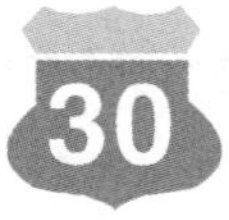

30	7	1004
(가)	(나)	(다)

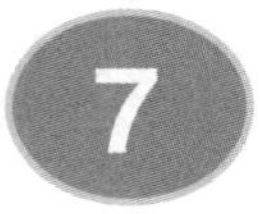

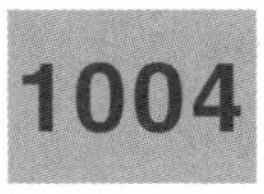

① (가)가 가리키는 도로는 남해고속도로와 서울양양고속도로 사이에 위치하고 있겠군.
2문단을 통해 동서로 연결된 도로는 위쪽으로 갈수록 큰 번호가 부여됨을 알 수 있으므로, 30번 고속도로는 10번 고속도로의 위쪽, 60번 고속도로의 아래쪽에 위치해 있음을 추측할 수 있다.

② (나)가 가리키는 도로는 두 자리 번호가 적힌 같은 종류의 도로보다 중심적인 역할을 하겠군.
3문단을 통해 일반국도 중 한 자리 번호가 부여된 경우는 두 자리 이상의 번호가 부여된 일반국도보다 중심적인 역할을 한다는 것을 알 수 있다.

③ (다)가 가리키는 도로는 경상남도 내의 시·군청 소재지들을 연결하고 있는 도로들 중 하나이겠군.
4문단을 통해 (다)처럼 10XX인 도로는 경상남도의 도지사가 직접 관리하고 있으므로 경상남도 내의 시·군청 소재지들을 연결하고 있을 것이다.

☑ (나)가 가리키는 도로는 (가)와 (다)가 가리키는 도로와는 달리 동서로 연결되어 있겠군.
2문단의 '우선 홀수는 고속도로가 남북으로 연결되어 있음을, 짝수는 동서로 연결되어 있음을 의미합니다.'를 통해, 고속도로의 경우 남북으로 연결된 도로에는 홀수 번호가, 동서로 연결된 도로에는 짝수 번호가 부여됨을 알 수 있다. 그리고 3, 4문단을 통해 일반국도, 지방도도 고속도로와 마찬가지로 남북으로 연결된 도로에는 홀수 번호가, 동서로 연결된 도로에는 짝수 번호가 부여됨을 알 수 있다. 따라서 (나)가 가리키는 도로는 동서가 아닌 남북 방향으로 연결된 도로임을 알 수 있다.

⑤ (다)가 가리키는 도로는 (가)와 (나)가 가리키는 도로와는 달리 도지사가 직접 관리하겠군.
4문단을 통해 (다)처럼 10XX인 도로는 경상남도의 도지사가 직접 관리하는 지방도임을 알 수 있다.

03 청중의 반응 분석   정답률 93% | 정답 ③

〈보기〉는 위 발표를 들은 학생의 반응이다. 이를 이해한 내용으로 가장 적절한 것은?

─〈 보 기 〉─
얼마 전 여행을 갔을 때 생각이 나. 도로를 지날 때마다 번호들이 적혀 있는 방패 모양, 타원 모양, 직사각형 모양의 표지판들을 보았는데, 발표를 듣고 모두 의미가 있다는 것을 알게 되었어. 가기 전에 알았으면 더 좋았을 텐데…… 그런데 그때 삼각형과 육각형 모양의 표지판도 본 것 같은데, 그것들도 어떤 의미가 있는지 인터넷으로 검색해 봐야겠어.

① 발표 내용을 객관적 사실과 발표자의 의견으로 구분하고 있다.
〈보기〉의 내용을 통해 학생은 발표 내용을 객관적 사실과 의견으로 구분하지 않고 있다.

② 발표했던 경험을 떠올리며 발표자의 발표 태도에 대해 아쉬워하고 있다.
〈보기〉에서 학생은 삼각형과 육각형 모양의 표지판을 본 경험을 언급하고 있지만, 자신이 발표했던 경험을 떠올리지는 않고 있다.

☑ 발표를 듣고 난 후 생긴 궁금증을 적극적으로 해결하려는 태도를 보이고 있다.
〈보기〉의 '그런데 그때 삼각형과 육각형 모양의 표지판도 본 것 같은데, 그것들도 어떤 의미가 있는지 인터넷으로 검색해 봐야겠어.'를 통해, 학생은 발표에서 언급되지 않은 삼각형과 육각형 모양의 도로 표지판을 인터넷으로 검색해서 의미를 알아보겠다는 적극적인 태도를 보이고 있음을 알 수 있다.

④ 발표에서 언급하지 않은 정보에 대해 발표자에게 질문을 해야겠다고 생각하고 있다.
〈보기〉에서 학생은 발표에서 언급되지 않은 정보인 삼각형과 육각형 모양의 표지판을 떠올리고 있지만, 이러한 정보를 발표자에게 질문해야겠다고 생각하지는 않고 있다.

⑤ 발표 내용과 자신이 알고 있던 사실을 비교하며 발표에서 제시한 정보에 의문을 품고 있다.
〈보기〉를 통해 학생이 발표에서 제시한 정보에 대해 의문을 품고 있는 부분은 찾아볼 수 없다.

[04~07] 화법과 작문

04 말하기 방식의 이해   정답률 78% | 정답 ②

(가)에 나타난 말하기 방식으로 적절한 것은?

① '진행자'는 '△△시 시장'에게 인터뷰할 내용의 순서를 안내하고 있다.
진행자는 처음에 △△시 시장을 모시고 인터뷰할 것임을 밝히고 있지만, △△시 시장에게 인터뷰할 내용의 순서를 안내하지는 않고 있다.

☑ '진행자'는 '△△시 시장'에게 자신이 이해한 내용이 맞는지 확인하고 있다.
방송 인터뷰 중 진행자는 5번째 발언에서 '올해는 나눔 마당, 실속 마당, 체험 마당으로 구성하여 운영한다는 말씀이죠?'라고 묻고 있고, 이에 대해 △△시 시장은 그렇다고 대답하고 있다. 따라서 진행자의 5번째 발언은 △△시 시장의 앞선 발화 내용에 대해 자신이 이해한 것이 맞는지를 확인하기 위한 질문이라 할 수 있다.

③ '진행자'는 친숙한 소재에 빗대어 인터뷰 내용을 요약하여 시청자들에게 전달하고 있다.
진행자가 친숙한 소재에 빗대어 인터뷰 내용을 요약하는 부분은 찾아볼 수 없다.

④ '△△시 시장'은 '진행자'의 질문에 전문가의 말을 인용하여 답변하고 있다.
△△시 시장의 발언 내용을 통해 △△시 시장이 진행자의 질문에 전문가의 말을 인용하여 답변한 내용은 찾아볼 수 없다.

⑤ '△△시 시장'은 기대되는 긍정적인 결과를 언급하며 인터뷰를 마무리하고 있다.
△△시 시장은 인터뷰를 마무리하면서 나눔 장터를 방문해 달라고 요청하고 있지만, 기대되는 긍정적 결과를 언급하지는 않고 있다.

05 자료 활용의 적절성 판단   정답률 81% | 정답 ④

〈보기〉는 '△△시 시장'이 인터뷰를 위해 준비한 자료이다. ㉠~㉤에 답변을 하기 위한 자료 활용 계획 중, (가)에서 확인 할 수 없는 것은?

─〈 보 기 〉─
• 사진 1 : 주변에 버려진 냉장고의 모습
• 동영상 : 행복 나눔 장터의 사람들 모습
• 사진 2 : 지역 농산물을 판매하는 모습
• 사진 3 : 폐식용유로 비누 만들기를 하는 모습
• 표 : 2021년 △△시 시민들이 기증한 중고품 목록
• 사진 4 : △△시 홈페이지의 게시판 화면

① ㉠에 대한 답변에서 '사진 1'을 제시하여, 행복 나눔 장터의 운영이 자원 재활용 및 환경 보호와 관련이 있음을 전달해야겠어.
㉠에 대한 답변에서 △△시 시장은 '사진 1'을 활용하여 행복 나눔 장터의 운영이 자원 재활용 및 환경 보호와 관련이 있음을 언급하고 있으므로 자료 활용 계획으로 적절하다.

② ㉡에 대한 답변에서 '동영상'을 제시하여, 행복 나눔 장터를 찾은 사람들의 모습을 생생하게 보여줘야겠어.
㉡에 대한 답변에서 △△시 시장은 '동영상'을 활용하여 행복 나눔 장터를 찾은 사람들의 모습을 생생하게 보여 주고 있으므로 자료 활용 계획으로 적절하다.

③ ㉢에 대한 답변에서 '사진 2'와 '사진 3'을 제시하여, 행복 나눔 장터에서 판매하는 지역 농산물과 시민들이 참여할 수 있는 체험 활동을 언급해야겠어.
㉢에 대한 답변에서 △△시 시장은 '사진 2'와 '사진 3'을 활용하여 행복 나눔 장터에서 판매하는 지역 농산물과 시민들이 참여할 수 있는 체험 활동을 언급하고 있으므로 자료 활용 계획으로 적절하다.

☑ ㉣에 대한 답변에서 '표'를 제시하여, 기증 받은 중고품의 목록과 기증자에게 돌아갈 다양한 혜택을 언급해야겠어.
〈보기〉의 자료 중 '표'는 ㉣에 답하기 위해 필요한 자료에 해당한다. 하지만 인터뷰에서 △△시 시장은 이 자료를 활용하여 중고품 기증자에게 돌아갈 다양한 혜택에 대해서는 언급하지 않고 있으므로 자료 활용 계획으로 적절하지 않다.

⑤ ㉤에 대한 답변에서 '사진4'를 제시하여, 중고품의 기증 방법과 절차를 안내해야겠어.
㉤에 대한 답변에서 △△시 시장은 '사진 4'를 활용하여 중고품의 기증 방법과 절차를 안내하고 있으므로 자료 활용 계획으로 적절하다.

06 글쓰기 계획 반영 여부 판단   정답률 94% | 정답 ③

다음은 학생이 (나)를 쓰기 전 떠올린 생각이다. (나)에 반영되지 않은 것은?

○ 글을 쓰는 사람이 누구인지를 먼저 밝혀야겠어. ·········· ㉠
○ 행복 나눔 장터를 직접 방문한 후의 느낀 점을 언급해야겠어. ·········· ㉡
○ 다른 지역의 학교에서 운영하고 있는 중고품 나눔 장터의 현황을 소개해야겠어. ·········· ㉢
○ 우리 학교 학생들이 사용하지 않고 있는 물건을 어떻게 처리하는지 언급해야겠어. ·········· ㉣
○ 중고품 나눔 장터를 마련해 달라고 건의하며 글을 마무리 해야겠어. ·········· ㉤

① ⊙ 글을 쓰는 사람이 누구인지를 먼저 밝혀야겠어.
1문단에서 글을 쓰는 사람이 1학년 김○○임을 밝히고 있으므로 반영된 것으로 적절하다.

② ⓛ 행복 나눔 장터를 직접 방문한 후의 느낀 점을 언급해야겠어.
2문단에서 행복 나눔 장터를 다녀온 후 우리 학교에도 중고품 나눔 장터가 있으면 좋겠다고 자신의 느낌을 언급하였으므로 반영된 것으로 적절하다.

☑ ⓒ 다른 지역의 학교에서 운영하고 있는 중고품 나눔 장터의 현황을 소개해야겠어.
(나)에서 다른 지역의 학교에서 운영하고 있는 중고품 나눔 장터의 현황은 제시되지 않았으므로 ⓒ은 반영되지 않았다.

④ ⓔ 우리 학교 학생들이 사용하지 않고 있는 물건을 어떻게 처리하는지 언급해야겠어.
3문단에서 우리 학교 학생들이 사용하지 않고 있는 물건을 그냥 버리거나 집에 방치하고 있다고 언급하였으므로 반영된 것으로 적절하다.

⑤ ⓜ 중고품 나눔 장터를 마련해 달라고 건의하며 글을 마무리 해야겠어.
4문단에서 교장 선생님께 중고품 나눔 장터를 마련해 줄 것을 건의하며 글을 마무리하였으므로 반영된 것으로 적절하다.

07 조건에 맞게 글쓰기 정답률 80% | 정답 ⑤

다음을 고려할 때, ⓐ를 보완한 내용으로 가장 적절한 것은? [3점]

> [글쓰기 과정에서의 자기 점검]
> 긍정적인 효과가 무엇인지 잘 드러나지 않았네. 우리 학교 학생들이 얻을 수 있는 교육적 효과와 학교가 얻을 수 있는 홍보 효과도 함께 강조하면 설득력이 더 높아질 것 같아.

① 우리 학교에 중고품을 교환할 수 있는 장터가 생긴다면, 학생들뿐만 아니라 지역 주민들도 분명 동참하게 될 것입니다.
학생과 학교가 얻을 수 있는 효과를 모두 언급하지 않았다.

② 우리 학교에 중고품을 교환할 수 있는 장터가 생긴다면, 학생들도 자신의 물건을 함부로 버리지 않고 더 애정을 가지게 될 것입니다.
우리 학교 학생들이 얻을 수 있는 교육적 효과는 언급하였지만 학교가 얻을 수 있는 홍보 효과를 언급하지 않았다.

③ 우리 학교에 중고품을 교환할 수 있는 장터가 생긴다면, 환경 보호에도 도움이 될 것이고 학생들도 자원 절약의 정신을 배우게 될 것입니다.
우리 학교 학생들이 얻을 수 있는 교육적 효과는 언급하였지만 학교가 얻을 수 있는 홍보 효과를 언급하지 않았다.

④ 우리 학교에 중고품을 교환할 수 있는 장터가 생긴다면, 우리 지역의 중학생들도 이 소문을 듣게 될 것이므로 자연스럽게 학교 홍보가 될 것입니다.
학교가 얻을 수 있는 홍보 효과를 언급하였지만, 우리 학교 학생들이 얻을 수 있는 효과를 언급하지 않았다.

☑ 우리 학교에 중고품을 교환할 수 있는 장터가 생긴다면, 학생들은 나눔의 정신을 배울 것이고 학교는 자원 절약을 실천하는 배움터라는 이미지를 얻을 것입니다.
[글쓰기 과정에서의 자기 점검]을 통해 ⓐ를 보완하기 위해 '학생들이 얻을 수 있는 교육적 효과'와 '학교가 얻을 수 있는 홍보 효과'를 언급해야 함을 알 수 있다. 이렇게 볼 때 이를 언급한 것은 ⑤로, ⑤의 '나눔의 정신을 배울 것'을 통해 우리 학교 학생들이 얻을 수 있는 교육적 효과가 언급되었음을 알 수 있다. 그리고 '자원 절약을 실천하는 배움터라는 이미지를 얻을 것'을 통해 학교가 얻을 수 있는 홍보 효과를 언급하였음을 알 수 있다.

[08~10] 작문

08 글쓰기 전략 파악하기 정답률 73% | 정답 ⑤

(나)에 활용된 글쓰기 전략으로 적절하지 않은 것은?

① 비유적 표현을 활용하여 독자의 경각심을 높인다.
1문단에서 '탄소발자국'을 '우리가 살아가면서 지구에 남기는 흔적'으로, 2문단에서 지구 환경에 부정적인 영향을 미치는 것을 '지구를 병들게' 하는 것으로 비유하면서 디지털 탄소발자국에 대한 독자의 경각심을 높이고 있다.

② 서두에 시사 용어를 사용하여 독자의 관심을 유도한다.
1문단에서 '기후변화', '지속가능', '탄소발자국' 등의 시사 용어를 제시하여 독자의 관심을 유도하고 있다.

③ 묻고 답하는 방식을 통해 전달하려는 내용을 강조한다.
3문단에서 '디지털 탄소발자국을 줄이기 위해 우리가 실천할 수 있는 일에는 무엇이 있을까?'라는 질문을 제시한 뒤, 이에 답하는 내용으로 구성하여 글쓴이가 전달하려는 내용을 강조하고 있다.

④ 다양한 실천 방안을 제시하여 독자의 참여를 이끌어낸다.
3문단에서 디지털 탄소발자국을 줄이는 실천 방안을 스마트폰과 관련지어 세 가지로 제시함으로써 독자의 참여를 이끌어내고 있다.

☑ 예상되는 반론을 언급하여 글의 내용에 공정성을 부여한다.
(나)에서는 '탄소발자국'의 개념과 디지털 영역에서의 이산화탄소 발생 및 탄소발자국 줄이기 위해 할 수 있는 일 등이 언급되어 있지만, 예상되는 반론을 언급하지는 않고 있다.

09 자료 활용의 적절성 파악 정답률 80% | 정답 ⑤

〈보기〉는 (나)를 쓴 '학생'이 '초고'를 보완하기 위해 추가로 수집한 자료들이다. 자료의 활용 방안으로 적절하지 않은 것은? [3점]

> 〈보 기〉
> ㄱ. 통계 자료
> 1. 스마트폰의 디지털 탄소발자국
>
> 데이터 8.6MB 사용 = 자동차 1km 주행
> CO₂ 95g 배출
>
> 2. 디지털 탄소발자국의 비율 (%)
>
> | 구분 | 디지털 탄소발자국 / 탄소발자국 |
> | --- | --- |
> | 2013년 | 2.5% |
> | 2018년 | 3% |
> | 2020년 | 3.7% |
> | 2040년 | 14% 초과 추정 |

ㄴ. 신문 기사
○○구는 지속가능한 지역 사회를 만들고 기후변화에 대응하기 위해 '디지털 탄소발자국 줄이기 5대 지침'을 시행한다고 밝혔다. 세부 지침은 컴퓨터 절전 프로그램 사용, 스팸 메일·쪽지 차단, 북마크 활용, 스트리밍 대신 다운로드, 전자기기 교체 주기 늘리기 등이다.

ㄷ. 전문가 인터뷰 자료
"2020년 7월 한 달 동안 스마트폰 가입자가 사용한 데이터는 1인당 평균 12.5GB 정도 되는데요, 이것은 한 달 동안 1인당 137.5kg의 이산화탄소를 배출한 셈이 됩니다. 실제 한 대학교 연구진은 개인이 스마트폰을 사용하면서 발생하는 이산화탄소가 다른 디지털 기기를 사용하는 과정에서 나온 이산화탄소의 총량을 넘어설 것이라고 지적하기도 했죠."

① ㄱ－1을 활용하여, CO₂ 배출량을 자동차 주행과 비교함으로써 스마트폰 데이터의 사용이 탄소발자국을 남기고 있다는 것을 강조해야겠어.
〈보기〉의 ㄱ－1은 스마트폰의 디지털 탄소발자국의 CO₂ 배출량을 자동차와 비교하여 제시한 자료이므로, 이를 활용하여 스마트폰 데이터의 사용이 탄소발자국을 남기고 있다는 것을 강조해야겠다는 자료 활용 계획은 적절하다.

② ㄱ－2를 활용하여, 탄소발자국에서 디지털 탄소발자국이 차지하는 비중이 앞으로 더 늘어날 것임을 알려야겠어.
〈보기〉의 ㄱ－2는 디지털 탄소발자국의 비율을 나타내고 있는데, 해마다 디지털 탄소발자국의 비율이 높아짐을 알 수 있다. 따라서 ㄱ－2를 활용하여 탄소발자국에서 디지털 탄소발자국이 차지하는 비중이 앞으로 더 늘어날 것임을 알려야겠다는 자료 활용 계획은 적절하다.

③ ㄴ을 활용하여, 디지털 탄소발자국을 줄여 기후변화에 대응하는 실천 방안을 추가로 제시해야겠어.
ㄴ은 ○○구의 '디지털 탄소발자국 줄이기 5대 지침'에 대한 신문 기사이므로, 이를 활용하여 디지털 탄소발자국을 줄여 기후변화에 대응하는 실천 방안을 추가로 제시해야겠다는 자료 활용 계획은 적절하다.

④ ㄱ－1과 ㄷ을 활용하여, 스마트폰 데이터의 사용으로 발생하는 디지털 탄소발자국을 구체적인 수치로 나타내야겠어.
〈보기〉의 ㄱ－1은 스마트폰의 디지털 탄소발자국의 CO₂ 배출량을 자동차와 비교하여 제시한 자료이고, ㄷ은 2020년 7월 한 달 동안의 1인당 사용한 데이터와 이에 해당하는 이산화탄소 양을 제시한 인터뷰 자료이다. 따라서 ㄱ－1과 ㄷ을 활용하여 스마트폰 데이터의 사용으로 발생하는 디지털 탄소발자국을 구체적인 수치로 나타내야겠다는 자료 활용 계획은 적절하다.

☑ ㄱ－2와 ㄴ을 활용하여, 디지털 탄소발자국을 줄이기 위해 현행 제도의 문제점을 지적하고 이를 개선해야 함을 부각해야겠어.
〈보기〉의 ㄱ－2는 디지털 탄소발자국의 비율을, ㄴ은 ○○구의 '디지털 탄소발자국 줄이기 5대 지침'에 대한 신문 기사이다. 따라서 ㄱ－2와 ㄴ에서 디지털 탄소발자국과 관련한 현행 제도의 문제점은 찾아볼 수 없으므로, 이를 활용하여 디지털 탄소발자국을 줄이기 위해 현행 제도의 문제점을 지적한다는 활용 계획은 적절하지 않다.

10 고쳐쓰기의 적절성 판단 정답률 87% | 정답 ④

⊙~ⓜ을 고쳐 쓰기 위한 방안으로 적절하지 않은 것은?

① ⊙ : 의미가 중복되므로 '감소시키고'를 삭제한다.
'감소시키다'는 '덜어서 적게 하다.'는 의미로, '줄이다'와 의미가 중복되므로 삭제하는 것은 적절하다.

② ⓛ : 문맥을 고려하여 '그래서'로 고친다.
2문단의 마지막 문장은 그 앞뒤 문장이 인과 관계로 연결되므로 이를 연결하는 역접의 접속어 '그러나'를 '그래서'로 고치는 것은 적절하다.

③ ⓒ : 필요한 문장 성분이 생략되어 있으므로 '스마트폰을'을 첨가한다.
'멀리하다'는 '가까이 하지 않고 거리를 두다.'는 의미의 타동사이므로 목적어를 필요로 한다. 문맥을 고려할 때 목적어 '스마트폰을'을 첨가하는 것은 적절하다.

☑ ⓔ : 글의 통일성을 해치는 내용이므로 삭제한다.
ⓔ은 앞뒤 문맥을 고려할 때 뒷문장을 뒷받침하는 내용으로 볼 수 있으므로 글의 통일성을 해치는 문장으로 볼 수 없다.

⑤ ⓜ : 맞춤법에 어긋나므로 '맞추며'로 고친다.
'(어떤 사람이 다른 사람과 눈을) 일치시켜 마주 바라보다.'는 의미의 단어는 '맞추다'이다.

[11~15] 문법

★★★ 등급을 가르는 둘째!

11 음운 변동의 이해 정답률 45% | 정답 ①

〈보기〉의 ⊙과 ⓛ이 모두 일어나는 단어로 적절한 것은?

> 〈보 기〉
> 음운의 변동에는 한 음운이 다른 음운으로 바뀌는 ⊙ '교체', 원래 있던 음운이 없어지는 '탈락', 두 개의 음운이 하나로 합쳐지는 ⓛ '축약', 없던 음운이 새로 생기는 '첨가'가 있다.

☑ 굳히다[구치다]
'굳히다'는 'ㄷ'과 'ㅎ'이 'ㅌ'으로 축약(거센소리되기)되어 [구티다]가 된 후, 구개음화 현상으로 'ㅌ'이 'ㅊ'으로 교체되어 [구치다]로 발음되므로, 교체와 축약이 모두 일어난다고 할 수 있다.

② 미닫이[미다지]
'미닫이'는 연음 현상으로 [미다디]로 발음된 뒤, 구개음화 현상으로 'ㄷ'이 'ㅈ'으로 교체되어 [미다지]로 발음되므로, 교체만 일어나고 축약은 일어나지 않는다.

③ 빨갛다[빨가타]
'빨갛다'는 'ㅎ'과 'ㄷ'이 'ㅌ'으로 축약(거센소리되기)되어 [빨가타]로 발음되므로, 축약은 일어나지만 교체는 일어나지 않는다.

④ 솜이불[솜니불]
'솜이불'은 'ㄴ'이 첨가되어 [솜니불]로 발음되므로, 교체와 축약 둘 다 일어나지 않는다.

⑤ 잡히다[자피다]
'잡히다'는 'ㅂ'과 'ㅎ'이 'ㅍ'으로 축약(거센소리되기)되어 [자피다]로 발음되므로, 축약은 일어나지만 교체는 일어나지 않는다.

■ 거센소리되기

'ㄱ, ㄷ, ㅂ, ㅈ'이 'ㅎ'과 만나면 거센소리인 'ㅋ, ㅌ, ㅍ, ㅊ'으로 발음되는 현상

ㄱ(ㄺ)＋ㅎ/ㅎ(ㄶ, ㅀ)＋ㄱ→[ㅋ]	예 먹히다 → [머키다] / 낳고 → [나코]
ㄷ＋ㅎ/ㅎ(ㄶ, ㅀ)＋ㄷ→[ㅌ]	예 맏형 → [마텽] / 않던 → [안턴]
ㅂ(ㄼ)＋ㅎ/ㅎ(ㄶ, ㅀ)＋ㅂ→[ㅍ]	예 잡화 → [자퐈]
ㅈ(ㄵ)＋ㅎ/ㅎ(ㄶ, ㅀ)＋ㅈ→[ㅊ]	예 맞히다 → [마치다] / 그렇지 → [그러치]

★★ 문제 해결 꿀~팁 ★★

▶ 많이 틀린 이유는?
이 문제는 단어의 음운 변동 과정 및 음운 변동의 종류인 교체, 탈락, 축약, 첨가에 대한 정확한 이해가 부족하여 오답률이 높았던 것으로 보인다.

▶ 문제 해결 방법은?
문법 문제에서는 음운 변동과 관련된 문제가 많이 출제되므로, 음운 변동의 종류에 대해서는 기본적으로 숙지하고 있어야 한다. 또한 이러한 음운 변동과 관련하여 각 단어들의 음운 변동 과정을 정확히 파악할 수 있어야 한다.
가령 정답인 ①의 경우 학생들은 단순히 '구개음화'만 일어나 교체는 일어나지만 축약은 일어나지 않는다고 생각하여 잘못된 판단을 한 것으로 보인다. 이는 '굳히다'의 음운 변동 과정을 고려하지 않은 판단으로, '굳히다'가 처음에 'ㄷ'과 'ㅎ'이 'ㅌ'으로 축약되어 [구티다]가 된 후 구개음화가 일어나는 음운 변동 과정을 파악했다면 교체와 축약이 모두 일어남을 알았을 것이다.
이처럼 음운 변동 문제를 해결하기 위해서는 각 단어의 음운 변동 과정도 반드시 고려해야 하므로, 평소 음운 변동을 학습할 때 음운 변동의 과정이 어떻게 일어나는지 꼼꼼하게 살피도록 한다.

12 안긴문장의 이해 정답률 60% | 정답 ②

윗글을 바탕으로 〈보기〉를 탐구한 내용으로 적절하지 않은 것은?

〈보 기〉

ㄱ 오랫동안 여행을 떠났던 친구가 ㄴ 자신이 돌아왔음을 알리며 ㄷ 곧장 나를 만나러 오겠다고 기분 좋게 약속해서 나는 ㄹ 마음이 설렜다.

① ㄱ은 뒤에 오는 명사 '친구'를 수식하므로 관형절로 안긴문장으로 볼 수 있군.
제시된 글 2문단을 통해, 관형절은 절 전체가 관형어의 기능을 하는 것으로, 체언 앞에 위치하여 체언을 수식하는 역할을 함을 알 수 있다. 따라서 ㄱ은 뒤에 오는 명사 '친구'를 수식하므로 관형절로 안긴문장이라 할 수 있다.

✓② ㄴ은 서술어 '알리며'의 부사어 역할을 하므로 명사절로 안긴문장으로 볼 수 있군.
제시된 글 2문단을 통해, 명사절이 절 전체가 명사처럼 쓰이는 것으로, 문장에서 주어, 목적어, 보어, 부사어 등의 역할을 함을 알 수 있다. 그런데 '자신이 돌아왔음' 뒤에 조사 '을'이 사용되었으므로 ㄴ은 부사어 역할을 하는 것이 아니라 서술어 '알리며'의 목적어 역할을 하므로 적절하지 않다.

③ ㄷ은 '고'를 사용하여 친구의 말을 인용하고 있으므로 인용절로 안긴문장으로 볼 수 있군.
제시된 글 2문단을 통해, 인용절은 화자의 생각 혹은 느낌이나 다른 사람의 말을 인용한 것이 절의 형식으로 안기는 경우로, '고', '라고'와 결합하여 나타남을 알 수 있다. 따라서 ㄷ은 '고'를 사용하여 친구의 말을 인용하고 있으므로 인용절로 안긴문장이라 할 수 있다.

④ ㄹ은 서술어 '약속해서'를 수식하고 있으므로 부사절로 안긴문장으로 볼 수 있군.
제시된 글 2문단을 통해, 부사절은 절 전체가 부사어의 기능을 하는 것으로, 서술어를 수식하는 역할을 함을 알 수 있다. 따라서 ㄹ은 서술어 '약속해서'를 수식하고 있으므로 부사절로 안긴문장이라 할 수 있다.

⑤ ㅁ은 주어 '나'의 상태를 서술하는 역할을 하므로 서술절로 안긴문장으로 볼 수 있군.
제시된 글 2문단을 통해, 서술절은 절 전체가 서술어의 기능을 하는 것임을 알 수 있다. 따라서 ㅁ은 주어 '나'의 상태를 서술하는 역할을 하므로 서술절로 안긴문장이라 할 수 있다.

13 이어진문장의 이해 정답률 86% | 정답 ⑤

윗글을 바탕으로 이어진문장을 구분한 내용으로 적절한 것은?

예문	종류	의미 관계
① 무쇠도 갈면 바늘이 된다.	종속	목적

'무쇠도 갈면 바늘이 된다.'는 앞 절인 '무쇠도 갈다.'와 뒤 절인 '바늘이 된다.'가 연결 어미 '-면'으로 이어진 문장으로, 앞 절이 뒤 절에 대해 '조건'의 종속적인 의미 관계로 이루어져 있다.

| ② 하늘도 맑고, 바람도 잠잠하다. | 대등 | 대조 |

'하늘도 맑고, 바람도 잠잠하다.'는 앞 절인 '하늘도 맑다.'와 뒤 절인 '바람도 잠잠하다.'가 연결 어미 '-고'로 이어진 문장으로, 앞 절과 뒤 절이 '나열'의 대등한 의미 관계로 이루어져 있다.

| ③ 나는 시험공부를 하러 학교에 간다. | 종속 | 조건 |

'나는 시험공부를 하러 학교에 간다.'는 앞 절인 '나는 시험공부를 하다.'와 뒤 절인 '(나는) 학교에 간다.'가 연결 어미 '-러'로 이어진 문장으로, 앞 절이 뒤 절에 대해 '목적'의 종속적인 의미 관계로 이루어져 있다.

| ④ 함박눈이 내렸지만 날씨가 따뜻하다. | 대등 | 나열 |

'함박눈이 내렸지만 날씨가 따뜻하다.'는 앞 절인 '함박눈이 내렸다.'와 뒤 절인 '날씨가 따뜻하다.'가 연결 어미 '-만'으로 이어진 문장으로, 앞 절과 뒤 절이 '대조'의 대등한 의미 관계로 이루어져 있다.

| ✓⑤ 갑자기 문이 열려서 사람들이 놀랐다. | 종속 | 원인 |

'갑자기 문이 열려서 사람들이 놀랐다.'는 앞 절인 '갑자기 문이 열리다.'와 뒤 절인 '사람들이 놀랐다.'가 연결 어미 '-어서'로 이어진 문장으로, 앞 절이 뒤 절에 대해 '원인'의 종속적인 의미 관계로 이루어져 있다.

● 문법 필수 개념

■ 종속적으로 이어진문장의 연결 어미의 이해

① 원인이나 이유 : -(아)서	예 비가 와서 땅이 질다.
② 배경이나 상황 : -는데	예 집에 가는데 옛 친구를 만났다.

---

③ 조건이나 가정 : -(으)면	예 이 모자가 좋으면 네가 가져라.
④ 의도나 목적 : -(으)려고	예 국수를 먹으려고 소면을 샀다.
⑤ 양보 : -(으)ㄹ지라도	예 바쁘시더라도 꼭 참석해 주세요.
⑥ 중단이나 전환 : -가	예 책을 읽다가 문득 선생님 생각이 났어요.
⑦ 정도의 심화 : -수록	예 날이 갈수록 행복해질 거예요.

★★★ 등급을 가르는 문제! ★★★

14 동사와 형용사의 이해 정답률 34% | 정답 ②

〈보기〉를 바탕으로 ㄱ ~ ㅁ을 이해한 내용으로 적절하지 않은 것은? [3점]

〈보 기〉

'동사'는 동작이나 작용을 나타내는 단어이고, '형용사'는 성질이나 상태를 나타내는 단어이다. 동사와 형용사는 활용하는 양상이 다른데, 일반적으로 동사 어간에는 현재 시제 선어말 어미 '-ㄴ-/-는-', 현재 시제의 관형사형 어미 '-는', 명령형 어미 '-아라/-어라', 청유형 어미 '-자' 등이 붙지만, 형용사 어간에는 붙지 않는다.

ㄱ 지훈이가 야구공을 멀리 던졌다.
ㄴ 해가 떠오르며 점차 날이 밝는다.
ㄷ 그 친구는 아는 게 참 많다.
ㄹ 날씨가 더우니 하복을 입어라.
ㅁ *올해도 우리 모두 건강하자.

※ '*'는 비문법적인 문장임을 나타냄

① ㄱ의 '던졌다'는 대상의 동작을 나타내므로 동사이다.
〈보기〉에서 '동사'는 동작이나 작용을 나타내는 단어라 하였으므로, ㄱ의 '던졌다'는 대상의 동작을 나타내므로 동사라 할 수 있다.

✓② ㄴ의 '밝는다'는 대상의 상태를 나타내므로 형용사이다.
〈보기〉를 통해 ㄴ은 비문법적인 문장이 아닌 문법적인 문장임을 알 수 있고, ㄴ의 '밝다'에 현재 시제 선어말 어미 '-는-'이 결합하고 있으므로 '밝다'는 동사로 사용되었음을 알 수 있다. ㄴ의 '밝는다'는 '밤이 지나고 환해지며 새날이 오다.'라는 뜻으로, 시간의 변화에 따라 환해지는 '작용(어떤 현상을 일으키거나 영향을 미침)'을 나타내므로 동사이다. 한편 '밝다'는 동사와 형용사로 모두 쓸 수 있다.

③ ㄷ의 '아는'은 현재 시제의 관형사형 어미 '-는'이 결합하였으므로 동사이다.
〈보기〉를 통해 동사 어간에는 현재 시제의 관형사형 어미 '-는'이 붙을 수 있음을 알 수 있으므로, 현재 시제의 관형사형 어미 '-는'이 결합한 ㄷ의 '아는'은 동사라 할 수 있다.

④ ㄹ의 '입어라'는 명령형 어미 '-어라'가 결합하였으므로 동사이다.
〈보기〉를 통해 동사 어간에는 명령형 어미 '-아라/-어라'가 붙을 수 있음을 알 수 있으므로, 명령형 어미 '-어라'가 결합한 ㄹ의 '입어라'는 동사라 할 수 있다.

⑤ ㅁ의 '건강하자'의 기본형 '건강하다'는 청유형 어미 '-자'가 결합할 수 없으므로 형용사이다.
〈보기〉를 통해 형용사 어간에는 청유형 어미 '-자'가 붙지 않고, 청유형 어미 '건강하자'가 사용된 ㅁ이 비문법적인 문장임을 알 수 있다. 따라서 기본형 '건강하다'는 청유형 어미 '-자'가 결합할 수 없으므로 형용사임을 알 수 있다.

★★ 문제 해결 꿀~팁 ★★

▶ 많이 틀린 이유는?
이 문제는 〈보기〉에 제시된 동사와 형용사의 구별 방법에 대한 정확한 이해가 부족하여 오답률이 높았던 것으로 보인다.

▶ 문제 해결 방법은?
이 문제는 기본적으로 〈보기〉에 제시된 동사와 형용사의 구분법에 대한 정확한 이해가 선행되어야 한다. 이러한 〈보기〉의 내용을 정확히 이해했다면, 특히 동사에는 현재 시제 선어말 어미가 붙고 형용사에는 현재 시제 선어말 어미가 붙지 않는다는 것을 알았다면, ②의 '밝는다'의 경우 어간에 현재 시제 선어말 어미가 붙었으므로 동사임을 바로 알았을 것이다. 이처럼 문법 문제에서 〈보기〉가 주어진 경우 〈보기〉의 내용을 정확히 이해한다면 문제를 쉽게 풀 수 있으므로, 〈보기〉의 내용을 정확히 이해하는 데 주의를 기울이도록 한다.

▶ 오답인 ③, ⑤를 많이 선택한 이유는?
이 문제의 경우 학생들이 ③과 ⑤가 적절하다고 하여 오답률이 높았는데, 이 역시 〈보기〉에 대한 정확한 이해가 부족했기 때문으로 보인다. 즉 ③의 경우 '아는' 뒤의 '게'를 볼 때, '아는'은 기본형 '알다'에 관형사형 어미 '-는'이 붙음을 알 수 있으므로 〈보기〉를 통해 동사임을 알 수 있다. 그리고 ⑤의 경우 비문법적인 문장이라 하였고, '건강하자'에 청유형 어미 '-자'가 붙어 있으므로 '건강하다'는 형용사임을 알 수 있다.

15 단어의 의미 파악 정답률 82% | 정답 ①

〈보기〉를 바탕으로 단어의 의미를 이해하려 할 때, ㄱ과 ㄴ의 예로 바르게 짝지어진 것은?

〈보 기〉

다의어는 두 가지 이상의 뜻을 가진 단어를 가리킨다. 다의어는 단어가 원래 뜻하는 ㄱ 중심적 의미와 중심적 의미에서 파생된 ㄴ 주변적 의미를 갖는다. '날아가는 새를 보다'에서 '보다'는 '눈으로 대상의 존재, 형태를 알다'라는 중심적 의미로 사용되었다. 그러나 '의사가 환자를 보다'에서 '보다'는 '진찰하다'라는 주변적 의미로 사용되었다.

✓① ㄱ : 창문을 열어 환기를 하자.
ㄴ : 회의를 열어 그를 회장으로 추천하자.
ㄱ의 '열어'는 '닫히거나 잠긴 것을 트거나 벗기다.'라는 중심적 의미로, ㄴ의 '열어'는 '모임이나 회의 따위를 시작하다.'라는 주변적 의미로 사용되었다.

② ㄱ : 마음을 굳게 먹고 열심히 연습했다.
ㄴ : 국이 매워서 많이 먹지 못하겠다.
ㄱ의 '먹고'는 '어떤 마음이나 감정을 품다.'라는 주변적 의미로, ㄴ의 '먹지'는 '음식을 입을 통해 배 속에 들여보내다.'라는 중심적 의미로 사용되었다.

③ ㉠ : 미리 숙소를 **잡고** 여행지로 출발했다.
　ㄴ : 오디션에 참가할 기회를 **잡았다**.
　㉠의 '잡고'는 '사람이 시간이나 장소, 방향 따위를 골라 정하거나 차지하다.'라는 주변적 의미로, ㄴ의 '잡았다'는 '일, 기회 따위를 얻다.'라는 주변적 의미로 사용되었다.

④ ㉠ : 그는 이번 인사발령으로 총무과로 **갔다**.
　ㄴ : 그는 아침 일찍 일터로 **갔다**.
　㉠의 '갔다'는 '직책이나 자리를 옮기다.'라는 주변적 의미로, ㄴ의 '갔다'는 '한 곳에서 다른 곳으로 장소를 이동하다.'라는 중심적 의미로 사용되었다.

⑤ ㉠ : 창밖을 내다보니 동이 트려면 아직도 **멀었다**.
　ㄴ : 학교에서 버스정류장까지가 매우 **멀었다**.
　㉠의 '멀었다'는 '시간적으로 사이가 길거나 오래다.'라는 주변적 의미로, ㄴ의 '멀었다'는 '거리가 많이 떨어져 있다.'라는 중심적 의미로 사용되었다.

[16~45] 독서·문학

16~20 과학

'식욕의 작용 원리(재구성)'

해제 이 글은 식욕 중추와 전두 연합 영역을 중심으로 식욕의 작용 원리에 대해 설명하고 있다. 식욕은 시상 하부의 식욕 중추에 있는 섭식 중추와 포만 중추의 작용으로 자연스럽게 조절되는데, 식욕 중추는 혈액 속에 있는 포도당, 인슐린, 지방산 등의 영향을 받는다. 이때 포도당과 인슐린은 포만 중추의 작용은 촉진하고 섭식 중추의 작용은 억제하며, 지방산은 섭식 중추의 작용은 촉진하고 포만 중추의 작용은 억제한다. 그리고 취향이나 기분에 좌우되는 식욕은 전두 연합 영역의 영향을 받는데, 그 사례로 배가 불러 더 이상 못 먹겠다고 생각하면서도 디저트를 먹는 현상을 들 수 있다.

주제 식욕의 작용 원리

문단 핵심 내용

1문단	식욕 중추의 영향을 받는 식욕
2문단	식욕 중추가 식욕을 조절하는 원리
3문단	식욕에도 영향을 미치는 전두 연합 영역
4문단	배가 부른 후에 디저트를 먹는 현상을 설명할 수 있는 전두 연합 영역

16 핵심 정보 파악
정답률 87% | 정답 ①

윗글의 표제와 부제로 가장 적절한 것은?

☑ **① 식욕의 작용 원리**
　– 식욕 중추와 전두 연합 영역을 중심으로
　1문단에서 식욕이 식욕 중추의 영향을 받음을 드러내면서 2문단에서 시상 하부의 식욕 중추에 있는 섭식 중추와 포만 중추의 작용으로 식욕이 자연스럽게 조절됨을 밝히고 있다. 그리고 3, 4문단에서 취향이나 기분에 좌우되는 식욕은 전두 연합 영역의 영향을 받음을 언급하면서 그 사례로 배가 불러 더 이상 못 먹겠다고 생각하면서도 디저트를 먹는 현상을 제시하고 있다. 이렇게 볼 때, 이 글은 '식욕 중추와 전두 연합 영역'에 대한 설명을 바탕으로 '식욕의 작용 원리'를 서술하고 있으므로 표제와 부제로 적절한 것은 ① 이다.

② 식욕의 개념과 특성
　– 영양소의 종류와 역할을 중심으로
　'식욕의 개념과 특성'은 1문단에 국한되어 있으므로 전체 내용을 아우를 수 있는 표제로 적절하지 못하다. 또한 '영양소의 종류와 역할' 역시 2문단에 국한되어 있어서 전체 내용을 아우르지 못해 부제로 적절하지 않다.

③ 식욕이 생기는 이유
　– 탄수화물과 지방의 영향 관계를 중심으로
　'식욕이 생기는 이유'는 표제로 일면 적절하다고 볼 수 있지만, '탄수화물과 지방'은 2문단에 언급되어 있을 뿐 그 '영향 관계'는 드러나지 않으므로 부제로 적절하지 않다.

④ 전두 연합 영역의 특성
　– 디저트의 섭취와 소화 과정을 중심으로
　'전두 연합 영역의 특성'은 3, 4문단에 국한되어 있으므로 전체 내용을 아우를 수 없어서 표제로 적절하지 않다. 또한 '디저트의 섭취'는 3, 4문단에 언급되어 있지만 전체 내용을 아우르지 못하고, '소화 과정'은 드러나지 않으므로 부제로 적절하지 않다.

⑤ 전두 연합 영역의 여러 기능
　– 포도당과 지방산의 작용 관계를 중심으로
　'전두 연합 영역의 여러 기능'은 3, 4문단에 국한되어 있으므로 전체 내용을 아우를 수 없어서 표제로 적절하지 않다. 또한 '포도당과 지방산'은 2문단에 언급되어 있지만 전체 내용을 아우르지 못하고, 그 '작용 관계'는 드러나지 않으므로 부제로 적절하지 않다.

17 세부 내용의 이해
정답률 74% | 정답 ③

윗글을 이해한 내용으로 적절하지 않은 것은?

① 식욕은 인간이 살아가는 데 반드시 필요한 욕망이다.
　1문단을 통해 식욕은 음식을 먹고 싶어 하는 욕망으로, 인간이 살아가는 데 필요한 영양분을 얻기 위해서 반드시 필요함을 알 수 있다.

② 인간의 뇌에 있는 시상 하부는 인간의 식욕에 영향을 끼친다.
　1, 2문단의 내용을 통해 인간의 뇌에 있는 시상 하부는 인간의 식욕에 영향을 끼침을 알 수 있다.

☑ **③ 위(胃)의 운동에 관여하는 오렉신은 전두 연합 영역에서 분비된다.**
　4문단을 통해 전두 연합 영역의 신경 세포가 '맛있다'와 같은 신호를 섭식 중추로 보내면, 섭식 중추에서 오렉신이라는 물질이 나옴을 알 수 있다. 따라서 위의 운동에 관여하는 오렉신은 전두 연합 영역이 아니라 섭식 중추에서 분비됨을 알 수 있다.

④ 음식의 특정한 맛에 질렸을 때 더 이상 먹을 수 없다고 생각 할 수 있다.
　4문단을 통해 배가 차지 않은 상태에서 '이젠 더 이상 못 먹겠다'고 생각하는 이유는 특정한 맛에 질렸기 때문임을 알 수 있다.

⑤ 전두 연합 영역은 정신적이고 지적인 활동뿐만 아니라 식욕에도 관여한다.
　3문단을 통해 전두 연합 영역은 정신적이고 지적인 활동을 담당하는 곳이지만 식욕에도 큰 영향을 미침을 알 수 있다.

★★★ 등급을 가르는 문제!
18 세부 내용의 추론
정답률 38% | 정답 ④

ㄷ와 '식욕 중추의 작용'을 고려하여 ⓐ를 이해한 내용으로 적절한 것은?

① 섭식 중추의 작용이 억제되므로 ⓐ는 타당하다.
　1문단을 통해 실제로 배가 찼다면 섭식 중추의 작용은 억제되고, 포만 중추가 작용하여 식욕이 억제될 것임을 알 수 있다. 따라서 '음식을 먹은 후 '이제 더 이상 못 먹겠다'라고 생각하면서도 디저트를 먹는 현상(ⓐ)'이 타당하다고 이해하는 것은 적절하지 않다.

② 섭식 중추의 작용이 활발하므로 ⓐ는 모순적이다.
　1문단을 통해 배가 부른 상태라면 섭식 중추가 아니라 포만 중추의 작용이 활발하게 될 것임을 알 수 있다. 따라서 섭식 중추가 활발하다고 이해하는 것은 적절하지 않다.

③ 포만 중추의 작용이 억제되므로 ⓐ는 모순적이다.
　1문단을 통해 배가 부른 상태라면 섭식 중추가 아니라 포만 중추의 작용이 활발하게 될 것임을 알 수 있다. 따라서 포만 중추가 억제된다고 이해하는 것은 적절하지 않다.

☑ **포만 중추의 작용이 활발하므로 ⓐ는 모순적이다.**
　1, 2문단을 통해 포만 중추가 식욕을 억제함을 알 수 있다. 이를 바탕으로 할 때, 배가 찬 상태(ㄷ)에서 '이젠 더 이상 못 먹겠다'고 생각하는 이유는 포만 중추의 작용이 활발하기 때문임을 알 수 있다. 따라서 배가 찬 상태에서 디저트를 먹는 현상은 모순적이라 할 수 있다.

⑤ 섭식 중추와 포만 중추의 작용이 반복되므로 ⓐ는 타당하다.
　1문단을 통해 실제로 배가 찼다면 섭식 중추의 작용은 억제되고 포만 중추가 작용하여 식욕이 억제될 것임을 알 수 있다. 따라서 '음식을 먹은 후 '이제 더 이상 못 먹겠다'라고 생각하면서도 디저트를 먹는 현상(ⓐ)'에서 섭식 중추와 포만 중추의 작용이 반복된다고 이해하는 것은 적절하지 않다.

★★ 문제 해결 꿀~팁 ★★

▶ 많이 틀린 이유는?
이 문제는 ㄷ와 식욕 중추의 작용을 고려하여 ⓐ의 상황을 이해하는 문제인데, 이러한 문제의 내용을 정확히 이해하지 못하여 오답률이 높았던 것으로 보인다.

▶ 문제 해결 방법은?
간혹 학생들 중에는 문제를 정확히 이해하지 못해 잘못된 선택을 하는 경우가 많은데, 이 문제 역시 마찬가지이다. 이처럼 수능에 출제된 문제를 읽을 때에는 주의를 기울여 읽어야 한다(실제로 옳지 않은 것을 묻는데 옳은 것을 묻는 경우도 있음).
이 문제를 분석해 보면, ㄷ는 '배가 부른 상태, 즉 포만감이 있는 상태'이고, '식욕 중추의 작용'에는 배가 고픈 느낌이 들게 하는 '섭식 중추'와 배가 부른 느낌이 들게 하는 '포만 중추'가 있음을 고려하여, ⓐ의 상태에 대해 이해하는 것이라 할 수 있다. 즉 배가 부른 상태인 포만 중추가 활발한 상황에서 ㄷ에 대해 이해하는 것이 문제의 핵심이라 할 수 있다. 이렇게 문제를 분석하면 포만 중추의 작용이 활발한 상황에서 '디저트를 먹는 현상'은 포만 중추의 활발한 것과는 앞뒤가 서로 일치되지 아니한 상황이므로 모순되었다고 할 수 있는 것이다.
한편 문제를 읽을 때에는 눈으로만 읽지 말고 반드시 펜을 이용하여 밑줄을 그으면서 정확히 읽는 습관을 기르면 그만큼 오류를 줄일 수 있음을 명심하도록 한다.

19 정보 간의 관계 파악
정답률 75% | 정답 ④

[A]를 바탕으로 <보기>에 대해 설명한 내용으로 가장 적절한 것은?

< 보 기 >
다음은 탄수화물이 포함된 식사 전후에 혈액 속을 흐르는 물질이 식욕 중추에 끼치는 영향 관계를 표현한 모식도이다.

① 혈관 속에 ㉠의 양이 줄어들면 ㄴ이 분비된다.
　혈관 속에 포도당의 양이 늘어나면 인슐린(ㄴ)이 분비된다.

② 혈관 속에 포도당(㉠)과 ㄴ의 양이 많아지면 배가 고픈 느낌이 든다.
　혈관 속에 포도당(㉠)과 인슐린(ㄴ)의 양이 많아지면 배가 부른 느낌이 든다.

③ 공복 상태가 길어지면 ㉠과 ㄷ은 시상 하부의 명령을 식욕 중추에 전달한다.
　포도당(㉠)과 지방산(ㄷ)은 시상 하부의 명령을 식욕 중추에 전달하는 역할을 하지 않는다.

☑ **공복 상태가 길어지면 혈관 속에 ㉠의 양은 줄어들고 ㄷ의 양은 늘어난다.**
　2문단을 통해 ㉠은 포도당, ㄴ은 인슐린, ㄷ은 지방산임을 알 수 있다. 그런데 식사를 하면, 탄수화물이 분해되어 포도당(㉠)으로 변하고, 이로 인해 췌장에서 인슐린(ㄴ)이 분비된다. 이후 포도당(㉠)과 인슐린(ㄴ)은 혈액을 타고 시상 하부로 이동하여 포만 중추의 작용은 촉진하고 섭식 중추의 작용은 억제한다. 반면에 식사 후 공복 상태가 길어지면, 중성지방이 분해되어 지방산(ㄷ)이 생기고, 지방산은 혈액을 타고 시상 하부로 이동하여 섭식 중추의 작용은 촉진하고 포만 중추의 작용은 억제한다.

⑤ 식사를 하는 동안에 ㄴ은 ㄷ의 도움으로 피부 아래의 조직에 중성지방으로 저장된다.
　인슐린(ㄴ)은 피부 아래의 조직에 중성지방으로 저장되지 않는다.

윗글을 바탕으로 〈보기〉를 이해한 내용으로 적절하지 않은 것은? [3점]

〈보 기〉

(뷔페에서 음식을 먹은 후)

A : 너무 많이 먹어서 배가 터질 것 같아.
B : 나도 배가 부르기는 한데, 그래도 내가 좋아하는 떡볶이를 좀 더 먹어야겠어.
(잠시 후 디저트를 둘러보며)
A : 예전에 여기서 이 과자 먹어 봤는데 정말 달고 맛있었어. 오늘도 먹어 볼까?
B : 너 조금 전에 배가 터질 것 같다고 하지 않았니?
A : 후식 먹을 배는 따로 있다는 말도 못 들어 봤어?
B : 와! 그게 또 들어가? 진짜 대단하다. 나는 입맛에는 안 맞지만 건강을 위해 녹차나 마셔야겠어.

① A는 오렉신의 영향으로 위(胃)에 후식이 들어갈 공간이 더 마련되었겠군.
4문단을 통해 A는 오렉신의 영향으로 위에 후식이 들어갈 공간이 마련되었음을 알 수 있다.

✔ A는 섭식 중추의 작용으로 뷔페의 과자가 맛있었다고 떠올릴 수 있었겠군.
3문단을 통해 영양분의 섭취와 관계없이 취향이나 기분에 좌우되는 식욕이 전두 연합 영역이 영향을 미침을 알 수 있다. 따라서 A는 섭식 중추가 아니라 전두 연합 영역의 작용으로 뷔페의 과자가 맛있었다고 떠올렸다고 할 수 있다.

③ B는 영양분의 섭취와는 무관하게 떡볶이가 먹고 싶다고 생각했겠군.
3문단을 통해 B는 영양분의 섭취와는 무관하게 취향에 따라 자신이 좋아하는 떡볶이를 먹고 싶다고 생각하였음을 알 수 있다.

④ B는 전두 연합 영역의 작용으로 건강을 위해 입맛에 맞지 않는 녹차를 마셨겠군.
3문단을 통해 B는 전두 연합 영역의 작용으로 건강을 위해 입맛에 맞지 않는 녹차를 마셨음을 알 수 있다.

⑤ A와 B는 디저트를 둘러보기 전까지 섭식 중추의 작용이 점점 억제되었겠군.
1문단을 통해 A와 B는 디저트를 둘러보기 전까지 식사를 하였으므로 배가 점점 불러서 섭식 중추의 작용이 점점 억제되었음을 알 수 있다.

21~25 인문

인간의 본성에 대한 주희와 정약용의 관점(재구성)

해제 이 글은 인간의 본성에 대한 주희와 정약용의 관점을 설명하고 있다. 주희가 인간의 본성을 본연지성과 기질지성으로 설명한 것과 달리 정약용은 인간의 본성을 기호로 설명하였다. 정약용은 선한 행위와 악한 행위의 원인을 선천적 요인으로 본다면 행위에 인간의 의지가 개입되지 않으므로 악한 행위를 한 사람에게 윤리적 책임을 물을 수 없다고 주희를 비판하고, 선한 행위와 악한 행위를 하는 것은 인간의 자유 의지에 따른 것이라는 점을 강조하였다. 또한 정약용은 내가 대접받고 싶은 대로 타인을 대우한다는 추서에 따라 선한 행위를 실천해야 한다고 보았다.

주제 인간의 본성에 대한 정약용의 인식

문단 핵심 내용

1문단	인간의 본성에 대해 주희와 다른 관점을 보인 정약용
2문단	인간의 본성에 대한 주희의 관점과 이를 비판한 정약용
3문단	인간의 본성에 대한 정약용의 관점
4문단	구체적인 실천 원리로 '서'를 강조한 정약용

윗글의 내용 전개 방식으로 가장 적절한 것은?

① 인간의 본성에 대한 여러 관점이 사회에 미친 영향을 설명하고 있다.
인간의 본성에 대한 주희와 정약용의 관점을 설명하고 있으나, 이러한 관점들이 사회에 미친 영향을 설명하지는 않고 있다.

✔ 인간의 본성에 대한 기존의 관점을 비판하는 다른 관점을 소개하고 있다.
이 글 1문단에서 정약용이 인간 본성에 대한 자신의 이론을 정립하여 주희와 다른 관점을 보여 주었음을 언급한 뒤, 2문단에서 인간 본성에 대한 주희의 관점과 이에 대한 정약용의 비판을 드러내고 있다. 그리고 3문단에서는 인간의 본성을 '기호'로 본 정약용의 관점을, 4문단에서는 정약용의 구체적인 실천 원리인 '서'에 대해 설명하고 있다. 따라서 이 글은 인간의 본성에 대한 주희의 관점을 비판하는 정약용의 관점을 소개하였다고 할 수 있다.

③ 인간의 본성에 대한 관점의 타당성 여부를 다양한 입장에서 분석하고 있다.
인간의 본성에 대한 주희와 정약용의 관점이 타당한지 여부를 다양한 입장에서 분석하지는 않고 있다.

④ 인간의 본성에 대한 상반된 관점을 절충한 새로운 관점의 특징을 밝히고 있다.
인간의 본성에 대한 주희와 정약용의 관점이 상반되었다고 볼 수 있지만, 이러한 상반된 관점을 절충한 새로운 관점은 제시하지 않고 있다.

⑤ 인간의 본성에 대해 대비되는 관점이 등장하게 된 시대적 배경을 설명하고 있다.
인간의 본성에 대한 주희와 정약용의 관점이 대비된다고 볼 수 있지만, 이러한 대비되는 관점이 등장하게 된 시대적 배경은 언급하지 않고 있다.

윗글의 내용과 일치하지 않는 것은?

① 주희는 인간에게 하늘로부터 부여 받은 본연지성이 있다고 보았다.
2문단을 통해 주희가 인간에게 하늘로부터 부여받은 본연지성이 있다고 보았음을 알 수 있다.

② 주희는 기질의 맑고 탁함에 따라 선하거나 악한 행위가 나타날 수 있다고 보았다.
2문단을 통해 주희가 기질이 맑으면 선한 행위를 하고 기질이 탁하면 악한 행위를 할 수 있다고 보았음을 알 수 있다.

③ 정약용은 추서에 따라 선한 행위를 실천하는 것이 중요하다고 보았다.
4문단을 통해 정약용이 추서에 따라 선한 행위를 실천해야 한다고 생각했음을 알 수 있다.

---

④ 정약용은 감각적 욕구가 악한 행위를 유도하므로 제거해야 한다고 보았다.
3문단의 '정약용은 감각적 욕구가 생존에 필요하고 삶의 원동력이 된다는 점에서 일부 긍정했으나'를 통해, 정약용은 감각적 욕구를 일부 긍정하고 있음을 알 수 있다. 따라서 정약용이 감각적 욕구가 악한 행위를 유도하므로 제거해야 한다고 보았다는 이해는 적절하지 않다.

⑤ 정약용은 주희의 관점으로는 악한 행위를 한 사람에게 윤리적 책임을 물을 수 없다고 보았다.
2문단을 통해 정약용이 선한 행위와 악한 행위의 원인을 기질이라는 선천적인 요인으로 본다면 행위에 인간의 의지가 개입되지 않으므로 악한 행위를 한 사람에게 윤리적 책임을 물을 수 없다고 주희를 비판하였음을 알 수 있다.

㉠과 ㉡에 대한 이해로 가장 적절한 것은?

① ㉠은 인간이 제어할 수 없는 기호이다.
㉠을 제어하지 못할 경우 악한 행위가 나타날 수 있고, 인간은 자유 의지에 따라 선한 행위와 악한 행위를 선택할 수 있다. 따라서 ㉠은 인간이 제어할 수 있는 기호이다.

② ㉡은 생존에 필요한 욕구에서 비롯된 것이다.
생존에 필요한 욕구에서 비롯된 것은 ㉠이다.

✔ ㉠은 ㉡과 달리 생명이 있는 모든 존재가 지닌다.
3문단의 '감각적 욕구에서 비롯된 기호는 생명이 있는 모든 존재가 지니는 육체의 경향성으로, ~ 도덕적 욕구에서 비롯된 기호는 인간만이 지니는 영혼의 경향성으로, 선을 좋아하거나 악을 싫어하는 것을 예로 들 수 있다.'를 통해, ㉠은 생명이 있는 모든 존재가 지니고, ㉡은 인간만이 지님을 알 수 있다.

④ ㉡은 ㉠과 달리 욕구를 즐기고 좋아하는 경향성이다.
㉠과 ㉡은 모두 욕구를 즐기고 좋아하는 경향성이다.

⑤ ㉠과 ㉡은 모두 타인의 잘못을 덮어 주는 행위와 직결된다.
타인의 잘못을 덮어 주는 행위는 용서이고, ㉠, ㉡과 직결되는 것은 아니다.

윗글을 바탕으로 〈보기〉를 이해한 내용으로 적절하지 않은 것은? [3점]

〈보 기〉

학급에서 복도 청소를 맡은 학생 A와 B가 있었다. A는 평소 청소를 잘 하지 않았고, B는 항상 성실히 청소를 하였다. 복도가 깨끗한 것을 본 선생님이 복도 청소 담당인 두 학생을 모두 칭찬하였는데, 이때 A는 자신이 B보다 더 열심히 청소를 했다고 거짓말을 하였다. B는 A가 거짓말을 했다는 것을 알고 있었지만 이를 내색하지 않고 평소대로 열심히 청소하였고 A는 그러한 B를 보면서 부끄러움을 느꼈다. 이후, A는 B에게 자신의 행동을 사과하였으며, 책임감을 갖고 청소하였다.

① 주희는 거짓말을 한 것과 무관하게 A에게는 순수하고 선한 본성이 있다고 보겠군.
2문단을 통해 주희는 인간에게 본연지성이 있고, 선한 행위나 악한 행위는 기질에 의한 것이라고 보았음을 알 수 있다. 따라서 주희는 거짓말을 한 것과 무관하게 A에게 본연지성이 있다고 볼 것임을 알 수 있다.

② 주희는 평소 청소를 잘 하지 않는 A와 항상 성실히 청소하는 B의 기질이 서로 다르다고 보겠군.
2문단을 통해 주희가 사람마다 기질이 다르고, 기질의 맑고 탁함에 따라 선한 행위와 악한 행위가 나타날 수 있다고 보았음을 알 수 있다. 따라서 주희는 평소 청소를 잘 하지 않는 A와 항상 성실히 청소하는 B의 기질이 서로 다르다고 볼 것임을 알 수 있다.

③ 정약용은 A가 책임감 있게 청소하게 된 것이 A의 자유 의지에 의한 것이라고 보겠군.
3문단을 통해 정약용은 선한 행위를 하거나 악한 행위를 하는 것이 온전히 인간의 자유 의지에 달려 있다고 보았음을 알 수 있다. 따라서 정약용은 A가 책임감 있게 청소하게 된 것이 A의 자유 의지에 의한 것이라고 볼 것임을 알 수 있다.

④ 정약용은 A가 도덕적 욕구에서 비롯된 기호를 따랐기 때문에 행동의 변화가 나타났다고 보겠군.
3문단을 통해 정약용이 도덕적 욕구에서 비롯된 기호를 따를 경우 선한 행위가 나타난다고 보았음을 알 수 있다. 따라서 정약용은 A가 도덕적 욕구에서 비롯된 기호를 따랐기 때문에 청소를 잘 하지 않았던 행동에서 책임감을 갖고 청소하는 행동으로의 변화가 나타났다고 볼 것임을 알 수 있다.

✔ 정약용은 B가 추서로 A의 마음을 이해해 주었기 때문에 A의 거짓말을 용인하게 되었다고 보겠군.
4문단을 통해 정약용이 용서로 거짓말을 용인해 주는 문제가 발생할 수 있다고 보았음을 알 수 있다. 따라서 B가 추서로 A의 거짓말을 용인하게 되었다고 보는 것은 적절하지 않다.

ⓐ와 문맥적 의미가 가장 유사한 것은?

✔ 명확한 증거를 들었다.
ⓐ는 '설명하거나 증명하기 위하여 사실을 가져와 대다.'의 의미로 사용되었으므로, 이와 의미가 유사하게 사용된 것은 ①의 '들었다'라 할 수 있다.

② 감기가 들어 약을 먹었다.
'병이 생기다.'의 의미로 사용되었다.

③ 마음에 드는 사람이 있다.
'사람이나 물건이 좋게 받아들여지다.'의 의미로 사용되었다.

④ 우리 집은 햇볕이 잘 든다.
'빛, 볕 따위가 어디에 미치다.'의 의미로 사용되었다.

⑤ 상자 안에 선물이 들어 있다.
'안에 담기거나 그 일부를 이루다.'의 의미로 사용되었다.

이태준, 「복덕방」

감상 이 작품은 1930년대 경성(서울) 외곽의 복덕방을 배경으로, 땅 투기 열풍에 휩쓸려 파멸하는 한 노인을 통해 근대화 과정에서 소외된 세대의 궁핍함, 좌절 등을 그린 소설이다. 주인공인 **안 초시**는 자신에 대한 성찰이나 사회 현실에 대한 자각 없이 **물질적인 욕심만으로 일확천금을 꿈꾸는 인물**이다. 또한 **안 초시의 딸은** 인간적인 정보다 물질적 이해관계를 중시하는 당시의 세태를 잘 보여 주는 인물이다.

주제 노인들의 애처로운 삶에 대한 연민

작품 줄거리 세 노인이 복덕방에서 무료하게 소일한다. 안 초시는 수차에 걸친 사업 실패로 몰락하여 지금은 서 참의의 복덕방에서 신세를 지고 있다.
무용가로 유명한 딸 경화가 있으나, 그는 늘 그녀의 짐일 뿐이지만, 재기하려는 꿈을 안고 살아간다. 서 참의는 한말에 훈련원의 참의로 봉직했던 무관이었으나 일제 강점 후 별수 없을 것 같이 복덕방을 차렸다. 안 초시와 달리 대범한 성격의 소유자로 중학 졸업반 아들의 학비를 걱정하여 돈을 많이 벌어야 한다는 생각을 한다. 박희완 영감은 훈련원 시절 서 참의 친구이다. 재판소에 다니는 조카를 빌미로 대서업을 한다고 일어 공부를 열심히 하는 노인이다.
재기를 꿈꾸던 안 초시에게 박 영감이 부동산 투자에 관한 정보를 일러 준다. 이에 안 초시는 딸과 상의하여 투자를 결심한다. 안 초시는 딸이 마련해 준 돈을 몽땅 부동산에 투자하지만, 일 년이 지나도 새로운 항구의 건설이라든가, 땅값이 오른다는 기미는 전혀 보이지 않는다. 결국 박 영감에게 정보를 전해 준 사람이 자신의 땅을 처분하기 위해 사기극을 벌인 것이었음이 밝혀진다.
충격을 받은 안 초시는 음독 자살을 한다. 아버지의 자살로 자신의 명예가 훼손될 것을 우려한 안 초시의 딸 경화는 서 참의 권유를 받아들여 장례식을 성대하게 치른다. 장례식에 참석한 서 참의와 박희완은 마음이 무겁기만 하다.

○○ 일보

부동산 투기 열풍으로 전국은 지금 …

일본의 축항 사업 발표 후, 전국이 부동산 투기 열풍으로 떠들썩하다. 한탕주의에 빠진 많은 사람들이 제2의 황금광 사업으로 불리는 축항 사업에 몰려들고 있다. 1932년 8월, 중국 동북부와 연결되는 철도의 종착지이자 축항지로 나선이 결정되자, 빠르게 정보를 입수한 브로커들로 나선이 북새통을 이루고 있다. 하지만 누구나 투자에 성공하는 것은 아니어서, 잘못된 소문으로 투자에 실패하여 전 재산을 잃은 사람들, 이로 인해 가족에게 외면받는 사람들, 자신의 피해를 사기로 만회하려는 사람들까지 등장하여 사회적 혼란이 일고 있다. 이러한 모습은 물질 만능주의가 만연한 우리 사회의 어두운 단면을 보여준다는 비판이 일고 있다.

26 서술상 특징 파악 | 정답률 86% | 정답 ②

[A]와 [B]에 대한 설명으로 가장 적절한 것은?

① [A]는 외양 묘사를 통해 인물의 성격을 드러내고 있고, [B]는 배경 묘사를 통해 인물의 처지를 드러내고 있다.
[A]에서 외양 묘사가 드러나지 않고 있고, [B]에서 배경 묘사가 드러나지 않고 있다.

✔ [A]는 대화와 서술을 통해 인물 간의 갈등이 드러나고 있고, [B]는 요약적 서술을 통해 사건의 전모가 드러나고 있다.
[A]에서는 '안경다리' 고치는 것을 통해 돈을 두고 갈등하는 안 초시와 그의 딸인 안경화의 모습이 대화와 서술을 통해 드러나고 있다. 그리고 [B]에서는 안 초시의 딸이 투자한 사업이 모씨가 꾸민 연극이었고 결국 투자에 실패하였다는 것을 요약적 서술을 통해 밝히고 있다.

③ [A]는 작품 속 서술자가 사건에 대해 평가하고 있고, [B]는 작품 밖 서술자가 앞으로 전개될 사건을 예측하고 있다.
이 작품은 작품 밖의 서술자가 사건을 서술하고 있으므로, [A]에서 작품 속 서술자가 사건에 대해 평가한다는 진술은 적절하지 않다. 그리고 [B]에서 서술자가 앞으로 전개될 사건에 대해 예측하는 부분은 언급되어 있지 않으므로 적절하지 않다.

④ [A]는 시간의 흐름에 역행하여 사건이 진행되고 있고, [B]는 시간의 흐름에 따라 사건이 순차적으로 진행되고 있다.
[A], [B] 모두 사건이 시간의 흐름에 따라 순차적으로 진행되고 있다.

⑤ [A]는 향토적인 소재를 통해 주제 의식을 드러내고 있고, [B]는 상징적인 소재를 통해 사건의 의미를 드러내고 있다.
[A]에서는 향토적 소재가 제시되지 않고 있고, [B]에서 상징적 소재가 제시되지 않고 있다.

27 구절의 의미 이해 | 정답률 78% | 정답 ④

⊙ ~ ⑩에 대한 설명으로 적절하지 않은 것은?

① ⊙ : 형편이 어려운 안 초시를 인색하게 대하는 딸의 모습이 드러나 있다.
안 초시가 딸의 눈치를 보며 셔츠를 한 벌 사 입어야겠다고 하자 딸은 사드리겠다고 했지만 그해 겨울이 다가도록 셔츠를 사주지 않았다. 따라서 안 초시가 셔츠는커녕 안경다리를 고치겠다고 돈 1원만 달래도 1원짜리를 굳이 바꿔다가 50전 한 닢만 주었다는 것에서 딸이 형편이 어려운 안 초시를 인색하게 대했음을 알 수 있다.

② ⓒ : 저렴한 안경다리는 사지 않겠다는 안 초시의 자존심이 드러나 있다.
'안경은 돈을 좀 주무르던 시절에 장만한 것이라 테만 오륙 원 먹은 것이어서 50전으로 그런 다리는 어림도 없었다. 50전 짜리 다리도 있지만 살 바에는 조촐한 것을 택하던 초시의 성미라 더구나 면상에서 짝짝으로 드러나는 것을 사기 싫어했다. 따라서 '차라리 종이 노끈이 채 쓰기로 하고 50전은 담뱃값으로 나가고 말았다'는 것에서 저렴한 안경다리는 사지 않겠다는 안 초시의 자존심이 드러남을 알 수 있다.

③ ⓒ : 안 초시가 전해준 이야기에 적극적으로 관심을 보이는 딸의 모습이 드러나 있다.
안 초시는 '박희완 영감에게 들은 이야기를 딸에게 하'였고, 딸은 '머릿속에서도 이내 잊혀지지는 않았다'. 따라서 '먼저 이 이야기를 다시 꺼내었고, 초시가 박희완 영감에게 묻던 이상을 시시콜콜히 캐어물었다.'에서 안 초시가 전해준 이야기에 적극적으로 관심을 보이는 딸의 모습이 드러남을 알 수 있다.

✔ ② : 안 초시의 수고로움을 덜어 주려는 딸의 심리가 드러나 있다.
안 초시가 딸에게 축항 사업 소식을 전해주고 출자를 권유하여 딸이 투자하기로 결정하게 된다. 그런데 안 초시의 딸은 아버지를 신뢰하지 못해 아버지 대신에 청년에게 투자에 관한 일을 맡기고 있다. 따라서 ②에 안 초시의 수고로움을 덜어주려는 딸의 심리가 드러나 있다는 설명은 적절하지 않다.

⑤ ⑩ : 예상 밖의 결과로 딸과 마주할 자신이 없는 안 초시의 모습이 드러나 있다.
안 초시는 딸에게 땅을 사라고 권유한 이후 그 땅이 축항이 되지 않자 박희완 영감을 통해 알아보니 '그 관변 모씨에게 박희완 영감부터 속아 떨어진 것'이었음을 알게 되었다. 따라서 '서너 끼씩 굶어도 밥 먹을 정신이 나지도 않았거니와 밥을 먹으러 들어갈 수도 없었다.'는 것에서 예상 밖의 결과로 딸과 마주할 자신이 없는 안 초시의 모습이 드러남을 알 수 있다.

28 외적 준거에 따른 작품의 감상 | 정답률 64% | 정답 ①

다음은 윗글이 창작될 당시 신문 기사의 일부이다. 이를 참고하여 윗글을 감상한 내용으로 적절하지 않은 것은? [3점]

✔ 딸에게 '출자를 권유하는 수작'으로 보아 안 초시는 건설 사업이 확정된 부지에 빠르게 투자하였겠군.
안 초시가 딸에게 출자를 권유한 부지는 건설 사업지로 최종 확정된 부지도 아니고 안 초시가 직접 투자한 것도 아니므로 적절하지 않다.

② 안 초시가 '50배 이상의 순이익이 날 것이라 장담 장담하'며 부추기는 모습에서 한탕주의에 빠져 있음을 알 수 있군.
안 초시가 투자를 통해 한 번에 큰 이익이 날 것이라 기대하는 모습에서 한탕주의를 엿볼 수 있다.

③ 안 초시의 딸이 '연구소 집'을 담보로 '3천 원'을 마련한 것은 당시의 투기 열풍과 관련이 있겠군.
안 초시의 딸은 '연구소 집'을 담보로 큰돈을 빌려 투자하려는데, 이러한 모습은 당시의 부동산 투기 열풍과 관련이 있다고 할 수 있다.

④ 모씨가 '축항 후보지'에 대해 '연극'을 꾸민 것은 자신의 피해를 사기로 만회하기 위한 것이었겠군.
'축항 후보지'에 땅을 샀던 모씨는 자신의 피해를 만회하기 위해 연극을 꾸몄다고 볼 수 있다.

⑤ 안 초시가 '천자 간의 의리도 배추 밑 도리듯' 한다고 '탄식'하는 모습에서 물질 만능주의의 어두운 모습을 엿볼 수 있겠군.
투자 실패 후 안 초시는 가족들로부터 외면받고 있는데, 이러한 안 초시의 모습은 당시 우리 사회에 만연했던 물질 만능주의와 관련이 있다고 할 수 있다.

작자 미상, 「흥부전」

해제 이 작품은 조선 후기에 창작된 판소리계 소설로, 당시 서민 계층의 삶의 모습과 생각이 잘 드러나 있다. 가난하지만 착한 심성 덕분에 부자가 되는 동생 '흥부'와 부자이지만 욕심이 많고 나쁜 심성 때문에 몰락하게 되는 형 '놀부'의 모습을 등장인물의 익살스러운 재담과 해학적인 표현으로 드러내고 있다. **표면적으로는** 형제간 우애의 중요성과 흥부가 제비를 도와준 후 얻은 박에서 온갖 비단과 보물이 나온다는 설정을 통해 **권선징악의 주제를 전달**하면서도, **그 이면에는 몰락하는 양반과 자본을 토대로 성장하는 서민층의 등장, 빈부의 격차 등과 같은 조선 후기의 사회·경제적 상황을 나타내**고 있다.

주제 권선징악과 형제간 우애의 중요성, 조선 후기의 부조리한 사회상 고발

작품 줄거리 욕심이 많고 심성이 고약한 형 놀보는 부모님이 돌아가신 후 유산을 독차지하고 심성이 착한 동생 흥보를 내쫓는다. 흥보는 가족의 생계를 위해 매품팔이에 나서는 등 여러 노력을 기울이지만 가난에서 벗어나지 못한다. 어느 날 흥보는 다리가 부러진 제비를 도와주게 되고, 그 제비가 물어다 준 박씨를 심는다. 흥보는 박씨가 자라 열린 박 속에서 나온 재화와 보물로 부자가 되는데, 놀보는 이 소식을 듣고 일부러 제비 다리를 부러뜨리고 고쳐 준다. 놀보가 고쳐 준 제비 역시 놀보에게 박씨를 물어다 주는데, 그 박씨에서 열린 박에서는 노승과 상여꾼, 초라니 패 등이 나온다. 이로 인해 패가망신한 놀보는 자신의 잘못을 깨닫게 되며, 형제는 화목하게 살게 된다.

29 서술상 특징 파악 | 정답률 53% | 정답 ①

윗글에 대한 설명으로 가장 적절한 것은?

✔ 인물의 반복적 행위와 결과를 나열하여 극적 효과를 높이고 있다.
이 글에서는 흥부 부부가 박을 타는 반복적인 행위와 그 결과로 박에서 나온 물건들을 나열하고 있는데, 이러한 서술을 통해 흥부 가족이 부자가 되는 모습을 극적으로 잘 보여 주고 있다.

② 서술자를 작중 인물로 설정하여 사건의 현장감을 조성하고 있다.
이 글은 전지적 작가 시점으로 서술자가 작품 밖에서 서술하고 있으므로, 서술자를 작중 인물로 설정하였다는 진술은 적절하지 않다.

③ 전기(傳奇)적인 요소를 활용하여 주인공의 영웅성을 부각하고 있다.
제비가 은혜를 갚고, 박에서 재물이 쏟아지는 등 전기(傳奇)적인 요소가 일부 드러나지만, 이러한 전기적인 요소를 활용하여 흥부의 영웅적인 모습을 보여 주지는 않고 있다.

④ 권위 있는 새로운 인물이 등장하여 인물 간의 갈등을 해소하고 있다.
'제비 왕'이라는 권위 있는 인물이 등장하지만 '제비 왕'이 인물 간의 갈등을 해소하는 부분은 제시되어 있지 않다.

⑤ 꿈과 현실을 교차적으로 서술하여 사건을 입체적으로 구성하고 있다.
이 글에 꿈속 장면은 서술되어 있지 않으므로 꿈과 현실을 교차하여 서술한다는 진술은 적절하지 않다.

30 작품 내용의 이해 | 정답률 82% | 정답 ③

윗글에 대한 이해로 적절하지 않은 것은?

① 흥부 부부는 먹고 살기 위해 온갖 노력을 다하였다.
흥부 부부는 '방아 찧기, 술집의 술 거르기, 초상난 집 제복 짓기 ~ 이 집 저 집 돌아가며 이엉 엮기' 등 온갖 품을 다 팔았으므로, 흥부 부부가 먹고 살기 위해 온갖 노력을 다하였다고 볼 수 있다.

② 박에서 나온 목수들은 흥부 부부를 위해 좋은 터에 집을 지어 주었다.

'다시 한 통을 툭 타 놓으니 일등 목수들과 각종 곡식이 나왔다. 그 목수들은 우선 명당을 가려 터를 잡고 집을 지었다.'를 통해, 박에서 나온 목수들이 흥부 부부를 위해 좋은 터에 집을 지어 주었음을 알 수 있다.

✓ 흥부는 자신이 치료해 준 제비가 박씨를 물고 온 사실을 알아채고 그를 매우 반겼다.
흥부 아내의 '작년에 왔던 제비가 입에 무엇을 물고 와서 저토록 넘놀고 있으니 어서 나와 구경하오.'를 통해, 흥부 부부가 자신이 치료해 준 제비가 다시 돌아왔다는 사실을 알았지만, 입에 물고 온 '무엇'이 박씨임을 알지는 못했다. 따라서 제비가 박씨를 물고 왔다는 사실을 알아채고 흥부가 제비를 반겼다는 내용은 적절하지 않다.

④ 제비는 다리를 다친 사연을 제비 왕에게 말하며 흥부에게 받은 은혜를 갚기를 원하였다.
제비의 '신의 부모가 조선국에 나가 흥부의 집에 깃들었는데 뜻밖에 큰 구렁이의 화를 입어 다리가 부러져 죽을 것을 흥부의 구조를 받아 살아서 돌아왔습니다. 흥부의 가난을 면케 해주신다면 소신은 그 은공을 만분의 일이라도 갚을까 합니다.'를 통해, 제비가 다리를 다친 사연을 제비 왕에게 말하며 흥부에게 받은 은혜를 갚기를 원하였음을 알 수 있다.

⑤ 놀부는 흥부의 집을 방문하기 전까지 흥부가 어떻게 부자가 되었는지를 정확히 알지 못했다.
놀부는 흥부가 부자가 되었다는 소문을 듣고 '이놈이 도둑질을 했나? 내가 가서 욱대기면 반재산을 뺏어낼 것이다.'라고 말하고 있으므로, 놀부는 흥부의 집을 방문하기 전까지는 흥부가 부자가 된 이유를 정확히 알지 못했음을 알 수 있다.

---

31 외적 준거에 따른 작품의 감상 　　　　정답률 88% | 정답 ②

〈보기〉를 참고하여 윗글을 감상한 내용으로 적절하지 않은 것은? [3점]
─〈보 기〉─
조선 후기에는 잦은 자연재해와 관리들의 횡포 때문에 백성들은 아무리 노력해도 가난에서 벗어날 수 없었다. 이러한 시대적 배경에서 창작된 「흥부전」은 최소한의 의식주라도 해결하고 싶었던 당시 백성들의 소망이 반영된 작품으로 볼 수 있다. 특히 당시의 백성들은 성품이 착한 흥부 내외가 초월적인 존재의 도움으로 가난을 벗어나는 장면을 통해 대리만족을 얻기도 하였다. 하지만 착한 흥부에게 주어지는 보상이 환상성(幻想性)을 띠고 있다는 점은 가난이 실제 현실에서는 극복되기 어렵다는 것을 우회적으로 보여주고 있다.

① 흥부 내외가 '온갖 품을 다 팔았'지만 여전히 '살기는 막연'했던 것은 창작 당시의 시대적 배경과 관련이 있겠군.
이 글의 '내외가 온갖 품을 다 팔았다. 그러나 역시 살기는 막연하였다.'를 통해, 흥부 부부가 온갖 일을 하지만 여전히 생활이 어려웠음을 알 수 있다. 이러한 흥부 부부의 모습은 잦은 자연재해와 관리들의 횡포 때문에 백성들이 아무리 노력해도 가난에서 벗어날 수 없었던 조선 후기의 시대적 배경과 관련 있다고 할 수 있다.

✓ 흥부 집을 찾아간 놀부가 '화초장'을 '스스로 짊어지고' 간 것은 가난을 극복하기 위한 백성들의 노력으로 볼 수 있겠군.
놀부는 흥부 집에 가서 재물이 나오는 화초장을 달라고 한 뒤, 하인을 시켜 보내 주겠다는 흥부의 말도 마다하고 화초장을 직접 짊어지고 자신의 집으로 가고 있다.
화초장을 직접 짊어지고 가는 놀부의 이러한 모습은 자신의 집으로 화초장을 빨리 옮기고 싶은 욕심 때문이라 볼 수 있으므로, 이러한 놀부의 행위를 가난을 극복하기 위한 백성들의 노력이라고 볼 수 없다.

③ '제비 왕'이 제비에게 준 '박씨'를 통해 흥부가 가난을 벗어날 수 있었다는 점에서 초월적 존재의 도움을 확인할 수 있겠군.
제비 왕이 전해 준 박씨를 심고, 박에서 나온 온갖 재물로 인해 흥부는 큰 부자가 되었으므로, 초월적인 존재인 제비 왕의 도움으로 흥부가 가난에서 벗어났다고 할 수 있다.

④ 흥부가 타는 박 속에서 '세간붙이'와 '각종 곡식'이 나온 것은 의식주 문제를 해결하고 싶었던 백성들의 소망과 관련이 있겠군.
흥부가 타는 박에서 의식주와 관련된 세간붙이와 곡식, 그리고 집을 지을 수 있는 목수가 나오고 있는데, 이러한 모습은 최소한의 의식주라도 해결하고 싶었던 당시 백성들의 소망을 반영한 것이라 볼 수 있다.

⑤ '사오일' 만에 열린 박에서 '순금 궤'가 나와 부자가 된다는 점에서 흥부에게 주어진 보상이 환상성을 띠고 있음을 알 수 있겠군.
흥부가 심은 박씨에서 사오일 만에 박이 열리고, 박 속에서 순금 궤가 나오는 것은 현실에서 일어날 수 없는 전기적인 내용에 해당한다. 따라서 이러한 내용은 흥부가 받은 보상이 환상성을 지니고 있음을 보여주는 것이라 할 수 있다.

---

32 속담을 활용한 인물의 평가 　　　　정답률 92% | 정답 ③

윗글의 놀부를 평가하는 말로 가장 적절한 것은?

① 불난 집에 부채질하는 인물이군.
남의 재앙을 더욱 커지게 만드는 것을 비유적으로 표현한 속담이다.

② 소 잃고 외양간 고치는 인물이군.
일이 잘못된 후에 손을 써봐야 의미가 없다는 뜻이다.

✓ 사촌이 땅을 사면 배 아파하는 인물이군.
이 글에서 놀부는 흥부가 부자가 된 것을 질투하여 심술을 부리는 인물로 묘사되어 있으므로, 남이 잘되는 것을 시기하고 질투한다는 뜻을 가진 속담 '사촌이 땅을 사면 배가 아프다.'를 활용하여 놀부를 평가할 수 있다.

④ 간에 붙었다 쓸개에 붙었다 하는 인물이군.
제 줏대를 지키지 못하고 이익이나 상황에 따라 이리저리 언행을 바꾸는 사람을 비꼬아 이르는 속담이다.

⑤ 오르지 못할 나무는 쳐다도 보지 않는 인물이군.
자기의 능력 밖의 일은 처음부터 욕심을 내지 않는 것이 좋다는 뜻이다.

33~37 　사회

수요의 가격탄력성(재구성)
해제 이 글은 **상품의 가격 변화에 따른 수요량의 변화를 나타내는 지표인 수요의 가격탄력성**을 다루고 있다. **수요의 가격탄력성**에 영향을 미치는 대표적인 세 요인을 대체재의 존재 여부, 필요성의 정도,

---

소득에서 지출이 차지하는 비중으로 나누어 설명하고 있다. 또한 **수요의 가격탄력성을 산출하는 방식**을 살펴보고, 구체적인 사례를 들어 **수요의 가격탄력성이 총수입에 미치는 영향**을 서술하고 있다.
주제　수요의 가격탄력성의 이해

문단 핵심 내용

1문단	수요의 가격탄력성의 의미 및 특성
2문단	수요의 가격탄력성에 영향을 주는 대표적인 요인 세 가지
3문단	수요의 가격탄력성을 계산하는 방법
4문단	총수입에 영향을 미치는 수요의 가격탄력성

---

33 세부 정보의 확인 　　　　정답률 62% | 정답 ⑤

윗글을 통해 알 수 있는 내용으로 적절하지 않은 것은?

① 수요의 가격탄력성 개념
1문단의 '수요의 가격탄력성은 가격이 변할 때 수요량이 변하는 정도를 나타내는 지표다.'를 통해 확인할 수 있다.

② 수요의 가격탄력성 산출 방법
3문단의 '수요의 가격탄력성은 수요량의 변화율을 가격의 변화율로 나눈 값이다.'의 내용과 제시된 공식을 통해 확인할 수 있다.

③ 상품 판매자의 판매 수입 산출 방법
4문단의 '총수입은 상품 판매자의 판매 수입이며 동시에 상품에 대한 소비자의 지출액인데, 이는 상품의 가격에 거래량을 곱한 수치로 산출할 수 있다.'를 통해 확인할 수 있다.

④ 대체재의 유무가 수요의 가격탄력성에 미치는 영향
2문단의 수요의 가격탄력성에 영향을 미치는 요인으로 대체재의 존재 여부에 대한 설명을 통해 확인할 수 있다.

✓ 수요의 가격탄력성에 영향을 주는 요인들 간의 관계
2문단을 통해 수요의 가격탄력성에 영향을 미치는 요인으로 대체재의 존재 여부와 필요성의 정도, 소득에서 지출이 차지하는 비중 세 가지를 언급하고 있음을 알 수 있다. 하지만 수요의 가격탄력성에 영향을 미치는 세 요인들 간의 관계에 대한 설명은 찾아볼 수 없다.

---

34 구체적인 사례에의 적용 　　　　정답률 69% | 정답 ②

윗글을 참고할 때, 〈보기〉의 ㉮~㉰에 들어갈 말을 바르게 짝지은 것은?
─〈보 기〉─
쌀을 주식으로 하는 갑국은 밀을 주식으로 하는 나라에 비해 쌀 수요의 가격탄력성은 (㉮)이고, 자동차보다 저렴한 오토바이가 주요 이동 수단인 을국은 자동차가 주요 이동 수단인 나라에 비해 자동차를 (㉯)로 인식하여 자동차 수요의 가격탄력성은 (㉰)이다.

	㉮	㉯	㉰
①	비탄력적	사치재	비탄력적
✓	비탄력적	사치재	탄력적

2문단을 통해 필요성의 정도를 기준으로 필수재 수요의 가격탄력성은 대체로 비탄력적이고, 사치재 수요의 가격탄력성은 대체로 탄력적임을 알 수 있다. 이를 바탕으로 할 때, 쌀을 주식으로 하는 나라보다 쌀을 필수재로 인식하므로 쌀 수요의 가격탄력성은 비탄력적임을 알 수 있다. 그리고 오토바이가 주요 이동 수단인 나라에서는 자동차를 주요 이동 수단으로 하는 나라보다 자동차를 사치재로 인식하므로 자동차 수요의 가격탄력성은 탄력적임을 알 수 있다.

③	비탄력적	필수재	탄력적
④	탄력적	사치재	비탄력적
⑤	탄력적	필수재	탄력적

---

35 세부 정보의 추론 　　　　정답률 81% | 정답 ④

@의 이유로 가장 적절한 것은?

① 수요의 가격탄력성으로 소비자의 소득 규모를 판단할 수 있기 때문에
수요의 가격탄력성으로 파악할 수 있는 정보는 상품의 가격 변화에 따른 수요량의 변화와 그에 따른 총수입의 증감이므로 소비자의 소득 규모를 파악할 수 없다.

② 수요의 가격탄력성으로 판매 상품의 문제점을 파악할 수 있기 때문에
수요의 가격탄력성으로 파악할 수 있는 정보는 상품의 가격 변화에 따른 수요량의 변화와 그에 따른 총수입의 증감이므로 판매 상품의 문제점을 파악할 수 없다.

③ 수요의 가격탄력성이 판매 상품의 생산 단가를 예측 가능하게 하기 때문에
수요의 가격탄력성으로 파악할 수 있는 정보는 상품의 가격 변화에 따른 수요량의 변화와 그에 따른 총수입의 증감이므로 생산 단가를 예측할 수 없다.

✓ 수요의 가격탄력성이 판매자의 총수입 증가 여부에 영향을 미칠 수 있기 때문에
4문단을 통해 일반적으로 수요의 가격탄력성이 비탄력적인 경우 가격이 상승하면 총수입이 증가하지만, 탄력적인 경우에는 총수입이 감소하게 됨을 알 수 있다. 이처럼 수요의 가격탄력성이 판매자의 총수입 증가 여부에 영향을 미치기 때문에, 수요의 가격탄력성을 파악하는 것은 판매자에게 매우 중요하다고 할 수 있다.

⑤ 수요의 가격탄력성으로 판매자의 판매 수입과 소비자의 지출액 차이를 파악할 수 있기 때문에
수요의 가격탄력성으로 파악할 수 있는 정보는 상품의 가격 변화에 따른 수요량의 변화와 그에 따른 총수입의 증감이므로 판매자의 판매 수입과 소비자의 지출액 차이를 파악할 수는 없다.

---

36 구체적인 사례에의 적용 　　　　정답률 55% | 정답 ⑤

〈보기〉는 김밥과 영화 관람권의 가격 인상 이후 하루 동안의 수요량 감소를 나타낸 표이다. [A]를 바탕으로 〈보기〉를 탐구한 내용으로 적절한 것은? [3점]

<보 기>

구분	김밥	영화 관람권
기존 가격	2,000원	10,000원
가격 변화분	500원	2,000원
기존 수요량	100개	2,500장
수요량 변화분	20개	1,000장

※ 단, 김밥과 영화 관람권의 가격과 수요량에 영향을 끼치는 다른 요인은 없는 것으로 한다.

① 김밥은 가격의 변화율이 수요량의 변화율보다 작다.
김밥 가격의 변화율은 1/4이고, 수요량의 변화율은 1/5이므로, 김밥은 가격의 변화율이 수요량의 변화율보다 크다.

② 영화 관람권은 가격의 변화율이 수요량의 변화율보다 크다.
영화 관람권 가격의 변화율은 1/5이고, 수요량의 변화율은 2/5이므로, 영화 관람권은 가격의 변화율이 수요량의 변화율보다 작다.

③ 김밥과 영화 관람권 수요의 가격탄력성은 모두 1보다 작다.
김밥 수요의 가격탄력성은 4/5로 1보다 작지만, 영화 관람권 수요의 가격탄력성은 2이므로, 모두 1보다 작다는 것은 적절하지 않다.

④ 김밥과 영화 관람권은 가격의 변화율에 대한 수요량의 변화율이 같다.
가격의 변화율에 대한 수요량의 변화율이 김밥은 4/5이고, 영화 관람권은 2이므로 이 둘의 수요의 가격탄력성은 같지 않다.

☑ 김밥 수요의 가격탄력성은 비탄력적이고, 영화 관람권 수요의 가격탄력성은 탄력적이다.
[A]에 따르면, 수요의 가격탄력성은 수요량의 변화율(수요량 변화분/기존 수요량)을 가격의 변화율(가격 변화분/기존 가격)로 나누어야 한다. 그러므로 김밥 수요의 가격탄력성은 수요량의 변화율인 1/5(20개/100개)을 가격 변화율인 1/4(500원/2,000원)로 나누면 4/5가 된다. 4/5는 1보다 작으므로 김밥 수요의 가격탄력성은 비탄력적이다. 영화 관람권 수요의 가격탄력성은 수요량의 변화율인 2/5(1,000장/2,500장)를 가격 변화율인 1/5(2,000원/10,000원)로 나누면 2이다. 그러므로 영화 관람권 수요의 가격탄력성은 탄력적이다.

---

37 단어의 사전적 의미 파악 정답률 86% | 정답 ⑤

㉠~㉤의 사전적 의미로 적절하지 않은 것은?

① ㉠ : 자극에 빠르게 반응을 보이거나 쉽게 영향을 받음.

② ㉡ : 아주 가깝게 맞닿아 있음.

③ ㉢ : 변화의 움직임 따위가 급하고 격렬함.

④ ㉣ : 일의 결과로서 어떤 현상을 생겨나게 함.

☑ ㉤ : 어떤 일에 필요한 돈이나 물자 따위를 내놓음.
'산출(算出)'은 '계산하여 냄.'이라는 뜻이므로 적절하지 않다. '어떤 일에 필요한 돈이나 물자 따위를 내놓음.'을 뜻하는 단어는 '출자(出資)'이다.

38~42 갈래 복합

(가) 송순, 「십 년을 경영ᄒᆞ여~」

감상 이 작품은 자연과 하나된 물아일체의 경지와 안빈낙도하는 삶의 자세를 노래한 평시조이다. 중장과 종장에 나타난 자연에 관한 기발한 표현은, 화자가 자연과 자신을 하나로 느끼는 물아일치의 경지에 이르렀음을 보여 주는 것이라 할 수 있다.

주제 강산에 묻혀 사는 물아일체의 경지

현대어 풀이

십 년 간 계획하여 초가삼간을 지어내니
나 한 칸 달 한 칸 청풍 한 칸 맡겨 두고,
강산은 (집안에) 들여 놓을 데 없으니 (집 밖에 병풍처럼) 둘러 놓고 보리라.

(나) 위백규, 「농가구장(農歌九章)」

감상 이 작품은 농촌 생활을 일과의 진행 순서에 따라 노래한 전 9수의 연시조이다. 농민의 삶을 관념적으로 예찬한 사대부의 일반 시조와 달리 농촌의 일상과 농사일, 농촌 삶의 흥거움 등을 구체적이고 사실적으로 노래하는 특징을 보이고 있다.

주제 농사의 즐거움

현대어 풀이

서산에 아침 햇빛이 비치고 구름은 낮게 지나간다.
비 온 뒤의 묵은 풀이 누구 밭이 더 짙은가?
두어라, 차례를 정한 일이니 매는 대로 매리라.
〈제1수〉

김을 매자 김을 매자 긴 이랑 김을 매자.
잡초를 고랑 고랑마다 김을 매자.
잡초 무성한 사래는 마주 잡아 김을 매자.
〈제3수〉

땀은 떨어지는 대로 떨어지게 두고 볕은 쬘 대로 쬔다.
맑은 바람에 옷깃 열고 긴 휘파람 흘려 불 때
어디서 길 가는 손님이 (이 마음을) 아는 듯이 머무는가?
〈제4수〉

밥그릇에는 보리밥이오 사발에는 콩잎 반찬이라.
내 밥이 많을까 걱정이고 네 반찬이 적을까 걱정이라.

먹은 뒤 한숨 졸음이야 너나 나나 다르겠느냐?
〈제5수〉

돌아가자 돌아가자 해 지거든 돌아가자.
시냇가에서 손발 씻고 호미 메고 돌아올 때
어디서 목동이 부는 피리 소리가 함께 가자고 재촉하는가?
〈제6수〉

(다) 한백겸, 「접목설(接木說)」

감상 이 작품은 보잘것없는 복숭아나무에 홍도 가지를 접붙여 아름다운 나무로 변화시킨 **접목의 경험**을 바탕으로 삶의 자세에 대한 깨달음을 기록한 고전 수필이다. 나무에 접을 붙여 볼품없던 나무가 다시 소생하는 것에서 유추하여 사람이 자신의 마음을 살펴 악한 바를 제거하고 선한 싹을 보살핀다면 누구나 성인이 될 수 있음을 설파하고 있다. 이를 위해 **스스로 노력할 것을 다짐**하며 경험을 성찰의 계기로 삼는 반성적 면모를 보이고 있다.

주제 나무 접붙이기를 통해 느낀 바와 수신(修身)의 다짐

★★★ 등급을 가르는 문제!

38 표현상 특징 파악 정답률 39% | 정답 ④

(가)~(다)에 대한 설명으로 적절한 것은?

① (가)는 공간의 이동에 따라 시상을 전개하고 있다.
(가)에서는 '초려삼간'이라는 공간은 드러나 있지만, 이러한 공간에서 다른 공간으로의 이동은 나타나지 않고 있다.

② (나)는 색채어의 대비를 활용하여 주제를 강조하고 있다.
(나)에서 구체적인 색채어는 활용되지 않고 있다.

③ (다)는 음성 상징어를 사용하여 생동감을 드러내고 있다.
(다)에서 의성어나 의태어인 음성 상징어는 사용되지 않고 있다.

☑ (가)와 (나)는 시어의 반복을 통해 리듬감을 형성하고 있다.
(가)에서는 '흔 간'이 반복되고 있고, (나)에서는 '둘러내자', '돌아가자' 등이 반복되고 있다. 따라서 (가), (나) 모두 시어의 반복을 통해 리듬감을 형성하고 있다.

⑤ (가)와 (다)는 구체적인 묘사를 통해 계절감을 부각하고 있다.
(가)에서 대상에 대한 구체적인 묘사를 찾아볼 수 없고, 계절감도 드러나지 않고 있다.

★★ 문제 해결 꿀~팁 ★★

▶ 많이 틀린 이유는?
이 문제는 작품의 표현상 특징을 정확히 이해하지 못하여 오답률이 높았던 것으로 보인다.

▶ 문제 해결 방법은?
문학 문제에서 표현상 특징은 기본적으로 출제되므로, 문학에서 자주 사용되는 표현상 특징에 대해서는 평소 익혀 두어야 한다. 즉, 역설법, 반어법, 음성 상징어, 시어의 반복 등 자주 출제되는 용어에 대해 평소 정리하여 명확히 알고 있어야 한다. 이 문제에서도 '시어의 반복'이 동일한 시어가 반복되는 것이고, 이러한 시어 반복(시구 반복도 마찬가지임)이 운율을 형성한다는 기본적인 지식이 있었다면 ④가 적절함을 알 수 있었을 것이다. 마찬가지로 '계절감'이 '봄, 여름, 가을, 겨울'의 느낌을 드러내는 것임을 알았다면 (가)에서 계절감이 드러나지 않았을 것임을 바로 알 수 있었을 것이다. 한편 두 작품, 또는 세 작품의 공통적인 표현상 특징을 묻는 경우에는 한 작품을 통해 먼저 표현상 특징 사용 여부를 확인한 뒤, 사용된 것만을 추려 다른 작품에서 확인하는 방법으로 공통점을 파악하는 것이 좋다.

★★★ 등급을 가르는 문제!

39 작품 내용의 이해 정답률 51% | 정답 ①

(나)를 활용하여 '전원일기'라는 제목으로 영상시를 제작하기 위해 학생들이 협의한 내용으로 적절하지 않은 것은?

☑ 〈제1수〉는 아침부터 농기구를 가지고 밭을 가는 농부의 모습을 보여주면 좋겠어.
〈제1수〉에서는 비 온 뒤 밭에 묵은 풀이 짙어졌음을 드러내고 있지, 농부가 농기구를 가지고 밭을 가는 모습은 확인할 수 없다.

② 〈제3수〉는 농부들이 함께 잡초를 뽑고 있는 모습을 보여주면 좋겠어.
〈제3수〉의 '잡초 짙은 긴 사래 마주 잡아 둘러내자'를 통해 농부들이 함께 잡초 뽑는 모습을 확인할 수 있다.

③ 〈제4수〉는 옷깃을 열고 바람을 쐬고 있는 농부의 모습을 보여주면 좋겠어.
〈제4수〉의 '청풍에 옷깃 열고'를 통해 옷깃을 열고 바람을 쐬고 있는 농부의 모습을 확인할 수 있다.

④ 〈제5수〉는 농부들이 모여 식사하고 있는 모습을 보여주면 좋겠어.
〈제5수〉의 '내 밥 많을세라 네 반찬 적을세라'를 통해 농부들이 모여 식사하는 모습을 확인할 수 있다.

⑤ 〈제6수〉는 해 질 무렵에 농사일을 마치고 마을로 돌아오는 농부의 모습을 보여주면 좋겠어.
〈제6수〉의 '해 지거든 돌아가자 ~ 호미 메고 돌아올 제'를 통해 해 질 무렵 농사일을 마치고 돌아오는 농부의 모습을 확인할 수 있다.

★★ 문제 해결 꿀~팁 ★★

▶ 많이 틀린 이유는?
이 문제는 작품 내용을 정확히 이해하지 못하여 오답률이 높았던 것으로 보인다. 특히 〈제1수〉의 '매는 대로 매리라'에 대해 잘못 이해한 것도 오답률을 높인 원인으로 보인다.

▶ 문제 해결 방법은?
문학 작품을 드라마나 영화, 또는 영상시를 제작할 때 바탕이 되는 것은 작품 내용의 이해이다. 따라서 작품을 읽을 때는 어떤 내용인지를 정확히 숙지하며 선택지의 적절성을 판단할 수 있어야 한다. 가령 정답인 ①의 경우 학생들이 적절하다고 판단하였는데, 이는 '매는 대로 매리라'를 통해 화자가 현재 밭을 가는 것으로 생각했기 때문이다. 하지만 화자는 비 온 뒤의 묵은 풀을 매는 것을 '차례 정한 일'이라 하면서 '앞으로' 매겠다는 생각을 드러내고 있으므로, 현재 화자가 밭을 갈고 있다는 내용은 적절하지 않은 것이다. 마찬가지로 오답률이 높았던 ③의 경우, 일을 하다 '땀'을 흘린 화자(농부)가 '청풍에 옷깃' 여는 모습은

바람을 쐬고 있는 모습을 드러내 주므로 적절한 것이라 할 수 있다. 비단 이 문제뿐만 아니라 문학 작품 문제를 해결하는 바탕은 작품 내용의 이해에 있으므로, 작품을 읽을 때 화자나 인물들이 어떠한 처지에 있고, 그 상황에서 어떤 심리나 태도를 보이는지를 바탕으로 작품을 이해할 수 있도록 한다.

---

40 외적 준거에 따른 작품의 감상　　정답률 60% | 정답 ②

〈보기〉를 참고하여 (가)와 (나)를 감상한 내용으로 적절하지 않은 것은? [3점]

〈보 기〉
조선 시대 사대부들의 시조에는 자연이 자주 등장하는데, 작품 속 자연에 대한 인식이 같지는 않다. (가)에서의 자연은 속세를 벗어난 화자가 동화되어 살고 싶어 하는 공간이자 안빈낙도(安貧樂道)의 공간으로 그려져 있다. 반면에 (나)에서의 자연은 소박하게 살아가는 삶의 현장이자 건강한 노동 속에서 흥취를 느끼는 공간으로 그려져 있다.

① (가)의 '초려삼간'은 화자가 안빈낙도하며 사는 공간으로 볼 수 있군.
(가)의 화자가 자연 속에 지은 '초려삼간'은 초라한 세 칸의 초가집으로, '달', '청풍'과 함께하는 공간을 의미하므로 안빈낙도하며 사는 공간으로 볼 수 있다.

☑ (가)의 화자는 '강산'에서 벗어나 '달', '청풍'과 하나가 되어 살아가려는 태도를 보이고 있군.
(가)의 종장에서 화자가 '강산'을 '둘러 두고 보리라'라고 한 것은, 자연 속에서 살고 싶어 하는 화자의 마음을 드러낸 것으로 볼 수 있다. 따라서 화자가 '강산'에서 벗어나려 한다고 감상한 것은 적절하지 않다.

③ (나)의 '묵은 풀'이 있는 '밭'은 화자가 땀 흘리며 일해야 하는 공간으로 볼 수 있군.
(나)의 제3수의 '바라기 역고를 고랑마다 둘러내자'를 볼 때, '묵은 풀'을 매는 '밭'은 건강한 노동을 하는 삶의 공간으로 볼 수 있다.

④ (나)의 '보리밥'과 '콩잎 나물'은 노동의 현장에서 맛보는 소박한 음식으로 볼 수 있군.
(나)의 한 그릇의 '보리밥'과 한 사발의 '콩잎 나물'은 농부들이 일한 뒤 먹는 점심을 나타내므로 노동의 현장에서 맛보는 소박한 음식으로 볼 수 있다.

⑤ (나)의 화자가 '호미 메고 돌아올' 때에 듣는 '우배초적'에서 농부들의 흥취를 느낄 수 있군.
(나)에서 하루 일과를 마치고 돌아오는 농부가 듣는 '우배초적'은 건강한 노동 후의 흥취로 볼 수 있다.

---

41 구절의 기능 파악　　정답률 78% | 정답 ①

(다)의 글쓴이가 ㉠을 인용한 이유로 가장 적절한 것은?

☑ 자신이 깨달은 바를 뒷받침하기 위해
(다)에서 글쓴이는 복숭아나무의 접목 경험을 통한 깨달음을 밝힌 후 ㉠을 인용하고 있다. 그리고 ㉠ 뒤에서 '이것을 보고 어찌 스스로 힘쓰지 아니하겠는가.'라고 자신의 깨달음을 언급하고 있다. 따라서 자신의 깨달음을 「주역」이 가진 권위를 통해 뒷받침하였다고 볼 수 있다.

② 자신의 상황을 반어적으로 드러내기 위해
(다)의 글쓴이는 복숭아나무에 홍도 가지를 접붙였던 경험에서 얻은 깨달음을 전달하고 있지, 자신의 상황을 반어적으로 드러내지 않았다.

③ 자신의 지식이 보잘것없음을 성찰하기 위해
(다)의 글쓴이는 복숭아나무에 홍도 가지를 접붙였던 경험에서 얻은 깨달음을 전달하고 있지, 자신의 지식이 보잘것없다고 성찰을 하지는 않았다.

④ 자신과 군자의 삶이 다르지 않음을 강조하기 위해
(다)의 글쓴이는 복숭아나무에 홍도 가지를 접붙였던 경험에서 얻은 깨달음을 전달하고 있지, 자신과 군자의 삶을 비교하지는 않았다.

⑤ 자신이 살고 있는 세태를 지난날과 비교하기 위해
(다)의 글쓴이는 복숭아나무에 홍도 가지를 접붙였던 경험에서 얻은 깨달음을 전달하고 있지, 자신이 살고 있는 세태를 지난날과 비교하지는 않았다.

---

42 작품 내용의 이해　　정답률 73% | 정답 ③

다음은 학생이 (다)를 읽고 정리한 메모이다. ⓐ ~ ⓔ 중 적절하지 않은 것은?

접목설(接木說)
ⓐ 글쓴이는 '빛깔이 시원치 않'은 꽃과 '부스럼이 돋'은 가지가 달린 복숭아나무를 소재로 글을 썼다.
ⓑ 글쓴이는 이웃에 사는 박 씨의 도움으로 '홍도 가지'를 접붙인 후 자라난 꽃과 열매를 본 경험을 제시하였다.
ⓒ 글쓴이는 사물이 '자태가 돌연히 다른 모습'으로 바뀌기 위해서는 근본의 변화가 중요함을 강조하였다.
ⓓ 글쓴이는 사물이 변화하는 이치를 사람들이 깨달아 실천하게 되면, '악한 생각'을 버리고 '착한 마음'을 자라게 하는 변화가 가능하다고 여겼다.
ⓔ 글쓴이는 '늙는 것만 자랑하여 팔다리를 게을리 움직이'는 사람들에게 삶의 태도를 바꾸도록 권하고 싶어 한다.

① ⓐ 글쓴이는 '빛깔이 시원치 않'은 꽃과 '부스럼이 돋'은 가지가 달린 복숭아나무를 소재로 글을 썼다.
보잘것없는 복숭아나무를 소재로 글쓴이의 경험과 깨달음이 드러나 있다.

② ⓑ 글쓴이는 이웃에 사는 박 씨의 도움으로 '홍도 가지'를 접붙인 후 자라난 꽃과 열매를 본 경험을 제시하였다.
1문단에 박 씨의 도움으로 접목을 한 경험을 제시하고 있다.

☑ ⓒ 글쓴이는 사물이 '자태가 돌연히 다른 모습'으로 바뀌기 위해서는 근본의 변화가 중요함을 강조하였다.
2문단에 따르면, '심은 땅의 흙도 바꾸지 않고 그 뿌리의 종자도 바꾸지 않았으며 단지 접붙인 한 줄기의 기운'으로 복숭아나무의 변화가 나타났다고 하였으므로, 사물의 '자태가 돌연히 다른 모습'으로 바뀌기 위해서 '근본의 변화'가 중요하다고 이해한 것은 적절하지 않다.

---

④ ⓓ 글쓴이는 사물이 변화하는 이치를 사람들이 깨달아 실천하게 되면, '악한 생각'을 버리고 '착한 마음'을 자라게 하는 변화가 가능하다고 여겼다.
3문단의 내용을 통해 글쓴이가 사물이 변화하는 이치를 사람들이 깨달아 실천하게 되면, '악한 생각'을 버리고 '착한 마음'을 자라게 하는 변화가 가능하다고 여겼음을 알 수 있다.

⑤ ⓔ 글쓴이는 '늙는 것만 자랑하여 팔다리를 게을리 움직이'는 사람들에게 삶의 태도를 바꾸도록 권하고 싶어 한다.
4문단의 '마음을 분발하여 뜻을 불러일으키기를 권하지 아니하겠는가.'에서 확인할 수 있다.

43~45 문학

(가) 김종길, 「성탄제」

감상　이 작품은 장년이 된 화자가 성탄절 가까운 어느 겨울날, 옛것을 찾기 힘들 정도로 많이 변해 버린 도시에 내리는 눈을 맞으며 어릴 적 아버지가 보여 주셨던 헌신적인 사랑을 그리워하는 내용을 담고 있는 시이다. 눈을 매개로 한 회상의 구조, 선명한 감각적 이미지의 대비 등을 통해 세상이 바뀌어도 변치 않는 사랑이라는 가치의 소중함을 인상적으로 형상화하고 있다.

주제　아버지의 정성과 사랑에 대한 그리움

표현상의 특징
• 색채 대비를 통해 선명한 이미지를 형상화함.
• 현재와 과거에 대비되는 구조로 시상을 전개함.

(나) 한용운, 「수(繡)의 비밀」

감상　이 작품은 임이 부재하는 현실을 감당하며 재회를 준비하는 화자의 모습을 통해, 임에 대한 변함없는 사랑을 드러내고 있는 시이다. 화자는 임의 옷에 수를 놓으며, 임을 사랑하는 데서 오는 아픔을 감내하고 그 사랑을 성숙시켜 가고 있음을 보이고 있다. 경어체를 바탕으로, 임의 옷을 짓는 과정 속에서 드러나는 화자의 태도를 통해 화자의 내면적 심리를 형상화하고 있다.

주제　임에 대한 변함없는 사랑

표현상의 특징
• 역설적 표현을 활용하여 주제를 강조해 줌.
• 경어체 종결 어미를 반복하여 운율을 형성하고 의미를 강조해 줌.

---

43 표현상 특징 파악　　정답률 63% | 정답 ③

(가)와 (나)에 대한 설명으로 가장 적절한 것은?

① (가)는 수미상관의 방식을 통해, (나)는 설의적 표현을 통해 화자의 의지를 드러내고 있다.
(가)에는 첫 연을 끝 연에 반복해서 쓰거나, 비슷한 내용의 구절이나 문장을 반복적으로 배치하기도 하는 수미상관 방식이 사용되지 않고 있다. 그리고 (나)에는 누구나 다 인정하는 사실을 의문으로 제시해 강조하는 설의적 표현이 사용되지 않고 있다.

② (가)는 (나)와 달리 동일한 종결 표현을 사용하여 구조적 안정감을 부여하고 있다.
(가)에서는 '-었다' 등의 종결 표현이 반복적으로 사용되고 있고, (나)에는 '-습니다', '-입니다' 등의 종결 표현이 반복적으로 사용되고 있다.

☑ (나)는 (가)와 달리 역설적 표현을 통해 대상에 대한 화자의 정서를 부각하고 있다.
(나)의 2연에서는 '짓고 싶어서 다 짓지 않는 것입니다.'라는 역설적 표현을 사용하여, '당신'을 기다리는 화자의 정서를 부각하여 드러내고 있다. (가)에는 이러한 역설적 표현이 사용되지 않고 있다.

④ (가)와 (나)는 모두 후각적 이미지를 통해 시적 상황을 구체화하고 있다.
(가), (나) 모두 후각적 이미지를 사용하지 않고 있다.

⑤ (가)와 (나)는 모두 시간의 흐름에 따라 시상을 전개하여 화자의 태도 변화를 드러내고 있다.
(가)에서는 유년 시절에서 현재까지의 시간 흐름이 나타나지만, 이것이 화자의 태도 변화와는 상관이 없다. (나)에서는 시간의 흐름이 드러나지 않는다.

---

44 시적 공간의 의미 이해　　정답률 79% | 정답 ③

㉠과 ㉡에 대한 설명으로 가장 적절한 것은?

① ㉠은 화자가 자아를 성찰하는 공간이다.
㉠은 자아 성찰과 관련이 없는 공간이다.

② ㉠은 화자와 대상과의 관계가 단절된 공간이다.
㉠은 '할머니'와 '아버지'의 사랑을 느낄 수 있는 공간으로, 대상과의 관계가 단절되어 있다고 볼 수는 없다.

☑ ㉡은 화자의 소망이 실현되지 못하고 있는 공간이다.
㉡은 '당신'과의 만남을 간절히 바라지만 '당신'의 부재로 인해 소망을 이루지 못하고 있는 공간으로 볼 수 있다.

④ ㉡은 화자가 일상의 삶에서 벗어난 초월적인 공간이다.
㉡은 수를 놓으며 '당신'을 기다리는 화자의 일상적 삶이 이루어지는 공간이다.

⑤ ㉠과 ㉡은 모두 화자가 추구하는 이상적 공간이다.
㉠과 ㉡은 모두 화자가 추구하는 이상적 공간이라고 볼 수 없다.

---

45 외적 준거에 따른 작품의 감상　　정답률 78% | 정답 ④

〈보기〉를 참고하여 (가)를 감상한 내용으로 적절하지 않은 것은? [3점]

〈보 기〉
김종길 시인의 작품에 가족에 대한 시가 많은 것은 어린 시절 어머니의 부재 속에서도 가족의 보호를 받으며 자란 그의 성장 과정과 연관이 깊다. 「성탄제」에도 삼대로 이어지는 따뜻한 가족애가 다양한 소재를 통해 형상화되어 있다. 이러한 가족애는 개인의 경험을 넘어 현대인의 메마른 삶을 극복할 수 있는 인간애로 확장됨으로써 공감을 얻고 있다.

① '외로이 늙으신 할머니'가 어린 화자를 돌보고 있는 모습은 시인의 성장 배경과 관련이 있겠군.

　'외로이 늙으신 할머니'가 어린 화자를 돌보는 모습에서 가족의 보살핌을 받았던 화자의 성장 배경을 짐작할 수 있다.

② '눈 속'을 헤치고 '약'을 구해 온 아버지의 사랑은 삭막한 현실을 극복할 수 있는 인간애로 확장될 수 있겠군.

　'눈 속'을 헤치고 구해온 '약'에 담긴 아버지의 희생과 사랑은 현대인의 메마른 삶을 극복할 수 있는 인간애로 확장될 수 있다.

③ '반가운 그 옛날의 것'은 화자에게 어린 시절을 떠올리게 하는 역할을 하겠군.

　'반가운 그 옛날의 것'은 '눈'을 의미하며, 어린 시절 아버지가 눈 속을 헤치고 산수유 열매를 따 오신 날과 연결되어 화자의 기억을 떠올리게 하는 역할을 한다고 볼 수 있다.

☑ '서느런 옷자락'은 화자가 경험하는 현대인의 메마른 삶을 형상화한 것이겠군.

　'서느런 옷자락'은 유년 시절에 아픈 화자를 위해 눈 속을 헤치고 산수유 열매를 구해오신 아버지의 희생과 사랑을 떠올리게 하는 소재이다. 따라서 현대인의 메마른 삶을 형상화한 것으로 감상한 것은 적절하지 않다.

⑤ '내 혈액 속에 녹아 흐르는' 산수유는 과거에서 현재까지 이어져 온 가족애를 의미한다고 볼 수 있겠군.

　'내 혈액 속에 녹아 흐르는' 산수유 열매는 아버지의 사랑을 의미하므로 아버지만큼 나이를 먹은 화자에게 할머니와 아버지가 보여 준 가족에 대한 사랑이 이어져 오고 있음을 나타낸다고 볼 수 있다.

MEMO